雄关漫道

明长城防御体系的建造及保护

周小棣　沈旸　常军富　相睿　　著

上

中国建筑工业出版社

图书在版编目（CIP）数据

雄关漫道：明长城防御体系的建造及保护：上、下 / 周小棣等著 . — 北京：中国建筑工业出版社，2020.12

ISBN 978-7-112-25384-5

Ⅰ. ①雄…　Ⅱ. ①周…　Ⅲ. ①长城 – 防御体系 – 研究 – 中国 – 明代　Ⅳ. ① K928.77

中国版本图书馆 CIP 数据核字（2020）第 156675 号

责任编辑：李　鸽　毋婷娴
责任校对：张惠雯

雄关漫道：明长城防御体系的建造及保护
周小棣　沈旸　常军富　相睿　著
*
中国建筑工业出版社出版、发行（北京海淀三里河路 9 号）
各地新华书店、建筑书店经销
北京方舟正佳图文设计有限公司制版
北京中科印刷有限公司印刷
*
开本：787 毫米 × 1092 毫米　1/16　印张：40¾　字数：1078 千字
2021 年 10 月第一版　2021 年 10 月第一次印刷
定价：**186.00** 元（上、下册）
ISBN 978-7-112- 25384-5
（36345）

序言

长城是世界上规模最大的文化遗产，其建造时间之长，分布地域之广，影响力之大，是其他文物不可比拟的。根据罗哲文先生的概括，中国的长城保护自中华人民共和国成立以后经过了五次高潮，分别是：1952年国家文物局对长城维修的重视，1979年国务院对长城保护的重视，1984年“爱我中华，修我长城”活动的开展，1987年长城被列入《世界遗产名录》和2006年《长城保护条例》的颁布实施。过去保护长城的做法是，每过若干年公布一批列入保护的新的长城点段，但是在1987年，世界遗产委员会主张长城的完整保护，跨越15个省市自治区的历代长城均列入保护之列，长城保护工作立即面临极大的压力。科学调查，全面准确掌握长城现存状况，是落实《长城保护条例》和管理措施最基础的工作。进入21世纪，国家文物局联手国家测绘局开展了大规模的长城资源调查工作，长城的“家底”逐渐被摸清，长城保护的工作也开始落到实处。这是我在国家文物局工作期间感到非常欣慰的一件事。近年来，伴随着线型文化遗产和文化廊道概念的引入，长城研究和保护也进入了一个新的阶段，有关长城研究和保护的学术成就层出不穷。

随着时代的发展，人们对于包括长城在内的文物保护的理念和认知水平也有了较大提高。例如，以前我们谈起长城，较多地是关注长城墙体本身和修筑于墙体之上的附属设施——敌台、马面、城门等。而现在随着文化遗产保护概念的扩展，我们在关注文物本体的同时，也开始注意对其环境风貌、文化景观的保护。对于长城而言，以前调查中容易被忽略的一些与长城有关的遗迹，例如相关的生产、生活设施，长城周边的自然、人文状况等，都将作为长城保护的重要内容。《雄关漫道：明长城防御体系的建造及保护》一书的作者敏锐地抓住“建造信息”这一重要切口，尤其关注长城这一世界文化遗产在建筑材料、建造技术（包括结构、构造和施工工艺）及使用功能方面体现出的与建造有关的信息。建造信息包含了时间和空间两个方面的特征，它是历史的，也是地域的，是文化遗产自身价值的一部分，反映了文化遗产在历史、科学，乃至艺术上的成就。建造信息在构成文化遗产自身价值的同时，也是其真实性和完整性的一个重要组成部分，失去了这些，对文化遗产的价值判断就会发生差错，其真实性和完整性也会有严重缺失。在长城保护领域，目前对建造信息的重视尚未落到实处。长城是中国乃至世界上少有的一种跨越广阔地域的带状实体建筑，它在建造方面的最大特征就是因地制宜，随着周围环境的变化而采用不同的建造技术是其独特性所在，也是长城的重要文物属性。只有对这些建造特征进行全面和深刻的认识，才能充分把握长城的精髓。

历史问题应回归历史语境去考查，以今人的经历判断往日，则难免失之偏颇。同样，对于长城，仍然有诸多历史细节问题，未得深究。解开这些谜团，不仅对长城历史研究，更是对遗产价值的评估提升和文物保护规划的制定等意义重大。文物是多学科的结合点，其真实性价值正是因为自身具有的多角度的可读性才变得清晰和丰富。《雄关漫道：明长城防御体系的建造及保护》一书有关这一方面的探讨，对文化遗产事业做出了应有贡献，近者可以对文物保护规划提供判断的标尺，远者则能完整地呈现文物的真实历史和自身价值，并唤起对万里长城线型遗产的深度关注。

单霁翔

单霁翔，中国文物学会会长

目录

第一部

夯土长城的地理与建造信息：大同镇段

第一章 历史形制

第一节 明长城

一、明长城的修筑

长城的修建始于春秋战国，以春秋时期楚国、齐国长城为先声，之后历经战国、秦、汉、南北朝、隋、宋、辽、金、明、清的修建，一起组成了中国历史上的万里长城。在历代所修长城之中，秦长城、汉长城和明长城是规模最大的。其中，明长城因其年代最晚而保存得最多，其建筑水平最高，各种附属设施也最为完善。

从洪武元年（1368年），朱元璋派徐达修筑居庸关等长城开始，终明一世，从未停止过对长城的修筑和长城防御体系的经营。明长城以一道或多道绵延伸展的墙体为干线，以一重或多重城堡和烽燧为支撑点，构成一个从中央政权通过各级军事、行政机构，联系最基层军事单位以及守城戍卒的完整的、多层次的、纵深的防御体系。为加强长城的防御作用，明代将长城沿线划分为九个防区，分别驻有重兵，称为九边，“东起鸭绿，西抵嘉峪，绵亘万里，分地守御”[1]，确立了分段修筑、分段管理、分段防守的制度。

明代的外患除了北疆外，西南边疆及东南沿海在明中叶之后也常有战事发生。故而明代中叶后，在西南地区修筑“南方长城”，以隔离和封锁“生苗”；为防御倭寇对沿海的侵扰，筑有海防长城体系。

对于明长城，虽然根据历史记载和现状遗存可以大致断定其走向和分布，但是仍然有一些问题有待深究。

首先是明长城的分期问题。虽然目前对于明长城的大致修建年代和局部段落的修建时间已有一定研究，但这一问题远未得到全面和深入解决。

其次是明长城对明以前长城的沿用问题，目前仅部分段落有比较深入的研究，大部分段落仍有待进行详细的文献考证和考古调查。

第三是清代对明长城的修补和沿用问题。清亡明后，经过几次征讨，边疆之患几近消弭，同时对蒙古人采取怀柔政策，客观上已无大规模修建长城的必要，清朝统治者也曾多次以不修长城自夸。但仍有记载表明清代仍在对一些重要的关隘进行戍守和修整，已为人所知的有辽东的“柳条边”，用以“修边示限，使畜牧游民游猎之民，知所止境。设门置守，以资镇慑，并讥察奸宄，以驰隐患而已”[2]。此外，明长城大同镇段到清代仍有利用和修整。据清光绪《天镇县志》记载，天镇县所辖边墙按定例，“岁由附近边墙之民及边军营兵，于农隙之时，分段合修。”[3]并论及清代修边之制：“案修

---

1 （清）张廷玉《明史》卷91《兵志三》，页2235.

2 《奉天通志》，卷78，山川十二 · 大小凌河流域 · 义县 .

3 《光绪天镇县志》卷二“关隘志”条下 .

边之制，向由地方文武各官承修，雍正中定议，令边军边民营兵协修，乾隆二十一年，设立堡兵，专司修理。二十九年，以堡兵人少力薄，不能集事，复照旧例，令边军边民营兵，于农隙之时，计工分段同力合修。”[1]清代对明长城的沿用和维修，增加了对明长城进行科学界定的难度。

二、明代军事建制及九边防御体系

（1）都司卫所制度

都司卫所制度是明朝最主要的军事制度，同管理民事的布政使司、管理刑事的按察使司一起，合称“三司”。都司即都指挥使司，是明代设立在各省的省级最高军事领导机关，卫和所则是隶属于都指挥使司的下一级地方军事机构。

明初全国的都司皆统于中央的最高军事机关大都督府，洪武二十三年（1390年）分大都督府为左、中、右、前、后五军都督府，负责掌管军籍、训练军队、收集军情、派遣总兵、集结部队等职能；都督府以下为都司，每一个都督府都分管若干都司。如此则构成了这样的隶属关系：

皇帝——五军都督府——都指挥使司——卫——千户所——百户所——总旗——小旗。

每个都司所辖卫所无定例，大致以5600人设一卫，置指挥使；每卫辖5个千户所，每千户所1120人，置千户；每千户所管辖10个百户所，每个百户112人，置百户。每百户所又管辖两个总旗，置总旗。每总旗设五小旗，每小旗领军十人。

（2）军户制度

军户制度是明代国家兵役制度。军户是平民中供应军差的特定民户，隶属军籍，且为家族世袭。明朝卫所军士来源主要有六类：第一，在元代为军户的在明代仍为军户，不许变动；第二，元末的农民起义军及反元各部的战士，此称为“从征军”；第三，元朝及元末割据势力的降军，此称为“归附军”；第四，因犯罪而被处罚服兵役的官吏和军民，此称为“谪发军”，也称为“恩军”或“长生军”；第五，民户多丁者藉一丁为军，被藉为军者称为“抽充军”；第六，行垛集军法，民户中每三户是为一垛集单位，一户供应军差为正户，两户为贴户帮贴正户，垛集为军者称为“垛集军”。

（3）边防镇戍制度

凡边塞、沿海及西南少数民族地区等地，均设有重兵镇戍。按《明史·兵志》，“元人北归，屡谋兴复。永乐迁都北平，三面近塞，正统以后，敌患日多。故终明之世，边防甚重。东起鸭绿，西抵嘉峪，绵亘万里，分地守御。初设辽东、宣府、大同、延绥四镇，继设宁夏、甘肃、蓟州三镇，而太原总兵治偏头，三边制府驻固原，亦称二镇，是为九边”[2]。后又陆续在东南沿海和西南设镇，到明末万历、天启年间，全国共设有20个镇，其中北部边防设辽东、蓟州、昌平、保定、宣府、大同、山西、延绥、宁夏、甘肃、陕西11个镇；东南海防设广东、浙江、福建、山东4镇；西南边防设四川、云南、贵州、广西、湖广5个镇。

---

1 《光绪天镇县志》卷二“关隘志”条下.

2 （清）张廷玉《明史》卷91《兵志三》，页2235.

三、九边分布及概况[1]

辽东镇，于永乐十二年（1414年）设镇，总兵驻广宁城（今辽宁省北宁市）。辖区：南起凤凰城，西至山海关，全长1950多里；下辖25卫，军堡150余个，关城11座。

蓟镇，于嘉靖二十七年（1548年）设镇，总兵初驻蓟州（今河北省唐山市），于天顺二年（1458年）迁驻三屯营。辖区：东起山海关，西至居庸关，全长1200多里；军堡及关堡共270个左右，关口约126个。

宣府镇，于永乐二十二年（1424年）设镇，总兵驻宣化（今河北省张家口市宣化区）。辖区：东起居庸关的四海治，西至西洋河（今山西省大同东北），全长1023里；军堡60多个，关口约12个。

大同镇，于永乐七年（1409年）设镇，总兵驻大同（今山西省大同市）。辖区：东起镇口台（今山西省天镇县东北），西至鸦角山（在今山西省偏关东北），全长647里；军堡共约60个，关口约44个。

太原镇，初称"太原五卫镇"，后世又称之为"山西镇"，于成化年间设镇，总兵先驻偏关（今山西省偏关县），后于嘉靖二十一年（1542年）迁驻宁武关城（今山西省宁武）。辖区：西起山西保德黄河岸，经偏关、老营堡、宁武、雁门关、平型关、龙泉关、固关而达黄榆岭，全长1600多里；军堡共约60个，关口约44个。

榆林镇，初称"延绥镇"，是以延安府、绥德州得名。于天顺二年（1458年）设镇，总兵驻榆林堡（今山西省榆林市）。辖区：东起清水营（今内蒙古自治区清水县附近），西至花马池（今宁夏回族自治区盐池县），全长1760里；军堡36个，关口约24个。

宁夏镇，于建文四年（1402年）设镇，总兵驻镇城（今宁夏回族自治区银川市）。辖区：东起大盐池（今宁夏回族自治区盐池县境），西至兰靖（今甘肃省高兰、靖远），全长2000千里；军堡38个，关口约13个。

固原镇，亦称"陕西镇"，于弘治年间设镇，总兵驻固原（今宁夏回族自治区固原镇）。辖区：东起陕西省靖边与榆林镇相接，西达皋兰与甘肃镇相接，全长1000里；军堡35个，关口约10个。

甘肃镇， 永乐元年（1403年）派设总兵镇守，总兵驻地为甘肃省张掖市，辖区：东起甘肃金城县（今甘肃省兰州市），西至嘉峪关，全长1600余里；军堡72个，关口约15个。

明中叶后，为了加强首都的防务，又增设了昌镇和真保镇，统称为"九边十一镇"。

第二节 大同镇段

一、军事地位

大同镇是明代九边重镇之一，永乐七年（1409年），明廷置镇守总兵官于大同，自是大同称镇。正统十四年（1449年）"土木之变"后，东胜被弃，云川玉林诸卫内迁，大同镇成为迎敌之冲，军事

1 关于"九边"的提法众多，其设镇时间尚未有公论。此处关于"九边"的论述主要参考景爱所著的《中国长城史》一书。由于研究内容的限制，本书研究的展开和结论的推断不受各家对于"九边"说法差异的影响。

地位由此陡增，《读史方舆纪要》称其“东连上谷，南达并、恒，西界黄河，北控沙漠，居边隅之要害，为京师之藩屏”[1]。

从地形上看，大同镇位于内蒙古高原向中原的平原过渡地带，多丘陵平原而少山地，正如《皇明九边考》所述：“大同古云中地，东至枳儿岭，西至平虏城，川原平衍，无山设险，故多大举之寇。西则平虏、威远，中则右卫、水口等处皆称要害，盖虏南犯朔、应诸城必窥之路也；东则天城、阳和，为虏入顺圣诸处之冲，而平虏西连老营堡，与偏关近虏，……故大同称难守焉。”[2]为解决在不利的地理条件下的京师侧翼的边防，明代在大同镇修筑了大规模的多重长城，这在九边中是少有的。《九边图说》中述：“臣等谨按，大同古云中地也，西起丫角东，止阳和，边长六百四十余里，东北与诸胡连接西接套虏，在九边中称绝塞焉。国家于诸边率建墩列戍界限夷虏，独于该镇设为大边二边联络。”[3]由此可见，大同镇的地位较其余边镇更显重要。

另外，通过对明代隆庆年间由兵部编纂的《九边图说》中关于各镇的兵力配置整理中可以看出（表1-1），大同镇的兵力配置和辽东镇、蓟镇和宣府镇相当，在边防的地位应属同一级别，高于其余边镇。其中大同镇、宣府镇和蓟镇三镇，在空间上构成了左、中、右的整体防御战线，将京师拱卫其中。故从明代整体的边防策略看，设置大同镇的目的在于将其和宣府镇结合，并与蓟镇一起，作为拱卫京师的防线。

九边各镇兵力配置 **表 1-1**

边镇名称	实际兵员数（人）	实际马骡数（匹）	总兵数（人）	主兵年利（两）
辽东镇	81994	43875	1	163998
蓟镇	99246	34328	2	165703
宣府镇	103340	32000	1	120000
大同镇	83715	23177	1	269638
太原镇	47181	14030	1	133300
榆林镇	51611	27851	1	147165
宁夏镇	37837	13892	1	46245
固原镇	55267	30163	1	91260
甘肃镇	47512	22375	1	51497

二、管辖范围

大同镇所辖长城的具体走线，史籍中多语焉不详，仅着意提及起讫点，途径何处则概而论之。如嘉靖年间翁万达所述，大同镇管辖范围“起西路丫角山，逶迤而北，东历中、北二路，抵东路之东阳河镇口台，实六百四十七里”[4]。而且大同镇长城的状态较其他镇更为复杂，如前所述，大同镇历史

1 （清）顾祖禹《读史方舆纪要》卷 44，页 1992.

2 （明）魏焕《皇明九边考》卷五 .

3 《九边图说 · 大同镇》，明隆庆刻本，页 142.

4 （明）翁万达《修筑边墙疏》，录于《明经世文编》卷 224，同名者有三篇，此为第二篇，页 2355.

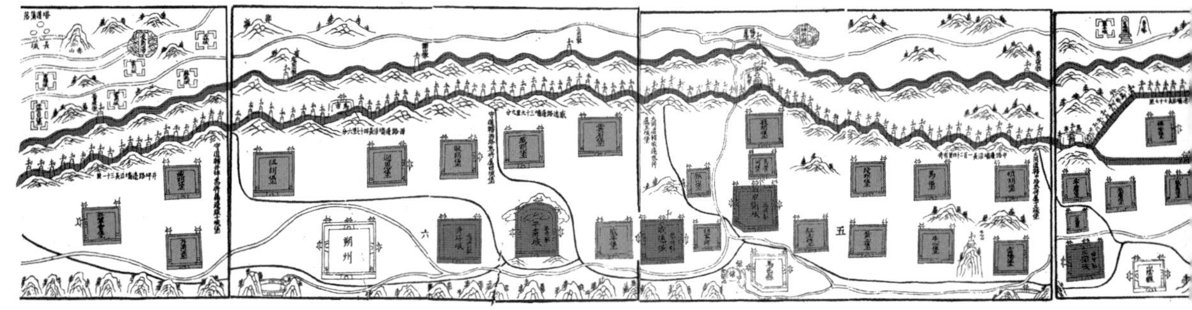

（明）王士琦《三云筹俎考》中的大同镇总图

图例：长城走向 大同镇镇城 卫所城市 堡城

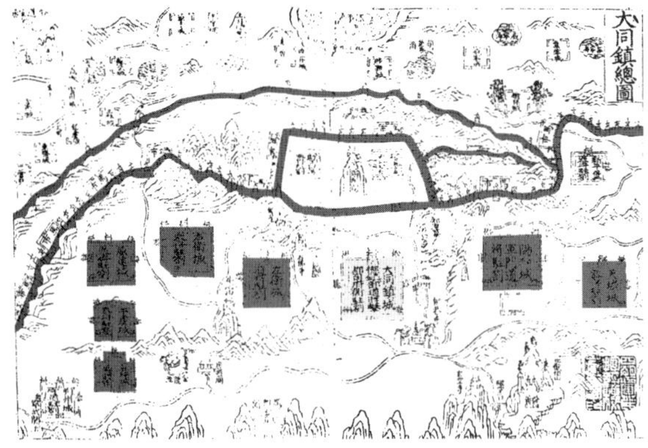

（明）杨时宁《宣大山西三镇图说》中的大同镇总图

（明）兵部编《九边图说》中的大同镇总图

图 1-1 明代史料中的大同镇总图

上有“大边二边”。据《明会典》记载，隆庆三年（1569年），“题准大同原设大边、二边、三边，近来大边尽废，该镇总督、镇巡严督各参将、守操等官帮筑沿边墩台，上盖墩房，多备火器、铁锅、甕、薪、水，每墩拨精壮军十名防守。”[1]

在成书于隆庆年间的《九边图说》关于大同镇总图的描绘中，城墙共有三重，且在长城的分段描绘中几重城墙皆有较为详细的刻画（图1-1）。说明在明代早期，大同镇所辖长城确有多重，但在隆庆三年修筑城墙时称“大边尽废”，说明最外一重城墙被弃用已有一段时期。此处所称的“大边”其建造年代并不清楚，既有明代所建的可能，亦有沿袭前代遗存的可能。

而成书在万历年间的《三云筹俎考》和《宣大山西三镇图说》，对于大同镇的描绘出现较大的变化。其一是主要防御线的凸现。《九边图说》中对于几重城墙的刻画皆无区别，但两书都着重描绘了呈“几”字形走线的长城，其上建有密集的敌台，而其余长城则仅示以大致走线。在《三云筹俎考》中甚至从瓦窑口至镇羌堡段的城墙业已消失，概因此段长城废置已久，无军事防御作用，已无描绘的必要了。其二是马市的出现，说明在开设马市的长城防线之外，已无防守的能力和必要，若外侧有城墙，则都属于被弃用的状态。《明史》中也有提及：“先是翁万达之总督宣、大也，筹边事甚悉。……乃请修筑宣、大边墙千余里，烽堠三百六十三所。后以通市故，不复防，遂半为敌毁。”而马市皆开设在“几”字形的长城上，更说明了此段长城在大同镇防御体系中的重要性。

通过大同镇所辖长城从《九边图说》到《三云筹俎考》和《宣大山西三镇图说》的变化，可以看到

1 《大明会典》卷 130，《续修四库全书》 第 791 册，页 317.

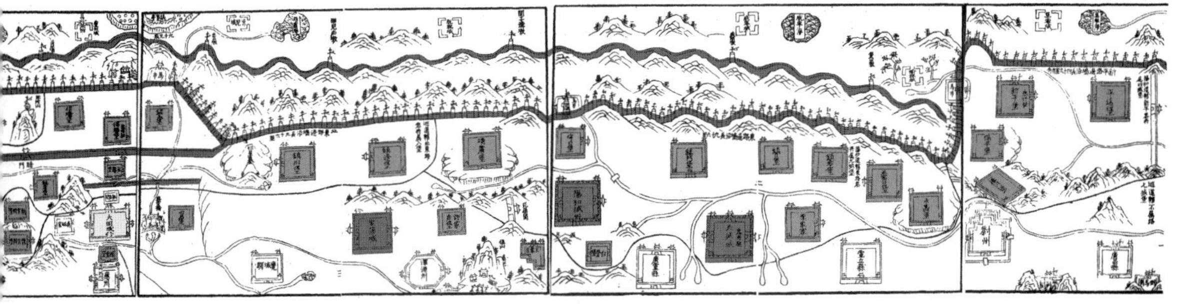

“大边”“二边”“三边”的地位是不断变化的。从总体上看，明代的北部边防线是逐渐内缩的，一方面是由于双方势力和边防策略的变化，另一方面是因为越往外侧的城墙，距离后方补给线越远，资源浪费极大。因此可以推测，在嘉靖后期，大同镇的防线逐渐从三重城墙内缩为两重城墙，最后稳定在以“几”字形长城为主体的防御线，即今天山西省和内蒙古自治区的省界沿线，当地俗称其为“外边”。

今人关于明长城大同镇段走向的研究成果有《中国长城遗迹调查报告集》中收录的山西省文物工作委员会古建队撰写的《山西省境内长城简况》，华夏子《明长城考实》著作中相关内容，以及姚滨《大同长城史话》。其中，《山西省境内长城简况》和《大同长城史话》均以现在的行政区划来划分，所以对原本属于明长城大同镇段的位于今天内蒙古界内的长城未加关注，只有华夏子《明长城考实》有所涉及。根据这些文章和著作的调查结果，明长城大同镇段现状遗存以今天省界沿线的几字形长城为主线，当地俗称其为外长城，个别段落在山西省内有两道城墙，分别位于大同市新荣区及天镇县北部。新荣区除北侧省界沿线长城外，南侧另有一道东至弘赐堡，西至吴施窑的长城，两端与北侧长城相接，这一段被当地人称为“内边墙”。天镇县北部新平堡至河北省界段也有南北两道长城，该处即明大同镇长城与宣府镇长城交接处，“长城分别由河北省怀安县桃沟村、西洋河乡马市口，南北两路进入山西省天镇县境内。由桃沟村北跨平涧沟进入天镇县的毛石干砌长城，大致向西约十五华里，至海拔一千七百二十二米双山，转南跨西洋河抵新平堡乡的西马市村。由怀安马市口向西进入天镇平远头村的长城，大致向西经八墩、十六墩、二十墩抵新平尔村，与北路长城相交”。[1]此外，《明长城考实》还提及了另外几处位于今天内蒙古界内的长城段落，一处位于天镇县，“由杏园窑村向西进内蒙古兴和县境，有分出的一支夯土城墙，站在山上可见长城向西长约十多华里”。[2]另一处位于朔州市右玉县西北，“长城在花林山有一四华里左右的分支，同主体城墙并行，相交于海拔一千七百八十八米圣山北的十三边”。还有一处位于朔州市平鲁区大河堡附近，“从九洞村向长城里侧有一分支，与主体城墙并行约五华里，交于大河堡西”。[3]这几处重墙在今天的地图上仍有标示，其中右玉县长城的北侧分支，本书作者在实地考察时也曾亲眼证实。

以上是根据历史记载和今人实地考察而得到的明长城大同镇段走向的基本信息，除此之外，当代卫星地图，如Googleearth以及新发现的1954年美国陆军制图局印行的1:250000《中国北南方基本地形图》等，为确认和推测明长城大同镇段走向提供了重要依据。其中，《中国北南方基本地形图》中的长城走向显示了一些在明代舆图中存在而今天已无存或残存很少的长城段落，包括镇羌堡北侧长城继

1 华夏子《明长城考实》，页 167.

2 华夏子《明长城考实》，页 168.

3 华夏子《明长城考实》，页 183.

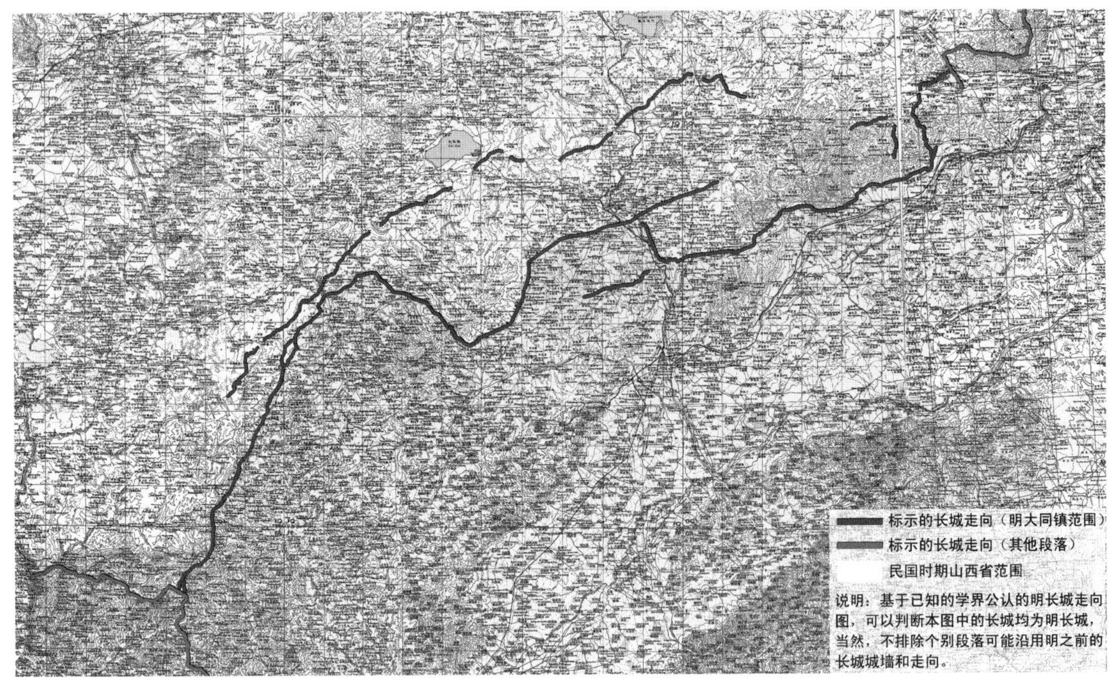

图 1-2　1954 年美国陆军制图局印行《中国北南方基本地形图》中的长城走向

续向东的延长，今山西省界北侧位于内蒙古境内的基本连续的长城线，以及上述《明长城考实》中提及的从天镇县杏园窑村西行深入内蒙古境内的长城段落（图1-2）。以此与明代舆图所绘走向相互对照，并与今天地图相叠加，可以大致还原出明长城的线路和走向（图1-3），从还原结果可以明显看出，历史上的明长城大同镇段由两到三道长城线组成，虽然相互之间时间有先后，作用有主次，地位有变化，且不一定同期使用，但复线越多，防御纵深越大，军事地位也越重要，有三道防御线的大同镇城、天城卫城与阳和卫城无疑正是维系明代大同镇边境安危的军事要地。

第三节　明蒙战争态势

一、蒙古人入犯阶段分析

明代的大同镇长城防御的主要敌人是蒙古人，包括明朝建国初期的元朝残余势力和之后发展壮大的蒙古部落，如瓦剌和鞑靼等势力。通过考察明代蒙古人对大同镇所辖区域的入犯次数（图1-4），可以大略看出大同镇军事防御压力的演变，而这又与该镇所辖长城的修建有着密切的联系。本书所取敌人入犯资料源自《明实录》，间接取自《〈明实录〉类纂·军事史料卷》。虽然《明实录》中所记载的不一定能囊括实际情况的全部，但以此为依据来统计，可以大致反映明大同镇边境蒙古人入犯频率。根据统计，明代蒙古人对大同镇的入犯大致分为五个阶段：

（1）洪武元年（1368年）到洪武十二年（1379年）的集中进犯期

明朝建国初期，在明朝军队的进攻下，蒙古人北逃，但仍屡谋兴复，经常组织军队反扑，希冀东

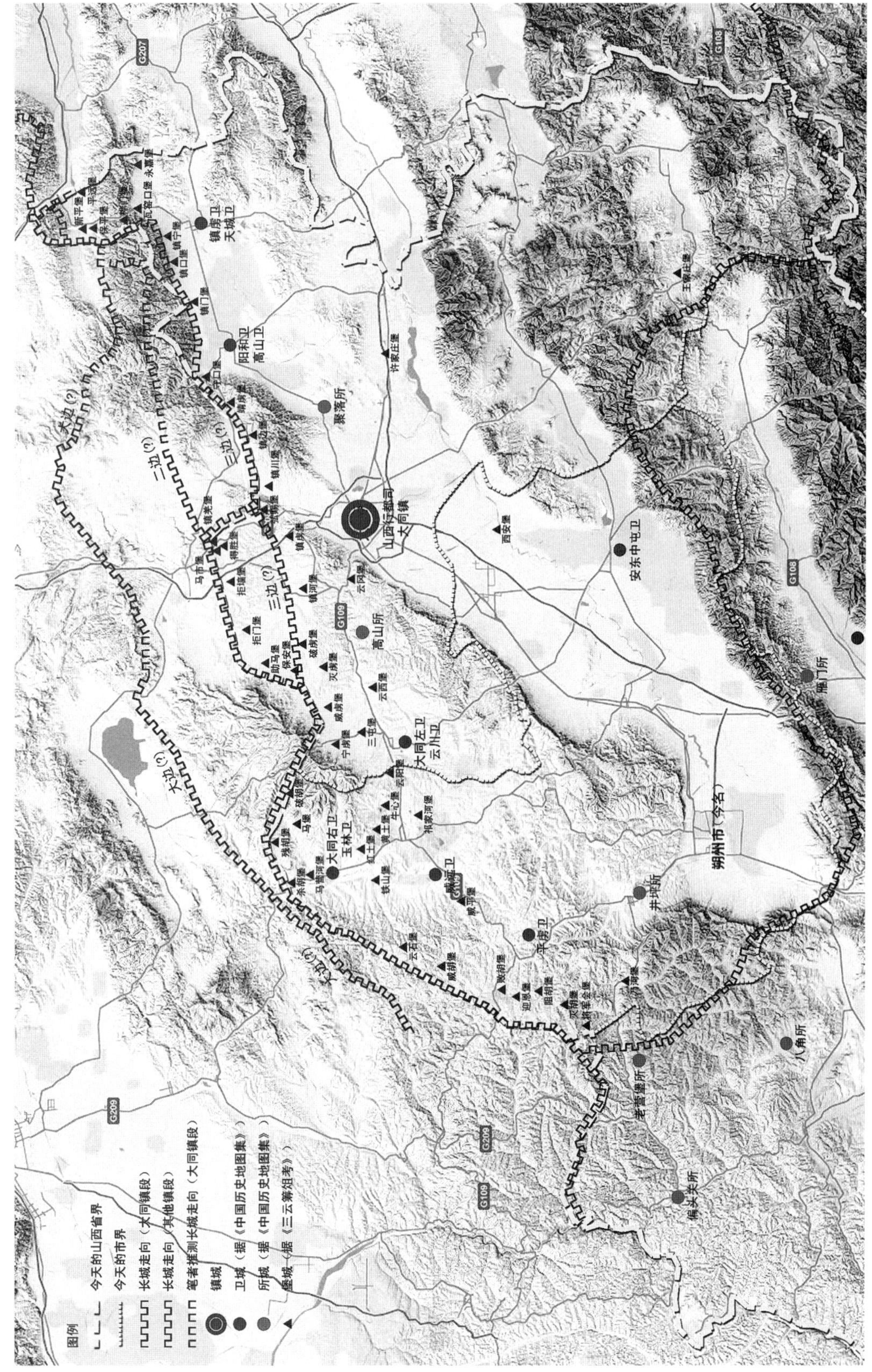

图 1-3　明长城大同镇段走向

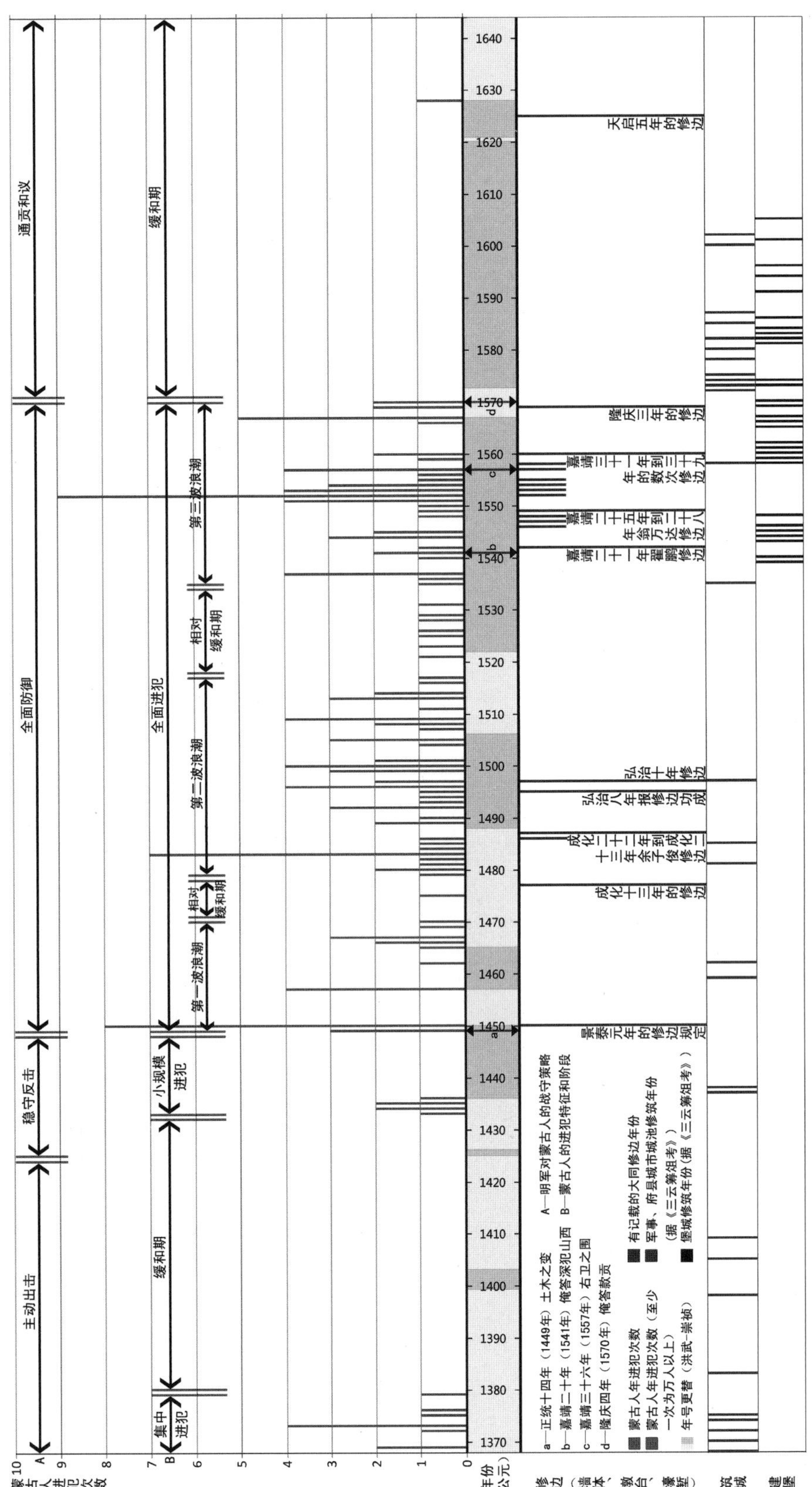

图 1-4　大同镇边境明蒙战争态势与明长城修筑关系图

山再起。从明洪武元年（1368年）到洪武十二年（1379年）这十二年中，大同镇边警不断，明太祖派大将军徐达等领兵征边，肃清敌寇。

（2）洪武十三年（1380年）到宣德七年（1432年）的缓和期

经过明朝初期的大规模征边，大同镇在洪武十三年开始（1380年）边事消寂，这一安宁的局面经过了整个建文、永乐朝，直到宣德七年（1432年），延续了半个多世纪。这一时期大同镇边境之所以没有战事，主要是因为明军的多次远征，把蒙古残余势力赶往漠北，战线外移，蒙古人受重创，短期内无力反击，这才形成了大同镇边境安宁的局面。

（3）宣德八年（1433年）到正统十三年（1448年）的小规模进犯期

直到宣德八年，这一局面才被打破，在这一年的七月壬申（8月6日），大同总兵官武安侯郑亨奏："虏寇入鸦儿崖，杀千户朱铭等五人，掠官马九十余匹。参将都指挥曹俭率兵追之，寇始遁走。其哨备都指挥佥事张淮及指挥蔡麟等皆怠慢失机，请罪之。"[1]从这一年开始，大同镇的边警再次响起，之后的近一个半世纪里，边疆不得安宁。但在正统十三年（1448年）以前，蒙古兵还只是小规模的入犯，进犯人数在百人以内，并没有挑起太多事端。

（4）正统十四年（1449年）到隆庆四年（1570年）全面进犯期

从正统十四年开始，敌人的进攻开始变得异常猛烈，在太监王振的执意下，明英宗不顾众议，决意亲征，结果全军覆没，自己也"北狩"大漠。"土木之变"给明王朝造成了沉重的打击，战争话语权由主动转为被动，大同镇的边防形势骤然严峻，蒙古人掀起了全面进犯浪潮。

从正统十四年开始的这一阶段又可以分为三波进犯浪潮和两段相对缓和期。第一波进犯浪潮从正统十四年开始，到成化六年（1470年），蒙古人借土木堡一役，声势大涨，对明朝边境肆意践踏。随着明朝政局的稳定，从成化七年（1471年）到成化十四年（1478年），蒙古人的进犯势头稍稍缓解。但从成化十五年（1479年）开始，蒙古人新的一波进犯浪潮开始，一直延续到正德十二年（1517年），近40年间里，战争不断，间或几年没有战事，也只是转瞬即逝。这一时期蒙古兵的几次进犯规模十分浩大，如弘治十年（1497年）、十三年（1500年），正德三年（1508年）、八年（1513年）、九年（1514年）等几次，敌人均达到几万人，声势猖獗，甚至造成"京师戒严，人心汹惧"[2]。在大兵压境之下，明武宗于正德十二年（1517年）率军亲征，稍稍挫败敌势，之后的近20年时间里，局势稍微缓和。但从嘉靖十四年（1535年）开始，蒙古人新的一波进犯浪潮拉开了序幕，此后的35年里，边事不断，一直延续到了隆庆四年。这一次敌人的进攻浪潮依旧嚣张，嘉靖十六年（1537年）、二十年（1541年）、二十四年（1545年）、三十六年（1557年）等，敌人的入犯人数均达数万，其中嘉靖三十六年（1557年）农历九月，敌人数万骑入犯大同右卫，将右卫城团团围住，"由是内外断绝，斗粟束刍不能复进城，而城中亦无一人匹骑得出重围者"[3]。城内官员和群众进行了顽强的抵抗，甚至拆屋烧火，这一局面直到第二年，即嘉靖三十七年（1558年）的农历四月才得到缓解，"至是，侍郎江东及巡抚杨选、总兵张承勋选集主客兵数万，严部而进。虏闻大兵至，悉拔帐而遁。东等遂以是日入右卫城，所运粮凡四千余石，居民焚香夹道出迎，老稚妇女皆感泣，呼声震地，自以为再生也"。[4]就

---

1 《宣宗实录》卷103，页2313.

2 《孝宗实录》卷161，页2901.

3 《世宗实录》卷458，页7748.

4 《世宗实录》卷458，页7749.

敌人进犯次数而言，这一时期每年达四次或四次以上的就有六年，其中嘉靖三十一年（1552年）敌人的入犯次数达到9次，几乎每月都有战事发生。此外，这一时期中的嘉靖二十一年（1542年）也值得注意，这一年，敌人越过了大同镇防线，直奔太原而去，一路烧杀抢掠，攻到了潞安、平阳，敌人入犯时间、进犯深度及抢掠程度均为明代前所未有[1]，而追究这一大祸的缘由，大同镇的防御难辞其咎。大同镇在嘉靖朝的战事频发局面在嘉靖晚期略有缓和，获得了几年暂时的安稳，但这一时期的战事完全结束是在隆庆四年（1570年），此年由于边疆官员的策略十分得当，成功使得以俺答为首的北方蒙古部落心甘情愿的入朝款贡，大同镇边境近一个半世纪的蒙古人全面进犯浪潮得以结束[2]。

（5）隆庆五年（1571年）到崇祯十七年（1644年）的缓和期

从隆庆四年（1570年）俺答款贡以后，大同镇边境几乎难觅蒙古人入犯的迹象，终万历朝，边境安然无警。直到崇祯元年，“插部百骑入新平堡讲耆，堡人歼之，头目贵英恰死焉。至是，屯兵宣、大边外，以头目入讲赏，继拥群众入边”，大同镇边疆才再次发生事端，但这次蒙古人的行为相对温和，并没有发生严重的战争冲突[3]。而此时，明朝的边境防御重心早已转到了辽东，后金的崛起和国内的农民起义内外夹击，使明朝处于风雨飘摇之中，大同镇边境的安宁已无法挽救整个局面。

二、明朝的战守策略

针对敌人的入犯，明朝政府在各个阶段采用了不同的战守策略，主要分为以下四个阶段。[4]

（1）洪武元年（1368年）到永乐二十二年（1424年）的主动出击

为了肃清元蒙残余势力，明太祖曾多次组织军队大举北征，明成祖也曾多次率军，征战漠北。这五十年里虽然也多次战败，但重创了蒙元残余势力，把战线推进到了大漠地带，保障了国内的安定。毫无疑问，主动出击和进攻是这一时期的主要策略。

（2）洪熙元年（1425年）到正统十三年（1448年）的稳守反击

明仁宗和明宣宗吸取了明初大举进攻的教训，采取休养生息的方针，国防上转攻为守。在战术上，这一阶段采取“以城寨为基础的据点式防御”，这给敌人乘隙突入提供了机会，但明军和各据点守兵也常积极出击，形成防守与反攻、进攻相结合的积极防御。

（3）正统十四年（1449年）到隆庆四年（1570年）的全面防御

明英宗轻率亲征导致的明正统十四年“土木之变”使明军遭受重挫，之后虽有一些局部胜利，但蒙古人的彪悍和勇猛在明军心里投下了巨大的阴影，加上政治腐败，经济日趋凋敝，自此，明朝政府开始走上大修边墙、消极防御之路。

（4）隆庆五年（1571年）到崇祯十七年（1644年）的通贡和议

隆庆四年（1570年）的俺答款贡，结束了明蒙双方在大同镇边境的战争，双方修贡通好，兵戈不闻。

---

1 《世宗实录》，卷 271，页 5333-5334.

2 俺答款贡归顺事件的圆满完成要归功于以王崇古（时任宣、大、山西总督）为首的边疆官员的谋划和努力，这一事件的始末详见《明史》卷 222《王崇古传》，页 5839-5843。这一事件完成后，“自是边境休息。东起延、永，西抵嘉峪七镇，数千里军民乐业，不用兵革，岁省费什七”。

3 崇祯元年的这一事件详见《崇祯长编》卷 10，页 539-540.

4 该段内容参考了《中国军事史 第四卷 兵法》第九章“明代对元及其残余势力长期作战中军事指导思想的演变”中的观点，页 223-232.

第四节 修筑考

关于明长城大同镇段的修筑史，目前并没有一个完整的结论，华夏子的《明长城考实》、景爱的《中国长城史》等著作中，只是就地方志和《明史》等文献中一些信息进行了简单的引用和论述，并没有做深入的探讨。本书试图在他们研究成果的基础上，从《明实录》《明会要》《明会典》和《明史》等文献中尽可能地找出全部关于大同镇段明长城的修筑信息，结合地方志及一些明臣奏疏、文集进行核对，并和上述明蒙战争情况进行叠加，以求对大同镇长城的修筑史有一个更为全面的认识（图1–3）。

下表按时间顺序对相关历史信息进行了汇总（表1–2）。

明长城大同镇段修筑史料汇总 表1–2

序号	时间	内容	史料来源
1	洪武六年（1373年）五月戊申	诏山西都卫于雁门关太和岭并武、朔等州县山谷冲要之处凡七十有三，俱设戍兵以防胡寇	《太祖实录》卷82，页1478
2	永乐十一年（1413年）十月己酉	山西缘边烟墩成。先是，从江阴侯吴高请于缘边修筑烟墩。至是，东路自天城卫至榆林口直抵西朔州卫暖会口，西路自忙牛岭直抵东胜路至黄河西对岸达沟村烟墩皆成。高五丈有奇，四围城高一丈，外开濠堑、吊桥、门道，上置水柜，暖月盛水，寒月积冰。墩置官军三十一人守瞭，以绳梯上下，皆上所规画也	《太宗实录》卷144，页1709
3	永乐十二年（1414年）九月丁酉	命行在兵部都察院遣官按视宁夏、甘肃、大同、辽东等处屯堡。初，上命边将置屯堡为守备计，每小屯五、七所或四、五所择近便地筑一大堡，环以土城，高七、八尺或一、二丈。城八门，周以濠堑，阔一丈或四、五尺，深与阔等，聚各屯粮刍于内。其小屯量存逐日所用粮食，有警即人畜尽入大堡，并力因守，命下久未有报，故命按视	《太宗实录》卷155，页1792
4	永乐年间（1403—1424年）	然帝于边备甚谨。自宣府迤西迄山西，缘边皆峻垣深濠，烽堠相接。隘口通车骑者百户守之，通樵牧者甲士十人守之	《明史》卷91《兵志三》，页2236
5	宣德十年（1435年）二月庚申	镇守大同参将都指挥使曹俭奏："大同分地东自烂柴沟西直崖头墩，迂直险易，几踰千里，垣墙沟堑日益坍塌，万一虏骑冲突，无以蔽拒，乞加修筑。"从之	《英宗实录》卷2，页56–57
6	正统七年（1442年）二月庚戌	大同参将都指挥石亨奏："臣奉敕分守西路兼督屯种，然大同右卫屯堡皆临极边，耕获之时，军士散处，莫为保障。看得忙牛岭外有玉林故城，相去右卫五十里，与东胜单于城相接。其地有险可据，又水草便利，乞拨官军筑立烽墩哨瞭，仍于故城择取一隅，修为营垒，以驻往来哨马。既得以保障边方，亦可以防护屯种。"从之	《英宗实录》卷89，页1795–1796
7	景泰元年（1450年）	令各边每岁四月、八月遣官军修葺边墙墩堡，增筑草场封堆，时加巡察，如有越塞耕种，移徙界至者治罪	《大明会典》卷132，《续修四库全书》第791册，页337
8	景泰六年（1455年）七月丁亥	命各边关总兵等官修理城垣、壕堑、屯堡、墩台	《英宗实录》卷256，页5519
9	成化十三年（1477年）六月丁巳	巡抚大同右副都御史李敏等奏报："大同三路计修边墙、壕堑、墩台共九万三千七百七十九丈"	《宪宗实录》卷167，页3031

续表

序号	时间	内容	史料来源
10	成化二十二年（动工时间，1486年）	初，子俊巡历宣、大，请以延绥边墙法行之两镇，因岁歉而止。比复出，锐欲行之。言东起四海治，西抵黄河，延袤千三百余里，旧有墩百七十，应增筑四百四十，墩高广皆三丈，计役夫八万六千，数月可成。诏明年四月即工。然是时，岁比不登，公私耗敝，骤兴大役，上下难之。子俊又欲责成于边臣，而己不亲其事。谤议由是起	《明史》卷178《余子俊传》，页4738–4739
11	成化二十三年（1487年）五月甲子	大同总兵部督同知王玺等奏工役修筑之数："凡边墙、壕、崖共三万九千二百三十二丈六尺，水口十，关门一，墩台七"	《宪宗实录》卷290，页4910
12	弘治八年（1495年）十月壬子	大同镇、巡等官奉旨修理边墙，东至宣府西阳河，西至偏头关，延袤六百三十五里，至是功成。上命通政使司左通政毛伦往阅视之	《孝宗实录》卷105，页1911
13	弘治十年（1497年）	修大同边墙	《明会要》卷75，页1468
14	嘉靖二十一年（1542年）	其年七月，俺答复大入山西，纵掠太原、潞安。兵部请复设（宣、大）总督，乃起（翟）鹏故官，……鹏乃浚壕筑垣，修边墙三百九十余里，增新墩二百九十二，护墩堡一十四，建营舍一千五百间，得地万四千九百余顷，募军千五百人，人给五十亩，省仓储无算	《明史》卷204《翟鹏传》，页5382
15	嘉靖二十三年（1544年）	（翁万达）屡疏请修筑边墙，议自大同东路阳和口至宣府西阳河，须帑银二十九万。帝已许之，兵部挠其议，以大同旧有二边，不当复于边内筑墙。帝不听。乃自大同东路天城、阳和、开山口诸处为墙百二十八里，堡七，墩台百五十四；宣府西路西阳河、洗马林、张家口诸处为墙六十四里，敌台十。斩崖削坡五十里。工五十余日成。 已，会宣、大、山西镇巡官议上边防修守事宜，……乃请帑银六十万两，修大同西路、宣府东路边墙，凡八百里	《明史》卷198《翁万达传》，页5245–5247
16	嘉靖二十三年（1544年）	（詹）荣以大同无险，乃筑东路边墙百三十八里，堡七，墩台百五十四	《明史》卷200《詹荣传》，页5289
17	嘉靖二十五年（1546年）二月己丑	总督宣、大、山西侍郎翁万达奏："大同东路自阳和口暗门起，至宣府李信屯堡红山台边界止，延长一百三十余里，中有铁裹门、鹁鸽峪、瓦窑口等处，悉通贼要路，未有墙堑。拟于山南二、三里许添筑边墙一道，浚濠建堡，增设墩哨，使宣、大声势联络，且可以南护紫荆，包为外堑。通计经费约用二十九万余金，请下户部趣发帑缗，期以三月初土脉融动，及时兴作"	《世宗实录》卷308，页5800
18	嘉靖二十五年（1546年）七月甲戌	总督宣、大侍郎翁万达等修筑大同东路之天城、阳和、开山口一带边墙一百三十八里，为堡七，为墩台一百五十有四；宣府西路之西阳河、洗马杯、张家口堡一带边墙六十四里，为敌台十，斩崖削坡五十里……	《世宗实录》卷313，页5868–5869
19	嘉靖二十五年（1546年）九月己卯	镇守大同总兵官周尚文奏："东自宣府西阳河起，由天城、阳和左右、威、平、井、朔至山西丫角山止，修筑边墙六百五十余里，隔进虏占地土四万余顷，倚地召军一万五千有余，分给各军士耕种，以资养赡"	《世宗实录》卷315，页5899
20	嘉靖二十六年（1547年）五月癸亥	大同镇抚官詹荣、周尚文以计修丫角山、弘赐诸堡工上闻。凡修边墙千四十丈，筑敌台一千所，役山西、大同二镇兵八万人自五月始至九月讫工……	《世宗实录》卷323，页5993
21	嘉靖二十六年（1547年）五月戊寅	……至是，总督翁万达等言去年修筑乃大同之东路、宣府之西路西阳河等极冲之地耳，今所议修则大同西中北、宣府中北东各三路，盖量地冲缓先后举行	《世宗实录》卷323，页5998
22	嘉靖二十七年（1548年）	令创修大同紧要边墙，其原有墙该帮修者，每年借用防秋兵力，于行粮外，量给盐菜犒赏，不必另议支费	《大明会典》卷130，《续修四库全书》第791册，页317
23	嘉靖二十八年（1549年）五月	总督翁万达与都御史李仁计下令城外塞塞如偃月形，东西皆附于旧塞，暗门敌台如制	道光《大同县志》卷六"关隘"

续表

序号	时间	内容	史料来源
24	嘉靖三十一年注（1552年）	二十九年，俺答攻古北口，从间道黄榆沟入，直薄东直门，诸将不敢战。敌退，大将军仇鸾力主贡市之议。明年，开马市于大同，然寇掠如故。又明年，马市罢。 先是翁万达之总督宣、大也，筹边事甚悉。……乃请修筑宣、大边墙千余里，烽堠三百六十三所。后以（嘉靖三十年）通市故，不复防，遂半为敌毁。至是，兵部请敕边将修补。科臣又言，垣上宜筑高台，建庐以栖火器。从之	《明史》卷91《兵志三》，页2240–2241
25	嘉靖三十二年（1553年）	议准大同边墙通贼冲口一百五十余处，添造空心砖台三百座	《大明会典》卷130，《续修四库全书》第791册，页317
26	嘉靖三十三年（1554年）	（许论）出督宣、大、山西军务。……翁万达为总督，筑大同边墙六百里，里建一墩台于墙内。后以兵少墙不能守，尽撤而守台。论言："兵既守台，则寇攻墙不得用其力。及寇入墙，率震骇逃散。请改筑于墙外，每三百步建一台，俾矢石相及。去墙不得越三十步，高广方四丈五尺，其颠损三之一，上置女墙、营舍，守以壮士十人。下筑月城，穴门通出入。度工费不过九万金，数月而足。"诏立从之	《明史》卷186《许论传》，页4929
27	嘉靖三十三年（1554年）	贾应春总督宣、大，在镇数载，筑边垣万一千八百余丈（《贾应春传》）	《明会要》卷75，页1469
28	嘉靖三十四年（1555年）	总督军务兵部尚书杨博，既解大同右卫围，因筑牛心诸堡，修烽堠二千八百有奇 （杨博）乃于大同牛心山诸处筑堡九，墩台九十二，接左卫高山站，以达镇城。浚大濠二，各十八里，小濠六十有四。五旬讫功，赐敕奖赉。……因议筑故总督翁万达所创边墙，招还内地民为寇掠者千六百余人。又请通宣、大荒田水利，薄其租。报可	《明史》卷91《兵志三》，页2241；卷214《杨博传》，页5657
29	嘉靖三十四年（1555年）九月丁未	发太仓银五万五千四百两于大同镇修筑边墙	《世宗实录》卷426，页7376
30	嘉靖三十四年（1555年）十一月乙巳	发太仓银三万两于大同修边	《世宗实录》卷428，页7402
31	嘉靖三十六年（1557年）十二月	大筑宣、大边墙（《大政纪》）	《明会要》卷75，页1469
32	嘉靖三十七年（1558年）闰七月丁丑	总督尚书杨博等于大同右卫东路牛心山等处筑大小土堡九座，墩台九十二座，接连左卫高山站以达镇城。浚大壕二道，各长十八里，告成，请命御史阅视	《世宗实录》卷462，页7797–7798
33	嘉靖三十九年（1560年）四月壬戌	兵部覆："巡按直隶御史王汝正勘报大同修边工竣，计中、西二路修筑边墙一百六十余里，增筑墩台一百二十余座……"	《世宗实录》卷483，页8074
34	隆庆三年（1569年）	题准大同原设大边、二边、三边，近来大边尽废，该镇总督、镇巡严督各参将、守操等官帮筑沿边墩台，上盖墩房，多备火器、铁锅、甕、薪、水，每墩拨精壮军十名防守	《大明会典》卷130，《续修四库全书》第791册，页317
35	天启五年（1625年）二月戊子	总督宣大冯嘉会疏报修完极边墙垣台堡。东西路南北山修完砖包石砌土筑城垣、边墙六千二百四十余丈，墩台、悬楼、敌台三百二十一座，仓厫、公馆、营房二百七十三间	《熹宗实录》卷56，页2569

注：这里的嘉靖三十一年指兵部请敕边将修补时间，这个时间是根据前后文推测出来的，上文讲嘉靖三十年开马市，三十一年关闭马市，然后紧接着追忆了翁万达在任时的修边，之后一个"至是"又回到文章主体的时间段，应该就是嘉靖三十一年。且该句之后再次明确出现的时间是嘉靖三十四年，因此，把兵部请敕边将修补的时间定为嘉靖三十一年是无误的。而华夏子著《明长城考实》中却把这一时间定为明万历年间（见《明长城考实》第64页），显然有误。

一、修筑阶段

根据表1-2内容，结合本章前两节所述明代军事战争的发展情况，可以对明长城大同镇段的修筑分为以下几个阶段：

（1）洪武到永乐年间

注重城池、屯堡、壕堑和烽火台的战略性防御，防线外伸，并未修筑城墙的需要，也无修筑城墙的明确记载。

从表1-2中我们可以看到，永乐以前没有修筑城墙的明确记录，只有洪武六年戍守“雁门关太和岭并武、朔等州县山谷冲要之处”和永乐十一年修筑缘边烟墩的事情，这反映明永乐以前，大同镇的防御主要靠屯兵和烽火台传递敌情来维持。永乐以前的其他信息也支持这一结论。按《明实录》所记：

（洪武六年三月）壬子，命魏国公徐达为征虏大将军，曹国公李文忠为左副将军，宋国公冯胜为右副将军，卫国公邓愈为左副副将军，中山侯汤和为右副副将军统诸将校往山西、北平等处备边……[1]

（洪武二十五年八月）丁卯，上以山西大同等处宜立军卫屯田守御……乃分命开国公常昇、定远侯王弼……往太原等府，阅民户四丁以上者籍其一为军，蠲其徭役，分隶各卫，赴大同等处开耕屯田。东胜立五卫，大同在城立五卫，大同迤东立六卫，卫五千六百人。[2]

（洪武二十六年二月）辛巳，置大同后卫及东胜左右、阳和、天城、怀安、万全左右、宣府左右十卫于大同之东；高山、镇朔、定边、玉林、云川、镇虏、宣德七卫于大同之西，皆筑城置兵屯守。[3]

（洪武二十七年三月甲辰）发山西军士筑东胜城，北平军士筑宣府城。[4]

（永乐十二年九月）丁酉，命行在兵部都察院遣官按视宁夏、甘肃、大同、辽东等处屯堡。初，上命边将置屯堡为守备，计每小屯五、七所或四、五所择近便地筑一大堡，环以土城，高七、八尺或一、二丈。城八门，周以濠堑，阔一丈或四、五尺，深与阔等，聚各屯粮刍于内。其小屯量存逐日所用粮食，有警即人畜尽入大堡，并力固守。[5]

（永乐十六年二月）丙戌，修山西、大同等卫缘边城堡。[6]

上面摘录的信息足以表明，明朝建国初期大同镇的边防主要靠征调大军备边，修筑卫城、“缘边城堡”“屯堡”，并采用关城的措施来保证，边墙并没有得到广泛的、大规模的修筑，且很可能毫无修筑。表1-2中宣德十年二月庚申，都指挥使曹俭所奏中提及的“几踰千里”的边界不可能是指长城，若是，则如此大的修筑规模不可能没有任何相关记载，因此这里提及的应该是靠卫城、所城、堡城及烽火台所限定的边界，后面的“垣墙沟堑”则是指上述洪武、永乐年间修筑的城堡墙体及墙外壕堑。

结合明洪武、永乐年间的大同镇战争情况，这一阶段是元朝残余势力试图光复和明朝政府大规模出击、远征以图彻底剿灭敌人的时期，明朝政府的军事重心在主动进攻而不在防御，大力修筑城堡、壕堑和烽火台的做法更像是一种稳扎稳打、逐步进逼围剿敌人的战略举措，城墙作为全面防御的象征，它的

1 《太祖实录》卷 80，页 1451.
2 《太祖实录》卷 220，页 3225.
3 《太祖实录》卷 225，页 3295.
4 《太祖实录》卷 232，页 3387.
5 《太宗实录》卷 155，页 1791.
6 《太宗实录》卷 197，页 2061.

修筑在这一阶段既无财力支持，亦非当务之急，更不是明朝统治者的首要选择。

（2）洪熙到天顺年间

从战略性防御转为全面防御再演变为被动防御的急剧转变，防线内收，城墙的可能始筑期，但内外交困，无力大举修筑。

根据表中汇总的文献资料，景泰元年才明确出现了修葺边墙的记载，但这一命令是针对各边而言，并非肯定大同镇在此之前已修有城墙，且无法获知大同镇是否执行了政府的命令。

从当时的军事情形来看，宣德年间的国防策略开始转攻为守，在战术上采取以城寨为基础的据点式防御，大同镇有可能在这一时期开始修筑城墙，但其主要依托的还是已有的堡城和烽火系统。这一时期的策略一直延续到了正统末年，敌人的急剧强大和明朝内部的宦官擅权最终导致正统十四年的“土木之变”，景泰元年的长城修筑无疑是对这一事件的回应，每年四月和八月修边的规定更像是出于一种长期的防守策略，明朝的军事态度已转为消极防御。但代宗在位的六年，外须抵御外侮，敌人数次兵临城下，朝廷苦于应对；内须稳定朝政，英宗“北狩”和回归带来的政权斗争，都使得朝廷不可能把大量精力放在修边之上。且“土木之变”后，敌人视明朝边境为自己门庭，来去自如，大同镇早已人心涣散，防御无存，谈何修边。英宗复辟后又在位八年，这八年里内忧外患依然繁重，修边之事难以大举。

总之，宣德到天顺年间是明蒙战守形势的急剧转变期，大同镇城墙的修筑变得紧迫和必要，但受现实条件局限，墙体的修筑不可能全面和大规模进行。

（3）成化到弘治前期

掀起大举修边的第一波浪潮，城墙得到大规模修筑，开始成为防御体系的重要组成部分。

宪宗即位后，朝政渐趋稳定，边墙的修筑迎来了良机。根据表1–2的文献记载，成化年间的修筑有两个阶段，一是成化十三年（1477年）以前，二是成化二十二年（1486年）。前者并无详细记载，只能获知是大同三路，修筑了边墙、壕堑和墩台，长93779丈，约521里，所修边墙即城墙的长度应该只是这个数据中的一部分。后者的修筑与余子俊的倡议有密切关系，他在早年巡抚延绥时即力主修边，取得了成功，等他总督宣、大时，希望照延绥做法大力修边，但时运不济，屡遭弹劾，修边之事并不顺利[1]。尽管如此，成化二十三年的记载显示余子俊的修边策略还是得到了一定执行。之后弘治八年大功告成的“东至宣府西阳河，西至偏头关，延袤六百三十五里”的边墙，证明余子俊的修边策略最终得到了实现。此后，据《明会要》记载，弘治十年（1497年）也修筑了大同镇边墙。

总之，这一阶段的修筑掀起了大同镇修边的第一个高潮，城墙和与之配套的壕堑、崖寨及墩台（包括烽火台和敌台）在这一阶段得到全面修筑。

（4）弘治后期到嘉靖初期

大同镇长城修筑的停滞期，上一阶段修筑的长城在这一时期遭到破坏。

自弘治十年（1497年）后，一直到嘉靖二十年（1541年），这四十多年里没有任何修边的记载，虽然不能据此认定这一阶段没有任何修边之事，但相关记载的缺失显示大同镇长城的修筑处于一个停滞期。停滞期的到来一方面可能缘于之前的修筑已基本满足了防御需要，另一方面可能由于前面的修

1　详见《明史》卷178《余子俊传》，页4738–4739，“初（成化二十年），子俊巡历宣、大，请以延绥边墙法行之两镇，因岁歉而止。比复出（成化二十一年），锐欲行之。……诏明年四月即工。然是时，岁比不登，公私耗敝，骤兴大役，上下难之。子俊又欲责成于边臣，而己不亲其事。谤议由是起。至冬，疏请还京。帝入蜚语，命改左都御史，巡抚大同。中官韦敬谗子俊假修边多侵耗，又劾子俊私恩怨，易将帅。兵部侍郎阮勤等为白。帝怒，让勤等。而给事、御史复交章劾，中朝多欲倾子俊。工部侍郎杜谦等往勘，平情按之。还奏易置将帅如勤等言，所费无私。然为银百五十万，米菽二百三十万，耗财烦民，不得无罪。遂落太子太保，致仕去，时二十二年二月也。”

边在财力耗费和实际效果方面引起了质疑，如本章第三节内容显示，敌人的进犯并没有因为边墙的修筑而减少，这很容易招致明廷内部一些大臣的指责。

（5）嘉靖中期到后期

大同镇迎来第二波边墙修筑浪潮，城墙和堡城得到全面修筑，形成点线紧密结合的防御体系。

从嘉靖二十一年（1542年）开始，大同镇段明长城再次迎来了修筑的高潮，此后的二十年间，边墙的修筑声不绝于耳。在这一波高潮中，一些关键人物值得我们注意，没有他们的屡次上疏倡导并排除异议，边墙的修筑无法成功。首先是翟鹏，他在嘉靖二十一年总督宣、大时对边墙进行了一次较大的修筑；其次是翁万达、周尚文和詹荣三人，他们在当时分别担任宣大总督、大同总兵和大同巡抚，三人通力合作，从嘉靖二十三年到嘉靖二十五年，对大同镇长城做了大规模的修筑。在翁、周、詹三人之后，又分别有许论、贾应春和杨博三人，这三人中许论和杨博做的工作主要是修筑墩台、城堡和壕堑，于边墙的建设并无提及，只有贾应春在嘉靖三十三年总督宣、大时，对边墙的修筑有所贡献，但《明会要》这一说法是错误的。[1]在上述七人之后，虽然历史没有给我们留下其他代表性人物，但修边的活动依旧在进行，兵部的决策和国家财政的支持使得边墙继续得到修筑和完善，直至嘉靖朝后期。

（6）隆庆到明末

长城修筑的尾声，局部的加固（包砌砖石）和修补。

在嘉靖中期到后期这一波修边高潮之后，长城的修筑已经接近了尾声，隆庆年间只补筑了大边墩台，天启五年的修筑主要是对原有长城包筑砖、石，从文献看，这是该段长城在明代的最后一次修筑记载。从国防形势的发展来看，隆庆四年俺答款贡后，大同镇边境烽火消寂，修边不再显得那么紧迫，明廷可以从容不迫地对一些紧要地段进行加固，而到了明末，东北女真人的崛起和境内此起彼伏的农民起义，开始取代包括大同镇在内的西北边境，成为明朝新的威胁，明长城大同镇段的修筑至此画上了句号。

二、分期修筑段落推测

通过上面的历史文献对照和军事形势的判断，可以形成大同镇长城修筑分期的一些基本结论，但对于各个阶段到底修筑了哪段长城，仍然疑问重重，在进行多文献比较核对的基础上，下文试图对这一问题有所探讨。由于翁万达总督宣、大时期的修边记载相对详细，因此选择这一时期的内容作为突破口。

（1）嘉靖二十五年（1546年）到嘉靖二十八年（1549年）长城修筑段落

从文献看，这四年的修筑主要有三段。

第一段是大同东路阳和口至宣府西阳河段，时间在嘉靖二十五年（1546年），见表1-2中第15～18条文献所记，修筑了城墙138里[2]、堡城7个和墩台154个。这一段之前并未筑有城墙，见翁万达《修筑边墙疏》中所述："狗阳和天城迤东接连宣府西界，中间多有通贼要路，因未筑有边墙，今年虏众深

1 《明会要》这一说法注明是引自《明史·贾应春传》，但《明会要》编者误解了后者的意思。《明史·贾应春传》记载，"明年（嘉靖三十三年）罢宣、大总督苏祐，以应春代。时秋防将届，代应春者江东未至，令仍旧任。"可见贾应春虽被任命接替宣、大总督一职，但最后却并未出任，传记中接下来的叙述内容均是三边之事，并未提宣、大一字，文中的"在镇数载，筑边垣万一千八百余丈，以花马池闲田二万顷给关城垦，边人赖之"一句所述应指贾应春总督三边时所为。（上引内容见《明史》卷202《贾应春传》，页5343）

2 关于修筑的长城墙体的长度，四条记载只有《明史》卷198《翁万达传》所记为128里，其余三条记载中两个作138里，一作130余里，可见《翁万达传》所记为笔误。

犯，率皆繇此出入，视中西二路有险足据，卒岁稍宁者，可以鉴矣。”[1]可见，翁万达等人在这一段所修为首创。

第二段是大同西中北三路，即阳和口至丫角山段，见表1–2第15和21两条文献所记。这一段为旧有，但“看得该镇边墙自阳和迤西靖虏堡起，至山西丫角山止，沿长五百余里，虽经先年陆续修完，比之今年新修阳和迤东一带，高低厚薄，委有不同，况入夏以来，雨水冲淋，尤多崩塌”[2]。基于此，在上一段修完之后不久，翁万达等人便力主补修这段墙体，按表1–2中第21条所述，这一段的补修于嘉靖二十六年（1547年）动工，但表1–2第19条中所记与这一时间相悖，怀疑周尚文所述是指他们所修的阳和以东段落加上旧有的阳和以西段落后的总和。关于这一次所修城墙长度，若按翁万达《修筑边墙疏》中所述[3]，则应是阳和口到丫角山这五百余里均需补修并添筑敌台，但若按表1–2中第20条所记詹荣和周尚文上奏数据，这一次修筑的城墙只有1040丈，折合5.78里，而修筑的敌台却有1000所，按翁万达《修筑边墙疏》所述每隔一里设一敌台，则1000所敌台足以覆盖阳和口到丫角山整个段落。合理的解释是，这一段在实际补修时，首先修筑的是敌台，其次才是墙体，墙体的补修延续到了嘉靖二十七年（1548年），见表1–2第22条所述。

第三段是修筑大同北西路边墙，即今天的大同市新荣区外边，见表1–2第23条所记。据《三云筹俎考》，该路“原为沙漠，无边可限，……自拓地置戍，建筑墩墙，茂穑力田，商旅云集，总兵周尚文之力居多”[4]。可见这一段长城为这一时期始创。

（2）嘉靖二十一年（1542年）长城修筑段落

这一年的修筑是在翟鹏任宣、大总督时主持的，据表1–2第14条所述，修筑了城墙390余里，增筑新墩292个，护墩堡14个，等等。这一时期的修筑一是原有的边墙已残毁殆尽，“旧日相沿虽有三边名色，以其逼近虏营，且无附近城堡藉之守护，遂致掏挖倾圮，鞠为坦道，遗址仅存。比年虏牧于夹墙之间，朝窥夕窃，东出西没，近边田土，日就荒闲，而驿路行旅间被杀虏，盖以障塞罔修，阻遏无恃”[5]。第二个原因是嘉靖二十年（1541年）蒙古人越过大同镇边境，深犯山西，直达潞安一带，“自二十年大虏深犯山西之后，边臣仰遵庙谟，东自阳和开山口，西至山西丫角山，修筑边墙一道，添设墩堡，募军守戍，嗣是虏贼有所忌而不敢轻犯，边人耕牧，为利颇多”[6]。但这一段长城到嘉靖二十六年（1547年）时，不仅比翁万达等人主持修筑的阳和迤东段低薄不少，而且被雨水冲淋致多处坍塌，因此才有上文所述嘉靖二十六年的补修。

（3）成化十三年（1477年）到弘治十年（1495年）修边范围推测

据表1–2第9、11、12条文献所记，成化十三年（1477年）、成化二十三年（1487年）和弘治八年（1495年）所修墙/壕/崖的长度分别为93779丈（约521里）、39232.6丈（约218里）和635里，共长1374里，就长度而论，足以在明大同镇边境修建两重围墙，值得注意的是，这一阶段长城的修筑是墙体、壕堑和墩台并重，而且后两者占了很大的比例，这一点从表1–2第10条余子俊所述可以看出来，这就可以解释为什么这么短的时间所修边备这么长。上段在分析嘉靖二十一年（1542年）的修边时，引述了翁万达

---

1 （明）翁万达《修筑边墙疏》，录于《明经世文编》，同名者共三篇，此为第一篇，页 2355.
2 （明）翁万达《修筑边墙疏》，录于《明经世文编》，同名者共三篇，此为第三篇，页 2358.
3 （明）翁万达《修筑边墙疏》，录于《明经世文编》，同名者共三篇，此为第三篇，页 2358–2360.
4 （明）王士琦《三云筹俎考》卷三“险隘考”之“大同镇所辖中北西威远三路图”文字部分 .
5 （明）翁万达《修筑边墙疏》，录于《明经世文编》，同名者共三篇，此为第一篇，页 2354–2355.
6 （明）翁万达《修筑边墙疏》，录于《明经世文编》，同名者共三篇，此为第一篇，页 2355.

《修筑边墙疏》中一些内容，大意是嘉靖二十一年（1542年）所修阳和口到丫角山段是在原来长城遗址的基础上重修，而嘉靖二十一年（1542年）之前的大规模修筑时间无疑正是成化十三年（1477年）到弘治十年（1495年）这一阶段，由此可见这一阶段的修筑范围包括前面所述的嘉靖二十六年所筑的阳和口到丫角山段，根据弘治八年的记载，修筑范围东至宣府西阳河，可见，天镇外段也属于其中，这些段落位于今天山西省和内蒙古自治区交界线上。但西阳河到丫角山不过635里，剩余的739里所指何处呢？再回到翁万达的《修筑边墙疏》，文中所述大同旧有“三边名色”，可见在嘉靖之前自北向南有所谓“大边”“二边”“三边”三条防线，“大边”“二边”肯定在今天山西省、内蒙古自治区界之北，“三边”有可能指今天山西省北部省界处。成化十三年（1477年）到弘治十年（1495年）的修边除上述西阳河到丫角山外，很可能也涉及更北侧边防的修筑。另余子俊在《议军务事》记述了他对修边的建议，“如大同中路起，西至偏头关接界处止，东西地远六百余里，地势平坦，无险可据，会议得四月五月，贼马多瘦，以往年较之，未能大举深入，除调集中西二路征操马步官军，并屯种官军舍余人等，做与墩样，从中路起，随小边故址每二里筑立墩台一座，每座四面，根脚各阔三丈，高三丈……”[1]文中“小边故址”一词令人费解，在该句旁边有一段批语，谓“其地阔远，不宜筑墙，止可立墩。”做批语之人肯定也了解嘉靖间修边情况，因此从这句批语可以推测，“小边”所记可能指西阳河到丫角山段长城的更北侧的防线，且很可能到了蒙古草原地带，如此才与批语所述相符。

（4）成化之前长城修筑段落推测

经过前面自嘉靖到成化一步步的回推，可以对成化之前的修边段落有一些粗略的认识。结合表1-2所录成化之前的修边记载，以及前面对大同镇长城修筑分期的分析，可以推测，永乐年间的修筑可能涉及了上段所述的“大边”“二边”，因为只有永乐时期的军事控制范围能深入北方蒙古地带，具备修筑“大边”“二边”的可能，且这一时期修筑的边防主要为烟墩、壕堑和屯堡，并没有形成绵延不断的城墙。而到了宣德之后，明军的实际控制范围已逐渐退出了蒙古地带，转为内缩式的守御，宣德到天顺年间的修筑可能奠定了今天山西—内蒙古省界线一带长城的走向，但这一时期由于多方面原因，并不会形成大规模的修筑，尤其是城墙，可能只有很短的段落。

（5）嘉靖二十八年（1549年）之后长城修筑段落推测

嘉靖二十八年（1549年）之后，从嘉靖三十一年（1552年）到嘉靖三十七年（1558年），几乎每年都在修边，这一时期的修边，基本是在原来翁万达在任期间修筑的基础上进行修补和增设，如嘉靖三十一年（1552年）兵部提议的修补、嘉靖三十三年（1554年）许论对翁万达在墙内筑台的纠正、嘉靖三十四年（1555年）杨博提议的修补（嘉靖三十九年的告成段落可能就是经杨博提议而修筑）。此外，嘉靖三十二年（1553年）修筑空心砖台的记载使我们可以摆脱以前公认的戚继光首创空心敌台的说法，对这一类型敌台的建造时间定了一个时间坐标。嘉靖之后，在隆庆三年仍有修边的记载，边境官员的目光开始转向以前的“大边”，对沿边墩台进行了帮筑，这也间接证明“大边”并没有建城墙。隆庆和议之后，一些城墙、墩台、悬楼和敌台得到砖包石砌或重新修筑，这也给这一类型的长城段落提供了一个时间依据。

根据以上推测和分析，可以形成关于明长城大同镇段修筑年代分期的初步结论（图1-5～图1-9）。

1 （明）余子俊《议军务事》，录于《明经世文编》，页487.

图 1-5　明成化之前长城修筑段落推测

图 1-6　成化十三年（1477 年）到弘治十年（1495 年）长城修筑范围推测

图 1-7　嘉靖二十一年（1542 年）长城修筑段落

图 1-8　嘉靖二十五年（1546年）到嘉靖二十八年（1549年）长城修筑段落

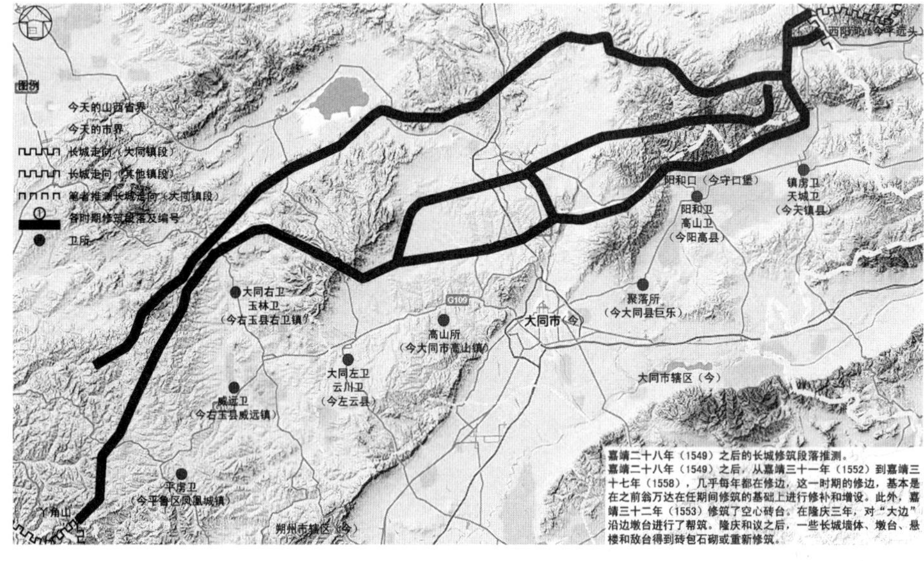

图 1-9　嘉靖二十八年（1549年）之后的长城修筑段落推测

小结

根据本章内容，得出如下结论：

（1）明长城大同镇段的修筑是和明蒙战争态势密不可分的，正统十四年（1449年）后战争主动权的丧失导致大同镇段长城的修筑由主动变为被动。

（2）明大同镇长城防御体系是一个动态的体系，在明初是屯堡、壕堑和烽火体系，在明中期是墩台、壕堑和边墙体系，到明中后期演变为边墙和堡城体系。明大同镇长城防御体系或许不是一个逐渐完善的体系，但它一定是一个适应各个阶段的边防形势而不断调整的体系。

（3）狭义而言，明大同镇城墙的修筑始于明前中期，并在明中后期得到成熟，它是大背景下的产物，随局势的变化登上历史舞台并使明代边防对其产生了依赖，成为边境防御的重要组成部分。

总之，明长城大同镇段的分期是一个非常复杂的问题，涉及明代的始筑、重修和修补，以及清代的维修等诸多时间和空间因素，上文虽作了一些探索，但仍有诸多疑问。要彻底解决这一问题，一方面要对历史文献进行全面梳理和考证；另一方面则必须对现状遗存知根知底，这也有待于各方面的努力。

第五节 研究范畴

一、构筑物名称阐释

明长城防御体系的各个类型和组成部分在历史上和今天的文献中往往有多种命名，如敌台又称“墩台”，烽火台也称“烟墩”等，为了保证所用名称的统一性、科学性和可操作性，参考了国家文物局和国家测绘局印发的《长城资源调查工作手册》中所制定的名称使用规范[1]，并结合明长城大同镇段现存情况，形成本书的命名体系（表 1-3）。

构筑物名称阐释 表1-3

<table>
<tr><th>类型</th><th>现状遗存[注]示意图（以夯土遗存为例）</th><th>名称释义</th></tr>
<tr><td>城墙及敌台</td><td> 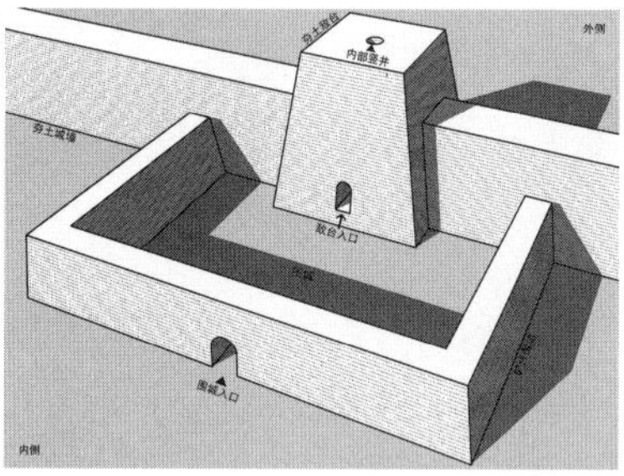</td><td rowspan="3">垛口（女口、雉堞、垛口墙）：城墙顶部外侧连续凹凸的矮墙。
瞭望孔（望孔）：用于观察瞭望军情的小型口，一般开在垛口下部。
射孔：用于射杀、打击敌人的小型口。
女墙（宇墙、女儿墙、睥睨/埤、女头墙）：城墙顶上的矮墙，一般建于内侧。
排水设施：为排泄城墙顶面的积水，在城墙内侧修筑的排水沟和排水口。
马道：墙体内侧供人、马通行的道路。
登城步道：供士兵上下城墙的阶梯。
敌台（敌楼、墩台）：突出于城墙的高台，可分为空心和实心两种。
马面（城垛、墙台、墙垛）：依附于城墙外侧、与城墙同高的台子。
铺舍（楼橹、铺房）：建于城墙或者敌台上，供守城士兵巡逻放哨时遮风避雨的建筑物，也是戍卒休息和储备军用物品的场所。
暗门（便门）：置于墙体内、外侧用于出入的小门。
阶梯：登临烽火台顶部的通道，可以修建在烽火台上，也可以为可移动的梯子。
围墙（墩院）：围绕在烽火台台体之外的墙体。
生活设施：库房、居住所、马圈、水井等。
报警设施：积薪、烟灶等。
堡墙：围筑关堡的墙体，在其上构筑其他防御设施。
护城河：由人工挖凿，环绕关堡的防御用河。
城门：在城墙墙体上开设的供平时交通和战时攻敌出入的通道。
城楼（门楼、战棚、楼子、敌团、堞楼）：城墙上的建筑物，有砖构、木构和砖木混合等类别，其主要功能为瞭望敌情和近距离射击敌人。
角楼：修建于城墙拐角处，用于观察、射击的楼台建筑。
瓮城（月城）：城门外侧加筑的突出于城墙外的城圈。
罗城（外城）：围筑于城墙外的城圈</td></tr>
<tr><td>烽火台</td><td> 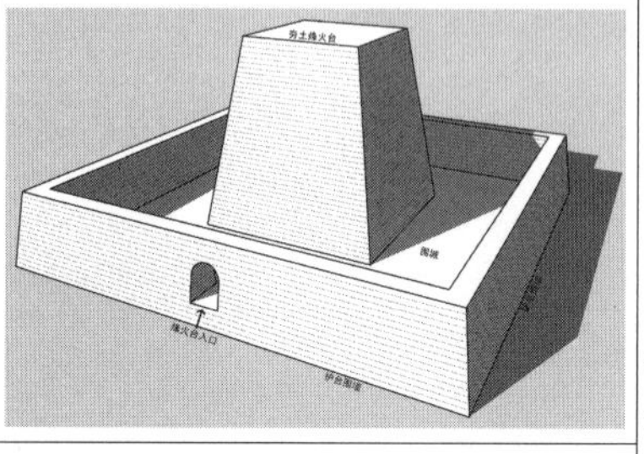</td></tr>
<tr><td>堡城</td><td> 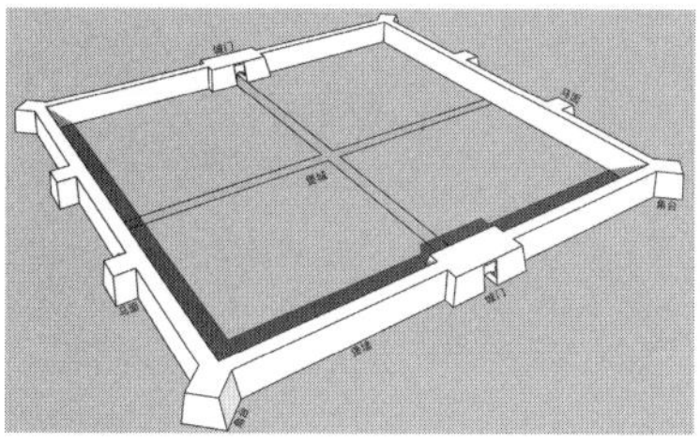</td></tr>
</table>

注：这里仅基于现状遗存绘制，原状存在的垛口、女墙、铺舍等构筑物和设施因没有遗存或根据现遗存无法推知原状而没有在图中表示。

1 《长城资源调查工作手册》，页 43-51.

二、地名阐释

地名方面，一些堡城和卫所城市的名称在明清之际做了一些更改，如将堡名中的“胡”改为“虎”（如杀胡堡、灭胡堡等）、“虏”改为“鲁”（如威虏堡、宁虏堡等）等，这些大都缘于清政府对于历史的掩饰，更改后的名称一直沿用到了现在，但本书以明代为背景，因此在文中除引文外，均采用明代所用名称。

三、实地考察内容

对现存明长城大同镇段的实地考察始于 2009 年 7 月 8 日，止于 2009 年 8 月 1 日。具体段落（图 1-10）自东向西分别为：大同市天镇县的平远头—二十墩段、新平堡—黄家湾段、瓦窑口—李二口—

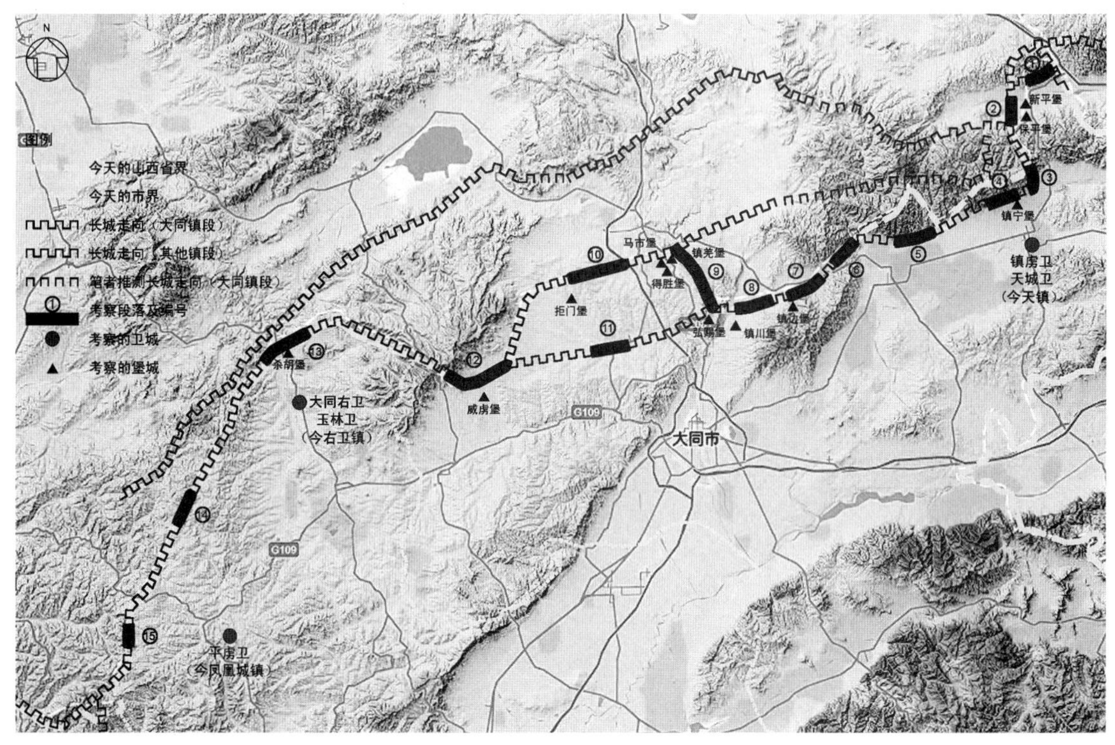

图 1-10　考察段落分布

薛三墩段、白羊口—榆林口段；大同市阳高县的许家园—虎头山段、守口堡—十九梁段、长城乡—镇边堡段；新荣的元墩—镇川口—镇川堡段、弘赐堡—镇羌堡段、拒墙口—拒门堡段、新荣镇段；左云的徐达窑—八台子段；右玉的二十五湾—杀胡口—四台沟段；平鲁的七墩—新墩段、寺怀段。

为了精确和方便研究，本次实地考察采用 GPS 定位和编号相结合的方式，对城墙、敌台、烽火台和马面进行命名，也方便与文物部门采用的编号系统进行对接[1]。本次编号结合了各类型字母代号和数

1　由于条件限制，目前尚无法获得山西省文物部门所采用的编号系统，故本次考察采用自行编号的方式，未来若进行对接，可用 GPS 定位数据做媒介 .

字序号，城墙、敌台、烽火台和马面分别用大写字母C、D、F、M指代，数字序号为三位数，自东向西编号。

考察段落及内容统计见下表（图1-10，表1-4）。

实地考察内容及编号 表1-4

区县	段落	城墙	敌台	烽火台	马面	城堡	关城	过河城桥
天镇县	平远头—二十墩	城墙D001—D014	D001—D014，D015—D016	F001—F014，F015—F016	—	—	—	—
	新平堡—黄家湾	城墙D024—D030	D017—D030	F017—F027	—	新平堡，保平堡	—	—
	保平堡—桦门堡	—	D031—D051	—	—	—	—	—
	瓦窑口—李二口—薛三墩	城墙C002—C006，城墙C004—D056	D052—D060，D061—D063	F028—F032	—	—	—	—
	白羊口—榆林口	城墙D072—C007	D064—D084	F033—F035	—	镇宁堡	镇宁堡南侧关城	—
阳高县	许家园—虎头山	城墙D085—D089	D085—D090	F036—F045	—	—	—	—
	守口堡—十九梁	城墙C009—D111	D091—D107，D108，D109—D111	F046—F052，F053—F061，F062—F065	—	—	—	—
	长城乡—镇边堡	城墙D112—D131	D112—D121，D122—D125，D126—D131	F066—F083	M001—M008	镇边堡	—	—
新荣区	元墩—镇川口—镇川堡	城墙D132—D145	D132—D137，D138—D141，D142—D145	F084—F086，F087—F097	M009—M019	镇川堡	—	—
	弘赐堡—镇羌堡	城墙C015—D164	D146—D164，D165—D170	F098—F107	—	弘赐堡，镇羌堡，市场堡，得胜堡	—	—
	拒墙口—拒门堡	城墙C019—D185	D171—D192，D193—D196	F108—F116	M020，M021—M022	拒门堡	—	—
	新荣镇段	城墙D208—C020	D197—D213	F117—F148	M023	—	—	—
左云县	徐达窑—八台子	城墙C021—D238	D214—D222，D223—D236，D237—D238	F149，F150—F163，F164—F172，F173—F185	M024	威虏堡	某关城（D148处）	—
右玉县	二十五湾—杀胡口—四台沟	城墙D239—C034，D248北侧拦马墙	D239—D252	F186—F187	M025—M031	右卫城，杀胡堡（包括平集堡和中关）	—	兔毛河桥
平鲁区	七墩—新墩	城墙C036—D261	D253—D261	—	M032—M033	平虏城	—	—
	寺怀段	城墙D262—D263	D262—D263	F188	—	—	—	—

第六节 城墙

一、城墙体量

城墙因其单薄而绵长，受自然和人为破坏较为严重，大部分段落内侧高为6 m以下，只有个别地段为7 ~ 10 m，主要包括天镇张仲口到李二口之间、李二口北侧的爬坡段D058—D060之间，以及榆

图 1-11　从关内望城墙 D076—D077

林口东侧的 D075—D078 之间，后者的最高处达 10 m，远远望去，一道高墙隔绝内外，长城之宏伟雄壮迎面袭来。上述这几段较高的墙体均位于天镇和阳高境内，这段长城为明嘉靖年间翁万达总督宣大时所筑，当时的修筑就比阳高以西段落要高厚许多，至今犹然（图 1-11）。阳高以西长城的高度普遍在 7 m 以下，明嘉靖年间，宣、大总督翁万达提议增补大同镇阳和口到丫角山之间长城，即阳高以西长城，提及的城墙尺寸为“高二丈，底阔一丈七八尺，收顶一丈二三尺”[1]，可见，当时的标准墙高即为 6.4 m。

就地形而言，今天大同市天镇县、阳高县一带明长城，大多位于山脉南侧或东侧的山脚处，墙外地平高而墙内地平低，客观上也使得城墙必须加高才能满足防御需要；而阳高以西段落地处平地或山坡上，没有内低外高的弊端（表 1-5）。

现存城墙体量统计　　表 1-5

行政区划	墙体段落	高度（m）		宽度（m）		行政区划	墙体段落	高度（m）		宽度（m）	
		内侧	外侧	顶宽	底宽			内侧	外侧	顶宽	底宽
	（明）翁万达的规定	6.4	6.4	4.16	5.76	阳高县	城墙 D109 西侧	6.5	—	—	—
天镇县	城墙 D001 东侧	7.8	3.1	2	—		城墙 D110—D111	4.6	3.3	2.8	—
	城墙 D024 北侧	4.1	7	2.3	—		城墙 D127—D128	4.5	—	—	—
	城墙 D026—D027	5.5	—	2	—	新荣区	城墙 D132—D133	5.5	—	3.7	—
	城墙张仲口西侧	—	6	—	—		城墙 D133—D135	3.8	—	—	—
	城墙走向李二口	7	7	—	4		城墙 D136—D137	4.6	—	—	—
	城墙 D058—D059	8	8.5	4.5	7.5		城墙 D146—D147	3.3	—	2	—
	城墙交汇点西北侧长城	8	—	—	7		城墙 D155—D156	4.5	—	—	—
	城墙 D061—D062	7	—	2	6.5		城墙 D171 东侧	3.6	—	1	—
	城墙 D075 东侧	9	—	—	—		城墙 D171—D172	3	—	3	—
	城墙 D076—D077 五	9	—	—	3.5		城墙 D173—D174	2.5	3.3	2.3	—
	城墙 D076—D077 二	8.6	—	2	4.7		城墙 D175—D176	—	3.3	3	—
	城墙 D076—D077 一	9	—	—	—		城墙 D181—D182	4.7	8.8	2.6	—
	城墙 D077—D078	9	—	1	4.8		城墙 D210—D211	4.8	4.8		—
	城墙 D078 东侧	10	—	—	—	左云县	城墙 D217—D218	1.7	2.6	1.4	—
	城墙 D078 西侧	5.4	—	—	—		城墙 D220—D221	5.5	—	1	—
阳高县	城墙 D086 东侧	3.6	2.6	—	3.2		城墙 D223—D225	5.5	4.3	2.4	—
	城墙 D086—D087	6.7	—	—	—		城墙 D229—D230	—	6	1.8	—
	城墙 D088 西侧	6	4	2	—		城墙 D232—D233	1.9	—	—	—
	城墙 D093 东侧	3.4	—	—	—		城墙 D236 南侧	6.2	7.1	3.5	8.7
	城墙 D096—D098	4.3	—	2	—		城墙 D236 北侧	3.7	2.9	3.1	—
	城墙 D102 西侧	2	—	—	—	平鲁	城墙 D253 东北侧	—	4.7	—	—
	城墙 D106 东侧	4.7	—	—	—						

1　（明）翁万达《修筑边墙疏》，录于《明经世文编》，同名者有三篇，此为第三篇，页 2359.

二、墙体斜度[1]

根据对测量数据进行统计，城墙的斜度一般在 70° ~ 80° 之间，且墙体内外斜度相差不大，墙体斜度最大的位于 D075—D078 之间，斜度达到 85° （图 1–12）。表现在地域差别上，大同镇东侧，尤其是天镇一带城墙的斜度普遍大于大同镇西侧，和上述城墙体量的地域差别一致。据明嘉靖间翁万达的规定，城墙的标准斜度约为 83° ，夯土城墙很容易受外界侵蚀，实测数据大多低于这一斜度。

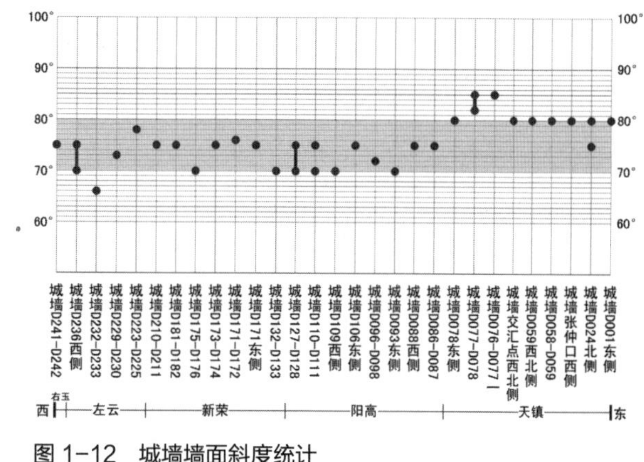

图 1–12　城墙墙面斜度统计

第七节　敌台

绝大多数敌台是骑在城墙上，敌台内侧与墙体几乎对齐，外侧突出墙体；但有极个别案例位于墙体外侧，典型实例如阳高镇边堡附近敌台 D130，在城墙外侧 20 多米处，两者之间以一段垂直于长城的墙体相连接，此外，新荣元墩附近的敌台 D138 和 D141 均位于长城内外两侧，距城墙约 10 ~ 20 m，与 D038 不同的是，敌台本身与墙体并无联系，但因其附近离城墙稍远处另有烽火台，而且这三例离前后确定的敌台相距较远，故将其视为敌台。

敌台的平面形状均为方形或近似方形，只有个例为长方形，如 D171，长边比短边相差 4 m。

一、敌台尺度

（1）夯土敌台体量

由于长年累月的风化、侵蚀和破坏，现存敌台绝大部分已非原来尺寸。

根据敌台高度实测数据（图 1–13），高度为 10 ~ 12 m 的敌台所占比例最多，达半数以上；高度为 10 m 以下的敌台大都风化严重或局部坍塌，形体已不完整；高度为 12 m 以上的敌台有 15 例，其中，最高的约 15 m，为 D001 和 D107。

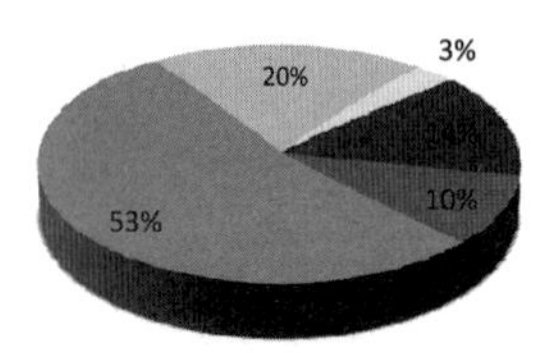

■H≤8　■8＜H＜10　■10≤H≤12　■12＜H≤14　■H＞14

图 1–13　夯土敌台高度统计

根据敌台底部平面实测数据（图 1–14），底方为 10 ~ 12 m 的敌台所占比例最多，近半数；底方为 12 ~ 14 m 和 8 ~ 10 m 的次之；小于 8 m 和大于 14 m 的最少，测量数据中最大的为敌台 D237 的 15.5 m，位于左云八台子后山上。

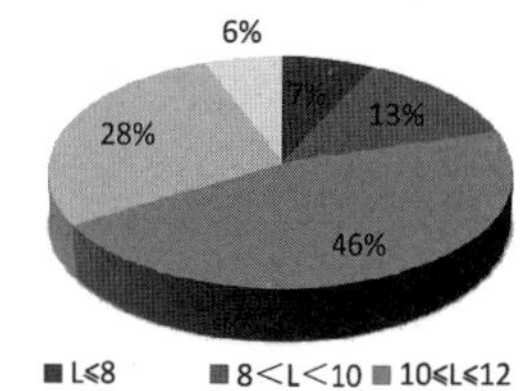

■L≤8　■8＜L＜10　■10≤L≤12　■12＜L≤14　■L＞14

图 1–14　夯土敌台底方统计

根据明代成化年间余子俊和嘉靖年间翁万达总督宣、大两镇时的修边

1　墙体斜度是指外墙面与地面的内夹角度数，由于测绘所用仪器为斜度测量仪，所以采用度数来代替收分，仪器误差为 ±1° ，以下与此同，不再赘述 .

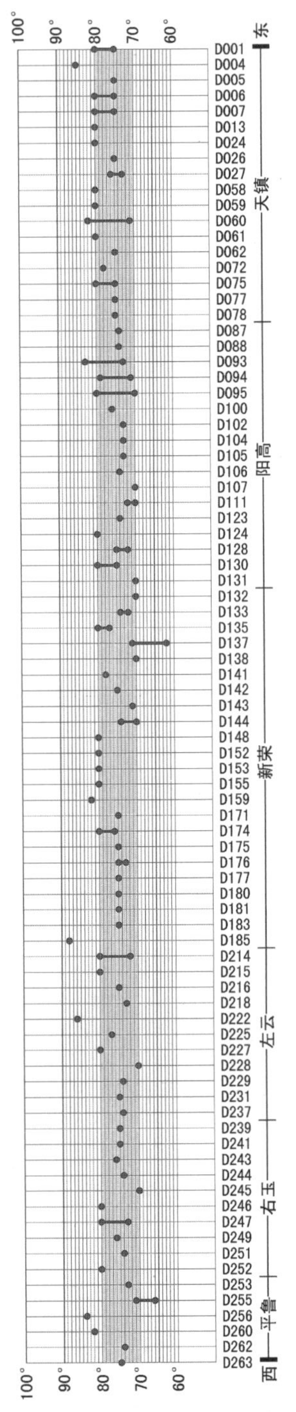

图 1-15 敌台墙面斜度统计

记载[1]，他们规定墩台的高度和底方均为 3 丈，折合今天尺度为 9.6 m，而嘉靖三十三年（1554 年）许论出督宣、大、山西军务时的规定是“高广方四丈五尺，其颠损三之一”[2]，敌台高达 14.4 m。这一定程度上反映了敌台体量越修越大的趋势，而且提供了一种以敌台体量来判断修筑年代的可能。总体来看，现存大部分敌台的体量和历史数据较为接近，显示敌台整体高度和底阔损毁较小，间接证明了夯土敌台的结构强度。

（2）包砖敌台体量

镇宁楼底阔近 14 m，高 15 m 有余（缺垛口高度）；徐氏楼（D256）砖砌层下部平面尺寸为 14.1 m（垂直于城墙方向）× 14.5 m（平行于城墙方向）；D260 砖砌层下部平面方 14.9 m。就这三例来看，砖砌敌台的平面尺度要大于一般的夯土敌台。

（3）敌台墙面斜度

根据对敌台墙面斜度实测数据的统计（图 1-15），敌台的墙面斜度在 70° ~ 80° 之间较为常见，低于 70° 的敌台基本属于坍塌风化严重者，经测量墙面斜度大于 80° 的有 6 例，分别为 D004、D159、D185、D222、镇宁楼、徐氏楼（D256）和 D260。其中后三个为包砖敌台，斜度分别为 85° 、84° 和 82° ；其余四例则为夯土敌台，这四例中，D004 已四分五裂，面临坍塌的危险，D159 则是局部坍塌，只有 D185（图 1-16）和 D222 保存较好，墙体转角部分呈小圆角，墙面斜直，基本保留了刚剥去外包砖层的状态，它们的墙面斜度也最大，分别为 88° 和 86° ，竟然超过了现存的几个砖砌敌台的外墙斜度，这对于夯土墩台而言，已属最笔直挺拔者。

根据明嘉靖年间许论的规定，敌台顶部收进底阔的 1/3，折算墙面斜度约为 80° ，上述实测数据大部分与此相同或略低，可见 80° 为当时敌台墙面的标准斜度。

二、敌台上人方式

夯土敌台的上人方式分为外部攀爬、内部竖井和内部楼梯三种，其中外部攀爬类占 64%，内部竖井类占 35%，是两种主要的上人方式（图 1-17）。采用内部楼梯上下的只有 1 例，为敌台 D222，现为夯土敌台，原状是否空心不得而知，但根据现状遗存可以断定它原本为包砖敌台，

1 （明）余子俊《议军务事》：“如大同中路起，西至偏头关接界处止，东西地远六百余里，地势平坦，无险可据，会议得四月五月，贼马多瘦，以往年较之，未能大举深入，除调集中西二路征操马步官军，并屯种官军舍余人等，做与墩样，从中路起，随小边故址每二里筑立墩台一座，每座四面，根脚各阔三丈，高三丈，……”（明）余子俊《议军务事》，录于《明经世文编》，页 487。（明）翁万达在奏疏中规定敌台高度为三丈，未规定底阔，见（明）翁万达《修筑边墙疏》，录于《明经世文编》，同名者有三篇，此为第三篇，页 2359.

2 《明史》卷 186《许论传》，页 4929.

加上现存的砖砌敌台 D256（徐氏楼）和镇宁楼均采用内部楼梯式，可以断定，内部楼梯只用于包砖敌台。但并非所有包砖敌台均采用内部楼梯上下，如包砖敌台 D260，采用外部攀爬式上人，以及可以确认原状包砖的敌台 D246，上人方式是采用内部竖井。内部竖井的入口位置有两种，一种是位于敌台与城墙连接处，士兵可以通过城墙进入敌台，另一种位于城墙内侧，底部往往高于内侧地平。

图 1–16　敌台 D185（自东向西摄）

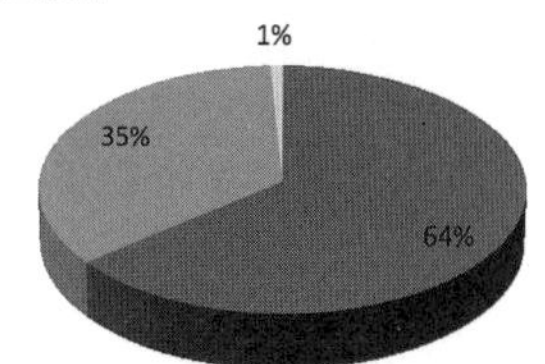

图 1–17　敌台上人方式统计

图 1–18　敌台 D173（自东向西摄）

三、围城和护台围墙

（1）围城及护台围墙类型

敌台内侧常筑有围城，以屯守边军马。明嘉靖年间许论修边奏疏中称，敌台应“下筑月城，穴门通出入”[1]，鉴之它镇，明隆庆间戚继光出任蓟镇总兵时规定“（摆守官军）有敌台去处，即就台为营，敌台内一面仍用乱石叠砌五六尺高小墙十余丈，如月城样以便安马”[2]。可见，围城及护台围墙是明代敌台的一个常见组成部分。

根据调查数据，现存敌台中近三分之一有围城和护台围墙遗存，考虑到自然和人为的破坏，该比例应该更多。现存围城均为方形，出于安全考虑，围城大多位于长城内侧，内外侧均有和只在外侧有的占少数，分别只有 5 例和 3 例。

两侧均有者的案例分别为 D172、D173（图 1–18）、D175、D176 和 D256（徐氏楼），其中，前四例为长城上自东向西顺续排列的四个敌台（中间只间隔敌台 D174），位于大同市新荣区辖区拒墙口到拒门堡段之间，这里地势平坦，防守不易，先天地利之不足使敌台的作用必须得到加强，护台围墙伸向外侧可以增加迎敌面，保护敌台和城墙免受破坏；D256（徐氏楼）为空心包砖敌台，位于河谷一侧的山坡上，地理位置险要，是屯兵布防的重要据点，因此围城也是内外均有。

对于只在外侧布置的 3 例，均是由敌台的特殊位置——位于长城外侧而非骑于城墙之上——所造成的，这也使得它们的护台围墙均呈门字形与长城相接，把敌台围合在内，如敌台 D130。

（2）围城和护台围墙尺度

就内侧围城来看，围城平面均呈长方形，平行于城墙一侧为长边，其中又以长宽比为 1:2 的占据大多数，1:3 的次之；围城宽度（距敌台底部轮廓的水平距离）一般为 7 ～ 11 m，大于 11m 的有两例，分别为敌台 D218 的 13.5 m 和 D222 的 22 m，围城长度分为 18 ～ 23 m 和 25 ～ 30 m 两个等级，前者占多数，后者占少数。至于围城和护台围墙位于外侧案例，由于敌台位于长城外侧一段距离处，护台围墙为与长城相接，故形成长边垂直于城墙的布置，本次只测绘了一例，为 D130，长宽分别为 44.6 m 和 27.2 m。内外侧均有围城的案例中，位于平地上的四个案例均是外侧围城尺度稍大于内侧围城，如敌台 D172，

1　《明史》卷 186《许论传》，页 4929.

2　（明）戚继光《设备附台军营》，《明经世文编》卷 350《戚少保文集五》，页 3768.

图1-19　敌台D237护台围墙上的两个洞口（自西向东摄）

内侧为 7.7 m×32 m，外侧为 10 m×33 m，长边皆平行于长城，显示外侧防御的重要性；对于徐氏楼，它的内侧围城尺度为 66 m×140 m，外侧为 22 m×31 m，长边平行于长城，内外尺度相差巨大，内部围城内可能需要屯驻大量兵马。

对于护台围墙的高度，现存案例中大多数在 1 m 或 1 m 以下，其中很多已成为田垄状，1 ~ 2 m 的有 7 例，2 m 以上的只发现 3 例，分别为 D237 的 2.9 m、D222 的 6 m 和 D225 的 3.6 m。据此推测，护台围墙的高度一般为 3 ~ 4 m，少数冲口处的敌台可能与城墙同高，且仅作为围合墙体，顶部不能通人。

（3）围城入口

围城入口一般位于正面围墙中央，调查的 44 例有护台围墙遗存的敌台中，有 10 例在此处有洞口，有 10 例是该位置有缺口，很可能原来也有洞口，另有 17 例因为墙体遗存非常少而不能确定，只有 5 例确定在该位置没有洞口，此外，仅有一例是在围墙侧面墙体上发现有明显的断口痕迹，显示该围城入口可能设置在侧面。就洞口的形状而言，普遍为上小下大之势，上部略呈弧状，显示原状可能为券洞。

护台围墙上的洞口在作为入口使用的同时，很可能兼有排水的功能，许多围城地面在洞口处形成一个塌陷区，不知是有意为之还是受雨水冲刷而成。现状有一些敌台的护台围墙入口尺度太小，如 D151、D179 等，洞口只能容一个成年人爬着进去，可能出于防御的需要。此外，调查中发现敌台 D237 正面围墙上有两个洞口（图 1-19），一个高 0.88 m，底阔 0.7 m，一个高 1.51 m，底阔 1.75 m，若两个洞口均为原状遗存，那么排水和入口可以并行不悖。

第八节 烽火台

一、烽火台溯源

烽火台是具有独立功能的长城附属设施，作为长城军事防御系统的一个重要组成部分，用以增强整体的防御能力。烽火台的产生早于长城，《史记·周本纪》中所载周幽王烽火戏诸侯一事即说明烽燧系统至迟在西周时就已出现，并已形成一套行之有效的快速通报敌情和远距离指挥军队的举措。而长城是在战国时期才开始出现，但自从长城出现后，具有预警功用的烽火台便与具有防御功用的长城一起有机结合，构成了共同的军事防御体系。

烽火台古称“烽燧”，包括两种意思，其一指烟火信号而言，《说文解字》称：“烽燧候表也。边有警，则举火。”在此概念中，烽燧并非一词，其义有两说：一说昼举烽，夜举燧。《史记·正义》中便记载：“昼日燃烽，以望火烟；夜举燧，以望火光也。烽，土橹也；燧，炬火也，皆山上安之，有寇则举之。”[1]

1　转引自《中国长城遗迹调查报告集》中的《嘉峪关及其附近的长城》，页 116.

另一说则恰相反，认为昼举燧，夜举烽。李贤在《后汉书·光武纪》“修烽燧”跳下注解说：“《前（汉）书音义》曰：边方备警急，作高土台，台上作桔皋，桔皋头上有兜零（笼），以薪草置其中，常低之，有寇即燃火，举之以相告，曰烽；又多积薪，寇至即燔之，望其烟曰燧。昼则燔燧，夜则举烽。”查《汉书音义》，李贤是援引文颖之说，且为近代著名学者王国维所认同，称之为“卓识”[1]。两家之争尚未有定论。然而无论烽、燧何者为昼举何者为夜举，其从表现上看则皆为昼燃烟，夜举火。其二指施放烟火信号的台子。《说文解字》称：“燧，塞上亭，守烽火者。”段玉裁解释说：“塞上亭”是“谓边塞守望烽火之亭”[2]。故烽燧合文既指烟火信号，也指施放烟火信号的台子。

烽火台自西周产生之后，经春秋战国至汉代，以其为主的边防侦察报警体系，已经发展得较为完备，后世对于烽燧系统的改进均在汉代的基础上发展而来。

明代，烽燧制度有了更大的改进，除了放烽、燃烟之外，还加上鸣炮报警。明成化二年（1466 年）的法令规定：“令边俱举放烽炮，若见敌一二人至百余人，举放一烽一炮，千人以上三烽三炮，五千以上四烽四炮，万人以上五烽五炮。”这样既提高了军情传递的准确性，同时也加快了传递的速度[3]。

二、烽火台位置和平面形状

烽火台根据其位置不同，分为沿边烽火台、腹外接火烽火台、腹内接火烽火台和加道烽火台四种。实地考察主要沿着城墙进行，所以接触到的近 90% 都是沿边烽火台，剩下的均为腹内接火烽火台。腹内接火烽火台主要位于堡城的附近或线性指向堡城，是前线向堡城和上一级军事单位传递情报的信号站，如位于保平堡附近的 F022—F027。沿边烽火台中又可以分为墙体内侧和外侧两种，在本次调查中，位于内侧的沿边烽火台有 39 个，占 27.3%，位于外侧的 88 个，占 61.5%，虽然内外两侧的烽火台就传递烽火而言并无实质差别，但外侧多于内侧这一现象说明外侧的烽火台在战时更能发挥作用，除了传递烽火，它和墙体、敌台可以一起钳制敌人。

实地考察的烽火台有方形和圆形两种。其中，方形有 75 例，圆形只有 17 例，且圆形的分布较为集中，主要位于平远头到新平堡段、保平堡附近以及弘赐堡到得胜堡段，显示出圆形烽火台的建造不是一种随机的行为，而是一种较为固定的规制，同区域的圆形烽火台极可能是同时期按照同样规格建造。

三、烽火台尺度

（1）烽火台体量

根据考察实测数据（图 1–20），烽火台的高度以 8 ~ 10 m（包括 8 m 和 10 m）最为常见，占测量总数的近 60%；次之则为 6 m 以下，占 23%，但高度小于 6 m 的敌台大都残毁严重，与原高度相差较远。调查中发现最高的烽火台达 11 m 有两例，分别为 F082 和 F057，位

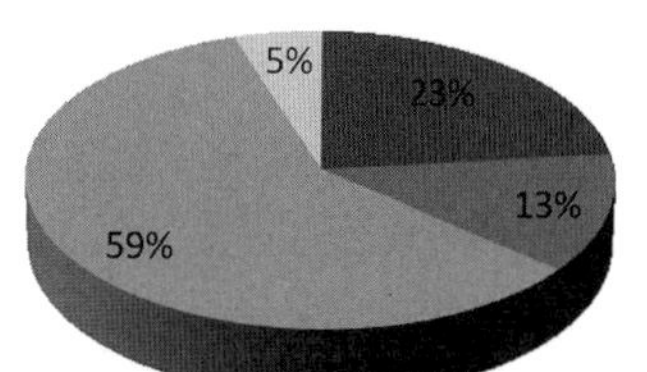

图1–20　烽火台高度统计

1　转引自韩若春 . 烽燧考辩［J］. 咸阳师范学院学报 ,2001,16（4）：35.

2　段玉裁《说文解字注 • 十四篇下》，页 737.

3　朱耀廷，郭引强，刘曙光 . 古代长城——战争与和平的纽带［M］. 沈阳：辽宁师范大学出版社，1996.

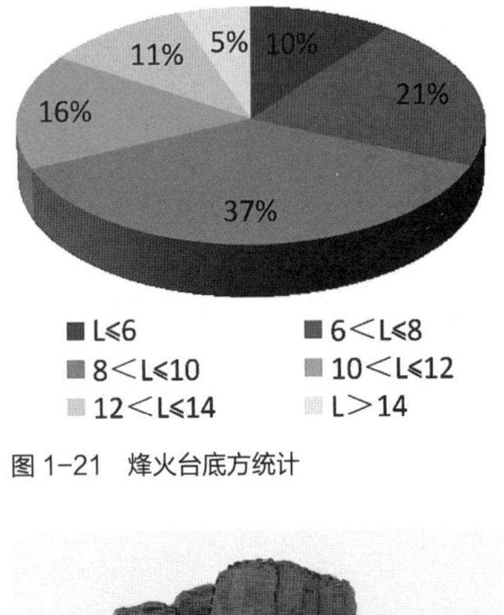

图 1-21　烽火台底方统计

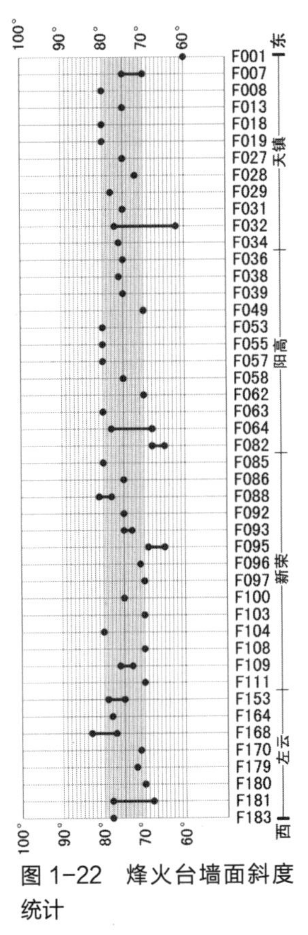

图 1-22　烽火台墙面斜度统计

图 1-23　烽火台 F036 东侧断面（虚线所示为内部竖井轮廓）

于阳高县。综合以上数据，烽火台原高度当为 9 m 左右，相当于明代的 3 丈。但据明永乐年间的记载，当时修筑的烽火台高五丈有奇[1]，现存的烽火台可能大部分为明永乐之后所筑。

对于底部平面尺度（图 1-21），边长或直径在 10 ~ 12 m（包括 10 m 和 12 m）之间的烽火台的数量最多，接近半数，次之为 12 ~ 14 m，这两种尺度所占比例总和接近 75%，由此可以推测明长城大同镇段烽火台的平面尺度一般为 3 丈到 4 丈。

（2）烽火台墙面斜度

根据测量数据统计（图 1-22），墙体的斜度以 70° ~ 80° 占绝大多数，低于 70° 的大都残毁较严重，考虑到岁月的侵蚀，可以推断烽火台的原斜度大致在 75° ~ 80° 之间。

同敌台斜度不同的是，烽火台实测斜度呈现出高度的一致性。

四、烽火台上人方式

此次调查的烽火台中，采用内部竖井的只有 5 例，其余全部采用外部攀爬的方式。采用内部竖井的做法应该同敌台一样，是在墩台夯筑完成后另行挖出一个竖井，内壁上布满参差的凹槽供人攀爬，其中 F036（图 1-23）由于墩台坍塌，显露出了一个完整的带竖井的烽火台剖面，它的竖井并不是直通型，而是在中部弯折，这种做法增强了防御，同时也证明竖井是在烽火台夯筑完成后所挖。

五、围城和护台围墙

根据明永乐年间的记载，当时的烽火台外有围城，围城外又挖有壕堑[2]，现壕堑已几乎无存，只在 F154 周围发现有壕沟遗存（图 1-24）。调查的烽火台中，能辨认有围城和护台围墙遗存的只有 23 例，占总数的四分之一，但这一数据并不能代表明代原状，且剩余的没有护台围墙的案例中，不论位于平地

1　《太宗实录》卷 144，页 1709，“（永乐十一年十月）己酉，山西缘边烟墩成。先是，从江阴侯吴高请于缘边修筑烟墩。至是，东路自天城卫至榆林口直抵西朔州卫暖会口，西路自忙牛岭直抵东胜路至黄河西对岸达沟村烟墩皆成。高五丈有奇，四围城高一丈，外开濠堑、吊桥、门道，上置水柜，暖月盛水，寒月积冰。墩置官军三十一人守瞭，以绳梯上下，皆上所规画也。”

2　同上条注释.

还是山地，大部分所处位置周围是小块平地，具有建成围墙的可能，许多原有的护台围墙可能已湮没无存。

就围墙的形状而言，烽火台的护台围墙与敌台的相比，不仅有方形还有圆形，圆形护台围墙案例有四个（F100、F102、F103、F104），对应的烽火台均为圆形（图 1–25），且这四例集中分布在弘赐堡到得胜堡之间，应该是同期同样式修筑。烽火台方形围墙中大多数能够辨认为四周环绕，少数只存一侧或三侧，可能受侵蚀和破坏所致。此外，还有三例则只有三面围墙，另一侧以城墙为界，分别是 F109、F136 和 F154。以 F109（图 1–26）为例，它是沿边烽火台，位于墙体外侧（北侧）约 130m 处，其北、东、西三面围以“U”形围墙交于城墙，形成一个关城。F154 和 F109 的情况较为接近，但不同之处在于它的围墙外侧有壕沟遗存，约 1 m 深，4 m 阔，戒备可谓严密。从地理位置上看，F109 和 F154 均位于广阔平地上，面对游牧民族驰骋的铁骑，防守形势十分严峻，通过“U”形围墙，变小面积围城为小型关城，无疑是一种有效阻击敌人进攻的做法。

据记载，明永乐年间所建沿边烽火台的护台围墙高度为一丈，约 3 m 高，现存的护台围墙大多残毁严重，成缓坡状，最高者不足两米，夯层厚度和原斜度已无法识别。

图 1–24　烽火台 F154（自南向北摄，右侧围墙外可见壕沟遗存）

图 1–25　烽火台 F100（自东向西摄）

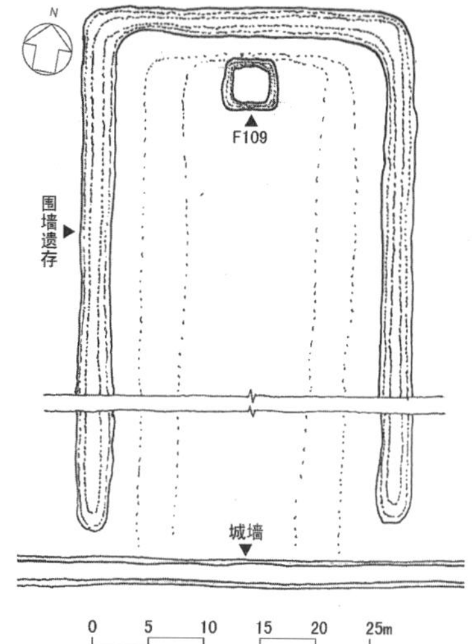

图 1–26　烽火台 F109 总平面示意

第九节 城堡

根据《三云筹俎考》（以下简称《筹俎考》）和《宣大山西三镇图说》（以下简称《图说》）记载，截至明万历末年，大同镇所辖城堡共 72 个，本节的分析即基于两种文献所记数据和内容（见附录 J），鉴于《筹俎考》完成时间晚于《图说》，记载内容较为完整，因此以《筹俎考》为主要数据和内容来源，局部以《图说》做对照。

明大同镇各城堡城周比较　　表 1–6

城周（明制）	镇城	路城	堡城
小于 1 里	—	—	桦门堡、三屯堡、马营河堡
1 ~ 2 里	—	—	保平堡、瓦窑口堡、镇宁堡、镇门堡、守口堡、镇羌堡、拒墙堡、拒门堡、云冈堡、保安堡、云西堡、马堡、残胡堡、云阳堡、黄土堡、红土堡、铁山堡、云石堡、威胡堡、威平堡、败胡堡、迎恩堡、阻胡堡、将军会堡、乃河堡
2 ~ 3 里	—	助马堡	平远堡、靖虏堡、镇川堡、镇虏堡、镇河堡、西安堡、威虏堡、宁虏堡、破胡堡、牛心堡、杀胡堡
3 ~ 4 里	—	新平堡、得胜堡	永嘉堡、镇边堡、破虏堡、马邑城
4 ~ 5 里	—	井坪城	弘赐堡、怀仁城、山阴城

续表

城周（明制）	镇城	路城	堡城
5 ~ 6 里	—	威远城	—
6 ~ 7 里	—	平虏城、朔州城	应州城
大于 9 里	大同城	天城城、阳和城 左卫城、右卫城	—

《筹俎考》和《图说》所记城堡周长比较 表 1–7

类别	数量		城堡名称及差值（单位：明尺）							
两者一致	57	堡名	平远堡、新平堡、桦门堡、镇宁堡、镇口堡、守口堡、靖虏堡、天城城、镇边堡、镇川堡、弘赐堡、得胜堡、镇羌堡、拒墙堡、镇虏堡、镇河堡、大同镇城、聚落城、许家庄堡、王家庄堡、浑源城、灵丘城、广灵城、广昌城、蔚州城、高山城、助马堡、云冈堡、威虏堡、宁虏堡、云西堡、左卫城、三屯堡、云阳堡、牛心堡、马堡、黄土堡、杀胡堡、红土堡、马营河堡、右卫城、铁山堡、祁家河堡、威远城、云石堡、威胡堡、威平堡、平虏城、败胡堡、阻胡堡、井坪城、灭胡堡、将军会堡、朔州城、马邑城、应州城、怀仁城							
《图说》>《筹俎考》	8	堡名	永嘉堡	镇门堡	保安堡	破虏堡	灭虏堡	破胡堡	迎恩堡	西安堡
		差值	1620	5	360	1800	360	40	360	500
《图说》<《筹俎考》	7	堡名	保平堡	阳和城	瓦窑口堡	拒门堡	残胡堡	乃河堡	山阴城	—
		差值	–180	–180	–1080	–235	–410	–40	–145	—

一、城堡的位置和规模

堡城的位置分为三种，一是沿边堡城，占大多数，二是沿交通要道排列的堡城，如马营河堡、红土堡、黄土堡、牛心堡、三屯堡、云西堡、云冈堡等，线性分布于明代大同右卫、大同左卫和大同镇之间，三是内地堡城，如许家庄堡、王家庄堡、西安堡等。三种位置的堡城和长城、卫所城市和镇城一起，构成了一个严密的防御体系。

关于堡城规模，文献中对应的数据主要是堡城的周长。

从上表（表 1–6）可以看出，城周首先明显地与城堡的等级有关，镇城的城周最大，路城的城周次之，堡城的城周则较小（图 1–27）。堡城的城周集中分布在 1 ~ 3 里的范围之间。48 个堡城中有 36 个城周在此范围内，其中有 25 个堡城的城周在 1 ~ 2 里之间。据《乡约》堡制载："大小不限……但取内容丁众，外远俯逼而已。然大不如小，小则坚"[1]，可知在相同驻军范围条件下，规模相对较小的城堡更易于坚守。

同时，城堡的大小与所处地形有一定的关系，平地要比丘陵和山地更适合建大型城堡。以堡城为例，周长较大的城堡如弘赐堡、新平堡、得胜堡和镇边堡等均位于平地上，而周长最小的桦门堡则位于用地受限的山地。

此外，明代纪录大同镇城堡数据最为详尽的两本资料——《筹俎考》和《图说》——中所记城堡周长数据并不完全一致（表 1–7）。

总体而言，《筹俎考》和《图说》两种文献在城周数据上一致的占大多数，有差别的按差值又可分为三类，一是少于 100 尺，有 3 例，30 m 左右的差值在古代没有精确测量工具的前提下是可能出现的；二是相差 100 ~ 400 尺，有 8 例（包括残胡堡的 410 尺），50 ~ 100 m 的差距或许与瓮城的计算与否有关；三是 500 ~ 1800 尺，有 4 例，160 ~ 500 m 的差距则可能反映了城池在前后的展扩或收缩。

1 （明）尹耕《乡约》，转引自《中国兵书集成》第 40 册，页 54.

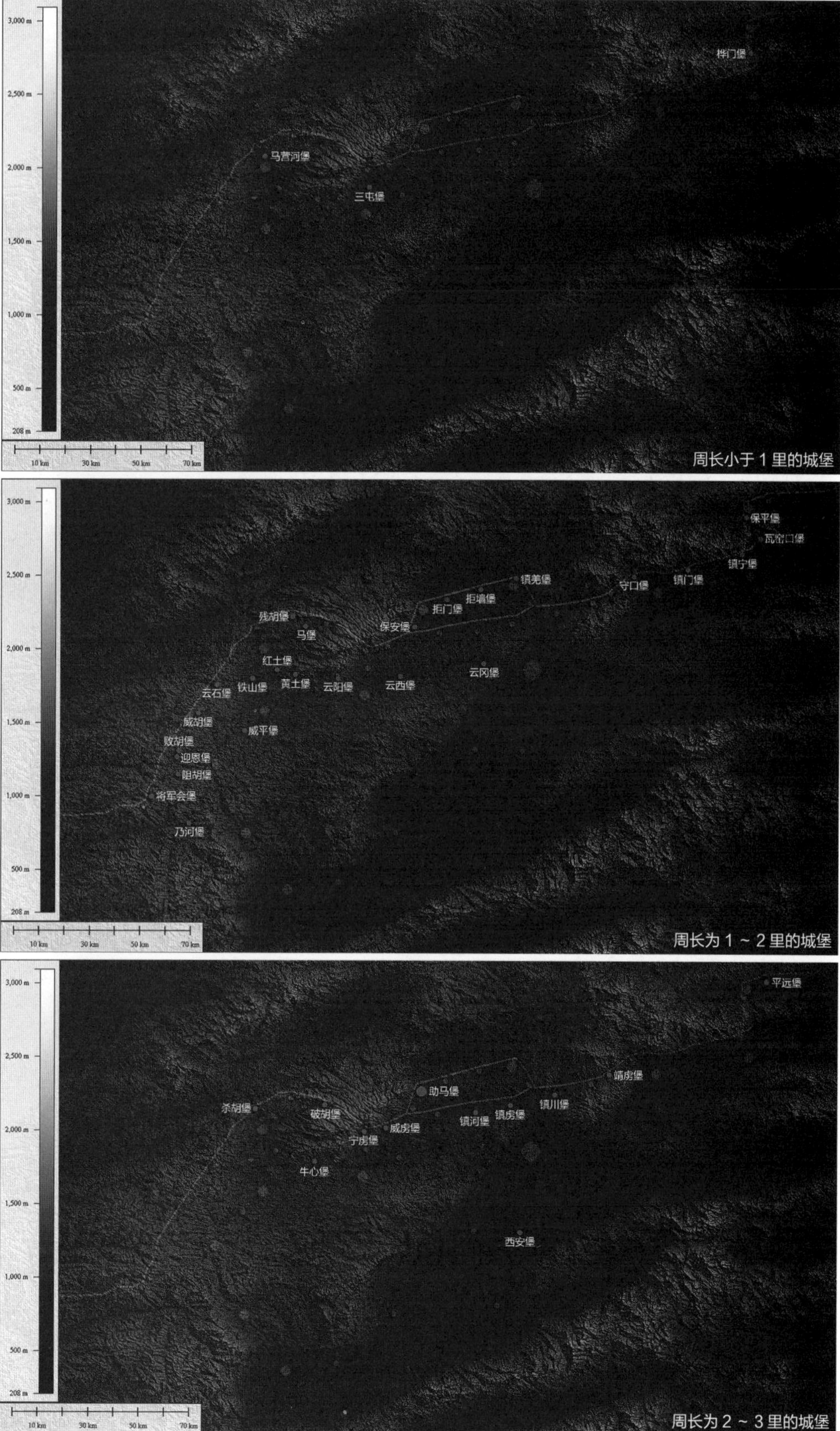

图 1-27 城堡周长等级分布图（一）

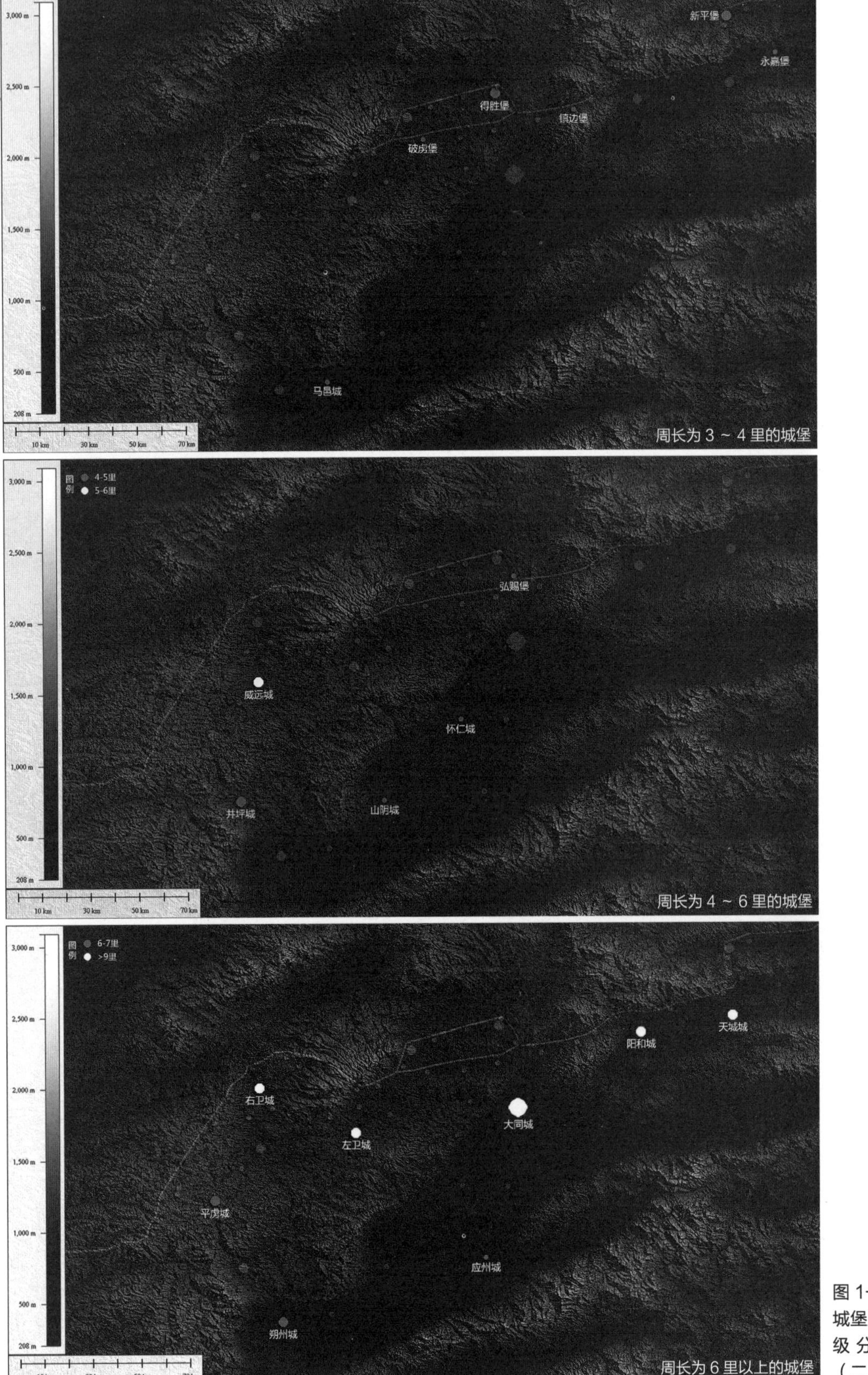

图 1–27 城堡周长等级分布图（二）

二、城堡的设置及包砖 / 石时间

《筹俎考》对城堡的建造和设置时间有明确的记载，一般分为土筑和包砖 / 石两个阶段，书中对土筑的描述有三种类型，一是明确提及土筑或土建，二是提及某年设或创、创筑，这两类占大多数，第三类是由民堡"更筑"（镇边堡）或"更置"（许家庄堡）。鉴于堡城的建造和官兵的进驻是堡城被纳入正规军事用途的两个必要条件，因此把这三种类型合一，定为堡城初设的时间，和包砖 / 石的时间做一个统计和比较（图 1–28）。

就城堡的创设时间而言，卫所和地方城市要明显早于堡城，形成前后两个明显阶段：一些重要军事城池如大同镇城、朔州城等在洪武初年即已建成，其余卫所和地方城池也大都在弘治之前创设；而堡城的创设直至嘉靖年间才得以开展。52 座堡城的初设时间从嘉靖十八年（1539 年）延续到了万历九

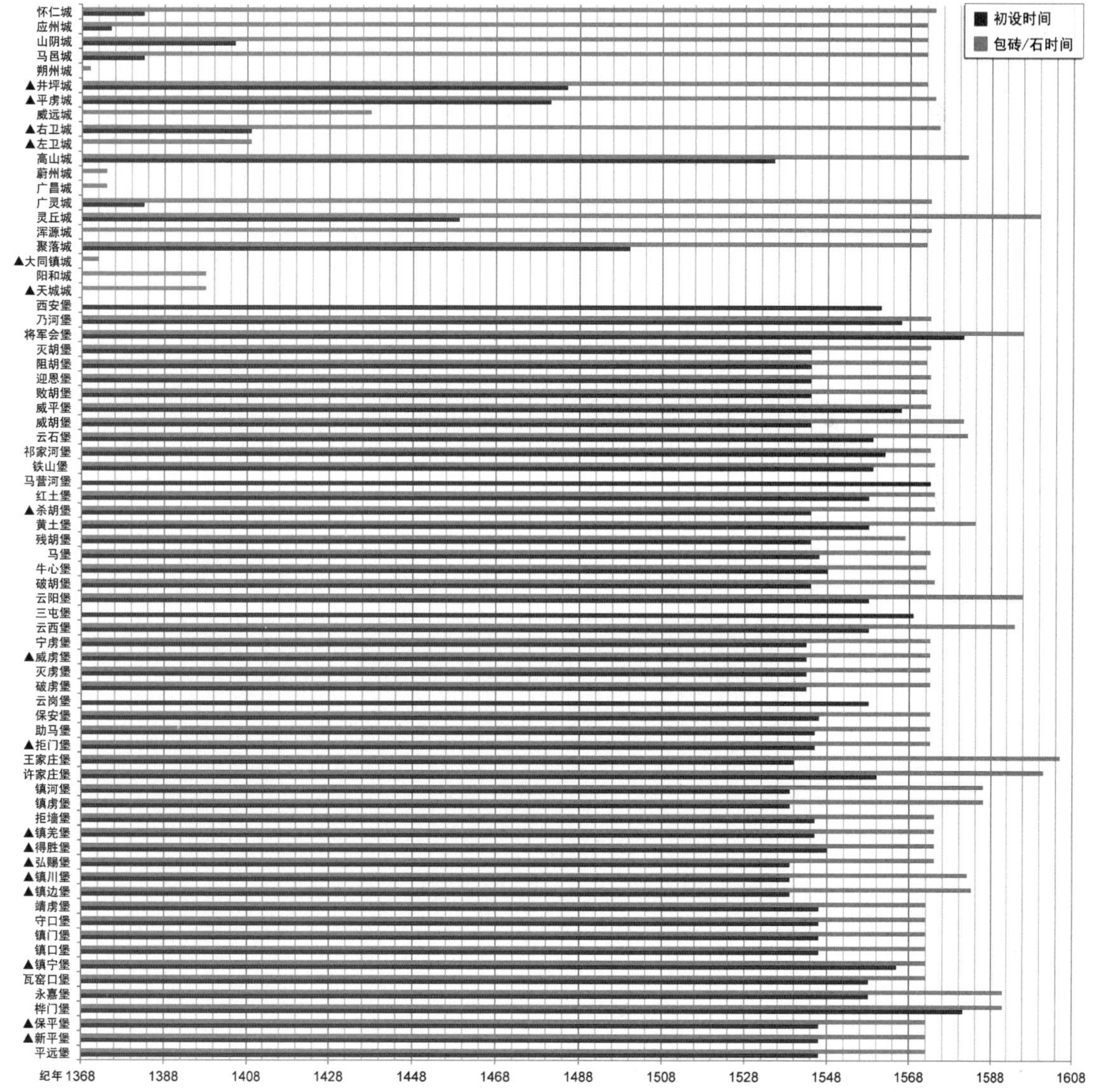

图 1–28 城堡初设和包砖年代统计（堡名前标"▲"的为实地调查的城堡）

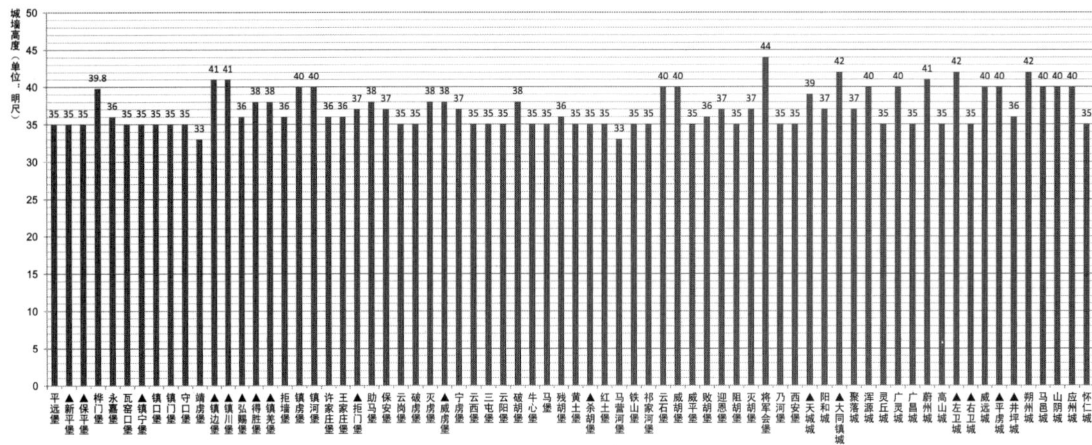

图 1–29　城堡墙体历史高度统计（堡名前标“▲”的为实地调查的城堡）

年（1581 年），在这四十多年的时间里，经历了嘉靖朝中期和晚期两次集中修建高潮：一是嘉靖十八年（1539 年）到嘉靖二十七年（1548 年）这十年里，有 33 座堡城得到设置或建造，二是嘉靖三十七年（1558 年）到嘉靖四十五年（1566 年）间，有 15 座新的堡城出现。城堡的创设时间反映出与边防战事和防御需要的密切关系，早期只有卫所体系说明当时大同镇的军事防御压力相对较小，而后期堡城的创设与前文中提及的长城集中修筑时期重合，对应于当时日益恶化的边防态势和逐渐收缩的防御边界。

就城墙材料而言，其与军事地位的重要性密切相关，一些重要军事卫所和地方城市在建造之初就已包砖，如大同镇城、朔州城、左卫城、天城城、阳和城等，其余的卫所和地方城池则大都迟至隆庆年间，与堡城的包砖 / 石时间一致。与卫所城市有所不同，堡城在创设时均为夯土版筑，经过一段时间后，大多数堡城才开始逐渐包砌砖 / 石，来加强防御。堡城的包砖 / 石时间主要集中于隆庆至万历末年，以隆庆元年（1567 年）残胡堡包石开始，共出现了三次包砖 / 石高潮，分别是隆庆六年（1572 年）到万历二年（1574 年）、万历九年（1581 年）到万历十四年（1586 年）和万历十八年（1590 年）到万历二十四年（1596 年），其中，1572—1574 年的三年内共有 33 座堡城得到包筑，占总数的近 70%。比较而言，城堡的包筑时间比初设时间要密集得多，且包筑高潮出现在隆庆和议之后，实为乘局势缓和之机加强防御。除此之外，云冈堡、三屯堡、马营河堡和西安堡等四座堡城直到万历末年都没有包筑砖石，应与其均非沿边堡城，且防御等级相对较低有关。

三、城堡墙体的建造高度

根据《筹俎考》所记数据，对城堡墙体历史上的高度统计如下（图 1–29）。

首先，《筹俎考》上面记载了各个城堡的墙体高度，但并没有注明是含女墙总高还是仅墙体高度，这里只把这些数据看做是针对同一对象（或总高或墙高）的高度。经过统计，发现 35 尺（明尺，下同）是一个较为普遍的数值，有 29 例，近于总数一半；低于 35 尺的只有两例，分别是靖虏堡和马营河堡，均为 33 尺，其中马营河堡可能是因为土筑未包砖的缘故；高于 35 尺的有 41 例，从 36 尺到 44 尺不等，这里面，40 尺应该是一个分界线，40 尺及 40 尺以上有 18 例。按明代一尺折合今天 0.32 m 来换算，则 35 尺有 11.2 m，40 尺有 12.8 m，44 尺为 14.08 m，城墙之高可见一斑。而且，有两个方面值得注意：一是重要卫所和地方城池的墙体高度大部分高于 40 尺，且比例明显高于堡城，说明城墙高度与城池军事地位有关；二是墙体高度大于 35 尺的堡城包筑时间大多较晚，在嘉靖三十七年（1558 年）之后，说明后期的城堡修筑标准有所提高。

其次，《图说》中所记墙体高度数据与《筹俎考》并不完全一致，《图说》表述墙体高度时的说法有三类，一是“高几丈几尺”，二是“高连女墙几丈几尺”或“连女墙高几丈几尺”，三是“通高几丈几尺”，其中，后两类均确指包含女墙高度。

通过对比（表 1–8），《图说》的三类表述所涉及的数据和《筹俎考》均有不同之处。而根据表中列出的差值，可以大略得出这些差值的出现主要有两种情况：

一是 3 尺以内的差距，可能是由城堡周围地形差异和城墙因地制宜造成的，不同位置测出的高度会不一致，这个差值换算成现在的尺寸在 1 m 以内，是可以理解的。

二是 5 尺到 7 尺的差距，即今天的 1.6 ~ 2.24 m，这个数值很可能反映了雉堞的实际高度，略高于士兵身高，有利于加强防护，保证士兵在城墙上的快速移动。

此外，对于王家庄堡的 14 尺差距值得注意，《筹俎考》中只注明是“嘉靖十九年土筑，万历三十三年砖包”，三丈六尺是砖包之后的高度，而《图说》则记载的是包砖前的高度，因此这个高度差（折合今天为 4.48 m）应该是包砖前后的差距，这里面除了女墙的高度，应该也含有对原夯土墙体的加高。

《筹俎考》和《图说》所记城堡高度差值统计　　表 1–8

《图说》表述方式	类别		城堡名称及差值（单位：明尺）					
“高几丈几尺”	两者一致	堡名	共 12 个卫所和地方城市、31 个堡					
	后者多	堡名	破虏堡	残胡堡	云石堡	威平堡	右卫城	—
		差值	7	0.5	1	2	7.2	—
	后者少	堡名	王家庄堡	保安堡	灭虏堡	威虏堡	将军会堡	—
		差值	–14	–2	–3	–3	–7	—
“高连女墙几丈几尺”或“连女墙高几丈几尺”	两者一致	堡名	共 6 个卫所和地方城市、5 个堡					
	后者多	堡名	云西堡	云阳堡	黄土堡	马营河堡	威胡堡	高山城
		差值	6	6	6	6	2	7
	后者少	堡名	无					
“通高几丈几尺”	两者一致	堡名	永嘉堡					
	后者多	堡名	三屯堡	—	—	—	—	—
		差值	5	—	—	—	—	—
	后者少	堡名	无					

四、堡城构筑物的现存尺度

由于保存下来的卫所和地方城池较少，且城墙遗存完整性较差，因此这里只针对堡城城墙进行统计。

（1）高度

现状堡墙大多残毁严重，所剩无几，与历史数据（按 35 尺折合今天 11.2 m）相差较远，且外包砖墙已丧失殆尽。

就测量数据看，弘赐堡城墙保存状况最差，高度只有 4 m，且仅剩局部几段，其他几个堡城基本在 5 ~ 6 m 左右，个别堡城的局部段落还保持着 7 m 以上的高度，如新平堡的北墙和南墙，保平堡的东墙，镇宁堡的北墙，镇川堡的南墙和东墙，得胜堡的东墙和南瓮城南墙，以及拒门堡的东门瓮城外墙等。此次测得的最高墙体是镇川堡东墙，靠近东北角台处的墙体高达 11.1 m，历史上该堡墙体高连女墙四丈一尺，折合今天尺度为 13.12 m，现存墙体高度与原貌较为接近，以此推算，则垛口高度为 2 m。

根据统计（表 1–9），马面和角台一般和城墙齐平或稍高，且它们的保存状况明显好于堡墙。此外，数据显示，同一个堡城的角台高度要高于马面的高度，如镇川堡、镇羌堡和拒门堡所示。

堡墙和马面、角台实测高度统计 表 1–9

堡名	内容	测点及内外高度						
		堡墙				马面和角台（只有外侧高度）		
新平堡	测点	东墙测点 1	北墙测点	南墙测点 1	南墙测点 2	南墙马面	—	—
	内 / 外	5.46/–	7/–	3 ～ 10/–	8/–	12	—	—
保平堡	测点	北墙测点	东墙测点	—	—	—	—	—
	内 / 外	3.4/–	–/10 ～ 14	—	—	—	—	—
镇宁堡	测点	西墙测点	北墙测点	—	—	西北角台	—	—
	内 / 外	–/5	–/7.1	—	—	12.8	—	—
镇边堡	测点	南墙测点 1	南墙测点 2	—	—	西南角台	西北角台	—
	内 / 外	4.6	5.6/5.6	—	—	11	11	—
镇川堡	测点	西墙测点 2	南墙测点	东墙测点 1	东墙测点 2	西北角台	东北角台	北墙马面 2
	内 / 外	4/4	–/7.1	–/8.6	–/11.1	10	11	9
弘赐堡	测点	东墙测点 1	东墙测点 2	—	—	东南角台	—	—
	内 / 外	4/4	—	—	—	6.7	—	—
镇羌堡	测点	东墙测点 1	东墙测点 2	—	—	东墙马面	东北角台	—
	内 / 外	–/6.2	—	—	—	7.2	9	—
市场堡	测点	东墙	—	—	—	东北角台	—	—
	内 / 外	6/6	—	—	—	6	—	—
得胜堡	测点	东墙	南瓮城南墙	—	—	东北角台	东墙马面	—
	内 / 外	–/7.1	8.1/8.1	—	—	7.7	7.5	—
拒门堡	测点	北墙	东门瓮城外墙	—	—	北墙马面（西侧）	东北角台	北墙高台
	内 / 外	–/6.5	–/9	—	—	7.4	9	9.9
威虏堡	测点	南瓮城西墙	南瓮城南墙	—	—	西墙马面（南侧）	—	—
	内 / 外	–/6.2	5/5	—	—	8.5	—	—
杀胡堡	测点	中关西墙测点 2	杀胡堡南瓮城东墙	中关东墙	—	中关东墙马面	—	—
	内 / 外	–/4.9	5/–	3.7/3.7	—	7.1	—	—

（2）平面尺度

由于外包砖墙基本无存，夯土墙体又残毁严重，因此墙体的现状顶宽和底宽与原状相差较远，只有得胜堡的墙体顶部残留砖墁，数据相对准确，现顶部宽 3 m，可作为窥探原状的一个参照。

对于马面和角台的平面尺度，统计如表 1–10。

堡城马面和角台平面尺度实测统计 表 1–10

堡名	测点	顶部		底部	
		顶长（m）	顶宽（m）	底长（m）	底宽（m）
镇宁堡	西北角台	6.7（西）	5.8（东）	11.2（西）	10.3（北）

续表

堡名	测点	顶部		底部	
		顶长（m）	顶宽（m）	底长（m）	底宽（m）
镇边堡	西南角台	—	—	10.7	4.8
镇川堡	西北角台	—	—	9.5	7
	北墙马面 1	—	—	15	3
	北墙马面 2	—	—	14	—
镇羌堡	东墙马面	6.6	3.9	9.6	5.4
	东北角台	—	—	11	8.6
	北墙马面	—	—	11	—
市场堡	东北角台	—	—	5.7	7.1
得胜堡	东北角台	—	—	7.6	10.3
	东墙马面	7.6	7.5	9.9	9
拒门堡	北墙马面（西侧）	—	—	9	6.3
	北墙高台	6.8	5.8	10	12.5
威虏堡	西墙马面（南侧）	—	—	8	4.6
杀虎堡	中关东墙马面	—	—	8	4.2

就上表测绘数据看，堡城角台和马面的数据各自并不一致。就角台看，除去镇宁堡角台为正出较特殊外，其他几个堡城的角台有两种情况，一是角台长度大于角台伸出宽度，如镇边堡、镇川堡和镇羌堡，二是角台长度小于宽度，如得胜堡和附近的市场堡。对于马面，表中几例均为长度大于伸出宽度，一般长 8 ~ 10m，宽 4 ~ 6m，镇川堡的马面长而窄，但面积与其他几例较为接近。拒门堡北墙中央高台则在平面尺度上为角台与马面之首，显示了其特殊的地位。

（3）墙面斜度

根据对堡墙和马面、角台墙面实测斜度的统计（表 1–11），斜度为 70° ~ 80° 的占大多数，只有个别案例不在此范围内。同一堡城的堡墙和马面、角台的墙面斜度约略相当，只有镇羌堡除外，它的马面和角台的墙面斜度大于堡墙斜度。

堡墙和马面、角台墙面斜度实测统计 **表 1–11**

堡名	内容	墙体斜度					
		堡墙			马面和角台		
新平堡	测点	北墙测点	南墙测点 1	南墙测点 2	南墙马面	—	—
	斜度	70° ~ 75°	82°	82°	75°	—	—
保平堡	测点	北墙测点	—	—	西北角台	—	—
	斜度	73°	—	—	75° ~ 77.5°	—	—
镇宁堡	测点	西墙测点	北墙测点	—	西北角台	—	—
	斜度	80°	75°	—	80°	—	—
镇边堡	测点	南墙测点 1	南墙测点 2	—	西南角台	—	—
	斜度	70° ~ 80°	80° ~ 85°	—	76° ~ 80°	—	—
镇川堡	测点	西墙测点 2	南墙测点	东墙测点 1	西北角台	西南角台	东南角台
	斜度	75°	75°	75°	70°	72°	75°
镇羌堡	测点	东墙测点 1	—	—	东墙马面	东北角台	—
	斜度	65°	—	—	78°	75°	—
市场堡	测点	东墙	—	—	东北角台	—	—
	斜度	72°	—	—	80°	—	—
得胜堡	测点	东墙	南瓮城南墙	—	东北角台	东墙马面	—
	斜度	75°	80°	—	75°	78°	—

续表

堡名	内容	墙体斜度					
		堡墙			马面和角台		
拒门堡	测点	北墙	东门瓮城外墙	—	北墙马面（西侧）	东北角台	—
	斜度	70°	70°	—	70°	73°	—
威虏堡	测点	—	—	—	西墙马面（南侧）	—	—
	斜度	—	—	—	78°	—	—
杀胡堡	测点	中关西墙测点 2	杀胡堡南门瓮城东墙	中关东墙	东墙马面	—	—
	斜度	75°	75°	80°	72° ~ 78°	—	—

第二章 地利与防御

修筑长城的目的，在于防御敌人的侵扰，而长城是修筑在客观的自然地理环境之中的，这就涉及如何利用自然地理条件，最大限度地发挥长城的军事防御功能。《孙子》有述：“用兵之法，有散地，有轻地，有争地，有交地，有衢地，有重地，有圮地，有围地，有死地。……行山林、险阻、沮泽，凡难行之道者，为圮地。”[1]《吴子·论将》也指出：“路狭道险，名山大塞，十夫所守，千夫不过，是谓地机。”[2]皆突出了自然地理条件在构筑军事防御体系中的重要作用，且修筑长城之时对具体地形地貌的考虑，使得地理特征对长城的影响尤为深刻，其与当地自然地理环境的结合，更是长城地域性的重要体现。

长城本体指城墙以及在此之上修筑的各种军防设施，本章主要探讨城墙和敌台与地理环境的关系。在实地调研的基础上，根据地理特征将大同镇长城经过区域分为山地、山麓、平地三种。为行文方便，现将实际调研的区域按现有的行政区划，分成天镇段、阳高段、大同段、左云段、右玉段和平鲁段这6个区域。其中，位于山地的有天镇段 –3、天镇段 –4、阳高段 –2、右玉段和平鲁段；位于山麓的有天镇段 –1、天镇段 –5、阳高段 –1、左云段；位于平地的有天镇段 –2、阳高段 –3、大同段 –1、大同段 –2、大同段 –3 和大同段 –4（图 2–1）。

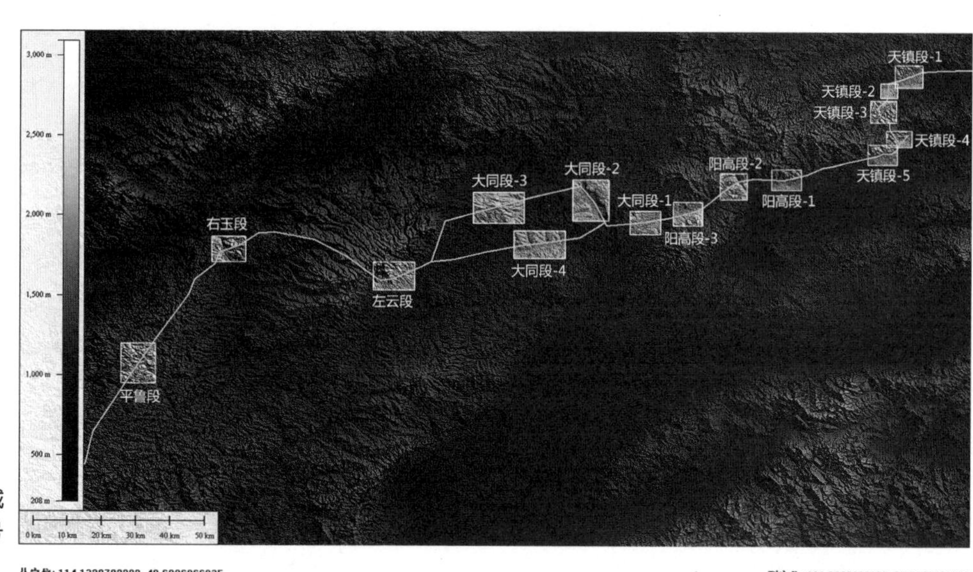

图 2–1
实地调研长城段分布及编号

图 2–2
长城沿线地形剖面

图例：▼垂直于长城的剖切线位置（数字对应下图 2–3 中的各剖面编号）

注：纵轴表示海拔高度，横轴表示水平距离

1 《孙子》卷 11《九地篇》，引自《诸子集成》，页 1274.

2 《吴子·论将第四》，引自《诸子集成》，页 1299.

第一节 整体走线与地形

一、城墙整体走线

山西北部地区地形地貌变化较多，长城自东向西，根据具体环境的不同，体现了“因地选型”的原则。从长城沿线整体地形剖面上看，其经过的地势可以分为两个梯级，第一梯级从剖面 1 至剖面 17 段，长城或位于山麓，或位于平地，除了剖面 2 ~ 4 段翻越的二郎山外，地势都较为平缓，平均海拔在 1250 m 左右，其外侧为内蒙古高原。第二梯级从剖面 18 至大同镇长城最西端，长城自威虏堡往西进入内蒙古高原，基本沿山脊而行，平均海拔在 1750 m 左右（图 2–2、图 2–3）。

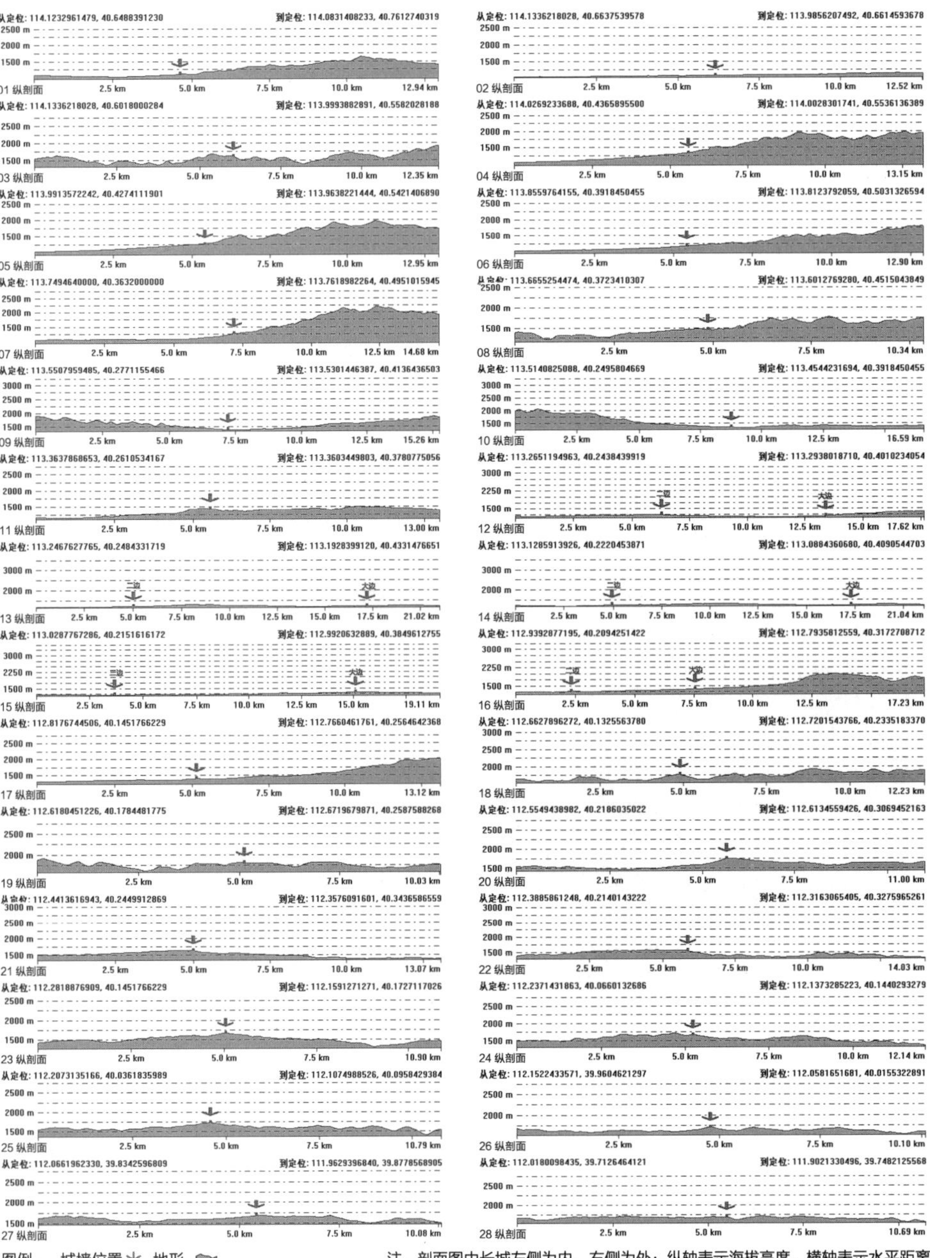

图 2–3 长城逐段地形剖面

在第一梯级中，剖面 1 至剖面 2 段长城自平远堡始至新平堡，位于山麓及平地上，沿线地形的平均海拔在 1000 m 左右。剖面 1 处长城位于山地与平地的过渡区，外侧山地的最高海拔在 1600 m 左右，内侧平地的平均海拔在 1000 m 左右。剖面 2 处长城两侧皆为平地，平均海拔在 1000 m 左右。剖面 2 至剖面 4 段长城自保平堡始至镇宁堡，翻越最高海拔约 1750 m 的二郎山山脉。剖面 4 至剖面 7 段长城自镇宁堡始至守口堡，位于山麓，平均海拔在 1200 m 左右。此段的长城位于平地和山地的过渡带上，外侧山地的最高海拔在 2200 m 左右，内侧为平地的平均海拔在 1100 m 左右。剖面 8 至剖面 11 段长城自守口堡始至镇川堡，平均海拔在 1400 m 左右。长城位于南北两山之间的山坳处，地势较为平坦。剖面 12 至剖面 17 段长城位于大同盆地上，自宏赐堡始至威虏堡，平均海拔在 1250 m 左右。剖面 12 至剖面 15，大边及二边两道长城的两侧皆为平地，地势平坦，平均海拔在 1200 m 左右。剖面 16 至剖面 17，由于靠近内蒙古高原，长城外侧地势稍高。

第二梯级剖面 18 至剖面 28 段自威虏堡始至将军会堡，位于内蒙古高原上，平均海拔在 1750 m 左右。此段长城基本都沿山脊而行，两侧没有剧烈的地形起伏，海拔高度没有太大的变化，坡度变化较为缓和。

长城在第一梯段多不走险阻，而沿山麓或平地而行的原因，主要是从军事战略角度出发的。如前所述，此段长城外侧原有多重城墙，但由于种种原因，至迟在嘉靖后期业已尽废，所以此段长城是实际上的御敌前线。

现以剖面 4 至剖面 8 段（瓦窑口堡至靖虏堡）和剖面 11 至剖面 14（镇边堡至拒墙堡）两段长城沿线各城堡的兵力配置为例。

剖面 4 至剖面 8 段（瓦窑口堡至靖虏堡）段长城皆沿山麓而行，其范围在明代大同镇中属阳和道东路。根据《九边图说》整理此路所辖内各城堡的军备情况如下表所示（表 2–1）。

阳和道东路各城堡军备 **表 2–1**

城堡名称	城堡等级	守军人数	马骡匹数
阳和城	路城	6928	5892
天城城	路城	1021	26
永嘉堡	堡城	298	17
瓦窑口堡	堡城	468	19
镇宁堡	堡城	302	16
镇口堡	堡城	311	16
镇门堡	堡城	512	48
守口堡	堡城	466	45
靖虏堡	堡城	461	37

剖面 11 至剖面 14（镇边堡至拒墙堡）段长城皆在平地上，其范围在明代大同镇中属巡道北东路。整理此路所辖内各城堡的军备情况如下表所示（表 2–2）。

巡道北东路各城堡军备 **表 2–2**

城堡名称	城堡等级	守军人数	马骡匹数
得胜堡	路城	2448	1189
镇边堡	堡城	722	82
镇川堡	堡城	679	70
宏赐堡	堡城	607	92
镇羌堡	堡城	1053	184
拒墙堡	堡城	420	30

续表

城堡名称	城堡等级	守军人数	马骡匹数
镇虏堡	堡城	245	47
镇河堡	堡城	333	7

从表中可看出：阳和道东路驻军总人数为10767人，其中阳和城和天城城两个路城的驻军人数占了总驻军人数的74%；巡道北东路驻军总人数为6507人，其中得胜堡和镇羌堡两个紧挨在一起的城堡驻军占总驻军人数的54%。这说明在平时兵力是集中驻扎的，待战时再相机将其配发至敌犯之处。

阳和道东路的马骡数共6116匹，其中阳和城的马骡数占了总数的96%，且占其驻军人数的85%。巡道北东路的马骡数共1701匹，其中得胜堡和镇羌堡的马骡数占了总数的81%，且占其驻军人数的40%。这说明主要驻军城堡中，作为战略后备军队的主要兵种为骑兵。

因为蒙古族皆是以机动性很强的骑兵入侵，其侵略带有一定的突发性和随机性，所以兵力只能集中布置，待敌骑入侵后再发往战事处增援，而且也只能使用机动性强的骑兵，才能在短时间内有效地将兵力发往敌犯之处。而地形对骑兵的使用影响颇大，地形平坦则利于骑兵疾驰，能迅速赶往战事地点，若长城位于高原山地上，则十分不利于骑兵的发挥。

二、山地城墙

（1）天镇段-3

这两段长城外侧为山谷，地形起伏较大，山顶与山谷之间的高差约100 m。从城墙所处地形的剖面和坡度分析出发（图2-4 ~图2-7）：

城墙除了在D41与D42敌台段位于山谷外，其余皆沿着山脊线修筑。从剖面上看，大部分城墙的位置比外侧山谷的海拔高100 m左右，且城墙外侧坡面的坡度皆在22° 以上。绝大部分剖面的城墙，

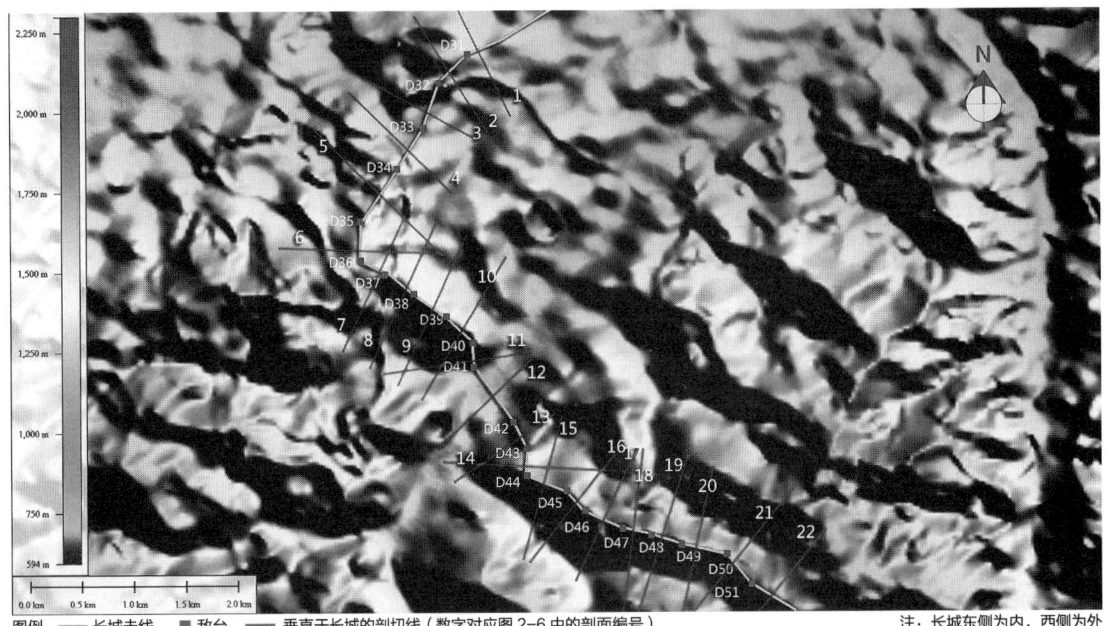

图2-4 长城天镇段-3走线

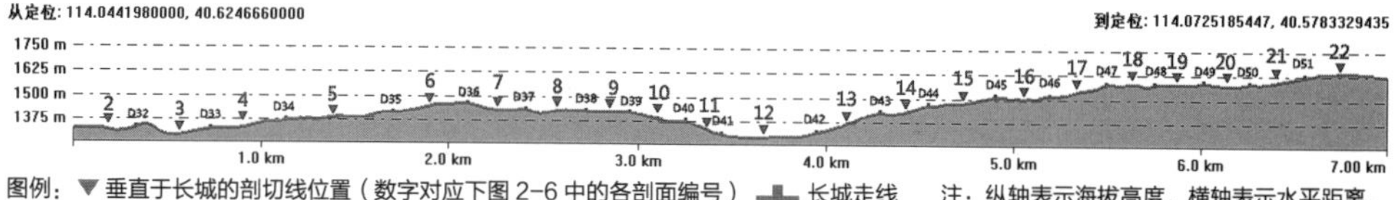

图例：▼ 垂直于长城的剖切线位置（数字对应下图 2-6 中的各剖面编号） ▁▟▁ 长城走线　　注：纵轴表示海拔高度，横轴表示水平距离。

图 2-5　天镇段 -3 沿线地形

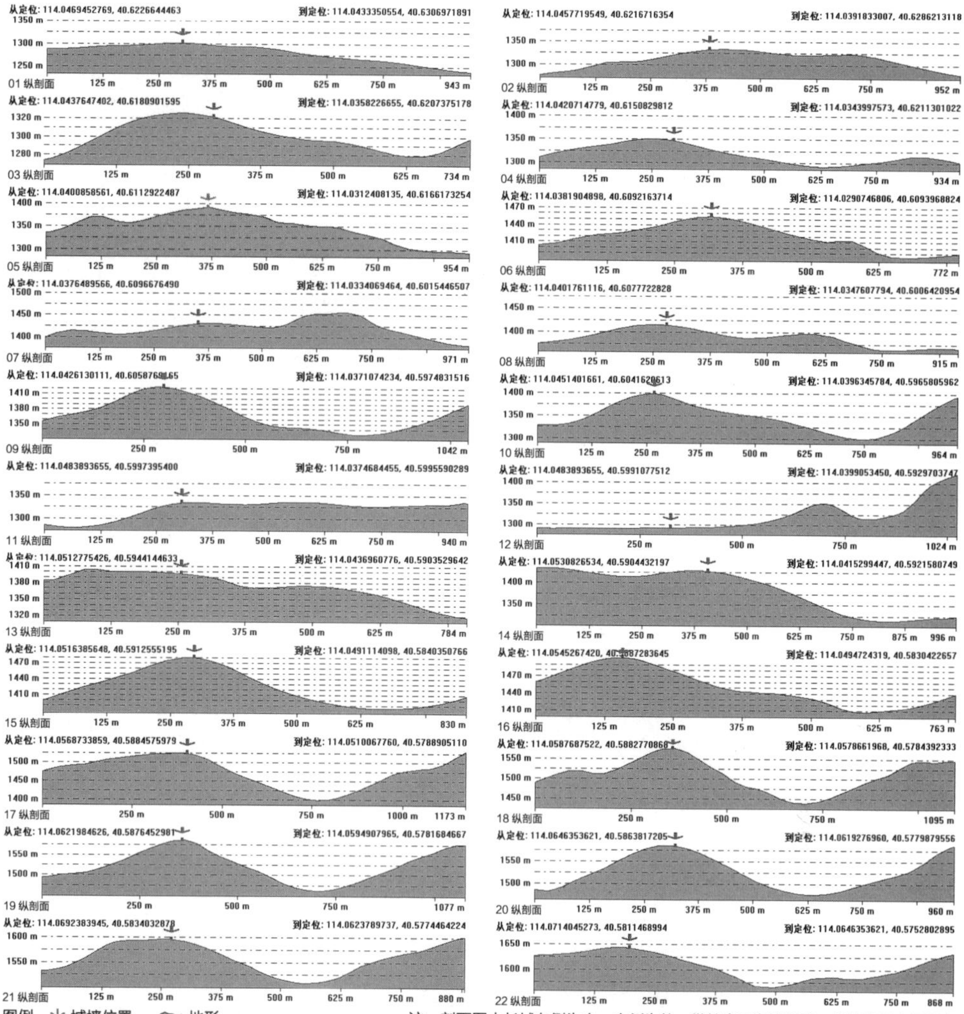

图例：⊥ 城墙位置　▭ 地形　　注：剖面图中长城左侧为内，右侧为外；纵轴表示海拔高度，横轴表示水平距离

图 2-6　天镇段 -3 城墙剖面

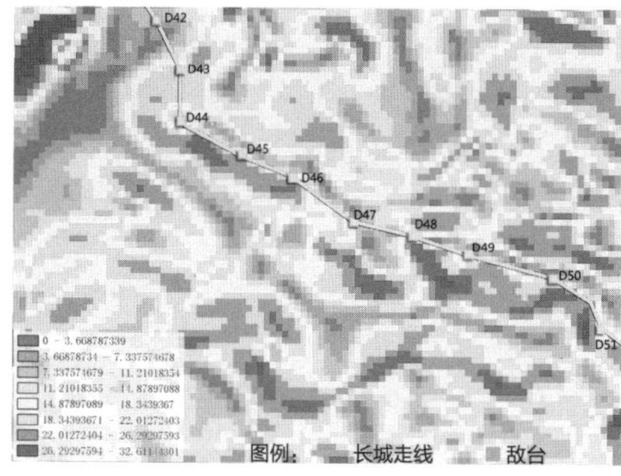

图 2-7　长城天镇段 -3 局部地形坡度

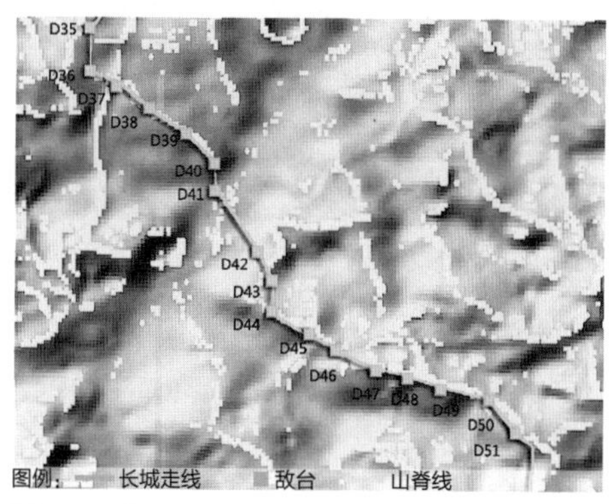

图 2-8　长城天镇段 -3 局部地形山脊线及长城走线

皆位于外侧坡度较大的坡面与山顶坡度较小的坡面交界线上。

其中剖面 3 的城墙并未修筑在山顶，而是位于山坡面的上部，其原因大概是坡面的坡度较大，在 30° 左右，敌骑难以攀越之故。剖面 12 的城墙在山谷底部，在其外侧约 300 m 处有一凸起的高约 50 m 的土丘，可减缓敌骑的进攻速度。

此外，从长城走线与山脊线的分析（图 2–8），可看出城墙的布置基本是沿着山脊线修筑，但并非完全与山脊线重合。

（2）阳高段 –2

此段长城位于峡谷两侧，主要负责守口堡的防御，局部地形起伏较大（图 2–9）。从城墙所处地形的剖面和坡度分析出发（图 2–10 ~ 图 2–13）：

剖面 3 至剖面 6 和剖面 10 至剖面 17 段的城墙皆防守山谷。城墙外侧山坡的坡度多在 18° ~ 24° 之间，其内侧山顶的坡度多在 4° ~ 8° 之间。城墙基本都沿着坡度的转折线而筑。剖面 7 至剖面 9 之

图 2–9　长城阳高段 –2 局部长城走线

图 2–10　长城阳高段 –2 走线

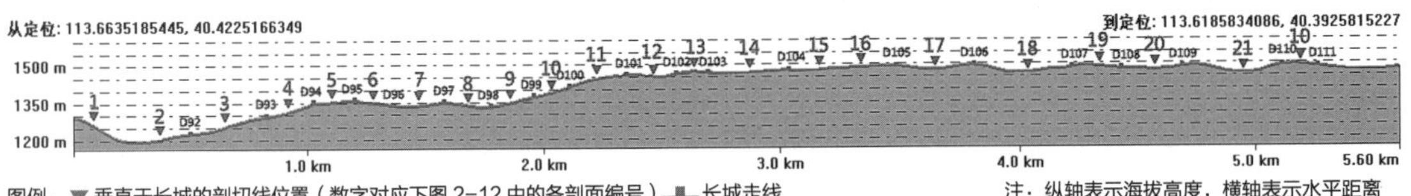

图 2–11　阳高段 –2 沿线地形

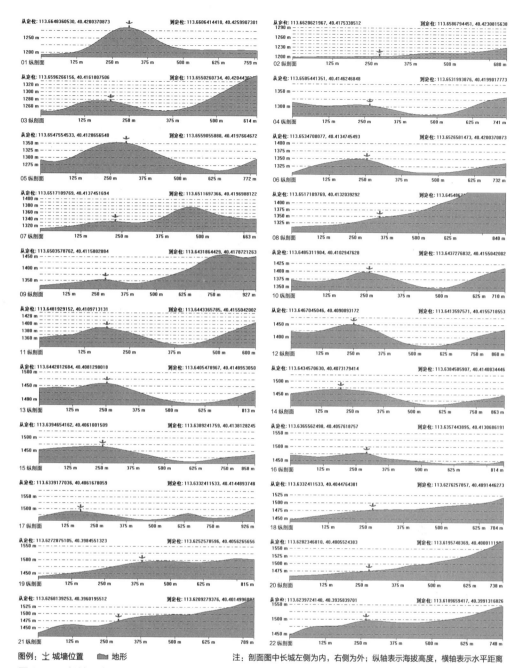

注：剖面图中长城左侧为内，右侧为外；纵轴表示海拔高度，横轴表示水平距离

图 2-12 长城阳高段 -2 城墙剖面

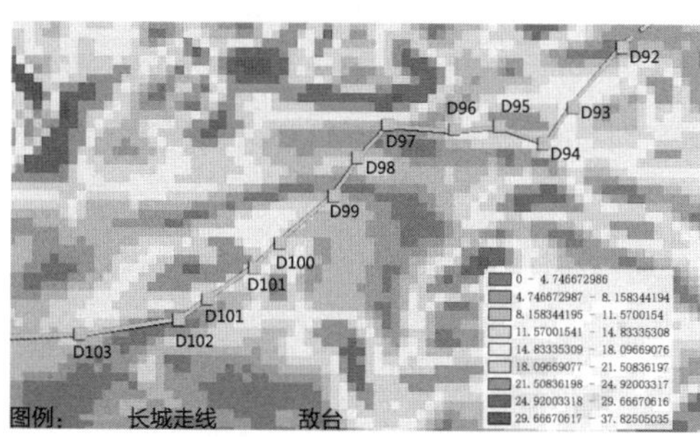

图 2-13 长城阳高段 -2 局部地形坡度

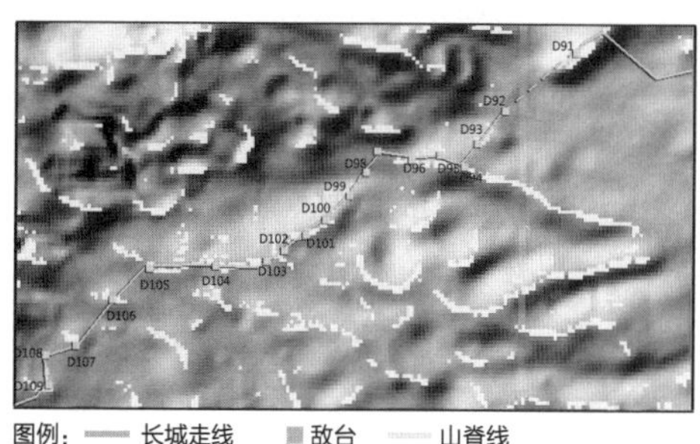

图 2-14 长城阳高段 -2 局部山脊线及长城走线

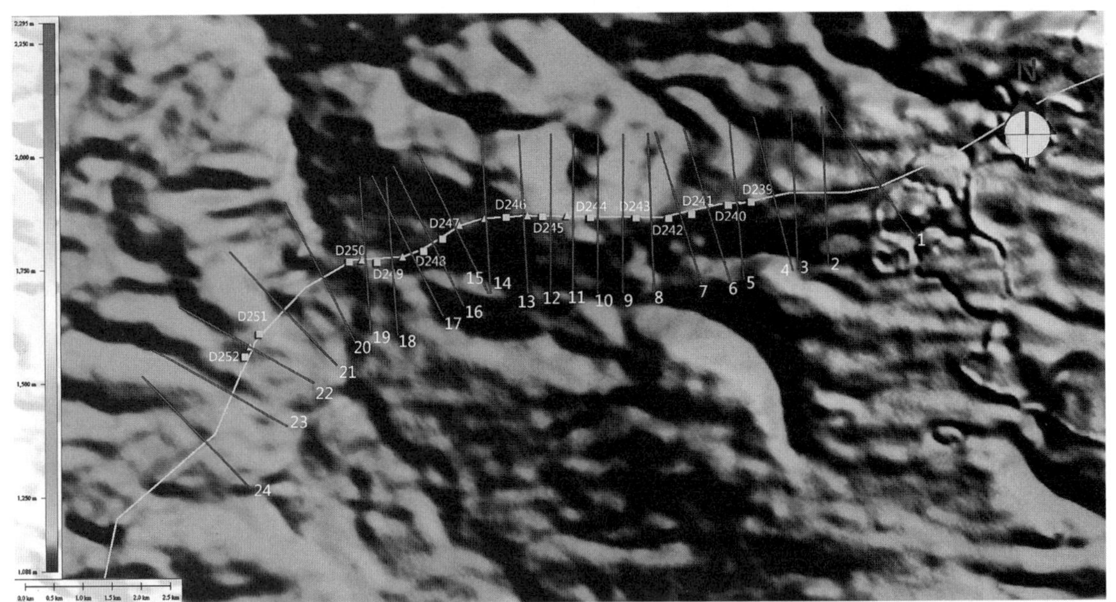

图例：—— 长城走线　■ 敌台　—— 垂直于长城的剖切线（数字对应图 2–17 中的剖面编号）　注：长城南侧为内，北侧为外

图 2–15　长城右玉段走线

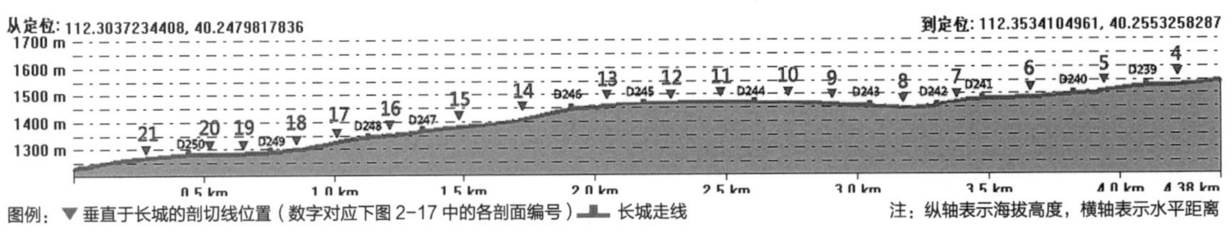

图例：▼ 垂直于长城的剖切线位置（数字对应下图 2–17 中的各剖面编号）—— 长城走线　注：纵轴表示海拔高度，横轴表示水平距离

图 2–16　长城右玉段沿线地形剖面

间的城墙段位于山谷，两侧的坡度差别不大，均在 8° ~ 11° 左右。

此外，从长城走线与山脊线的分析（图 2–14），可看出城墙的布置基本沿着山脊线修筑，但并非与其重合。

（3）右玉段

此段长城位于峡谷两侧，地形起伏较大，山顶与山谷之间的高差最大有 300m 左右。从城墙所处地形的剖面和坡度分析出发（图 2–15 ~ 图 2–18）：

剖面 1 至剖面 12 城墙皆位于坡度较大的坡面与山顶坡度较小的坡面交界线上，城墙与外侧的坡度差别较大（图 2–19），剖面 1 至剖面 7 城墙外侧的坡度主要集中在 11° ~ 16° 之间，剖面 8 至剖面 12 城墙外侧的坡度集中在 4° ~ 9° 之间。剖面 14 至剖面 16 城墙皆位于地势起伏所形成的凹坑坡面与山顶的交界线上，其与坑底的高度差在 20 m 左右。

剖面 17 至剖面 22 城墙位于山谷的谷底，地势稍平坦，但仍可看出其选址主要还是在突出于周边地形的土坡上，或者较为明显的坡度转折线上。

此外，从长城走线与山脊线的分析（图 2–20），可看出城墙的布置基本沿着山脊线修筑，但并非与其重合。

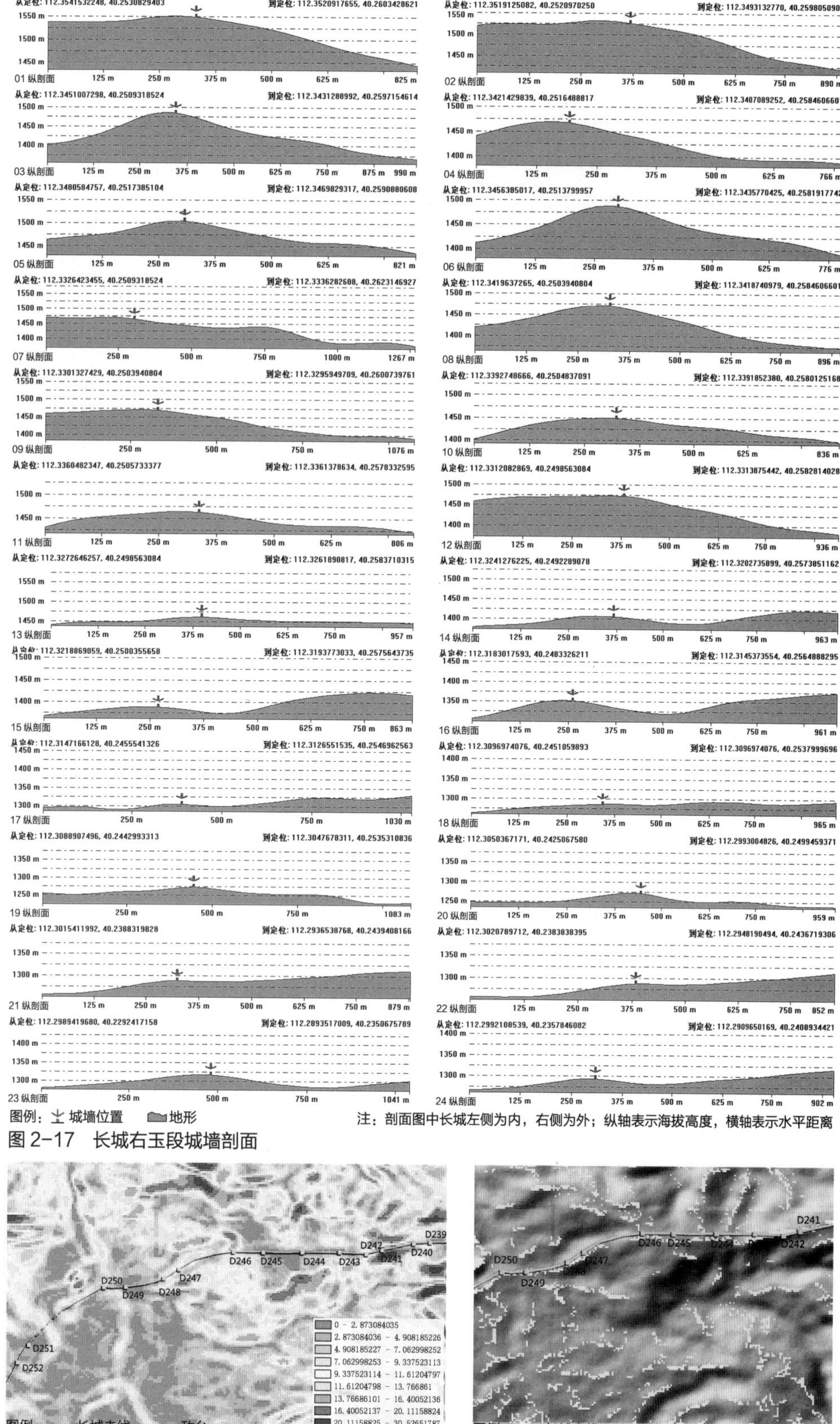

图 2-17 长城右玉段城墙剖面

图 2-18 长城右玉段局部地形坡度

图 2-19 敌台 D241 北侧（外侧）环视

图 2-20　长城右玉段局部地形山脊线及长城走线

（4）平鲁段

此段长城位于丘陵上，地形起伏不大，中段为河谷，最高点与最低点高差不过 30 m 左右。从城墙所处地形的剖面和坡度分析出发（图 2-21 ~图 2-25）：

剖面 5 至剖面 7 城墙位于河谷地段，地势较低。其余除了剖面 9 的城墙在坡度转折线 250 m 之后外，位置都较为明显地修筑在坡度的转折线上。剖面 3 和剖面 4 的城墙，内侧地势较高。剖面 10 至剖面 12 的城墙，在其外侧约 125 m 范围之内是坡度在 9° ~ 11° 之间的坡面，内侧多为 5° ~ 7° 的坡面。

此外，从长城走线与山脊线的分析（图 2-26），可看出城墙的布置基本沿着山脊线修筑，但并非与其重合。

小结

在实地调研中，位于山地的城墙，其选址皆为依山

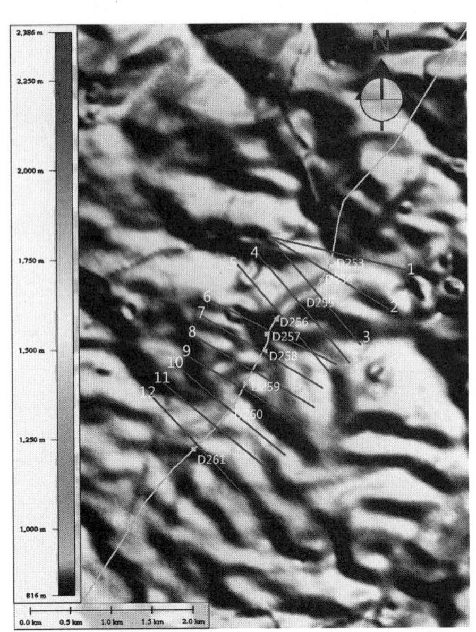

图例：━━ 长城走线　■ 敌台　━━ 垂直于长城的剖切线（数字对应图 2-23 中的剖面编号）注：长城东侧为内，西侧为外

图 2-21　长城平鲁段走线

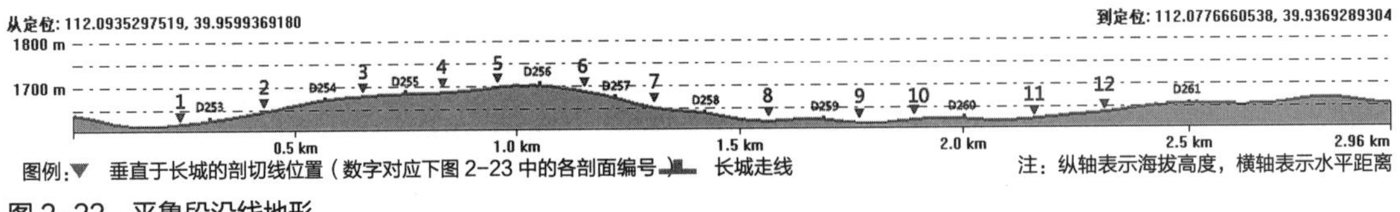

图例：▼ 垂直于长城的剖切线位置（数字对应下图 2-23 中的各剖面编号）▁▙▁ 长城走线　　注：纵轴表示海拔高度，横轴表示水平距离

图 2-22　平鲁段沿线地形

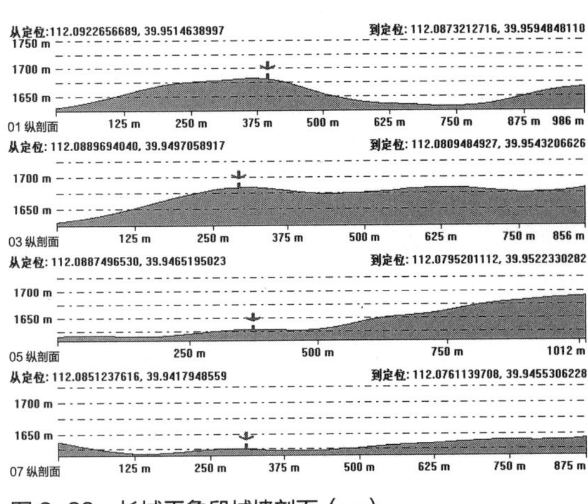

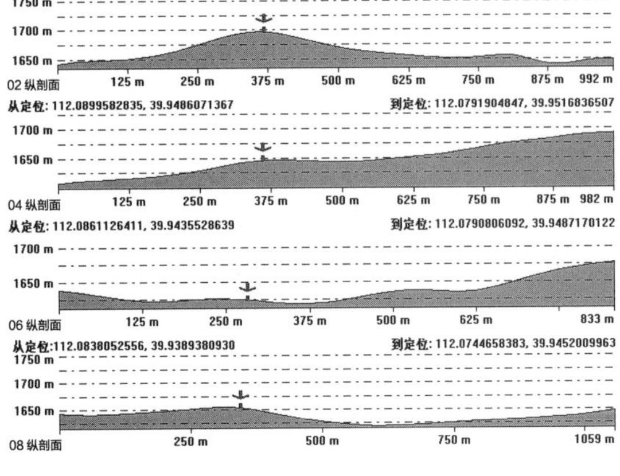

图 2-23　长城平鲁段城墙剖面（一）

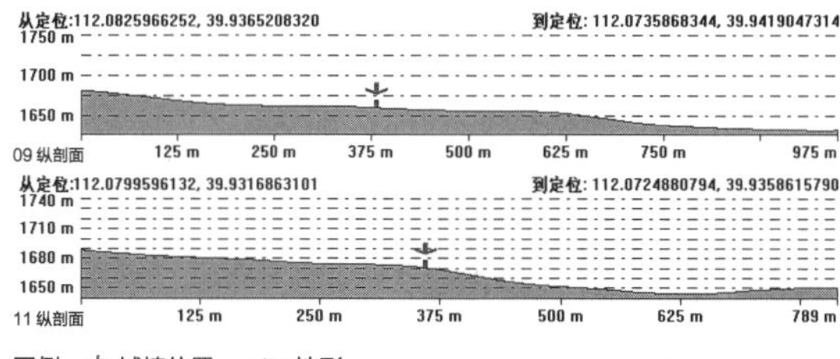

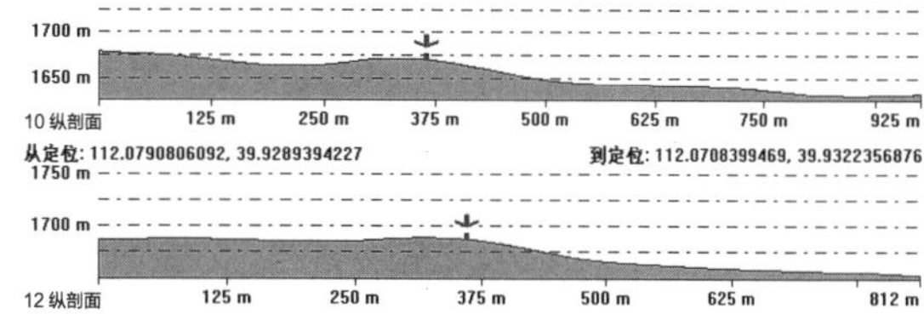

图例：城墙位置　地形

注：剖面图中长城左侧为内，右侧为外；纵轴表示海拔高度，横轴表示水平距离

图 2-23　长城平鲁段城墙剖面（二）

图 2-24　D253 北侧环视，中间为一山谷

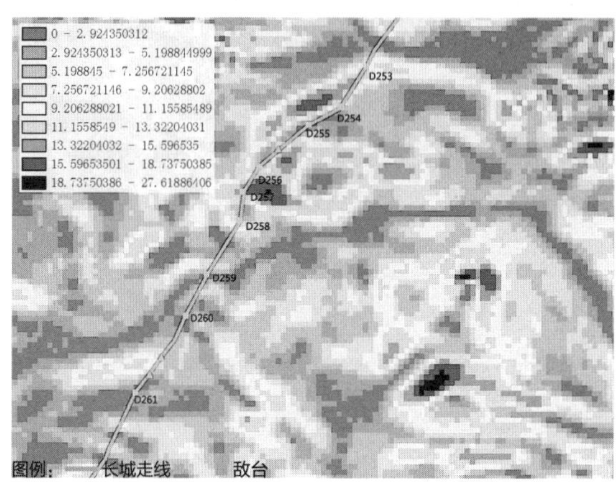

图 2-25　长城平鲁段局部地形坡度

图 2-26　长城平鲁段局部山脊线及长城走线

筑墙，充分利用地形特征，尽量据高修建，争取最大的视域范围。城墙多沿山坡与山顶两种坡度的转折线而筑，坡度差多在 20° 左右，且其走线与山脊线很少有重合。

三、山麓城墙

（1）天镇段 -1

此段长城位于山地与平原交界处，地势外高内低，地形起伏不大，山地阳面的坡度多在 16° ~ 23° 之间，整体地势较为平缓。沿长城两侧各 250 m 范围内的坡度较为接近，外侧坡度多在 4° ~ 8° 之间，内侧多在 8° ~ 12° 之间。长城以内地势平坦，坡度皆在 0° ~ 4° 之间。从城墙所处地形的剖面和坡度分析出发（图 2-27 ~ 图 2-30）：

剖面 1、剖面 5 至剖面 7、剖面 10、剖面 14、剖面 15 和剖面 19 的城墙，皆位于一个连续的坡度变化平滑的坡面上，坡度多在 8° ~ 12° 之间。城墙内侧 125 ~ 200 m 范围外，坡度明显减小至 0° ~ 4° 之间。其中剖面 7 和剖面 14 在城墙外侧 200 m 左右有凸起的土坡，可减缓敌骑的冲锋。

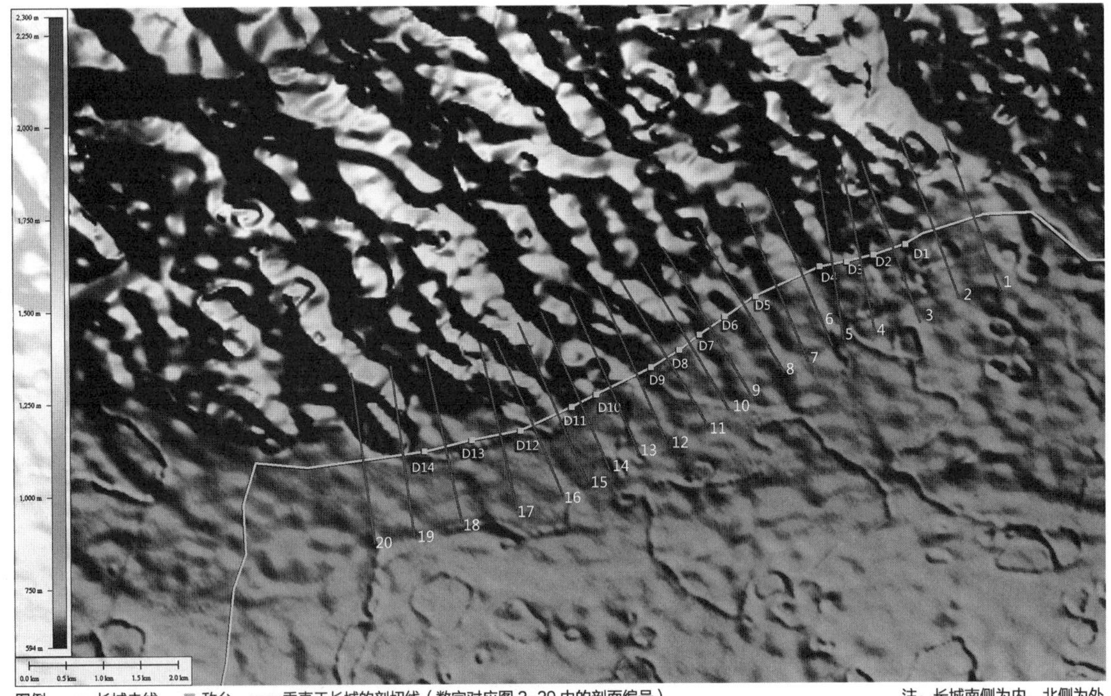

图例：—— 长城走线 ■ 敌台 —— 垂直于长城的剖切线（数字对应图 2-29 中的剖面编号） 注：长城南侧为内，北侧为外

图 2-27 长城天镇段 -1 走线

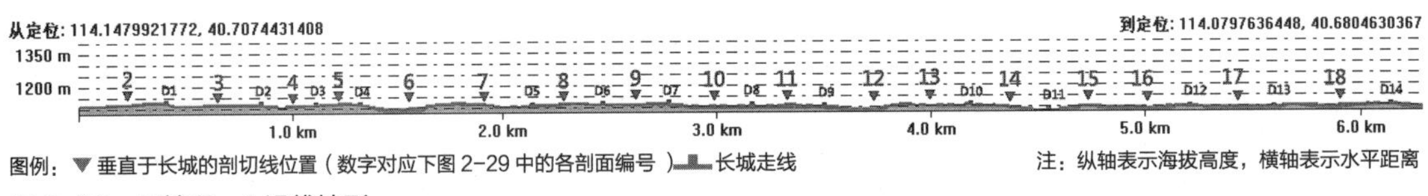

图例：▼ 垂直于长城的剖切线位置（数字对应下图 2-29 中的各剖面编号）▁▟▁ 长城走线 注：纵轴表示海拔高度，横轴表示水平距离

图 2-28 天镇段 -1 沿线地形

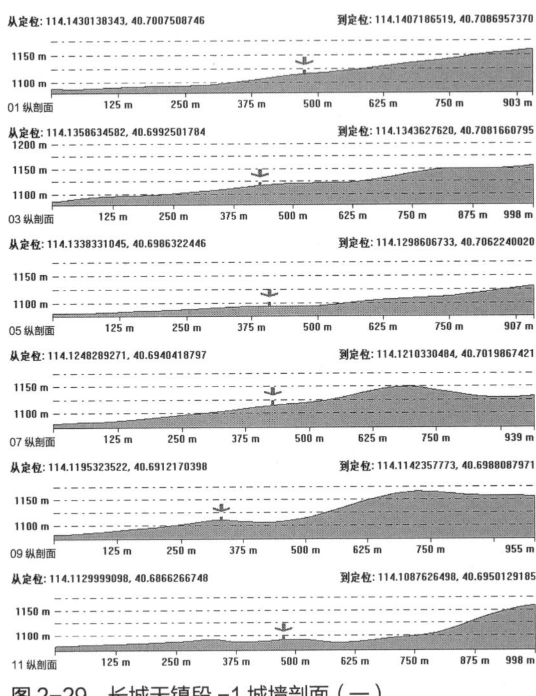

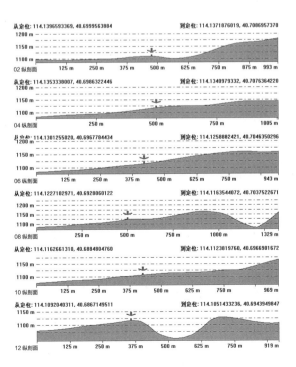

图 2-29 长城天镇段 -1 城墙剖面（一）

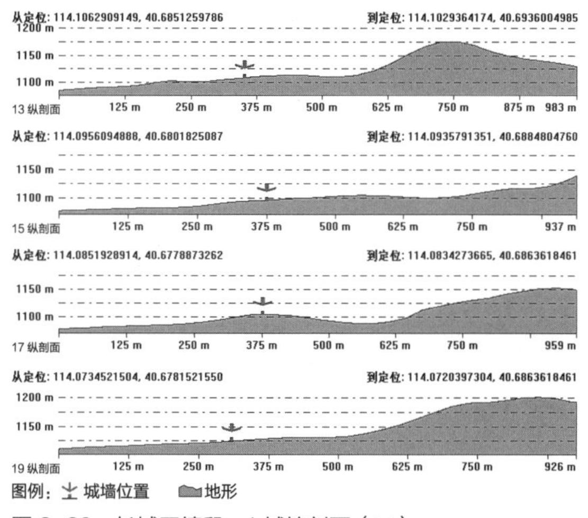

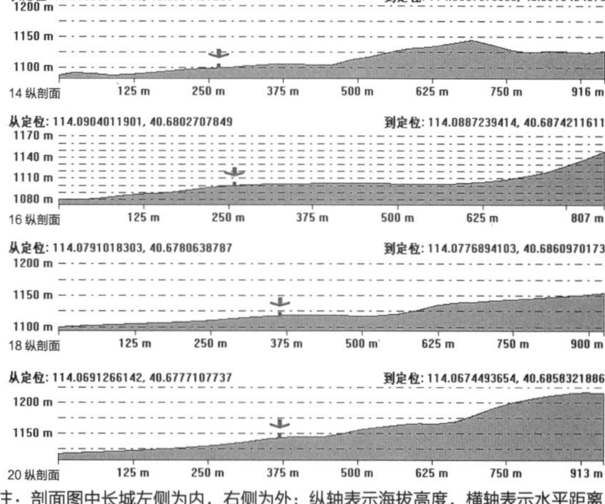

图例：城墙位置 地形

注：剖面图中长城左侧为内，右侧为外；纵轴表示海拔高度，横轴表示水平距离

图 2-29 长城天镇段 -1 城墙剖面（二）

剖面 2、剖面 4、剖面 8、剖面 9、剖面 12、剖面 13、剖面 16 至剖面 18 和剖面 20 的城墙，皆位于较为明显的坡度转换线上。其外侧 250 m 范围内多为平地，但在此范围外则坡度陡然增加，或为一突出的高地，或一直延续直至山顶。

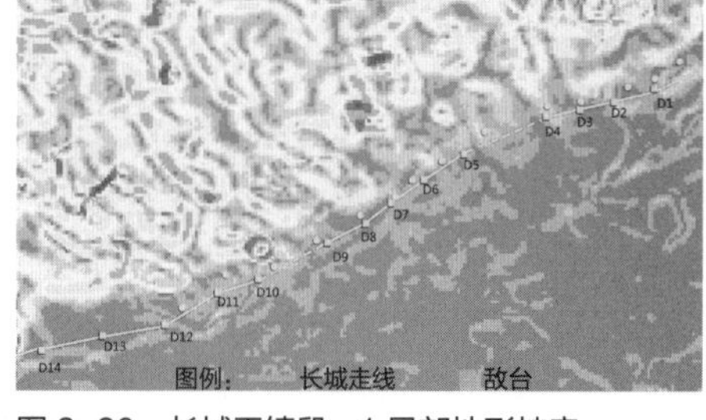

图 2-30 长城天镇段 -1 局部地形坡度

（2）天镇段 -5

此段长城位于山地与平原交界处，地势外高内低，地形起伏不大。外侧的山地阳面坡度多在 30° ~ 37° 之间，局部坡度在 37° ~ 51° 之间。沿长城两侧各 250 m 范围内的坡度较为接近，长城以内地势较为平坦。从城墙所处地形的剖面和坡度分析出发（图 2-31 ~图 2-34）：

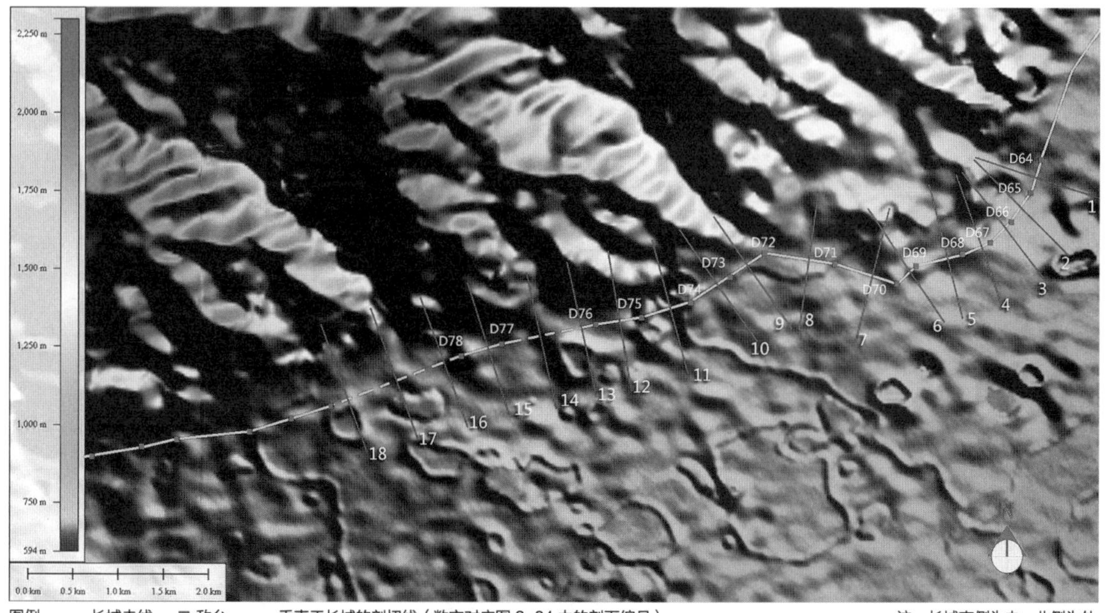

图例：长城走线 敌台 垂直于长城的剖切线（数字对应图 2-34 中的剖面编号）

注：长城南侧为内，北侧为外

图 2-31 长城天镇段 -5 走线

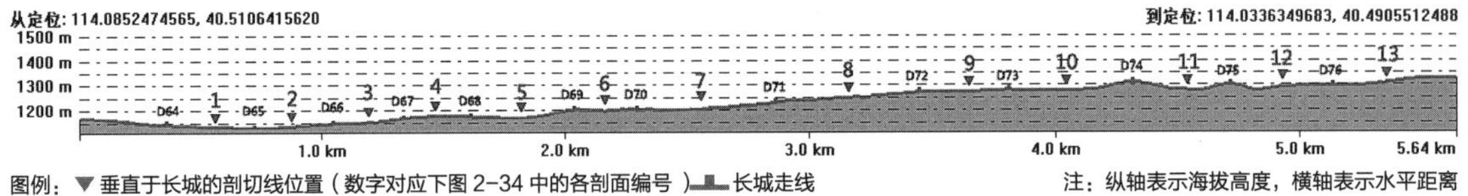

图例：▼ 垂直于长城的剖切线位置（数字对应下图 2-34 中的各剖面编号）▁▇▁ 长城走线

注：纵轴表示海拔高度，横轴表示水平距离

图 2-32　天镇段 -5 沿线地形

从定位: 114.0871676330, 40.5046677342　到定位: 114.0772841772, 40.5082156414
1250 m　1200 m　1150 m
125 m　250 m　375 m　500 m　625 m　750 m　926 m
01 纵剖面

从定位: 114.0852669684, 40.5009931160　到定位: 114.0765239114, 40.5066951097
1250 m　1200 m　1150 m　1100 m
125 m　250 m　375 m　500 m　625 m　750 m　975 m
02 纵剖面

从定位: 114.0822259051, 40.4982054746　到定位: 114.0763972004, 40.5046677342
1250 m　1200 m　1150 m
125 m　250 m　375 m　500 m　625 m　750 m　871 m
03 纵剖面

从定位: 114.0786779979, 40.4959246771　到定位: 114.0757636456, 40.5049211561
1300 m　1250 m　1200 m　1150 m
250 m　500 m　750 m　1029 m
04 纵剖面

从定位: 114.0748766688, 40.4945308564　到定位: 114.0719623164, 40.5028937806
1300 m　1250 m　1200 m　1150 m
125 m　250 m　375 m　500 m　625 m　750 m　961 m
05 纵剖面

从定位: 114.0725958713, 40.4940240125　到定位: 114.0671472995, 40.5007396940
1300 m　1250 m　1200 m
125 m　250 m　375 m　500 m　625 m　750 m　877 m
06 纵剖面

从定位: 114.0651199239, 40.4935171686　到定位: 114.0661336117, 40.5018800928
1350 m　1300 m　1250 m
125 m　250 m　375 m　500 m　625 m　750 m　933 m
07 纵剖面

从定位: 114.0582775314, 40.4947842784　到定位: 114.0573905546, 40.5031472025
1350 m　1300 m　1250 m
125 m　250 m　375 m　500 m　625 m　750 m　932 m
08 纵剖面

从定位: 114.0576439766, 40.4950377003　到定位: 114.0502947402, 40.5020068038
1400 m　1350 m　1300 m　1250 m
125 m　250 m　375 m　500 m　625 m　750 m　875 m　993 m
09 纵剖面

从定位: 114.0525755377, 40.4926301918　到定位: 114.0477605208, 40.4990924514
1400 m　1350 m　1300 m　1250 m
125 m　250 m　375 m　500 m　625 m　826 m
10 纵剖面

从定位: 114.0468735440, 40.4899692614　到定位: 114.0445927465, 40.4982054746
1400 m　1350 m　1300 m　1250 m
125 m　250 m　375 m　500 m　625 m　750 m　935 m
11 纵剖面

从定位: 114.0416783941, 40.4889555737　到定位: 114.0400311515, 40.4974
1450 m　1400 m　1350 m　1300 m
125 m　250 m　375 m　500 m　625 m　750 m　953 m
12 纵剖面

从定位: 114.0366099553, 40.4880685969　到定位: 114.0348360016, 40.4955445442
1450 m　1400 m　1350 m　1300 m
125 m　250 m　375 m　500 m　625 m　750 m　844 m
13 纵剖面

从定位: 114.0288805860, 40.4861679323　到定位: 114.0269799214, 40.
1450 m　1400 m　1350 m　1300 m
125 m　250 m　375 m　500 m　625 m　750 m　970 m
14 纵剖面

从定位: 114.0141821132, 40.4797056727　到定位: 114.0102540731, 40.4897158395
1500 m　1450 m　1400 m　1350 m　1300 m
250 m　500 m　750 m　1000 m　1160 m
15 纵剖面

从定位: 114.0045520794, 40.4771714533　到定位: 114.0004973283, 40.4854076664
1450 m　1400 m　1350 m　1300 m
125 m　250 m　375 m　500 m　625 m　750 m　977 m
16 纵剖面

从定位: 113.9937816468, 40.4741303899　到定位: 113.9912474273, 40.483760
1450 m　1400 m　1350 m　1300 m
250 m　500 m　750 m　1091 m
17 纵剖面

从定位: 113.9885864969, 40.4731167022　到定位: 113.9861789885, 40.4
1450 m　1400 m　1350 m　1300 m　1250 m
250 m　500 m　750 m　1000 m　1283 m
18 纵剖面

图例：　⏊ 城墙位置　▅ 地形

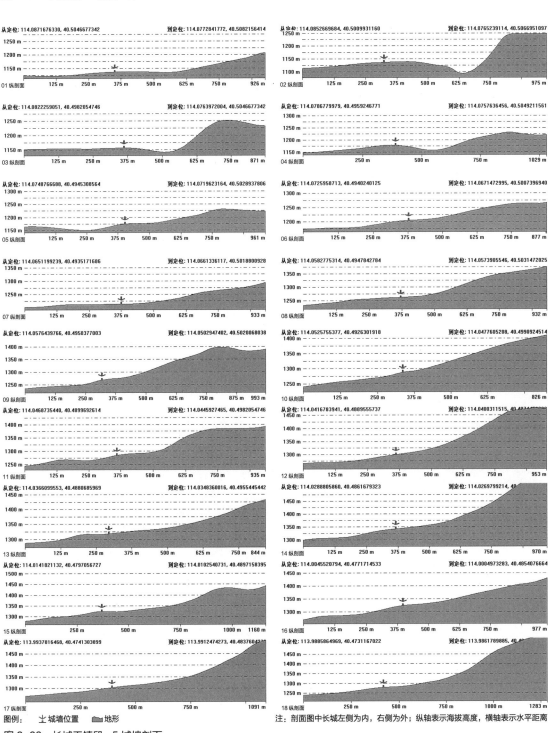

注：剖面图中长城左侧为内，右侧为外；纵轴表示海拔高度，横轴表示水平距离

图 2-33　长城天镇段 -5 城墙剖面

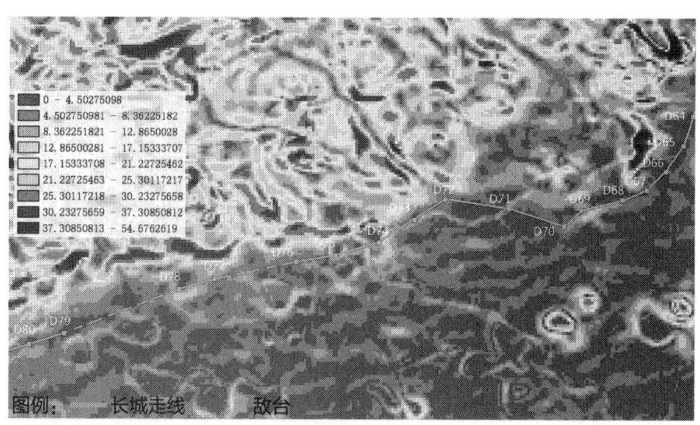

图 2-34　长城天镇段 -5 局部地形坡度

图 2-35　可以清楚看到天镇段 -5 长城沿山麓而行

图 2-36　D075 东侧环视

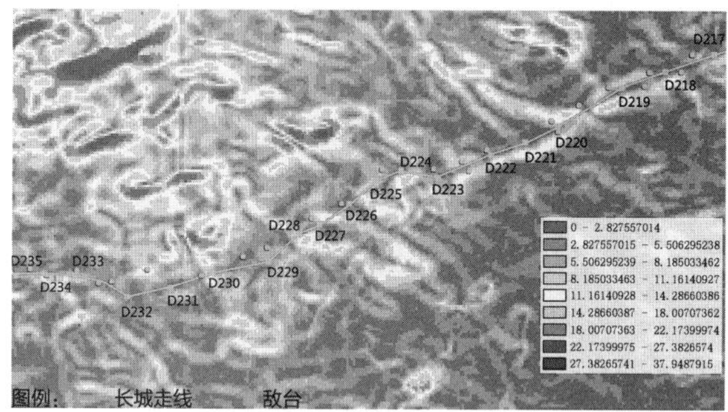

图 2-37　长城左云段局部地形坡度

剖面 4 至剖面 6、剖面 9、剖面 11、剖面 15、剖面 16 和剖面 20 的城墙，皆位于较为明显的坡度转换线上。城墙外侧约 200 ~ 300 m 范围内的地形较为平缓，坡度多在 0° ~ 2° 之间，向内侧平地过渡区的坡度在 4° ~ 8° 之间。其余剖面的城墙，皆位于平地或一个连续的坡度变化平滑的坡面上，坡度多在 4° ~ 8° 之间（图 2-35、图 2-36）。

（3）左云段

此段长城位于山地与平原交界处，地势外高内低，地形局部变化较大。城墙内侧约 250 m 范围内的坡度较大，多在 11° ~ 14° 之间，局部达到 18° 左右。从城墙所处地形的剖面和坡度分析出发（图 2-37 ~ 图 2-40）：

剖面 2、5、7、8、11、14、15 和 18 处的城墙外侧 300 m 范围皆为一凹陷地形，凹坑坡面坡度在 8° ~ 11° 之间，城墙内侧坡度多为 2° ~ 5°，局部为 8° ~ 11°，城墙基本都位于坡度转换线上，与最低点高差在 25 m 左右。其中剖面 2、5、7、8、11 处的地形皆属突出于周边地形的土坡。这种地形布置可在一定程度上阻碍敌骑行进并增强防守能力。

剖面 3、剖面 4、剖面 6、剖面 10、剖面 12、剖面 13、剖面 16、剖面 17、剖面 19 至剖面 26 的城墙，其内侧 125 ~ 200 m 范围内皆为坡度在 8° ~ 11° 的坡面，其外侧约 300 m 范围内的地形多较为平坦，坡度多在 2° ~ 5° 左右。城墙基本都位于两坡度转换线上，其高程较内侧平地高出约 50 m（图 2-41、图 2-42）。

小结

位于山麓的城墙，其选址分为两种情况。其一是沿坡度转折线布置，在此情况下，城墙外侧一定

图例：—— 长城走线 ■ 敌台 —— 垂直于长城的剖切线（数字对应图 2-40 中的剖面编号） 注：长城南侧为内，北侧为外

图 2-38 长城左云段走线

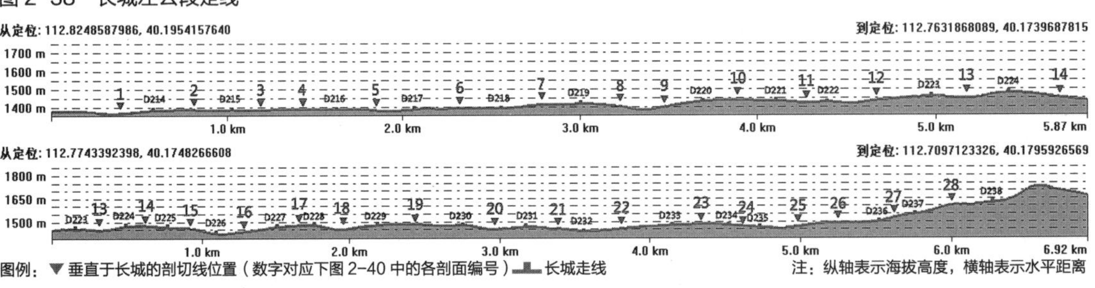

图例：▼ 垂直于长城的剖切线位置（数字对应下图 2-40 中的各剖面编号）▃┻▃ 长城走线 注：纵轴表示海拔高度，横轴表示水平距离

图 2-39 长城左云段沿线地形剖面

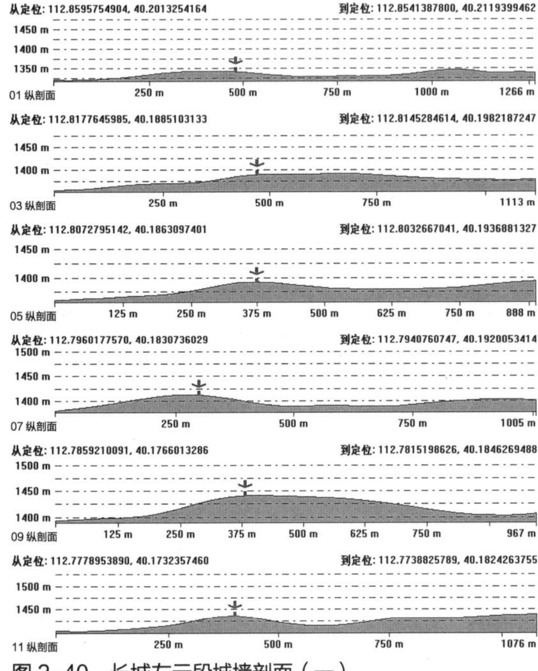

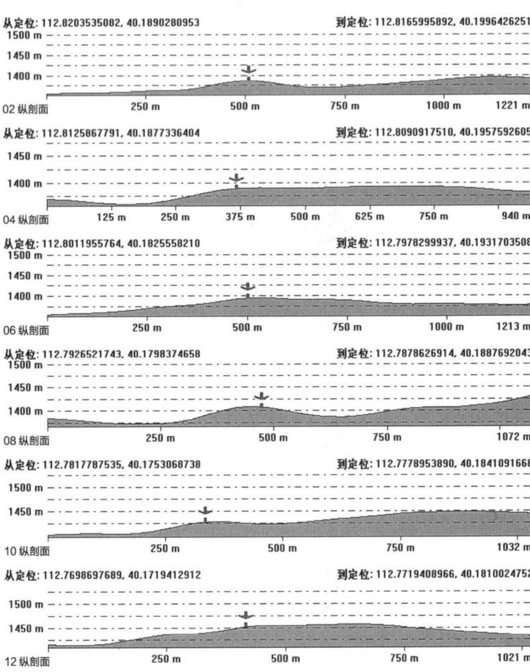

图 2-40 长城左云段城墙剖面（一）

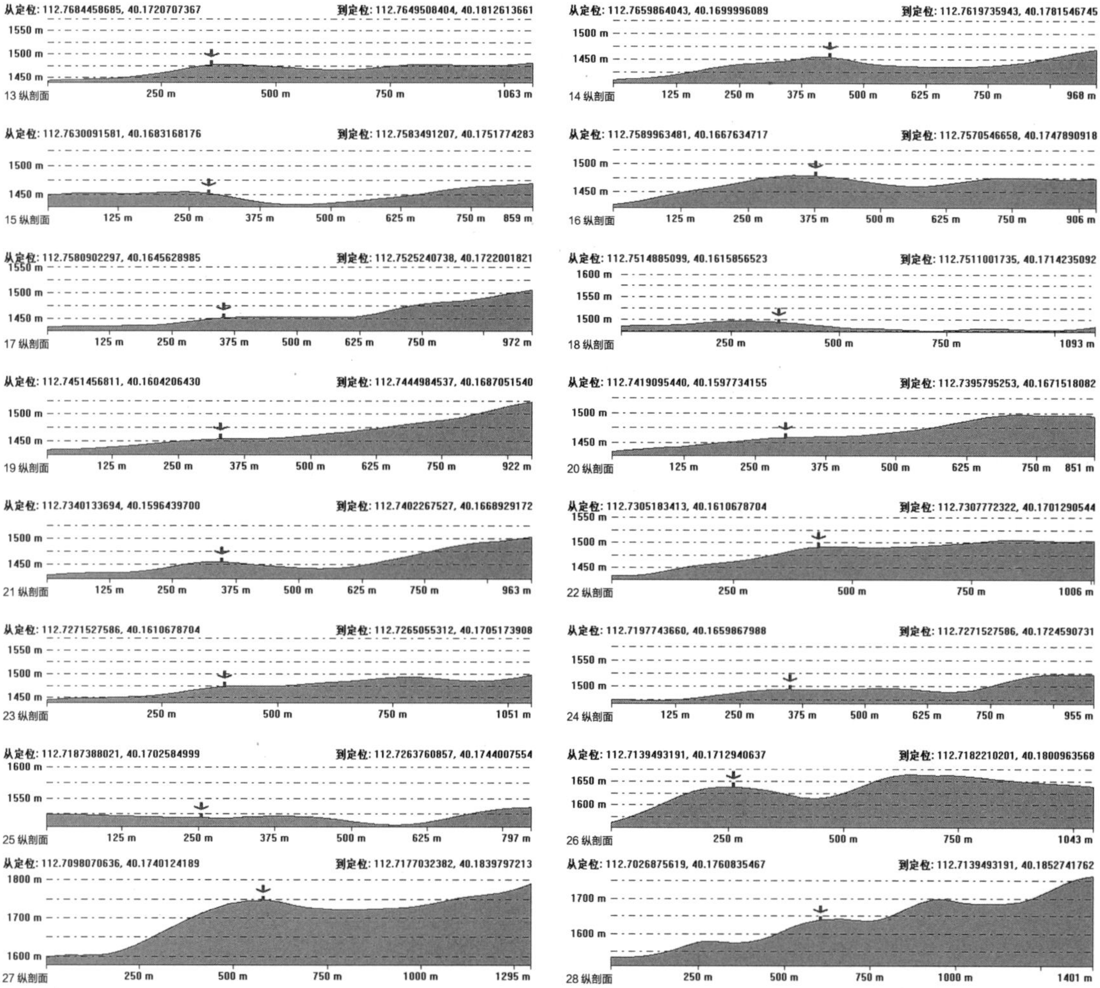

从定位: 112.7684458685, 40.1720707367　到定位: 112.7649508404, 40.1812613661
1550 m　1500 m　1450 m
13 纵剖面　250 m　500 m　750 m　1063 m

从定位: 112.7659864043, 40.1699996089　到定位: 112.7619735943, 40.1781546745
1500 m　1450 m
14 纵剖面　125 m　250 m　375 m　500 m　625 m　750 m　968 m

从定位: 112.7630091581, 40.1683168176　到定位: 112.7583491207, 40.1751774283
1500 m　1450 m
15 纵剖面　125 m　250 m　375 m　500 m　625 m　750 m　859 m

从定位: 112.7589963481, 40.1667634717　到定位: 112.7570546658, 40.1747890918
1500 m　1450 m
16 纵剖面　125 m　250 m　375 m　500 m　625 m　750 m　906 m

从定位: 112.7580902297, 40.1645628985　到定位: 112.7525240738, 40.1722001821
1550 m　1500 m　1450 m
17 纵剖面　125 m　250 m　375 m　500 m　625 m　750 m　972 m

从定位: 112.7514885099, 40.1615856523　到定位: 112.7511001735, 40.1714235092
1600 m　1550 m　1500 m
18 纵剖面　250 m　500 m　750 m　1093 m

从定位: 112.7451456811, 40.1604206430　到定位: 112.7444984537, 40.1687051540
1500 m　1450 m
19 纵剖面　125 m　250 m　375 m　500 m　625 m　750 m　922 m

从定位: 112.7419095440, 40.1597734155　到定位: 112.7395795253, 40.1671518082
1500 m　1450 m
20 纵剖面　125 m　250 m　375 m　500 m　625 m　750 m　851 m

从定位: 112.7340133694, 40.1596439700　到定位: 112.7402267527, 40.1668929172
1500 m　1450 m
21 纵剖面　125 m　250 m　375 m　500 m　625 m　750 m　963 m

从定位: 112.7305183413, 40.1610678704　到定位: 112.7307772322, 40.1701290544
1550 m　1500 m　1450 m
22 纵剖面　250 m　500 m　750 m　1006 m

从定位: 112.7271527586, 40.1610678704　到定位: 112.7265055312, 40.1705173908
1550 m　1500 m　1450 m
23 纵剖面　250 m　500 m　750 m　1051 m

从定位: 112.7197743660, 40.1659867988　到定位: 112.7271527586, 40.1724590731
1550 m　1500 m
24 纵剖面　125 m　250 m　375 m　500 m　625 m　750 m　955 m

从定位: 112.7187388021, 40.1702584999　到定位: 112.7263760857, 40.1744007554
1600 m　1550 m
25 纵剖面　125 m　250 m　375 m　500 m　625 m　797 m

从定位: 112.7139493191, 40.1712940637　到定位: 112.7182210201, 40.1800963568
1650 m　1600 m
26 纵剖面　250 m　500 m　750 m　1043 m

从定位: 112.7098070636, 40.1740124189　到定位: 112.7177032382, 40.1839797213
1800 m　1700 m　1600 m
27 纵剖面　250 m　500 m　750 m　1000 m　1295 m

从定位: 112.7026875619, 40.1760835467　到定位: 112.7139493191, 40.1852741762
1700 m　1600 m
28 纵剖面　250 m　500 m　750 m　1000 m　1401 m

图例：城墙位置　地形

注：剖面图中长城左侧为内，右侧为外；纵轴表示海拔高度，横轴表示水平距离

图 2-40　长城左云段城墙剖面（二）

图 2-41　D238 南侧环视

图 2-42　D234 西侧环视

距离范围内（近程武器的攻击范围），多是平坦的地形，在此范围之外又多为坡度较大的坡面。城墙内侧即为一坡度在 8° ～ 12° 左右的坡面，两侧坡度约有 8° 左右的坡度差。其二是位于一个连续的坡度变化平滑的坡面上，没有明显的坡度转折。

四、平地城墙

（1）天镇段 -2

此段长城位于两山之间的盆地上，外侧稍高，整体地势平缓，坡度多在 0° ～ 2° 之间。从城墙所处地形的剖面和坡度分析出发（图 2-43 ～图 2-46）：

此段的剖面多位于一个连续的坡度变化平滑的坡面上。仅剖面 10 和剖面 11 的城墙位于较为明显的坡度转换线上（图 2-47）。

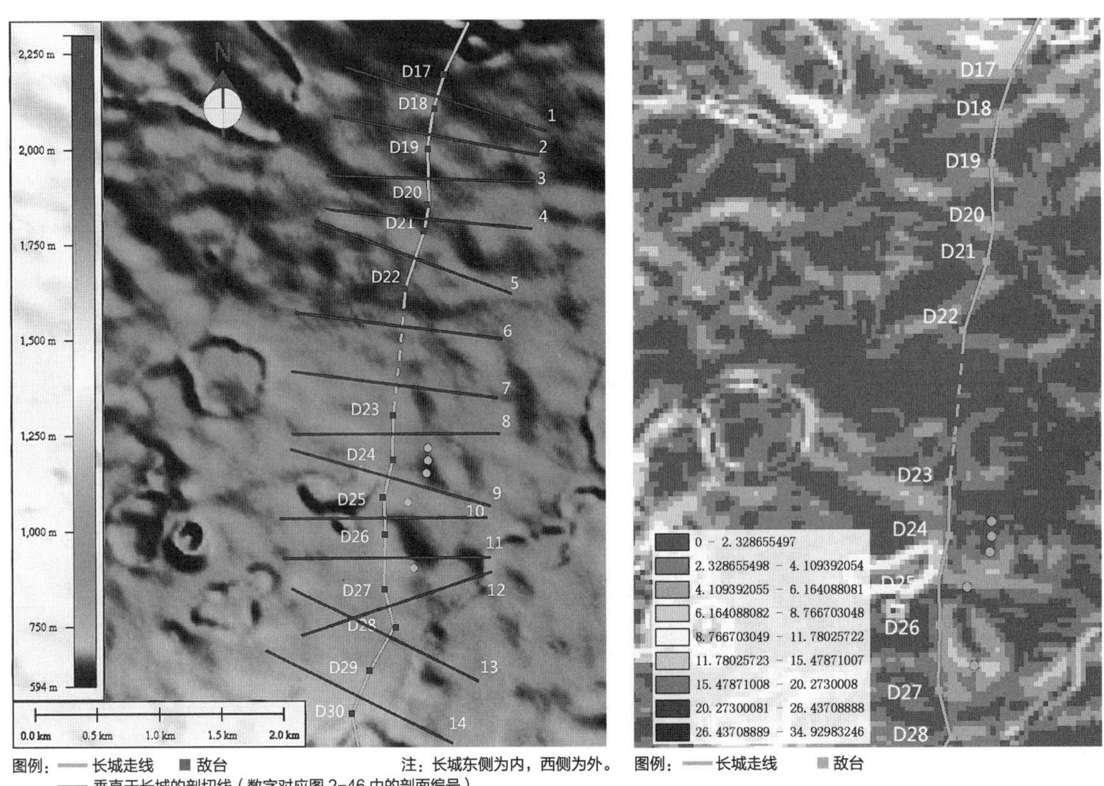

图例：长城走线 ■ 敌台 注：长城东侧为内，西侧为外。

垂直于长城的剖切线（数字对应图 2-46 中的剖面编号）

图 2-43 长城天镇段 -2 走线

图例：长城走线 ■ 敌台

图 2-44 长城天镇段 -2 局部地形坡度

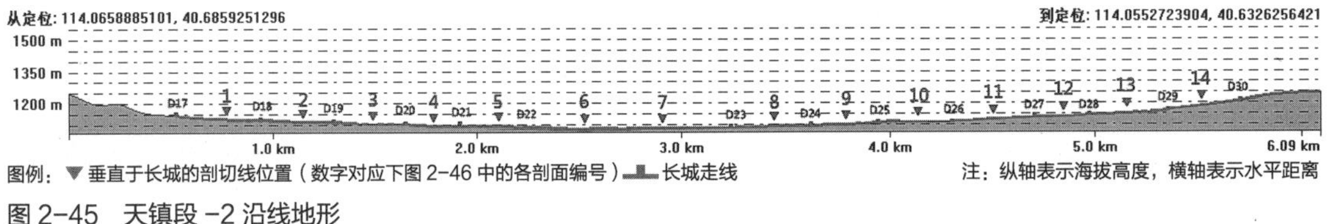

图例：▼ 垂直于长城的剖切线位置（数字对应下图 2-46 中的各剖面编号）长城走线 注：纵轴表示海拔高度，横轴表示水平距离

图 2-45 天镇段 -2 沿线地形

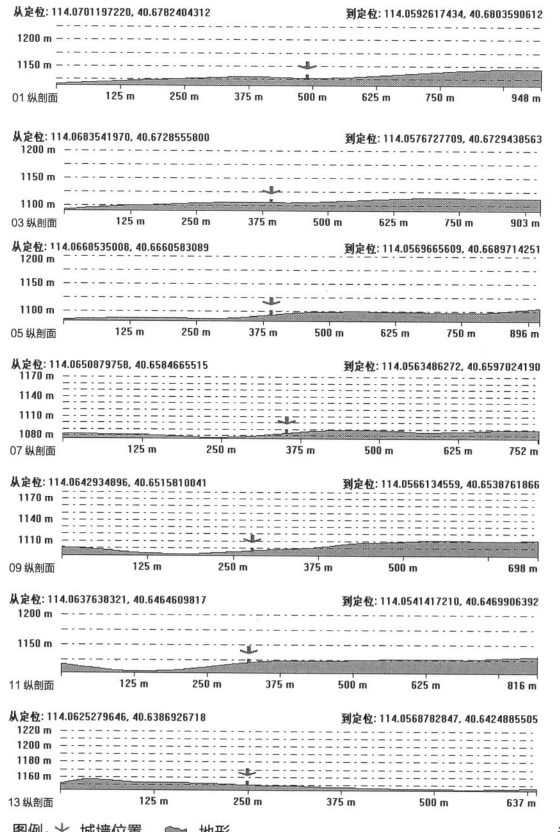

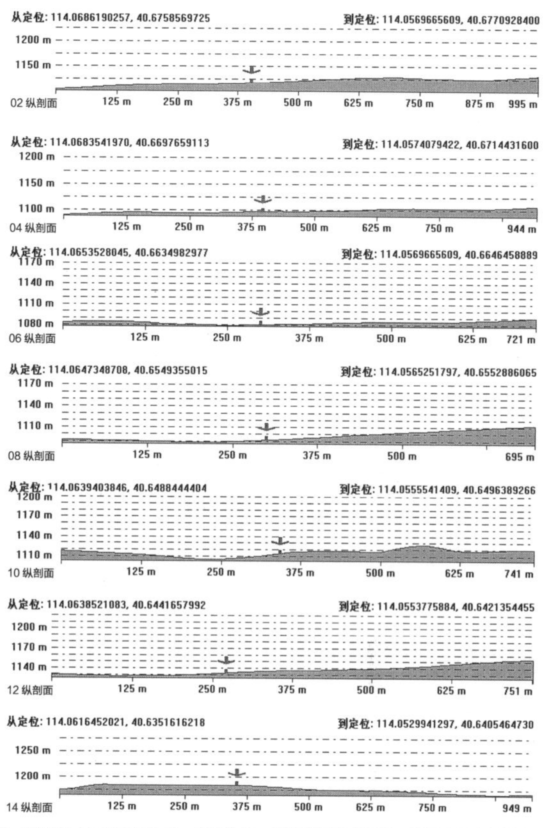

注：剖面图中长城左侧为内，右侧为外；纵轴表示海拔高度，横轴表示水平距离

图 2-46　长城天镇段 -2 城墙剖面

图 2-47　长城天镇段 -2（城墙两侧地形平坦，坡度变化不明显）

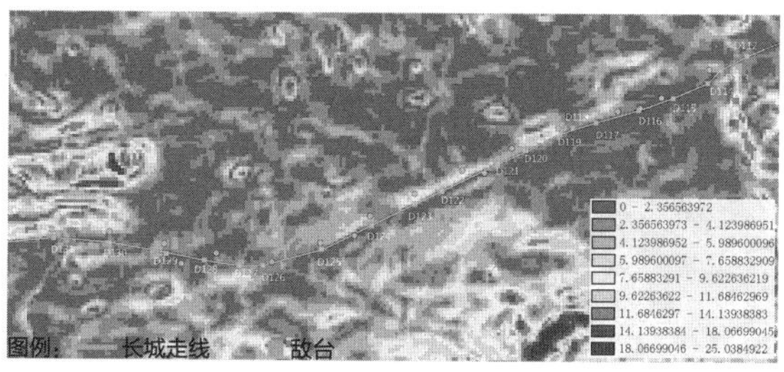

图 2-48　长城阳高段 -3 局部地形坡度

（2）阳高段 -3

此段长城位于两山之间的山坳处，地势外低内高，东低西高，地形起伏不大，整体地势较为平缓。从城墙所处地形的剖面和坡度分析出发（图 2-48 ~ 图 2-52）：

剖面 6、剖面 8 以及剖面 20 至 26 的城墙，其外侧约 300 m 范围内的地形皆有凹陷。凹坑最低点与城墙之间的高差在 25 m 左右。凹坑两侧的地形都较为平坦，且海拔高度没有太大差别。城墙多位于凹坑坡面与内侧平地的交界处。

剖面 4、剖面 13、剖面 16 以及剖面 18 的城墙，皆位于一个连续的坡度变化平滑的坡面上。其所处的位置与外侧平地之间的高差大致在 25 m 左右。

其余剖面的城墙，多位于连接内外侧不同水平面的坡面与内侧平地的交界处。

（3）大同段 -1

此段长城位于大同盆地中部，地形稍有起伏，局部有隆起的山丘。整体地势较为平缓，外高内低，东侧地势稍低。从城墙所处地形的剖面和坡度分析出发（图 2-53 ～图 2-57）：

城墙外侧 200 ～ 500 m 范围内的地形皆有不同程度的凹陷，凹陷处的海拔最低处一般比两侧低 15 m 左右。

图例：—— 长城走线　■ 敌台　—— 垂直于长城的剖切线（数字对应图 2-52 中的剖面编号）　注：长城南侧为内，北侧为外

图 2-49　长城阳高段 -3 走线

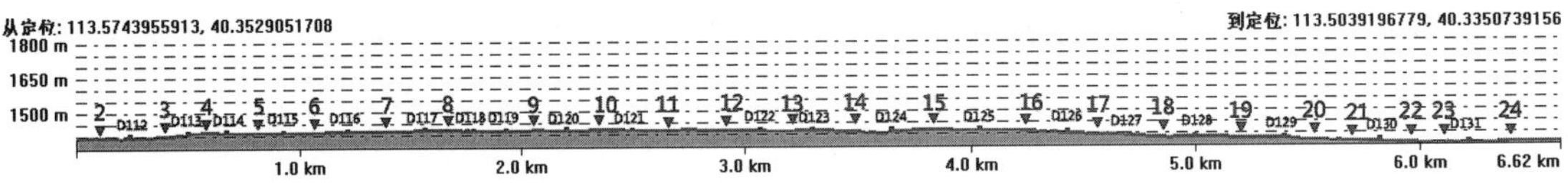

图例：▼ 垂直于长城的剖切线位置（数字对应下图 2-52 中的各剖面编号）▬ 长城走线　注：纵轴表示海拔高度，横轴表示水平距离

图 2-50　阳高段 -3 沿线地形

图 2-51　D115 外侧平缓的地形

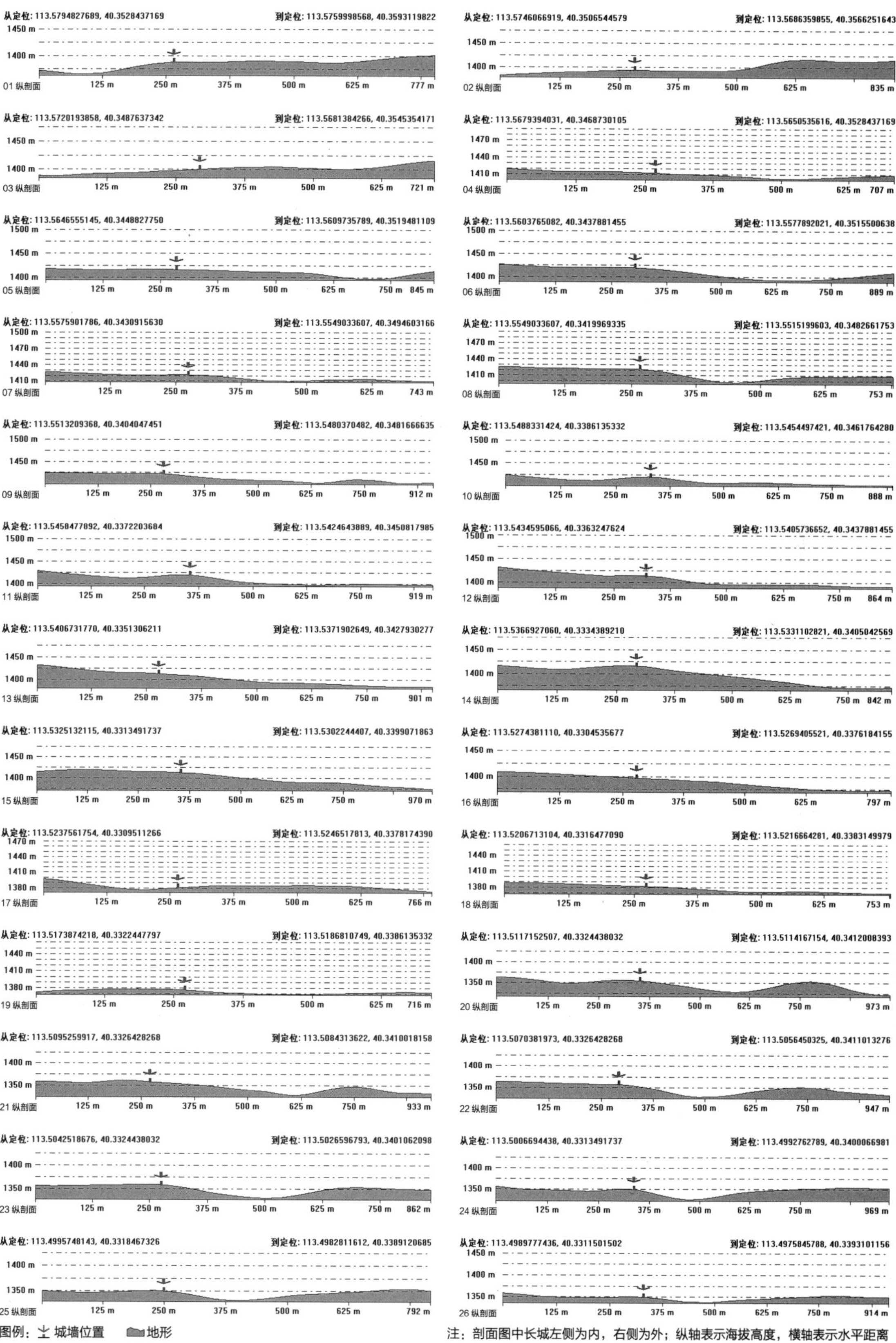

图 2-52 长城阳高段 -3 城墙剖面

图例：长城走线　敌台　垂直于长城的剖切线（数字对应图 2-56 中的剖面编号）　　注：长城南侧为内，北侧为外

图 2-53　长城大同段 -1 走线

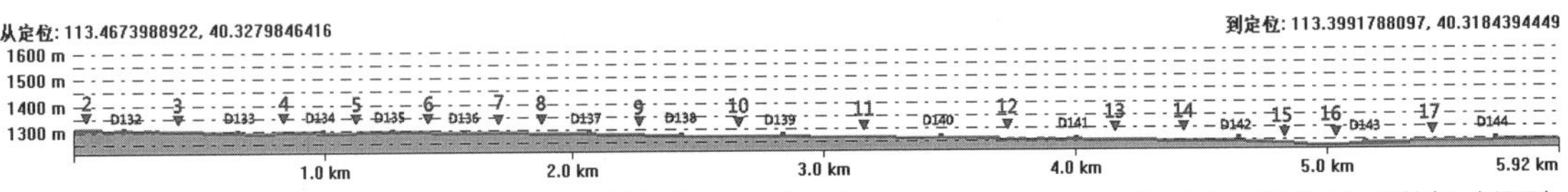

图例：▼垂直于长城的剖切线位置（数字对应下图 2-56 中的各剖面编号）长城走线　　注：纵轴表示海拔高度，横轴表示水平距离

图 2-54　大同段 -1 沿线地形

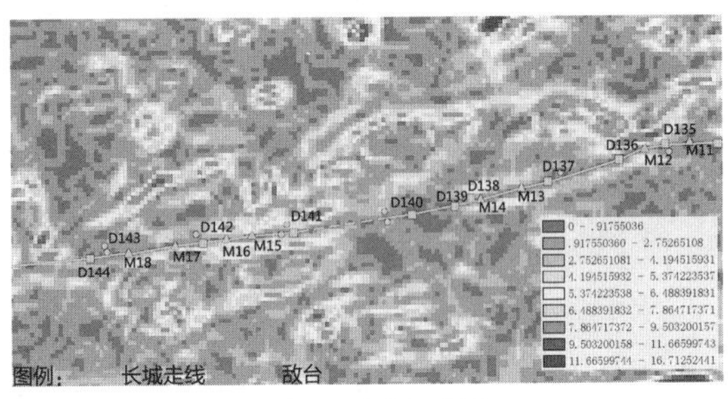

图 2-55　长城大同段 -1 局部地形坡度

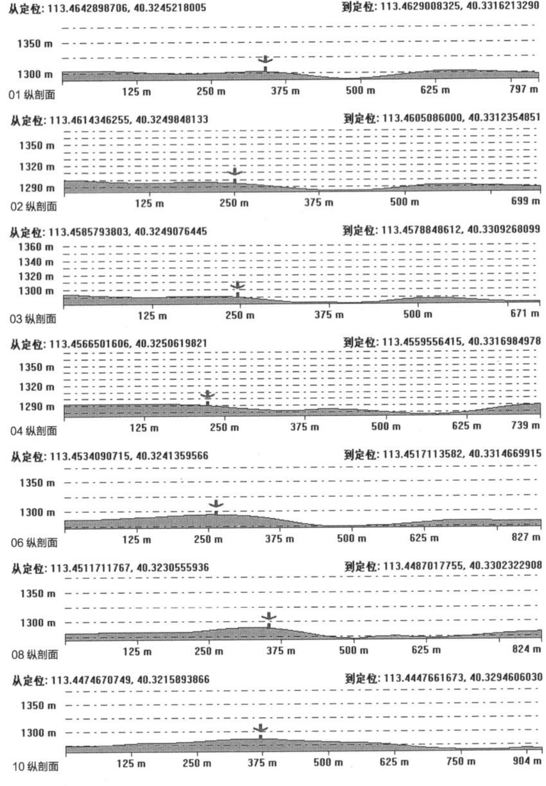

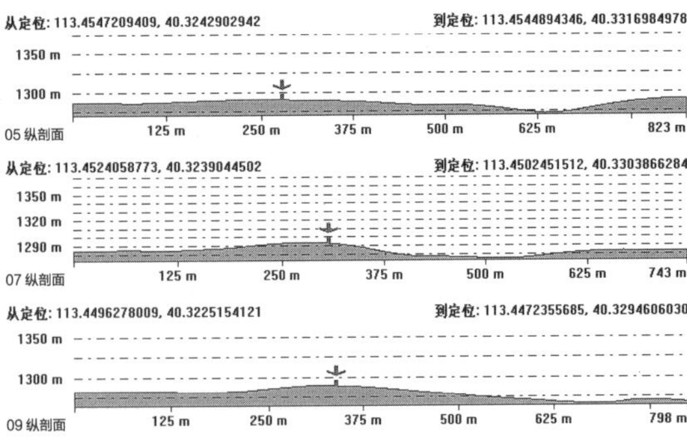

图 2-56　长城大同段 -1 城墙剖面（一）

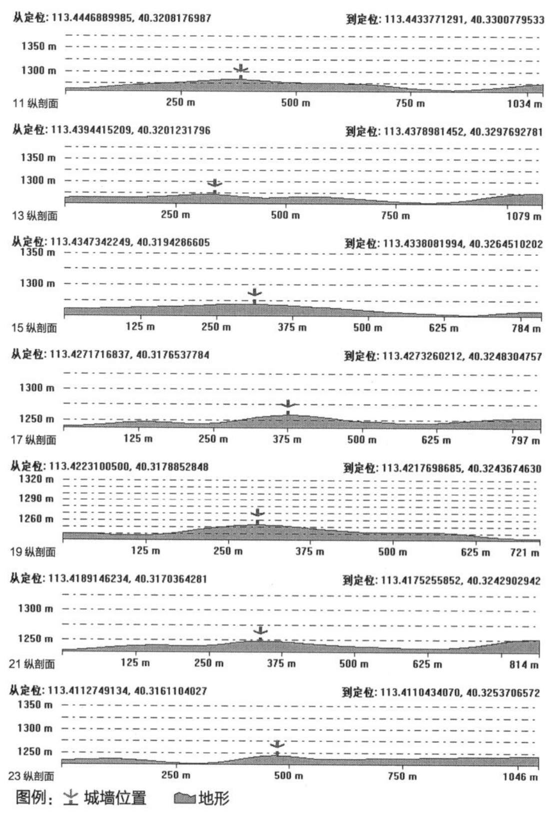

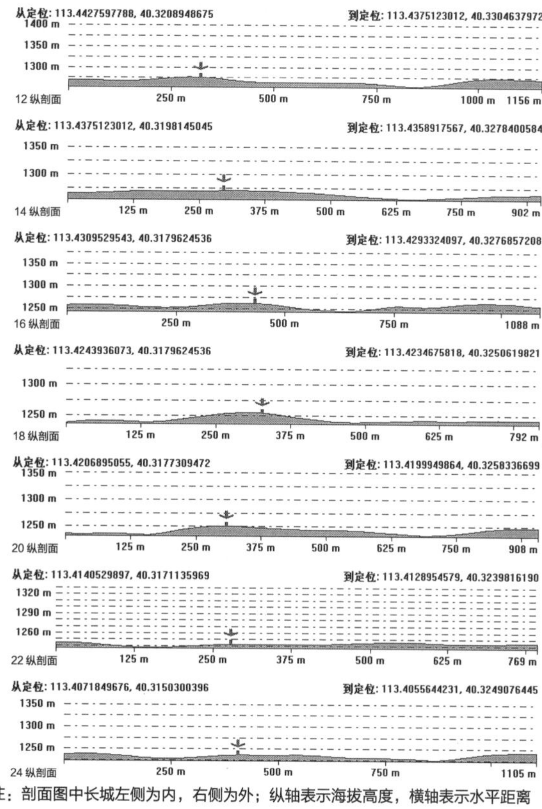

图 2-56 长城大同段 -1 城墙剖面（二）

图 2-57 D137 东侧环视

凹陷地形坡面的坡度大致在 4° ~ 6° 之间，其两侧地形海拔高度差别不大。城墙多修筑在凹坑坡面与内侧平地交界处。

剖面 1 至剖面 5 以及剖面 14，城墙内侧是平坦地形，坡度在 0° ~ 1° 之间。剖面 22 和剖面 24，城墙两侧皆为平坦地形。剖面 17 至剖面 21，城墙皆位于隆起与周边地形的小土坡之上。

（4）大同段 -2

此段长城位于大同盆地，沿饮马河南北而行，局部有隆起的山丘，地势外高内低。从城墙所处地形的剖面和坡度分析出发（图 2-58 ~图 2-60）：

城墙外侧 200 ~ 500 m 范围内的地形皆有不同程度的凹陷，凹陷处的海拔最低处一般比两侧低 15 m 左右。凹陷地形坡面的坡度大致在 4° ~ 6° 之间，其两侧地形平坦且海拔高度相差不大。城墙多修筑在凹坑坡面与内侧平地交界处。

剖面 2、4、5、9、11、13 和剖面 19 的城墙，均位于坡度转换线上。其中剖面 4 和 5 处城墙直接

N
2,300 m
2,250 m
2,000 m
1,750 m
1,500 m
1,250 m
1,000 m
857 m
0.5 km
1.5 km
2.5 km
3.5 km
D164
D163
D162
D161
D160
D159
D158
D157
D156
D155
D1554
D153
D152
D151
D150
D149
D148
D147
D146

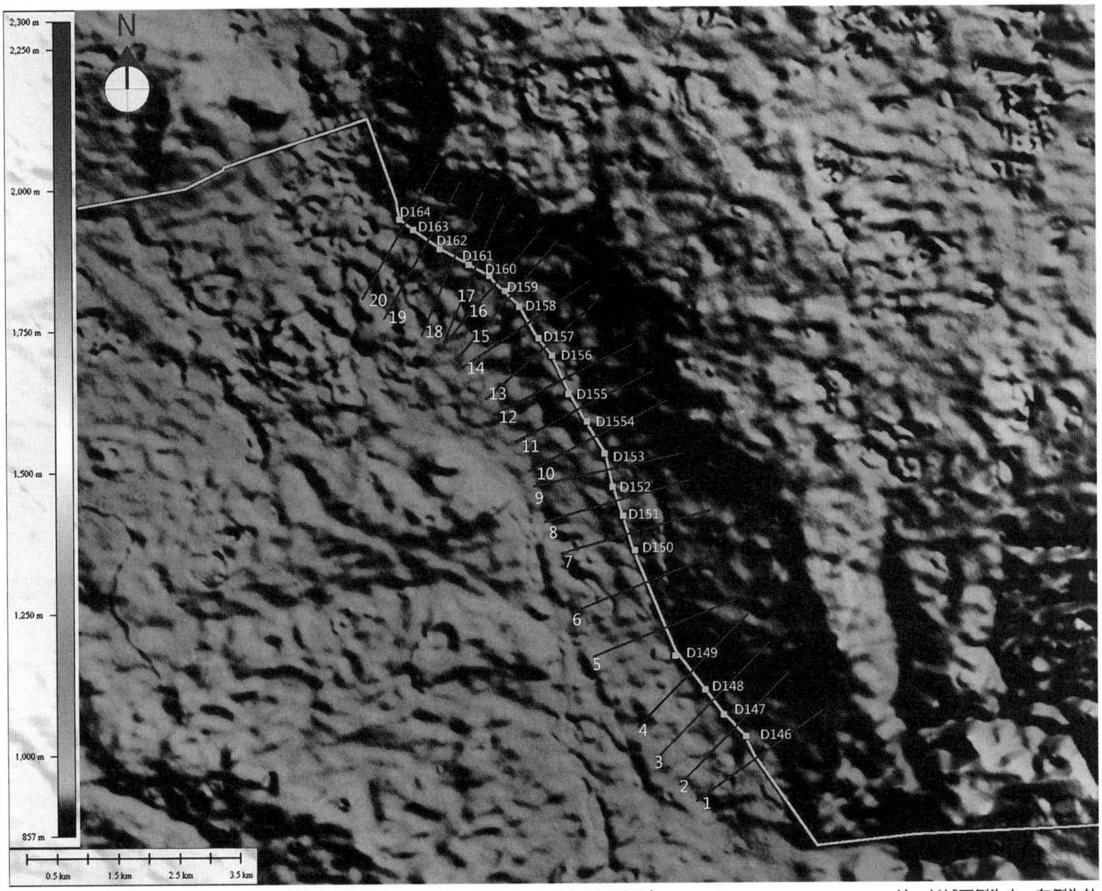

图例：长城走线　■ 敌台　垂直于长城的剖切线（数字对应图 2-60 中的剖面编号）　　注：长城西侧为内，东侧为外

图 2-58　长城大同段 -2 走线

从定位: 113.2899225015, 40.3459369614
到定位: 113.2518594522, 40.4003402086
1500 m
1250 m
D150
D151
D152
D153
D154
D155
D156
D157
D158
D159
D160
D161
D162
D163
D164
1.0 km
2.0 km
3.0 km
4.0 km
5.0 km
6.0 km
7.05 km

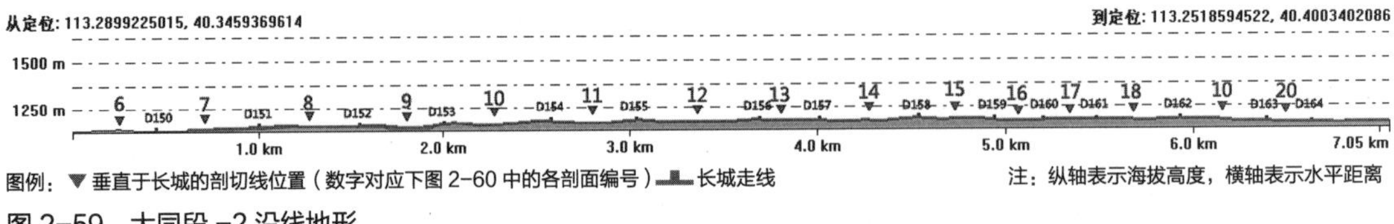

图例：▼ 垂直于长城的剖切线位置（数字对应下图 2-60 中的各剖面编号）▃ 长城走线　　注：纵轴表示海拔高度，横轴表示水平距离

图 2-59　大同段 -2 沿线地形

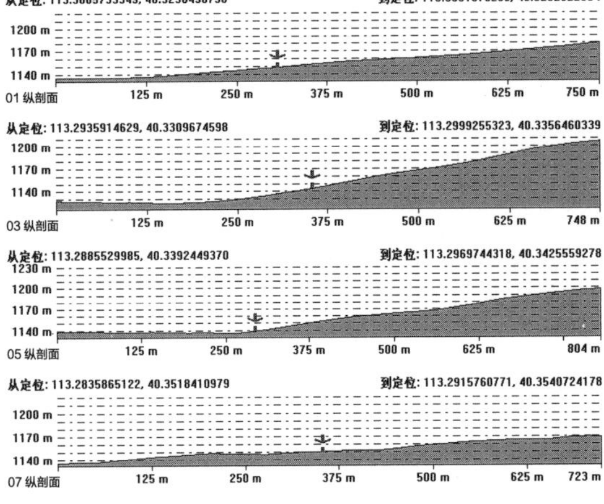

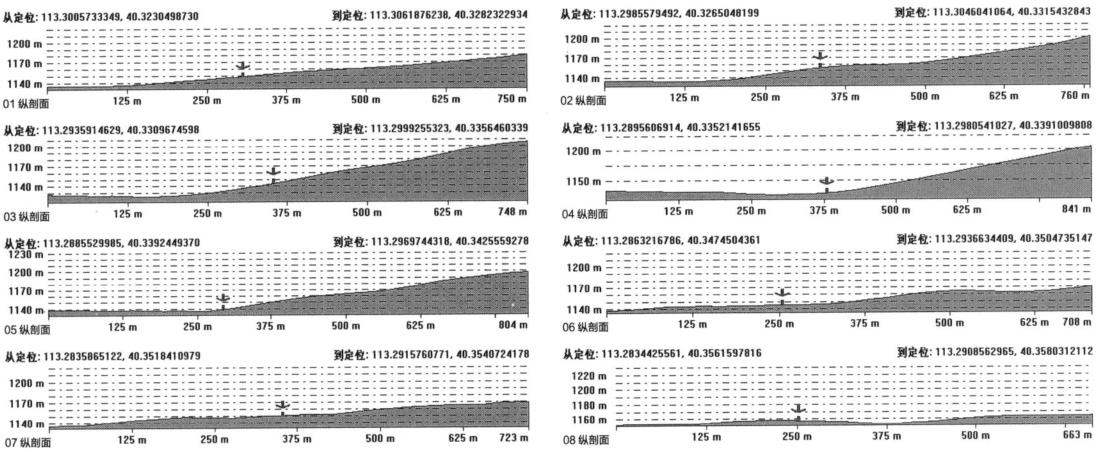

从定位: 113.3005733349, 40.3230498730
到定位: 113.3061876238, 40.3282322934
01 纵剖面
从定位: 113.2985579492, 40.3265048199
到定位: 113.3046041064, 40.3315432843
02 纵剖面
从定位: 113.2935914629, 40.3309674598
到定位: 113.2999255323, 40.3356460339
03 纵剖面
从定位: 113.2895606914, 40.3352141655
到定位: 113.2980541027, 40.3391009808
04 纵剖面
从定位: 113.2885529985, 40.3392449370
到定位: 113.2969744318, 40.3425559278
05 纵剖面
从定位: 113.2863216786, 40.3474504361
到定位: 113.2936634409, 40.3504735147
06 纵剖面
从定位: 113.2835865122, 40.3518410979
到定位: 113.2915760771, 40.3540724178
07 纵剖面
从定位: 113.2834425561, 40.3561597816
到定位: 113.2908562965, 40.3580312112
08 纵剖面

图 2-60　长城大同段 -2 城墙剖面（一）

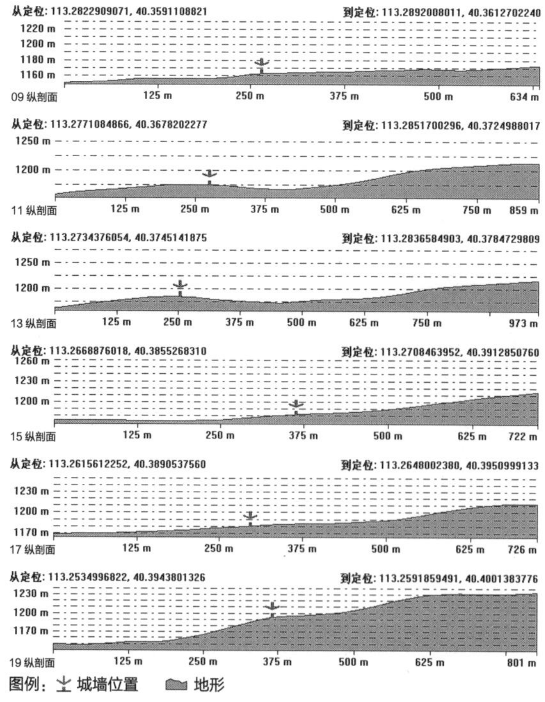

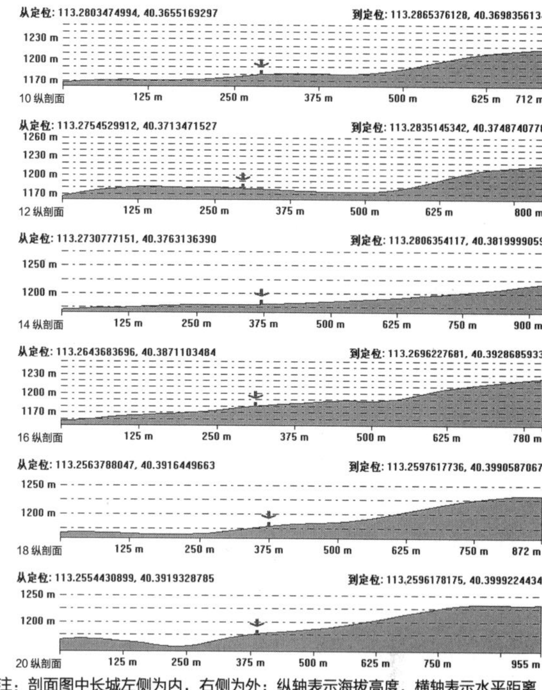

图例：城墙位置　地形

注：剖面图中长城左侧为内，右侧为外；纵轴表示海拔高度，横轴表示水平距离

图 2-60　长城大同段 -2 城墙剖面（二）

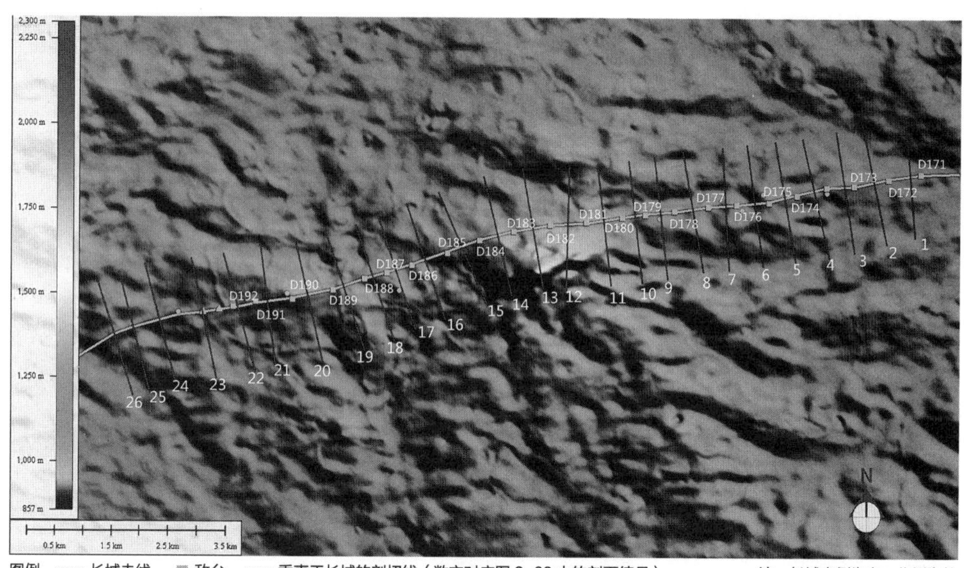

图例：长城走线　敌台　垂直于长城的剖切线（数字对应图 2-63 中的剖面编号）

注：长城南侧为内，北侧为外

图 2-61　长城大同段 -3 走线

位于外侧山地坡面与内侧平地交界处；其余城墙则位于山坡向平地过渡地带和转折线上。

剖面 1、剖面 3、剖面 7、剖面 14 至 18 的城墙位于一个连续的坡度变化平滑的坡面上。其中剖面 1 至 3、剖面 14 至 18，城墙内侧约 125 ~ 150 m 处，即为剖面与平地交界线。

（5）大同段 -3

此段长城位于大同盆地北部，地势平坦，外侧稍低，中间有隆起的山坡，高出周边平地约 60 m。从城墙所处地形的剖面和坡度分析出发（图 2-61 ~ 图 2-65）：

剖面 1、剖面 6、剖面 12 至 14 以及剖面 17 的城墙，皆位于一个连续的坡度变化平滑的坡面上，

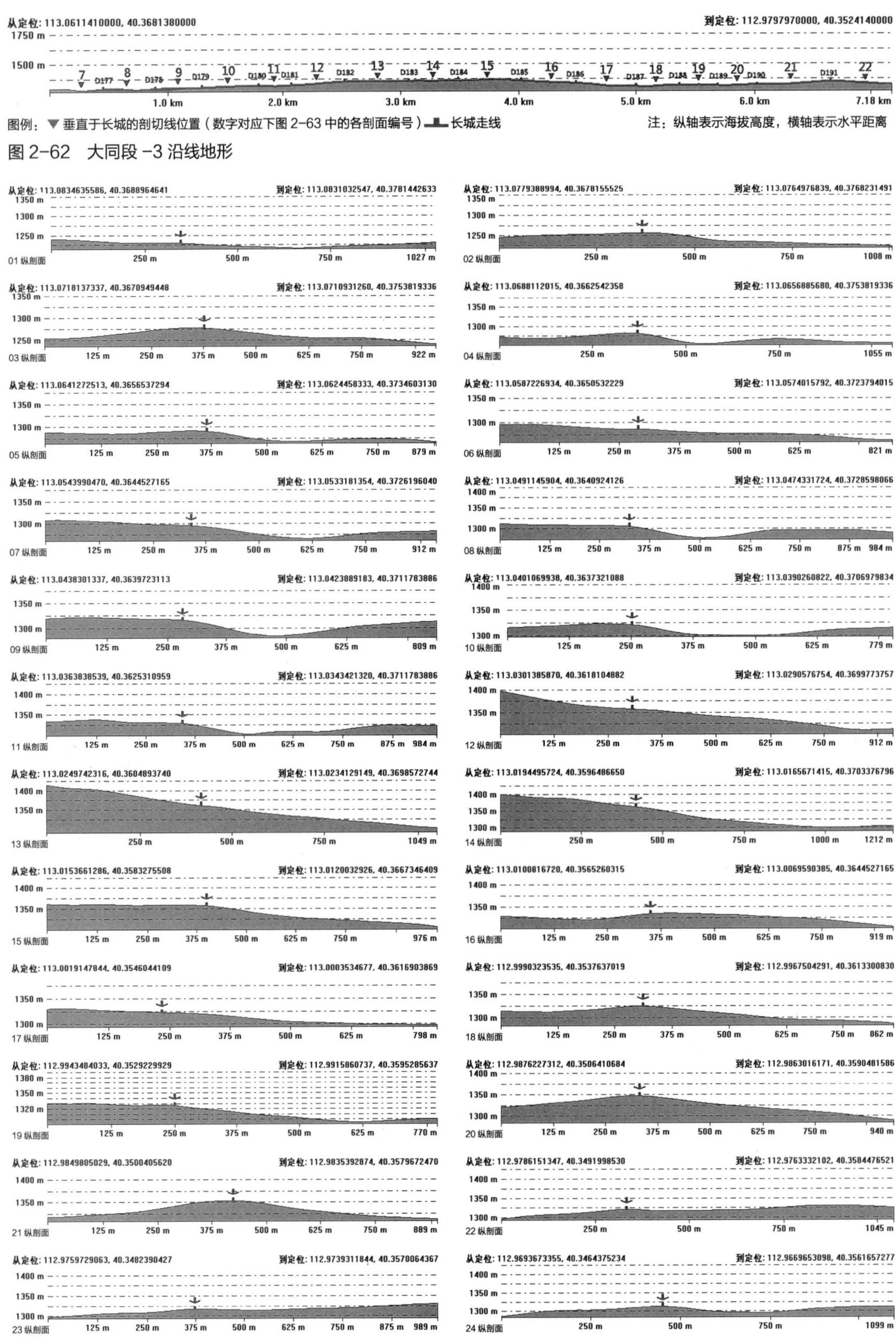

图 2-62　大同段 -3 沿线地形

图 2-63　长城大同段 -3 城墙剖面（一）

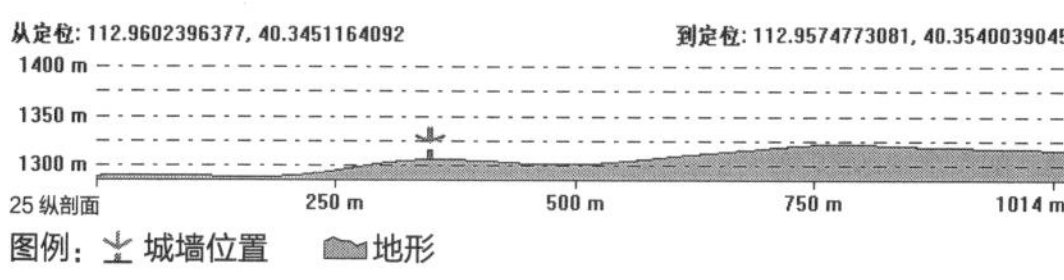

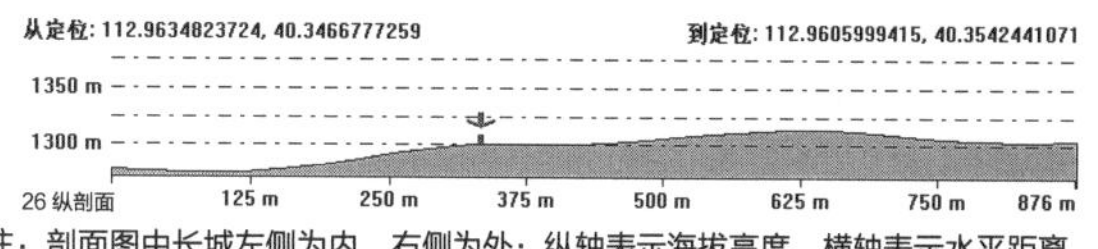

图例：城墙位置　地形

注：剖面图中长城左侧为内，右侧为外；纵轴表示海拔高度，横轴表示水平距离

图 2–63　长城大同段 –3 城墙剖面（二）

图 2–64　D174 外侧环视

图 2–65　D182 外侧环视

其中剖面 12 至剖面 14 段长城据高位于山坡坡面上，与外侧平地之间的高差在 50 m 左右。

剖面 5 以及剖面 7 至剖面 11 的城墙，在其外侧约 350 m 范围内的地形皆凹陷。凹坑最低点与城墙之间的高差在 25 ~ 50 m 左右。凹坑两侧的地形都较为平坦，且海拔高度没有太大差别。城墙多位于凹坑坡面与内侧平地的交界处。

其余剖面上的城墙，则多位于内侧地势与外侧的过渡处，两侧高差约 25 m 左右。

小结

在平地的城墙，其选址主要有三种方式。其一是位于坡度转折线上，这种布置方式多用于内外两侧有一定高度差的情况下，无论内高外低还是内低外高，城墙皆修筑在联接两处不同高程平地的坡面较高的一侧。其二是城墙前的地形有较大的凹陷，凹陷处两侧地形海拔高度基本相同。这样在敌骑来犯之时，可以对骑兵的冲锋加以缓冲，且可针对凹陷范围内的敌骑，据高攻击。其三是位于连续的坡度平缓变化的坡面上，这种布置方式一般用于地势内侧高于外侧的情况下，如此则能据高防守。无论其选址如何，目的主要只有一点，即在无险可守的平地上，充分利用有限的地形条件，加强防守能力。

第二节　敌台选址布局与武器射程

敌台是长城线上作为边境御敌之用的最为重要的军事设施，其选址和布局主要从保证全面的防御范围这个角度出发。下文主要从敌台所处的地形特征、视域范围和射程三个方面探讨不同地理环境下敌台选址的特征。

一、山地敌台

位于山地的敌台，主要位于天镇段 –3、天镇段 –4、阳高段 –2、右玉段和平鲁段。

天镇段 -3 敌台的平均距离为 346 m，其中 D41 敌台和 D42 敌台之间为一峡谷，现有道路通过，长城在此处断裂。D31 敌台至 D40 敌台的平均距离为 383 m，D42 敌台至 D51 敌台的平均距离为 279 m。

阳高段 -2 敌台的平均距离为 244 m，其中 D92 敌台与 D102 敌台面对守口堡关口，此段敌台的平均距离为 179 m。

右玉段敌台的平均距离为 318 m，其中 D246 敌台至 D250 敌台之间的城墙上多有马面。以敌台和马面作为防御点计算，其平均距离为 202 m。

平鲁段敌台的平均距离为 276 m，其中 D260 敌台和 D261 敌台之间间距为 503 m，但中间有马面两个。以敌台和马面作为防御点计算，其平均距离为 206 m。

（1）坡度的影响

①天镇段 -3、天镇段 -4

此段长城外侧为山谷，地形起伏较大，山顶与山谷之间的高差约 100 m，城墙两侧的山体坡度，在 D44 至 D50 段外侧较陡，而内侧较缓；在 D52 至 D59 段则区别不大，局部内侧坡度较大。从敌台所处地形坡度和剖面分析出发（图 2-66 ~ 图 2-68、表 2-3）：

天镇段 -3、天镇段 -4 敌台地形数据 **表 2-3**

敌台编号	外侧坡度（°）	山顶坡度（°）	内外坡度差（°）	敌台与山谷高差（m）
D44	22 ~ 26	3 ~ 7	19	110
D45	22 ~ 26	3 ~ 7	19	125
D46	26 ~ 32	3 ~ 7	24	110
D47	14 ~ 18	0 ~ 3	15	100
D48	26 ~ 32	7 ~ 11	20	125
D49	22 ~ 26	3 ~ 7	19	125
D50	26 ~ 32	0 ~ 3	28	125
D51	26 ~ 32	3 ~ 7	24	100
D52	22 ~ 26	3 ~ 7	19	100
D53	22 ~ 26	7 ~ 11	15	100
D55	18 ~ 22	11 ~ 14	8	100
D56	22 ~ 26	7 ~ 11	15	110
D57	26 ~ 32	7 ~ 11	20	100
D58	22 ~ 26	3 ~ 7	19	75

D44 至 D46 敌台，其外侧坡度基本在 22° ~ 26° 之间，山顶的坡度在 3° ~ 7° 之间，宽度在 75m 左右。山顶的坡度与外侧坡度相差 20° 左右，敌台与山谷高差在 110 m 左右。

D48 至 D51 敌台，其外侧坡度基本在 26° ~ 32° 之间，山顶的坡度集中在 3° ~ 7° 之间，宽度在 50 m 左右。山顶的坡度与外侧坡度相差 25° 左右，敌台与山谷高差在 125 m 左右。

D52 至 D59 敌台，其外侧坡度基本在 26° ~ 32° 之间，山顶的坡度集中在 7° ~ 11° 之间。山顶的坡度与外侧坡度相差 20° 左右，敌台与山谷高差在 100 m 左右。其中 D55 敌台所处地形较为陡峭，D56 和 D58 两敌台的选址，未在坡度转折线上，概因山坡较陡，敌骑难以攀登之故。

从敌台与山脊线之间的分析（图 2-69、图 2-70）可以看出，敌台基本沿山脊走线布置，并非是绝对地布置在山脊线上，而是选择在山坡与山顶的坡度转折线上布置，外侧坡度与山顶坡度差大致在 20° 左右（图 2-71、图 2-72）。

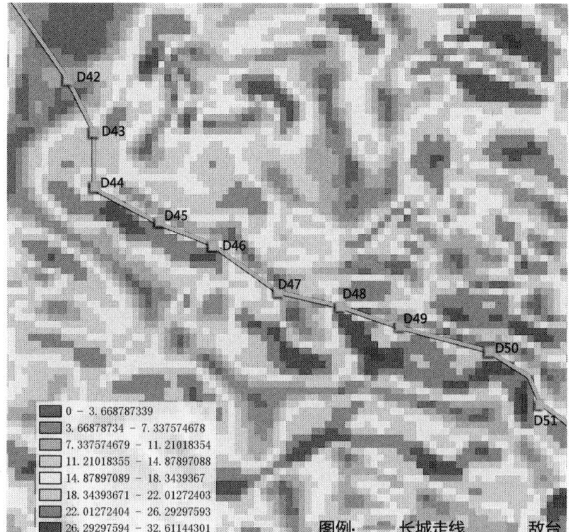

图 2-66 长城天镇段 -3 局部地形坡度与敌台关系

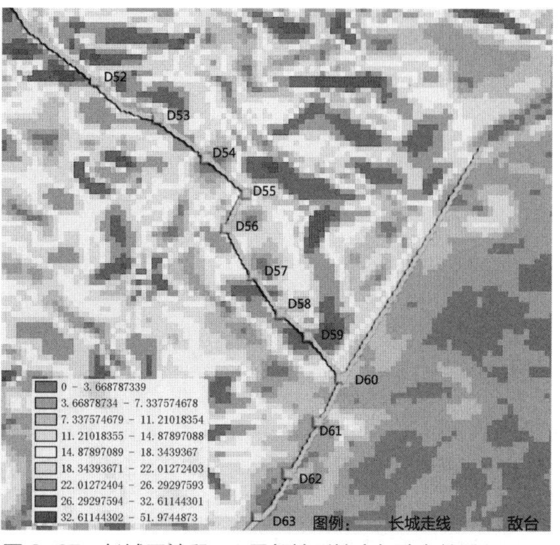

图 2-67 长城天镇段 -4 局部地形坡度与敌台关系

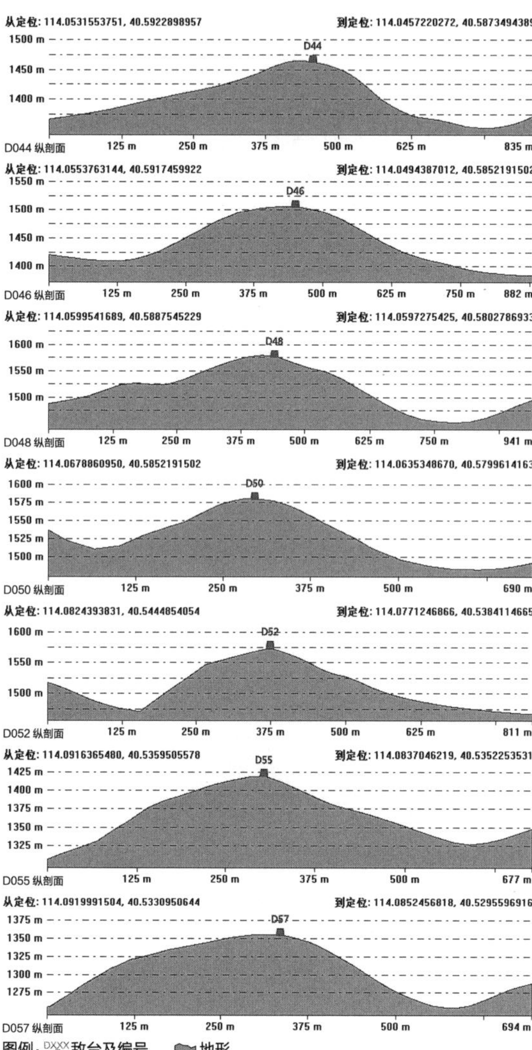

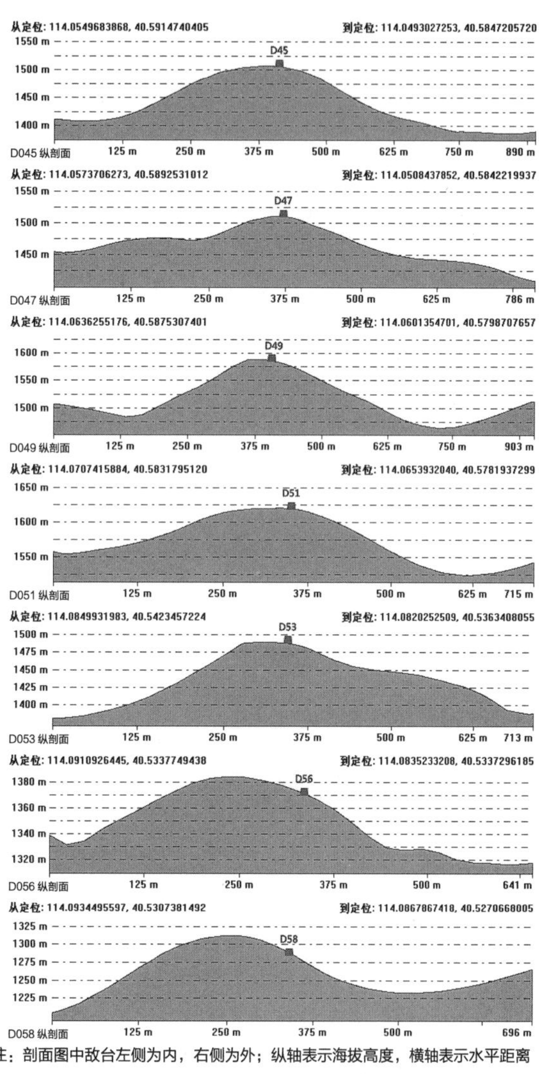

注：剖面图中敌台左侧为内，右侧为外；纵轴表示海拔高度，横轴表示水平距离

图 2-68 长城天镇段 -3 敌台纵剖面

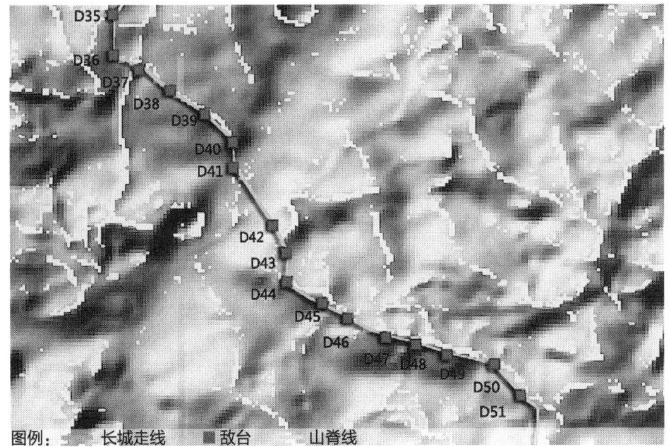

图 2–69　天镇段 –3 局部地形山脊线与敌台关系

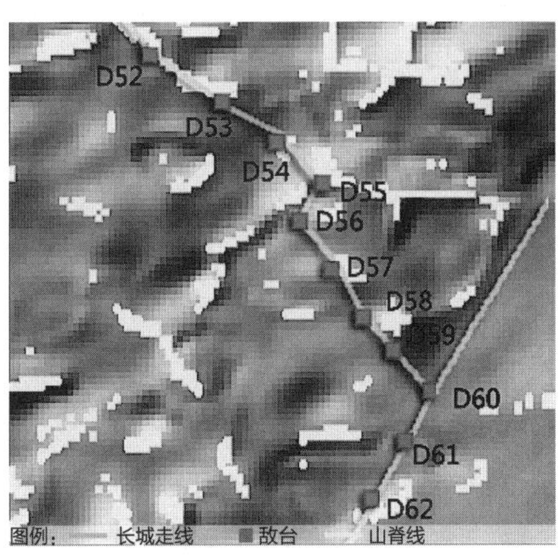

图 2–70　天镇段 –4 局部地形山脊线与敌台关系

图 2–71　D057 外侧坡度在 26° ~ 32° 之间

图 2–72　D053 外侧坡度在 23° ~ 26° 之间

②阳高段 –2

此段长城外侧为山谷，地形起伏较大，山顶与山谷之间的高差约 70 m，城墙两侧的山体坡度外侧较陡而内侧则较为平缓，在 D97 至 D99 敌台因位于山谷故区别不大。从敌台所处地形坡度和剖面分析出发（图 2–73 ~ 图 2–74、表 2–4）：

阳高段 –2 敌台地形数据　　表 2–4

敌台编号	外侧坡度(°)	山顶坡度(°)	内外坡度差(°)	敌台与山谷高差(m)
D93	14 ~ 18	11 ~ 14	3	50
D94	18 ~ 21	4 ~ 8	14	100
D95	21 ~ 24	4 ~ 8	15	75
D96	14 ~ 18	4 ~ 8	10	50
D97	29 ~ 37	0 ~ 4	29	25
D100	14 ~ 18	0 ~ 4	14	100
D101	21 ~ 24	0 ~ 4	20	100
D102	21 ~ 24	0 ~ 4	20	100
D103	21 ~ 24	4 ~ 8	17	75

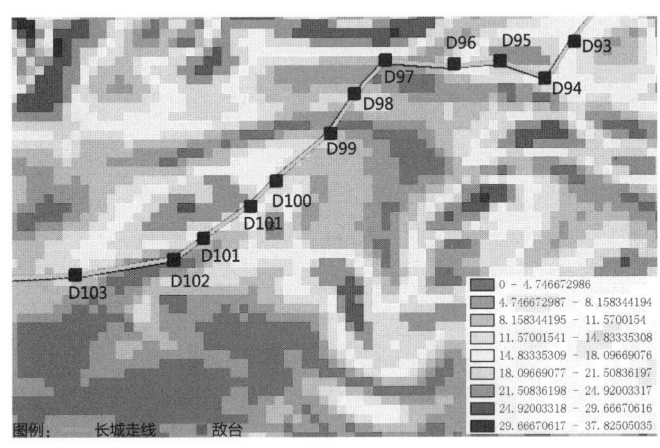

图 2–73　长城阳高段 –2 局部地形坡度与敌台关系

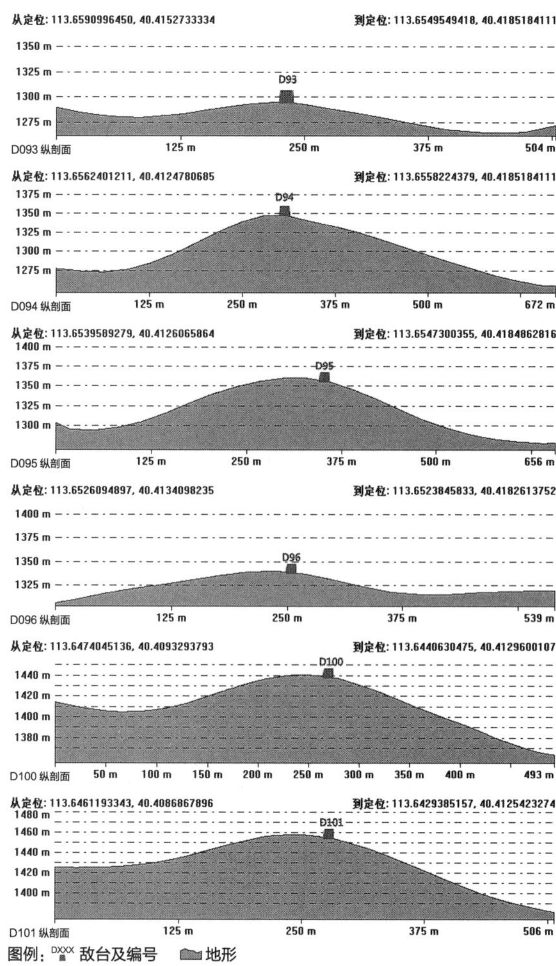

注：剖面图中敌台左侧为内，右侧为外；纵轴表示海拔高度，横轴表示水平距离

图 2–74　长城阳高段 –2 敌台纵剖面

从图中可以明显地看到，除了位于山谷的敌台外，其布置基本选择在坡度的转折线上。D92 至 D96 敌台，其外侧坡度多在 14° ~ 21° 之间（图 2–75），山顶地形较为平缓，坡度在 4° ~ 8° 之间。山顶的坡度与外侧坡度差在 10° ~ 15° 之间。

D100 至 D103 敌台，其外侧的坡度多在 21° ~ 24° 之间（图 2–76），内侧地势较为平坦，局部有起伏，山顶地势较为平缓，坡度在 0° ~ 4° 之间。山顶的坡度与外侧坡度相差约 20° 。

从敌台与山脊线关系的分析（图 2–77）可看出，敌台的布置基本不与山脊线重合，说明敌台并不完全位于山顶海拔最高处。

图 2–75　D094 外侧地形

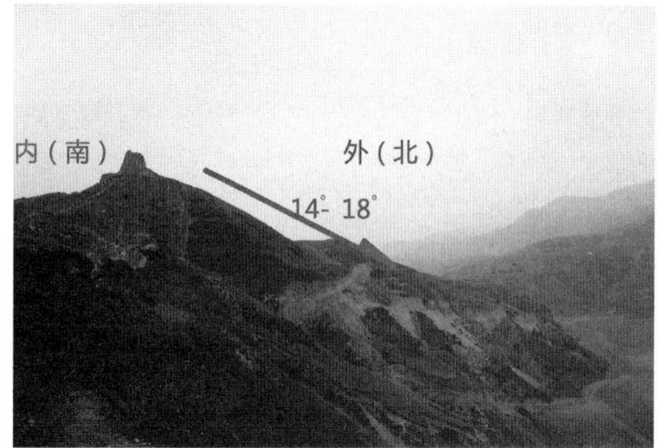

图 2–76　D100 外侧地形

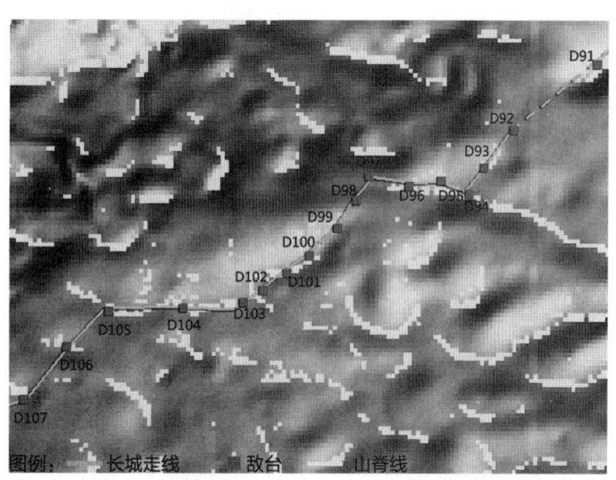

图 2–77　长城阳高段 –2 局部地形山脊线与敌台关系

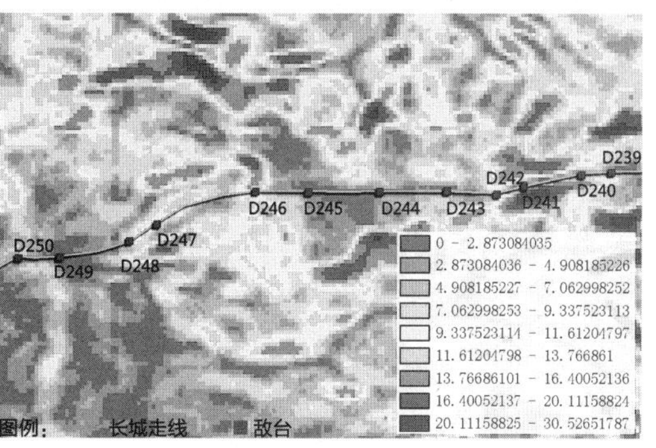

图 2–78　长城右玉段局部地形坡度与敌台关系

③右玉段

此段长城中间为山谷，地形起伏较大，山顶与山谷之间的高差多在 100 m 左右，局部可达 200 m。城墙两侧的山体坡度没有太大的区别。从图中可以看出，敌台的布置基本选择在坡度的转折线上。

从敌台所处地形坡度和剖面出发（图 2–78 ~图 2–79）：

D239 — D242 敌台，两侧的坡度均集中在 20° ~ 30° 之间，山顶地形较为平缓，坡度多在 0° ~ 4° 之间，宽度在 25 m 左右。山顶的坡度与山坡的坡度相差约 23° 。

D244 — D246 敌台，位于山顶平台，地势较为平坦，内外坡度虽然相差不多，外侧坡度在 4° ~ 9° 之间，内侧坡度多在 0° ~ 2° 之间，但其仍然是沿着坡度的转折线布置的。

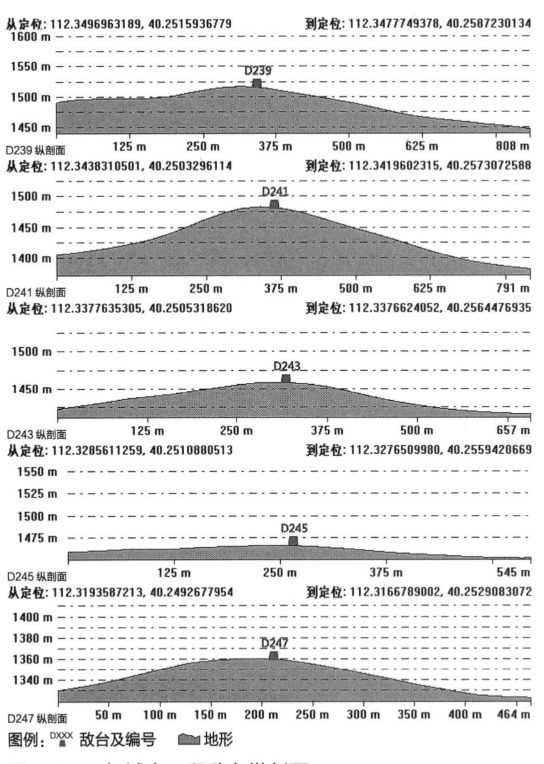

图 2–79　长城右玉段敌台纵剖面

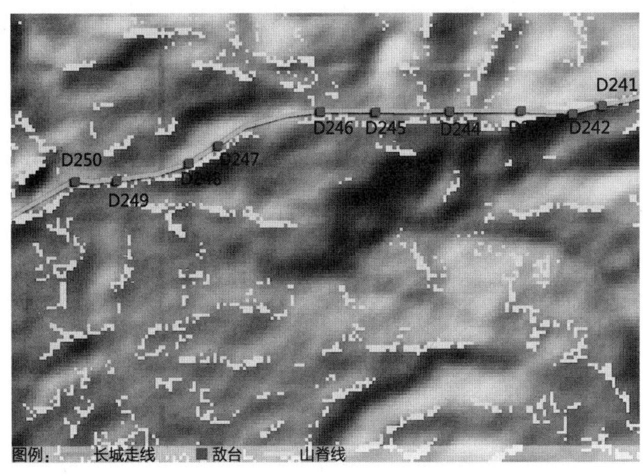

图 2–80　长城右玉段局部地形山脊线与敌台关系

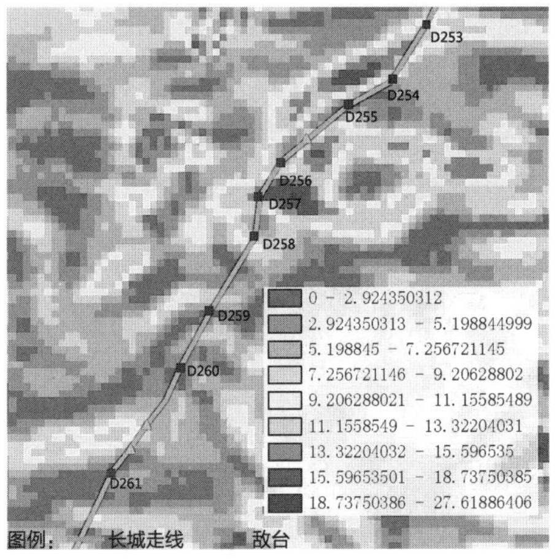

图 2–81　长城平鲁段局部地形坡度与敌台关系

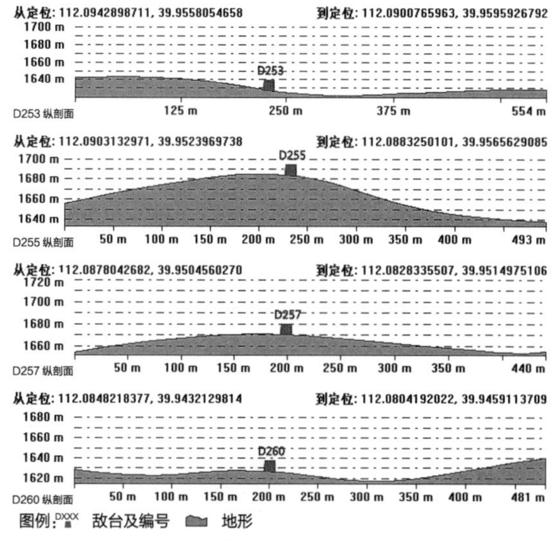

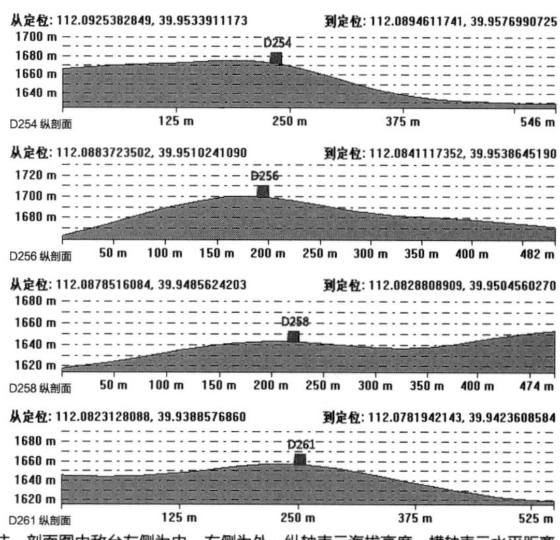

注：剖面图中敌台左侧为内，右侧为外；纵轴表示海拔高度，横轴表示水平距离

图 2–82　长城平鲁段敌台纵剖面

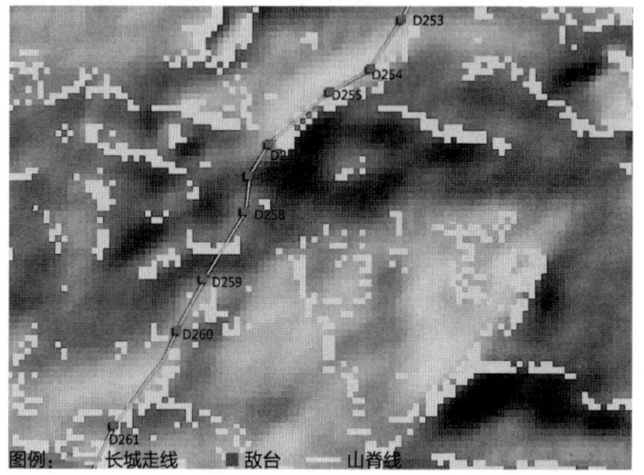

图 2–83　长城平鲁段局部地形山脊线与敌台关系

图 2–84　D261 外侧坡度较小，在 7° ~ 9° 之间

从敌台与山脊线之间的分析（图 2–80）中可看出，敌台的布置基本不与山脊线重合，说明敌台并不完全位于山顶海拔最高处。

④平鲁段

此段长城的地形总体起伏不大，山顶与山谷之间最大高差在 50 m 左右。从敌台所处地形坡度和剖面出发（图 2–81、图 2–82），D254 至 D256 敌台较为明显地布置在坡度的转折线上，其外侧的坡度集中在 13° ~ 18° 之间，内侧约 50 ~ 100 m 内范围的山顶地形较为平缓，坡度多在 2° ~ 5° 之间，山顶的坡度与山坡的坡度相差约 10°。

从敌台与山脊线之间的分析（图 2–83）中可看出，敌台的布置基本不与山脊线重合，说明敌台并不完全位于山顶海拔最高处（图 2–84）。

小结

位于山地的敌台，为使其发挥最大的军事防御作用，多布置在山顶与坡面的坡度转折线上，不完全与山脊线重合。如此，既可据高直面敌骑，又可使敌骑疲于攀登，而无冲锋之虞。

（2）视域的影响

明代尚无超视距作战方式，根据《武备志》记载，除了配置较少的威远炮射程可达 5000 m 之外，其余武器的作战距离最远也只在 3000 m 左右，所以以 3000 m 为半径作敌台的视域范围。

①天镇段 –3

D32 至 D34 敌台位于山坡上，在视域可见范围内均覆盖连续的 9 个左右的敌台。D35 与 D36 两个敌台位于长城转折处，而D37、D38两敌台在同一山脊上，视域可见范围内均覆盖两侧连续的4个敌台。D39位于山坡与山顶坡度转折点上，其东侧便是山谷，在其视域可见范围内均覆盖连续了两侧10个敌台。D39—D45的平均距离为302 m。这几个敌台皆沿山脊修筑，可据高以防守山谷，所以每个敌台两侧皆可见较多的敌台（图2-85）。

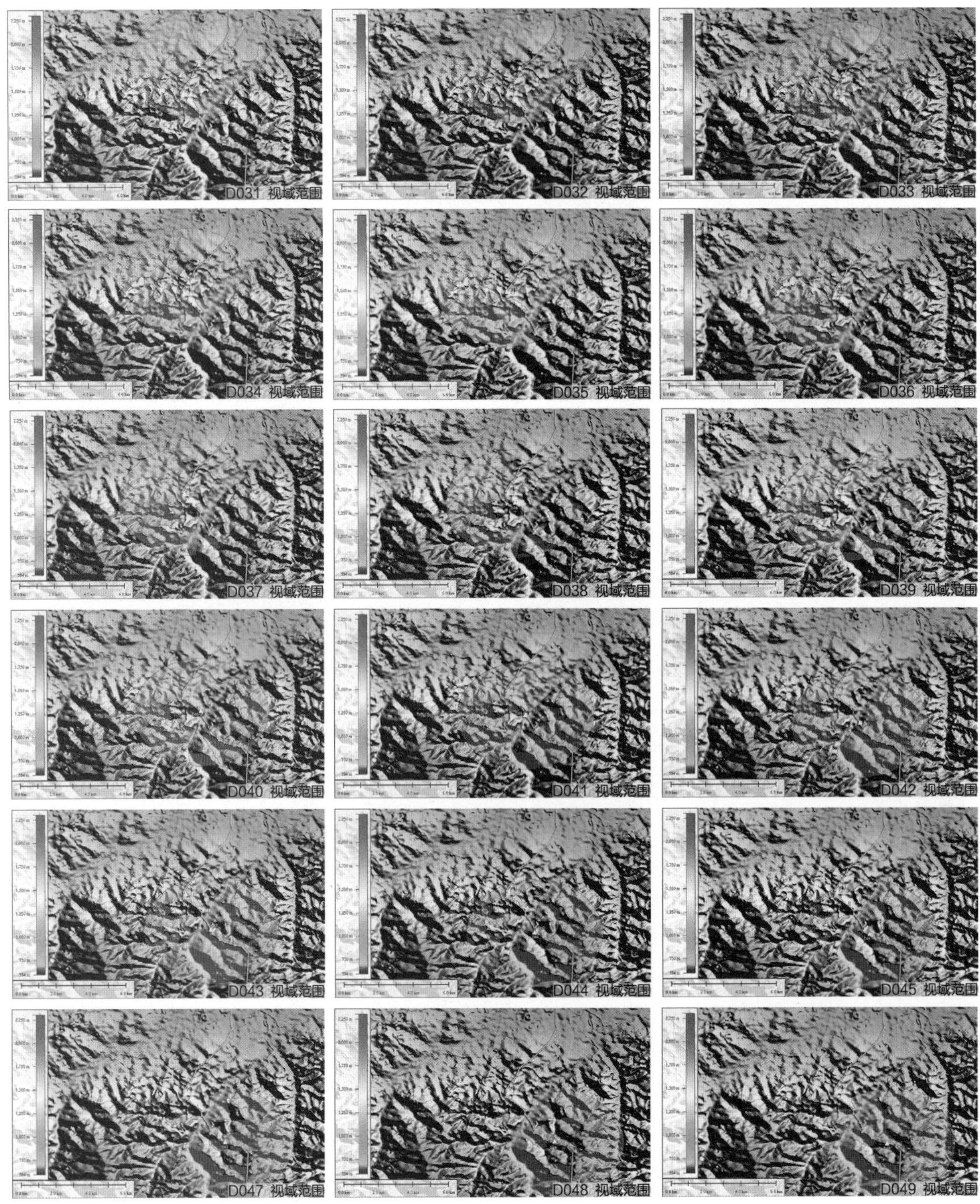

图2-85　长城天镇段-3敌台视域范围（一）

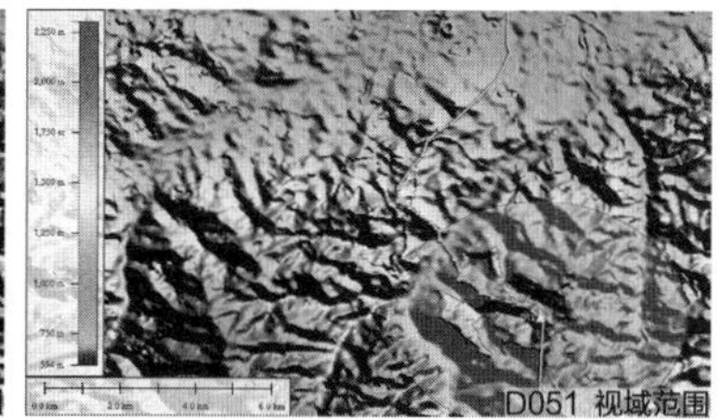

图 2-85　长城天镇段 -3 敌台视域范围（二）

图 2-86　D094 东望，可见连续的 3 个敌台

②阳高段 -2

此段敌台的平均距离是 244 m，其中 D92 至 D97 的平均距离仅 180 m。D92 — D94 位于山坡上，且只朝向谷口，所以在视域可见范围内只能相互守望，而不能见到其余敌台（图 2-86）。D95 至 D109 主要防守其北侧的山谷，在视域可见范围内覆盖连续的 7 ~ 9 个敌台。其中 D95 和 D100 两敌台由于海拔较高，可据高防守两山谷交叉处，故在其视域可见范围内均覆盖两侧连续的 11 ~ 12 个敌台（图 2-87）。

③右玉段

D239 至 D244 的敌台在各自视域可见范围内均能相互守望，皆覆盖 7 个敌台（图 2-88）。D245 在山坡和山脊转折处，可两向防守，其视域可见范围内覆盖两侧连续的所有 14 个敌台。从 D246 到 D252 的敌台，在各自视域可见范围内均能相互守望（图 2-89）。

④平鲁段

D256 在山顶上，可防守两侧，故在其视域可见范围内均覆盖连续了两侧 9 个敌台（图 2-90）。D253 至 D255 的敌台、D257 至 D262 的敌台在视域可见范围内均能相互守望，但两侧不能互视（图 2-91）。

小结

在山地上的敌台由于受到地形的影响，从视域看呈现出一定的分段布置模式。段落之间多以山顶或高地为转折点和联接点，在段落内的敌台基本上仅能看见在此段范围内的敌台。位于山顶或高地的敌台可据高防守两侧，并能起到统摄周边的作用，在其视域可见范围内能覆盖的敌台数量最多。

（3）武器射程的影响

明代边防有别于前代的一个特征就是火器的大量使用，在明初“大同、宣府卫所城池，洪武中原

图 2-87　长城阳高段 -2 敌台视域范围

图 2-88　D242 东西两侧视域

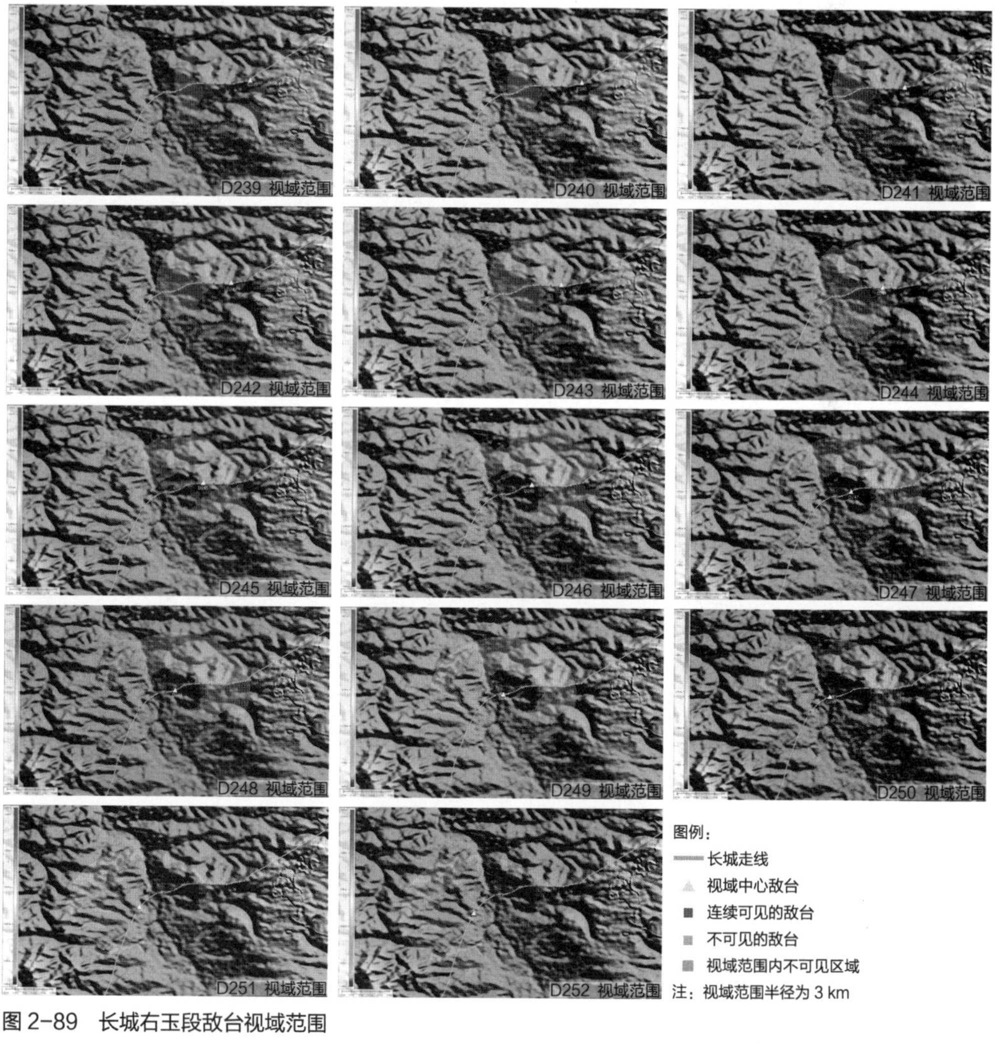

D239 视域范围　D240 视域范围　D241 视域范围

D242 视域范围　D243 视域范围　D244 视域范围

D245 视域范围　D246 视域范围　D247 视域范围

D248 视域范围　D249 视域范围　D250 视域范围

D251 视域范围　D252 视域范围

图例：

- 长城走线
- 视域中心敌台
- 连续可见的敌台
- 不可见的敌台
- 视域范围内不可见区域

注：视域范围半径为 3 km

图 2-89　长城右玉段敌台视域范围

图 2-90　D256 西望，可见连续的 6 个敌台

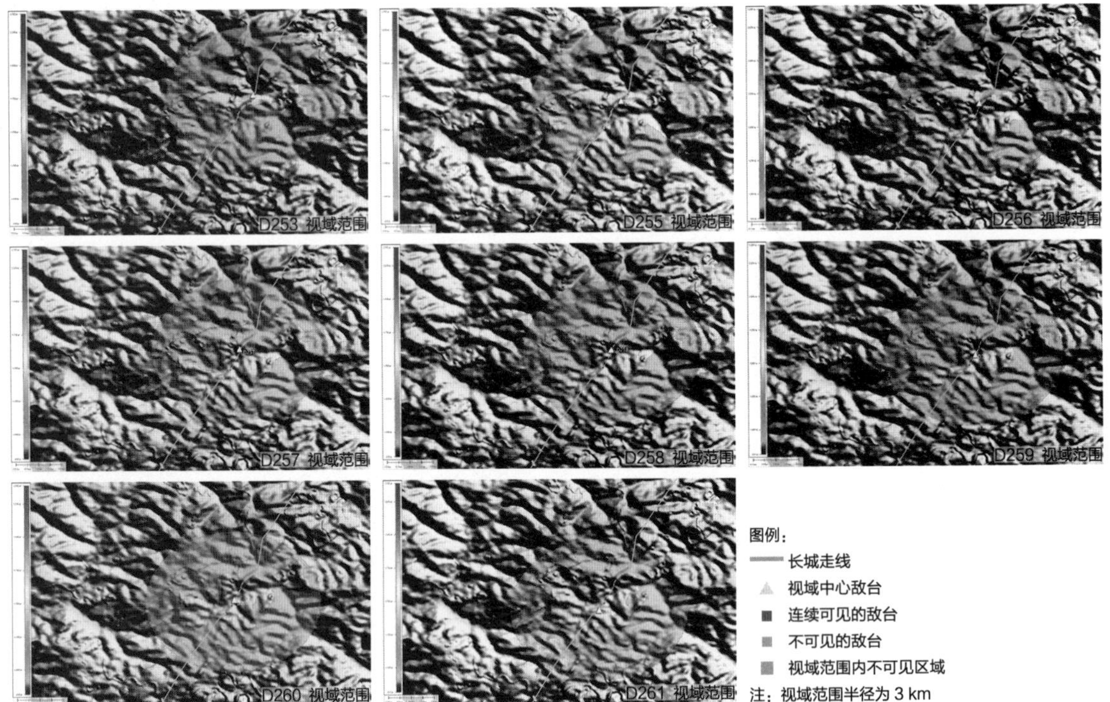

图 2-91　长城平鲁段敌台视域范围

置大小将军、破落户、手把铳、火枪、火炮等器，甚为周备”。[1] 正统年间大同镇便“先降神铳三千把”[2]。至嘉靖时，边军已普及使用火器并且有了长足的发展，“有战器，有埋器，有攻器，有守器”，“其战器利于轻捷，则兵不疲力而铳气常充；其攻器利于机巧则兵可奋勇而移动不常；其埋器利于爆击易碎，火烈而烟猛；其守器利于远击齐飞，大长而气毒”。大同镇的长城多在嘉靖年间修筑，所以敌台的修筑应当充分考虑了火器在边防中的使用。

火器在战争中的使用方式，《武备志》载：“百二十步外酌用大小威远炮，视远近打放，令贼不得安营。百步外用地雷连炮，遍布大营四面，先令哨马二十匹远哨，如贼从北来，哨马驰至，即向北补器，见贼打放，用迅雷炮佐之。贼来未有不披靡者。若近营用铳棍、剑鎗、火鎗、三捷、五雷分番累打，以

1　《明英宗实录》卷 132.

2　《明宣宗实录》卷 95.

威远连炮为正，以铳棍剑铳为奇，缓且远有威远连炮，急且近则用铳棍、剑鎗、火鎗、三捷、五雷，奇正相资，攻守俱利。”[1]

对射程范围的讨论基于理想化的模型，即任一敌台的火力点，均备有远程、中程和近程武器。三类武器的射程距离参考《武备志》中相关武器的射程，确定为 5000 ~ 1000 m、1000 ~ 350 m 和 350 m 以内[2]。

①天镇段 -3（图 2-92）

D30 — D35 段，长城始从平地沿山势而上，此段每个敌台的近程武器射程范围内的敌台仅有其自身，只能保证两敌台之间的城墙在射程范围之内；中程武器的射程范围可覆盖左右各 1 个敌台。从 D36 开始，长城沿山脊而走，防守山谷，敌台之间的距离多在 300 m 左右，所以每个敌台的近程武器射程范围多可覆盖左右各 1 个敌台；而中程武器的射程范围多可覆盖左右各 2 ~ 3 个敌台。远程武器的射程范围可覆盖左右各 15 ~ 20 个敌台，且在 D36 — D51 段的敌台，只要在视域范围内出现敌人，即多在中程武器的射程范围之内。

②阳高段 -2（图 2-93）

D92 — D105 段，因其可据高防守山谷，敌台的布置较为密集，敌台之间最短距离仅 120 m。所以在此段每个敌台上的近程武器射程范围内均可覆盖左右各 1 ~ 2 个敌台，可形成多重的密集火力网；中程武器的射程范围可覆盖左右各 3 ~ 4 个敌台。远程武器的射程范围可悉数覆盖此段所有敌台，且只要在视域范围内出现敌人，即在远程武器的射程范围之内。

③右玉段（图 2-94）

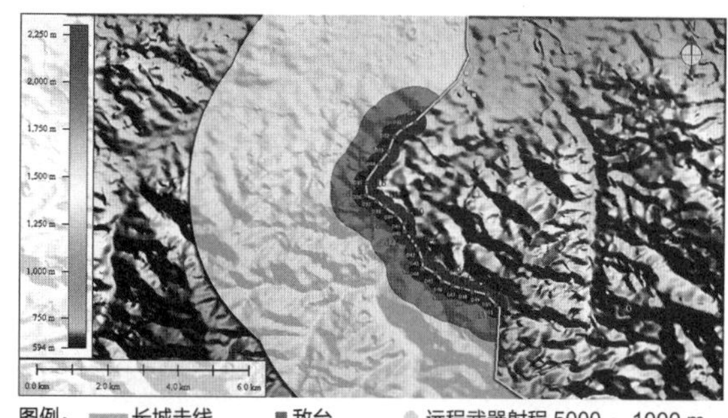

图例： 长城走线 ■敌台 远程武器射程 5000 ~ 1000 m ● 中程武器射程 1000 ~ 350 m ● 近程武器射程 350 m 以内

图 2-92 长城天镇段 -3 敌台武器射程

图例： 长城走线 ■敌台 远程武器射程 5000 ~ 1000 m ● 中程武器射程 1000 ~ 350 m ● 近程武器射程 350 m 以内

图 2-93 长城阳高段 -2 敌台武器射程

图例： 长城走线 ■敌台 远程武器射程 5000 ~ 1000 m ● 中程武器射程 1000 ~ 350 m ● 近程武器射程 350 m 以内

图 2-94 长城右玉段敌台武器射程

1 《武备志》卷 121，页 4971.

2 《武备志》卷 102、103、122、125、128 关于各类武器的射程说明：“（开元弓）其制强大耐久，九边将士多用之”“（双弓床弩）以七人张发大鑿头箭，射及一百五十步（264 m）”“（威远炮）垫高一寸平放，大铅子远可五六里（2880 ~ 3456 m），小铅子远二三里（1150 ~ 1728 m）。垫高三寸，大铅子远达十余里（5760 m），小铅子四五里（2304 ~ 2880 m）……垫高五六寸，用车载行，大铅子重六斤，远可二十里（11520 m）……”“（万胜佛郎机）平放二百余步（352 m）”“（三眼铳）远一百二十步（211 m），各镇所用火器，惟三眼铳最胜”“（剑钝）平放二百余步（352 m）”“（铳棍）平放二百余步（352 m）”。结合书中所述远、中、近程武器类别，大致可确定远程武器的射程在 5000 ~ 1000 m 范围内，中程武器的射程在 1000 ~ 350 m 范围内，近程武器的射程在 350 m 范围内。距离单位换算引自：吴承洛《中国度量衡史》：1 里 = 576 m，1 步 = 1.5 m.

图例：——长城走线　■敌台　● 远程武器射程 5000 ~ 1000 m
● 中程武器射程 1000 ~ 350 m ● 近程武器射程 350 m 以内

图 2-95　长城平鲁段敌台武器射程

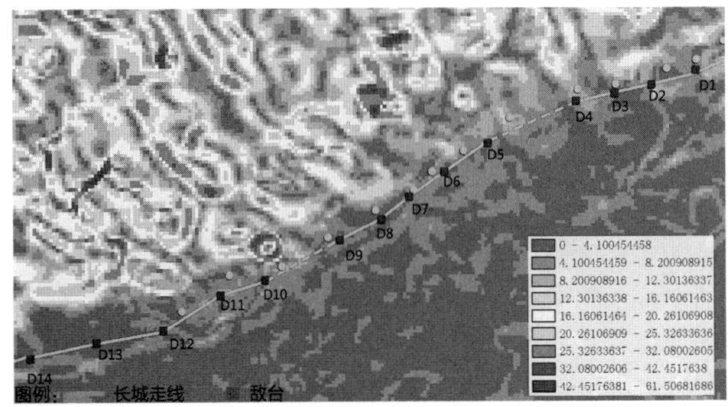

图 2-96　长城天镇段 -1 局部地形坡度与敌台关系

D244 — D250 段，长城据高防守山谷，因此处为重要的对外关口，故在敌台之间皆有马面以加强防御能力。每个火力点的近程武器射程范围皆覆盖左右各 1 个火力点；中程武器射程范围覆盖左右各 4 ~ 5 个火力点。任一火力点远程武器的射程范围基本覆盖此段所有的火力点，在视域范围内出现敌人，基本在远程射程范围内。

④平鲁段（图 2-95）

此段长城据山顶，防守山谷。任一敌台的近程武器射程范围皆覆盖左右各 1 个敌台；中程武器射程范围覆盖左右各 2 ~ 3 个敌台。远程武器的射程范围覆盖此段所有敌台。视域范围内出现的敌人，即在远程武器的射程范围内。

小结

在山地上，远程甚至中程武器的实际使用效果并不理想，主要是因为地形的起伏和视域的限制，极大地削弱了远距离攻击范围，因而不能有效威慑和阻止敌人。所以对敌人的有效防御主要依靠近程武器，故山地上的敌台特别是防守山谷的敌台布置往往比较密集，在一个近程武器的射程范围之内，往往有 2 ~ 4 个火力点，可形成密集型交叉火力，有效加强防御能力，弥补中远程武器在山地使用的不足。

（4）选址和布局特征

位于山地的敌台选址和布局主要受坡度和射程因素的影响。首先，敌台据高防守需要尽量利用地形特征发挥其军事防守优势。若敌台位于山顶海拔的最高点，由于地理特点，山顶坡度平缓，对于可防守的空间范围和视线均有影响。由于山顶坡度平缓而山坡坡度较大，如若敌台位于两者坡度的转折线上，如此则可直接面对敌骑，在其进犯时尽可能地争取最大的防守范围，且敌骑一直处于攀登状态，可减缓其进攻速度。

其次，因地形的限制，中、远程武器的实际使用效果并不理想，对敌骑的防御主要依靠近程武器。所以在此压力下，敌台的布置除了在满足两敌台之间的空间皆能被近程武器的射程覆盖外，需要较为密集的火力才能弥补中远程武器在山地使用的不足，故其布置较为密集，特别是负责防守山谷的敌台尤为如此，在一个近程武器的射程范围内往往覆盖 2 ~ 4 个敌台，以加强防守能力。

而视域因素对敌台的选择和布局影响较小。敌台多沿山脊而筑，从视域分析看，在地形变化的交界处，皆筑有敌台。如此则能从视线上和射程上，有效防止防御死角的出现，加强防守能力。

二、山麓敌台

位于山麓的敌台主要在天镇段 –1、天镇段 –5 和左云段。

天镇段 –1 敌台的平均距离为 337 m，其中 D4 敌台与 D5 敌台之间和 D9 敌台和 D14 敌台间的城墙多被沿边村庄所毁。D1 至 D4 敌台的平均距离为 304 m，D5 至 D9 敌台的平均距离为 350 m。

天镇段 –5 敌台的平均距离为 400 m，其中 D71 敌台与 D72 敌台之间和 D76 敌台与 D79 敌台之间的城墙多已塌毁。D61 至 D71 敌台的平均距离为 357 m，D72 至 D76 敌台的平均距离为 418 m，D79 至 D84 敌台的平均距离为 365 m。

左云段敌台的平均距离为 415 m，其中 D215 至 D224 敌台地形接近平地，起伏不大，平均距离为 479 m；从 D225 至 D238 敌台，地形的起伏开始变大，平均距离为 391 m。

（1）坡度的影响

①天镇段 –1

此段长城位于山地与平原交界处，外高内低，地形稍有起伏，外侧山地的阳面坡度多在 16° ~ 23° 之间，整体地势较为平缓。沿长城两侧沿长城两侧各 250 m 范围内的坡度较为接近，外侧坡度多在 4° ~ 8° 之间，内侧多在 8° ~ 12° 之间。长城以内地势平坦，坡度皆在 0° ~ 4° 之间。从敌台所处地形坡度和剖面出发（图 2–96、图 2–97）：

此段的敌台除 D4、D5 外，都在一定程度上表现出其沿着坡度转折线布置的规律，尽管两侧的坡度都比较接近。从剖面上看，沿敌台外侧 125 m 之内的坡度大致在 0° ~ 4° 之间，D1、D3、D6、D8

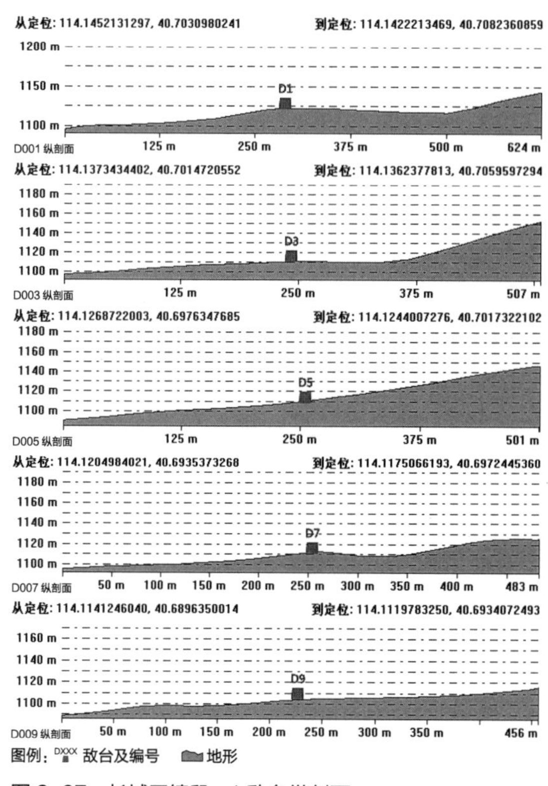

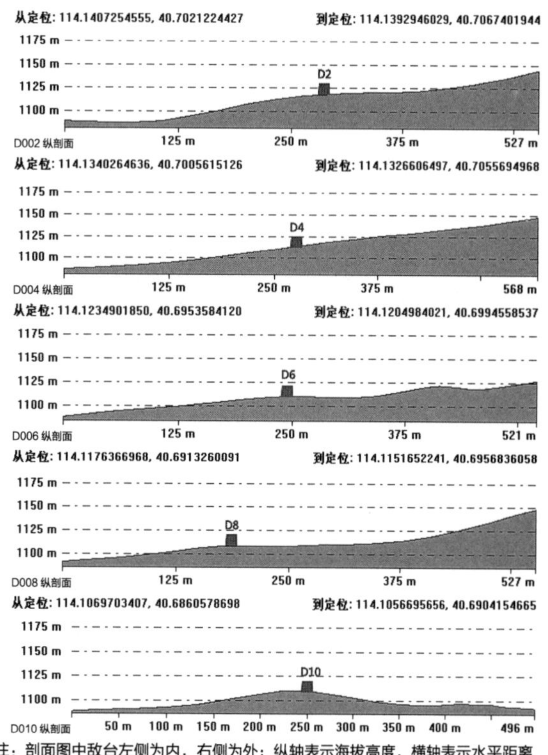

注：剖面图中敌台左侧为内，右侧为外；纵轴表示海拔高度，横轴表示水平距离

图 2–97　长城天镇段 –1 敌台纵剖面

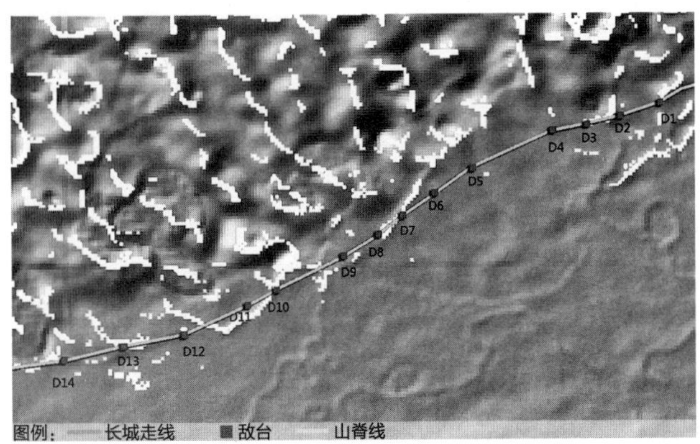

图 2-98　长城天镇段 -1 局部地形山脊线与敌台关系

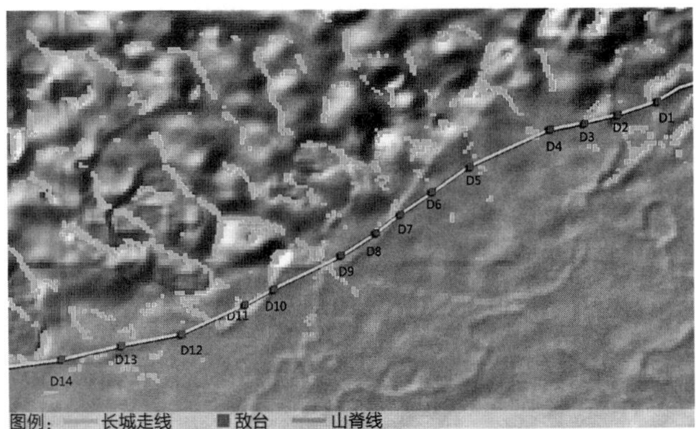

图 2-99　长城天镇段 -1 局部地形山谷线与敌台关系

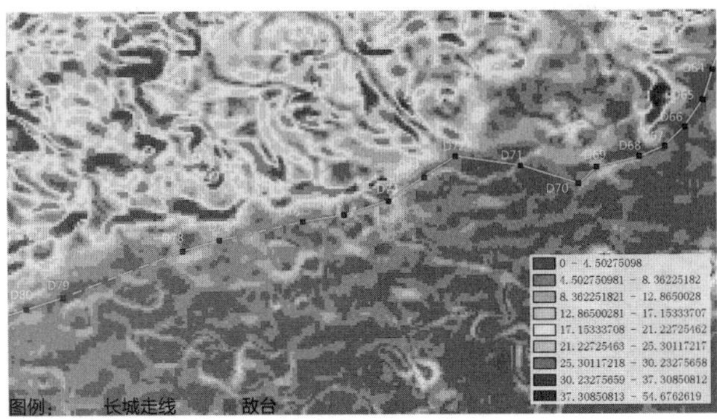

图 2-100　长城天镇段 -5 局部地形坡度与敌台关系

敌台外侧地形多接近平地，而沿敌台内侧 125 ~ 250 m 内，则呈现出一个坡度相对较大的下坡，下降的高度多在 5 ~ 15 m 之间。D4 和 D5 两敌台位于一个连续的坡度变化平滑的坡面上。

此外，从敌台与山脊线和山谷线之间的关系（图 2-98、图 2-99）可看出，敌台大多正对或者靠近山谷线或其延长线，而与山脊线之间缺少明显的联系。其中 D3、D6、D7、D10 和 D11 敌台皆位于山谷线或其延长线上。D1、D4、D5、D6 和 D9 敌台皆紧挨着山谷线或其延长线。

②天镇段 -5

此段长城位于山地与平原交界处，外高内低，地形起伏不大。山地阳面的坡度多在 30° ~ 37° 之间，局部坡度在 37° ~ 51° 之间。沿长城两侧各 250 m 范围内的坡度较为接近，长城以内地势较为平坦。

从敌台所处地形坡度和剖面出发（图 2-100、图 2-101）：

D67 至 D71、D74、D75 敌台从剖面上看，在一定程度上表现出其沿着坡度转折线布置的规律。沿敌台外侧 250 m 之内地形的坡度大致在 0° ~ 4° 之间，而沿敌台内侧 125 ~ 250 m 内，则呈现出一个坡度相对较大的下坡，下降的高度多在 10 ~ 20 m 之间，其中 D74 敌台内侧地势陡然下降了近 60 m。其余敌台则位于一个连续的坡度变化平滑的坡面上，坡度没有出现明显的转折（图 2-102）。

此外，从敌台与山脊、山谷线之间的关系（图 2-103、图 2-104）可知，敌台大多正对或靠近山谷线和其延长线，而与山脊线的走向之间缺少明显联系。D064、D069、D072、D079 敌台均在山谷线或其延长线上。D067、D070、D071 以及 D074 至 D078 敌台均位于山谷线或其延长线一侧。

③左云段

此段长城位于山地与平原交界处，外高内低，地形起伏不大，整体地势较为平缓。长城以内地势平坦，坡度多在 0° ~ 2° 之间。从敌台所处地形坡度和剖面出发（图 2-105 ~图 2-107）：

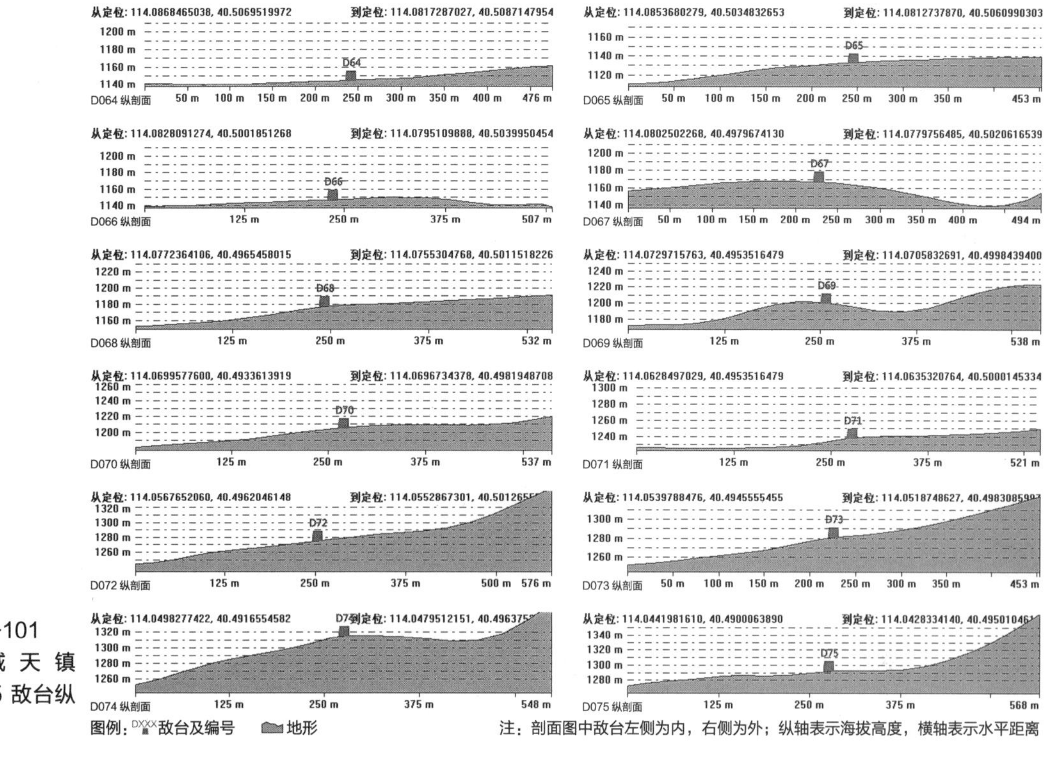

图 2-101 长城天镇段 -5 敌台纵剖面

图 2-102 D072 东侧环视

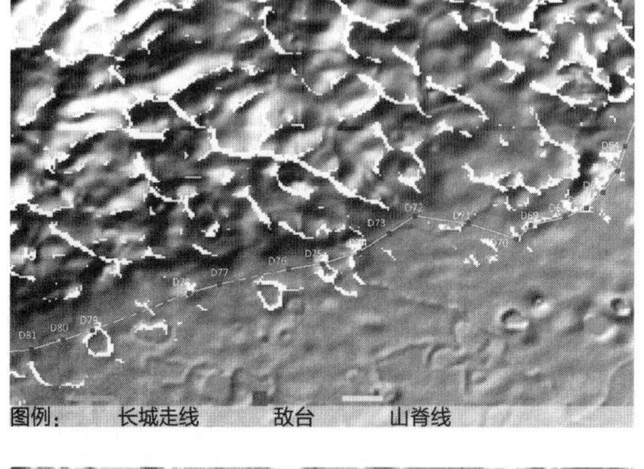

图 2-103 长城天镇段 -5 局部地形山脊线与敌台关系

图例：　长城走线　敌台　山谷线

图 2-104 长城天镇段 -5 局部地形山谷线与敌台关系

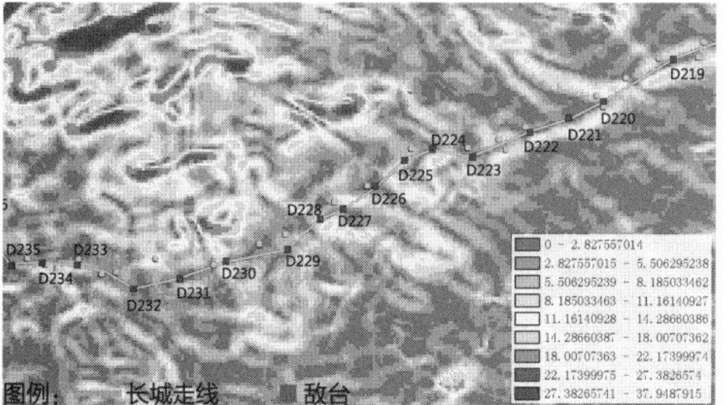

图 2-105 D227—D230 所处地形

从剖面上看，敌台 D227 至 D230、D232 至 D234 较为明显地表现出沿坡度转折线布置的规律。沿敌台外侧 125 ~ 250 m 之内地形的坡度大致在 0° ~ 2° 之间，而

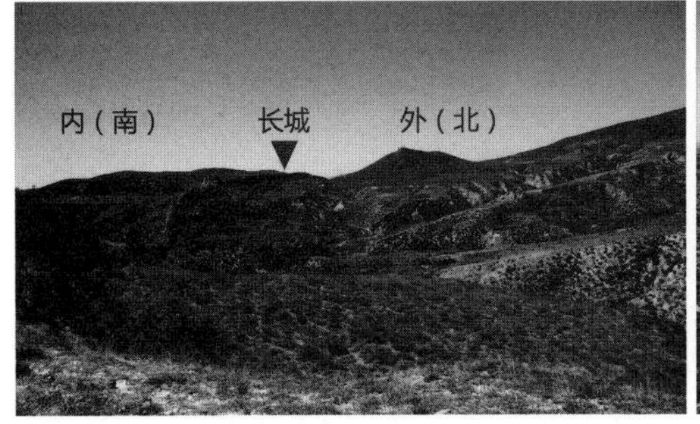

图 2-106 长城左云段局部地形坡度与敌台关系

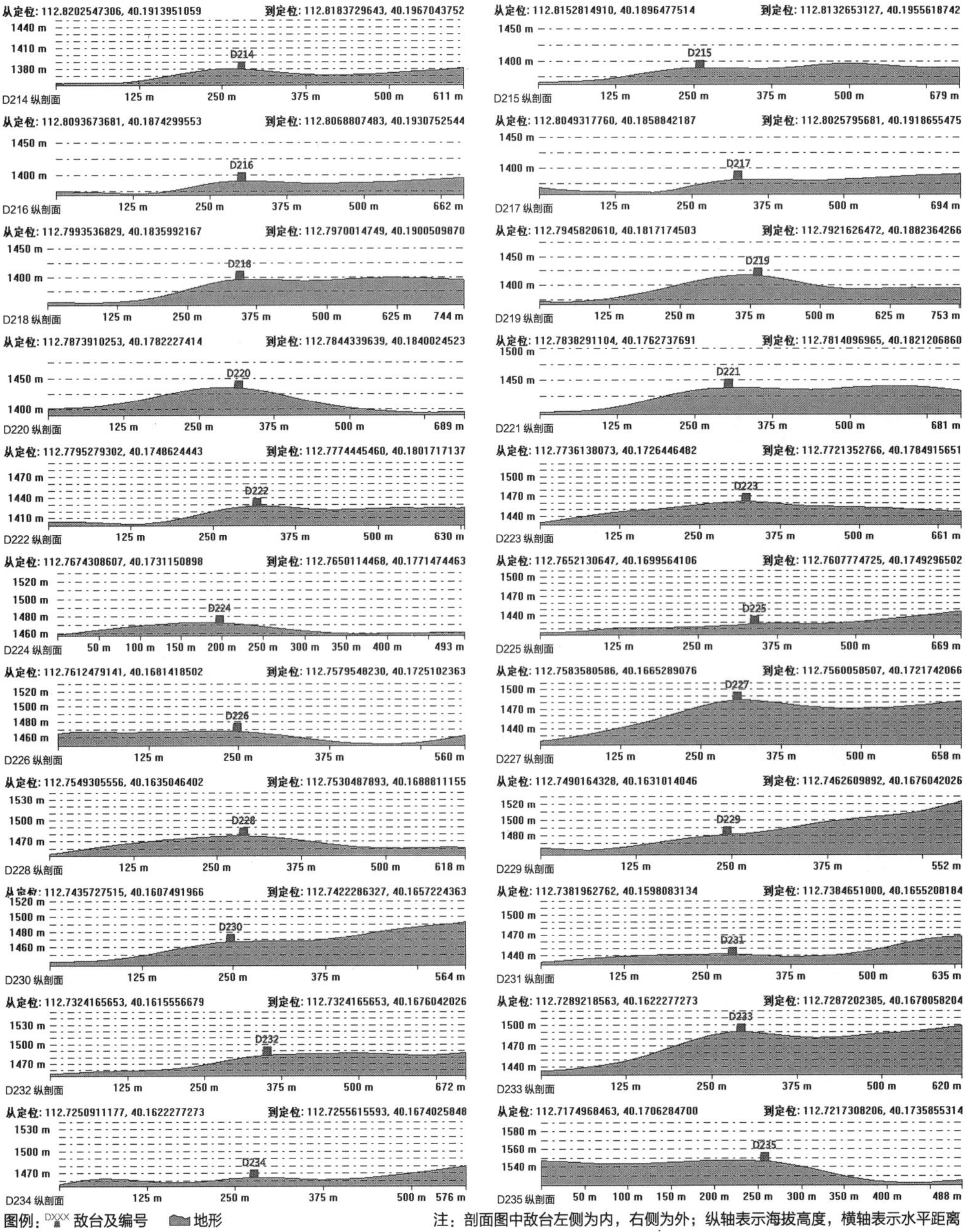

从定位: 112.8202547306, 40.1913951059 到定位: 112.8183729643, 40.1967043752
D214
D214 纵剖面

从定位: 112.8152814910, 40.1896477514 到定位: 112.8132653127, 40.1955618742
D215
D215 纵剖面

从定位: 112.8093673681, 40.1874299553 到定位: 112.8068807483, 40.1930752544
D216
D216 纵剖面

从定位: 112.8049317760, 40.1858842187 到定位: 112.8025795681, 40.1918655475
D217
D217 纵剖面

从定位: 112.7993536829, 40.1835992167 到定位: 112.7970014749, 40.1900509870
D218
D218 纵剖面

从定位: 112.7945820610, 40.1817174503 到定位: 112.7921626472, 40.1882364266
D219
D219 纵剖面

从定位: 112.7873910253, 40.1782227414 到定位: 112.7844339639, 40.1840024523
D220
D220 纵剖面

从定位: 112.7838291104, 40.1762737691 到定位: 112.7814096965, 40.1821206860
D221
D221 纵剖面

从定位: 112.7795279302, 40.1748624443 到定位: 112.7774445460, 40.1801717137
D222
D222 纵剖面

从定位: 112.7736138073, 40.1726446482 到定位: 112.7721352766, 40.1784915651
D223
D223 纵剖面

从定位: 112.7674308607, 40.1731150898 到定位: 112.7650114468, 40.1771474463
D224
D224 纵剖面

从定位: 112.7652130647, 40.1699564106 到定位: 112.7607774725, 40.1749296502
D225
D225 纵剖面

从定位: 112.7612479141, 40.1681418502 到定位: 112.7579548230, 40.1725102363
D226
D226 纵剖面

从定位: 112.7583580586, 40.1665289076 到定位: 112.7560058507, 40.1721742066
D227
D227 纵剖面

从定位: 112.7549305556, 40.1635046402 到定位: 112.7530487893, 40.1688811155
D228
D228 纵剖面

从定位: 112.7490164328, 40.1631014046 到定位: 112.7462609892, 40.1676042026
D229
D229 纵剖面

从定位: 112.7435727515, 40.1607491966 到定位: 112.7422286327, 40.1657224363
D230
D230 纵剖面

从定位: 112.7381962762, 40.1598083134 到定位: 112.7384651000, 40.1655208184
D231
D231 纵剖面

从定位: 112.7324165653, 40.1615556679 到定位: 112.7324165653, 40.1676042026
D232
D232 纵剖面

从定位: 112.7289218563, 40.1622277273 到定位: 112.7287202385, 40.1678058204
D233
D233 纵剖面

从定位: 112.7250911177, 40.1622277273 到定位: 112.7255615593, 40.1674025848
D234
D234 纵剖面

从定位: 112.7174968463, 40.1706284700 到定位: 112.7217308206, 40.1735855314
D235
D235 纵剖面

图例：DXXX 敌台及编号 地形

注：剖面图中敌台左侧为内，右侧为外；纵轴表示海拔高度，横轴表示水平距离

图 2-107 长城左云段敌台纵剖面

沿敌台内侧 125 ~ 250 m 内，则呈现出一个坡度相对较大的下坡，下降高度多在 30 ~ 50 m 之间。其余敌台则位于一个连续的平缓变化的坡面上，无明显坡度转折。

小结

位于山麓的敌台，选址分为两种情况。其一是沿坡度转折线布置，在这种情况下，敌台外侧地形坡度较小，多在 0° ~ 4° 之间，敌台内侧则是一个坡度较大的下坡。两侧坡度较为接近，约有 4° 左右的坡度差。其二是位于一个连续的坡度变化平滑的坡面上，无明显坡度转折。这两种类型皆是在满足军事防御对敌台间距要求的前提下，基于客观地形条件布置的。从实地调研的敌台数据看，第一种情况的敌台数目较多，说明位于山麓的敌台，在地形条件允许的情况下，多沿坡度转折线布置。另外敌台多位于或靠近山谷线或其延长线上。

（2）视域的影响

①天镇段 -1（图 2-108、图 2-109）

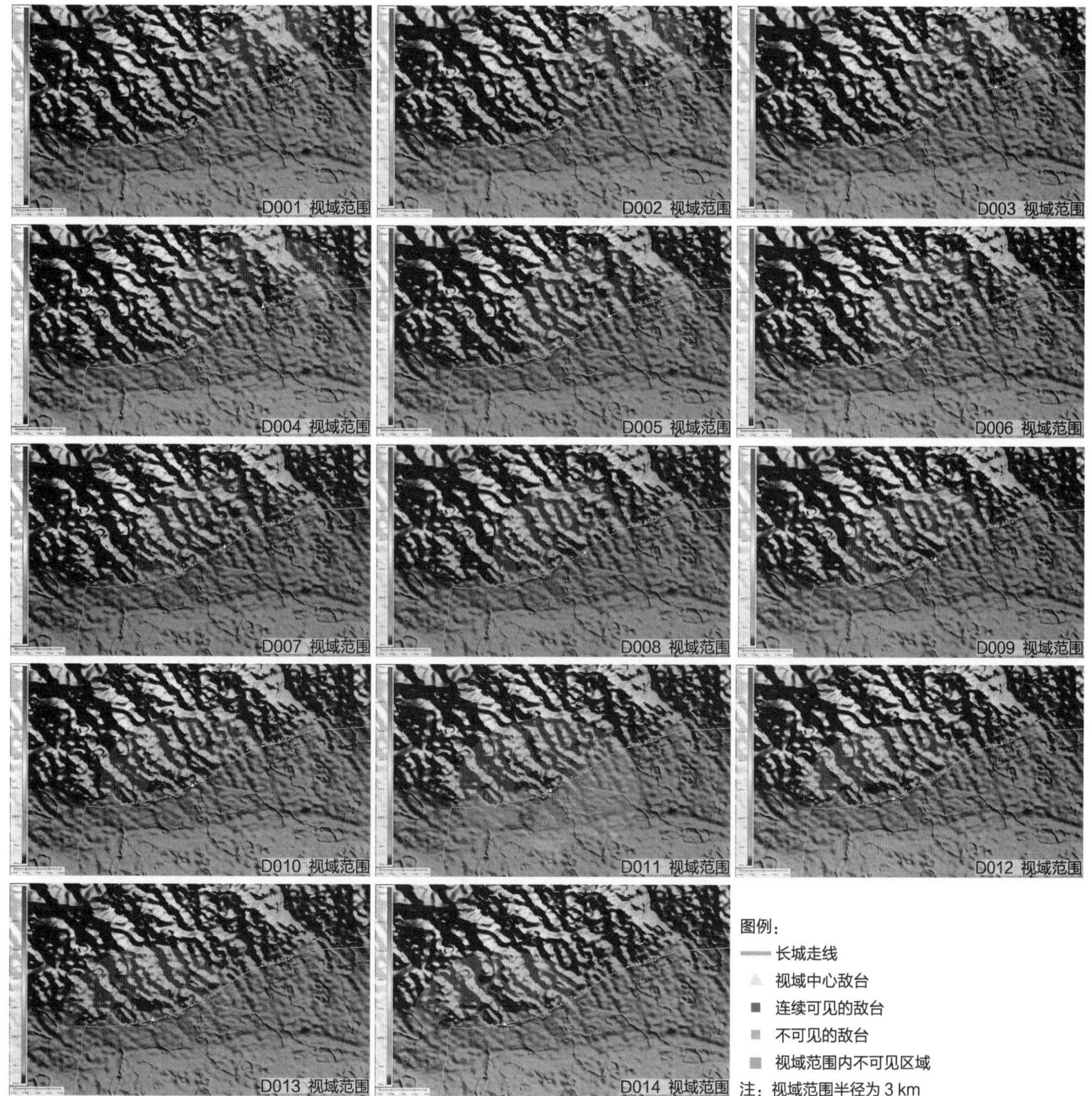

图 2-108　长城天镇段 -1 敌台视域范围

D4 西望，可见连续的 5 个敌台

图 2–109　长城天镇段 –1 部分敌台视域

此段长城沿西坪山山麓而行，呈东西走向，长城所在的山阳面坡度较缓。D1 至 D6 敌台的视域可见范围内均可覆盖连续的 8 ~ 9 个敌台，D7 至 D9 敌台的视域可见范围内均覆盖连续的 5 个敌台。仅 D11 位于山谷底部，只能见左右各 1 个敌台。

②天镇段 –5（图 2–110）

此段长城沿二郎山山麓西南向而行，至瓦窑口后折而东西走向，地势东高西低。D69、D70、D74 敌台的视域可见范围内均覆盖连续的 9 ~ 11 个敌台，D70 至 D73 敌台的视域可见范围内均覆盖连续的 6 个敌台。仅 D75 只见左右各 1 个敌台。

③左云段（图 2–111、图 2–112）

D226 位于山谷，在其视域可见范围内只覆盖了连续的 4 个敌台。D227 和 D228 两敌台位于山脊处，其视域可见范围覆盖两侧连续的 8 ~ 9 个敌台。D231 至 D233 的敌台位于两侧山坡之间，其在各自的视域可见范围内均能相互守望。D234 位于长城的转折处，且在山顶，故其视域可见范围覆盖两侧连续的 9 个敌台。

小结

山麓是山地向平地的过渡区，虽然地形变化不大，但仍有

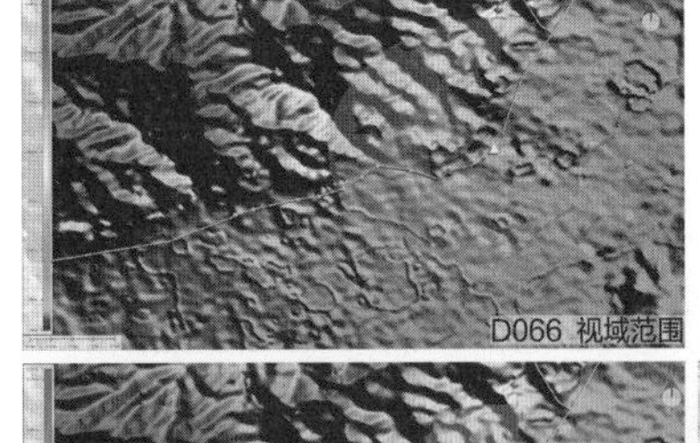

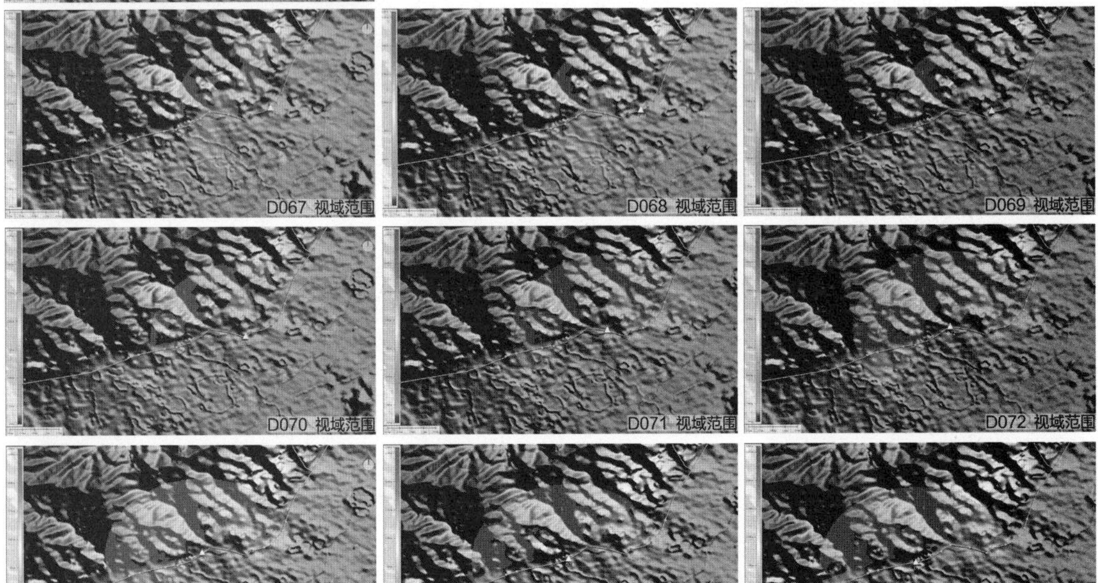

图例：长城走线　视域中心敌台　连续可见的敌台　不可见的敌台　视域范围内不可见区域

注：视域范围半径为 3 km

图 2–110　长城天镇段 –5 敌台视域范围

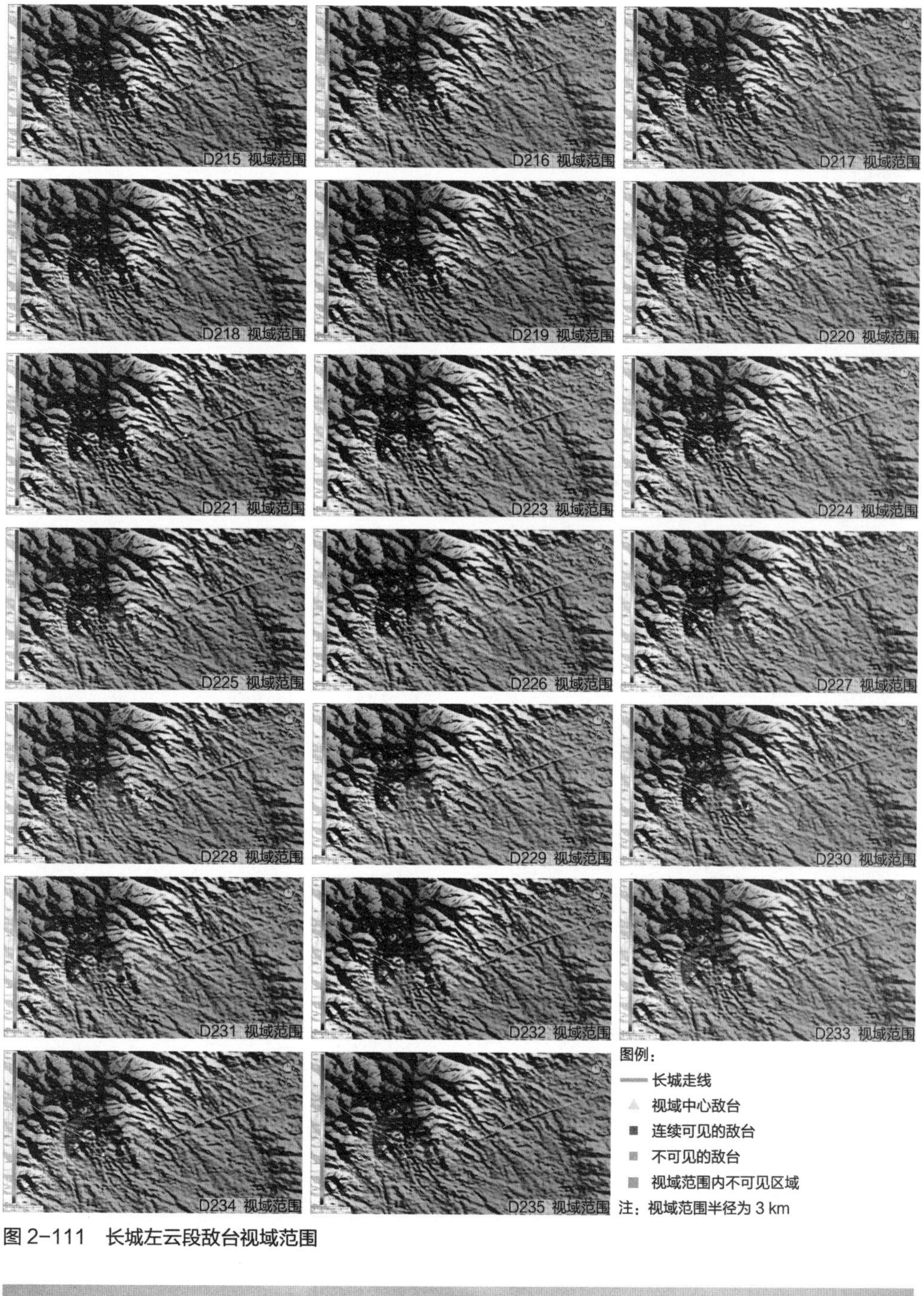

D215 视域范围
D216 视域范围
D217 视域范围
D218 视域范围
D219 视域范围
D220 视域范围
D221 视域范围
D223 视域范围
D224 视域范围
D225 视域范围
D226 视域范围
D227 视域范围
D228 视域范围
D229 视域范围
D230 视域范围
D231 视域范围
D232 视域范围
D233 视域范围
D234 视域范围
D235 视域范围

图例：
长城走线
视域中心敌台
连续可见的敌台
不可见的敌台
视域范围内不可见区域
注：视域范围半径为 3 km

图 2-111　长城左云段敌台视域范围

图 2-112　D216 西望，视域范围内的敌台皆可见

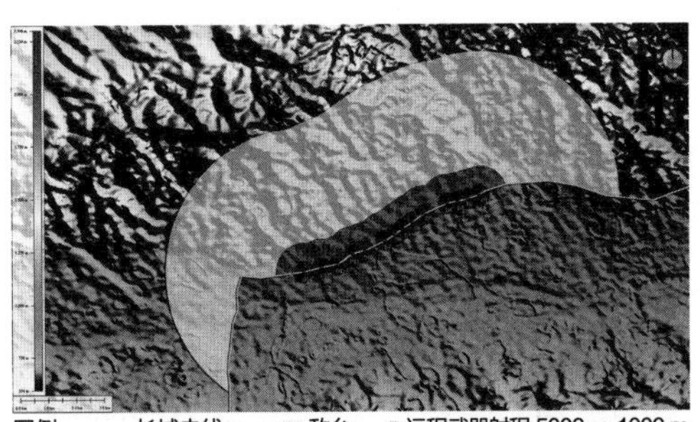

图 2-113　长城天镇段 -1 敌台武器射程

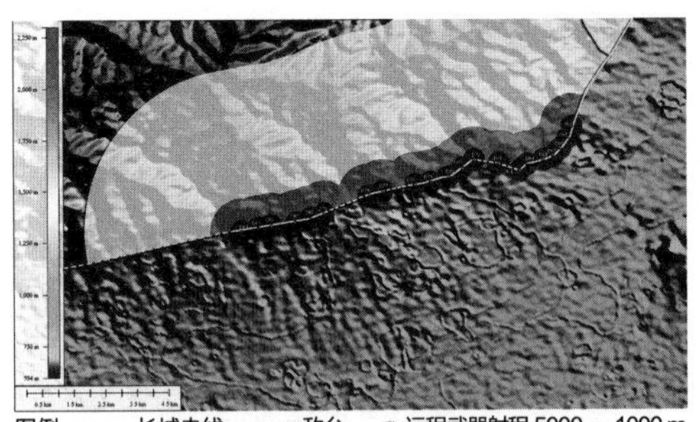

图 2-114　长城天镇段 -5 敌台武器射程

图 2-115　长城左云段敌台武器射程

不同程度的起伏。视域在此区域内表现了一定程度的分段模式，其转折多以从山地延续的山脊或隆起的高地为界。

（3）武器射程的影响

①天镇段 -1（图 2-113）

每个近程武器的射程范围内一般只有 1 个敌台，能保证相邻两敌台的射程范围在城墙有交集，交集的平均长度在 200 m 左右；中程武器的射程范围覆盖左右各 1 个敌台；远程武器的射程范围覆盖左右各 8 ～ 10 个敌台。视域范围内出现敌人，即在远程武器的射程范围内。

②天镇段 -5（图 2-114）

每个近程武器的射程范围内一般仅有 1 个敌台，图 2-113 长城天镇段 -1 敌台武器射程能保证相邻两敌台的射程范围在城墙有交集，交集的平均长度在 150 m 左右；中程武器的射程范围覆盖左右各 1 个敌台。因长城外侧山势高峻，故视野范围内出现的敌人，基本在中程武器的射程范围内。

③左云段（图 2-115）

每个近程武器的射程范围内一般多有 1 ～ 2 个敌台，能保证相邻两敌台的射程范围在城墙有交集，交集的平均长度在 190 m 左右。中程武器的射程范围覆盖左右各 1 ～ 2 个敌台。视域范围内出现敌人，即在远程武器的射程范围内。

小结

位于山麓上的敌台，其视野范围较山地为大。多沿山地和平原交界地域而行，依地形的不同，武器的使用也不同。若地形起伏较大，则防守多依靠近程武器，敌台的布置就较为紧密，以便形成交叉火力；若地势起伏较为平缓，则防守可依靠中、近程武器的有效结合使用，敌台的布置就较为松散。但保证两相邻敌台的近程武器射程范围有交集。

（4）选址和布局特征

位于山麓的敌台选址和布局主要受坡度和射程因素的影响。首先，山麓的地形特征介于山地与平地之间，地势内低外高，若有条件，则敌台的布置多位于外侧山地向内侧平地转变的坡面坡度转折线上。其一是因为如此布置能最大面积地囊括平坦耕地，其二是倘若敌台布置在平地上，则敌骑从山地直冲而下之后，还有一段可冲锋的平坦地形，给防守带来更大的压力。

其次，在不同地形条件下，各类武器的使用效果有所差异，其结果直接影响着敌台之间的距离。若外侧地形的起伏较大，则中远程武器的使用受限，防守多依靠近程武器，所以为加强近程武器的使用效果，敌台的布置相对较为密集；若外侧地形的起伏较平缓，则可多种武器配合使用，敌台的布置则相对较为稀疏。

三、平地敌台

位于平地的敌台主要在天镇段 -2、阳高段 -3、大同段 -1 和大同段 -4。

天镇段 -2 敌台的平均距离为 338 m。

阳高段 -3 敌台的平均距离为 304 m，其中在 D115 至 D130 敌台间多有马面，按防御点计算，平均距离为 218 m。

大同段 -1 敌台的平均距离为 367 m，敌台之间多有马面，若按防御点计算，平均距离为 199 m。

大同段 -4 敌台的平均距离为 316 m（敌台之间的距离详见附录四）。

（1）坡度的影响

①天镇段 -2

此段长城位于两山之间的盆地上，外侧稍高，整体地势平缓，坡度多在 0° ~ 2° 之间。从敌台所处地形坡度和剖面出发（图 2-116 ~图 2-119）：

D18、D20、D23、D26、D27 敌台从剖面上看，在一定程度上表现出其沿着坡度转折线布置。其外侧

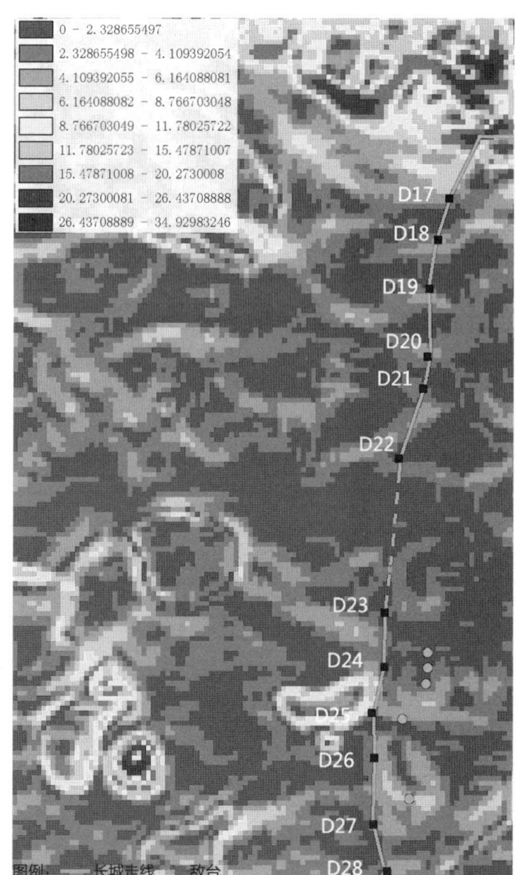

图 2-116　长城天镇段 -2 局部地形坡度与敌台关系

图 2-117　D024 外侧地形平坦，坡度在 0° ~ 2° 之间

图 2-118　D028 外侧地形较为平坦，坡度在 2° ~ 4° 之间

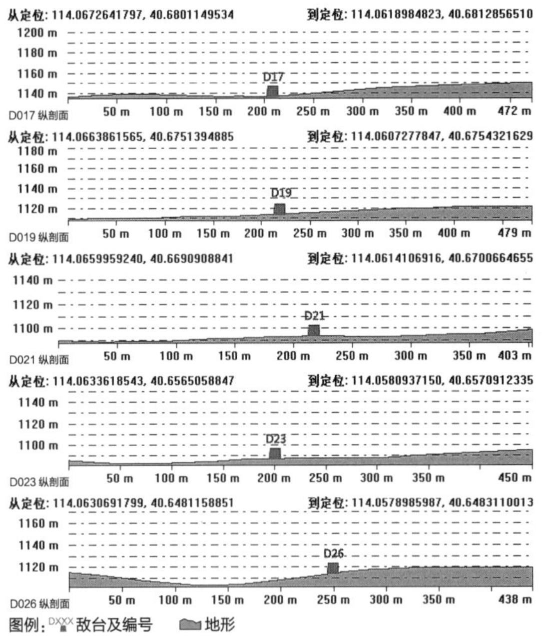

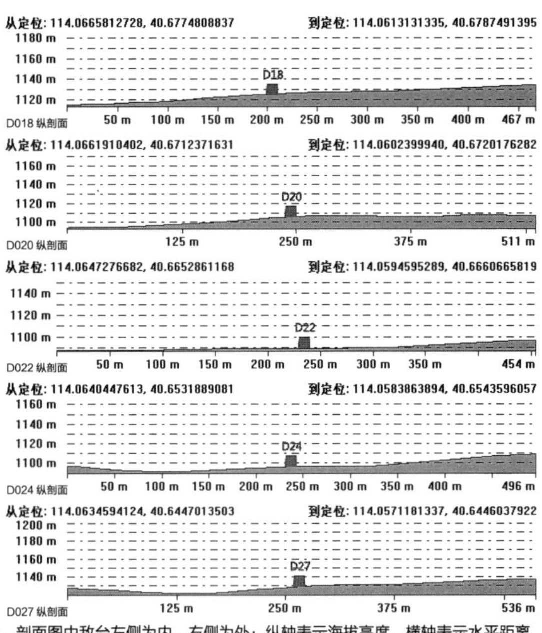

图例：敌台及编号 地形

注：剖面图中敌台左侧为内，右侧为外；纵轴表示海拔高度，横轴表示水平距离

图 2–119　长城天镇段 –2 敌台纵剖面

图 2–120　长城阳高段 –3 局部地形坡度与敌台关系

地势平坦，内侧 150 ~ 200 m 内呈现出有一定坡度的下坡，下降的高度多在 10 m 以内，内外侧的坡度差在 2° 左右。D21、D22、D28 敌台两侧皆为平地，没有坡度的变化。

②阳高段 –3

此段长城位于两山之间的山坳处，地势外低内高，地形起伏不大，整体地势较为平缓。从敌台所处地形坡度和剖面出发（图 2–120 ~ 图 2–124）：

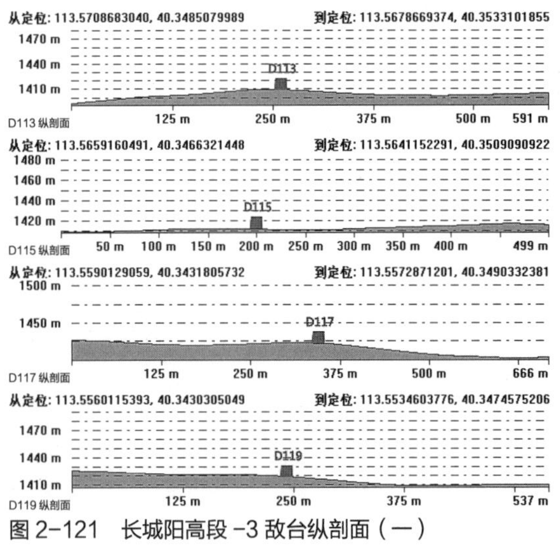

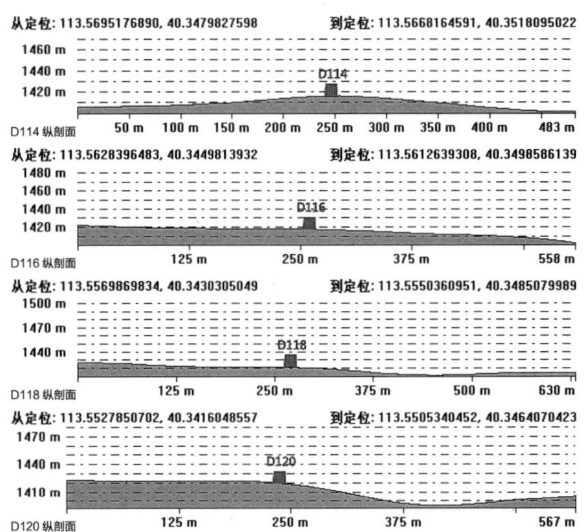

图 2–121　长城阳高段 –3 敌台纵剖面（一）

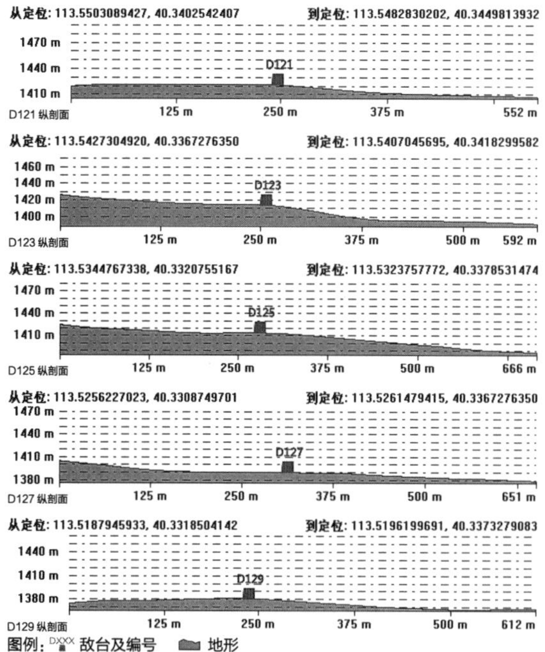

图例：DXXX 敌台及编号　地形

注：剖面图中敌台左侧为内，右侧为外；纵轴表示海拔高度，横轴表示水平距离

图 2–121　长城阳高段 –3 敌台纵剖面（二）

图 2–122　D115 所处地形（两侧地形平坦，坡度接近为 0°）

图 2–123　D124 所处地形（地形坡度平缓，坡度在 4° ~ 5° 间）

图2–124　D129 所处地形(外侧为一缓坡，坡度在2°~4°间)

图 2–125　D133 所处地形（两侧地形平坦，坡度接近为 0° 台关系）

D117 至 D123 敌台，在一定程度上表现出其沿着坡度转折线布置。在敌台外侧 125 m 之处是一坡度在 7° ~ 9° 的坡面，在 125 m 之外以及敌台内侧则多为坡度在 0° ~ 2° 之间的平坦地形，内外高差多集中在 10 ~ 20 m 之间。

D124 至 D127 敌台，位于一个连续的坡度变化平滑的坡面上，坡度在 4° ~ 5° 之间，没有出现明显的转折。

③大同段 -1

此段长城位于大同盆地东侧，整体地势平坦，外侧稍低。从敌台所处地形坡度和剖面出发（图 2–125 ~ 图 2–129）：

图 2–126 D136 所处地形

图 2–127 D138 所处地形

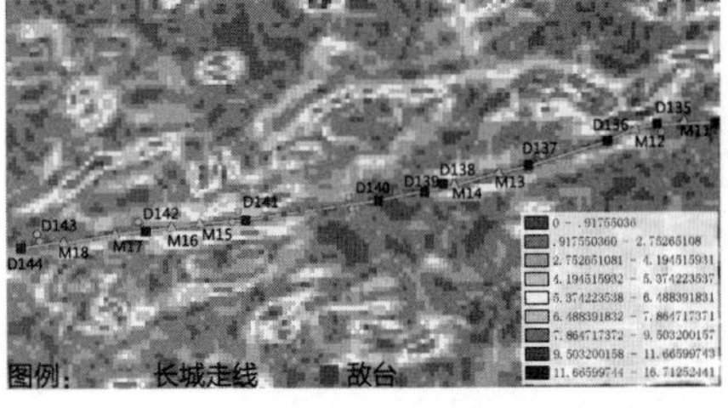

图 2–128 长城大同段 -1 局部地形坡度与敌台关系

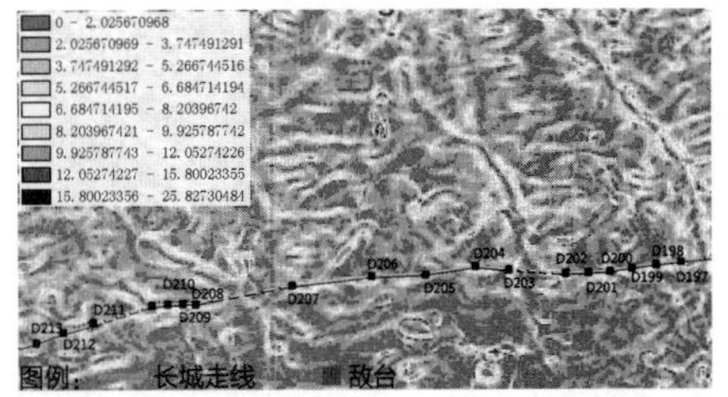

图 2–130 长城大同段 -4 局部地形坡度与敌台关系

图 2–131 D209 所处地形

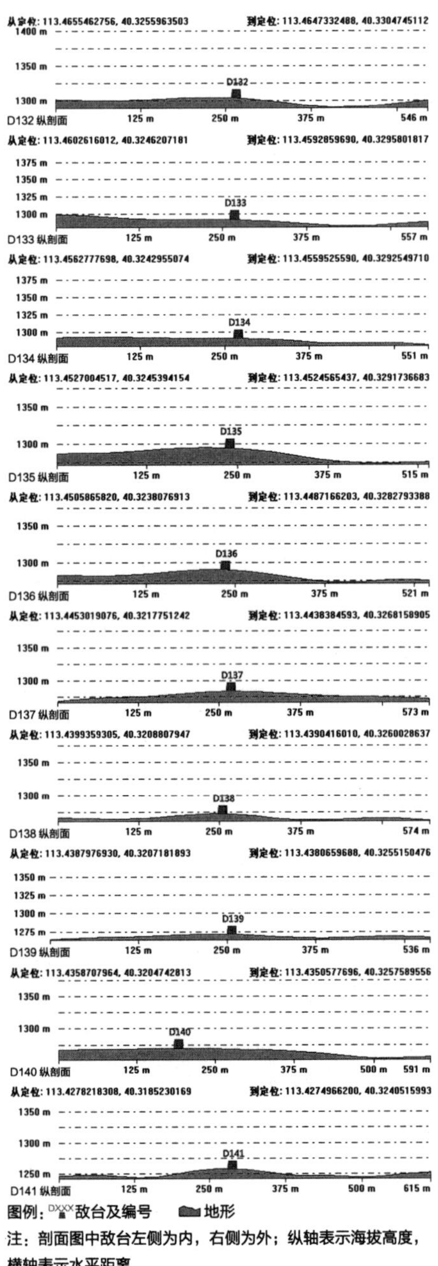

图 2–129 长城大同段 -1 敌台纵剖面

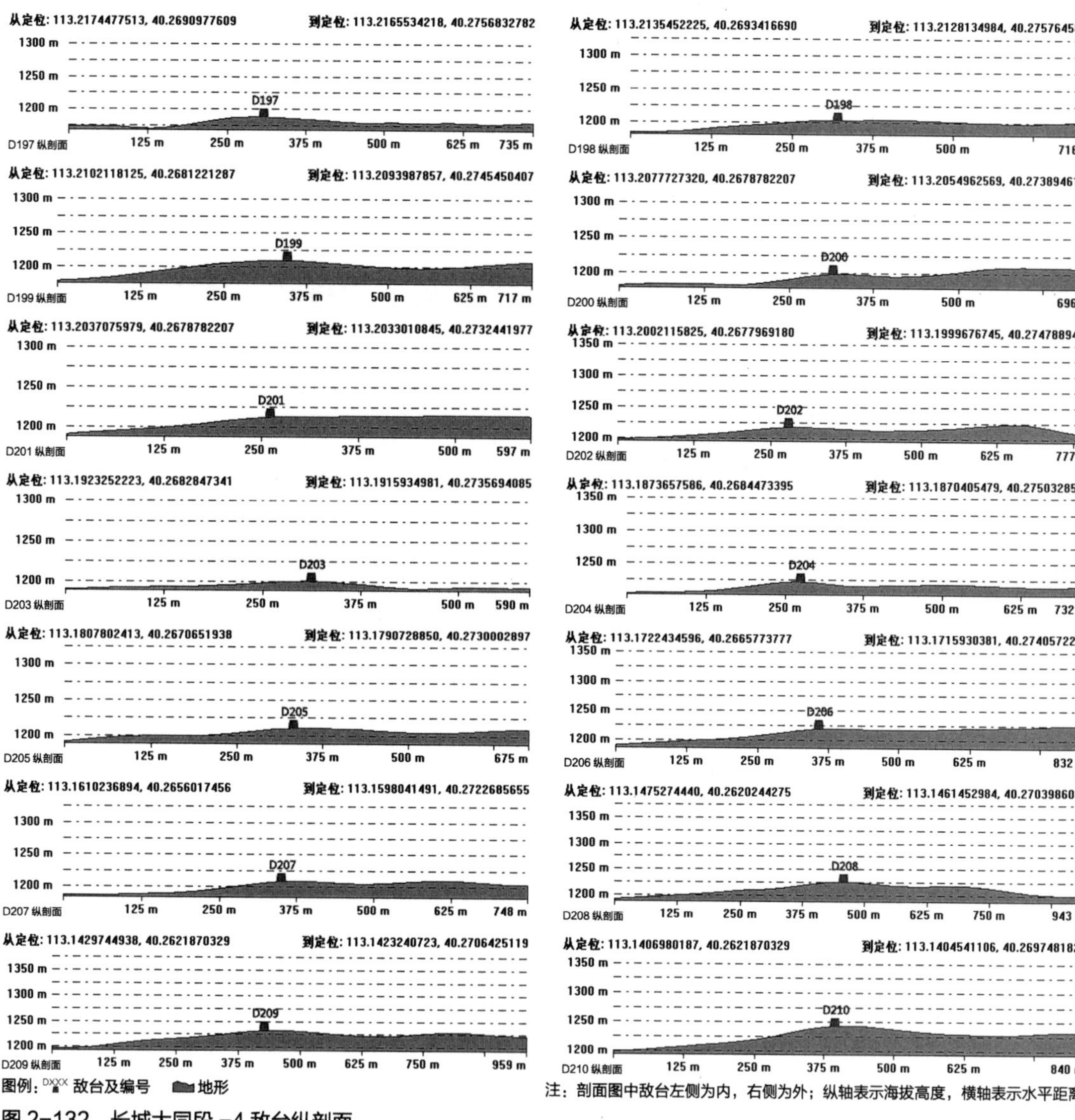

注：剖面图中敌台左侧为内，右侧为外；纵轴表示海拔高度，横轴表示水平距离

图 2-132　长城大同段 -4 敌台纵剖面

此段敌台，基本都显示出其沿着坡度转折线布置。在敌台外侧约 125 m 范围内，地形多为坡度在 4° ~ 5° 之间的坡面，内侧则地势平坦，坡度多在 0° ~ 2° 之间。内外高差多为 5 m 左右，坡度差在 4° 左右。

④大同段 -4

此段长城位于大同盆地中部，地形稍有起伏，局部有隆起的山丘。整体地势较为平缓，外高内低。从敌台所处地形坡度和剖面出发（图 2-130 ~ 图 2-132）：

D197 至 D213 敌台，基本都显示出其沿着坡度转折线布置。在敌台外侧地形多为平坦地形，坡度多在 2° ~ 3° 之间，敌台内侧 125 ~ 200 m 内，坡度多在 6° ~ 8° 之间。内外高差多集中在 20 m 左右，坡度差在 4° 左右。其中 D203 至 D205、D210 敌台皆位于微凸于平地的小土丘上。

小结

在平地的敌台，其选址主要显示出其沿着坡度转折线布置的规律，无论地势是外高内低抑或是外低内高皆是如此，敌台两侧的坡度差集中在 2° ~ 4° 之间。若在平地中有隆起的小土丘，则敌台多布

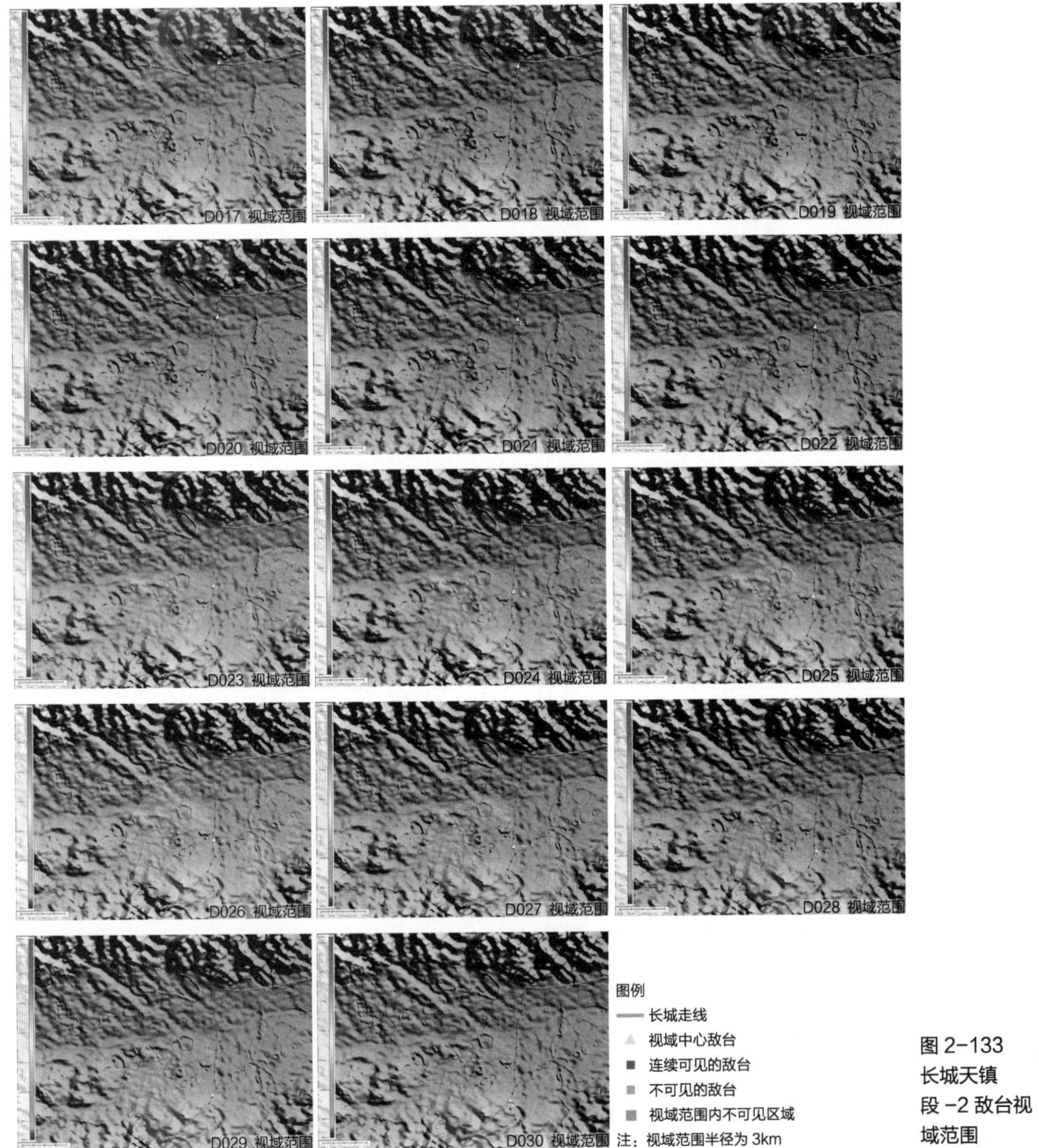

图 2-133 长城天镇段 -2 敌台视域范围

置在此之上。

敌台在平地布置在坡度转折线的原因，在于保证敌台获得最佳的视野和无遮挡的攻击空间，即便是敌台两侧地势的高程相若。若外高内低，则位于高处向低处转折处，这样保证敌台的位置与其防御空间位于同一坡度。若地势外低内高，同样位于高处向低处转折处，但这样是为了使得敌台的海拔高于其防御空间。

（2）视域的影响

①天镇段 -2（图 2-133、图 2-134）

此段长城位于南北两座山所夹的盆地间，南北走向，地势平坦，视域较为广阔，从 D17 到 D30 之

图 2-134 D028 北望，视域内敌台皆可见

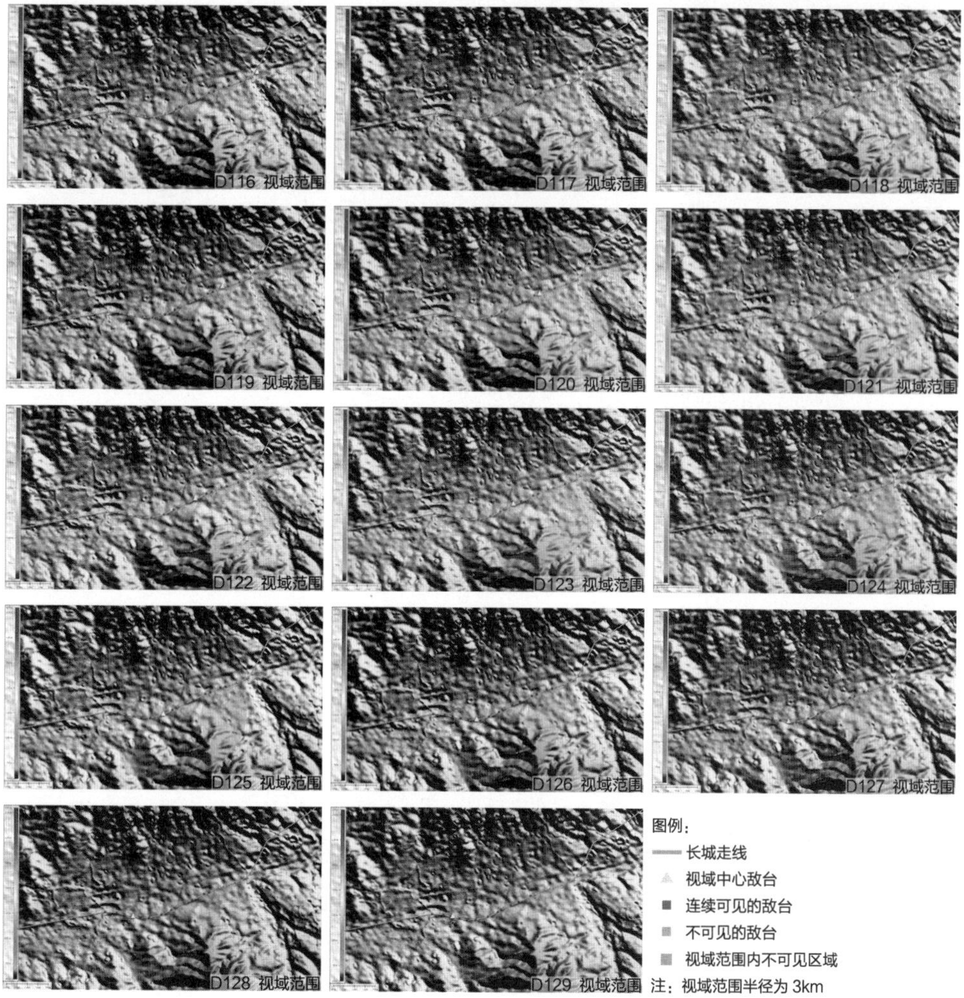

D116 视域范围 D117 视域范围 D118 视域范围

D119 视域范围 D120 视域范围 D121 视域范围

D122 视域范围 D123 视域范围 D124 视域范围

D125 视域范围 D126 视域范围 D127 视域范围

D128 视域范围 D129 视域范围

图例：
长城走线
视域中心敌台
连续可见的敌台
不可见的敌台
视域范围内不可见区域
注：视域范围半径为 3km

图 2-135 长城阳高段 -3 敌台视域范围

间的任一敌台，其视域范围内所覆盖的敌台均可见。

②阳高段 -3（图 2-135 ~ 图 2-138）

此段长城位于南北两山之间的盆地，东西走向，周围地势平坦，视域广阔，敌台的平均距离是 304 m。就视域而言，从 D116 到 D131 之间的敌台，仅在 D123 处不可见 D116 这个最边缘的敌台、在 D124 时不可见 D117 这个最边缘的敌台，除此之外的任一敌台，其视域范围内所覆盖的敌台均可见。

③大同段 -1（图 2-139 ~ 图 2-142）

此段长城位于大同盆地东侧，东西走向，地势平衍，视域广阔，敌台的平均距离是 389 m。从

图 2-136　D116 东望（视域范围内的敌台皆可见）

图 2-137　D125 西望（视域范围内的敌台皆可见）

图 2-138　D129 东望（视域范围内的敌台皆可见）

图 2-139　D137 西望（视域范围内的敌台皆可见）

图 2-140　D137 东望（视域范围内的敌台皆可见）

图 2-141　D141 东望（视域范围内的敌台皆可见）

D132 视域范围　D133 视域范围　D134 视域范围

D135 视域范围　D136 视域范围　D137 视域范围

D138 视域范围　D139 视域范围　D140 视域范围

D141 视域范围　D142 视域范围　D144 视域范围

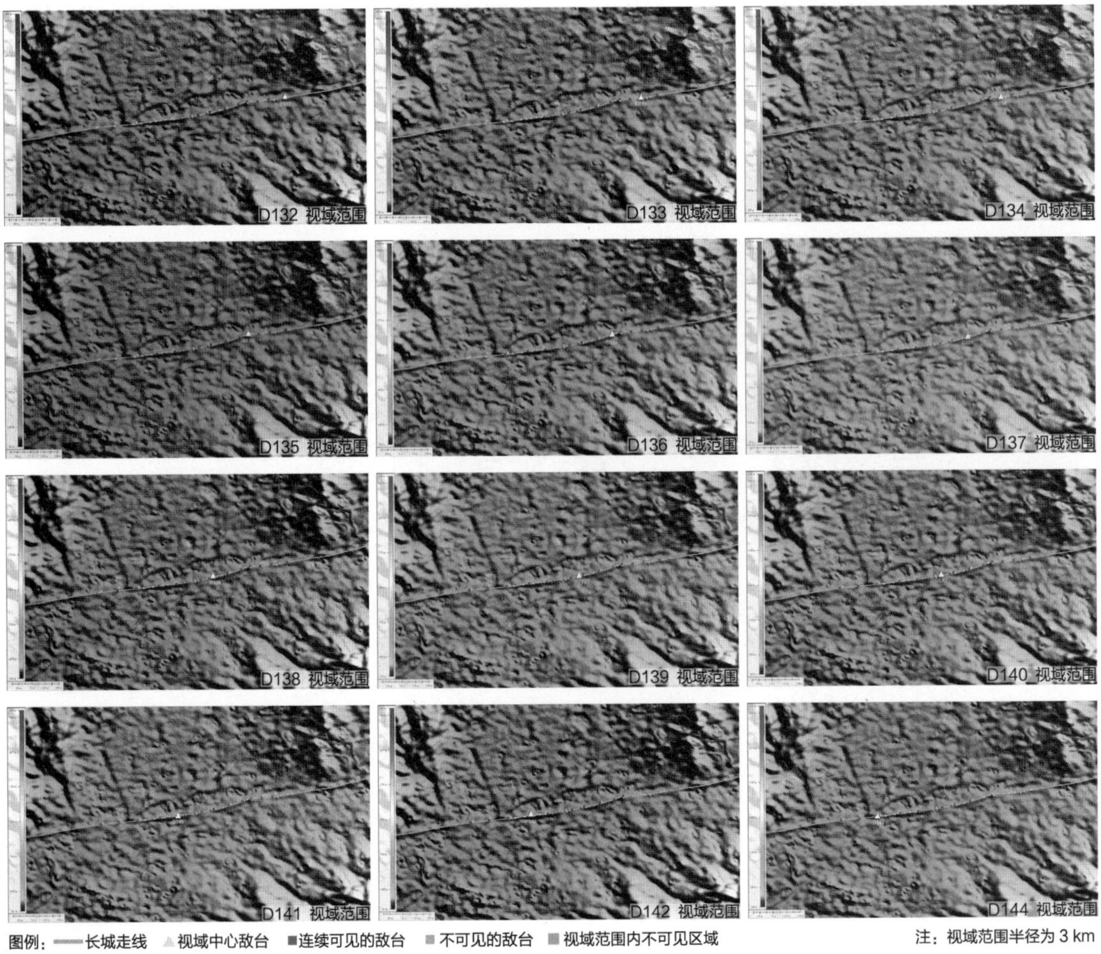

图例：长城走线　视域中心敌台　连续可见的敌台　不可见的敌台　视域范围内不可见区域

注：视域范围半径为 3 km

图 2-142　长城大同段 -1 敌台视域范围

D132 到 D144 之间的任一敌台，其视域范围内所覆盖的敌台均可见。

④大同段 -2（图 2-143）

此段长城位于大同盆地，沿饮马河修筑，南北走向，地势平衍，南侧稍低，敌台的平均距离是 439 m。从 D150 到 D164 之间的任一敌台，其视域范围内所覆盖的敌台均可见。

小结

平地的地形几乎没有变化且坡度也较小。此地形上的敌台，在其视域范围内所覆盖的敌台几乎都连续可见。

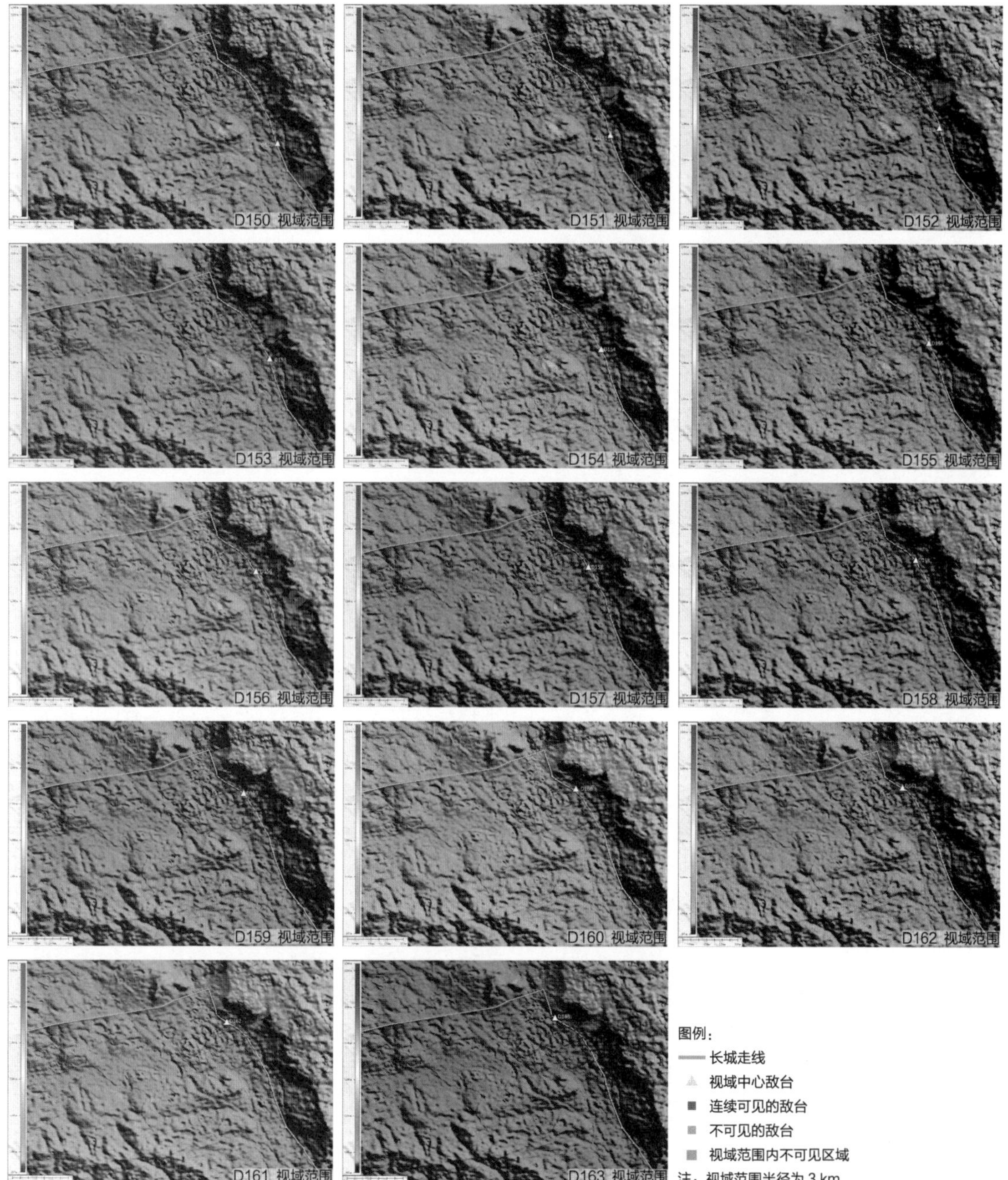

图 2-143　长城大同段 -2 敌台视域范围

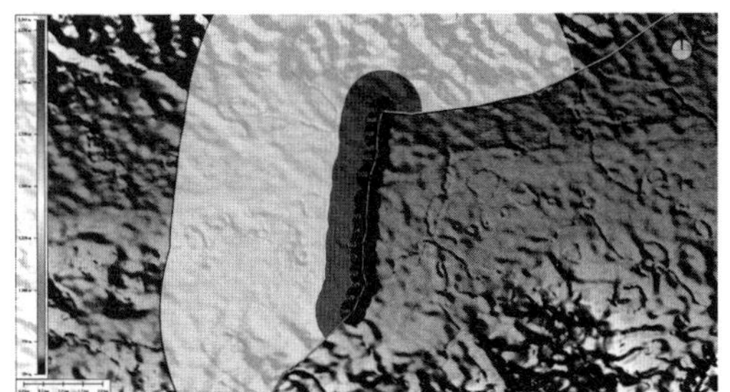
图 2-144　长城天镇段 -2 敌台武器射程

图 2-145　长城阳高段 -3 敌台武器射程

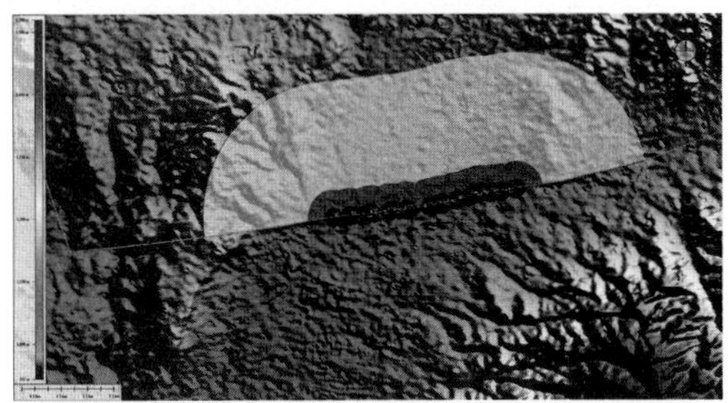
图 2-146　长城大同段 -1 敌台武器射程

图 2-147　长城大同段 -2 敌台武器射程

图 2-148　长城大同段 -3 敌台武器射程

（3）武器射程的影响

①天镇段 -2（图 2-144）

此段长城在两山之间的盆地上，东侧即为新平堡，两相邻敌台的距离和近程武器的射程距离相当，所以每个射程范围内有 1 ~ 2 个敌台。中程武器的射程范围覆盖左右各 1 个敌台。

②阳高段 -3（图 2-145）

每个敌台的近程武器射程范围内均可覆盖左右各 1 ~ 2 个敌台；此段长城的西侧往南约 1 km 处为镇边堡，近堡处的城墙多设有马面，则近程武器的射程范围均覆盖 3 个火力点。中程武器的射程范围皆覆盖左右各 1 ~ 2 个敌台。

③大同段 -1（图 2-146）

地势平衍，两相邻敌台之间的距离与近程武器的射程交集长度相当，甚至大于射程交集的长度。城墙上多设有 1 ~ 2 个马面。每个近程武器的射程范围内只有 1 个敌台，但可覆盖 3 个火力点。中程武器的射程范围多覆盖左右各 1 个敌台。远程武器的射程范围覆盖 7 ~ 9 个敌台。

④大同段 -2（图 2-147）

每个近程武器的射程范围内一般仅有 1 个敌台，相邻两敌台不能互相协防，但能保证两敌台的射程范围在城墙中部有交集，交集的平均长度在 130 m 左右；中程武器的射程范围可覆盖左右各 1 个敌台。远程武器的射程范围覆盖 9 个敌台左右。

⑤大同段 -3（图 2-148）

该段长城所处地势平衍，在每个近程武器的射程范围内一般仅有 1 个敌台，相邻两个敌台不能互相协防，但能保证两个敌台的射程范围在城墙中部有交集，交集的平均长度在 100 m 左右；而中程武器的射程范围可覆盖左右各 1 个敌台；远程武器的射程范围覆盖 9 个敌台左右。

小结

就位于平地的敌台而言，由于周边地势平坦，视域广阔无遮挡，能最大效率地发挥远、中、近程武器结合使用的效果，且敌骑在平地上可散布而攻，所以此时敌台的布置需满足中远程武器攻击的最大范围，不能过于密集，保证两个相邻敌台的近程武器射程范围有交集即可。甚至相邻敌台之间的距离可以大于近程武器的射程交集长度，依靠在两敌台之间的城墙上设置马面，来补充并加强近程武器的火力交叉。

（4）选址和布局特征

位于平地的敌台选址和布局主要受坡度和射程因素的影响。

首先，由于地势平衍，无险可守，敌台多尽量修筑在地形变化之处。或位于突起的土丘上，或位于地势有高差处，且无论地势是内低外高还是外高内低，敌台皆位于高处向低处的转折线上。究其原因，主要是在有限的地形条件下，争取敌台获得最佳的视野和最大的防守范围。

其次，在平坦地形上能最大效率地发挥远、中、近程武器结合使用的效果，且为争取最大的防守范围，所以敌台之间的距离不能过近，只需要保证两相邻敌台的近程武器射程范围有交集即可。

因地势平坦，各敌台在其视域范围内皆能见到任一敌台。所以在发生战事时，可以相互协防，形成交叉火力，更有效地遏制敌人的进攻。

第三节 地理因素与长城

受各种自然条件的约束和影响，长城地带基本位于自然地理环境的过渡带上，是半湿润向干旱、平原丘陵向高原山地的过渡区；而且至今仍是我国农、牧业生产的分界线。所谓“长城以南，多雨多暑，其人耕稼以食，桑麻以衣，宫室以居，城郭以治。大漠之间，多寒多风，畜牧畋渔以食，皮毛以衣，转徙随时，车马为家。此天时地利所以限南北也[1]。”所以长城沿线地带不仅是一条军事防御线，而且是一条实在的地理分界线，其选址、走线及建造从一开始便受到各种自然条件的影响。

一、气候条件的影响

大同镇所辖区域属大陆性季风气候，干旱、半干旱地区。由于地势较高，东、南面又有山岭环绕，与华北平原同纬度各地相比，气温偏低，降水偏少，冬季漫长且寒冷干燥，夏季短暂且温热多雨。年温差、日温差均较大，年均降水量一般在 350 ~ 700 mm 之间。夏季降水占全年降水的 60%，常有暴雨和冰雹，冬、春降水很少，常有春旱发生。

由于夏季有短时性的暴雨，所以为保证墙体不被雨水浸泡而坍塌，在城墙的修筑时考虑了排水的问题，能将雨水及时引出墙外，避免积水与城墙之上。但由于现存的长城遗迹仅余夯土墙垣，无细节可考，仅能从保存较为完好的夯土城墙来推断一二。从李二口段长城、威鲁堡段长城等保存较为完整的城墙看，城墙的顶部均为一自外而内的倾斜面，可以推测此构造方式便是为了导流雨水之用，而斜面自外而内，将雨水排向长城内侧，则说明在修筑时考虑到了若有积水也不至于对战士在战事中的移动有太大影响（图 2–149）。

另外通过较为偏远长城段的敌台及烽火台附近散落的瓦当滴水等建筑构件，可以推测敌台及烽火台上或建有房屋，在放置各类边军武器装备外，可供边戍在巡逻放哨时遮风避雨，在冬季抵御严寒。

---

1 （元）脱脱等撰《辽史•营卫志中》卷 32，页 373.

图 2-149　城墙顶面是自外向内的坡面

图 2-150　水关周边环境

图 2-151　关桥示意图

二、水文条件的影响

大同地区河流水系属海河流域永定河（桑干河）水系及大清河水系。长城仅有两段与河流直接相关，宏赐堡至得胜堡段长城基本是沿着饮马河而行，苍头河在杀胡堡处穿城墙而过。冬季河水容易结冰，敌人可踏冰而犯。所以若长城跨水而过，在河口则需考虑水关的建造，以此拒敌。

在杀胡堡西有一河，称为兔毛河，后称为苍头河。明初河上曾建桥，但是常被水冲毁，“岁修岁溃”且“夷骑长驱多从此入”，即使河两侧的防守再严密也是徒然，因为敌骑仍然可以从河口长驱直入，春冬结冰之时、夏日枯水之季更是如此，后在万历年间修建了一座防守型的桥，“东西长三十余丈，中设瓮门九、窑十八洞，两头各建砖楼一座，神祠三间”（图 2-150 ~ 图 2-152）。

水文条件直接影响人畜的生存状况，为保证边军水源的充足，驻军数量越多的城堡，则越靠近水源而建，多符合筑城“必在大山之下，广川之上”的原则。

三、生物条件的影响

生物条件对大同镇长城的影响，主要从植物因素的影响出发。而植物对长城的影响，主要表现在其在长城军事防

图 2-152　关桥周边环境

御体系中所起的作用上。

明王朝边患主要来自蒙古族，而游牧民族是逐水草而牧，其骑兵如果离开牧草长期得不到补给，则自然就丧失了战斗力。《嘉靖宁夏新志》中记述了余子俊修筑长城时的构想时便称："谓虏逐水草以为生者，故凡草茂之地，筑之于内，使虏绝牧；沙碛之地，筑之于外，使虏不庐。是故去边远，而为患有常。"[1] 此外由于明代实行军屯制度，所以在修筑城墙之时需要将尽量多的可耕用地包括在长城之内。大同镇长城的走向即是如此，特别在天镇和阳高两处，长城多顺山麓而行，将大片的平衍耕地圈入长城范围之内。

同样，为了使得敌骑在侵略之时粮草无以为继，明代还实行烧荒御敌之策，即"守边将士，每至秋月草枯，出塞纵火，谓之烧荒"。[2] 虽然在明代以前，烧荒也用于制敌，如唐僖宗光启年间，契丹王欲犯中原，时刘仁恭镇守幽州，便"选将练兵，乘秋深入，逾摘星岭讨之，霜降秋暮，即燔塞下野草以困之，马多饥死"。[3] 宋金对峙时，金世宗曾命部将从泗州、寿州、唐邓三道进发，南宋得知后，即将方城、叶县一线的田野放火焚烧殆尽，"使无所牧"[4]。但仅零星为之，并未成为边防的一项制度。及至明代，才将烧荒作为边军每年的例行事务。每到烧荒之时，各镇总兵要"统所部军马出境，量地广狭，或分三路五路，首尾相应而行，预定夜不收分投哨探放火，沿烧野草尽绝，听令安营，吹号笛击鼓"[5]，烧荒范围"俱至二百里之外"。顾炎武认为这种方式"诚守边之良法也"[6]。

明中叶后由于边关森林的减少，蒙古骑兵更易于南下扰边，于是有官员呼吁在边关植树造林以阻绝骑兵，此建议后得到朝廷的认可，并在15世纪末形成政策，成为考核边将的项目之一。在理想状态下，在边关植树造林，应"弥山盈谷，二尺一株，纵横错杂，无使成行"，其作用在于"枝密阴繁，虏且疑其有伏，何敢深入"，且在树枝削切之后，"斜削者如枪，马足难踏"，边军能"出而杀贼，入而散林"。在其意义在于"筑无土之边，列无人之卒"[7]。然而据邱仲麟在《明代长城沿线的植木造林》中所述，由于边关的形势变化、各地官员的态度以及牵涉的自然因素，明代中后期边关植树的成效并不明显。

综上所述，植物在长城军事防御体系中的作用主要有三：其一，影响长城的走向；其二，通过焚烧牧草，阻止敌骑深入侵略；其三，以密植林木为屏障，阻碍敌骑的行军。

四、土壤条件的影响

大同地区处黄土高原东北部，黄土丘陵面积大，中部为盆地，东、南、北部三面环山。山丘区南以恒山山脉为主体，北以阴山山脉为主体。山体包括以砂页岩、结晶岩等岩体组成的中低土石山群和黄土丘陵构成。山区山体陡峭，土石破碎；黄土丘陵区，丘陵起伏，沟壑纵横。

土壤条件对长城的影响主要集中在对长城修筑材料的影响和对沿线城堡选址的影响两方面。

---

1 《嘉靖宁夏新志》卷1"边防·河东墙"，页9.

2 顾炎武《日知录》卷29"烧荒"条，页838 – 839.

3 （宋）薛居正《旧五代史》卷137.

4 《金史》卷87.

5 《四镇三关志》卷6"经略考"，页141.

6 顾炎武《日知录》卷29"烧荒"条，页838 – 839.

7 邱仲麟．明代长城沿线的植木造林．南开学报．2007(3):39.

山脚墙体夯土层几乎没有杂质

半山腰的墙体夯土和碎石层夹杂

图 2-153　李二口段长城城墙材料的变化

山顶墙体石块多巨大

山脚墙体夯土层几乎没有杂质

山顶石料较多，城墙也多用石材

图 2-154　三屯乡段长城城墙材料的变化

在材料的选择和使用上，长城的修建遵循“因地制宜”的原则，从实地调研的结果看，大同镇已很少有砖包的长城，内部的修筑材料均为夯土，但还是能看出其对材料使用的因地制宜之举。如在李二口段长城中，山脚土层较厚，其夯土层中无杂物出现，而近山顶之后山体土层较薄，在城墙的夯土层中便开始夹杂了与山体相同的石料，且越是接近山顶，山体的土层越薄，在城墙夯土层中的石料便越多(图 2–153)；在左云三屯乡八台子村段长城，同样是山顶山体多石，夯土层中便夹杂石料，而山脚山体土层较厚，夯土层中便无石料（图 2–154）。而夯土层的厚度并未因地形地貌的不同而有明显的变化，从实地调研的数据来看：敌台的夯土层厚度集中在 180 mm 左右；烽燧的夯土层厚度集中在 220 mm 左右；墙体的夯土层厚度集中在 200 mm 左右。

由于明代实行军屯制度，“军士三分守城，七分屯种。又有二八、四六、一九、中半等例。皆以田土肥脊、地方缓冲为差”。[1] 客观上要求在城堡周边需有可耕之地，以解决守城边卒自给性的军需要求。从实地调研情况看，一般的堡城由于补给和给水的困难以及生活环境的恶劣，很少建在高山顶上，若在山地上也多是建在山顶旁突出的台地上。较大的城堡，由于驻军较多，军需要求也就越大，故选址一般是在周边多耕地的平地上，且靠近水源。例如天城城、宏赐堡、得胜堡、左卫城、右卫城、威远城皆是如此，其中得胜堡东距饮马河约 1 km，西、南向皆为耕地；宏赐堡东距饮马河约 0.5 km，四周皆耕地；右卫城西距苍头河约 1.5 km，四周皆为耕地。

小结

本章关于城墙选址和布局的分析主要是从地形的坡度这个角度出发的，综合上文的分析，其具体的控制性原则是尽量沿地形的坡度转折线布置。

位于山地的长城，城墙基本都沿着山顶和山坡的坡度转折线布置，山地的坡度多 0° ~ 4° 之间，而山坡的坡度多在 20° ~ 24° 之间，两者的坡度差在 20° 左右，且长城走线与山脊线多无重合，其主要原因是为了减弱城墙上的视域范围受地形的影响，以便争取最大的防御范围；位于山麓的长城，所处地势内低外高，多修筑于连接内侧较低地形和外侧山地

1　张显清，林金树 . 明代政治史 [M]. 桂林：广西师范大学出版社，2003：532.

的坡面海拔高程较大的一侧；位于平地的长城，地形平坦，局部稍有起伏，无论地势是内高外低还是内低外高，城墙皆修筑在连接两处不同高程平地的坡面之高程较大的一侧，此外在平地上若有因地形的起伏而形成的凹陷的，城墙也多修筑在凹坑坡面与内侧平地的交界线上，如此可以凭借地形的凹陷减缓敌骑的冲锋速度，也能在此局部面对凹坑据高防守。

此外在分析中也发现部分并未沿着坡度的转折线布置。主要原因在于城墙的主要作用是联接两个敌台，保证敌人不能从敌台之间侵入，加强长城的防御能力。而敌台之间的地形也并非都会有变化，这种情况多出现在山麓和平地中。

敌台选址和布局的主要控制性原则有三个：一是相邻两敌台的近程武器射程范围必须有交集；二是任一敌台必须可见其两侧至少各一个敌台；三是尽量选择在地形坡度转折线布置。

首先，敌台是长城上最主要的防御性建筑设施，所以从军事防御角度出发，为不出现防御死角，必须保证相邻敌台之间的空间皆在近程武器的射程范围之内。在不同的地形条件下武器使用效果的不同，直接影响了敌台在布局上的差异。从实际情况看，侧重于使用近程武器作为主要防守武器的地段，敌台之间的距离越接近；而在近、中、远程武器能有效结合使用的地段，敌台之间的距离则相对较大。

侧重于近程武器防守的地段主要是在山地，由于地形的起伏较大，其他武器在此条件下的使用效果不佳，很难遏止敌骑于远距离之外。在这种情况下，只能通过提高敌台布置的密度，加大近程武器射程的交集范围和层次，创造出多重的密集型交叉火力来解决防守的压力，尤其是负责防守山谷的敌台布置尤为如此，如防守守口堡关口的敌台，其平均距离仅 179 m。近、中、远程武器能结合使用的地段多集中在平地上，其原因在于平地地形起伏较为平缓，武器能有效发挥其各自的效果，而此特点也适合敌骑分散在较大的范围内进攻。在这种情况下，需要尽量扩大每个敌台的防守范围，如此只须保证两敌台之间的范围在其近程武器射程范围内即可，所以敌台之间的距离相对较大。

其次，任一敌台必须可见其两侧至少各一个敌台，是为了在战时能够清楚地看到周边的战事情况，提供火力的相互支持。通过实地调研和上文的视域分析可发现，在任一敌台的视域范围内连续可见的敌台数往往多于这个要求。特别是在平地上，由于地势平衍敌台在其视域范围内皆可互视，这样更有利于在战时发现何处战事吃紧，便于各敌台之间的火力相互支持和兵力的调配。

再次，敌台选择在地形坡度的转折线布置主要是从创造尽可能全面的防御范围考虑的。

在山地上，因为大同的地形并无崇山峻岭，山地地形起伏也都较为缓和，所以若敌台布置在山脊线上，由于外侧还有一段坡度较为缓和的地形，往往会在山坡形成一定的视域死角，极大削弱长城的防御效果。但若将敌台布置在山顶和山坡的坡度转折线上，相对来说视域上受地形的影响较小，可以争取最大的防御范围（图 2–155、图 2–156）。另外这种布置方式保证了敌台内侧一定范围内的地形较为平缓，方便辎重在敌台之间的运输调配和边卒平时的生活便利。

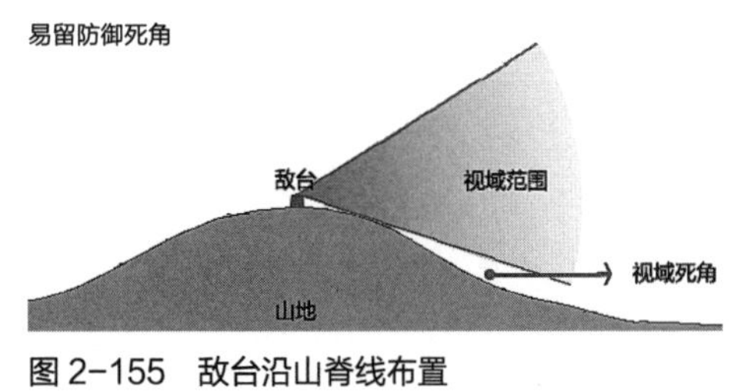

图 2–155　敌台沿山脊线布置

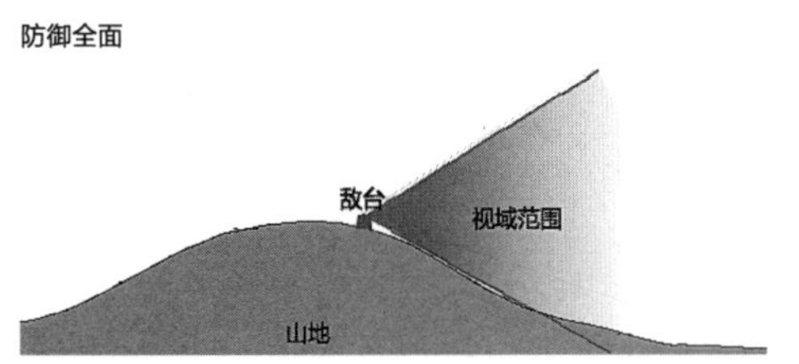

图 2–156　敌台沿坡度转折线布置

在山麓上，地形介于山地和平地之间，敌台布置的主要模式如图 2–157 所示。这样布置的原因主要有

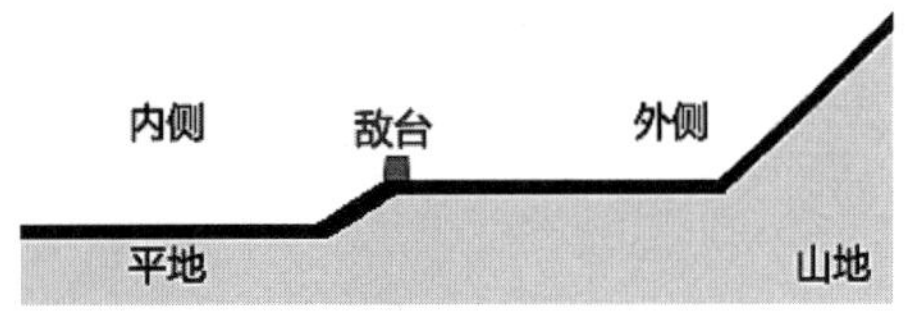

模式一：敌台与内侧地形在同一平面上，高于外侧地形，有较好的视野，在一定程度上可据高防守。

图 2-157　山麓敌台主要布置模式

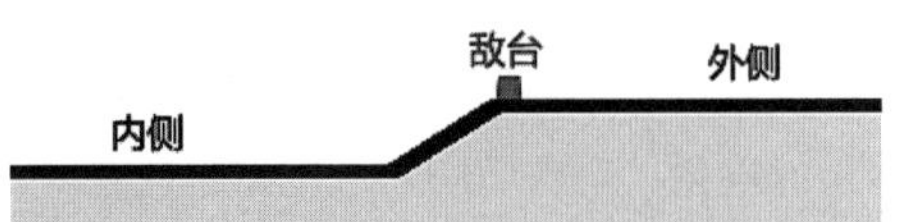

模式二：敌台与外侧地形在同一平面上，高于内侧地形，相对于内侧有较好的视野。

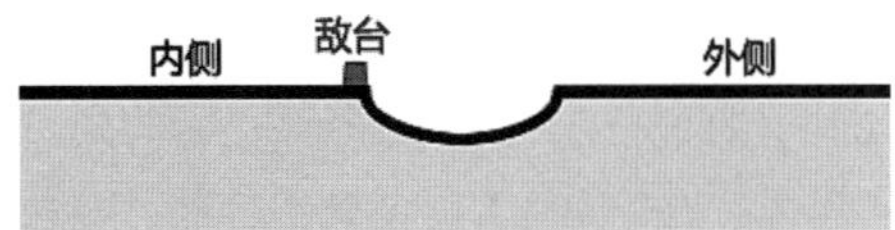

模式三：敌台前地形凹陷，可减缓敌骑冲锋速度，并在局部可据高防守。

模式四：敌台位于高起的土坡上，两侧地形平坦，有较好的视野，在局部可据高防守。

图 2-158　平地敌台主要布置模式

三点，其一是减缓了敌骑的冲锋速度，减轻了防守的压力。若直接布置在山坡与平地的交界处，则敌台承受着敌骑自上而下的奔袭压力，防守甚难。其二是敌台外侧坡度较缓地形的长度，皆在近程武器的射程范围之内，便于攻击。其三是最大限度地把内侧的耕地囊括在长城的势力范围之内。

在平地上，因地势平衍，无险可守，其选址主要有四种模式（图 2-158）。无论其表现方式如何，有一点是相同的，即皆选择在地形发生变化处布置，在有限的地形条件下，争取最为有利的地形，以便获得相对较佳的视野和防守范围。

此外，除了这三个具有普适性的控制性原则外，针对不同的地形还有相应的控制原则。譬如位于山麓的敌台，在遵循沿坡度的转折线布置原则同时，还满足在山谷线或其延长线附近布置的布局模式。这样布置主要是从争取最大的防守范围角度考虑的，敌台面对山谷布置，既能防守从山谷进攻的敌人，又能防守从山谷两侧进攻的敌人。

除地形之外，自然环境对长城的影响是多方面且深远的，气候条件对长城的影响主要体现在长城的修建对当地气候的考虑；水文条件关乎人畜的生活需要，影响城堡在宏观角度的选址，并通过与长城的交叉，影响长城建筑（例如跨河城墙或水关）的布置；生物条件中主要是植物的影响较为显著，结合史料记载，其对长城的影响主要表现在对长城走线、阻碍敌人侵略这两方面；土壤条件对长城的主要影响表现在实地建造中的材料使用以及构造做法两方面。

第三章 预警通信

第一节 山地烽火台

图 3-1 长城阳高段 -2 局部地形坡度与烽燧关系

位于山地的烽火台主要是在阳高段 -2，平均距离为 258 m。其中 F49 至 F52 烽火台的布置较为密集，F49 烽火台与 F50 烽火台的距离仅 93 m，F50 烽火台与 F51 的距离仅 83 m。

一、坡度的影响

阳高段—2 的烽火台所处的整体地形东低西高，海拔高差约 200 m。烽火台与城墙的距离多在 50 m 左右，F49 至 F52 烽火台所处地形的坡度多在 4° ~ 8° 之间，F54 至 F56 烽火台接近山顶，所处地形的坡度多在 21° ~ 24° 之间。从烽火台所处地形坡度和剖面出发进行研究（图 3-1 ~图 3-3）。

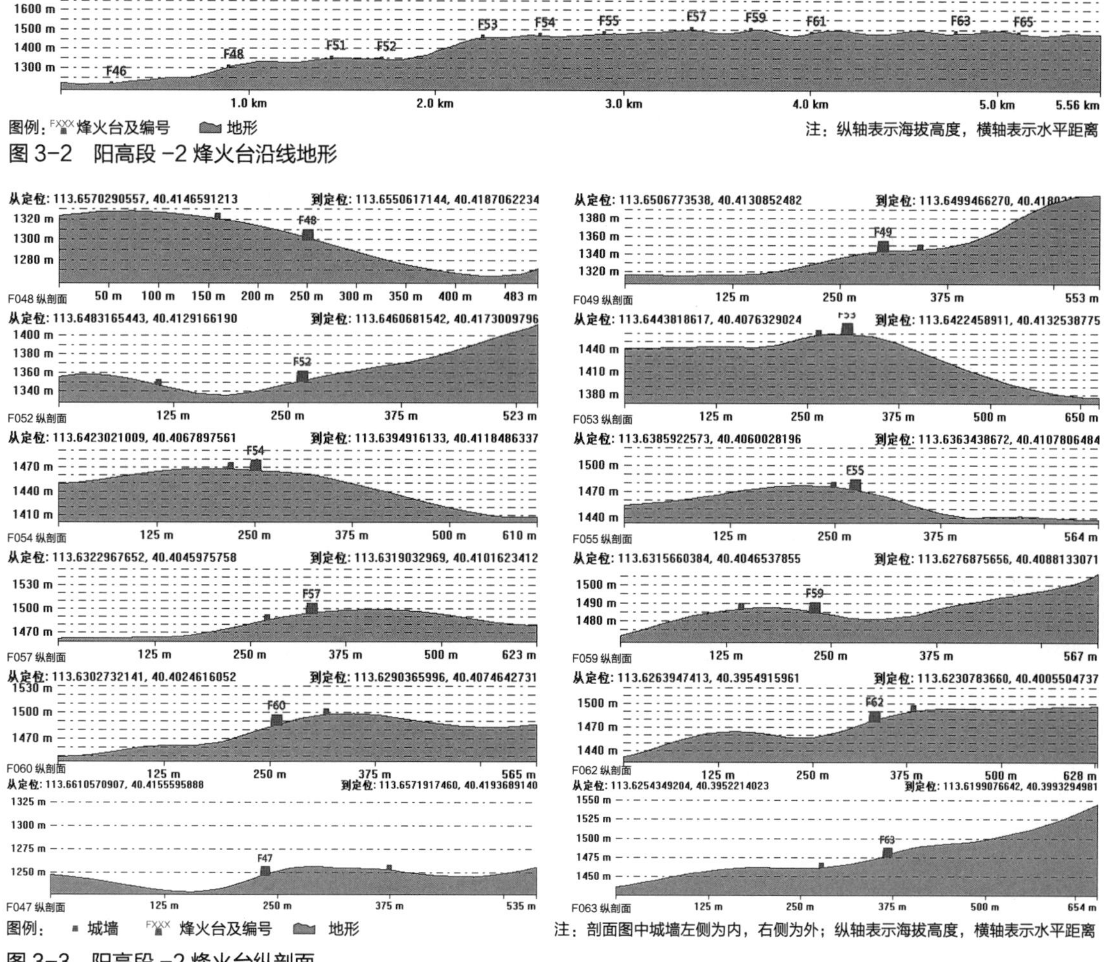

图 3-2 阳高段 -2 烽火台沿线地形

图 3-3 阳高段 -2 烽火台纵剖面

二、视域的影响

考虑到烽火台的可视距离应较大，且在夜间火光的可识别性很强，因此以在良好的天气条件下，能凭肉眼分辨出人形的最远距离 7 km 为半径作烽火台的视域范围。

阳高段 –2 的烽火台中（图 3–4），F46 至 F48 烽火台面对山谷，主要传递来自山谷的敌情，此段烽火台在各自的视域可见范围内皆能相互守望，但看不到此范围之外的烽火台。F49 至 F52 烽火台，在各自的视域可见范围内皆能相互守望，但不能见到此范围之外的烽火台。F53 烽火台位于山体坡度交界处，在其视域可见范围内覆盖了两侧连续的 9 个烽火台。F54 至 F60 烽火台海拔高度相当，在各自的视域可见范围内多能相互守望。

从视域来看，在山地上的烽火台布置呈现出较为明显的分段式布置的规律。段落之间以某一山顶

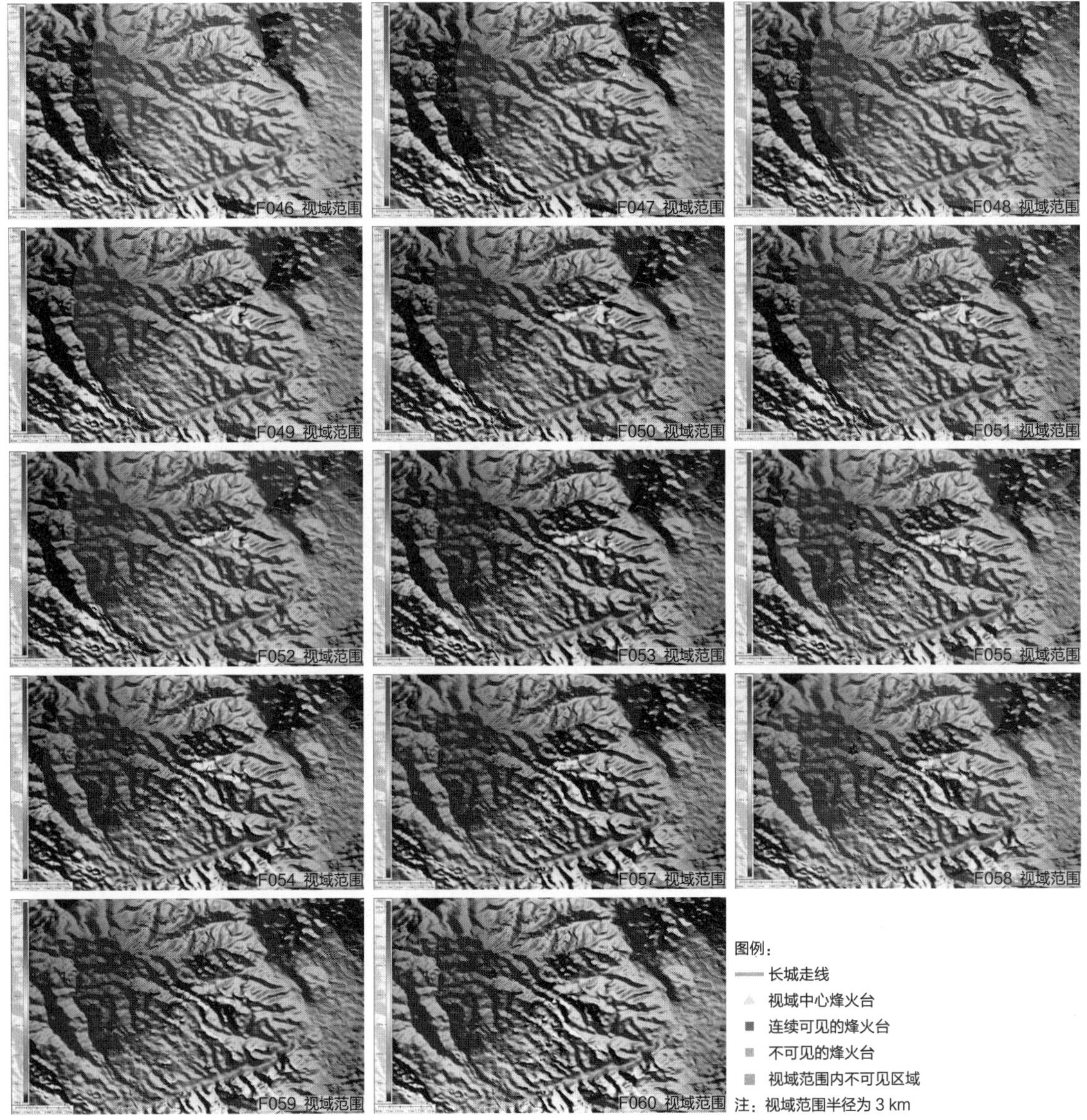

图 3–4 阳高段 –2 烽火台视域范围

或高地为界，在此之间的烽火台多只能在此范围内相互守望。位于山顶或高地的一个或数个烽火台起传承作用，将两侧的烽火台信息的传递联接起来。

三、选址和布局特征

在实地调研的烽火台中，仅有此段位于山地，所以其特征或无普适性。位于此段山地的烽火台选址和布局主要受视域因素的影响。因山地地形起伏较大，只有将烽火台布置得较为紧密，才能使得观察范围覆盖最大面积的区域，满足预警以及信息传递的要求。

第二节 山麓烽火台

位于山麓的烽火台主要是在天镇段 –1 和左云段。

天镇段 –1 烽火台的平均距离为 366 m。仅 F5 与 F6 之间的距离超过 500 m。

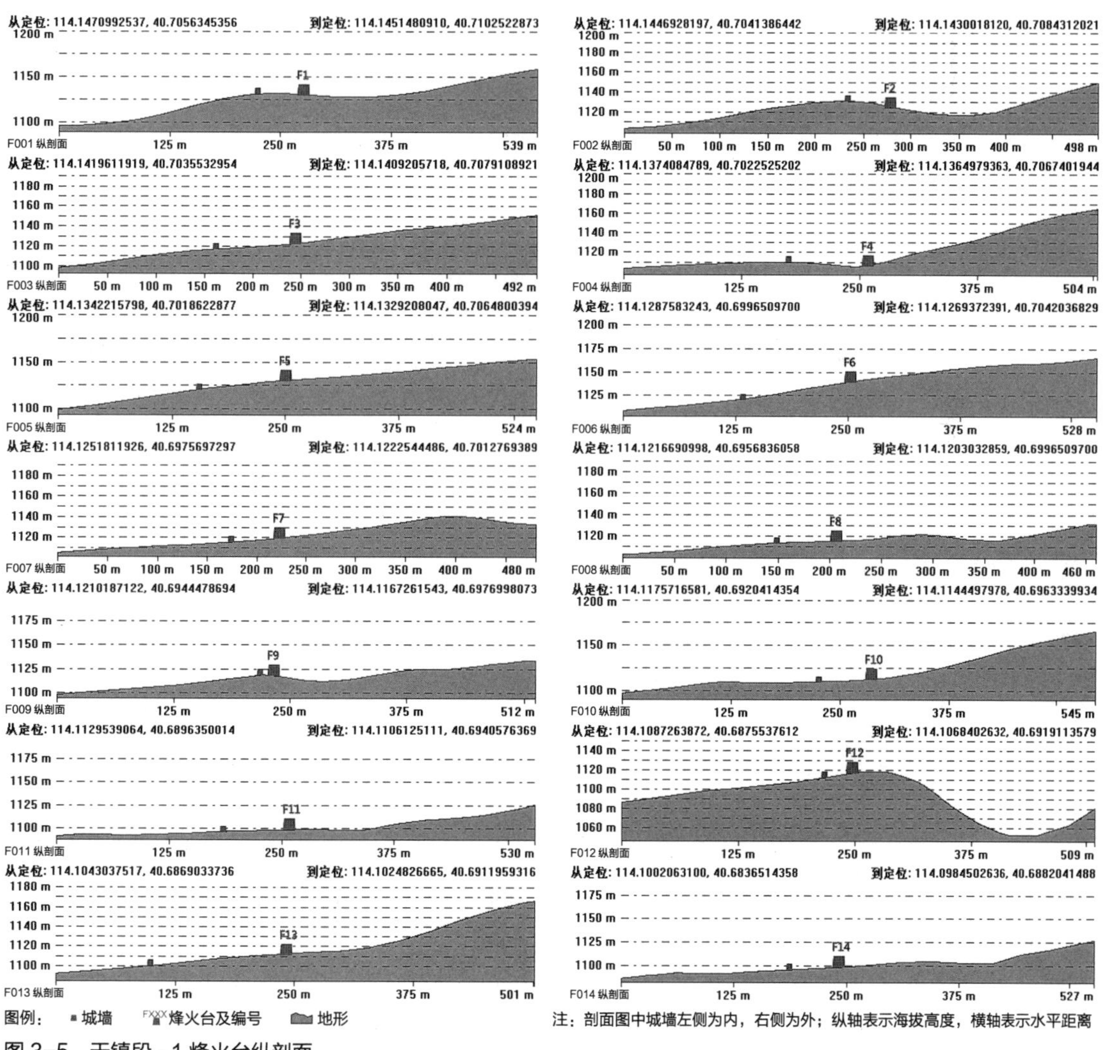

图 3-5 天镇段 –1 烽火台纵剖面

左云段的平均距离为 339 m。其中 F168 至 F183 烽火台地形起伏较大，其平均距离为 298 m，F147 至 F167 烽火台地形起伏较小，近乎平地，其平均距离为 380 m。

一、坡度的影响

（1）天镇段 -1

此段长城位于山地与平原交界处，地势外高内低，地形起伏不大。从烽火台所处地形坡度和剖面出发（图 3-5 ~图 3-10）：

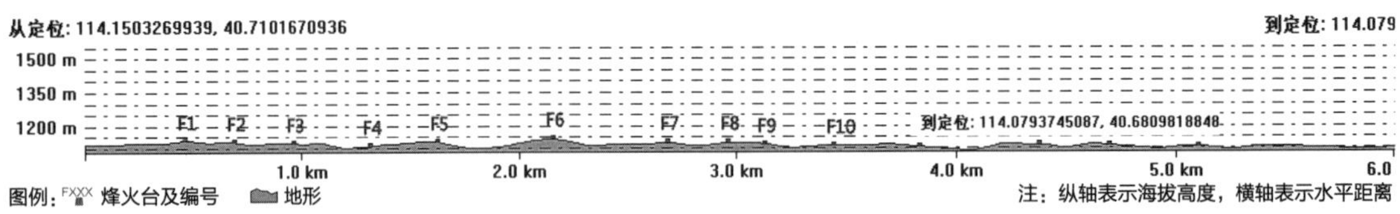

图 3-6 天镇段 -1 烽火台沿线地形

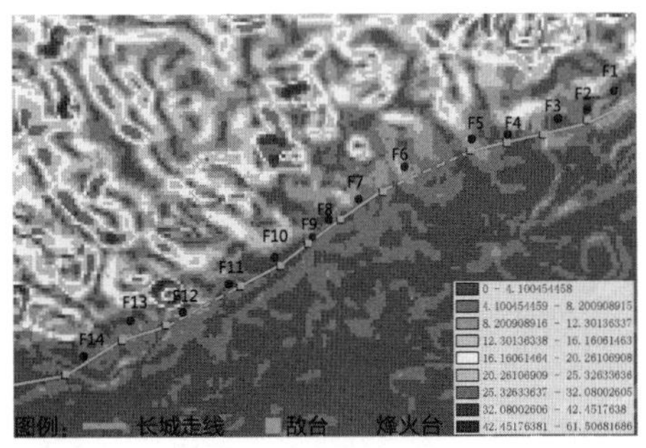

图 3-7 天镇段 -1 局部地形坡度与烽燧关系

图 3-8 F002 所处地形（距离长城约 40 m）

图 3-9 F008 所处地形（距离长城约 50 m）

图 3-10 地形对 F007 烽火台的影响（F7 位于山谷一侧，在保证对两侧烽火台的视线联系下，可加强对山谷的守备）

地形起伏较多，但幅度并不大。烽火台与长城的距离多在 50 m 左右。烽火台所处地形多在 8° ~ 12° 之间。长城以内地势平坦，坡度多在 0° ~ 2° 之间。

此段烽火台皆在城墙之外，多位于一个连续的平缓变化的坡面上，并非在坡度的转折处。其中 F1 和 F11 烽火台，其外侧 125m 范围内地形平坦，坡度在 0° ~ 2° 之间。F4 和 F10 烽火台，位于坡度转折线上，内侧为平坦地形，外侧则是一个坡度在 8° ~ 12° 之间的缓坡。

此外，比较烽火台与山脊线和山谷线之间的关系（图 3-11、图 3-12）可以看出，此段除了 F005 烽火台位于山脊线上以外，其余的烽火台皆位于山谷两侧。与山脊线的走向之间缺少明显的联系。

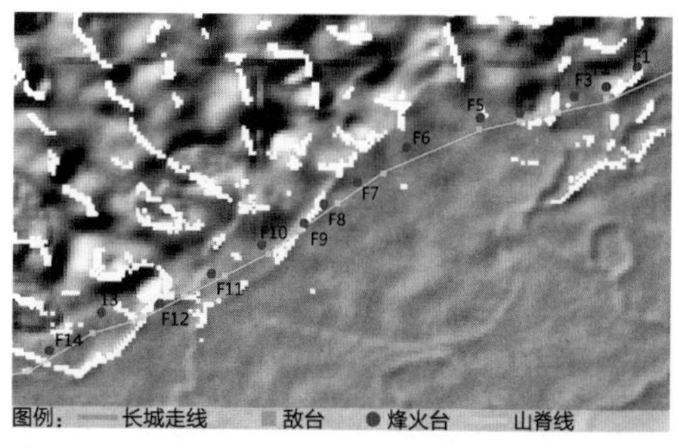

图 3-11 天镇段 -1 烽火台与山脊线联系并不密切

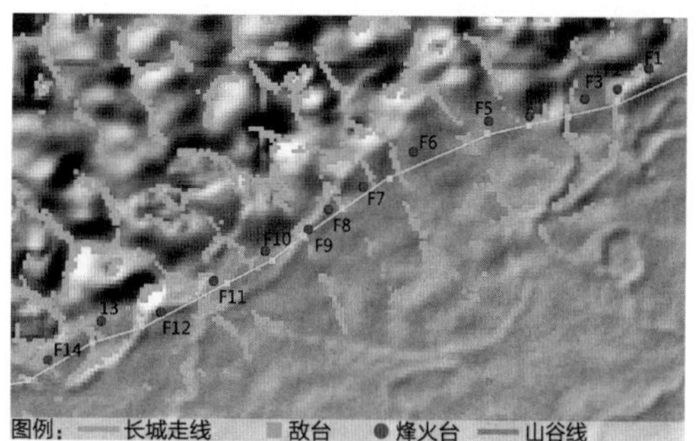

图 3-12 天镇段 -1 烽火台多位于山谷线两侧

（2）左云段

此段长城位于山地与平原交界处，整体地势外高内低，但长城沿线地形往往高出外侧或者位于突出于周边地形的土坡上，地形起伏不大。烽火台与长城的距离多在 50 m 左右。从烽火台所处地形坡度和剖面出发（图 3-13 ~ 图 3-15）：

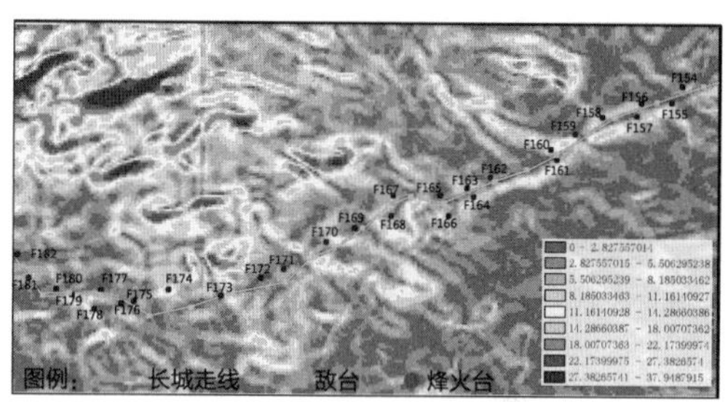

图 3-13 左云段局部地形坡度与烽燧关系

此段的烽火台除 F169 外，多位于一个连续的平缓变化的坡面上。F173 至 F177 烽火台所处的地势内低外高，其海拔高度在城墙之上，且多位于或接近坡度的转折线上。

其余烽火台皆位于高出与周边地形的土坡上，坡面的坡度多在 8° ~ 14° 之间。城墙多位于此坡面与坡顶两坡度的转折处，烽火台则多位于接近此转折线的周边区域。

此外，从烽火台与山脊线和山谷线之间的关系（图 3-16、图 3-17）可看出，此段的烽火台皆未在山脊线上，且基本都位于山谷线两侧。说明烽火台的布置并不绝对地选择某个区域内的海拔最高点上，而是综合考虑前后两烽火台之间的视线联系和每个烽火台的最大预警范围的结果。

综合以上内容，位于山麓的烽火台，其布置基本有两种方式，其一是布置在坡度转折线上，在这

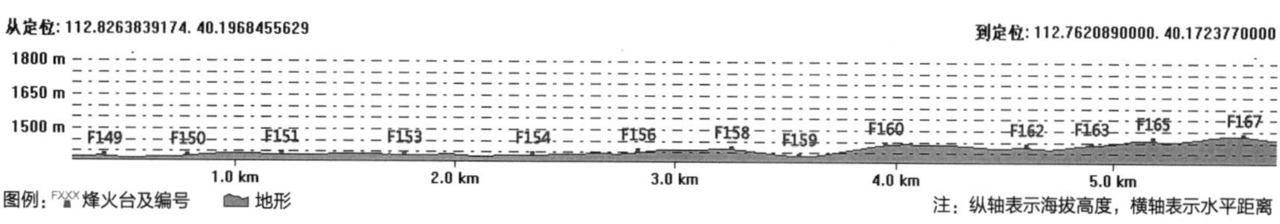

图 3-14 左云段烽火台沿线地形

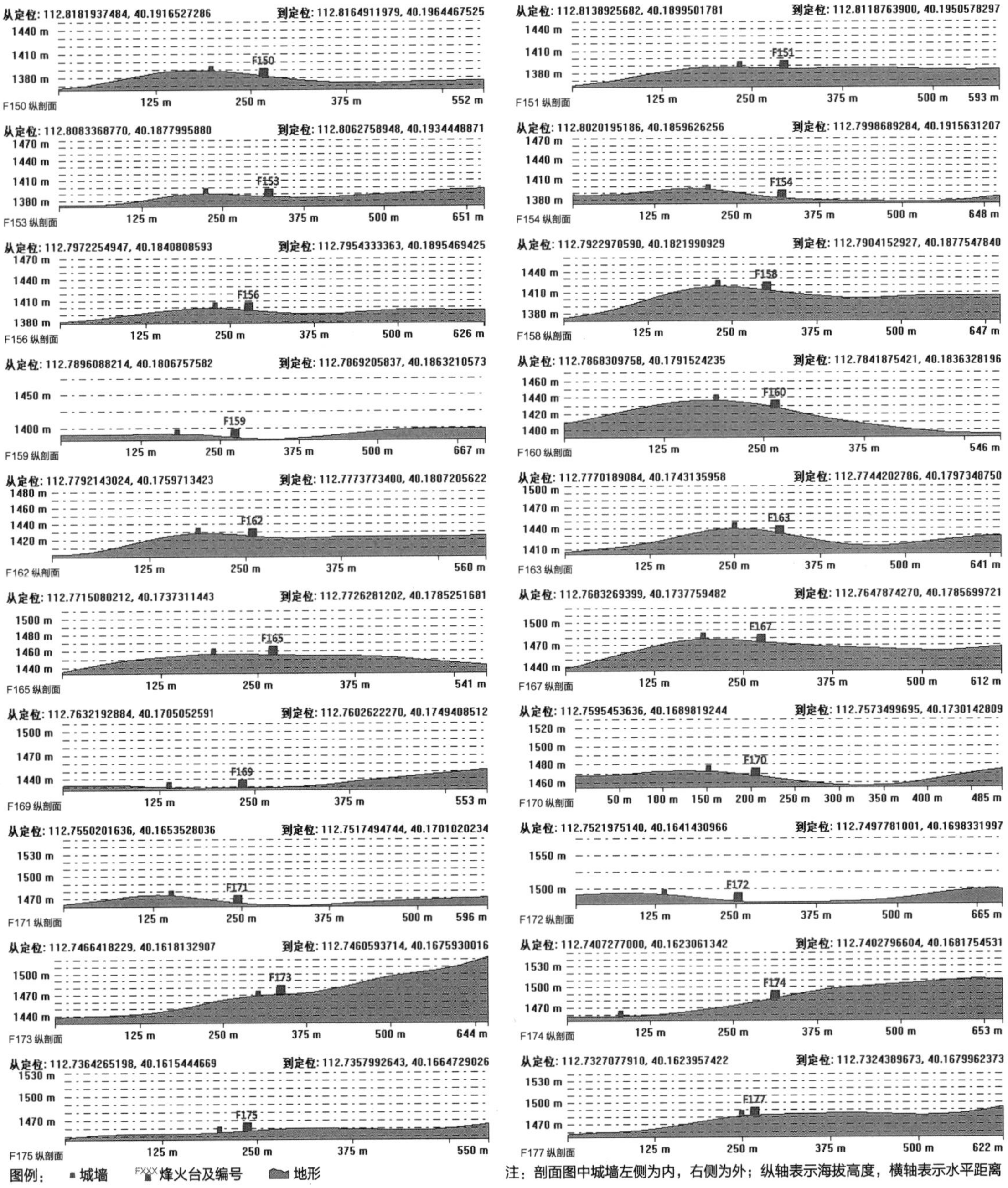

从定位: 112.8181937484, 40.1916527286　到定位: 112.8164911979, 40.1964467525
1440 m　1410 m　1380 m　F150
125 m　250 m　375 m　552 m
F150 纵剖面

从定位: 112.8138925682, 40.1899501781　到定位: 112.8118763900, 40.1950578297
1440 m　1410 m　1380 m　F151
125 m　250 m　375 m　500 m　593 m
F151 纵剖面

从定位: 112.8083368770, 40.1877995880　到定位: 112.8062758948, 40.1934448871
1470 m　1440 m　1410 m　1380 m　F153
125 m　250 m　375 m　500 m　651 m
F153 纵剖面

从定位: 112.8020195186, 40.1859626256　到定位: 112.7998689284, 40.1915631207
1470 m　1440 m　1410 m　1380 m　F154
125 m　250 m　375 m　500 m　648 m
F154 纵剖面

从定位: 112.7972254947, 40.1840808593　到定位: 112.7954333363, 40.1895469425
1470 m　1440 m　1410 m　1380 m　F156
125 m　250 m　375 m　500 m　626 m
F156 纵剖面

从定位: 112.7922970590, 40.1821990929　到定位: 112.7904152927, 40.1877547840
1440 m　1410 m　1380 m　F158
125 m　250 m　375 m　500 m　647 m
F158 纵剖面

从定位: 112.7896088214, 40.1806757582　到定位: 112.7869205837, 40.1863210573
1450 m　1400 m　F159
125 m　250 m　375 m　500 m　667 m
F159 纵剖面

从定位: 112.7868309758, 40.1791524235　到定位: 112.7841875421, 40.1836328196
1460 m　1440 m　1420 m　1400 m　F160
125 m　250 m　375 m　546 m
F160 纵剖面

从定位: 112.7792143024, 40.1759713423　到定位: 112.7773773400, 40.1807205622
1480 m　1460 m　1440 m　1420 m　F162
125 m　250 m　375 m　560 m
F162 纵剖面

从定位: 112.7770189084, 40.1743135958　到定位: 112.7744202786, 40.1797348750
1500 m　1470 m　1440 m　1410 m　F163
125 m　250 m　375 m　500 m　641 m
F163 纵剖面

从定位: 112.7715080212, 40.1737311443　到定位: 112.7726281202, 40.1785251681
1500 m　1480 m　1460 m　1440 m　F165
125 m　250 m　375 m　541 m
F165 纵剖面

从定位: 112.7683269399, 40.1737759482　到定位: 112.7647874270, 40.1785699721
1500 m　1470 m　1440 m　F167
125 m　250 m　375 m　500 m　612 m
F167 纵剖面

从定位: 112.7632192884, 40.1705052591　到定位: 112.7602622270, 40.1749408512
1500 m　1470 m　1440 m　F169
125 m　250 m　375 m　553 m
F169 纵剖面

从定位: 112.7595453636, 40.1689819244　到定位: 112.7573499695, 40.1730142809
1520 m　1500 m　1480 m　1460 m　F170
50 m　100 m　150 m　200 m　250 m　300 m　350 m　400 m　485 m
F170 纵剖面

从定位: 112.7550201636, 40.1653528036　到定位: 112.7517494744, 40.1701020234
1530 m　1500 m　1470 m　F171
125 m　250 m　375 m　500 m　596 m
F171 纵剖面

从定位: 112.7521975140, 40.1641430966　到定位: 112.7497781001, 40.1698331997
1550 m　1500 m　F172
125 m　250 m　375 m　500 m　665 m
F172 纵剖面

从定位: 112.7466418229, 40.1618132907　到定位: 112.7460593714, 40.1675930016
1500 m　1470 m　1440 m　F173
125 m　250 m　375 m　500 m　644 m
F173 纵剖面

从定位: 112.7407277000, 40.1623061342　到定位: 112.7402796604, 40.1681754531
1530 m　1500 m　1470 m　F174
125 m　250 m　375 m　500 m　653 m
F174 纵剖面

从定位: 112.7364265198, 40.1615444669　到定位: 112.7357992643, 40.1664729026
1530 m　1500 m　1470 m　F175
125 m　250 m　375 m　550 m
F175 纵剖面

从定位: 112.7327077910, 40.1623957422　到定位: 112.7324389673, 40.1679962373
1530 m　1500 m　1470 m　F177
125 m　250 m　375 m　500 m　622 m
F177 纵剖面

图例：▪城墙　FXXX 烽火台及编号　地形

注：剖面图中城墙左侧为内，右侧为外；纵轴表示海拔高度，横轴表示水平距离

图 3-15　左云段烽火台纵剖面

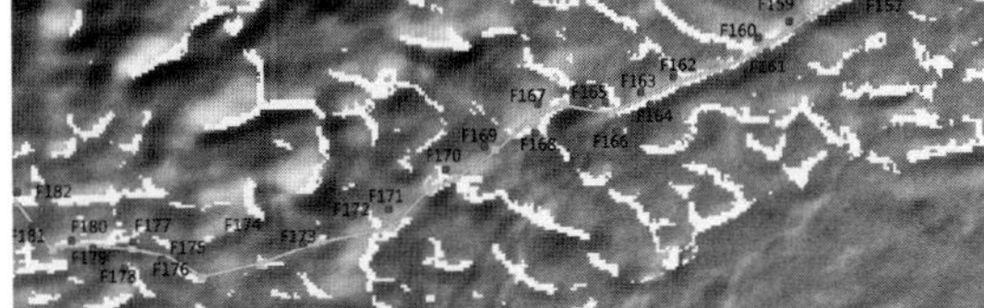

图 3-16　左云段烽火台与山脊线关系并不密切

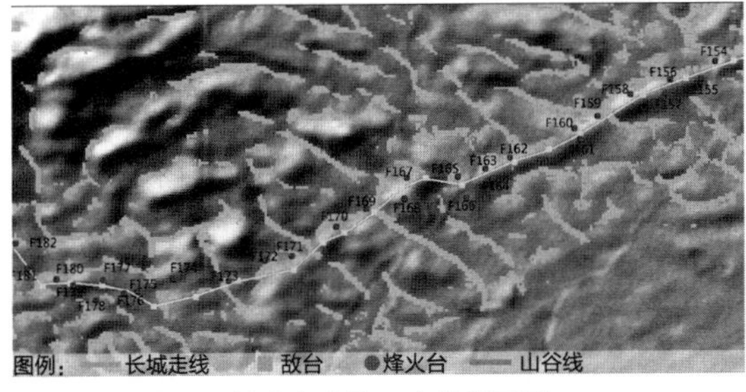

图 3-17　左云段烽火台多位于山谷线两侧

种情况下，地势内高外低，外侧地形较为平坦，内侧为一坡面，在坡面的尽端多筑有城墙。其二是布置在连续的平缓变化的坡面上，没有明显的坡度转折。在这种情况下，若是外侧地势较低，则烽火台多位于坡面的中下部；若是内侧地势较低，则烽火台多位于坡面的中上部。

另外，烽火台的选址几乎都位于山谷线一侧，且并非位于所处地形的最高点上，与山谷线之间没有直接联系。这说明烽火台的布置，以争取全面的预警范围为重。在海拔较高点虽有更好的对两侧的视野，但是在视域上便失去了对山谷的警备，而位于山谷两侧则可兼而守备山谷以及山坡，可达到最大的军事预警作用。

二、视域的影响

（1）天镇段 -1

此段烽火台基本都位于从山地向平地的过渡区域，从剖面上看没有位于谷底的烽火台。山地的坡度较为平缓，对各烽火台之间视线联系并无多大影响。

F1 至 F10 烽火台，在各自的视域可见范围内多可相互守望。F12 烽火台的视域可见范围覆盖了两侧所有的 14 个烽火台（图 3-18）。

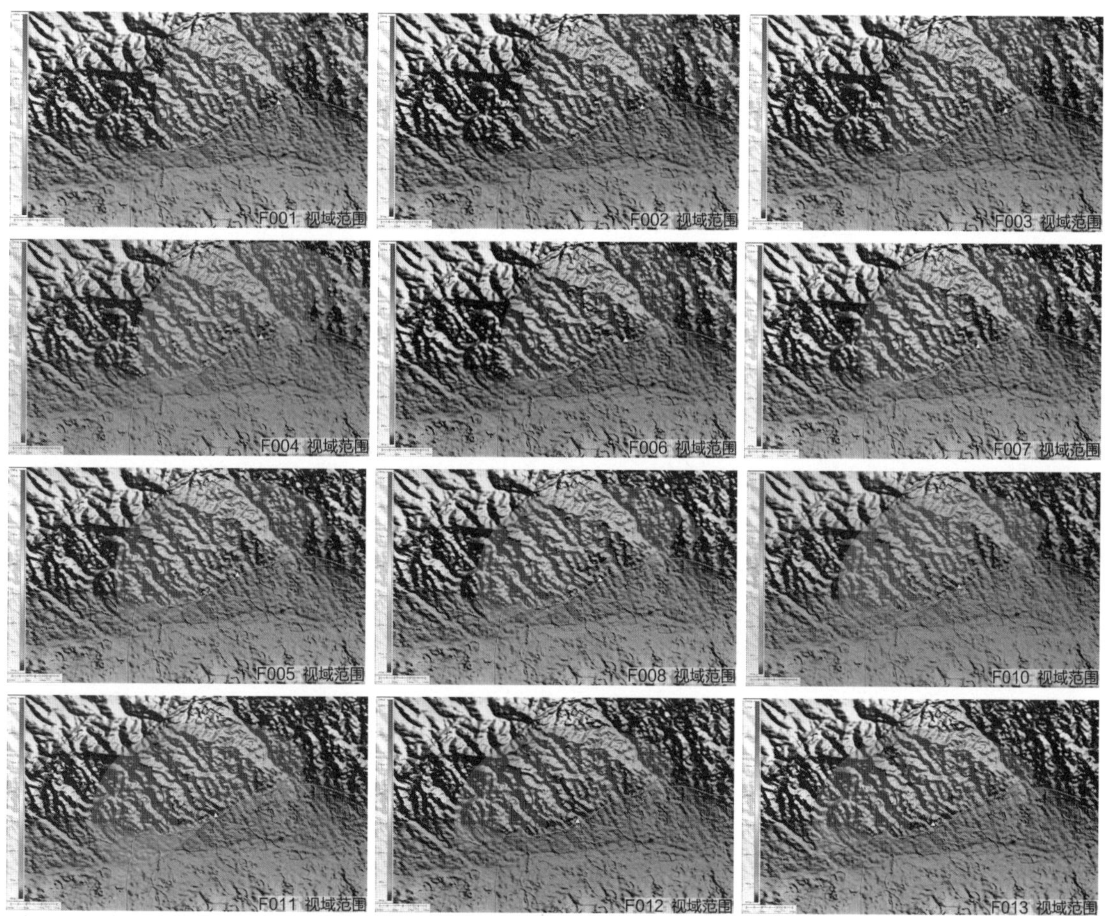

图例：长城走线 视域中心烽火台 连续可见的烽火台 不可见的烽火台 视域范围内不可见区域

注：视域范围半径为 7 km

图 3-18 天镇段 -1 烽火台视域范围

图 3-19　F007 东望，可见连续的 5 个烽火台

图 3-20　F007 西望，可见连续的 2 个烽火台

图 3-21　F010 东望，可见视域范围内所有烽火台

图 3-22　F010 西望，可见连续的 2 个烽火台

整理烽火台在其视域范围内可见的烽火台数（表 3-1）发现，此段烽火台在其视域范围内连续可见的烽火台数最少有 5 个，最多有 14 个，大多保持在 8 个（图 3-19 ~ 图 3-22）。

天镇段 -1 烽火台视域数据　　表 3-1

烽火台编号	视域范围内连续可见的烽火台数（台）	烽火台编号	视域范围内连续可见的烽火台数（台）
F2	8	F7	8
F3	8	F8	8
F4	8	F10	11
F5	8	F11	5
F6	8	F12	14

（2）阳高段 -1

F36 至 F39 烽火台，位于山体的凹陷处，在各自的视域可见范围内皆可相互守望，但不能见到此范围之外的烽火台。F40 烽火台位于高地上，在其视域可见范围覆盖了两侧所有的烽火台。F41 至 F45，在各自的视域可见范围内多可相互守望，但不能见到此范围之外的烽火台（图 3-23）。

整理烽火台在其视域范围内可见的烽火台数（表 3-2）发现，此段烽火台在其视域范围内连续可见的烽火台数最少有 4 个，最多有 10 个。

阳高段 -1 烽火台视域数据　　表 3-2

烽火台编号	视域范围内连续可见的烽火台数（台）	烽火台编号	视域范围内连续可见的烽火台数（台）
F37	4	F41	7
F38	4	F42	5
F39	5	F43	7
F40	10	F44	7

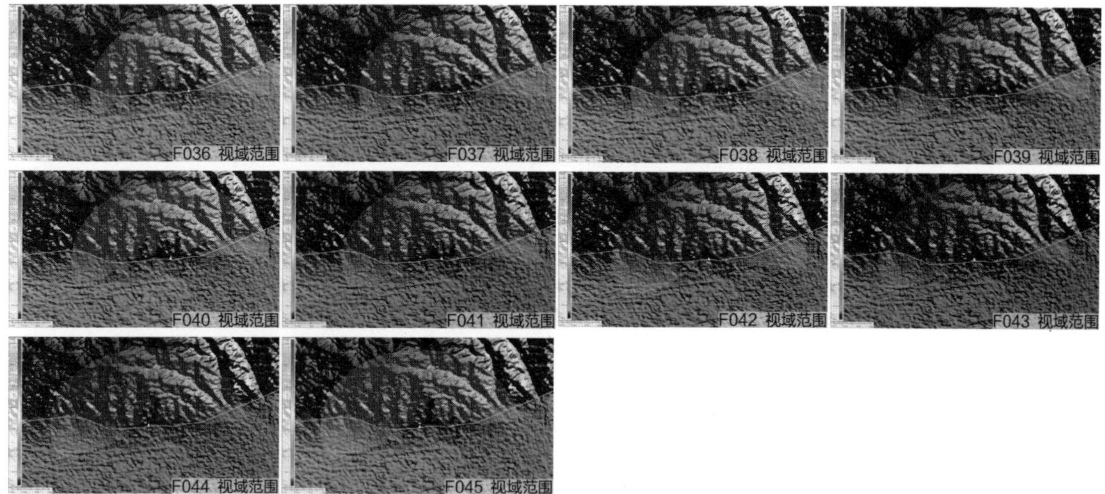

图例：—— 长城走线 ▲ 视域中心烽火台 ■ 连续可见的烽火台 ■ 不可见的烽火台 ■ 视域范围内不可见区域　　注：视域范围半径为 7km

图 3-23　阳高段 -1 烽火台视域范围

（3）左云段（图 3-24）

F161 在突出在周边的山顶上，在其视域可见范围内，东可见平地上所有的 11 个烽火台，西可见山地上的 7 个烽火台。F162 至 F166 烽火台，在其各自的视域可见范围内多能相互守望，但不能见到此范围之外的烽火台。F167 和 F168 烽火台，在其视域可见范围内，可见西侧的 3 ～ 4 个敌台。F171 至 F173 的烽火台多作为传承作用。F174 至 F178 烽火台，在其各自的视域可见范围内多能相互守望，但不能见到此范围之外的烽火台。F179 烽火台在其视域可见范围覆盖两侧连续的 12 个烽火台。F180 至 F185 烽火台，在各自的视域可见范围内皆能相互守望，但不能见到此范围之外的烽火台（图 3-25 ～图 3-27）。

综合以上分析，在山麓上的烽火台布置，从视域看有一定程度的分段式布置。高地上的一个或数个烽火台起传承作用，将两侧烽火台信息的传递联接起来，但烽火台的位置有别于敌台的布置，多位于接近坡度转折线附近。

三、选址和布局特征

位于山麓的烽火台选址和布局主要受坡度和视域因素的影响。首先，烽火台为了有效预警并传递军情，应当位于海拔较高处，但如若位于山脊线上，虽所处的海拔较高，便于视线的联系，却减少了对山谷的有效监控，从实际情况看，烽火台也并未选择其所处地形的海拔最高点布置，而是位于山谷两侧的坡面上。如此则既满足了传递军情所必须的视线连续，在对敌情的预警上又兼顾山谷和山坡，扩大了监控范围。

其次，烽火台与敌台多处同一种地形上，但从军事防御角度看，烽火台并非是有效的御敌设施，所以在两者的布置上，多将敌台放置在相对有利的地形上。这种差异体现为，即敌台多位于地形坡度转折线上，而烽火台位于坡度转折线附近。

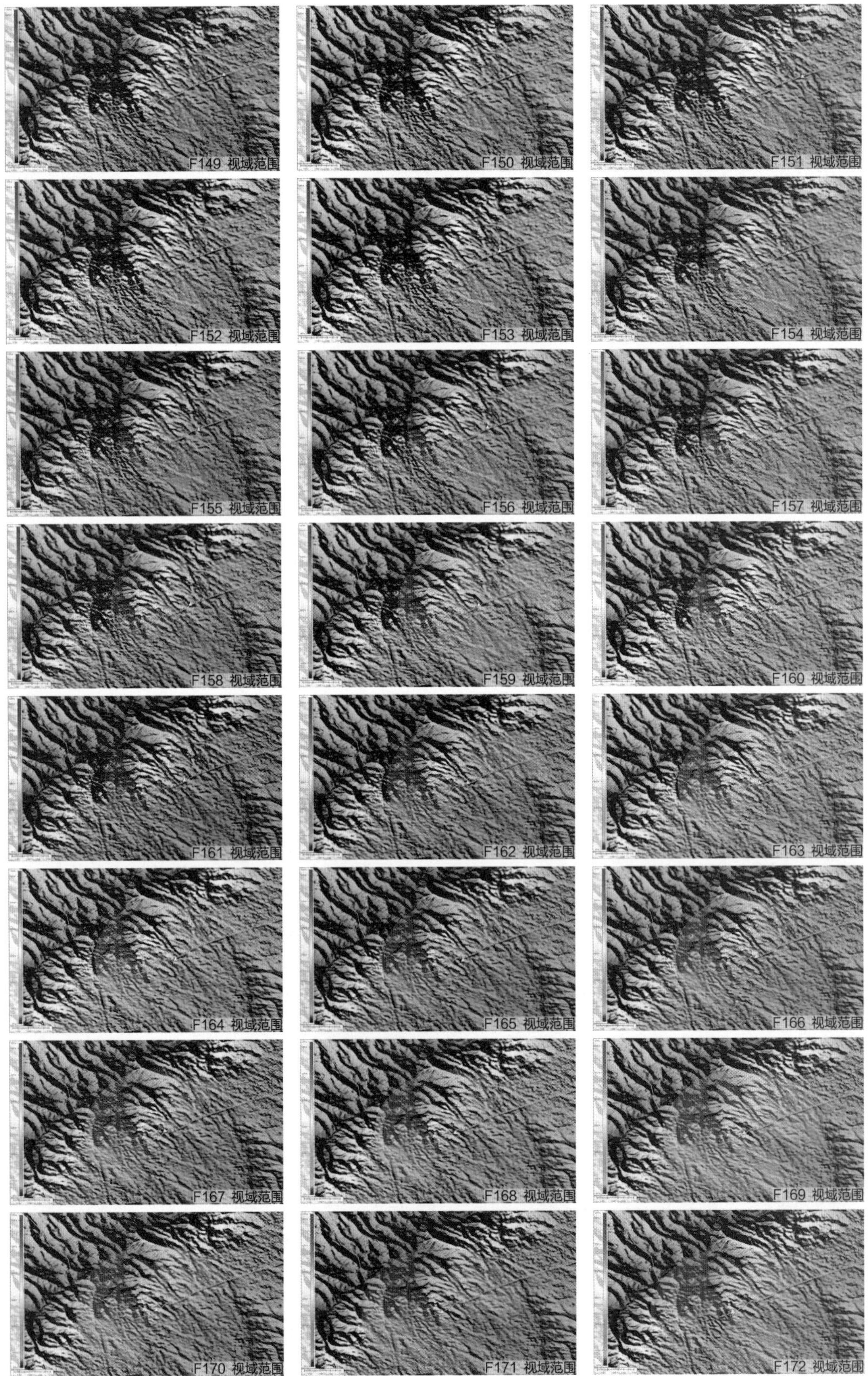

图 3-24　左云段烽火台视域范围（一）

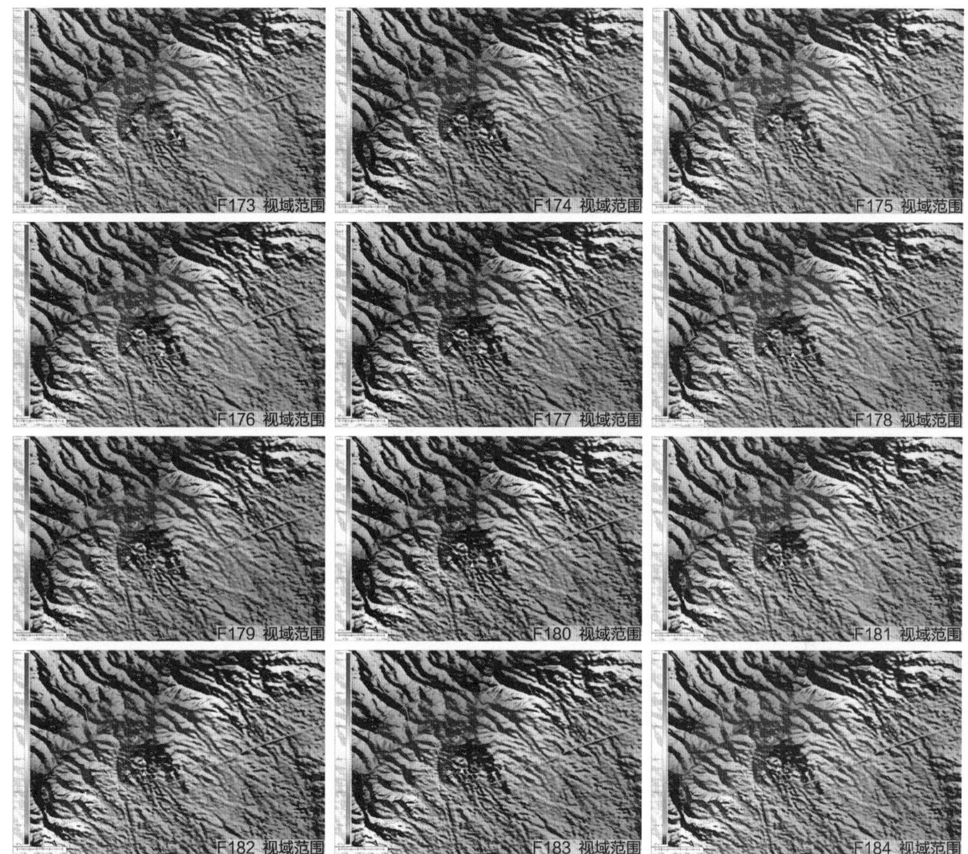

图例：长城走线 视域中心烽火台 连续可见的烽火台 不可见的烽火台 视域范围内不可见区域 注：视域范围半径为 7 km

图 3-24 左云段烽火台视域范围（二）

图 3-25 F172 东望

图 3-26 F172 西望

图 3-27 F168 北侧环视

第三节 平地烽火台

位于平地的烽火台主要在阳高段 -3、大同段 -1 和大同段 -4。

阳高段 -3 烽火台的平均距离为 335 m。

大同段 -1 烽火台的平均距离为 512 m，其中 F89 与 F90、F91 与 F92、F94 与 F95 均夹城墙相对而立，之间距离最远不过 68 m。

大同段 -4 烽火台的平均距离为 316 m（烽火台之间的距离详见附录五）。

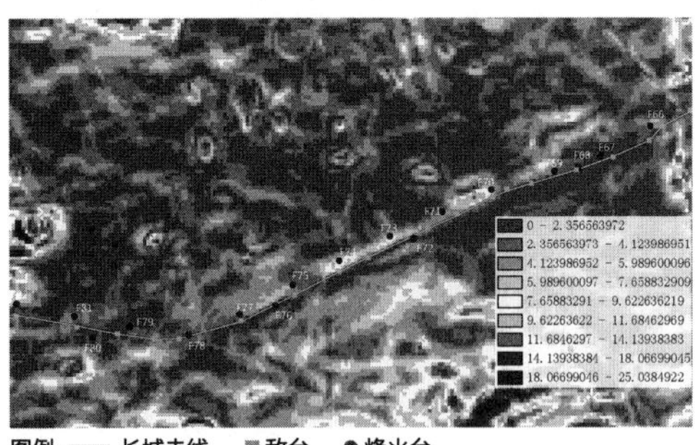

图 3-28 阳高段 -3 局部地形坡度与烽火台关系

一、坡度的影响

（1）阳高段 -3

此段长城位于两山之间的山坳处，地势外低内高，地形起伏不大，整体地势较为平缓。从烽火台所处地形坡度和剖面出发（图 3-28 ~ 图 3-32）：

F066 与 F073 烽火台位于土丘开始隆起之处，稍

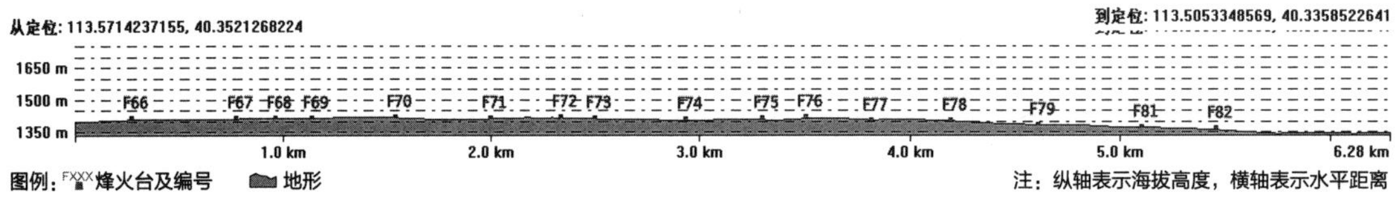

图 3-29 阳高段 -3 烽火台沿线地形

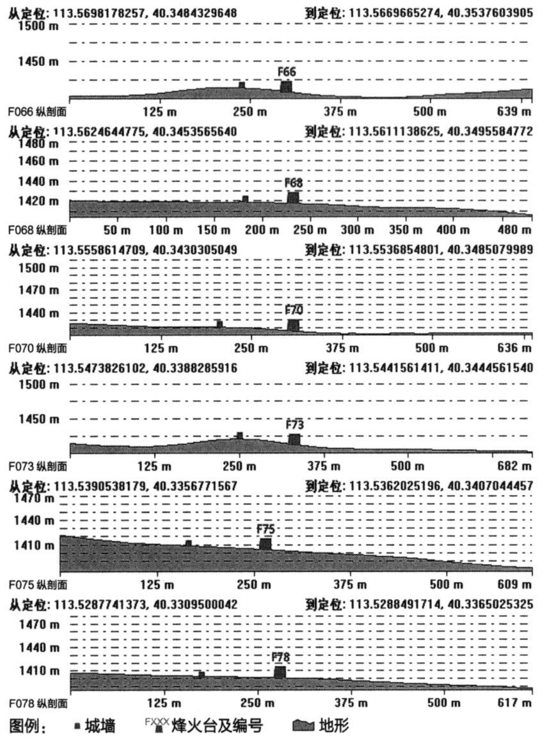

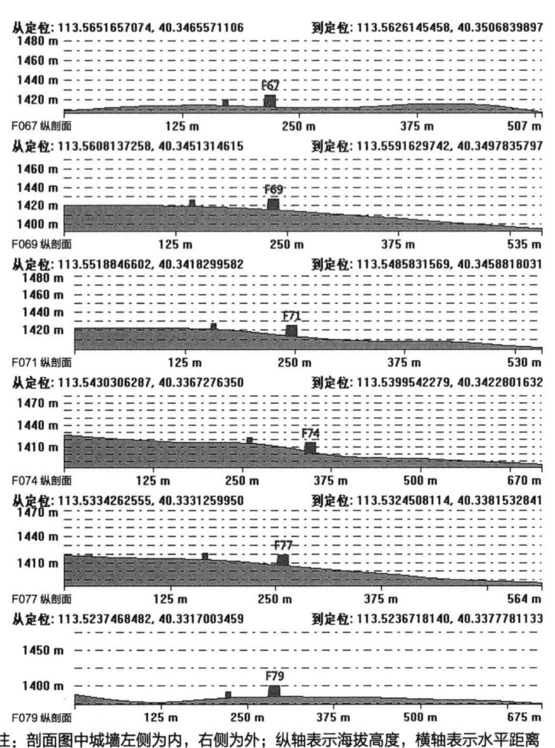

图 3-30 阳高段 -3 烽火台纵剖面

图 3-31　F070 所处地形（坡度为 0° ~ 2° ）

图 3-32　F078 所处地形（坡度为 2° ~ 4° ）

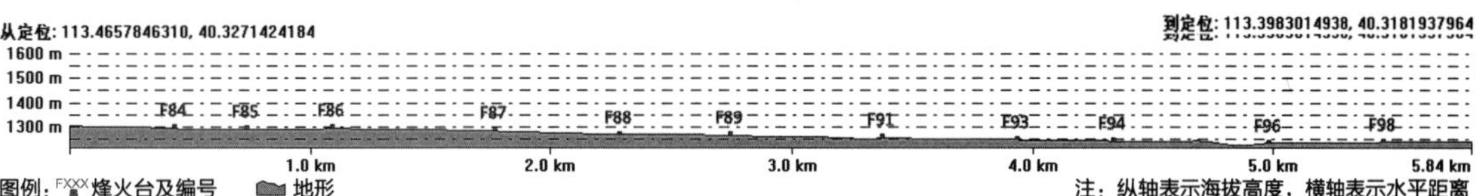

图 3-33　大同段 -1 烽火台沿线地形

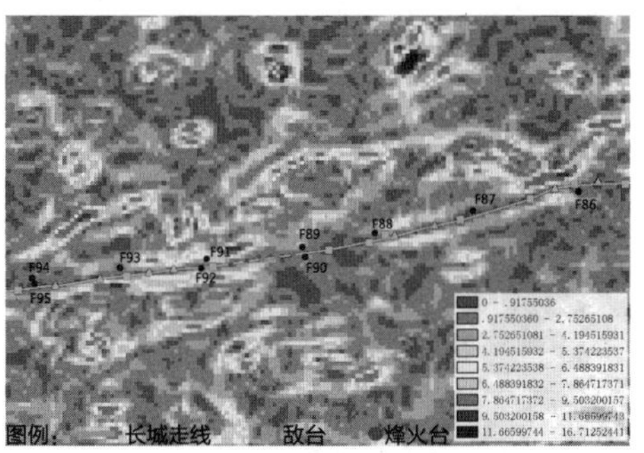

图 3-34　大同段 -1 局部地形坡度与烽火台关系

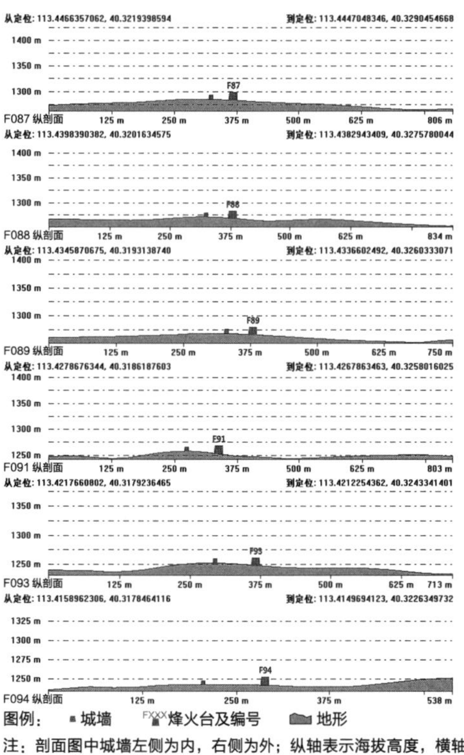

图 3-35　大同段 -1 烽火台纵剖面

高于周边地形。土丘的最高点往往是坡度转折点，其上筑有城墙。F074、F081、F082 烽火台位于坡度转折线上，外侧地形较为平坦，坡度为 0° ~ 2° ，内侧则是一坡度在 7° ~ 9° 的山坡，坡面尽端为城墙。其余烽火台则位于一个连续的平缓坡面上。

（2）大同段 -1

烽火台与城墙之间的距离大致在 60 m 左右。两侧多为一个坡度延续的坡面，没有明显的坡度转折。故烽火台在此的布置与坡度联系不甚紧密（图 3-33 ~ 图 3-37）。

综合以上分析，位于平地的烽火台，其布置基本有两种方式，其一是靠近城墙外侧平地与内侧坡地之间的坡度转折线。其二是位于一连续的平缓变化的坡面上，没有明显坡度变化。若在平地中有隆起的小土丘，则烽火台多布置在土丘与平地交界处。从实地调研数据看，烽火台两侧的地形多为一延续的坡面或平面，故在平地上，坡度与烽火台的关系并不紧密。

二、视域的影响

（1）阳高段 -3（图 3-38）

F66 和 F67 两烽火台在其视域可见范围覆盖 7 个烽火台左右。其余 18 个烽火台在各自的视域可见范围内多可相互守望。

根据统计（表 3-3），此段烽火台在其视域范围内连续可见的烽火台数量有 14 ~ 17 个（图 3-39、图 3-40）。说明在平地上的烽火台，在其视域可见范围内的任一烽

图 3-36　F087 所处地形（坡度为 4° ~ 5° ）

图 3-37　F091 所处地形（坡度为 0° ~ 2° ）

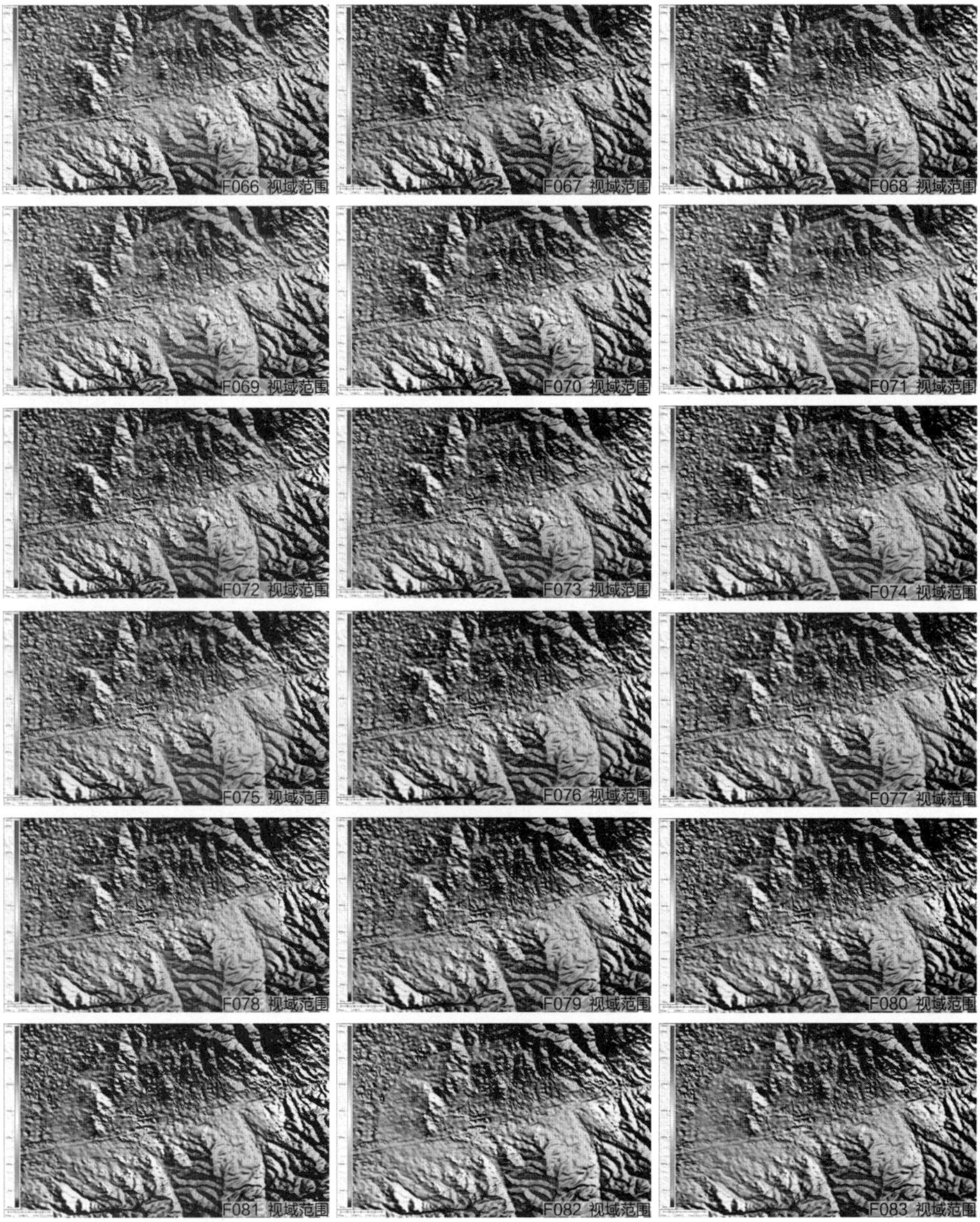

图例：—— 长城走线 ▲视域中心烽火台 ■连续可见的烽火台 ■不可见的烽火台 ■视域范围内不可见区域　　注：视域范围半径为 7 km

图 3-38　阳高段 -3 烽火台视域范围

图 3-39　F079 东望，视域范围内的敌台基本都可见

图 3-40　F079 西望，视域范围内的敌台基本都可见

火台，基本都能互视。

阳高段 -3 烽火台视域数据　　表 3-3

烽火台编号	视域范围内连续可见的烽火台数	烽火台编号	视域范围内连续可见的烽火台数
F68	15	F75	15
F69	16	F76	17
F70	16	F77	17
F71	16	F78	14
F72	16	F79	15
F73	16	F80	15
F74	15	F81	15

（2）大同段 -1（图 3-41）

该段地势东高西低，坡度较小，由于地形较为平坦，没有起伏，所以此段 13 个烽火台在各自的视域范围内皆可相互守望（图 3-42）。

三、选址和布局特征

位于平地的烽火台选址和布局主要受视域因素的影响。因平地地势平衍，坡度因素基本对烽火台的选址和布局没有影响。同时，平地上的烽火台视域也较大，在视线范围内基本能见所有的烽火台，但若在平地上有突起的土坡，则对烽火台视域影响甚大。

小结

综合以上分析，烽火台选址和布局的主要控制性原则有两个：一是必须满足任意连续的两个烽火台在视线上的可视；二是在视线联系的前提下，尽量扩大其视域的覆盖范围。

烽火台是长城军事防御体系中的预警和信息传递设施，所以视域因素是影响其选址和布局的最重要因素。

首先，从烽火台的信息传递方式看，前一个烽火台燃烟点火，后一个跟着燃烟点火，以此连续不断地往下传，所以必须保证任意相邻烽火台的视线联系，才能满足这种信息传递的连续性。

其次，从烽火台的预警功能出发，需要其布置能在视域可见范围内对地域有较为全面的覆盖。倘

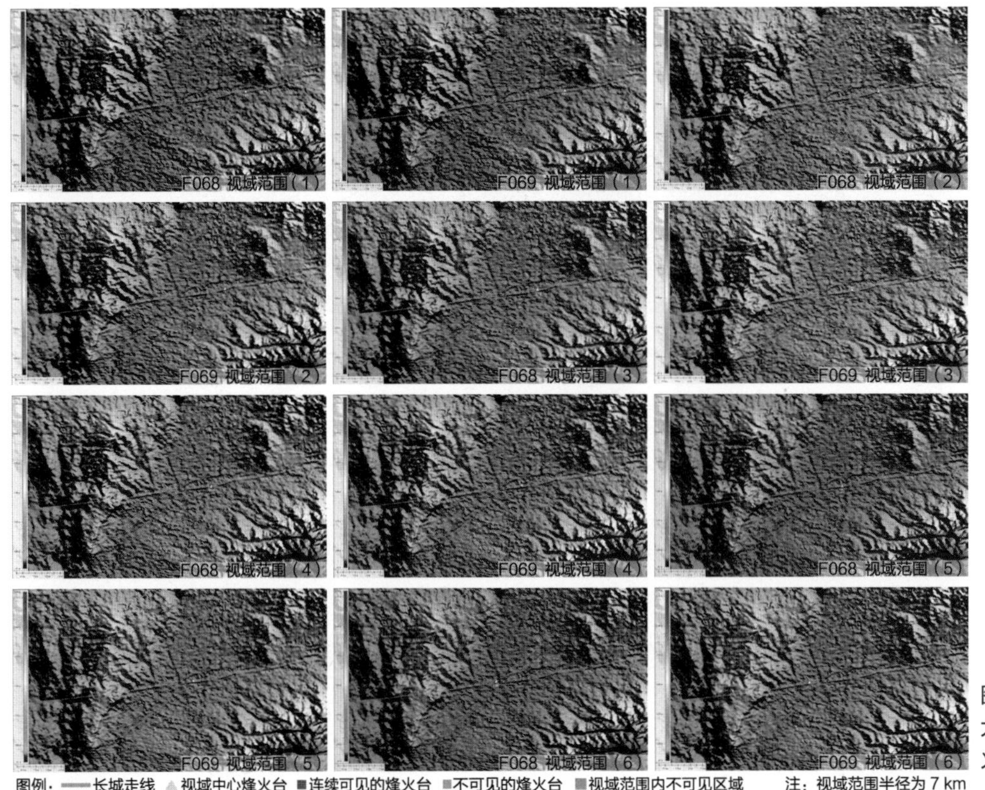

图 3-41 大同段 -1 烽火台视域范围

图 3-42 F090 环视

若烽火台所处的地形起伏较大，则导致了单个烽火台的视域受到了一定的限制，在此地形条件下为了使预警区域覆盖范围更大，只能将烽火台布置得较为紧密，其间距一般在 250 m 左右，特别是在山地地形复杂处或者是山谷口附近，烽火台之间的距离更为接近，例如在守口堡处烽火台之间的距离多在 100 m 之内。倘若地形平坦，对于烽火台之间的视线联系影响甚少，其布置就较为稀疏，其间距一般在 387 m 左右。

在视域范围内对地域有较为全面的覆盖这个要求，在位于山麓的烽火台布局上体现得尤为明显。烽火台的选址几乎都位于山谷线两侧的坡面上，而并非位于所处地形的相对海拔最高处。这说明烽火台的布置，以争取全面的预警范围为重。若烽火台位于海拔最高点，虽然其对两侧烽火台的视线联系较为紧密，但是在视域上便减弱了对山谷的警备，而若烽火台位于山谷两侧的坡面上，则可兼而守备山谷以及山坡，达到最大的预警范围。所以沿山谷线两侧坡面布置烽火台从视域可视范围的全面覆盖要求下是必须的，如若地形起伏稍大导致山脊两侧的烽火台缺少了视线的直接联系，则在两烽火台之间的高地上会建一烽火台，总而言之，无论烽火台位于何种地形，其布置的目的皆为充分利用区域内的地形条件，在保证前后烽火台视线连续的前提下，争取最大的视域范围以扩大其预警范围。

第四章 驻军调度

据《宣大山西三镇图说》记载，大同镇各级城堡共有 72 个，在这些城堡中，尚有 12 个城堡（阳和道东路的镇口堡，左卫道威远路的祁家河堡，左卫道不属路的高山城，守道井坪路的灭胡堡，巡道不属路的聚落城、许家庄堡、浑源城、王家庄堡、灵丘城、广灵城、蔚州城及广昌城）未能定位，所以在本章的研究中，不涉及这几个未定位的堡城。

第一节 宏观布局与选址

一、城堡的间距及其与长城的距离

城堡作为军事防御设施，为有效地配置兵力，首先需要满足恰当的布局及间隔。“永乐十二年九月丁酉，命行在兵部都察院遣官按视宁夏、甘肃、大同、辽东等处屯堡。初，上命边将置屯堡为守备，计每小屯五、七所或四、五所择近便地筑一大堡，环以土城，高七、八尺或一、二丈。城八门，周以濠堑，阔一丈或四、五尺，深与阔等。各屯粮刍于内。其小屯量存逐日所用粮食，有警即人畜尽入大堡，并力因守。”[1]

通过对大同镇的各级城堡间距的整理，可知路城间均距为 30.3 km，堡城间均距为 10.5 km。路城间最近距离是 23.5 km（右卫城与平虏城）；最远距离是 43.7 km（阳高城至得胜堡），因为大同城位于阳高城和得胜堡之间，所以这两个城堡之间的距离稍远，对战事的影响并不大。堡城间最近距离是 2.1 km（败胡堡至迎恩堡）；最远距离是 40.3 km（山阴城至怀仁城）。位于山地的堡城之间的距离相对都较近，而位于平地的堡城之间的距离相对则较远（表 4–1、图 4–1、图 4–2）。

明大同镇城堡与长城的距离　　表 4–1

与长城距离	镇城	路城	堡城
小于 1 km	—	—	桦门堡、镇宁堡、镇门堡、守口堡、靖虏堡、镇羌堡、拒墙堡、威虏堡、杀胡堡
1 ~ 2 km	—	新平堡、得胜堡、助马堡	保平堡、镇边堡、宏赐堡、破虏堡、保安堡、宁虏堡、破胡堡、将军会堡
2 ~ 3 km	—	—	平远堡、瓦窑口堡、镇川堡、拒门堡、残胡堡、云石堡、威胡堡
5 ~ 6 km	—	—	镇虏堡、镇河堡、马堡、马营河堡、败胡堡、迎恩堡
7 ~ 8 km	—	阳和城、右卫城	三屯堡
9 ~ 10 km	—	天城城	阻胡堡
10 ~ 20 km	大同城	左卫城	永嘉堡、云冈堡、云西堡、云阳堡、红土堡、铁山堡、乃河堡
20 ~ 30 km	—	威远城、平虏城	牛心堡、黄土堡、威平堡
大于 30 km	—	井坪城、朔州城	西安堡、怀仁城、应州城、山阴城、马邑堡

1　《太宗实录》卷 155，页 1792.

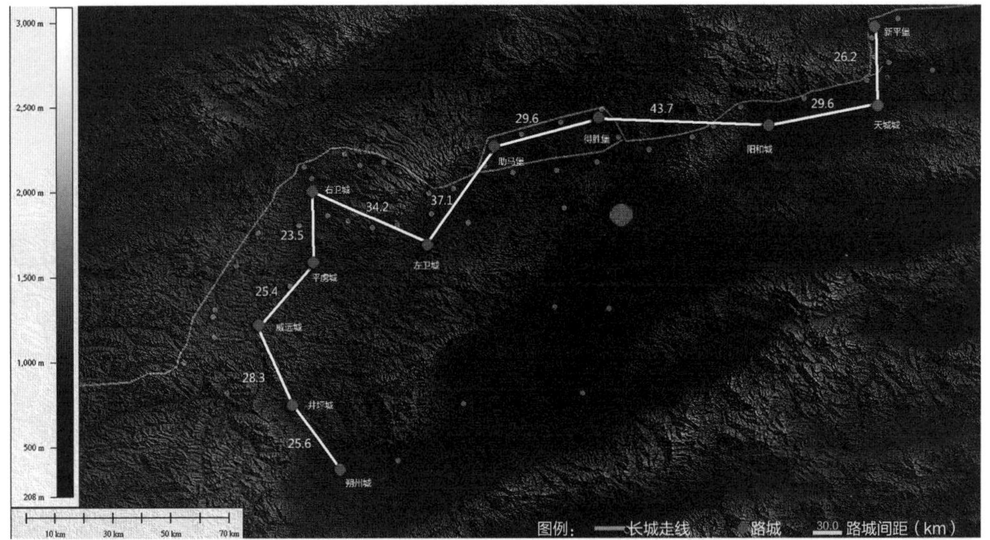

图 4-1
大同镇路城之间距离

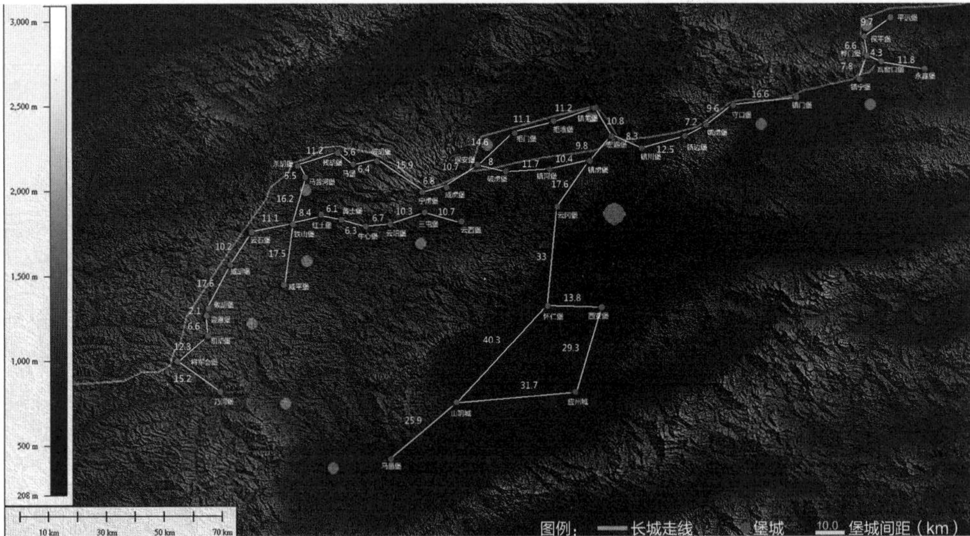

图 4-2
大同镇堡城之间距离

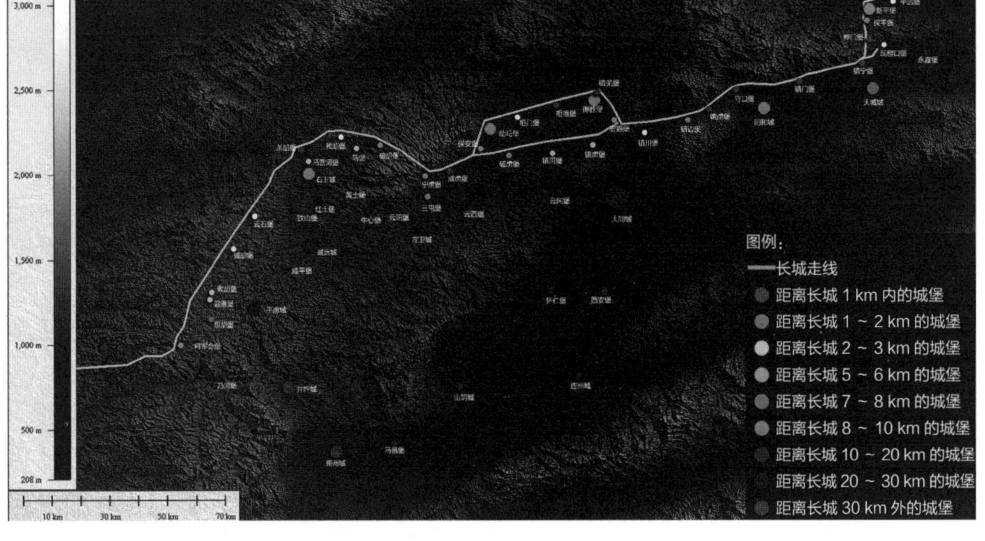

图 4-3
大同镇各城堡与长城距离分类

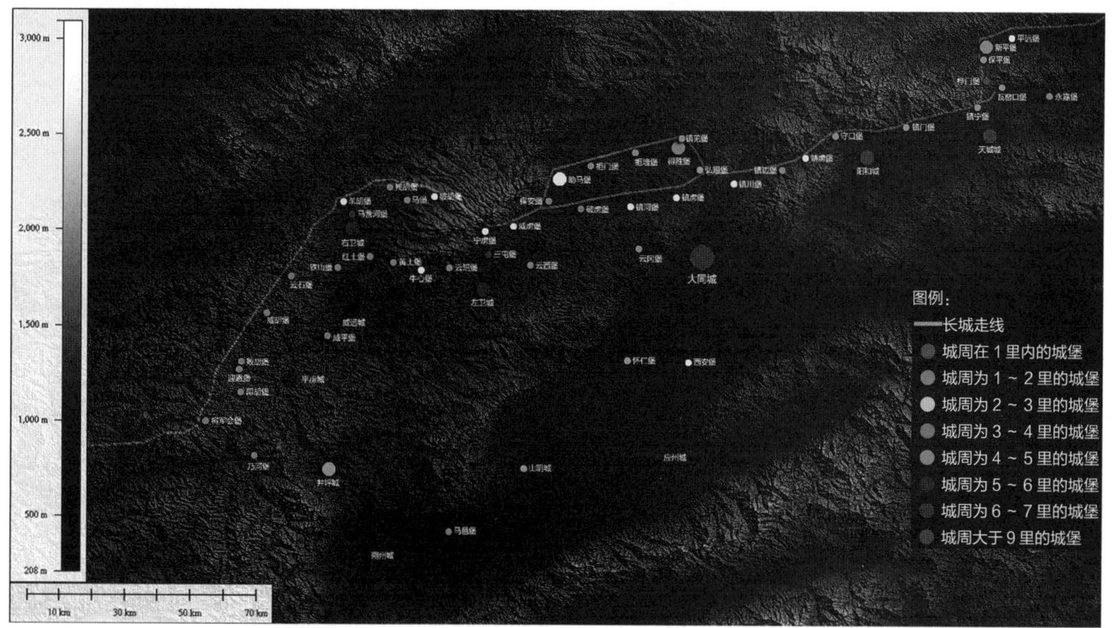

图 4-4　大同镇各城堡城周规模分类

从表中可以看出，11 个路城中有 3 个与长城的距离在 2 km 以内，其余则较为平均地分布在距长城 7 ~ 30 km 范围内。堡城与长城距离则没有出现集中分布的状况，布置较为平均（图 4-3）。

二、城堡规模与长城距离关系（图 4-4）

距离长城 1 km 内的城堡共 6 个，其城周皆在 3 里以内，其中城周在 1 ~ 2 里之间的城堡有 4 个；

距离长城 1 ~ 2 km 的城堡共 9 个，其城周皆在 5 里以内，其中城周在 3 里之内的城堡有 5 个；

距离长城 2 ~ 3 km 的城堡共 7 个，其城周皆在 3 里以内，其中城周在 1 ~ 2 里之间的城堡有 5 个；

距长城 5 ~ 6 km 的城堡共 6 个，其城周皆在 3 里以内，其中城周在 1 ~ 2 里之间的城堡有 3 个；

距长城 7 ~ 8 km 的城堡共 3 个，其中，1 个城周在 1 里以内，2 个城周大于 9 里；

距长城 8 ~ 10 km 的城堡共 2 个，其中，1 个城周在 1 ~ 2 里之间，1 个城周大于 9 里；

距离长城 10 ~ 20 km 的城堡共 9 个，其中城周在 1 ~ 2 里的有 6 个，有 2 个城周大于 9 里；

距离长城 20 ~ 30 km 的城堡共 5 个，其中有 2 个城周为 1 ~ 2 里，另有 2 个城周在 5 里以上；

距离长城在 30 km 以上的城堡共 7 个，其中城周在 4 ~ 5 里之间的有 3 个，在 6 ~ 7 里之间的有 2 个。

综上所述，可以看到城堡与长城的距离之间大致的规律，即距离长城的较近的城堡其城周往往较小，距离长城的较远的城堡其城周往往较大。其原因在于距离长城较近，城堡规模小可利于防守，距离长城较远则可负责军力后备、后勤补给等功能。

而城周在 9 里以上的城堡距离长城多分布在 10 km 左右。其原因主要是因为此类规模的城堡往往属于某一路用以集中驻军之用，针对敌骑入侵的随机性特点，其与长城的距离既不能过远，又不能过近，其选址应满足在敌骑入侵时，能及时将兵力派往此路沿边任一城堡（表 4-2 ~ 表 4-4）。

明代大同镇城堡与长城的距离和其城周的关系 **表 4-2**

与长城距离	城周（明制）	城堡名称	与长城距离	城周（明制）	城堡名称
小于 1 km	小于 1 里	桦门堡	1 ~ 2 km	小于 1 里	无
	1 ~ 2 里	镇宁堡、镇门堡、守口堡、镇羌堡		1 ~ 2 里	保平堡、将军会堡
	2 ~ 3 里	威虏堡		2 ~ 3 里	助马堡、宁虏堡、破胡堡
	3 ~ 4 里	无		3 ~ 4 里	新平堡、得胜堡、破虏堡
	4 ~ 5 里	无		4 ~ 5 里	宏赐堡
	5 ~ 6 里	无		5 ~ 6 里	无
	6 ~ 7 里	无		6 ~ 7 里	无
	大于 9 里	无		大于 9 里	无
2 ~ 3 km	小于 1 里	无	5 ~ 6 km	小于 1 里	马营河堡
	1 ~ 2 里	瓦窑口堡、拒门堡、残胡堡、云石堡、威胡堡		1 ~ 2 里	马堡、败胡堡、迎恩堡
	2 ~ 3 里	平远堡、镇川堡		2 ~ 3 里	镇虏堡、镇河堡
	3 ~ 4 里	无		3 ~ 4 里	无
	4 ~ 5 里	无		4 ~ 5 里	无
	5 ~ 6 里	无		5 ~ 6 里	无
	6 ~ 7 里	无		6 ~ 7 里	无
	大于 9 里	无		大于 9 里	无
7 ~ 8 km	小于 1 里	三屯堡	8 ~ 10 km	小于 1 里	无
	1 ~ 2 里	无		1 ~ 2 里	阻胡堡
	2 ~ 3 里	无		2 ~ 3 里	无
	3 ~ 4 里	无		3 ~ 4 里	无
	4 ~ 5 里	无		4 ~ 5 里	无
	5 ~ 6 里	无		5 ~ 6 里	无
	6 ~ 7 里	无		6 ~ 7 里	无
	大于 9 里	阳和城、右卫城		大于 9 里	天城城
10 ~ 20 km	小于 1 里	无	20 ~ 30 km	小于 1 里	无
	1 ~ 2 里	云冈堡、云西堡、云阳堡、红土堡、铁山堡、乃河堡		1 ~ 2 里	黄土堡、威平堡
	2 ~ 3 里	无		2 ~ 3 里	牛心堡
	3 ~ 4 里	永嘉堡		3 ~ 4 里	无
	4 ~ 5 里	无		4 ~ 5 里	无
	5 ~ 6 里	无		5 ~ 6 里	威远城
	6 ~ 7 里	无		6 ~ 7 里	平虏城
	大于 9 里	大同城、左卫城		大于 9 里	无
大于 30 km	小于 1 里	无	—	—	—
	1 ~ 2 里	无	—	—	—
	2 ~ 3 里	西安堡	—	—	—
	3 ~ 4 里	马邑城	—	—	—
	4 ~ 5 里	怀仁城、山阴城、井坪城	—	—	—
	5 ~ 6 里	无	—	—	—
	6 ~ 7 里	应州城、朔州城	—	—	—
	大于 9 里	无	—	—	—

明代大同镇城堡与长城的距离和地形关系 **表 4-3**

与长城距离	位于山地的城堡	位于山麓的城堡	位于平地的城堡
小于 1 km	桦门堡、杀胡堡	镇宁堡、镇门堡、守口堡、靖虏堡	镇羌堡、拒墙堡、威虏堡
1 ~ 2 km	破胡堡、将军会堡	镇边堡、宁虏堡	新平堡、得胜堡、助马堡、保平堡、宏赐堡、破虏堡、保安堡

续表

与长城距离	位于山地的城堡	位于山麓的城堡	位于平地的城堡
2 ~ 3 km	残胡堡、云石堡、威胡堡	瓦窑口堡	平远堡、镇川堡、拒门堡
5 ~ 6 km	马堡、马营河堡、败胡堡、迎恩堡	无	镇虏堡、镇河堡
7 ~ 8 km	无	无	阳和城、右卫城、三屯堡
8 ~ 10 km	阻胡堡	无	天城城
10 ~ 20 km	云阳堡、红土堡、铁山堡、乃河堡	无	大同城、左卫城、永嘉堡、云冈堡、云西堡
20 ~ 30 km	平虏城、牛心堡、黄土堡、威平堡	无	威远城
大于 30 km	无	无	井坪城、朔州城、西安堡、怀仁城、应州城、山阴城、马邑堡

明代大同镇城堡的城周与地形关系 表 4-4

城周（明制）	位于山地的城堡	位于山麓的城堡	位于平地的城堡
小于 1 里	桦门堡、马营河堡	无	三屯堡
1 ~ 2 里	保平堡、马堡、残胡堡、云阳堡、黄土堡、红土堡、铁山堡、云石堡、威胡堡、威平堡、败胡堡、迎恩堡、阻胡堡、将军会堡、乃河堡	瓦窑口堡、镇宁堡、镇门堡、守口堡	镇羌堡、拒墙堡、拒门堡、云冈堡、保安堡、云西堡
2 ~ 3 里	破胡堡、牛心堡、杀胡堡	靖虏堡、宁虏堡	助马堡、平远堡、镇川堡、镇虏堡、镇河堡、西安堡、威虏堡
3 ~ 4 里	无	镇边堡	新平堡、得胜堡、永嘉堡、破虏堡、马邑堡
4 ~ 5 里	无	无	井坪城、宏赐堡、怀仁城、山阴城
5 ~ 6 里	无	无	威远城
6 ~ 7 里	平虏城	无	朔州城、应州城
大于 9 里	无	无	大同城、天城城、阳和城、左卫城、右卫城

三、城堡与长城的距离与自然地理环境的关系

通过表 4–3 的比较，可以看到，位于山地和平地的城堡布置与长城的距离并无明显的规律可循。位于山麓的 7 个城堡布置与长城的距离都较小，其中有 4 个距离长城在 1 km 以内。说明城堡与长城的距离和地理环境之间的联系并不紧密，其布置主要是从建立多层次的军事防御体系考虑的。

四、城堡规模与自然地理环境的关系

地理环境对城堡的城周大小影响较为明显。位于山地的城堡，其城周集中在 1 ~ 2 里之间，其原因主要在于山地地形的限制，可建设的较为平坦的地形面积不大，且山地可屯种的土地有限，不能解决大量驻军的物资要求，若城堡建造过大则没有足够的兵力防守。

位于平地的城堡，在 60 个城堡中，城周大于 4 里的，除平虏城外，全数修筑在平地上。12 个路城中有 8 个修筑在平地上。其原因在于平地地势平坦，在客观上有建大规模城堡的条件；其次可屯种的土地范围较大，能够为大量的驻军提供军需物资；最后，如前文所述，大同镇的兵力是集中驻扎的，所以需要有规模较大的城堡来容纳。

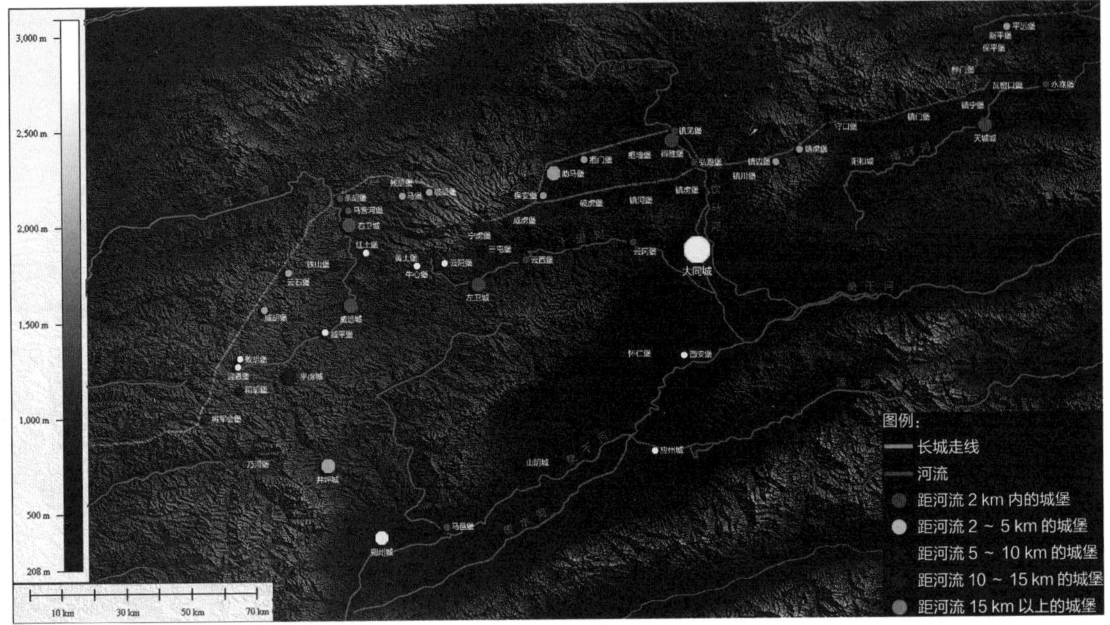

图 4–5　大同镇各城堡与河流的距离

五、城堡选址和布局与水文的关系

大同镇范围内的对城堡有影响的河流主要有南阳河、桑干河、饮马河、浑河、十里河、原子河和苍头河，分属海河水系和黄河水系。水文条件直接影响人畜的生存，所以在满足军事要求的前提之下，城堡应尽量靠近水源（图 4–5、表 4–5）。

明代大同镇城堡与河流距离和城周大小的关系　　表 4–5

城周大小（明制）	城堡与河流距离				
	小于 2 km	2 ~ 5 km	5 ~ 10 km	10 ~ 15 km	大于 15 km
小于 1 里	马营河堡	无	桦门堡、三屯堡	无	无
1 ~ 2 里	镇羌堡、云冈堡、云西堡	云阳堡、红土堡、威平堡、败胡堡、迎恩堡	瓦窑口堡、镇宁堡、拒墙堡、铁山堡、阻胡堡、乃河堡	保平堡、镇门堡、守口堡、残胡堡、红土堡、将军会堡	拒门堡、保安堡、云石堡、威胡堡
2 ~ 3 里	杀胡堡	牛心堡、西安堡	镇川堡	镇虏堡、镇河堡、威虏堡、宁虏堡	助马堡、平远堡、靖虏堡
3 ~ 4 里	永嘉堡、马邑堡、得胜堡	无	无	新平堡、破虏堡	镇边堡
4 ~ 5 里	宏赐堡	无	山阴城	无	井坪城
5 ~ 6 里	无	无	无	无	无
6 ~ 7 里	无	朔州城、应州城	平虏城	无	无
大于 9 里	天城城、左卫城、右卫城	大同城	阳和城	无	无

与河流距离在 2 km 范围之内的城堡共有 12 个，其中城周在 3 里以上的城堡有 8 个，城周在 6 里以上的城堡有 4 个；

与河流距离在 2 ~ 5 km 范围之内的城堡有 10 个，其中城周在 3 里以上的城堡有 3 个，城周在 6

里以上的城堡有 2 个；

与河流距离在 10 km 范围之外的城堡有 21 个，其中城周在 3 里以上的城堡有 4 个，城周在 6 里以上的城堡有 0 个。

以此看来，与河流的距离越近，城堡的规模相对较大，因为靠近有保证的水源，才能满足大量驻军的需求。所以以屯兵、后勤为主的城堡多靠近河流。而在长城防御第一线的众多堡城，必须先满足军事防守间隔要求，与河流在何处无多大关系。

第二节 微观地形的影响

通过有选择地对保存较好的城堡进行实地调研，并参考历史文献资料，根据城堡的选址特点，将其大致归为位于山地的城堡、位于山麓的城堡和位于平地的城堡三大类（表 4–6、图 4–6）。位于山地的城堡多集中在大同镇的西侧，位于山麓的城堡多集中在大同镇的东侧。

明代大同镇城堡所处的地形分类 **表 4–6**

地形	镇城	路城	堡城
山地	—	平虏城	保平堡、桦门堡、破胡堡、马堡、残胡堡、杀胡堡、马营河堡、云阳堡、牛心堡、黄土堡、红土堡、铁山堡、云石堡、威胡堡、威平堡、败胡堡、迎恩堡、阻胡堡、将军会堡、乃河堡
山麓	—	—	瓦窑口堡、镇宁堡、镇门堡、守口堡、靖虏堡、镇边堡、宁虏堡
平地	大同	新平堡、天城城、阳和城、得胜堡、助马堡、左卫城、右卫城、威远城、井坪城、朔州城	平远堡、永嘉堡、镇川堡、宏赐堡、镇羌堡、拒墙堡、拒门堡、保安堡、威虏堡、镇虏堡、镇河堡、破虏堡、云冈堡、云西堡、三屯堡、西安堡、怀仁城、应州城、山阴城、马邑堡

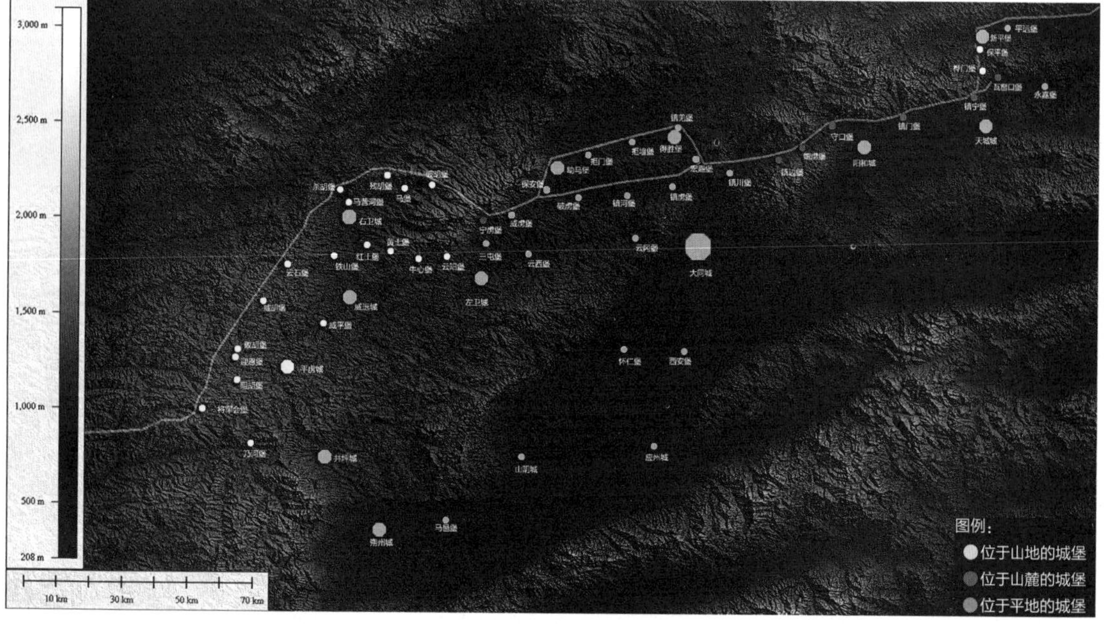

图 4–6 大同镇各城堡所处地形分类

城堡的选址与布局除了在宏观范围内考虑外，微观的地形地貌条件也决定了城堡的具体位置。通过实地调研的14个城堡，按其所处地形大致分成三类。

一、山地城堡

选址在山地的城堡，相对具有更为有利的守备条件。《乡约》中就有说："依高，高者邱阜山陵之类也。城堡依之，利于设险然。高有宜依，亦有依避四面空阔。断岸壁立，则依内卑外高。旁无俯临，则依溪涧陡僻。兵难屯聚，则依藉其利也。"[1]

（1）保平堡（图4–7～图4–13）

保平堡位于天镇县北侧二郎山北段，于嘉靖二十五年（1546年）土筑，隆庆六年（1572年）砖包。城周一里七分，高三丈五尺。堡四角皆有45°的敌台突出城墙之外，四边的中部也有敌台。城墙已无砖，仅存夯土墙，南侧及东侧城墙坍塌较多。只在东侧开有城门一座，券门仍在，门额有字为"镇云"，

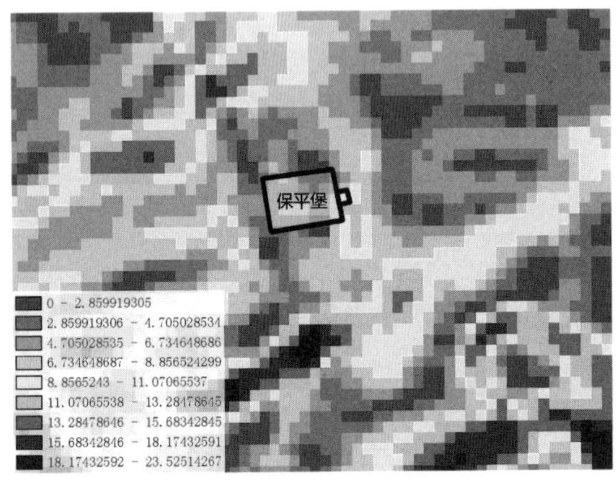

图4–7　保平堡所处地形坡度

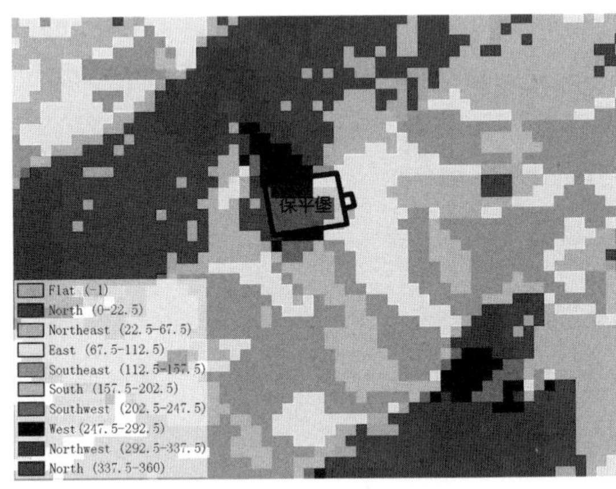

图4–8　保平堡所处地形坡向

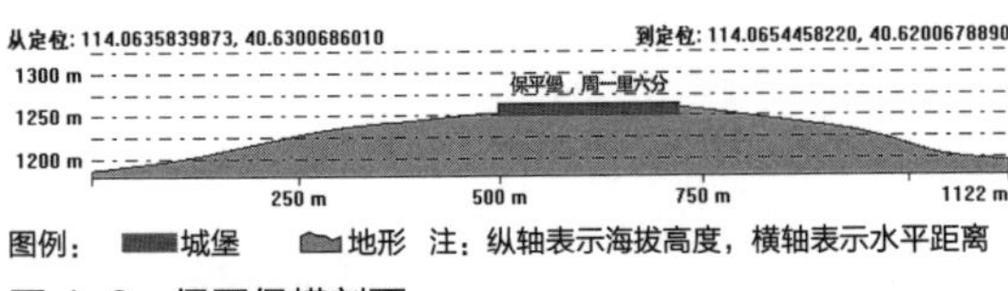

图4–9　保平堡横剖面

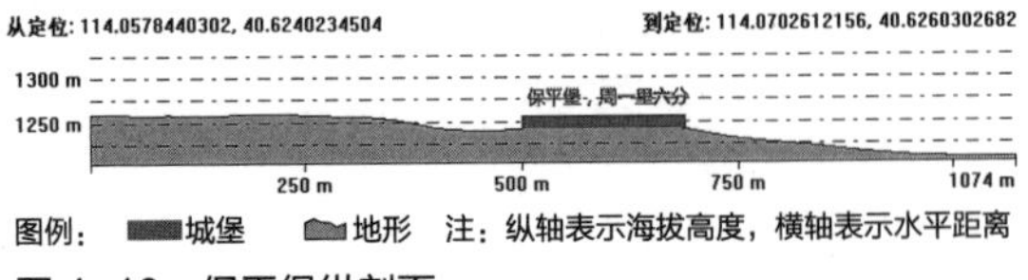

图4–10　保平堡纵剖面

图例：—长城 ■ 视域内不可见区域　注：视域半径7km

图4–11　保平堡视域范围

图4–12　保平堡远眺

1　（明）尹耕《乡约》，引自中国兵书集成编委会．中国兵书集成（第40册）．北京：解放军出版社，1994：48.

图 4–13　保平堡内环视

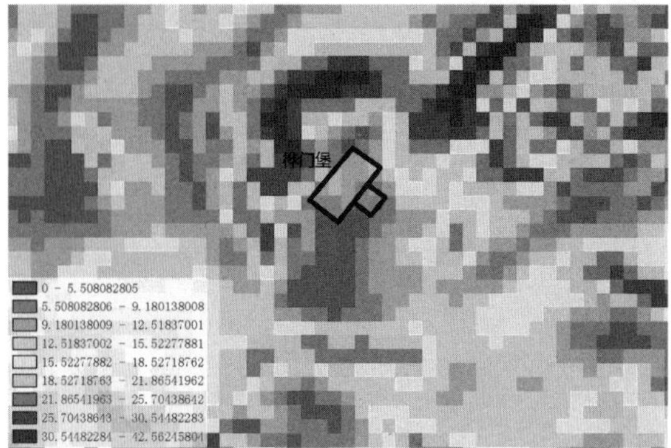

图 4–14　桦门堡所处地形坡度

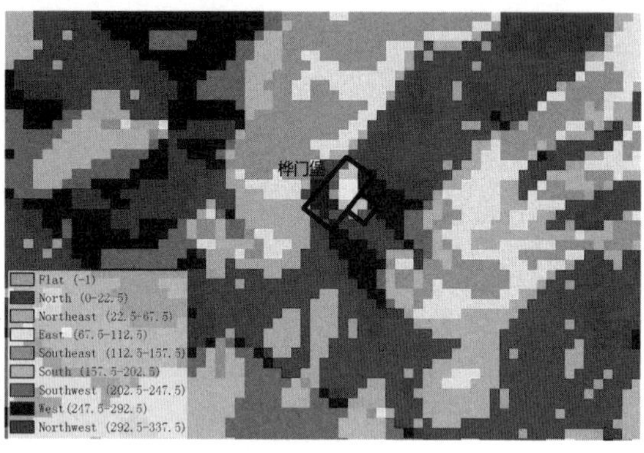

图 4–15　桦门堡所处地形坡向

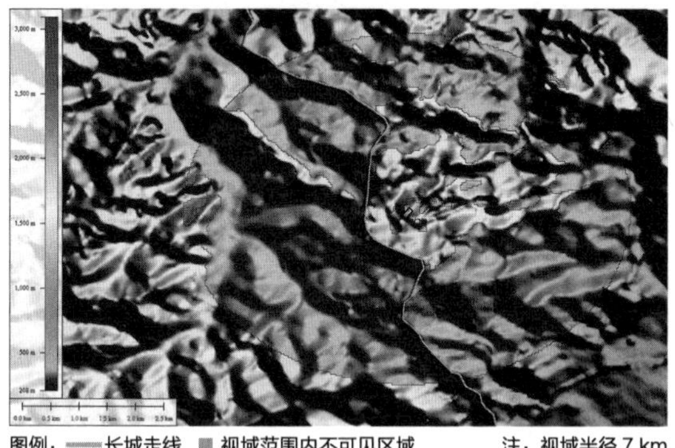

图例：长城走线　■ 视域范围内不可见区域　　注：视域半径 7 km

图 4–16　桦门堡视域范围

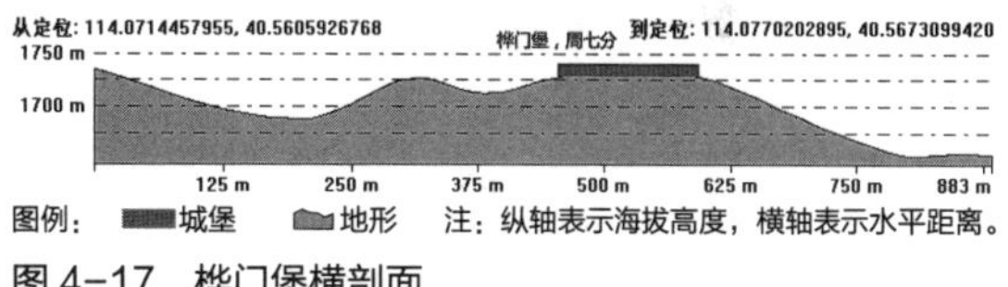

图例：城堡　地形　注：纵轴表示海拔高度，横轴表示水平距离。

图 4–17　桦门堡横剖面

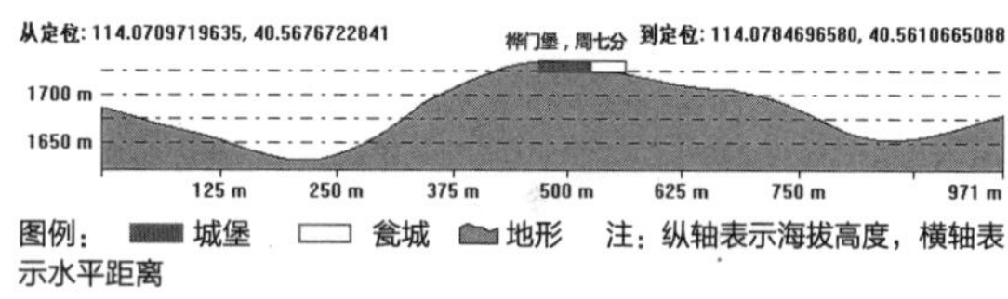

图例：城堡　瓮城　地形　注：纵轴表示海拔高度，横轴表示水平距离

图 4–18　桦门堡纵剖面

外围有瓮城。在堡的西侧和南侧残存有一道高约 3 m 的夯土墙，推测为羊马墙。现堡已荒废，堡内遍植农作物，仅见部分房屋遗存。

堡城位于山顶平缓处，在山脊偏北侧，地势北低南高。整体坡度较小，在 4°~ 6° 之间，东南角坡度稍大，主要朝西北向及西向。在城墙上能清楚看到西侧的长城。

（2）桦门堡（图 4–14 ~ 图 4–18）

桦门堡位于天镇县北侧二郎山，于万历九年（1581 年）设，万历十九年（1591 年）增修，城周七分，高三丈九尺八寸。堡四角皆有敌台突出城墙外，西北侧城墙中部有一敌台。堡四周现均有残存包砖，东南开有城门一座，砖砌券门仍在，外围有瓮城。现堡已荒废。

桦门堡位于山顶平缓处，在山脊线东南侧，地势西北高东南低。整体坡度在 5°~ 9° 之间。由于平台夹在周边坡度较大的山体之间，呈长条状分布，且故此堡顺山势而建，也呈长条状且基本平行于坡度转折线，不在纵深方向发展，主要朝西向及东向。长边面向长城，由于地形的影响，在其视域范围内只能守望部分长城。

（3）杀胡堡（图 4–19 ~ 图 4–25）

杀胡堡位于右玉北侧，于嘉靖二十三（1544 年）年设，万历二年包砖，周二里，后于万历四十三年（1615 年）在杀胡堡南侧建平集堡。原杀胡堡在南侧开有一门，外围有瓮城，现城门已无存。城墙已无包砖，仅存夯土墙，形体尚存。现居民主要集中在平集堡内，杀胡堡已全为农田。

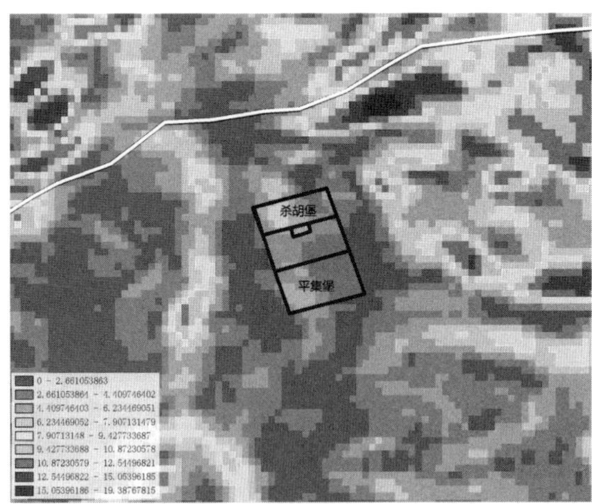

图 4–19　杀胡堡所处地形坡度

图 4–20　杀胡堡所处地形坡向

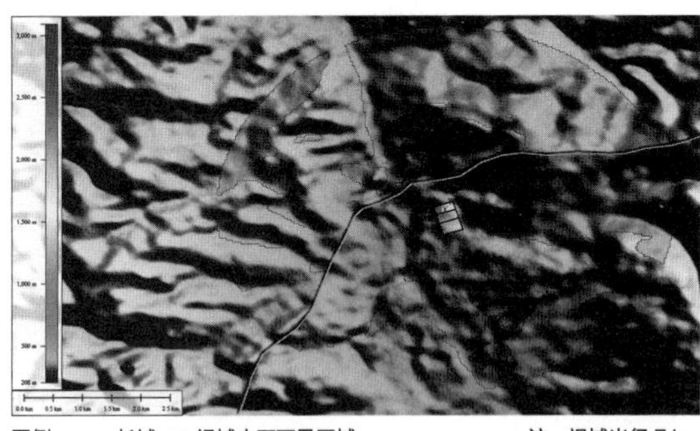

图例：长城　视域内不可见区域　　注：视域半径 7 km

图 4–21　杀胡堡视域范围

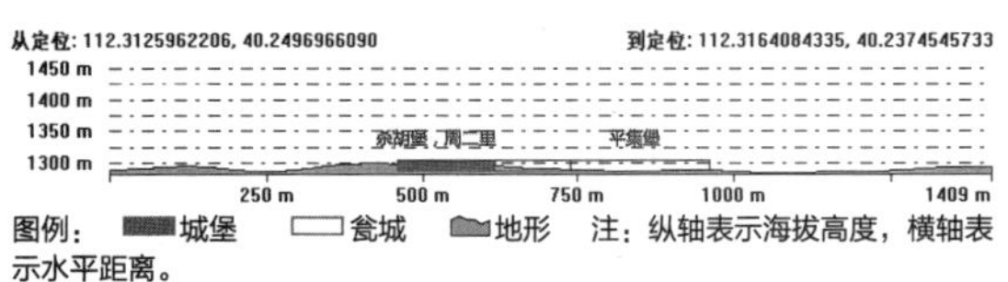

图例：城堡　瓮城　地形　注：纵轴表示海拔高度，横轴表示水平距离。

图 4–22　杀胡堡横剖面

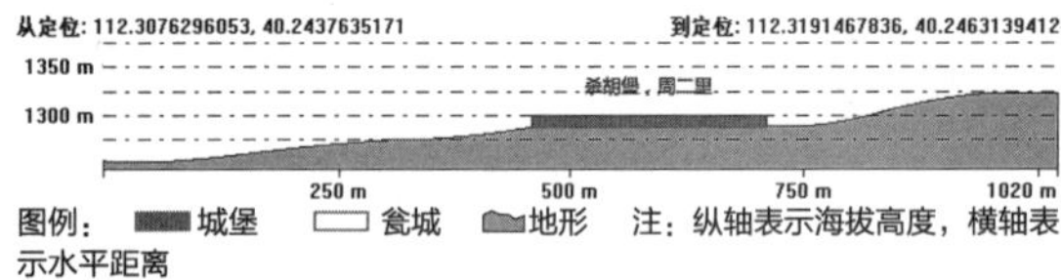

图例：城堡　瓮城　地形　注：纵轴表示海拔高度，横轴表示水平距离

图 4–23　杀胡堡纵剖面

图 4–24　杀胡堡内环视

图 4–25　杀胡堡北向环视

杀胡堡在山顶平坦处而建，整体坡度在 4° ~ 6° 之间，在堡的西、北侧坡度稍大，主要朝西南向及南向。长边面向长城，其视域范围基本覆盖其所防守的长城段。

综合以上分析，修筑在山地的城堡，特别是在山顶上的城堡其最大目的是据高守备，所以在选址上以朝向长城为原则，不苛求其选址在山的阳面，但同时为减少朝向带来的不利影响，其选址也多在山顶较为平坦处。由于山地地形所限，城堡的规模都较小，且往往以长边面向长城以求得尽量大的视野范围。此外修筑在山地特别是在山顶的城堡，多面临给水等补给困难，生存环境较差，现多已荒废。

二、山麓城堡

（1）镇宁堡（图 4-26 ~ 图 4-32）

镇宁堡位于天镇县，于嘉靖四十四年（1565 年）设，隆庆六年（1572 年）包砖。城周一里二分，高三丈五尺。堡的四角均有敌台，城墙上无敌台。城门无存，因东、北、西三侧皆为城墙，故可知在南侧原开有城门。城墙多坍塌，并人为开有交通性缺口。北侧城墙仅距长城约 60 m。现堡内仍有居民。

镇宁堡位于山地和平原交界处，地势南高北低，整体坡度在 4° ~ 6° 之间，主要朝南向及东南向，

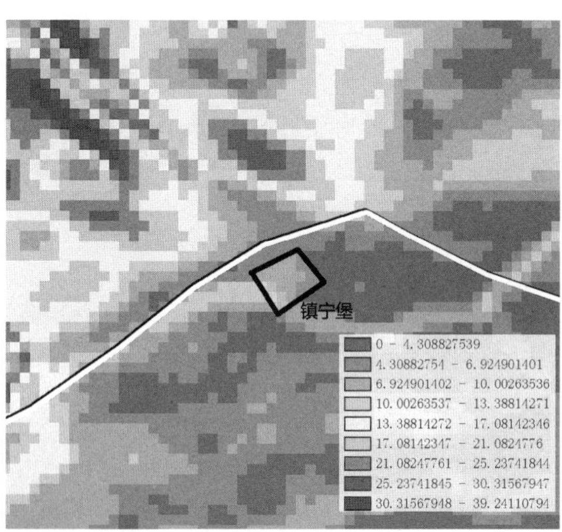

图 4-26　镇宁堡所处地形坡度

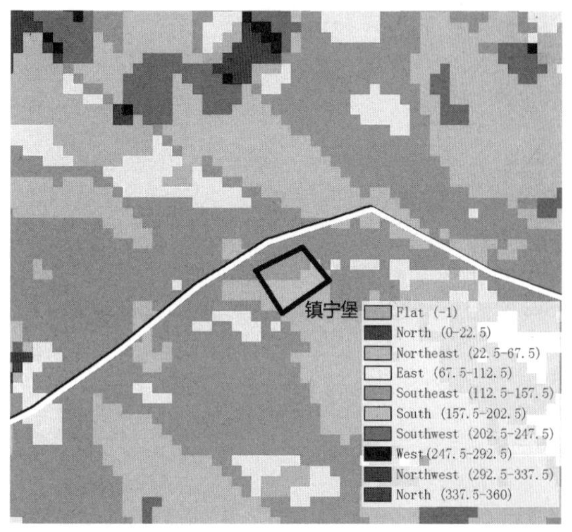

图 4-27　镇宁堡所处地形坡向

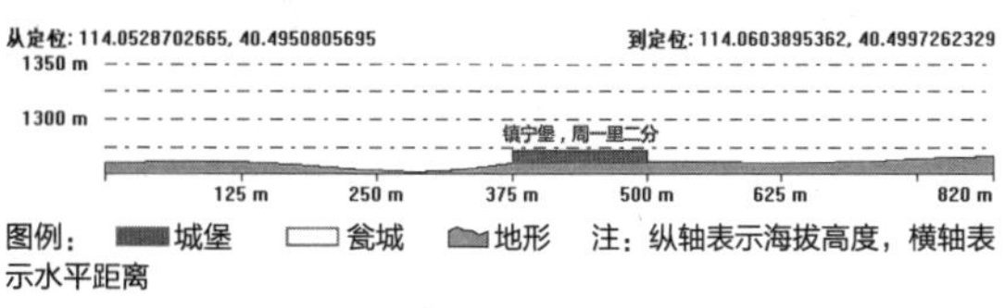

图例：城堡　瓮城　地形　注：纵轴表示海拔高度，横轴表示水平距离

图 4-28　镇宁堡横剖面

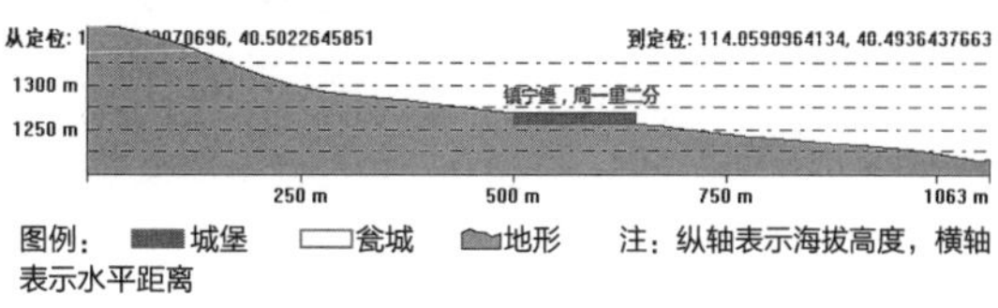

图例：城堡　瓮城　地形　注：纵轴表示海拔高度，横轴表示水平距离

图 4-29　镇宁堡纵剖面

图 4-30　镇宁堡环视

图 4-31　镇宁堡西侧城墙

图 4-32　镇宁堡北侧城墙及村民开的缺口

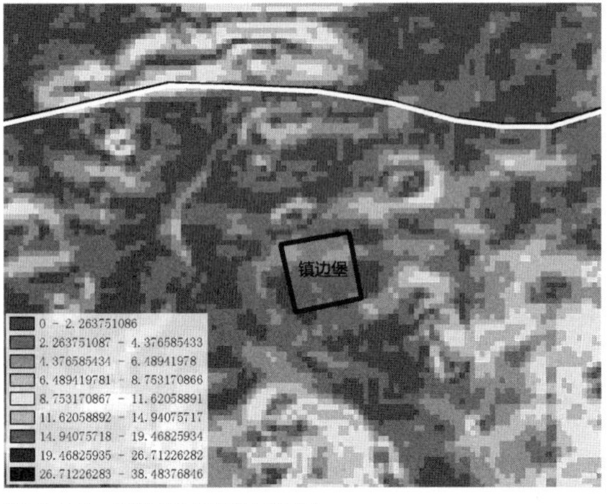

图 4-33　镇边堡所处地形坡度

图 4-34　镇边堡所处地形坡向

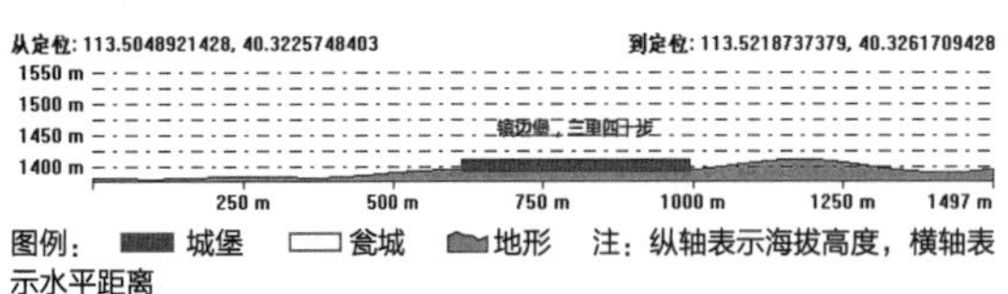

图例：城堡　瓮城　地形　注：纵轴表示海拔高度，横轴表示水平距离

图 4-35　镇边堡横剖面

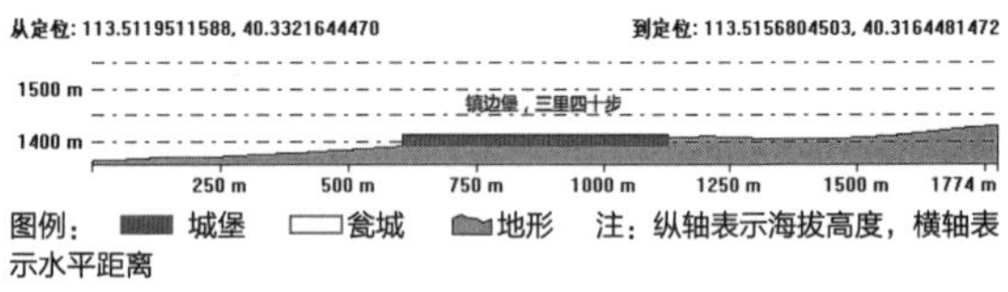

图例：城堡　瓮城　地形　注：纵轴表示海拔高度，横轴表示水平距离

图 4-36　镇边堡纵剖面

图 4-37　镇边堡环视

图 4-38　镇边堡堡外东侧地形环视

长边面向城墙。

（2）镇边堡（图 4-33 ~ 图 4-38）

镇边堡位于阳高县西侧，于嘉靖十八年（1539 年）筑，万历十一年（1583 年）包砖。城周三里八十步，高四丈一尺。堡的四角均有 45° 敌台，北侧城墙有 4 个敌台，东西两侧城墙各有 2 个敌台。设有东、西两个城门，东门内侧的砖砌券门保存较为完整，外侧已塌毁。堡外散落石碑 3 方，城墙多有塌毁，并有多处交通性缺口，多段已经消失，北侧城墙有水门一个。现堡内仍有居民。

镇边堡位于山地和平原交界处，地势南低北高，堡内地形平衍，整体坡度在 0° ~ 2° 之间。堡呈方形，南侧主要朝西南向，北侧主要朝北向。

综合以上分析，修筑在山麓的城堡，与长城的距离多在 1 km 以内，为利守备故其规模较小。因修筑在山地与平地交界处，所以其所处的地形都有一定的坡度。其长边均大体面向长城。

三、平地城堡

（1）镇川堡（图 4-39 ~ 图 4-43）

镇川堡位于大同市新荣区东侧，于嘉靖十八年（1539 年）设，万历十年（1582 年）包砖。城周二里五分，

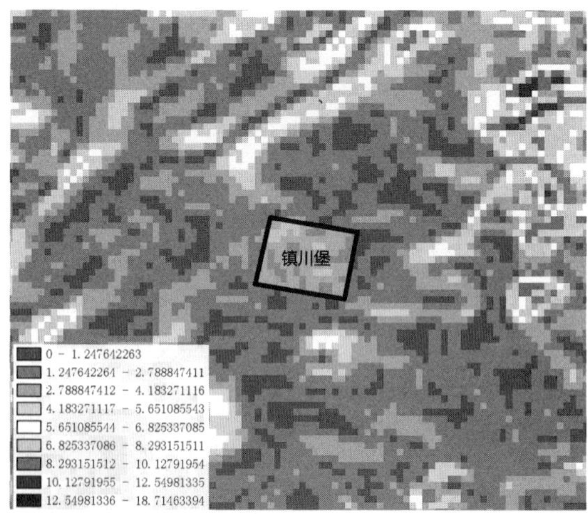

图 4-39　镇川堡所处地形坡度

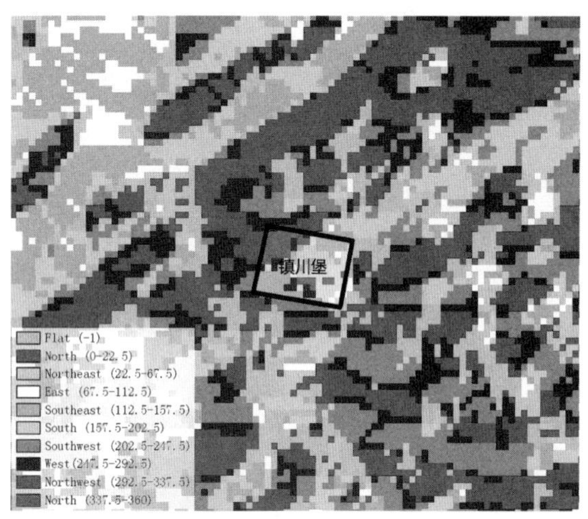

图 4-40　镇川堡所处地形坡向

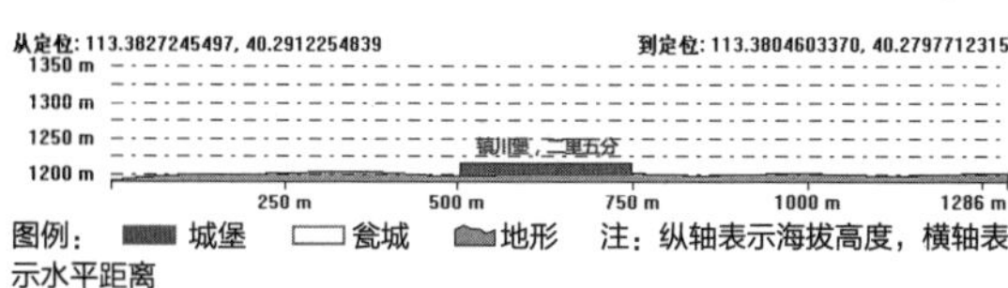

图 4-41　镇川堡横剖面

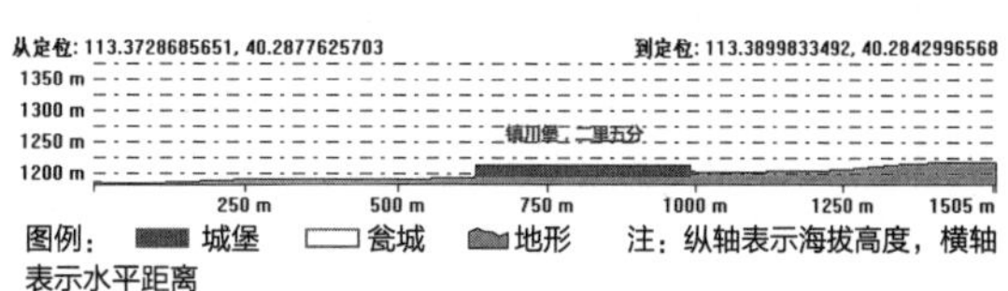

图 4-42　镇川堡纵剖面

图 4-43　镇川堡东侧地形

高四丈一尺。堡四角均有 45° 的敌台。城墙塌毁较为严重，已无城门遗迹。北侧城墙有敌台 1 个，两侧各有 1 个马面。

镇川堡位于台地上，整体略有坡度，在 2° ~ 4° 之间，地势南侧略高，主要朝西南向和南向，仅西北角朝西北向。

（2）得胜堡（图 4–44 ~ 图 4–51）

得胜堡位于大同市新荣区北侧，东距饮马河约 1 公里。于嘉靖二十七年（1544 年）设，万历二年（1574 年）包砖。城周三里四分，高三丈六尺。堡四角均有 45° 敌台，东、北、西三侧城墙皆有 3 个敌台，南侧设一城门，保存完好，外围有瓮城。城门两侧各有 1 个敌台。堡内有钟鼓楼一座，仅余台基。

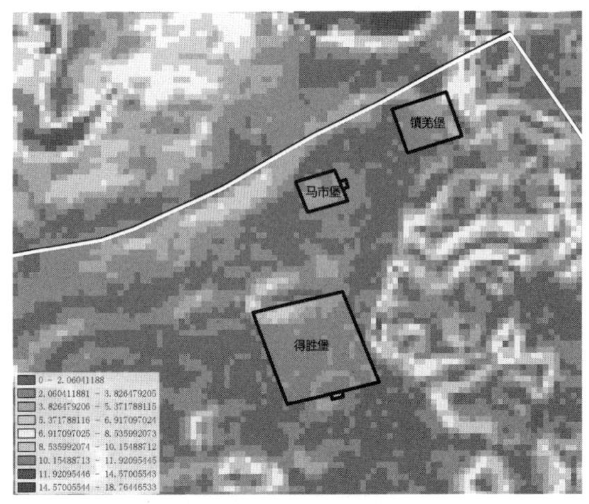

图 4–44　得胜堡及镇羌堡所处地形坡度

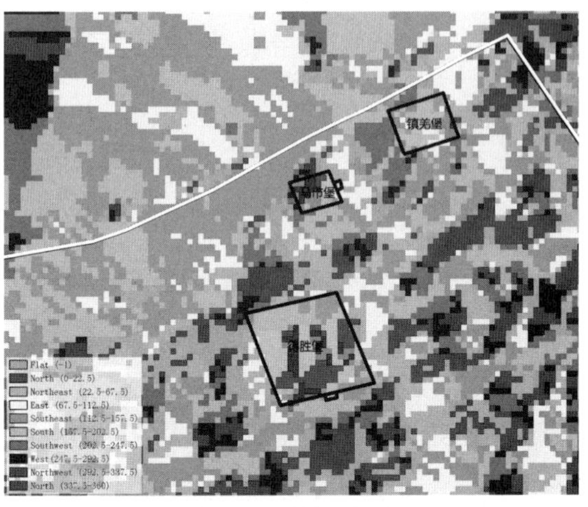

图 4–45　得胜堡及镇羌堡所处地形坡向

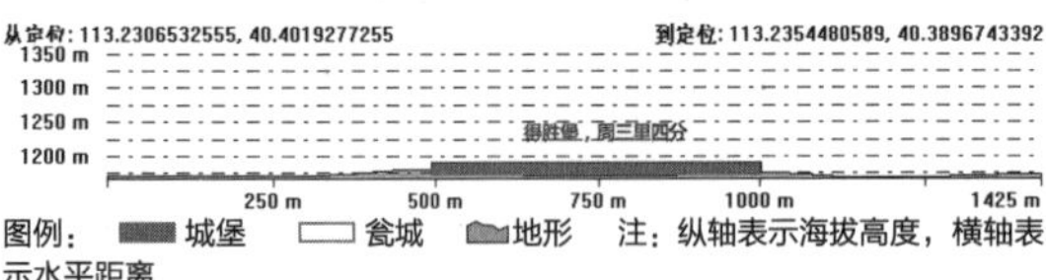

图例： 城堡 瓮城 地形 注：纵轴表示海拔高度，横轴表示水平距离

图 4–46　得胜堡横剖面

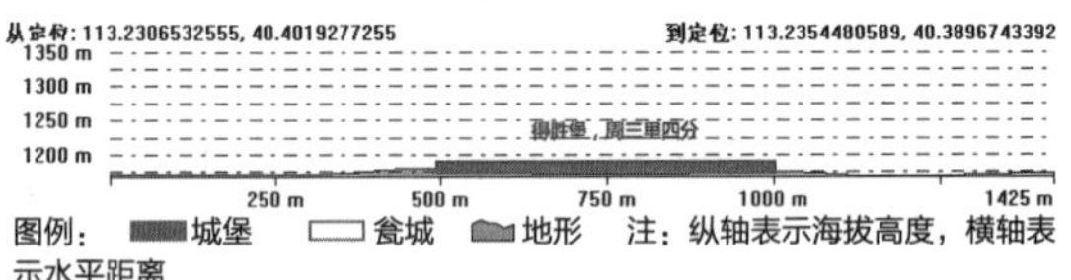

图例： 城堡 瓮城 地形 注：纵轴表示海拔高度，横轴表示水平距离

图 4–47　镇羌堡横剖面

图 4–48　东北角望得胜堡

图 4–49　得胜堡北侧环视

图 4-50　长城望镇羌堡

图 4-51　镇羌堡东侧地形

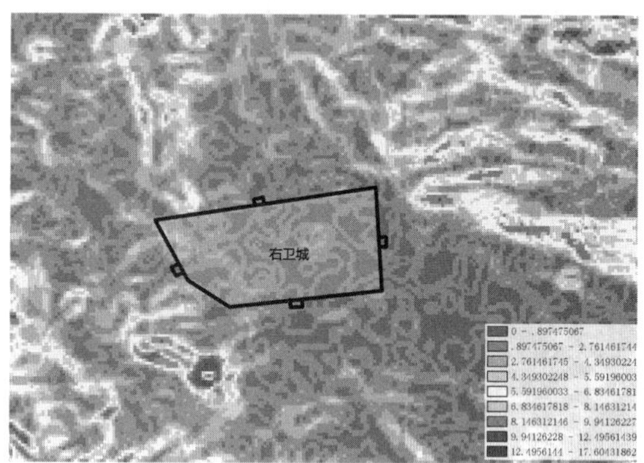

图 4-52　右卫城所处地形坡度

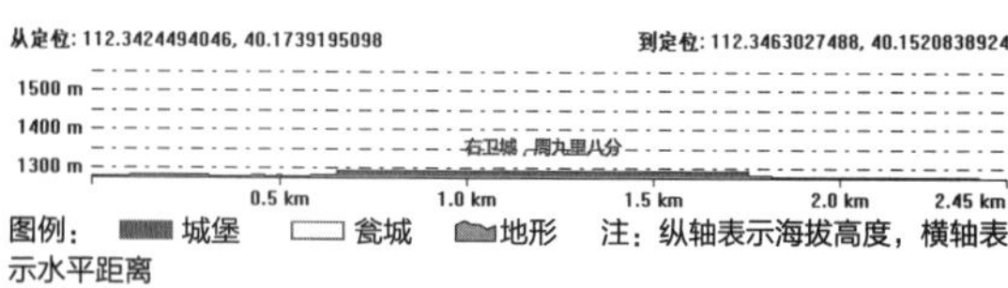

图 4-54　右卫城横剖面

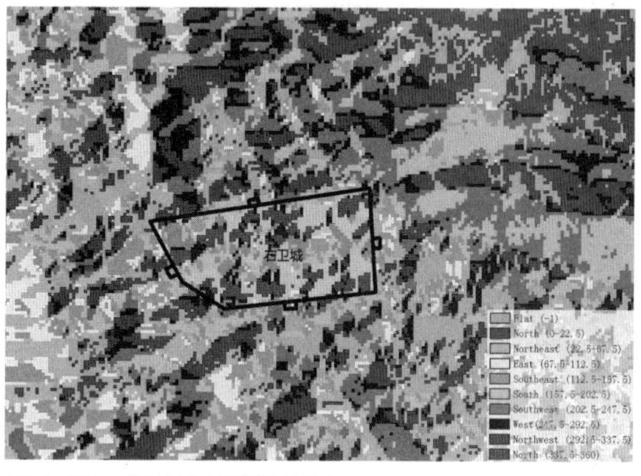

图 4-53　右卫城所处地形坡向

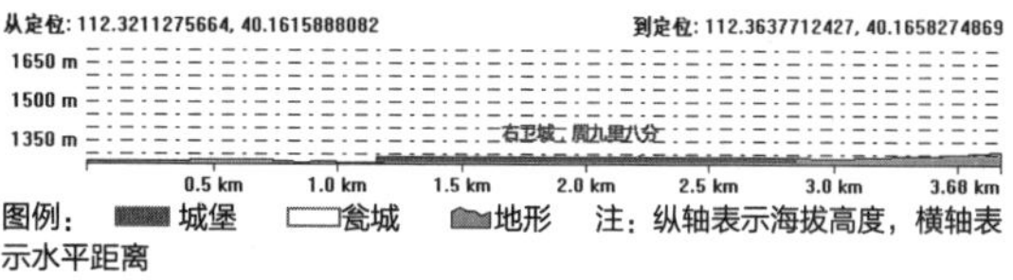

图 4-55　右卫城纵剖面

现堡内仍有居民。

得胜堡所处地形略有坡度，在 2° 以内，北侧略高，堡内平地为主，北侧朝南，南侧朝西北。堡呈方形。

（3）镇羌堡

镇羌堡位于大同市新荣区北侧，东距饮马河约 600 m。于嘉靖二十四年（1545 年）设，万历十年（1582 年）包砖。城周二里五分，高四丈一尺。

镇羌堡整体略有坡度，在 4° 以内，主要朝南向及东向，长边面向城墙。

（4）右卫城

右卫城于永乐七年（1409 年）始筑，万历三年（1575 年）包砖（图 5-52 ~ 图 5-57）。城周九里

图 4-56　西南角望右卫城

图 4-57　右卫城南侧地形

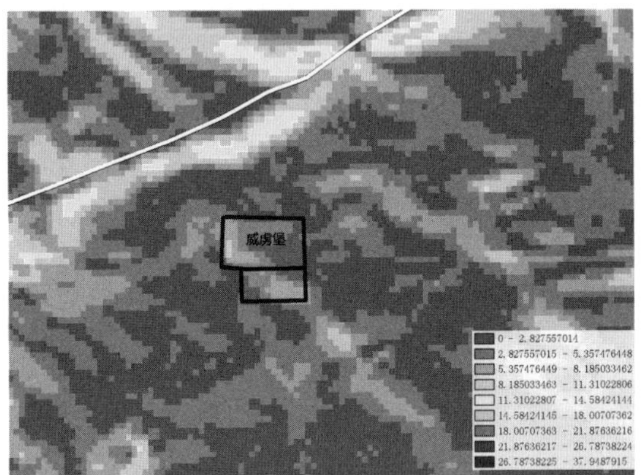

图 4-58　威虏堡所处地形坡度

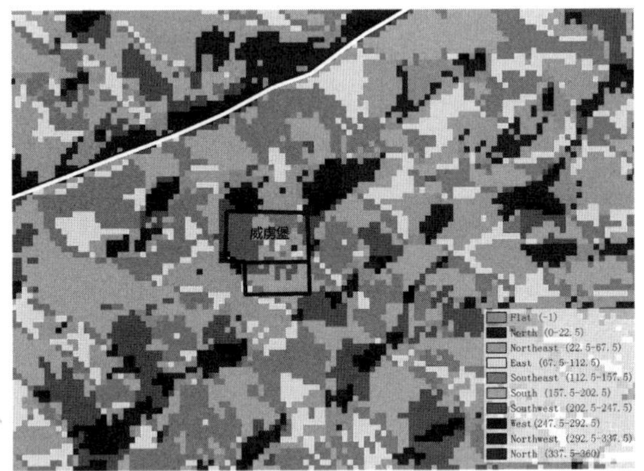

图 4-59　威虏堡所处地形坡向

八分，高四丈二尺二分。因西南侧有苍头河流过，故城墙顺此而斜向。

整体地势平坦，几乎没有坡度的变化，以平地为主。

（5）威虏堡

威虏堡位于左云县北侧，于嘉靖二十一年（1542 年）设，万历元年（1573 年）包砖（图 4-58 ~ 图 4-62）。城周二里二分，高三丈五尺。堡四角均有 45° 斜向的角台，在西侧城墙有 3 个马面。此堡北侧和西侧保存较好，东侧城墙已消失。堡四周有护城河遗迹，宽约 5 m，深约 2.5 m。现堡内仍有村民生活居住。

威虏堡位于山地和平原交界处，地势南高北低，堡内地形坡度多在 0° ~ 2° 之间，西侧地形稍高，主要朝南向及西南向，长边面向城墙。

通过对实地调研的城堡分析，发现其选址并不强求地形朝向及方位，只要求修筑城堡的局部地形坡度平缓。城堡的外廓多以矩形为主，不规则形的城堡仅见右卫城一例。堡城级的城堡皆只开一门，且多围有瓮城。若城堡接近长城，则所处地形坡向多面向长城，且在城堡的修筑中往往是其长边面向长城。

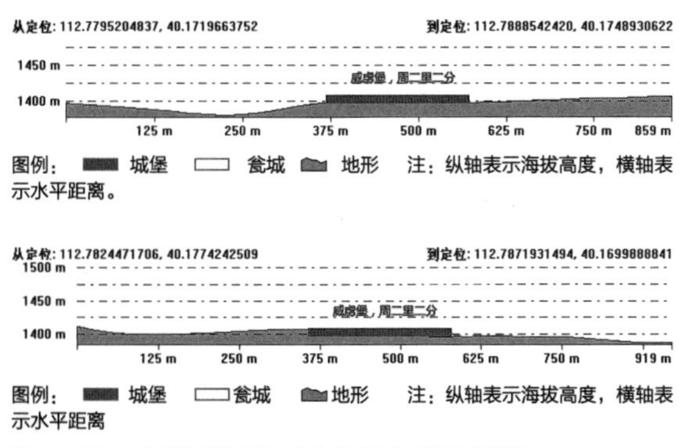

图 4-60 威虏堡横剖面（上）和纵剖面（下）

图 4-61 长城望威虏堡

图 4-62 威虏堡西望

小结

由于蒙古族骑兵的机动性特征，其侵略带有一定的突发性和随机性。针对这一特点，从防御角度出发，有两种应对方式，一是将兵力平均散布在沿边的各城堡中，这样确保敌骑无论从何处进犯都将面对较为强大的防御力量，但同时势必会带来军需压力增大、兵力调控滞后等一系列的问题，导致极大的资源浪费。二是将兵力集中驻扎在几个城堡，待战时再发往敌犯之处，沿边的城堡则只须将兵力维持在一定的范围之内。这样社会资源和自然资源均能得到有效的利用。同时这种方式要求后备军队也应该是机动性强的骑兵，这样才能在短时间内及时到达战事区域提供支援。

由于第一种方式所带来的大量资源浪费是明王朝所不能承受的，所以面对侵略，大同镇城堡的布局采用了第二种应对方式，并基于此建立了一种大量防御守备型城堡依托于少量驻军后备型城堡的布局模式。

首先，由于兵力的集中驻扎便于战时兵力的调配，同时也需要等级较高的军事负责人来管理，故该路的最高军事官也往往驻守在驻军后备型城堡中，所以此类城堡的等级往往是路城或是镇城。防御守备型城堡在平时边卒人数较少，管理较为方便，军事负责人的等级相对较低，所以城堡的等级也相应较低。

其次，由于驻军后备型城堡多负责较长距离的长城段的兵力支持，这就决定了此类城堡应有较大的布置间距。且为了能较为快捷地将兵力输送至其负责的长城段任何一处，决定了其和长城的距离不能过近，按其所管辖防线的范围不同而有所差异，一般都分布在距离长城 7 ~ 15km 范围内。而防御守备型城堡主要承受敌人的第一波攻击，且由于平时的兵力配备得较少，所以需要布置得较为密集并距长城距离较近，才能达到有效御敌的作用。一般路城的间距为 30.3km，而堡城的平均距离为 10.5 km。

再次，兵力集中驻扎要求其屯驻的城堡规模较大，而大范围的平坦地形在客观上为此类城堡的建造提供了便利，且驻军兵种主要为骑兵，平坦的地形利于骑兵疾驰，能迅速赶往战事地点，所以此类城堡多在平地修筑。而且为解决大量人畜的用水需求和军需要求，决定了此类城堡需要靠近水源而筑以及需要满足周边有较多的可耕用地。

在城堡的具体选址上，从实地调研的城堡看，其所处地形的朝向和方位并没有具体的限制和要求，其选址主要是从利于军事防御角度出发考虑的。

位于山地的城堡，主要是利用地理优势加强防守能力。所以多选择在面向长城的地形上建造，以保证对长城区域的可见。而长城主要是抵御来自北方的敌人，所以面向长城的地形主要朝向往往是北向。但南向更适合居住，故在此矛盾下，位于山地的城堡往往选择修建在山顶偏向长城一侧，这样既保证了视线上对长城的可视，又因为山顶的坡度较小，减少了诸如日照不足等各种问题，在一定程度上提供了相对较好的生活环境。此外，由于位于山地的城堡受地形狭小以及给水困难等原因，其城周往往较小，一般都在 1 ～ 2 里。

位于山麓的城堡，因为其所处的地势皆是外高内低，所以海拔高度往往低于长城的海拔，导致城堡对于长城的守备能力减弱，为了减少这种不利的影响，城堡往往修筑在距离长城较近的平缓地形上。7 个位于山麓的城堡与长城的距离皆在 3 km 范围内，其中有 4 个距离长城在 1 km 以内。而距离长城越近，其防守压力就越大，城堡的规模较小则更利于防守，所以其城周一般在 1 ～ 2 里。同时，由于地势的原因，城堡所处的地形多朝南向，生活环境相对较好。

第五章 夯土材料

第一节 夯土材料分类

（1）土的定义

在土木工程中，土是指覆盖在地表上松散的、没有胶结或胶结很弱的颗粒堆积物。土来自于岩石的风化，根据其搬运和堆积方式的不同，可以分为残积土和运积土两类，前者是岩石风化后的岩屑或细小颗粒残留在原地堆积而成的土，后者是指风化后的岩屑和颗粒随风吹、水流等自然力的作用而搬运到其他地方堆积形成的土[1]。

（2）土的分类

土的特征包括粒度、矿物组成、化学成分和结构等多个方面，工程中主要以土的粒度进行分类（表5-1），通过借鉴土的工程分类标准，形成本书的分类办法。

《土的工程分类标准》根据粒组的不同，把土分为巨粒类土、砾类土、砂类土和细粒土四类，每类土中又按其含有的其他成分的不同和多少，或其相关指标，又分为几个小类。由于这些分类是建立在科学标准的基础上，所以要定出某堆土的类型，必须经过科学试验（主要有两种方法，一是筛分法，一是比重计法）。但受条件所限，无法对地域分布广阔的长城及敌台、烽火台等夯土建筑土体类型做出科学的试验和分类。基于此，本书对调查对象中夯土建筑的材料进行了简化说明。首先，大同镇现存明长城土体中，大部分土的颗粒很细，肉眼无法分辨，应该属于表5-1中的细粒（包括粉粒和黏粒）或细砂；其次，在许多土体遗存中，细粒土或细砂中掺杂有肉眼能识别的粗粒（细砂除外）和巨粒。本书在涉及土体遗存的材料时，把肉眼无法识别的颗粒（包括细粒和粗粒中的细砂）统称为细粒，把表5-1中除细砂以外的粗粒合称为砂砾（“粗粒”保留但不使用），砂砾内同表5-1再分为砂粒和砾粒，下面不再细分，巨粒部分同表5-1，但在描述时使用较通俗化的名称。最后形成本书的描述标准（表5-2）。

由于现状土体遗存中细粒土为主体，只有极个别例外，因此在描述土体部分材料时，采用“细粒土中（上部/中部/下部）掺杂少量/大量其他颗粒（如砂砾、碎石）”或“细粒土中铺砌（数量或层数）碎石/块石/砖块（为了表明碎石/块石/砖块在夯土中的构造方式）”的表述方式。

第二节 夯土城墙

根据实地考察内容，对本次调查的夯土敌台的墙体材料进行分类统计（表5-3）和汇总，汇总结果见表5-4。

1　夏建中 . 土力学 . 北京：中国电力出版社，2009：1-2.

《土的工程分类标准》（GB/T 50145—2007）中的粒组划分表 表 5-1

粒组	颗粒名称		粒径 d 的范围（mm）
巨粒	漂石（块石）		$d > 200$
	卵石（碎石）		$60 < d \leqslant 200$
粗粒	砾粒	粗砾	$20 < d \leqslant 60$
		中砾	$5 < d \leqslant 20$
		细砾	$2 < d \leqslant 5$
	砂粒	粗砂	$0.5 < d \leqslant 2$
		中砂	$0.25 < d \leqslant 0.5$
		细砂	$0.075 < d \leqslant 0.25$
细粒	粉粒		$0.005 < d \leqslant 0.075$
	黏粒		$d \leqslant 0.005$

本书采用的粒组划分 表 5-2

粒组	颗粒名称	粒径 d 的范围（mm）
巨粒	块石	$d > 200$
	碎石	$60 < d \leqslant 200$
粗粒（砂砾）	砾粒	$2 < d \leqslant 60$
	砂粒	$0.25 < d \leqslant 2$
细粒	细粒	$d \leqslant 0.25$

夯土城墙墙体材料分类统计 表 5-3

编号	A-细粒土	B-砂砾				C-碎石				D-块石				E-砖块				F-植物枝条				
		a-掺杂		b-夹铺		a-掺杂		b-铺砌		a-掺杂		b-铺砌		a-掺杂		b-铺砌		a-根茎遗存			b-孔洞	
		1-少量	2-大量	1-少量	2-大量	1-少量	2-大量	1-少量	2-大量	1-少量	2-大量	1-少量	2-大量	1-少量	2-大量	1-少量	2-大量	1-有	2-不确定	3-无	1-有	2-无
D001 东侧	√	√	—	—	—	—	—	—	—	—	—	—	—	—	—	—	—	—	—	√	—	√
D002 东侧	√	√	—	—	—	√	—	—	—	√	—	—	—	—	—	—	—	—	√	—	—	√
D008—D009	√	√	—	—	—	—	—	—	—	—	—	—	—	—	—	—	—	—	√	—	—	√
D012 东侧	√	√	—	—	—	√	—	—	—	√	—	—	—	—	—	—	—	—	√	—	—	√
D024 北侧	√	√	—	—	—	—	—	—	—	—	—	—	—	—	—	—	—	—	—	√	—	√
D024—D025	√	√	—	—	—	—	—	—	—	—	—	—	—	—	—	—	—	—	—	√	—	√
D025 附近	√	√	—	—	—	—	—	—	—	—	—	—	—	—	—	—	—	—	—	√	—	√
D026—D027	√	√	—	—	—	—	—	—	—	—	—	—	—	—	—	—	—	—	—	√	—	√
张仲口西侧	√	√	—	—	—	√	—	—	—	—	—	—	—	—	—	—	—	—	—	√	—	√
走向李二口	√	√	—	—	—	—	—	—	—	—	—	—	—	—	—	—	—	—	—	√	√	—
D057—D058	√	—	√	—	—	√	—	—	—	√	—	—	—	—	—	—	—	—	√	—	—	√
D058—D059	√	—	√	—	—	—	—	—	—	—	—	—	—	—	—	—	—	—	—	√	—	√
D059 西北侧	√	—	√	—	—	—	—	—	—	—	—	—	—	—	—	—	—	—	—	√	—	√
交汇点西北侧长城	√	√	—	—	—	—	—	—	—	—	—	—	—	—	—	—	—	—	—	√	—	√
李二口至薛三墩	√	√	—	—	—	√	—	—	—	—	—	—	—	—	—	—	—	—	—	√	√	—
D061—D062	√	—	√	—	—	—	—	—	√	—	—	—	√	—	—	—	—	—	—	√	—	√
D075 东侧	√	—	√	—	—	—	√	—	—	—	√	—	—	—	—	—	—	—	—	√	√	—
D076—D077 五	√	√	—	—	—	—	—	—	—	√	—	—	—	—	—	—	—	—	—	√	√	—
D076—D077 二	√	√	—	—	—	—	√	√	—	—	√	√	—	—	—	—	—	—	—	√	—	√
D076—D077 一	√	√	—	—	—	√	—	—	—	√	—	—	—	—	—	—	—	—	—	√	√	—

续表

编号	A-细粒土	B-砂砾				C-碎石				D-块石				E-砖块				F-植物枝条				
		a-掺杂		b-夹铺		a-掺杂		b-铺砌		a-掺杂		b-铺砌		a-掺杂		b-铺砌		a-根茎遗存			b-孔洞	
		1-少量	2-大量	1-少量	2-大量	1-少量	2-大量	1-少量	2-大量	1-少量	2-大量	1-少量	2-大量	1-少量	2-大量	1-少量	2-大量	1-有	2-不确定	3-无	1-有	2-无
D077—D078	√	√	—	—	—	—	√	—	—	—	√	—	—	—	—	—	—	—	—	√	—	√
D078 东侧	√	√	—	—	—	—	—	—	—	—	—	—	—	—	—	—	—	—	—	√	√	—
D078 西侧	√	√	—	—	—	—	—	—	—	—	—	—	—	—	—	—	—	—	—	√	√	—
D086 东侧	√	—	√	—	√	—	—	—	√	—	—	—	√	—	—	—	—	—	—	√	—	√
D086—D087	√	—	√	—	—	√	—	—	—	—	—	—	—	—	—	—	—	—	—	√	√	—
D088 西侧	√	√	—	—	—	—	—	—	√	—	—	—	√	—	—	—	—	—	—	√	√	—
D093 东侧	√	√	—	—	—	—	—	—	—	√	—	—	—	—	—	—	—	—	—	√	—	√
D096—D098	√	√	—	—	—	—	—	—	—	—	—	—	—	—	—	—	—	—	—	√	—	√
D102 西侧	√	√	—	—	—	—	—	—	—	—	—	—	—	—	—	—	—	—	—	√	—	√
D106 东侧	√	√	—	—	—	—	—	—	—	—	—	—	—	—	—	—	—	—	√	—	—	√
D109 西侧	√	√	—	—	—	—	—	—	—	—	—	—	—	—	—	—	—	—	—	√	—	√
D110—D111	√	√	—	—	—	—	—	—	—	—	—	—	—	—	—	—	—	—	—	√	—	√
D127—D128	√	√	—	—	—	—	—	—	—	—	—	—	—	—	—	—	—	—	—	√	—	√
D132—D133	√	√	—	—	—	—	—	—	—	—	—	—	—	—	—	—	—	—	—	√	—	√
D133—D135	√	√	—	—	—	—	—	—	—	—	—	—	—	—	—	—	—	—	—	√	—	√
D135—D136	√	√	—	—	—	√	—	—	—	√	—	—	—	—	—	—	—	—	—	√	—	√
D136—D137	√	√	—	—	—	√	—	—	—	—	—	—	—	—	—	—	—	—	—	√	—	√
D146—D147	√	√	—	—	—	—	—	—	—	—	—	—	—	—	—	—	—	—	—	√	—	√
D155—D156	√	√	—	—	—	√	—	—	—	√	—	—	—	—	—	—	—	—	—	√	—	√
D171 东侧	√	√	—	—	—	—	—	—	—	—	—	—	—	—	—	—	—	—	—	√	—	√
D171—D172	√	√	—	—	—	—	—	—	—	—	—	—	—	—	—	—	—	—	—	√	—	√
D173—D174	√	√	—	—	—	—	—	—	—	—	—	—	—	—	—	—	—	—	—	√	—	√
D175—D176	√	√	—	—	—	—	—	—	—	—	—	—	—	—	—	—	—	—	—	√	—	√
D181—D182	√	√	—	—	—	—	—	—	—	—	—	—	—	—	—	—	—	—	—	√	—	√
D210—D211	√	—	√	—	—	—	√	—	—	—	√	—	—	—	—	—	—	—	—	√	—	√
D217—D218	√	√	—	—	—	—	—	—	—	—	—	—	—	—	—	—	—	—	—	√	—	√
D220—D221	√	—	√	—	—	—	√	—	—	—	√	—	—	—	—	—	—	—	—	√	—	√
D223—D225	√	√	—	—	—	√	—	—	—	√	—	—	—	—	—	—	—	—	—	√	—	√
D229—D230	√	√	—	—	√	—	√	—	—	—	—	—	—	—	—	—	—	—	—	√	—	√
D236 南侧	√	√	—	—	—	—	—	—	—	—	—	—	—	—	—	—	—	—	—	√	—	√
D236 北侧	√	√	—	—	—	√	—	—	—	√	—	—	—	—	—	—	—	—	—	√	—	√
D241—D242	√	√	—	—	—	—	—	—	—	—	—	—	—	—	—	—	—	—	—	√	—	√
D253 东北侧	√	√	—	—	—	—	—	—	—	—	—	—	—	—	—	—	—	—	—	√	—	√
D262—D263	√	√	—	—	—	—	—	—	—	—	—	—	—	—	—	—	—	—	—	√	—	√

夯土城墙墙体材料分类汇总 **表 5-4**

大类	比例	中类	比例	小类	案例数目	比例
A	100%	A	100%	A	55	100%
B	100%	Ba	100%	Ba1	46	83.60%
				Ba2	9	16.40%
		Bb	3.60%	Bb1	0	0
				Bb2	2	3.60%

续表

大类	比例	中类	比例	小类	案例数目	比例
C	38.20%	Ca	32.70%	Ca1	12	21.80%
				Ca2	6	10.90%
		Cb	7.30%	Cb1	1	1.80%
				Cb2	3	5.50%
D	32.70%	Da	27.30%	Da1	10	18.20%
				Da2	5	9.10%
		Db	7.30%	Db1	1	1.80%
				Db2	3	5.50%
E	0	Ea	0	Ea1	0	0
				Ea2	0	0
		Eb	0	Eb1	0	0
				Eb2	0	0
F	100%	Fa1/Fb1	16.40%	Fa1	0	0
				Fb1	9	16.40%
		Fa2+Fb2	9.10%	Fa2	5	9.10%
		Fa3+Fb2	74.50%	Fa3	50	90.90%
				Fb2	46	83.60%

注：A–细粒土，B–砂砾，C–碎石，D–块石，E–砖块，F–植物枝条；B、C、D、E类别下，a–掺杂，b–铺砌，1–少量，2–大量；Fa1–有植物枝条实物遗存，Fa2–有疑似遗存，Fa3–无实物或疑似遗存；Fb1–有孔洞阵列，Fb2–无孔洞阵列。这里的百分比是指材料在所有有效案例中的出现比例，而非含量，下文中其他夯土构筑物的墙体材料统计均属此类，不再赘述

一、材料种类

根据上述统计，考察的夯土城墙的建筑材料包括细粒土、砂砾、碎石、块石和植物枝条五种。其中，夯土材料以细粒土为主，土中均含有砂砾、碎石和块石的比例各占约三分之一，没有在城墙中发现砖块。

对于夯土中含植物枝条的情况，以有无植物枝条遗存和有无孔洞阵列（规则排列的孔洞）为主要标志来判断，根据统计结果，墙体中无根茎遗存且无孔洞阵列的占调查点总数的比例约四分之三，证明大多数段落很可能没有植物枝条。有 9 例发现有孔洞阵列，多位于墙体下部表层遭侵蚀脱落处，但其中 3 例，包括 D078 东侧和西侧墙体、D086—D087 之间墙体，只在表层发现孔洞而断面处却没有，显示植物枝条可能主要呈垂直于墙体走向铺设。此外，有 5 例墙体表面有植物枝条露出，大部分似植物根茎，为实物遗存的可能性较小。

图 5–1　城墙 D086 东侧（自墙外摄）

二、材料的存在方式

此处材料存在方式是指砂砾等材料相对于细粒土的分布位置。对于砂砾，几乎均为掺杂于夯土中，呈均匀分布状态，只有两例呈集中铺砌状态。对于碎石和块石，大部分依然以掺杂的形式存在于夯土中，只有少数案例呈铺砌状态（图 5–1）。从现存迹象看，植物枝条主要呈水平布置，只有三例疑似遗存案例是竖向布置，从孔洞的分布看，它们大多铺设于夯层间，水平向间距并不固定，呈一定范围内波动。

第三节 夯土敌台

根据实地考察内容，对本次调查的夯土敌台的墙体材料统计如下（表 5–5、表 5–6）。

夯土敌台墙体材料分类统计　　表 5–5

编号	A–细粒土	B–砂砾				C–碎石				D–块石				E–砖块				F–植物枝条				
		a–掺杂		b–夹铺		a–掺杂		b–铺砌		a–掺杂		b–铺砌		a–掺杂		b–铺砌		a–根茎遗存			b–孔洞	
		1–少量	2–大量	1–少量	2–大量	1–少量	2–大量	1–少量	2–大量	1–少量	2–大量	1–少量	2–大量	1–少量	2–大量	1–少量	2–大量	1–有	2–不确定	3–无	1–有	2–无
D001	√	—	—	—	—	—	—	—	—	—	—	—	—	—	—	—	—	—	√	—	—	√
D002	√	—	—	—	—	—	—	—	—	√	—	—	—	—	—	—	—	—	—	√	—	√
D004	√	—	—	—	—	—	—	—	—	—	—	—	—	—	√	—	—	—	—	√	—	√
D005	√	—	—	—	—	—	—	—	—	—	—	—	—	—	—	—	—	—	√	—	—	√
D006	√	—	—	—	—	—	—	—	—	—	—	—	—	—	—	—	—	—	—	√	—	√
D007	√	—	—	—	—	—	—	—	—	—	—	—	—	—	—	—	—	—	—	√	—	√
D009	√	√	—	—	—	—	—	—	—	—	—	—	—	—	—	—	—	—	—	√	—	√
D010	√	—	—	—	—	—	—	—	—	—	—	—	—	—	—	—	—	—	—	√	—	√
D012	√	√	—	—	—	√	—	—	—	—	—	—	—	√	—	—	—	—	√	—	√	—
D013	√	—	√	—	—	—	—	—	—	—	—	—	—	—	—	—	—	—	—	√	—	√
D024	√	—	—	—	—	—	—	—	—	—	—	—	—	—	—	—	—	—	√	—	√	—
D026	√	—	—	—	—	—	—	—	—	—	—	—	—	—	—	—	—	—	—	√	√	—
D027	√	—	—	—	—	—	—	—	—	—	—	—	—	—	—	—	—	—	—	√	—	√
D029	√	√	—	—	—	√	—	—	—	—	—	—	—	—	—	—	—	—	—	√	—	√
D057	√	—	√	—	√	—	—	—	—	—	√	—	√	—	—	—	—	—	—	√	—	√
D058	√	√	—	—	—	—	—	—	—	—	—	—	—	—	—	—	—	—	√	—	√	—
D059	√	√	—	—	—	—	—	—	—	—	—	—	—	—	—	—	—	—	—	√	—	√
D060	√	√	—	—	—	—	—	—	—	—	—	—	—	—	—	—	—	—	—	√	—	√
D061	√	√	—	—	—	—	—	—	—	—	—	—	—	—	—	—	—	—	—	√	√	—
D062	√	√	—	—	—	√	—	—	—	—	—	—	—	—	—	—	—	—	—	√	√	—
D063	√	√	—	—	—	√	—	—	—	—	—	—	—	—	—	—	—	—	—	√	—	√
D072	√	√	—	—	—	√	—	—	—	√	—	—	—	—	—	—	—	—	—	√	√	—
D074	√	√	—	—	—	—	—	—	—	—	—	—	—	—	—	—	—	—	—	√	—	√
D075	√	√	—	—	—	—	—	—	—	—	—	—	—	—	—	—	—	—	—	√	—	√
D077	√	√	—	—	—	—	—	—	—	—	—	—	—	—	—	—	—	—	—	√	—	√
D078	√	√	—	—	—	√	—	—	—	—	—	—	—	—	—	—	—	—	—	√	√	—
D086	√	—	√	—	—	—	√	—	—	—	—	√	—	—	—	—	—	—	—	√	√	—
D087	√	—	√	—	—	—	√	—	—	—	—	√	—	—	—	—	—	—	—	√	—	√
D088	√	—	√	—	—	—	√	—	—	—	—	√	—	—	—	—	—	—	—	√	—	√
D093	√	√	—	—	—	—	—	—	—	—	—	—	—	—	—	—	—	—	—	√	√	—
D094	√	√	—	—	√	√	—	—	√	—	—	—	—	—	—	—	—	—	√	—	—	√
D095	√	√	—	—	—	√	—	—	—	—	—	—	—	—	—	—	—	—	—	√	—	√
D098	√	—	—	—	—	—	—	—	—	√	—	—	—	—	—	—	—	—	—	√	—	√
D099	√	—	√	—	—	—	√	—	—	√	—	—	—	—	—	—	—	—	—	√	—	√
D100	√	√	—	—	—	√	—	—	—	—	—	—	—	—	—	—	—	—	—	√	—	√
D102	√	—	—	—	—	—	—	—	—	—	—	—	—	—	—	—	—	—	—	√	—	√
D104	√	—	—	—	—	—	—	—	—	—	—	—	—	—	—	—	—	—	—	√	—	√
D105	√	√	—	—	—	—	—	—	—	—	—	—	—	—	—	—	—	—	—	√	—	√

续表

编号	A-细粒土	B-砂砾				C-碎石				D-块石				E-砖块				F-植物枝条				
		a-掺杂		b-夹铺		a-掺杂		b-铺砌		a-掺杂		b-铺砌		a-掺杂		b-铺砌		a-根茎遗存			b-孔洞	
		1-少量	2-大量	1-少量	2-大量	1-少量	2-大量	1-少量	2-大量	1-少量	2-大量	1-少量	2-大量	1-少量	2-大量	1-少量	2-大量	1-有	2-不确定	3-无	1-有	2-无
D106	√	—	—	—	—	—	—	—	—	—	—	—	—	—	—	—	—	—	—	√	—	√
D107	√	—	—	—	—	—	—	—	—	—	—	—	—	—	—	—	—	—	—	√	—	√
D109	√	—	—	—	—	—	—	—	—	—	—	—	—	—	—	—	—	—	—	√	—	√
D111	√	—	—	—	—	—	—	—	—	—	—	—	—	—	—	—	—	—	—	√	—	√
D117	√	√	—	—	—	√	—	—	—	—	—	—	—	—	—	—	—	—	—	√	—	√
D118	√	√	—	—	—	√	—	—	—	—	—	—	—	—	—	—	—	—	—	√	—	√
D120	√	√	—	—	—	√	—	—	—	—	—	—	—	—	—	—	—	—	—	√	—	√
D121	√	√	—	—	—	√	—	—	—	—	—	—	—	—	—	—	—	—	—	√	—	√
D123	√	—	—	—	—	—	—	—	—	—	—	—	—	—	—	—	—	—	—	√	√	—
D124	√	√	—	—	—	√	—	—	—	—	—	—	—	—	—	—	—	—	—	√	—	√
D125	√	√	—	—	—	—	—	—	—	—	—	—	—	—	—	—	—	—	√	—	—	√
D126	√	√	—	—	—	—	—	—	—	—	—	—	—	—	—	—	—	—	—	√	√	—
D127	√	√	—	—	—	—	—	—	—	—	—	—	—	—	—	—	—	—	—	√	—	√
D128	√	√	—	—	—	—	—	—	—	—	—	—	—	—	—	—	—	—	—	√	—	√
D129	√	√	—	—	—	—	—	—	—	—	—	—	—	—	—	—	—	—	—	√	—	√
D130	√	√	—	—	—	—	—	—	—	—	—	—	—	—	—	—	—	—	—	√	√	—
D131	√	√	—	—	—	—	—	—	—	—	—	√	—	√	—	—	—	—	—	√	—	√
D132	√	—	—	—	—	—	—	—	—	√	—	—	—	√	—	—	—	—	—	√	—	√
D133	√	√	—	—	—	—	—	—	—	√	—	—	—	—	—	—	—	—	—	√	—	√
D135	√	√	—	—	—	—	—	—	—	—	—	—	—	—	—	—	—	—	—	√	√	—
D136	√	√	—	—	—	—	—	—	—	—	—	—	—	—	—	—	—	—	—	√	—	√
D137	√	√	—	—	—	—	—	—	—	—	—	—	—	—	—	—	—	—	—	√	—	√
D138	√	√	—	—	—	—	—	—	—	—	—	—	—	—	—	—	—	—	—	√	—	√
D139	√	√	—	—	—	—	—	—	—	—	—	—	—	—	—	—	—	—	—	√	—	√
D140	√	√	—	—	—	—	—	—	—	—	—	—	—	—	—	—	—	—	—	√	—	√
D141	√	√	—	—	—	—	—	—	—	—	—	—	—	—	—	—	—	—	—	√	—	√
D142	√	√	—	—	—	—	—	—	—	—	—	—	—	—	—	—	—	—	—	√	—	√
D143	√	√	—	—	—	—	—	—	—	—	—	—	—	—	—	—	—	—	—	√	—	√
D144	√	√	—	—	—	—	—	—	—	√	—	—	—	—	—	—	—	—	—	√	—	√
D145	√	√	—	—	—	—	—	—	—	—	—	—	—	—	—	—	—	—	—	√	—	√
D146	√	√	—	—	—	—	—	—	—	—	√	—	—	—	—	—	—	—	—	√	—	√
D147	√	—	√	—	—	—	√	—	—	—	√	—	—	—	—	—	—	—	—	√	—	√
D148	√	√	—	—	—	—	—	—	—	—	—	—	—	—	—	—	—	—	—	√	—	√
D149	√	—	√	—	—	—	√	—	—	—	—	—	√	—	—	—	—	—	—	√	—	√
D150	√	√	—	—	—	—	—	—	—	—	—	—	—	—	—	—	—	—	—	√	—	√
D151	√	√	—	—	—	—	—	—	—	—	—	—	—	—	—	—	—	—	—	√	—	√
D152	√	—	—	—	—	—	—	—	—	—	—	—	—	—	—	—	—	—	—	√	√	—
D153	√	√	—	—	—	—	—	—	—	—	—	—	—	—	—	—	—	—	—	√	—	√
D154	√	—	√	—	—	—	—	—	—	—	—	—	—	—	—	—	—	—	—	√	—	√
D155	√	—	√	—	—	—	—	—	—	√	—	—	—	—	—	—	—	—	—	√	—	√
D156	√	—	√	—	—	—	—	—	—	√	—	—	—	—	—	—	—	—	—	√	—	√
D159	√	√	—	—	—	—	—	—	—	√	—	—	—	—	—	—	—	—	—	√	√	—
D161	√	—	√	—	—	—	—	—	—	√	—	—	—	—	—	—	—	—	—	√	—	√
D171	√	√	—	—	—	—	—	—	—	—	—	—	—	—	—	—	—	—	—	√	—	√

续表

编号	A-细粒土	B-砂砾				C-碎石				D-块石				E-砖块				F-植物枝条				
		a-掺杂		b-夹铺		a-掺杂		b-铺砌		a-掺杂		b-铺砌		a-掺杂		b-铺砌		a-根茎遗存			b-孔洞	
		1-少量	2-大量	1-少量	2-大量	1-少量	2-大量	1-少量	2-大量	1-少量	2-大量	1-少量	2-大量	1-少量	2-大量	1-少量	2-大量	1-有	2-不确定	3-无	1-有	2-无
D172	√	√	—	—	—	—	—	—	—	√	—	—	—	—	—	—	—	—	—	√	—	√
D173	√	—	√	—	—	—	—	—	—	—	—	—	—	—	—	—	—	—	—	√	—	√
D174	√	—	√	—	—	—	—	—	—	—	—	—	—	—	—	—	—	—	—	√	√	—
D175	√	—	√	—	—	—	—	—	—	—	—	—	—	—	—	—	—	—	—	√	—	√
D176	√	—	√	—	—	—	—	—	—	—	—	—	—	—	—	—	—	—	—	√	—	√
D177	√	√	—	—	—	—	—	—	—	—	—	—	—	—	—	—	—	—	—	√	—	√
D178	√	√	—	—	—	√	—	—	—	—	—	—	—	—	—	—	—	—	—	√	√	—
D179	√	√	—	—	—	√	—	—	—	—	—	—	—	—	—	—	—	—	—	√	—	√
D180	√	√	—	—	—	—	—	—	—	—	—	—	—	—	—	—	—	—	—	√	—	√
D181	√	√	—	—	—	—	—	—	—	—	—	—	—	—	—	—	—	—	—	√	—	√
D182	√	√	—	—	—	—	—	—	—	—	—	—	—	—	—	—	—	—	—	√	—	√
D183	√	√	—	—	—	—	—	—	—	√	—	—	—	—	—	—	—	—	—	√	—	√
D184	√	—	—	—	—	√	—	—	—	√	—	—	—	—	—	—	—	—	—	√	√	—
D185	√	√	—	—	—	—	—	—	—	—	—	—	—	√	—	—	—	—	—	√	√	—
D214	√	—	—	—	—	—	—	—	—	—	—	—	—	—	—	—	—	—	—	√	—	√
D215	√	—	√	—	—	—	√	—	—	—	—	—	—	—	√	—	—	—	—	√	—	√
D216	√	—	√	—	—	—	—	—	—	—	—	—	—	—	—	—	—	—	—	√	—	√
D217	√	—	√	—	—	—	—	—	—	√	—	—	—	—	—	—	—	—	—	√	—	√
D218	√	√	—	—	—	—	—	—	—	√	—	—	—	—	—	—	—	—	—	√	—	√
D219	√	—	√	—	—	—	√	—	—	—	—	—	—	—	—	—	—	—	—	√	—	√
D220	√	—	√	—	—	—	√	—	—	—	—	√	—	—	—	—	—	—	—	√	—	√
D221	√	—	√	—	—	—	√	—	—	—	—	√	—	—	—	—	—	—	—	√	—	√
D222	√	√	—	—	—	√	—	—	—	—	—	—	—	—	—	—	—	—	—	√	√	—
D223	√	—	√	—	—	—	—	—	—	—	—	—	—	—	—	—	—	—	—	√	—	√
D225	√	—	√	—	—	—	—	—	—	—	—	—	—	—	—	—	—	—	—	√	—	√
D227	√	√	—	—	—	—	—	—	—	√	—	—	—	—	—	—	—	—	—	√	—	√
D228	√	√	—	—	—	—	—	—	—	√	—	—	—	—	—	—	—	—	—	√	—	√
D229	√	√	—	—	—	—	—	—	—	√	—	—	—	—	—	—	—	—	—	√	—	√
D230	√	√	—	—	—	—	—	—	—	—	—	—	—	—	—	—	—	—	—	√	—	√
D231	√	√	—	—	—	√	—	—	—	—	—	—	—	—	—	—	—	—	—	√	—	√
D233	√	√	—	—	—	√	—	—	—	—	—	—	—	—	—	—	—	—	—	√	—	√
D234	√	√	—	—	—	√	—	—	—	—	—	√	—	—	—	—	—	—	—	√	—	√
D236	√	√	—	—	—	—	—	—	—	—	—	—	—	—	—	—	—	—	—	√	—	√
D237	√	√	—	—	—	—	—	—	—	—	—	—	—	—	—	—	—	—	—	√	—	√
D239	√	—	—	—	—	—	—	—	—	—	—	—	—	—	—	—	—	—	—	√	—	√
D241	√	—	—	—	—	—	—	—	—	—	—	—	—	—	—	—	—	—	—	√	√	—
D243	√	√	—	—	—	—	—	—	—	—	—	—	—	—	—	—	—	—	—	√	√	—
D244	√	√	—	—	—	—	—	—	—	—	—	—	—	—	—	—	—	—	—	√	√	—
D245	√	√	—	—	—	—	—	—	—	√	—	—	—	—	—	—	—	—	—	√	√	—
D246	√	—	—	—	—	—	—	—	—	√	—	—	—	—	—	—	—	—	—	√	√	—
D247	√	—	—	—	—	—	—	—	—	√	—	—	—	√	—	—	—	—	—	√	√	—
D248	√	√	—	—	—	—	—	—	—	—	—	—	—	—	—	—	—	—	—	√	—	√
D249	√	√	—	—	—	—	—	—	—	√	—	—	—	—	—	—	—	—	—	√	—	√
D252	√	√	—	—	—	—	—	—	—	√	—	—	—	—	—	—	—	—	—	√	—	√

续表

编号	A-细粒土	B-砂砾				C-碎石				D-块石				E-砖块				F-植物枝条				
		a-掺杂		b-夹铺		a-掺杂		b-铺砌		a-掺杂		b-铺砌		a-掺杂		b-铺砌		a-根茎遗存			b-孔洞	
		1-少量	2-大量	1-少量	2-大量	1-少量	2-大量	1-少量	2-大量	1-少量	2-大量	1-少量	2-大量	1-少量	2-大量	1-少量	2-大量	1-有	2-不确定	3-无	1-有	2-无
D253	√	√	—	—	—	—	—	—	—	—	—	—	—	—	—	—	—	—	—	√	—	√
D254	√	√	—	—	—	—	—	—	—	—	—	√	—	—	—	—	—	—	—	√	√	—
D255	√	√	—	—	—	—	√	—	—	—	√	—	—	—	√	—	—	—	—	√	—	√
D258	√	√	—	—	—	—	—	—	—	√	—	—	—	—	—	—	—	—	—	√	—	√
D262	√	—	—	—	—	—	—	—	—	—	—	√	—	—	—	—	—	—	—	√	—	√
D263	√	√	—	—	—	—	—	—	—	—	—	√	—	—	—	√	—	—	—	√	√	—

夯土敌台墙体材料分类汇总 表 5-6

大类	比例	中类	比例	小类	案例数目	比例
A	100%	A	100%	A	132	100%
B	79.50%	Ba	79.50%	Ba1	81	61.40%
				Ba2	24	18.20%
		Bb	1.50%	Bb1	0	0
				Bb2	2	1.50%
C	24.20%	Ca	24.20%	Ca1	21	15.90%
				Ca2	11	8.30%
		Cb	0.80%	Cb1	0	0
				Cb2	1	0.80%
D	30.30%	Da	22.00%	Da1	25	18.90%
				Da2	4	3.00%
		Db	9.10%	Db1	10	7.60%
				Db2	2	1.50%
E	6.80%	Ea	6.10%	Ea1	5	3.80%
				Ea2	3	2.30%
		Eb	0.80%	Eb1	1	0.80%
				Eb2	0	0
F	100%	Fa1/Fb1	22.00%	Fa1	0	0
				Fb1	29	22.00%
		Fa2+Fb2	3.00%	Fa2	7	5.30%
		Fa3+Fb2	75.00%	Fa3	125	94.70%
				Fb2	103	78.00%

注：A-细粒土，B-砂砾，C-碎石，D-块石，E-砖块，F-植物枝条；B、C、D、E类别下，a-掺杂，b-铺砌，1-少量，2-大量；Fa1-有植物枝条实物遗存，Fa2-有疑似遗存，Fa3-无实物或疑似遗存；Fb1-有孔洞阵列，Fb2-无孔洞阵列

一、材料种类

根据调查，敌台的建筑材料包括细粒土、砂砾、碎石、块石、砖块和植物枝条。细粒土是夯土成分的主体，但只有细粒土的案例较少，占总数的14%；大多数敌台的夯土中有砂砾，有碎石和块石的次之，只有少数案例中使用了砖块；在含有砂砾、砖石的案例中，大部分只有少量这些材料，只有少数案例中含量较多。

图 5-2　敌台 D002 北侧坍塌断面（自北向南摄）

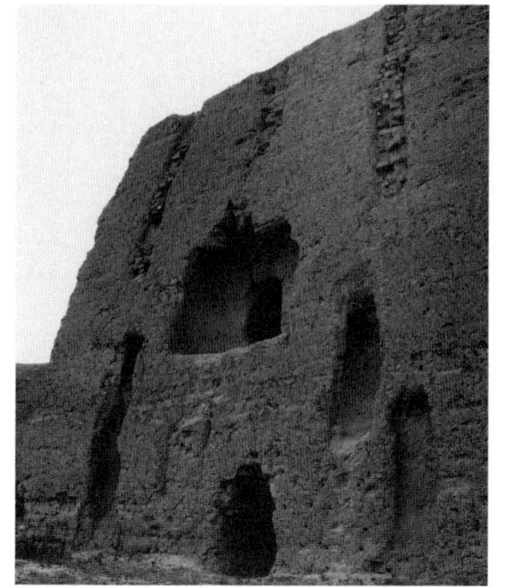

图 5-3　敌台 D072 南面（内侧）

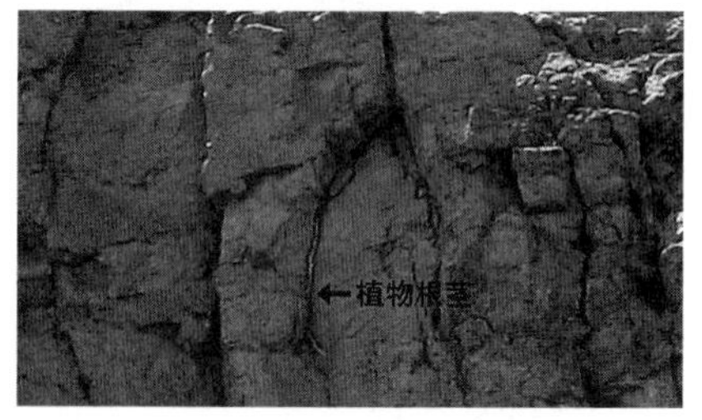

图 5-4　敌台 D125 东侧墙面（局部）

对于植物枝条，没有发现实物遗存，只有 30 多例显示有孔洞阵列，不足调查案例总数的 25%。这个比例可能和实际情况有差距，因为孔洞大都暴露于表层剥落位置，其他案例上的孔洞可能被雨水冲刷的泥土遮挡和填补，无法分辨。尽管如此，不能否认有些敌台的确没有使用植物枝条，如 D002（图 5-2）、D057 等，在敌台表面和坍塌断面上均无孔洞的痕迹。

二、材料的存在方式

同城墙一样，夯土敌台中砂砾和砖石的存在方式分掺杂和铺砌两种，均以掺杂方式居多，铺砌案例极少。夯土中掺杂的砂砾或砖石较多时，会出现局部集中。在铺砌类型中，材料呈层状集中分布。除此之外，一个特例是 D072（图 5-3），它的特征是在敌台墙面挖有数道竖向凹槽、内部残留砌筑的砖块，根据其他类似案例，可以断定这是外包砖墙被拆除后的残余材料和构造。

对于植物枝条，其位置分为夯土中的竖向分布和水平分布两种，前者发现的非常少，仅 D125 上发现有这种分布（图 5-4），且尚不确定是否为明代实物；水平分布方式主要表现为外部暴露的孔洞阵列，这些孔洞绝大多数位于夯层间，只有少部分位于夯土层中。

第四节　夯土烽火台

根据实地考察内容，对本次调查的夯土敌台的墙体材料统计和汇总如下（表 5-7、表 5-8）。

夯土烽火台墙体材料分类统计　　表 5-7

编号	A-细粒土	B-砂砾				C-碎石				D-块石				E-砖块				F-植物枝条				
		a-掺杂		b-夹铺		a-掺杂		b-铺砌		a-掺杂		b-铺砌		a-掺杂		b-铺砌		a-根茎遗存			b-孔洞	
		1-少量	2-大量	1-少量	2-大量	1-少量	2-大量	1-少量	2-大量	1-少量	2-大量	1-少量	2-大量	1-少量	2-大量	1-少量	2-大量	1-有	2-不确定	3-无	1-有	2-无
F001	√	—	—	—	—	—	—	—	—	—	—	—	—	—	—	—	—	—	√	—	—	√
F002	√	—	—	—	—	—	—	—	—	—	—	—	—	—	—	—	—	—	—	√	—	√
F003	√	—	—	—	—	—	—	—	—	—	—	—	—	—	—	—	—	—	—	√	—	√
F005	√	—	—	—	—	—	—	—	—	—	—	—	—	—	—	—	—	—	—	√	√	—
F007	√	—	—	—	—	—	—	—	—	√	—	—	—	—	—	—	—	—	—	√	—	√

续表

编号	A-细粒土	B-砂砾				C-碎石				D-块石				E-砖块				F-植物枝条				
		a-掺杂		b-夹铺		a-掺杂		b-铺砌		a-掺杂		b-铺砌		a-掺杂		b-铺砌		a-根茎遗存			b-孔洞	
		1-少量	2-大量	1-少量	2-大量	1-少量	2-大量	1-少量	2-大量	1-少量	2-大量	1-少量	2-大量	1-少量	2-大量	1-少量	2-大量	1-有	2-不确定	3-无	1-有	2-无
F008	√	—	—	—	—	—	—	—	—	—	—	—	—	—	—	—	—	—	—	√	√	—
F010	√	—	—	—	—	—	—	—	—	—	—	—	—	—	—	—	—	—	—	√	—	√
F011	√	—	—	—	—	—	—	—	—	—	—	—	—	—	—	—	—	—	—	√	—	√
F014	√	—	—	—	—	—	—	—	—	—	—	—	—	—	—	—	—	—	√	—	—	√
F018	√	√	—	—	—	—	—	—	—	—	—	—	—	—	—	—	—	—	—	√	—	√
F019	√	√	—	—	—	√	—	—	—	√	—	—	—	—	—	—	—	—	—	√	—	√
F022	√	√	—	—	—	—	—	—	—	—	—	—	—	—	—	—	—	—	—	√	—	√
F023	√	√	—	—	—	—	—	—	—	—	—	—	—	—	—	—	—	—	—	√	—	√
F026	√	√	—	—	—	√	—	—	—	√	—	—	—	—	—	—	—	—	—	√	—	√
F027	√	√	—	—	—	√	—	—	—	√	—	—	—	—	—	—	—	—	—	√	—	√
F028	√	√	—	—	—	—	—	—	—	—	—	—	—	—	—	—	—	—	—	√	√	—
F029	√	√	—	—	—	—	—	—	√	—	—	—	√	—	—	—	—	—	—	√	—	√
F031	√	√	—	—	—	√	—	—	—	—	—	—	—	—	—	—	—	—	—	√	√	—
F032	√	√	—	—	—	—	—	—	—	—	—	—	—	—	—	—	—	—	—	√	√	—
F034	√	√	—	—	—	—	√	—	—	—	√	—	—	—	—	—	—	—	—	√	√	—
F083	√	√	—	—	—	—	—	—	—	—	—	—	—	—	—	—	—	—	—	√	—	√
F082	√	√	—	—	—	—	—	—	—	—	—	—	—	—	—	—	—	—	—	√	√	—
F080	√	√	—	—	—	—	—	—	—	—	—	—	—	—	—	—	—	—	—	√	—	√
F079	√	√	—	—	—	—	—	—	—	√	—	—	—	—	—	—	—	—	—	√	√	—
F074	√	√	—	—	—	—	—	—	—	√	—	—	—	—	—	—	—	—	—	√	—	√
F072	√	√	—	—	—	—	—	—	—	—	—	—	—	—	—	—	—	—	—	√	—	√
F071	√	√	—	—	—	—	—	—	—	√	—	—	—	—	—	—	—	—	—	√	√	—
F066	√	√	—	—	—	—	—	—	—	—	—	—	—	—	—	—	—	—	—	√	√	—
F049	√	√	—	—	—	—	—	—	—	—	—	—	—	—	—	—	—	—	—	√	—	√
F053	√	—	—	—	—	—	—	—	—	√	—	—	—	—	—	—	—	—	—	√	—	√
F054	√	—	—	—	—	—	—	—	—	√	—	—	—	—	—	—	—	—	—	√	—	√
F055	√	—	—	—	—	—	—	—	—	√	—	—	—	—	—	—	—	—	—	√	—	√
F056	√	√	—	—	—	—	—	—	—	—	—	—	—	—	—	—	—	—	—	√	—	√
F057	√	√	—	—	—	—	—	—	—	√	—	—	—	—	—	—	—	—	√	—	—	√
F058	√	√	—	—	—	—	—	—	—	—	√	—	—	—	—	—	—	—	√	—	—	√
F061	√	√	—	—	—	—	—	—	—	—	—	—	—	—	—	—	—	—	—	√	—	√
F062	√	√	—	—	—	—	—	—	—	√	—	—	—	—	—	—	—	—	—	√	—	√
F064	√	√	—	—	—	—	—	—	—	—	—	—	—	—	—	—	—	—	—	√	—	√
F039	√	√	—	—	—	—	—	—	—	√	—	—	—	—	—	—	—	—	—	√	√	—
F038	√	√	—	—	—	—	—	—	—	√	—	—	—	—	—	—	—	—	—	√	—	√
F036	√	√	—	—	—	√	—	—	—	√	—	—	—	—	—	—	—	—	—	√	—	√
F084	√	√	—	—	—	—	—	—	—	√	—	—	—	—	—	—	—	—	—	√	—	√
F085	√	√	—	—	—	—	—	—	—	√	—	—	—	—	—	—	—	—	—	√	—	√
F086	√	√	—	—	—	—	—	—	—	—	—	—	—	—	—	—	—	—	—	√	—	√
F088	√	√	—	—	—	—	—	—	—	—	—	—	—	—	—	—	—	—	—	√	√	—
F092	√	√	—	—	—	√	—	—	—	√	—	—	—	—	—	—	—	—	—	√	√	—
F093	√	√	—	—	—	√	—	—	—	—	—	—	—	—	—	—	—	—	—	√	√	—
F095	√	√	—	—	—	—	—	—	—	—	—	—	—	—	—	—	—	—	—	√	√	—
F096	√	√	—	—	—	—	—	—	—	—	—	—	—	—	—	—	—	—	—	√	√	—
F097	√	√	—	—	—	√	—	—	—	√	—	—	—	—	—	—	—	—	—	√	—	√
F100	√	√	—	—	—	—	—	—	—	—	—	—	—	—	—	—	—	—	—	√	√	—

续表

编号	A-细粒土	B-砂砾				C-碎石				D-块石				E-砖块				F-植物枝条				
		a-掺杂		b-夹铺		a-掺杂		b-铺砌		a-掺杂		b-铺砌		a-掺杂		b-铺砌		a-根茎遗存			b-孔洞	
		1-少量	2-大量	1-少量	2-大量	1-少量	2-大量	1-少量	2-大量	1-少量	2-大量	1-少量	2-大量	1-少量	2-大量	1-少量	2-大量	1-有	2-不确定	3-无	1-有	2-无
F101	√	√	—	—	—	√	—	—	—	—	—	—	—	—	—	—	—	—	—	√	—	√
F102	√	—	√	—	—	—	√	—	—	—	—	—	—	—	—	—	—	—	—	√	—	√
F103	√	√	—	—	—	√	—	—	—	—	—	—	—	—	—	—	—	—	—	√	—	√
F104	√	√	—	—	—	√	—	—	—	√	—	—	—	—	—	—	—	—	—	√	—	√
F109	√	√	—	—	—	—	—	—	—	—	—	—	—	—	—	—	—	—	—	√	—	√
F111	√	√	—	—	—	—	—	—	—	—	—	—	—	—	—	—	—	—	—	√	—	√
F139	√	√	—	—	—	—	—	—	—	—	—	—	—	—	—	—	—	—	—	√	—	√
F138	√	√	—	—	—	—	—	—	—	—	—	—	—	—	—	—	—	—	—	√	—	√
F137	√	√	—	—	—	—	—	—	—	—	—	—	—	—	—	—	—	—	—	√	—	√
F136	√	√	—	—	—	—	—	—	—	—	—	—	—	—	—	—	—	—	—	√	—	√
F135	√	√	—	—	—	—	—	—	—	—	—	—	—	—	—	—	—	—	—	√	—	√
F134	√	√	—	—	—	√	—	—	—	—	—	—	—	—	—	—	—	—	—	√	—	√
F151	√	—	√	—	—	√	—	—	—	—	—	—	—	—	—	—	—	—	—	√	—	√
F153	√	√	—	—	—	√	—	—	—	—	—	—	—	—	—	—	—	—	—	√	√	—
F154	√	√	—	—	—	√	—	—	—	—	—	—	—	—	—	—	—	—	—	√	—	√
F155	√	√	—	—	—	—	—	—	—	—	—	—	—	—	—	—	—	—	—	√	—	√
F159	√	√	—	—	—	—	—	—	—	—	—	—	—	—	—	—	—	—	—	√	√	—
F160	√	—	√	—	—	—	√	—	—	√	—	—	—	—	—	—	—	—	—	√	√	—
F183	√	√	—	—	—	—	—	—	—	—	—	—	—	—	—	—	—	—	—	√	—	√
F181	√	√	—	—	—	—	—	—	—	√	—	—	—	√	—	—	—	—	—	√	—	√
F180	√	√	—	—	—	—	—	—	—	√	—	—	—	—	—	—	—	—	—	√	—	√
F179	√	—	√	—	—	—	√	—	—	—	—	—	—	—	—	—	—	—	—	√	—	√
F177	√	—	√	—	—	—	√	—	—	—	—	—	—	—	—	—	—	—	—	√	—	√
F176	√	—	√	—	—	—	√	—	—	√	—	—	—	—	—	—	—	—	—	√	—	√
F172	√	√	—	—	—	√	—	—	—	—	—	—	—	—	—	—	—	—	—	√	—	√
F170	√	√	—	—	—	√	—	—	—	—	—	—	—	—	—	—	—	—	—	√	√	—
F168	√	—	√	—	—	—	√	√	—	—	—	√	—	—	—	—	—	—	—	√	—	√
F166	√	—	√	—	—	—	√	—	—	√	—	—	—	—	—	—	—	—	—	√	—	√
F164	√	√	—	—	—	√	—	—	—	√	—	—	—	—	—	—	—	—	—	√	—	√
F186	√	√	—	—	—	—	—	—	—	√	—	—	—	—	—	—	—	—	—	√	—	√

夯土烽火台墙体材料分类汇总 **表 5-8**

大类	比例	中类	比例	小类	案例数目	比例
A	100%	A	100%	A	81	100.00%
B	85.20%	Ba	85.20%	Ba1	61	75.30%
				Ba2	8	9.90%
		Bb	0	Bb1	0	0
				Bb2	0	0
C	33.30%	Ca	32.10%	Ca1	18	22.20%
				Ca2	8	9.90%
		Cb	2.50%	Cb1	1	1.20%
				Cb2	1	1.20%

续表

大类	比例	中类	比例	小类	案例数目	比例
D	38.30%	Da	35.80%	Da1	27	33.30%
				Da2	2	2.50%
		Db	2.50%	Db1	1	1.20%
				Db2	1	1.20%
E	1.20%	Ea	1.20%	Ea1	1	1.20%
				Ea2	0	0
		Eb	0	Eb1	0	0
				Eb2	0	0
F	100%	Fa1/Fb1	25.90%	Fa1	0	0
				Fb1	21	25.90%
		Fa2+Fb2	4.90%	Fa2	4	4.90%
		Fa3+Fb2	69.10%	Fa3	77	95.10%
				Fb2	60	74.10%

注：A-细粒土，B-砂砾，C-碎石，D-块石，E-砖块，F-植物枝条；B、C、D、E类别下，a-掺杂，b-铺砌，1-少量，2-大量；Fa1-有植物枝条实物遗存，Fa2-有疑似遗存，Fa3-无实物或疑似遗存；Fb1-有孔洞阵列，Fb2-无孔洞阵列

一、材料种类

根据对调查结果的统计，夯土全为细粒土的有 9 例，只占调查总数的 10.7%，而 84.5% 的烽火台中含有砂砾，掺杂碎石和块石的各占三分之一，此外，只有 2 例的夯土中含有砖块。

对于植物枝条，目前只发现 5 例有植物枝条存在，其中 4 例位于烽火台表面，1 例位于下部开挖的窑洞内壁，但均不能确定是否为原物，有孔洞阵列的有 23 例，这两类共占调查总数的三分之一，剩下的三分之二的烽火台外表既无植物枝条遗存又无孔洞阵列，且有些坍塌后的断面也没有关于植物枝条的任何迹象，这说明烽火台中没用植物枝条的占多数。

图 5-5　烽火台 F029 西侧断面

二、材料的存在方式

同城墙和敌台一样，夯土烽火台中的砂砾和砖石也是以掺杂的方式居多，铺砌的案例极少。在铺砌类中，有一个特例为 F029，它是在烽火台表层内垂直砌筑一道石墙（图 5-5），应该是在原包石烽火台外围夯土帮筑所致。

对于植物枝条，以孔洞出现的位置来看，它们均平铺于夯层之间，但也有 1 例（烽火台 F057）疑似植物枝条是以竖直状存在的（图 5-6）。23 例有孔洞阵列的案例中有 15 例位于烽火台下部，这可能是因为下部受雨水侵蚀较严重，外层剥离而暴露出了里面的孔洞。

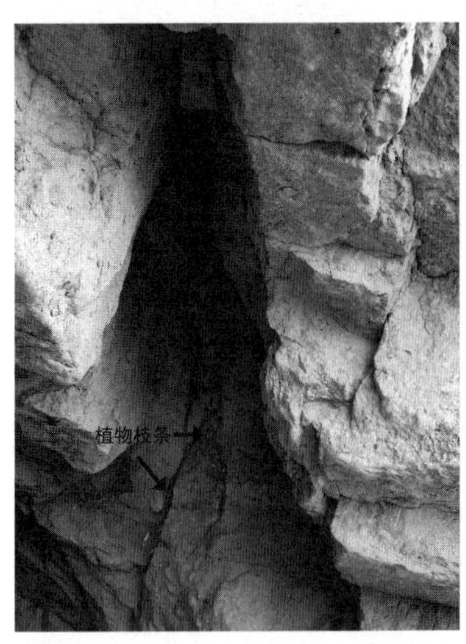

图 5-6　烽火台 F057 南侧窑洞侧壁中的植物枝条

第五节 堡墙、马面和角台

一、堡城历史上的墙体材料

对于墙体材料，文献记载较为简单，有土筑（包括局部包砖）、土筑包砖和土筑包石三种，统计如表 5-9 所示。

总体而言，土筑包砖的占绝大多数，土筑包石的案例可能与其地处偏僻、土少石多、烧砖运砖不易有关。

《三云筹俎考》和《宣大山西三镇图说》所记堡城包砖 / 石情况　表 5-9

类型		数目	堡名
土筑	全土筑	1	马营河堡
	局部包砖	3	云冈堡，“女墙砖砌”（《图说》）； 三屯堡，“万历二年砖砌女墙”（《筹俎考》）； 西安堡，“万历二年砖包女墙，二十八年砖墁堡顶，甃砌水道”（《图说》）
土筑包砖		42	平远堡、▲新平堡、▲保平堡、桦门堡、永嘉堡、瓦窑口堡、▲镇宁堡、镇口堡、镇门堡、守口堡、靖虏堡、▲镇边堡、▲镇川堡、▲弘赐堡、▲得胜堡、▲镇羌堡、拒墙堡、镇虏堡、镇河堡、许家庄堡、王家庄堡、▲拒门堡、助马堡、保安堡、破虏堡、灭虏堡、▲威虏堡、宁虏堡、云西堡、云阳堡、破胡堡、黄土堡、▲杀胡堡、铁山堡、云石堡、威胡堡、败胡堡、迎恩堡、阻胡堡、灭胡堡、将军会堡、乃河堡
土筑包石		6	牛心堡、马堡、残胡堡、红土堡、祁家河堡、威平堡
注：标有“▲”的为实地考察的堡城			

二、堡城夯土遗存的墙体材料

本规划调查的 12 个堡城在历史上均为包砖城墙，但目前除城门外，均只剩夯土体，对堡墙、马面和角台的夯土材料统计如表 5-9、表 5-10 所示。

堡城夯土墙体材料统计　表 5-10

堡城	测点位置	夯土材料及分布状态	植物枝条迹象
新平堡	东墙测点 1	A+Ba1+Ca1	Fa3+Fb1
	东墙测点 2	A+Ba1+Ca1	Fa3+Fb2
	北墙测点	A+Ba1+Ca1+Da1+E'a1	Fa3+Fb2
	西墙	A+Ba1+Ca1+Da1	Fa3+Fb1
	南墙测点 1	A+Ba1+Eb1	Fa3+Fb2
	南墙测点 2（瓮城城门西侧）	A+Ba1+Da1+E'a1	Fa3+Fb1
	南墙马面	A+Ba1	Fa3+Fb1
保平堡	北墙测点（靠近西北角）	A+Ba1	Fa3+Fb2
	东墙测点（靠近东南角）	A+Ba1+Db2+Eb2	Fa3+Fb1
	西北角台	A+Ba1	Fa3+Fb2
镇宁堡	西墙测点（靠近西北角）	A+Ba2	Fa3+Fb1
	北墙测点（靠近东北角）	A+Ba1	Fa3+Fb1
	西北角台	A+Ba1	Fa3+Fb1

续表

堡城	测点位置	夯土材料及分布状态	植物枝条迹象
镇边堡	南墙测点 1（靠近西南角）	A+Ba1	Fa3+Fb1
	西南角台	A+Ba1	Fa3+Fb1
	南墙马面	A+Ba1	Fa1+Fb1
	西北角台	A+Ba1+Db1+Eb1	Fa3+Fb1
镇川堡	西墙测点 1	A+Ba1	Fa3+Fb2
	西墙测点 2（靠近西南角）	A+Ba1+Ca1	Fa3+Fb1
	南墙测点	A+Ba1+Ca1	Fa3+Fb2
	东墙测点 1	A+Ba1	Fa3+Fb2
	东墙测点 2（靠近东北角）	A+Ba1+Ca1+Da1+Ea1+Eb1	Fa3+Fb1
镇川堡	西北角台	A+Ba1+Eb1	Fa3+Fb1
	西南角台	A+Ba1+Da1+E'a1+Eb1	Fa3+Fb2
	东南角台	A+Ba1+Da1+Eb1	Fa3+Fb2
	东北角台	A+Ba1+Cb2+Da1+Db2+Eb1	Fa3+Fb2
	北墙马面 1	A+Ba1+Ca1+Db2+Eb2	Fa3+Fb2
	北墙马面 2	A+Ba1+Ca1+Eb1	Fa3+Fb2
弘赐堡	东墙（靠近东门）	A+Ba1+Ca1+Da1+Ea1	Fa3+Fb2
	东墙（马面北侧）	A+Ba1+Ca1	Fa3+Fb2
	东南角台	A+Ba2	Fa3+Fb2
	东北角台	A+Ba2	Fa3+Fb2
镇羌堡	东墙测点 1	A+Ba1	Fa3+Fb1
	东墙测点 2	A+Ba2	Fa3+Fb1
	东墙马面	A+Ba1	Fa3+Fb2
	东北角台	A+Ba1	Fa3+Fb1
	北墙马面	A+Ba1	Fa3+Fb1
市场堡	东墙	A+Ba1	Fa3+Fb2
	东北角台	A+Ba1	Fa3+Fb1
得胜堡	东墙	A+Ba1	Fa3+Fb1
	南门瓮城南墙	A+Ba1	Fa3+Fb1
	东北角台	A+Ba1	Fa3+Fb1
	东墙马面	A+Ba1	Fa3+Fb1
拒门堡	北墙	A+Ba2+Bb2	Fa3+Fb1
	东门瓮城外墙	A+Ba1+Ca1	Fa3+Fb1
	北墙马面（西侧）	A+Ba1	Fa3+Fb2
	北墙马面（东侧）	A+Ba1+Eb1	Fa3+Fb2
	东北角台	A+Ba1	Fa3+Fb2
	北墙高台	A+Ba1+Ea1	Fa3+Fb2
威虏堡	南门瓮城西墙	A+Ba2+Ca2	Fa3+Fb1
	南门瓮城南墙	A+Ba2+Ca2	Fa3+Fb1
	西墙马面（南侧）	A+Ba1	Fa3+Fb1
杀胡堡	中关西墙测点 1（西门北侧）	A	Fa3+Fb1
	中关西墙测点 2	A	Fa3+Fb1
	杀胡堡南门瓮城东墙	A+Ba1+Ca1+Da1	Fa3+Fb1
杀胡堡	平集堡南墙（南门东侧）	A	Fa3+Fb1
	中关东墙	A+Ba1	Fa3+Fb1
	东墙马面	A	Fa3+Fb1

注：A-细粒土，B-砂砾，C-碎石，D-块石，E-砖块，E'-瓦，F-植物枝条；B、C、D、E、E'类别下，a-掺杂，b-铺砌，1-少量，2-大量；Fa1-有植物枝条实物遗存，Fa2-有疑似遗存，Fa3-无实物或疑似遗存；Fb1-有孔洞阵列，Fb2-无孔洞阵列

（1）材料种类

由于一个堡城包括了多段堡墙、多个马面和角台，无法像前面章节一样对其建造材料进行比例统计，但根据表 5–10 可以大致看出，所调查的 12 座堡城的堡墙、马面和角台的夯土材料以细粒土为主，且绝大部分夯土体的细粒土中掺杂砂砾，一些夯土体中还含有碎石、块石和砖瓦。除此之外，由于许多堡城在明代均包筑砖墙，因此，一些案例在夯土体外部还残存着条石、砖块和白灰泥浆等材料。植物枝条存在的迹象主要表现在暴露出的孔洞阵列方面，除弘赐堡外，其他堡城均存在使用植物枝条的迹象，在镇边堡南墙马面下部窑洞的顶壁上，还发现了确定的实物遗存，是一种细约 5 mm 的缠绕状藤条（图 5–7）。

（2）材料的存在方式

堡城夯土遗存中也是以掺杂类为主，铺砌类极少。夯土体外部的砖块主要呈两种状态，一是残存于夯土体表面的凹槽中，如镇宁堡、弘赐堡、镇羌堡等，二是堡墙顶部残存的砖墁，如得胜堡，这两种状态均缘于外部功能需要，不属于一般夯层构造。条石主要见于基础部位，如保平堡东南角台、镇边堡西南角台和杀胡堡中关西门北侧的堡墙等处。白灰泥浆主要见于残存下来的砖砌体和条石基础中，在弘赐堡东门侧壁的下部土体中发现有两层夯土掺杂了石灰，但这种做法在旁边堡墙中并未发现，应该是加强城门结构强度的特殊做法。

第六节 夯土材料与建造

一、明长城大同镇段的夯土材料

综合前面四节对夯土遗存夯土材料的分析，可以看出，明长城大同镇段的夯土材料包括细粒土、砂砾、碎石、块石、砖、瓦、植物枝条共七种。其中，城墙、敌台和烽火台的夯土材料各成分出现比例基本一致，

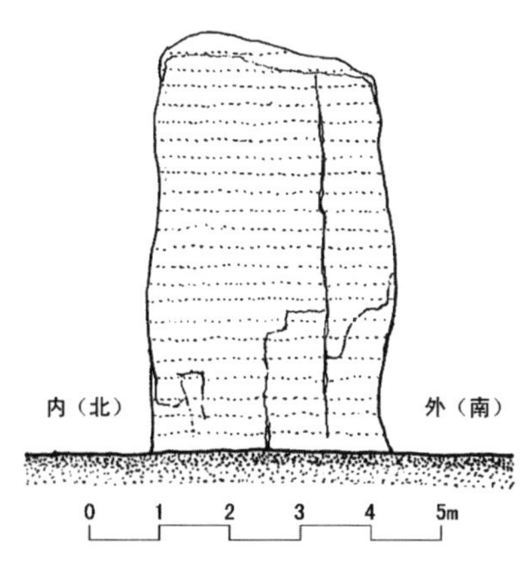

A——马面西侧（自西向东摄，北侧堡墙坍塌）
B——马面南侧（自南向北摄，可见墙上的竖槽和窑洞）
C——马面西侧下部（可见孔洞阵列和厚薄相间的夯层）
D——南侧窑洞的侧壁（外表厚薄相间的夯层在内部合为一层）
E——窑洞顶壁上暴露的植物枝条
F——植物根茎近景（是一种多根缠绕在一起的藤条）

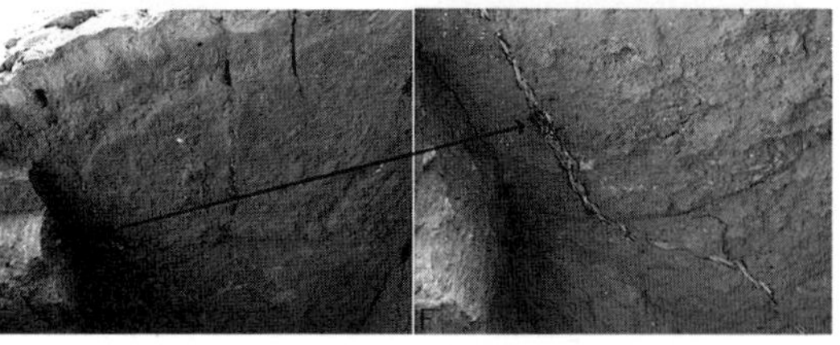

图 5–7 镇边堡南墙马面西侧立面及照片

均为细粒土和砂砾占主体，碎石、块石和植物枝条各占约三分之一，砖瓦的使用非常少（表 5-11）。相对而言，敌台夯土中较多的出现了砖块，说明一些敌台原为包砖敌台；烽火台中较多地出现了植物枝条的现象，但鉴于三者相差不大，且调查所见可能和实际情况有差距，因此能否据此认为烽火台更多地铺设植物枝条还有待进一步调查取证。堡城构筑物的夯土材料和前三者相比，最明显的特征是瓦的使用和植物枝条存在迹象出现较多，瓦的使用与堡城内存在大量居住房屋有关，而植物枝条的使用则表明古人对承担驻兵屯守重任的堡城的结构强度更为重视。

夯土材料汇总 **表 5-11**

构筑物类型	细粒土	砂砾	碎石	块石	砖	瓦	植物枝条
城墙	100%	100%	38.2%	32.7%	0	0	25.5%
敌台	100%	80.1%	25.0%	29.4%	7.4%	0	25%
烽火台	100%	84.5%	32.1%	36.9%	1.2%	0	33.4%
堡墙、马面和角台	全部	大部分	较少	较少	较少	极少	较多

明长城大同镇段沿线，尤其是沿今天省界一线，均位于中国黄土分布区内，该地区“黄土母质分布极广，海拔 1700 m 以下的山地、丘陵、盆地均为黄土所覆盖”[1]，基于所处环境，明长城大同镇段的夯土材料主要为黄土。

对于夯土的矿物成分，笔者选取了考察中随机收集的三个样品，委托南京大学现代分析中心叶宇达老师对夯土样品做了 X 射线衍射试验并对样品矿物成分进行了分析（图 5-8 ~图 5-10，表 5-12）。

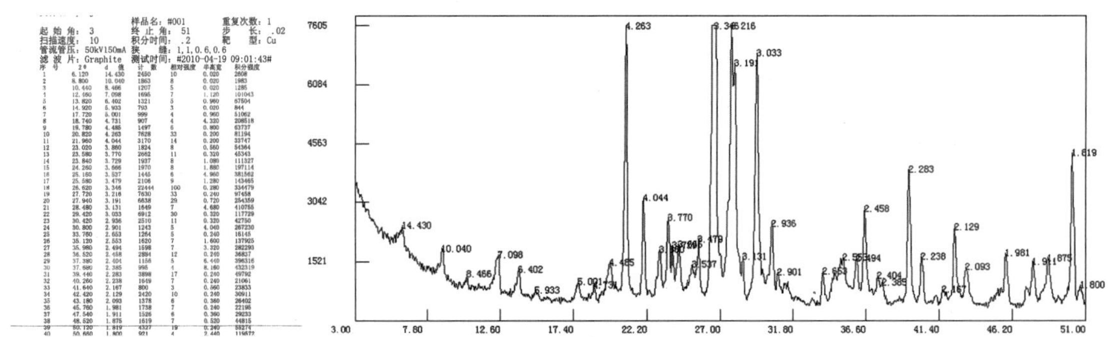

图 5-8　样品 001（取自 D024 南侧下部）X 衍射试验数据及谱图

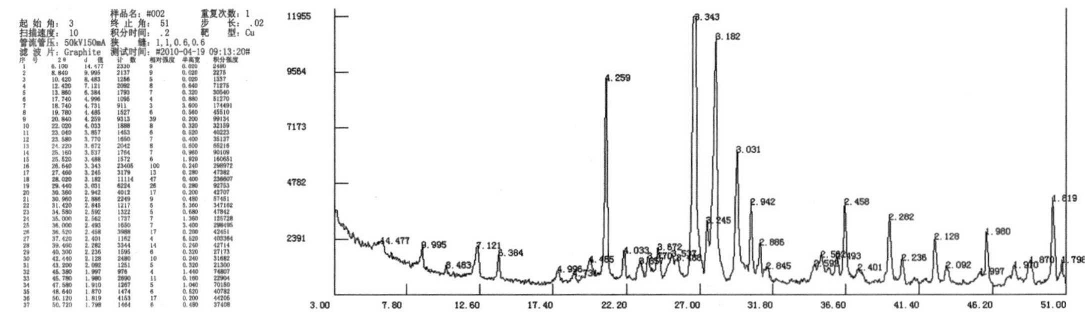

图 5-9　样品 002（取自 D072 南侧洞壁）X 衍射试验数据及谱图

1　《大同市国土资源》. 页 37.

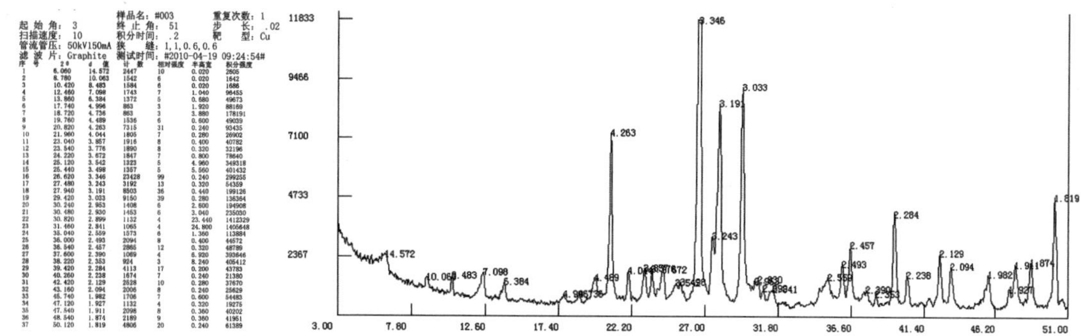

图 5-10　样品 003（取自 F134 西侧下部）X 衍射试验数据及谱图

夯土样品矿物成分分析结果

表 5-12

样品编号	样品 001		样品 002		样品 003	
取样位置	敌台 D014 南侧下部（大同市天镇县平远堡附近）		敌台 D036 南侧洞内侧壁（大同市天镇县白羊口村附近）		烽火台 F122 西侧下部（大同市新荣区附近）	
分析结果	物相	含量	物相	含量	物相	含量
	伊利石	很少量	伊利石	很少量	伊利石	很少量
	绿泥石	很少量	绿泥石	很少量	绿泥石	很少量
	六方堇青石	很少量	六方堇青石	很少量	六方堇青石	很少量
	方解石	少量	微斜长石	很少量	微斜长石	很少量
	微斜长石	少量	方解石	少量	方解石	少量
	钠长石	少量	钠长石	少量	钠长石	少量
	石英	大量	石英	大量	石英	大量

注：样品分析结果由南京大学现代分析中心叶宇达老师提供，笔者做了整理。本表仅用下列词语描述样品中物相含量的多寡：全部、主要、大量、数量相当、少量、很少量和无

从分析结果可以看出，三个样品的选取位置尽管相距较远，但夯土的矿物成分却基本一致，均为典型的黄土特征[1]。由此也可以初步判断，明长城大同镇段所用夯土材料均为从长城沿线及附近所取生土，未有其他添加物，如石灰等。

二、材料与环境的关系

根据现状调查，夯土构筑物的材料构成与所处环境之间存在着密切的关系，主要表现在以下几个方面：

①就近取材的基本原则。主要表现在夯土内部的杂质含量与周围环境中的一样，碎石和块石的使用也和周围石多土少有关。如天镇平远头附近的 F001—F005，它们的夯土几乎全为细粒土，这和周围土质好、土壤丰富相匹配，而左云八台子村附近的 F176—F179 则含有很多砂砾和碎石，一如周围的山坡环境。

②墙体材料与附近土壤的贫富程度和运输材料的难易程度有关。一般海拔越高，土壤越贫瘠，砂

1 “中国黄土的矿物成分包括各种碎屑矿物、粘土矿物和碳酸盐类矿物，……其中，碎屑矿物占 80% ~ 90%，主要由石英、长石和云母等轻矿物，辉石、角闪石、绿帘石和磁铁矿等重矿物组成；粘土矿物含量占 10% ~ 20%，通常包括伊利石、蒙脱石、高岭石、拜来石、水铝英石等；碳酸盐矿物含量可达 20% ~ 30%，常见的主要有方解石。”王兰民．黄土动力学．北京：地震出版社，2003：3.

砾和石头越多，从山下运送土壤的难度越来越大，墙体材料因之含有越多的砂砾碎石和块石，这一现象在地势变化较大的地方尤为显著。如天镇李二口附近的爬坡段长城，即 D057—D060 所在段落，山脚处土壤丰富，墙体含砂砾等材料较少，土质较纯；山腰处的墙体开始掺杂一些砂砾、碎石，再往上走，墙体夯土中所含的杂质越来越多，夯层间开始密集铺砌砂砾碎石和块石，位于这一段的敌台也显示了同样的变化特征（表 5-13）。

敌台 D057—D060 材料变化 **表 5-13**

敌台	D060	D059	D058	D057
海拔	1176 m	1220 m	1271 m	1342 m
照片				
备注	D060：细粒土，基本无砂粒；D059：细粒土中掺杂少量砂粒；D058：细粒土中掺杂一些砂粒；D057：细粒土中掺杂大量砂砾，靠近夯层间含砂量最多，夯层间夹砌大量块石，内部夹砌的块石要多于外部，此外敌台顶部也散落着许多块石。			

此外，以烽火台为例，在同区域内，含砂砾和砖石较多的烽火台所处的海拔高度普遍比没有杂质或只有少量杂质的烽火台所处的位置要高，这从另一个角度证明了烽火台建造时受海拔高度不同而造成的土壤贫富差异和运送材料难易程度的影响。

③墙体取材兼顾防守需要。如 D026—D027 之间及附近的城墙外侧紧邻一深沟（图 5-11），深沟沿城墙呈条状分布，且宽度大致相同，应该不是自然形成，而是当时修筑长城时取土所挖，在修墙的同时也挖就了一条墙外壕沟，可谓一举两得。

图 5-11　城墙 D026—D027 局部断面（自北向南摄，墙外有条深沟）

第六章 夯土构造

第一节 基础做法

一、城墙基础及其与地形的适应性

一些段落的城墙由于被破坏形成断面，借助这些断面得以一窥墙体的基础。本次调查发现有城墙断面的点共 15 处，它们的基础做法统计及照片见下表（表 6-1、表 6-2）。

夯土城墙基础做法统计 **表 6-1**

基础做法		案例数目	案例
基础挖深	基础构造		
并未露出夯土体下部地面，无法断定是否深挖	基础部位和上部夯层构造并无二致	8	城墙 D024—D025、城墙李二口交汇点西北侧、城墙 D086 东侧、城墙 D133—D135、城墙 D135—D136、城墙 D136—D137、城墙 D210—D211 和城墙 D223—D225
露出夯土体下部地面，但由于被工具铲削扰动，不能识别起夯线和挖深	基础部位和上部夯层构造并无二致	1	城墙 D012 东侧
墙体紧临深沟，城墙临深沟一侧是自沟底处向上夯筑	基础部位和上部夯层构造并无二致	1	城墙 D026—D027
露出起夯线，起夯线与两侧现状地面大略持平	城墙底部土体中及周相邻土体中均含有大量砂砾、碎石及块石，应是地质构造本身如此，非人工造成	1	城墙 D061—D062
露出起夯线，起夯线与较低一侧的现状地面大略持平	只是在基础内部掺杂许多块石	2	城墙 D077—D078，城墙 D076—D077
露出起夯线，城墙两侧为向下的缓坡	基础部位铺砌块石	1	城墙 D155—D156（图 6-1）
上部墙体起夯线低于一侧现状地平三个夯层	基础部位和上部夯层构造并无二致	1	城墙 D236 南侧（图 6-2）

显示基础做法的夯土城墙断面案例 **表 6-2**

段落	城墙 D061—D062	城墙 D076—D077	城墙 D155—D156	城墙 D236 南侧
墙体断面全景	 内（东） 外（西）	 外（北） 内（南）	 内（西） 外（东）	 内（西） 外（东）
基础交界处				

注：图中所示虚线为夯土部分与下部基础之间的交界线

长城跨越的地形有斜坡、有沟壑，砖砌墙体面对斜坡时一般采取锯齿状保持各层水平的砌筑方式，如山西镇长城等，但此次调查发现的夯土墙体却并不这样，而是采用基本顺应地形坡度的方式斜向夯筑，如D076—D077之间跨越沟壑的墙体（图6-3）以及D057—D060之间的爬坡墙体等皆是如此，之所以夯层斜度与坡度并不完全平行，主要有两点，一是坡度太陡，若完全顺应此坡度，则墙体夯筑较为困难，于是在基础部分把斜度加以调整，不致太陡，二是与夯筑时的模板有关，模板较长，在一些局部变化较大的坡面可能采用取直的方式架设，故不与墙体坡度完全一致。

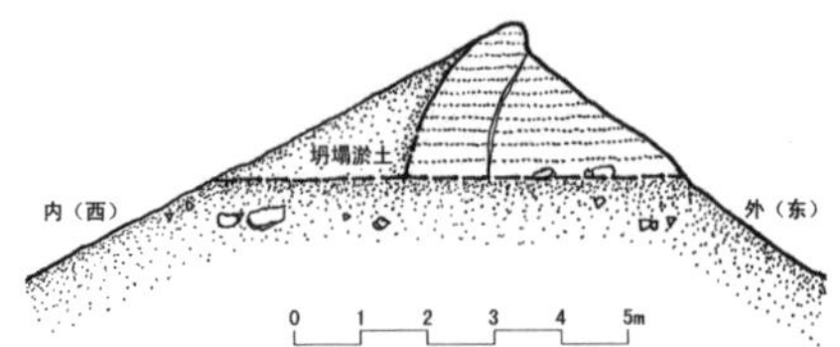

图6-1　城墙D155—D156断面

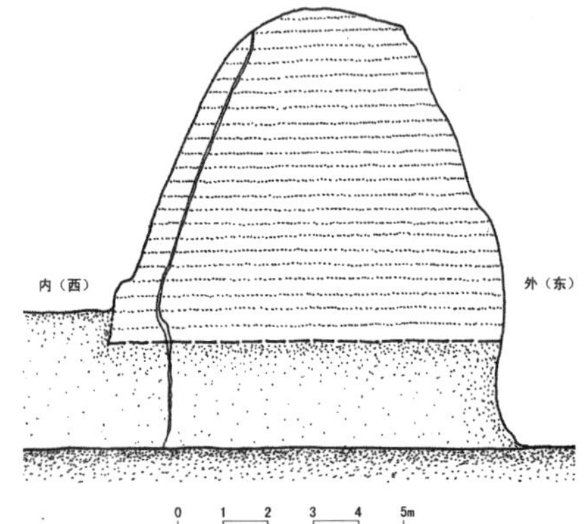

图6-2　D236南侧城墙断面

二、敌台和烽火台基础做法

敌台和烽火台的基础做法可分为以下三种：

①选择平坦地块或人工平整地基。与城墙顺应地势走向夯筑不同的是，敌台和烽火台经常位于地势平坦位置，即使地处山地，也尽量选择山头或山势转折处，同时不排除进行了人工平整。如敌台D057—D060，该段长城属于爬坡地段，但敌台位置却均选择了山坡的平缓处。又如烽火台F159（图6-4），它位于左云县威虏堡附近，一侧临近断崖，烽火台随崖面垂直坍塌，显露出了基础做法，可以看出，烽火台底部与自然地形的交接处呈一个略向下陷的弧面，显示基础的做法是在原地形上直接夯打压实。

图6-3　城墙D076—D077局部（自关内摄，虚线标示出其中一条夯层线位置）

②借助围城台基在自然地形上夯筑找平。有护台围墙和围城的敌台和烽火台常采用这种基础做法，如敌台D024、D093（图6-5）和烽火台F028等。烽火台F028位于天镇瓦窑口村西侧山脚下的梯田上，从坍塌的南侧和东侧靠崖面部位可以看出，烽火台台基是在自然土坡上夯筑而成，夯筑厚度为4 m左右（图6-6）。

图6-4　烽火台F159断面（虚线所示为地基线）

③基础下挖且基础部位砌筑块石。这种做法在烽火台上并未发现，仅见于敌台D222（图6-7）和D246，现只剩夯土墩台，但其原状均应为包砖敌台。D222周围挖有深沟，能看到底部构造，D246则只露出地面以上敌台周围的基石。由于在其他夯土敌台中未发现类似构造，因此这种构造做法可能仅用于包砖敌台。

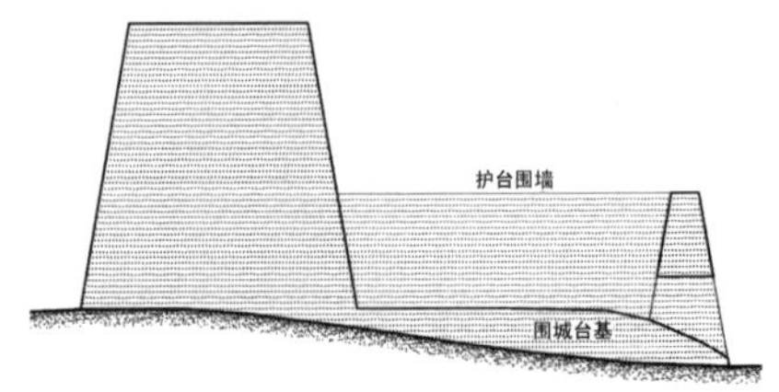

图6-5　敌台D024基础做法示意

图 6-6　烽火台 F028（虚线所示为地基线）

图 6-7　敌台 D222 基础部位（东北角）

三、堡城构筑物的基础做法

堡城构筑物的基础部分埋于地下，只能从受破坏处窥探，此次考察只发现三例展现基础做法的实例，分别为保平堡东南角台、镇边堡西南角台和威虏堡西墙。保平堡东南角台下部断面处显示，其基础部位铺有条石和片石，条石下部为土基，应该经过了夯打。镇边堡西南角台的旁侧因修路而挖出了一个高 1 m 的断面，断面显示基础部位含有许多块石，接近地表处为大石头铺砌，再上则为规整的条石（图 6-8）。另一例是威虏堡，堡西墙马面及附近西墙外侧墙基处均露出一些铺砌的条石。这两三例中的条石做法均位于夯土体外围，应该是外包砖墙的基础，对于夯土体下部基础做法则无法获知。

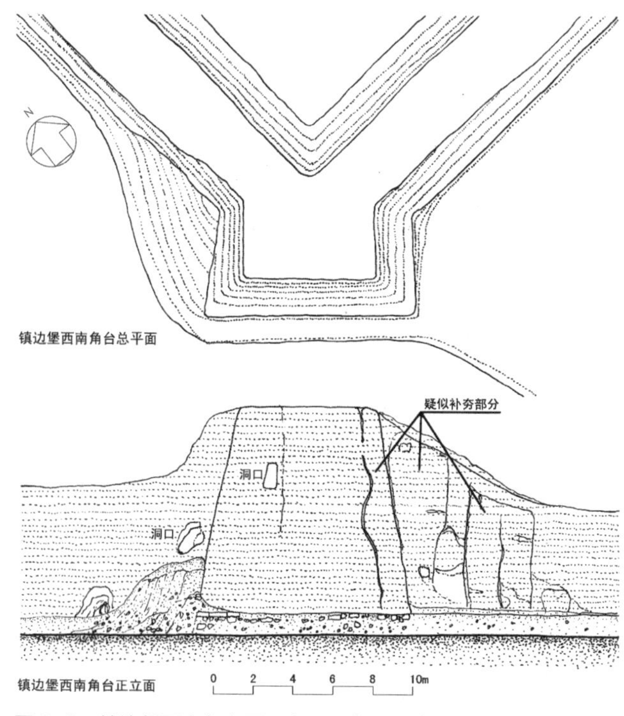

A——角台北侧（自北往南摄，角台侧面及紧邻西墙上均有洞口，内部可能为楼梯）
B——角台正面（自西南摄，正面墙上也有一洞口，右侧裂缝显示右半边可能为补夯）
C——角台南侧及紧邻南墙（墙体外表很可能也为补夯，同照片B所示角台特征一致）
D——角台南侧转角（夯层间有规则排列的孔洞，证明有夯筑时曾铺有植物根茎）
E——角台下部基础（自西北向西南摄，因修筑公路而露出基础断面，上部的条石应该是原包砖角台下部条石层）
F——角台下部基础近景（自西南摄）

图 6-8　镇边堡西南角台平、立面示意及照片

第二节 夯层厚度

一、城墙、敌台和烽火台的夯层厚度

根据数据统计（图 6-9），城墙夯层厚度主要分布于 150 ~ 250 mm 之间；敌台的夯层厚度大部分在 150 ~ 200 mm 之间，其中又以 180 mm 出现最多，折合明代尺度约 6 寸。烽火台的夯层厚度大部分为 200 ~ 250mm，其中，又以 220 mm 和 230 mm 最为常见。

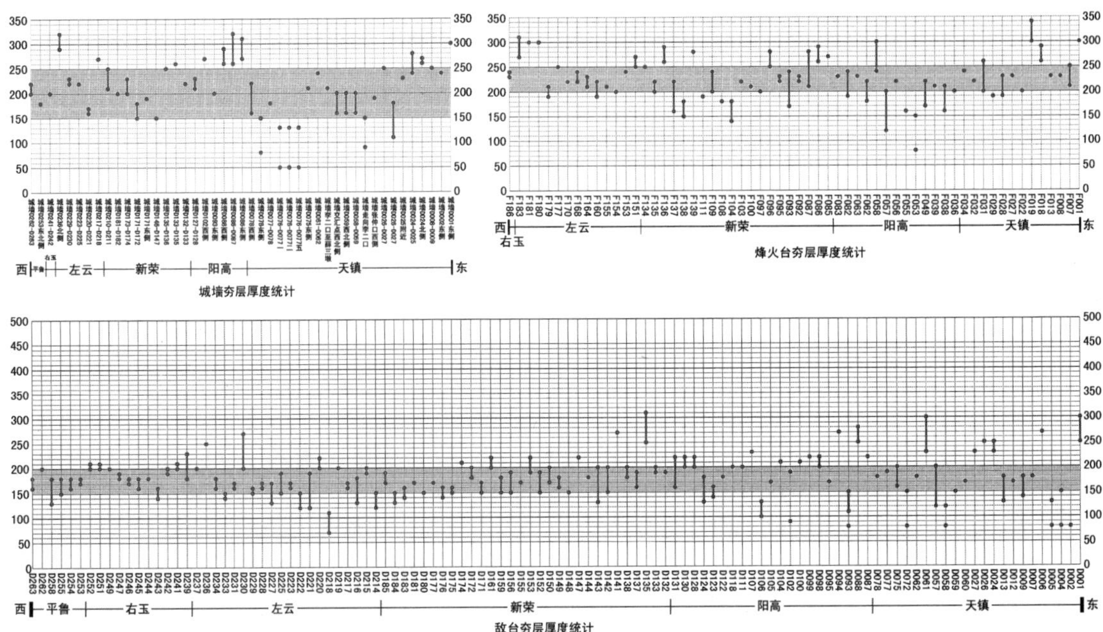

图 6-9 城墙、敌台和烽火台的夯层厚度统计

二、堡城构筑物的夯土厚度

根据实测数据（表 6-3），堡墙和马面、角台的夯层厚度大部分为 150 ~ 250 mm，超出这一范围的有镇边堡、镇川堡、威虏堡和杀胡堡。镇川堡墙体出现了 280 ~ 300 mm 厚的夯层，是堡墙中最厚的案例，而威虏堡和杀胡堡均有局部夯层厚度低于 150 mm。根据上表数据，同一堡城的堡墙和马面、角台的夯层厚度相一致，只有杀胡堡例外，它的三个组成部分，杀胡堡、平集堡、中关的夯层厚度呈逐渐减小趋势，而就建造时间看，杀胡堡最早，平集堡次之，中关最晚，夯层厚度随时代发展在逐渐减薄。在同样夯打力的作用下，夯层越薄，越容易夯实，夯土强度也越大，因此，夯层厚度的变薄反映了越往后期，对筑城质量的要求越高。

堡墙、马面和角台实测夯层厚度统计表　表 6-3

堡名	测点	夯层厚度（单位：mm）						
		堡墙				马面和角台		
新平堡	测点	东墙测点 2	北墙测点	南墙测点 1	南墙测点 2	南墙马面	—	—
	厚度	210 ~ 220	150 ~ 160	240	250	230	—	—
保平堡	测点	北墙测点	东墙测点	—	—	西北角台	—	—
	厚度	210	200 ~ 250	—	—	200 ~ 240	—	—
镇宁堡	测点	西墙测点	北墙测点	—	—	西北角台	—	—
	厚度	160	160	—	—	160	—	—
镇边堡	测点	南墙测点 1	南墙测点 2	—	—	西南角台	西北角台	—
	厚度	170	130 和 50	—	—	170	170	—
镇川堡	测点	西墙测点 1	西墙测点 2	南墙测点	东墙测点 1	西北角台	东北角台	北墙马面 1
	厚度	180	280 ~ 300	300	180（下部） 220（上部）	300	200 ~ 260	210（上部） 300（下部）
弘赐堡	测点	东墙测点 1	—	—	—	东南角台	东北角台	—
	厚度	180	—	—	—	210 ~ 250	200	—
镇羌堡	测点	东墙测点 1	—	—	—	东墙马面	东北角台	北墙马面
	厚度	220	—	—	—	200	200 ~ 240	200
市场堡	测点	东墙	—	—	—	东北角台	—	—
	厚度	220	—	—	—	220	—	—
得胜堡	测点	东墙	南瓮城南墙	—	—	东北角台	东墙马面	—
	厚度	160 ~ 200	170	—	—	130 ~ 200	180 ~ 210	—
拒门堡	测点	北墙	东门瓮城外墙	—	—	北墙马面（西侧）	东北角台	北墙高台
	厚度	160 ~ 220	180	—	—	160 ~ 220	170 ~ 200	150 ~ 200
威虏堡	测点	南瓮城西墙	南瓮城南墙	—	—	西墙马面（南侧）	—	—
	厚度	110 ~ 170	100 ~ 150	—	—	160 ~ 190	—	—
杀胡堡	测点	中关西墙测点 2	杀胡堡南门瓮城东墙	平集堡南墙	中关东墙	—	—	—
	厚度	85 ~ 150	220 ~ 230	110 ~ 130	80 ~ 130	—	—	—

三、厚薄夯层上下相间分布的现象

在各种夯土构筑物中，均发现一些厚薄夯层上下相间分布的现象，包括城墙（表 6-4）、敌台（表 6-5）、烽火台（F053）和堡城构筑物（镇边堡南墙）等。

夯土城墙厚薄相间夯层案例　表 6-4

墙体段落	城墙走向李二口	城墙 D076—D077	城墙 D078 东侧
夯层厚度	90 mm，150 mm	50 mm，130 mm	80 mm，150 mm
照片			

夯土敌台厚薄相间夯层案例 表 6-5

编号	D004	D005	D013	D058	D072	D093	D102
夯层厚度	80 mm 150 mm	80 mm 130 mm	130 mm 180 mm	80 mm 120 mm	80 mm 150 mm	80 mm 110 ~ 150 mm	90 mm 190 mm

照片				
	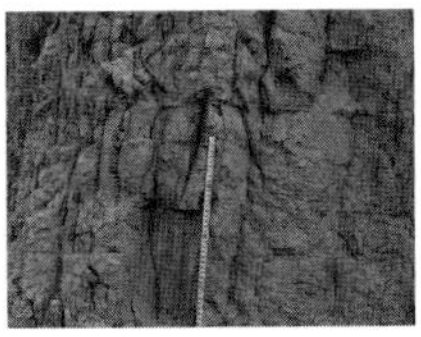 敌台 D004	 敌台 D058	 敌台 D072	 敌台 D093

但一些案例的厚薄相间现象并非内外如一，这种现象有可能与夯筑时的工序有关。如城墙 D076—D077，墙体表面夯层厚为 50 mm 和 130 mm，但墙体断面显示，表层厚薄相间的夯层厚度到内部则合为 180 mm；又如敌台 D060，敌台角部坍塌处显示敌台表层虽然是 50 mm 和 120 mm 厚薄相间的夯筑做法，但是内部却是厚 170 mm 的完整一层；再如镇边堡南墙，表面为 130 mm 和 50 mm 厚薄夯层相间分布，但窑洞内显示的墙体内部夯层厚度为 170 ~ 180 mm。以上三个案例中夯土构筑物内外之间的材料完全一致，外层并非后来补筑，因此，这个现象可以说明厚薄相间的做法是由于在夯筑时内外不同步造成的，而之所以不同步，是为了保证外围的结构强度，内部每夯筑一层，外部则要分一厚一薄两次夯筑，通过这种做法使外围更加坚固。

第三节 夯层构造

基于上文对土的分类，夯土体的夯层构造主要阐明不同颗粒的土在夯层中的组成，由于细粒土为夯土材料的主体，所以夯层构造主要集中在其他颗粒的土或其他材料（如砖）在细粒土中的分布状态和含量方面。根据夯土中是否含砂砾、碎石、块石等其他材料以及它们在夯土中的存在方式，可以将夯层构造分为三大类：纯细粒土类、掺杂类（细粒土中掺杂砂砾和砖石）和铺砌类（细粒土中铺砌砂砾和砖石，且只要有材料呈铺砌状态即为铺砌类）。其中掺杂类和铺砌类又可以按砂砾和砖石含量的多少各分为两亚类，即大量 / 少量掺杂类和大量 / 少量铺砌类，亚类下面再根据夯层中各种材料的各种分布状态和含量进行组合编号，形成几个特征属，以此形成类—亚类—属的分类方式，展开对各类夯土构筑物夯层构造的统计分析。

一、城墙夯层构造

根据对夯土墙体材料的统计，可以对每段夯土墙体的构造特征进行编号，共有 14 种，其对应的分类见表 6-6。就调查的案例而言，城墙夯层构造以掺杂类尤其是少量掺杂类占绝大多数，铺砌类较少。

夯土城墙夯层构造分类统计　　表 6-6

构造类别	段落比例	亚类	构造特征编号（属）	案例数目	比例	城墙段落
掺杂类	90.9%	少量掺杂类	A+Ba1	30	54.5%	D001 东 侧，D008—D009，D024 北 侧，D024—D025，D025 附近，D026—D027 一，D026—D027 二，走向李二口段，交汇点西北侧长城，D078 东侧，D078 西侧，D096—D098，D102 西侧，D106 东侧，D109 西侧，D110—D111，D127—D128，D132—D133，D133—D135，D146—D147，D171 东 侧，D171—D172，D173—D174，D175—D176，D181—D182，D217—D218，D236 南 侧，D241—D242，D253 东北侧，D262—D263
			A+Ba1+Ca1+Da1	7	12.7%	D002 东 侧，D012 东 侧，D076—D077 一，D135—D136，D155—D156，D223—D225，D236 北侧
			A+Ba1+Ca1	3	5.5%	张仲口西侧，李二口至薛三墩段，D136—D137
			A+Ba1+Da1	2	3.6%	D076—D077 五，D093 东侧
		大量掺杂类	A+Ba2+Ca2+Da2	3	5.5%	D075 东侧，D210-D211，D220—D221
			A+Ba2	2	3.6%	D058—D059，D059 西北侧
			A+Ba2+Ca1	1	1.8%	D086—D087
			A+Ba2+Ca1+Da1	1	1.8%	D057—D058
			A+Ba1+Ca2+Da2	1	1.8%	D077—D078
铺砌类	9.1%	少量铺砌类	A+Ba1+Ca2+Cb1+Da2+Db1	1	1.8%	D076—D077 二
		大量铺砌类	A+Ba1+Bb2+Cb2	1	1.8%	D229—D230
			A+Ba1+Cb2+Db2	1	1.8%	D088 西侧
			A+Ba2+Bb2+Cb2+Db2	1	1.8%	D086 东侧
			A+Ba2+Cb2+Db2	1	1.8%	D061—D062

注：本表涉及有效案例总数为 55 处，表中右侧一列带下划线的墙体段落为有植物枝条存在迹象的案例

城墙周围土壤贫瘠，多砂砾、碎石和块石，城墙在建造时应该是就地取土，但铺砌做法显示古人在取土时对砂砾、碎石和块石进行了筛离，只在内层铺砌的做法可以避免砂性土造成的夯土体黏结性差和渗透性强的缺点，但在表层土剥离或坍塌后，内部的砂砾、碎石和块石极易受雨水冲刷，加速城墙的垮塌，这应该是该段城墙现状保存较差的主要原因。

由此可见，大量掺杂类和铺砌类夯层构造一方面是缘于周围土壤环境的实际状况，另一方面也反映了古人对较差土壤资源的积极利用和在构造措施上的改善。因此有必要对大量掺杂类和铺砌类案例做进一步统计（表 6-7）。

基于以上内容，将夯土城墙的夯层构造统计如表 6-8。

二、敌台夯层构造

依照上文对夯土城墙的夯层构造统计和分类方法，对 132 个夯土敌台的构造特征进行编号，并对大量掺杂类和铺砌类案例进行进一步统计，比较大量掺杂或铺砌材料的分布情况，最后将夯土敌台的夯层构造总结如表 6-9。

夯土城墙大量掺杂类和铺砌类夯层构造统计

表 6-7

构造类型		城墙段落	铺砌或大量掺杂的材料	Ba2	Ca2	Da2	Bb	Cb	Db
大量掺杂类		D075 东侧	Ba2+Ca2+Da2	均匀分布	均匀分布	均匀分布	—	—	—
		D210—D211	Ba2+Ca2+Da2	均匀分布	不能确定[注]	不能确定[注]	—	—	—
		D220—D221	Ba2+Ca2+Da2	均匀分布	均匀分布	均匀分布	—	—	—
		D058—D059 D059 西北侧 D057—D058	Ba2	内部均匀分布	—	—	—	—	—
		D086—D087	Ba2	均匀分布	—	—	—	—	—
		D077—D078	Ca2+Da2	—	集中分布于底基内部	集中分布于底基内部	—	—	—
铺砌类	少量铺砌类	D076—D077 二	Ca2+Cb1+Da2+Db1	—	集中分布于底基内部	集中分布于底基内部	—	中部夯层间铺砌一层	中部夯层间铺砌一层
	大量铺砌类	D229—D230	Bb2+Cb2	—	—	—	内部夯层间逐层铺砌	内部夯层间逐层铺砌	—
		D088 西侧	Cb2+Db2	—	—	—	—	上部夯层间逐层铺砌	上部夯层间逐层铺砌
		D086 东侧	Ba2+Bb2+Cb2+Db2	均匀分布	—	—	内部夯层间逐层铺砌	内部夯层间逐层铺砌	内部夯层间逐层铺砌
		D061—D062	Ba2+Cb2+Db2	均匀分布	—	—	—	内部夯层间逐层铺砌	内部夯层间逐层铺砌

注：城墙 D210—D211 段夯土中的碎石和块石发现于坍塌的淤土中，其原分布位置不能确定

夯土城墙夯层构造统计结果

表 6-8

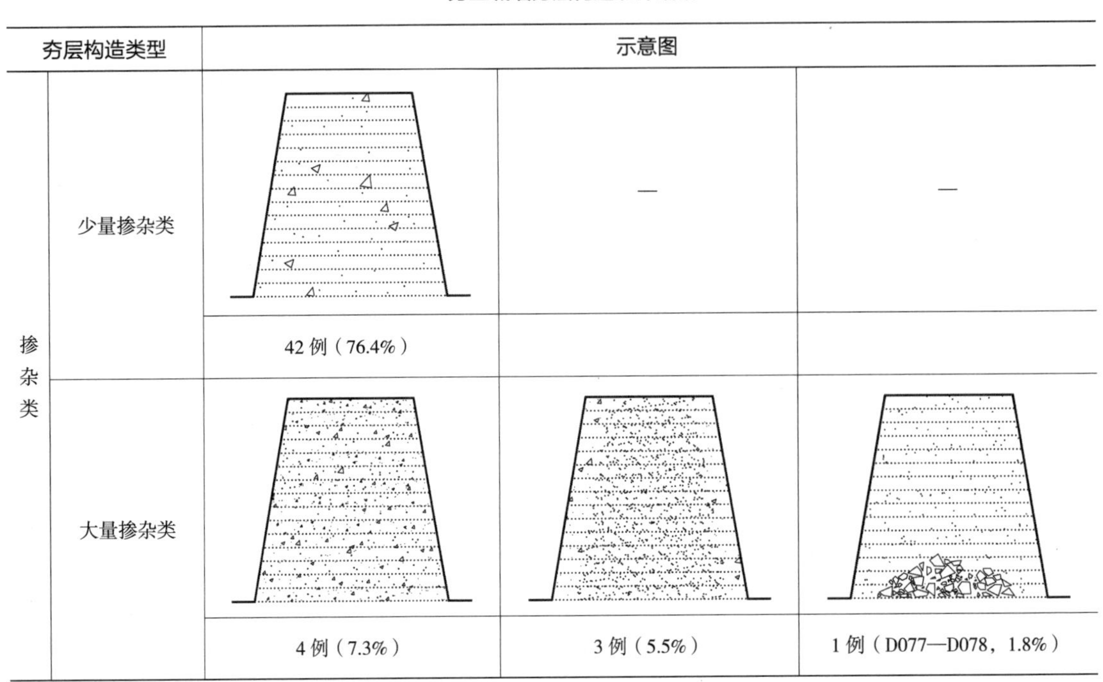

夯层构造类型		示意图		
掺杂类	少量掺杂类	42 例（76.4%）	—	—
	大量掺杂类	4 例（7.3%）	3 例（5.5%）	1 例（D077—D078，1.8%）

续表

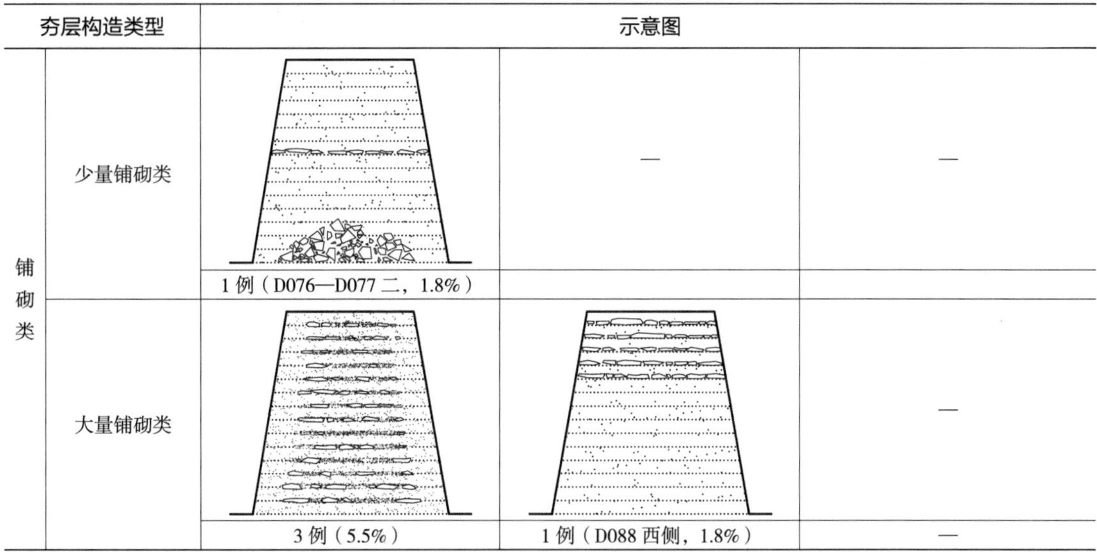

夯层构造类型		示意图		
铺砌类	少量铺砌类	1 例（D076—D077 二，1.8%）	—	—
	大量铺砌类	3 例（5.5%）	1 例（D088 西侧，1.8%）	—

夯土敌台夯层构造统计结果 表 6-9

夯层构造类型		示意图			
纯细粒土类		19 例（14.4%）	—	—	—
掺杂类	少量掺杂类	83 例（62.9%）	—	—	—
	大量掺杂类	17 例（12.9%）	1 例（D004，0.7%）	1 例（D146，0.7%）	1 例（D255，0.7%）
铺砌类	少量铺砌类	5 例（3.8%）	3 例（2.3%）	1 例（D088，0.7%）	2 例（1.5%）
	大量铺砌类	2 例（1.5%）	1 例（D104，0.7%）	—	—

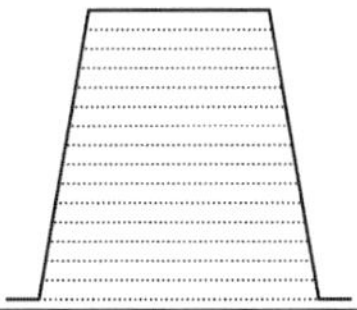

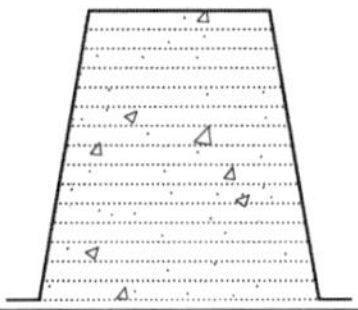

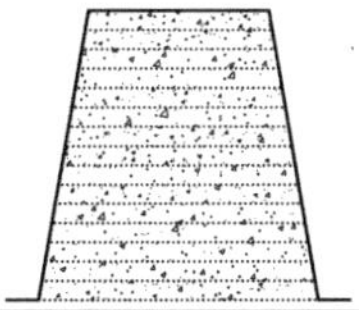

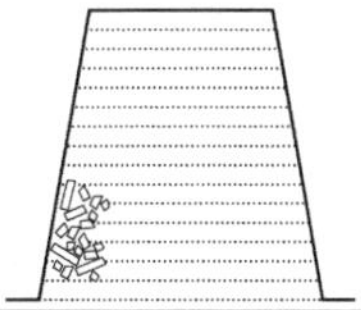

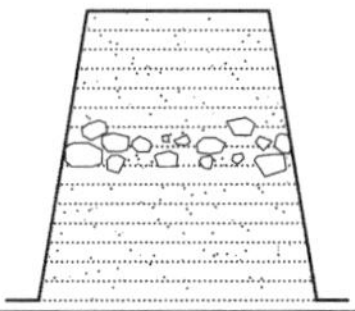

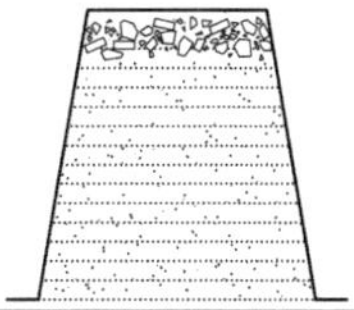

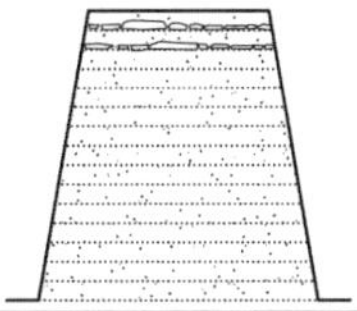

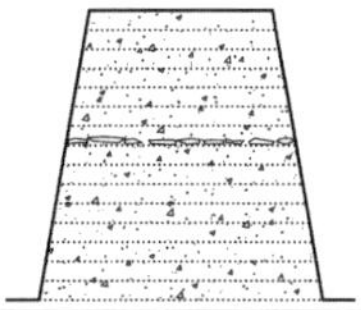

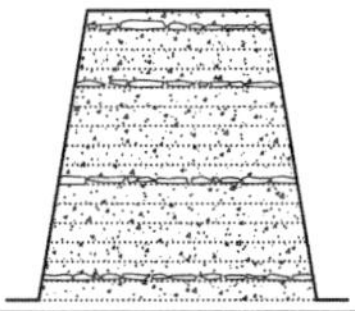

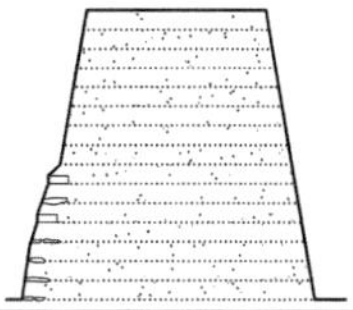

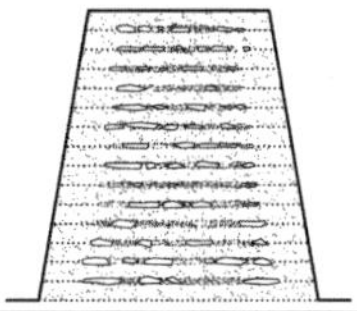

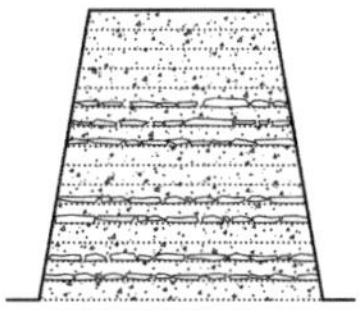

三、烽火台夯层构造

根据前文对 81 个夯土烽火台材料组成的统计，夯土烽火台夯层构造以掺杂类尤其是少量掺杂类为主，纯细粒土类次之，铺砌类最少，只有两例。对于大量掺杂类和铺砌类，砂砾或砖石等材料在夯土中出现了均匀分布或局部集中的现象，个别案例，如烽火台 F168 则是两者兼有。F168 位于左云县威虏堡西边的山坡坡顶，周围土壤较为贫瘠，烽火台夯土中掺杂了大量砂砾和碎石，并在顶部夯层间铺砌了一层碎石和块石（据现状推测），烽火台表面没有发现植物枝条实物遗存或孔洞阵列。

通过进一步对大量掺杂类和铺砌类的分析，对夯土烽火台的夯层构造统计如表 6-10。

夯土烽火台夯层构造统计结果 表 6-10

夯层构造类型		示意图		
纯细粒土类		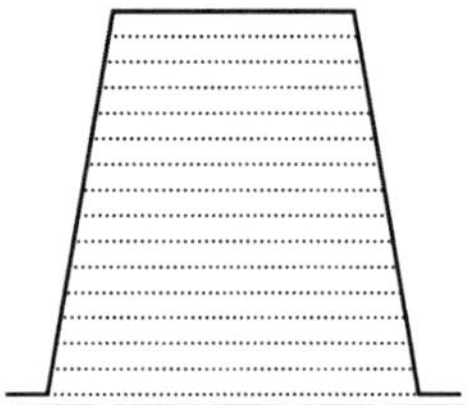	—	—
		9 例（11.1%）	—	—
掺杂类	少量掺杂类	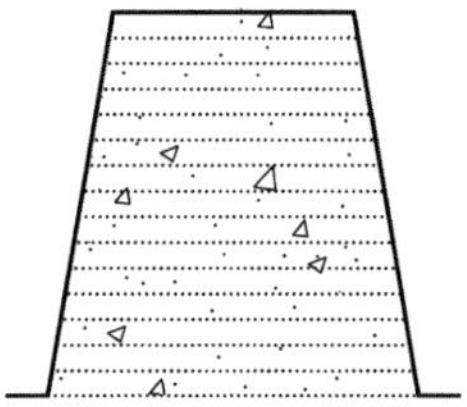	—	—
		64 例（79.0%）	—	—
	大量掺杂类	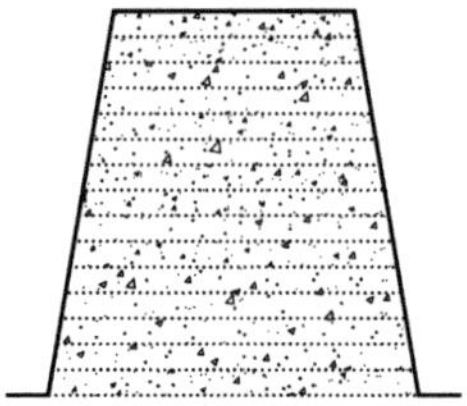	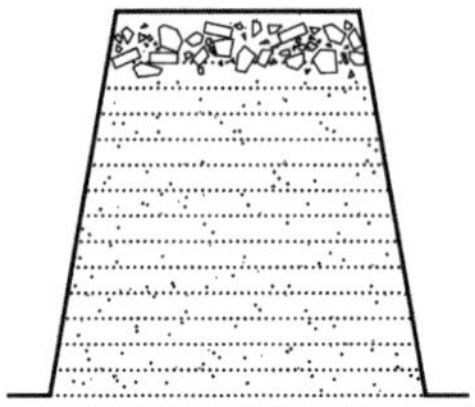	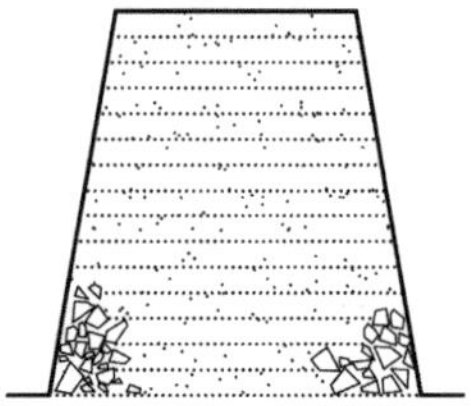
		7 例（8.6%）	1 例（F034，1.2%）	1 例（F058，1.2%）
铺砌类	少量铺砌类	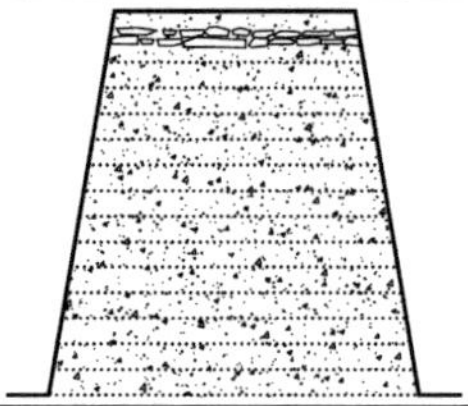	—	—
		1 例（F168，1.2%）	—	—
	大量铺砌类	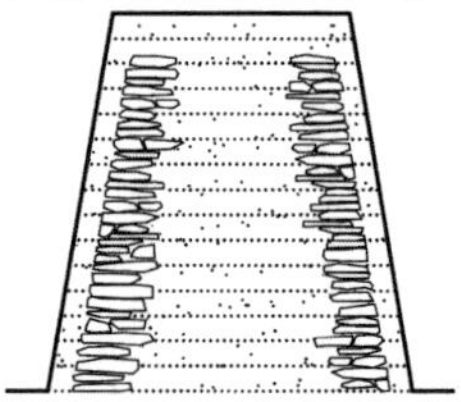	—	—
		1 例（F029，1.2%）	—	—

四、堡墙、马面和角台的夯层构造

根据前述分类标准，对夯土堡墙、马面和角台的夯层构造统计见表 6–11。

堡墙、马面和角台夯层构造分类统计　　表 6–11

构造类别	亚类	构造特征编号（属）	测点数目	案例
纯细粒土类		A	4	杀胡堡中关西墙测点 1（西门北侧），杀胡堡中关西墙测点 2，杀胡堡平集堡南墙（南门东侧），杀胡堡东墙马面
掺杂类	少量掺杂类	A+Ba1	24	新平堡南墙马面，保平堡北墙测点（靠近西北角），保平堡西北角台，镇宁堡北墙测点(靠近东北角),镇宁堡西北角台,镇边堡南墙测点 1(靠近西南角)，镇边堡西南角台，镇边堡南墙马面，镇川堡西墙测点 1，镇川堡东墙测点 1，镇羌堡东墙测点 1，镇羌堡东墙马面，镇羌堡东北角台，镇羌堡北墙马面，市场堡东墙，市场堡东北角台，得胜堡东墙，得胜堡南门瓮城南墙，得胜堡东北角台，得胜堡东墙马面，拒门堡北墙马面（西侧），拒门堡东北角台，威虏堡西墙马面（南侧），杀胡堡中关东墙
		A+Ba1+Ca1	6	新平堡东墙测点 1,新平堡东墙测点 2,镇川堡西墙测点 2(靠近西南角),镇川堡南墙测点，弘赐堡东墙（马面北侧），拒门堡东门瓮城外墙
掺杂类	少量掺杂类	A+Ba1+Ca1+Da1	2	新平堡西墙，杀胡堡南门瓮城东墙
		A+Ba1+Ea1	1	拒门堡北墙高台
		A+Ba1+Ca1+Da1+Ea1	1	弘赐堡东墙（靠近东门）
		A+Ba1+Da1+E'a1	1	新平堡南墙测点 2（瓮城城门西侧）
		A+Ba1+Ca1+Da1+E'a1	1	新平堡北墙测点
	大量掺杂类	A+Ba2	4	镇宁堡西墙测点（靠近西北角），弘赐堡东南角台，弘赐堡东北角台，镇羌堡东墙测点 2
		A+Ba2+Ca2	2	威虏堡南门瓮城西墙，威虏堡南门瓮城南墙
铺砌类	少量铺砌类	A+Ba1+Eb1	3	新平堡南墙测点 1，镇川堡西北角台，拒门堡北墙马面（东侧）
		A+Ba1+Ca1+Eb1	1	镇川堡北墙马面 2
		A+Ba1+Db1+Eb1	1	镇边堡西北角台
		A+Ba1+Da1+Eb1	1	镇川堡东南角台
		A+Ba1+Ca1+Da1+Ea1+Eb1	1	镇川堡东墙测点 2（靠近东北角）
		A+Ba1+Da1+E'a1+Eb1	1	镇川堡西南角台
	大量铺砌类	A+Ba2+Bb2	1	拒门堡北墙
		A+Ba1+Cb2+Da1+Db2+Eb1	1	镇川堡东北角台
		A+Ba1+Db2+Eb2	1	保平堡东墙测点（靠近东南角）
		A+Ba1+Ca1+Db2+Eb2	1	镇川堡北墙马面 1

总体来看，掺杂类夯层构造占大多数，其中又以少量掺杂类居多。纯细粒土类全位于杀胡堡，铺砌类主要位于新平堡、镇川堡、拒门堡、镇边堡和保平堡等五个堡城，且砖块和块石是铺砌的主要材料。对于大量掺杂类和铺砌类，对其砂砾和砖石分布情况进行进一步统计（表 6–12、表 6–13）。

在铺砌类夯层构造中，镇川堡东北角台、保平堡东墙和镇川堡北墙马面 1 这三个构造案例均属与外包砖石墙体搭接而采用的做法，且均位于帮筑部分，镇川堡马面 1 中铺砌的砖石端头有白灰浆残余，毫无疑问，这是包筑砖石外墙时所为。

堡城夯土墙体大量掺杂类夯层构造统计 **表 6–12**

测点	大量掺杂的材料	Ba2	Ca2
镇宁堡西墙测点（靠近西北角），弘赐堡东南角台，弘赐堡东北角台	Ba2	均匀分布	—
镇羌堡东墙测点 2	Ba2	集中分布于内部夯土中	—
威虏堡南门瓮城西墙	Ba2+Ca2	均匀分布	均匀分布
威虏堡南门瓮城南墙	Ba2+Ca2	上部较多	上部较多

堡城夯土墙体铺砌类夯层构造统计 **表 6–13**

测点	铺砌或大量掺杂的材料	Ba2	Bb	Cb	Db	Eb
镇川堡北墙马面 2，镇川堡东南角台，镇川堡东墙测点 2（靠近东北角），镇川堡西南角台	Eb1	—	—	—	—	上部铺砌一层
新平堡南墙测点 1，镇川堡西北角台	Eb1	—	—	—	—	上部铺砌数层
拒门堡北墙马面（东侧）	Eb1	—	—	—	—	上中下均有铺砌
镇边堡西北角台	Db1+ Eb1	—	—	—	中部铺砌数层	中部铺砌数层
拒门堡北墙	Ba2+Bb2	内部原夯土体均匀分布	外部帮筑部分逐层铺砌	—	—	—
镇川堡东北角台	Cb2+Db2+Eb1	—	—	位于帮筑部分，下部逐层铺砌	位于帮筑部分，下部逐层铺砌	位于帮筑部分，上部铺砌一层
保平堡东墙测点（靠近东南角）	Db2+Eb2	—	—	—	位于帮筑部分，下部逐层铺砌，上部铺砌数层	位于帮筑部分，中部逐层铺砌，上部铺砌数层
镇川堡北墙马面 1	Db2+Eb2	—	—	—	位于帮筑部分，中下部铺砌数层	位于帮筑部分，中下部铺砌数层

第四节 铺设植物枝条做法

在夯土中铺设植物枝条是古人加强夯土体结构强度的重要措施，但在该段长城考察中发现的确定案例非常少，仅在镇边堡南墙马面下部窑洞的顶壁上发现了实物遗存，是一种细约 5 mm 的缠绕状藤条。除此之外，有关植物枝条存在的证据主要有两种，一是疑似植物枝条，一是孔洞阵列，据此展开对夯土构筑物铺设植物枝条做法的探讨和分析。

一、城墙

对城墙疑似植物枝条案例和存在孔洞阵列案例分别统计如表 6–14、表 6–15。

夯土城墙植物枝条疑似遗存案例 **表 6–14**

城墙段落	水平布置	竖向布置	夯层间	夯层中	直径（mm）	备注
城墙 D002 东侧	√	√	√	√	10	呈弯曲状，应是植物根茎
城墙 D008—D009	√	—	—	√	5	露出端头呈弯曲状，为植物根系或藤条

续表

城墙段落	水平布置	竖向布置	夯层间	夯层中	直径（mm）	备注
城墙 D012 东侧	√	√	√	√	<5	似植物根系
城墙 D057—D058	√	—	√	√	5 ~ 10	似植物根茎
城墙 D106 东侧	—	√	—	—	10	无

夯土城墙孔洞阵列案例统计 **表 6-15**

城墙段落	夯层间	夯层中	孔洞直径（mm）	孔洞水平向中心距（mm）	备注
城墙走向李二口	√	—	15 ~ 30	300 ~ 530	断面处没有孔洞
城墙李二口至薛三墩	√	—	15 ~ 30	300 ~ 400	无
城墙 D075 东侧	√	—	10 ~ 20	400 ~ 550	无
城墙 D076—D077 五	√	—	15 ~ 30	300 ~ 500	断面处只有个别孔洞
城墙 D076—D077 一	√	—	10 ~ 30	260 ~ 510	断面处只有个别孔洞
城墙 D078 东侧	√	—	10 ~ 30	450 ~ 670	断面处只有个别孔洞
城墙 D078 西侧	√	—	10 ~ 30	300 ~ 400	无
城墙 D086—D087	√	—	20 ~ 30	300	无
城墙 D088 西侧	√	—	5 ~ 10	380 ~ 560	无

根据两表统计内容，可以得出以下推测和结论：

（1）从现存迹象看，植物枝条大都呈水平布置，竖向布置案例仅见于疑似遗存案例，且一些系植物根茎，很可能为后来生长，城墙 D106 东侧的遗存暴露于墙外，为实物遗存的可能性并不大。对于水平布置类，统计显示疑似遗存案例夯层间和夯层中均有布置，而孔洞阵列案例显示植物枝条均位于夯层间。

（2）植物枝条的直径一般为 5 ~ 30 mm，水平向中心间距一般为 300 ~ 600 mm，上下层之间的孔洞并无对应关系。

（3）一些案例说明，城墙内植物枝条的铺设一般垂直于墙体走向，平行于墙体方向很少或几乎没有铺设植物枝条。

由此可以对夯土城墙铺设植物枝条做法有一些认识（图 6-10）。

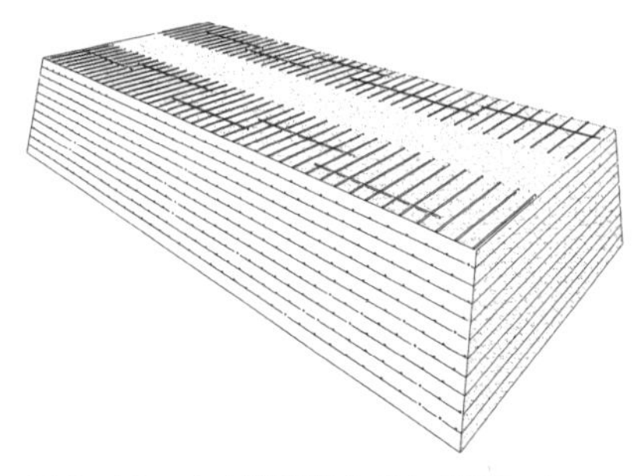

图 6-10　夯土城墙植物枝条铺设示意

二、敌台

对敌台铺设植物枝条做法相关案例统计如表 6-16、表 6-17。

夯土敌台植物枝条疑似遗存案例统计 **表 6-16**

敌台编号	水平布置	竖向布置	夯层间	夯层中	直径（mm）	备注
D001	√	—	√	—	5 ~ 10	多根成攒，角部正交布置
D005	√	—	√	—	10	无
D012	√	—	√	√	20	似植物根茎
D024	√	—	√	—	10	无
D058	√	—	√	—	20	多根成攒
D094	√	—	√	—	70	斜插于夯土中，表面发黑
D125	—	√	—	—	10	位于竖向裂隙中

夯土敌台孔洞阵列案例统计 **表 6-17**

敌台编号	夯层间	夯层中	孔洞直径（mm）	孔洞水平向中心距（mm）	备注
D012	√	—	10 ~ 30	170 ~ 350	无
D024	√	—	10 ~ 30	300 ~ 400	无
D026	√	—	10 ~ 20	460 ~ 610	无
D058	√	—	10 ~ 15	330 ~ 530	无
D061	√	—	10 ~ 30	520 ~ 890	无
D062	√	—	10 ~ 15	180 ~ 300	无
D072	√	—	15 ~ 30	180 ~ 400	无
D078	√	—	15 ~ 30	200 ~ 350	无
D086	√	—	10 ~ 30	300 ~ 400	无
D093	√	—	10 ~ 20	50 ~ 500	夯层下部有植物印迹，可能为藤条
D123	√	—	10 ~ 15	200 ~ 250	无
D126	√	—	10 ~ 30	250 ~ 500	无
D130	√	—	10 ~ 30	300 ~ 450	无
D135	√	—	10	270 ~ 650	无
D152	√	—	5 ~ 20	400 ~ 740	无
D159	√	—	10 ~ 40	200 ~ 500	无
D174	√	—	5 ~ 10	210 ~ 300	无
D178	√	—	10 ~ 20	200 ~ 400	无
D184	√	—	10	300 ~ 400	坍塌断面处无孔洞
D185	√	—	10 ~ 20	250 ~ 350	无
D222	√	√	5 ~ 10	270 ~ 380	无
D241	√	—	10 ~ 20	300	角部痕迹显示植物枝条呈正交铺设，不是放射状
D243	√	—	10 ~ 30	200 ~ 400	无
D244	√	—	10 ~ 20	200 ~ 400	无
D245	√	—	10 ~ 20	200 ~ 580	无
D246	√	—	10 ~ 20	220 ~ 320	无
D247	√	—	5 ~ 20	330 ~ 490	无
D254	√	—	10 ~ 40	380 ~ 660	无
D263	√	—	10 ~ 40	300 ~ 600	无

根据以上内容，得出以下推测和结论：

（1）从现存迹象看，植物枝条的铺设方式以水平布置为主，竖向布置只有一例，为敌台 D125 的疑似遗存，枝条位于表面竖向裂隙中，可能为后来生长的灌木根系。对于水平布置，疑似遗存和孔洞阵列案例都显示夯层间铺设做法占绝大多数。

（2）根据两表实测数据，植物枝条的直径一般为 5 ~ 40 mm，只有敌台 D094 的疑似实物遗存的直径例外，为 70 mm，斜插于夯土中，表面发黑，呈碳化迹象，可能为实物遗存。植物枝条的水平向中心间距一般为 200 ~ 600 mm，上下层之间并没有固定对位关系。

（3）个别案例的坍塌断面处并没有孔洞遗存，说明植物根茎有可能只在敌台外围铺设。敌台 D241 的角部痕迹说明敌台在角部仍旧为正交状铺设，而非放射状。

由此得出夯土敌台铺设植物枝条做法的一般做法（图 6-11）。

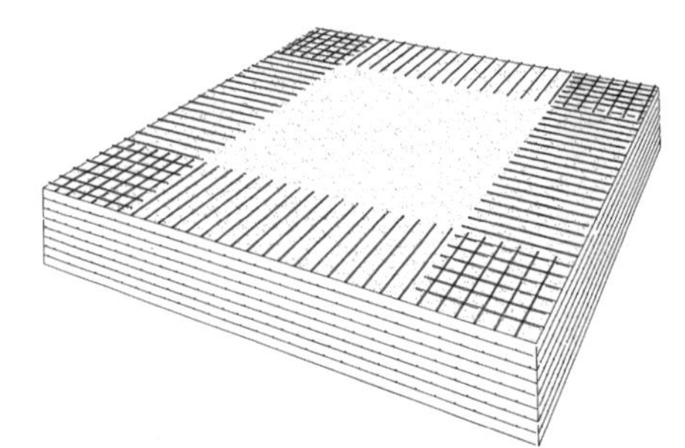

图 6-11 夯土敌台植物枝条铺设示意

三、烽火台

对烽火台铺设植物枝条做法相关案例统计如表 6–18、表 6–19。

烽火台植物枝条疑似遗存案例统计　　表 6–18

烽火台编号	水平布置	竖向布置	夯层间	夯层中	直径（mm）	备注
F001	√	—	√	√	15	呈弯曲状，应是灌木根茎
F014	√	—	—	√	10	应是灌木根系
F057	—	√	—	—	5 ~ 10	位于下部窑洞侧壁的裂隙中
F058	—	√	—	—	15	呈弯曲状，应是灌木根茎

夯土烽火台孔洞阵列案例统计　　表 6–19

烽火台编号	夯层间	夯层中	孔洞直径（mm）	孔洞水平中心距（mm）
F005	√	—	10 ~ 30	250 ~ 500
F008	√	—	10 ~ 20	380 ~ 770
F028	√	—	10 ~ 30	200 ~ 480
F031	√	—	10 ~ 20	230 ~ 350
F032	√	—	10 ~ 30	290 ~ 560
F034	√	—	10 ~ 20	300 ~ 460
F082	√	—	10 ~ 20	250 ~ 400
F079	√	—	10 ~ 30	250 ~ 400
F039	√	—	10 ~ 20	350 ~ 570
F088	√	—	10 ~ 30	200 ~ 300
F092	√	—	10 ~ 30	200 ~ 500
F093	√	—	10 ~ 30	300 ~ 400
F096	√	—	10 ~ 30	300 ~ 400
F100	√	—	<5	200 ~ 300
F160	√	—	10 ~ 30	320 ~ 650

根据以上内容，得出以下推测和结论：

（1）从现存迹象看，植物枝条的铺设方式以水平布置为主，且主要位于夯层间，推测古人每夯一层后即在其上铺设，然后夯筑；竖向布置案例（F057 和 F058）均为疑似实物遗存，但 F057 很可能是后来生长的灌木根茎，只有 F058 的植物枝条位于窑洞内壁，为实物遗存的可能性较大。

（2）根据两表实测数据推测，植物枝条的直径一般为 10 ~ 30 mm，植物枝条的水平向中心间距一般为 200 ~ 600 mm，上下层之间并没有固定对位关系。

四、堡城夯土构筑物

对于堡城夯土构筑物，其铺设植物枝条做法主要反映在孔洞阵列现象上，统计如表 6–20。

堡墙、马面和角台孔洞阵列案例统计 表 6–20

堡名	测点	夯层间	夯层中	孔洞直径（mm）	孔洞水平中心距（mm）
新平堡	东墙测点 1	√	—	10	200 ~ 400
	南墙马面	√	√	10，30 ~ 100	250 ~ 700
保平堡	东墙测点（靠近东南角）	√	—	5 ~ 10	300 ~ 500
镇宁堡	西北角台	√	√	5 ~ 20	200 ~ 400
镇边堡	西南角台	√	—	10 ~ 20	260 ~ 400
	南墙马面	√	√	5 ~ 10	280 ~ 500
镇川堡	西墙测点 2（靠近西南角）	√	—	5 ~ 10	孔洞较少且分散，无法确定
	西北角台	√	—	10 ~ 30	400 ~ 800
镇羌堡	东墙测点 1	√	—	5 ~ 10	180 ~ 300
	北墙马面	√	—	10	200 ~ 300
市场堡	东北角台	√	—	5 ~ 10	孔洞较少且分散，无法确定
得胜堡	东墙	√	—	5 ~ 10	200 ~ 300
	南门瓮城南墙	√	—	10 ~ 30	200 ~ 400
	东墙马面	√	√	10	150 ~ 300
拒门堡	北墙	√	—	10	350 ~ 700
	东门瓮城外墙	√	—	10	300 ~ 400
威虏堡	南门瓮城西墙	√	—	10 ~ 20	250 ~ 350
杀胡堡	中关西墙测点 1（西门北侧）	√	—	10	孔洞较少且分散，无法确定
	平集堡南墙（南门东侧）	√	—	10	450 ~ 600
	中关东墙	√	—	5 ~ 10	150 ~ 300

根据以上内容，结合一例实物遗存，得出以下推测和结论：

（1）从现存迹象看，夯土堡墙、马面和角台中植物枝条的铺设方式均为水平布置，植物枝条大都布置于夯层间，位于夯层中的案例较少。

（2）根据实测数据推测，夯土堡墙、马面和角台中植物枝条的直径一般为 5 ~ 30 mm，植物枝条的水平向中心间距为 150 ~ 800 mm，上下层之间并没有固定对位关系。新平堡南墙马面上部的孔洞直径较大，一些已被作为鸟窝，可能与它们的破坏有关。

五、铺设植物枝条做法与夯层构造关系比较

对于夯土构筑物中铺设植物枝条做法与敌台夯层构造之间的关系，选择了案例基数较多的敌台和烽火台分别进行比较（表 6–21）。

铺设植物枝条做法与夯层构造关系 表 6–21

内容	纯细粒土类	掺杂类		铺砌类	
		少量掺杂类	大量掺杂类	少量铺砌类	大量铺砌类
各类案例总数	19（9）	83（64）	21（8）	4（1）	9（2）
铺设植物枝条案例数目	5（2）	21（19）	1（2）	1（0）	2（0）
铺设植物枝条案例比例	26.3%（22.2%）	25.3%（29.7%）	4.8%（25.0%）	25.0%（0）	22.2%（0）

注：表中括号外为敌台数据，括号内为烽火台数据

综合以上两表内容，可以看出，在夯土没有含砂砾、砖石或含量较少时，较多的铺设植物枝条，当掺杂量较大时，则较少铺设。对于铺设植物枝条做法与铺砌类构造之间则并不存在明显的对应关系。

第五节 外部构造

一、城墙垛口做法

对于城墙垛口，仅在城墙 D058—D059 段发现局部遗存（图 6–12），这段城墙位于天镇李二口北侧的山坡上，墙体走向为北偏西 20°，随山势而上。墙体内侧高 8 m，外侧高 8.5 m（垛口高度计算在内），顶宽 4.5 m，墙体顶部残存有垛口和女墙痕迹，垛口保存较多，距顶部中央位置高约 1 m，女墙保存较少，仅高 0.3 m。从现状看，垛口是与城墙一起夯筑完成的。

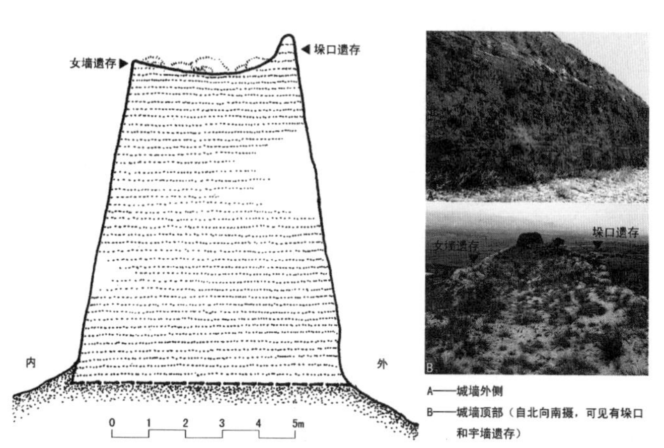

图 6–12 城墙 D058—D059 剖面示意及垛口遗存

二、帮筑做法

帮筑做法缘于不同时期通过补夯对原敌台的加厚和增高，这种做法在夯土构筑物上较为普遍。

（1）敌台帮筑案例

主要见于敌台 D131 和 D137，见表 6–22、表 6–23。

（2）烽火台帮筑案例

烽火台 F029（图 6–13）采用了帮筑做法，它位于天镇张仲口村西侧

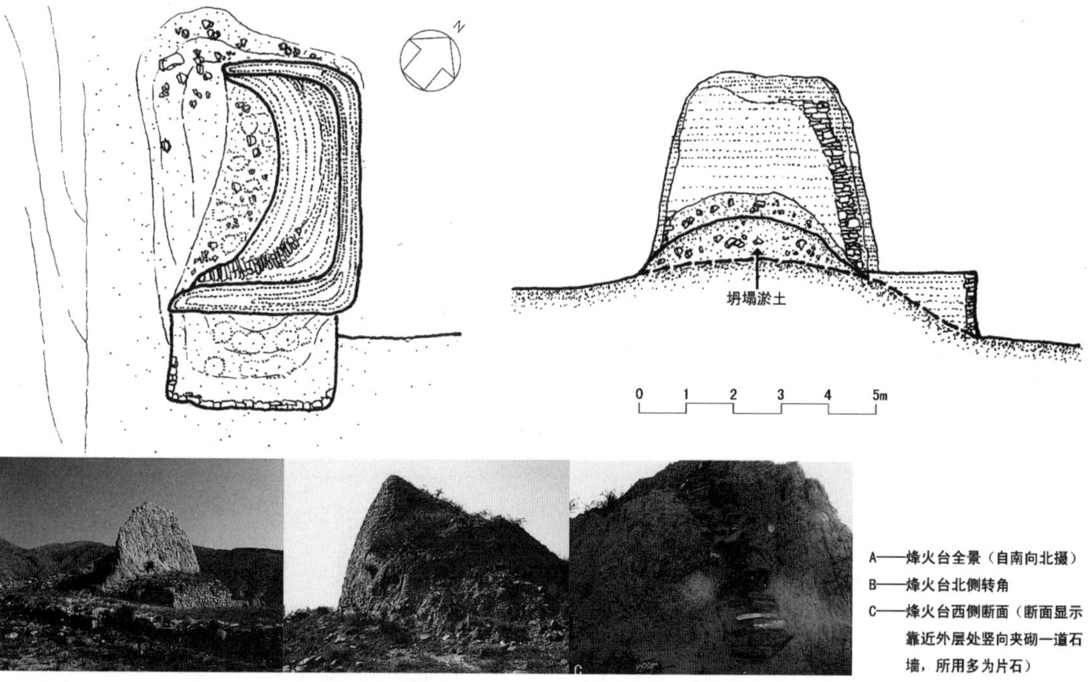

N
坍塌淤土
0 1 2 3 4 5m
A——烽火台全景（自南向北摄）
B——烽火台北侧转角
C——烽火台西侧断面（断面显示靠近外层处竖向夹砌一道石墙，所用多为片石）

图 6–13 烽火台 F029 总平面、剖面示意及照片

的山坡上，周围土壤较为贫瘠，多石头，位置坐标为 N40° 32′ 39.1″，E114° 06′ 07.3″，海拔高度为 1187 m。

烽火台平面为方形，现西侧大半坍塌，存高约 4 m，底方约 5 m，墙面斜 78°，夯层厚度为 190 mm。坍塌后的断面显示，该烽火台是在内外层夯土之间夹砌了一层厚 0.6 m 左右的石墙，就其建造来看，应该是在包石夯土烽火台外面又进行夯土帮筑。

烽火台所用夯土均为掺杂少量砂砾的细粒土，内部夯土体的夯层并不明显，不如外层帮筑部分致密。内部石墙材料主要为碎石和块石（多为片石），该部分石墙和东南侧平台外围包石所用砂浆均为黄泥浆，肉眼未发现石灰痕迹。坍塌后的淤土中和四周地面上也散落大量碎石、块石和碎砖。

夯土敌台帮筑案例 表 6-22

敌台编号	D131		D137	
位置	N40°20′08.2″，E113°30′33.1″，海拔 1364 m		N40°19′26.9″，E113°26′40.7″，海拔 1284 m	
照片及示意图		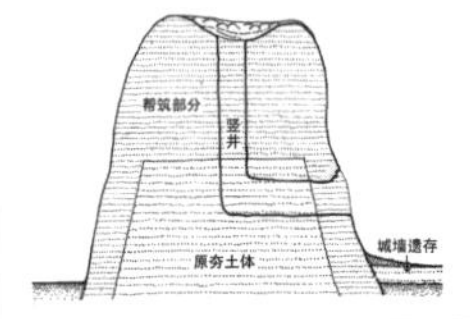		
	敌台南面（城墙东西走向）	敌台剖面示意图	敌台东面（城墙东西走向）	敌台西面
说明	从坍塌断面上可见明显分界线，帮筑部分把原夯土体包裹在内，新旧部分之间未发现连接措施。新旧部分的夯土材料并无明显差异，但帮筑部分夯层厚度（160 mm）小于原夯土体（220 mm），且前者夯层明显比后者致密		墙面南侧斜向裂隙说明南侧（内侧）部分可能为后来帮筑，厚度约 1 m，新旧部分之间未发现连接措施。新旧部分的夯土材料和夯层厚度并无明显差异	

（3）堡城构筑物帮筑案例

相对于马面和角台，堡墙由于残毁严重，更多地展现了帮筑痕迹。堡城一般在外侧帮筑，只有杀胡堡中关例外。帮筑部分和原夯土体之间有明显分界线，且未发现搭接措施，在夯土材料和夯层厚度方面也不尽一致。

对于马面和角台的帮筑现象，典型实例如镇宁堡西北角台（图 6-14），它表面的接缝表明角台不仅在外围帮筑，而是在角台西侧、南侧和顶部进行，经测量，西侧加厚 2.5 m，顶部加高 3.5 m，东部未知。帮筑部分与原夯土体的夯土材料和夯层厚度并无明显区别，但帮筑部分的表面显示出夯层间有更多的孔洞，可能说明帮筑部分更多的采用了植物枝条。此外威虏堡西南角台一侧表面的坍塌面也显示了外层补夯的迹象，同上述镇宁堡不同的是，该角台是采用外围包筑的方式把原夯土台围在内部。

堡墙帮筑痕迹案例统计 表 6-23

堡名	镇川堡	拒门堡	杀胡堡	
照片				

续表

堡名	镇川堡	拒门堡	杀胡堡	
说明	镇川堡西墙（靠近西南角台）	拒门堡北墙局部（自西向东摄）	中关西墙局部断面（自北向南摄）	中关西墙局部断面（靠近中关西北角，自堡内摄）
帮筑部分与原墙体异同之处	帮筑部分位于墙外，与原墙体之间有明显分界线，未发现搭接措施。夯土材料无区别，但帮筑部分夯层较薄，原堡墙夯层较厚	帮筑部分位于墙外，与原墙体之间有明显分界线，未发现搭接措施。原夯土中均匀掺杂较多砂粒，而帮筑部分是在夯层间集中铺砌砂粒。帮筑部分夯层较薄，原堡墙夯层较厚	帮筑部分位于墙内，与原墙体之间有明显分界线，且原墙体内侧表面十分光滑，未发现搭接措施。夯土材料无区别。原墙体夯层厚度厚薄不一，帮筑部分夯层厚度普遍较厚	

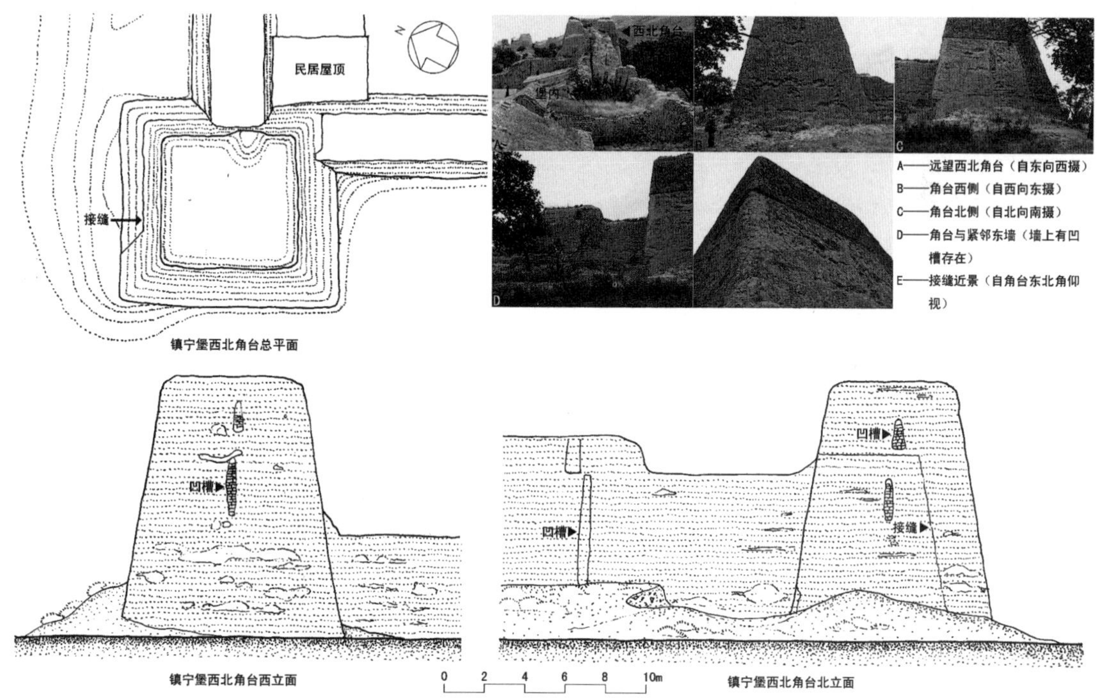

图 6-14　镇宁堡西北角墩台平、立面示意及照片

三、与外包砖石墙体搭接采用的构造做法

历史上一些夯土构筑物外围曾包砌砖石，后经人为破坏和自然侵蚀，只剩内部夯土体保存下来，这些夯土体表面残存的一些构造做法反映了夯土体与外包砖石砌体的搭接措施。这些措施主要包括两种，一是竖向凹槽与嵌筑做法，即在夯土构筑物表面挖出或预留竖向凹槽，在凹槽内砌筑砖石砌体，与外包砖石墙体连为一体，与木构榫卯做法相仿；二是铺砌砖石做法，即在外部夯层间逐层铺砌砖石，与外包墙体进行搭接，这种做法主要位于表层部位，不同于一般的铺砌类夯层构造。这些措施在目前保存下来的个别包砖敌台、堡城构筑物上也可以看到，共同证明了这些构造做法的普遍性（表 6-24）。

堡城夯土墙体铺砌砖石案例 表 6–24

	保平堡东墙外侧（靠近东南角）	镇川堡东北角台
照片	 	 
说明	堡墙外层为后来帮筑，从墙上留下的规则凹槽看，帮筑是与包筑砖石同时进行，堡墙下部夯层间逐层铺砌块石（片石），中部则转为铺砌砖块，上部砖块和块石均有，但铺砌较少	东北角台紧邻堡墙有帮筑痕迹，角台也应该经过帮筑，角台下部采用块石（毛石）逐层铺砌，上部铺砌一层砖块

（1）竖向凹槽与嵌筑做法

这种做法主要见于敌台和堡城构筑物上。

敌台方面以 D072 为例。它位于镇宁堡（今大同市天镇县白羊口村）北侧（外侧）60 m 处。敌台表面有数道竖向凹槽，其中南面有六道，东西两侧各有一道，北面残损较为严重，未发现凹槽痕迹。在南面的上部凹槽中残存有砖砌体，且砖块外端断裂，说明外部原状应有搭接砖墙，敌台原为包砖敌台（图 6–15）。

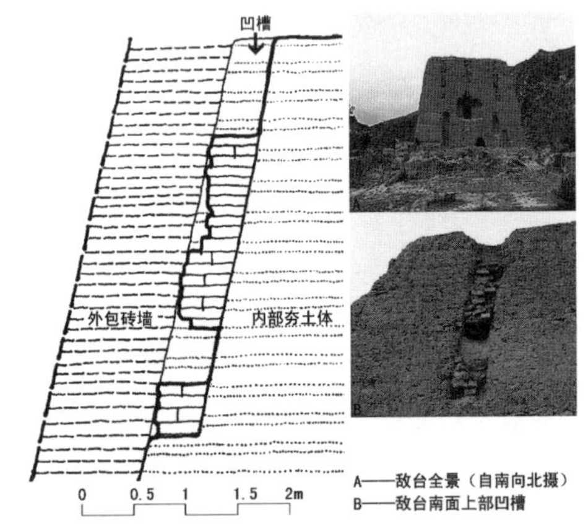

图 6–15 敌台 D072 表面竖向凹槽做法示意

堡墙方面的实例出现于保平堡、镇宁堡、镇羌堡、得胜堡、市场堡和杀胡堡。这些凹槽可分为两种，第一种以保平堡为典型。保平堡的凹槽位于外墙帮筑部分的上部，远看呈锯齿状，凹槽的深度和宽度均较大，应该是在帮筑的时候预留或与包筑砖石同时进行。其他堡城墙体上的凹槽均属于第二种，典型者如镇羌堡和得胜堡。镇羌堡的凹槽由上部凹槽和下部凹槽两种交错布置（图 6–16），个别凹槽直通上下。凹槽宽 0.5 ~ 0.7 m，深 0.2 m，高度在 1m 以上，同种凹槽间的间距约 4 ~ 5 m，一些凹槽中残留砌筑的砖块。同样的凹槽在得胜堡（图 6–17）和市场堡墙体上也存在，经测量，得胜堡墙体凹槽宽约 0.4 m，深约 0.2 m，下部凹槽底部距地面 2 m，高 1.64 m，凹槽间净间距约 3 ~ 4 m。这一种凹槽均较狭浅，可以断定，它们是在已有夯土体表面挖出凹槽，进行嵌砌。

马面和角台方面的实例见于镇宁堡西北角台、镇边堡南墙马面、弘赐堡东北角台、镇羌堡所有马面和角台、得胜堡所有马面和角台等处。这些案例均属于上述第二种凹槽类型，同样以镇羌堡和得胜堡为典型，它们的马面和角台上的凹槽做法同堡墙一致，呈上下凹槽交错分布，凹槽也是在已有夯土体上直接挖出。镇宁堡西北角台虽有帮筑现象，但凹槽既见于帮筑部分，也见于原夯土体表面，且凹槽均较浅，分布随意，说明凹槽均是在帮筑完成后现挖，而不是预留或同时进行。

（2）外部夯层间铺砌砖石做法

采用这种构造做法的案例有敌台 D262、D263（图 6–18）以及保平堡和镇川堡等。其中，保平堡

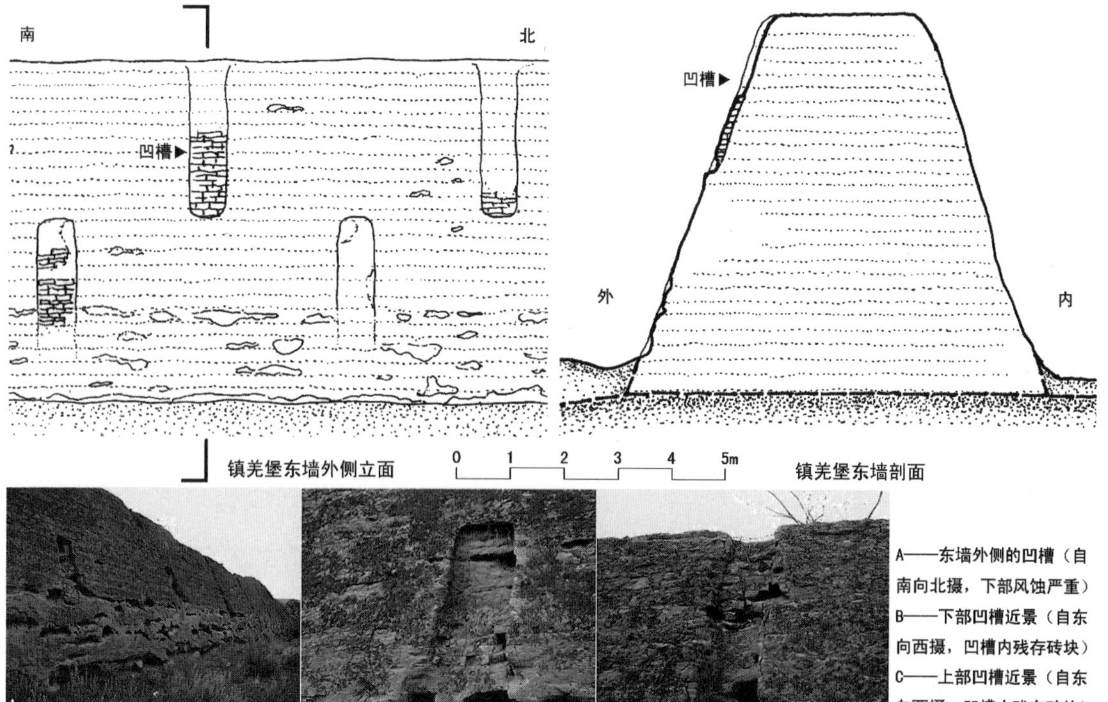

A——东墙外侧的凹槽（自南向北摄，下部风蚀严重）
B——下部凹槽近景（自东向西摄，凹槽内残存砖块）
C——上部凹槽近景（自东向西摄，凹槽内残存砖块）

图 6-16　镇羌堡东墙立、剖面示意及照片

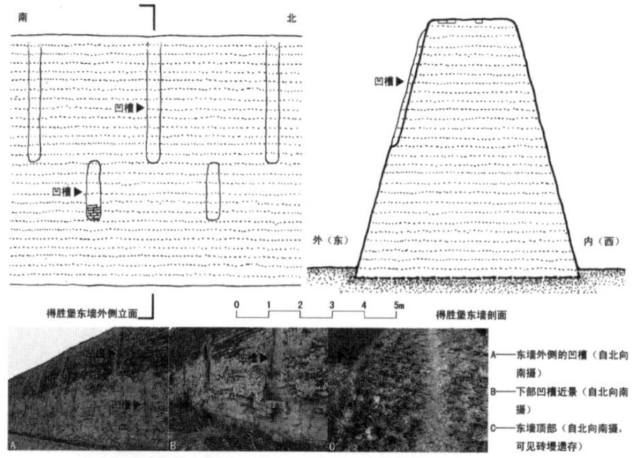

A——东墙外侧的凹槽（自北向南摄）
B——下部凹槽近景（自北向南摄）
C——东墙顶部（自北向南摄，可见砖墁遗存）

图 6-17　得胜堡东墙立、剖面示意及照片

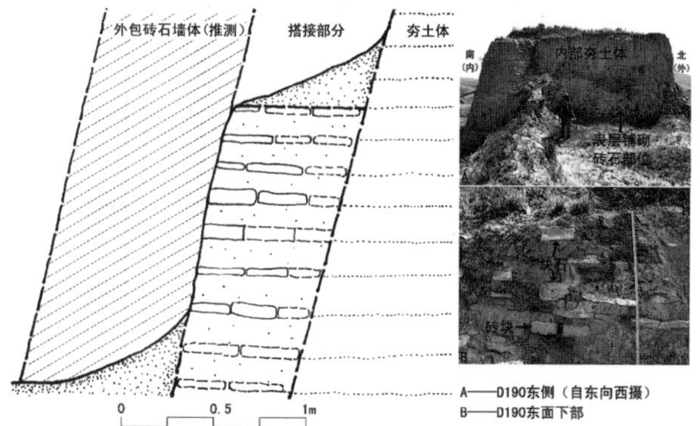

A——D190东侧（自东向西摄）
B——D190东面下部

图 6-18　敌台 D263 表层铺砌砖石做法示意

和镇川堡案例中这种做法均位于帮筑部位，且历史记载证明堡城外包砖石是在夯土构筑物完成之后，因此，推测这两例应该是在包筑砖石时同时帮筑，实现与外包砖石的搭接，帮筑部分因此成为内部夯土体和外包砖石的交接层。

小结

纵观帮筑、竖向凹槽和铺砌砖石的做法，这些措施一方面是用来加固原夯土体，另一方面则是用来保证外包砖石墙体与内部夯土墙体更好地结合在一起，弥补因为建造时间不一致而带来的结构上的缺陷。帮筑的土墙和原土墙有较好的亲和度，而夯土中铺砌的砖块和块石则在节省用土、加快进度的同时，可以起到连接砖墙与夯土的媒介作用，而凹槽和嵌砌的砖块又像是木构中的榫卯，把内外拉结在一起。

第六节 具体构造做法

一、夯土城墙案例

（1）城墙 D061—D062（图 6-19）

城墙 D061—D062 位于天镇李二口到薛三墩之间的丘陵地带，城墙走向为南偏西 35°，墙高约 7 m，顶阔近 2 m，底阔约 6.5 m，夯层厚 240 mm。

城墙临谷口处出现断面，根据断面可以看出，城墙处于一个外高内低的坡状地面上，两侧均堆积着坍塌下来的淤土。断面展示出了墙体基础，发现基础部位分层堆积有大量的砂砾、碎石和块石，而且这种构造自上而下延伸，并不是独墙体基础部位所有，可见这应该被视为一种地质构造，是土壤沙石经风吹水流等外力作用沉积而成的，上部墙体即在这种地质上夯筑而成，且断面显示，夯筑时并未对基础进行深挖或特殊加固，只是进行了简单的平整和夯打。

城墙夯土材料为掺杂了大量砂砾的细粒土，断面显示内部夯层间掺杂许多碎石和块石。此外，断面和表面均没有发现植物枝条痕迹和规则排列的孔洞。

墙体保存了一定体量，但临谷口的坍塌和断面出现的裂缝显示了墙体面临的进一步坍塌的危险。

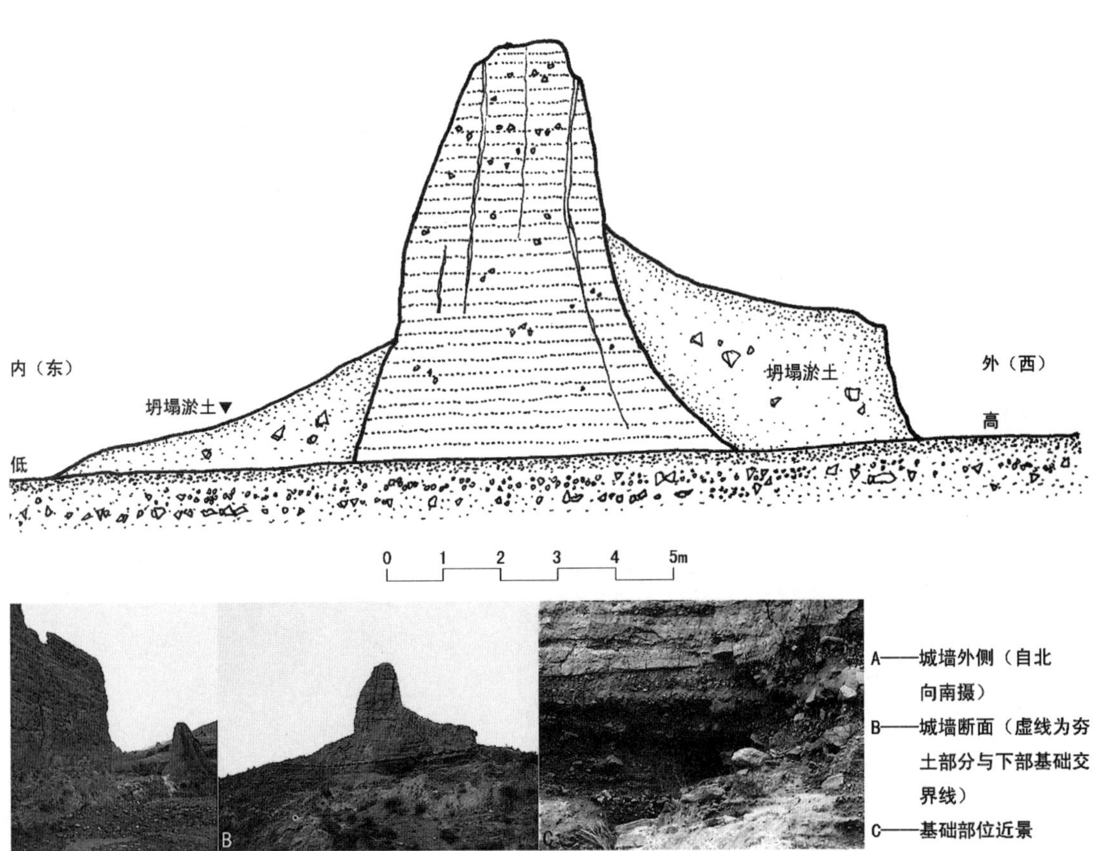

图 6-19 城墙 D061—D062 断面示意及照片

（2）城墙 D077—D078（图 6–20）

城墙 D077—D078 位于天镇榆林口东侧的丘陵地带，测点位置坐标为 E114.0143°，N40.2922°，海拔高度 1338 m，城墙走向为北偏东 75°。城墙内侧高 9 m，底宽 4.8 m，墙面斜度为 82° ~ 85°，夯层厚度为 180 mm。

城墙东侧紧邻一条冲沟，于此形成断面，从而展现了墙体基础构造。从断面处可以看到，长城所处位置的地质构造是含有大量砂砾、碎石和块石的沉积土，城墙在修建时，并未对地形做大的修整，只是在墙基堆积了大量的碎石和块石，用来加固基础。

墙体夯土材料主要为细粒土，其中掺杂了一些砂砾，墙基内部掺杂的大量碎石和块石应该采自当地。墙体表面和断面均没有发现植物枝条痕迹和规则排列的孔洞。

该段城墙高低相间，高的地方气势雄壮，依稀可见当年的体量，低的地方则坍塌残毁严重。此外，墙体表面出现数道垂直裂缝，状况堪忧。

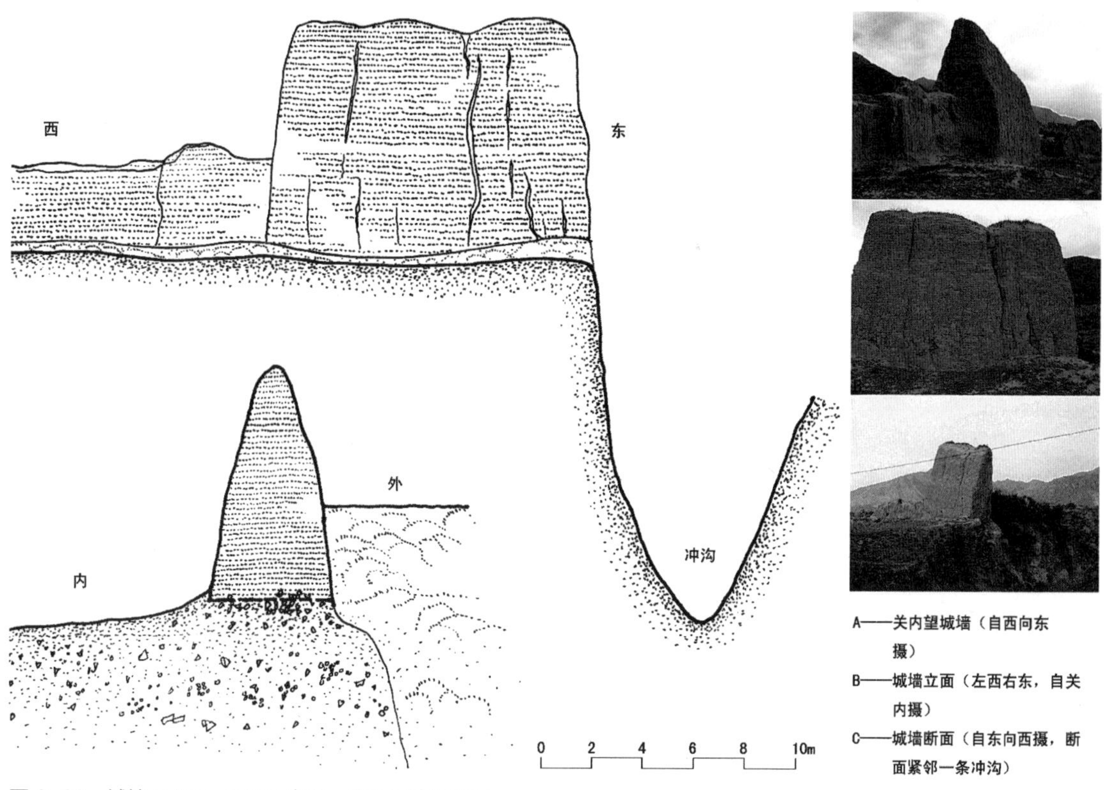

图 6–20 城墙 D077—D078 立面、断面示意及照片

二、夯土敌台案例

（1）敌台 D149（图 6–21）

敌台 D149 位于弘赐堡到镇羌堡之间，位置坐标为北纬 N40° 20′ 04.9″，东经 E113° 17′ 40.8″，海拔高度 1157 m，敌台及城墙位于平地上，约略呈南北走向，西侧靠近山坡，东侧紧邻御河。

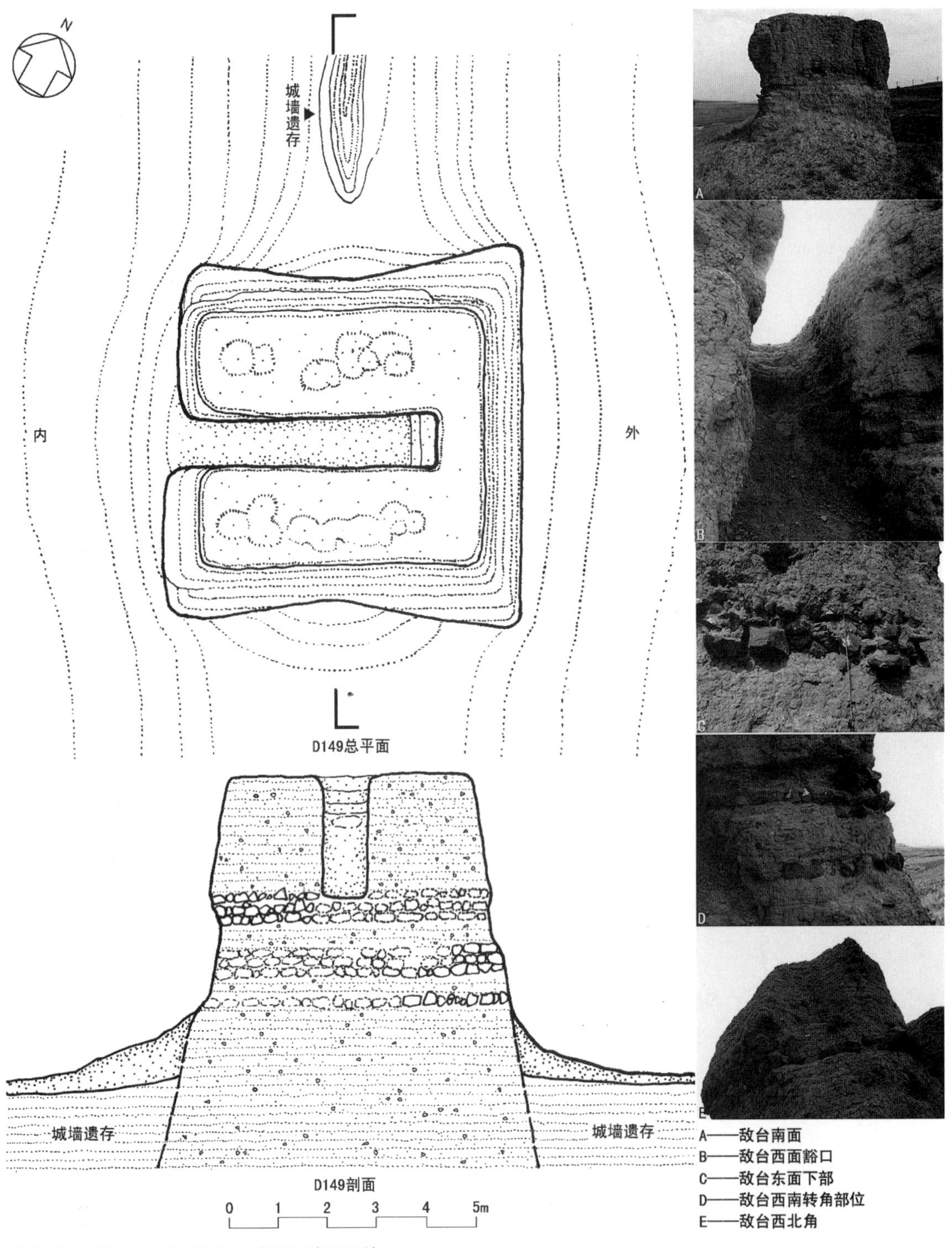

图 6-21　敌台 D149 总平面、剖面示意及照片

敌台东侧离地面 7 m，下部斜度约 80° ，夯层厚度为 160 ~ 180 mm，敌台西面中央有一豁口，宽约 1 m，似为原内部竖井。敌台夯土中掺杂大量砂砾和碎石，并在中部和下部夯层中铺砌多层块石，这是该敌台的特殊之处。植物枝条方面，敌台表面未发现实物遗存或孔洞阵列。

现敌台中部发生局部坍塌，夯层中铺砌的块石悬挑了上部夯土，使其免受影响，这也展现了铺砌做法的一种特殊作用。

（2）敌台 D222（图 6–22）

敌台 D222 位于左云县威虏堡西北方向，位置坐标为北纬 N40° 10′ 39.0″，东经 E112° 46′ 42.8″，海拔高度 1423 m。敌台西侧不远处为山坡，但敌台东、北、南三面均地势平坦，且西侧紧邻一条干涸的河道，在明代是一个重要的防御冲口。

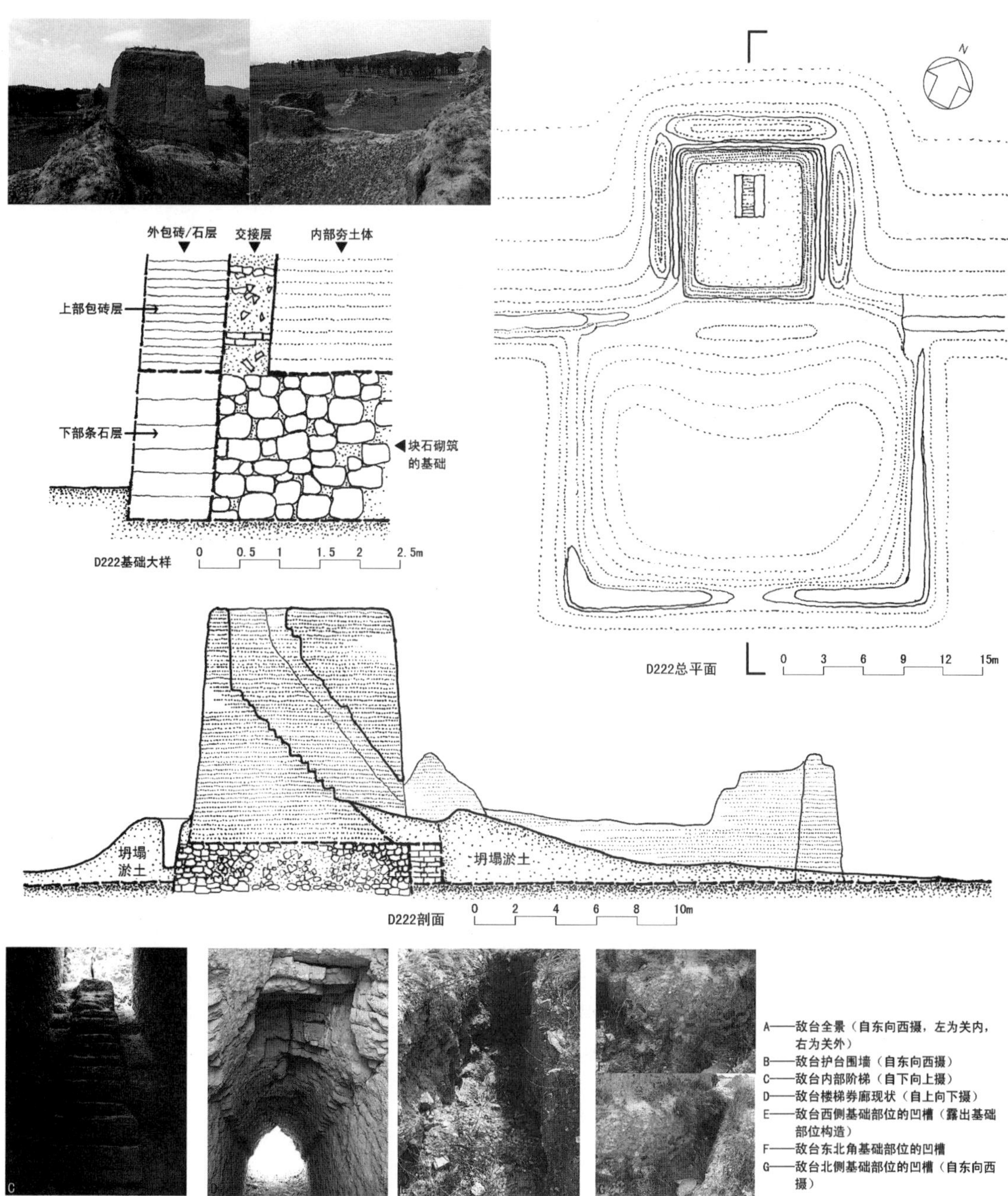

图 6–22　敌台 D222 总平面、剖面示意及照片

敌台底部东西阔 10 m，南北长 10.6 m，内侧高 10.3 m，墙面斜度为 86°，夯层厚 120 ~ 150 mm。敌台采用内部阶梯上下，门洞高阔均近 2 m，楼梯间为一自南而北斜上的券廊，现宽 2.18 m，楼梯宽 0.92 m，从券廊墙面的痕迹可以明确原状为一砖券洞，砌砖的厚度应该就是现券廊宽和楼梯宽差值的一半，即 0.63 m。但有一令人不解之处，即楼梯顶部离敌台顶部仍有一定距离，且楼梯顶部已逼近敌台北侧，上部攀爬则很可能要借助墙壁上的凹槽。敌台基础也是值得注意的一个方面。敌台现状东、西、北三面紧邻基础外侧均被挖开了一道凹槽，深约 2 m，从而暴露出敌台基础的构造：敌台下部土体中掺杂大量砂砾、碎石、块石，应该是夯筑基础时填筑。从敌台的楼梯间情况及周围散落的碎砖可以肯定，该敌台原为包砖敌台，外侧的凹槽应该是周围村民为了获取基础部位的条石所挖，凹槽正是外包条石和砖墙的位置。

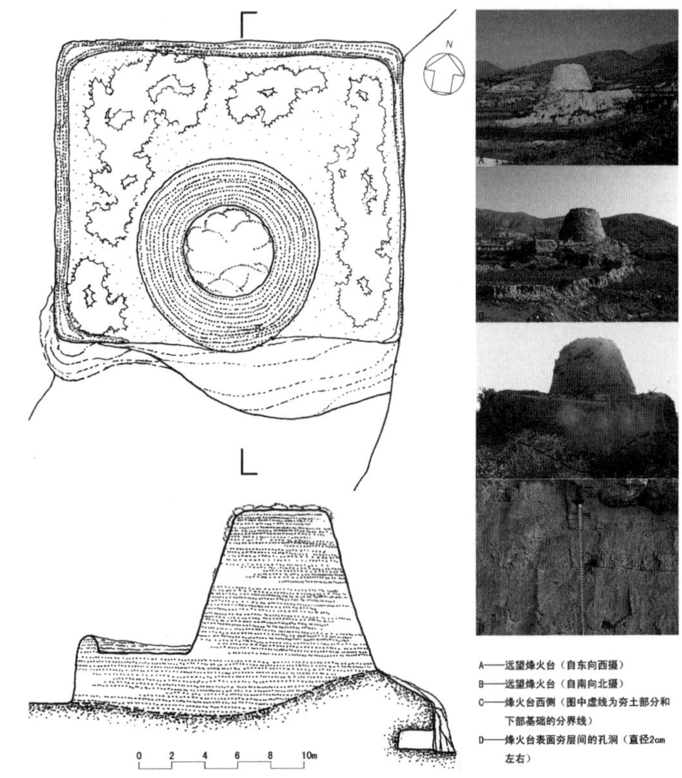

N
0
2
4
6
8
10m
A——远望烽火台（自东向西摄）
B——远望烽火台（自南向北摄）
C——烽火台西侧（图中虚线为夯土部分和下部基础的分界线）
D——烽火台表面夯层间的孔洞（直径2cm左右）

图 6-23　烽火台 F028 平、剖面示意及照片

敌台南侧有围城及护台围墙，围城东西阔 26.5 m，南北宽 22 m，护台围墙保存下来的体量较大，南墙中央有缺口，应为围城门洞所在，洞口东侧围墙保存最好，经测量，围墙高 6 m，底阔 2.6 m，顶阔 1.2 m，应该与原状相差不远，围墙原状是否包砖尚不能确定。

敌台墙体材料现状为细粒土中掺杂一些砂砾和碎石，原状外围包筑条石和青砖，所用砂浆可能会用到石灰。敌台表面分布一些孔洞，尤其是外层剥落处，夯层中和夯层间均有，显示内部可能铺有植物枝条加强连接。

敌台 D222 现状保存较好，虽然失去了外围的包砖，但内部夯土部分基本保留原状，墙面平整挺直，气势雄壮，现存主要隐患是周围挖出的凹槽若积水，则会对敌台基础造成破坏，敌台顶部楼梯井口也会使敌台内部受到雨雪的侵蚀。敌台护台围墙虽有残缺，但局部体量保存较多。

三、夯土烽火台案例

（1）烽火台 F028（图 6-23）

烽火台 F028 位于天镇张仲口附近，属于腹里接火墩台，地处丘陵地带，位置坐标为 N40° 32′ 40.6″，E114° 06′ 31.0″，海拔高度 1153 m。

烽火台平面为圆形，底部直径 11 m，现高 8 m，墙面斜度为 72°，夯层厚 190 ~ 230 mm。该烽火台采用外侧攀爬式上人，周围建有护台围墙，围城东西阔 21 m，南北长 18 m，护台围墙残高 1 m，现南侧部分坍塌。值得注意的是，围城台体是直接在原地形上夯筑而成的，从城台的外围可以分辨出围城与原地形的分界线，显示城台在夯筑时，几乎没有对原地形做任何修整。

烽火台的材料为细粒土，里面掺杂少量砂砾，烽火台下部夯层间有规则排列的孔洞，直径 20 ~ 30 mm，显示烽火台在夯筑时可能铺有植物枝条。

就保存状况看，烽火台本身基本完整，围城和护台围墙保存较差。

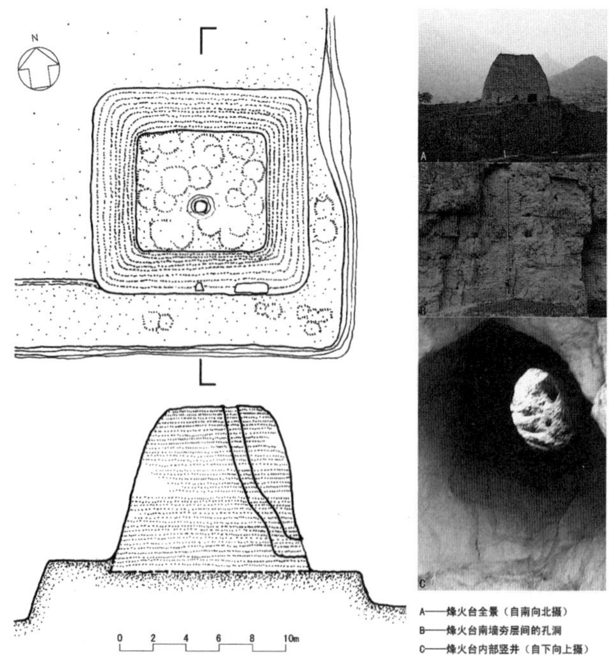

A——烽火台全景（自南向北摄）
B——烽火台南墙夯层间的孔洞
C——烽火台内部竖井（自下向上摄）

图 6-24　烽火台 F039 平、剖面示意及照片

（2）烽火台 F039（图 6-24）

F039 属于沿边烽火台，在长城外侧，位于阳高县虎头山村东北靠近山坡的丘陵地带，位置坐标为 N40° 25′ 34.4″，E113° 47′ 52.9″，海拔高度为 1129 m。

烽火台东西阔 13 m，南北长 12 m，墙面斜度为 75°，夯层厚度为 210 mm。烽火台采用内部竖井上人，入口位于烽火台南侧（内侧），入口底宽 0.6 m，高 0.98 m。烽火台现处于层级台地上，尚不清楚原状是否有围城及护台围墙。

烽火台的墙体材料为主要为细粒土，土中掺杂一些砂粒，在烽火台顶部还掺杂一些块石，下部表层剥落处露出一些夯层间规则排列的孔洞，显示烽火台夯层间可能铺有植物枝条。

虽然表面脱落，外形已不挺直，但烽火台大体体量仍在，不过附近正在进行道路开挖，北侧台地已被挖出一道断面，烽火台的保护岌岌可危。

第七章 砖石营建

第一节 包石城墙

实地考察共发现三段局部包石的墙体，分别为城墙 D226—D227、城墙 D232—D233 和城墙 D255—D256，前两例位于左云县三台边村附近，第三例位于朔州市平鲁区七墩村附近。

一、包石城墙的墙体材料

三段包石墙体所用墙体材料见表 7-1。

包石城墙墙体材料统计 表 7-1

	城墙 D232—D233	城墙 D226—D227	城墙 D255—D256
内部	细粒土中掺杂一些砂砾	细粒土中掺杂大量砂砾	细粒土中掺杂少量砂砾
外部	毛石（内侧，包括碎石和块石）	毛石（内侧，包括碎石和块石）	毛石和毛料石（外侧，块石）
黏结材料	泥浆，肉眼未见石灰痕迹	泥浆，肉眼未见石灰痕迹	泥浆，肉眼未见石灰痕迹
照片			

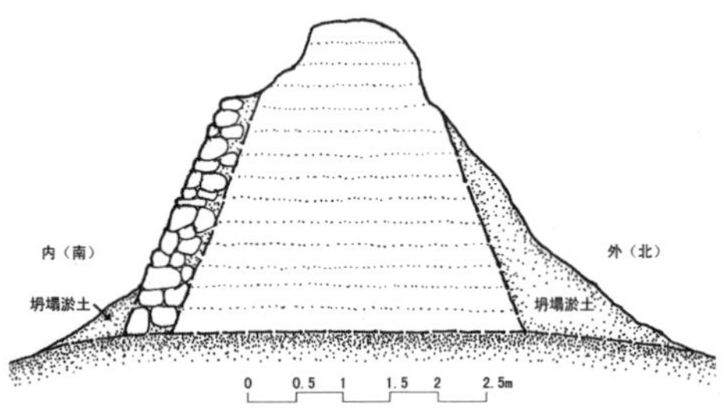

图 7-1 城墙 D232—D233 剖面示意

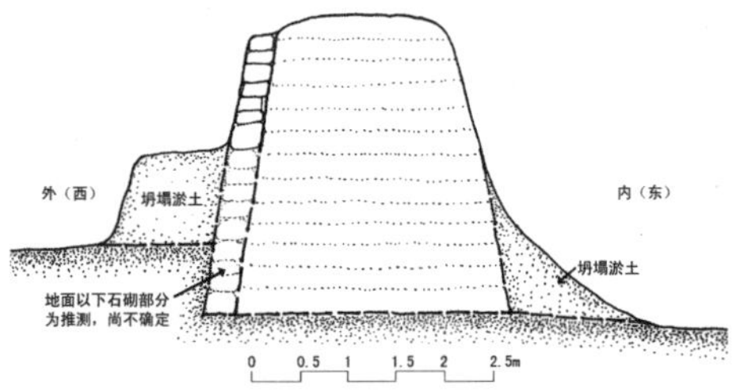

图 7-2 城墙 D255—D256 剖面示意

二、包石城墙的构造

（1）城墙 D232—D233 和城墙 D226—D227

这两段城墙均是只在内侧包石，构造上均采用毛石垒砌的方式，毛石形状极不规则且大小不一，砌筑方式较为随意，外部石墙的墙面斜度为 66°，比前文夯土城墙平缓许多（图 7-1）。

（2）城墙 D255—D256

这段墙体是在外侧包石，也是采用坐浆垒砌的方式，所用石材形状相对规则，一些可能经过粗加工，但石块大小不一，砌筑方式略显随意。石墙现存地面以上高度较矮，约为 1 m，墙体较陡直（图 7-2）。

图 7–3　兔毛河桥位置

过河城桥是城墙跨越地处冲要的河谷时采用桥梁的形式而形成的一种特殊做法，保存下来的凤毛麟角，兔毛河桥即为典型一例，此外尚有辽宁绥中九门口长城和天津黄崖关长城（均经过复建）等个别案例。

兔毛河桥（图 7–3）位于杀虎口西侧红河上，地面遗址主要为四个残缺桥墩，此外，在桥墩西侧还发现许多堆石和零散分布的条石，应该也是原城桥和城墙的遗迹。

三、过河城桥残墩现状

（1）概述（图 7–4）

自西侧开始，西侧第一墩高约 4 m，第二墩高约 3 m，底宽 3.98 m，第三墩和第二墩现存体量较为接近，第四墩破坏最严重，高约 2 m。就桥墩净间距而言，第一墩和第二墩相距 10.4 m，第二墩和第三墩相距 3.48 m，第三墩和第四墩相距 3.3 m。第一墩和第二墩均保留了石拱的拱脚部位，但最外层石券

图 7–4　兔毛河桥残墩全景（下图自左向右依次为第一墩至第四墩）

已不存，经测量，该层厚 0.3 m，参考桥墩所用条石的尺寸，则拱券可能为两券无伏。值得注意的是，第一墩的拱脚只出现在朝向第二墩一侧，而另一侧则没有，说明该墩可能是城桥西侧的桥头墩。

（2）残墩的建筑材料和构造

桥墩的砌体材料为条石和块石（包括毛石和毛料石），黏结材料为白灰泥浆（图 7–5）。

残墩外围砌筑规整，均为条石砌筑，条石厚 0.14 ~ 0.23 m 不等，长 0.5 ~ 1.5 m 不等，每层以横向条石为主，每隔两块砌筑一块纵向条石，加强内外连接。内部填充部分用毛石和毛料石砌筑，较为粗糙。内外所用黏结材料均为灰泥浆，外部灰泥层较薄，约 20 mm，白灰比率较高；而内部灰泥层较厚，填充于毛石间，保证砌层的平整，灰泥中白灰比率较小，灰泥浆接近土的颜色。

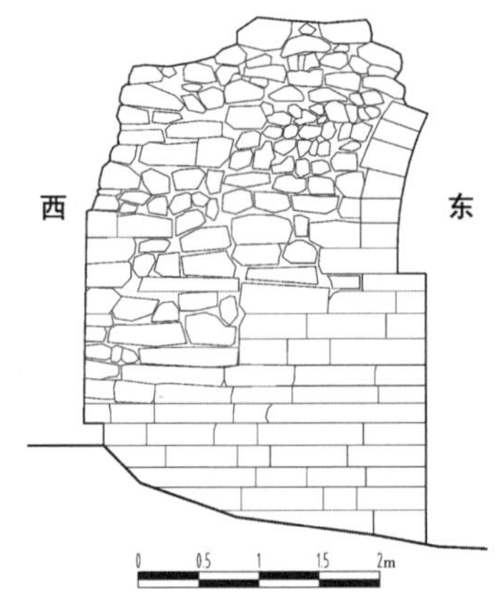

图 7–5　兔毛河桥西侧第一个残墩断面

四、过河城桥原状浅析

（1）文献溯源

红河在明代被称为兔毛河，明代尚书王琼《兔毛河设险议》记载：

“兔毛河在右卫之北，直出境外，边塞溪谷与通虏水者固多，然小之可窦，城塞于梁而导水出入者，暗门是也；大之可墩，随其曲折而置守于山，敌台是也。兔毛之水派流平衍，中难为窦；涯浒土壤，旁难为墩。故守者病之。间尝计曰，岸筑高墉与长城等，随水曲折，长数里余，河流宽不百步，而两岸乘墉者以火石下击之，无不守之理矣。”[1]

文中“兔毛之水派流平衍，中难为窦；涯浒土壤，旁难为墩”尽述兔毛河防守之不易，文末所提两岸筑高墉的策略最终未见实施，却不知为何。兔毛河桥的最终修筑得益于明万历年间兵道张维枢的奏议，奏议对于修桥的措施、用工和后勤问题一并考虑，是我们今天了解兔毛河桥的形制和做法的重要史料，现将奏议抄录于下。

万历年兵道张维枢《请修兔毛河桥详议》（以下简称为《详议》）[2]：

“看得杀虎堡当西北极边，最称隘要。而兔毛河桥直通塞外，夏秋之交，波流汹涌，势奔力猛，岁修岁溃，固由工费之半虚，实属水势之易啮，然此桥一瑕，数百里之垣皆瑕。世庙时□骑长驱，多从此入，近来市厂杂沓，北使往来，即藉国家威灵，无有越志，顾善建不拔之策，谓何，本道念边垣肩背、河桥咽喉，急肩背而缓咽喉，非计也，业已详议批允，复蒙檄行覆堪。今据西路通判王履中，该堡守备麻岂各查覆造册呈来本道，加意磨算，用列五款，以听酌裁。

一议桥洞。洞孔多则奔流易疏，孔少则猛突难御，计修中大水洞一孔，东西小水洞一十四孔，照城门砌券，斧刃交立。共用券石九百九十一丈四尺，压券凿网等石三千三百六十八丈。此所谓多洞孔以疏其流者也。

1　（明）王琼《兔毛河设险议》，录于《雍正朔平府志》卷十二“艺文 • 奏议”条下 .

2　（明）张维枢《请修兔毛河桥详议》，录于《雍正朔平府志》卷十二“艺文 • 奏议”条下 .

一议铺底。底基深则坚厚难冲，基浅则脆薄易陷。今计入地剜坑一丈，先用木杆排钉，乃安底石，铺至十层。石用长八九尺者，厚至尺余者。桥底东西并内外八字约阔六十二丈，长二十一丈，共用底石三万九千六百丈，木杆一千八百根。此所谓深铺底以固其基者也。

一议桥身。身中用碎石，则支柱无力；用石条砌垒，则牢固难动。今议每座高一丈八尺，周围八丈，用石三十六层，每层周围石条一百四十四丈，约马头桥身内外用石条五万一千八百四十丈。此所谓广桥身以培其势者也。

一议桥楼。下坚，则水顺注；上隆，则基益奠。今计桥上建楼三间，南北深入一丈八尺，东西阔二丈七尺，高一丈五尺。直北包砖墙一堵，东西南用门窗，其砖灰松木与修桥物料等项具在册中。事竣后，应拨军夫二十名住房看守，以防缓急。使北人见壁垣精彩，津梁藩篱之有壮观也，毋乃益戢心而修贡。此所谓筑墙楼以壮其威者也。

一议夫匠工费。闻之一劳者永逸，役大者用众。今以数百里边垣寄咽喉于兹桥，且下深上隆，一桥而兼两桥之功，此为何如物力。据该堡堪用军夫二百名，三路应派军夫一千五百名。其石匠三百名在内吃紧，以铺完桥底为先，限两个月；河桥镇楼次第并力，限七个月；边地最苦寒冻，先行办料，限三月初旬兴工。旧例补修不动米盐，然此乃重创，非修葺，比边桥非缓地。比往惟止务缩啬，不恤卒劳，故修完即溃，糜金钱无算。今应除该堡军二百及运炭灰砖石军五百名不给米盐外，给军匠一千名，每日每名计支米一升五合，盐菜银五厘，通算九个月，共支米四千五十石，盐菜银一千三百五十两，另物料银五百二十六两一分八厘。此特概举大略，水中兴工，猝难拘定，要以一钱一料严核，不致点涴足矣。其米应动各仓现贮，其银应动修理右卫城剩余班价银八百二十九两八钱六分八厘，及截刷逃粮旷日与市税支给。此所谓集众力以要其成者也。

总此五款，似于修桥有裨。若夫总督桥工，应委署中路参将事副总兵周有道稽查钱粮工料；应委西路通判王履中亲董桥役；应委该堡守备麻旹亲到该堡收支银米，稽查物料军匠，填循环簿，半月一报；应委玉林卫经历萧永富、常川催工计议造作；应委奇兵营云川卫百户石邦屏、总理把总姚文焕、大同左卫百户朱国将协理本道。亦当逐月减省骑从，躬到劝劳，倡登登邪许之声，建永永长久之计。缘地属要冲，役关重大，乞赐题请以便修举，以筑金汤。倘仍前虚应，旋修旋决，该备及各委官自难逃不任之罚者；工无冒破，桥可永久，亦乞破格优叙，以为捍边任劳者劝。为此，除呈外，今将前项缘由，并书册及原来文册原蒙批详、宪牌理合具呈，伏乞照详施行。"

（2）桥基做法探讨

对桥基的铺设，《详议》中称其为"铺底"，与以往的做法不同的是，张维枢等人认识到了桥基稳定坚固的重要性，并采用了完备的措施来保证桥基的安全。按《详议》所说做法，首先要挖1丈（折合今天为3.2 m）深的坑，然后在坑底逐排打入木桩，靠木桩的挤压和外力的作用把地基夯实，然后在上面放置底石，底石长八九尺（2.56～2.88 m），厚1尺多（0.32 m），铺十层，正好与坑定持平，地基就此铺完。按《详议》中所述，桥身及内外八字墙底部是铺设范围，这个范围东西阔近200 m（62丈折合今天为198.4 m），南北长近70 m（21丈折合今天为67.2 m），面积达1.4hm^2，只就基础工程而言，就已十分艰巨。

对于兔毛河桥采用的这种基础做法，对比一下明代前后的石桥的基础做法，可以发现它们有着很多相似之处。中国古代石桥，尤其是多孔石拱桥的建造，其基础及桥墩最为重要，因受洪水直接冲击，故在构造上也最为复杂。

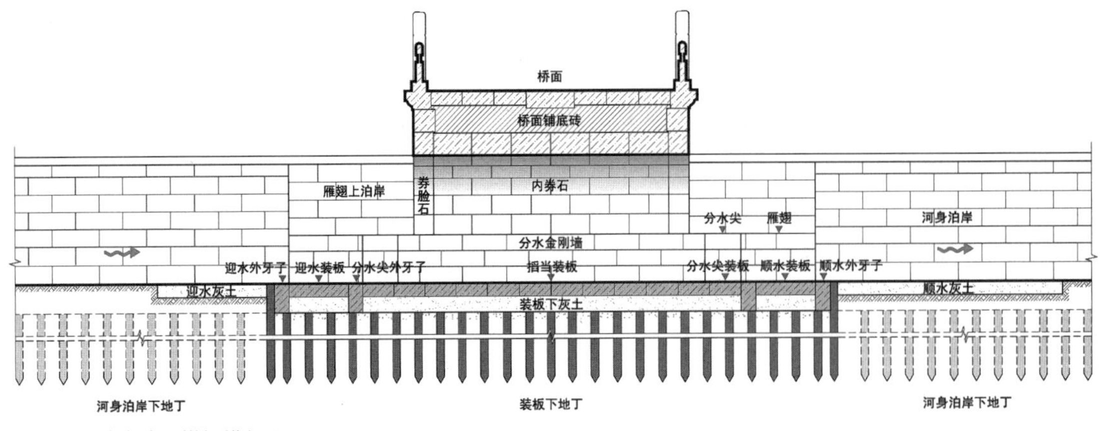

图 7-6　清官式石拱桥横断面

首先，钉在地基里的木桩正是桥梁基础上常用的地丁或地椿，两者的区别在于地丁径细而短，而地椿径粗且长[1]。它们的作用如同今日建筑地基所打桩柱，是为了减少松软地基的不利影响，防止基础的沉陷。地丁地椿之用非常普遍，如西安灞桥、河北赵县济美桥等。对于木桩所用木材，兔毛河桥很可能同桥楼用材一样采用了松木。

其次，关于椿顶的铺石，又称海墁石，它的作用是防止水流对墩台的冲刷，使水流以较快的速度从桥洞穿过，即《详议》所述“下坚，则水顺注”。同时，条石之间以腰铁或其他方式相互连接，形成一个筏形基础，与下面地丁一起，防止基础的不均匀沉降。这种筏形基础在明清已广泛用于桥梁建造，建于明代的河北赵县济美桥，即是密置桩基，“桩顶铺有较大尺寸的石板”[2]，清代官式石桥已普遍采用类似的做法（图 7-6）。此外，这种做法不仅用于桥梁基础，一些城墙也常以此作固基之用[3]，如建于明代的荆州城墙，其城墙沿河处现在依然保存有较大面积的铺石，石板之间以腰铁联系。就地质情况来看，兔毛河河床是松软的泥沙，原始地基极不稳固，古人在建桥时采用这样的筏形基础，是十分合理而且科学的。

第三，兔毛河桥基础采用了大面积的铺石，但它是出于结构的需要。历史上，江西的文昌桥屡经毁坏，《文昌桥志》总结以往建桥有五弊，首弊即是“居高岸而瞰重渊，底之或沙或石，无从分辨，则桩之短长、石之广狭、皆不能与河底相称”[4]，可见这么大面积的铺石正是为了与河底相称，使基础更加稳固而铺设的。

可以说，文献中记载的兔毛河桥的基础做法正是明清时期中国建桥技术的体现和证明，辽宁省绥中县九门口过河城桥的做法也与此类似，因超出本书范围，不做介绍。

（3）桥身、桥洞和桥楼做法浅析

根据《详议》所述，为求坚固，桥身应全用条石垒砌，而不能用乱石，而根据现存残墩，外围是用条石垒砌，但内部则不完全是条石，而是由许多毛石和毛料石砌筑，可见实际建造并未按计划严格进行。

对于桥洞，《详议》所述为中央一大孔，东西各七个小孔。根据实测的数据，现存四个桥墩的间距分别是 10.4 m、3.48 m 和 3.3 m，第二个桥墩由于两侧均残留拱脚部分，可作为桥墩的实例，它的宽度为 3.96 m，若以洞阔 3.5 m 和墩宽 4 m 作为基本尺度，最后得出桥两侧小孔部分的长度为 105 m，

1　王璧文 . 清官式石桥做法 [M]. 北京：中国营造学社，1936：51.

2　茅以升 . 中国古桥技术史 [M]. 北京：北京出版社，1986：84.

3　吴庆洲 . 中国古城防洪的技术措施 [J]. 古建园林技术 ,1993（2）：8-14.

4　原文见《抚郡文昌桥志》，转引自罗英 . 中国石桥 [M]. 北京：交通出版社，1959：220.

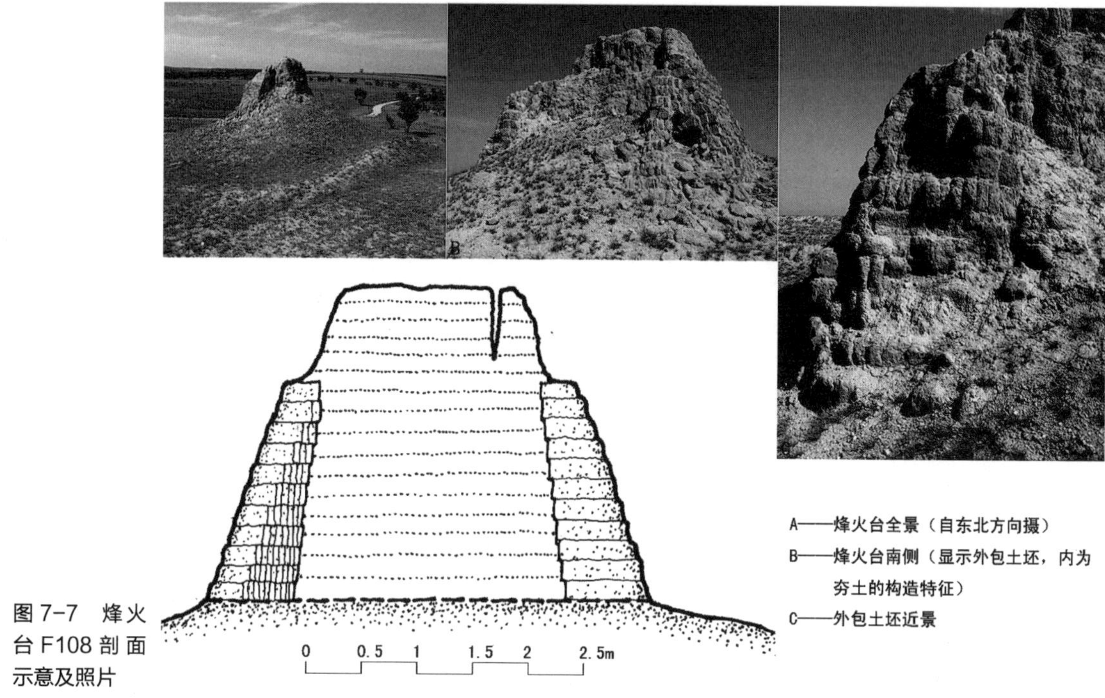

图 7-7 烽火台 F108 剖面示意及照片

根据《详议》所记，桥底铺石阔 62 丈（198.4 m），则剩下的 90 m 为中央桥洞跨度和两侧泊岸伸出长度。总之，由于找不到其他的文献记载，对兔毛河桥外形的推测难以深入，而要真正获知城桥原貌，必须经过考古发掘，找出桥墩基础和上部构件遗存，在此基础上进行科学复原。

关于桥楼，如《详议》所述，“上隆，则基益奠”，桥上建楼可以增加桥的荷载以及桥身和基础的摩擦力，抵抗水流冲击，辽宁省绥中县九门口城桥在明代也建有楼亭类建筑[1]。对于桥楼的形制，据《详议》所述，是一个南北进深 5.76 m，东西面阔三间，长 8.64 m 的建筑，其高为 4.8 m，显见只有一层。桥楼北墙为一堵砖墙，墙上应该有箭窗及瞭望口，东西南为门窗。

第二节 外包土坯烽火台

除上述的夯土烽火台外，这次实地考察还发现了一例内部夯土、外包土坯的烽火台，即 F108（图 7-7）。F108 属于沿边烽火台，处于长城内侧，坐标位置为 N40° 22′ 11.4″，E113° 04′ 12.9″，海拔高度为 1277 m，位于新荣区拒墙口到拒门堡段，周围地势平衍。

烽火台平面为方形，残高近 3 m。从局部平整墙面测得斜度为 70°，夯层厚度为 180 mm。烽火台上人方式未知，难以分辨是否有护台围墙。其特殊之处在于夯土体外包土坯，从坍塌断面看，土坯墙厚度逐层内收，土坯立砌，外层端头朝外，内部朝向与外部垂直。

就材料而言，烽火台夯土和土坯用土均为掺杂大量砂砾的细粒土，土坯墙所用砂浆为黄泥浆，肉眼未见石灰痕迹。

---

1 （明）孙承宗《高阳集》卷三《入一片石五首》中有“大壑开双阙，孤亭压五环”之句，可见桥中央也建了亭子。（明）孙承宗《高阳集》，《四库禁毁书丛刊》集部第 164 册 .

第三节 包砖敌台

一、包砖敌台概述

（1）明长城大同镇段包砖敌台的建造

根据《明会典》记载，“嘉靖三十二年（1553），议准大同边墙通贼冲口，一百五十余处，添造空心砖台三百座”。[1]可见大同镇空心砖台的建造早于隆庆年间戚继光在蓟镇所建。而据《明实录》的记载，延绥镇在弘治末年就筑有空心砖台：

弘治十八年十二月壬申，巡抚延绥都御史文贵奏报修过榆林城等处新式墩台凡百四十七座。先是，各边墩台多前代之旧，土木深厚且坚实，砖石不如。贵奏易以砖木，中空外坚，多留箭窗、铳眼，谓可伏兵御虏。其后虏至，毁其砖石，因风纵火焚木，熏烟从窗入，军士伏其中多死者，竟不可用云。[2]

正德二年四月己卯，巡按陕西御史邢缨言：“都御史文贵及太监刘保、都督张安更置砖墩于延绥镇，自定边营达黄甫川，延亘千里，可为制敌之具，宜嘉其绩。”……边故有土墩，虽小而固。至是，贵倡改之，以木构其中而衣之以甓，糜费钜万，其后多为虏所焚云。[3]

可见，延绥镇修筑的空心墩台是一种砖木建筑，其构造应该是下部土筑包砖石，上部用木结构支撑形成内部空间，木结构外部包筑砖墙。“新式墩台”一改往日之土筑，用意本是伏兵于内，与之后戚继光所筑相一致，但结果却出人意料，败给了敌人的火攻。尽管这次的尝试因存在致命缺陷而失败，但它给之后大同镇和蓟镇空心砖台的修筑提供了前车之鉴，两镇保存到现在的砖砌空心敌台均为砖拱券结构，避免了木结构易受火攻的弱点，敌台也更为坚固。

（2）案例概况

三例敌台的位置见表 7–2。

包砖敌台的地理位置及地形　　表 7–2

内容		镇宁楼（图 7–8）	D256（徐氏楼）	D260
位置坐标	经度	E112°42′19.5″	E112°05′12.0″	E112°04′58.0″
	纬度	N40°10′39.5″	N39°57′07.5″	N39°56′39.6″
	海拔	1594 m	1689 m	1607 m
地理位置		大同市左云县三屯乡宁鲁堡村（明代宁虏堡所在地）东北 2 公里处	朔州市平鲁区新墩村附近	朔州市平鲁区新墩村附近
所处地形		位于河谷（南北走向，现干涸）东侧山坡的山脚处	位于河谷（东西走向）北侧山坡坡顶	位于河谷（东西走向）南侧山坡坡顶

三例敌台均位于山谷旁侧居高临下之处，是明代大同镇边境的重要关口，敌台包砖即显示了其军事地位。除了敌台本身，护台围墙也是关口防御的重要组成部分。镇宁楼内侧（南侧）筑有关城[4]，尺度为 50 m × 41 m，关城墙体尺度与旁侧城墙约略相当，正面墙体上辟有砖券门，除关城外，镇宁楼外侧有护台围墙，平面尺度为 60 m × 52 m。D256（徐氏楼）内外两侧均有护台围墙，内侧尺度为

1 《明会典》卷 130，《续修四库全书》第 791 册，页 317.

2 《武宗实录》卷 8，页 251–252.

3 《武宗实录》卷 25，页 668.

4 有学者认为这是明代宁虏堡马市遗迹，参见师悦菊．明代大同镇长城的马市遗迹 [J] 文物世界，2003（1）：36.

图 7-8　镇宁楼全景（自东向西摄）

66 m × 140 m，且在大围墙内紧邻敌台处，另有一个平台及护台围墙；外侧尺度仅为 22 m × 31 m，内外尺度相差巨大，显示了内部大量屯兵的需要。敌台 D260 现状无护台围墙遗存。

（3）敌台的形制

关于明大同镇空心敌台的形制，并没有留下详细记载，只能借鉴明隆庆年间戚继光任蓟镇总兵时所主张的空心敌台形制，“今建空心敌台，尽将通人马冲处堵塞。其制高三四丈不等，周围阔十二丈，有十七八丈不等者，凡冲处数十步或一百步一台，缓处或百四、五十步或二百余步不等者为一台，两台相应，左右相救，骑墙而立。造台法：下筑基与边墙平，外出一丈四五尺有余，内出五尺有余，中层空豁，四面箭窗。上层建楼橹，环以垛口，内卫战卒，下发火炮，外击寇，贼矢不能及，敌骑不敢近”。[1]

镇宁楼近似坐北朝南，北面偏东约 20°。敌台外观为方形棱台，分台基、二层空间及台顶三部分。台基外墙下部用条石找平，上用砖砌，内为夯土筑墩。台基南侧下部中央处开有门洞，内有阶梯可上至二层。二层空间由砖砌券洞构成，形制为中央一大券室加四周通高券廊，四面外墙各有箭窗。二层西侧券廊南部靠内墙有楼梯可上达敌台顶部。现台顶大部分坍塌，周围雉堞缺毁，但台顶堆土中有许多砖瓦遗存。

D256（徐氏楼）外观与镇宁楼相仿，平面近似正方形，下为条石基础，上砌砖墙。敌台入口位于南侧，存一扇石门，现已被坍塌下来的灰土填堵，人不能入，上层空间未知。从外部看，敌台上层坍塌严重，已无楼顶。敌台南北两侧与长城相接，相接处各有暗门遗存。

D260 也为上砖下石的方形敌台，只是下部没有入口，采用外部攀爬式上人，箭窗为小型石砌方窗，同镇宁楼和徐氏楼的砖券箭窗差别较大，二层屋顶和墙体大面积坍塌，内部空间未知。

在形制上，三例包砖敌台与上述规定大略相同。镇宁楼楼顶残存瓦块，证明过去曾有“楼橹”，唯“下筑基与边墙平”一条似有差别，镇宁楼二层地平距地面约 11 m，比两侧的城墙要高出不少[2]，徐氏楼和 D260 也具有相同特征。就尺度看，镇宁楼底阔近 14 m，高 15m 有余（不计已缺毁的雉堞及楼橹），徐氏楼（D256）砖砌层下部平面尺寸为 14.1 m（垂直于城墙方向）× 14.5 m（平行于城墙方向），D260 砖砌层下部平面方 14.9 m，均比戚继光所述尺寸略大。

1　参见（明）戚继光《练兵实纪》卷六“车步骑营阵解下”之“敌台解”，转引自程素红 . 中国历代兵书集成 [M]. 北京：团结出版社，1999：1599.

2　现存长城多已残损倾塌，原高度已不存，但据明代宣大总督翁万达《翁东涯文集》“修筑边墙疏”中所记，当时增修后的长城高二丈，折合今天尺度为 6m 多。参见（明）陈子龙，等 . 明经世文编 [M]. 北京：中华书局，192：2359.

二、包砖敌台的墙体材料

对三例包砖敌台的砖石材料类型及大小统计如表 7–3。三例敌台在砌筑外墙的时候，均采用白灰泥浆作为黏结材料，从外观颜色看，不同部位的砂浆配比并不一样。在表层部位，砂浆中的白灰含量很多，而在墙体内部，砂浆中的白灰成分减少，这说明白灰在当时的大同镇边境是一种成本较为昂贵的建筑材料，不能得到大量使用。

包砖敌台砖石材料统计　　表 7–3

敌台	普通砖	走趄砖[注]	趄条砖	角部趄面砖	条石
镇宁楼	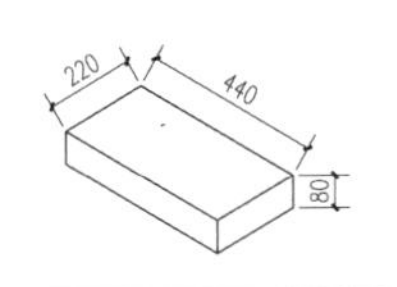	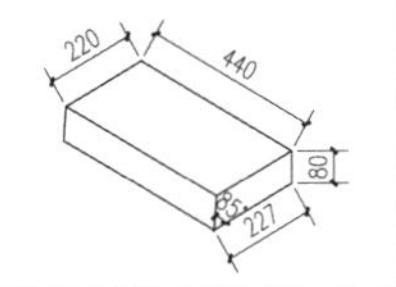	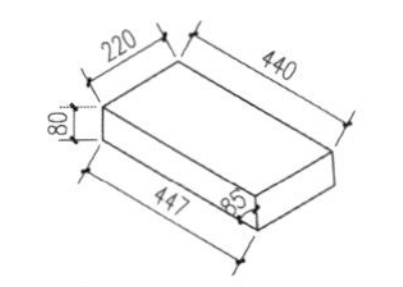	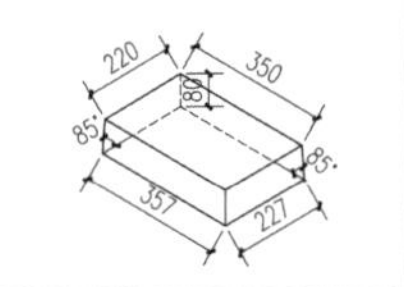	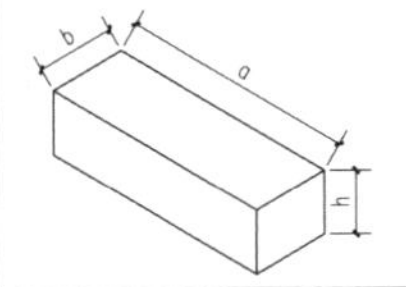
	用于外墙内层和内墙	用于外墙表层	用于外墙表层	用于外墙表层转角处	用于下部基础，a=0.4 ～ 0.9 m b=0.15 ～ 0.3 m h=0.17 ～ 0.26 m
	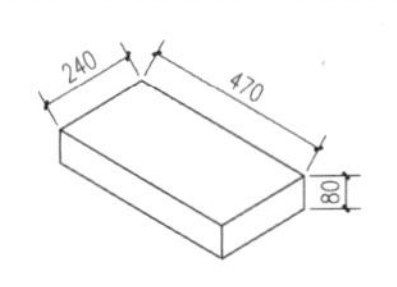	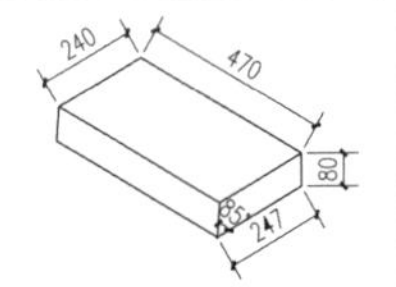	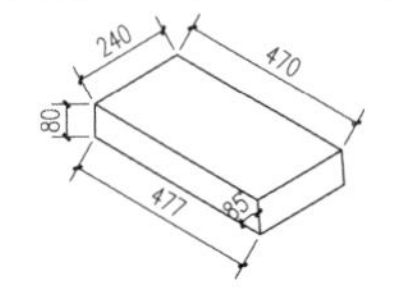		
	用于外墙内层和内墙	用于外墙表层	用于外墙表层	普通砖	
	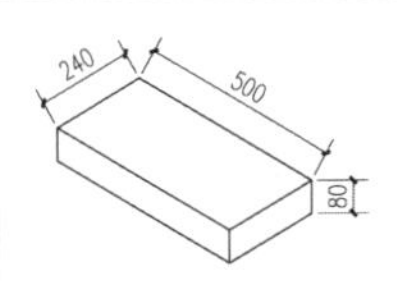	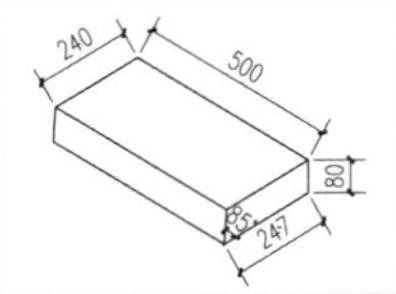	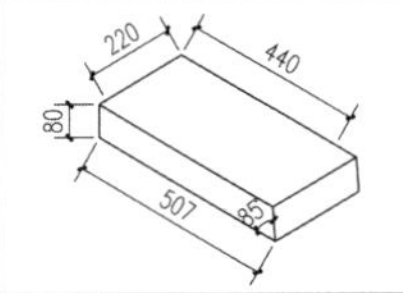	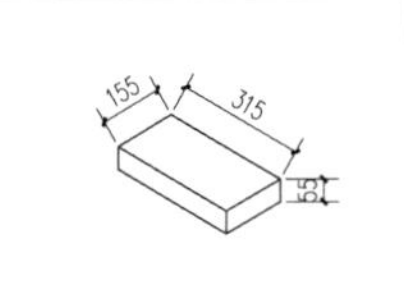	
	用于外墙内层和内墙	用于外墙表层	用于外墙表层	用于箭窗和阶梯券廊	
D256（徐氏楼）	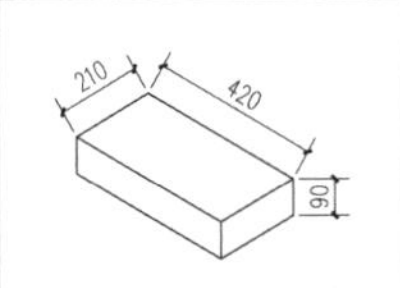	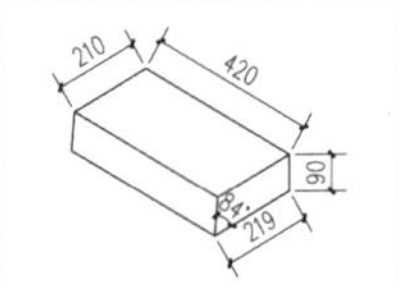	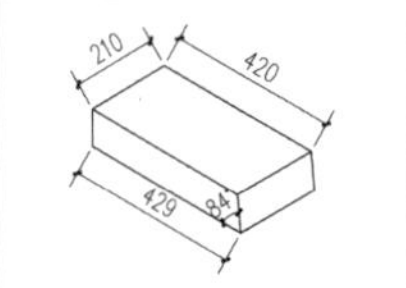	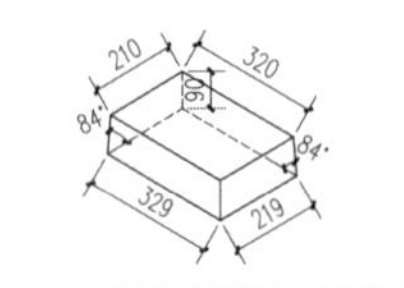	用于下部基础，a=0.4 ～ 1.4 m b≈0.4 m h=0.16 ～ 0.26 m
	用于外墙内层和内墙	用于外墙表层	用于外墙表层	用于外墙表层转角处	
敌台 D260	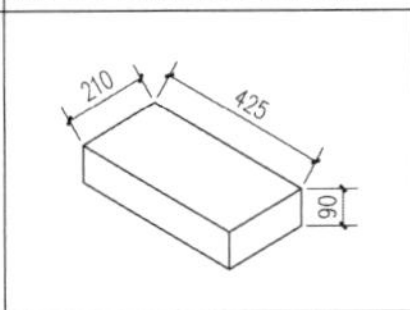	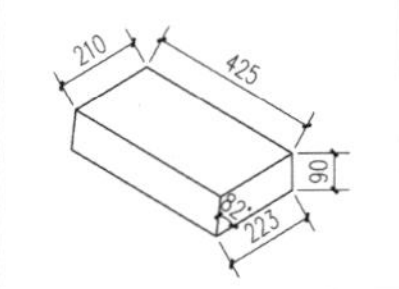	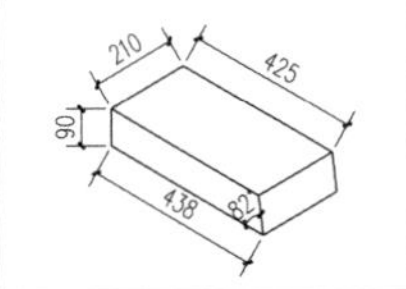	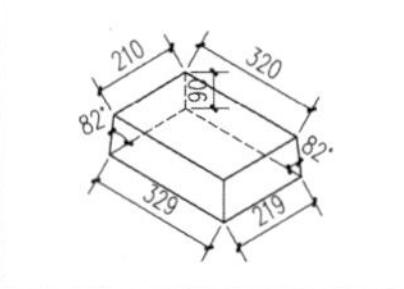	用于下部基础，a=0.4 ～ 1.4 m b≈0.4 m h=0.16 ～ 0.26 m
	用于外墙内层和内墙	用于外墙表层	用于外墙表层	用于外墙表层转角处	

注：走趄砖和趄条砖通称趄面砖，前者为顺向斜面，后者为丁头斜面，见潘谷西，等.《营造法式》解读[M]. 南京：东南大学出版社，2005：209

三、镇宁楼的构造做法（图 7–9）

（1）一层台基

敌台台基内部为夯土，外部下砌条石，上砌砖墙，外墙斜度为 85° ，即收分 8.7%。下部条石地面以上有七层，总高 1.44 m，条石间用石灰浆黏结，砌筑规整严密。条石为砂岩，外有凿纹，局部风化严重。条石的砌筑每层遵循一顺（长边外露）一丁（端头外露）交错砌筑的原则，同时上下层不对缝，保证条石基础的稳固。条石上部为青砖砌筑，就二层阶梯口处的裂缝看，外包砖墙厚达 1.9 m。台基部分砖墙有 105 匹，外侧砌砖均采用了超面砖，为十字砌式。

台基部分砖墙有 105 匹，每层既要满足固定收分，又要满足一顺一丁的砌筑方法，对工匠砌筑工艺要求较高。以镇宁楼南侧外墙为例，选取 40 匹砖约 3.9 m 高进行比较（图 7–10），可以看出，砌墙中为了逐层收分采取的方式有三种。一是靠灰缝和上述三种砖尺寸的大小来控制，如第 96 层和第 100 层；二是通过违反一丁一顺原则加砌一顺或几丁来调整，如第 63、65、88 层等；三是通过砍砖来调整。

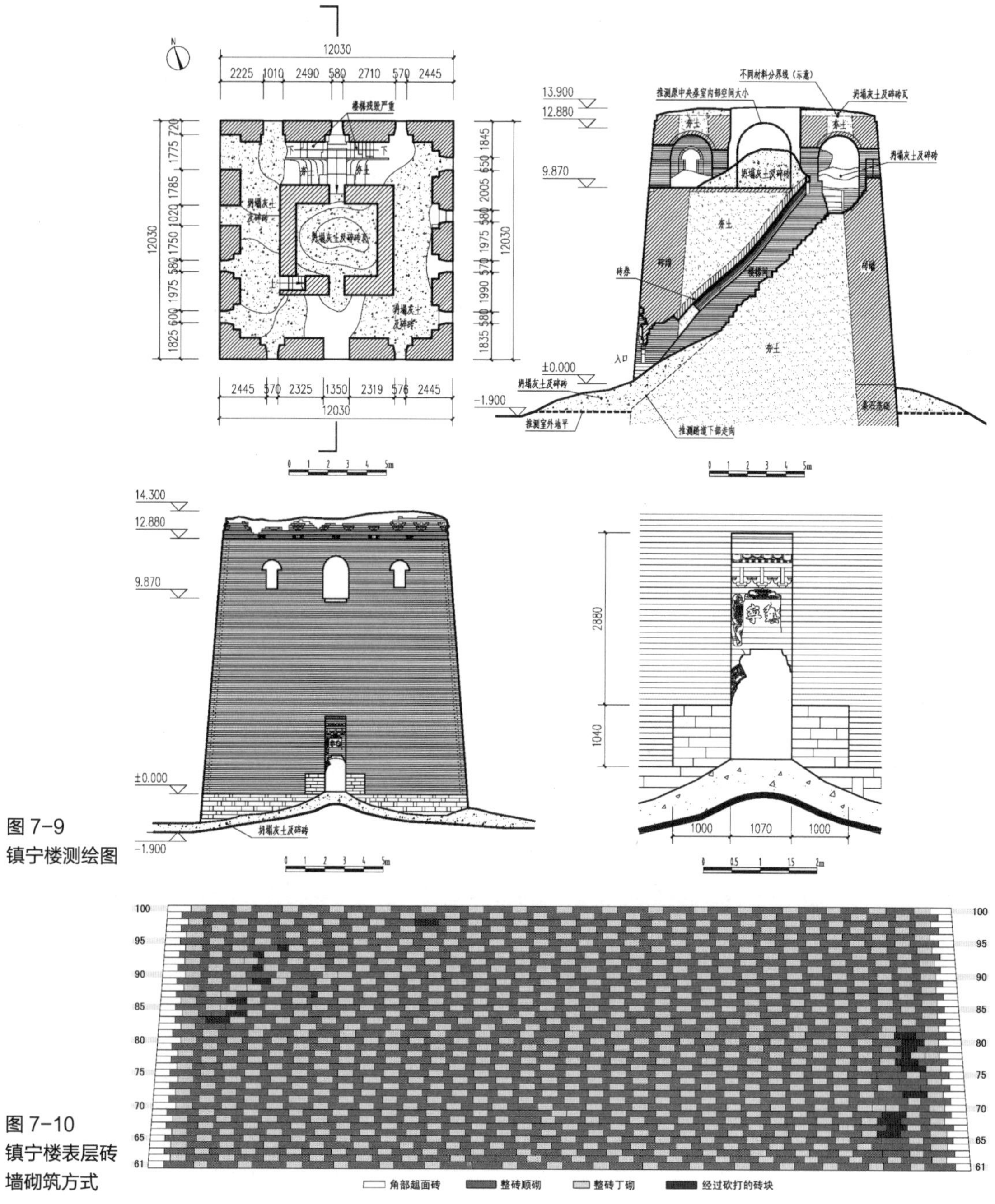

图 7–9
镇宁楼测绘图

图 7–10
镇宁楼表层砖墙砌筑方式

另外，从中也可以看出墙体的砌筑工序：首先，第 61 和 62 层均是中央采用两顺砖并置来适应墙体宽度，显示砖匠在摆砖时是两人从两头一起向中间摆，到了中间根据留下的空隙来调整；从第 63 层开始到第 81 层，这种违反一顺一丁砌式而做的调整集中在墙体右侧，即东侧，而从第 82 层到 94 层，这种调整则集中到了墙体左侧。这说明砖匠在第 63 层到 81 层之间是从左往右摆砖，而且摆砖的只有一人，砌砖的方式是从左向右砌筑，到最右端再根据留出的宽度决定调整办法，等到第 81 层砌完，伴随着脚手架的上移，再从第 82 层开始从右往左砌筑。

（2）敌台入口及楼梯

敌台入口位于南侧下部中央，门扇已无，仅剩门框和门洞，宽 1.07 m，门框两侧下部在石砌层之上又加砌六层条石，高约 1 m，宽 1.2 m。门框下部由于被淤土碎砖等掩埋，无法弄清门槛位置及具体高度，只能测出门框顶部距砖墙下部距离为 2.98 m。整个入口建造得非常精致，门框顶部无过梁，由两层斜砖挑出，下部做出仿木构屋檐，有滴水、飞椽、挑檐檩及檐下斗栱等，除滴水为真瓦外，其他均为砖制，飞椽头部甚至还雕出花朵形状，极力模仿木构件，惟妙惟肖。这组屋檐下部，是一个匾额，四周装边分上下左右四块，各为一个整砖，上面满雕枝叶花卉，手法精湛，版心是一块整石，为砂岩，上书“镇宁”二字。匾额下面即是门洞，上砌石券，应为左中右三块拼接而成，现只剩左边一块，也为砂岩，外侧券面有雕刻，分为券心与上下两弧边，券心雕刻枝叶，上弧边刻有折曲纹，下弧边刻有波浪纹。就保存状况而言，整个门框大体犹在，往日建造之精致仍历历可目，但多处构件残毁脱落，如屋檐滴水、砖制斗栱、匾额装边，以及门洞券石，等等，亟待保护。

门洞内部即是楼梯，下部已被灰土碎砖掩埋，上部露出的梯段已只剩夯土部分，台阶面大部分已被磨掉。楼梯间为一斜向券洞，券顶走向并不呈直线，而是一个波浪曲线，楼梯间两侧券脚竖墙为十字水平砌筑，沿楼梯间走向把锯齿状砌砖砍成斜面，用条砖发券。楼梯间券顶及墙壁保存基本完好，只在下部靠近入口处有坍塌，断面显示里侧券顶为两券，用小尺寸砖发券，外侧靠近门洞处则改为一券一伏，券砖为大尺寸砖，与外墙砖一样（图 7-11）。楼梯自南侧上，达于敌台二层最北侧，正对北墙中央券窗，然后折向两边上到二层楼面，楼梯间券洞则斜上至二层中央券室北墙下部，以一个石券

图 7-11　镇宁楼楼梯间（自下往上摄）

图 7-12　镇宁楼楼梯间上部结束处的石券

结束（图 7–12），石券素面，也分为左右中三块，左右两块下部藏于砖墙内，石券顶部另起砖券，用小尺寸砖，为一券一伏，现已坍塌，仅剩残迹。

（3）二层

二层主体结构为砖砌，用砖券顶形成较大空间，中央一个大券室，四周环以通高回廊。现二层残毁严重，首先，室内围廊墙面和券顶的外层砌砖均剥落；其次，该层西北部和西南部转角处均坍塌，西北角坍塌最为严重；最后，中央券室顶部完全坍塌。坍塌下来的碎砖和灰土已经把室内地面盖住，难见原始地平，中央券室则已被碎砖和灰土填塞了近一半。从坍塌部位可以看出敌台的一些构造做法。

图 7–13 镇宁楼二层回廊交接部位

现存回廊只发一券，从局部保留的完整墙面看，原状应为两券无伏，现券顶局部发生错位，券线呈扁弧状，顶部弧面较平，可能是雨水渗入夯土中导致上部荷载加重所致。券砖尺寸同墙砖无异，以石灰泥浆黏结。砖券顶部两侧砌砖，中间用夯土填充，夯土中多碎石和碎砖。四围券廊通高，交接处的结顶做法值得注意。交接部位在下部较陡处采用砍砖的方法，而到了上部，则采用两个方向的砖相互错接的方式，通过一段段直交来形成斜弧（图 7–13）。

从南侧围廊可进入中央券室，入口为砖券洞，位于券室南墙中央。券室接近方形，东西阔 4.18 m，南北深 3.9 m，现券顶坍塌，室内堆满碎砖灰土，且室内砖墙外皮脱落，不是原来模样，只能从南墙略微残余的起券推测原状可能为东西向单筒券顶。

（4）二层门窗

二层四面各有箭窗，北三南二，东西各四，其中南侧中央有一大券洞，《明长城考实》称其为小门[1]。就保存状况看，西墙北侧二窗和北墙西窗由于墙体坍塌皆残毁，其他各窗虽基本保存，但顶部砖券皆不存，窗台处也多有缺毁。箭窗宽度多为 0.57 ~ 0.58 m，西墙南窗和东墙北窗稍大，分别为 0.6 m 和 0.65 m。虽然宽度有出入，但箭窗券脚高度一致，砖券顶部由于大多残缺，加上砖券跨度不一，券顶矢高已不详，从南墙保存较好的两个箭窗看，砖券高度略大于券阔的一半，显示砖券起拱曲线并不是一个半圆，而是双心圆线，这种形状是符合一定受力原理的[2]。经过测量券脚可知砖券的厚度为 220 mm，若用一般墙砖，则只能是单券无伏。箭窗平面外狭内阔，按墙厚分三段，以南墙西窗为例，各段厚 360 mm，外阔 570 mm，内阔 1240 mm，中间有斜面连接，斜面部分为砍砖，上有打磨痕迹。从现状痕迹看，箭窗内部其实也有一层砖券，现已同室内券廊外皮砖一起剥落不存，券的厚度为 220 mm 左右，从东墙南侧箭窗同部位的痕迹看，这层砖券用砖同一般墙砖，为单券无伏。箭窗内外两层砖券的连接应该也同下部一样采用斜面的方法（图 7–14）。

（5）楼梯及其他

通敌台顶部的楼梯位于西侧围廊南侧，现已残毁，从现状看，楼梯阶面为条石，下侧和内部则用砖来垫高和填充。楼梯宽 0.7 m，踏步高 0.22 m。

此外，在敌台西北角的坍塌处的内侧，发现一个用砖围合的方洞（图 7–15），高约 0.5 m，宽约 0.3 m，

1 华夏子 . 明长城考实 [M]. 北京：档案出版社，1988：178.

2 潘谷西 . 中国古代建筑史 · 第四卷 · 元明建筑 [M]. 北京：中国建筑工业出版社，1999：458.

图 7-14　镇宁楼东墙北侧第二券窗

图 7-15　镇宁楼二层拱券上方用砖围合的方洞

图 7-16　镇宁楼顶部（从东北角往西南方向拍摄）及外墙装饰（东墙）

方洞位于敌台西、北侧围廊券脚上方，具体功能尚不清楚。

（6）三层

敌台顶部（图 7–16）楼面大部分坍塌，仅剩东侧和南侧还有立足之地，为土和碎砖瓦覆盖，长满杂草。按照空心敌台的规制，楼顶原状应为砖铺地面，周围有雉堞，中央盖有楼橹，现地面铺砖和雉堞已踪迹全无，唯散落的瓦件证明了楼橹的存在。

敌台外墙顶部有束腰，转角和中央嵌有雕砖，上砌两层坐砖，略微出挑，丁头朝外，上托斗栱，算转角斗栱每面十朵，外出一跳，扶壁栱用重栱。束腰部分的装饰和斗栱均为砖制仿木，十分精致，可惜多有残毁。斗栱上部承托两到三层坐砖，楼顶平面大约应在这个高度，但上部堆土，不能确认。

四、敌台 D256（徐氏楼）的构造做法

（1）敌台外层（图 7–17）

敌台基础被土等坍塌材料覆盖，原始地平已不能辨，下部条石层露出外面最多处为 16 层。上部砖砌，底部平面为南北宽 14.1 m，东西宽 14.5 m。就砌筑方式来看，敌台下部石砌层并没有像镇宁楼那样严格遵循一顺一丁的砌法，而是多顺砌，偶尔采用丁砌，上层砖墙砌筑方法大略如镇宁楼。

敌台入口位于正面，均为石砌，就现状所见，入口远没镇宁楼那样精美，甚为朴实。门洞内存一扇石门，上为石券顶，由整块石板制成，券石上浅刻券边，内有菱形斜纹。券洞两侧有立柱，上有压顶石，压顶石下部中央随门洞宽度磨有圆边，朴实素雅。压顶石上部为与两侧条石层砌平，加砌一同长但较薄石板，上铺石过梁，较压顶石长，与条石层平。石过梁上方立石质匾额，阴刻“洞门”二字，匾额两边及顶部各有片石围合。

上部因未能上楼，敌楼上层空间不详。敌楼二层东西两侧保存相对较好，西侧完整保留有三个箭窗，东侧两端箭窗坍塌，中央有券洞，较箭窗为大，与左云镇宁楼相仿。南北两侧二层均坍塌严重，箭窗已不存。单就外层门窗布置来看，该楼和左云的镇宁楼非常接近，推测二层空间布置可能与镇宁楼一样，为四周围廊加中央券室。

（2）暗门（图 7–18）

紧邻敌楼南北两侧各有一处暗门遗存。南侧暗门已成缺口，只剩一扇石门残存于土中。北侧暗门遗迹尚存，暗门所在墙体长约 3 m，墙体夯土中铺砌碎砖石和块石，与紧邻的城墙构造迥异，

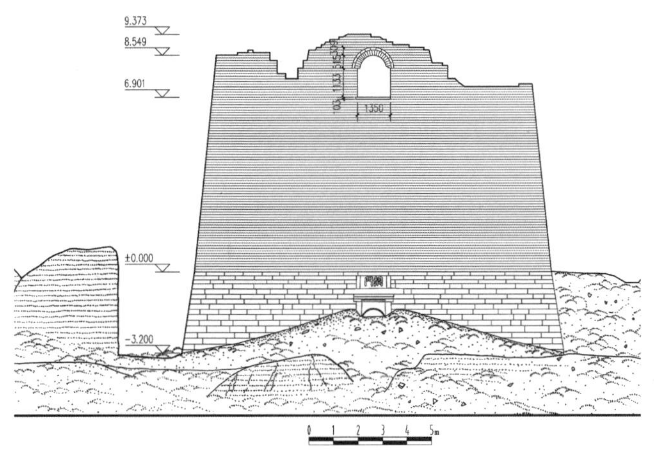

图 7-17　敌台 D256（徐氏楼）东立面

图 7-18　徐氏楼北侧暗门（自西向东摄）

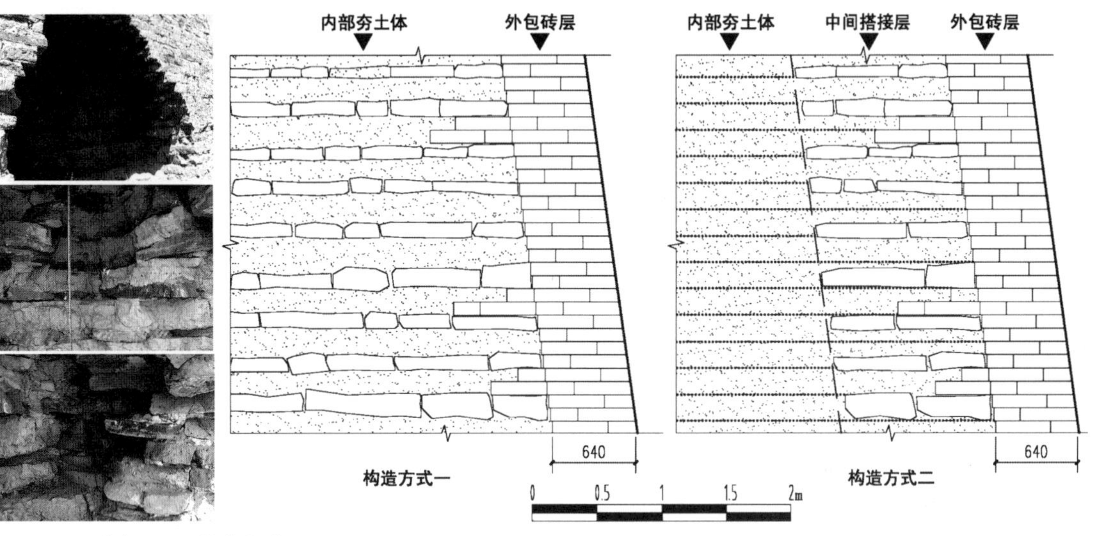

图 7-19　敌台 D260 墙体构造

墙体下部为砖券门洞，洞阔 1.22 m，双券无伏，券砖尺寸与敌台外墙用砖相同，用白灰泥浆砌筑。券洞外侧坍塌，已非原貌，洞口外侧立有两扇石门，门轴与门扇一体，石门扇厚 130 mm，单扇宽 590 mm，门扇下部埋于淤土中，高度不详。

五、敌台 D260

（1）敌台外层

敌台下部条石层露出地面最多处为 15 层，上部砖砌，砖层底部平面方 14.9 m。外包砖石墙体的砌筑一如徐氏楼。敌台东南面墙体右下角部位露出一个洞口，显示出内部的构造做法（图 7-19）。敌台内部为夯土版筑，夯层厚约 200 mm，夯层间逐层铺砌块石（多为片石），通过块石和外部砖墙产生搭接。这种构造做法同前述镇宁楼和徐氏楼暗门处墙体做法一致，是包砖墙体同内部夯土体搭接的一种常见构造做法。只是这里由于内部夯土墩台体量较大，不能确定逐层铺砌块石的构造做法是内外如一还是仅限于夯土体外部。

（2）垛口

敌台 D260 保存了顶部垛口，垛口高 2.2 m，角部垛口底宽约 1.5 m，构造如图 7-20。

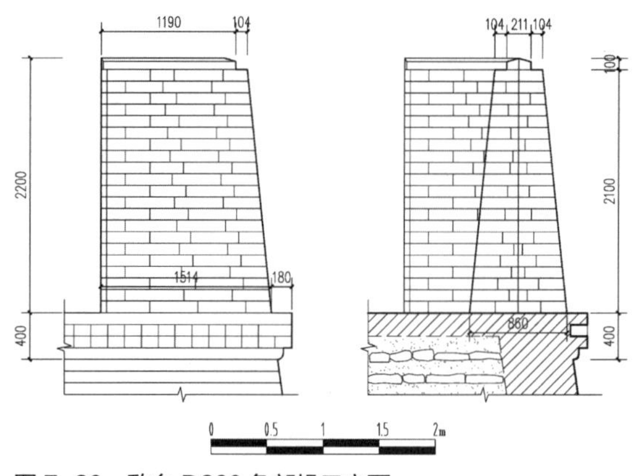

图 7-20 敌台 D260 角部垛口立面

小结

本章所探讨的这几例均是以夯土构筑物为主的明长城大同镇段中的少数案例，历经数百年的破坏，砖石土坯类遗存已所剩无几，如镇宁楼、D256（徐氏楼）和 D260 是明长城大同镇段保存到现在的仅有的三例包砖敌台，其中，镇宁楼“是长城由河北入山西以来保存最好的一座”[1]，弥足珍贵，具有重要的文物价值。通过对这几例个案的深入研究，可以从中一窥明长城大同镇段形制和做法的丰富与多样性。

根据对明长城大同镇段砖石土坯遗存的个案研究，其墙体材料主要包括砌块材料、粘结材料和内部夯土材料三种（过河城桥例外）（表 7-4）。

砖石土坯遗存材料汇总 **表 7-4**

构筑物类型	案例数目	砌块材料	粘结材料	内部夯土材料
包石墙体	3	毛石，毛料石	黄泥浆	细粒土，砂砾
包砖敌台	3	条石，砖	白灰泥浆	细粒土，砂砾，块石（片石）
外包土坯烽火台	1	土坯	黄泥浆	细粒土，砂砾
过河城桥（残墩）	1	条石，毛料石，毛石	白灰泥浆	无

从材料使用和构造做法来看，军事地位相对较高的构筑物的结构强度要明显优于其他构筑物。对于砖石砌体，包砖敌台和过河城桥所用砌块材料要比包石墙体规整许多，黏结材料中添加了石灰，砌筑规格高出很多。外包土坯烽火台的土坯墙体砌筑得也比较规整，但相对于砖石材料，土坯的坚固度较为欠缺。这些都反映了古人出于军事需要对材料和结构做法的主动选择。

这几个砖石土坯遗存中，除过河城桥外，在构造方面均涉及外包砌体与内部夯土体之间的搭接问题。但只在包砖敌台案例中发现了相关做法，与前面夯土构筑物外部构造相印证，可以确认当时的一些普遍性做法。

1 华夏子．明长城考实 [M]. 北京：档案出版社：178.

第八章 建造技术

第一节 取材措施

一、夯土取材

根据前文对城墙、敌台、烽火台等的建筑材料的记述，可知墙体材料与所处地理位置有密切关系，海拔高，土壤贫瘠的墙体、敌台和烽火台更多地掺杂了砂砾，掺杂了碎石和块石，这充分说明夯土材料基本属于就地取材。总体来看，明长城大同镇段所在地区属于黄土高原，土壤资源丰富，就地取土一般足以满足修边需要，前述城墙 D026—D027 外侧的深沟应该就是现场取土所挖，可谓一举两得。

尽管该段夯土长城的修筑基本采用就地取土，但一些地段的夯土中砂砾和碎石的含量比周围土体要少，证明对原土进行了筛滤或从别处取土，如城墙 D076—D078，沟壑处暴露的山坡断面显示该地区土壤中有大量的砾石和碎石，但是上部墙体所用夯土中却只含有少量的砂砾和碎石。

二、砖石取材

相对夯土材料，砖石的取材较为困难，取材地和加工地并不完全一致，加以这次发现的包砖和包石墙体和敌台只有寥寥几例，无法进行综合研究。只有城墙 D226—D227 之间的包石墙体所用石材因其颜色特殊，可以确认是从现场就近取材。对于砖石的加工地，和作为黏结剂的石灰的产地，都有待考古调查[1]。据报道，山西省文物局在山西省明长城资源考察中发现了 12 处采石场[2]，其中一些可能与明长城大同镇段有关，对于更进一步的信息则要等到文物局的公布。

第二节 夯土工具

由于夯土遗存占现存明长城大同镇段的绝大多数，因此，这里只讨论夯土遗存的建造工具。目前并未发现明代遗存下来的夯土工具，长城附近一些民居直到 20 世纪 80 年代仍在使用夯土建造房屋和围墙，但工具也没有遗存下来。现在对夯土工具的探讨，只能依赖夯土遗存的夯窝直径、夯层厚度和遗存下来的印迹。

一、夯打工具

现存的战国和秦汉长城中很明显可以看到夯窝的遗存，且夯窝较小，而明长城的夯窝直径明显变大，

1　承蒙大同长城学会刘媛老师告知，她曾探查过天镇北部马家窑村附近的疑似明代砖窑遗址 .

2　高可 . 山西省明长城资源田野调查总结会上的讲话 [EB/OL].（2008-09-17）.http://www.sxcr.gov.cn/news/show.php?itemid=1324.

以这次考察为例，几乎所有的夯土遗存的夯层都十分平整，很难分辨夯窝的轮廓，只在城墙走向李二口段和敌台 D026 上发现了明显的夯窝痕迹（表 8–1）。据景爱先生的观点，夯窝直径的明显变大是由于“打夯工具的改进所致”，战国和秦汉长城基本靠荆条夯或细木夯，到宋代以后出现了两人提举的木夯[1]。就明大同镇长城而言，上述夯窝遗存案例证明它们在夯筑时用的是单人提举的木夯或石夯（图 8–1），其他一些夯土遗存可能也使用了类似木夯，但现存的大多数夯层平整的夯土遗存则应该并非如此，它们使用的应该是底面积更大的多人提举的木夯或石夯。

夯土遗存夯窝直径案例统计 **表 8–1**

照片		
	城墙走向李二口段（南侧）	D026（南墙下部窑洞内壁）
夯窝直径	85 ~ 115 mm	90 ~ 135 mm

二、支架和模板

对于夯筑时的模板，同样无遗存，从今天西北地区现存的夯打方式（图 8–2）推测，该段长城在夯筑时很可能是用端头的支架控制墙体的高度、底阔和顶阔，然后在支架上固定相互平行的原木或木板，再在里面填土夯打，这种做法在周代就已成型[2]。古人在版筑时，常用穿棍或绳索拉结两侧模板[3]，在一版夯筑完成后绳索即留于夯土中（图 8–3），但本次调查发现的夯土墙体和墩台有植物枝条和孔洞遗存的并不占多数，虽然一些受到外侧泥土的遮挡而无法识别，但一些坍塌断面证明的确有许多夯土遗存没有使用植物枝条，且据遗存孔洞的直径，夯土中原植物枝条直径很细，恐不能承受夯筑时土对模板的撑胀力量，因此，可以认为，该段长城在夯筑时主要采用两侧斜撑和端头束缚来固定模板。对于铺设的植物枝条，则主要是用来起内部拉筋的作用，这种做法在周代也已出现，“在部分地区，城墙筑造中已局部采用在墙体内铺设木构网或绳构网的配筋技术，以增强城墙坚固性”[4]。

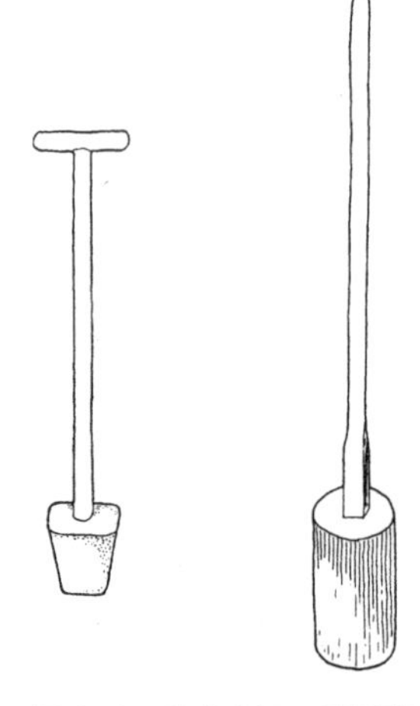

图 8–1　单人夯打工具示意

1　景爱，苗天娥．剖析长城夯土版筑的技术方法 [J] 中国文物科学研究 ,2008（2）：51–56.
2　张玉石．中国古代版筑技术研究 [J] 中原文物，2004（2）：59–70.
3　张玉石．中国古代版筑技术研究 [J] 中原文物，2004（2）：69.
4　张玉石．中国古代版筑技术研究 [J]. 中原文物，2004（2）：69.

图 8-2 中国西北地区当代夯土筑墙现场

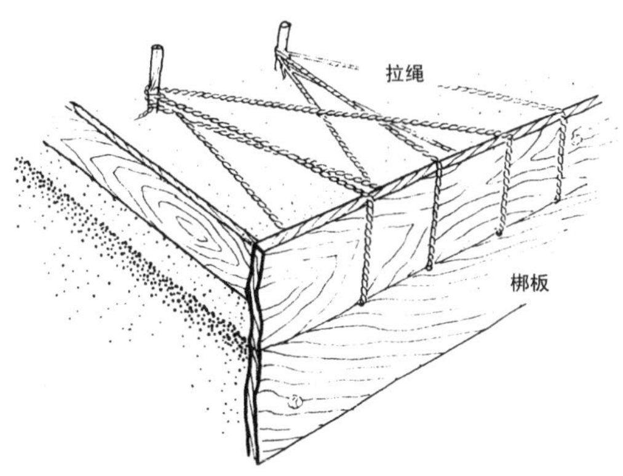

图 8-3 绳索拉结式城墙夯筑做法示意

第三节 建造技术

一、基础做法

基础做法主要包括两个方面，一是基础挖深，二是基础部位的构造措施。根据前面各章内容，对明长城大同镇段现状遗存的基础做法统计如表 8-2 所示。

明长城大同镇段基础做法统计 表 8-2

基础挖深 2	基础构造	构筑物类型	典型案例
无下挖，简单平整	无特殊做法	城墙、夯土敌台、烽火台	D061—D062、城墙 D155—D156
下挖较少	无特殊做法	城墙	城墙 D236 南侧
无下挖，简单平整	掺杂碎石、块石	城墙	城墙 D077—D078、城墙 D076—D077
无下挖，简单平整	以围城台基找平	有护台围墙的夯土敌台、夯土烽火台	敌台 D024，烽火台 F028
基础下挖较多	砌筑块石、条石	包砖敌台，包砖堡墙、马面和角台	敌台 D222，镇边堡西南角台
基础深挖	打木桩，铺多层条石	城墙（过河城桥）	兔毛河桥

注：这里认定的基础挖深，是在默认今天的地形和明代地形变化不大的前提下而言的，这可能会存在一些缺陷和错误，但不会对结论带来颠覆性的影响

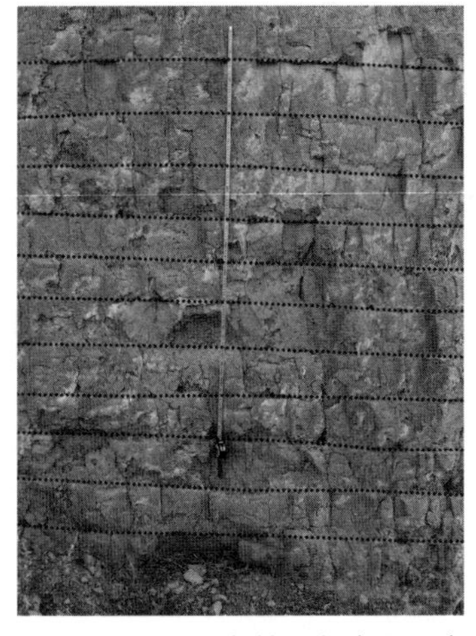

图 8-4 得胜堡东墙下部夯层厚度（虚线所示为夯层线）

总体而言，明长城大同镇段各类构筑物的基础做法与其军事重要性和地基状况有关，相对于一般的夯土城墙、敌台和烽火台，包砖敌台、堡墙、马面和角台的基础做法要复杂和坚实许多，而对于地质情况较差、军事地位重要的过河城桥，其基础做法则最为复杂。

二、夯层厚度

（1）夯层厚度

夯层厚度并不是一个固定值，而是呈现一个范围内的波动，以得胜堡东墙某个部位为例（图 8-4），从地面以上第三个夯层往上的夯层厚度依次为 195 mm，140 mm，165 mm，190 mm，160 mm，195 mm，170 mm，185 mm，190 mm……对于同一个夯层，

它的厚度在不同位置点也不尽一致。

根据前文中的统计结果，城墙的主要夯层厚度为 150 ~ 250 mm，敌台为 150 ~ 200 mm，烽火台为 200 ~ 250 mm，堡城为 150 ~ 250 mm。其中，城墙和堡城的夯层厚度波动范围较大，而敌台和烽火台则相对集中，但各类型的主要夯层厚度均在 150 ~ 250 mm 范围内，即明代的 5 寸到 8 寸之间。具体而言，敌台的夯层厚度要普遍小于烽火台的夯层厚度，而在同样的夯打次数和能量作用下，较薄的夯层厚度更容易压实并获得最大干密度，因此，可以大略得出，敌台的强度一般要高于烽火台的强度，明代对敌台的重视程度要大于烽火台。

在城墙、敌台、烽火台和堡墙中，均有厚薄相间的夯层案例（表 8-3），且敌台的案例最多，城墙次之。这种夯层厚薄相间分布的现象主要出现于夯土体表层，到了内部则合二为一，这说明，这些夯土体在夯筑时，内部每夯筑一层，表层要夯筑两层，且这些夯土体表面的孔洞阵列均位于薄夯层上方，由此可以推测，夯筑时先在内部填土夯筑，夯筑的同时或稍后开始对外围进行夯筑，外围先夯筑一层较厚的夯层，再接着夯筑一层较薄的夯层与内部夯层持平。这样做可以保证外围夯土的密实度和强度高于内部，增强夯土体抵抗风化和敌人破坏的能力。

厚薄相间夯层案例汇总 **表 8-3**

编号	城墙走向李二口	城墙 D076—D077	城墙 D078 东侧	F053	镇边堡南墙测点 2	D004
夯层厚度（mm）	90，150	50，130	80，150	80，150	80，130	80，150
编号	D005	D013	D058	D072	D093	D102
夯层厚度（mm）	80，130	130，180	80，120	80，150	80，110 ~ 150	90，190

三、夯层构造

基于之前各章的分析，明长城大同镇段夯土遗存的夯层构造可以分为纯细粒土类、掺杂类和铺砌类三大类，后两类又可以各分为少量和大量两个亚类。各种构筑物类型的夯层构造类别比例总结如表 8-4。

夯土遗存夯层构造类型汇总 **表 8-4**

夯层构造类别	城墙	敌台	烽火台	堡墙、马面和角台
有效案例 / 测点总数	55	136	84	58
纯细粒土类（比例或测点数目）	0	14.0%	10.7%	4
掺杂类（比例或测点数目）	90.9%	75.7%	86.9%	42
少量掺杂类 / 大量掺杂类（比例或测点数目）	76.4%/14.5%	61.0%/14.7%	76.2%/10.7%	36/6
铺砌类（比例或测点数目）	9.1%	10.3%	2.4%	12
少量铺砌类 / 大量铺砌类（比例或测点数目）	1.8%/7.3%	8.1%/2.2%	1.2%/1.2%	8/4

由表 8-4 可以看出，对于各类型夯土遗存，夯层构造均以掺杂类尤其是少量掺杂类占大多数，纯细粒土类和铺砌类占少数。

在实际的建造中，不同地段夯土遗存的夯层构造并不完全一致，尤其是分布范围较广的长城城墙、敌台和烽火台，会受到许多因素的影响。表 8-5 对不同段落夯土遗存的夯层构造类型及其产生原因进行了分析和总结。

夯土城墙、敌台和烽火台夯层构造分段统计及分析 **表 8–5**

区县	段落	构筑物编号	夯层构造	原因分析
天镇县	平远头—二十墩	城墙：城墙 D001—D014 敌台：D001—D014 烽火台：F001—F014	以纯细粒土类和少量掺杂类占大多数，只有 D004 和 D013 例外，其中 D004 中在敌台中下部集中掺杂大量砖块，D013 中均匀掺杂大量砂粒	该段位于山脚下，土壤丰富，土质较好。D004 可能原为包砖敌台，敌台外部有疑似帮筑痕迹，夯土中砖块可能为包砖的同时进行帮筑所为；D013 可能与所处小环境的土质有关，也可能与其他部分的建造时期不同
	新平堡—黄家湾	城墙：城墙 D024—D030 敌台：D024—D030 烽火台：F017，F018，F019，F022—F027	均为纯细粒土类或少量掺杂类	该段位于丘陵地带，土壤丰富，土质较好
	瓦窑口—李二口—薛三墩	城墙：城墙 C002—C006，城墙 C004—D056 敌台：D056—D060，D061—D063 烽火台：F028—F032	山脚下以少量掺杂类占大多数，城墙 D061—D062 为大量铺砌类，夯层中掺杂大量砂砾，且在内部夯层间铺砌大量碎石和块石。坡地长城（D056—D060）随海拔高度由少量掺杂类转为大量掺杂类或大量铺砌类	山脚下地质构造属于山前洪积扇，断面显示在地基里分层堆积大量砂砾、碎石和块石，一些段落的长城可能为远处平地取土或对附近原土进行了筛选，城墙 D061—D062 则应该是直接采用附近原土。爬坡段随地势升高土壤越发贫瘠，且从山下取土运输困难，砂砾、碎石和块石因此得到大量使用
	白羊口—榆林口	城墙：城墙 D072—C007 敌台：D072—D078 烽火台：F033—F035	以少量掺杂类和大量掺杂类占多数，一些大量掺杂类属于地基处集中掺杂大量碎石和块石。城墙 D076—D077 局部采用了少量铺砌类，在中部夯层间铺砌碎石和块石，且在夯土中掺杂大量碎石和块石	该段长城位于山脚下，地质构造属于山前洪积扇，原土中含有大量砂砾、碎石和块石，少量掺杂类夯土遗存可能为远处平地取土或对附近原土进行了筛选，均匀分布的大量掺杂类则应该是直接采用附近原土
阳高县	许家园—虎头山	城墙：城墙 D085—D089 敌台：D085—D089 烽火台：F036—F040	烽火台均为少量掺杂类，敌台均为少量铺砌类，城墙为大量掺杂类或大量铺砌类，且敌台和城墙的铺砌类中均同时掺杂大量砂砾或碎石	该段长城位于山脚下，原土中含有大量砂砾和碎石，敌台和城墙应该是就近取土且几乎没有进行筛选，烽火台则可能为不同时期夯筑，且对原土经过了筛选
	守口堡—十九梁	城墙：城墙 C009—D111 敌 台：D093—D107，D108，D109—D111 烽火台：F049—F050，F053—F061，F062—F064	以少量掺杂类和纯细粒土类占大多数。个别敌台和烽火台为大量铺砌类或大量掺杂类，D094 的内部夯层间逐层铺砌砂砾和碎石，D099 的夯土中掺杂大量砂砾和碎石，F058 下部集中掺杂大量块石	该段长城位于山前丘陵地带，在高处形成地势较为平缓的黄土塬，土壤相对丰富，土质也较好；但在地势起伏的爬坡段则土壤贫瘠，土质较差，D094 和 D099 均处于这种地形。F058 的构造与地形及土质关系较小，但该处紧邻沟谷，位处冲要，原状可能包筑砖石，这种构造可能与此有关
	长城乡—镇边堡	城墙：城墙 D112—D131 敌台：D112—D121，D122—D125，D126—D131 烽火台：F066—F083	绝大部分为少量掺杂类，只有 D131 为少量铺砌类，在顶部夯层间铺砌块石	该段长城位于平地，土壤丰富，土质较好。D131 顶部的铺砌构造可能为顶部台面做法遗存
新荣区	元墩—镇川口—镇川堡	城墙：城墙 D132—D145 敌台：D132—D137，D138—D141，D142—D145 烽火台：F084—F086，F087—F097	均为少量掺杂类	该段长城位于平地，土壤丰富，土质较好

续表

区县	段落	构筑物编号	夯层构造	原因分析
新荣区	弘赐堡—镇羌堡	城墙：城墙 C015—D164 敌台：D146—D164 烽火台：F098—F104	城墙坍塌风化严重，无法辨别其构造做法，敌台和烽火台则少量掺杂类、大量掺杂类和大量铺砌类均有，交错布置	该段长城位于山脚下，旁临御河，周围土壤中含有许多砂砾、碎石和块石，且大量掺杂类和大量铺砌类中的砂砾、碎石等大都位于夯土体内部，外部用土则可能经过了筛选。此外，不同类别的夯层构造交错布置的现象或许说明该段长城的敌台和烽火台并非同一时期建造
	拒墙口—拒门堡	城墙：城墙 C019—D185 敌台：D171—D185 烽火台：F108—F111	主要为少量掺杂类，局部大量掺杂类，为敌台 D173—D176，夯层中均掺杂大量砂砾，它们附近的城墙已风化为土坡状，应该也属于同样构造	该段长城位于平地，土壤丰富，整体土质较好，但局部土质可能存在差异，D173—D176 附近多为荒地和林地，而其他段落附近多为农田，这或许说明该段附近的土质相对较差
	新荣镇段	城墙：城墙 D208—C020 敌台：D208—D211 烽火台：F134—F139	敌台和烽火台均为少量掺杂类，局部城墙为大量掺杂类，含有大量砂砾、碎石和块石	该段长城地处平地，土壤丰富，土质总体较好，但局部地势起伏处含有砂砾、碎石等杂质，大量掺杂类段落即位于这类地形上
左云县	徐达窑—八台子	城墙：城墙 C021—D238 敌台：D214—D222，D223—D236，D237—D238 烽火台：F149，F150—F163，F164—F172，F173—F184	该段长城跨越较长，有少量掺杂类、大量掺杂类、少量铺砌类和大量铺砌类等多种构造做法	八台子村附近沟谷处土壤丰富，土质较好，沟谷两侧长城均为少量掺杂类，八台子往东直达威虏堡西侧均为坡地，形成许多起伏地段和沟壑，土质较差，含有大量砂砾、碎石和块石，这些地段的长城大都掺杂大量砂砾和碎石，只有局部段落位于黄土塬，土质稍好，为少量掺杂类。威虏堡往东地势较平缓，但土质仍较差，多为大量掺杂类构造
右玉县	二十五湾—杀胡口—四台沟	城墙：城墙 D239—C034，D248 北侧拦马墙 敌台：D239—D252 烽火台：F186—F187	均为纯细粒土类或少量掺杂类	该段长城所处地势虽起伏较大，但周围土壤丰富，土质较好
平鲁区	七墩—新墩	城墙：城墙 C036—D261 敌台：D253—D261	少量掺杂类占多数，个别为少量铺砌类和大量掺杂类，其中，D254 为顶部铺砌块石，D255 在顶部集中掺杂砖石	该段长城所处地势虽起伏较大，但周围土壤丰富，土质较好，D254 和 D255 的铺砌和掺杂构造均集中位于顶部，前者可能和顶部台面做法有关，后者可能原为包砖敌台，掺杂砖石做法可能与此有关
	寺怀段	城墙：城墙 D262—D263 敌台：D262—D263 烽火台：F188	城墙为纯细粒土类，D262 和 D263 均为少量铺砌类，且均属于与外包砖墙搭接而采用的外部夯层间逐层铺砌做法	该段长城所处地势虽起伏较大，但周围土壤丰富，土质较好。D262 和 D263 内部夯土中几乎没有砂砾和碎石，外部铺砌做法与外包砖石墙体有关

综合上表内容，可以得出，夯土遗存所处地形和土壤环境是影响夯层构造做法的主要因素，大量掺杂类和大量铺砌类主要出现在土壤贫瘠、土质较差的地方；建造时期不同带来的影响次之。对于堡城的夯土遗存，其夯土材料和夯层构造与周围地形和土壤环境也息息相关，如弘赐堡和紧邻的长城城墙、敌台和烽火台一样，均掺杂了大量砂砾，威虏堡瓮城堡墙和附近长城城墙、敌台的夯土中均掺杂大量砂砾和碎石，等等。

此外，堡城的夯土遗存由于不同时期的帮筑做法较为多见，更多地表现出了后期帮筑部分的夯层构造和早期夯土体的不同之处，这种不同多表现为后期相对前期的改进，如拒门堡，早期是大量掺杂类，夯土中掺杂大量砂砾，易受雨水等侵蚀，帮筑部分则改为铺砌类，夯层间集中铺砌砂砾，夯层明显致密，提高了抗蚀能力。

对于古人的不同夯层构造做法，从今天的土力学角度看，这几类夯层构造各有其优缺点（表 8–6）。

各类夯层构造结构优缺点比较 **表 8–6**

构造类型	结构优点	结构缺点
纯细粒土类	明长城大同镇段所处地区的土壤属于黄土，主要为黏性土，黏性土在压实干燥后会变得十分坚固	黏性土收缩性较大，在夯土中只存在细粒土时，容易受冷热干湿变化影响，发生块状开裂，现存的几例纯细粒土类均存在这种开裂现象，如 D007
掺杂类	从土力学角度看，土的颗粒级配会影响土的受压程度，颗粒级配不均匀的容易压实，均匀的则不易压实，因为前者大颗粒间的孔隙可以由小颗粒来填充，而后者则不能，因此在细粒土中掺杂一些粒径大小不一的砂砾和砖石有利于土的压实，提高夯土强度[注] 此外，夯土中掺杂一些砂砾和砖石会避免出现上述纯细粒土类发生的块状开裂现象	当夯土中砂砾含量超过一定限度，会使夯土成为砂性土，土体黏聚力下降，强度降低，容易遭受外界侵蚀，如风化、风蚀、雨蚀，也很容易出现土体垮塌
铺砌类	铺砌类构造同上述掺杂类一样，可以改善土的颗粒级配，提高土体强度 和掺杂类不同的是，铺砌类构造具有悬挑作用，一定限度内避免因下部脱落而导致的上部坍塌，在一些案例中，如敌台 D149，砖石层下部夯土受侵蚀剥落，而上部的夯土则在砖石的悬挑作用下依然稳定	有些案例将砂砾和砖石等集中铺砌于内部夯层间，而在外围则改用砂砾和砖石含量较少的夯土，这虽然能使砂砾和砖石层避免受外界营力的破坏，但一旦外层夯土剥落或坍塌，则暴露出来的砂砾和砖石层会加速夯土体破坏，如城墙 D086 东侧和敌台 D057 均有大面积坍塌 由于砂砾和砖石呈层状分布于夯层间，所以它不会改善纯细粒土夯层的收缩和开裂

注：根据土力学的知识，当夯土中掺杂一些块石时，“块石被紧密嵌固在大量的土粒子中，形成了大刚度的块石与小刚度的土混合体，当受到压力作用时，小刚度土粒所受的力可以适当转嫁至大刚度的块石，内部出现了应力分配现象，但是此时，力的传递依靠块石与土粒子间的界面作用，若界面作用力大，则整体所能承受的外力就大，反之，力的传递效果将会受到影响”。尚建丽 . 传统夯土民居生态建筑材料体系的优化研究 [D]. 西安：西安建筑科技大学，2005：29.

总体上看，少量掺杂类是一种较为稳固的夯层构造，大量掺杂类大都缘于周围土质较差，强度较低且容易遭受破坏，铺砌类相对于大量掺杂类，涉及对原土的筛选，更具有主观能动性，可以改善大量掺杂类的一些缺点，但也存在一些结构隐患。需要指出的是，限于笔者能力和条件限制，此处的分析仅基于一般的土力学常识，要深入探讨各类夯土构造的力学特征，必须经过科学取样和力学试验，这超出了本书的研究范围，有待以后进行。

四、铺设植物枝条做法

如果说细粒土和砂砾、碎石等一起混合而成为“黏土混凝土”[1]的话，那么铺设于其中的植物枝条就如同混凝土中的钢筋，起着连结和加强的作用。综合各类型夯土遗存的植物枝条特征统计，可以发现，夯土中铺设的植物枝条普遍较细，大都在 30 mm 以内；夯土体中植物枝条主要呈水平铺设状态，只有少数案例为竖向铺设；水平铺设的植物枝条主要位于夯层间，即每一个夯层的底部，位于夯层中的占少数，由此可以看出，植物枝条的铺设一般是在夯筑新夯层前放置在其下面夯层的顶部；植物枝条之间的水平间距一般为 200 ~ 600 mm。

1 尚建丽 . 传统夯土民居生态建筑材料体系的优化研究 [D]. 西安：西安建筑科技大学，2005：69.

综合前文关于夯土敌台和夯土烽火台中铺设植物枝条做法与夯层构造关系的分析，可以得出，大量掺杂类夯土构造较少铺设植物枝条（表 8–7）。

夯土遗存植物枝条特征汇总 **表 8–7**

城墙段落（有效案例数目）	水平铺设	竖向铺设	夯层间	夯层中	一般孔洞直径（mm）	一般孔洞水平向中心距（mm）
城墙（14）	13 例	3 例	12 例	4 例	5 ~ 30	300 ~ 600
敌台（34）	33 例	1 例	33 例	2 例	5 ~ 40	200 ~ 600
烽火台（22）	19 例	3 例	18 例	2 例	10 ~ 30	200 ~ 600
堡墙、马面和角台（21）	21 例	0 例	21 例	4 例	5 ~ 30	150 ~ 800

五、外部构造

基于前面几章的内容，对明长城大同镇段各类型夯土遗存的外部构造做法案例汇总如表 8–8 所示，这些构造做法可分为帮筑做法、竖向凹槽和嵌砌砖块做法、与外包砖石墙体搭接采用的铺砌砖石做法三种。

夯土遗存外部构造做法案例汇总 **表 8–8**

构造做法	城墙	敌台	烽火台	堡墙、马面、角台
帮筑做法	无	D131、D137	F029	镇川堡堡墙、拒门堡堡墙、杀胡堡中关堡墙等；镇宁堡西北角台等
竖向凹槽和嵌砌砖块做法	无	D072	无	保平堡堡墙，镇宁堡堡墙、西北角台，镇边堡南墙马面，弘赐堡东北角台，镇羌堡、得胜堡、市场堡的堡墙、马面和角台，杀胡堡南门瓮城
与外包砖石墙体搭接采用的铺砌砖石做法	无	D262、D263	无	保平堡东墙外侧、镇川堡东北角台

（1）帮筑做法

帮筑做法在堡墙上较为多见，敌台和烽火台上也有一些个案存在。之所以多发生于堡墙，一方面是因为堡墙保存相对完整，帮筑做法易于识别，另一方面是因为这些堡城在历史上修补较多。考察中没有发现长城城墙上的帮筑做法，但据历史记载，一些段落的城墙经过了夯土帮筑，可能因为保存状况不好而没有显现出来。帮筑均为在原土体外面直接夯筑，有明显接缝，无搭接措施，帮筑部分和原土体在夯土材料及夯层厚度方面存在一些区别。现存的帮筑做法几乎均为夯土体外围的帮筑，只有烽火台 F029 较为特殊，它是在包石烽火台外面帮筑一层夯土墙体。

除长城和堡城外，夯土墙体的帮筑也见于内地城池的墙体，如平遥古城的城墙上也有这种帮筑现象存在，可见这是一种较为普遍的做法。

（2）竖向凹槽和嵌砌砖块做法

竖向凹槽均出现在原状包筑砖石的夯土体表面，如敌台和堡城，现外包砖石墙体已被人拆除挪用，只剩下夯土体和上面的凹槽，一些凹槽内还保留着砖砌体。凹槽做法有两种，一是在帮筑的同时包筑外墙，凹槽不仅规整而且深阔；二是在已有夯土体（原夯土体或帮筑部分）表面临时挖出凹槽，包筑晚于夯土体的建造，这类凹槽较为浅狭。鉴于这种做法在该段长城土筑包砖构筑物上的普遍性，可以确定，墙上挖竖向凹槽嵌砌砖块是明长城大同镇段加强包砖和内部夯土体之间相互咬合和联结的一种基本构造措施。

除敌台和堡城外，在明大同右卫（今右卫镇）城墙上也有这种竖向凹槽做法，同时资料显示，在一些内地城池上也存在类似的旨在加强外包墙体和内部夯土体之间联结的措施，如明代山西洪洞县："先土筑，原高一丈六尺，今增一丈一尺，共二丈七尺，女墙六尺，共高三丈三尺，原厚八尺，今增一丈二尺，厚二丈，城基入土七尺，累顽石五六层，方用大石作基五尺，砌砖迭七行，细灰灌之，每丈钉石六条，贯入土城，若钉橛然，盖粘连一片石矣。"[1] 虽然具体做法尚不清楚，但钉石贯入土城的做法可谓与上述凹槽与嵌砌砖块做法异曲同工。

（3）与外包砖石墙体搭接采用的铺砌砖石做法

这种做法主要见于外包砖石的敌台和堡城等构筑物的帮筑夯土体上，这种构造做法与上述铺砌类夯层构造相似，但它仅位于原夯土体外部帮筑部分，主要目的是为了加强外包砖石墙体同帮筑部分的搭接，而帮筑部分又与原墙体具有亲和性和黏结力，因此，帮筑部分不仅加厚和加高了墙体、角台和马面，而且通过这些构造措施充当了内部夯土体和外包砖石墙体之间联结的媒介。这种做法也见于明山西镇老牛湾堡堡墙。

六、特征总结

（1）军事地位的差异导致建造技术高低有别。明长城大同镇段的包砖 / 石敌台和城墙主要位于军事冲口处，如镇宁楼和 D256（徐氏楼），且包砖敌台的基础做法要好于一般的夯土敌台。

（2）建造者的施工水平与建造技术的适宜性。明长城大同镇段的建造者主要是军夫和役夫，他们承担了占绝大多数的夯土构筑物的建造，而对于兔毛河桥这样的复杂工程，则需要大量工匠，如石匠等人的参与。

（3）重视程度影响建造技术的选取。今天天镇、阳高一带的长城为明嘉靖间翁万达总督宣、大时创筑，当时其体量和建造质量就好于其他段落，今天犹然，上述厚薄相间夯层案例也主要分布于这一地区，说明这一时期修筑的长城在技术上比以往也有所提高，而这与翁万达等人对修边的重视有密切的关系。

（4）建造技术与周边环境的关系。土壤贫乏、土质较差的地区的夯土构筑物多采用大量掺杂类夯层构造和铺砌类构造，为了保证夯土体强度和抗蚀能力，一些案例在内部集中掺杂或铺砌砂砾和碎石，而在外围则改为土质较好的土，这是古人在客观条件不利的情况下所采用的一种改良措施。

（5）建造技术随时间发展的改进。一些夯土体经过了不同时期的修补，帮筑部分相对于原夯土体，往往在土质、夯层厚度和铺设植物枝条做法方面有明显的改善，这反映了建造技术随时间发展的改进。

总之，明长城大同镇段的建造技术是一种因时因地因人的适宜性技术，它不能代表明代建造技术的最高水平，但它是基于客观条件的较好或最好的选择。

---

1 刘应时《砖城记》，收录于民国《洪洞县志》，《中国方志丛书 • 华北地方》第 79 号。该段记载的发现得益于相睿 . 明代山西城池建设研究 [D]. 南京：东南大学，2009：41.

附录

附录一 实地考察城墙段落数据一览表

编号	坐标		海拔（m）	走向	材料	高度（m）内/外	宽度（m）顶/底	斜度	夯层厚度（mm）
	经度	纬度							
城墙 D001 东侧	E114.0843°	N40.4223°	1120	北偏东 60°	夯土	7.8/3.1	2/–	80°	300
城墙 D002 东侧	E114.0827°	N40.4217°	1120	南偏西 70°	夯土	—	—	—	240
城墙 D008—D009	—	—	—	南偏西 70°	夯土	—	—	—	250
城墙 D012 东侧	E114.0554°	N40.4103°	1095	—	夯土	—	—	—	—
城墙 D024 北侧	E114.0340°	N40.3912°	1104	南偏西 15°	夯土	4.1/7	2.3/–	80°	260 ~ 270
城墙 D024—D025	E114.0340°	N40.3910°	1097	南偏西 15°	夯土	—	—	—	240 ~ 280
城墙 D025 附近	E114.0338°	N40.3904°	1115	南偏西 15°	夯土	—	—	—	230
城墙 D026—D027	E114.0337°	N40.3849°	1125	南偏西 15°	夯土	5.5	2/–	80°	110 ~ 180
城墙 D026—D027	E114.0337°	N40.3846°	1124	南偏西 15°	夯土	—	—	—	250
城墙张仲口西侧	E114.0602°	N40.3211°	1158	北偏东 40°	夯土	–/6	—	80°	190
城墙走向李二口	—	—	—	北偏东 30°	夯土	7/7	–/4	—	85,150
城墙 D057—D058	—	—	—	—	夯土	—	—	—	—
城墙 D058—D059	—	—	—	北偏西 20°	夯土	8/8.5	4.5/7.5	80°	160 ~ 200
城墙 D059 西北侧	—	—	—	北偏西 20°	夯土	—	—	80°	160 ~ 200
城墙交汇点西北侧长城	—	—	—	—	夯土	—	–/7	80°	160 ~ 200
城墙李二口至薛三墩	—	—	—	—	夯土	—	—	—	210
城墙 D061—D062	—	—	—	南偏西 35°	夯土	7/–	2/6.5	—	240
城墙 D075 东侧	E114.0250°	N40.2935°	1264	—	夯土	9/–	—	—	210
城墙 D076—D077 五	E114.0225°	N40.2930°	1301	北偏东 70°	夯土	—	–/3.5	—	50,130
城墙 D076—D077 二	E114.0157°	N40.2925°	1320	北偏东 70°	夯土	8.6/–	2/4.7	—	50,130
城墙 D076—D077 一	E114.0151°	N40.2924°	1325	北偏东 70°	夯土	9/–	—	85°	50,130
城墙 D077—D078	E114.0143°	N40.2922°	1338	北偏东 75°	夯土	9/–	1/4.8	82° ~ 85°	180
城墙 D078 东侧	E114.0134°	N40.2919°	1346	—	夯土	10/–	—	80°	80,150
城墙 D078 西侧	E114.0130°	N40.2917°	1344	北偏东 70°	夯土	5.4/–	—	—	160 ~ 220
城墙 D086 东侧	E113.4841°	N40.2539°	1143	正东	夯土	3.6/2.6	–/3.2	—	270 ~ 310
城墙 D086—D087	E113.4811°	N40.2537°	1117	—	夯土	6.7/–	—	75°	260 ~ 320
城墙 D088 西侧	E113.4736°	N40.2532°	1125	—	夯土	6/4	2/–	75°	260 ~ 290
城墙 D093 东侧	E113.3930°	N40.2505°	1257	北偏东 50°	夯土	3.4/–	—	70°	200
城墙 D096—D098	—	—	—	—	夯土	4.3/–	2/–	72°	—
城墙 D102 西侧	—	—	—	南偏西 53°	夯土	2/–	—	—	270
城墙 D106 东侧	—	—	—	北偏东 65°	夯土	4.7/–	—	75°	—
城墙 D109 西侧	—	—	—	—	夯土	6.5/–	—	70°	—
城墙 D110—D111	—	—	—	北偏东 50°	夯土	4.6/3.3	2.8/–	75°	—
城墙 D127—D128	—	—	—	南偏东 65°	夯土	4.5/–	—	70° ~ 75°	210 ~ 230
城墙 D132—D133	—	—	—	北偏东 80°	夯土	5.5/–	3.7/–	70°	220
城墙 D133—D135	E113.2721°	N40.1935°	1303	—	夯土	3.8/–	—	—	260
城墙 D135—D136	E113.2702°	N40.1933°	1299	—	夯土	—	—	—	250
城墙 D136—D137	E113.2648°	N40.1929°	1290	—	夯土	4.6/–	—	—	—
城墙 D146—D147	—	—	—	—	夯土	3.3/–	2/–	—	150
城墙 D155—D156	E113.1643	N40.2226°	1189	—	夯土	4.5/–	—	—	—
城墙 D171 东侧	E113.0517°	N40.2221°	1228	南偏东 75°	夯土	3.6/–	1/–	75°	190
城墙 D171—D172	—	—	—	—	夯土	3/–	3/–	76°	150 ~ 180
城墙 D173—D174	—	—	—	—	夯土	2.5/3.3	2.3/–	75°	200 ~ 230

续表

编号	坐标		海拔（m）	走向	材料	高度（m）内/外	宽度（m）顶/底	斜度	夯层厚度（mm）
	经度	纬度							
城墙 D175—D176	—	—	—	—	夯土	–/3.3	3/–	70°	—
城墙 D181—D182	—	—	—	—	夯土	4.7/8.8	2.6/–	75°	200
城墙 D210—D211	—	—	—	—	夯土	4.8/4.8	—	75°	210 ~ 250
城墙 D217—D218	—	—	—	南偏西 70°	夯土	1.7/2.6	1.4/–	—	270
城墙 D220—D221	—	—	—	—	夯土	5.5/–	1/–	—	160 ~ 170
城墙 D223—D225	E112.4605°	N40.1032°	1469	—	夯土	5.5/4.3	2.4/–	78°	220
城墙 D226—D227	—	—	—	—	内侧局部包石	—	—	—	—
城墙 D229—D230	E112.4502°	N40.0954°	1496	—	夯土	–/6	1.8/–	73°	220 ~ 230
城墙 D232—D233	E112.4411°	N40.0947°	1473	—	内侧局部包石	1.9/–	—	66°	—
城墙 D236 南侧	E112.4317°	N40.1009°	1507	南偏东 30°	夯土	6.2/7.1	3.5/8.7	70°	290 ~ 320
城墙 D236 北侧	E112.4314°	N40.1019°	1553	南偏东 30°	夯土	3.7/2.9	3.1/–	70° ~ 75°	290 ~ 320
城墙 D241—D242	—	—	—	—	夯土	—	—	75°	200
城墙 D253 东北侧	—	—	—	—	夯土	–/4.7	—	—	180
城墙 D255—D256	—	—	—	—	外侧局部包石	—	—	—	—
城墙 D262—D263	—	—	—	—	夯土	—	—	—	200 ~ 220

附录二 实地考察敌台数据一览表[1]

编号	区属	经纬坐标	海拔(m)	间距(m)	上人方式	高度(m)	底方(m)	墙面斜度	夯层厚度(mm)
D001	天镇	N40°42.330′, E114°08.616′	1119	343	外侧攀爬	15	10.5	75° ~ 80°	250 ~ 300
D002	天镇	N40°42.261′, E114°08.390′	1122	281	外侧攀爬	—	—	—	80
D003	天镇	N40°42.213′, E114°08.199′	1117	288	—	—	—	—	—
D004	天镇	N40°42.183′, E114°07.998′	1121	未测	外侧攀爬	8	—	85°	80,150
D005	天镇	N40°41.970′, E114°07.540′	1117	409	外侧攀爬	12	12	75°	80,130
D006	天镇	N40°41.829′, E114°07.316′	1118	346	内部竖井	10	11	75° ~ 80°	270
D007	天镇	N40°41.705′, E114°07.131′	1110	291	外侧攀爬	9	—	75° ~ 80°	180
D008	天镇	N40°41.596′, E114°06.982′	1113	352	—	—	—	—	—
D009	天镇	N40°41.489′, E114°06.776′	1112	未测	外侧攀爬	—	—	—	140 ~ 180
D010	天镇	N40°41.289′, E114°06.380′	1103	388	外侧攀爬	—	—	—	—
D011	天镇	N40°41.215′, E114°06.146′	1105	491	—	—	—	—	—
D012	天镇	N40°41.041′, E114°05.845′	1090	496	外侧攀爬	—	—	—	170
D013	天镇	N40°40.979′, E114°05.501′	1096	509	外侧攀爬	6.7	7.7	80°	130,180
D014	天镇	N40°40.903′, E114°05.154′	1101	未测	—	—	—	—	—
D015	天镇	N40°40.783′, E114°04.318′	1118	未测	—	—	—	—	—
D016	天镇	N40°40.764′, E114°04.102′	1127	未测	—	—	—	—	—
D017	天镇	N40°40.832′, E114°03.896′	1140	291	—	—	—	—	—
D018	天镇	N40°40.681′, E114°03.850′	1122	311	—	—	—	—	—
D019	天镇	N40°40.517′, E114°03.822′	1112	418	—	—	—	—	—
D020	天镇	N40°40.289′, E114°03.820′	1100	207	—	—	—	—	—
D021	天镇	N40°40.179′, E114°03.808′	1090	454	—	—	—	—	—

1 本书使用的敌台编号仅为作者根据实地调研数据自行编制，与当地文物部门的编号并不一致，在相互对照时可用经纬坐标做参照。

续表

编号	区属	经纬坐标	海拔(m)	间距(m)	上人方式	高度(m)	底方(m)	墙面斜度	夯层厚度(mm)
D022	天镇	N40°39.942′, E114°03.722′	1087	未测	—	—	—	—	—
D023	天镇	N40°39.404′, E114°03.664′	1090	340	—	—	—	—	—
D024	天镇	N40°39.221′, E114°03.671′	1099	306	外侧攀爬	—	13.3	80°	230 ~ 250
D025	天镇	N40°39.059′, E114°03.628′	1107	303	—	—	—	—	—
D026	天镇	N40°38.895′, E114°03.632′	1128	387	外侧攀爬	10	14	75°	250
D027	天镇	N40°38.686′, E114°03.622′	1133	320	内部竖井	10	13	73° ~ 76°	230
D028	天镇	N40°38.517′, E114°03.672′	1119	377	—	—	—	—	—
D029	天镇	N40°38.333′, E114°03.559′	1157	347	外侧攀爬	—	—	—	—
D030	天镇	N40°38.155′, E114°03.483′	1182	未测	—	—	—	—	—
D031	天镇	N40°37.551′, E114°02.826′	1287	597	—	—	—	—	—
D032	天镇	N40°37.344′, E114°02.498′	1299	438	—	—	—	—	—
D033	天镇	N40°37.116′, E114°02.417′	1313	404	—	—	—	—	—
D034	天镇	N40°36.922′, E114°02.283′	1353	576	—	—	—	—	—
D035	天镇	N40°36.654′, E114°02.082′	1400	348	—	—	—	—	—
D036	天镇	N40°36.465′, E114°02.081′	1445	246	—	—	—	—	—
D037	天镇	N40°36.388′, E114°02.220′	1403	358	—	—	—	—	—
D038	天镇	N40°36.289′, E114°02.358′	1404	332	—	—	—	—	—
D039	天镇	N40°36.173′, E114°02.537′	1393	312	—	—	—	—	—
D040	天镇	N40°36.046′, E114°02.669′	1346	228	—	—	—	—	—
D041	天镇	N40°35.924′, E114°02.678′	1300	576	—	—	—	—	—
D042	天镇	N40°35.655′, E114°02.876′	1337	290	—	—	—	—	—
D043	天镇	N40°35.512′, E114°02.960′	1392	250	—	—	—	—	—
D044	天镇	N40°35.378′, E114°02.944′	1423	330	—	—	—	—	—
D045	天镇	N40°35.310′, E114°03.151′	1479	238	—	—	—	—	—
D046	天镇	N40°35.202′, E114°03.245′	1481	297	—	—	—	—	—
D047	天镇	N40°35.120′, E114°03.425′	1543	224	—	—	—	—	—
D048	天镇	N40°35.088′, E114°03.579′	1555	210	—	—	—	—	—
D049	天镇	N40°35.035′, E114°03.720′	1552	350	—	—	—	—	—
D050	天镇	N40°34.988′, E114°03.961′	1550	326	—	—	—	—	—
D051	天镇	N40°34.843′, E114°04.090′	1609	未测	—	—	—	—	—
D052	天镇	N40°32.520′, E114°04.785′	1545	421	—	—	—	—	—
D053	天镇	N40°32.369′, E114°05.006′	1470	283	—	—	—	—	—
D054	天镇	N40°32.260′, E114°05.154′	1365	300	—	—	—	—	—
D055	天镇	N40°32.138′, E114°05.294′	1400	220	—	—	—	—	—
D056	天镇	N40°32.024′, E114°05.233′	1382	291	—	—	—	—	—
D057	天镇	N40°31.881′, E114°05.325′	1342	289	外侧攀爬	—	—	—	120 ~ 200
D058	天镇	N40°31.739′, E114°05.409′	1271	242	外侧攀爬	13	13	80°	80,120
D059	天镇	N40°31.621′, E114°05.491′	1220	237	外侧攀爬	13	13	下部80°	150
D060	天镇	N40°31.532′, E114°05.614′	1176	未测	不能确定	—	—	71° ~ 82°	170
D061	天镇	N40°31.395′, E114°05.538′	1169	未测	外侧攀爬	12	9	80°	230 ~ 300
D062	天镇	N40°31.223′, E114°05.433′	1165	未测	内部竖井	13	13.7	75°	180
D063	天镇	N40°31.079′, E114°05.336′	1173	未测	不能确定	—	—	—	—
D064	天镇	N40°30.458′, E114°05.054′	1145	352	—	—	—	—	—
D065	天镇	N40°30.270′, E114°04.994′	1127	358	—	—	—	—	—
D066	天镇	N40°30.098′, E114°04.872′	1141	288	—	—	—	—	—
D067	天镇	N40°29.975′, E114°04.744′	1160	264	—	—	—	—	—
D068	天镇	N40°29.911′, E114°04.579′	1168	421	—	—	—	—	—

续表

编号	区属	经纬坐标	海拔(m)	间距(m)	上人方式	高度(m)	底方(m)	墙面斜度	夯层厚度(mm)
D069	天镇	N40°29.839′, E114°04.298′	1195	251	—	—	—	—	—
D070	天镇	N40°29.738′, E114°04.175′	1193	567	—	—	—	—	—
D071	天镇	N40°29.851′, E114°03.806′	1120	621	—	—	—	—	—
D072	天镇	N40°29.915′, E114°03.373′	1267	389	内部竖井	10	11	78°	80,150
D073	天镇	N40°29.773′, E114°03.168′	1276	433	—	—	—	—	—
D074	天镇	N40°29.627′, E114°02.935′	1275	454	内部竖井	—	—	—	—
D075	天镇	N40°29.538′, E114°02.633′	1299	397	内部竖井	内14, 外12	12	75° ~ 80°	160 ~ 200
D076	天镇	N40°29.498′, E114°02.366′	1303	未测	—	—	—	—	—
D077	天镇	N40°29.380′, E114°01.801′	1326	359	内部竖井	12	15	75°	190
D078	天镇	N40°29.308′, E114°01.563′	1345	未测	内部竖井	14	15	75°	180
D079	阳高	N40°29.021′, E114°00.773′	1328	未测	—	—	—	—	—
D080	阳高	N40°28.946′, E114°00.535′	1320	未测	—	—	—	—	—
D081	阳高	N40°28.869′, E114°00.287′	1329	未测	—	—	—	—	—
D082	阳高	N40°28.824′, E113°59.852′	1334	未测	—	—	—	—	—
D083	阳高	N40°28.782′, E113°59.639′	1333	未测	—	—	—	—	—
D084	阳高	N40°28.727′, E113°59.344′	1308	未测	—	—	—	—	—
D085	阳高	N40°25.684′, E113°49.077′	1141	未测	—	—	—	—	—
D086	阳高	N40°25.621′, E113°48.207′	1113	未测	不能确定	—	—	—	—
D087	阳高	N40°25.523′, E113°47.890′	1118	未测	外侧攀爬	10	—	74°	220
D088	阳高	N40°25.524′, E113°47.672′	1114	未测	外侧攀爬	—	—	74°	250 ~ 280
D089	阳高	N40°25.533′, E113°47.599′	1124	未测	—	—	—	—	—
D090	阳高	N40°25.560′, E113°47.312′	1105	未测	—	—	—	—	—
D091	阳高	N40°25.392′, E113°39.869′	1277	未测	—	—	—	—	—
D092	阳高	N40°25.139′, E113°39.546′	1217	297	—	—	—	—	—
D093	阳高	N40°25.003′, E113°39.432′	1295	197	内部竖井	12	14	73° ~ 83°	80, 110 ~ 150
D094	阳高	N40°24.913′, E113°39.362′	1350	152	外侧攀爬	—	—	71° ~ 79°	270
D095	阳高	N40°24.949′, E113°39.262′	1360	166	内部竖井	内11	12	70° ~ 80°	170
D096	阳高	N40°24.942′, E113°39.147′	1356	221	—	—	—	—	—
D097	阳高	N40°24.955′, E113°38.990′	1349	165	—	—	—	—	—
D098	阳高	N40°24.881′, E113°38.923′	1342	197	外侧攀爬	—	—	—	200 ~ 220
D099	阳高	N40°24.789′, E113°38.859′	1366	266	外侧攀爬	—	—	—	220
D100	阳高	N40°24.679′, E113°38.737′	1450	135	内部竖井	12	13	76°	210
D101	阳高	N40°24.624′, E113°38.675′	1449	195	—	—	—	—	—
D102	阳高	N40°24.548′, E113°38.562′	1447	120	外侧攀爬	—	—	73°	90,190
D103	阳高	N40°24.505′, E113°38.498′	1467	345	—	—	—	—	—
D104	阳高	N40°24.472′, E113°38.256′	1488	435	不能确定	—	10	73°	210
D105	阳高	N40°24.463′, E113°37.953′	1487	330	内部竖井	12	12	73°	170
D106	阳高	N40°24.323′, E113°37.806′	1493	424	内部竖井	10.7	9.5	74°	100 ~ 130
D107	阳高	N40°24.126′, E113°37.651′	1473	238	内部竖井	15	12	70°	230
D108	阳高	N40°24.077′, E113°37.495′	1477	207	—	—	—	—	—
D109	阳高	N40°23.965′, E113°37.510′	1480	430	外侧攀爬	—	—	—	—
D110	阳高	N40°23.761′, E113°37.358′	1483	122	—	—	—	—	—
D111	阳高	N40°23.708′, E113°37.309′	1483	未测	内部竖井	11	10	70° ~ 72°	200
D112	阳高	N40°21.116′, E113°34.294′	1405	254	—	—	—	—	—
D113	阳高	N40°21.039′, E113°34.153′	1415	150	—	—	—	—	—
D114	阳高	N40°20.974′, E113°34.090′	1415	311	—	—	—	—	—
D115	阳高	N40°20.890′, E113°33.900′	1416	284	—	—	—	—	—

续表

编号	区属	经纬坐标	海拔(m)	间距(m)	上人方式	高度(m)	底方(m)	墙面斜度	夯层厚度(mm)
D116	阳高	N40°20.828′, E113°33.715′	1415	367	—	—	—	—	—
D117	阳高	N40°20.762′, E113°33.480′	1419	186	内部竖井	—	—	—	—
D118	阳高	N40°20.731′, E113°33.356′	1412	126	外侧攀爬	—	—	—	200
D119	阳高	N40°20.688′, E113°33.288′	1420	301	—	—	—	—	—
D120	阳高	N40°20.610′, E113°33.101′	1424	244	内部竖井	—	—	—	—
D121	阳高	N40°20.540′, E113°32.953′	1413	606	外侧攀爬	—	—	—	—
D122	阳高	N40°20.372′, E113°32.586′	1410	139	—	—	—	—	—
D123	阳高	N40°20.326′, E113°32.507′	1416	400	内部竖井	内10.9，外11.8	12	74°	140 ~ 160
D124	阳高	N40°20.212′, E113°32.268′	1415	485	内部竖井	内7	10	80°	130 ~ 180
D125	阳高	N40°20.085′, E113°32.001′	1416	440	内部竖井	—	—	—	—
D126	阳高	N40°19.995′, E113°31.682′	1407	177	外侧攀爬	—	—	—	—
D127	阳高	N40°19.995′, E113°31.558′	1404	279	内部竖井	—	—	—	—
D128	阳高	N40°20.026′, E113°31.369′	1400	275	内部竖井	内11.4，外12.9	12.6	72° ~ 75°	200 ~ 220
D129	阳高	N40°20.061′, E113°31.162′	1381	312	内部竖井	—	—	—	—
D130	阳高	N40°20.117′, E113°30.860′	1385	441	内部竖井	11.5	12.6	75° ~ 80°	200 ~ 220
D131	阳高	N40°20.137′, E113°30.552′	1364	未测	内部竖井	12	11.5	70°	160 ~ 220
D132	大同	N40°19.666′, E113°27.895′	1307	457	外侧攀爬	内14	11	下部70°	190
D133	大同	N40°19.616′, E113°27.579′	1305	315	内部竖井	12	11	72° ~ 74°	190 ~ 200
D134	大同	N40°19.593′, E113°27.359′	1297	297	—	—	—	—	—
D135	大同	N40°19.589′, E113°27.147′	1304	274	内部竖井	—	10	77° ~ 80°	250 ~ 310
D136	大同	N40°19.536′, E113°26.968′	1294	439	内部竖井	—	—	—	—
D137	大同	N40°19.448′, E113°26.679′	1284	443	内部竖井	—	—	62° ~ 71°	160 ~ 190
D138	大同	N40°19.381′, E113°26.378′	1273	112	外侧攀爬	—	8	70°	—
D139	大同	N40°19.360′, E113°26.305′	1280	248	外侧攀爬	—	—	—	—
D140	大同	N40°19.327′, E113°26.135′	1269	未测	外侧攀爬	—	—	—	—
D141	大同	N40°19.261′, E113°25.652′	1237	500	外侧攀爬	8	东8, 北9	78°	270
D142	大同	N40°19.223′, E113°25.302′	1263	548	外侧攀爬	9.5	9	75°	150 ~ 200
D143	大同	N40°19.168′, E113°24.857′	1242	529	外侧攀爬	—	10	71°	130 ~ 200
D144	大同	N40°19.134′, E113°24.479′	1248	509	不能确定	—	—	70° ~ 74°	180
D145	大同	N40°19.101′, E113°24.121′	1243	未测	内部竖井	—	—	—	—
D146	大同	N40°19.409′, E113°18.259′	1162	未测	不能确定	—	—	—	—
D147	大同	N40°19.584′, E113°18.080′	1157	未测	不能确定	—	—	—	220
D148	大同	N40°19.798′, E113°17.925′	1165	未测	不能确定	12	—	80°	150
D149	大同	N40°20.082′, E113°17.681′	1157	未测	内部竖井	7	—	—	160 ~ 180
D150	大同	N40°20.977′, E113°17.311′	1158	540	外侧攀爬	7.8	10	—	170 ~ 200
D151	大同	N40°21.274′, E113°17.218′	1162	491	不能确定	—	—	—	—
D152	大同	N40°21.529′, E113°17.132′	1142	520	不能确定	11	12	80°	150 ~ 190
D153	大同	N40°21.806′, E113°17.065′	1159	554	不能确定	11	12	80°	190 ~ 220
D154	大同	N40°22.076′, E113°16.902′	1180	470	外侧攀爬	—	—	—	—
D155	大同	N40°22.307′, E113°16.759′	1190	664	外侧攀爬	10	9	80°	170
D156	大同	N40°22.642′, E113°16.599′	1181	307	外侧攀爬	7	7	—	150 ~ 190
D157	大同	N40°22.783′, E113°16.486′	1190	567	—	—	—	—	—
D158	大同	N40°23.059′, E113°16.314′	1201	305	—	—	—	—	—
D159	大同	N40°23.181′, E113°16.196′	1188	318	外侧攀爬	8.8	9	82°	150 ~ 180
D160	大同	N40°23.315′, E113°16.054′	1188	304	—	—	—	—	—
D161	大同	N40°23.418′, E113°15.886′	1177	435	不确定	—	—	—	200 ~ 220
D162	大同	N40°23.546′, E113°15.628′	1185	446	—	—	—	—	—
D163	大同	N40°23.704′, E113°15.389′	1170	228	—	—	—	—	—

续表

编号	区属	经纬坐标	海拔(m)	间距(m)	上人方式	高度(m)	底方(m)	墙面斜度	夯层厚度(mm)
D164	大同	N40°23.795′, E113°15.278′	1178	未测	—	—	—	—	—
D165	大同	N40°24.451′, E113°14.179′	1183	未测	—	—	—	—	—
D166	大同	N40°24.376′, E113°14.027′	1719	未测	—	—	—	—	—
D167	大同	N40°24.317′, E113°13.930′	1719	未测	—	—	—	—	—
D168	大同	N40°24.217′, E113°13.754′	1183	未测	—	—	—	—	—
D169	大同	N40°24.121′, E113°13.589′	1187	未测	—	—	—	—	—
D170	大同	N40°24.056′, E113°13.355′	1195	未测	—	—	—	—	—
D171	大同	N40°22.336′, E113°05.143′	1224	466	外侧攀爬	12	北9, 东13	75°	150 ~ 170
D172	大同	N40°22.302′, E113°04.818′	1229	497	不确定	8.4	9	—	180 ~ 200
D173	大同	N40°22.241′, E113°04.482′	1265	384	不确定	—	—	—	—
D174	大同	N40°22.203′, E113°04.211′	1284	410	外侧攀爬	—	—	76° ~ 80°	210
D175	大同	N40°22.138′, E113°03.935′	1278	390	不能确定	13	9	75°	150 ~ 160
D176	大同	N40°22.088′, E113°03.668′	1294	458	外侧攀爬	—	—	73° ~ 75°	140 ~ 160
D177	大同	N40°22.049′, E113°03.357′	1290	407	外侧攀爬	内10.5，外12.7	12	75°	170
D178	大同	N40°22.032′, E113°03.071′	1295	448	外侧攀爬	—	—	—	—
D179	大同	N40°21.990′, E113°02.768′	1306	460	外侧攀爬	—	—	—	—
D180	大同	N40°21.963′, E113°02.475′	1317	341	不确定	14	12	75°	150
D181	大同	N40°21.928′, E113°02.256′	1317	470	外侧攀爬	—	12.5	75°	170
D182	大同	N40°21.883′, E113°01.929′	1355	505	外侧攀爬	—	—	—	—
D183	大同	N40°21.857′, E113°01.586′	1358	475	外侧攀爬	—	11	75°	140 ~ 160
D184	大同	N40°21.810′, E113°01.236′	1357	492	外侧攀爬	—	—	—	130 ~ 150
D185	大同	N40°21.721′, E113°00.908′	1350	502	外侧攀爬	8.5	9.6	88°	170 ~ 190
D186	大同	N40°21.607′, E113°00.615′	1337	514	—	—	—	—	—
D187	大同	N40°21.494′, E113°00.261′	1310	364	—	—	—	—	—
D188	大同	N40°21.421′, E113°00.029′	1315	326	—	—	—	—	—
D189	大同	N40°21.355′, E112°59.814′	1314	472	—	—	—	—	—
D190	大同	N40°21.268′, E112°59.519′	1314	557	—	—	—	—	—
D191	大同	N40°21.191′, E112°59.135′	1337	505	—	—	—	—	—
D192	大同	N40°21.145′, E112°58.788′	1315	482	—	—	—	—	—
D193	大同	N40°21.084′, E112°58.455′	1304	未测	—	—	—	—	—
D194	大同	N40°21.024′, E112°58.061′	1305	未测	—	—	—	—	—
D195	大同	N40°20.912′, E112°57.628′	1294	未测	—	—	—	—	—
D196	大同	N40°20.841′, E112°57.447′	1299	未测	—	—	—	—	—
D197	大同	N40°16.302′, E113°13.015′	1188	313	—	—	—	—	—
D198	大同	N40°16.279′, E113°12.797′	1199	301	—	—	—	—	—
D199	大同	N40°16.246′, E113°12.588′	1203	273	—	—	—	—	—
D200	大同	N40°16.225′, E113°12.397′	1190	267	—	—	—	—	—
D201	大同	N40°16.213′, E113°12.214′	1208	295	—	—	—	—	—
D202	大同	N40°16.206′, E113°12.013′	1213	未测	—	—	—	—	—
D203	大同	N40°16.235′, E113°11.518′	1194	410	—	—	—	—	—
D204	大同	N40°16.264′, E113°11.230′	1216	未测	—	—	—	—	—
D205	大同	N40°16.196′, E113°10.795′	1204	未测	—	—	—	—	—
D206	大同	N40°16.188′, E113°10.314′	1209	未测	—	—	—	—	—
D207	大同	N40°16.115′, E113°09.624′	1200	未测	—	—	—	—	—
D208	大同	N40°15.956′, E113°08.811′	1232	350	—	—	—	—	—
D209	大同	N40°15.957′, E113°08.565′	1244	190	—	—	—	—	—
D210	大同	N40°15.944′, E113°08.433′	1249	未测	—	—	—	—	—

续表

编号	区属	经纬坐标	海拔(m)	间距(m)	上人方式	高度(m)	底方(m)	墙面斜度	夯层厚度(mm)
D211	大同	N40°15.795′, E113°07.936′	1246	401	—	—	—	—	—
D212	大同	N40°15.723′, E113°07.670′	1216	360	—	—	—	—	—
D213	大同	N40°15.643′, E113°07.438′	1214	未测	—	—	—	—	—
D214	左云	N40°11.624′, E112°49.139′	1376	463	内部竖井	10	11.5	72°~80°	120~150
D215	左云	N40°11.532′, E112°48.843′	1390	586	外侧攀爬	—	—	80°	190~200
D216	左云	N40°11.400′, E112°48.467′	1389	403	外侧攀爬	12	12	75°	130~180
D217	左云	N40°11.317′, E112°48.208′	1381	520	外侧攀爬	—	—	—	160~170
D218	左云	N40°11.198′, E112°47.874′	1382	448	外侧攀爬	内11, 外12	12.3	73°	70~110
D219	左云	N40°11.094′, E112°47.590′	1411	787	不确定	—	—	—	—
D220	左云	N40°10.834′, E112°47.152′	1419	349	内部竖井	—	—	—	200~220
D221	左云	N40°10.731′, E112°46.948′	1428	360	外侧攀爬	—	—	—	120~170
D222	左云	N40°10.649′, E112°46.714′	1423	564	内部楼梯	10.35	10	86°	120~150
D223	左云	N40°10.508′, E112°46.363′	1455	372	外侧攀爬	11.6	14	—	160~170
D224	左云	N40°10.547′, E112°46.110′	1474	238	—	—	—	—	—
D225	左云	N40°10.489′, E112°45.961′	1455	398	外侧攀爬	13	12.6	77°	150~190
D226	左云	N40°10.324′, E112°45.780′	1420	396	—	—	—	—	—
D227	左云	N40°10.195′, E112°45.565′	1467	202	不能确定	—	—	80°	130~170
D228	左云	N40°10.144′, E112°45.435′	1468	442	外侧攀爬	—	14	70°	160~170
D229	左云	N40°09.961′, E112°45.237′	1470	551	外侧攀爬	—	—	74°	150~160
D230	左云	N40°09.886′, E112°44.864′	1478	443	外侧攀爬	—	—	—	200~270
D231	左云	N40°09.787′, E112°44.572′	1466	408	外侧攀爬	10	14	75°	160~170
D232	左云	N40°09.728′, E112°44.294′	1449	560	—	—	—	—	—
D233	左云	N40°09.866′, E112°43.943′	1489	301	外侧攀爬	—	—	—	140~150
D234	左云	N40°09.875′, E112°43.733′	1498	287	外侧攀爬	—	—	—	160~180
D235	左云	N40°09.869′, E112°43.531′	1459	未测	—	—	—	—	—
D236	左云	N40°10.206′, E112°43.267′	1522	257	外侧攀爬	—	—	—	250
D237	左云	N40°10.335′, E112°43.198′	1551	590	内部竖井	12.6	15.5	74°	200
D238	左云	N40°10.550′, E112°42.891′	1628	未测	—	—	—	—	—
D239	右玉	N40°15.266′, E112°20.932′	1507	181	外侧攀爬	12	14.5	75°	180~230
D240	右玉	N40°15.256′, E112°20.806′	1498	349	—	—	—	—	—
D241	右玉	N40°15.207′, E112°20.575′	1479	178	不能确定	—	—	75°	200~210
D242	右玉	N40°15.179′, E112°20.459′	1455	285	—	6	—	—	190~200
D243	右玉	N40°15.185′, E112°20.261′	1465	393	不能确定	12	12	76°	140~160
D244	右玉	N40°15.189′, E112°19.984′	1473	408	内部竖井	—	11	74°	180
D245	右玉	N40°15.188′, E112°19.697′	1469	312	内部竖井	13.3	12	70°	160~180
D246	右玉	N40°15.188′, E112°19.477′	1455	606	内部竖井	9	10.5	80°	170~180
D247	右玉	N40°15.059′, E112°19.082′	1361	203	不能确定	12	12.5	73°~80°	180~190
D248	右玉	N40°14.992′, E112°18.971′	1339	414	外侧攀爬	—	—	—	—
D249	右玉	N40°14.932′, E112°18.689′	1300	234	外侧攀爬	—	12	76°	200
D250	右玉	N40°14.925′, E112°18.524′	1287	未测	—	—	—	—	—
D251	右玉	N40°14.509′, E112°17.964′	1289	256	—	—	—	74°	200~210
D252	右玉	N40°14.386′, E112°17.887′	1290	未测	内部竖井	—	8	80°	200~210
D253	平鲁	N39°57.442′, E112°05.544′	1607	282	外侧攀爬	—	—	73°	170~180
D254	平鲁	N39°57.312′, E112°05.461′	1646	176	外侧攀爬	—	—	—	160~180
D255	平鲁	N39°57.254′, E112°05.359′	1671	324	外侧攀爬	—	—	66°~71°	150~180
D256	平鲁	N39°57.126′, E112°05.200′	1689	166	内部楼梯	—	14.5	84°	—
D257	平鲁	N39°57.045′, E112°05.153′	1679	159	—	—	—	—	—
D258	平鲁	N39°56.958′, E112°05.139′	1652	337	内部竖井	—	—	—	130~180

续表

编号	区属	经纬坐标	海拔(m)	间距(m)	上人方式	高度(m)	底方(m)	墙面斜度	夯层厚度(mm)
D259	平鲁	N39°56.793′, E112°05.040′	1617	270	—	—	—	—	—
D260	平鲁	N39°56.660′, E112°04.967′	1607	496	外侧攀爬	—	14.9	82°	—
D261	平鲁	N39°56.420′, E112°04.802′	1649	未测	—	—	—	—	—
D262	平鲁	N39°46.407′, E111°57.917′	1685	未测	外侧攀爬	—	—	74°	200
D263	平鲁	N39°46.281′, E111°57.896′	1697	未测	外侧攀爬	—	—	75°	160 ~ 180

附录三 实地考察烽火台数据一览表

编号	区属	经纬坐标	海拔(m)	间距(m)	类型	上人方式	平面形状	高度(m)	底方/直径(m)	墙面斜度	夯层厚度(mm)
F001	天镇	N40°42.474′, E114°08.758′	1136	254	沿边(外)	外侧攀爬	圆形	3.1 ~ 5.4	7	60°	300
F002	天镇	N40°42.388′, E114°08.620′	1135	229	沿边(外)	外侧攀爬	圆形	—	—	—	—
F003	天镇	N40°42.342′, E114°08.469′	1134	402	沿边(外)	外侧攀爬	圆形	—	—	—	—
F004	天镇	N40°42.261′, E114°08.204′	1136	283	沿边(外)	—	—	—	—	—	—
F005	天镇	N40°42.237′, E114°08.005′	1136	559	沿边(外)	外侧攀爬	圆形	—	—	—	—
F006	天镇	N40°42.098′, E114°07.654′	1129	469	沿边(外)	内部竖井	圆形	—	—	—	—
F007	天镇	N40°41.930′, E114°07.412′	1132	280	沿边(外)	外侧攀爬	圆形	9	9.6	70° ~ 75°	210 ~ 250
F008	天镇	N40°41.836′, E114°07.251′	1134	230	沿边(外)	外侧攀爬	圆形	10	15	80°	230
F009	天镇	N40°41.743′, E114°07.144′	1124	337	沿边(外)	—	—	—	—	—	—
F010	天镇	N40°41.634′, E114°06.949′	1132	433	沿边(外)	外侧攀爬	圆形	—	—	—	—
F011	天镇	N40°41.495′, E114°06.702′	1110	423	沿边(外)	外侧攀爬	圆形	—	—	—	—
F012	天镇	N40°41.355′, E114°06.466′	1115	407	沿边(外)	—	—	—	—	—	—
F013	天镇	N40°41.140′, E114°05.951′	1098	463	沿边(外)	—	—	—	—	—	—
F014	天镇	N40°40.913′, E114°05.126′	1105	未测	沿边(外)	—	—	—	—	—	—
F015	天镇	N40°40.871′, E114°04.873′	1112	未测	—	—	—	—	—	—	—
F016	天镇	N40°40.857′, E114°04.028′	1141	未测	—	—	—	—	—	—	—
F017	天镇	N40°39.263′, E114°03.815′	1102	未测	腹里接火	内部竖井	方形	—	—	—	—
F018	天镇	N40°39.222′, E114°03.815′	1100	未测	腹里接火	外侧攀爬	方形	5.5	9	80°	260 ~ 290
F019	天镇	N40°39.171′, E114°03.807′	1099	未测	腹里接火	外侧攀爬	方形	—	—	80°	300 ~ 340
F020	天镇	N40°39.039′, E114°03.728′	1103	未测	—	—	—	—	—	—	—
F021	天镇	N40°38.765′, E114°03.758′	1100	未测	—	—	—	—	—	—	—
F022	天镇	N40°38.046′, E114°03.731′	1182	未测	腹里接火	外侧攀爬	方形	5	6	—	200
F023	天镇	N40°37.976′, E114°03.729′	1188	未测	腹里接火	—	—	—	—	—	—
F024	天镇	N40°37.894′, E114°03.761′	1195	未测	腹里接火	—	—	—	—	—	—
F025	天镇	N40°37.821′, E114°03.822′	1197	未测	腹里接火	—	—	—	—	—	—
F026	天镇	N40°37.460′, E114°04.116′	1228	未测	腹里接火	外侧攀爬	圆形	—	—	—	—
F027	天镇	N40°37.442′, E114°04.231′	1202	未测	腹里接火	外侧攀爬	圆形	—	—	75°	230
F028	天镇	N40°32.676′, E114°06.516′	1153	未测	腹里接火	外侧攀爬	圆形	8	11	72°	190 ~ 230
F029	天镇	N40°32.652′, E114°06.121′	1187	未测	腹里接火	—	方形	—	—	78°	190
F030	天镇	N40°32.039′, E114°05.940′	1152	未测	腹里接火	—	—	—	—	—	—
F031	天镇	N40°31.486′, E114°05.585′	1169	未测	沿边(外)	外侧攀爬	方形	10	9.5	75°	200 ~ 260
F032	天镇	N40°31.096′, E114°05.306′	1180	未测	沿边(外)	外侧攀爬	方形	8	8	62° ~ 77°	220
F033	天镇	N40°29.657′, E114°02.922′	1276	未测	沿边(外)	外侧攀爬	方形	—	—	—	—
F034	天镇	N40°29.538′, E114°02.590′	1289	未测	沿边(外)	外侧攀爬	方形	9	7.5	76°	240
F035	天镇	N40°29.344′, E114°01.533′	1353	未测	沿边(外)	—	—	—	—	—	—
F036	阳高	N40°25.657′, E113°48.470′	1128	329	沿边(外)	内部竖井	方形	—	—	75°	200
F037	阳高	N40°25.650′, E113°48.235′	1113	279	沿边(外)	—	—	—	—	—	—
F038	阳高	N40°25.612′, E113°48.047′	1118	248	沿边(外)	外侧攀爬	方形	—	—	76°	160 ~ 210

续表

编号	区属	经纬坐标	海拔(m)	间距(m)	类型	上人方式	平面形状	高度(m)	底方/直径(m)	墙面斜度	夯层厚度(mm)
F039	阳高	N40°25.574′, E113°47.882′	1129	274	沿边(外)	内部竖井	方形	10	北 13, 东 12	75°	210
F040	阳高	N40°25.584′, E113°47.688′	1117	217	沿边(外)	—	—	—	—	—	—
F041	阳高	N40°25.589′, E113°47.534′	1116	336	—	—	—	—	—	—	—
F042	阳高	N40°25.589′, E113°47.296′	1113	未测	—	—	—	—	—	—	—
F043	阳高	N40°25.561′, E113°46.751′	1145	148	—	—	—	—	—	—	—
F044	阳高	N40°25.534′, E113°46.652′	1147	264	—	—	—	—	—	—	—
F045	阳高	N40°25.511′, E113°46.470′	1149	未测	—	—	—	—	—	—	—
F046	阳高	N40°25.292′, E113°39.550′	1205	496	—	—	—	—	—	—	—
F047	阳高	N40°25.033′, E113°39.576′	1223	350	—	—	—	—	—	—	—
F048	阳高	N40°24.998′, E113°39.357′	1288	473	—	—	—	—	—	—	—
F049	阳高	N40°24.931′, E113°39.017′	1347	92	沿边(内)	外侧攀爬	方形	8.5	7	70°	170 ~ 220
F050	阳高	N40°24.952′, E113°38.942′	1356	189	沿边(外)	—	—	—	—	—	—
F051	阳高	N40°24.915′, E113°38.953′	1351	83	沿边(内)	—	—	—	—	—	—
F052	阳高	N40°24.857′, E113°38.810′	1339	607	—	—	—	—	—	—	—
F053	阳高	N40°24.603′, E113°38.602′	1444	243	沿边(外)	外侧攀爬	方形	9	10	80°	80,150
F054	阳高	N40°24.520′, E113°38.467′	1460	318	沿边(外)	外侧攀爬	方形	—	—	—	—
F055	阳高	N40°24.487′, E113°38.248′	1480	未测	沿边(外)	外侧攀爬	方形	南 10	9	80°	160
F056	阳高	N40°24.455′, E113°38.278′	1487	456	沿边(内)	外侧攀爬	方形	10	9	—	220
F057	阳高	N40°24.474′, E113°37.924′	1493	未测	沿边(外)	外侧攀爬	方形	11	8	80°	120 ~ 200
F058	阳高	N40°24.445′, E113°37.947′	1489	269	沿边(内)	外侧攀爬	方形	5	7	75°	240 ~ 300
F059	阳高	N40°24.384′, E113°37.774′	1450	217	沿边(外)	—	—	—	—	—	—
F060	阳高	N40°24.268′, E113°37.783′	1489	216	沿边(内)	—	—	—	—	—	—
F061	阳高	N40°24.198′, E113°37.670′	1467	未测	沿边(外)	外侧攀爬	方形	—	—	—	—
F062	阳高	N40°23.877′, E113°37.473′	1470	213	沿边(内)	外侧攀爬	方形	8	5	70°	180 ~ 220
F063	阳高	N40°23.845′, E113°37.330′	1470	314	沿边(外)	—	—	—	—	—	—
F064	阳高	N40°23.674′, E113°37.302′	1480	148	沿边(内)	外侧攀爬	方形	6	6	80°	230
F065	阳高	N40°23.682′, E113°37.207′	1455	未测	—	—	—	—	—	—	—
F066	阳高	N40°21.050′, E113°34.097′	1407	467	沿边(外)	—	—	—	—	—	—
F067	阳高	N40°20.896′, E113°33.835′	1412	193	沿边(外)	—	—	—	—	—	—
F068	阳高	N40°20.842′, E113°33.720′	1415	168	沿边(外)	—	—	—	—	—	—
F069	阳高	N40°20.826′, E113°33.597′	1415	482	沿边(外)	—	—	—	—	—	—
F070	阳高	N40°20.728′, E113°33.282′	1412	407	沿边(外)	外侧攀爬	方形	—	—	—	—
F071	阳高	N40°20.625′, E113°33.027′	1411	304	沿边(外)	外侧攀爬	方形	—	—	—	—
F072	阳高	N40°20.498′, E113°32.882′	1422	170	沿边(内)	—	—	—	—	—	—
F073	阳高	N40°20.503′, E113°32.763′	1412	433	沿边(外)	外侧攀爬	方形	—	—	—	—
F074	阳高	N40°20.381′, E113°32.500′	1405	409	沿边(外)	外侧攀爬	方形	—	—	—	—
F075	阳高	N40°20.263′, E113°32.257′	1408	218	沿边(外)	—	—	—	—	—	—
F076	阳高	N40°20.161′, E113°32.175′	1417	219	沿边(内)	—	—	—	—	—	—
F077	阳高	N40°20.124′, E113°31.990′	1408	416	沿边(外)	—	—	—	—	—	—
F078	阳高	N40°20.020′, E113°31.730′	1400	412	沿边(外)	外侧攀爬	方形	—	—	—	—
F079	阳高	N40°20.064′, E113°31.438′	1392	293	沿边(外)	外侧攀爬	方形	—	—	—	—
F080	阳高	N40°20.002′, E113°31.248′	1397	241	沿边(内)	—	—	—	—	—	—
F081	阳高	N40°20.112′, E113°31.151′	1383	432	沿边(外)	—	—	—	—	—	—
F082	阳高	N40°20.176′, E113°30.857′	1369	445	沿边(外)	外侧攀爬	方形	11	12	65° ~ 68°	190 ~ 240
F083	阳高	N40°20.186′, E113°30.542′	1362	未测	沿边(外)	外侧攀爬	方形	—	—	—	230
F084	大同	N40°19.621′, E113°27.700′	1308	247	沿边(内)	—	方形	—	—	—	—
F085	大同	N40°19.629′, E113°27.504′	1294	500	沿边(外)	外侧攀爬	方形	9	北 9, 东 10	80°	270
F086	大同	N40°19.567′, E113°27.161′	1304	626	沿边(内)	外侧攀爬	方形	7.5	北 10.6, 东 10.3	75°	260 ~ 290
F087	大同	N40°19.487′, E113°26.727′	1283	594	沿边(外)	外侧攀爬	方形	—	—	—	—

续表

编号	区属	经纬坐标	海拔(m)	间距(m)	类型	上人方式	平面形状	高度(m)	底方/直径(m)	墙面斜度	夯层厚度(mm)
F088	大同	N40°19.396′, E113°26.328′	1273	447	沿边(外)	外侧攀爬	方形	—	—	78° ~ 81°	210 ~ 280
F089	大同	N40°19.300′, E113°26.035′	1270	未测	沿边(内)	—	—	—	—	—	—
F090	大同	N40°19.335′, E113°26.028′	1264	573	沿边(外)	外侧攀爬	方形	—	—	—	—
F091	大同	N40°19.258′, E113°25.601′	1260	未测	沿边(外)	外侧攀爬	方形	—	—	—	—
F092	大同	N40°19.290′, E113°25.624′	1266	584	沿边(外)	外侧攀爬	方形	9	9	75°	220 ~ 230
F093	大同	N40°19.256′, E113°25.274′	1262	530	沿边(外)	外侧攀爬	方形	—	—	73° ~ 75°	170 ~ 240
F094	大同	N40°19.186′, E113°24.909′	1252	未测	—	—	—	—	—	—	—
F095	大同	N40°19.215′, E113°24.907′	1244	524	沿边(外)	外侧攀爬	方形	—	—	65° ~ 69°	220 ~ 230
F096	大同	N40°19.188′, E113°24.513′	1242	503	沿边(外)	内部竖井	方形	9	13	71°	250 ~ 280
F097	大同	N40°19.128′, E113°24.168′	1243	未测	沿边(外)	外侧攀爬	方形	5	9	70°	200
F098	大同	N40°19.491′, E113°18.146′	1153	未测	沿边(内)	—	—	—	—	—	—
F099	大同	N40°19.838′, E113°17.853′	1156	未测	沿边(内)	—	—	—	—	—	—
F100	大同	N40°21.243′, E113°17.167′	1162	未测	沿边(内)	外侧攀爬	圆形	9	10	75°	210
F101	大同	N40°21.813′, E113°16.971′	1166	未测	沿边(内)	—	—	—	—	—	—
F102	大同	N40°22.319′, E113°16.706′	1185	未测	沿边(内)	外侧攀爬	圆形	—	—	—	—
F103	大同	N40°22.994′, E113°16.271′	1190	未测	沿边(内)	外侧攀爬	圆形	4	—	70°	220
F104	大同	N40°23.503′, E113°15.508′	1175	未测	沿边(内)	外侧攀爬	圆形	8.4	11	80°	140 ~ 180
F105	大同	N40°24.707′, E113°14.197′	1234	未测	—	—	—	—	—	—	—
F106	大同	N40°24.446′, E113°14.181′	1182	未测	—	—	—	—	—	—	—
F107	大同	N40°24.034′, E113°13.329′	1192	未测	—	—	—	—	—	—	—
F108	大同	N40°22.190′, E113°04.215′	1277	未测	沿边(内)	外侧攀爬	方形	—	—	70°	180
F109	大同	N40°22.152′, E113°03.597′	1296	未测	沿边(外)	外侧攀爬	方形	6	8.5	73° ~ 76°	200 ~ 240
F110	大同	N40°22.002′, E113°03.411′	1289	未测	沿边(内)	—	—	—	—	—	—
F111	大同	N40°21.916′, E113°02.618′	1325	未测	沿边(内)	外侧攀爬	方形	8.5	10	70°	190
F112	大同	N40°21.839′, E113°02.210′	1327	未测	—	—	—	—	—	—	—
F113	大同	N40°21.776′, E113°01.575′	1377	未测	—	—	—	—	—	—	—
F114	大同	N40°21.249′, E113°00.147′	1331	未测	—	—	—	—	—	—	—
F115	大同	N40°21.228′, E112°59.079′	1342	未测	—	—	—	—	—	—	—
F116	大同	N40°21.049′, E112°58.075′	1304	未测	—	—	—	—	—	—	—
F117	大同	N40°16.347′, E113°13.087′	1175	222	—	—	—	—	—	—	—
F118	大同	N40°16.285′, E113°12.953′	1193	208	—	—	—	—	—	—	—
F119	大同	N40°16.309′, E113°12.802′	1202	285	—	—	—	—	—	—	—
F120	大同	N40°16.265′, E113°12.609′	1204	144	—	—	—	—	—	—	—
F121	大同	N40°16.269′, E113°12.507′	1192	275	—	—	—	—	—	—	—
F122	大同	N40°16.209′, E113°12.326′	1203	164	—	—	—	—	—	—	—
F123	大同	N40°16.253′, E113°12.232′	1210	348	—	—	—	—	—	—	—
F124	大同	N40°16.223′, E113°11.987′	1213	未测	—	—	—	—	—	—	—
F125	大同	N40°16.218′, E113°11.534′	1191	未测	—	—	—	—	—	—	—
F126	大同	N40°16.266′, E113°11.520′	1193	332	—	—	—	—	—	—	—
F127	大同	N40°16.287′, E113°11.284′	1218	467	—	—	—	—	—	—	—
F128	大同	N40°16.262′, E113°10.958′	1196	166	—	—	—	—	—	—	—
F129	大同	N40°16.193′, E113°10.884′	1197	475	—	—	—	—	—	—	—
F130	大同	N40°16.177′, E113°10.553′	1212	480	—	—	—	—	—	—	—
F131	大同	N40°16.216′, E113°10.237′	1220	336	—	—	—	—	—	—	—
F132	大同	N40°16.197′, E113°09.999′	1208	398	—	—	—	—	—	—	—
F133	大同	N40°16.146′, E113°09.731′	1211	未测	—	—	—	—	—	—	—
F134	大同	N40°15.973′, E113°08.946′	1229	未测	—	外侧攀爬	方形	7.5	12	75° ~ 80°	250
F135	大同	N40°15.990′, E113°08.522′	1243	471	沿边(外)	外侧攀爬	方形	6.8	13	76°	200 ~ 220
F136	大同	N40°15.949′, E113°08.539′	1238	468	沿边(内)	外侧攀爬	方形	—	—	80°	260 ~ 290
F137	大同	N40°15.896′, E113°08.216′	1232	438	沿边(外)	外侧攀爬	方形	10	14.1	76°	160 ~ 220
F138	大同	N40°15.816′, E113°07.925′	1247	139	沿边(外)	外侧攀爬	方形	8	13.5	72°	150 ~ 180
F139	大同	N40°15.765′, E113°07.849′	1248	162	沿边(内)	外侧攀爬	方形	—	—	—	280

续表

编号	区属	经纬坐标	海拔(m)	间距(m)	类型	上人方式	平面形状	高度(m)	底方/直径(m)	墙面斜度	夯层厚度(mm)
F140	大同	N40°15.775′, E113°07.751′	1231	未测	—	—	—	—	—	—	—
F141	大同	N40°15.702′, E113°07.406′	1223	未测	—	—	—	—	—	—	—
F142	大同	N40°15.358′, E113°06.624′	1217	437	—	—	—	—	—	—	—
F143	大同	N40°15.291′, E113°06.338′	1221	未测	—	—	—	—	—	—	—
F144	大同	N40°15.123′, E113°05.822′	1222	496	—	—	—	—	—	—	—
F145	大同	N40°15.040′, E113°05.488′	1225	208	—	—	—	—	—	—	—
F146	大同	N40°15.019′, E113°05.207′	1223	280	—	—	—	—	—	—	—
F147	大同	N40°14.994′, E113°05.016′	1213	未测	—	—	—	—	—	—	—
F148	大同	N40°14.994′, E113°04.953′	1211	未测	—	—	—	—	—	—	—
F149	左云	N40°11.724′, E112°49.348′	1370	481	沿边(外)	—	—	—	—	—	—
F150	左云	N40°11.629′, E112°49.030′	1387	414	沿边(外)	—	方形	—	—	—	—
F151	左云	N40°11.511′, E112°48.825′	1384	未测	沿边(内)	—	方形	—	—	—	250 ~ 270
F152	左云	N40°11.538′, E112°48.765′	1389	527	沿边(外)	—	方形	—	—	—	—
F153	左云	N40°11.425′, E112°48.425′	1386	577	沿边(外)	外侧攀爬	方形	—	—	75° ~ 79°	240
F154	左云	N40°11.305′, E112°48.049′	1383	219	沿边(外)	外侧攀爬	方形	—	—	—	200
F155	左云	N40°11.200′, E112°47.979′	1388	295	沿边(内)	外侧攀爬	方形	7.2	7	—	210
F156	左云	N40°11.186′, E112°47.770′	1395	148	沿边(外)	—	—	—	—	—	—
F157	左云	N40°11.110′, E112°47.739′	1390	346	沿边(内)	—	—	—	—	—	—
F158	左云	N40°11.088′, E112°47.496′	1407	352	沿边(外)	—	—	—	—	—	—
F159	左云	N40°10.978′, E112°47.295′	1389	318	沿边(外)	—	—	—	—	—	—
F160	左云	N40°10.821′, E112°47.160′	1418	未测	沿边(内)	—	方形	—	—	—	190 ~ 220
F161	左云	N40°10.869′, E112°47.121′	1423	689	沿边(外)	—	—	—	—	—	—
F162	左云	N40°10.684′, E112°46.691′	1423	270	沿边(外)	外侧攀爬	方形	—	—	—	—
F163	左云	N40°10.608′, E112°46.528′	1439	未测	沿边(外)	外侧攀爬	方形	—	—	—	—
F164	左云	N40°10.554′, E112°46.569′	1429	340	沿边(内)	外侧攀爬	方形	8	8.5	78°	210 ~ 230
F165	左云	N40°10.421′, E112°46.405′	1451	272	沿边(内)	—	—	—	—	—	—
F166	左云	N40°10.558′, E112°46.337′	1462	490	沿边(外)	外侧攀爬	方形	—	—	—	—
F167	左云	N40°10.550′, E112°45.996′	1475	251	沿边(外)	外侧攀爬	方形	—	—	—	—
F168	左云	N40°10.417′, E112°45.984′	1478	391	沿边(内)	外侧攀爬	方形	—	—	77° ~ 83°	220 ~ 240
F169	左云	N40°10.343′, E112°45.725′	1420	348	沿边(外)	外侧攀爬	方形	—	—	—	—
F170	左云	N40°10.236′, E112°45.527′	1473	542	沿边(外)	外侧攀爬	方形	—	—	71°	220
F171	左云	N40°10.053′, E112°45.227′	1450	262	沿边(外)	—	—	—	—	—	—
F172	左云	N40°09.987′, E112°45.068′	1522	457	沿边(外)	—	方形	—	—	—	—
F173	左云	N40°09.867′, E112°44.786′	1453	522	沿边(外)	—	—	—	—	—	—
F174	左云	N40°09.907′, E112°44.422′	1470	383	沿边(外)	—	—	—	—	—	—
F175	左云	N40°09.820′, E112°44.177′	1478	120	沿边(外)	外侧攀爬	方形	—	—	—	—
F176	左云	N40°09.814′, E112°44.093′	1480	265	沿边(内)	外侧攀爬	方形	—	—	—	—
F177	左云	N40°09.894′, E112°43.948′	1483	220	沿边(外)	—	方形	—	—	—	250
F178	左云	N40°09.776′, E112°43.909′	1489	286	沿边(内)	—	—	—	—	—	—
F179	左云	N40°09.865′, E112°43.750′	1496	169	沿边(内)	外侧攀爬	方形	4.5	6	72°	190 ~ 210
F180	左云	N40°09.901′, E112°43.641′	1482	309	沿边(外)	外侧攀爬	方形	7.5	11	70°	300
F181	左云	N40°09.972′, E112°43.445′	1470	330	沿边(外)	外侧攀爬	方形	—	—	68° ~ 78°	300
F182	左云	N40°10.140′, E112°43.368′	1500	317	沿边(外)	—	—	—	—	—	—
F183	左云	N40°10.269′, E112°43.226′	1536	108	沿边(内)	外侧攀爬	方形	8	8.7	78°	270 ~ 310
F184	左云	N40°10.309′, E112°43.279′	1550	183	沿边(外)	—	—	—	—	—	—
F185	左云	N40°10.395′, E112°43.225′	1553	未测	—	—	—	—	—	—	—
F186	右玉	N40°15.259′, E112°20.914′	1519	未测	沿边(内)	—	—	—	—	—	—
F187	右玉	N40°14.931′, E112°18.482′	1281	未测	沿边(外)	外侧攀爬	方形	—	—	—	230 ~ 240
F188	平鲁	N39°46.256′, E111°57.978′	1695	未测	沿边(内)	—	—	—	—	—	—

附录四 大同镇所辖城堡历史资料统计表[1]

道/路	级别	名称	管辖范围		城堡尺度		驻守官军及人马数量			建置经过	经纬坐标/海拔
			分边长度	边墩/火路墩（座）	城周	高度	将领	旗军	马骡（匹头）		
阳和道新平路参将分属	堡	平远堡	12 里	20/13	2 里 8 分	3 丈 5 尺	守备坐堡把总各一员	673	281	嘉靖二十五年土筑，隆庆六年砖包	N40°40.850′, E114°09.111′, 1014 m
			12 里零	20/13	2 里 8 分	3 丈 5 尺	守备官一员	406	58	土筑于嘉靖二十五年，隆庆六年复议砖包	
	参将驻扎之堡	▶新平堡	18 里	26/16	3 里 6 分	3 丈 5 尺	参将守备各一员，中军千把总七员	1642	596	嘉靖二十五年土筑，隆庆六年砖包	N40°39.433′, E114°04.365′, 1100 m
			18 里	26（另辖市口 1 处）/16	3 里 6 分	3 丈 5 尺	原设守备官一员	623（不含援军）	57	设自嘉靖二十五年，隆庆六年砖包	
	堡	▶保平堡	7 里	18/11	1 里 7 分	3 丈 5 尺	守备坐堡各一员	321	18（马）	嘉靖二十五年土筑，隆庆六年砖包	N40°37.503′, E114°03.864′, 1249 m
			7 里 5 分	18/11	1 里 6 分零	3 丈 5 尺	原设操守，嘉靖四十四年改设守备	321	18（马）	设自嘉靖二十五年，隆庆六年砖包	
	堡	桦门堡	9 里	18/3	7 分有奇	3 丈 9 尺 8 寸	防守一员	297	8（马）	万历九年设，十九年砖包	N40°33.862′, E114°04.488′, 1727 m
			9 里 3 分	18/2	7 分有奇	3 丈 9 尺 8 寸	防守官一员	297	6（马）	万历九年设，十九年砖包	
阳和道东路参将分属	堡	永嘉堡	0	0/10	2 里 5 分	3 丈 6 尺	操守坐堡把总各一员	307	18（马）	嘉靖三十七年设，万历十九年砖包	N40°31.359′, E114°15.468′, 927 m
			0	0/10	3 里 4 分	通高 3 丈 6 尺	操守官一员	298	17（马）	设自嘉靖三十七年，万历二年砖砌女墙，万历十九年始议砖包	
	堡	瓦窑口堡	7 里 9 分	18/8	1 里 6 分	3 丈 5 尺	守备坐堡把总各一员	452	21（马）	嘉靖三十七年设，隆庆六年砖包	N40°32.822′, E114°07.200′, 1133 m
			7 里 9 分	18/8	1 里零	3 丈 5 尺	守备官一员	468	19（马）	嘉靖三十七年土筑，隆庆六年砖包	
	堡	▶镇宁堡	13 里	21/1	1 里 2 分	3 丈 5 尺	操守一员	302	16（马）	嘉靖四十四年设，隆庆六年砖包	N40°29.860′, E114°03.409′, 1258 m
			13 里	21/1	1 里 2 分零	3 丈 5 尺	操守官一员	302	16（马）	设自嘉靖四十四年，隆庆六年砖包	
	堡	镇口堡	13 里	21/1	1 里 3 分	3 丈 5 尺	操守坐堡各一员	310	17（马）	嘉靖二十五年设，隆庆六年砖包	未测
			13 里 3 分	21/1	1 里 3 分零	3 丈 5 尺	操守官一员	311	16（马）	设自嘉靖二十五年，隆庆六年砖包	
	堡	镇门堡	13 里	21/0	260 丈 5 尺	3 丈 5 尺	守备坐堡各一员	493	45（马）	嘉靖二十五年设，隆庆六年砖包	N40°26.563′, E113°51.581′, 1149 m

1 表格所用数据未带底纹者出自《三云筹俎考》，带底纹者出自《宣大山西三镇图说》。表格中标有“▲”的为此次实地考察的城堡。

续表

道/路	级别	名称	管辖范围		城堡尺度		驻守官军及人马数量			建置经过	经纬坐标/海拔
			分边长度	边墩/火路墩（座）	城周	高度	将领	旗军	马骡（匹头）		
阳和道东路参将分属	堡	镇门堡	13里5分	21/2	1里5分	3丈5尺	原设操守，万历二十七年始改设守备	512	48（马）	设自嘉靖二十五年，隆庆六年砖包	N40°26.563′, E113°51.581′, 1149 m
	堡	守口堡	13里	23/4	1里120步	3丈5尺	守备把总各一员	466	45（马）	嘉靖二十五年设，隆庆六年砖包	N40°25.077′, E113°39.808′, 1195 m
			12里2分	23（另辖市口一处）/4	1里120步	3丈5尺	原设操守，万历二年改设守备	466	45（马）	筑于嘉靖二十五年，隆庆六年砖包	
	堡	靖虏堡	11里	26/5	2里4分	3丈3尺	守备一员	513	86（马）	嘉靖二十五年设，隆庆六年砖包	N40°21.724′, E113°35.026′, 1407 m
			11里5分	26/5	2里4分	3丈3尺	守备官一员	461	37（马）	创自嘉靖二十五年，隆庆六年砖包	
	参将驻扎之城，卫城	▶天城城	6里	10/31	9里有奇	2丈9尺（疑笔误）	参将守备各一员，坐堡千把总八员，天镇二卫官军	2652	1057（马）	洪武三十一年砖设，万历十三年重包	N40°25.192′, E114°05.430′, 994 m
			6里	10/31	9里有奇	3丈9尺	本路参将驻扎，原设守备一员，天城镇虏二卫及天城驿	1021（官军，不含援兵）	26（马）	砖建于洪武三十一年，岁久城砖烂损，至万历十三年复包修之	
	卫城	阳和城	19里	38/28	9里2分	3丈7尺	阳和道军门中军左右游击都司同知旗鼓守备总及两卫所	9109（官军）	5960	洪武三十一年砖建，万历三十年重修	N40°21.792′, E113°44.968′, 1054 m
			19里	38/28	9里1分	3丈7尺	原设参将守备各一员，并阳高二卫；嘉靖二十五年……随设中军参将，……四十四年将本城原设参将更调天城，将天城入卫游击更调本城；万历二年设抚夷守备，三年设左右营游击等官并管粮同知俱驻扎于此	6928（左右掖及入卫营共统官军）2181（守备所统官军）	5892（左右掖及入卫营共统官军）68（守备所统）	洪武三十一年大将军徐达以砖砌，南有关，累土为之，……岁久倾圮，不堪防御，万历三十年始甃以砖续创，连城于关西隅	
分巡冀北道北东路参将分属	堡	▶镇边堡	21里	30/6	3里80步	4丈1尺	守备一员	699（官军）	82	嘉靖十八年更筑（原非官设），万历十一年砖包	N40°19.462′, E113°30.846′, 1407 m
			21里2分	30/6	3里80步	高连女墙4丈1尺	守备官一员	722（官军）	82	原非官设，初名镇胡，嘉靖十八年更筑之，砖包于万历十一年	

续表

道/路	级别	名称	管辖范围		城堡尺度		驻守官军及人马数量			建置经过	经纬坐标/海拔
			分边长度	边墩/火路墩（座）	城周	高度	将领	旗军	马骡（匹头）		
分巡冀北道北东路参将分属	堡	▶镇川堡	20里	28/3	2里5分	4丈1尺	守备一员	674（官军）	70	嘉靖十八年创筑，万历十年砖包	N40°17.147′, E113°22.873′, 1198 m
			20里有奇	28/3	2里5分	高连女墙4丈1尺	守备官一员	679（官军）	70	创建于嘉靖十八年，万历十年砖石包修	
	堡	▶弘赐堡	19里	26/8	4里32步	3丈6尺	守备一员	608（官军）	92	嘉靖十八年筑，万历二年砖包	N40°19.159′, E113°17.615′, 1158 m
			19里	26/8	4里32步	3丈6尺	守备官一员	607（官军）	92	嘉靖十八年土筑，万历二年砖包	
	参将驻扎之堡	▶得胜堡	0	0/0	3里4分	3丈8尺	参将一员	2960（官军）	1191	嘉靖二十七年设，万历二年砖包	N40°23.753′, E113°13.986′, 1172 m
			0	0/0	3里4分有奇	3丈8尺	移弘赐堡参将驻扎于此	2448（官军）	1189	设自嘉靖二十七年，万历二年砖包	
	堡	▶镇羌堡	22里	28/7	1里7分	3丈8尺	守备一员	1053（官军）	168	嘉靖二十四年设，万历二年砖包	N40°24.382′, E113°14.334′, 1145 m
			22里1分	28（另辖马市一处，砖楼一座）/7	1里7分	3丈8尺	守备官一员	1053（官军）	184	设自嘉靖二十四年，万历二年砖包	
	堡	拒墙堡	13里9分	17/3	1里8分	3丈6尺	守备一员	420（官军）	30	嘉靖二十四年设，万历二年砖包	N40°22.427′, E113°06.791′, 1219 m
			13里9分	17/3	1里8分有奇	3丈6尺	原设操守官一员，万历十四年始设守备	420（官军）	30	设自嘉靖二十四年，万历二年砖包	
	堡	镇虏堡	0	0/7	2里9分	4丈	守备一员	266（官军）	47	嘉靖十八年土筑，万历十四年砖包	N40°15.063′, E113°13.423′, 1190 m
			0	0/7	2里9分零	4丈	守备官一员	245（官军）	47	嘉靖十八年土筑，万历十四年始议砖包	
	堡	镇河堡	0	0/80（疑笔误）	2里8分	4丈	操守一员	358（官军）	7	嘉靖十八年设，万历十四年砖包	N40°13.418′, E113°06.173′, 1208 m
			0	0/8	2里8分	高连女墙4丈	原设守备，万历十四年议拒墙堡操守改移于此	333（官军）	7	设自嘉靖十八年，万历十四年始议砖包	
分巡冀北道不属路城堡	镇城	▶大同镇城	0	0/42	13里	4丈2尺	内驻代藩总镇部道抚院中军都司游击卫所等官	22709	16992（马骡驼）	洪武五年大将军徐达因旧土城砖包，万历八年加修	N40°05.545′, E113°17.719′, 1051 m
			0	0/42	13里	4丈2尺	内有代藩及抚镇部道都司府县卫所各署分列，而又设各游击以资调遣	24186（官军）	16448（马骡驼）	洪武五年大将军徐达因旧土城增筑，外包以砖石；万历八年加砌女墙，补葺颓坏	
	所城	聚落城	0	0/9	3里3分	3丈7尺	守备及大同后卫中前所等官	722（官军）	190	弘治十三年创，隆庆六年砖包	未测
			0	0/9	3里3分	3丈7尺	守备一员，并大同后卫中左所守备	737（官军）	190	弘治十三年创，隆庆六年砖包	

续表

道/路	级别	名称	管辖范围		城堡尺度		驻守官军及人马数量			建置经过	经纬坐标/海拔
			分边长度	边墩/火路墩（座）	城周	高度	将领	旗军	马骡（匹头）		
分巡冀北道不属路城堡	堡	许家庄堡	0	0/12	3里68步	3丈6尺	操守一员	581（官军）	183	嘉靖三十九年更置（“原属民堡”），万历二十九年砖包	未测
			0	0/12	3里68步	高连女墙3丈6尺	原设操守官一员	683（官军）	193	故民堡，嘉靖三十九年更民堡为之，万历二十九年砖包	
	堡	王家庄堡	0	0/0	2里8分	3丈6尺	操守把总各一员	200	10（马）	嘉靖十九年土筑，万历三十三年砖包	未测
			0	0/4	2里8分	（土筑）高2丈2尺	原设驿丞一员，后万历十九年议添操守一员、把总一员	200	10（马）	嘉靖十九年土筑	
	州城	浑源城	0	0/28	4里220步	4丈	知州守备各一员，中前二所官军	475	48	唐州治，洪武元年因之，万历元年砖甃	未测
			0	0/18	4里220步	高连女墙4丈	设知州，无属邑同城，原设守备，有安东中前二所守备	480（官军）	48（马）	故唐州治，洪武元年因之，万历元年始甃以砖	
	县城	灵丘城	0	0/0	4里13步	3丈5尺	守备知县各一员	605（官军）	124	唐开元创，天顺三年土筑，万历二十八年砖包	未测
			0	0/8	4里13步	3丈5尺	原设知县守备各一员	1106(官军）	124（马）	唐开元创建，天顺三年因之土筑，万历二十八年始甃以砖	
	县城	广灵城	0	0/0	2里7尺15步	4丈	知县操守各一员	0（无记载）	0（无记载）	洪武十六年土筑，万历元年砖包	未测
			0	0/0	2里7分15步	高连女墙4丈	原设知县一员，正德二年设有操守，嘉靖二年加升守备，万历六年议改防守，九年裁革之，万历十九年复议设操守	巡徼之卒几三百	0（无记载）	洪武十六年土筑，万历元年砖包	
	县城	广昌城	0	0/0	3里5分	3丈5尺	守备知县各一员	兵马俱隶宣府	兵马俱隶宣府	洪武七年砖建，嘉靖三十七年重修	未测
			0	0/0	3里5分	3丈5尺	守备知县各一员	兵马俱隶宣镇	兵马俱隶宣镇	洪武七年砖建，嘉靖三十七年重修	
	州城	蔚州城	0	0/0	7里12步	4丈1尺	知州守备各一员	兵马俱隶宣府	兵马俱隶宣府	周天象二年创建，洪武七年砖包	未测
			0	0/0	7里12步	高连女墙4丈1尺	知州守备各一员	兵马俱隶宣镇	兵马俱隶宣镇	肇始于周天象二年，砖包于洪武七年，万历十一年因地震崩裂重修之	
	所城	高山城	0	0/0	4里3分	3丈5尺	守备把总各一员，及卫所镇抚等官	1224	770	天顺六年建置，嘉靖十四年改建今城，万历十年砖包	未测
			0	0/16	4里3分	高连女墙4丈2尺	守备官一员，并大同前卫中右所	723（官军）	241	天顺六年建置，嘉靖十四年改建今城，万历十年砖包	

续表

道/路	级别	名称	管辖范围		城堡尺度		驻守官军及人马数量			建置经过	经纬坐标/海拔
			分边长度	边墩/火路墩（座）	城周	高度	将领	旗军	马骡（匹头）		
大同左卫道北西路参将分属	堡	▶拒门堡	15里	23/7	1里7分	3丈7尺	守备坐堡各一员，把总二员	604	18（马）	嘉靖二十四年土筑，万历元年砖包	N40°19.972′, E112°59.615′, 1313 m
			15里2分	23/7	1里205步	3丈7尺	初惟操守，后改设守备	487	20	设自嘉靖二十四年土筑，万历元年砖包	
	参将驻扎之堡	助马堡	20里3分	25/0	2里4分	3丈8尺	参将守备中军坐堡各一员，把总八员	2175	890（马、骡、驼）	嘉靖二十四年土筑，万历元年砖包	N40°18.062′, E112°54.352′, 1361 m
			20里3分	25（另辖市场1处）/8	2里4分	3丈8尺	原设守备官一员，内驻扎本路参将	634（不含援兵）	30（马）	设自嘉靖二十四年，万历元年砖包	
	堡	保安堡	14里	15/4	1里3分	3丈7尺	操守坐堡各一员，把总二员	467	66	嘉靖二十五年土筑，万历元年砖包	N40°14.342′, E112°52.450′, 1333 m
			14里零	15/4	1里5分	3丈5尺	原设操守官一员	382	12（马）	设自嘉靖二十四年，万历元年砖包	
	堡	云岗堡	0	0/8	1里4分	3丈5尺	操守坐堡把总各一员	217	66（马）	嘉靖三十七年土建	N40°06.712′, E113°07.442′, 1149 m
			0	0/8	1里4分	通高3丈5尺	操守官一员	218	12（马）	旧堡土筑自嘉靖三十七年，后于北崖创筑新堡，亦土筑，女墙砖砌	
	堡	破虏堡	0	0/5	2里2分	3丈5尺	操守坐堡把总各一员	663	217	嘉靖二十二年土筑，万历元年砖包	N40°13.215′, E112°57.898′, 1232 m
			0	0/5	3里2分有奇	4丈2尺	原设守备官一员，万历十四年因堡设腹里，议改操守	320	29（马）	设自嘉靖二十二年，万历元年砖包	
	堡	灭虏堡	4里3分	6/10	2里4分	3丈8尺	守备坐堡各一员，把总二员	964	306	嘉靖二十二年土筑，万历元年砖包	未测
			4里3分	6/10	2里6分	3丈5尺	守备官一员	389	32（马）	设自嘉靖二十二年，四十二年加修，仍土筑，万历元年始包以砖	
	堡	▶威虏堡	12里	16/8	2里2分	3丈8尺	守备坐堡各一员，把总二员	781	209（马）	嘉靖二十二年土筑，万历元年砖包	N40°10.391′, E112°47.086′, 1399 m
			11里9分	16/8	2里2分	3丈5尺	原设守备官一员	416	16（马）	设自嘉靖二十一年，万历元年砖包	
	堡	宁虏堡	11里3分	18/11	2里7分	3丈7尺	守备坐堡各（一）（原图漏掉）员，把总二员	607	197（马）	嘉靖二十二年土筑，万历元年砖包	N40°09.408′, E112°42.441′, 1469 m
			11里3分	18（另辖市场1处）/11	2里7分	3丈7尺	守备官一员	392	31（马）	设自嘉靖二十一年，万历元年砖包	
	堡	云西堡	0	0/10	1里3分	3丈5尺	操守坐堡把总各一员	396	66（马）	嘉靖三十七年土筑，万历二十二年砖包	N40°03.990′, E112°49.770′, 1268 m
			0	0/9	1里3分有奇	高连女墙4丈1尺	操守官一员	345	12（马）	设自嘉靖三十七年，万历二十四年砖包	

续表

道/路	级别	名称	管辖范围		城堡尺度		驻守官军及人马数量			建置经过	经纬坐标/海拔
			分边长度	边墩/火路墩（座）	城周	高度	将领	旗军	马骡（匹头）		
大同左卫道中路参将分属	卫城	▶左卫城	13里9分	24/49	11里3分	4丈2尺	兵备道副总兵通判守备千把总等官，左云川三卫所官	5017（官军）	3232	永乐七年设，砖砌，万历六年增修	N40°00.268′，E112°42.044′，1320 m
			14里3分	24/52	11里3分	4丈2尺	原设通判守备各一员，嘉靖三十三年移大同协守副总兵于此，三十七年设大同兵备道驻扎本城	1500（官军，不含援军）	169	永乐七年始设，正统后云川卫内徙附焉，城砖砌；万历六年加修增高	
	堡	三屯堡	1里7分	3/1	7分	3丈5尺	防守坐堡把总各一员	292	16（马）	隆庆三年土筑，万历二年砖砌女墙	N40°05.648′，E112°42.857′，1339 m
			1里7分	3/1	7分	通高4丈	防守官一员	292	22（马）	土筑于隆庆三年，万历二年砖砌女墙	
	堡	云阳堡	0	0/3	1里6分	3丈5尺	操守坐堡把总各一员	365	68（马）	嘉靖三十七年土筑，万历二十四年砖包	N40°03.478′，E112°36.295′，1473 m
			0	0/14	1里6分	高连女墙4丈1尺	操守官一员	313	23（马）	嘉靖三十七年土筑，万历二十四年包以砖	
	堡	破胡堡	14里	17/5	2里	3丈8尺	守备坐堡各一员，把总二员	700	89	嘉靖二十三年土筑，万历二年砖包	N40°14.921′，E112°33.840′，1486 m
			14里零	17/5	2里8步	3丈8尺	原设操守，万历十四年议改守备	700	96	土筑于嘉靖二十三年，万历二年砖包	
	堡	牛心堡	0	0/0	2里5分	3丈5尺	操守坐堡把总各一员	641	249（马）	嘉靖二十七年土筑，隆庆六年石包	N40°03.146′，E112°31.642′，1455 m
			0	0/18	2里5分	3丈5尺	原设守备，万历十四年因腹里议改操守	434	37	设自嘉靖三十七年，隆庆六年石包	
	堡	马堡	10里4分	15/4	1里1分5厘	3丈5尺	操守坐堡各一员，把总二员	364	29（马）	嘉靖二十五年土筑，万历元年石包	N40°14.439′，E112°29.366′，1415 m
			10里4分	15/4	1里54步	3丈5尺	操守官一员	364	34（马）	设自嘉靖二十五年，万历元年石包	
	堡	残胡堡	15里	24/9	1里6分	3丈6尺	操守坐堡各一员，把总二员	395	32（马）	嘉靖二十三年土筑，隆庆六年石包	N40°16.473′，E112°26.410′，1532 m
			15里3分	24/9	1里134步	3丈6尺5寸	操守官一员	395	38（马）	设自嘉靖二十三年，隆庆六年石包	
	堡	黄土堡	0	0/13	1里6分	3丈5尺	操守坐堡把总各一员	347	66（马）	嘉靖三十七年土筑，万历十二年砖包	N40°04.300′，E112°27.498′，1475 m
			0	0/9	1里6分	高连女墙4丈1尺	操守官一员	321	41（马）	设自嘉靖三十七年，万历十二年始砖包	
	堡	▶杀胡堡	20里4分	28/6	2里	3丈5尺	守备坐堡各一员，把总二员	777	149	嘉靖二十三年土筑，万历二年砖包	N40°14.655′，E112°18.858′，1295 m
			20里有奇	28（另辖1市场）/6	2里	3丈5尺	守备官一员	778	152	设自嘉靖二十三年，万历二年砖包	

续表

道/路	级别	名称	管辖范围		城堡尺度		驻守官军及人马数量			建置经过	经纬坐标/海拔
			分边长度	边墩/火路墩（座）	城周	高度	将领	旗军	马骡（匹头）		
大同左卫道中路参将分属	堡	红土堡	0	0/7	1 里 8 分	3 丈 5 尺	操守坐堡把总各一员	275	33（马）	嘉靖三十七年土筑，万历二年石包	N40°05.220′, E112°23.379′, 1330 m
			0	0/7	1 里 8 分	3 丈 5 尺	操守官一员	275	39（马）	设自嘉靖三十七年，万历二年石包	
	堡	马营河堡	5 里 5 分	8/1	8 分	3 丈 3 尺	防守把总各一员	200	11（马）	万历元年土筑	N40°12.112′, E112°20.111′, 1276 m
			5 里 5 分	8/1	8 分	连女墙高 3 丈 9 尺	防守官一员	200	13（马）	土筑于万历元年	
	参将驻扎之城，卫城	▶右卫城	32 里	15/40	9 里 8 分	3 丈 5 尺	参将守备中军千把总右玉林卫所等官	3687（官军）	1846	永乐七年始设，万历三年砖包。	N40°09.784′, E112°20.678′, 1287 m
			32 里有奇	45/46	9 里 8 分	4 丈 2 尺 2 寸	本路参将驻扎，原设守备	1630（官军，不含援军）	267	永乐七年始设，正统后玉林卫内徙附焉，万历三年砖包	
	堡	铁山堡	11 里	22/10	1 里 4 分	3 丈 5 尺	守备坐堡各一员，把总二员	534	42（马）	嘉靖三十八年土筑，万历二年砖包	N40°03.502′, E112°17.949′, 1371 m
			10 里 5 分零	22/10	1 里 4 分有奇	高 3 丈 5 尺	原设操守一员，万历十三年改设守备	534	48（马）	设自嘉靖三十八年，万历二年砖包	
大同左卫道威远路参将分属	堡	祁家河堡	0	0/9	2 里	3 丈 5 尺	操守坐堡把总各一员	313	105	嘉靖四十一年土筑，万历元年石包	未测
			0	0/9	2 里	高 3 丈 5 尺	操守官一员	215	12（马）	设自嘉靖四十一年，万历元年石包	
	参将驻扎之城，卫城	威远城	15 里 3 分	16/45	5 里 8 分	4 丈	参将守备中军各一员，千把总七员，及卫所镇抚等官	1848	891	正统三年砖建，万历三年增修	N39°56.942′, E112°20.481′, 1336 m
			15 里 3 分	16/45	5 里 8 分零	高连女墙 4 丈	原设守备官一员，有卫所儒学，后添设参将驻扎	752（官军，不含援军）	116	砖建于正统三年，低薄倾圮，万历三年复包修	
	堡	云石堡	14 里	22/17	1 里 7 分	4 丈	守备坐堡各一员，把总一员	545	27（马）	嘉靖三十八年土筑，万历十年改建砖包	N40°02.000′, E112°10.401′, 1588 m
			14 里 3 分零	21（另辖市场 1 处）/14	1 里 7 分	4 丈 1 尺	守备官一员	543	27（马）	设自嘉靖三十八年，故土筑，万历十年改建于王石匠河，砖包	
	堡	威胡堡	13 里 7 分	13/10	1 里 5 分	4 丈	守备坐堡各一员，把总二员	497	39（马）	嘉靖二十三年土筑，万历九年砖包	N39°56.101′, E112°06.406′, 1592 m
			10 里 3 分	13/10	1 里 5 分零	高连女墙 4 丈 2 尺	守备官一员	467	12（马）	设自嘉靖二十三年，万历九年砖包	
	堡	威平堡	0	0/10	1 里 4 分	3 丈 5 尺	操守坐堡把总各一员	453	1 9 0（马）	嘉靖四十五年土筑，万历元年石包	未测
			0	0/10	1 里 4 分	3 丈 7 尺	原设守备一员，缘无边责，后改操守	279	12（马）	设自嘉靖四十五年，万历元年石包，万历二十三年创修土堡一座，接连本堡	

续表

道/路	级别	名称	管辖范围		城堡尺度		驻守官军及人马数量			建置经过	经纬坐标/海拔
			分边长度	边墩/火路墩（座）	城周	高度	将领	旗军	马骡（匹头）		
分守冀北道西路参将分属	参将驻扎，卫城	▶平虏城	19里9分	25/35	6里108步	4丈	参（将）守备及平虏卫官	3078（官军）	551	成化十七年筑，万历二年砖包	N39°45.459′, E112°10.655′, 1537 m
			19里9分零	25/35	6里3分	4丈	本路参将驻扎，原设有平虏卫及守备官	1666（官军）	145	土筑于成化十七年，万历二年砖包	
	堡	败胡堡	8里3分	15/4	1里180步	3丈6尺	操守一员	458（官军）	50（马）	嘉靖二十三年创，隆庆六年砖包	N39°48.367′, E112°02.068′, 1636 m
			8里3分	15/4	1里5分	3丈6尺	操守官一员	434（官军）	46（马）	创自嘉靖二十三年，隆庆六年始甃以砖石	
	堡	迎恩堡	10里	17/5	1里108步	3丈7尺	守备一员	598（官军）	95（马）	嘉靖二十三年土筑，万历元年砖包	N39°47.240′, E112°01.849′, 1638 m
			10里5分	17（另辖小市场1处）/5	1里5分	3丈7尺	守备官一员	545（官军）	77（马）	土筑自嘉靖二十三年，万历元年包以砖石	
	堡	阻胡堡	8里9分	11/4	1里36步	3丈5尺	操守一员	396（官军）	70（马）	嘉靖二十三年土筑，隆庆六年砖包	N39°43.677′, E112°02.054′, 1655 m
			8里9分	11/4	1里1分	3丈5尺	操守官一员	373（官军）	65（马）	建自嘉靖二十三年，土筑，隆庆六年砖包	
分守冀北道井坪参将分属	参将驻扎，所城	井坪城	0	0/31	4里324步	3丈6尺	参将守备各一员	1856（官军）	896	成化二十一年土筑，隆庆六年砖包	N39°31.115′, E112°16.915′, 1478 m
			0	0/31	4里9分	3丈6尺	原设守备官一员并守御千户所，万历四年移朔州参将本城驻扎	550（官军）	77	土筑自成化二十一年，隆庆六年砖包	
	堡	灭胡堡	13里	27/7	1里186步	3丈7尺	守备一员	539（官军）	20（马）	嘉靖二十三年设，万历元年砖包	未测
			13里5分	27（另辖小市场一处）/7	1里5分6步	高连女墙3丈7尺	原设操守，万历十四年始议改守备	537（官军）	20（马）	设自嘉靖二十三年，万历元年砖包	
	堡	将军会堡	17里6分	32（与山西共守墩1座）/7	1里184步	4丈4尺	守备一员	603（官军）	22（马）	万历九年建，二十四年砖包	N39°38.706′, E111°56.360′, 1626 m
			17里6分零	32（另有界墩1座）/7	1里5分有奇	高3丈7尺	原设防守，万历三十一年议改守备	601（官军）	22（马）	万历九年始建土城，万历二十四年石包之	
	堡	乃河堡	0	0/0	1里152步	3丈5尺	操守一员	343（官军）	79	嘉靖四十五年土筑，万历元年砖包	N39°33.367′, E112°04.434′, 1501 m
			0	0/16	1里4分零	3丈5尺	原设守备，万历三十一年议改操守	341（官军）	79	嘉靖四十五年土筑，万历元年始包以砖	
	州城	朔州城	0	0/28	6里108步	4丈2尺	乐昌王冀北守道通判知州守备	1743（官军）	757（马）	洪武三年砖建，万历十五年增修	N39°19.771′, E112°25.641′, 1110 m
			0	0/28	6里3分	4丈2尺	往年军门驻节，嘉靖中始移阳和，而以分守冀北道分理同管粮通判驻扎于此，原设守备知州各一员，朔州一卫，乐昌王分封在焉	766（官军）	118（马）	砖建于洪武三年，万历十五年增饬	

续表

道/路	级别	名称	管辖范围		城堡尺度		驻守官军及人马数量			建置经过	经纬坐标/海拔
			分边长度	边墩/火路墩（座）	城周	高度	将领	旗军	马骡（匹头）		
分守冀北道井坪参将分属	县城	马邑城	0	0/14	3 里 220 步	4 丈	守备知县及守御千户所	424（官军）	45（马）	洪武十六年土筑，正统二年展拓，隆庆六年砖包	N39°21.172′, E112°36.600′, 1054 m
			0	0/14	3 里 5 分 40 步	高连女墙 4 丈	原设守备知县各一员，有守御千户所	329（官军）	29（马）	土筑于洪武十六年，正统二年展筑，隆庆六年始议砖包	
	县城	山阴城	0	0/25	4 里 137 步	4 丈	守备知县及守御千户等官	531（官军）	58（马）	古县治，永乐三年土筑，隆庆六年砖包	N39°31.480′, E112°48.860′, 1068 m
			0	0/25	4 里 3 分	高连女墙 4 丈	原设知县守御千户所，先委操守，万历十四年议改守备	529（官军）	54（马）	古县治，永乐三年因之土筑，隆庆六年始包以砖	
	州城，卫城	应州城	0	0/17	6 里 18 步	4 丈	知州守备及安东中屯卫左右二所	809（官军）	85（马）	古州治，洪武八年土筑，隆庆六年砖包	N39°33.400′, E113°10.843′, 1006 m
			0	0/17	6 里 18 步	4 丈	原设知州守备各一员，并安东中屯卫左右二所，嘉靖二十二年置分守参将，后改驻井坪	790（官军）	78（马）	州治最古，秦汉来即有之，城设自洪武八年（土筑），隆庆六年始议砖包	
	县城	怀仁城	0	0/19	4 里 72 步	3 丈 5 尺	守备知县并安东卫所等官	663（官军）	293（马）	洪武十六年设，万历二年砖包	N39°48.924′, E113°05.759′, 1027 m
			0	0/19	4 里 2 分	3 丈 5 尺	原设守备知县各一员，安东中屯卫后所	378（官军）	51（马）	设自洪武十六年，万历二年砖包	
	堡	西安堡	0	0/3	2 里	3 丈 5 尺	操守把总各一员	230	14（马）	嘉靖四十年设土堡，万历二十八年砖墁	N39°48.847′, E113°15.476′, 988 m
			0	0/3	2 里 100 步	3 丈 5 尺	操守一员，把总一员	229（官军）	14（马）	嘉靖四十年建，设土堡，万历二年砖包女墙，二十八年砖墁堡顶，甃砌水道，“近题请砖包”	

附录五 新技术运用简述

一、研究对象的定位

使用手持 GPS 定位仪对敌台、烽燧、城墙以及城堡进行定位，确定其经纬坐标和海拔高程。在此过程中由于条件所限，对敌台和烽燧的定位并非是其中心点坐标，而是在其底部贴近墙体处进行定位。其次，由于民用 GPS 定位仪的使用限制，定位坐标一般在水平距离有 3 ~ 5 m 左右的误差，海拔高度有 5 ~ 10 m 左右的误差。在实地调研中，实际定位敌台 238 个，烽燧 164 个。

二、GPS 数据的处理

（1）原始数据的编辑

由于手持 GPS 定位仪的功能有限，其记录的数据只有经过适当的编辑后才可有效利用。

将 GPS 中的数据导入 Mapsource 软件，比对调研中的文字记录和图像资料，对敌台和烽燧数据适当加以编排和重列，并对已定位的城堡等添加标识性文字。

（2）缺失数据的补完

在调研中由于深沟、陡坡等地形的限制，部分敌台及烽燧难以接近，仅有图像资料而未实地定位，在后期可以通过 Google Earth 软件确定这些敌台和烽燧的位置。且由于调研时间有限，并没有对大同镇所有的城堡进行调研和定位，也可以在后期通过 Google Earth 完成。

将编辑后的原始数据导入 Google Earth 中，结合调研中的文字记录和图像资料，添加相关数据信息。

（3）完整数据的编辑

将在 Google Earth 中生成的较为完整的调研数据，重新导入 Mapsource 中，对敌台和烽燧数据编号进行重列，对定位的城堡进行标识性文字的说明，并按分析所需的要求对数据进行分割和重置，使得数据更具可识别性和可操作性。最后共定位敌台 261 个，烽燧 187 个，城堡 60 个。

三、研究对象与自然环境关系的解析

（1）地理信息资源

本书使用的数字高程模型（Digital Elevation Model，DEM），是 2009 年 6 月 30 日美国国家航空航天局（NASA）与日本经济产业省（METI）共同推出的地球电子地形数据 ASTER GDEM（先进星载热发射和反射辐射仪全球数字高程模型）附表 5-1，数据来源于美国国家航空航天局（http://wist.echo.nasa.gov/~wist/api/imswelcome/）。

ASTER GDEM 数据基本特征　　附表5-1

项目	描述
分片尺寸	3601 像素 ×3601 像素（1°× 1°）
空间分辨率	1 弧度秒（约 30 m）
地理坐标	地理经纬度坐标
DEM 格式	GeoTIFF，参考大地水准面 WGS84/EGM96
特殊 DN 值	无效像素值为— 9999，海平面数据为 0
覆盖范围	北纬 83° 到南纬 83°
精度	垂直精度 20 m，水平精度 30 m

本书使用的河流（一至五级河流）、主要铁路、公路及行政区划（省级至县级）数据来源于中国国家基础地理信息中心（http://nfgis.nsdi.gov.cn/nfgis/chinese/c_xz.htm）。

（2）各项数据分析

本书涉及的数据处理，主要是基于 GIS（Geographic Information Systems，地理信息系统）地理模型分析技术进行。在具体的操作上，主要结合使用了 Global Mapper 和 Arc Map 两种软件进行相关数据分析。

①视域分析和地形剖面分析

这两种分析主要在 Global Mapper 软件中进行。

对于敌台和烽燧的视域及地形剖面分析来说，此软件较 Arc Map 更为便捷，可以针对每一个敌台和烽燧进行分析，而在 Arc Map 中操作则较为烦琐。

主要操作程序：将 DEM 地形文件和分析所需的 GPS 数据分别导入 Global Mapper，通过软件的视图分析和剖面分析工具 / 操作，分别求得各敌台、烽燧的视域范围和所处地形剖面。

另外通过该软件可将 .tif 格式的 DEM 地形文件转化为 .dem 格式文件，将 .gpx 格式的敌台、烽燧等 GPS 文件转化为 .shp 格式的点文件，将 .mif 格式的河流数据转化为 .shp 格式的线文件，使得在 Arc Map 中对数据的操作和分析更为快捷和方便。

②坡度坡向分析

此分析主要在 Arc Map 软件中进行。

主要操作程序：加载 .dem 格式的 DEM 地形数据，通过软件的 3D Analyst 中的相关操作命令，生成地形的坡度和坡向数据，并通过更为复杂的操作生成地形的山脊线和山谷线进行分析。

由于原始的 DEM 文件使用的是地理经纬坐标，在坡度和坡向分析时需要先将其转化成平面直角坐标，之后才能运用软件逐项分析。

③射程分析

此分析主要在 Arc Map 软件中进行。

主要操作程序：加载敌台的 .shp 格式文件，通过软件的 Buffer 操作命令生成不同距离的远、中、近程武器的射程范围。

④城堡的各项分析

此分析主要在 Arc Map 软件中进行，涉及分类统计操作。

本书对城堡的分析只以点标识其位置而不涉及城堡的大小和等级之分。首先需要在 excel 中将城堡的城周、城高等相关信息录入。

主要操作程序：

加载城堡的 .shp 格式文件，并将各城堡与 excel 表格关联，则 excel 中的城堡的各项数据便作为此城堡的属性信息与点文件关联在一起，如此就可以通过软件的属性选择操作，生成指定属性的城堡数据，例如在指定城周范围内的城堡数据等。

加载城堡的 .shp 格式文件和河流的 .shp 格式文件，运用距离选择操作（城堡相对于河流的距离），生成与河流在指定距离范围内的城堡数据。

加载城堡的 .shp 格式文件和城墙的 .shp 格式文件，运用距离选择操作（城堡相对于城墙的距离），生成与城墙在指定距离范围内的城堡数据。

通过上述技术的综合运用，在大量的实地数据基础上，将研究图示化、数据化、科学化，使得对长城的研究更为充实、深入和全面。

参考文献

历史文献

[1] （汉）司马迁 . 史记 . 北京：中华书局，1959.

[2] （明）明实录 . 台湾史语所校订本 .

[3] （明）申时行等修，赵用贤等纂 . 大明会典 .《续修四库全书》第 791 册《史部·政书类》. 上海：上海古籍出版社 .

[4] （明）陈子龙等 . 明经世文编 . 北京：中华书局，1962.

[5] （明）魏焕 . 皇明九边考 . 明嘉靖刻本 .

[6] （明）兵部编 . 九边图说 . 明隆庆刻本 .

[7] （明）程道生 . 九边图考 . 民国八年石印本 .

[8] （明）张天复 . 皇舆考·九边 . 明万历十六年（1588）刊本 .

[9] （明）杨时宁 . 宣大山西三镇图说 . 明万历癸卯（1603）刊本 . 台湾"中央图书馆"辑 . 台北：正中书局，1981.

[10] （明）王士琦 . 三云筹俎考 .《续修四库全书》第 739 册 . 上海：上海古籍出版社，1995.

[11] （明）方孔炤 . 全边略记 . 明崇祯刻本 .

[12] （明）刘效祖 . 四镇三关志 . 明万历四年刻本 .

[13] （明）李维桢 . 万历山西通志 . 北京：中国书店，2002.

[14] （明）张钦纂修 . 正德大同府志 . 明正德刻嘉靖增修本 . 四库全书存目丛书史部第 186 册 . 济南：齐鲁书社，1995.

[15] （明）孙承宗 . 高阳集 .《四库禁毁书丛刊》集部第 164 册 . 北京：北京出版社，1998.

[16] （明）茅元仪 . 武备志 . 四库禁毁书丛刊影印北京大学图书馆藏明天启年间刻本 . 北京：北京出版社，2000.

[17] （明）赵士祯 . 神器谱 . 玄览堂丛书本 .

[18] （明）翁万达 . 翁万达集 . 上海：上海古籍出版社，1992.

[19] （清）张廷玉 . 明史 . 北京：中华书局，1974.

[20] （清）顾祖禹 . 读史方舆纪要 . 北京：中华书局，2005.

[21] （清）龙文彬 . 明会要 . 北京：中华书局，1965.

[22] （清）王霨纂，（清）刘士铭修 . 雍正朔平府志 .《中国地方志集成·山西府县志辑》九，据清雍正十三年（1735）刻本影印 . 上海：上海书店，2003.

[23] （清）王嗣圣等纂修 . 雍正朔州志 .《中国方志丛书·华北地方》第 410 号，据雍正十三年（1735）石印本影印 . 台北：成文出版社，1976.

[24] （清）黎中辅纂修 . 道光大同县志 .《中国地方志集成·山西府县志辑》五，据清道光十年（1830）刻本影印 . 上海：上海书店，2003.

[25] （清）杨笃纂，（清）洪汝霖，鲁彦光修 . 光绪天镇县志 .《中国地方志集成·山西府县志辑》五，据民国二十四年（1935）铅印本影印 . 上海：上海书店，2003.

今人著述

[1] 谭其骧 . 中国历史地图集 [M/CD]. 北京：中国地图出版社，1998.

[2] 《中国军事史》编写组 . 中国军事史·第四卷·兵法 [M]. 北京：解放军出版社，1988.

[3] 《中国军事史》编写组 . 中国军事史·第六卷·兵垒 [M]. 北京：解放军出版社，1991.

[4] 吴柏森 .《明实录》类纂·军事史料卷 [M]. 武汉：武汉出版社，1997.

[5] 罗哲文 . 长城 [M]. 北京：清华大学出版社，2008.

[6] 罗哲文 . 万里长城 [M]. 北京：文物出版社，1980 .

[7] 罗哲文 . 长城 [M]. 北京：北京出版社，1982.

[8] 罗哲文 . 长城百科全书 [M]. 长春：吉林人民出版社，1994.

[9] 华夏子 . 明长城考实 [M]. 北京：档案出版社，1988.

[10] 景爱 . 中国长城史 [M]. 上海：上海人民出版社，2006.

[11] 景爱 . 长城 [M]. 北京：学苑出版社，2008.

[12] 董耀会 . 走近长城 [M]. 北京：外文出版社，2007.

[13] 董耀会 . 瓦合集——长城研究文论 [M]. 北京：方志出版社，2002.

[14] 中国长城遗迹调查报告集 [C]. 北京：文物出版社，1981.

[15] 中国长城学会 . 长城国际学术研讨会论文集 [C]. 长春：吉林人民出版社，1995.

[16] 姚斌 . 大同长城史话 [M]. 太原：山西人民出版社，2005.

[17] 许成 . 宁夏考古史地研究论集 [C]. 银川：宁夏人民出版社，1989.

[18] 王璧文 . 清官式石桥做法 [M]. 北京：中国营造学社，1936.

[19] 罗英 . 中国石桥 [M]. 北京：人民交通出版社，1959.

[20] 孙波，罗哲文 . 中国石桥 [M]. 北京：华艺出版社，1993.

[21] 茅以升 . 中国古桥技术史 [M]. 北京：北京出版社，1986.

[22] 潘谷西 . 中国古代建筑史·第四卷·元明建筑 [M]. 北京：中国建筑工业出版社，1999.

[23] 北京科学出版社 . 中国古代建筑技术史 [M]. 台北：博远出版有限公司，1993.

[24] 刘大可 . 中国古建筑瓦石营法 [M]. 北京：中国建筑工业出版社，1993.

[25] 夏建中 . 土力学 [M]. 北京：中国电力出版社，2009.

[26] 刘东生 . 黄土与环境 [M]. 北京：科学出版社，1985.

[27] 王兰民 . 黄土动力学 [M]. 北京：地震出版社，2003.

[28] 中国文化遗产研究院 . 中国文物保护与修复技术 [M]. 北京：科学出版社，2009.

[29] 黄克忠 . 岩土文物建筑的保护 [M]. 北京：中国建筑工业出版社，1998.

[30] 程素红 . 中国历代兵书集成 [M]. 北京：团结出版社，1999.

[31] 中国兵书集成 [M]. 北京：解放军出版社，1994.

[32] 张驭寰 . 中国城池史 [M]. 天津：百花文艺出版社，2003.

[33] 王兆春 . 中国古代军事工程技术史 [M]. 太原：山西教育出版社，2007.

[34] 施元龙 . 中国筑城史 [M]. 北京：军事谊文出版社，1999.

[35] 王国良 . 中国长城沿革考 [M]. 北京：商务印书馆，1931.

[36] 王毓铨 . 明代的军屯 [M]. 北京：中华书局，1965.

[37] 中国历史地图集编辑组 . 中国历史地图集 [M]. 上海：中华地图学社，1975.

[38] 张维华 . 中国长城建置考 [M]. 北京：中华书局，1979.

[39] 刘金柱 . 万里长城 [M]. 哈尔滨：黑龙江科学技术出版社，1985.

[40] 刘谦 . 明辽东镇长城及防御考 [M]. 北京：文物出版社，1989.

[41] 朱耀廷，郭引强，刘曙光 . 战争与和平的纽带——古代长城 [M]. 大连：辽宁师范大学出版社，1996.

[42] 肖立军 . 明代中后期九边兵制研究 [M]. 长春：吉林人民出版社，2001.

[43] 单霁翔 . 城市化发展与文化遗产保护 [M]. 天津：天津大学出版社，2006.

[44] 李少文 . 图文长城—山西卷 [M]. 北京：中国旅游出版社，2006.

[45] 国学整理社 . 诸子集成 [M]. 北京：中华书局，2006.

[46] 赵海英，魏厚振，胡波，夯土长城的主要病害 [M]// 第二届全国岩土与工程学术大会论文集编辑委员会 . 第二届全国岩土与工程学术大会论文集 . 北京：科学出版社 .

学术论文

[1] 唐景绅 . 明初军屯的发展及其制度的演变 [J]. 兰州大学学报（社会科学版），1982(3)：33–45.

[2] 罗庆康 . 简析阴山长城筑造的特点 [J]. 益阳师专学报，1989(1)：68–72.

[3] 罗哲文 . 关于长城学的几个基本理论问题 [J]. 文物春秋，1990(1)：1–8.

[4] 余同元 . 明代长城文化带的形成与演变 [J]. 烟台大学学报，1990(3)：42–50.

[5] 余同元 . 明太祖北部边防政策与明代北边的形成 [J]. 烟台师范学院学报（哲社版），1991(1)：45–52.

[6] 吴庆洲 . 中国古城防洪的技术措施 [J]. 古建园林技术，1993(2)：8–14.

[7] 高春平 . 论大同在明代北部边防中的地位 [J]. 大同高等专科学校学报（社科版），1994(1)：57–64.

[8] 史念海 . 论西北地区诸长城的分布及其历史军事地理（上篇）[J]. 中国历史地理论丛，1994(2)：1–25.

[9] 史念海 . 论西北地区诸长城的分布及其历史军事地理（下篇）[J]. 中国历史地理论丛书，1994(3)：1–25.

[10] 董耀会 . 长城学的概念、特征及分类 [J]. 文史知识，1995(3)：25–29.

[11] 李三谋 . 明代边防与边垦 [J]. 中国边疆史地研究，1995(4)：20–26.

[12] 范中义 . 明代九边形成的时间 [J]. 大同高等专科学校学报，1995(4)：25–28.

[13] 魏保信 . 明代长城考略 [J]. 文物春秋，1997(2)：54–58.

[14] 孔令铜 . 关于中国长城的战略思考 [J]. 军事历史，1997(3)：23–26.

[15] 鲁杰、李子春 . 长城防卫的哨所——烽火台 [J]. 文物春秋，1998(2)：43–45，49.

[16] 鲁杰 . 唐山境内明长城城墙的建筑规制 [J]. 文物春秋，1998，41(2)：17–22.

[17] 孟昭永 . 明长城敌台建筑形制分类 [J]. 文物春秋，1998，41(2)：26–32.

[18] 晚学，王兴明 . 浅谈明长城墙台的几种类型 [J]. 文物春秋，1998，41(2)：23–25.

[19] 穆远，学君 . 明长城建筑构件 [J]. 文物春秋，1998，41(2)：47–54, 58.

[20] 刘仲华 . 明代嘉隆两朝九边消极的防守策略 [J]. 青海民族学院学报，1999(1)：85–88.

[21] 吕美泉 . 明朝马市研究 [J]. 求是学刊，1999(5)：107–111.

[22] 向燕南 . 明代边防史地撰述的勃兴 [J]. 北京师范大学学报（人文社会科学版），2000(1)：137–143.

[23] 徐新照 . 明代火器文献中的科技成就及其对军事的影响 [J]. 军事历史研究，2000(2)：117–126.

[24] 韩若春 . 烽燧考辩 [J]. 咸阳师范学院学报，2001，16(4)：35–36.

[25] 韦占彬 . 明代“九边”设置时间辨析 [J]. 石家庄学院学报，2002(3)：44–47.

[26] 徐奎 . 明代火器的运用与军事学术的发展 [J]. 军事历史，2002(3)：33–35.

[27] 胡凡 . 论明代蒙古族进入河套与明代北部边防 [J]. 西南师范大学学报（人文社会科学版），2002(3)：120–125.

[28] 师悦菊 . 明代大同镇长城的马市遗迹 [J]. 文物世界，2003(1)：33–37.

[29] 赵海英，李最雄，韩文峰等 . 西北干旱区土遗址的主要病害及成因 [J]. 岩石力学与工程学报，2003.22(增 2)：2875–2880.

[30] 李建丽 . 河北明长城建筑概说 [J]. 文物春秋，2003(5)：39–43.

[31] 张玉石 . 中国古代版筑技术研究 [J]. 中原文物 .2004(2)：59–70.

[32] 韦占彬 . 明代北部边防中火器应用状况及其局限 [J]. 石家庄师范专科学院学报，2004 (2)：54–59.

[33] 郭德政，杨姝影 . 中国北方长城的生态学考察 [J]. 环境保护，2005(1)：46–48，53.

[34] 张玉坤，李严 . 明长城九边重镇防御体系分布图说 [J]. 华中建筑，2005.23(2)：116–119, 153.

[35] 张国勇 . 明代大同镇述略 [J]. 鞍山师范学院学报，2005(3)：27–30.

[36] 吴克贤 . 抚宁境内明长城敌台的建筑形制 [J]. 文物春秋，2005(3)：46–51.

[37] 李伟，俞孔坚 . 世界文化遗产保护的新动向——文化线路 [J]. 城市问题，2005(4)：7–12.

[38] 陶玉坤 . 长城与中国文化地理 [J]. 阴山学刊，2005，18(5)：49–51，70.

[39] 田澍，毛雨辰 .20 世纪 80 年代以来明代西北边镇研究述评 [J] . 西域研究，2005(2)：104–114.

[40] 陈喆，傅岳峰 . 长城保护与周边村落更新 [J]. 建筑学报，2005(7)：21–23.

[41] 单霁翔 . 大型线性文化遗产保护初论：突破与压力 [J]. 南方文物，2006(3)：2–5.

[42] 赵海英，王旭东，李最雄等 .PS 材料模数、浓度对西北干旱区土遗址加固效果的影响 [J]. 岩石力学与工程学报，2006，25(3)：557–562.

[43] 景爱 . 长城调查刍议 [J]. 中国文物科学研究，2006(3)：59–61，73.

[44] 邱仲麟 . 明代烧荒考——兼论其生态影响 [J]. 台大历史学报，2006(38)：25–63.

[45] 刘朴 . 关于长城保护的几点思考 [J]. 中国文物科学研究，2007(1)：59–60，79.

[46] 景爱 . 关于长城本体调查的有关问题 [J]. 中国文物科学研究，2007(1)：54–58.

[47] 邱仲麟 . 明代长城沿线的植木造林 [J]. 南开学报（哲学社会科学版），2007(3)：32–42.

[48] 景爱 . 关于长城附属设施调查的有关问题 [J]. 中国文物科学研究，2007(3)：47–52.

[49] 刘朴，赵克军，王月华 . 长城上的望孔 [J]. 文物春秋，2007(4)：38–43.

[50] 韦占彬 . 明代边防预警机制探略 [J]. 石家庄学院学报，2007(5)：56–60.

[51] 赵海英，汪稔，李最雄等 . 战国秦时期夯土长城加固强度试验研究 [J]. 岩土力学，2007，28 增 (10)：79–84.

[52] 景爱，苗天娥 . 剖析长城夯土版筑的技术方法 [J]. 中国文物科学研究 .2008(2)：51–56.

[53] 邬东璠，杨锐 . 长城保护与利用中的问题和对策研究 [J]. 中国园林，2008(5)：60–64.

[54] 赵海英，李最雄，韩文峰等 . 甘肃境内长城遗址主要病害及保护研究 [J]. 文物保护与考古科学，2009.19(1)：28–32.

[55] 张义丰，谭杰，陈美景，等 . 中国长城保护与利用协调发展的战略构想 [J]. 地理科学进展，2009，28(2)：280–284.

[56] 王杰瑜．明朝“烧荒”对长城沿线生态环境的影响[J]. 绿色广角，2009(7)：64–65.
[57] 张曦沐．明长城居庸关研究[D]. 天津：天津大学，2005.
[58] 尚建丽．传统夯土民居生态建筑材料体系的优化研究[D]. 西安：西安建筑科技大学，2005.
[59] 相睿．明代山西城池建设研究[D]. 南京：东南大学，2009.
[60] 胡凡．河套与明代北部边防研究[D]. 长春：东北师范大学，1998.
[61] 李新峰．明前期兵制研究[D]. 北京：北京大学，1999.
[62] 苗苗．明蓟镇长城沿线关城聚落研究[D]. 天津：天津大学，2004.
[63] 李哲．山西省雁北地区明代军事防御性聚落探析[D]. 天津：天津大学，2005.
[64] 赵现海．明代九边军镇体制研究[D]. 长春：东北师范大学，2005.
[65] 毛雨辰．明代西北边镇边备及其得失研究[D] 兰州：西北师范大学，2005.
[66] 李贞娥．长城山西段沿线明代城堡建筑研究[D]. 北京：清华大学，2005.
[67] 孙建军．明代中期宣大地区军事防务研究[D]. 兰州：西北民族大学，2007.
[68] 胡平平．自然地理环境与长城北京段关系研究[D]. 北京：北京建筑工程学院，2008.
[69] 韩蕾蕾．明代陆地边疆治边方略的论争研究[D]. 重庆：西南大学，2008.

其他

[1] 中华人民共和国水利部.GBT 50145—2007. 土的工程分类标准[S]. 北京：中国计划出版社，2008.
[2] 国家文物局，国家测绘局．长城资源调查工作手册.2007.
[3] 高可．山西省明长城资源田野调查总结会上的讲话[EB/OL].（2008–09–17）http://www.sxcr.gov.cn/news/show.php?itemid=1324.
[4] 一个黄土墩子，明代烽火台搬家记[EB/OL]. http://news.daynews.com.cn/dsxw/899348.html，2010–01–20.

图表说明

本书第一部正文包含插图351幅，表格74个。凡引用其他资料和他人成果之处均于下文注明，未加注者均为本书作者亲自调查、测量、整理、拍摄或绘制，己方照片皆摄于2009年7月，不再赘述。

第一章 历史形制

第二章 地利与防御

第三章 预警通信

第四章 驻军调度

第五章 夯土材料

第六章 夯土构造

第七章 砖石营建

第八章 建造技术

第二部

砖石长城的历史建造及保护：蓟州镇小河口段

引言

近年来，长城保护越来越受到社会各界的重视，新的保护理念、技术措施以及长城的开发利用模式相继提出，如“线性文化遗产保护”“大遗址保护”“遗产廊道”以及“文化路线”等。在保护工作实施方面，继2003年《北京市长城保护管理办法》和2006年《长城保护条例》颁布之后，全国的长城资源调查工作也于2007年4月在全国13个省、市、自治区全面开展，其中，明长城资源调查的田野工作至2008年10月基本结束，长城资源信息系统的建设也在2011年进入用户测试和专家验收阶段。凡此种种，皆表明长城的研究和保护工作已经成为现今中国文化遗产保护领域的重要课题。

明长城作为军事工程设施的修筑目的明确，即阻挡北方游牧骑兵南下对中原富庶地区的侵扰和掠夺，军事功能是其主要价值所在。因此，对于其军事功能运作的深入理解是准确认识长城建造特征、制定合理保护策略的重要前提，否则就会背离其赖以存在的基础，在认识与保护过程中也会造成完整性和真实性的缺失。例如，如果没有认识到长城军事功能运作对于作战视线的要求，就有可能在保护过程中出现盲目进行植被覆盖整治以及在不适当的位置设置遮挡视线的附属构筑物等情况，这些都会造成对文物环境的破坏，使得原本“善意”的保护工作成为“隐形”的破坏活动。本部分的写作即基于军事功能运作的角度，对明长城的历史建造给予探讨，落实于构造做法及地形与选址布局的关系，并结合现状，提出合理有效的保护策略。

一

本部选取的研究对象位于辽宁省葫芦岛市绥中县境内。

绥中县永安堡乡锥子山长城的小河口段。锥子山长城西起绥中县永安堡乡西沟村470无名高地（北纬40° 11′ 13.1″，东经119° 42′ 37.4″），东至边外村河口金牛洞（北纬40° 15′ 10.2″，东经119° 52′ 29.6″），全长22.5公里。其名源于锥子山主峰，此峰是明长城中蓟州镇段和辽东镇段的交接处，从东、西、南三个方向而来的长城呈“丁”字形交会于此，形成“三龙交会”的磅礴气势。而锥子山主峰也正处于小河口段范围内（图0-1）。小河口段全长约7.65km（平面距离），位于辽宁省葫芦岛市绥中县永安堡乡西北及河北、辽宁两省的交界线上，西侧毗邻河北省抚宁县秦皇岛市驻操营镇董家口村。东距绥中县城73.5km，南距九门口长城景区10km，距山海关22km。西面一段西起大毛山东北侧的大毛山口（如今城墙因通往关外的盘山道路而断开形成城墙豁口）处的第1座空心敌台（即1号空心敌台，编号为D1[1]，地理坐标：北纬40° 13′ 7.49"，东经19° 40′ 35.54"），自此，

1 由于条件限制，目前无法获得辽宁省文物部门所采用的编号系统，故所使用的长城城墙、敌台、马面和烽火台编号均为作者自行整理而成，编标顺序按小河口段长城从西往东方向依次命名，例如：长城起始点从大毛山口西面的第一段城墙编号为城墙0–D1段，其东面的第一座空心敌台编号为D1（D为敌台的“敌”的打头大写字母），依此类推，M1、M2、M3代表第1、2、3号马面，F1、F2、F3代表第1、2、3号烽火台。

图 0-1　锥子山长城与小河口段长城

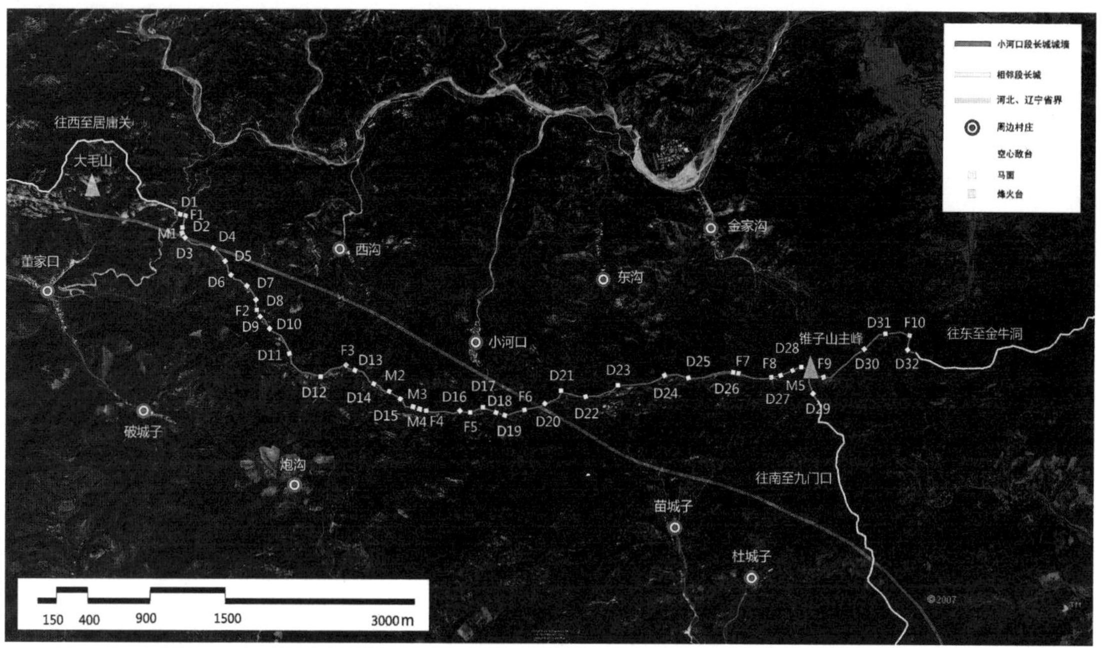

图 0-2　小河口段长城本体平面图

长城沿山脊向东一直延伸到锥子山主峰下的第 28 座空心敌台止（即 28 号空心敌台，编号为 D28，地理坐标：北纬 40° 12′ 22.21″，东经 119° 44′ 11.43″），长度约 6.5km，这段长城属明长城主干线上的一段，由大毛山口向西，依次到达董家口、喜峰口、司马台、古北口，再向西即达北京八达岭、居庸关。南面一段由锥子山主峰往南至第一座空心敌台止（即 29 号空心敌台，编号为 D29，地理坐标：北纬 40° 12′ 15.53″，东经 119° 44′ 16.80″），长度约 0.15km，此处为蓟州镇段长城的垂直转折处，由此继续往南，沿着河北、辽宁省界——燕山余脉山脊线，经无名口、黄土岭、夕阳口、九门口而直达山海关、老龙头。东面一段由锥子山主峰往东至第三座空心敌台止（即 32 号空心敌台，编号为 D32，地理坐标：北纬 40° 12′ 26.92″，东经 119° 44′ 50.69″），此段长城长度约 1km，由此往东经蔓枝草、石匣口，一直延伸到金牛洞（图 0-2）。

二

公元 1368 年，朱元璋领导的农民起义军攻占元大都（今北京），元顺帝北逃草原故地。元王朝虽然被推翻，但仍拥有相当实力的军队以及广阔的领土，西面的陕西、甘肃，东面的辽东都有北元的残部，元顺帝以此为左右两翼，自己在中部调度，伺机南侵，收复失地。虽然明初有过几次比较成功的北伐，但依然无法彻底击溃北元，加之国家新建，明王朝根基未稳，急需缓和社会矛盾、恢复生产来巩固自己的统治地位，在这种内忧外患的紧迫形势下，朱元璋为防御北方异族的侵扰，遵循秦汉做法，构筑规模巨大的“城墙”，开启了明长城修筑的开端。在此后直至明王朝灭亡的 200 多年时间里，从未间断过对长城的增筑与维护，最终形成了贯通东西、绵延数万里的长城防御体系。

为便于长城的修建及指挥调动沿线的兵力，长城沿线地区被划分为九个镇，重兵驻守，总兵官统辖，此即“九边”。明中后期，出于加强京师及十三皇陵防务的考虑，又将“九边”中的蓟镇分为三镇：蓟州镇、昌镇和真保镇，统称为“九边十一镇”。同时，为加强各镇之间的相互配合与协调，防止各镇总兵官拥兵自重，将十一镇分为三大防区，派总都督管理区内的军务，节制总兵官、巡抚等官员。

依照明代十一镇的管辖范围，九门口段长城全属于蓟州镇，小河口段长城以锥子山主峰为界则分属两个镇区：其一是锥子山山峰以西及以南的部分，属于蓟州镇，在蓟州镇 12 路中属石门路之大毛山属下范围；其二是锥子山山峰以东的部分，属于辽东镇，在辽东镇中又属辽西长城范围（图 0–3）。现今则分属两省，虽在行政区划分上属于辽宁省葫芦岛市绥中县永安堡乡，但部分长城段落及关堡又在河北省山海关市抚宁县驻操营镇董家口村。

蓟镇长城建于明初，是拱卫京师和十三皇陵的重要屏障，也是长城九镇中最重要的一镇，所以修筑得格外坚固和雄伟，而且在居庸关一带建有多重城墙。洪武十四年（1381 年），遣大将军徐达领燕

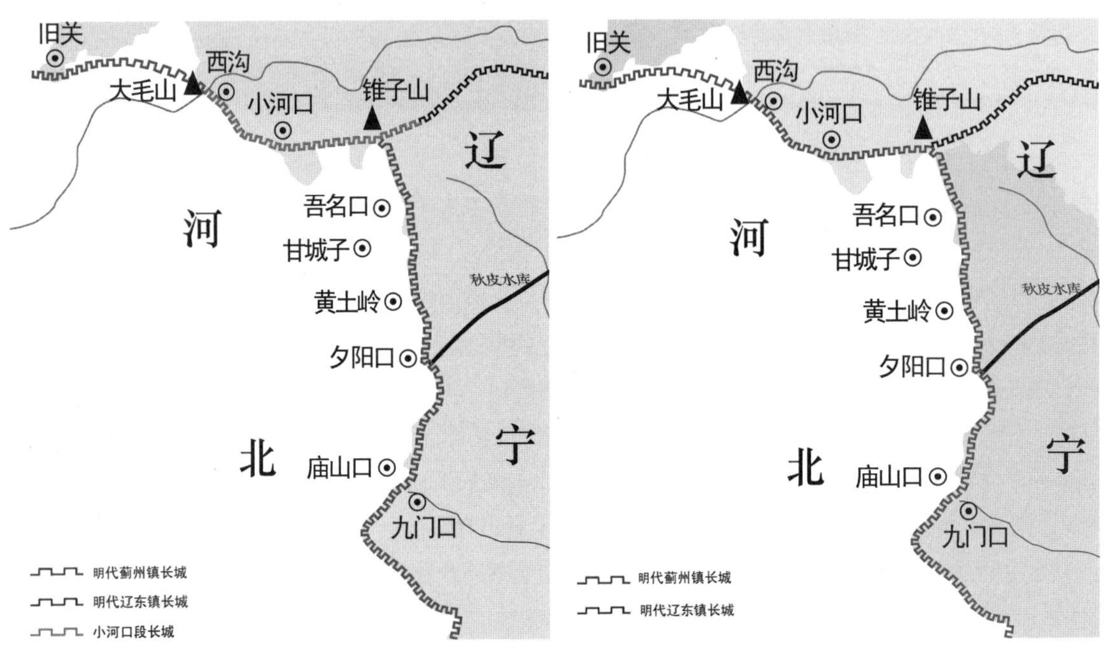

图 0–3　小河口段长城分属蓟州和辽东两镇

山等卫15100名官兵修永宁、界岭等32关[1]。正统十四年（1449年）八月，“土木堡之变”英宗被俘，蓟镇长城受到严重破坏。景帝即位后，下令修复长城，“十一月癸未，修沿边关隘”[2]。英宗复辟后，在天顺间(1457—1464年)多次下令修筑蓟、辽东、宣府、大同四镇的边墙、关堡和台堑。弘治十一年(1498年），巡抚右副都御史洪钟整饬蓟镇边备，增筑塞垣分，从山海关西北至密云古北口、黄花镇直达居庸关，延绵千余里，修缮关堡270座[3]。嘉靖之前（1522年），蓟镇长城虽修数次，但仍过于简单，且为碎石干垒，未能很好地起到防御作用，这从嘉靖十八年（1539年）巡都御史戴金在巡视边防后的上疏中可见：“南边诸山险处亦多，但山外攀援易上，山空水道处所，每年虽修垒二次，皆碎石干砌，遇水则冲，虏过即平。”[4]他提出，在山外可攀援之处应“堑崖凿壁”，人工制险，杜绝敌人攀援而上；在山顶附近地段应“严令禁长树木”“仍补砌山口水道使连亘如城，亦如陕西各边之制，更添墩堡以备防守”[5]。嘉靖三十年（1544年）将蓟镇分成蓟州镇、昌镇和真保镇三镇（表0-1）。

蓟镇长城[6] **表0-1**

所辖镇区	总兵官驻地	管辖范围	全长	分属路名
蓟州镇	三屯营镇	东起山海关，连辽东界，西抵石塘路亓连口，接慕田峪	1765里	分十二路镇守（山海路、石门路、台头路、燕河路、太平路、喜峰口路、松棚路、马兰路、墙子路、曹家路、古北口路、石塘路）
昌镇	昌平镇	东起慕田峪连石塘路蓟州界，西抵居庸关边城，接紫荆关真保镇界	460里	分三路镇守（居庸路、黄花路、横岭路）
真保镇	紫荆关	东起紫荆关沿河口，连昌镇边界，西抵故关鹿路口，接山西平定州界	780里	分紫荆关、倒马关、龙泉关、故关镇守

戚继光就任蓟州镇总兵官后，将全镇改设12路驻守，自东向西分别为山海路、石门路、台头路、燕河路、太平路、喜峰口路、松棚路、马兰路、墙子路、曹家路、古北口路、石塘路。每四路组成一个防区，并由一位副总兵官分管，从而形成东部、中部、西部三个镇内防区。隆庆二年（1568年）年底，戚继光上奏“请建空心台疏”，针对“蓟州镇边垣，延袤二千里，一瑕则百坚皆瑕。比来岁修岁圮，徒费无益”以及“自嘉靖以来，边墙虽修，墩台未建”[7]的现状，提出两点要求：其一“（蓟州镇长城）绵亘二千余里，摆守单薄，请将塞垣稍为加厚，二面皆设垛口，计七八十垛之间，下穿小门，曲突而上”；其二“又于缓者百步冲者五十步，或三十步，即骑墙筑一台……中为疏户以居，上为雉堞，可以用武，虏至即举火出台上，瞰虏方向高下，而皆以兵当埤……”[8]经过三期的建设，至万历元年(1573年）城墙上敌台林立，精坚雄壮，“二千里声势联接”。之后，蓟州镇长城除增筑空心敌台外，没有大规模的修建活动，但边墙工程一直在进行，直至明亡。

1 （清）史梦兰纂，游智开修.中国地方志集成·河北府县志辑·永平府志·关隘（卷四十二）：“洪武十四年（1381年）徐达发燕石等卫屯兵万五千一百人修永宁、界岭等三十二关。”

2 （清）张廷玉.明史·景帝本纪（卷十一）.北京:中华书局，1974：142.

3 （清）史梦兰纂，游智开修.中国地方志集成·河北府县志辑·永平府志·关隘（卷四十二）：2.

4 （清）张廷玉.明史·兵志（卷三）.北京:中华书局，1974：142：104.

5 （清）张廷玉.明史·兵志（卷三）.北京:中华书局，1974：142：104.

6 根据华夏子.明长城考实.北京：中国档案出版社，1988：57整理而成.

7 （明）陈子龙等.明经世文编（卷三四八，戚少保文集三）.北京：中华书局，1962：3749.

8 转引自汪涛.明代大同镇长城与自然地理环境关系研究[D].南京：东南大学，2010：86.

辽东镇则是九镇中最东边的一镇，镇内长城按地理位置和始建年代，由西向东可分为河西段和河东段两部分（表0-2），全线皆为夯土墙、石墙、木柞墙及局部的山险墙和劈山墙，完全没有外包砖墙。辽西段长城始建于永乐间（1403—1424年），据《明宪宗实录》载："自永乐中罢海运后，筑边墙于辽河之内，自广宁东抵开原七百余里。"正统七年（1442年），为防御朵颜三卫及瓦剌贵族的不断侵扰，明廷命右佥都御史王翱督修辽西长城。王翱推荐毕恭为流官指挥佥事，负责修建任务。毕恭"图上方略，开设迤西边堡墙壕，增著烽堠，兵威大振，虏人畏服"。据《明史・王翱列传》载：王翱于正统"七年冬，提督辽东军务。翱乃躬行边，起山海关抵开原，缮城垣，浚沟堑。五里为堡，十里为屯，使烽燧相接""践山因河，编木为墙垣""久之，乃易以版筑，而墩台关堡，稍稍添置"。可见，王翱和毕恭对辽西长城的陆续兴建，使其逐渐完善。又据《开原县志》载："嘉靖二十八年（1549年），巡抚蒋应奎自山海关直抵开原，每五里设台一座，历任巡抚吉澄、王之浩于险要处增设加密，每台上盖更楼一座，黄旗一面，器械俱全，台下有圈，设军夫五名常川瞭望以便趋避。"[1]至万历五年（1577年），无名口至石匣口一段长城废弃，重修锥子山至金牛洞段长城，全长12.18km[2]。

辽东镇长城[3] 表0-2

所辖长城段	始建年代	管辖范围	全长	小段
河西段	永乐年间（1403—1424年）	东起绥中县李家堡乡无名口，西抵开原县威远堡公社镇的镇北关（现南城子水库）	1568里	分七小段：（1）无名口关—毛刺关；（2）毛刺关—魏家岭关；（3）魏家岭关—镇远关；（4）镇远关—三岔关；（5）三岔关—新安关；（6）新安关—清阳关；（7）清阳关—镇北关
河东段	成化五年（1469年）	北起开原县威远堡公社镇的镇北关西侧大台山，西抵丹东市鸭绿江虎山公社的老边墙大队	382里	分五段：（1）镇北关—镇南关；（2）镇南关—抚顺关；（3）抚顺关—鸦鹘关；（4）鸦鹘关—镇朔关；（5）镇朔关—老边墙

三

明长城建筑防御体系根据各组成部分功能的不同，主要分为被动防御体系、主动防御体系、烽传体系和驻兵屯田体系四个部分。

（1）被动防御体系

《说文解字》对"城"的注释为："城，以盛民也。"[4]就是使民众得以居住的意思。又称："墙，垣蔽也。"[5]城以墙垣来阻挡敌人的侵扰，保证城内居民的安全。长城城墙的首要功能就是阻隔内外，所以墙体建在外侧地势陡峭，难以攀爬，内侧相对平缓宽阔，方便左右相互流动救援的地段。若外侧地势平缓或易攀登，则人为地削切山体成悬崖峭壁，达到阻隔敌人的目的。同时，为保证高大墙体的

1　转引自华夏子.明长城考实.北京：中国档案出版社，1988：51.

2　刘谦.明辽东镇长城及防御考.北京：文物出版社，1989：39.

3　根据刘谦.明辽东镇长城及防御考.北京：文物出版社，1989整理而成.

4　（汉）许慎撰，（宋）徐铉校定.说文解字：1124.

5　（汉）许慎撰，（宋）徐铉校定.说文解字：378.

稳定性，将城墙砌筑成上小下大的梯台形，墙身的收分通过带斜面的砖料垒砌而成，以使表面平整光滑，人畜难以攀附。

其次，城墙还具有供士兵驻守和掩蔽的功能。城墙顶部外侧（迎敌面）有垛口与垛墙，垛口处可以瞭望和用武，垛墙可供掩蔽，因此垛口、垛墙的宽度和高度都会直接影响作战时的视野范围以及各个火力点的交叉区域的大小。垛墙上部及下部分别开设望孔与射孔，可监视敌情并随时射击。

再者，考虑到北方游牧民族以骑兵为主，具有机动性强、转动速度快的特点，因此在城墙外侧，还设有壕堑、陷马坑、拦马墙、战墙以及偏坡等防御辅助设施，这些设施都是以滞缓敌骑的进攻速度为目的，为守军赢取宝贵的作战时间以及增强打击强度。

（2）主动防御体系

敌台是跨城墙而建的方形台体，高出城墙数米，台顶建有楼橹（铺房），供巡逻警戒时遮风避雨。敌台分为空心敌台和实心敌台，空心敌台是戚继光就任蓟州镇总兵官期间设计并开始大规模建造的，他在《请建空心台疏》中提到：“（空心敌台）虚中为三层，可住百夫，器械食粮，设备具足，中为疏户以居，上为雉堞，可以用武，虏至即举火出台上，瞰虏方向高下，而皆以兵当埤。”[1]又据《武备志·城志》载：“如今之城且不必矢弹对攻，虽枪筅亦不得直至城下，且不能屈矢斜弹以上我台上之人，故我得以放心肆力敌贼也，谓之敌台。”[2]以上论述都概括出了空心敌台在防御中所起的作用——驻兵、储物及用武，功能上类似于现代的碉堡。而且，靠近城墙墙根区域是火器的作战盲区，当敌人处于城下时，士兵们改用刀、箭、石块等武器，这时利用空心敌台突出城墙的特点，相邻敌台可从侧面包夹来犯之敌，同时又可避免士兵们暴露身躯于墙外的危险。

马面是单侧突出于城墙之外的方形台体，台顶与城墙顶面齐平，台体实心，顶部不设楼橹，突出城墙部分建有雉堞，较空心敌台简单得多，功能与空心敌台相同，但不具备驻兵和储藏物资的作用。

作为防御作战设施的主、被动防御体系均对作战视野范围有严格的要求，在作战区域为保证视野开阔，也使敌人没有遮蔽、躲藏处，要求设施周围不能有树木种植。但在一定距离之外，要求保留适量的树木，以阻挡蒙古骑兵的快速奔袭。

（3）烽传体系

烽传体系是边防守兵以白天燃烟、晚上举火为主要手段来传递军情和报警的情报传递体系，建筑在易于瞭望处的高台——烽火台是烽传系统中的重要组成部分。烽火台往往数个相连，遇有战情，白天举火，夜间明火或击鼓示意，通报军情，台与台之间依次传递，通知各地加强戒备或登城迎敌。据记载，台顶建木板小屋，台内备旗、鼓、弩、柴火、炮石、水缸、干粮、火箭、狼粪、牛羊粪等，每烽六人，五人值班，一人传递文书符牒。

烽火台产生于西周时期，经春秋、战国至汉代，整个烽燧侦查报警系统已发展得较为完备，后代的改进均是建立在汉代基础上的。到了明代，除了放烽、燃烟外，还增添了鸣炮，成化二年（1466年），兵部颁布法令规定各种放烽和鸣炮的数量，来确定来犯敌军的人数规模，这样提高了军情传递的效率和准确性。烽火信号的逐台传递除受天气、时间等自然因素的影响外，烽火台自身高度、台体间距、所处地理位置以及视野开阔程度等因素均会影响到信号传递的速度和准确度。

---

1 （明）陈子龙．明经世文编（卷三四八，戚少保文集三）．北京：中华书局，1962：3749.
2 （明）茅元仪．武备志．北京：北京出版社，2000：1024.

（4）驻兵屯田体系

驻兵屯田体系是各级守边兵官的驻地与边疆后勤保障两者的结合。明代规定边地军队三分戍守，七分屯种。长城防御采用“分地守御”的方式，在各个长城关口、隘口派重兵把守。在关隘附近，地势平坦区域设置关堡，城内屯兵，当有战事时士兵能迅速登城应敌，城内还设有冶炼、制盐、市场、水井以及庙宇等生活配套设施，城里城外均开有田地，军士们的粮饷基本由屯田收入供给。在一些规模较大、军事位置重要的地区，还专门设有囤粮用的关堡。这些屯兵城根据防守区域的军事重要程度以及驻守军官的级别高低，分为镇城、路城、卫城、所城和堡城五个等级，它们既独立防守又协同作战，是长城防御体系不可或缺的组成部分。

关堡大多布置在进出长城内外的关口及沿路交通要道，位于易守难攻、地势较高地段，一旦敌军突破前线防御破墙而入，军士们可以凭借有利的地势，并利用城墙上防御设施，如角楼、马面、城楼、烽火台，阻止和延缓敌人的入侵，待援军一到，合力抗敌。由此可见，关堡距离长城的远近、各座关堡的间距、关堡的选址和布局以及主要表现在风水意向方面的“精神防御”[1]等因素都是与关堡的设立息息相关的。

通过上述四大体系的设置，长城形成点线面结合、有层次有纵深、相互配合协作的一整套完善的防御体系，为防御作战提供了坚实的物质和运作条件。

就小河口段长城而言，其防御体系完善，防御建筑类型多样，具有相当的典型性，概况如下。

①城墙

也称边墙，是长城建筑体系中最主要的组成部分，是集阻挡、驻守及掩蔽等功能于一体的线性防御建筑。其修建以“因地制宜，就地取材”为原则，因此各地段城墙在建筑结构和用材方面各有特点。从砌筑材料来看，有版筑夯土墙、木柞墙、石砌墙、砖砌墙、包砖墙（砖石混砌墙）以及山险墙等类型。

城墙按形制和建筑用料分为上、中、下三等。上等边墙以规整条石为基础，墙身两侧用城砖包砌，墙芯以三合土和碎石填充，上部内外两侧的女墙和雉堞均用城砖，墙顶马道也用砖铺墁，供人马行走，这类城墙既坚固又美观，造价较高，一般多修于重要关隘和要塞位置。中等边墙以带平面的块石为基础，外侧（迎敌面）墙身用城砖包砌，而内侧（背敌面）墙身则用带平面的块石砌筑，并与马道取平，墙芯以三合土和碎石填充，上部的女墙、雉堞和马道也用城砖，尺寸和用料与上等边墙无异。下等边墙墙体较简单，基本就地取材，因陋就简，一般很少用砖，多用块石垒砌而成，多建于高山危险，不易攀援之处，不能通车骑。

另外，这三种等级的边墙都没有固定不变的尺度要求，均根据敌情、地形和作战任务等条件的不同而各异，总的建造特点是，在地势平坦、易守攻击的主要防御地段，墙体修筑较高，墙顶较宽，可容纳较多的士兵灵活作战；在高低不平的山地或有天然屏障的次要防御地段，墙体一般较低、较窄。

小河口段长城的蓟州镇段作为蓟州镇长城的一部分，承担着保卫京师和皇陵的重要防御任务，因此城墙外包砖，内填块石及三合土，属于上、中等边墙类型；而辽东镇部分均以块石、毛石垒筑，属于下等边墙。

②敌台

空心敌台绝大多数骑墙而建，有些独立于城墙内外的，称之为墩台，空心敌台分为上、中、下三

1 苗苗 . 明蓟镇长城沿线关城聚落研究 [D]. 天津：天津大学，2004：51.

部分，下面部分为台基，内部实心；中间部分空心，有的用砖墙和砖筒拱承重，有的用木柱和木楼板承重，四面设箭窗，可供守兵居住及存放粮草、武器辎重；台顶高出城墙马道 4 ~ 5m，中央筑船型小屋，称为楼橹（铺房），供执勤人员遮风避雨、防寒抗冻，也有的台顶为平台，不建楼橹，可燃放烽火；台顶四周建雉堞，垛墙上下开望孔和射孔；上下层之间一般砌有楼梯，方便上下，楼梯顶部建有遮蔽雨水的梯房。长城周边的居民常按空心敌台南面的箭窗数称之为“三眼楼”“四眼楼”“五眼楼”等。蓟州镇长城空心敌台大多是戚继光任总兵官期间创建的，是该镇独有的，这也使蓟州镇长城防御设施在九镇中最为完善。

实心敌台一般紧靠城墙内侧而建，外形与空心敌台无异，但内部实心，不能进人，无箭窗，外部有登临台顶的踏步。

小河口段长城中只有空心敌台，未发现实心敌台。空心敌台均为砖石混砌，施工质量较高，因此保存相对较好，券门处的门框石雕刻精美，只有少数台顶有楼橹（铺房）残存。

③马面

突出于城墙外侧的台子，因上小下大，形似马脸，因而得名，也称墙台。台顶外侧（迎敌面）突出城墙外部分，三面均砌雉堞，台体内侧（背敌面）与城墙齐平。内部实心不能进人，台顶与城墙马道齐平，个别马面顶部建楼橹（铺房），并非定制。马面的功能与敌台相似，台顶的守城士兵可以从侧面射击靠近城墙或准备登城的敌人，但其建筑形式不同于敌台，较敌台简单得多。

马面按砌筑材料分，有石砌和包砖两种。台体形状有长方形、方形、圆形和半圆形多种，但长方形的居多，大小根据地形而各异。有些马面突出于城墙外侧（即迎敌面，以下皆同），有些则突出于城墙内侧（即背敌面，以下皆同），并无定制。圆形墙台以城墙体为对称轴线，分为内外两座半圆形台体。

石砌和包砖马面在小河口段长城中均有留存，且均呈长方形；台顶雉堞均不存，顶部未发现楼橹遗构。

④烽火台

也称烽燧、烽堠、烟墩、狼烟台、狼烟墩等，是一座施放烟火信号的高台，是边防侦查报警、传递军情系统的重要组成部分，多建于长城内外的高山之巅，或城墙转折处，抑或平原地势较高、易于瞭望处。关于烽火台的样式，《太白阴经》卷五《烽燧台篇第四十六》云：明烽燧“下筑羊马城，高下任便，常山三五为准，台高五丈，下阔三丈，上阔一丈”[1]。有的烽火台形制与敌台基本相同，下部为石基础，有门，上部砌砖墙身，中空，四周开箭窗，台内有楼梯，台顶可举火、燃烟。

烽火台也有石砌和包砖两类，其原因可能是，石砌烽火台较包砖烽火台要简单很多，一方面军事防御上不需要这么多“豪华”的烽火台；另一方面也为修建工程节省了人力和财力。烽火台的形状有长方形和正方形，圆形较少见，尺寸因地形而各异。

烽火台依据设置特点分为四种类型：“沿边墩台”——紧靠城墙两侧；“腹外接火墩”——向城墙外侧延伸；“腹里接火墩”——向内地州府城延伸；“夹道墩台”——沿交通线排列。

小河口段长城的烽火台均为石砌，形状有长方形、方形和圆形三种，且均跨城墙而建，高度在 3 ~ 4m，下宽 4 ~ 5m，上宽 3 ~ 4m，未如文献记载的高大，台顶无任何建筑部件留存，抹缝用的石灰已留存不多，石料散落各处，坍塌、损毁情况较严重。

1　转引自汪涛．明代大同镇长城与自然地理环境关系研究 [D]. 南京：东南大学，2010：86.

⑤关堡

关堡按等级依次分为卫城、千户所城和堡城，按军事任务和兵制要求分布在长城内侧，也有设于墙外的。卫城周长6 ~ 9里，千户所城周长4 ~ 5里。堡城也称边堡，城周1 ~ 3里[1]，间距在10里左右，建1 ~ 2座砖砌城门，城门上建城楼，城门间用砖石城墙连接成封闭的城池。通过在城墙外侧及转角设置马面和角楼，城门外设瓮城等方法，来加强关堡的防御能力；城内有驻军的营房、校场、寺庙、作坊等建筑物；堡城距长城城墙一般不超过10里，以便遇警时能迅速组织人员登城防御。

小河口段长城所在的蓟州镇石门路之大毛山属下共有9座关堡，辽东镇辽西长城部分因研究对象长度较短（平面距离约1公里），所辖的关堡仅铁厂堡城和永安堡城2座。

⑥陷马坑、拦马墙

由于年代久远且长期处于自然保存状态，陷马坑和拦马墙等城墙周边附属防御设施或被填埋或被密林覆盖，在小河口段长城的实地调研过程中，尚未发现一处遗址，需待日后考古工作取得进展再予以补充。

四

从现状遗存来看，小河口段长城主要由城墙、空心敌台、马面、烽火台以及长城沿线的关堡五部分构成，采用石砌和包砖（砖石混合）两种材料构成形式，不同的材料组成有不同的构造方式和形式。

（1）石砌——符合材料力学原理

石砌墙体全部由不规则块石垒砌而成，其构造方式为：外侧用较大的、带平面的块石逐层垒筑，平面一律朝外，保持外墙面的平整；因石缝大小选用不同材料填塞，若石缝较大，先用小块石或碎石填缝，再用石灰抹平，若石缝较细，则直接用石灰填抹；为保持墙体的稳定性，采用石料逐层内退的方式形成墙体收分，同时考虑到外墙面要求平整，使之不易攀爬，因而收分较小，收分比例一般在1/10 ~ 1/12；同时还通过越往上层块石尺寸越小以及转角石料选用尺寸较大且较规则的方法增强其坚固和稳定性；墙芯内用小块石、碎石及三合土混合物填充，采用较小的块石及碎石有利于分散墙芯堆积材料的侧推力。

小河口段长城中，混合墙（部分包砖，部分石砌）、部分马面以及全部的烽火台均采用石砌。石砌墙体由于自身材料以及构造方式的特殊性，使得其更易受自然、人为因素的影响，坚固性较差，残损、坍塌并消失的情况比较严重，现状保存情况较差。正因为上述原因，明代在修筑长城时开始大规模在原有石砌墙体外侧包砌砖墙，以加强长城的防御能力。

（2）包砖——标准化下的多样性

后筑包砖墙体如何与先前的石砌墙体相互结合成一个稳固的整体，即砖墙与石墙如何衔接，这是包砖墙体的重要构造，它也决定着砖墙面砖料的砌法。经研究发现，其构造做法如下：先将石砌墙面敲凿成凹凸不平，形成若干孔洞，将长砖水平插入到石洞内，即丁面（短边）朝外，用此种方法外层再置一层长砖，加强条砖的悬挑能力，这样条砖“生根”于石墙上，然后在条砖端头上砌筑一皮长砖，其方向与悬挑砖相垂直，即顺面（长边）朝外。通过此种构造方式，砖墙牢固附着于原有石砌墙体上，

1　苗苗 . 明蓟镇长城沿线关城聚落研究 [D]. 天津：天津大学，2004：11.

并且随之产生砖墙面一顺一丁式砖砌法的外观形式，这就是为什么所有包砖墙都统一采用一顺一丁式砌法的根本原因。

小河口段长城中，混合墙（部分包砖，部分石砌）、部分马面以及全部的空心敌台均采用包砖。外包砖墙能有效增强原有墙体抗风雪冻融等自然因素的破坏的能力，所以包砖墙体保存相对较好，但由于长年累月的自然侵蚀和人为破坏，年久失修，部分砖料剥落、开裂、坍塌，基础松动、沉降等情况严重。

另外，长城的修筑是一项巨大的工程，在军事压力下，其修建势必不仅要满足在一段较短时间可大规模建造的要求，而且还要满足不同地形条件下的不同具体要求，所以采用“标准化构件”“统一性做法”等大体建造原则控制，再结合具体条件进行适当调整与变形以适应地域性的方法是一种较理想且可行的优化方法。也正因为这一点，造就了长城体现出的建筑材料和构造形式的统一性以及多样性。如在小河口段长城各构成元素中，凡基础部分均用石料，如长城城墙、空心敌台、马面、关堡（包括城墙、角楼、城门）；凡外包砖墙且砌筑高度较高的构件均采用一顺一丁式砖砌法，墙厚在0.60m左右，如城墙和空心敌台墙身，楼橹墙体；凡用砖砌筑且高度不高的构件，如雉堞（城墙雉堞和空心敌台雉堞），采用条砖顺面朝外、双砖并排砌筑的方式，其稳定性较一顺一丁式差；而基础石料选用规则或不规则石材，石质基础、砖砌墙身的高度与宽度之间的比例，垛口砖采用平直型还是抹角型，望/射孔的构造形式等则都根据工匠们依据现场情况，凭借个体自身工程经验、主观意愿、审美情趣的不同而呈现出丰富、多样性的特点。

（3）混合式（部分石砌，部分包砖）——灵活适应地形

石砌墙与包砖墙之间的转换通常位于地形变化处，即在地势平缓且基地面积充足的地段，采用尺度大、雄伟坚固的包砖墙，而在山脊线上且基地面积不充裕的地段，则视基地情况砌筑尺度灵活、无固定规制的石砌墙，并且两种不同材料的城墙外表面几乎齐平，直接相触交接，交接线平直清晰。

由于城墙、空心敌台和马面、烽火台及关堡在长城防御体系中军事功能的差异，其选址和布局的特征也不尽相同。

①城墙——巧妙利用地形

城墙是长城防御体系中的主要组成部分，起到将沿线设施有机地联系起来，达到在空间上阻隔敌人的作用，还兼有巡逻、瞭望及用武的功能，其选址和局部多沿着山顶内外坡度转折线布置，而且还巧妙利用有利地形，如在易受敌人袭击的地势平缓处的山谷内侧（南面），利用四面围合式的天然山体，加强防御能力，类似于内地州府城门处的瓮城。

②空心敌台和马面——结合地形和作战需要灵活布置

空心敌台和马面是长城重要的防御设施，从保证全面的防御范围出发，其选址和布局特征主要有以下四点：

一是在地势较低地段，布置密集，地势较高地段，则疏松一些。

二是布置在山顶且靠近与外侧山坡的坡度转折线上或者在海拔高且外侧坡度陡的地段，若两者不能兼具，则必定具备其中一项条件。

三是在视域范围方面，在本段落内基本可以互视，部分由于山体遮挡而看不到的构筑物，能看到其相邻一侧或两侧的台体，以保证必要时能联系；在地势高差较大的地段，靠近两者分界处，在地势较低的一侧由于山体的遮挡，视线只能朝向一侧的情况下，在地势较高一侧布置构筑物，起到统领和联系两侧的作用。

四是在武器射程方面，相对来说在地势较低地段，中程武器的使用效果最佳，在地势较高地段，则使用远程武器效果较好；但也有例外情况，视具体地形情况而各异。

③烽火台——上下兼顾，全面预警和传递信息

烽火台是长城防御体系中预警和传递信息的设施，从保证视野的范围和连续性出发，其选址和布局特征主要有以下两点：

一是烽火台多沿山脊线布置，但并非位于山峰顶部，而是在制高点附近，在保持与两侧烽火台取得视觉上联系的同时，又兼顾到警戒地势较低处的作用，预警效果较为全面。

二是由于山体走向的缘故，某些地段上的烽火台不仅可以与邻近的烽火台互视，还可以跨越数个烽火台而直接与远处的烽火台取得联系，这样可以增大信息传递的覆盖面，保证传递的可靠性和及时性。

④关堡——军事防御与生活舒适、便利的综合考虑

关堡是长城防御体系中用于驻兵和屯田的军事据点，关堡在具体的选址上，主要从军事防御和生活便利两方面来考虑，关堡枕山面水并处于山坡高处，利用地形优势来加强防御能力，同时取得良好的生活环境。但由于小河口段长城沿线现存关堡数量非常有限，仅以现有资料并不能总结归纳出沿线关堡的选址和布局特征。

五

九门口长城在地理分布上呈南北走向，其布局包括长城墙体（含马面、敌楼、敌台、过河城桥）、一片石关城以及墙体两侧的烽火台、哨楼、营盘、拦马沟（壕堑）、拦马墙等，从南起的老牛山往北共计有 8 座敌楼（注：为便于识别，将之从南往北依次标注为 1 号敌楼，2 号敌楼……8 号敌楼），在城桥的两端有两座边台，桥身筑有 8 个梭形桥墩，其城桥外侧两边增筑两座围城，这些建筑结构，形成一个进可攻、退可守、纵深数里的完整的军事防御体系。

现存九门口段长城墙体全长 1980m，宽 4.8m，高 4.5m，墙体收分 11%，占地面积约 10000m^2。墙体为三合土筑，土质坚致，夯打结实，夯土中含有石块，墙体内外两侧均用砖石包砌，基部为条石，上部砌砖。

（1）过河城桥

现存过河城桥为20世纪80年代在考古发掘的基础上修复而成。现有桥身保存完好，包括2个边台、8 个桥墩、2 个围城和大片河床铺石等几部分。据 1989 年九门口考古发掘报告载：

边台，在城桥两端各一座，连接长城墙体。两座边台形制、结构相同，平面近方形，南北长 14.50m，东西宽 13.20m。台为三合土夯筑，两边台桥洞面券口以下全为条石包砌，其余各面下为条石基础，上部墙面砌砖。两座边台分别与长城墙体相接。南面边台高 8.57m，北面边台高 8.72m，是两台因所处地势高低不同所致。

桥墩，在两边台之间，共 8 个，俱在 1 条中轴线上。桥墩平面呈梭形，只 1 号（由南面算起）桥墩为平尾梭形（卡形）。现 2 号桥墩保存最完整，1 号桥墩存地上 2.50m，其余 6 座桥墩均在地表下面。1 号桥墩为三合土夯筑，外砌条石，平面前尖后平，长 17.10m，其上游分水尖水平长 4.15m，宽 6.83m。2 号桥墩为白灰、石块筑成，十分坚固，至今保存仍较完整。外面券口以下均包砌条石。全长

23.10m，宽 6.83m，高 8.57m。桥墩两侧拱券仍部分存在，可以清楚了解到城桥拱券的结构。两桥墩后部均有退台，1 号桥墩每侧均退 0.16m，2 号桥墩每侧均退 0.20m。其余几座墩保存较差，均在地表下，其地上结构当与前两个桥墩相同。城桥券洞中部发现有门枢石，其上石壁上并有门杠孔。在中间券洞下的桥墩外部砌石，发现有上下竖直凹槽。由此可知，在券洞中不仅有门扇，可以启闭，并有门闸以控制河水。通过发掘，测出两侧边台间距离为 103.36m，中有 8 个桥墩、9 个水门。1 号桥墩宽 6.38m，2 号桥墩宽 6.83m，8 号桥墩宽 6.46m；经计算，8 个桥墩平均宽为 6.46m。1 号水门宽 5.50m，2 号水门宽 5.40m，9 号水门宽 5.75m；经计算，9 个水门平均宽为 5.74m。根据 2 号桥墩保存的高度 (8.75m) 以及拱券遗存，拱座高 4.05m，则拱座至拱顶高度为 4.52m，拱跨度 6.10m，拱座至拱顶的实际高度为 4.55m，但它大于实测的拱座至拱顶的高度，可知原城桥是略具椭圆形的拱券。

围城，两座，在城桥南北两边台外侧，呈长方形。系借边台接筑，有南、北、东三面墙壁。南北长 16m，东西宽 11.40m，墙厚 4.40 ~ 4.50m。围城内形成一个方形“天井”，长宽均为 7m。在南北两壁上，各有 2 个炮位，东西各有 3 个炮位；炮位为船篷式拱券，外面留有扇形射孔。其中北围城南面墙壁 (即 9 号券洞) 被河水冲毁，又经一次修筑，在这面围城壁上，没有再接原来两个炮位加以修复，而建成一堵没有炮孔的墙壁，并将东西墙壁上的北侧炮位砌实，堵实南边的一个炮位，形成东壁只存 2 个炮位。加筑围城，增加了防御能力，特别是加设火炮，这是一种新措施，在万里长城线上，是非常少见的一处，亦增加了 9 门口长城的独特之处。

河床铺石，即在城桥桥墩四周及上下游九江河河床上的大面积铺石。九江河在九门口城桥附近宽 103.36m，铺石即在此范围内，以桥墩为中心，上下游长 70m，铺石面积达 7000 余平方米。铺石为打制规整的条石，纵行铺别，互相错缝；石条间有铸制的银锭式铁扣连接，使其连成一体，铺砌坚固。铁扣主要在桥墩周围和上下游铺石边缘部位，这是为防止河水冲毁桥墩而设。九江河经近年调查发现，系砂质河床，水利部门钻探得知沙层南部厚约 5m，北部 7m 余，平均沙层厚 6m。因此，城桥下地质情况颇不利于建桥，尤其洪水期间，水流量大，桥墩阻水，形成旋流，易将河床沙层淘去，致使桥墩损坏倒塌。为防止这种情况发生，即在河床桥墩周围铺砌石条，以保护沙质河床，从而达到保护城桥安全的目的。这种铺石结构很坚固，即在表层铺石下面仍用石块铺砌，其下铺敷黄土。同时纵横成行打入柞木椿，现存柞木椿长 3.05m，直径 10 余厘米。在上游铺石边缘另砌一道块石，缝隙填以白灰，而打柞木椿较密集。这些铺石面积庞大，他处少见。

（2）哨楼及烽火台

长城东侧现有两座烽火台遗址，在 7 号敌楼之东 100m 的山岗上，一为方形，一为圆形，均为石砌基础，外部残存围墙基石。

现存保存较好的哨楼有两座。其一位于 8 号敌楼东侧的高山顶部，由于此楼位置较高，向南可见渤海，故名“望海楼”。其外侧四周筑有围墙。其二在“望海楼”西南侧半山腰的低平山岗上，结构与其相同，但周围无围墙，此楼称为“英武楼”，是一片石关外的重要防御设施。

（3）点将台

点将台又称子母台，位于九门口长城西侧，九江河南岸，为一圆形高台旁傍一较小的圆弧形砖墙。台高约 10m，台壁材料为下石上砖，台顶植一古松，亭亭如盖。其具体用途尚不清楚。

（4）一片石关城

一片石关城位于九门口长城西侧，九江河北岸，平面呈长方形，东墙借用长城墙壁，其余南、北、西三面筑城墙。城南北长185m，东西宽135m，墙体外部墙基为条石，上部砌砖，墙体内侧为三合土夯实，上有垛口和女墙。墙体顶部为三合土封顶，上砌砖至海墁，城墙收分在10%～14%。东西城墙中部辟有城门，东门为边城关，西门门额上刻“京东首关”四字，南墙中间有一拱券式小便门，下临九江河，是一座水门。在关城西南角，向西接筑一道城墙，延伸317m，回绕北山，复转向东，与8号敌楼北面山上长城相接，使之在关城西、北两面形成一座外城，墙体全部为石块砌筑，其西部辟有一门。

（5）其他附属建筑

拦马沟，其一位于5～6号敌楼东侧南山脚下，北至九江河；其二位于1～2号敌楼东侧平地上，沟较宽，直抵长城北侧山根处。

拦马墙，位于1～2号敌楼东侧平地上，用石块砌筑，墙体陡直。其作用是加强长城关外侧的防御能力。

长城作为大型线性文化遗产，因其线性的空间特征——广泛而狭长的空间分布、跨越若干行政区，以及综合性的组成要素——包含单体建筑、建筑群、历史遗迹、历史景观和文化景观，使得长城的保护不仅是一个纯粹的学术问题，更是一个综合的社会问题，所以长城保护应当从社会和技术两个层面入手，社会层面主要是创造有利于长城保护的外部环境，其手段主要有两方面，一是严格贯彻执行长城保护条例，建立完善的管理体系，确保各个职能部门之间协调管理；二是进行长城资源调查，收集长城基础资料并对其展开研究，形成对长城军事防御体系更全面完整的认识。

在技术层面上应当发展多层次的保护模式，主要包括两个方面：一是保护长城本体及其相关附属设施；二是保护长城周边的自然环境及人工环境。

长城本体的存在是长城保护的基础，针对长城本体不同的损坏程度和病害特征，将保护措施分成三个层级，分别为日常维护、现状修整、重点修复。这三个层级并非并列的关系，不同层级针对着不同的损坏类型及保护目标。

在保护本体的基础上，还要加强对周边环境的保护。自然环境是长城存在的客观基础，对周边自然环境的破坏，势必会影响到长城军事功能的发挥，因此，通过沿线植被的修复与整治、地表水体的保护等手段进行生态调整。周边人工环境是长城移民戍边文化的物质载体，是长城文化的延续和发展，通过对周边村落及其历史建筑物的定期安全检查、局部修复复原、抢修加固以及严格控制村落整体风貌等手段，延续长城的整体历史风貌。对周边环境的整治和保护是长城保护和发展的基础。

“保护第一，永续利用”是长城保护的重要原则。保护并非一切保持原始状态，事实上，合理、适度、正确的开发，不但是在彰显和强化长城遗址自身的美，弥补自然之不足，更能为长城提供持久保护的资金支持，提高长城的经济效益和社会效益，这对于长城保护的资金和人员不足，及处于偏远、经济欠发达地区的现状，无疑是具有现实意义的。

此外，针对具体现状，如对外交通通畅度，路面质量，现有村庄的旅游开发程度及整体历史风貌，现有市政基础、旅游配套服务设施情况等方面，本着长城保护与利用和谐发展的原则，皆提出若干展示利用规划建议。值得注意的是，无论在保护规划制定阶段还是在规划实施阶段都应从长城的保护与利用这个整体出发，做好与其他段长城，特别是相邻段的协调工作。

第一章 长城城墙的构造

长城城墙又称边墙，集阻挡、驻守、作战、掩蔽等功能于一体，是长城防御系统中的主体。城墙的建筑材料、结构形式及砌筑方法不仅随时代演变存在较大的差异，即使是同一时代也因所处地区的地理环境、技术条件及军事上重要程度的不同而各具特色。

第一节 墙体

小河口段长城城墙按砌筑材料分主要有石砌墙、包砖墙及混合墙三种类型。此外，还有一种借助天然的险峻地势，从简修筑的山险墙。选用不同种类甚至不同尺寸的建筑材料，其构筑的方式就会不同，随之产生的构造形式也各异。混合墙和山险墙在材料和构造做法上都从属于石砌墙和包砖墙，故有关墙体构造特点的观察主要着重于石砌墙和包砖墙。

一、石砌墙

石砌墙由单一材料构成，且墙身和基础之间没有明显的区别。顶面为马道，供人马在城墙上通行；马道外侧（迎敌面，以下皆同）高出马道地墁的挡墙称为雉堞，是对敌作战的主要设施；马道内侧（背敌面，以下皆同）高出马道地墁且高度低于雉堞的矮墙称为女墙，起护栏作用，以防人员掉落（图 1–1）。

此类城墙采用块石垒筑方式，做法简单粗糙，坚固性较差，属下等边墙，现状遗址中马道地墁、女墙基本损坏不存，雉堞坍塌严重，仅残存极少一部分。石砌墙为简易城墙形式，多位于山势高峻、陡峭，易守难攻的山险地段。墙体尺度随地形不同而各异，一般底宽 3 ~ 6m，顶宽 1.50 ~ 3m，原始高度已无法考证，残高在 0.50 ~ 3m 不等，个别地段残高 3 ~ 4.50m（不包括雉堞或女墙高度），墙体收分较小，在 1/10 ~ 1/12。

墙体的各个组成构件均由不规则赭红色粗粒花岗岩垒筑而成，按石料大小来分，有大块石、小块石、片石及碎石四类。大块石尺寸一般在 0.20 ~ 0.50m，用于外墙体；小块石尺寸一般在 0.05 ~ 0.20m，用于填充墙芯和大块石料间的缝隙；片石宽度及厚度尺寸不一，用于城墙马道地墁的铺设；碎石尺寸在 0.05m 以下，用于墙芯和小块石料间缝隙的填塞。白石灰既用作黏结材料，也用作填缝、抹平等填充材料。

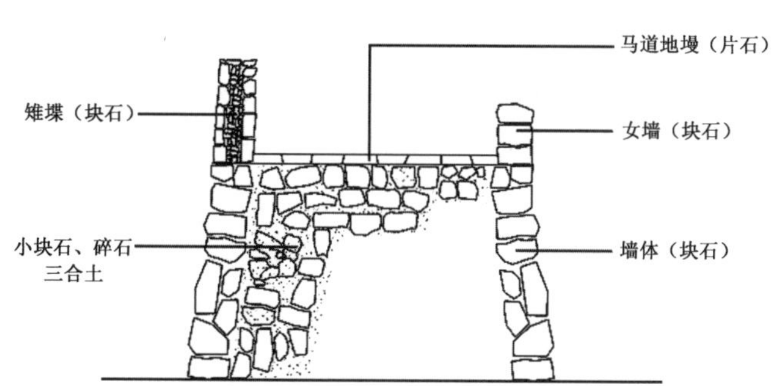

图 1–1 石砌城墙剖面

石砌墙两侧外层墙面选用带有平面的大块石，平面朝外，由下往上逐层垒砌，下层块石较上层大；石料间

照片 1-1　石砌城墙外墙面

照片 1-2　石砌城墙马道地墁

照片 1-3　石砌城墙雉堞照片

较大的缝隙，先用小块石、碎石填塞，再用白石灰填缝并平整表面，较小的缝隙则直接用白石灰填缝，形成“虎皮墙”样式；调研发现外层墙面厚度一般在 0.45 ~ 0.60m；墙芯用小块石、碎石并裹三合土（土、石灰、沙的混合物）填充并夯实。用小块石和碎石作为墙芯填充材料，使石料间的作用力分散，减小对外层墙面的侧推力，加强墙体稳定性（照片 1-1）。墙体因采用未加工或粗加工的不规则块石，因此墙体的收分采用石料逐层内退的方式，又为了保证外墙面的平整，收分较小。

墙顶马道地墁用片石铺墁，平面朝上平铺一层，用石灰黏结并抹缝。由于材料自身及其构筑方式的缘故，再加上雨水、冰水的连年冲刷，以及人为等综合因素的影响，马道地墁坍塌不存情况较严重，无法进一步研究其构造（照片 1-2）。

墙体上的女墙已无存，雉堞也仅存局部。从现状遗址看，雉堞的构造方式与墙体一致——外侧用大块石垒筑，墙芯用小块石、碎石及三合土填充，雉堞残存厚度为 0.50 ~ 0.60m（照片 1-3）。

二、包砖墙

随着明代制砖技术的成熟，砖料大量应用于州府、边防城墙等军事防御工程中，大大提高了墙体的防御性能和耐久性能。长城的包砖墙是在早期石砌墙的基础上，或一侧或双侧外包城砖而成，比石砌墙要更高大、更雄壮。经调查发现，小河口段长城的包砖墙均是双侧包砖，从外观上看，由下往上主要分为基础、墙身以及墙顶的雉堞 / 女墙三个部分，雉堞 / 女墙与墙身之间以压线石分隔（图 1-2）。

此类城墙墙面平整，施工质量较好，既坚固又美观，是各类长城城墙中规格最高的，属上、中等边墙，主要集中在京师附近的蓟州镇。一般建在地势平缓、易攻难守之地和重要关隘、关口附近。一般底宽 6 ~ 8m，顶宽 4 ~ 6m（马道净距离，不包括两侧的女墙和雉堞厚度），高度根据地形不同而各异，一般在 4 ~ 7m（不包括雉堞或女墙高度），墙体收分比例在 1/7 ~ 1/9。

墙体内外两侧基础部分用精加工的规则赭红色粗粒花岗岩条石或不规则的大块石垒砌。其上用条砖砌筑成墙身，砖墙身高度依据基础高度的不同而不同，但在各段包砖墙中，石质基础和砖砌墙身的总高度相差不大。墙身顶面的马道地墁、外侧的雉堞和内侧的女墙一如石砌墙，但均用砖砌筑。马道地墁在山势陡峭段砌成砖台阶，方便通行与作战；地墁上每隔一段距离设置一道垂直于墙身的“U”形砖质流水槽，将雨水集中，并通过女墙底部的排水孔，经突出女墙外的吐水石槽排出墙外，以保护墙芯。雉堞分为垛下墙、垛口以及垛口间的垛墙三部分，垛下墙和垛墙分别开设射孔与望孔，垛口顶面置垛口基石，有的用石料，有的用砖料。墙身与雉堞、女墙之间以突出墙面的压线石分隔，压线石有的用条石，有的用砖砌（照片 1-4，照片 1-5）。垛墙及女墙顶部用横截面为三角形的垛顶砖盖缝，以防雨水渗入。开设在城墙内侧的券里门，方便守城士兵上下城墙。位于空心敌台外侧的战墙，是一面呈三面围合形的砖砌墙体，墙体上开设若干射孔的战墙，用以加强城墙底部的防御。

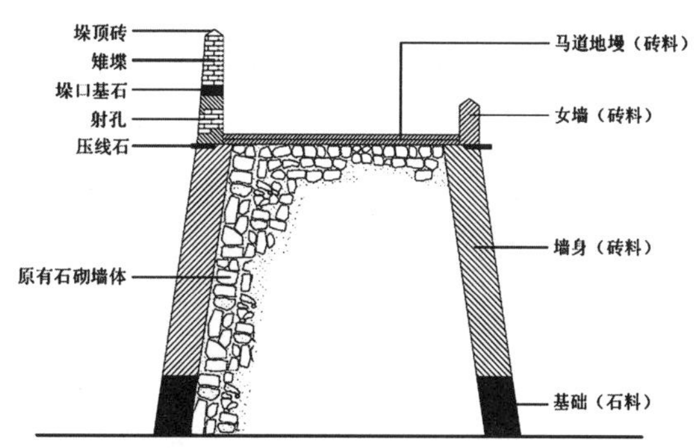

图 1-2　包砖城墙剖面

照片 1-4　条石压线石

照片 1-5　砖砌压线石

修筑所用的砖料与石料，皆出自附近的各个采石场和窑厂，故材料成分配比及尺寸略有差别，大致为：石料分规则条石和不规则块石两种。条石有赭红色、灰白色和白色三种颜色，前两者为本地产的花岗岩，后者岩性未知；砖料分条砖和方砖两种，泥质，青灰色，正面光滑、反面粗糙。条砖尺寸一般为 380mm × 180mm × 80mm；方砖尺寸一般为 380mm × 380mm × 80mm。为形成墙体的收分，砖料均加工成趄面砖 [1] 和趄条砖 [2]。白石灰既用作黏结材料，也用作填缝、抹平等填充材料。

包砖墙基础分条石基础和块石基础两种。条石基础石料经过细加工，外形规整平直。其构造做法为：先在地面上刨槽并夯实，平铺一层条石作为找平层，再在其上逐层错缝垒筑若干层条石，两侧外层均用单层条石作为围护，厚约 0.40m；内部为原有的石砌墙体——用小块石、碎石及三合土混合垒筑而成；

1　指侧面有收分的砖。转引自刘书芳.《营造法式》内“砖作”技术初探.河南城建学院学报，2009（2）：76.
2　指丁面有收分的砖。转引自刘书芳.《营造法式》内“砖作”技术初探.河南城建学院学报，2009（2）：76.

照片 1-6　底层条石突出

照片 1-9　双层地墁砖

照片 1-11　三层地墁砖

照片 1-7　条石基础呈阶梯状

照片 1-8　砖墙身砌法（一顺一丁）

照片 1-10　地墁面砖

照片 1-12　马道台阶

底层条石较上层突出 0.08 ~ 0.10m（照片 1-6），石料间用石灰黏结，石缝平直严密，无需石灰抹缝，因而外观见不到白石灰；基础的高度因地形坡度而不同，一般在坡度平缓处，高度在 4 ~ 5 皮条石，约 1.40 ~ 1.75m；而在坡度陡峭处，高度则在 2 ~ 3 皮条石，约 0.70 ~ 1m，且依山就势地呈阶梯状垒筑（照片 1-7）。块石基础的构造与石砌墙的墙体构造一致，此不赘述。

墙身在石质基础面找平后，再在其上用条砖错缝垒砌数层，高度根据地形情况而不同，一般在地势较高处较低，为 4 ~ 6m 不等，山谷、山凹处较高，一般为 6 ~ 8m 不等；砌砖方法统一采用一顺一丁式（亦称梅花丁），即每皮砖中，丁边（短边）与顺边（长边）相隔，上皮丁边坐中于下皮顺边，上下皮砖间竖缝相互错开 1/4 砖长（照片 1-8）；以石灰作为黏结材料，砖墙厚度为 0.06m 左右，砖料间尺寸不足部分用碎砖及石灰填补。

砖砌墙身的收分直接由砖面的收分而成，采用带斜面的砖料（即趄面砖和趄条砖），而不是采用砖料逐层内收的做法，因此墙身比较平整。

墙身在墙芯材料找平后，错缝铺设两层地墁砖（普通的条砖和方砖），底层用条砖，面层用方砖，以石灰为黏结材料，条、方砖铺设方向均无定制，有的与两侧的雉堞及女墙相垂直，有的则倾斜呈一定角度（照片 1-9，照片 1-10）；在城墙 D9—D10 地势平缓段，发现三层地墁砖平铺，三层砖料均为条砖，底层长边方向与城墙走向垂直，中层则与城墙走向相一致，面层与底层一致（照片 1-11），这在已发现的马道地墁构造中尚属孤例。

照片 1–13　砖雉堞砌法

照片 1–14　双砖并排实砌

照片 1–15　阶梯形雉堞

马道地墁的形式因地势坡度而各异，主要有两种形式：一种是在地势平缓或坡度不大的地段，采用上述用砖平铺的形式；另一种是在坡度较大地段，采用砖砌台阶的形式，台阶依据地形坡度以 2 ~ 3 皮条砖，顺边（长边）朝外错缝实砌，接近端部尺寸不足处，用碎砖料补齐，每阶踏步高 0.18 ~ 0.30m，踏面宽 0.20m 左右（照片 1–12）。

城墙内外两侧砖墙身与顶部雉堞及女墙之间用一皮压线石分隔。压线石有石质和砖质两种，砖质压线石统一采用一皮条砖顺边（长边）朝外的砌法；石质压线石宜采用一皮条石平砌，每块条石长度不等。

雉堞高度一般在 15 皮砖左右，约 1.50 ~ 1.60m，残存最高为 18 皮砖（不包括顶部的一层三角形垛顶砖），高约 1.90m，雉堞采用统一砌筑方法：条砖顺边（长边）朝外，双砖并排错缝实砌（照片 1–13，照片 1–14），与墙身砌法不一致，以石灰为黏结材料，墙厚 0.40m 左右。

小河口段长城中，同样处于地形较陡峭段的城墙雉堞有两种外观形式，其砌筑方法完全一样，不同处就在于条砖如何放置来应对山体坡度问题：一种是条砖水平垒筑，将雉堞分段砌筑成阶梯状，雉堞逐层逐层地上升或下降来顺应因地形的变化而产生墙体高低起伏（照片 1–15）；另一种是条砖顺着地形坡度呈倾斜垒筑，因而造成垛口也呈倾斜状（照片 1–16），后者的砌筑方式较特殊，在小河口段长城中仅有城墙 D10—D11 段一例，可能是由于倾斜的砖料容易松动坍塌，对砌砖技术要求较高以及如此砌砖费时、费力的缘故。

照片 1–16　倾斜形雉堞

女墙通常高出马道地墁 4 皮砖（包括顶部的一皮三角形垛顶砖），高约 0.45m，砌筑方法及墙厚与雉堞完全一致。在地形陡峭段，女墙砌法一如雉堞，构造方式也与雉堞无异，只不过，在同一段城墙段中，雉堞与女墙的做法并非一致，如城墙 F5—D17 段处于山体下坡，外侧雉堞呈阶梯状，而内侧女墙则呈倾斜状（照片 1–17）。

照片 1–17　城墙 F5—D17 段女墙

就包砖墙中砖墙与石墙之间的衔接构造而言，正如上文提及的，包砖墙是在早期石砌墙的基础上，外侧包砌厚 0.6m 左右的砖墙而成，而从遗址现状砖墙面剥落严重的部位可以看到内部原有石砌墙体表面凹凸不平（照片 1–18），而按常理来说，原本石砌墙表面应该是平整的，从照片 1–19 中可以看到，这与后砌砖墙面与原有石砌墙面之间的衔接构造有关。

照片 1-18　砖墙内凹凸不平的石砌墙面

照片 1-19　外包砖墙与内部石墙面的衔接构造

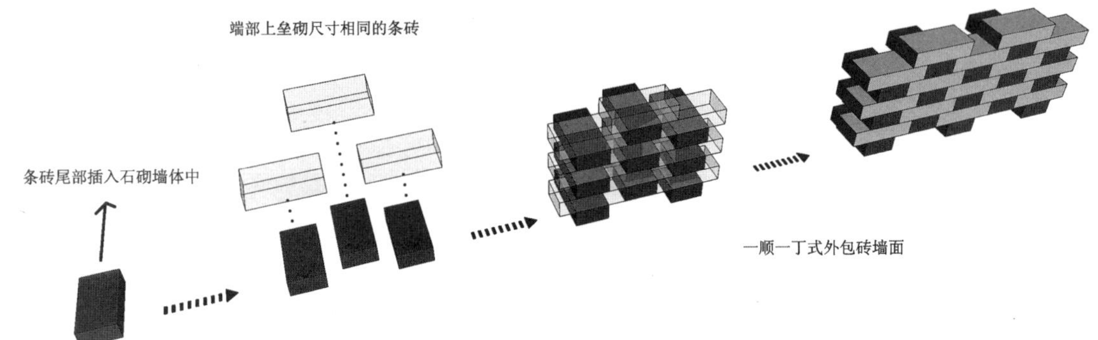

图 1-3　砖、石墙面衔接构造示意图

砖墙面与石墙面之间的相互咬接是通过插入石缝中的条砖来得以实现的。条砖丁边（短边）朝外，纵向插入到块石之间的缝隙中，这样条砖得以“生根”于石墙面上，为增加牢固程度，用此种悬挑方式再插入一层条砖，然后在悬挑的丁边上砌筑顺边（长边）朝外的条砖，由此形成外墙面（图 1-3），这同时也解释了包砖墙的墙身砖砌法均统一采用一顺一丁式，不同于雉堞砌法的原因了。

三、混合墙

混合墙，即部分石砌、部分包砖的城墙（照片 1-20）。从现状遗存看，大多数混合墙是由于遇到基地狭长且内外两侧山体坡度较陡的山脊线，而不得不由原来高大的包砖墙转而改用构造简单、尺度可灵活变动的石砌墙。而另有部分混合墙其实是包砖墙在自然或人为抑或综合因素的作用下，外侧的砖料剥落并坍塌，而露出包砖之前较为平整的石砌墙。

这类城墙大多数包砖部分的雉堞、女墙尚存，而石砌部分仅存块石墙身，并且石砌墙在宽度上明显较包砖墙小，这也一方面验证了部分混合墙并非有意砌筑，而是残损后的结果。

四、山险墙

山险墙是一种在山脊高耸且狭窄，内外两侧均为陡峭山崖，不宜大修墙体之地，以自然山体为屏障，用块石从简修筑或完全不修的墙体。

这类城墙是工匠们根据地形、地貌，因势利导，巧妙加以利用的结果，既省力、省时、省工，又达到阻隔敌人，阻止攀爬的目的（照片 1–21）。因此，山险墙并没有固定的墙体形式及尺度，仅为一道时断时续、若隐若现的石砌墙体。

第二节 细部

城墙细部构件包括雉堞、垛口基石、垛顶砖，望 / 射孔，“U”形砖质流水槽，吐水石槽，障墙平台，券里门及战墙 7 个部分。

一、雉堞、垛口基石、垛顶砖

雉堞分为垛口、垛墙和垛下墙三部分（图 1–4）。雉堞上连续凹凸形状，其凹下的长方形部分称

照片 1–20　混合式城墙

照片 1–21　山险墙

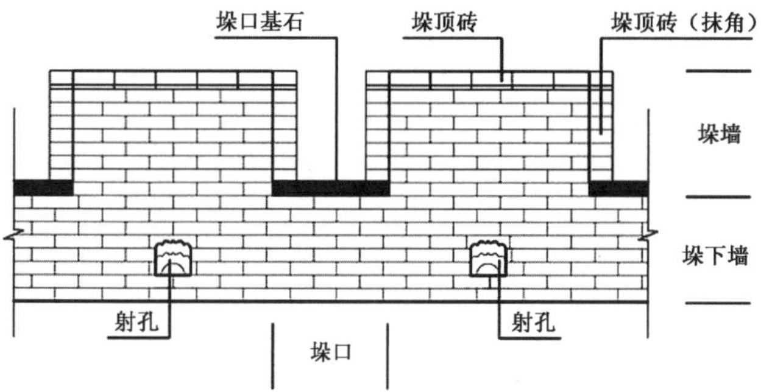

图 1–4　城墙雉堞的构成

为垛口，突起部分即为垛墙，垛口、垛墙至马道地墁的砖砌体称为垛下墙。垛口顶面一般置一层垛口基石；垛墙顶部用横截面为三角形垛顶砖遮盖砖缝，防止雨水渗入到墙内；在御敌时，守城将士能躲藏在垛墙后，避免受伤；在垛口处可观察敌情，并通过架设在垛口基石上的炮、弓箭等武器攻击敌人。

垛口通常净宽 0.55 ~ 0.60m，垛下墙高 0.60 ~ 0.90m（不含垛口基石厚度），垛口高 0.70 ~ 1m（含垛口石厚度）。垛口左右两侧的垛口砖有呈抹角的，也有平直的（照片 1-22），在地势平缓处，垛口砖均呈抹角，而在地势陡峭处，则两种形式皆而有之。抹角一般在 45° ~ 50°，做成抹角形有利于对外观察视野的增大。垛口基石较垛口稍宽，两端压在垛口砖下。

垛墙宽度一般在 1.50 ~ 2m 不等。垛顶砖横断面为三角形，中央成脊，两侧呈坡形，利于雨水排泄，长 0.40m，基本与条砖相同长度，宽 0.35 ~ 0.40m，总高（至脊线）0.15m，其中砖厚 0.05m；而盖在垛口砖顶面的垛顶砖也做成抹角形，与垛口砖的形状取得一致（照片 1-23）。

抹角形垛口砖

抹角形垛口砖

平直形垛口砖

照片 1-22　两种不同构造的垛口砖

垛墙顶部的垛顶砖

垛墙端部的垛顶砖

照片 1-23　垛墙的垛顶砖

石质垛口基石

砖质梯形垛口基石

砖质三角形垛口基石

照片 1-24　三种垛口基石

垛口基石也有石质和砖质两种，石质垛口基石一般长 0.85m 左右，宽度与垛墙相同，为 0.40m，厚 0.11 ~ 0.15m 不等；砖质垛口基石横截面为梯形，顶宽 0.06m 左右，底宽同垛墙，为 0.40m，厚 0.12m 左右。大多数垛口基石顶面中央均有一个圆孔，直径为 0.04m，深 0.03m，用来安插、固定佛郎机炮的支柱。也有部分垛口基石采用三角形砖料，与垛顶砖相似（照片 1–24）。

二、望/射孔

望孔和射孔是设置在垛墙上用来观察敌情和射击的预留孔洞。在实战时，孔洞既做瞭望也做射击之用，实无分别，但为行文清楚，暂且将位于垛墙上部的孔洞称为望孔，靠近垛墙墙根处的孔洞称为射孔。按此分类的话，小河口段长城城墙上则只有射孔而无望孔。

垛墙上的射孔按不同的砌筑方式，主要分为两种类型，第一种类型是在砌筑垛墙时预留出方形砖洞，在砖洞顶部的砖料上雕刻出壶门装饰，此又有两种构造方式：其一，方孔顶部用条砖，顺边（长边）朝外（照片 1–25）；其二，方孔顶部也用条砖，但采用侧砌方式，宽面朝外（照片 1–26）。后者因雕刻装饰面更宽、更薄，所以壶门装饰图案刻得更高，更深。第二种类型则是砌筑垛墙时直接筑入预制方形射孔砖，砖面上镂出洞口及壶门装饰（照片 1–27）。射孔内外侧的做法并非一致，有的在外侧砌筑方形中央带圆孔的预制方形射孔砖，内侧则是预留出的方形砖洞（照片 1–26）。

值得注意的是，绝大多数射孔内部并非平滑直通，而是内侧高于外侧一皮砖高度（照片 1–28），这与处于垛墙底部的射孔功能相适应，即如此构造能扩大视野范围（图 1–5），但也有例外的情况（照片 1–26）。

在小河口段长城城墙上还发现一种构造特殊的射孔，仅存在于城墙 D10—D11 的包砖段。射孔由形状为梯形的四块相同的砖料拼合成呈内大外小的漏斗形（照片 1–29）。这种射孔尺寸较大，外口呈

照片 1–25　射孔顶部的条砖顺边朝外

照片 1–26　射孔顶部的条砖宽面朝外

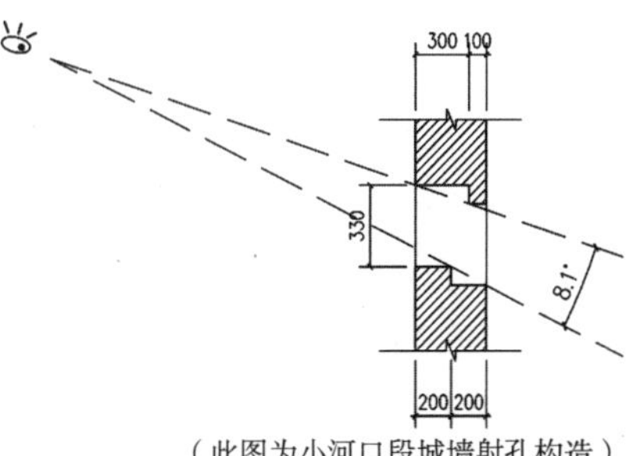

（此图为小河口段城墙射孔构造）

照片 1–27　预制方形射孔砖

照片 1–28　射孔内外有高度差

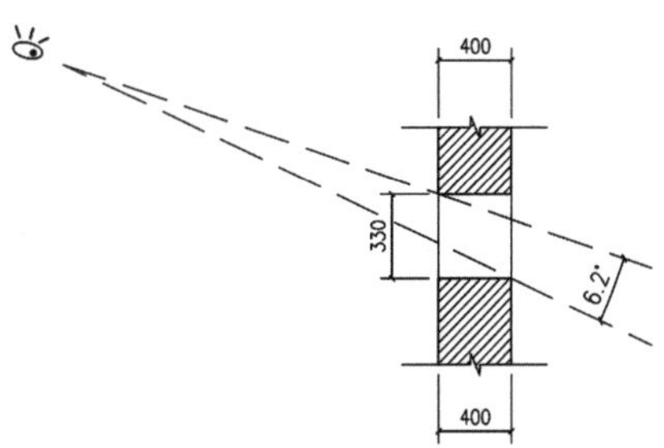

图 1–5　不同构造形式的射孔，视线范围对比

正方形，边长为0.42m，内口呈直立长方形，底边宽0.13m，高0.22m，圆孔直径为0.15m，深0.06m。

三、“U”形砖质流水槽

“U”形砖质流水槽是汇聚并引导马道上的雨水，通过女墙墙根处的排水孔及吐水石槽向外排水的城墙排水系统组成设施之一。仅在D14—M2段发现一处，且已残缺不全，从现状遗迹来推测，流水槽横亘于马道地墁，两端分别与雉堞及女墙相接。流水槽中央净宽0.15m，两侧边宽0.04m，最低处下凹0.05m，每段流水槽长约0.60m（照片1-30）。地墁靠近两侧的雉堞及女墙处坍塌凹陷严重，未发现雉堞及女墙墙根处的流水槽。

四、吐水石槽

吐水石槽有青石质（青灰色）和砂岩质（赭红色）两种石料。整个石槽分为伸出墙体的吐水部分和埋入墙体的根部，吐水部分横断面为半圆形，根部为方形，横断面尺寸由根部向吐水部分逐渐缩小，

照片1-29　特殊构造形式的射孔

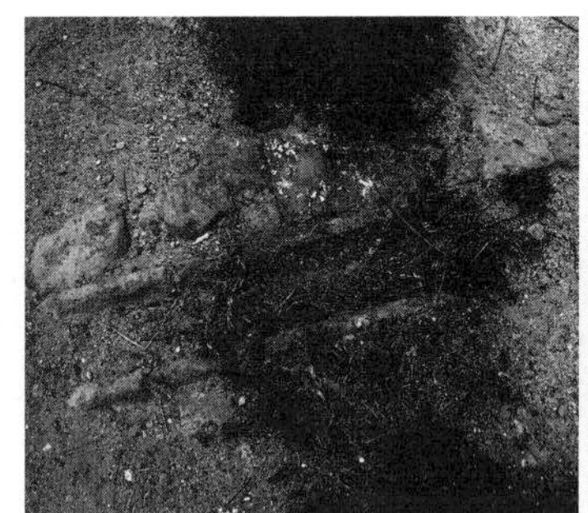

照片1-30　局部残存的“U”形流水槽

照片1-31　城墙D3—D4段吐水石槽

图1-6　障墙平台原貌

照片 1–32　遗址仅存平台

照片 1–33　残存的四座券里门

在吐水石槽顶平面上凿出长方形凹槽。以 D3—D4 段内侧的吐水石槽为例，总长 1.10m，吐水部分宽 0.18m，高 0.15m，根部宽 0.32m，高 0.3m。凹槽根部较前部稍宽，根部槽宽 0.18m，前部槽宽 0.15m，深度均为 0.04m（照片 1–31）。空心敌台上的吐水石槽与城墙上的无异。

五、障墙平台

在地势陡峭处的马道上，紧靠雉堞用条砖砌筑阶梯形平台以及高度与垛墙相当、垂直于垛墙并且一端与之相连的障墙（图 1–6）。障墙平台与女墙之间为砖台阶。敌人若攻上城墙，士兵们可利用障墙做掩护。

如今这些障墙已完全不存，仅剩下与其相连的平台，平台遗存尺寸为：长（沿城墙走向方向）1 ~ 1.50m，宽（垂直于城墙走向方向）0.80 ~ 1.20m，最高处距离台阶 1 ~ 1.20m（照片 1–32）。台身砖砌法为：条砖顺边（长边）朝外，错缝实砌，与雉堞砌法相一致，由于留存不多且损坏较严重，台体顶面砖料尺寸及砌筑方法均不得而知。小河口段长城现残存障墙平台的城墙共三段：D4—D5、D5—D6 及 F5—D17 后半段。

六、券里门

券里门通过阶梯与城墙顶面的马道相连，是长城戍守将士上下城墙的主要门道，开设于城墙内侧。

小河口段长城中共有四处券里门残存，一个位于 D—D4 段紧靠 D3 处，一个位于 D15—M3 段紧靠 D15 处，一个位于城墙 D27—M5 段靠近 D27 处，第四个位于 D28—锥子山段中央位置（照片 1–33）。其中前三处损坏严重，顶部砖券均不存，券门宽 0.90m 左右，券门墙厚 0.55m，内侧与单跑砖砌台阶相连，梯段宽约 2m，砖踏步损坏严重，无法辨认踏步数量及砌法；第四处留存较完整，券门外侧宽 1.10m，券脚高 1.60m，券高 0.55m，砖拱发券采用一券一伏式，高 0.27m。券门内侧宽 1.69m，券脚高 1.55m，券高 0.67m，深 1.01m，砖拱发券亦采用一券一伏式，高 0.26m。砖拱靠 D28 一侧有墙垛，宽 0.96m，突出城墙 0.66m，而另一侧无墙垛，墙厚 1.32m（图 1–7）。券里门内侧左右两边各有一跑砖砌楼梯，右侧梯段宽 2.09m，每阶踏步由条砖丁边（短边）朝外，并排实砌而成，高 0.2m，踏面宽 0.4m（照片 1–34），左侧楼梯坍塌严重，无法辨认。

七、战墙

战墙是一种设在空心敌台外侧，倚靠敌台突出城墙部分而筑出半围合形墙体，以阻止敌人靠近城墙的防御性设施。

墙体用砖砌筑而成，高出地面 3 ~ 3.50m，在墙面上用预制方砖开设出可供卧、跪、立等不同作

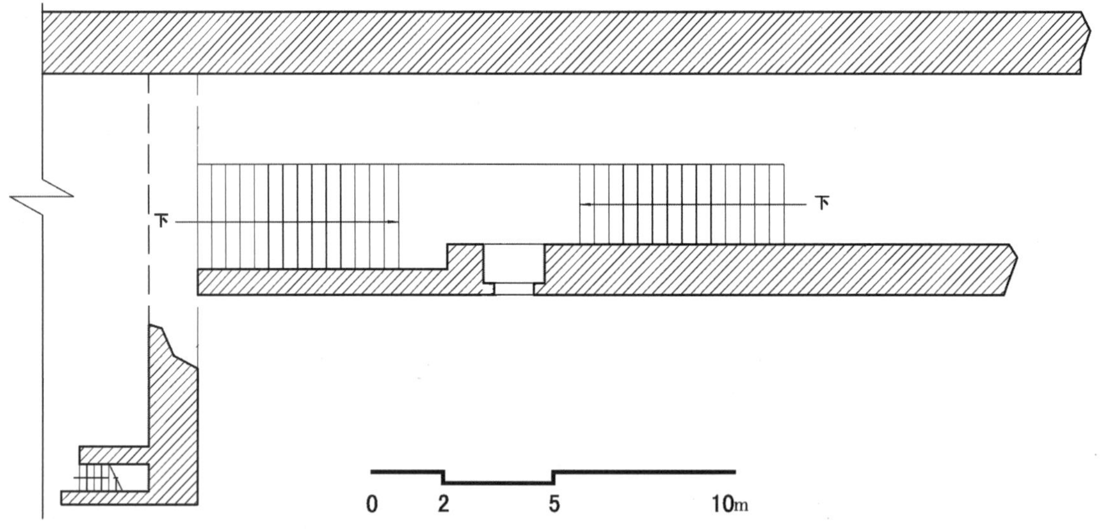

图 1–7 城墙　D28—锥子山段券里门测绘图

照片 1–34　右侧砖砌楼梯

战姿势使用的望 / 射孔。小河口段长城中仅存两处残存的战墙，分别位于 D3 和 D4 的外侧（照片 1–35）。从残存墙体来推测，两处战墙均呈三面围合，D3 处战墙面宽大于空心敌台面宽，端部与空心敌台两侧的城墙垂直相接，而 D4 处面宽小于空心敌台面宽，可知战墙两端与空心敌台墙面垂直相接。D3 处的战墙损坏相对较轻，墙体及望 / 射孔残存较多。

照片 1–35　战墙

以 D3 处战墙为例。先在地面上刨槽夯实，平铺一皮条石作为基础，找平后在其上砌筑砖墙身，底层条石基础突出砖墙身约 0.008 ~ 0.01m（照片 1–36）。砖墙身砌法为一顺一丁式，与城墙墙身相同；墙顶用一层突出墙面的砖料作为墙顶压线石，其砌法亦是一顺一丁式；墙顶面的处理方式与城墙及空心敌台垛墙顶面的处理方式一致，即用一层三角形垛顶砖盖缝防水。战墙东西面宽 15.20m，两翼长 6.50m，墙厚 0.60m，两翼与城墙垂直相接，但结构上彼此脱开。墙面 2m 以下位置开设两排望 / 射孔，上下排孔洞相互错开，呈“品”字形分布（照片 1–37）。望 / 射孔砖均为正方形，由四块完全相同的预制方砖拼合而成，边长为 0.68m，中央开直径为 0.45m 的圆孔洞，外侧墙面不用此种正方形望 / 射孔砖，而是直接将砖料抹角成圆形孔洞，内外两侧圆孔无大小区别。另有一种构造形式不同的望 / 射孔，比较特殊，其内部并非是直筒形，而是用楔形砖砌成漏斗形，内大外小，内侧一如前者，由四块方形、中央开圆洞的预制砖料拼合而成，内侧圆洞直径为 0.60m，外侧圆洞直径为 0.20m（照片 1–38），望 / 射孔呈漏斗形有利于观望和防守。

照片 1–36　砖墙身下的条石基础

照片 1–37　D3 外侧战墙上的望 / 射孔

照片 1–38　两种不同构造的望 / 射孔

小结

小河口段长城城墙中石砌墙数量占多数，从其现状遗存的组成部件——墙体、马道地墁和雉堞来看，均由外形不规则，大小不一的块石，以白石灰作为黏结材料层层垒砌而成。其整体构造方式为：以大块石平面朝外垒砌墙体两侧外墙面，用小块石、碎石及三合土的混合物填充墙芯并夯实，墙芯找平后，用平整的片石平铺成供人马通行的马道；雉堞也按此方式垒筑，墙体与其上的雉堞之间不做任何过渡，直接连接；墙体收分采用石料逐层内退的方式；石砌墙采用单一建筑材料，整体性较强，但因石料间的缝隙不严密，防水性较差，容易造成黏结材料的散落和消失，现状遗存中的墙体坍塌、石料散落现象严重。

包砖墙是在原来石砌墙的基础上，两侧包砌砖石材料而成的。其整体构造方式为：基础用石料，有规则的条石和不规则的大块石两种，条石错缝垒砌，在地形起伏处呈阶梯型布置；块石垒筑方式一如石砌墙，外观形成“虎皮墙”样式；基础之上砖砌墙身用条砖，砖墙身与其内部原有石砌墙体之间通过条砖垂直插入石墙面的方法相互连接，再在悬挑的条砖端部砌筑砖料而构成砖墙面，因而砖墙外观形成一顺一丁（梅花丁）式砌法；墙芯材料找平后，用条、方形砖平铺两至三层作为马道地墁，地墁上还设有城墙排水设施，砖质“U”形排水槽以及向外排水的吐水石槽；马道在地形陡峭段用条砖砌成台阶及障墙平台；马道两侧的雉堞及女墙也均用条砖垒砌，均采用顺边（长边）朝外，错缝实砌；雉堞之垛墙以及女墙靠近底部位置都开设望 / 射孔，形式各异；在砖墙身与顶部的雉堞及女墙之间，以一皮砖料或石料作为过渡；墙身收分明显，采用直接由砖面收分的方式，使墙面平整美观。包砖墙多采用精加工材料，城墙雄伟坚固，现状遗存中基础及砖墙身大多完好，顶部马道地墁、雉堞及女墙均有不同程度的损坏。

混合墙是部分为石砌，部分为包砖的城墙，构造方式分别与石砌墙及包砖墙相一致。

山险墙是一种在山脊高耸且狭窄、内外两侧均为陡峭山崖、不宜大修墙体之地，以自然山体为屏障，用块石从简修筑或完全不修的墙体，没有固定规制，墙体高低、尺度大小、组成部件的取舍等完全依据客观环境而定。由于也采用块石垒筑，与石砌墙一样，现状保存情况较差，各组成部件均不存。

小河口段长城中的蓟州镇段与辽东镇段修建于不同的时间段，但又处于相近的地理位置、气候条件及人文环境背景中，其异同主要表现在四个方面：

①砌筑材料：蓟州镇段城墙材料有石砌和包砖两种。石砌墙采用形状不规则、大小不一的块石、片石垒筑，并用白石灰作为黏结和抹缝材料；包砖墙是在早期石砌墙的基础上，在墙体两侧包筑砖石材料而成，亦为砖石混筑式，采用规则的条石和大块石砌墙基础，用条砖砌墙身，马道地墁、雉堞及女墙也均用砖料砌筑。而辽东镇段城墙都是石砌墙，也是用块石垒筑，白石灰作为黏结和抹缝材料。

②构造方式：城墙的整体构造大体一致。两侧砌筑砖或石质挡墙，内部用小块石、碎石及三合土填充，均属于填充型墙体。两者用材相同的石砌墙具体构造方式也一致：将大块石用于墙体底部及外侧，用小块石、碎石、白石灰填塞石缝及墙芯，以增强墙体的平整度和稳定性，城墙其他部件如马道地墁、雉堞及女墙也均采用此种构造方式。

③城墙尺度：蓟州镇段的石砌墙一般底宽 3 ~ 6m，顶宽 1.50 ~ 3m，残高在 0.50 ~ 3m，个别地段残高 3 ~ 4.50m，墙体收分比例在 1/7 ~ 1/9；辽东镇段的一般底宽 4 ~ 6m，顶宽 4m 左右，残高在

3 ~ 4m，墙体收分比例在 1/12 左右，且比蓟州镇的宽，墙体收分斜度较小。

④马道地墁：蓟州镇段的石砌墙现状马道地墁块石散乱，且随地形高低起伏；辽东镇段的则呈梯田形，随着地形的高低而逐层展开，并在靠近城墙内侧砌筑有小台阶，方便人员上下（照片 1–39）。

马道地墁呈梯田形

靠城墙内侧的石砌小台阶

照片 1–39　辽东镇段马道地墁

第二章 点式构筑的构造

长城构筑物是指除关隘关堡以及线性的、以直接阻挡敌军长驱直入为目的的城墙之外，构筑在城墙两侧或顶部，用于瞭望、作战、贮藏物什或举烟放火传递军情等功用的点式军事建筑物，主要包括：空心敌台、马面及烽火台。这些构筑物的修建大大扩展了守兵们的活动范围及作战的灵活性，减少作战盲区，是长城防御设施体系完善的重要标志。

第一节 空心敌台

空心敌台在外观上与包砖墙非常相似，采用条石或块石基础，砖砌墙身，墙身之上为雉堞，两者间以砖质或石质花牙子线脚作为分隔。台体墙身各面开设 1 ~ 5 个不等的箭窗，箭窗下置箭窗基石，有的空心敌台还砌筑砖窗台。墙身又开券门，有的券门处设门框石，上刻浮雕图案作为装饰。台顶四周的雉堞一如城墙上的雉堞，分垛下墙、垛墙和垛口三部分，与城墙不同的是垛下墙及垛墙上开设望孔（处于上方）与射孔（处于下方）。台体顶部中央位置常设一座楼橹（铺房），供守台士兵执勤时躲风避雨。顶部地面设砖质流水槽，墙外设吐水石槽，排泄顶面雨水。台体内部与顶部通过楼梯相连，每个券门内侧地面上铺设一皮券门基石，其与门顶的石质或木质横梁相互配合，用来固定木质门扇（图 2-1，照片 2-1）。

所用材料分为石料和砖料两大类，其材质及尺寸与包砖墙上所使用的完全一致，可以相互通用。

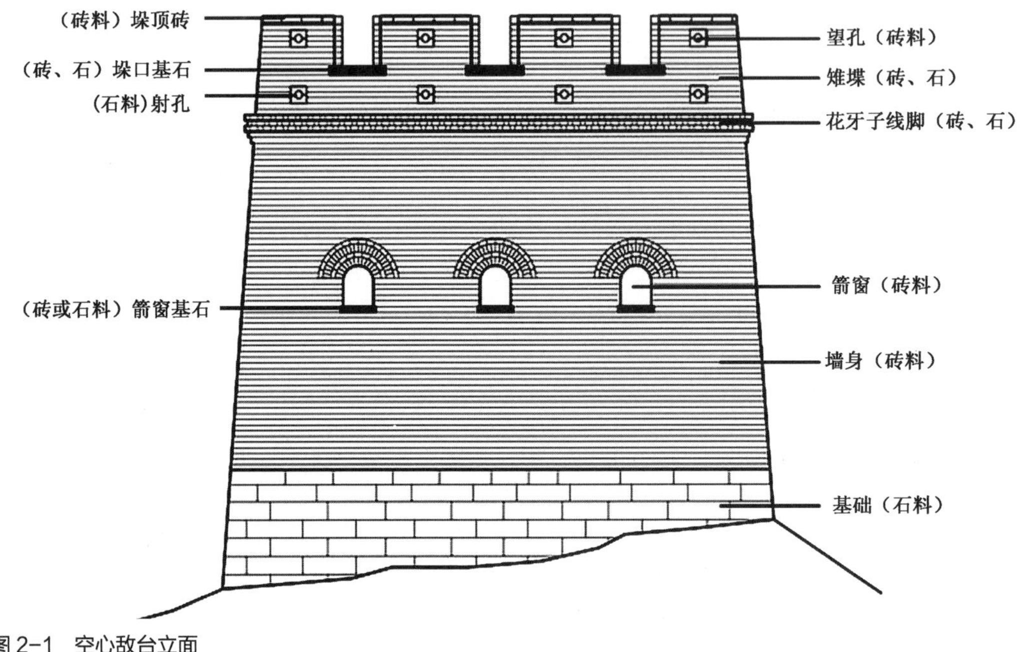

图 2-1 空心敌台立面

照片 2-1　空心敌台顶层的楼橹（铺房）

石料分规则条石和不规则块石两种，又有赭红色、灰白色和白色三种颜色，前两者为本地产的花岗岩，后者岩性未知；规则的条石长 0.60 ~ 1.20m，宽 0.40m 左右，高 0.35 ~ 0.40m；不规则块石大小不一；砖料分长方形和正方形两种，泥质，青灰色，正面光滑，反面粗糙。条砖为 380mm × 180mm × 80mm，方砖为 380mm × 380mm × 80mm。为形成墙体的收分，砖料均加工成趄面砖和趄条砖，而位于城墙转角处的砖料则要做成两个斜面。材料间以白石灰作为黏结剂。

空心敌台均跨城墙而建，内外两侧均突出城墙，所以敌台平面尺寸要大于城墙。敌台底面呈方形或长方形，边长在 8.50 ~ 13m，台体高度（基地地坪至顶部雉堞顶面的距离）大致在 9 ~ 12m，墙体收分比例在 1/7 ~ 1/9。

其形制根据内部结构，主要分为三筒拱四柱式、三筒拱四柱式变形体、环形筒拱四柱式、双筒拱单柱式、双筒拱二柱式和环形筒拱三柱式六种[1]。筒拱是指纵深方向尺度较长的拱券结构，又称车棚券，是利用砌块之间的侧压力建造的跨空砌体结构[2]。此外，还发现一座五眼楼（内侧墙身上开设五个箭窗），但由于其内部结构完全坍塌，不能明确其形制类型（表 2-1）。三筒拱四柱式是小河口段长城空心敌台最常采用的形制类型，占总数的 43.8%，其余形制类型均只有 1 ~ 2 座。位于辽东镇段的三座空心敌台形制一致，均采用环形筒拱三柱式类型。由于内部结构部分或完全坍塌，无法辨认形制的空心敌台共有 9 座，并且各个空心敌台筒拱的方向与相邻城墙的走向没有对应关系，无规律可循。

空心敌台形制一览表　　　　**表 2-1**

结构类型	编号	筒拱方向	是否与相邻城墙走向相一致	数量（比例）	所属镇
三筒拱四柱式	D2	西北—东南	否	14座（43.8%）	蓟州镇
	D3	西南—东北	否		
	D4	西南—东北	否		
	D5	西南—东北	否		
	D12	西南—东北	否		
	D13	西南—东北	否		
	D16	西北—东南	否		
	D17	南—北	否		
	D20	西南—东北	一致		
	D22	东—西	一致		
	D24	南—北	否		
	D26	西南—东北	否		
	D27	南—北	否		
	D29	西南—东北	否		
三筒拱四柱式变形体	D9	西北—东南	一致	1座（3.1%）	蓟州镇

1　采用孟昭永.明长城敌台建筑形制分类.文物春秋，1998（2）：27-28中的分类方式.

2　采用孟昭永.明长城敌台建筑形制分类.文物春秋，1998（2）：27-28中的分类方式.

续表

结构类型	编号	筒拱方向	是否与相邻城墙走向相一致	数量（比例）	所属镇
环形筒拱四柱式	D14	—	—	2座（6.3%）	蓟州镇
	D19	—	—		
环形筒拱三柱式	D30	—	—	3座（9.4%）	辽东镇
	D31	—	—		
	D32	—	—		
双筒拱单柱式	D21	东—西	否	1座（3.1%）	蓟州镇
双筒拱二柱式	D11	西北—东南	一致	1座（3.1%）	蓟州镇
五眼楼	D15	东南—西北	否	1座（3.1%）	蓟州镇
无法辨认形制的敌台	D1	西北—东南	一致	9座（28.1%）	蓟州镇
	D6	西北—东南	一致		
	D7	西南—东北	否		
	D8	西北—东南	一致		
	D10	未知	—		
	D18	未知	—		
	D23	未知	—		
	D25	未知	—		
	D28	未知	—		
总计	—	—	—	32座	—

以下按空心敌台的六种形制类型，选取最具代表性且保存较完整的一座进行论述，为尽可能全面地解析并总结出每一种形制空心敌台的构造特点，皆以基础、墙身、券室、台顶由下往上四个部分展开。

照片 2–2　D16 外侧条石基础砌法

一、三筒拱四柱式

此类空心敌台数量较多，共 14 座，具有代表性的是第 16 号空心敌台（D16）。平面呈正方形，台基底面边长 10.5m，北偏西 15 度，左侧（西南面）及右侧（东北面）与城墙相接，保存较好。

（1）基础

为赭红色粗粒花岗岩条石错缝垒砌，外侧（西北面）共 6 皮，高 2.10m，其中最底下两层条石分别突出 0.05m 和 0.10m（照片 2–2）。内侧（东南面）共 7 皮，高 2.40m。最底下两皮条石加工粗糙，不甚规则，灰缝较宽，以碎石和石灰抹缝，较上皮各突出 0.12m，这两皮条石是基础垫层，起找平作用。其上铺一皮条石，形状较规则，高 0.40m，较上皮突出 0.08m，再上就是四皮规则条石（照片 2–3）。

照片 2–3　D16 内侧条石基础砌法

此空心敌台基础部分，条石加工精制，石料表面平整，一般长 0.80 ~ 1.30m，高 0.35m，石间灰缝较细，局部可见白色石灰及铁片。基础墙芯用碎石、块石和三合土填充，顶面找平后用条砖实砌至台内地坪面，砖砌法为一顺一丁式。从敌台内部地坪面残存的地墁砖推测，基础顶面找平后，平铺三皮条砖和一皮面层方砖，室内地坪

照片 2-4　D16 箭窗

照片 2-5　D16 门框石

高出左侧（西南面）城墙顶面 2.30m。

（2）墙身

条石基础上的砖砌墙身，用条砖一顺一丁式错缝实砌，至花牙子线脚下共 66 皮砖，高 7.30m，墙身收分显著，收分比例为 1/12。外墙厚度除内侧（东南面）因设置楼梯而加宽至 2.55m 外，其余三面均为 1.50m。内外两侧墙上各开三个箭窗，分布均匀，左右对称，每个箭窗尺寸略有区别，一般宽为 0.58 ~ 0.63m，拱脚高 0.55m，拱高 0.25m，窗洞厚 0.30m。砖砌窗台宽 0.25m，低于窗洞一皮砖，至地坪面的高度为 0.67m，窗下墙均无射孔（照片 2–4）。箭窗顶部均为两券两伏式的砖拱券，高 0.50m。窗内砖拱宽 1.40m，拱脚高 1.65m，拱高 0.67m，进深 2.25m。

敌台左右两侧与城墙相接，全台仅开一个门，位于左侧（西南面）中央位置，两侧各开一个箭窗，右侧（东北面）开三个箭窗，箭窗构造及砖券形式（两券两伏式）与其他各面无异。券门处用预制灰白色粗粒花岗岩作为门框石，由拱券石、压面石、门柱石和券门基石四部分组成。前三者厚度相同，均为 0.30m，弧形拱券石高 0.29m，压面石长 0.92m，高 0.22m，门柱石宽 0.32m，高 1.06m；拱券石为整块石材，表面有浅浮雕，缠枝莲图案，其上是一券一伏式的砖砌拱券，高 0.22m。压面石和门柱石表面也曾有雕刻，但有人为故意破坏的痕迹，现已模糊不可辨，靠外侧（西北面）的一根门柱石已缺失不存（照片 2–5）。底部券门基石呈长方形，长 1.75m，宽 0.70m，厚 0.15m，基石两端有各有一个圆形门轴孔，直径为 0.09m，深为 0.04m，孔间距 1.25m。门洞净尺寸宽 0.82m，拱角高 1.28m，拱高 0.57m。门内顶部的门扇过梁已不存，仅存一侧砖墙身内的门栓石，粗粒花岗岩，方形，边长 0.35m，厚 0.08m，中央圆孔直径 0.15m。门内砖拱宽 1.33m，拱角高 1.60m，拱高 0.54m（图 2–2）。

（3）券室

三道筒拱为西北—东南向，与城墙方向相垂直，中间一道宽 1.35m，两侧宽 1.55m。三个筒拱高度相近，拱脚高 2.97m，拱高 0.57m（照片 2–6）。三道筒拱之间的两道隔墙，厚度为 1.35m，两道隔墙被三条通道贯穿，由此形成四个砖柱墩。三条通道由内侧向外侧，宽度分别为 1.26m、1.33m、1.35m，

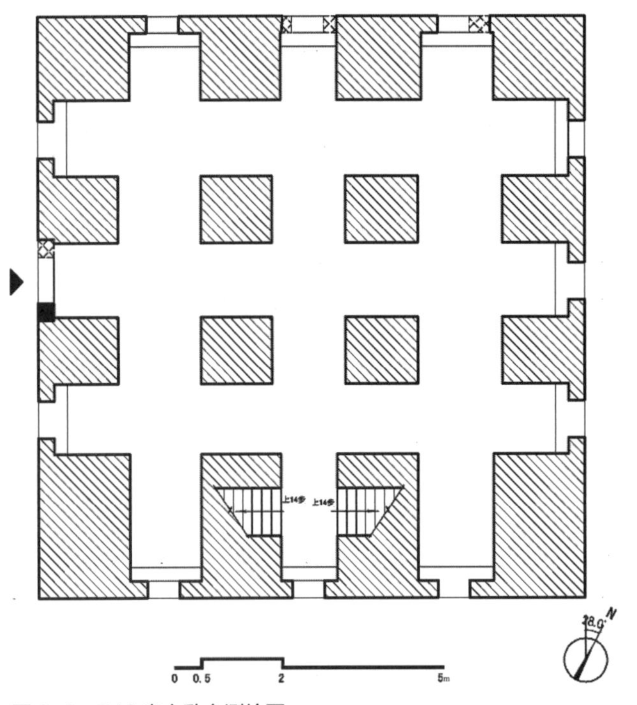

图 2–2　D16 空心敌台测绘图

照片 2–6
D16 券室内的筒拱

照片 2–7
D16 条石台阶

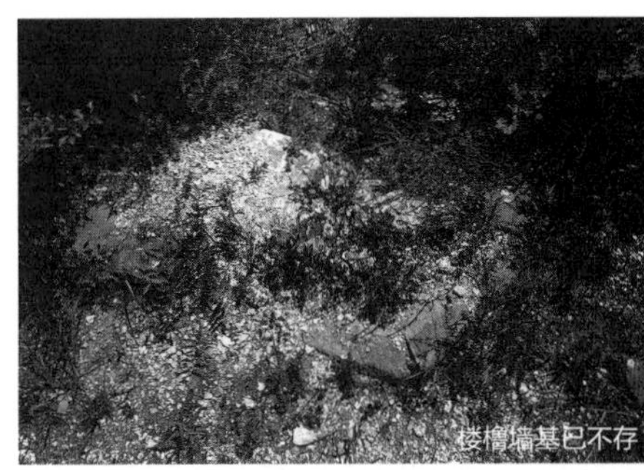

照片 2–8
D16 残损的台顶

基本等宽，通道拱脚高 1.66m，拱高 0.66m。台体内所有砖发券处，砖券形式均为两券两伏式，高度为 0.55 ~ 0.60m，与箭窗砖券形式相同。通往敌台顶部的楼梯位于内侧（东南面），分左右两跑，梯段净宽 0.82m，粗粒花岗岩条石台阶，共 14 阶，踏面宽 0.18m，高 0.32m（照片 2–7）。

（4）台顶

边长为 9.90m，从零星的残缺地墁砖料看，地面铺装方法与室内地坪相同——三皮条砖上覆一皮方砖。现状地面三合土及散落的碎砖随处可见，未见砖质流水槽，四周雉堞完全不存，露出其下的花牙子砖，中央楼橹墙基不甚明晰，局部仅存 1 ~ 2 皮砖（照片 2–8），台顶草、木本植物茂盛（照片 2–9）。

二、三筒拱四柱式变形体

此类仅 9 号敌台一座（D9），处于山脊下坡处，左侧（西北面）及右侧（东南面）与城墙相接，

照片 2-9　D16 台顶环视

两侧地势高差较大，致使台体与山体岩石相抵触，山体岩石伸入台内西南角。敌台北偏东 45°，平面大致呈方形，台基底面边长 10.50m。

照片 2-10　D9 门框石

照片 2-11　D9 箭窗

（1）基础

整座敌台建于山脊自然岩体上，基础为赭红色粗粒花岗岩条石错缝垒砌，右侧（东南面）最多处为 7 皮，高 2.45m，条石加工精致，石料表面平整，形状较规则，石间灰缝较细，可见白色石灰。基础墙芯用碎石、块石和三合土填充，顶面找平后用条砖实砌至台内地坪面，砖砌法为一顺一丁式。敌台内部地坪为三合土地面，无铺地砖残存，高于右侧（东南面）城墙顶面 4.20m。

（2）墙身

条石基础上的砖砌墙身，用条砖一顺一丁式错缝实砌，至花牙子线脚下共 51 皮砖，高 5.70m，墙身收分比例为 1/11。内侧（西南面）外墙厚 1.73m，中央偏右位置有 1 个券门，其右有 1 个箭窗。

拱券石、压面石及门柱石均为赭红色粗粒花岗岩，表面无雕刻，厚 0.30m，券门基石为灰白色。拱券石由三块拱形石料拼合而成，高 0.30m，其上直接垒砌条砖，无券伏样式。压面石长 1m，高 0.23m，门柱石宽 0.30m，高 1.23m（照片 2-10）。券门基石长 1.30m，宽 0.65m，厚 0.12m，基石两端有各 1 个圆形门轴孔，直径为 0.08m，深为 0.04m，孔间距 0.80m。门洞净尺寸宽 0.75m，拱角高 1.46m，拱高 0.50m。门内砖拱宽 1.09m，拱角高 2.10m，拱高 0.45m。右侧（东南面）及外侧（东北面）外墙各厚 1.72m、1.37m，两面各开三个箭窗，外侧中央的箭窗保存较好，宽 0.43m，拱脚高 0.38m，拱高 0.20m，窗洞厚 0.25m，箭窗基石长 0.60m，宽 0.16m，厚 0.11m，其下有 6 层砖，高 0.74m，无射孔（照片 2-11）。箭窗顶部均为一券一伏式的砖拱券，高 0.2m。窗内砖拱宽 1.37m，拱脚高 1.65m，拱高 0.65m，进深较浅，为 0.97m。左侧（西北面）外墙因紧靠山体，因而不设箭窗，墙厚 0.60m（图 2-3）。

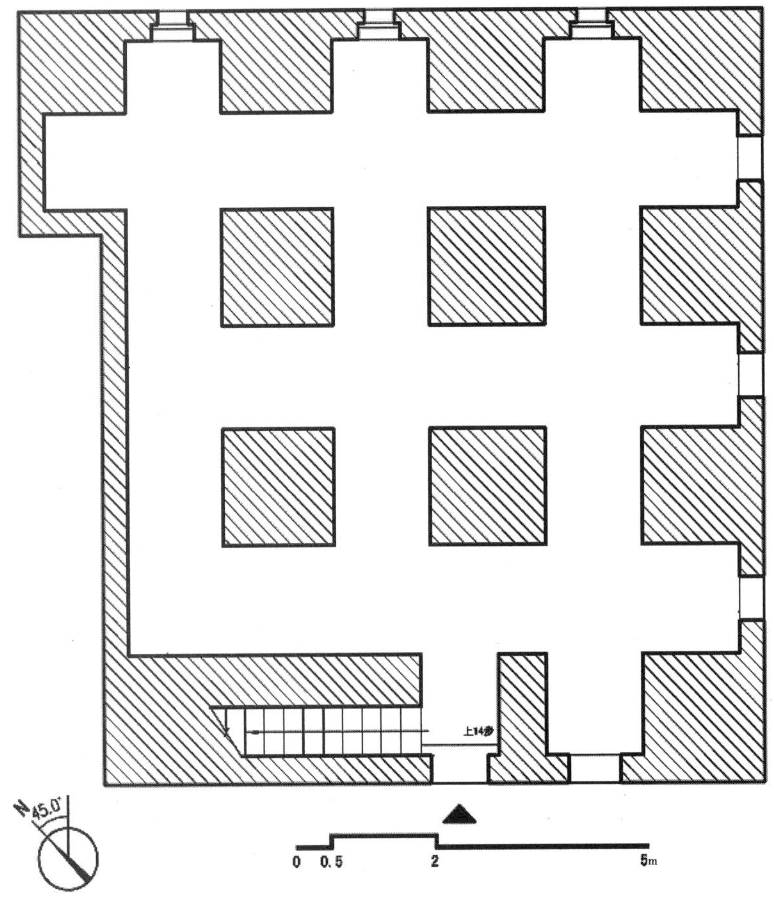

图 2–3　D9 空心敌台测绘图

照片 2–12　D9 券室内的筒拱

照片 2–13　D9 条石台阶

（3）券室

三道筒拱为西北—东南向，与城墙方向相一致，靠近内侧一道较宽，为 1.47m，其他两道为 1.35m，三个筒拱高度相近，拱脚高 2.67m，拱高 0.57m（照片 2–12）。三道筒拱之间的两道隔墙，厚度为 1.57m，两道隔墙被三条通道贯穿，由此形成四个砖柱墩，四个柱墩下以赭红色粗粒花岗岩条石作为垫层，较罕见，条石厚度为 0.10m。三条通道宽度均为 1.37m，拱脚高 1.37m，拱高 0.87m。

台体内所有砖发券处，砖券形式均为两券一伏式，高度为 0.5 ~ 0.55m，与箭窗外侧砖券形式相同。通往敌台顶部的楼梯位于内侧（西南面），仅左侧一跑，梯段净宽 0.65m，粗粒花岗岩条石台阶，共 14 阶，踏面宽 0.28m，高 0.30m（照片 2–13）。用一层花岗岩条石作为砖墙身顶部的花牙子线脚，形式特殊，仅此一例，条石厚 0.10m，突出墙面 0.08m。

（4）台顶

由于处于山脊下坡处，山势左高右低，因此可由左侧城墙可直接上至台顶。顶面边长为 10m，地面上三合土及碎砖散落各处，未见砖质流水槽，四周雉堞仅存 2 ~ 5 皮砖高，砌法为长边朝外，错缝实砌，垛口不存，未发现望孔与射孔。中央楼橹墙基除内侧（西南面）不存外，其余三面残高 1 ~ 3 皮砖（照片 2–14），左、右侧残存墙基长 3.70m，距雉堞净距离为 1.40m。外侧（东北面）残存墙基

照片 2-14　D9 残损的台顶

照片 2-15　D9 台顶环视

长 6.30m，距雉堞净距离为 0.89m，墙基残高 0.45m，砌法为条砖一顺一丁式错缝实砌。台顶植物茂盛，东南角部有一株雪松，胸径为 0.30m（照片 2-15）。

三、环形筒拱四柱式

此类敌台现有两座——14 号、19 号空心敌台（D14、D19）。以 14 号敌台为例，该敌台位于山脊线小山岗上，左侧（西南面）及右侧（东北面）与城墙相接。平面略呈正方形，台基底面东西面宽 11.20m，南北进深 10.60m，北偏西 35°。

（1）基础

为赭红色粗粒花岗岩条石错缝垒砌，内、外侧（东南面、西北面）基础条石均为 7 皮，高 2.50m，基础下用块石、石灰砌筑成垫层；基础条石加工精制，石料表面平整，一般长 0.60 ~ 0.80m，高 0.35m，石间灰缝较细，局部可见少量白色石灰。

基础墙芯用碎石、块石和三合土填充，顶面找平后用条砖实砌至台内地坪面，砖砌法为一顺一丁式。敌台内部地坪为三合土地面，在箭窗、环形走道等局部位置有地面砖残存，各个箭窗砖拱内的地坪砖为长方形，砌筑方向无规律，而走道上的为方形砖，内室（四柱内）的地坪砖已不存。室内地面高于左侧（西南面）城墙顶面 1.10m（照片 2-16）。

（2）墙身

条石基础上的砖砌墙身，用条砖一顺一丁式错缝实砌，至花牙子线脚下共 61 皮砖，高 6.70m，墙

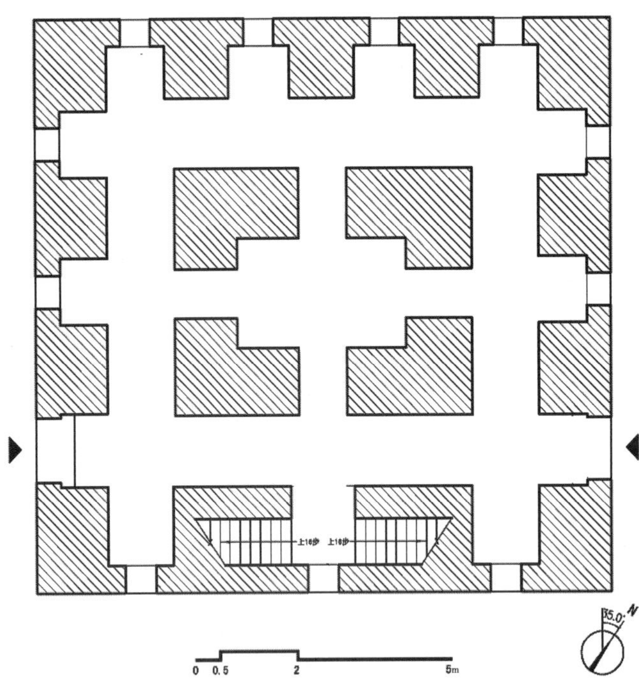

图 2-4　D14 空心敌台测绘图

照片 2-16
D14 门框石

照片 2-17
D14 箭窗

照片 2-18　D14 券室内的环形筒拱

照片 2-19　D14 条石台阶

身收分显著，收分比例为 1/11。内侧（东南面）外墙因设置通往顶层的楼梯，所以墙体加厚，有 1.96m，其余三面均在 1.40 ~ 1.45m。内、外侧（东南、西北面）外墙箭窗数量不一致，内侧三个，外侧四个。箭窗砖料均坍塌严重，无法确定尺寸（照片 2-17）。内侧（东南面）窗内砖拱宽 1.30m，拱脚高 1.78m，拱高 0.66m，进深 1.46m；外侧（西北面）窗内砖拱宽在 1.13 ~ 1.20m，拱脚高 1.85m，拱高 0.60m，进深 0.97m。左、右侧（西南、东北面）外墙均有 2 个箭窗和 1 个门，与城墙相连通，门靠近内侧（东南面），两窗位于其外侧（西北面），门、窗洞均坍塌严重，仅左侧（西南面）残存一块券门基石（照片 2-16），其余门框石均不存。门内砖拱宽 1.36m，拱脚高 2.10m，拱高 0.59m，进深 0.92m。两侧箭窗内砖拱宽 1.23m，拱脚高 2.10m，拱高 0.60m，进深 0.92m（图 2-4）。

（3）券室

环形走道宽 1.30m，拱脚高 3.32m，拱高 0.65m（照片 2-18）。中央内室呈长方形，面宽 5.80m，进深 4.50m，四面中央各开一个券门，由此形成四个“L”形柱墩，券门宽在 0.90 ~ 0.95m，拱角高 1.60m，拱高 0.63m，内室墙体厚度在 1.25 ~ 1.30m，内室筒拱拱角高 3m，拱高 1m。

台体内所有砖发券处，砖券形式均为两券两伏式，高度为 0.55m，与箭窗外侧砖券形式相同。通往敌台顶部的楼梯位于内侧（东南面），分左右两跑，楼梯间的地坪面较走道高出0.45m，梯段净宽0.80m，每个台阶由两层条砖垒砌而成，共16阶，踏面宽 0.20m，高 0.22m（照片 2-19）。花牙子线脚由三皮砖组成：一顺一丁砌法的砖一皮，挑出敌台墙身0.05m，上覆砖角朝外且平铺的砖一皮，较其下皮砖挑出 0.05 ~ 0.07m，第三皮与第一皮砖砌法相同，挑出距离也相同。

（4）台顶

敌台顶面面宽 10.60m，南北进深 10m，地面上三合土及碎砖散落各处，未见砖质流水槽，四周雉堞仅存 5 ~ 7 皮砖高，砌法为长边朝外，错缝实砌，垛口不存，未发现望孔与射孔。中央楼橹墙基除内侧（东南面）不存外，其余三面残存 5 ~ 12 皮砖，高 0.50 ~ 1.20m（照片 2-20）。外侧（西北面）墙体中央有一残缺券门，顶部砖券不存，宽 1.16m，门两侧墙体长度均为 2.80m，距雉堞净距离为 1.70m。左侧（西南面）残存墙基长 4.70m，右侧（东北面）残存墙基长 4.40m，高 0.40m，砌法为条砖一顺一丁式错缝实砌。台顶草、木本植物茂盛。

四、双筒拱单柱式

此类敌台仅有 1 座——21 号空心敌台（D21）。该敌台位于山峰之巅，由于地形缘故，内侧（南面）与城墙相接，台体突出于城墙之外。平面呈长方形，台基东西面宽 8m，南北进深 9.5m，正南北向。

（1）基础

为赭红色粗粒花岗岩条石错缝垒砌，砌筑于山体岩石之上，局部用块石、泥土等材料找平，东、西面基础条石均为 5 层，最下层突出 0.05m，高 1.75m。南面有山体岩石突出于基础。北面基础条石共 7 层，高 2.45m，北侧地势较南侧高。基础条石加工稍显粗糙，石料表面凿痕明显，一般长 0.70 ~ 1.20m 不等，高 0.35m，石间灰缝稍宽，可见白色石灰。基础墙芯用碎石、块石和三合土填充，顶面找平后用条砖实砌至台内地坪面，砖砌法为一顺一丁式。敌台内部地坪为三合土地面，零星有长方形地墁砖残存，室内地面高于南面城墙顶面 6.20m。

（2）墙身

条石基础上的砖砌墙身，用条砖一顺一丁式错缝实砌，至花牙子线脚下共 81 皮砖，高 9m，比其他

照片 2-20　D14 残存的雉堞

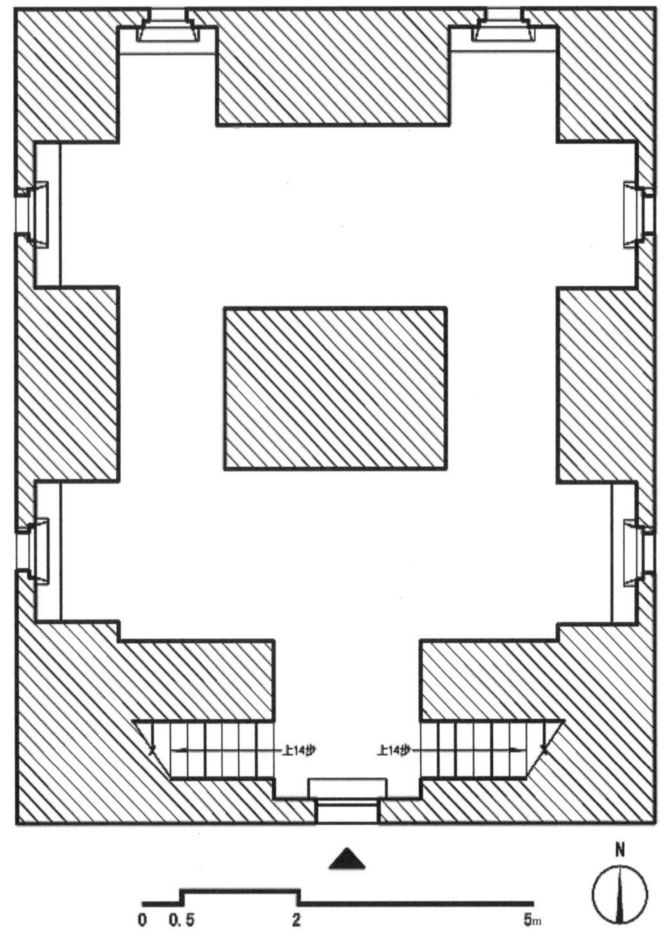

图 2-5 D21 空心敌台测绘图

照片 2-21 D21 门框石

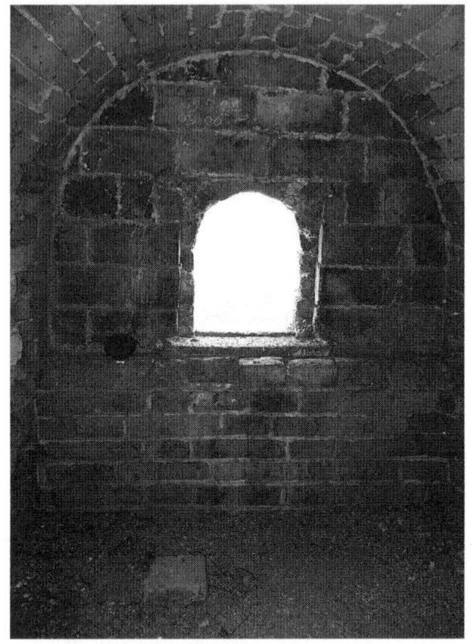
照片 2-22 D21 箭窗

空心敌台砖墙身都要高。墙身收分比例为 1/30。南面外墙因设置通往顶层的楼梯，所以墙体加厚，有 2.13m，北面外墙厚 1.37m，东、西两面外墙厚 1.25m。台体四面各开 2 个箭窗，南面中央位置开 1 个券门。门洞用预制灰白色粗粒花岗岩作为门框石，由拱券石、压面石、门柱石和门基石四部分组成，石料外表面均无雕刻。其中拱券石由三块拱形石料拼合而成，其上是一券两伏式的砖砌拱券，高 0.35m（照片 2–21）。门内顶部的门扇过梁已不存，仅存两侧砖墙身内的门栓石，灰白色粗粒花岗岩，方形，边长 0.40m，厚 0.12m，中央圆孔直径 0.12m。底部券门基石呈长方形，长 1.24m，宽 0.48m，外侧厚 0.17m，内侧厚 0.10m，基石两端有各有一个圆形门轴孔，直径为 0.06m，深 0.03m，孔间距 0.86m，基石中央断裂。门内砖拱宽 1.87m，拱脚高 2m，拱高 0.60m，进深 1.85m。每个箭窗尺寸略有区别，一般宽为 0.45 ~ 0.56m，拱脚高 0.50m，拱高 0.25m，窗洞厚 0.25m。箭窗基石长 0.77m，宽 0.40m，内侧厚 0.06m，外侧厚 0.08m，基石两端各有 1 个圆形门轴孔，直径为 0.06m，深为 0.03m，孔间距 0.60m。砖砌窗台宽 0.32m，低于窗基石，至地坪面的高度为 0.60m，均无射孔（照片 2–22）。箭窗顶部均为一券一伏式的砖拱券，高 0.27m。窗内砖拱宽 1.70m，拱脚高 1.02m，拱高 0.81m，进深 1m（图 2–5）。

（3）券室

两道筒拱为东—西向，筒拱宽度为 2m，拱脚高 2.05m，拱高 1.22m（照片 2–23）。两道筒拱之间的隔墙厚度 1.87m，隔墙被两条通道贯穿，形成一个砖柱墩，通道宽 1.35m，拱脚高 1m，拱高 0.80m。台体内所有发券处，砖券形式均为一券一伏式，高度为 0.30m，与箭窗外侧砖券形式相同。通往敌台顶部的楼梯位于南侧，分左右两跑，梯段净宽 0.69m，每阶踏步由一层砖及其上的一层赭红色粗粒花岗岩条石垒砌而成，共 14 阶，踏面宽 0.22m，高 0.30m。

（4）台顶

顶面面宽 7.70m，进深 9.20m，现状地面三合土及散落的碎砖随处可见，未见砖质流水槽。中央楼橹墙基除南面不存外，其余三面残存 2 ~ 3 皮砖，高 0.20 ~ 0.30m，东、西两面残存墙基长度分别为 2.85m 和 3.85m，距雉堞净距离均为 1.10m，北面残存墙基长 4.60m，距雉堞净距离为 1.70m，墙基高 0.35m，砌法为条砖一顺一丁式错缝实砌（照片 2–24）。四周雉堞完全不存，露出其下的花牙子砖（照片 2–25）。台顶草、木本植物茂盛。

照片 2–23　D21 券室内的筒拱

照片 2–24　D21 台顶楼橹墙基

照片 2–25　D21 台顶雉堞已不存

五、双筒拱二柱式

此类敌台仅有一座——11 号空心敌台（D11）。该敌台海拔最高，位于山脊线坡度变化点上，左侧（西北面）地势较陡，城墙沿山脊徐徐攀升，右侧（东南面）地势平坦，城墙蜿蜒延伸。平面呈长方形，台基底面东西面宽 11.10m，南北进深 8.60m，北偏东 70° 。

（1）基础

为赭红色粗粒花岗岩条石错缝垒砌，外侧（东北面）和内侧（西南面）基础条石均为 8 皮，高 2.80m，其中最底下一层条石突出 0.08m。条石较规则，加工稍显粗糙，表面凿痕明显，长 0.30 ~ 1.40m 不等，高 0.30 ~ 0.35m，石间缝隙较细，未见白色石灰。基础墙芯用碎石、块石和三合土填充，顶面找平后用条砖实砌至台内地坪面，砖砌法为一顺一丁式。敌台内部地坪为三合土地面，无铺地砖残存，高于右侧（东南面）城墙顶面 1.10m。

（2）墙身

条石基础上的砖砌墙身，用条砖一顺一丁式错缝实砌，至花牙子线脚下共 66 皮砖，高 7.20m。墙身收分比例为 1/12。南面外墙因设置通往顶层的楼梯，所

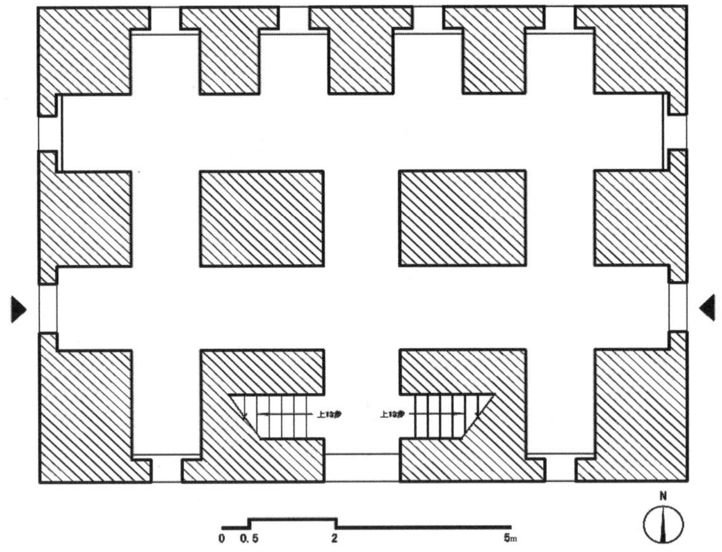

图 2-6　D11 空心敌台测绘图

照片 2-26　D11 门框石

照片 2-27　D11 门扇过梁

照片 2-28　D11 券门基石

照片 2-29　D11 箭窗

照片 2-30　D11 券室内的筒拱

以墙体加厚，有 2.40m，其余三面均为 1.57m。台体内、外侧（西南、东北面）各开三个和四个箭窗，左右两侧箭窗和券门各一个，券门靠近内侧并相互连通。门洞用预制灰白色粗粒花岗岩作为门框石，由拱券石、压面石、门柱石和门基石四部分组成，拱券石为整块石材，表面有浅浮雕，缠枝莲图案，其上是一券一伏式的砖砌拱券，高 0.22m。压面石上也有浮雕（照片 2–26）。两个门内侧顶部的门扇过梁均完整，由两块赭红色粗粒花岗岩条石拼合而成，两端插入砖拱券内，厚 0.18m，中央开一长方形槽 90mm × 40mm × 75mm，两端各有一个圆形门轴孔，直径为 0.06m，深为 0.05m，孔间距 0.75m（照片 2–27）。底部券门基石呈长方形，长 1.35m，宽 0.5m，外侧厚 0.15m，内侧厚 0.08m，基石两端有各有一个圆形门轴孔，直径为 0.07m，深为 0.04m，孔间距 0.90m（照片 2–28）。门内砖拱宽 1.53m，拱脚高 1.76m，拱高 0.60m，进深 1.27m；箭窗一般宽为 0.45 ~ 0.50m，拱脚高 0.65m，拱高 0.25m，窗洞厚 0.30 ~ 0.40m 不等。箭窗顶部均为两券两伏式的砖拱券（照片 2–29），高 0.56m。窗内砖拱宽 1.20m，拱脚高 1.74m，拱高 0.55m，进深 1.25m（图 2–6）。

（3）券室

两道筒拱为西北—东南向，与城墙方向一致。靠内侧一道宽度为 1.53m，靠外侧一道宽度为 1.42m，拱脚高 2.80m，拱高 0.90m（照片 2–30）。两道筒拱之间的隔墙厚度为 1.72m，隔墙被三条通道贯穿，形成两个砖柱墩，中央通道稍宽，为 1.32m，两侧稍窄，为 1.20m，通道拱脚高 1.34m，拱高 0.76m。台体内所有发券处，砖券形式均为两券两伏式，高度为 0.58m，与箭窗外侧砖券形式相同。通往敌台顶部的楼梯位于内侧，分左右两跑，梯段净宽 0.80m，每阶踏步由两层砖及其上的一层赭红色粗粒花岗岩条石垒砌而成，共 13 阶，踏面宽 0.23m，高 0.43m。花牙子线脚由四皮砖组成：一顺一丁砌法的砖一皮，挑出敌台墙身 0.05m，上覆砖角朝外且平铺的花牙子两皮，较其下层砖挑出 0.05m，第四皮为顺边（长边）朝外砌法，与二、三皮砖外皮齐平。

（4）台顶

顶面面宽10.50m，进深8.10m，三合土地面，未见砖质流水槽。中央楼橹四面墙身均存，屋顶不存。除内侧（西南面）墙面仅存5皮砖，高0.55m外，其余三面留存较多，均为15～19皮砖，高1.50～1.90m，楼橹东西面宽6.50m，南北进深4.20m，砖墙厚0.67～0.70m，砌法为一顺一丁式。内外两侧（西南面、东北面）中央各有1个券门，门洞外小内大。内侧（西南面）券门仅存墙基，墙面距雉堞净距离均为2.10m；外侧（东北面）券门外宽1.10m，内宽1.66m（照片2–31），拱脚高1.10m，拱高1m，砖券形式为一券一伏式，高0.27m，墙面距雉堞净距离为0.92m。两面山墙距雉堞净距离均为1.58m。四周雉堞仅存2～5皮砖高，雉堞厚0.40m，砌法为长边朝外，错缝实砌，垛口不存，未发现望/射孔（照片2–32）。台顶草、木本植物茂盛（照片2–33）。

照片 2–31　D11 楼橹外侧券门

照片 2–32　D11 台顶残存的雉堞

照片 2–33 · D11 台顶环视

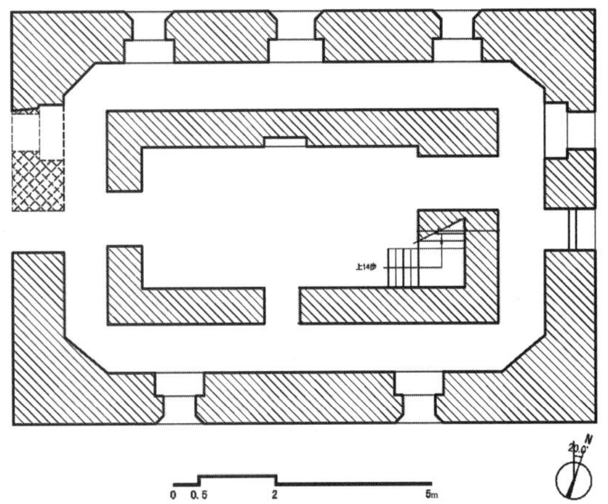

图 2-7　D32 空心敌台测绘图

六、环形筒拱三柱式

此类敌台共有三座，30 号空心敌台（D30）以及 D31、D32，均属于辽东镇长城。D32 保存相对较好，现以该敌台为例。台体位于山脊走向转折处并且是地形坡度变化处，左侧（西北面）地势较陡，城墙沿山脊徐徐攀升，右侧（东南面）地势平坦，城墙蜿蜒延伸。平面呈长方形，台基东西面宽 11.70m，南北进深 8m，北偏东 40°。

（1）基础

为不规则块石垒砌，以石灰和碎石嵌缝，表面平整，转角部位局部用稍规则的条石。外侧（东北面）地势较低，基础高 5m，内侧（西南面）地势较高，基础高 0.65m。基础墙芯用碎石、块石和三合土填充，顶面找平后用条砖实砌至台内地坪面，砖砌法为一顺一丁式。敌台内部地坪为三合土地面，局部有上下两层长方形铺地砖残存，用黄泥和三合土作为黏结材料，高于左侧（西北面）城墙顶面 0.90m。

照片 2-34　D32 砌砖工艺粗糙

（2）墙身

现存砖砌墙身最高处为 48 皮，高 5.50m，用条砖一顺一丁式错缝实砌，墙身收分比例为 1/18，砖砌筑工艺粗糙，白色石灰黏结层甚厚（照片 2-34）。四周外墙墙厚均在 1m 左右，四个内部转角砌筑成抹角。台体内外侧（西南、东北面）各开两个和三个箭窗，左侧（西北面）中央有一券门，右侧（东南面）中央开一个券门，其外侧有一箭窗。券门用砖砌筑，未发现门框石，券门缺损较严重，无法确定其砖券形式。券门上部，原有石质匾额一块，现已不存。券门门洞至墙身顶部有一道宽约 70mm 的裂缝。门内无砖拱，较特殊。此类敌台的箭窗外观及构造方式较特殊（图 2-7）。

照片 2-35　D32 券室内的环形筒拱

（3）券室

环形走道宽 0.90m，拱脚高 2.10m，拱高 0.44m（照片 2-35）。中央内室呈长方形，面宽 4.88m，进深 2.78m，内室左侧和内侧墙面中央各有一个券门，右侧楼梯下方有一个券窗。内室墙体厚 0.58m，券门宽 0.60m，拱角高 1m，拱高 0.45m。券窗宽 1.23m，拱角高 0.99m，拱高 0.63m，距地 0.20m。内室筒拱拱角高 2.10m，拱高 0.85m。台体内所有砖发券处，砖券形式均为一券式，高度为 0.17m。通往敌台顶部的楼梯紧靠内室右侧墙面，单跑两段式，梯段净宽 0.58m，每个台阶由 3 层砖垒砌而成，残存 7 阶，踏面宽 0.40m，高 0.38m（照片 2-36）。值得注意的是，此类敌台无

照片 2-36　D32 楼梯踏步及其下方的券窗

照片 2-37　D32 台顶残存的雉堞

照片 2-39　D15 内侧（东南面）墙体

照片 2-38　D32 台顶环视

花牙子线脚。

（4）台顶

顶面面宽 11.40m，进深 7.70m，三合土地面，未见砖质流水槽。四周雉堞仅存 3 ~ 5 皮砖，高 0.30 ~ 0.50m，西南转角处残存最高，10 皮砖，高 1.20m，雉堞厚 0.50m，砌法为长边朝外，错缝实砌，垛口不存，未发现望 / 射孔（照片 2-37）。中央楼橹遗址已模糊不清，大致位置处于楼梯梯段之西。台顶草、木本植物茂盛（照片 2-38）。

七、“扁楼”

此外，还有座较为特殊的空心敌台（D15）。该敌台位于山脊线上坡段中，左侧（西南面）及右侧（东北面）与城墙相接。平面呈长方形，当地俗称扁楼，台基底面东西面宽 15.3m，南北进深 9.5m，北偏西 5°。

（1）基础

为赭红色粗粒花岗岩条石错缝垒砌，左侧（西南面）和内侧（东南面）基础条石均为 4 皮，高 1.40m。条石较规则，加工稍显粗糙，表面凿痕明显，长 0.30 ~ 1.20m 不等，高 0.30 ~ 0.35m，石间缝隙较细，未见白色石灰。基础墙芯用碎石、块石和三合土填充，顶面找平后用条砖实砌至台内地坪面，砖砌法为一顺一丁式。敌台内部坍塌严重，散落的砖料覆盖地坪面，地坪面情况未知。

（2）墙身

墙身中下部有一皮用条砖长边朝外砌筑的“腰线”，其下共 34 皮砖，其上至花牙子线脚下共 43 皮砖，

照片 2–40　D15 东北面墙体

照片 2–41　D15 花牙子线脚

照片 2–42　石砌马面遗址

总高 7.80m。外侧墙身完全不存，左、右两侧（西南、东北面）尚存一半，内侧（东南面）保存较完整（照片 2–39），砖墙身砌法亦采用条砖一顺一丁式错缝实砌。内侧墙面有 5 个箭窗，一字排开，左、右两侧墙面各残存一个券门和一个箭窗。券门坍塌严重，宽度不能确定，顶部砖拱券采用两券两伏式，高 0.56m（照片 2–40）。箭窗宽约 0.60m，拱脚高 0.60m，拱高 0.35m，窗口下砖料坍塌严重，顶部砖券采用两券两伏式，与券门相同，高 0.55m。内侧（东南面）立面上有吐水石槽、花牙子线脚。两个吐水石槽均位于花牙子线脚层，挑出墙身 0.60m。花牙子线脚由三皮砖组成：一顺一丁砌法的砖一皮，挑出敌台墙身 0.05m，上覆砖角朝外且平铺的砖一皮，较其下层砖挑出 0.07m，第三皮为短边朝外砌法，外侧与第二皮砖齐平（照片 2–41）。

（3）券室

结构完全坍塌。

（4）台顶

地面坍塌，三个墙面顶部的雉堞保存较好，其中垛下墙存 8 皮砖，高约 0.80m，垛墙存 7 ~ 9 皮砖，高约 0.70 ~ 0.90m，垛墙顶面无垛顶砖。每面垛墙下部中间位置均有一个三角形射孔，由砖料层层叠涩而成，比较少见（照片 2–41）。值得注意的是，垛口两侧的垛口砖均平直，并未呈抹角，也较为特殊（照片 2–39，照片 2–40）。

第二节 马面、烽火台

由于马面现状损坏较严重，没有一座是完整的，仅存条石基础和若干皮残损的砖砌墙身。基础和墙身所用的石料和砖料材质及尺寸与空心敌台无异。其中有一座马面外皮用不规则大块石垒砌，白石灰勾缝，墙芯内填以小块石、碎石及三合土，一如石砌墙用材，现状仅存墙体。调研发现，马面的基础及墙身的材料和其相邻的两侧城墙墙体材料完全一致。如 D27—M5 段及 M5—D28 段和 M5 均为条石基础，砖墙身；而 D15—M3 靠近 M3 部分及 M3—M4 段和 M3 均用块石垒筑。

从残存的马面来看，呈长方形，底部东西面宽 7 ~ 9m，南北进深 6m 左右，顶部面宽大致在 6m，进深 4.50m 左右，残高在 6 ~ 7m，现有墙体收分比例在 1/6 ~ 1/7。

现存马面均仅存墙体，有石砌和包砖两种（照片 2–42，照片 2–43）。石砌马面构造一如石砌墙：外层用大块石垒筑，碎石和石灰填缝并抹平，外层厚度 0.45 ~ 0.60m 不等，墙芯用小块石、碎石及三合土填充并夯实。包砖马面构造也一如空心敌台：外层用规整的条石错缝砌筑成基础，其上用条砖采用一顺一丁式、错缝砌筑成墙身，墙芯用小块石、碎石及三合土填充。顶部雉堞采用顺边（长边）朝外砌筑。墙体的收分采用砖面的收分方式，因而形成平整的墙体。

再观之烽火台，现存者均采用不规则、大小不一的块石与白石灰垒砌，且残损较严重，仅存石砌墙体，其上构件均不存。有长方形和圆形两种形状，长方形底面边长在 7 ~ 9m，顶面边长一般在 4 ~ 6m，残高大致在 3 ~ 4.50m，现有墙体收分比例在 1/7 左右。圆形烽火台台体底部直径在 4.50m 左右，顶面直径在 4m 左右，残高为 2m，墙体收分为 1/4。与马面不同的是，烽火台的砌筑材料和与其相邻的两侧城墙墙体材料并无对应关系。

现存烽火台也仅存墙体，其上部分均不存，且均用块石垒筑，用石灰作为黏结材料，并勾缝抹平外表面。小河口段长城烽火台有两种形状，一种呈长方形，一种呈圆形，圆形仅 F10 一座（照片 2–44，照片 2–45）。无论哪种形状，其构造方式与所有石砌墙和石砌马面均如出一辙。

照片 2–43　包砖马面遗址

照片 2–44　长方形烽火台

照片 2–45　圆形烽火台（F10）

第三节 细部

由于明代长城的建设是采取分区、分片、分段包干的方法，由各据点的戍守兵官负责建造，各营可在主体形式不变的情况下，进行一些细小的变形和装饰，而当时的将士来自不同的地区，具有不同的地域文化背景，修筑的细部构件外观也形式多样。

一、花牙子线脚

花牙子线脚是空心敌台上砖砌墙身与顶部雉堞之间的分割过渡层，一般悬挑出墙身 0.05 ~ 0.15m。花牙子砖料层层悬挑，其最上层砖料与空心敌台顶面地墁砖齐平，再在两者接缝上砌筑雉堞，起到稳定悬挑砖层的作用。

小河口段长城空心敌台上的花牙子线脚，除蓟州镇段的 6 座敌台（分别为 D1、D6、D7、D10、D18、D23）损坏较严重无法辨认，及位于辽东镇段的 3 座敌台（分别为 D30、D31、D32）没有花牙子线脚之外，共有 14 种形式，砌筑方式无规律可循，砖料层数 1 ~ 5 不等（表 2–2）。

小河口段长城空心敌台花牙子形式 **表2-2**

序号	空心敌台编号	砖料层数	花牙子形式（按自下往上顺序）	备注	照片
1	D9	1	一层红色花岗岩条石	条石厚度为120mm，伸出墙面80mm	
2	D3、D4	3	一层挑砖（短边朝外） 一层花牙子一层挑砖（一顺一丁）	第一层和第三层出挑距离相同，中间层较其他两层突出	
3	D29	3	一层挑砖（一顺一丁）一层花牙子 一层挑砖（长边朝外）	中间层悬挑出第一层，第三层与中间层相齐平	
4	D13、D14	3	一层挑砖（一顺一丁）一层花牙子 一层挑砖（一顺一丁）	中间层悬挑出第一层，第三层与中间层相齐平； 第三层砖为薄砖	
5	D15、 D26、 D27、D28	3	一层挑砖（一顺一丁） 一层花牙子 一层挑砖（短边朝外）	第一层和第三层出挑距离相同，中间层较其他两层突出	
6	D5	3	一层挑砖（一顺一丁） 一层花牙子 一层挑砖（一顺一丁）	各层逐层挑出	
7	D8、D19	3	一层挑砖（长边朝外） 一层花牙子 一层挑砖（一顺一丁）	第一层和第三层出挑距离相同，中间层较其他两层突出	
8	D25	3	一层挑砖（长边朝外） 一层花牙子 一层赭红色花岗岩条石（长边朝外）	第一层和第三层出挑距离相同，中间层较其他两层突出	
9	D2	4	一层挑砖（长边朝外） 两层花牙子 一层挑砖（无法辨认）	第一层和第三层出挑距离相同，中间层较其他两层突出	
10	D11、 D12、 D17、D20	4	一层挑砖（一顺一丁） 两层花牙子 一层挑砖（长边朝外）	各层逐层挑出； 第一层砖为薄砖： D11、D12、D20： 第三层砖为薄砖	

续表

序号	空心敌台编号	砖料层数	花牙子形式（按自下往上顺序）	备注	照片
11	D21	4	一层挑砖（一顺一丁） 一层花牙子 一层挑砖（短边朝外） 一层挑砖（长边朝外）	各层逐层挑出	
12	D22	4	一层挑砖（一顺一丁） 两层花牙子 一层挑砖（一顺一丁）	第四层与第三层齐平	
13	D24	4	一层挑砖（一顺一丁） 两层花牙子 一层挑砖（短边朝外）	各层逐层挑出	
14	D16	5	两层挑砖（一顺一丁） 两层花牙子 一层挑砖（短边朝外）	各层逐层挑出	
15	D30、D31、D32	无	—	第二层砖料特殊，底边抹角	—

注：无法辨认花牙子形式的敌台：D1、D6、D7、D10、D18、D23；备注中的第一层砖、第二层砖、第三层砖以自下而上为顺序，第三层位于最上层

砖砌花牙子线脚的构造方式为：在墙身上方平砌一皮砖，悬挑出墙身 0.04 ~ 0.06m。在其上铺 1 ~ 2 皮砖角朝外，呈锯齿形的“花牙子”，尖角较下层砖悬挑出 0.08 ~ 0.10m，若是两层，则上下层错开砌筑，内侧锯齿形部分用石灰补齐。再在其上平砌 1 ~ 2 皮砖，此皮砖层外侧与其下的“花牙子”齐平，平砌的砖层砌砖方式不外乎一顺一丁式、短边朝外式和长边朝外式三种。线脚形式也就随着砖料层数、砌砖方式及悬挑距离三个变化因子而变化。

条石花牙子线脚仅 D9 一例，类似于城墙的压线石，赭红色粗粒花岗岩，长方形，长短不一，长度在 0.40 ~ 0.60m 之间，厚度为 0.09m。D25 为砖石混砌，由一层砖、一层锯齿形“花牙子”和一层赭红色粗粒花岗岩条石组成，中间层“花牙子”较其他两层悬挑距离大；D21 空心敌台“花牙子”之上平砌两层砖料，仅此一例；D16 空心敌台花牙子线脚中有一层平铺砖料底边抹角，呈弧形，比较特殊（表 2–2 中的照片）。

二、楼橹（铺房）

综合现存的小河口段长城残缺楼橹来推测，楼橹呈长方形，采用硬山式双坡屋顶，室内为单一空间，南北面（内、外侧）檐墙中央各开一个券门，在正对南券门的内侧，两楼梯间之间，建有影壁墙。楼橹屋盖采用砖券形式形成双坡面，屋面覆瓦件。

目前仅有 6 座空心敌台上有高于 1m 的楼橹墙面留存，其余均只残存 1m 以下的墙基，这 6 座空心敌台分别是 D3、D5、D11、D12、D17、D29，其中 D17 楼橹构件保存较多，质量较好，现以 D17 楼橹为主体，结合其他楼橹，探讨楼橹的细部构造。

楼橹东西面宽 5.68m，南北进深 4.33m，檐口高 2.73m，总高 4.40m，全部用砖砌筑。南北檐墙从下往上分为墙身、檐部及屋顶三部分。

南(内侧)檐墙中央有一券门，两侧各有一券窗，北(外侧)檐墙只有中央一个券门。券窗宽 0.85m，拱脚高 0.63m，拱高 0.50m，窗台面用方砖铺砌，砖面上未见窗轴孔，窗台高 0.83m（照片 2–46）。两个券门尺寸相近，宽 1.20m，拱脚高 1.26m，拱高 0.80m，券门内侧抹角（照片 2–47）。窗、门洞顶部的砖券均采用一券一伏式，高 0.35m。室内地面采用铺地方砖，边长为 0.37m，厚 0.09m，与室外铺地相同，室内外无高差。砖墙身采用一顺一丁式砌法，底部无基础，直接砌筑于空心敌台顶面。南墙厚 0.95m，墙身 22 皮砖，高 2.30m。北墙厚 0.88m，墙身 21 皮砖，高 2.20m，南侧地坪面高于北侧地坪面，东西山墙厚 0.60m。

楼橹檐部用砖仿木结构，砌筑出柱头、梁头、檐枋及圆形檩条（照片 2–48），檐部总高 0.35m。屋顶部分也将砖料加工成木屋顶构件：椽子、望板及飞檐椽，其中飞檐椽出挑望板及檐椽 0.10m，望

照片 2–46　D17 楼橹券窗

照片 2–47　D17 券门内侧抹角

照片 2–48　D17 楼橹檐部

照片 2-49　D17 楼橹屋顶构件

照片 2-50　D17 楼橹东西山墙

照片 2-51　由 D19 空心敌台鸟瞰附台

板及檐椽又出挑檩条 0.10m（照片 2-49）。东西山墙面上靠近檐口用砖叠涩成挑檐石，山尖上端用拔檐砖两道和搏风板（用条砖贴在墙面）（照片 2-50），一如民居硬山顶式山墙细部做法。屋顶上的瓦件均不存。这些砖质细部构件加工精美，砌筑技术精湛。

三、附台

附台是依附于空心敌台一侧的小台，与空心敌台直接连通，也可由室外进入。小河口段长城 D17 和 D19 各有一座附台，D17、D19 分别位于山谷两侧，两台隔谷对望，而同样位于山谷两侧的 D9 和 D10 则无附台。D17 东侧的附台损坏较严重，仅存下半部分实心台体，现以 D19 西侧的附台为例（照片 2-51）。

附台处于山脊上坡处，平面呈长方形，长 8m，宽 3.90m，北偏东 10°（图 2-8）。右侧（东南面）短边和空心敌台相连，屋顶已不存（照片 2-52）。赭红色粗粒花岗岩基础，规则条石与块石混筑，转角部位用规则的条石，内侧（西南面）基础最高处为 4.50m，外侧（东

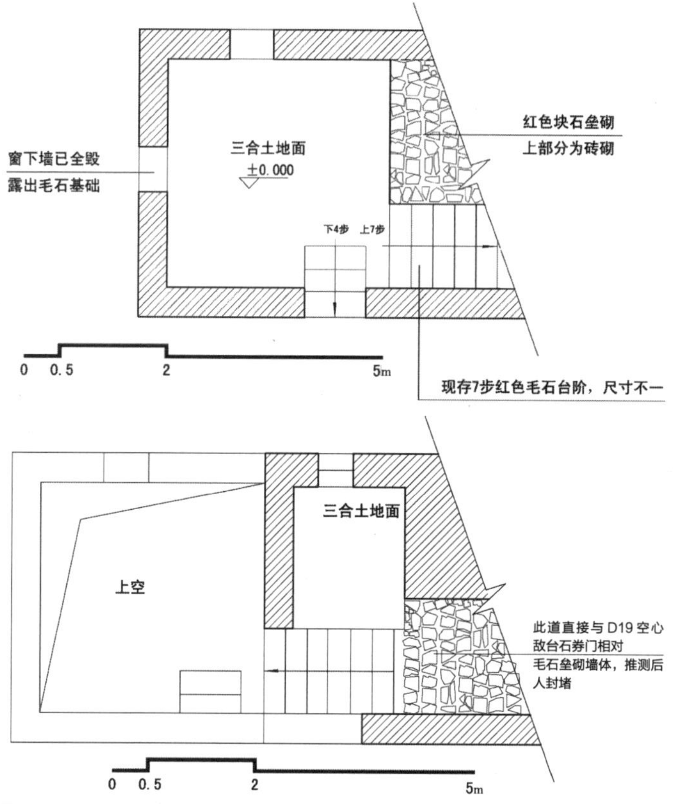

图 2-8　D19 附台测绘图

照片 2-52　D19 空心敌台左侧（西北面）的附台

照片 2-53　位于 D19 附台内侧券门

照片 2-54　通往 D19 的条石台阶

照片 2-55　D19 上层平台及垛口

照片 2-56　砖质和石质箭窗

北面）基础为 2 ~ 3m。台体内侧（西南面）有一券门，左侧（西北面）和外侧（东北面）各有一个券窗。券门宽 0.85m，下半部分为条石，上半部分为砖砌，高 2m，券门内有四步台阶（照片 2-53）。左侧券窗宽 0.61m，因窗下墙已坍塌不存，无法确定其高度。外侧券窗宽 0.63m，其顶部的砖拱券已不存，窗台高 0.85m。门、窗砖券采用一券一伏形式，高 0.33m，砖墙厚 0.40m，三合土地面，无铺地砖残存。右侧（东南面）原为通往空心敌台的赭红色粗粒花岗岩条石台阶，宽 1.15m，踏步高度不一，现被乱石封堵，仅露出 7 步台阶（照片 2-54）。

台阶外侧（东北面），与之比邻的是一块东西面宽 1.50m，南北进深 1.90m 的平台，地坪高 2.60m，下部以赭红色粗粒花岗岩块石垒筑。其外侧墙面有一个宽 0.48m 的垛口，垛墙高 0.35m，垛口基石采用一块三角形砖，与城墙上的垛口基石相似，此类砖常用于室外，可以推断，附台有可能原本就没有屋顶，或是该平台及台阶上部没有屋顶（照片 2-55）。

四、箭窗

箭窗主要分两种构造形式，一种是单层拱券，另一种是双层拱券。单层拱券是蓟州镇段箭窗统一采用的构造形式，先在窗洞两侧砌筑 4 ~ 6 皮砖作为拱脚，再在其上砌砖拱券，拱券形式或一券一伏式，或两券两伏式，砖券与空心敌台外墙面齐平，券脚平直，箭窗基石有石质的也有砖质的（照片 2-56）。

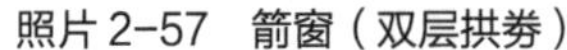

照片 2-57　箭窗（双层拱券）

照片 2-58　箭窗券脚

照片 2-59　空心敌台两种形式的箭窗基石——D21 箭窗基石

辽东镇三座空心敌台上的箭窗均采用双层拱券的构造形式（照片 2-57），两层砖拱券均采用一券式，下层拱券内退外层拱券（或空心敌台外墙面）0.05 ~ 0.15m，内外券脚相连，砖料抹角。蓟州镇 D12 和 D20 两座空心敌台上的箭窗均采用单层拱券的变形体，不同处在于券脚并非平直，而是呈倾斜状，使箭窗形成抹角以扩大视野（照片 2-58）。

五、箭窗基石

箭窗基石呈长方形，为一整块石料，有青石质（灰白色）和砂岩质（赭红色）两种。基石左右两端垒砌在箭窗拱角砖料下。基石中部位置有突出石面的窗坎，以窗坎为分界，外侧石面做成坡面，排泄雨水，内侧坡面坡度较小或不设坡度，窗坎中央偶尔有圆孔，两侧各有一个长方形凹槽，用来固定窗扇边的立板，内侧石面两端各有一个圆形的窗轴孔，与箭窗内侧顶部的木质窗横梁一起，来固定木质窗扇的窗轴。

小河口段长城箭窗基石尚存的空心敌台有七座：D9、D12、D13、D19、D21、D22 以及 D23，大致分两种形式，D9、D21 和 D23 箭窗基石属一种形式，其余属另一种。前者以 D21 箭窗基石为例，长 0.74m，宽 0.37m，厚 0.12m。其中窗坎高 0.02m，宽 0.07m，两端长方形凹槽长 0.09m，宽 0.03m，深 0.02m。窗坎内外两侧同宽，为 0.15m，外侧两端平直，内侧两端的窗轴孔直径 0.04m，深 0.02m。后者以 D12 箭窗窗基石为例，长 1.25m，宽 0.50m，厚 0.17m。其中窗坎高 0.05m，宽 0.08m，两端长方形凹槽长 0.08m，宽 0.02m，深 0.02m。窗坎外侧宽 0.35m，两端呈斜角，中部为排水斜面，内侧宽 0.07m，两端的窗轴孔，直径 0.04m，深 0.02m（照片 2-59）。

六、雉堞上的望/射孔与券窗

垛墙上望孔外侧的砖料与城墙中战墙上的一样，是由上下两半条砖拼合而成，呈方形，边长为0.40m，中央挖出直径为0.20m的圆孔，望孔内外侧一致，望孔内部用石灰等混合物抹平内壁面，值得注意的是，为了满足仰视或俯视的需要，望孔内壁也按所处地形的需要，抹成斜向上或斜向下形状。

垛下墙上的射孔也和城墙上的射孔构造基本一致，构造形式为：在砌筑垛下墙时预留出方形砖洞，在砖洞顶部的砖料上雕刻出壶门装饰，用条砖顺边（长边）朝外砌筑。射孔内外侧的做法也一致。它与城墙上的不同之处仅在于，方形砖洞内侧并非平直，而是砖角呈抹角，便于观望和射击。

在19号空心敌台顶部墙面上还完整保存着瞭望用的券窗，其形制及构造与墙面上的箭窗一致——用砖拱券形式，下置箭窗基石，只不过雉堞上的券窗窗洞高度较小，净高约0.55m，瞭望用的券窗净高多在0.65 ~ 0.80m（照片2-60）。

望孔

射孔砖角呈抹角

券窗

照片2-60 空心敌台顶部

七、影壁墙

影壁墙实际上就是传统民居入口处的影壁，建于空心敌台楼橹南门正对处。现存影壁墙的空心敌台共有三座：D17、D19以及D29。这三面仅存的影壁墙均分为上下两部分：影壁底座和影壁面，但构造形式均不相同。

D17的影壁墙残高1.10m，宽1.95m，影壁底座高0.65m，用条砖，长边朝外砌筑成两层边框，边框内以条砖侧砌，宽面朝外构成壁面，边框逐层内退0.04m，壁面中央底部位置开凿出一个射孔。在底座上平铺一皮长边朝外的砖料后，内外两侧均用方砖侧砌成影壁墙面，壁面厚度为0.40m，内部则用条砖填充，现状影壁墙面仅存一皮，高0.45m，砖料间以白石灰黏结。影壁墙上所使用的长、方砖尺寸与空心敌台所用的完全一致。D19的影壁墙残高2.20m，宽2m，影壁底座做法与D17无异，只是相对较矮，高0.40m，其上的影壁面用一皮呈抹角形的砖料包边，包边厚度为0.08m，边内为影壁墙面，墙面砖料已不存，露出白石灰黏结层及内部的条砖填充部分，填充的条砖也采用侧砌垒筑。D29的影壁墙不同之处在于，底座与影壁面之间的一皮砖料突出于底座约0.06m，且其影壁墙面采用侧砌的一顺一丁式砌法，壁面厚度为0.40m，其内部以碎石和三合土填充（照片2-61）。

照片 2-61　影壁墙

八、垛口砖、垛顶砖、垛口基石

垛口砖一般一端为三角形，一端为长方形，三角形一端位于垛口处，使垛口内外均形成抹角，以扩大视野，垛口砖宽度与空心敌台顶部雉堞同宽，一般为 0.40m，厚 0.10m。

空心敌台上的垛顶砖与城墙上的完全一致：横断面为三角形，中央成脊，两侧呈坡形，利于雨水排泄，长 0.40m，宽 0.38m，脊线高度 0.15m。

垛口基石与箭窗基石大体上相同，基石中央有圆孔，用于支撑佛郎机炮位。不同处在于，垛口基石窗坎突出石面较少，一般为 15 ~ 20mm，两端凿出三角形石面，深入三角形垛口砖下。垛口基石处于室外环境，因此窗坎外侧石面均做成弧线形或斜面，防止雨水积聚。台顶现存垛口基石的空心敌台共有五座：D12、D13、D14、D19 和 D29。现以 D14 垛口基石为例：灰白色花岗岩，长 0.82m，宽 0.40m，厚 0.17m，中央圆孔直径 0.04m，深 0.03m（照片 2-62）。

照片 2-62　垛口砖、垛顶砖、垛口基石

九、券门雕刻

券门雕刻是各地文化融合的产物，是戍边官兵们艺术创造和智慧的结晶，大部分都源自于生活，具有鲜明的时代特点和强烈的装饰之美。驻守抚宁小河口一带的官兵多为浙江和山东人，在修筑长城的过程中，多将家乡的吉祥花鸟图案结合当地的地方审美习惯表现于券门的雕刻装饰上。

小河口段长城空心敌台中，现存石质券门共有 12 座，其中石面上有雕刻的有 5 座，分别为 D11、D12、D16、D19 以及 D20。雕刻内容均为花卉，以莲花为多，并按照券门各组成构件的形状，设计不同造型的花卉图案，如在半圆形的顶部拱券石上雕刻曲线形缠枝莲，长条形的门柱石上雕刻宝瓶花卉。

这些图案纹样讲究对称，均衡富有变化，简洁活泼而又不失庄重，与当时南方民居宅院的雕刻形式和装饰风格相吻合，透露出将士们的思乡之情，也体现出将士们对美的追求和对幸福、安定生活的向往（照片 2–63）。

照片 2–63　券门浮雕

小结

点式构筑的建筑材料分为石砌和外包砖两种。石砌台体由不规则且大小不一的块石用石灰黏结而砌成，其构造方式符合块石的物理特性：大块石用于台体的外层及转角部位，平面朝外，逐层垒砌并层层内退，形成墙面收分，加强整体稳定性，石缝间用碎石和白石灰填补并抹平，墙芯内用小块石、碎石及三合土的混合物填充并夯实；顶面雉堞等组成构件也采用同种方式。外包砖台先在外层用条石或块石垒砌成基础，条石错缝垒筑，块石则垒成“虎皮墙”，基础高度一般随地形而各异；在基础之上，用条砖采用一顺一丁式砌法筑成墙身，砖墙身一般厚约 0.60m，墙面的收分直接由砖料的收分而形成一个平整的面。小河口段长城中的城墙及构筑物主体部分均采用前述构造方式，无一例外，仅在细部构造方式有所不同。

空心敌台均为外包砖石形式，且采用砖拱券结构，通过数道筒拱来承重，共有六种形制类型，形制不同，台体内部筒拱的布置方式也不同。辽东镇段的三座空心敌台形制较统一，不同于蓟州镇段。

台体基础材料有条石和块石两种，蓟州镇段的空心敌台基础均使用条石，而辽东镇段的空心敌台（三座）则使用块石，但基础高度都与相邻两侧城墙基础高度大致相同，且台体内部地坪要高于条石基础。同样是砖料垒砌，墙身和顶部雉堞砌法不同：墙身采用一顺一丁式，而雉堞则采用长边朝外式；空心敌台的墙面收分均在 1/10 ~ 1/12；墙身与雉堞之间的花牙子线脚既有单层条石，也有砖料垒砌，还有砖石混砌，形式外观多样，总结起来共有 14 种样式。顶部雉堞垛墙上端开设望孔，下端开设射孔，两者在形式及构造上都不一样：望孔内外由上下两片砖料拼合而成，孔洞按观望需要呈倾斜形；射孔有预留孔洞和预制射孔砖两种构造形式。有的空心敌台垛墙上还开设箭窗，此箭窗与墙身上的箭窗构造方式一致，但尺寸略小。垛口两侧的垛口砖有呈平直和抹角两种。在空心敌台内部，筒拱的方向与相邻两侧的城墙走向没有对应关系，有的两者同向，有的垂直。台体内的所有砖券形式均保持一致，并且与墙身箭窗的砖券形式相一致，如台内通道上的砖券是一券一伏式的，其墙身箭窗也必定是一券一伏样式。小河口段长城中，有的空心敌台没有券门，有的有一个，有的有两个，没有定制，并且有时左右两侧的券门位置并不对称。通过对比发现，蓟州镇段的空心敌台墙身上的箭窗与辽东镇段的在构造上有区别，前者为单层，后者为内外双层，且蓟州镇段空心敌台在施工质量上要优于辽东镇段。从现状遗址整体保存情况来看，有 20 座空心敌台存在部分或局部的坍塌、残损情况，有 12 座坍塌现象严重，这其中有 2 座已完全不存。

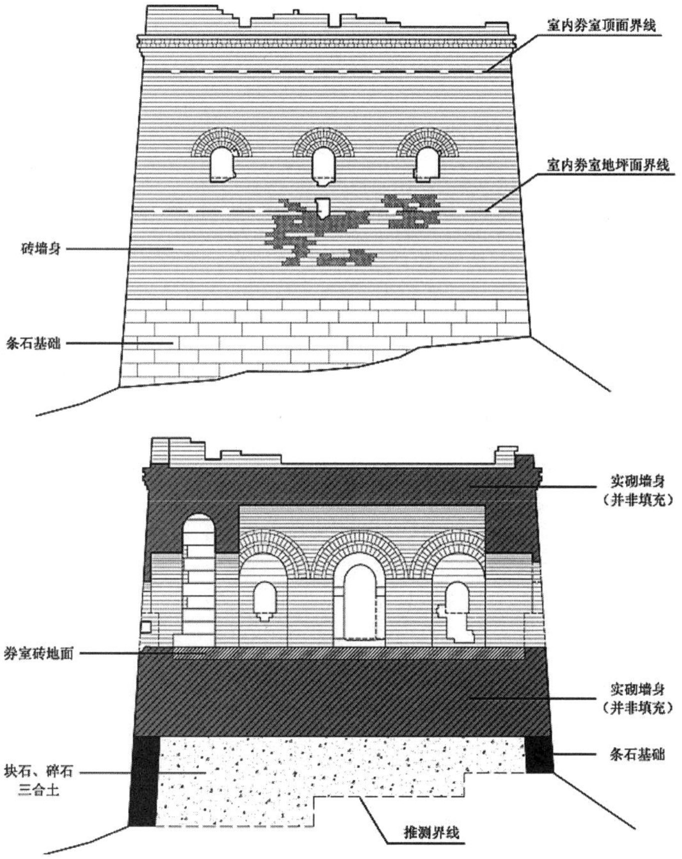

空心敌台构造有两点值得注意，其一是空心敌台券室地坪面以下，条石基础以上之间的砖墙身是采用实砌法，并非用块石、石灰等材料填充，而条石基础内部则为使用填充材料（图 2-9，照片 2-64）。其二是蓟州镇段空心敌台券室顶层内部用砖实砌，而辽东镇段的 3 座空心敌台则均用黄泥、块石、碎砖瓦等材料填充，建筑及施工质量远不及前者（图 2-9，照片 2-65）。

在小河口段长城中只发现 5 座马面，其中有 3 座是外包砖石，两座是石砌，研究发现，马面的砌筑材料与其相邻的两侧城墙墙体的材料相一致；所有马面均坍塌严重，仅存墙体，其上组成部件一概不存。

图 2-9　附台测绘图

烽火台现存共有 10 座，均

照片 2-64　条石基础内的填充材料堆筑至基础顶面为止

照片 2-65　券室顶面砖层内用黄泥、碎瓦等材料填充

为石砌，其与相邻两侧城墙墙体的材料并无对应关系；在烽火台形状方面，仅有位于辽东镇段的一座为圆形，其余皆为长方形或方形。

第三章 地形与选址布局

长城是修筑在中原民族与草原游牧民族之间的一堵巨大的“墙体”，防御北方敌人入侵是长城修建的最主要原因，那么在其建造过程中就涉及如何选择与利用比较有利的自然地形，最大程度地发挥长城的军事防御功能。《孙子兵法》中的地形篇就专门强调地形对于军事的影响，文中提到：“夫地形者，兵之助也。料敌制胜，计险扼远近，上将之道也。”[1]《吴子兵法·论将》也指出：“地机者，路狭道险，名山大塞，十夫所守，千夫不过。”[2]这些皆突出了地形对军事防御设施的选址及布局所起的重要作用，而且与当地实际地形的结合，也是长城多样性的主要因素。

第一节 城墙

小河口段长城的整体走势可大致归纳为：两个梯段、三处山谷。

两个梯段：小河口段长城位于燕山余脉，是典型的山地地形，山体起伏较大。从城墙整体地形剖面图上看（图 3–1），其所经地势高低起伏显著，可以分为两个梯段：第一梯段在 D1—D10 以及 D30—D32 范围内，平均海拔在 400m 左右；第二梯段在 D11—D28 范围内，平均海拔在 450m 左右。也就是说，小河口段长城地势东西两端低、中间高。

三处山谷：两个梯段间以两个坡度较陡的山谷相连接，第一处位于地形剖面 1.3 公里处的 D9 与 D11 之间，其左侧（西侧）山顶与谷底的高差在 40m 左右，坡度在 55° 左右，右侧（东侧）高差大约在 120m 以上，坡度在 55° 左右；第二处山谷位于城墙剖面 7 公里处的 D30 与 D31 之间，山谷左右（东、西）两侧山顶与谷底的高差在 20 ~ 25m，坡度在 40° 左右；另外，在地势较高梯段的中央位置，城墙剖面 3.5 公里处的 D17 与 D19 之间，有一较大的山谷（照片 3–1），左右（东西）两侧山顶与谷底的高差在 150m 左右，坡度在 50° 左右，此峡谷外侧（北面）与小河口村相连。

根据小河口段长城山体高程图（图 3–2），长城外侧（北面）为山谷地带，山顶与山谷的高差在 300 ~ 400m。对于探讨小河口段长城城墙的选址和布局特征，须从城墙所处地形的坡度分析入手。

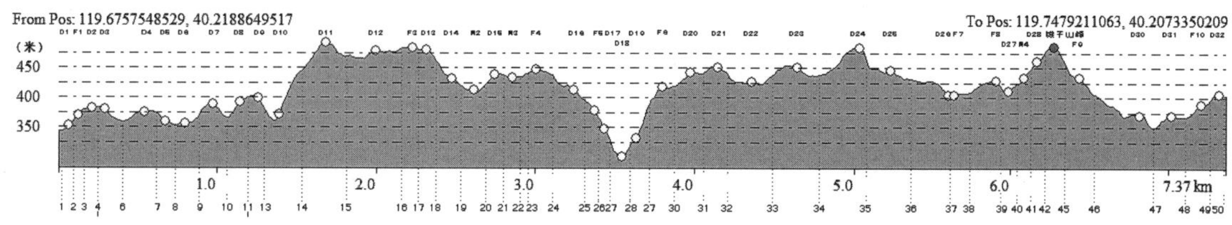

图 3–1 长城沿线地形剖面

---

1 银雀山汉墓竹简整理小组.孙子兵法.北京：文物出版社，1976：153.

2 《中国军事史》编写组.武经七书注释.北京：解放军出版社，1986：356.

城墙无论处于山顶地势较高处，还是处于山谷地势较低处，均沿山脊线修筑。从剖面上来看（图3–3），大多数城墙的海拔高度比外侧山谷的高50～100m，且绝大多数城墙沿着外侧山坡与山顶面的交接线布置。山顶面的坡度在0°～5°，而外侧山坡的坡度在20°以上（图3–4）。其中横断面2（城墙D1—F1段）（图3–3）中的城墙修筑在山坡面的上半部分，而并非在山顶，原因可能是外侧300m处有突起的山包且其外侧有一定坡度（在20°以上），可有效减缓蒙古骑兵的冲锋速度。

此外，从横断面10至横断面14中可以发现，这连续的五段城墙（由D7到D11之间）内侧，250～400m范围内有一座海拔在350～425m的山岭；从横断面24至横断面32中，这连续的五段城墙（由

照片3–1　小河口段长城地势

图3–2　小河口段长城山体高程图

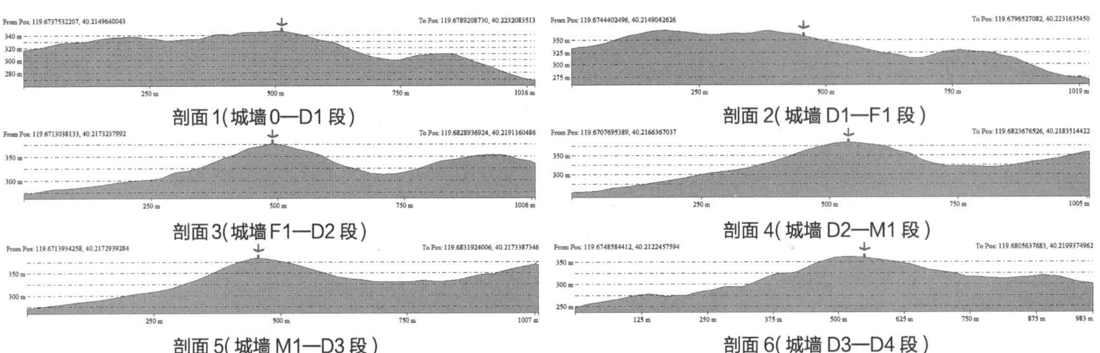

图3–3　城墙剖面（一）

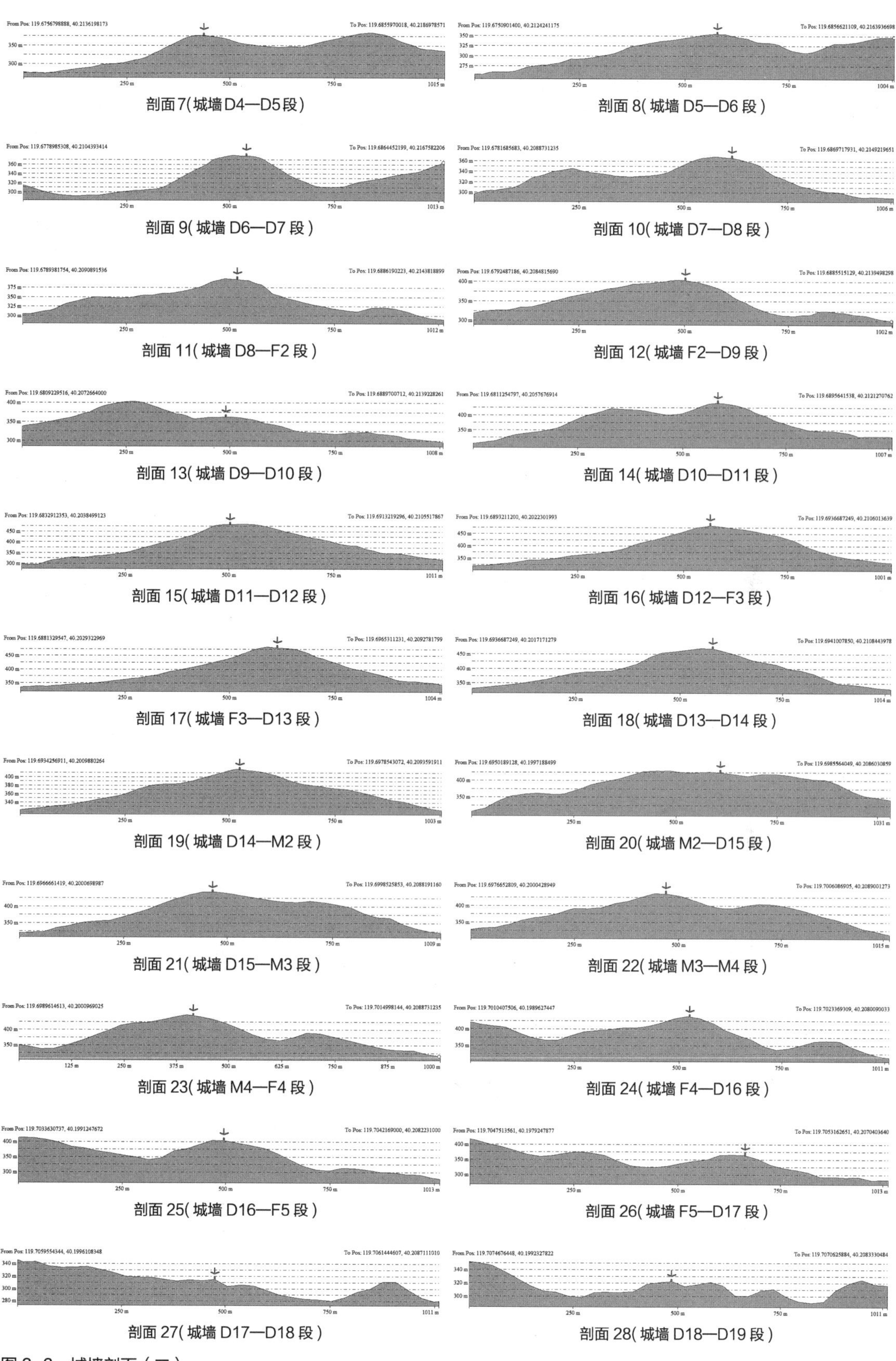

剖面 7(城墙 D4—D5 段)

剖面 8(城墙 D5—D6 段)

剖面 9(城墙 D6—D7 段)

剖面 10(城墙 D7—D8 段)

剖面 11(城墙 D8—F2 段)

剖面 12(城墙 F2—D9 段)

剖面 13(城墙 D9—D10 段)

剖面 14(城墙 D10—D11 段)

剖面 15(城墙 D11—D12 段)

剖面 16(城墙 D12—F3 段)

剖面 17(城墙 F3—D13 段)

剖面 18(城墙 D13—D14 段)

剖面 19(城墙 D14—M2 段)

剖面 20(城墙 M2—D15 段)

剖面 21(城墙 D15—M3 段)

剖面 22(城墙 M3—M4 段)

剖面 23(城墙 M4—F4 段)

剖面 24(城墙 F4—D16 段)

剖面 25(城墙 D16—F5 段)

剖面 26(城墙 F5—D17 段)

剖面 27(城墙 D17—D18 段)

剖面 28(城墙 D18—D19 段)

图 3-3 城墙剖面(二)

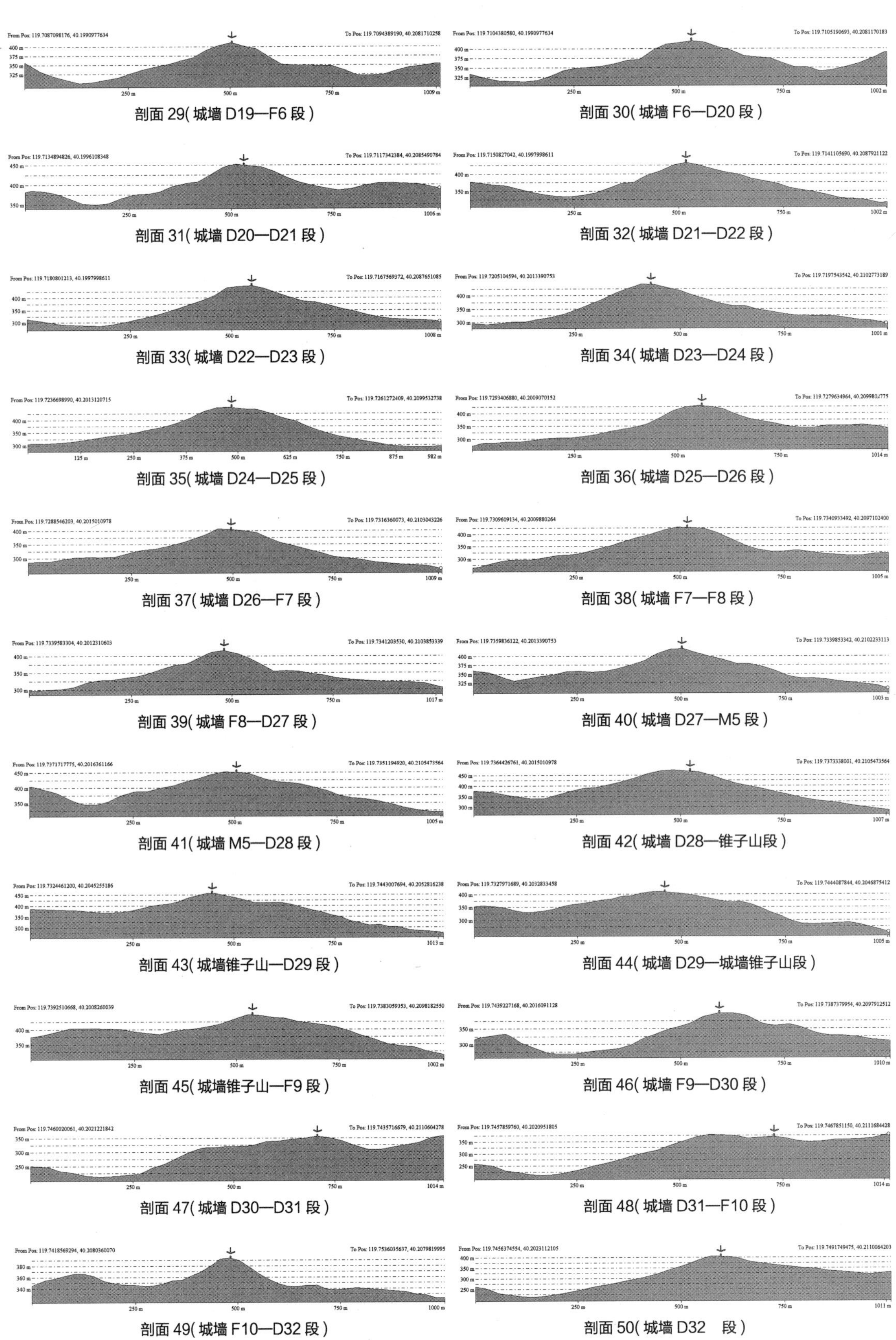
剖面 29(城墙 D19—F6 段)
剖面 30(城墙 F6—D20 段)
剖面 31(城墙 D20—D21 段)
剖面 32(城墙 D21—D22 段)
剖面 33(城墙 D22—D23 段)
剖面 34(城墙 D23—D24 段)
剖面 35(城墙 D24—D25 段)
剖面 36(城墙 D25—D26 段)
剖面 37(城墙 D26—F7 段)
剖面 38(城墙 F7—F8 段)
剖面 39(城墙 F8—D27 段)
剖面 40(城墙 D27—M5 段)
剖面 41(城墙 M5—D28 段)
剖面 42(城墙 D28—锥子山段)
剖面 43(城墙锥子山—D29 段)
剖面 44(城墙 D29—城墙锥子山段)
剖面 45(城墙锥子山—F9 段)
剖面 46(城墙 F9—D30 段)
剖面 47(城墙 D30—D31 段)
剖面 48(城墙 D31—F10 段)
剖面 49(城墙 F10—D32 段)
剖面 50(城墙 D32　段)

图 3-3　城墙剖面（三）

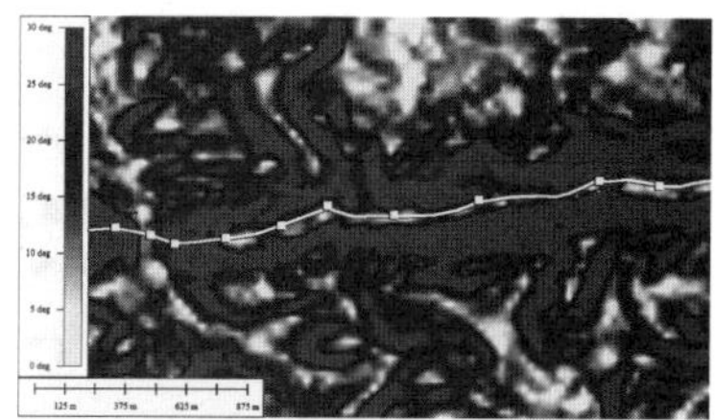

图 3-4　城墙局部地形坡度

图 3-5　城墙 D7—D11 段山体高程图

图 3-6　城墙 D7—D11 段鸟瞰图（由长城外往内望）

图 3-7　城墙 F5—D19 段山体高程图

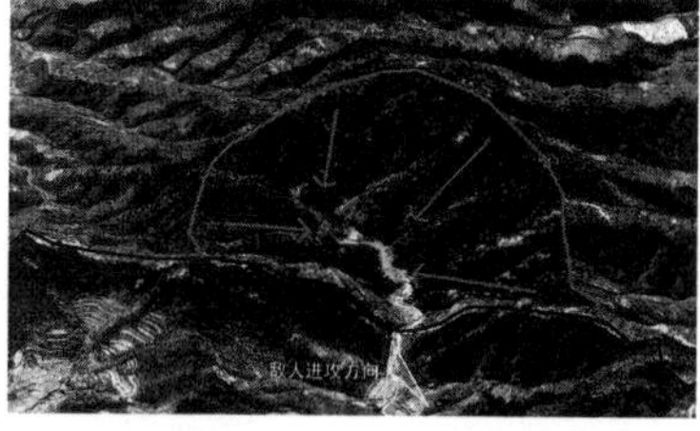

图 3-8　城墙 F5—D19 段鸟瞰图（由长城外往内望）

图 3-9　城墙 F9—F10 段山体高程图

图 3-10　城墙 F9—F10 段鸟瞰图（由长城外往内望）

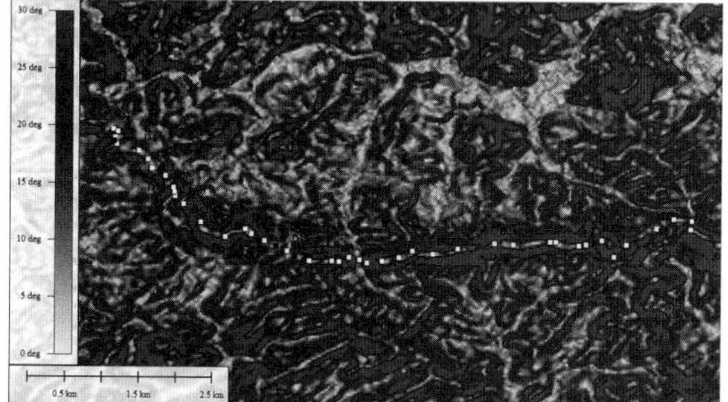

图 3-11　空心敌台、马面及烽火台的地形坡度

F5 到 D19 之间）内侧 500m 左右处，有一座海拔在 340 ~ 420m 的山岭。类似情况也出现在横断面 46 至横断面 48 中，连续的六段城墙（由 F9 到 F10 之间）内侧 500m 左右处，有一条海拔在 350 ~ 400m 的山脊。通过与小河口段长城山体高程图（图 3-5，图 3-7，图 3-9）及鸟瞰图（图 3-6，图 3-8，图 3-10）相互之间参照、比对，结果发现这三处城墙段均位于小河口段长城的三处山谷地带，且其内侧均有呈围合式的山脊，倘若敌人从城墙防御薄弱环节——山谷处破墙而入，守城将士们依旧可以凭借深沟高岭的绝佳作战地形，居高临下，扼守敌人前进的路线。

第二节 空心敌台、马面

空心敌台与马面，二者功能相近、尺度相当，故列为一组。影响空心敌台与马面的选址和布局主要有海拔间距、地形坡度、视域范围及武器射程等四个因素。

一、海拔间距

小河口段长城的空心敌台与马面的平均距离为228m。东西两端地势较低地段，D1至D10（蓟州镇段）的平均距离为144m，D30至D32（辽东镇段）的平均距离为216m；中间地势较高地段，D11至D18的平均距离为222m，D19至D28的平均距离为273m（表3–1）。

小河口段长城空心敌台和马面的间距与所处地势的海拔高度关系 表3–1

	敌台编号	所属镇区	海拔高度（m）	平均海拔高度（m）	间距[1]（m）	平均距离（包括马面）（m）
地势较低段	D1	蓟州	357	401	—	144
	D2	蓟州	424		110	
	M1	蓟州	410		28	
	D3	蓟州	399		62	
	D4	蓟州	404		244	
	D5	蓟州	382		143	
	D6	蓟州	380		125	
	D7	蓟州	415		163	
	D8	蓟州	413		157	
	D9	蓟州	419		132	
	D10	蓟州	405		136	
地势较高段	D11	蓟州	527	449	281	222
	D12	蓟州	506		311	
	D13	蓟州	520		281	
	D14	蓟州	466		172	
	M2	蓟州	429		128	
	D15	蓟州	474		132	
	M3	蓟州	466		113	
	M4	蓟州	470		91	
	D16	蓟州	423		289	
	D17	蓟州	364		189	
	D18	蓟州	291		117	
	D19	蓟州	342	457	80	273
	D20	蓟州	466		351	
	D21	蓟州	495		172	
	D22	蓟州	466		207	
	D23	蓟州	501		285	
	D24	蓟州	517		385	
	D25	蓟州	496		204	
	D26	蓟州	422		372	
	D27	蓟州	424		381	
	M5	蓟州	437		100	
	D28	蓟州	466		77	
—	D29	蓟州	446	—	248	—
地势较低段	D30	辽东	412	414	581	216
	D31	辽东	396		211	
	D32	辽东	435		221	
D1至D32总长度为7286m，平均间距为228m。平均海拔高度为431m						
注：由于D29与其他空心敌台之间有锥子山山峰间隔，其间距没有参考性，故未在本表分析范围内						

1 此“间距”仅指相邻空心敌台之间的直线距离，以下皆同。

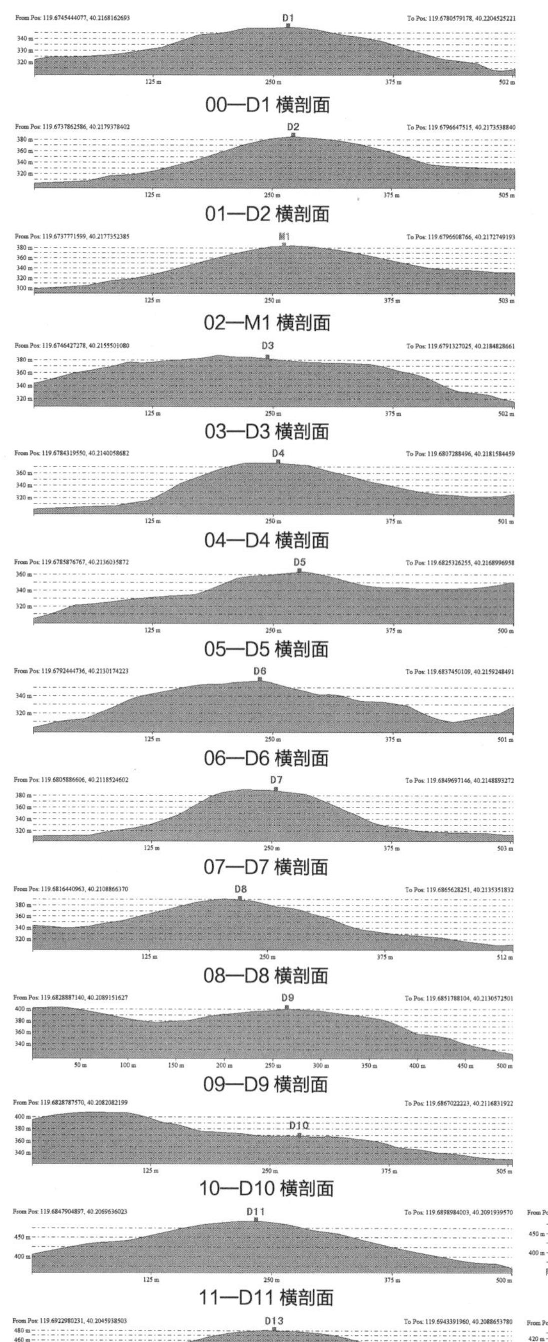

结合上述数据及表 3–1 中的空心敌台分布密度可知：小河口段长城空心敌台和马面之间的间距与所处地势的海拔高度有密切关系，相对而言，地势较低地段，敌台分布较密集；地势较高地段，敌台分布较疏松，这也符合长城军事防御的基本要求。

二、地形坡度

从图 3–11 中可以看到，空心敌台及马面均处于山顶面上，而山顶面坡度较小，一般在 0° ~ 5°，外侧山坡坡度基本在 10° ~ 20°；从图 3–12 中可以看到，大多数空心敌台及马面布置在外侧山坡与山顶面的交接转折线上。

如表 3–2 所示，浅色部分如 D8、D9、D10、M4 以及 D19 等，外侧山坡与山顶之间的坡度差均在 15° ~ 25°，差值相对偏大，而台体与外侧山谷之间的海拔高差却在 20 ~ 80m，平均高差在 55 余米，差值相对偏小；与此相反，深色部分如 D11、D13、D16、D20 以及 D25 等，海拔高差在 90m 以上，平均高差为 106m，差值相对偏大，而坡度差在 10° ~ 15°，差值相对偏小。

综上，空心敌台与马面的布置要么是在两侧坡度相差较大处，即外侧山坡较陡处，要么就是在比外侧地势高的位置，即海拔相对较高处。这

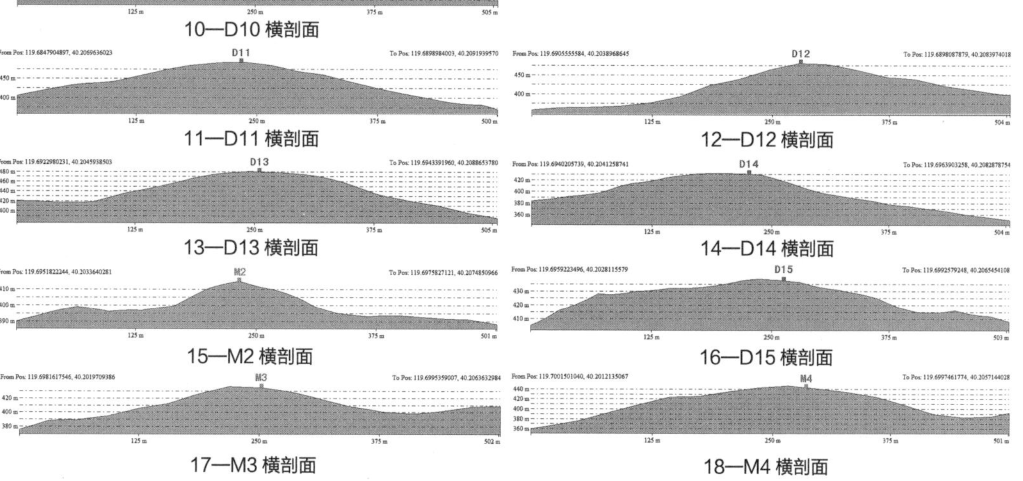

图 3–12　空心敌台与马面横剖面（一）

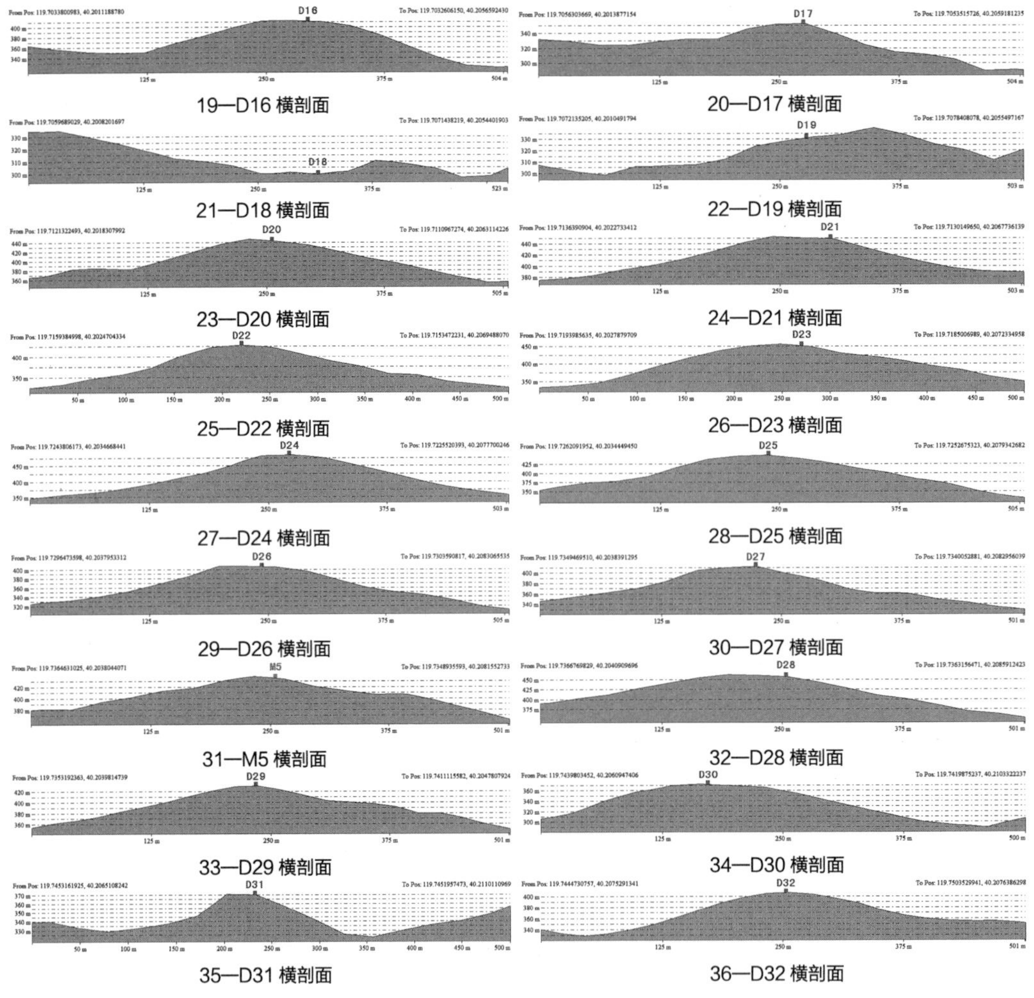

19—D16 横剖面　20—D17 横剖面
21—D18 横剖面　22—D19 横剖面
23—D20 横剖面　24—D21 横剖面
25—D22 横剖面　26—D23 横剖面
27—D24 横剖面　28—D25 横剖面
29—D26 横剖面　30—D27 横剖面
31—M5 横剖面　32—D28 横剖面
33—D29 横剖面　34—D30 横剖面
35—D31 横剖面　36—D32 横剖面

图 3-12　空心敌台与马面横剖面（二）

敌台马面地形坡度　　表 3-2

敌台/马面编号	外侧坡度（°）	山顶坡度（°）	内外坡度差（°）	敌台/马面与外侧山谷海拔高差（m）
D1	10 ~ 15	0 ~ 5	5 ~ 10	30
D2	0 ~ 10	0 ~ 5	0 ~ 5	55
M1	0 ~ 10	0 ~ 5	0 ~ 5	50
D3	15 ~ 20	0 ~ 5	15	60
D4	10 ~ 20	0 ~ 5	10 ~ 15	55
D5	5 ~ 15	0 ~ 5	5 ~ 10	15
D6	10 ~ 15	0 ~ 5	10	70
D7	10 ~ 20	0 ~ 5	10 ~ 15	80
D8	20 ~ 25	0 ~ 5	20	80
D9	20 ~ 25	0 ~ 5	20	70
D10	25 ~ 30	0 ~ 5	25	40
D11	10 ~ 20	0 ~ 5	10 ~ 15	125
D12	15 ~ 20	0 ~ 5	10 ~ 15	75
D13	10 ~ 20	0 ~ 5	10 ~ 15	90
D14	15 ~ 25	0 ~ 5	15 ~ 20	80
M2	10 ~ 15	0 ~ 5	10	25

续表

敌台/马面编号	外侧坡度（°）	山顶坡度（°）	内外坡度差（°）	敌台/马面与外侧山谷海拔高差（m）
D15	10 ~ 15	0 ~ 5	10	45
M3	10 ~ 15	0 ~ 5	10	40
M4	15 ~ 20	0 ~ 5	15	60
D16	10 ~ 15	0 ~ 5	10	90
D17	25 ~ 30	0 ~ 5	25	60
D18	10 ~ 15	0 ~ 5	10	10
D19	20 ~ 30	0 ~ 5	20 ~ 25	20
D20	10 ~ 20	0 ~ 5	10 ~ 15	90
D21	15 ~ 20	0 ~ 5	15	60
D22	10 ~ 20	0 ~ 5	10 ~ 15	100
D23	15 ~ 20	0 ~ 5	15	100
D24	10 ~ 15	0 ~ 5	10	130
D25	10 ~ 15	0 ~ 5	10	125
D26	15 ~ 20	0 ~ 5	15	100
D27	10 ~ 15	0 ~ 5	10	80
M5	15 ~ 20	0 ~ 5	15	75
D28	15 ~ 20	0 ~ 5	15	110
D29	20 ~ 25	0 ~ 5	20	80
D30	10 ~ 15	0 ~ 5	10	80
D31	15 ~ 25	0 ~ 5	15 ~ 20	50
D32	10 ~ 15	0 ~ 5	10	60

两个布置原则上都能有效延长敌骑在进攻过程中的奔袭时间，为守城士兵争取更多战机。而像 D23、D26 和 D28 坡度差为 15°，海拔高差在 100m，属于既有高差又有坡度的绝佳地势，并且空心敌台与马面又布置在山顶和外侧山坡的坡度转折线上。

三、视域范围

在理想情况下，双眼裸视观看单幢平房的视距为 5 ~ 8 公里，又据《武备志》记载，普通武器射程最远在 3000m 左右，因此，空心敌台与马面的视域范围分析以 3000m 为半径。

如图 3–13 所示，在 D1 至 D10 小河口段长城西侧地势较低段中，D1 处于东西方向山谷上坡段，无法观望到东侧的任何一座构筑物，可看到西侧两座空心敌台；D2、D3、D4 和 D5 均位于山脊线上，视野范围覆盖东侧 5 ~ 7 个构筑物，其中 D3 位于山峰东侧下坡段，西侧视线受阻，仅能看见 D2；D7 位于山顶制高点上，东西两侧视野范围可覆盖 12 个构筑物；D6 处于急速攀升至 D7 的山坡上，陡峭的山势遮挡了东侧的视线；D10 处于山谷底部，只能看到其西侧的 D9；除此之外，其余敌台及马面视域范围均能覆盖周边 3 ~ 4 个构筑物。

在 D30 至 D32 小河口段长城东侧地势较低段中，也就是辽东镇段中，由于距离高耸的锥子山山峰

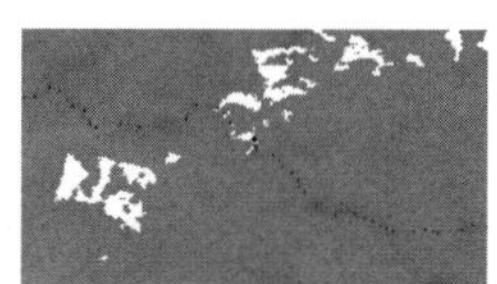
00–D1 视域分析

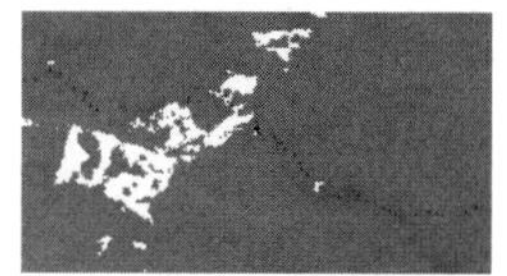
01–D2 视域分析

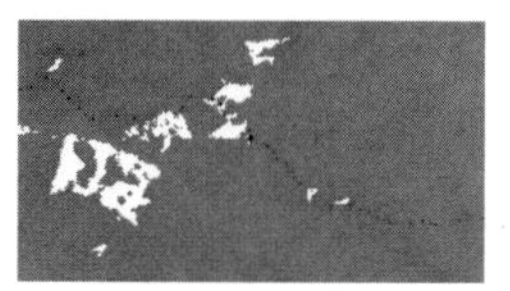
02–M1 视域分析

03–D3 视域分析

图 3–13　空心敌台与马面视域分析（一）

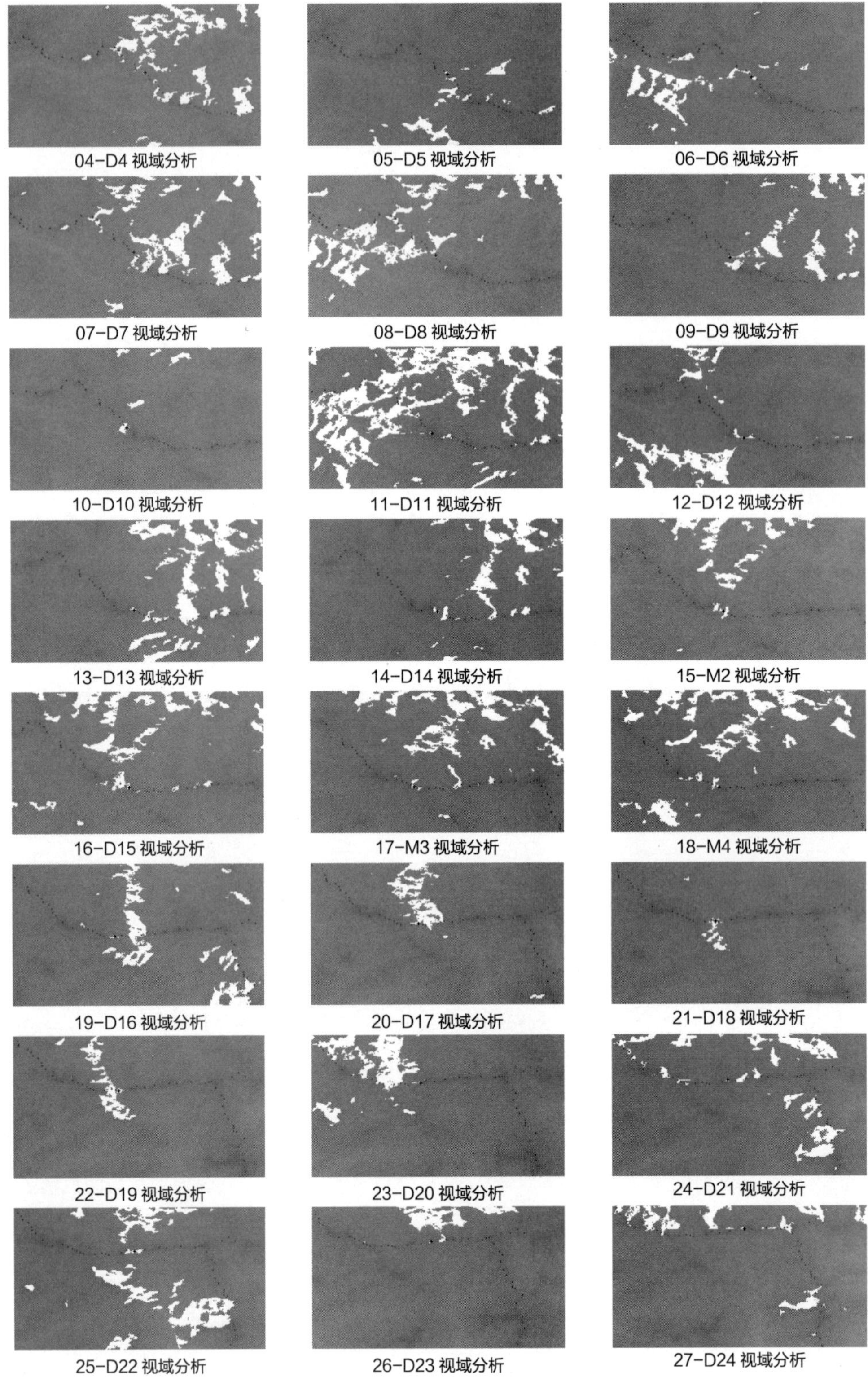
04-D4 视域分析
05-D5 视域分析
06-D6 视域分析
07-D7 视域分析
08-D8 视域分析
09-D9 视域分析
10-D10 视域分析
11-D11 视域分析
12-D12 视域分析
13-D13 视域分析
14-D14 视域分析
15-M2 视域分析
16-D15 视域分析
17-M3 视域分析
18-M4 视域分析
19-D16 视域分析
20-D17 视域分析
21-D18 视域分析
22-D19 视域分析
23-D20 视域分析
24-D21 视域分析
25-D22 视域分析
26-D23 视域分析
27-D24 视域分析

图 3-13 空心敌台与马面视域分析（二）

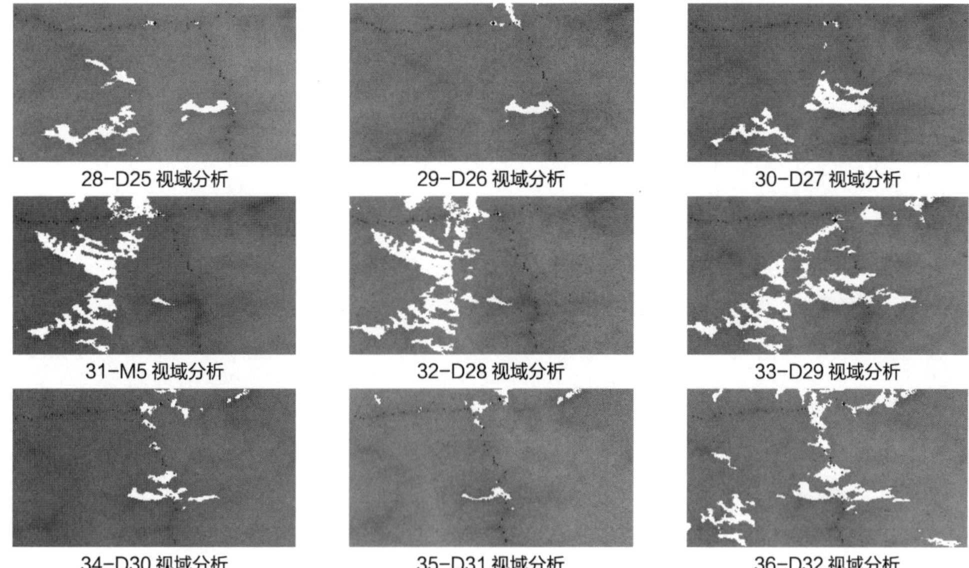

图 3-13　空心敌台与马面视域分析（三）

图 3-14　D20、D22、D23 山峰的遮挡　　图 3-15　D26 位于山凹处

较近，因此与西面的蓟州镇段长城基本失去了视觉上的联系，但可以通过锥子山峰南面的蓟州镇段长城保持联系，如 D32 的视域范围可覆盖到锥子山山峰南面共 11 座空心敌台及马面。

在 D11 至 D18 小河口段长城中部地势较高段中，一方面，处于西侧边缘地段且海拔较高（海拔高度为 527m，为小河口敌台海拔之最）的 D11 在大多数构筑物视域覆盖范围内。另一方面，由于受到 D11 高峰的遮挡，其余构筑物西侧视域覆盖范围内的构筑物较少，D13 地势较高，东侧视域范围内有 10 座构筑物，其余空心敌台由于东侧有 D20、D22、D23 山峰的遮挡，东侧视域范围仅限于本段范围内（图 3-14）。D17、D18 和 D19 处于山谷中，仅能彼此互见，其中 D17 位于山峰东侧下坡段，西侧视线完全受阻。

在 D19 至 D28 长城中部地势较高段中，D21 地势较高且突出于城墙，视域范围可覆盖两侧共 16 个构筑物；D22 位于山鞍处，仅能看到与其相邻的左右各一座空心敌台；D26 比较特殊，正位于连续山脊线上的一个凹陷处（图 3-15），两侧坡度较陡，只能勉强看到位于高处的 F7。在东面靠近锥子山处的 D27、M5 及 D28，由于锥子山峰的遮挡，视域范围仅局限在山峰以西地段，D29 也是受锥子山山峰遮挡，视线主要朝向南面。

综上，从视域范围上看，小河口段长城上的空心敌台与马面受地形影响明显，并呈现出分段特点（表 3-3）。各段落间以海拔较高的敌台及山峰作为分界点和联系点，段落内的敌台及马面基本彼此互见。当靠近山峰时，视域范围受限，仅能看到少量构筑物或视野方向朝向单侧，当远离一段距离后，遮挡

可视空心敌台及马面的数量 **表 3-3**

	空心敌台马面编号	海拔高度（m）	西面可视空心敌台及马面的数量（座）	东面可视空心敌台及马面的数量（座）	南面可视空心敌台及马面的数量（座）
地势较低段	D1	357	2	—	—
	D2	424	4	7	—
	M1	410	4	5	—
	D3	399	1	5	—
	D4	404	5	6	—
	D5	382	4	5	—
	D6	380	5	2	—
	D7	415	8	4	—
	D8	413	10	1	—
—	D9	419	—	5	—
	D10	405	1	—	—
地势较高段	D11	527	15	7	—
	D12	506	2	4	—
	D13	520	2	10	—
	D14	466	2	6	—
	M2	429	3	1	—
	D15	474	4	6	—
	M3	466	6	5	—
	M4	470	6	—	—
	D16	423	2	2	—
	D17	364	—	4	—
	D18	291	1	1	—
地势较高段	D19	342	2	—	—
	D20	466	10	2	—
	D21	495	13	3	3
	D22	466	1	1	—
	D23	501	7	1	—
	D24	517	6	7	1
	D25	496	3	3	1
	D26	422	—	—	1
	D27	424	—	3	2
	M5	437	3	1	—
	D28	466	4	—	—
	D29	446	—	1	6
地势较低段	D30	412	—	2	7
	D31	396	2	1	4
	D32	435	3	—	11

消失，段落间又恢复视觉上的联系。位于山顶高处及长城转折、突出处的空心敌台及马面，其视域覆盖范围内的构筑物数量最多，居高防守效果较好。

四、武器射程

火器的大量使用是明代边防区别于前代的一个重要特点，作为城墙上主要防御据点的敌台与马面在选址和布置过程中，必然会考虑到当时火器使用的特殊性。据《武备志》载，依据敌军的远近及进军速度选用合适的火器装备："……百二十步外，酌用大小威远炮，视远近打放，令贼不得安营。百步外用地雷连炮，遍布大营四面，先令哨马二十四远哨，如贼从北来，哨马驰至，即向北补器，见贼打放，用迅雷炮佐之。贼来未有不披靡者。若近营用铳棍、剑鎗、火鎗、三捷、五雷，奇正相资，攻守俱利。”[1]

此处对于火器射程的讨论仅限于理想状态下，即不考虑风速、放炮角度、炮弹尺寸以及攻击目标的地理情况等因素。参考《武备志》中各式武器的射程，大致分为短程、中程、远程三类武器，并确定射程分别为 350m 之内、350 ~ 1000m 和 1000 ~ 3000m[2]。

在 D1 至 D10 长城西侧地势较低段中，各防御据点间的平均距离为 144 m 左右，所以在每座空心敌台的短程武器射程范围内均可覆盖两侧各 1 ~ 2 座空心敌台；中程武器的射程范围可覆盖两侧各 1 ~ 3 座空心敌台，在有马面的位置，单侧最多覆盖 4 座防御据点，如 D7；远程武器的射程范围两侧各只有覆盖 1 ~ 2 座防御据点，且比较集中在地势较高的 D11、D20 及 D21 三座；D6 位于山鞍处，短、中程武器射程只能覆盖其相邻空心敌台，远程武器发挥不了作用；D1 处于上坡段，只有短程武器射程范围可覆盖西侧相邻段长城上的两座空心敌台；D10 位于山谷底部，只有短程武器可以发挥作用。

在 D30 至 D32 长城东侧地势较低段中，即辽东镇段中，三座敌台均在彼此的短程武器射程范围内；中程武器的射程范围可覆盖到锥子山山峰南侧的蓟州镇段 2 ~ 3 座防御据点，西侧由于山峰的遮挡，中程武器无法发挥作用；远程武器射程范围可覆盖山峰南侧 6 座防御据点，并由于 D31、D32 远离山峰，这两者的远程武器范围可跨越山峰覆盖到 D24（图 3-16）。

在 D11 至 D18 长城中部地势较高段中，各据点居高防守，短程武器射程范围可覆盖两侧各 1 ~ 2 座敌台，其中 D11、D12 的短程武器射程覆盖两侧各 1 座空心敌台，也就是说，大致只能保证两座敌台之间的城墙在其防御范围

00-D1 武器射程

01-D2 武器射程

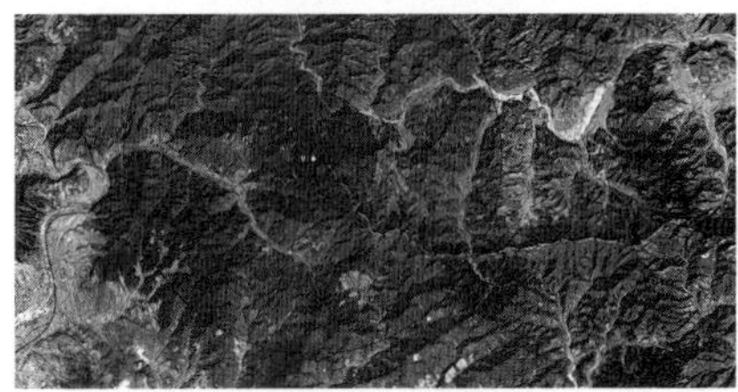
02-M1 武器射程

03-D3 武器射程

04-D4 武器射程

图 3-16　空心敌台及马面武器射程分析（一）

1 （明）茅元仪.武备志（卷一百二十一）.北京：北京出版社，2000：4971.

2 （明）茅元仪.武备志（卷一百二、卷百二十二、卷一百二十五、卷一百二十八及卷一百三）.北京：北京出版社，2000关于各种武器的射程：“（双弓床弩）以七人张发大鑿头箭射及一百五十步（245m）” “（威远炮）垫高一寸平放，大铅子远可五六里（2940 ~ 3528m），小铅子远二三里（1176 ~ 1764m）。垫高三寸，大铅子远达十余里（5880m），小铅子四五里（2352 ~ 2940m）”“（佛郎机）平放二百余步（326m）”“（三眼铳）远一百二十步（196m），各镇所用火器，惟三眼铳最胜”“（剑鎗）平放二百余步（326m）”“(铳棍)平放二百余步（326m）”。由此大致确定三类武器的射程范围。距离单位的换算参考：吴慧.明清的度量衡//新编简明中国度量衡史.北京：中国计量出版社，2006：1步=1.63m，1里=588m.

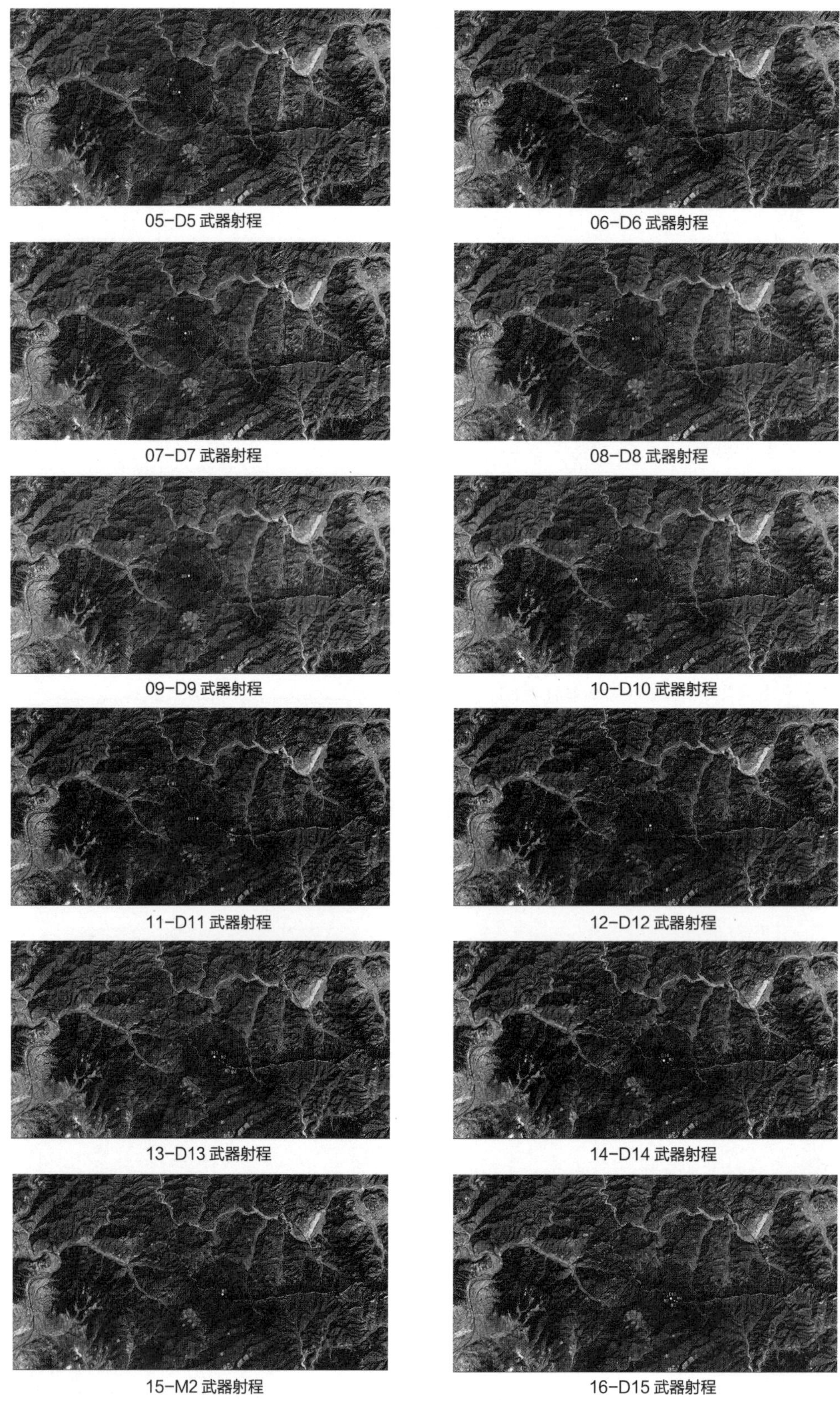

图 3-16　空心敌台及马面武器射程分析（二）

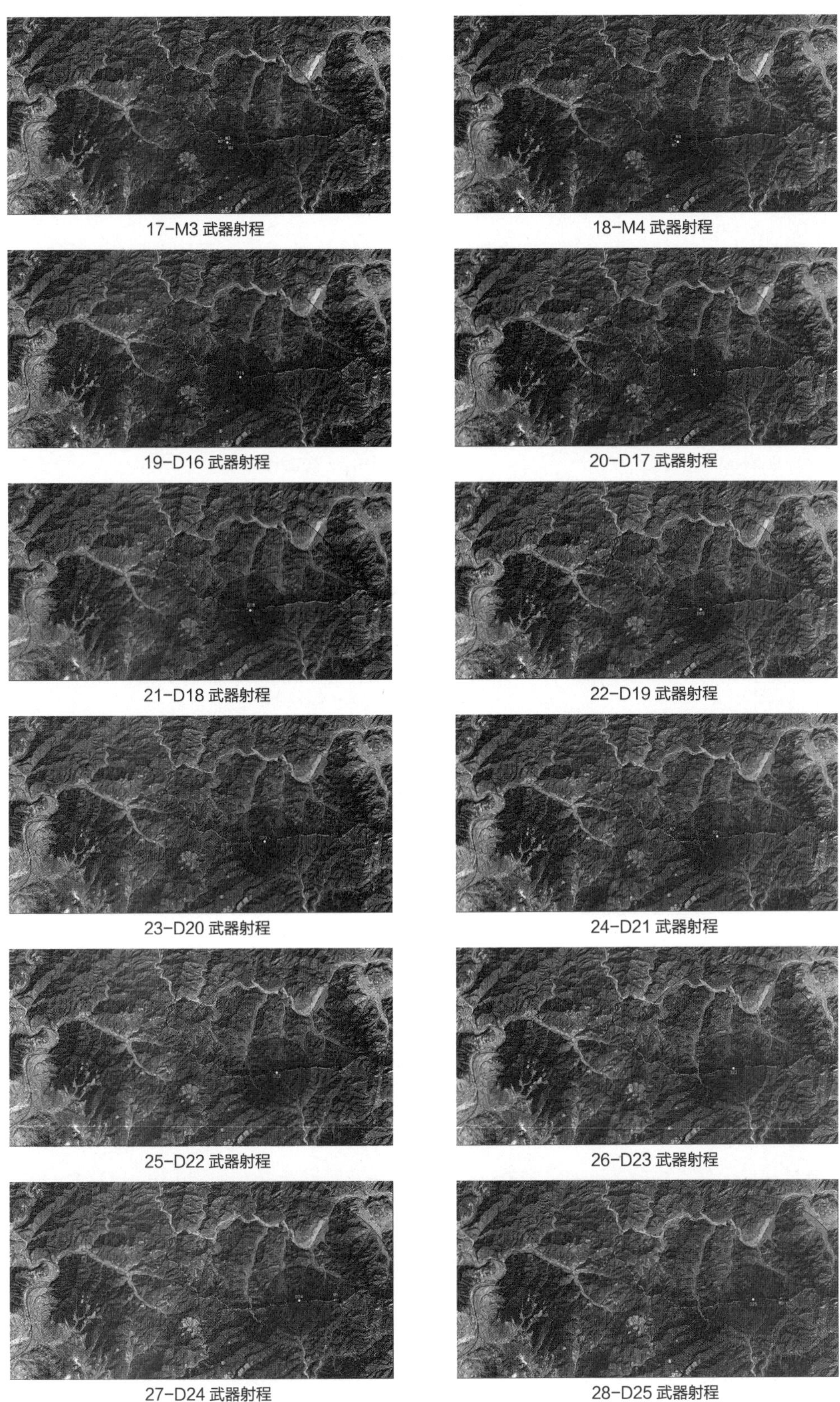

17-M3 武器射程　18-M4 武器射程

19-D16 武器射程　20-D17 武器射程

21-D18 武器射程　22-D19 武器射程

23-D20 武器射程　24-D21 武器射程

25-D22 武器射程　26-D23 武器射程

27-D24 武器射程　28-D25 武器射程

图 3-16　空心敌台及马面武器射程分析（三）

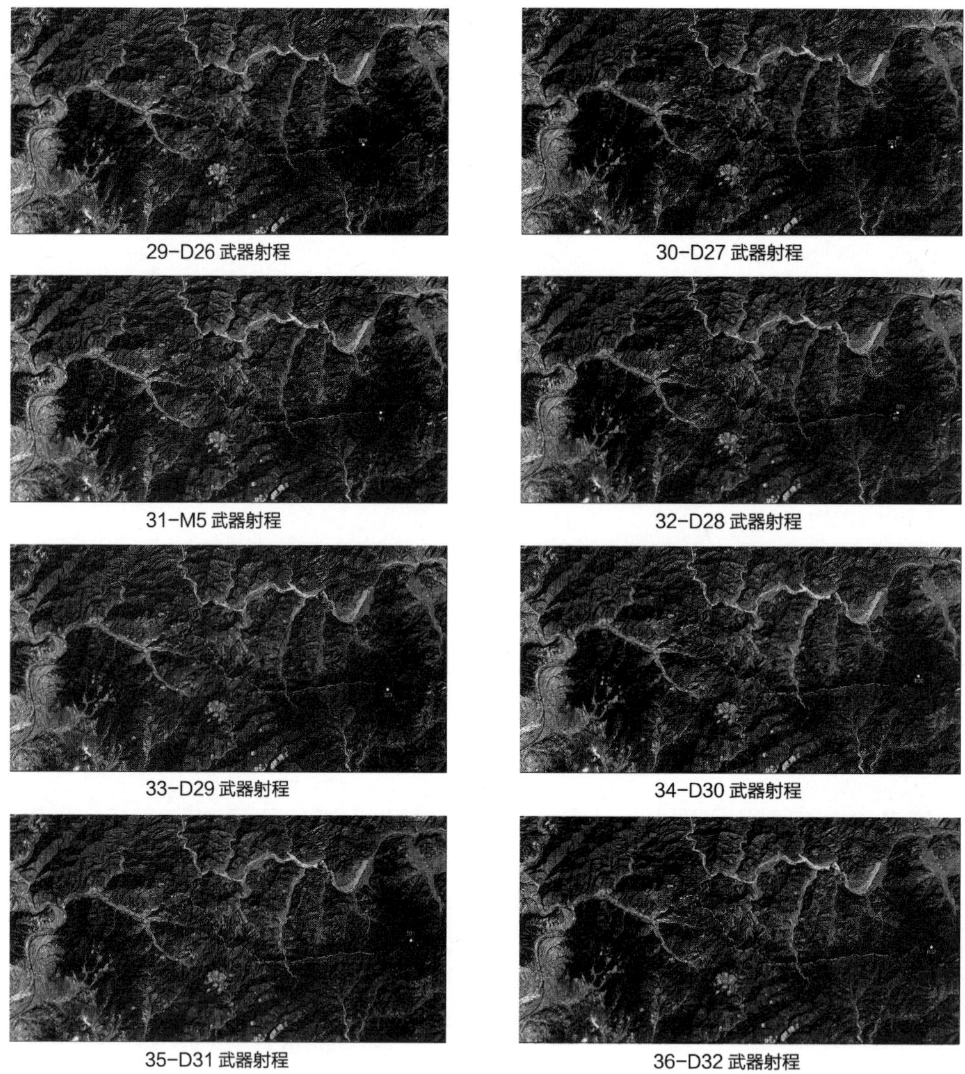

29-D26 武器射程

30-D27 武器射程

31-M5 武器射程

32-D28 武器射程

33-D29 武器射程

34-D30 武器射程

35-D31 武器射程

36-D32 武器射程

图 3-16　空心敌台及马面武器射程分析（四）

内；由于D11所在的山峰高耸，影响了其东侧该段内所有其他防御据点对D1至D10地势较低处的防御；D17、D18、D19三座位于山谷两侧及底部，只有短程武器可发挥较大作用。

在D19至D28长城中部地势较高段中，D23、D24、D25在其射程覆盖范围内只有一座敌台；D26与两侧防御据点距离较远，在其射程覆盖范围内没有一座防御据点，也只能防御其两侧的相邻城墙；中程武器的射程范围也只可覆盖两侧各1 ~ 2座空心敌台；远程武器的射程范围因可覆盖到山峰南侧的防御据点，所以覆盖数量较多；在该段内由于东侧锥子山山峰的阻挡，绝大多数空心敌台的各类武器均受其影响，不能对辽东镇段据点进行火力援助，只能通过山峰南侧的据点对辽东镇进行援助。

综上，各个防御据点无论地势高低，其短程武器射程范围内两侧均只能覆盖1 ~ 2个火力点，原因在于地势低的地段虽然据点布置密集，但山体起伏波动，影响武器的发挥，而在地势高地段各据点间距较大，短程武器射程有限；在地势较低地段，中程武器作用发挥较好，单侧均在2 ~ 4座，而绝大多数远程武器作用发挥不佳；在地势较高地段，中程武器射程范围只有覆盖单侧 1 ~ 2 个火力点，而在几处地势较高且远离山峰的空心敌台上，远程武器得以充分发挥，如 D11、D20、D21、D23、D24 以及 D25，在靠近山峰地段，各类武器均受较大影响（表 3–4）。

武器射程范围内的空心敌台及马面数量 表 3–4

	敌台及马面编号	近程武器射程范围内的空心敌台及马面数量（座）			中程武器射程范围内的空心敌台及马面数量（座）			远程武器射程范围内的空心敌台及马面数量（座）		
		西侧	东侧	南侧	西侧	东侧	南侧	西侧	东侧	南侧
地势较低段	D1	—	—	—	2	—	—	—	—	—
	D2	1	3	—	3	3	—	—	1	—
	M1	1	1	—	3	3	—	—	1	—
	D3	2	1	—	—	3	—	—	1	—
	D4	2	2	—	1	2	—	2	2	—
	D5	1	2	—	3	1	—	—	2	—
	D6	2	1	—	3	1	—	—	—	—
	D7	1	1	—	4	1	—	3	2	—
	D8	1	—	—	3	1	—	6	—	—
	D9	—	1	—	—	1	—	—	3	—
	D10	1	—	—	—	—	—	—	—	—
地势较高段	D11	—	1	—	5	2	—	10	4	—
	D12	1	1	—	—	—	—	1	3	—
	D13	1	2	—	1	4	—	—	4	—
	D14	1	2	—	1	—	—	—	4	—
	M2	2	1	—	1	—	—	—	—	—
	D15	2	2	—	2	—	—	—	4	—
	M3	2	1	—	3	—	—	1	4	—
	M4	2	—	—	3	—	—	1	—	—
	D16	—	1	—	1	2	—	1	—	—
	D17	—	2	—	—	2	—	—	—	—
	D18	1	1	—	—	—	—	—	—	—
地势较高段	D19	2	—	—	—	—	—	—	—	—
	D20	—	1	—	2	—	—	8	1	—
	D21	1	1	—	2	2	—	10	3	—
	D22	1	1	—	—	—	—	—	—	—
	D23	1	—	—	1	1	—	5	—	—
	D24	—	1	—	2	1	—	4	5	1
	D25	1	—	—	1	2	—	1	—	1
	D26	—	—	—	—	—	—	—	—	—
	D27	—	2	1	—	—	—	—	—	—
	M5	1	1	—	1	—	—	1	—	—
	D28	2	—	—	1	—	—	1	—	—
	D29	—	—	1	—	2	2	—	—	3
地势较低段	D30	—	1	—	—	1	3	—	—	5
	D31	1	1	—	—	—	2	1	—	2
	D32	2	—	—	—	—	3	1	—	7

第三节 烽火台

小河口段长城共有 10 座烽火台，平均间距为 746m，其中 F1 和 F2 位于西侧地势较低地段，两者间距为 973m；F9 和 F10 位于东侧地势较低地段，两者间距为 742m。以上两处由于烽火台数量较少，没有典型性和代表性，此不予讨论。

在地势较高的两段中，F3 至 F5 烽火台平均间距为 547m，平均海拔高度为 470m；而在平均海拔高度相近的 F6 至 F8 段中，平均间距则为 1040m，两者相差甚远。再结合图 3–17 烽火台整体分布情况，可知：从现有掌握的各项数据来看，烽火台的间距与地形不存在对应关系（表 3–5）。

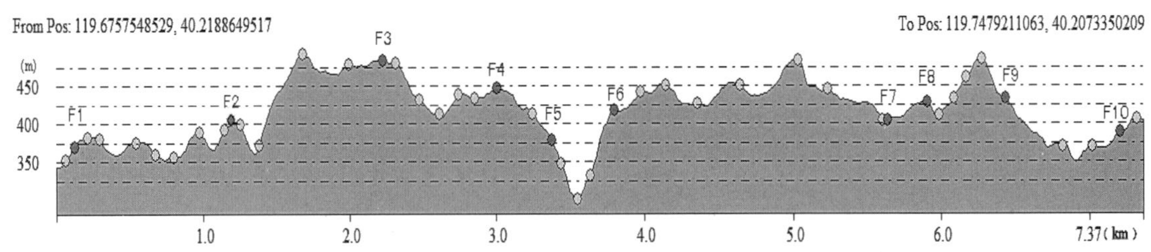

图 3–17　各座烽火台在地形剖面上的分布情况

各座烽火台的间距与地形　　表 3–5

	烽火台编号	所属镇区	海拔高度（m）	平均海拔高度（m）	间距（m）	平均间距（m）
地势较低段	F1	蓟州	375	398	—	973
	F2	蓟州	421		973	
地势较高段	F3	蓟州	511	470	880	547
	F4	蓟州	474		774	
	F5	蓟州	424		320	
地势较高段	F6	蓟州	450	460	454	1040
	F7	蓟州	470		1805	
	F8	蓟州	460		275	
地势较低段	F9	辽东	469	462	497	742
	F10	辽东	455		742	

注：锥子山山峰位于F8与F9之间

小河口段长城烽火台均跨城墙而建，从各个烽火台的横剖面图（图 3–18）中可以看出，大多数烽火台位于山顶制高点，即山脊线上；而在纵剖面图上，烽火台并没有布置在制高点，而是位于坡度变化平缓的山坡上，也就是说，烽火台均沿山脊线布置，但并不在山体顶部，而是位于顶部附近。这可能是烽火台不但要传递来自远方的信息，也要警戒周边地势较低处，诸如山谷等，若将烽火台都争高修筑，固然可以加强与两侧的联系，但在视线上也会减弱对山谷的警戒，所以布置在靠近山顶的缓坡位置，有一定的海拔高度，便于彼此互视，又可以兼顾到山谷等地势低处，如图 3–17 中 F5、F6 以及 F9、F10 比较具有代表性。

烽火台通过白天举烟和夜晚放火传递信号，所以信号可识别性较强，可视距离也应较空心敌台大，在良好的天气条件下，以凭借裸眼能分辨信号的最远距离 7 公里作为烽火台的视域半径。由表 3–6 可以看出，海拔最高且位于长城转折处的 F3 视域范围可覆盖两侧共 10 座烽火台；F7、F8 海拔高度位居其次，但由于其西侧 D23、D24 和 D25 所在的高耸山峰以及东侧锥子山峰的遮挡，仅能看到彼此，F9

也是同样情况；F5 处于 F4 及 D21、D23、D24 几座山峰之间，因此仅能看到与其相邻的 F4 及 F6；F2 和 F10 由于远离锥子山峰且并不与山峰处于一条直线上，在视线上可相互联系，其中 F2 位于长城“Z”字形中央位置，视野遮挡较少，可见周边烽火台数量最多，两侧共可覆盖 12 座烽火台；其他几座烽火台的视域范围均能覆盖其自身周边的 1 ~ 3 座烽火台。

从烽火台的视域范围来看（图 3-19），烽火台的分布受海拔高度的影响但不绝对，主要还是依据具体地形而定。一座烽火台既可以与相邻 1 ~ 3 座烽火台相联系，还可以与远处的烽火台取得联系。如 F2 不仅可以观望到位于中部地段的烽火台，如 F3、F7 和 F8，还可以与处于锥子山山峰背后辽东镇的 F10 烽火台在视觉上取得联系，这是由于在西侧地势较低处的长城走向与地势较高处的城墙走向呈一定的角度，两者并不在一条直线上，不受其间山体遮挡的缘故。

地势不同可视烽火台的数量 表 3-6

	烽火台编号	海拔高度（m）	西面可视烽火台的数量（座）	东面可视烽火台的数量（座）	南面可视烽火台的数量（座）
地势较低段	F1	375	1	3	—
	F2	421	7	5	—
地势较高段	F3	511	5	5	1
	F4	474	2	3	1
	F5	424	1	1	1
	F6	450	5	—	3
	F7	470	—	1	—
	F8	460	1	—	3
地势较低段	F9	469	—	3	—
	F10	455	5	3	1

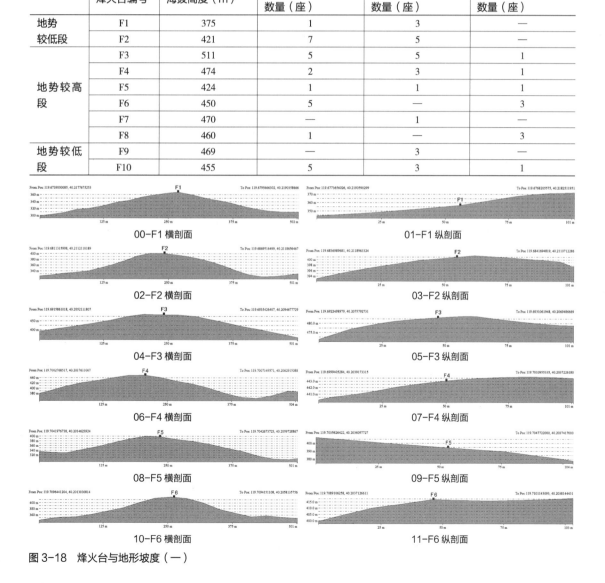

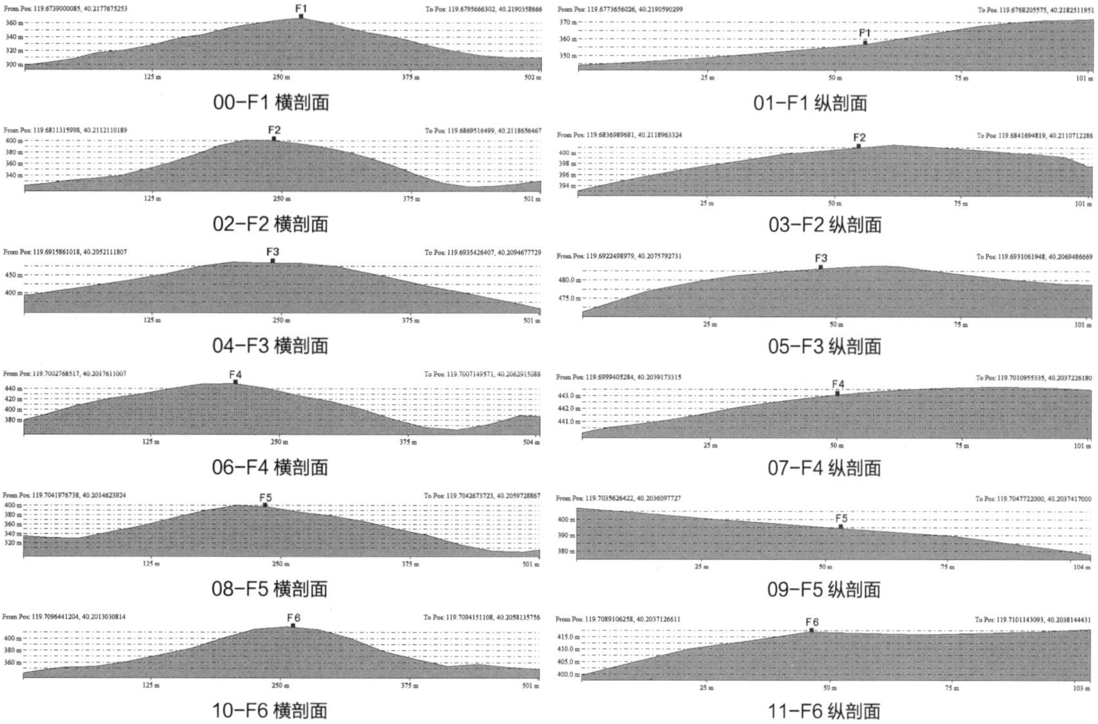

00-F1 横剖面

01-F1 纵剖面

02-F2 横剖面

03-F2 纵剖面

04-F3 横剖面

05-F3 纵剖面

06-F4 横剖面

07-F4 纵剖面

08-F5 横剖面

09-F5 纵剖面

10-F6 横剖面

11-F6 纵剖面

图 3-18 烽火台与地形坡度（一）

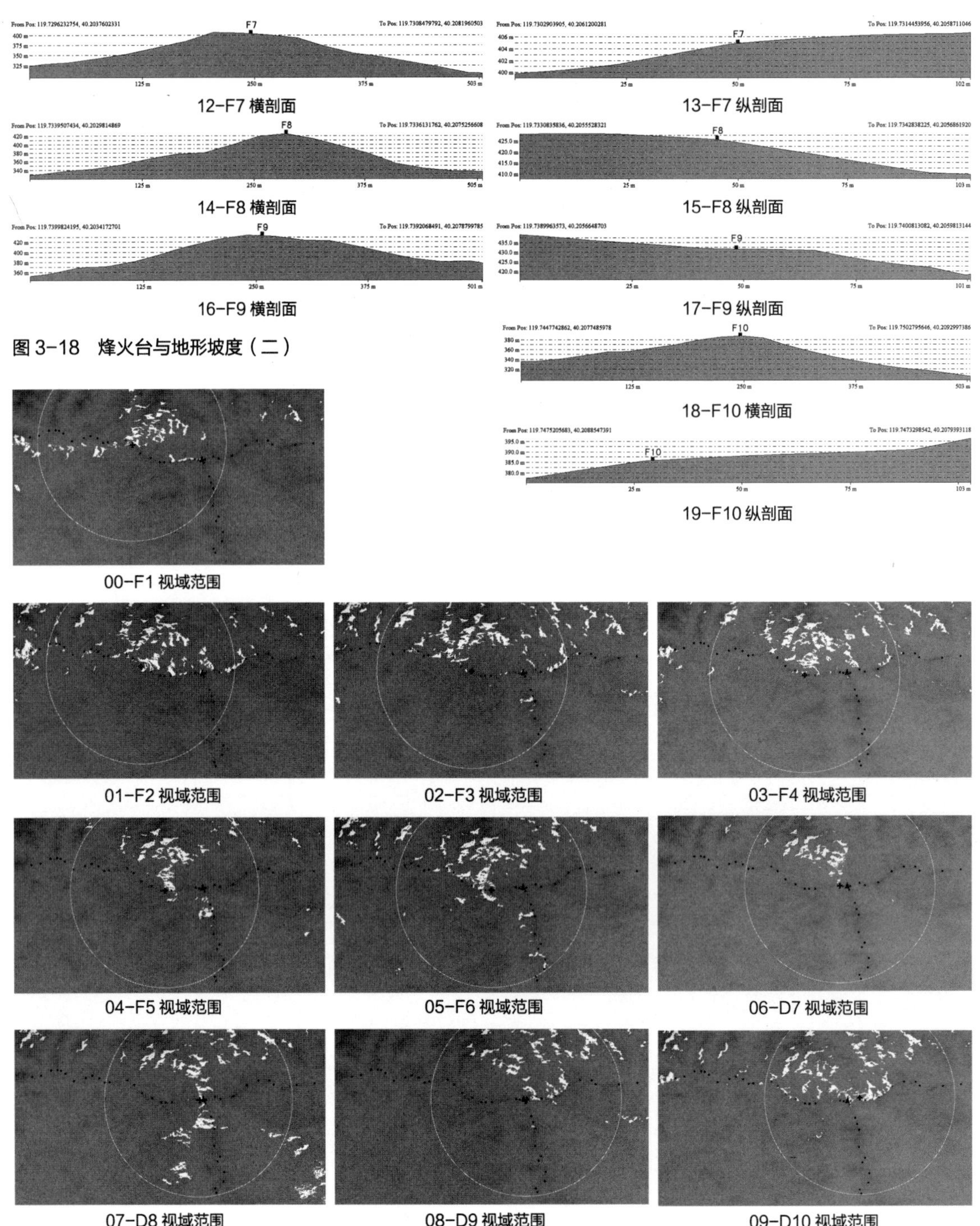

图 3-18　烽火台与地形坡度（二）

图 3-19　烽火台视域分析（二）

烽火信号的传递并不是必须一个烽火台接下一个烽火台连续的传递，由于地形原因，有些地段烽火台可以跨越很长一段距离，相隔数个烽火台而直接传递，因此只要在若干个关键性地理位置上，如海拔较高处或长城转折等视野开阔处设置烽火台，就可以使信号得以传递，而其间的烽火台的分布并无定制，仅起辅助、补充的作用。

综上，城墙、空心敌台与马面、烽火台及关堡的选址和布局特征总结如下：

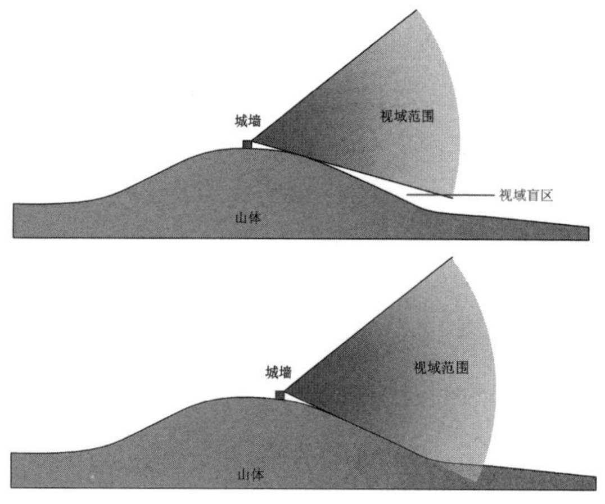

图 3-20　城墙沿坡度转折线布置，减少视域盲区

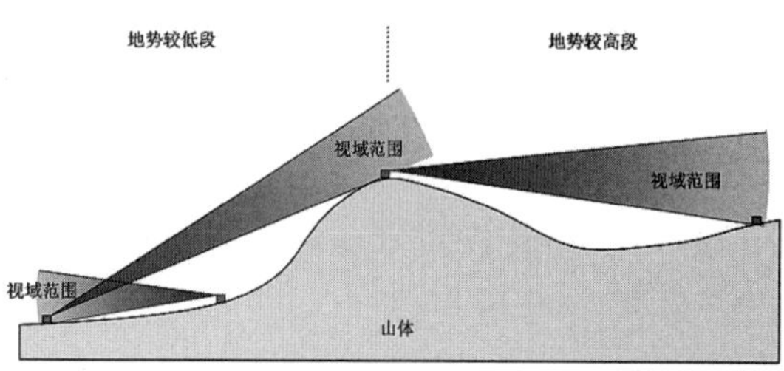

图 3-21　在地势高差分界段较高一侧处设置敌台或马面

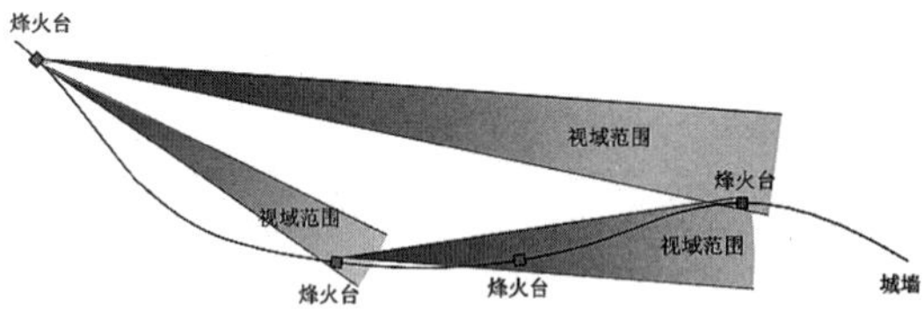

图 3-22　与远处的烽火台直接取得视觉上的联系

一、城墙

（1）尽量布置在山顶和外侧山坡的坡度转折线上，即沿山顶边线修筑，可以充分利用山地地形，减少视野盲区，争取较大的视域范围（图 3–20）。

（2）在地势平缓的山谷（有可能是天然山谷，也有可能是人为开挖而成）内侧（南面），利用四面围合式的天然山体，加强防御能力，类似于内地州府城门处的瓮城。

空心敌台、马面

（1）在地势较低地段，布置密集；地势较高地段，则疏松一些。

（2）布置在山顶且靠近与外侧山坡的坡度转折线上；布置在海拔高且外侧坡度陡的地段，若两者不能兼具，则必定具备其中一项条件。

（3）在视域范围方面，在本段落内基本可以互视，部分由于山体遮挡而看不到的构筑物，能看到其相邻一侧或两侧的台体，以保证必要时能联系得上；在地势高差较大的地段，靠近两者分界处，在地势较低的一侧由于山体的遮挡，视线只能朝向一侧的情况下，在地势较高一侧布置敌台或马面，起到统领和联系两侧的作用（图 3–21）。

（4）在武器射程方面，相对来说在地势较低地段，短、中程武器的使用效果最佳，因此通过密集设置台体来加强火力交叉网，弥补远距离无法打击敌人的不足；在地势较高地段，使用中、远程武器效果较好，可以设置在各个山头，取得开阔的视野；但也有例外情况，视具体地形情况而异。

二、烽火台

（1）多沿山脊线布置，但并非位于山峰顶部，而是在制高点附近，这样可以在保持与两侧烽火台取得视觉上联系的同时，又可以兼顾到警戒地势较低处的作用，预警效果较为全面。

（2）由于山体走向的缘故，某些地段上的烽火台不仅可以与邻近的烽火台互视，还可以跨越数个而直接与远处的烽火台取得联系，这样可以增大信息传递的覆盖面，保证传递的可靠性和及时性（图 3–22）。

第四章 关堡构造与布局

明代的长城关隘一般分为镇城（总兵官驻地）、路城（镇下属各路的指挥驻地）、营（大型屯兵城）、关、堡、寨等不同功能、不同等级的军事聚落，是整个长城防御体系中至关重要的一环，而其中的关、堡、寨为处于长城防线上最前线的防守据点，当敌人兵临城下，士兵登城（墙）防御；当敌军突破城墙防线、破墙而入，各个关口附近的关堡又借着易守难攻的有利地势，以攻代守，严密把守各条通路。同时这些关堡又是军民屯田之所，具有地方聚落的特点。

第一节 沿线关堡

依照明代十一镇的管辖范围，小河口段长城分为蓟州镇和辽东镇两部分，其中蓟州镇段又在蓟州镇 12 路中属石门路之大毛山属下范围，而辽东镇段在辽东镇中属辽西长城范围。蓟州镇大毛山属下共辖有 9 座关堡，辽西长城在小河口段辖有铁厂堡和永安堡两座（表 4–1）[1]。

小河口段长城所辖关堡情况 [2] **表 4–1**

	关堡	始建年代	概况	现状	今址
蓟州镇石门路大毛山属下	小河口关	洪武	《临榆县志》载：小河口关“左右皆高百寻，相距仅三四丈，如人合手拱抱，促狭不能容百人，中有微径可通马，关外稍宽。明时，并关于娃娃峪堡，今堡废”	已不存	河北省秦皇岛市抚宁县驻操营镇西沟村
	娃娃峪堡	洪武	—	已不存	
	小毛山关	洪武	《永平府志》记载，明时，小毛山失守，移入大毛山堡	与大毛山关堡合并	河北省秦皇岛市抚宁县驻操营镇董家口村
	大毛山关	洪武	万历年间原城为石筑，高一丈六尺，周长一百零九丈六尺，设西门一座，门上建楼。光绪二年，改为砖包，据《永平府志》载，“城高二丈五尺，城周半里，门改在南侧”	大体尚存	
	董家口关	洪武	明嘉靖初，移石门儿、柳河冲二堡于此，有泉自南而北，西流入城子峪，由堡至城子峪五里。与迁安之董家口名同实异	大体尚存	
	柳河冲堡	洪武	明嘉靖初，移入董家口堡	与董家口堡合并	
	城子峪关	弘治十三年	城墙为石筑，高二丈一尺，周一里；西、南各有一门	已不存	河北省秦皇岛市抚宁县驻操营镇城子峪村

1　刘珊珊，张玉坤.明辽东镇长城军事防御体系与聚落分布.哈尔滨工业大学报：社会科学版，2011（4）：36–43.

2　根据：1.明史；2.华夏子.明长城考实；3.（清）高锡畴纂，（民国）高凌蔚重修.中国方志丛书・华北地方・河北省临榆县志・第十四九号；4.（清）史梦兰纂，游智开修.中国地方志集成・河北府县志辑・永平府志整理而成。

续表

	关堡	始建年代	概况	现状	今址
蓟州镇石门路大毛山属下	水门寺关（河口关）	洪武	关口内侧山路崎岖难行，旧有关堡，南面有一石门；关口外围河滩开阔地	已不存	河北省秦皇岛市抚宁县驻操营镇水门寺村
	平顶峪关	洪武	关口内侧山路崎岖难行，旧有关堡，南面有一石门；关口外围河滩开阔地	已不存	河北省秦皇岛市抚宁县驻操营镇平顶峪村
辽东镇辽西长城	铁厂堡	正统	—	已不存	辽宁省葫芦岛市绥中县李家堡乡铁厂堡村
	永安堡	正统	—	已不存	辽宁省葫芦岛市绥中县永安堡乡永安堡村

从关堡实地调研的情况来看，目前大体尚存的关堡只有大毛山和董家口两座，且均位于河北省抚宁县驻操营镇董家口村。

一、大毛山关

位于今河北省秦皇岛市抚宁县驻操营镇董家口村，大毛山西峰南面山脚下，因山体南侧有一形似“大猫”的山峰而得名，北距长城约 500m，南偏西 18.5°，城南 100m 有溪水自西向东流过（图 4–1）[1]。又据《四镇三关志·蓟镇形胜·乘障》载，该堡建于明洪武间（1368—1398 年）[2]。再据《万历永平府志》：“大毛山有城，弘治十三年（1500 年）时任巡抚都御史洪钟重修，明年小毛山失守，其堡移入于此。”[3]城为石筑，高一丈五尺（约 4.95m），周长 150 余丈（约 495 余米），门上筑有城楼[35]。清光绪间（1871—1908 年）改为砖包[4]。《光绪永平府志》载：“大毛山城，在（临榆）县北六十五里，距边三里，砖城，高二丈五尺（约 8.25m），周一里（约 587.7m），门二，曰东曰南。”[5]

大毛山关堡遗址呈不规则长方形，东西面宽约 100m，南北进深约 150m，占地面积约 15000m^2，周长约 485m。由城墙、城门、墩台以及角楼四部分组成。所处地势西北高、东南低（图 4–2），南北向坡度在 15° ~ 20°，东西向坡度在 10° ~ 15°（图 4–3）。地形坡向主要朝南向，东北角部朝东南向（图 4–4，照片 4–1）。

四周城墙大体尚存，残高在 4 ~ 5m，墙厚在 4 ~ 5m。城墙除西南角为直角外，其余均不规则，东南角为抹角。城南面、东面各开一门，南门为主城门，称“神威”，东门为便门，称“辰星”。城北地势较高处残存一座石砌墩台，由于残损情况较严重，无法确定其建筑类型。突出城墙的角楼仅存于城墙西南转角处[6]。

1 （清）顾祖禹. 读史方舆纪要. 上海：上海书店，1998：578.
2 （明）刘效祖. 四镇三关志・蓟州形胜・乘障：史10–64.
3 转引自悬挂于大毛山关堡南城门上的文物告示牌。
4 转引自苗苗. 明蓟镇长城沿线关城聚落研究[D]. 天津：天津大学，2004：25.
5 转引自苗苗. 明蓟镇长城沿线关城聚落研究[D]. 天津：天津大学，2004：25.
6 （清）史梦兰纂，游智开修. 中国地方志集成・河北府县志辑・光绪永平府志：98.

图 4-1　大毛山关城总平面

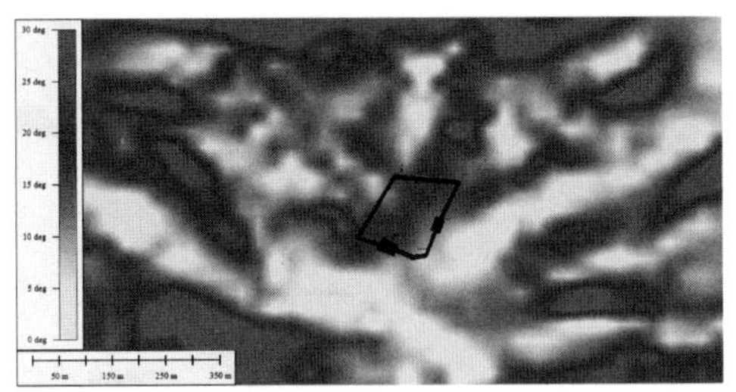
图 4-3　大毛山关城地形坡度

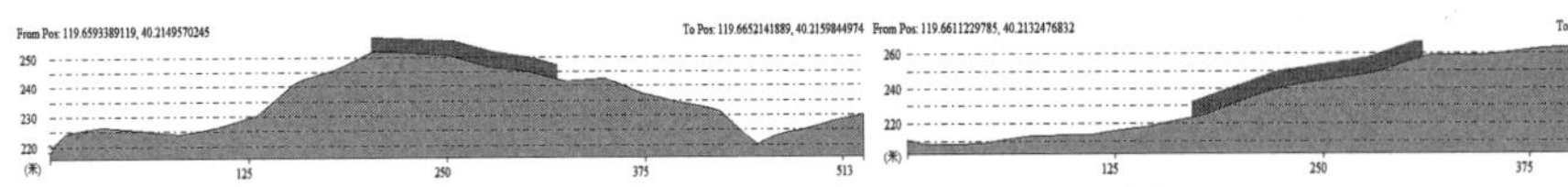
横剖面——东西向剖面
纵剖面——南北向剖面

图 4-2　大毛山关城剖面

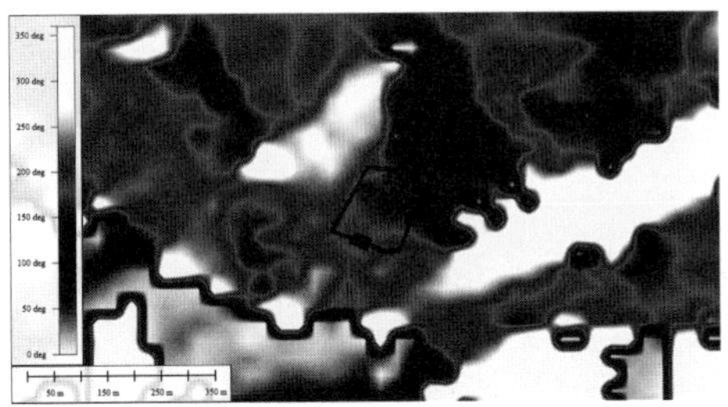
图 4-4　大毛山关城地形坡向

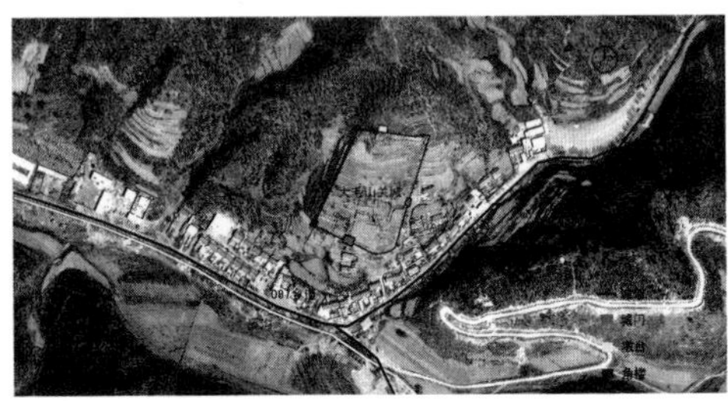
图 4-5　大毛山关城组成部件

照片 4-1　大毛山关城城内（由南往北望）

城内主要道路呈“丁”字形布置，因此城内格局呈“品”字形。城南东西两侧遗存大量的石砌台基，可能是原有房屋的台基，顺应地势呈阶梯状布置，现存台基呈不规则形，进深在 6 ~ 10m 不等。现有房屋则集中于南城门两侧。城内仅存石砌的挡土墙，随地势由南往北呈阶梯形层层抬升（图 4–5）。

二、董家口关

位于大毛山关以西约 1 公里处，属同一自然村，北距长城约 100m，南偏西 35.5°，城南 30m 有溪水自西向东流向大毛山关（图 4–6）。

据《万历永平府志》载：“董家口堡，洪武初（1368 年—）为关厄，嘉靖元年（1522 年）移入石门儿。隆庆五年（1571 年）并柳河冲堡于此。”[1] 城为石筑，高一丈六尺（约 5.28m），周长一百零九丈六尺（约 361.7m），设西门一座，门上建楼[2]。清光绪二年（1876 年），改为砖包，《光绪永平府

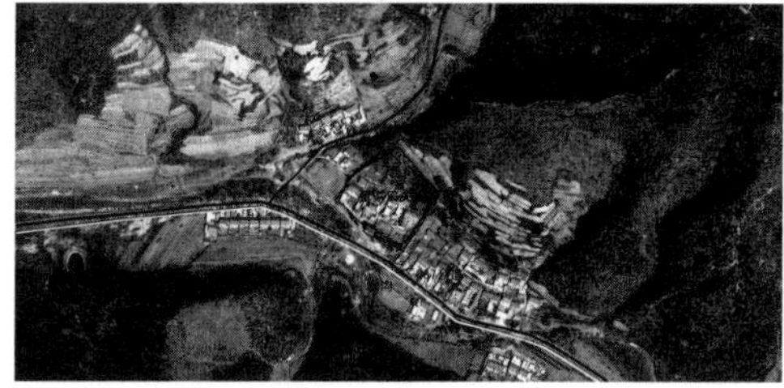

图 4-6　董家口关城总平面

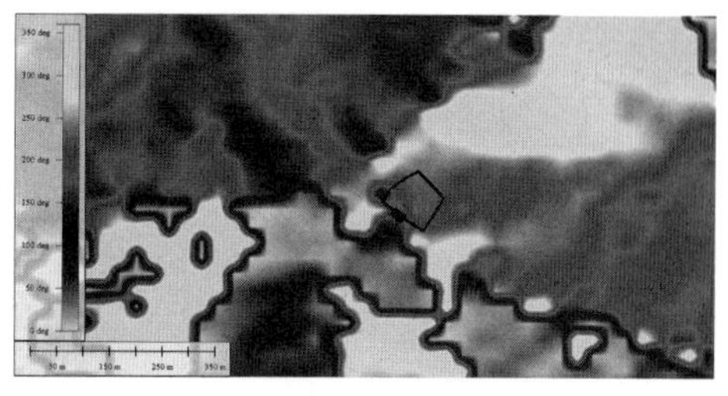

图 4-8　董家口关城地形坡度（1）

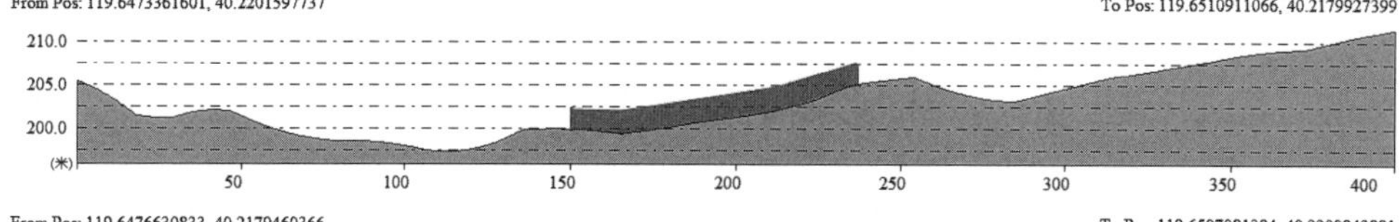

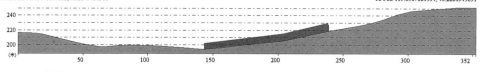

横剖面——
东西向剖面

纵剖面——
南北向剖面

图 4-7　董家口关城剖面

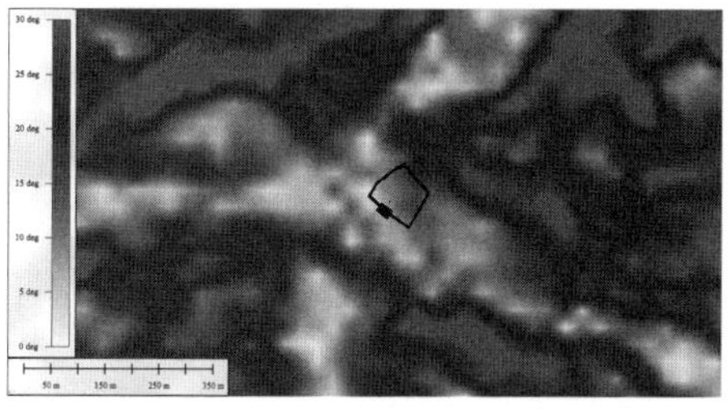

图 4-9　董家口关城地形坡度（2）

图 4-10　董家口关城组成部件

照片 4-2　董家口关城城内（由南往北望）

志》载："董家口城，在（临榆）县北七十里，距边三里，砖城，高二丈五尺（约 8.25m），周半里（约 293.9m），门一，曰南。"[3]

董家口关堡遗址长约 90m，宽约 95m，占地面积约 8550m²，周长约 353m。由城墙、城门、角楼三部分组成。所处地势东北高、西南低（图 4-7），南北向坡度在 10° ~ 15°，东西向坡度也在 10° ~ 15°（图 4-8）；地形坡度主要朝西南向，与关城朝向相一致，西南角部朝南向（图 4-9，照片 4-2）。

城墙残高在 6 ~ 7m，墙厚在 4 ~ 5m。关城东南转角部位残存一座突出城墙的城台，仅南侧主城

---

1 （清）史梦兰纂，游智开修. 中国地方志集成・河北府县志辑・光绪永平府志：98.

2 转引自苗苗. 明蓟镇长城沿线关城聚落研究［D］.天津：天津大学，2004：33.

3 （清）史梦兰纂，游智开修. 中国地方志集成・河北府县志辑・光绪永平府志：112.

门一座。城内有若干民居，据推测均为近代所修建、增建，并非原貌（图 4–10），构造有石料和砖料两种，与大毛山关堡的材料完全一致。

城内格局亦与大毛山关堡相一致。城南的居住区被中央主要道路分为东西片区，西侧建筑密集，东侧疏松，均以院落形式构成，每个院落以一间朝南的正房为主，在东或西侧配以若干简易的附属用房，每个院子以院墙分隔，由于城南地势较为平坦，院落之间无高差。

第二节 构造特征

关堡的各个组成部件的整体构造与小河口段长城本体基本一致。由于是在早期石城的基础上，后经外包砖而成，因此砌筑材料有石料和砖料两部分组成。石料有不规则的块石与经过加工的条石两种，块石岩性为赭红色本地产的粗粒花岗岩，条石有赭红色和灰白色两种颜色，其岩性也均为粗粒花岗岩，条石尺寸一般为：长 0.20 ~ 0.70m，宽 0.30m 左右，高 0.20 ~ 0.40m 不等；砖料仅发现条砖——泥质，青灰色，一般为 380mm × 180mm × 80mm，与长城城墙及构筑物上所用条砖完全一致。

一、城墙

城墙由条石垒筑成基础，其上用条砖砌筑墙身，墙芯内为原有石砌墙体。条石基础层数不一，一般在 10 皮左右，高约 3m，局部也有 3.50m。由于条石加工较粗糙，不甚规整，基础表面石缝曲折不齐且缝隙较大，用小块石和碎石填塞，白石灰抹平表面。砖砌墙身采用一顺一丁式砌法。基础与墙身之间不做任何分割过渡，基础条石找平后直接砌筑砖墙身。砖砌墙身厚度一般在 0.50 ~ 0.60m。基础和墙身的收分均采用材料收分法，外表面平整。墙身以上部分现已坍塌不存，墙顶地面露出墙芯内的碎石、三合土等材料（照片 4–3）。

照片 4–3　关城城墙

照片 4–4　关城城门

二、城门

城门也是外包砖石，条石基础较城墙的规整，特别是在转角部位，条石较其他部位都要平整且石缝较细。基础与墙身之间不做任何分割过渡，基础条石找平后直接砌筑砖墙身。一顺一丁式砖砌墙身，砖墙身厚度约

0.60m。基础和墙身的收分均采用材料收分法，外表面平整。墙身以上部分现已坍塌不存，墙顶没有任何构筑物遗存，墙顶地面露出墙芯内的碎石、三合土等材料（照片 4–4）。

三、墩台

位于大毛山关城北高地的墩台，内外两侧均突出于城墙 1.5m 左右，台体残高 2.5m，石砌，转角部位底部用规整的条石垒筑，其余均用不规则的块石，台体外表面上的白石灰均脱落不存。台顶面与两侧残存城墙顶面齐平。墙芯内用黄泥、碎石及三合土填充（照片 4–5）。

四、角楼

照片 4–5　位于大毛山关城城北高地的墩台

角楼构造与城墙完全一致，为条石基础，采用一顺一丁式外包砖砌墙身，墙芯为原有石砌墙体。角楼突出城墙 1.50m 左右，残高 3.50 ~ 4m，楼顶无构件残存（照片 4–6）。

照片 4–6　关城角楼

五、细部

关堡的建筑构件留存不多，且质量也不容乐观，以大毛山关堡南城门为例观之。

南城门面宽为 12.96m，进深为 8.20m，残存高度为 6.90m（以城门口第一步台阶面为起始高度）。南面突出城墙 2.50m 左右，北面突出城墙 1.50m 左右。顶部雉堞及城楼均已不存，石砌台阶甬道，内外地坪高差约为 1.80m（图 4–11）。

城门主立面（南立面）横向分为三部分，左右两侧较宽分别为 5.40m 及 5.20m，

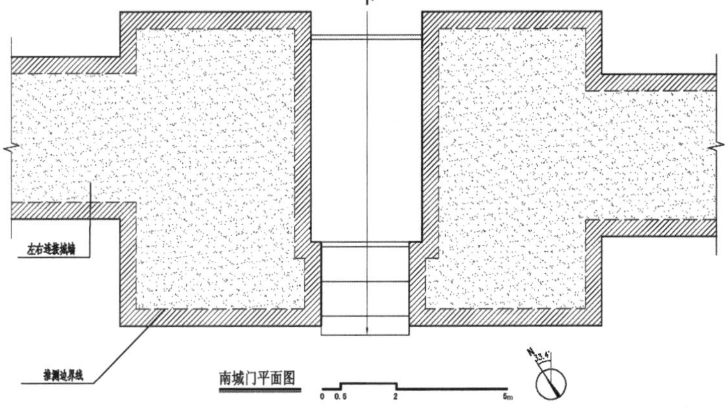

图 4–11　大毛山关堡南城门测绘图（平面）

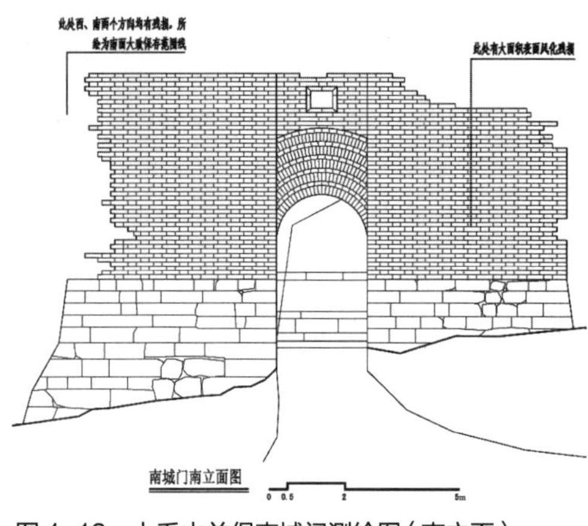

图 4–12 大毛山关堡南城门测绘图（南立面）

照片 4–7 大毛山关堡南城门南侧

照片 4–8 大毛山关堡南城门内部

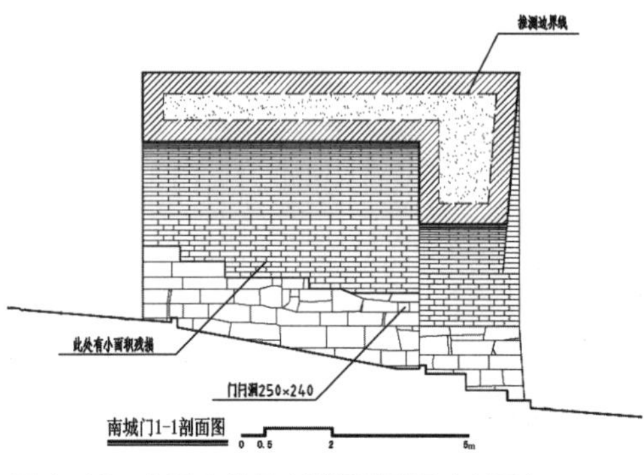

图 4–13 大毛山关堡南城门测绘图（剖面）

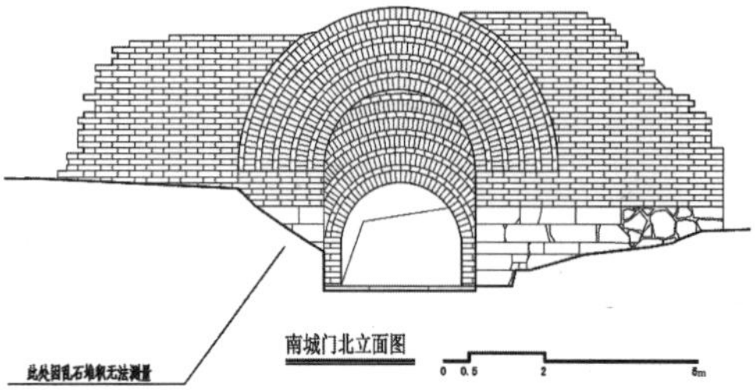

图 4–14 大毛山关堡南城门测绘图（北立面）

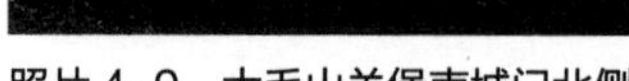

照片 4–9 大毛山关堡南城门北侧

中央部分较窄，墙面收分约 5°，凹进左右墙面最深处约 0.27m，中央开设券门，券门门洞净宽约 2.36m，拱高约 1.50m，总净高约为 3.85m。城门基础为条石，共五层，高约 1.70m，赭红色粗粒花岗岩，条石加工不甚精细，形状不是很规则，且表面凿痕明显，长为 0.30 ~ 1m 不等，宽和高皆为 0.30 ~ 0.50m 不等。

砖砌墙身，残高约 5.20m，外包条砖，两侧砖墙厚约 0.55 ~ 0.60m，为一顺一丁砌法，与长城城墙包砖墙砌法相同。券门顶部的砖券为五券五伏样式，高约 1.65m（图 4–12），其上中央位置有一块石质匾额，字迹已无法辨认，据了解，原为“神威”二字，以条砖侧砌包边（照片 4–7）。

券门厚度约 2.20m，内侧甬道净宽约 2.98m，长度约为 6m（图 4–13）。两侧内墙面下部为条石基础，随地势逐渐升高，呈阶梯形，高 5 ~ 6 层，1.50m 左右，上部为砖墙面，砌法为一顺一丁，顶部为砖券，用条砖，长边朝外垒砌而成，拱高约为 1.53m，总净高约为 3.69m（以城门内侧最后一步台阶面为起始高度，与城门口相差约 1.80m）（照片 4–8）。

城门背立面（北立面）则突出城墙 1.50m 左右，墙面较平整，与主立面构造方式基本相同（图 4–14）。赭红色粗粒花岗岩条石基础共 5 皮，门券也是五券五伏样式，但呈完整的半圆形，半径约为 3.10m，拱脚高约 2.20m，五券五伏高为 1.54m，略低于南面砖券高度（1.65m）（照片 4–9）。

第三节 选址布局

明廷派遣官兵戍守北部边疆，为解决边军的粮饷问题，实行军屯制，即“边地卫所军，以三分守城，七分开屯耕种；内地卫所军，以二分守城，八分开屯耕种”法[1]。也就是说，长城沿线上的堡寨聚落既要镇守关隘，保家卫国，还要开展生产，维持生计，这种双重性特点，对城址的选择、形态的构成甚至细部构造方面均产生影响。

图 4-15 大毛山关城总平面

图 4-16 董家口关城地形

一、因险制塞

因险制塞是长城军事堡寨选址与建设的基本原则，因此，选址首先要考虑的是军事要求。作为据点的关堡，要占据地势较高处，取得“制高”——地形上的有利位置。大毛山与董家口的两处关堡关城均北枕高耸、险峻的山峰，避免了北方入侵者对关堡的正面冲击，解除“后顾之忧”，并且处于山坡位置，居高临下，易守难攻。

图 4-17 大毛山关城地形

图 4-18 董家口关城地形

二、交通要冲

从战略方面来看，如果说长城边墙是阻挡北方入侵者的第一道屏障，那么扼守水路、陆路等交通要冲的军堡就是第二道屏障，在必经之路上层层设防，以守代攻。如图 4-15，大毛山关堡位于两条道路的交汇处，东北方向的一条通往大毛山口（今 087 乡道），也就是敌人突破长城防线后，深入内地的主要通路，东南方向的一条通往临近的聚落，将敌军堵截于此，不但可利用地势高度，有效防御敌人的进犯，还可以争取时间，待周边军堡的援军到达，一起合力消灭敌军。董家口关堡也是这种情况（图 4-16），可见时人对于地形、地势的判断与选择。

1 （清）张廷玉.明史・兵志（卷四）.北京：中华书局，1974：1052.

三、巧用地形

大毛山关堡北面雄峰耸立，其中有一支余脉自主峰向东南方向延伸而下，行至半山腰处，陡然分为两支，一支向西南，另一支向东，呈倒“Y”形，形成环抱之势（图 4–17），将关堡围在中央，致使地势西北高，东南低，且南北向高差较东西向大。从关堡的排水方面看，因为两支余脉的存在，使得自北峰而下的雨水被引导开去，起到缓冲、分流的作用，避免了对关堡的直接冲击；再者，山峦之间的堡城所在区块，将雨水统一沿西面城墙一侧排放至山下，这种有组织排水的措施，既可使堡城免受水患的困扰，而且通过集中收集，可用于城内居民们的生产、生活用水，变害为利，一举两得。

再看董家口关堡，城近关隘口，位于山体南侧山坡处，连通关内外的道路经由关城西侧，与乡道相接于关城西南约 80m 处。关堡北面的山脊高度较低，且自东北向西南逐渐降低，关内外的道路正处于其下（图 4–18），特别值得注意的是，山体北面呈 90° 的崖壁，有明显的人为开凿过的痕迹，也就是说，古代军士将关堡北靠的山体劈凿成悬崖峭壁，既避免了敌人翻越低矮山脊，危及关堡的安全，又创造出居高临下有利的作战地势，取得制高点，对破关而入的敌军进行有效的遏制，这就是巧妙利用天然地形，并进行适当人为改造，趋利避害，更好地满足人们的现实需求。

并且，这两座关堡的北面城墙倾斜方向皆与城门的位置有关。以董家口关堡为例，北面城墙自西北向东南方向倾斜，夹杂着泥石的雨水会顺着城墙集中流向城墙东侧，而作为出城迎敌首要方向的西便门（万历间，1573—1620 年，为西门，清时门改在南侧）就可避免或降低因水患而延误军情的危险[1]。

四、风水观念

中国古代的风水观念涉及社会生活的各方面，特别是在城市建设、宫殿、陵寝营建、军堡、民居聚落等方面影响深远，这其实是一种协调人与自然关系的长期经验总结。军事关堡作为一种特殊的聚落类型，有其军事防御方面的需求，也有满足军民们生产和生活的要求，而后者是前者赖以存在与发展的基础。

风水观念认为一个聚落理想的场地，大体上应具备这样一些特征：以山体为依靠，坐北朝南，枕山环水。大毛山关堡与董家口关堡的选址均符合这样的特征。至于城南的河水，据史料记载，此水为石河的分支，过董家口关，注入城子峪关，再一路往北至关外，如今此河断流为季节性溪流。在关堡的内部建设方面，也涉及风水观念，如据当地的百姓描述，董家口关堡城北原有一座玄武神庙，用来“镇守”北方的邪恶势力，使城内居民免受铁骑的侵扰，在心理上起慰藉之用，现此庙仅存石台基。

“枕山面水，负阴抱阳”这个选址原则不仅满足了关堡军事方面的需求，而且也在很大程度上创造出适宜的人居环境：山体可以阻挡冬季来自北面的寒风，面水可以迎来南面湿润的凉风，位于坡地并朝南可以争取到更多的日照和防止水涝，近水既方便交通运输，又有利于农业灌溉和人畜用水。良好的自然生态环境，使长城后裔们长久在此生活，一代一代繁衍不息。

1　对于此细节的论述，属作者主观推测，有待进一步的考证与检验。

第五章 保护对策的研究

价值和现状评估是文物保护中的一项重要且复杂的前期工作，价值的确定以及文物的保存现状在决定文物保护的对策上起到关键的作用，锥子山长城小河口段的保护同样是建立在对其价值的真切认知和现状的完整了解之上，再决定采取的保护策略。

第一节 价值评估

《中华人民共和国文物保护法》规定：文物建筑应该具有历史价值、艺术价值和科学价值。文物建筑是指在历史上遗留下来的、在社会发展中具有历史、艺术、科学价值的建筑物，以及与重大历史事件、革命运动和著名人物有关的，具有重要纪念意义、教育价值和史料价值的纪念性建筑物。

一、历史价值

《中国文物古迹保护准则》对于历史价值的理解是：由于某种重要的历史原因而建造，并真实反映了这种历史实际；在其中发生过重要事件或有重要人物曾经在其中活动，并能真实地显示出这些事件和人物活动的历史情境；体现了某一历史时期的物质生产、生活方式、思想观念、风俗习惯和社会风尚；可以证实的文献记载史实；在现有的历史遗存中，其年代和类型独特珍稀，或在同一类型中有代表性的。

小河口段长城是明代长城防御体系的有机组成部分，是明代军事防御系统的重要历史遗存，它记录下了明王朝的兴盛与衰亡，也见证了长城内外不同民族间的和平相处与友好交往。修筑长城的官兵来自全国各地，如戚继光从浙江义乌、金华等地区选调来此的义乌兵，促进了地域间风俗、观念、生活方式的相互沟通与融合，至今小河口段长城周边村落中的居民依然时常提起“远方的家乡”。

小河口段长城整体保存比较完整，组成部件形式多样、类型丰富：空心敌台、马面、烽火台、障墙、战墙等不一而足，有些建筑细部具有强烈的地方特色，弥足珍贵。尤其提得一提的是空心敌台，它们是由戚继光在南方（浙江临海）首创，后来在北方边疆长城上组织建造的首批砖砌空心敌台之一，是研究明代砖砌空心敌台的重要实例。

小河口段长城处于凹凸起伏的山地，地形复杂多变，这对研究边疆史、军事史和长城技术史都有非常重要的价值。

二、艺术价值

艺术价值是指作品中能满足当时人们的审美需求，能对观看者的情感、理智产生正面影响，从而促进精神发展的一种特质；它是对作品的情感、心理感受和思想内容，即作品的形象系统、意义和趣味的总和。文物建筑的艺术价值则是建筑自身所具有的审美价值，包括其建造时代审美趣味与艺术水平，结合其布局、形式、用材、装饰等多方面的处理所表达出来的艺术价值。[1]

小河口段长城从三个不同方向呈丁字形汇集在锥子山山峰处，并且蜿蜒曲折的城墙沿着山脊线掩映于绿荫之中，刚劲雄浑与柔美纤细形成强烈视觉对比，再加上茂密的植被和四季变幻的气象特点，这一切景色都甚为壮观，因而小河口段长城在民间素有“第三八达岭”之称。

长城上的一些细部构件，如踏步、垛口基石、吐水石槽、望/射孔砖等既精致又实用，以及长城构筑物的造型、结构、装饰等许多方面都体现了古人对建筑艺术的理解，展现了古老的中国建筑艺术特色。如空心敌台券门拱券石上精美的雕刻装饰。

三、科学价值

文物建筑是历史时代的产物，其科学价值是指在建筑材料、结构形式施工方法等技术方面，很好地反映了所处时代的经济、文化和技术等情况。

小河口段长城作为拱卫京师的蓟州镇长城的一部分，在明代长城各镇中材料的选用、施工的质量等都是当时最好的，很好地反映了当时社会生产力发展水平和建筑施工的最高技艺，这对于研究明代军事工程史和技术史，尤其是在长城研究领域提供了重要的佐证。

小河口段长城留存有许多特色构件，如各种构造形式的望/射孔、雉堞垛口、空心敌台顶部的花牙子线脚等，这些都能为明代长城细部构造形式方面的深入研究提供宝贵的材料。

四、社会价值

小河口段长城是辽宁省绥中县重要的历史文化资源与旅游资源，并且周边分布有众多其他历史遗迹，做好小河口段长城的保护和合理利用，可对周围遗迹景观起到整合作用，推动绥中县旅游的发展，对于提升地方竞争力，促进文化和经济发展、构建和谐社会具有重大意义。保护好小河口段长城，必将对辽宁省文物保护工作产生积极的推动作用。

第二节 现状评估

一、本体及其附属

（1）城墙

在小河口现存城墙遗址中，共有 50 段城墙，其中有 28 段为石砌城墙，占总数的 56%；有 15 段为包砖城墙（砖石混筑），占总数的 30%；有 6 段为部分包砖，部分石砌，占总数的 12%；仅有 1 段全段为山险墙，占总数的 2%。石砌城墙占大多数（图 5-1）。

1 俄军.文物法学概论[M].兰州：兰州大学出版社，2006:12.

图 5-1　城墙现状

石砌城墙：数量较多，但因其自身的材料及构造等原因，残损、坍塌较为严重。现存石砌城墙中，墙体外表面留存石灰勾缝的并不多见，后来根据多次比较后发现，经长时间的雨淋、风蚀，块石外表面缝隙间起填缝和抹平用的石灰已荡然无存，但石墙体缺依然伫立，所以常造成块石干垒而成的“假象”。绝大多数雉堞已不存，只有三段石砌城墙上还残存一小部分雉堞，分别为城墙 D7—D8 段、城墙 D11—D12 段和城墙 F12—D30 段，雉堞残高均在 1m 左右。雉堞外表面局部用石灰抹缝，而在墙心处肉眼未见任何黏结材料，有可能因雨水、风蚀等原因而散落；女墙及马道上的片石地墁均不存。在小河口段长城中，墙体轮廓清晰，残存较高，墙身平整，以石灰勾缝，坍塌损坏情况相对较轻的石砌城墙段共有 9 段，占总数的 32%；其余均大面积损坏（图 5-2）。

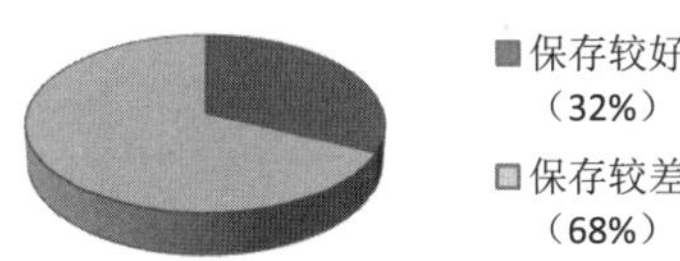

图 5-2　石砌城墙保存情况

包砖城墙：均存在不同程度的损坏，其中障墙、马道地墁砖、“U”形流水槽、吐水石槽以及女墙毁坏较严重，残存较少；内外两侧基础、墙身保存尚可。保存相对较完整、构件残存相对较多的包砖城墙共有 9 段，占总数的 60%（图 5-3）。

图 5-3　包砖城墙保存情况

陷马坑、拦马墙、铲坡：这些城墙外侧的辅助性防御设施由于年代久远且少人问津，特别像陷马坑、铲坡这类设施较易受环境变迁影响，需定时维护和修整，长期的荒废会使其或被填埋或残缺无法辨认，再加上小河口段长城周边丛林茂密，对于这些设施的发现、发掘犹如大海捞针，保护与研究工作较难开展。

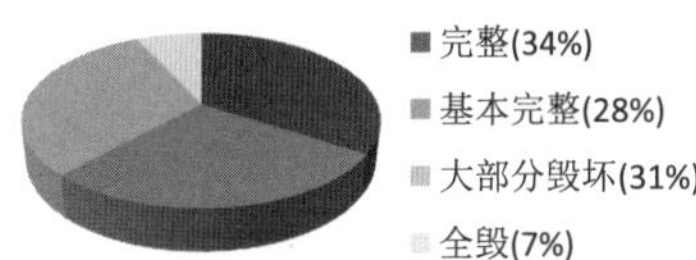

图 5-4　空心敌台保存情况

（2）构筑物

空心敌台：实地调查共发现空心敌台 32 座，其中完整的 11 座，占总数的 34%；基本完整的 9 座，占总数的 28%；大部分毁坏的 10 座，占总数的 31%；全毁的 2 座，占总数的 7%（图 5-4）。且均为跨墙而建，砖石混筑，砖拱券结构。除辽东镇的三座空心敌台——D30、D31 和 D32 基础石料为不规则块石外，其余均为规则的条石，用白石灰黏结，局部用薄铁片找平；砖砌墙身均存在不同程度的开裂、风化剥落等情况；台顶雉堞残缺较严重，大多数楼橹仅存墙基，D17 顶部的硬山顶楼橹保存较好。

马面：共存 5 座，其中 2 座为石砌，3 座为包砖，均坍塌严重，均仅存墙体。M3、M4 两座马面为不规则块石垒筑，地墁砖料均不存，露出墙心内的填充材料； M1、M2、M5 三座马面以规整的粗粒花岗岩条石为基础，上筑砖砌墙身，花牙子线脚及顶部雉堞已不存，台上无楼橹残存痕迹；除 M1、M4 突出于城墙内侧外，其余 3 座均突出于城墙外侧。

烽火台：共存 10 座 [1]，除 F1 由于位于分支山脉的山脊线端部，临近悬崖，因而突出于城墙外侧，其余 9 座均跨城墙而建；烽火台均用不规则、大小不一的块石垒筑，外表面未见白石灰，可能已经散落消失；仅有一座烽火台——1 号烽火台（F1）外墙面石缝间石灰尚存，因此墙身保存较好。F10 烽火台位于城墙直角转折处，外形为圆形，仅此一例，其余烽火台均呈长方形。现存烽火台坍塌、残缺严重，仅存墙体，其上的雉堞、地墁均不存，部分台顶有小部分雉堞残存，但所用的块石间无序掺入残损的砖料，很有可能为游客干垒而成。

（3）城堡

大毛山关城：总体保存状况较差。花岗岩条石基础加工粗糙，表面凿痕明显，形状也较不规则，用碎石及石灰填缝；砖墙身坍塌、风化及砖料缺损情况严重，呈蜂窝状；部分外包砖剥落，露出块石墙心；在靠近西南转角处，墙体坍塌成一个大豁口；墙身以上构件均不复存在；墙顶无任何构筑物留存，杂草丛生；城墙残高在 2 ~ 5m 之间，厚度在 4m 左右。城北高地上的墩台由块石垒筑而成，现仅存残高约 2.2m 的墙体；西南转角处的角楼残高约 3m，局部坍塌露出块石墙心，上部未见砖砌墙身及构筑物；城内现已荒废，无人居住，仅存由块石干垒起来的梯田。据了解，荒废的主要原因是水源逐年减少，居民饮水困难。

董家口关城：总体保存状况也较差。花岗岩条石形状较不规则，但石灰抹缝严密、平整，石面加工平整，无重大损坏；局部砖墙身保存较好，如南城门以东部分，局部已完全坍塌不存，如南城门以西至西南转角部分；墙面砖料部分缺损，呈蜂窝状，较集中于墙体下部；墙身以上构件均不复存在；墙体顶部无任何构筑物留存，杂草丛生；城墙残高在 3 ~ 6m 之间，厚度在 4.5m 左右。城墙东南转角处的角楼为条石基础，残高约 2.5m，砖墙身残高约 3m，东南转角部位及局部墙面砖料缺失严重，并形成凹口，少量存在开裂现象；城内现状大致分为两个部分，城北的山坡农作物种植区，以及城南靠近城门的居住区，而居住区又为南北向中央大街划分为东西两部分，建筑西密东疏，现共有居民 8 户，民居正房均为硬山式双破顶，砖石混筑，建筑年代无法考证，其余附属建筑为村民自行加建（图 5-5）。

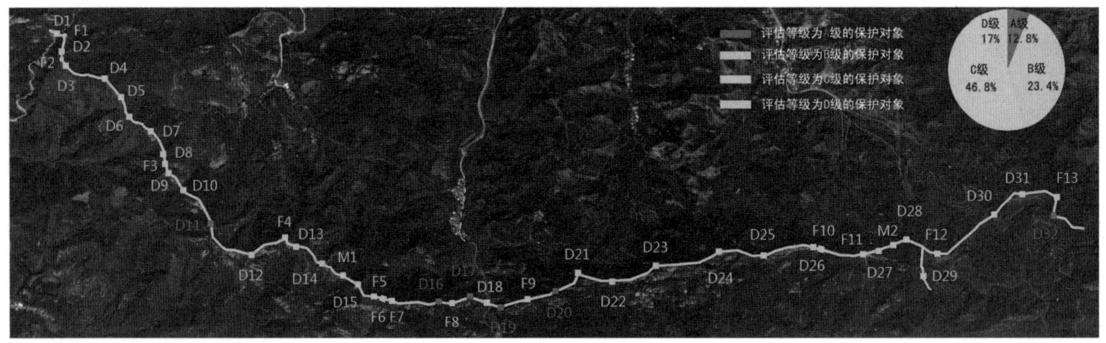

图 5-5　长城本体及其附属评估（一）

1　小河口段长城城墙上现共有10座块石垒筑的台体，由于部分台体残缺较严重，没有足够的信息能确定哪些为烽火台，哪些为石砌实心敌台，暂且将这10座台体都归为烽火台，待日后取得充分证据后再予以纠正.

墙体段	材质	真实性	完整性	结构稳定性	展示性	病害类别	破坏程度	主要破坏因素	现状	评估等级
0–D1	无法辨认	无法辨认	无法辨认	无法辨认	无法辨认	无法辨认	无	风化、坍塌	已无墙体，只存土路	D
D1	砖、石	好	差	一般	差	结构破坏	严重	风蚀、年久失修	仅存一组砖券，包括主券和通道	D
D1–F1	石	好	差	无法辨认	无法辨认	无法辨认	严重	风化坍塌	仅存零散毛石堆砌的城基	C
F1	石	好	差	差	差	结构破坏	严重	风化坍塌、雷击	原样已无法辨认，后由毛石堆砌成部分矮墙	C
F1–D2	石	好	差	无法辨认	无法辨认	无法辨认	严重	风化坍塌	仅存零散毛石堆砌的城基	C
D2	砖、石	好	好	好	好	墙面损坏	一般	风蚀、雷击、冻融	条石基础保存较好,箭窗部位墙面坍塌，顶部雉堞及铺房无存	B
D2–F2	砖、石	好	较好	好	较好	铺地破坏	一般	风化坍塌	马道铺地无存，露出内填的夯土层，两侧护墙尚部分存留，	C
F2	石	好	差	差	差	结构破坏	严重	风化坍塌、雷击	原样已无法辨认，后由毛石堆砌成部分矮墙	D
F2–D3	砖、石	好	好	一般	一般	铺地损坏	一般	风化坍塌、植物根系	大部分砖砌雉堞、望孔尚存，女墙仅少部分残留，台阶尚存，但残缺	B
D3	砖、石	好	一般	一般	一般	结构破坏	一般	风化坍塌、植物根系	南面墙体坍塌严重，屋顶破出一洞口，顶部雉堞及铺房无存	C
D3–D4	砖、石	好	好	一般	好	铺地破坏	一般	风化坍塌、植物根系	内外两侧墙体保存较好，雉堞、吐水嘴尚存，马道铺地破坏严重	B
D4	砖、石	好	一般	一般	好	结构破坏	严重	风化坍塌、年久失修	敌台主体仅墙基保存完整，一层仅剩东北面和东南面墙体残存	C
D4–D5	砖、石	好	一般	好	一般	铺地破坏	一般	风化坍塌、植物根系	垛口墙下部的掩墙上砖砌望孔尚存，其余情况与3–4段相似	B
D5	砖、石	好	一般	一般	一般	结构破坏	一般	风化、雷击、冻融	楼顶铺房尚存，但破坏严重，敌台西南和东南面外墙坍塌	C
D5–D6	砖、石	好	一般	好	一般	铺地破坏	一般	风化、植物根系	整体保存尚可，女墙、雉堞均有部分残缺，马道铺地破坏严重	B
D6	砖、石	好	差	差	差	结构破坏	严重	风化坍塌、雷击	外墙坍塌无存，只剩内部砖券兀立；敌台顶部雉堞和铺房无存	D
D6–D7	石	好	差	一般	差	墙体破坏	严重	风化坍塌、年久失修	基础由毛石砌筑，碎石填缝，女墙、雉堞均不存，毛石散落在地面上	C
D7	砖、石	好	一般	一般	一般	结构破坏	一般	风化坍塌、雷击	下部条石基础保存较好，一层内外墙体大面积坍塌，顶部无存	C
D7–D8	石	好	差	一般	差	墙体破坏	严重	风化坍塌、年久失修	基础由毛石砌筑，碎石填缝，女墙、雉堞均不存，毛石散落在地面上	C
D8	砖、石	好	一般	一般	一般	结构破坏	严重	风化坍塌、雷击	下部条石基础保存较好，一层大面积坍塌，顶部尚存雉堞和望孔	C
D8–F3	石	好	差	一般	差	墙体破坏	严重	风化坍塌、年久失修	基础由毛石砌筑，碎石填缝，女墙、雉堞均不存，毛石散落在地面上	C
F3	石	好	差	差	差	结构破坏	严重	风化坍塌、雷击	原样已无法辨认，后由毛石堆砌成部分矮墙	C
F3–D9	石	好	差	一般	差	墙体破坏	一般	风化坍塌、年久失修	基础由毛石砌筑，碎石填缝，女墙、雉堞均不存，毛石散落在地面上	C
D9	砖、石	好	好	好	好	顶部破坏	一般	风化坍塌、雷击	整体保存较好，顶部雉堞残存较少，铺房坍塌，仅剩四围矮墙	B
D9–D10	砖、石	好	一般	一般	一般	墙体破坏	一般	风化坍塌、年久失修	基础由毛石砌筑，女墙、雉堞均不存，毛石散落在地面上	B
D10	砖、石	好	差	差	差	结构破坏	严重	风化坍塌、雷击	仅基础保存尚好；一层仅剩局部，其余均无存	D
D10–D11	砖、石	好	一般	一般	一般	墙体破坏	一般	风化坍塌、年久失修	基础由毛石砌筑，女墙、雉堞均不存，毛石散落在地面上	B
D11	砖、石	好	较好	好	较好	顶部破坏	一般	风化坍塌、年久失修	一层部分箭窗坍塌，顶部雉堞残存较少，屋顶铺房仅剩墙体	A
D11–D12	石	好	差	一般	差	墙体破坏	一般	风化坍塌、年久失修	基础由毛石砌筑，碎石填缝，女墙、雉堞均不存，毛石散落在地面上	C
D12	砖、石	好	好	好	好	顶部破坏	一般	风化坍塌、年久失修	一层西墙大面积坍塌，铺房屋顶坍塌，但墙体及檐部保存较多	B
D12–F4	砖、石	好	一般	一般	一般	墙体破坏	一般	风化、植物根系	部分段落为山险墙，部分段落为毛石堆砌	B
F4	石	好	差	差	差	结构破坏	严重	风化坍塌、雷击	原样已无法辨认，后由毛石堆砌成部分矮墙	C
F4–D13	砖、石	好	一般	好	好	墙体破坏	一般	风化、植物根系	基础为毛石砌筑，砖砌雉堞尚存，女墙不存，地墁残缺	B
D13	砖、石	好	一般	一般	一般	结构破坏	严重	风化坍塌、年久失修	一层仅剩西北侧和西南侧墙体保存较完整，剩余均坍塌	C
D13–D14	砖、石	好	一般	一般	一般	墙体破坏	一般	风化坍塌、年久失修	基础由毛石砌筑，女墙、雉堞均不存，毛石散落在地面上	B
D14	砖、石	好	好	好	好	顶部破坏	一般	风蚀、雷击、冻融	一层各箭窗处坍塌成大洞口；顶部雉堞残存较少，铺房仅剩墙体	B
D14–M1	砖、石	好	一般	一般	一般	墙体破坏	一般	风蚀、雷击、冻融	基础由毛石砌筑，女墙、雉堞均不存，毛石散落在地面上	B
M1	砖、石	好	一般	好	一般	顶部破坏	一般	风化坍塌、年久失修	基础由条石砌筑，墙身局部风化、剥落，但整体尚好，顶部铺房不存	D
M1–D15	砖、石	好	一般	一般	一般	墙体破坏	一般	风蚀、雷击、冻融	基础由毛石砌筑，若干砖砌雉堞撒尚存，女墙不存，仅存少量地墁	B
D15	砖、石	好	一般	一般	一般	顶部破坏	一般	风化坍塌、雷击	除北侧外墙及顶部雉堞无存外，其余三面保存较好，铺房无存	C
D15–F5	石	好	一般	一般	一般	墙体破坏	一般	风化坍塌、年久失修	基础由毛石砌筑，女墙、雉堞均不存，毛石散落在地面上	B
F5	石	差	差	差	差	结构破坏	严重	风化坍塌、雷击	原样已无法辨认，后由毛石堆砌成部分矮墙	C
F5–F6	石	好	差	一般	差	墙体破坏	一般	风化坍塌、年久失修	基础由毛石砌筑，碎石填缝，女墙、雉堞均不存，毛石散落在地面上	C
F6	石	差	差	差	差	结构破坏	严重	风化坍塌、雷击	原样已无法辨认，后由毛石堆砌成部分矮墙	D
F6–F7	石	好	差	一般	差	墙体破坏	一般	风化坍塌、年久失修	部分为山险墙，部分用毛石垒砌，墙体坍塌严重，雉堞、女墙均不存	C
F7	石	差	差	差	差	结构破坏	严重	风化坍塌、雷击	原样已无法辨认，后由毛石堆砌成部分矮墙	C
F7–D16	石	好	差	一般	差	墙体破坏	一般	风化坍塌、年久失修	基础由毛石砌筑，碎石填缝，女墙、雉堞均不存，毛石散落在地面上	C
D16	砖、石	好	较好	好	较好	顶部破坏	一般	风蚀、雷击、冻融	一层外墙部分城砖掉落、风化，内部结构完好，铺房、雉堞不存	A
D16–F8	石	好	差	一般	差	墙体破坏	一般	风化坍塌、年久失修	基础由毛石砌筑，碎石填缝，女墙、雉堞均不存，毛石散落在地面上	C
F8	石	差	差	差	差	结构破坏	严重	风化坍塌、雷击	原样已无法辨认，后由毛石堆砌成部分矮墙	C
F8–D17	砖、石	好	一般	好	一般	铺地破坏	一般	风化、植物根系	整体保存尚可，女墙、雉堞均有部分残缺，马道铺地破坏严重	B
D17	砖、石	好	较好	好	较好	墙面破坏	一般	风化坍塌、冻融	基础完好，一层部分外墙面开裂、风化，铺房屋顶、雉堞无存	A
D17–D18	砖、石	好	一般	好	一般	墙体破坏	一般	风化坍塌、冻融	基础尚好，砖砌墙身风化严重，女墙、雉堞均不存，砖地墁尚存	B
D18	砖、石	好	差	差	差	结构破坏	严重	风化坍塌、年久失修	仅基础保存尚好；一层仅剩局部，其余均无存	D
D18–D19	石	好	一般	一般	一般	墙体破坏	一般	风化坍塌、年久失修	基础由毛石砌筑，女墙、雉堞均不存，毛石散落在地面上	B
D19	砖、石	好	较好	好	较好	顶部破坏	一般	风化坍塌、年久失修	基础尚好，砖砌墙身风化严重，顶部箭窗保留尚好，铺房不存	A
D19–F9	石	好	差	一般	差	墙体破坏	严重	风化、植物根系	基础由毛石砌筑，碎石填缝，女墙、雉堞均不存，毛石散落在地面上	C
F9	石	好	差	差	差	结构破坏	严重	风化坍塌、雷击	原样已无法辨认，后由毛石堆砌成部分矮墙	C
F9–D20	石	好	差	一般	差	墙体破坏	严重	风化、植物根系	基础由毛石砌筑，碎石填缝，女墙、雉堞均不存，毛石散落在地面上	C
D20	砖、石	好	较好	好	较好	顶部破坏	一般	风蚀、雷击、冻融	基础完好，一层部分外墙面风化、残缺，顶部铺房、雉堞无存	A
D20–D21	石	好	差	一般	差	墙体破坏	严重	风化、植物根系	基础由毛石砌筑，碎石填缝，女墙、雉堞均不存，毛石散落在地面上	C
D21	砖、石	好	好	好	好	顶部破坏	一般	风蚀、雷击、冻融	基础完好，外墙保存好，内部结构完整，顶部仅存铺房四围矮墙	B
D21–D22	石	好	差	一般	差	墙体破坏	严重	风化、植物根系	基础由毛石砌筑，碎石填缝，女墙、雉堞均不存，毛石散落在地面上	C
D22	砖、石	好	一般	一般	一般	结构破坏	严重	风化坍塌、年久失修	基础尚可，一层残缺严重，只存南、北外墙面，顶部均无存	C
D22–D23	石	好	差	一般	差	墙体破坏	严重	风化、植物根系	基础由毛石砌筑，碎石填缝，女墙、雉堞均不存，毛石散落在地面上	C
D23	砖、石	好	好	好	一般	结构破坏	严重	风化坍塌、年久失修	基础完好，其上仅存南侧外墙面，其余均无存	B
D23–D24	石	好	差	一般	差	墙体破坏	严重	风化、植物根系	基础由毛石砌筑，碎石填缝，女墙、雉堞均不存，毛石散落在地面上	C
D24	砖、石	好	一般	较好	一般	顶部破坏	一般	风化坍塌、冻融	一层券门、箭窗周围外墙面风化、残缺，顶部雉堞、铺房均不存	B
D24–D25	石	好	差	一般	差	墙体破坏	严重	风化、植物根系	基础由毛石砌筑，碎石填缝，女墙、雉堞均不存，毛石散落在地面上	C
D25	砖、石	好	一般	一般	一般	顶部破坏	一般	风蚀、雷击、冻融	除顶部雉堞、铺房均不存外，基础、外墙面、内部结构尚好	B
D25–D26	石	好	差	一般	差	墙体破坏	严重	风化、植物根系	基础由毛石砌筑，碎石填缝，女墙、雉堞均不存，毛石散落在地面上	C
D26	砖、石	好	好	一般	一般	顶部破坏	一般	风化坍塌、风蚀	基础尚可，外墙面残缺严重，顶部除铺房四围矮墙，其余均无存	B
D26–F10	石	好	差	一般	差	墙体破坏	严重	风化、植物根系	基础由毛石砌筑，碎石填缝，女墙、雉堞均不存，毛石散落在地面上	C
F10	石	好	差	一般	差	墙体破坏	严重	风化、植物根系	基础由毛石砌筑，碎石填缝，女墙、雉堞均不存，毛石散落在地面上	C
F10–F11	砖、石	好	一般	好	一般	铺地破坏	一般	风化、植物根系	整体保存尚可，女墙、雉堞均有部分残缺，马道铺地破坏严重	C
F11	石	好	差	差	差	结构破坏	严重	风化坍塌、雷击	原样已无法辨认，后由毛石堆砌成部分矮墙	C
F11–D27	砖、石	好	一般	好	一般	墙体破坏	一般	风化坍塌、年久失修	前半部分为毛石垒砌，后半部分砖砌雉堞尚存，女墙、地墁均不存	B
D27	砖、石	好	一般	好	一般	顶部破坏	一般	风化坍塌、年久失修	基础完好，外墙面风化、残缺，顶面均不存	B
D27–M2	砖、石	好	一般	好	一般	铺地破坏	一般	风化、植物根系	整体保存尚可，女墙、雉堞均有部分残缺，马道铺地破坏严重	B
M2	砖、石	好	一般	好	一般	顶部破坏	一般	风化坍塌、年久失修	基础由条石砌筑，墙身局部风化、剥落，但整体尚好，顶部铺房不存	D
M2–D28	砖、石	好	一般	好	一般	铺地破坏	一般	风化、植物根系	基础为毛石砌筑，砖砌雉堞尚存，仅存小部分女墙、地墁	B
D28	砖、石	好	一般	较好	一般	顶部破坏	一般	风化坍塌、雷击	基础完好，一层内外墙体破坏严重，顶部均不存	C
D28–锥子山	砖、石	好	一般	一般	好	铺地破坏	一般	风化坍塌、雷击	基础为条石砌筑，砖砌券里门尚存，部分砖台阶残损，雉堞不存	B
锥子山–D29	石	好	差	一般	差	墙体破坏	严重	风化、植物根系	部分为山险墙，部分用毛石垒砌，墙体坍塌严重，雉堞、女墙均不存	C
D29	砖、石	好	一般	好	一般	顶部破坏	一般	风化坍塌、雷击	基础完好，外墙面风化严重，顶部尚存部分铺房墙面、雉堞	B
D29–	石	好	一般	一般	差	墙体破坏	严重	风化、植物根系	基础由毛石砌筑，碎石填缝，女墙、雉堞均不存，毛石散落在地面上	C
锥子山–F12	石	好	差	一般	差	墙体破坏	严重	风化、植物根系	部分为铲山墙，依靠自然陡立的石壁；部分毛石垒砌，雉堞女墙均不存	C
F12	石	好	差	差	差	结构破坏	严重	风化坍塌、雷击	原样已无法辨认，后由毛石堆砌成部分矮墙	C
F12–D30	石	好	差	一般	差	墙体破坏	严重	风化、植物根系	基础由毛石砌筑，女墙、雉堞均不存，毛石散落在地面上，碎石填缝	C
D30	砖、石	好	一般	一般	一般	墙体破坏	严重	风化坍塌、年久失修	基础、外墙面开裂严重，一层坍塌严重，仅存部分，顶部均不存	C
D30–D31	石	好	差	一般	差	墙体破坏	严重	风化、植物根系	基础由毛石砌筑，女墙、雉堞均不存，毛石散落在地面上，碎石填缝	C
D31	砖、石	好	一般	一般	一般	墙面破坏	严重	风化坍塌、年久失修	西侧外墙面塌陷出现一大凹洞，东侧墙面出现裂缝，顶部均不存	C
D31–F13	石	好	差	一般	差	墙体破坏	严重	风化、植物根系	基础由毛石砌筑，碎石填缝，女墙、雉堞均不存，毛石散落在地面上	C
F13	石	好	差	差	差	结构破坏	严重	风化坍塌、雷击	原样已无法辨认，后由毛石堆砌成部分矮墙	C
F13–D32	石	好	差	一般	差	墙体破坏	严重	风化、植物根系	基础由毛石砌筑，碎石填缝，女墙、雉堞均不存，毛石散落在地面上	C
D32	砖、石	好	较好	好	较好	顶部破坏	一般	风化坍塌、雷击	毛石垒砌基础尚好，部分外墙面上开裂，顶部雉堞、铺房均不存	A
D32–	石	好	差	一般	差	墙体破坏	严重	风化、植物根系	基础由毛石砌筑，碎石填缝，女墙、雉堞均不存，毛石散落在地面上	C

图 5–5　长城本体及其附属评估（二）

图 5-6　周边服务设施分布现状

二、人工自然环境

小河口段长城的周边环境主要包括人工环境（主要指沿线村落）和自然环境（山体、植被、地表水等）两部分。

（1）村落

小河口段长城沿线现共有 10 座村落，其中长城北侧有 4 座，今属辽宁省绥中县管辖，由西往东分别为西沟村、小河口村、东沟村以及金家沟村；长城南侧有 6 座，今属河北省抚宁县管辖，由西往东分别为董家口村、破城子村、炮沟村、苗城子村、杜城子村以及锥山沟。大体上讲，这些村落历史风貌保存均较好，而位于河北省的村落更多地受对外交通限制，村落原貌较辽宁省的好，但建筑质量相对差一些。

位于长城南侧河北省的 6 座村落除董家口村开发利用程度较大外，其余村落建筑肌理和建筑物保存都比较完整，整体历史风貌犹存，但由于年久失修，留存建筑质量不高。董家口村由于旅游开发较早，旅游服务设施较完善，然而并未得到统一、有序管理，村落环境、建筑物等均较大程度地进行过改造，原有风貌缺失较严重，但村落建筑肌理改动不大。

位于长城北侧辽宁省的 4 座村落，村内建筑肌理及建筑物保存都较完整，整体历史风貌犹存，但村庄周边环境及建筑物局部已经过整修，与原貌不一致，目前有部分农户开设了乡村家庭旅馆，规模均不大，对村内整体环境影响有限（图 5-6）。

（2）山体、植被

山体轮廓线保存较好，地形、植被现状情况大体良好，但在长城中段东北面有一座采石场，破坏

图 5-7　长城周边环境现状

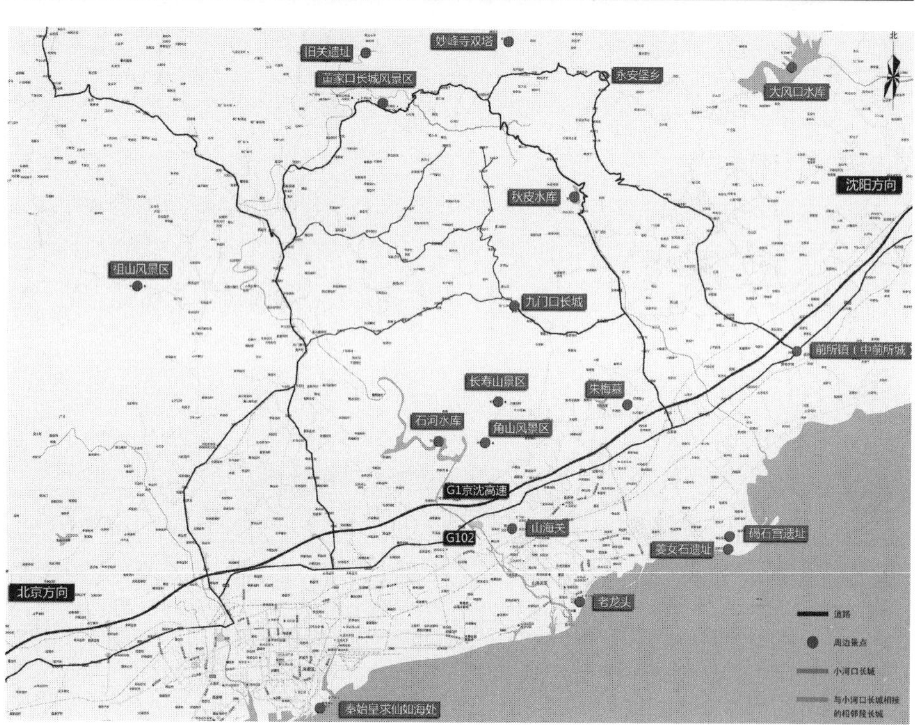

图 5-8　对外交通现状

了山体环境及历史风貌（图 5-7）。

（3）地表水、石河

山体上的地表水水质较好，但径流量较少。位于长城北面的河流，名叫石河，属于季节性河流，河道中垃圾堆积，北侧村落建筑物凌乱、环境较差，植被覆盖率较低，这些都影响到了河道周边的整

图 5-9
内部交通现状

体风貌。

（4）道路交通

小河口段长城区域内的道路形式大致有三种，分别是属于对外交通的外部公路、属于内部交通的村内道路以及登山小路。

对外交通：向南经址九线（址锚湾——九门口）与京沈高速公路和 102 国道相接，向东沿前大线（前所——大甸子）可至 102 国道，向西沿前大线，经 251 省道，可达 102 国道，对外交通一般（图 5-8）。

内部交通：分为村内道路和登山小路，村内道路有 9 条，其中长城北侧 4 条，分别通向西沟村、小河口村、东沟村及金家沟村；南侧 5 条，分别通向董家口村、炮沟村、苗城子、杜城子村以及锥山沟，编号 C1 ~ C9；登山小路粗略估算共有 14 条，编号 S1 ~ S14（图 5-9，表 5-1、表 5-2）。

村级道路现状一览　　表 5-1

路段	路面材料	路幅(m)	路面情况	通达性	延续性	景观性
C1	水泥	5	路面平坦	前大线通往西沟村，可通车	质量较好,可利用	两侧绿化较为凌乱需要整治
C2	水泥	4.5	路面平坦	前大线通往小河口村，可通车	质量较好,可利用	两侧为农田,风光无限
C3	水泥	4.5	路面平坦	前大线通往东沟村，可通车	质量较好,可利用	两侧为农田,风光无限
C4	水泥	5	路面平坦	前大线通往金家沟村，目前此段道路已铺设到长城脚下，可通车	质量较好,可利用	两侧绿化较为凌乱，需要整治
C5	水泥	4.2	路面较平坦	董家口村与破城子村之间的道路，可通车	整治后，可利用	两侧为农田,风光无限
C6	碎石	3	碎石铺地凹凸不平	通往炮沟村，可经公路往西直达251省道，可通车	整治后，可利用	两侧绿化较为凌乱，需要整治

续表

路段	路面材料	路幅(m)	路面情况	通达性	延续性	景观性
C7	水泥	4.5	路面较平坦	通往苗城子。可沿此路往南直达九门口及址九线，可通车	整治后，可利用	两侧绿化较为凌乱，需要整治
C8	水泥 局部碎石	3 ~ 4.5	路面较平坦	通往杜城子村，可沿此路往南直达九门口及址九线，可通车	整治后，可利用	两侧绿化较为凌乱，需要整治
C9	碎石	3.3	路面较平坦	通往李家堡乡，可沿此路直达李家堡乡，目前路面正在拓宽，可通车	整治后，可利用	两侧绿化较为凌乱，需要整治

登山小路现状一览　　表 5-2

路段	路面材料	路幅（m）	通达性	延续性	景观性
S1	碎石	1.5	通畅	整治后，可利用	一般
S2	土路	1	通畅	整治后，可利用	一般
S3	碎石	3.5 ~ 5	通畅	整治后，可利用	差
S4	土路	1.5	通畅	整治后，可利用	较好
S5	土路	2	通畅	整治后，可利用	较好
S6	土路	0.8	通畅	整治后，可利用	一般
S7	土路	1	通畅	整治后，可利用	一般
S8	土路	1	通畅	整治后，可利用	较好
S9	土路	1.2	通畅	整治后，可利用	较好
S10	土路	0.8	通畅	整治后，可利用	一般
S11	土路	1.2	通畅	整治后，可利用	一般
S12	土路	1.2	通畅	整治后，可利用	较好
S13	土路	1	通畅	整治后，可利用	较好
S14	土路	1	通畅	整治后，可利用	较好

三、病害及其成因

小河口段长城主要采用砖和石两种砌筑材料，在借鉴和参考《岩土文物建筑的保护》[1]和《中国文物保护与修复技术》[2]中关于砖石结构文物建筑病害的分析，结合实地考察所见，按材料属性分析其病害及成因。

（1）包砖遗存

部分长城城墙体以及全部的空心敌台、墙台和关城城墙均为外包砖、内石筑形式。砖石墙体和墩台所受的破坏有自然因素，也有人为因素，很多病害是两种因素综合作用的结果，而且其中一种病害是其他病害的成因或是结果。

墙体开裂："砖石砌体开裂现象极其普遍，甚至可以说没有一座建筑是没有裂缝的。"[3]调查中发现，砖墙裂缝均为垂直裂缝，其中以辽东镇段的三座空心敌台（D30、D31、D32），蓟州镇的一座空心敌台（D21）以及 5 号马面（M5）、董家口关城南城门的裂缝为甚，皆为贯穿裂缝，裂缝延伸至石质基础层。

1 黄克忠. 岩土文物建筑的保护[M]. 北京：中国建筑工业出版社，1998.
2 中国文化遗产研究院. 中国文物保护与修复技术[M]. 北京：科学出版社，2009.
3 中国文化遗产研究院. 中国文物保护与修复技术[M]. 北京：科学出版社，2009：98.

照片 5–1 砖墙面贯穿裂缝

照片 5–2 砖墙面短裂缝

照片 5–3 基础沉降引起的墙体裂缝（D30 东北面）

照片 5–4 墙体砖料剥落呈蜂窝状（D5 东南面）

其余为短裂缝（照片 5–1）。空心敌台墙身短裂缝常出现在台顶雉堞及花牙子线脚之下或墙身洞口（包括望 / 射孔、箭窗、券门等）周边部位，且集中在墙面中部，靠近转角处的几乎没有。从裂缝的起始部位来看，多为坍塌的券门、箭窗或是垛口，也就是说，裂缝与坍塌部位有一定程度上的对应关系，推测可能是因受较强的外力造成构件的坍塌而后随之产生裂缝，也有可能是雨雪顺着坍塌部位流入到墙身内部，气温变化而产生的冻融作用的结果。这些短裂缝对建筑结构整体影响不大，但对局部构件的损坏有显著影响。相对来说，城墙砖墙身（包括长城城墙和城堡城墙）出现短裂缝的现象较少（照片 5–2）。贯穿裂缝长度较长，裂缝较深，并且缝隙较宽。但从裂缝的现状及建筑所处的地形来推测，形成原因有以下两种情况：基础松动或沉降：30 号空心敌台（D30），敌台处于山巅，山顶岩石耸立，地基内外高差较大。台体东北面裂缝较多，其中靠北侧的一条由基础延伸至台顶的裂缝，底部缝隙较宽、较深，而顶部缝隙较细、较浅，可以推测，这是由于诸如地震等外力或是基础本身存在结构缺陷，引起的基础松动移位或局部沉降而造成的砖面裂缝（照片 5–3）。地震或雷电等外力：董家口关城南城门位于山脚地势平坦地段，在南城门西面墙体转角处，有一道上下贯通的裂缝，缝宽甚宽，达 200mm，砖砌墙身内部的块石、三合土等材料倾泻而出。此处发生不均匀沉降的可能性较少，可能是在地震或雷电等较大外力的作用下形成的，当然也不排除人为破坏和自然外力共同作用的可能性（照片 5-1）。

墙面砖料剥落：这也是几乎所有砖墙都会出现的破坏，剥落情况严重的墙面呈蜂窝状或形成豁口，如 D5 东南面顶部砖墙面，砖料剥落残缺（照片 5-4）。墙面剥落由多种因素综合作用而形成，主要有墙体风化风蚀、温差变化以及雨水冻融、人为破坏等。

墙体坍塌与断裂：砖墙面的坍塌是较为严重的破坏现象，通常是墙面裂缝、剥落等病害所引发的最终结果，直接导致遗址历史信息的不存，遗址永久性的消失。在小河口段长城空心敌台中，有局部构件（如雉堞、楼橹等）坍塌损坏的，也有外墙面坍塌并形成豁口的，如 D31（照片 5-5）；还有内部券室结构墙体及顶层楼面全部坍塌的现象，如 D13、D15（照片 5-6）。如前面所提到的，坍塌部位与裂缝部位有对应关系，而且两种现象之间也有着相互影响和加剧的关系，墙面的坍塌也普遍存在于长城城墙、墙台的雉堞和女墙以及城堡城墙上。在位于山谷处的城墙，由于阻碍了内外两侧的交通联系，人们就在城墙上开凿豁口，从而造成永远无法弥补的损失。

照片 5-5　墙面坍塌成豁口（D31 西面）

照片 5-6　D15 券室及楼面均坍塌

植物病害：主要是指植物根系在砖墙内部的生长造成墙体的胀裂，墙面形成裂缝或是砖料剥落甚至坍塌。植物病害分为两种，一种是树木和较大的木本植物，这类植物根系粗壮发达，能植入墙面结构深处，所以对建筑造成的破坏较大（照片 5-7）；另一种是杂草和小灌木，它们根系细小，大都生长在砖面顶部的土层中，相对于前一种情况而言，后者根系虽然尚未触及到砖面，对砖墙面破坏影响有限，但长期如此，会使土层退化，而间接危害砖料层（照片 5-8）。

照片 5-7　D9 台顶的木本植物

（2）石砌遗存

小河口段长城遗址中，部分段长城城墙以及全部的烽火台均采用石砌，并且大多数外表面未发现有石灰等黏结材料，石间缝隙用碎石填塞。这类遗存由于其砌筑方式上的先天缺陷而造成墙体稳定性较差，极易坍塌、散落。

照片 5-8　董家口关城城墙上的灌木

第三节 保护对象

在长城保护工作中，首先要确定保护对象。通过对小河口段长城军事功能运作的理解，以整体性保护为原则，可以廓清其保护对象为：被动及主动防御设施——城墙、空心敌

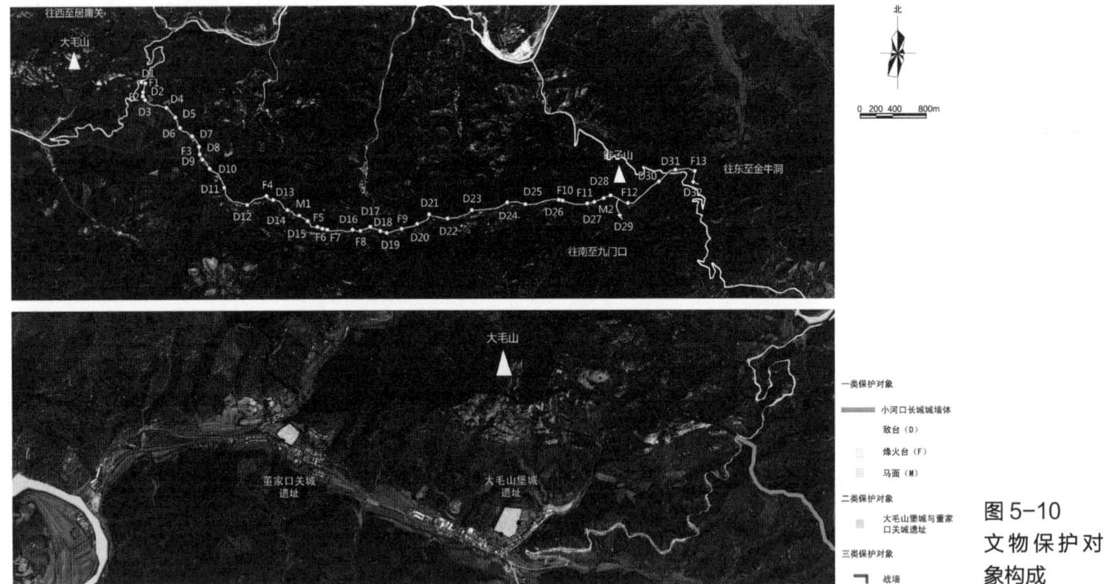

图 5-10 文物保护对象构成

台和马面，其中城墙又包含战墙以及拦马墙、陷马坑等外侧附属设施；烽传设施——布置在城墙上的烽火台；驻兵屯田设施——大毛山关城和董家口关城；长城军事功能赖以运作的周边自然环境，包括长城所处的地形、周边的植被。另外，长城周边的村落是由守城将士的子孙后代们逐渐建立起来的，是长城历史的见证，是戍边文化的物质载体，因此，将其列入长城周边人工环境中。

以上这些保护对象（图 5-10），它们的价值以及历史信息含量是不同的，应该划分出不同层次，便于采用不同的保护措施。现根据相对价值及其保存现状以及历史信息含量的多少情况，将小河口段长城分为三类（表 5-3）。

保护对象等级划分 表 5-3

保护对象	保护等级	保护内容	
长城本体及其附属设施（包括主、被动防御设施、烽传设施、驻兵屯田设施）	一类	长城城墙以及构筑物（包括敌台、马面、烽火台、战墙）	
	二类	大毛山关城和董家口关城	
长城周边环境	三类	自然环境	长城周边的山体、植被、地表水
		人工环境	长城周边村落，以及碑刻和作战武器等考古遗存

第四节 保护区划

保护区划是为了保护和修复文物本体及其赖以存在的周边环境而划分出一定面积的区域，在此区域内通过措施的运用和管理制度的贯彻，使得文物得以较好地长久保存下去。由于文物所处客观环境的复杂多样性，决定了保护区范围划分的灵活性，必须根据实际情况，科学、合理地确定保护区范围。

根据《中华人民共和国文物保护法》和《中国文物古迹保护准则》，小河口段长城的保护区划分为保护范围和建设控制地带，另外，又在建设控制地带外增设风貌协调区。

保护范围是长城文物的安全范围，考虑到长城体系中各个防御工事军事功能的运作以及目前发现的长城遗址，如空心敌台、烽火台、战墙，均跨城墙或非常靠近城墙，再考虑到长城沿线存在拦马墙、

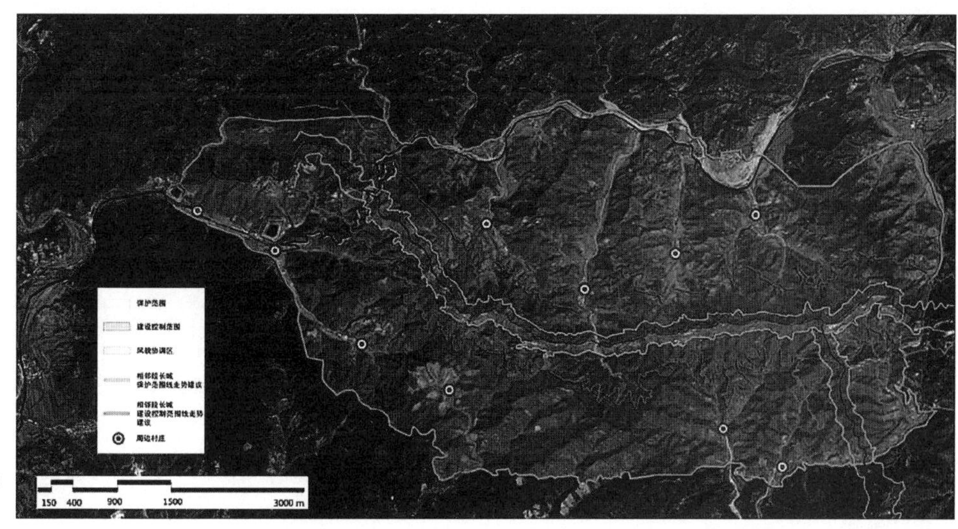

图 5-11　保护区划

陷马坑等军事遗存的可能埋藏区以及今后随着考古工作的进行，一些新的遗址有被发掘、发现的可能，因此将整段小河口段长城本体自城墙墙基起，两侧各外沿 100m，两座关城自城墙墙基外沿 50m 范围划定为保护范围，并根据地形、道路、房屋等条件进行局部调整（图 5-11）。

建设控制地带给予文物良好的保护环境。小河口段长城建设控制地带范围：长城本体以自保护范围外 250m，关城自保护范围外 50m 以内的范围为原则，并根据实际地形、道路、房屋等条件进行局部的调整。顾名思义，在建设控制地带内，必要的建设行为要进行严格控制监督，不得建设污染文物保护单位环境的设施，对已有的污染文物保护单位及其环境的设施，应当限期治理；不得进行可能危及长城安全及其环境的活动；对现有的安全隐患，应当限期整治；新建的建筑应以服务于保护长城为宗旨，建筑物体量大小及外观风貌需与周边环境相协调，高度控制在 4m 左右。

保护范围与建设控制地带控制在长城本体两侧 350m 范围内，这正是处于地形复杂的山地环境中的小河口段长城上能发挥最佳克敌作用的短程火器的射程范围。

风貌协调区是为了保护文物古迹而划分出的建设“缓冲区”。小河口段长城风貌协调区范围以自建设控制地带范围外 1000m 以内的范围为原则，并根据实际地形、道路、房屋等条件进行局部的调整。风貌协调区规划建议新建或改建的建筑要在形体、色彩、高度和体量上与长城风貌相协调。350 ~ 1000m 是中程火器射程范围，是小河口段长城上处于地势较高地段中程火器发挥其最佳作用的作战距离，在此区域内设置风貌协调区，有利于保存长城周边环境的整体历史风貌。

第五节 保护对策

一、线性文化遗产的保护

作为“大型线性文化遗产”[1] 的长城遗址因其线性的空间特征——广泛而狭长的空间分布、跨越若

1　单霁翔. 大型线性文化遗产保护初论：突破与压力[J]. 南方文物，2006（3）：2-5.

干行政区，以及综合性的组成要素——包含单体建筑、建筑群、历史遗迹、历史景观和文化景观，使得长城的保护不仅是一个纯粹的学术问题，更是一个综合的社会问题，所以长城保护应当从社会和技术两个层面入手，社会层面主要包括创造有利于长城保护的外部环境，保证保护工作的顺利开展；技术层面主要包括制订科学正确的保护方案，选择适宜的技术措施，达到延缓损毁，维持形态的完整。

（1）严格贯彻执行长城保护条例，建立完善的管理体系

在加大现有《中华人民共和国文物保护法》和《长城保护条例》及其相关法规的执法力度的基础上，将长城保护法制化，为实现可持续发展提供法律保障。长城遗址是大型线性文化遗产，确保各个职能部门之间协调管理是非常重要的。

小河口段长城虽然从实际长度和所辖城堡的数量都非常有限，但因其横跨两个行政区，势必会给长城保护乃至以后的保护管理等协调工作带来诸多的不便。要解决这个难题，首先要搞清两地的历史环境和现实环境背景，明确保护目标与范围；其次建立专门的领导机构，协调职责，落实保护和管理工作的实施，两地根据各自特点，发挥不同作用，共同做好小河口段长城遗址的保护工作。

（2）长城资源调查，基础资料的收集与研究

基础资料的收集与研究是保护长城的基础性工作，直接影响到整体长城保护方案的制订是否合理。只有掌握了完备的基础资料，保护工作才能做到“对症下药”。长城研究涉及内容广泛，因此在研究过程中应注重考古学、地理学、地质学、气候学及建筑学等学科的交叉综合运用。

开展对小河口段长城的资源调查，通过考古调查、科学勘探，形成对长城军事防御体系更全面完整的认识。比如小河口段长城中的一些附属设施——陷马坑、拦马墙、铲坡等由于长期不受重视，现仍未得到发掘，其数量、形制、与长城城墙的距离等资料尚属空白，而这些设施是长城军事防御体系中的组成部分，是长城发挥其功能的其中一个关节，并且它们正受到自然和人为破坏两方面的威胁，亟须长城保护工作者在其他学科专家的配合下，开展发掘和研究工作。

全国长城资源调查工作于2007年4月正式启动，目前，河北和辽宁两省的实地调查工作已经完成，档案记录和数据库的建立也正在进行当中。这项工作结束了之前对长城遗存认识模糊、文献考据与实地调研相脱离的窘境，为长城保护揭开了新的篇章。

二、长城本体及其附属设施的保护

（1）长城本体

针对长城本体不同的损坏程度和病害特征，将保护措施分成三个层级，分别为日常维护、现状修整、重点修复。此三个层级并非并列的关系，不同层级针对不同的损坏类型及保护目标（表5-4），其关系可用金字塔形来表示（图5-12）。

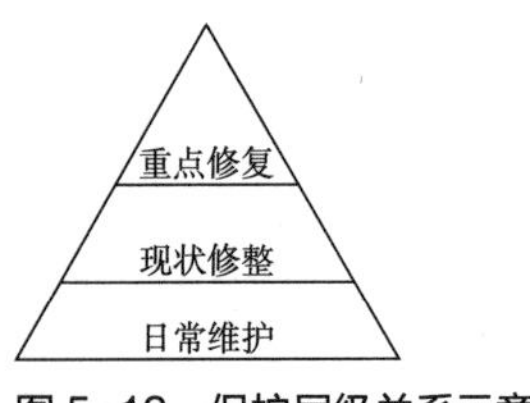

图5-12　保护层级关系示意

不同保护措施针对不同的损坏类型及保护目标　　表5-4

保护措施	损坏类型	保护目标
日常维护	所有类型的损坏	预防与杜绝
现状修整	非结构性损坏	排险与稳定
重点修复	结构性损坏	抢救与利用

①日常维护

及时化解外力侵害可能造成损伤的预防性措施，其目的是及时排除隐患，以防更大破坏的发生。积极预防是被一致公认的文物保护有效途径之一。必须制定相应的维护制度，主要工作是对有隐患的部分实行连续监测，记录存档，并按照有关的规范实施维护保养工程。在监测、维护过程中，一旦发现比较明显的残损问题，经相关部门审批后按照有关的规范实施修整工程。

日常维护包括：全面收集、整理和贮存长城本体与环境保护的基本档案和科学数据；研究、建立和健全全套系统的长城本体与环境监测体系；根据监测系统，制定规范化的日常维护措施，对长城、遗址、建筑本体实现持续性保护；建立日常维护制度，定期维护保养。

例如，对用块石垒筑的城墙、烽火台以及马面定期检查，收集坍塌的石料，规整松动的块石，可适当地进行补砌；凡对长城本体造成破坏和威胁的深、浅根植物，在试验的基础上使用化学试剂予以清除。在环境保护方面，清理、收集山体上游客遗留下来的垃圾；对植被覆盖率低的区域，选用适宜的树种，进行适当地补种，等等（表5-5）。

需日常维护的长城城墙及构筑物 **表5-5**

城墙	城墙0—D1段、城墙D1—F1段、城墙F1—D2段、城墙D2—M1段、城墙M1—D3段、城墙D6—D7段、城墙D7—D8段、城墙D8—F2段、城墙F2—D9段、城墙D10—D11段、城墙D11—D12段、城墙D12—F3段、城墙F3—D14段、城墙M3—M4段、城墙M4—F4段、城墙F4—D16段、城墙D16—F5段、城墙F5—D17段、城墙F6—D20段、城墙D20—D21段、城墙D21—D22段、城墙D22—D23段、城墙D23—D24段、城墙D24—D25段、城墙D25—D26段、城墙D26—F7段、城墙F7—F8段、城墙F8—D27段、城墙M5—D28段、城墙锥子山—D29段、城墙D29—段、城墙锥子山—F9段、城墙F9—D30段、城墙D30—D31段、城墙D31—F10段、城墙F10—D32段、城墙D32段（共计37段）
空心敌台	D1、D9、D14、D16、D20、D23、D24、D25、D26、D29（共计10座）
马面	M1、M2、M3、M4（共计4座）
烽火台	全部烽火台（F1～F10）（共计10座）

②现状修整

在不扰动现有结构、不增添新构件、基本保持现状的前提下采用一般性工程措施。将有险情的结构和构件，恢复到原来稳定安全的状态。如D1、D4、D5、D6、D7和D8空心敌台以及城墙D17—D18段等，城墙墙体坍塌较严重，若不采取有效修整措施，情况会更加严重，文物整体会逐渐消失殆尽（照片5-9）。该类措施以不减不加，或多减少加为原则，即在不扰动整体结构的前提下，把歪闪、坍塌、错乱的构件恢复到原来的状态。在恢复原来安全稳定的状态时，可以修补和少量添配残损缺失的构件，但不得更换旧构件和大量添加新构件。修整中清除和补配的部分应保留详细的记录（表5-6）。

需现状修整的长城城墙及构筑物 **表5-6**

城墙	城墙D9—D10段、城墙D14—M2段、城墙M2—D15段、城墙D15—M3段、城墙D17—D18段、城墙D18—D19段、城墙D19—F6段（共计7段）
空心敌台	D2、D3、D4、D5、D6、D7、D8、D10、D12、D13、D15、D18、D22、D27、D28（共计15座）
马面	M5（共计1座）
烽火台	—

③重点修复

保护工程中对原物干预较多的重大工程措施，主要内容有：恢复结构的稳定状态，增加必要的加

照片 5-9　需现状修整的空心敌台及城墙

照片 5-10 损坏严重，亟须重点修复的“危楼”

照片 5-11 保存质量相对较好，可修复重建的空心敌台和城墙

固结构，修补损坏的构件，添配缺失的部分等。修复工程应当尽量多保存各个时期有价值的痕迹。在进行修复前，需要进行严密的勘察测量，制订保护修缮设计方案，严格按照程序论证审批。小河口段长城保护措施中，重点修复分为两类：

一类是针对现状残损严重，结构不稳定，如不尽快采取抢救性修复，将有可能导致有价值的构件或构筑物从此消失的情况，如 D30 和 D31 空心敌台，外墙面上均存在较深的垂直贯穿裂缝，内部楼层坍塌和裂缝情况也较严重，是名副其实的“危楼”（照片 5-10）。

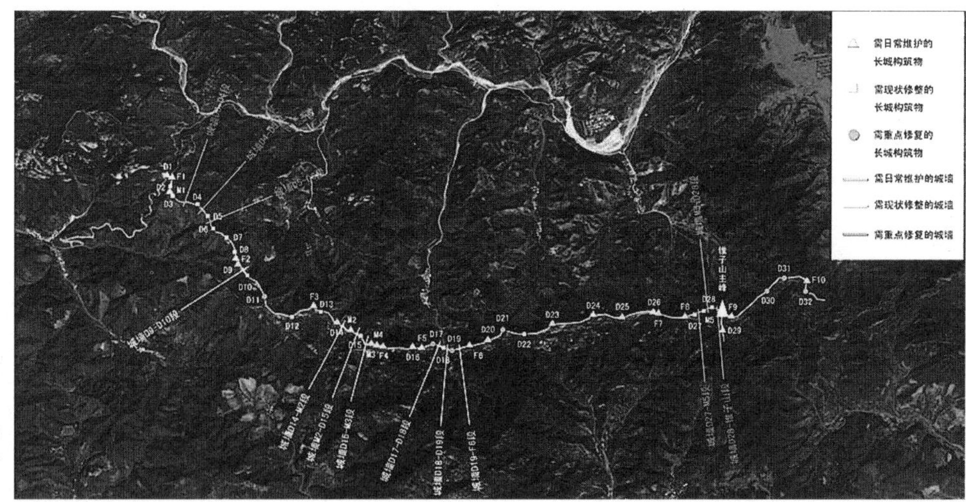

图 5-13　长城本体保护措施

另一类是针对现状留存质量相对较好，且承载着丰富的历史信息，具有较高科研、艺术、文化价值的城墙或构筑物的情况，在有确凿复原依据和技术条件允许的条件下，按照明代的样式与材料，有限地修复重建部分城墙及构筑物，使来参观的游客能够对比历史遗迹和重建物之间的区别，加深对长城古迹的了解。例如，城墙 D3—D4 段、城墙 D4—D5 段、城墙 D5—D6 段等以及 D11、D17、D19、D21 和 D32 五座空心敌台形制较特殊，可达性高，并且粗粒花岗岩券门处的浮雕题材丰富，雕刻精美。特别值得一提的是，位于 D17 空心敌台顶部的砖砌硬山式楼橹，除屋顶不存外，其余部件保存较好，檐部砖料细作加工精制，是小河口段长城中唯一座保留较完整的空心敌台楼橹，其价值不言而喻，理应通过重点修复、重建，使其价值得到更为充分的彰显（照片 5-11，表 5-7）。

需重点修复的长城城墙及构筑物　　**表 5-7**

	损坏严重，亟须修复的设施	保存质量较好，可修复重建的设施
城墙	—	城墙D3—D4段、城墙D4—D5段、城墙D5—D6段、城墙D27—M5段（有券里门）、城墙M5—D28段、城墙D28—锥子山段（有券里门）（共计6段）
空心敌台	D30、D31（共计2座）	D11、D17、D19、D21、D32（共计5座）
马面	—	—
烽火台	—	—

凡增补的部分，要求在总体上与原有建筑相和谐，局部要求与原有物相区别，以确保可识别性（图 5-13，图 5-14）。

（2）沿线城堡

针对沿线城堡，首先对城内的居民进行搬迁，在城外安排他们的生活居住，待考古工作进行完毕后，供日后展示之用；对于城外靠近甚至与城墙接触的房屋进行适当处理，填补有房屋造成的洞口或裂缝，并根据保存情况，采用适当的辅助支撑和加固等手段；对于城堡各组成部件上的裂缝进行加固，防止发生坍塌，危及旁人；城墙顶面植物茂盛，若采用单一的化学除草，随着除草剂使用次数的增多，有可能会对墙体产生腐蚀作用，建议采用人工物理除草和化学除草相结合的方式，对清理后的墙体，可采取部分回填的方式，来达到加固的目的。

图 5-14　城堡遗存保护措施（一）

图 5-14　城堡遗存保护措施（二）

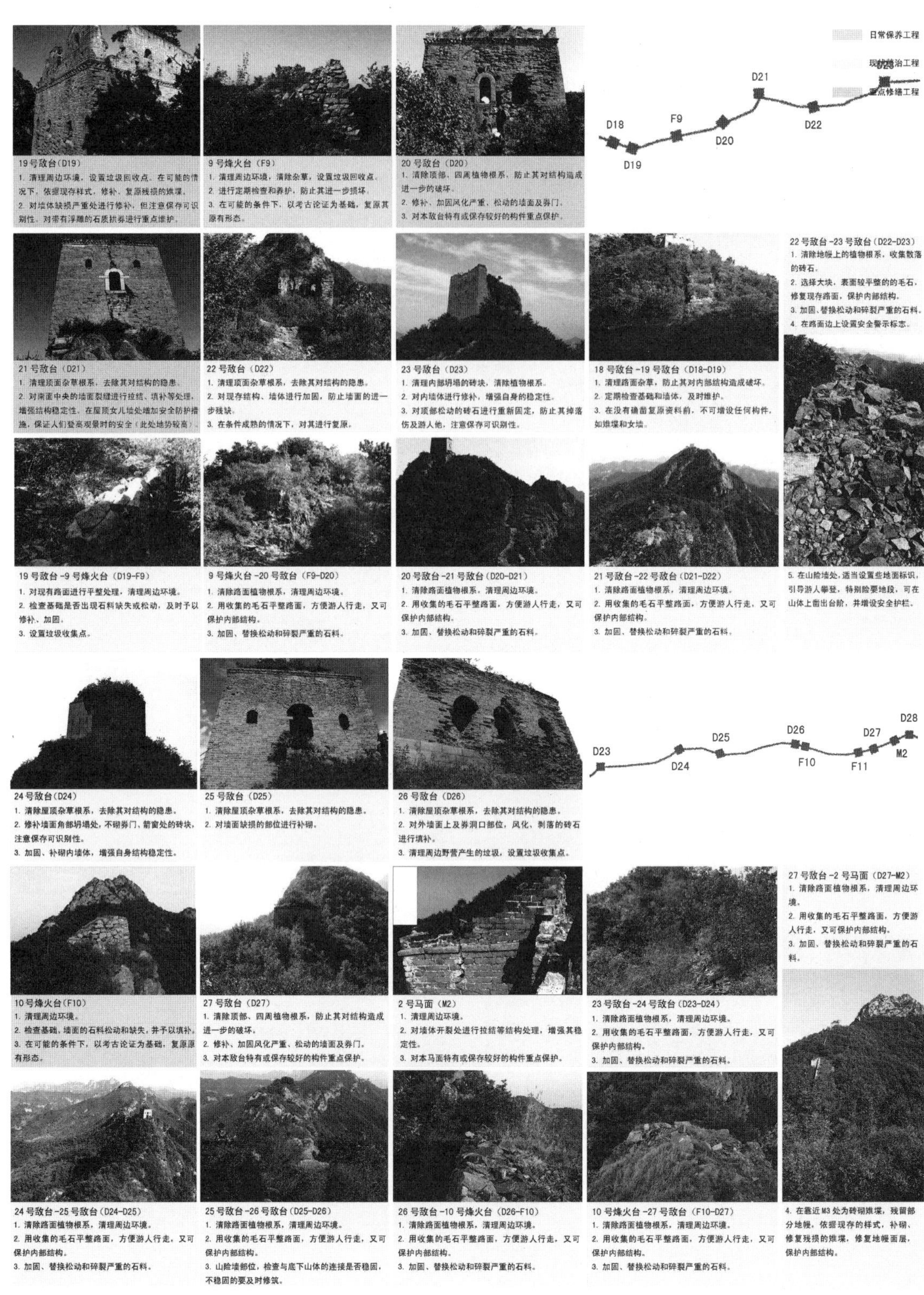

图 5-14　城堡遗存保护措施（三）

28 号敌台（D28）
1. 清除顶部、四周植物根系，防止其对结构造成进一步的破坏，处理中要防止二次破坏。
2. 修补、加固风化严重、松动的墙面及券门。
3. 对石质拱券重点保护。

29 号敌台（D29）
1. 清除顶部、四周植物根系，防止其对结构造成进一步的破坏，处理中要防止二次破坏。
2. 修补、加固风化严重、松动的墙面及券门。
3. 收集散落的砖块，作为修补材料。

12 号烽火台（F12）
1. 清理周边环境。
2. 检查基础、墙面的石料松动和缺失，并予以填补。
3. 在可能的条件下，以考古论证为基础，复原原有形态。

30 号敌台（D30）
1. 清除顶部、四周植物根系。
2. 修补、加固风化严重、松动的墙面及券门。对开裂处的墙面进行拉结等处理，增强自身稳定性。
3. 对本敌台特有或保存较好的构件重点保护。

31 号敌台（D31）
1. 清除顶部、四周植物根系，防止其对结构造成进一步的破坏，处理中要防止二次破坏。
2. 修补、加固风化严重、松动的墙面及券门。
3. 清理因屋面坍塌而散落在台体内部的砖料。

2 号马面 -28 号敌台（M2-D28）
1. 清除马道顶部、四周植物根系，防止其对结构造成进一步的破坏，处理中要防止二次破坏。
2. 根据现存较为完整的样式，修复残损的雉堞。
3. 在可能的情况下，以考古论证为基础，增建女墙。

28 号敌台 - 锥子山（D28- 锥子山）
1. 清除砖砌阶梯上的植物根系，防止其对结构造成进一步的破坏，处理中要防止二次破坏。
2. 对墙体、基础开裂处进行拉结等处理。
3. 对此处特有的券里门进行重点保护。

31 号敌台 -13 号烽火台（D31-F13）
1. 清除地幔上的植物根系，收集散落的砖石。
2. 选择大块，表面较平整的的毛石，修复现存路面，保护内部结构。
3. 加固、替换松动和碎裂严重的石料。
4. 在路面边上设置安全警示标志。
5. 在山险墙处，适当设置些地面标识，引导游人攀登，特别险要地段，可在山体上凿出台阶，并增设安全护栏。

锥子山 -29 号敌台（锥子山 -D29）
1. 清除路面植物根系，清理周边环境。
2. 用收集的毛石平整路面，方便游人行走，又可保护内部结构。
3. 加固、替换松动和碎裂严重的石料。

锥子山 -12 号烽火台（锥子山 -F12）
1. 清除路面植物根系，清理周边环境。
2. 用收集的毛石平整路面，方便游人行走，又可保护内部结构。
3. 山险墙部位，检查与底下山体的连接是否稳固，不稳固的要及时修筑。

12 号烽火台 -30 号敌台（F12-D30）
1. 清除路面植物根系，清理周边环境。
2. 用收集的毛石平整路面，方便游人行走，又可保护内部结构。
3. 对现存石砌雉堞，特别是其顶部松动的毛石用可逆性粘结材料进行固定，防止其进一步毁坏。

30 号敌台 -31 号敌台（D30-D31）
1. 清除路面植物根系，清理周边环境。
2. 用收集的毛石平整路面，方便游人行走，又可保护内部结构。
3. 加固、替换松动和碎裂严重的石料。

大毛山堡城南门
1. 清除顶面植物根系，防止其对内部结构造成损坏，在清除过程中注意二次破坏。
2. 收集周边散落的砖料，对残缺严重的墙面进行补砌。在可能的条件下，以考古论证为基础，对城台进行复原。

大毛山堡城东门
1. 清除顶面植物根系，防止其对内部结构造成损坏，在清除过程中注意二次破坏。
2. 对残缺严重的墙面进行补砌，对基础进行加固，增强其自身稳定性。

大毛山堡城北墙墙基
1. 清除顶面植物根系，清理周边环境。
2. 检查石料是否出现松动、残缺、碎裂等病状，并予以及时修补。
3. 定期检查、养护。

大毛山堡城总平面

大毛山堡城城内（由南往北望）
1. 保留现状，不得损坏现有遗迹，也不能随意在堡内增建任何构筑物。

董家口关城南门
1. 清除顶面植物根系，防止其对内部结构造成损坏，在清除过程中注意二次破坏。
2. 收集周边散落的砖料，对残缺严重的墙面进行补砌。在可能的条件下，以考古论证为基础，对城台进行复原。

董家口关城东墙
1. 清除顶面植物根系，防止其对内部结构造成损坏，在清除过程中注意二次破坏。
2. 对残缺严重的墙面进行补砌，对基础进行加固，增强其自身稳定性。

董家口关城残留的北墙
1. 清除顶面植物根系，清理周边环境。
2. 检查石料是否出现松动、残缺、碎裂等病状，并予以及时修补。
3. 定期检查、养护。

董家口关城总平面

董家口关城城内（由南往北望）
1. 保留现状，不得损坏现有遗迹，也不能随意在堡内增建任何构筑物。

日常保养工程

在没有掌握确凿复原依据前，目前仅做日常保养，定期检查、及时修补等工作，防止其进一步遭到破坏，等到时机成熟时，再对其进行复原。

对象为现状由毛石垒砌，碎石填缝，未用石灰作为粘结材料的敌台、烽火台及马面。

现状整治工程

通过采取清理环境、补砌墙面、结构加固等干预性手段，以保证游人安全，防止文物坍塌，改善文物观赏性为目的各种整治措施。

对象为出现基础、墙面开裂，内外墙体坍塌严重，高处砖块松动以及周边环境差等情况的敌台、城墙及马面。

重点修缮工程

通过采取依照现有完整样式，对局部构件进行复建（如雉堞、女墙、砖砌台阶、石质簸箕）及修补、保护现存较少、比较珍贵的构件（如护台围墙、作战平台），以向游人提供更全面的、能更好地代表小河口长城形象和特色为目的的，各种修缮措施。

对象为形象较为完整、保存较好的敌台、砖砌城墙以及特色构件如作战平台、护台围墙等。

图 5-14　城堡遗存保护措施（四）

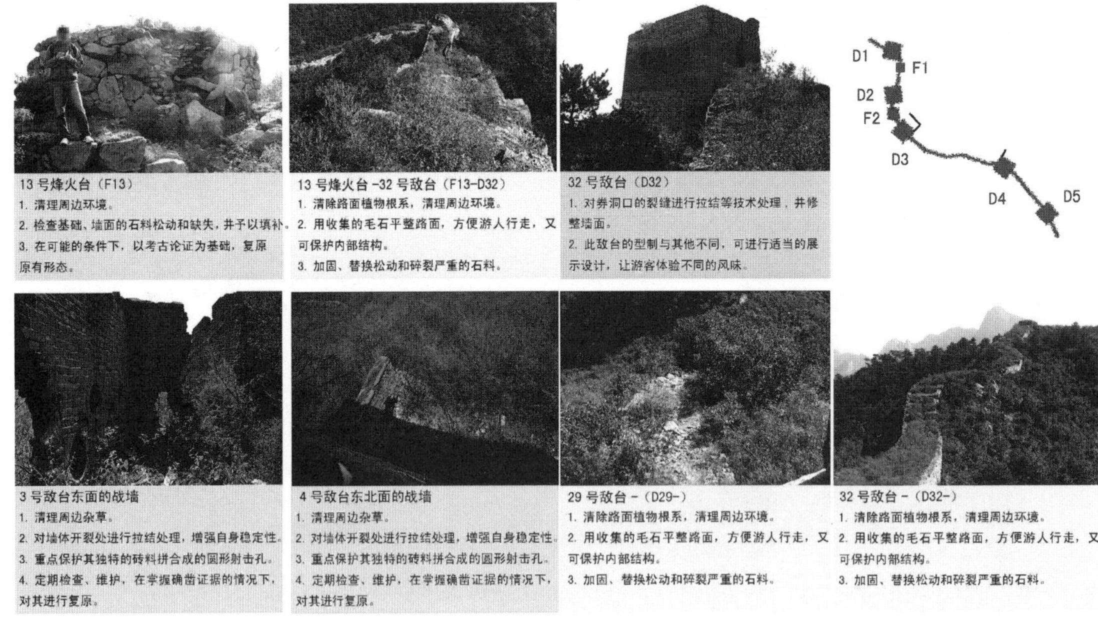

图 5-14　城堡遗存保护措施（五）

三、周边环境的保护与整治

（1）传统民居建筑

传统民居建筑是长城历史的见证者之一，也是长城历史风貌和文化的承载者。小河口段长城沿线民居数量虽然不多，但仍需加强保护。

首先根据建筑风格和建造年代，区分传统建筑与现代建筑，对传统建筑根据保存质量好坏分成较好、一般以及较差三个等级：

针对保存较好的建筑，对房屋的结构、外观、色彩和细部装饰进行日常维护的保护方式，定期检查，排除安全隐患，并增设防火设施。

针对保存一般的建筑，采用局部修复的保护方式，对损坏处进行适当处理，坍塌严重的部分，在具备充足资料的基础上，进行复原修缮工作。

针对保存较差的建筑，采用抢险加固的保护方式，查明病害原因后，根据掌握资料情况，酌情修复。

针对周边的现代建筑，酌情处理，以在建筑样式、体量、高度、色彩等方面与民居建筑及长城沿线的整体风貌相协调为原则，在以后建设方面，也以此为原则，并严格控制工程建设规模，避免因发展过大、过快造成对历史风貌的破坏。

（2）自然山体

自然山体的地形坡度、山脊线的走势、海拔高度等因素，对长城各组成部分的选址与布局有着深刻的影响。因此在对自然山体的保护方面，应加强监管力度，立即停止开山采石行为，并杜绝大规模工程建设等不合理的人类活动，以及增加植被覆盖率，保持水土，避免因强降水导致的山体滑坡等自然原因引发的灾害。还要特别注意的是，要保护大到自然山体的轮廓线、山脊线的走势，小至城墙、构筑物、城堡周边地形的坡度与坡向，在长城修整、抢救性修复工程施工过程中，最容易引发此类破坏，应避免修复了有形的长城本体，却在无意间破坏了其赖以发挥功能作用的地理条件等情况的发生。例如，原来被突起的一小块山包遮挡而在视线上相互阻隔的两座空心敌台，因山包外轮廓遭到削切破坏而可以互视，造成空心敌台之间原有的特定关系被彻底损害，这也是一种对长城文物的破坏，这种破坏行为是隐性的、非直观的，是不经意间的，更应值得注意。

（3）植被的修复与整治

应在现在地表裸露的部分种植植物，防止水土流失面积逐渐地扩大，特别是在已进行过开山采石、对山体结构造成破坏的区域，进行大面积种植植物，在视觉上进行弥补。对现有的山林采取定期封山育林的方法，为植被提供自我修复的时间。

在长城城墙两侧各 100m 范围内（即保护范围内），清除遮挡视线的高大乔木，可保留低矮的灌木和草本植物，且保持一定的疏密程度，以保证城墙上视线的通畅，符合古代战场环境的需要。

（4）水体的保护与整治

水体的保护与整治包括山体地表水的保护以及石河的整治两个方面。对于地表水，保持水质的清洁，防止因游客乱扔垃圾而引起的对水体的污染，并且通过多植树的方法，既能有效净化水质，也可保持地表水径流量，从而营造出溪水潺潺的林间野趣。对于石河，整理河道，清理废弃物，修整驳岸，并应保持荒凉而雄伟的边塞风貌为原则；整治滨河道路，增加路旁绿化，适当设置与长城主题相关的景观小品；整治河对岸村落的环境和房屋，能与河流相映衬，形成良好的景观视野。

第六节 展示利用

长城遗存的展示利用是长城保护工作的发展与延续。一方面，通过展示利用的方式，提高社会效益，引起社会各界对于长城现状的关注，进而激发各界人士保护长城的决心；另一方面，展示利用所得资金，能为长城提供持久保护的资金支持，使科学的长城保护规划能真正得到贯彻实施。

当然，保护与利用之间是存在矛盾的，应权衡利弊，正确处理好矛盾。毋庸置疑，保护是第一位的，保护是开发利用的前提，开发利用的最终目的也是为了更好地进行保护，所以在开发利用过程中要时刻把握这个“度”，不能本末倒置。以保护为首要原则，科学、合理、适度的展示开发利用才是正确思路（图 5–15）。

关于小河口段长城的展示利用，从如下五个规划层面提出建议（图 5–16）：

（1）功能分区

将小河口段长城分为军事遗址保护区、自然景观展示区、聚落式办公及服务区以及沿河景观展示区四大区块。

军事遗址保护区：由长城本体遗址及两座关城遗址共同组成，其范围与长城保护区范围相一致。其功能为展示长城建筑防御体系各组成部分的建造材料、构造方式，御敌时各自功能的发挥及协同作战的方式，守城官兵们的日常作息以及在长城修筑和功能运作中所体现出的边疆文化等方面的内容。

自然景观展示区：由长城周边的山体、植被、水体、村落等自然及人工元素组成，其范围与长城风貌协调区相一致。其功能为展示长城赖以存在的周边自然和人工环境，使游览者更好地理解小河口段长城呈现出多样性和独特性的根本原因。

图 5-15 现状总平面

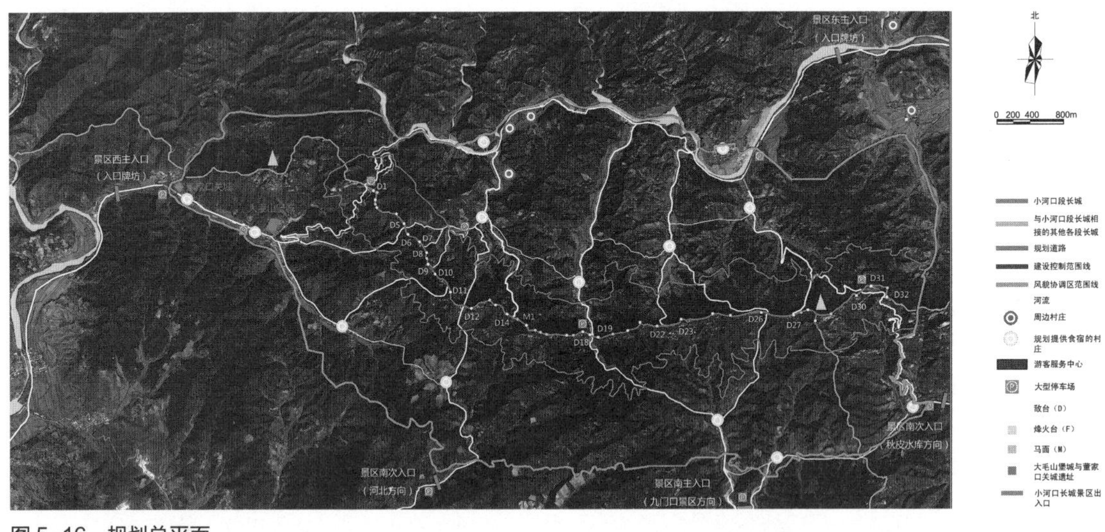

图 5-16 规划总平面

图 5-17 功能分区

聚落式办公及服务区：以现有长城沿线各个村落为依托，为游客提供包括信息咨询、餐饮、住宿在内的综合性服务，同时设置管理人员办公及休息区，无形中形成游客对服务人员的监督机制，提升服务质量。其天然的分散、小规模的布置形式，也有利于控制游客容量，缓解人员大量聚集带来的景区环境压力，而且还有利于增大有效服务覆盖面（图 5–17）。

（2）道路交通

根据现有道路情况以及游客进入景区的方位，在景区主要道路——前大线和金锥线（金家沟至锥山沟）[1] 分别设置景区主、次入口，并在长城南侧苗城子村、杜城子村的道路拓宽至 9m 后设置景区南主入口，在炮沟村道路拓宽至 7m 后设置景区南次入口，从而形成小河口段长城景区东、西 2 个主出入口，南面 1 个主出入口，两侧各 1 个次出入口，共计 5 个出入口的交通格局，方便从各个方向来的游客通行以及景区内的交通快速疏散。在道路路幅规划设计中，景区主要车行路面宽 9m，次要车行路面宽 7m，村间步行小道及登山小道宽 1.5 ~ 2m（图 5–18）。

（3）展示路线

确保景区的每一个出入口均有一条长度适宜、形成自然环路的长城展示路线。各条展示条路线之间均有重叠，使游客在选择游览路线上有一定的自由度。各条环形路线尽量在某处村庄交汇，将村庄作为游客歇息与返程的中转站，并在各处交通节点，配置电动景区旅游专线停靠点，方便游客通行（图 5–19、图 5–20）。

（4）配套设施

在景区出入口附近设置游客服务中心，提供景区问询、紧急医疗、大规模停车等服务。在各个村落设置餐饮、农家休闲娱乐、住宿、垃圾收集点、公共厕所、小型停车场以及管理、突发事件处理办公室等旅游配套服务设施。在长城城墙上设置紧急求助电话、垃圾收集点、临时公共厕所以及为游客提供帮助的服务点（图 5–21）。由此，在景区内形成覆盖全区的旅游服务网。

（5）分期建设

在近期建设方面，以充分利用现有资源为基本原则，将易于游客登临长城段落，现有旅游服务设施相对较好的村落以及现状质量较好、平整通畅的道路作为近期重点建设的对象，依托这些现有条件，能够在保证开发质量的基础上，较快地形成规模效应，提高长城的社会知名度。例如，在小河口段长城中，在现状较好的前大线、金锥线（金家沟至锥山沟村）两条主要道路进行适当拓宽路幅、整治道路沿线景观等工作的基础上，增修连接小河口村至苗城子村之间的道路，加强长城中部南北两侧交通上的联系。同时，因为这三条道路处于长城山体的山谷处，易于游客攀登长城，所以道路相邻两侧的长城作为近期开发对象。小河口村、董家口村以及金家沟村村内已开设多家农家旅馆，旅游服务设施相对较好，进行适当的建筑修缮、增建以及完善市政设施等工作后，将之作为近期景区办公管理、游客住宿、餐饮的主要集中场所。基于现有客源主要由前大线进入景区，即长城北面，且其村落设施较完备，所以长城北面沿线地区作为近期开发对象。

在中期建设方面，重点开发长城南侧的地区，增设若干旅游路线，同时完善相关的服务配套设施，如餐饮住宿及游客服务中心等，起到分散游客的作用，避免人员大量集中带来对文物本体及环境的巨

1 金锥线——金家沟村至锥山沟村之间的在建道路，路名由笔者为行文方便而自行命名，现实情况该路段无路名。

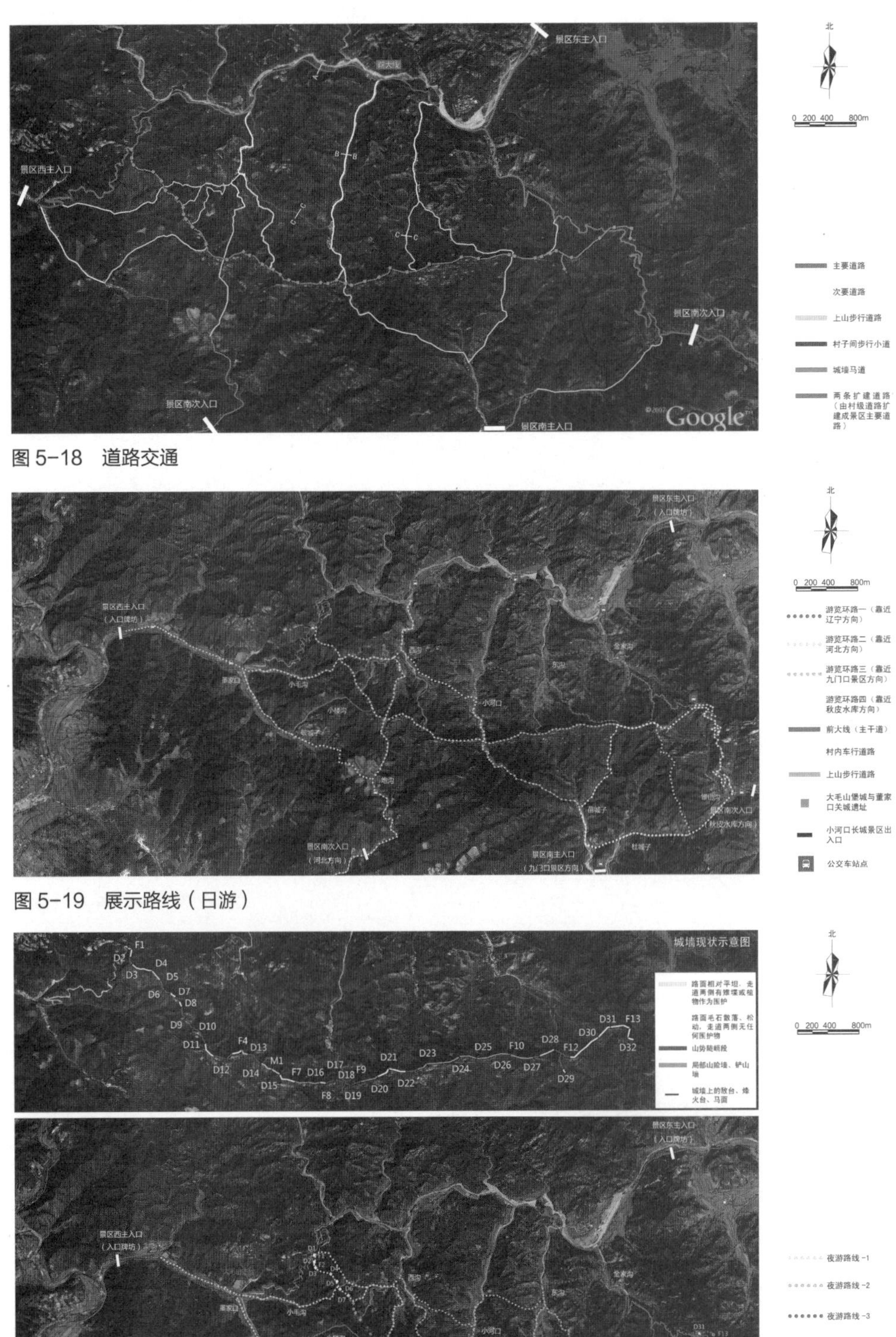

图 5-18　道路交通

图 5-19　展示路线（日游）

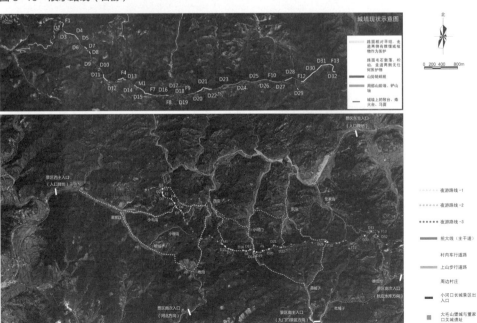

图 5-20　展示路线（夜游）

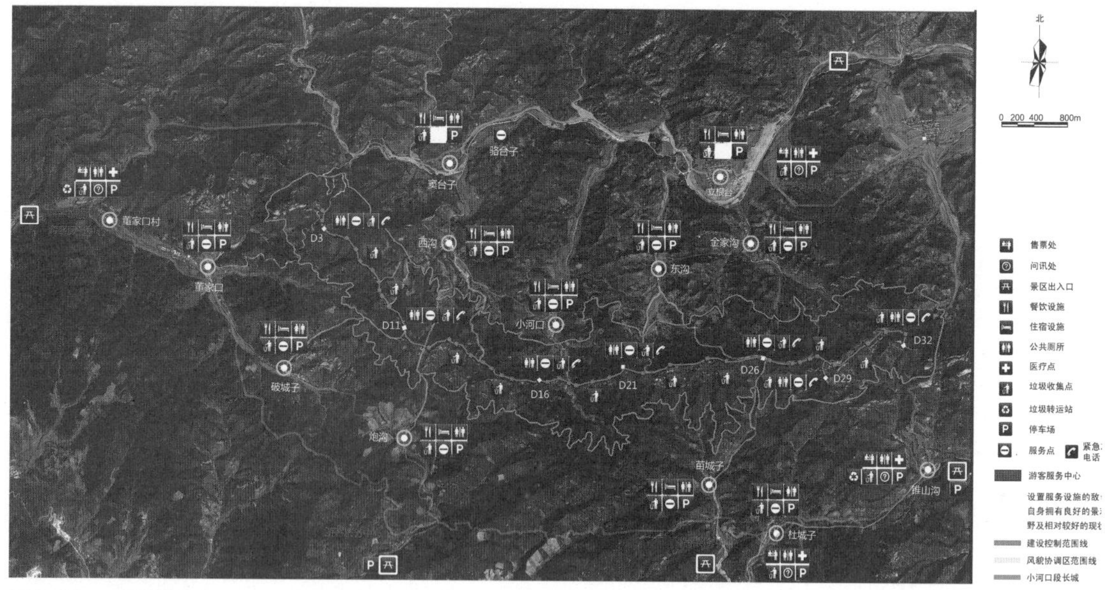

图 5-21 配套设施

图 5-22 分期建设

大压力。

在远期建设方面，整治长城风貌协调区内的植被、地表水体等自然环境要素，使景区拥有良好的生态环境，逐步完善长城景区内的各项设施，提高服务水平和质量（图 5-22）。

附录

附录1 空心敌台石质券门统计

序号	空心敌台编号	石质券门数量（个）	石质券门位置	石料		组成构件名称				备注
						拱券石	压面石	门柱石	券门基石	
1	D9	1	内侧（东南面）	赭红色/灰白色粗粒花岗岩	浮雕/线脚	—	—	—	—	石料表面平素，均无浮雕或线脚；整座敌台只有一个（券门）出入口
					现状	由三块石料拼合而成 赭红色 粗粒花岗岩 保存完整	赭红色 粗粒花岗岩 保存完整	赭红色 粗粒花岗岩 保存完整	灰白色 粗粒花岗岩 保存完整	
2	D11	2	左侧（西北面） 右侧（东南面）	灰白色粗粒花岗岩	浮雕/线脚	浮雕	浮雕	—	—	左、右两券门相通； 两处券门内侧各有一道石质门扇横梁
					现状	整块石料 保存完整	保存完整	保存完整	保存完整	
3	D12	1	右侧（东南面）	赭红色粗粒花岗岩	浮雕/线脚	浮雕	—	—	—	整座敌台只有一个（券门）出入口
					现状	由三块石料拼合而成 保存完整	保存完整	保存完整	保存完整	
4	D13	1	左侧（西北面）	赭红色粗粒花岗岩	浮雕/线脚	线脚	—	线脚	—	整座敌台只有一个（券门）出入口
					现状	整块石料 保存完整	保存完整	保存完整	局部三合土、碎砖料埋没	
5	D16	1	左侧（西南面）	灰白色粗粒花岗岩	浮雕/线脚	浮雕	—	线脚	—	整座敌台只有一个（券门）出入口
					现状	整块石料 保存完整	保存完整	靠外侧的门柱石不存	外表面风化严重，石面呈蜂窝状	
6	D17	1	内侧（南面）	灰白色粗粒花岗岩	浮雕/线脚	未知	未知	未知	—	券门内侧有一道木质门扇横梁
					现状	整块石料 保存完整	保存完整	保存完整	保存完整	
7	D19	2	左侧（西北面）	灰白色粗粒花岗岩	浮雕/线脚	浮雕	—	浮雕	—	左、右两券门相通
					现状	整块石料 保存完整	局部残缺	靠外侧的门柱石不存	残缺严重，仅存一角	
			右侧（东南面）	灰白色粗粒花岗岩	浮雕/线脚	浮雕	—	浮雕	—	
					现状	整块石料 保存完整	局部残缺	保存完整	保存完整	

续表

序号	空心敌台编号	石质券门数量（个）	石质券门位置	石料		组成构件名称				备注
						拱券石	压面石	门柱石	券门基石	
8	D20	2	左侧（西南面）	灰白色粗粒花岗岩	浮雕 / 线脚	浮雕	局部浮雕	局部浮雕	—	左、右两券门相通
					现状	整块石料保存完整	保存完整	保存完整	保存完整	
			右侧（东北面）	灰白色粗粒花岗岩	浮雕 / 线脚	浮雕	局部浮雕	局部浮雕	—	
					现状	整块石料保存完整	保存完整	保存完整	保存完整	
9	D21	1	内侧（南面）	灰白色粗粒花岗岩	浮雕 / 线脚	—	—	—	—	石料表面平素，均无浮雕或线脚；整座敌台只有一个（券门）出入口
					现状	由三块石料拼合而成保存完整	保存完整	保存完整	保存完整	
10	D24	1	左侧（西面）	灰白色粗粒花岗岩	浮雕 / 线脚	线脚	线脚	线脚	—	右侧（东面）石券门不存
					现状	整块石料仅存一半	靠内侧的压面石不存	靠内侧的门柱石不存	保存完整	左右两券门均靠近内侧
11	D25	1	左侧（西面）	灰白色粗粒花岗岩	浮雕 / 线脚	未知	—	未知	—	整座敌台只有一个（券门）出入口
					现状	不存	保存完整	不存	保存完整	
12	D28	1	左侧（西面）	赭红色粗粒花岗岩	浮雕 / 线脚	线脚	—	—	未知	敌台坍塌严重，（券门）出入口数量未知
					现状	整块石料保存完整	保存完整	保存完整	三合土、碎砖料埋没	

附录2 城墙现状材料统计

序号	城墙编号	基础 城墙外侧	墙身	压线石（砖） 城墙外侧	雉堞	地墁
		城墙内侧		城墙内侧	女墙	
1	0—D1	块石	块石	不存	不存	块石、三合土
2	D1—F1	块石	块石	不存	不存	块石、三合土
3	F1—D2	块石	块石	不存	不存	块石、三合土
4	D2—M1	块石	块石	不存	不存	块石、三合土
5	M1—D3	赭红色条石	砖	赭红色条石	砖	砖台阶长砖、三合土
		块石	砖	砖	砖	
6	D3—D4	赭红色条石和灰白色条石	砖	赭红色条石和灰白色条石	砖	方砖、长砖、三合土
		块石	砖	砖	砖	
7	D4—D5	赭红色条石和灰白色条石	砖	赭红色条石和灰白色条石	砖	长砖、三合土
		块石	砖	砖	砖	
8	D5—D6	灰白色条石	砖	灰白色条石	砖	碎砖、长砖、三合土
		块石	砖	灰白色条石	砖	

续表

序号	城墙编号	基础 城墙外侧 城墙内侧		墙身	压线石（砖） 城墙外侧 城墙内侧	雉堞 女墙	地墁
9	D6—D7	前段	块石	砖	不存	不存	长砖、三合土
		后段	块石	块石	不存	局部块石雉堞（锯齿状）	块石、三合土
						不存	
10	D7—D8	块石		块石	不存	局部块石雉堞	块石、三合土
						不存	
11	D8—F2	块石		砖	砖	不存	长砖、三合土
					不存		
12	F2—D9	块石		块石	不存	不存	碎石、三合土
13	D9—D10	前段	块石	块石	不存	不存	块石、三合土
		后段	块石	砖	未知	局部砖雉堞（锯齿状）	砖台阶、三层地墁砖
						不存	
14	D10—D11	前段	赭红色条石	砖	砖	砖	长砖、碎石、三合土
			块石	砖	不存	不存	
		后段	块石	块石	不存	不存	块石、三合土
15	D11—D12	块石		块石	不存	局部块石雉堞	碎石、三合土
16	D12—F3	块石		块石	不存	不存	碎石、三合土
17	F3—D13	赭红色条石和块石		砖	砖	砖	长砖、方砖、三合土
					不存	不存	
18	D13—D14	块石		砖	砖	局部砖雉堞（锯齿状）	长砖、方砖、三合土
					不存	不存	
19	D14—M2	块石		砖	不存	不存	长砖、方砖、三合土
20	M2—D15	赭红色条石		砖	未知	不存	碎石、三合土、局部有长、方砖残存
					砖	砖	
21	D15—M3	前段	赭红色条石	砖	赭红色条石	砖	碎砖、碎石、三合土
				砖	砖	砖	
		后段	块石	块石	不存	不存	
22	M3—d1	块石		块石	不存	不存	碎石、三合土
23	d1—F4	块石		块石	不存	不存	碎石、三合土
24	F4—D16	块石		块石	不存	不存	碎石、三合土
25	D16—F5	块石		块石	不存	不存	碎石、三合土
26	F5—D17	前段	块石	块石	不存	不存	小块石、三合土
		后段	块石	砖	砖	砖雉堞（锯齿状）	砖台阶、方砖、三合土
						砖	
27	D17—D18	赭红色条石		砖	赭红色条石	局部砖雉堞（锯齿状）	碎砖、碎石、三合土
					不存	不存	
28	D18—D19	块石		砖	不存	不存	碎砖、碎石、三合土
29	D19—F6	块石		砖	不存	不存	碎砖、碎石、三合土
30	F6—D20	块石		块石	不存	不存	块石、三合土
31	D20—D21	块石		块石	不存	不存	块石、三合土
32	D21—D22	块石		块石	不存	不存	块石、三合土
33	D22—D23	块石		块石	不存	不存	块石、三合土
34	D23—D24	块石		块石	不存	不存	块石、三合土
35	D24—D25	块石		块石	不存	不存	块石、三合土
36	D25—D26	块石		块石	不存	不存	块石、三合土
37	D26—F7	自然山体		—	—	—	—
38	F7—F8	块石		块石	不存	不存	块石、三合土
39	F8—D27	前段	块石	块石	不存	不存	小块石、三合土
		后段	灰白色条石	砖	不存	不存	碎砖、碎石、三合土
			块石	砖	不存	不存	
40	D27—M4	灰白色条石		砖	灰白色条石	局部砖雉堞	碎砖、碎石、三合土
					不存	不存	

续表

序号	城墙编号	基础 城墙外侧 / 城墙内侧	墙身	压线石（砖） 城墙外侧 / 城墙内侧	雉堞 / 女墙	地墁
41	M4—D28	灰白色条石	砖	灰白色条石双层砖	砖 不存	长砖、砖台阶
42	D28—锥子山	赭红色条石	砖	未知 双层砖	不存	碎砖、三合土
43	锥子山—D29	块石	块石	不存	不存	块石、三合土
44	D29—	块石	块石	不存	不存	块石、三合土
45	锥子山—F9	块石	块石	不存	不存	块石、三合土
46	F9—D30	块石	块石	不存	不存	块石、三合土
47	D30—D31	块石	块石	不存	不存	块石、三合土
48	D31—F10	块石	块石	不存	不存	块石、三合土
49	F10—D32	块石	块石	不存	不存	块石、三合土
50	D32—	块石	块石	不存	不存	块石、三合土

注：小河口段长城共有50段城墙，其中有28段为石砌城墙，占总数的56%；有15段为包砖城墙（砖石混筑），占总数的30%；有6段为部分包砖，部分石砌，占总数的12%；仅有1段全段为山险墙，占总数的2%

附录3 城墙现状照片

3.1 蓟州镇段

3.1.1 城墙 0—D1 段至城墙 F1—D2 段

3.1.2 城墙 D2—M1 段至城墙 D3—D4 段

由西往东望，可见M1

马道地墁

城墙内侧

城墙
D2—M1

由东往西回望 / 由西往东望

马道转台阶

内侧女墙

城墙
M1—D3

由东往西回望 / 城墙内侧

雉堞

马道地墁砖

城墙
D3—D4

3.1.3 城墙 D4—D5 段至城墙 D6—D7 段

由东往西回望，可见D4

雉堞 / 障墙平台（障墙已不存）

由西往东望，可见M1

城墙
D4—D5

城墙
D5—D6

由西往东望，可见D6

马道砖台阶

障墙平台（障墙已不存）

城墙
D6—D7

由西往东望

城墙材料变换处（包砖—石砌）

由西往东望，可见D7

3.1.4 城墙 D7—D8 段至城墙 F2—D9 段

城墙
D7—D8

由西往东望

由东往西回望，可见D7

由西往东望，可见D8

城墙
D8—F2

由西往东望

由东往西回望，可见D8

城墙断裂处，可见墙心材料

由东往西回望，可见F2

由西往东望，可见D9

城墙局部

城墙
F2—D9

3.1.5 城墙D9—D10段至城墙D11—D12段

由西往东望，可见D10、D11

由东望西回望，可见D9

砖砌雉堞/[illegible]墙心

城墙
D9—D10

由西往东望，可见D11

前半段，包砖城墙

后半段，石砌城墙

城墙
D10—D11

城墙
D11—D12

由西往东望，可见 D12

马道地墁

内侧墙体

3.1.6 城墙 D12—F3 段至城墙 D13—D14 段

城墙
D12—F3

由东往西回望，可见 D12

石砌雉堞残存

F3 外侧的弧形砖砌雉堞

城墙
F3—D13

由西往东望，可见 D13

由东往西回望，城墙外侧

马道地墁砖

城墙
D13—D14

由东往西回望，可见 D13

障墙平台及台阶（障墙已不存）

马道地墁砖 / 内侧块石基础

3.1.7 城墙 D14—M2 段至城墙 D15—M3 段

由东往西回望 / 由东往西望

马道地墁

“U”形砖质流水槽

城墙
D14—M2

由东往西回望，可见 M2

城墙内侧墙体

砖砌雉堞

城墙
M2—D15

由西往东望，可见 M3

城墙坍塌处，可见墙心材料

马道地墁

城墙
D15—M3

3.1.8 城墙 M3—M4 段至城墙 D16—F5 段

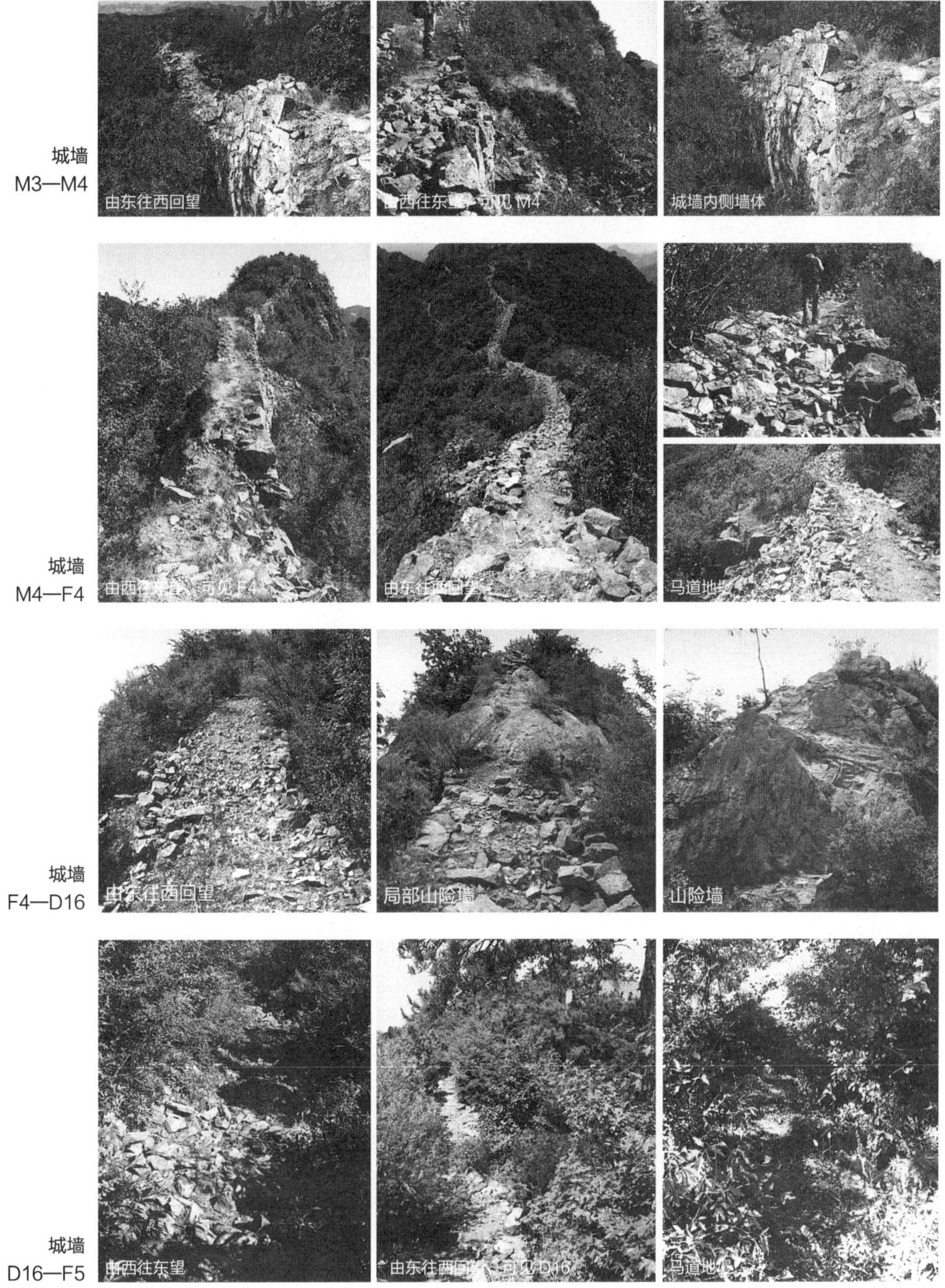

3.1.9 城墙 F5—D17 段至城墙 D18—D19 段

由东往西回望

城墙材料交接处（石砌—包砖）

台阶及障墙平台（障墙已不存）

城墙
F5—D17

远望，可见 D17

由东往西回望，可见 D17

城墙内侧 / 外侧墙体

城墙
D17—D18

由西往东望，可见 D19

远望，可见 D19

城墙破损坍塌处

城墙
D18—D19

3.1.10 城墙 D19—F6 段至城墙 D20—D21 段

城墙 D19—F6

城墙内侧块石基础

城墙外侧墙体

马道地墁

城墙 F6—D20

由西往东望，可见 D20、D21

石砌雉堞残存

城墙内侧墙体

城墙 D20—D21

由西往东望，可见 D21

由东往西回望，可见 D20

马道地墁

3.1.11 城墙 D21—D22 段至城墙 D23—D24 段

由西往东望 / 由东往西回望

由西往东望，可见 D22、D23

马道地塄及内侧墙体

城墙 D21—D22

由西往东望，可见 D23

局部山险墙

马道地塄

城墙 D22—D23

由西往东望，可见 D24

由东往西回望，可见 D23

局部山险墙

城墙 D23—D24

3.1.12 城墙 D24—D25 段至城墙 D26—F7 段

城墙 D24—D25

由西往东望，可见 D25

由西往东望，可见 D25

马道地墁

城墙 D25—D26

由西往东望

马道地墁

局部山险墙

全段为山险墙，由西往东望，可见 F7

城墙 D26—F7

3.1.13 城墙 F7—F8 段至城墙 D27—M5 段

城墙 F7—F8

由西往东望

由东往西回望

马道地墁

城墙 F8—D27

由西往东望，可见 D27

马道地墁

城墙外侧墙体

由西往东望，可见 M5、D28

城墙内侧的残破券里门

马道地墁 / 城墙外侧墙体

城墙
D27—M5

3.1.14 城墙 M5—D28 段至城墙柱子山—D29 段

城墙外侧雉堞及墙体

城墙内侧墙体

马道地墁 / 砖砌雉堞

城墙
M5—D28

城墙内侧的券里门

券里门内侧的砖台阶直通马道

券里门内侧

城墙
D28—锥子山

由南往北望

由南往北望，可见锥子山主峰

城墙
锥子山—D29

由北往南望

城墙
D29

3.2 辽东镇段

3.2.1 城墙锥子山—F9 段至城墙 D30—D31 段

城墙
锥子山—F9

城墙
F9—D30

由西往东往，可见 D30

由东往西回望

石砌雉堞残存

城墙
D30—D31

远望（由南往北望）

由东往西回望，可见 D30

由西往东望

3.2.2 城墙 D31—F10 段至城墙 D32 段

由西往东望，可见 F10

由东往西回望，可见 D31

城墙
D31—F10

城墙外侧墙体 / 残破的构件

由南往北望，可见 D32

由北往南回望，城墙外侧墙体

城墙
F10—D32

台阶形马道 / 残存的局部构件

城墙
D32

由东往西望

附录4 空心敌台现状照片

4.1 蓟州镇段

4.1.1 空心敌台 D1 至 D4

西北面　东南面　东北面

空心敌台 D1

东北面　东南面　西南面

空心敌台 D2

西南面　东南面　东北面

空心敌台 D3

内侧环视（西北—东北—东南）　东南面

空心敌台 D4

4.1.2 空心敌台 D5 至 D9

东南面

西北面

西南—东南面

空心敌台 D5

4.1.3 空心敌台 D10 至 D13

空心敌台
D10

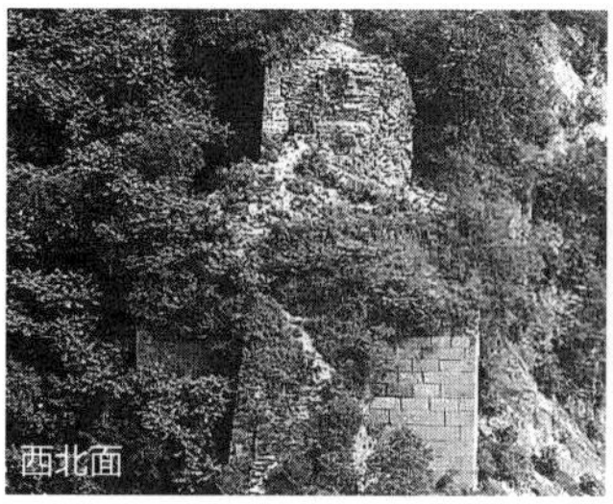

西北面

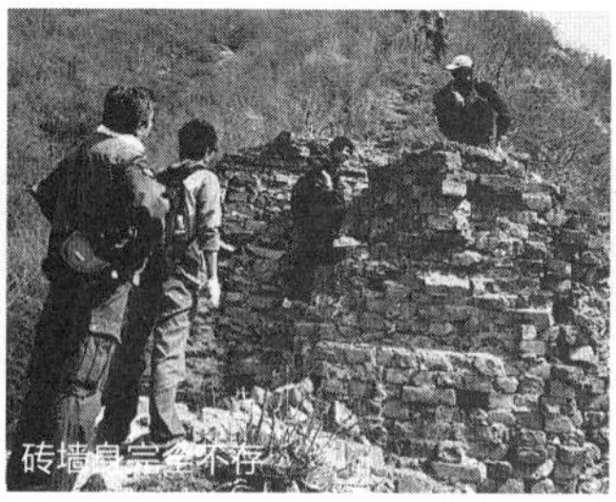

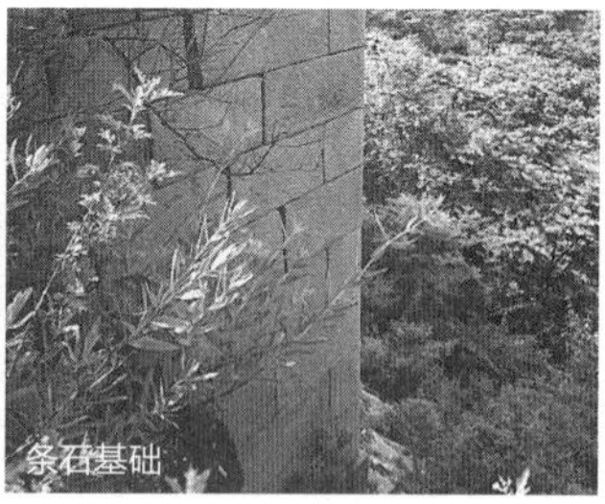

砖墙身完全不存

条石基础

空心敌台
D11

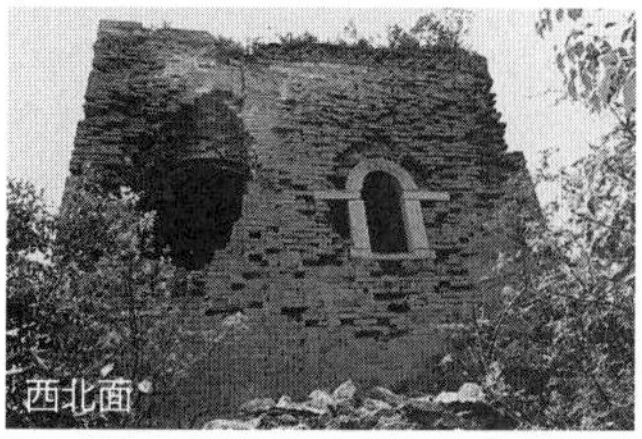

西北面

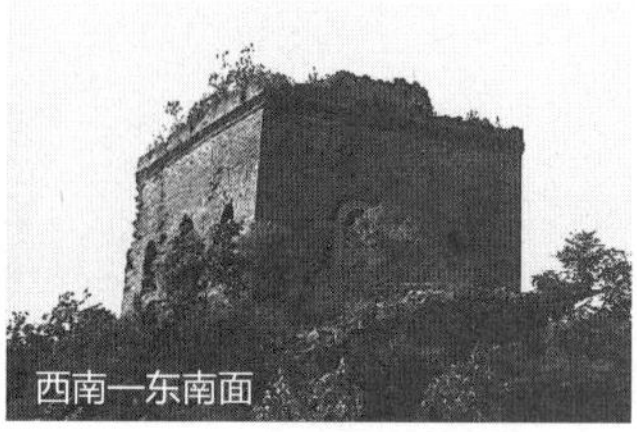

西南一东南面

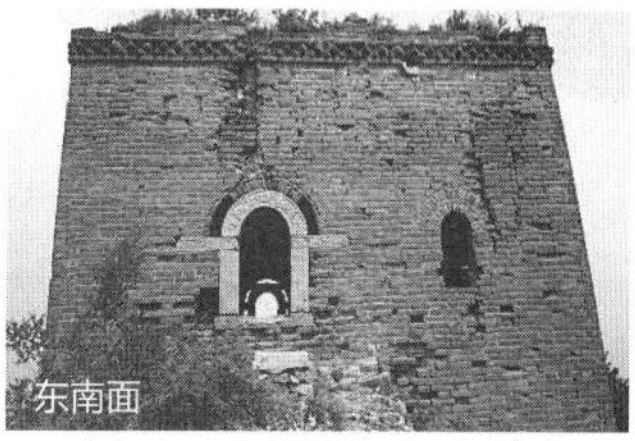

东南面

空心敌台
D12

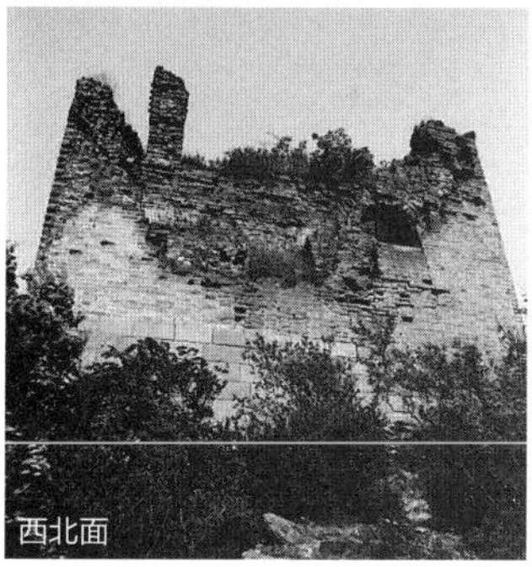

西北面

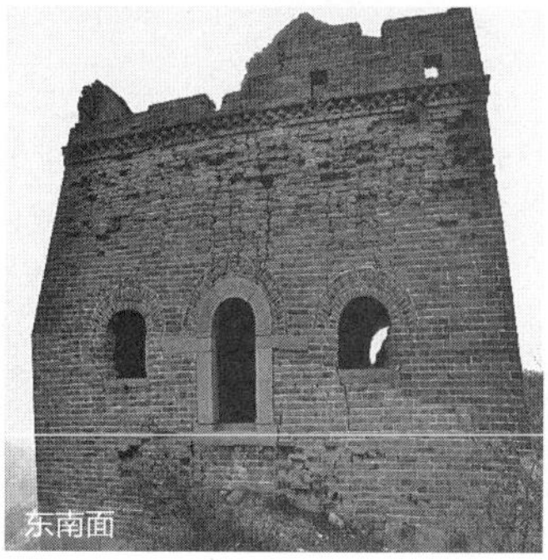

东南面

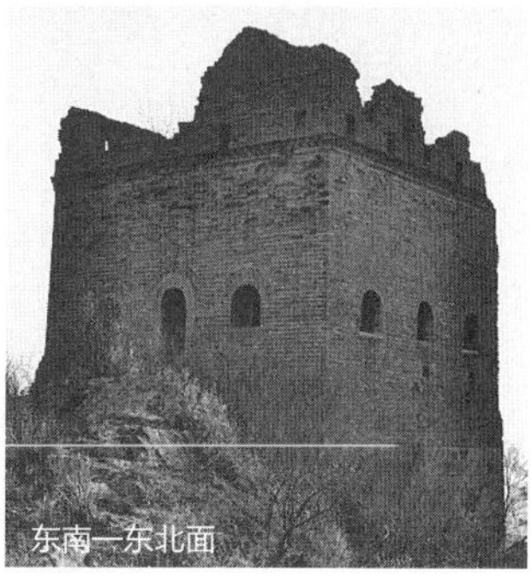

东南一东北面

西北面

西南面

东南面

空心敌台 D13

4.1.4 空心敌台 D14 至 D17

西北面

西南面

东南面

空心敌台 D14

西南一东南面

东北面

东南一东北面

空心敌台 D15

西南面

东南一东北面

东南面

空心敌台 D16

北面

东一南面

西面

空心敌台 D17

4.1.5 空心敌台 D18 至 D21

空心敌台 D18

空心敌台 D19

空心敌台 D20

空心敌台 D21

4.1.6 空心敌台 D22 至 D26

西一南面  南面  东面

空心敌台
D23

西面  东面

空心敌台
D22

西南面

西面  南一东面

空心敌台
D24

东南一东北面

空心敌台
D25

西北面  东南面  东北面

空心敌台
D26

4.1.7 空心敌台 D27 至 D29

空心敌台
D27

空心敌台 D28

空心敌台 D29

4.2 辽东镇段

4.2.1 空心敌台 D30 至 D32

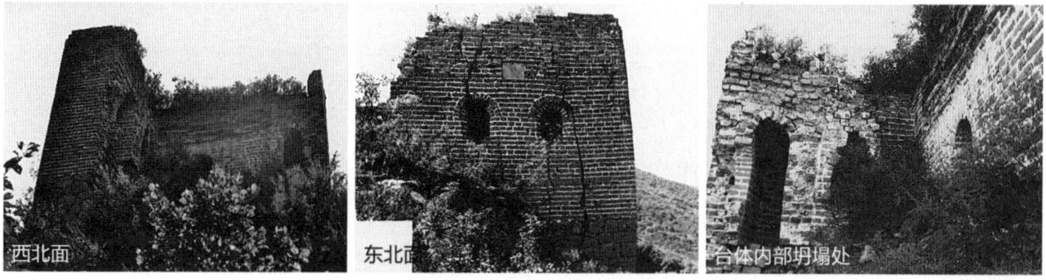

西北面 东北面 台体内部坍塌处

空心敌台 D30

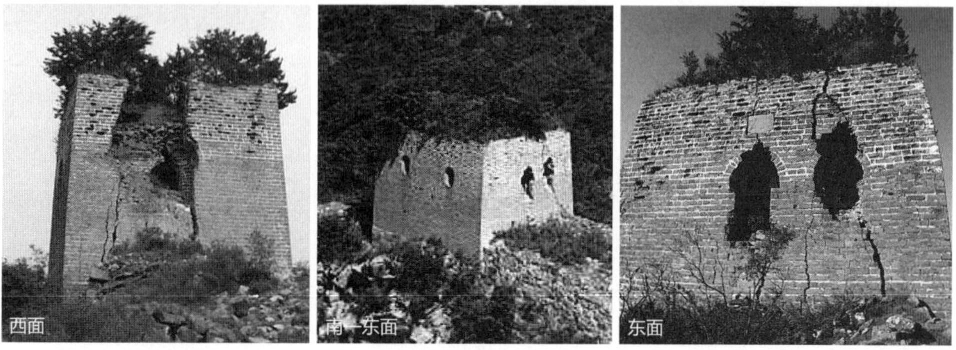

西面 南—东面 东面

空心敌台 D31

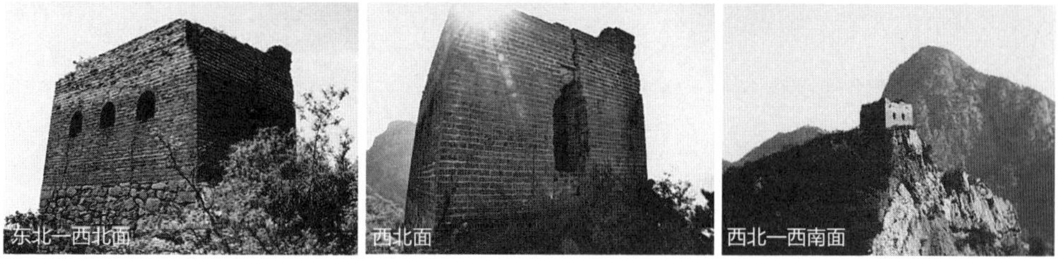

东北—西北面 西北面 西北—西南面

空心敌台 D32

附录5 马面现状照片

北面（外侧） 西北面突出城墙部分 东南面突出城墙部分

西北面 / 顶面

马面M2

顶面

马面M1（突出于城墙内侧）

西北面 西南面 东南面

马面M3

西北面 东南面 墙体

马面M4（突出于城墙内侧）

与城墙转折交接处 / 垛口基石 西南面 西南面底部

马面M5

附录6 烽火台现状照片

6.1 蓟州镇段

6.1.1 烽火台 F1 至 F4

烽火台 F1

西北面 　东北面 　东南面

烽火台 F2

西北—东北转角 　西南面 　顶面

烽火台 F3

西北面 　东北—西北面 　东南面

烽火台 F4

西面 　北面 　东面

6.1.2 烽火台 F5 至 F8

烽火台 F5

烽火台F6

烽火台F7

烽火台F8

6.2 辽东镇段

6.2.1 烽火台F9至F10

烽火台F9

烽火台F10

附录7 关城现状照片

关城南主城门

关城东便门

关城南城门西侧的墙体裂缝

关城东侧条石基础

关城西侧转角处的角楼

关城南城门

关城内的民居

关城南城门内侧

关城内现状（由南向北望，可见顺着地形，用块石垒筑的阶梯状平台）

董家口关城东南侧城墙

关城内现状（由南往北望，可见现存居民及远处的山峰）

参考文献

历史文献

[1] （清）张廷玉. 明史[M]. 北京：中华书局，1974.

[2] （明）刘效祖. 四镇三关志[M]. 明万历四年刻本.

[3] （清）顾祖禹. 读史方舆纪要[M]. 上海：上海书店，1998.

[4] （明）陈子龙，等. 经世文编[M]. 北京：中华书局，1962.

[5] （清）史梦兰纂，游智开修. 中国地方志集成・河北府县志辑・光绪永平府志[M]. 清光绪二年刻本.

[6] （清）高锡畴等纂，（民国）高凌蔚等重修. 中国方志丛书・华北地方・河北省临榆县志・第十四九号[M]. 台北：成文出版社有限公司，民国十八年铅印本影印.

[7] （明）茅元仪. 武备志[M]. 四库禁毁书丛刊影印.北京大学图书馆藏，明天启年间刻本.北京：北京出版社，2000.

[8] 绥中县地方志编纂委员会. 绥中县志[M]. 沈阳：辽宁人民出版社，1988.

今人著述

[1] 罗哲文. 长城[M]. 北京：清华大学出版社，2008.

[2] 景爱. 中国长城史[M]. 上海：上海人民出版社，2006.

[3] 张维华. 中国长城建置考[M]. 北京：中华书局，1979.

[4] 王国良. 中国长城沿革考[M]. 北京：商务印书馆，1931.

[5] 文物编辑委员会. 中国长城遗迹调查报告集[M]. 北京：文物出版社，1981.

[6] 中国历史地图集编辑组. 中国历史地图集[M]. 上海：中华地图学社，1975.

[7] 华夏子. 明长城考实[M]. 北京：中国档案出版社，1988.

[8] 刘谦. 明辽东镇长城及防御考[M].北京：文物出版社，1989.

[9] 唐晓峰，陈品祥.北京北部山区古长城遗址地理踏查报告[M]. 北京：学苑出版社，2009.

[10] 军事科学院. 中国军事通史・第十五卷・明代军事史[M]. 北京：军事科学出版社，1998.

[11] 王兆春. 中国火器史[M]. 北京：军事科学出版社，1991.

[12] 王兆春. 中国古代军事工程技术史・宋元明清卷[M]. 太原：山西教育出版社，2007.

[13] 潘谷西. 中国古代建筑史・第四卷・元明建筑[M]. 北京：中国建筑工业出版社，1999.

[14] 中国古代建筑技术史[M].台北：博远出版有限公司，1993.

[15] 刘大可. 中国古建筑瓦石营法[M]. 北京：中国建筑工业出版社，1993.

[16] 施元龙. 中国筑城史[M]. 北京：军事谊文出版社，1999.

[17] 范中义. 中国思想家评传丛书・戚继光评传[M]. 南京：南京大学出版社，2004.

[18] 沈朝阳. 秦皇岛长城[M]. 北京：方志出版社，2002.

[19] 李占义. 抚宁长城[M]. 北京：五洲传播出版社，2005.

[20] 单霁翔. 城市化发展与文化遗产保护[M]. 天津：天津大学出版社，2006.

[21] 俄军.文物法学概论[M].兰州：兰州大学出版社，2006.

[22] 黄克忠.岩土文物建筑的保护[M]. 北京：中国建筑工业出版社，1998.

[23] 中国文化遗产研究院.中国文物保护与修复技术[M]. 北京：科学出版社，2009.

[24] 董耀会.瓦合集——长城研究文论[M].北京：科学出版社，2004.

[25] 中国长城学会.长城国际学术研讨会论文集[M].长春：吉林人民出版社，1995.

学术论文

[1] 李严.明长城“九边”重镇军事防御性聚落研究[D].天津：天津大学，2007.

[2] 董明晋.北京地区明长城戍边聚落形态及其建筑研究[D].北京：北京工业大学，2008.

[3] 胡平平.自然地理环境与长城北京段关系研究[D].北京：北京工业大学，2008.

[4] 郭睿.北京地区长城军事防御体系系统特征与保护研究[D].北京：北京建筑工程学院，2006.

[5] 刘磊.北京明长城关堡研究与保护[D].北京：北京建筑工程学院，2010.

[6] 胡玉林.河陇长城线性文化遗产特征研究[D].北京：北京建筑工程学院建筑，2008.

[7] 苗苗.明蓟镇长城沿线关城聚落研究[D].天津：天津大学，2004.

[8] 常军富.明长城大同镇段的墙体材料与构造研究[D].南京：东南大学，2010.

[9] 汪涛.明代大同镇长城与自然地理环境关系研究[D].南京：东南大学，2010.

[10] 李建丽.河北明长城建筑概说 [J].文物春秋，2003（5）：39-43.

[11] 李严,张玉坤,李哲.长城并非线性——卫所制度下明长城军事聚落的层次体系研究 [J].新建筑，2011（3）：118-121.

[12] 孟昭永.简述唐山境内明代长城的走向及保存现状[J].文物春秋，1998（2）：13-19，67.

[13] 李建丽,李文龙.河北长城概况 [J].文物春秋，2006（5）：19-22.

[14] 穆远,学君.明长城建筑构件 [J].文物春秋，1998（2）：50-57，61.

[15] 鲁杰.唐山境内明长城城墙的建筑规制[J].文物春秋，1998（2）：20-25.

[16] 吴克贤.抚宁境内明长城敌台的建筑形制[J].文物春秋，2005（3）：46-51.

[17] 孟昭永.明长城敌台建筑形制分类[J].文物春秋，1998（2）：29-35.

[18] 晚学，王兴明.浅谈明长城墙台的几种类型[J].文物春秋，1998（2）：26-28.

[19] 鲁杰,李子春.长城防卫的哨所——烽火台[J].文物春秋，1998（2）：43-45，49.

[20] 刘朴,赵克军,王月华.长城上的望孔[J].文物春秋，2007（4）：38-43.

[21] 谭立峰.明代河北军事堡寨体系探微[J].天津大学学报（社会科学版）2010，12（6）：544-552.

[22] 吴克贤.秦皇岛地区明长城防御武器刍议[J].文物春秋，2002（3）：25-28.

[23] 单霁翔. 大型线性文化遗产保护初论：突破与压力[J]. 南方

文物，2006（3）：2-5.
[24] 邬东璠，杨锐. 长城保护与利用中的问题和对策研究 [J]. 中国园林，2008（5）：60-64.
[25] 章剑华. 当代中国文化遗产保护与利用的时代性 [J]. 艺术百家，2006（7）：1-3.
[26] 李鸿宾. 关于长城保护与发展的几点看法[C]. 中国青山关长城学术研讨会论文集.
[27] 张义丰，谭杰，陈美景等. 中国长城保护与利用协调发展的战略构想[J]. 地理科学进展，2009，28（2）：280-284.
[28] 靳志强，郑力鹏. 欠发达地区建筑遗产保护的思考[J]. 华中建筑，2008，26（4）：133-136.

其他

[1] 长城文化网 http://www.gwculture.net
[2] 中华历史文化网 http://china-culture.jlmpc.cn
[3] 长城网 http://www.thegreatwall.com.cn
[4] 中国长城网http:// www.chinagreatwall.org
[5] ASTER GDEM V2 省份数据下载http:// www.chinaera.org

图表说明

文中采用的所有图片除个别单独注明外，均由作者自绘及自摄，部分底图来源于Google Earth和Google Map截图。

文中部分表格由作者根据参考文献整理而成，文献出处均有脚注说明；部分表格由作者现场调研、测绘所得数据整理而成。

雄关漫道

明长城防御体系的建造及保护

周小棣　沈旸　常军富　相睿　　著

下

中国建筑工业出版社

目录

第三部 长城防御体系中的辽东镇卫所城市

引言

明辽东镇乃长城防御体系“九边重镇”之首，不设州、县，实行都司卫所制，都司为最高指挥机构，下设25卫、127所。围绕卫、所建设的城堡称作卫城、所城，是比较独特的一种城市形式，以军事为主要职能，兼理民政。一部明代军事城市发展史，也是一部明朝的兴衰史。明廷对于辽东地区的治理和管辖正是通过在辽东地区设立都司卫所实现的。

早在民国时期，谭福瑜在《明代九边考》（国立武汉大学历史系第十一届毕业论文）中就已开始了对于明代九边防御体系的研究。辽东镇作为九边重镇之一，最早受到学界的关注是对于都司卫所沿革的研究，20世纪30年代初次形成一个热潮，主要集中在沿革考释上，其代表者有：张维华《明辽东“卫”“都卫”“都司”建制年代考略》（《禹贡》，1934年4月，1卷4期）和《明代辽东卫所建制考略》（《禹贡》，1934年6月，1卷7期）、李晋华《明代辽东卫所归附及卫所都司建制沿革》（《禹贡》，1934年9月，2卷2期）、（日）鸟居龙藏《努尔干都司考》（《燕京学报》，1947年12月第3期）等。

中华人民共和国成立以来，辽东地区的都司卫所研究不断深化，一方面继续考据其沿革，另一方面更加侧重于卫所制度的综合研究，特别是综合制度史与社会史的明朝、女真、朝鲜三边关系考察，如：徐建竹《明代建州卫新考》（《中国史研究》，1982年第4期）和《论建州左卫的建立与变迁》（《社会科学辑刊》，1983年第1期）、李鸿彬《简论三万卫》（《社会科学战线》，1990年第1期）等，徐桂荣、刘正堃《明代辽东都司诸卫辖所考》（《辽宁大学学报》，1992年第1期）考证出辽东军卫未必辖制5个所，张世尊《明初辽东二十五卫建置考释》（《鞍山师范学院学报》，1994年第1期、第2期）更是对辽东25卫的建置作了详细的考证。

研究辽东地区军屯、军户等与卫所制度相关的论著也逐渐增多，如：周远廉、谢肇华《明代辽东军户探》（《社会科学辑刊》，1980年第2期）和《明代辽东军屯制初探》（《辽宁大学学报》，1980年第6期）、王廷元《略论明代辽东军户》（《安徽师大学报》（哲学社会科学版），1981年第4期），丛佩远《谈明代辽东军户的反抗斗争》（《史学集刊》，1985年3期）和《明代辽东军屯》（《中国史研究》，1985年第3期）、李三谋《明代辽东都司卫所的农经活动》（《中国边疆史地研究》，1996年第1期）等。

除军事职能以外，都司卫所的行政职能也受到重视，如：李三谋《明代辽东都司、卫所的行政职能》（《辽宁师范大学学报》，1989年6期），张大伟《明代辽东都司辖下安乐、自在二州之分析》（《北方文物》，1998年第2期）等。管理体制上的着眼则使问题的研究更加深入，如：丛佩远《试论明代东北地区管理体制的几个特点》（《北方文物》，1991年第4期）、张士尊《明代辽东都司军政管理体制及其变迁》（《东北师大学报》，2002年第5期）等。

研究专著中，刘谦《明辽东镇长城及防御考》（文物出版社，1989年）颇具代表性，该书从长城防御系统讲起，分别讨论了陆路、海路屯兵系统、传烽系统、驿传系统及屯田军需系统，并附有大量的实地考察资料，只是该书至今已20余年，如今的城市相对当时已发生翻天覆地的变化。杨旸《明代

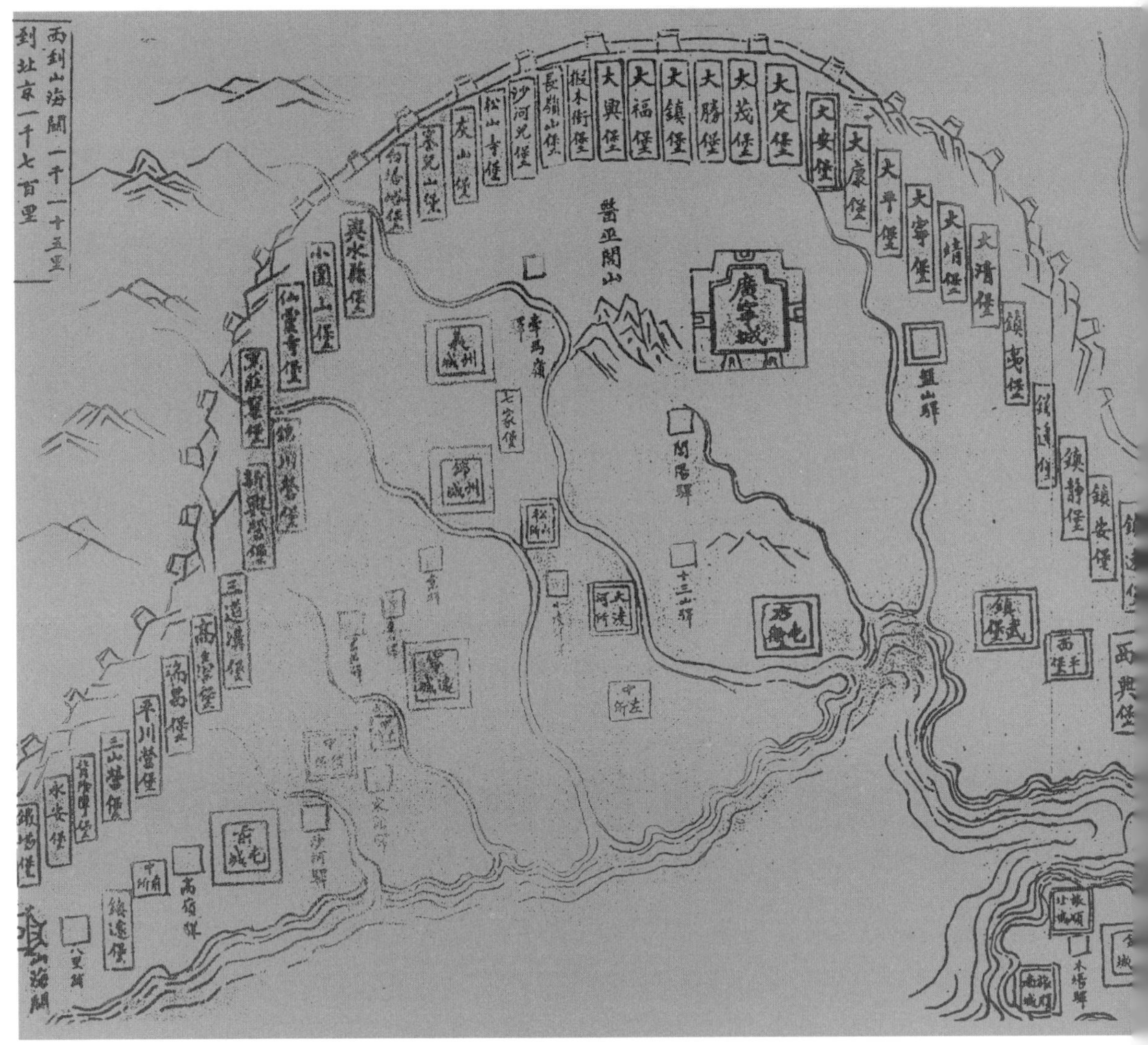

辽东都司》（中州古籍出版社，1988年）除了对辽东都司的建置沿革等各个方面进行专门的论述，尤为重要的是针对辽东地区流人的探讨，并涉及辽东都司与奴儿干都司的关系。董耀会《万里长城纵横谈》（人民教育出版社，2004年），张铁牛、高晓星《中国古代海军史》（解放军出版社，2006年）及《中国军事通史·明代军事史》（军事科学出版社，1998年）等皆不同程度地涉及卫所制及军储、屯田、海运等问题。

以上回顾反映出研究成果多集中在卫所防御体系、军事制度等方面，较少对卫所城市进行系统性的研究，本书上编即为此方向的探索，基于城市角度，从军政、布防、城池、军需、人口、教育、演变等七个方面进行探讨。研究基础除上述的前人研究外，历史文献方面主要在于：《明史》中的《兵志》《食货志》《地理志》等和《明实录》较为详细地记载了明代军事防御体系的建制及卫所城市的

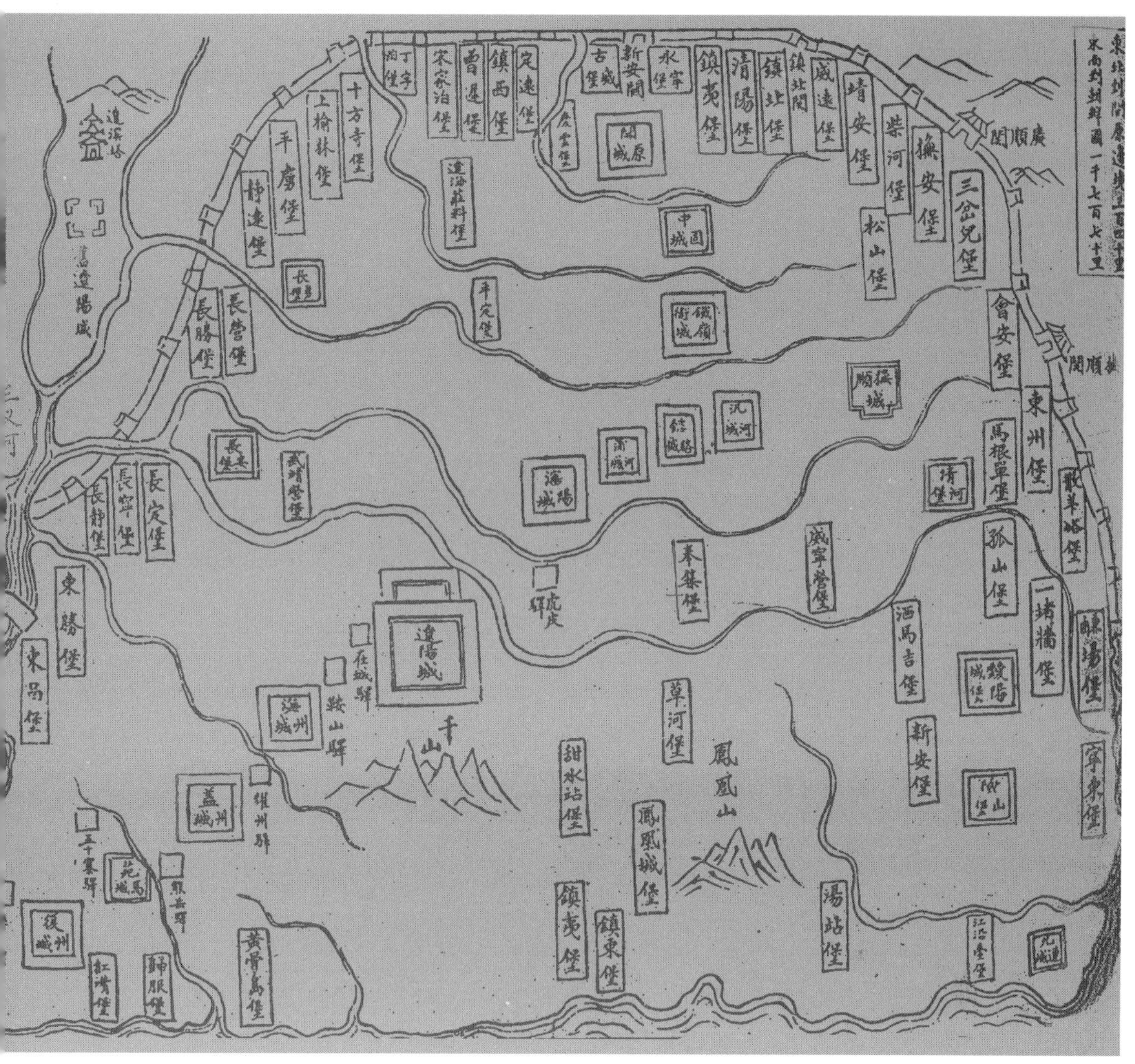

地理环境。（民国）金毓黻主编《辽海丛书》（辽沈书社，1933）是东北地方史料集，洵为东北文献之鸿篇，加之其他未收录其中的地方志书，乃为辽东镇卫所城市建置、发展、演变的主要参考依据。涉及的城市对象包括辽东镇辖内的镇城2座、路城3座、卫城9座及所城12座，为行文考虑，镇城、路城所在的城市（城内也包含其他卫所）除特殊情况注明外，通称为卫城。

明清战争的破坏及清时“柳条边”的修筑，使山海关外的这些卫所城市逐渐淡出历史的视线，而在当下更是濒临毁灭，亟待切实有效的研究与保护。本书下编即为基于卫所城市研究基础上的保护规划实践，包括两个全国重点文物保护单位：宁远卫城（即兴城古城）、中前所城，且二者的保护规划皆已通过国家文物局的审批。

第一章 军政

长城，“古代称障塞，是一种军事上的防御设施，‘内则保庇耕牧居民’，外则防御敌人进攻，也是我国历史上调解民族间矛盾所采取的措施之一”[1]，是“作为军事斗争的产物和永久性防御工程而出现的。它是由绵延伸展的一道或多道城墙、一重或多重关堡以及沿长城密布的烽燧、道路、各种附属设施，巧妙借助天然险阻而组成的，以城墙为线，以关隘为支撑点的点线结合、纵深梯次相贯的巨型防御体系”[2]。

长城历代称谓不同，有“方城”“墙堑”“塞围”“界壕”“边垣”等，中国古代将中原各地与东北、华北、西北、西南等地以及少数民族之间的地域，称为边地。明代长城筑于边地，故有“边墙”之称（图1-1）。并于长城沿线东起鸭绿江、西至嘉峪关划分为9个防守区，“初设辽东、宣府、大同、延绥四镇，继设宁夏、甘肃、蓟州三镇，而太原总兵治偏头，三边制府驻固原，亦称二镇”，即九镇（亦称九边），分别为辽东镇、蓟州镇、宣府镇、大同镇、山西镇、延绥镇、宁夏镇、固原镇、甘肃镇，嘉靖三十年（1551年）为加强京城的防务和保护帝陵（明十三陵）的需要，又在北京西北增设了昌镇和真保镇，共为十一镇，终成“九边十一镇”格局（图1-2，表1-1）。所谓“元人北归，屡谋兴复，永乐迁都北平，三面近塞。正统（1436—1449年）以后，敌患日多，故终明之世，边防甚重，东起鸭绿，西抵嘉峪，绵亘万里，分地守御”[3]。

辽东镇，为九边极东之地，势居要冲。元末明初的辽东地区，各种政治力量和军事集团纷纷涌入，盘踞一方，将其作为自己的落脚点和根据地[4]。元顺帝虽被逐出大都（今北京），仍拥兵北方，并具有相当的实力，其逝后的继承者仍称大元皇帝。当时的东北形势对明廷统治十分不利：“首先故元在东北余部势力还很雄厚，在辽东尚有哈刺张‘屯驻沈阳古城’，高家奴‘固守辽阳山寨’，也先不花‘驻兵开原’，洪保保据守‘辽阳’，刘益集兵‘得利赢城’。”[5]洪武四年（1371年）明军入辽，盘踞势力被陆续瓦解。经历了洪武、建文、永乐、洪熙、宣德共五朝约60年的时间，辽东地区逐渐形成了完整的战略防御体系。

辽东镇所辖长城南自今辽宁丹东宽甸县虎山南麓鸭绿江边，西达山海关北无名口，全长1950余里，由宽奠堡、海盖、开原、锦义、宁远五参将分段防守，有城堡279个，空心敌台31座，边腹敌台90座。仿汉代“充军守塞”制，建立卫、所防御体系，“遣将吏发卒以制塞，甚大惠也。然令远方之卒守塞，一岁而更，不知胡人之能，不如选常居者，家室田作，且以备之。以便为之高城渠堑”[6]。终明一代，边关骚乱不断，外侵屡屡，最著者为“南倭”和“北虏”[7]；明代倭患主要集中在东南一带，辽东地区

1 刘谦．明辽东镇长城及防御考：19.

2 董耀会．万里长城纵横谈：1.

3 （清）张廷玉等．明史．卷九十一・志第六十七・兵三．

4 张士尊．明代辽东边疆研究：1.

5 杨旸，陶松．辽海卫与其石刻．辽海文物学刊，1989（1）：270.

6 杨旸．明代辽东都司：2-3.

7 （东汉）班固．汉书．卷四十九・爰盎晁错列传．

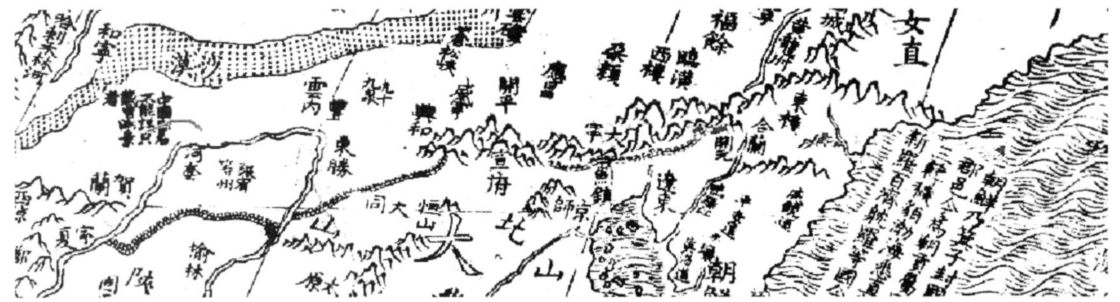

图 1-1　明长城走势

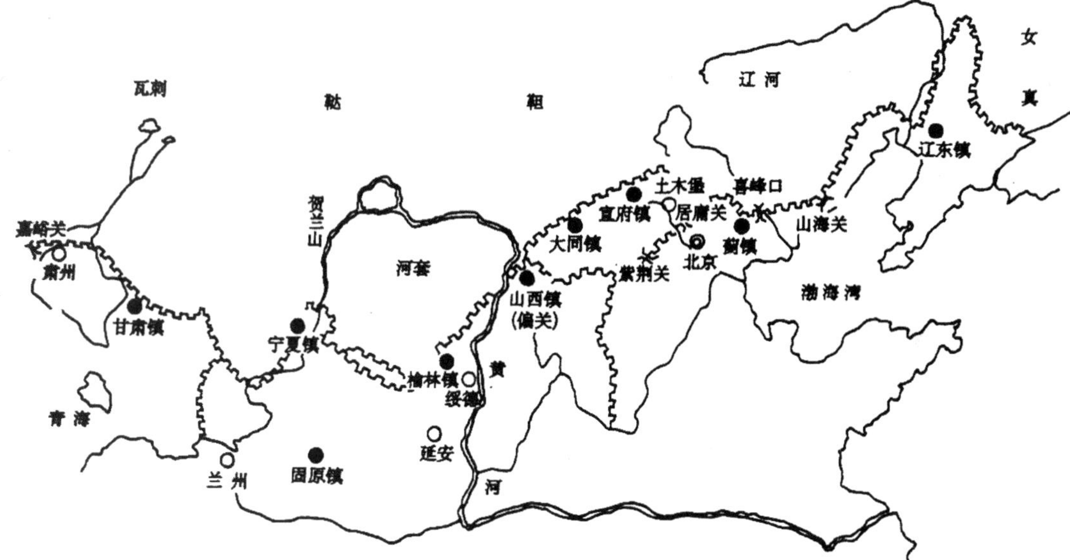

图 1-2　辽东镇长城防御体系之九边重镇分布

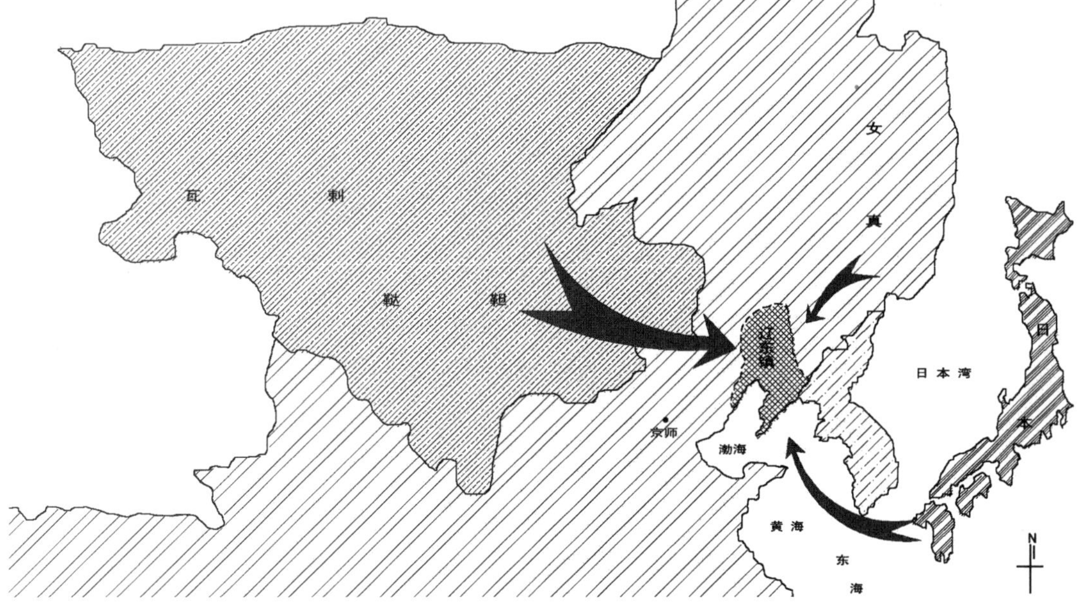

图 1-3　辽东镇的“南倭”和“北虏”（宣德八年（1433 年））

由于域内海岸线尚属平直，外寇难于藏匿，加之辽东经济窘困，故倭患较轻，外侵主要是来自于"北虏"（图 1–3），政策上亦用"以夷制夷"之法，用女真制蒙古，女真内部则分立部落首领，各自为营，互不隶属，削弱各部落力量，直接隶属于大明。

"明以武功定天下"，军事体系划分细密，分工完备。朱元璋为吴王时，十七卫亲军指挥使司"革诸将袭元旧制枢密、平章、元帅、总管、万户诸官号，而核其所部兵五千人为指挥，千人为千户，百人为百户，五十人为总旗，十人为小旗"，此为卫、所制雏形。明定天下后，"度要害地，系一郡者设所，连郡者设卫。大率五千六百人为卫，千一百二十人为千户所，百十有二人为百户所。所设总旗二，小旗十，大小联比以成军。"[1] 凡交通枢纽、地位重要的城镇设卫；小岛和孤立的要点如隘路口等设所；只能容少量兵马的关口险隘设百户所。每卫下辖五个所，除卫属所外，还有直属都司的千户所。全国卫、所编制员额，除少数民族地区外，都规定了统一标准：每卫 5600 人，分领前、后、左、右、中 5 个千户所，每千户所 1112 人；千户所下辖 10 个百户所，每百户所 112 人；百户所下辖两个总旗，各 50 人；总旗下辖 5 小旗，各 10 人。洪武二十三年（1390 年）又在未设府、州、县的边境地区设卫军民指挥使司和军民千户所，兼理民政事务；此外，还有守御千户所、屯田群牧千户所等（表 1–2）[2]。

长城防御体系　　表 1–1

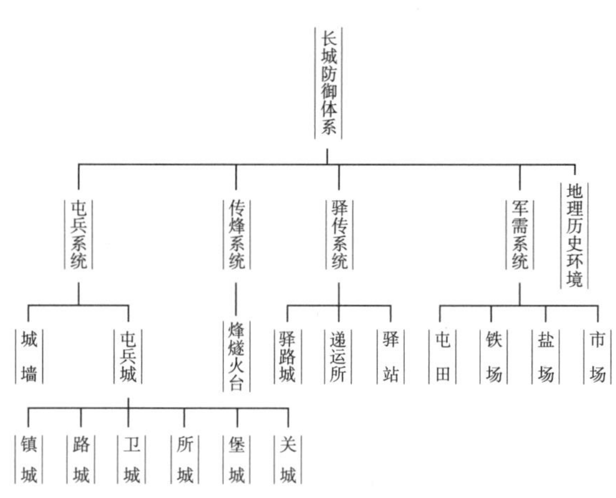

在辽阳设定辽指挥都卫使司始于洪武四年（1371 年），洪武八年（1375 年）全国都卫均改称都司，定辽都卫亦改称辽东都指挥使司（也称辽东镇），以广宁为都指挥使分司。都指挥使司下分东、西、南、北、中五路屯兵，而实际屯兵的路城只有 3 座，即南路的前屯卫城、西路的义州卫城、北路的开原卫城，其他两座与镇城在一起。路下设 25 卫，每卫分设约 5 个所，计 127 所（图 1–4）。正统七年（1442 年）至成化五年（1469 年）修筑长城及关城，先后建立边堡及山海关至辽东都指挥使司的驿站，辽东镇构成了一道井然有序、层次分明、互相联系、依托长城的强固防线。

辽东镇的军政管理体制十分复杂，不同时期根据边事的轻重，增设不同的管理机构。

都司、卫、所建制　　表 1–2

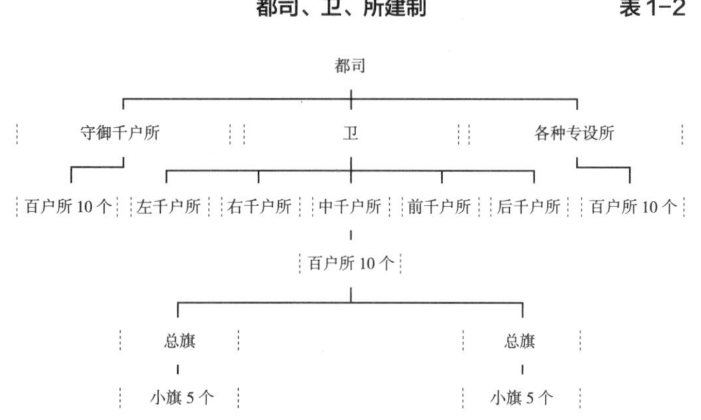

1 （清）张廷玉等. 明史. 卷九十・志第六十六・兵二.

2 杨旸. 明代辽东都司：1.

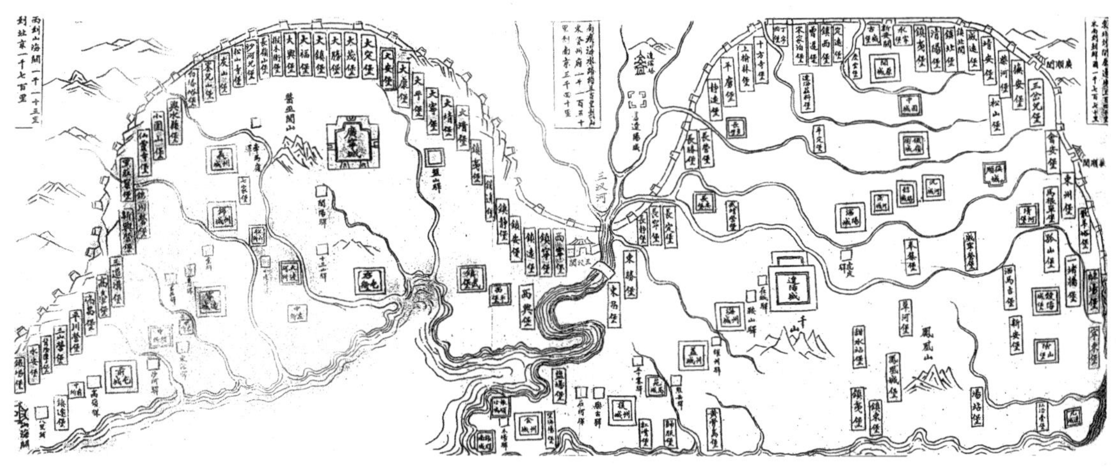

图 1-4 全辽总图

洪武初（1368 年）辽东都司是辽东镇唯一也是最高的军政管理机构，行使着军事镇戍和行政管理的双重职能。永乐间（1403—1424 年）专门执行军事镇戍的总兵体制形成，都司的镇戍职能让渡给新的指挥系统，最后只剩下行政管理一种职能并受制于总兵体制。洪熙（1425 年）、宣德（1426—1435 年）以后，行政监察体制形成，出现了提督、巡抚以及山东巡案御史。明代在省实行三司制度，而辽东镇不设州、县（明初设辽阳府、县，不久即撤），只实行都司、卫、所制，虽然设置辽东都司，但行政上一直隶属山东省，除山东都指挥使司与辽东关系不大之外，布政司、按察司都参与对辽东的管理，逐渐侵夺都司的行政管理权和总兵的军事指挥权，在监督和决策中都起着决定作用。

至嘉靖末（—1566 年）三种管理机构并存于辽东，即以掌印都指挥为首的都司行政管理系统、以总兵为首的军事镇戍系统、以巡抚为首的行政监察系统。三者之间，关系上相对独立，又相互制约，职能上相互区别，又相互重叠，重大决策由相关人员同议后奏请朝廷裁决。而在整个边疆管理体制中，卫所自成区域，兼理民政，属于有实土卫所，从事卫所行政管理系统的官员地位也最低（表 1-3，表 1-4）。

都司、卫、所管理模式和机构 **表 1-3**

	主要官员	主要官员职责	下属机构	都司下属官员	下属官员职责
都司	掌印都指挥	负全责	经历司	经历	管理文移、档案等
	屯田都指挥	屯田	断事司	断事、副断事	处理司法案件等
	局捕都指挥	治安	都事司	都司	一般行政管理事务
	—	—	都司儒学	教授、训导	都司境内学校和教育
卫	主要官员	主要官员职责	—	卫下属官员	下属官员职责
	掌印指挥	负全责	—	经历	管理文移、档案等
	官屯指挥	屯田		镇抚	治安
	局捕指挥	治安		教授、训导	教育
所	官员	职责	—		
	掌印千户	负全责	—		
	管屯千户	屯田			

都司、卫、所官职　　　　表1-4

	都指挥使司									卫指挥使司									所			
官职	都指挥使	都指挥使	都指挥同知	都指挥同知	都指挥同知	都指挥同知	都指挥同知	都指挥同知	都指挥同知	都指挥同知	都指挥同知	都指挥同知	都指挥同知	都指挥同知	都指挥同知	都指挥同知	都指挥同知	都指挥同知	都指挥同知	都指挥同知	都指挥同知	都指挥同知
人数	1	2	1	1	1	1	1	1	1	1	2	4	2	1	1	1	1	1	1	2	2	10
等级	正二品	正二品	正二品	正二品	正二品	正二品	正二品	正二品	正二品	正二品	正二品	正二品	正二品	正二品	正二品	正二品	正二品	正二品	正二品	正二品	正二品	从六品
所属部门	都指挥使司	都指挥使司	都指挥使司	都指挥使司经历司	都指挥使司	都指挥使司断事司	都指挥使司断事司	都指挥使司	都指挥使司司狱司	卫指挥使司	卫指挥使司	卫指挥使司	卫指挥使司镇抚司	卫指挥使司镇抚司	卫指挥使司	卫指挥使司	卫指挥使司	卫指挥使司	千户所	千户所	千户所	千户所

第一节 都司管理系统

明初设大都督府，统领全国军队，以朱元璋之侄朱文正为大都督。洪武十三年（1380 年）为防止军权过于统一，分为五军（中军、左军、右军、前军、后军）都督府，卫所“内统于五军都督府，而上十二卫为天子亲军者不与焉”。各都督府设左右都督（正一品）、都督同知（从一品）、都督佥事（正二品）等，多以公、侯、伯充任，事权很大，后以公、侯、伯署府事，同知、佥事参赞军事。各府只有统兵权，调兵之权在兵部，遣将则由皇帝自主。战时皇帝任命将领调五府所辖卫所兵出征，事毕将上交佩印，解职，兵归还卫所。五军都督府名义上是全国最高军事机构，分领除在京亲军指挥使司外的各卫所及在外各都司下辖的卫所，但实权并不大，永乐（1403—1424 年）以后，其权渐归兵部，五军都督府的官员仅是虚衔而已，是明王朝加强中央集权的结果。

卫所又“外统之都司”，洪武八年（1375 年）设置了 13 个都司，计有：北平、陕西、山西、浙江、江西、山东、四川、福建、湖广、广东、广西、辽东、河南，还设置了两个行都司（甘州、大同）；十四年（1381 年）增置中都留守司及贵州、云南都司；二十年（1387 年）置大宁都司；二十六年（1393 年）定天下都司卫、所，共计 17 都司及 1 留守司。此后遂定制，除南北直隶不置都司外，共有 16 都司、5 行都司、2 留守司[1]。其中，辽东都司属左军都督府。

洪武四年（1371 年）置辽东卫，五年（1372 年）置金州、盖州、复州和海州（海州设置具体时间不详，推测也在同一时期），六年（1373 年）设置辽阳府、县，军政和民政两套管理机构并存于辽东。管理军政的卫、所隶属辽东都司，管理民政的机构隶属山东布政司，不久，撤销辽阳府、县。二十七年（1394 年）撤销四州，都司成为辽东地区唯一的军政管理机构，其下辖卫、所的主要职责包括：军

1 （清）张廷玉等. 明史. 卷八十九，志第六十五・兵一.

事镇戍、军食供应、民族和睦、联系朝鲜及行政管理。

永乐间（1403—1424 年）开始在重要的边疆地区设置镇守总兵，领导都司军马，都司的军事职能和行政职能开始分开，逐步把镇戍职能让渡给总兵，辽东都司驻河东辽阳，总兵驻河西广宁。洪熙（1425 年）、宣德（1426—1435 年）年间，辽东都司基本上脱离了军事和民族事务，变成一个专门管理民政事务的机构，并受制于总兵体制。

第二节 军事镇戍系统

洪武年间（1368—1398 年）的辽东都司是辽东最高指挥机构，但为了一些特殊的军事需要，朝廷也不时向辽东派遣将军，其职权甚至超过辽东都指挥使，成为最高指挥官，至洪熙元年（1425 年）总兵正式成为辽东镇戍最高统治者。到正统间（1436—1449 年）防御体系有所调整，总兵驻河西广宁，又于义州、宁远设左、右副总兵，辽阳增设右参将，乃因该时危机主要来自蒙古。至成化二年（1466 年）防御系统因主要威胁转变为东北女真而再度调整，总兵驻广宁，设中路参将协助其管理，副总兵驻辽阳，左、右参将分别驻开原、宁远，由都指挥同知充游击将军往来策应。此后，直至嘉靖（1522—1566 年）中期，基本保持着成化末（—1487 年）的结构。以总兵为核心的执行特定镇戍任务的指挥官员也脱离卫、所，自成系统，辽东的军事制度开始变革，军事指挥系统和行政管理系统分离，在一些重要的战略据点派遣都指挥一级官员镇守，称备御某某地方，特别是在成化（1465—1487 年）和嘉靖（1522—1566 年）两次大的边疆危机中进一步完善和体系化。亦即，“整个明代，总兵权力最大的时期是正统时期（1436—1449 年），景泰（1450—1456 年）以后，以总兵为首的军事镇戍系统越来越成熟，但总兵的权力也日渐萎缩，逐渐成为执行简单军事镇戍任务的地方官员。”[1]

第三节 行政监察系统

辽东都司行政上隶属于山东布政司，监察权由山东按察司行使，其监察机构称为察院行台和备御公署，一般独立设置在卫城附近，或者关城内。明中期的监察官员权力越来越大，其监察建议易于被决策层接受，因此，监察权的行使实际上已经超出行政监察的范畴，逐渐把本来属于都司和总兵的一些权力据为己有。宣德十年（1435 年）开始在辽东地区设置巡抚，巡抚上任后，夺走了军官的处分权及屯田、中盐等管理权，以致提督、山东巡按御史、宦官等都参与辽东的管理，并且在某种程度上远远凌驾于都司及总兵之上。整个辽东的军事行政管理都在兵备的监督和参与之下进行，加之皇帝怠政，宦官专权，乱党勾结等，导致诸如熊廷弼、袁崇焕、孙承宗等一代名将都遭受过陷害和弹劾。

1　张士尊．明代辽东都司军事管理体制及其变迁．东北师大学报（哲学社会科学版），2002（5）：73.

第二章 布防

辽东镇地理位置较为独立，被长白山脉、大兴安岭山脉、外兴安岭山脉和渤海湾所环抱，东北平原和华北平原之间则只有狭窄的辽西走廊相通（图 2–1）。自南京迁都北京之后，作为燕师左臂的辽东镇更成为抗击北部的第一道防线，不论是军事指挥机关，还是屯兵地点、交通驿站，甚至交易市场，都有一定的兵力布置和不同类型的防御设施（图 2–2，表 2–1）。

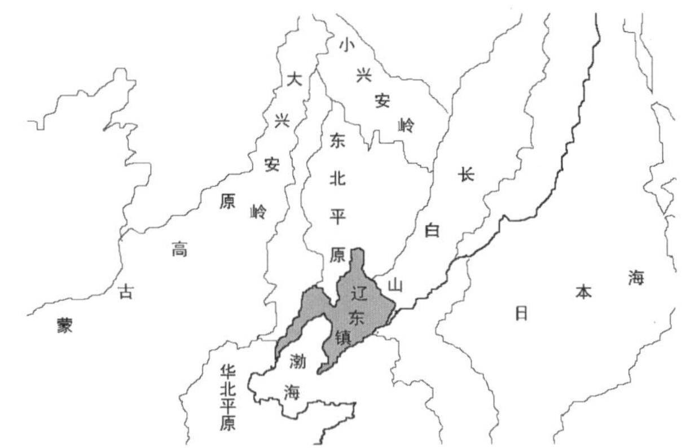

图2–1 辽东镇地形

明代卫所分为沿边卫所，沿海卫所，内地卫所和在内卫所四类，辽东镇的卫所既是沿边卫所，同时又是沿海卫所。出于军事侧重，卫所布点亦疏密有别（图 2–3），以辽河分界，河东重镇辽阳以开原为肩背，河西重镇广宁以宁远为后路。卫所按其地理位置及军事部署分为 4 大部分：

①围绕都司辽阳有定辽左卫、定辽右卫、定辽中卫、定辽前卫、定辽后卫、东宁卫；

②沿鸭绿江一带有金州卫、复州卫、盖州卫、海州卫；

③围绕开原一带有沈阳卫、铁岭卫、三万卫、辽海卫；

④山海关以北有广宁卫、广宁左卫、广宁右卫、广宁中卫、义州卫、宁远卫、广宁左屯卫、广宁右屯卫、广宁中屯卫、广宁前屯卫、广宁后屯卫。

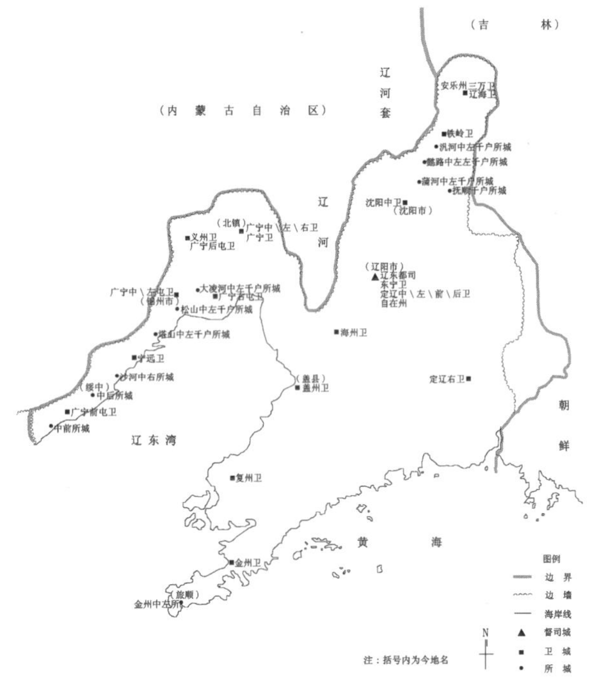

图2–2 辽东镇卫、所分布（万历十年（1582年））

广宁前屯卫（今绥中）至广宁后屯卫（今义县）及沈阳中卫（今沈阳）至三万卫（今开原）分布最为密集。乃因“辽北拒诸胡，南扼朝鲜，东控夫余，真番之境，负山阻海，地险而要，中国得之则足以治胡，胡得之亦足以抗中国，故其离合实关乎中国之盛衰焉”[1]，以此有力抗击西北的瓦剌、鞑靼

1 （明）李辅等. 全辽志 · 序.

辽东镇建置概况

表2-1

名称	属领千户所名称	单独设置所城	建置时间	原址概况	现位置
都司城	—	—	洪武四年（1371年）设定辽指挥都卫使司，八年（1375年）改定辽都卫为辽东都指挥使司	汉唐以来皆谓之辽东城，契丹时阿保机改为铁凤城，明初因辽阳旧城之失，都督马云、叶旺改建于此	辽阳
定辽中卫	左、中、前、后四所	—	洪武十年（1377年）	辽阳镇城	辽阳
定辽左卫	左、中、后三所	—	洪武六年（1373年）十一月	都司城内	辽阳
定辽前卫	左、右、前、后四所	—	洪武八年（1375年）十一月	都司城内	辽阳
定辽后卫	左、右、中、前四所	—	洪武八年（1375年）十一月	都司城内	辽阳
东宁卫	左、右、前、后、中、中左六所	—	洪武十九年（1386年）七月	都司城内	辽阳
定辽右卫	右、后二所	—	洪武六年（1373年）十一月置，后迁往凤凰城（今辽宁凤城县，具体时间不详）	都司城内	凤城
盖州卫	左、右、中、前四所	—	洪武四年（1371年）二月建辽东卫，八年（1375年）十一月改称定辽后卫指挥使司，九年（1376年）十月改称盖州卫	本隋之盖牟城，辽辰州旧址，元盖州，属辽阳路	海城
金州卫	左、右、中、前、中左五所	抚顺城（洪武四年〔1371年〕）	洪武七年（1374年）正月	本元万户府旧址	金县
复州卫	左、右、中、前四所	—	洪武十四年（1381年）九月	本金永康县旧址	复县
海州卫	左、右、中、前、后五所	—	洪武九年（1376年）八月	魏隋以前本盖牟地，高丽为沙卑城，唐置澄州，元属县二，曰析木，曰临溟	海城
辽海卫	左、右、中、前、后五所及右右等所	—	洪武二十三年（1390年）三月	本元黄龙府旧城	开原
沈阳中卫	左、右、中、前、后五所及蒲河、抚顺等所	抚顺千户所（洪武十七年〔1384年〕）、蒲河中左千户所（正统二年〔1437年〕）	洪武十九年（1386年）八月	本元之渖州	沈阳
铁岭卫	左、右、前、后四所及懿路、汎河等所	懿路左左千户所（永乐五年〔1404年〕）、汎河中左千户所（正统四年〔1439年〕）	洪武二十一年（1388年）三月	即辽金时嚚州故城，后属右军都督府	铁岭
义州卫	左、右、前、后四所	—	洪武二十一年（1388年）八月	本秦辽西郡彖县唐之故城，元义州，属大宁路	义县
广宁左屯卫	左、右、中、前、后五所	大凌河中左千户所（宣德间〔1426—1435年〕）	洪武二十五年（1392年）	本辽锦州，元永乐县旧址	锦州
广宁中屯卫	左、右、中、前、中五所	松山中左千户所（宣德间〔1426—1435年〕）	洪武二十五年（1392年）	本辽锦州，元永乐县旧址	锦州

续表

名称	属领千户所名称	单独设置所城	建置时间	原址概况	现位置
广宁右屯卫	左、右、前、中四所	—	洪武二十六年（1393 年）	元闾阳县之临海乡	北镇
广宁前屯卫	左、右、中、前、后五所及急水河堡中前所、杏林堡中后所	急流河堡中前千户所（宣德三年〔1428 年〕）、杏林堡中后千户所（宣德三年〔1428 年〕）	洪武二十六年（1393 年）	本魏之集宁县唐瑞州故址，元瑞州，属大宁路	绥中
广宁后屯卫	左、右、中、前、后五所	—	洪武二十六年（1393 年）	本秦辽西郡彖县唐之故城，元义州，属大宁路	义县
广宁卫	左、右、中、前、后五所	—	洪武二十三年（1390 年）	辽金广宁府旧址，元广宁府路	北镇
广宁中卫	左、右、中、前、四所	—	洪武二十七年（1394 年）置于大凌河，永乐元年（1402 年）迁于此	辽金广宁府旧址，元广宁府路	北镇
广宁左卫	左、右、中、前、四所	—	洪武二十八年（1395 年）置于大凌河，称左护卫，永乐元年（1402 年）迁于此	辽金广宁府旧址，元广宁府路	北镇
广宁右卫	中、前、后三所	—	洪武二十八年（1395 年）置于大凌河，称右护卫，永乐元年（1402 年）迁于此	辽金广宁府旧址，元广宁府路	北镇
宁远卫	左、右、中、前、后五所及塔山中左所、沙河中右所	塔山中左所（宣德五年〔1430 年〕）、沙河中右所（宣德五年〔1430 年〕）	宣德三年（1428 年）	元瑞州地，属大宁路，明初广宁前屯、中屯二卫地，宣德三年，分两卫地置宁远卫	兴城
三万卫	左、右、中、前、后五所	永乐五年（1407 年）	洪武二十一年（1386 年）	元开元路，后徙开元城，本元黄龙府旧城	开原
自在州	—	—	永乐七年（1409 年）	东宁卫治西北隅，先年建于开原，后改建于辽阳城	辽阳
安乐州	—	—	永乐七年（1409 年）	开原城内，本元黄龙府旧城	开原

和东北的女真等外族。各卫、所之间亦形成有利的阵形，平日各自练兵屯田，倘有战事，可互相增援、联合作战。

如锦州城，以之为中心，三城拱卫，其东南 18 里是松山城，松山城偏西南 30 里是杏山城，杏山城西南 20 里是塔山城；而其背后 120 里则是宁远城，是为后盾（图 2–4）。

再如宁远城，是山海关外的第一座卫城，位于辽西走廊中部，在锦州与山海关之间，扼辽西走廊咽喉之地，三面环山，东临大海，居山海要冲，扼边关锁钥。城外山海之间有一条通道，北达沈阳，南通榆关（山海关），东倚首山，西临螺峰山[1]，两山之间最窄处仅有百米宽的通道，海中有觉华岛[2]

1　据康熙宁远州志. 卷一・山川："城东五里，三峰相峙，状若人首，其上有泉下注，东南流八里入海……城东北五里，俗呼窟窿山。"

2　菊花岛古称觉华岛，距海滨18海里，面积15平方公里，海岸线长26.5公里，是渤海湾最大的岛屿。距宁远30里，与宁远城互为犄角，居东西海陆中逵，扼辽西水路要津。觉华岛屯储的粮料，既有来自天津的漕运米，又有来自辽西的屯田粮。

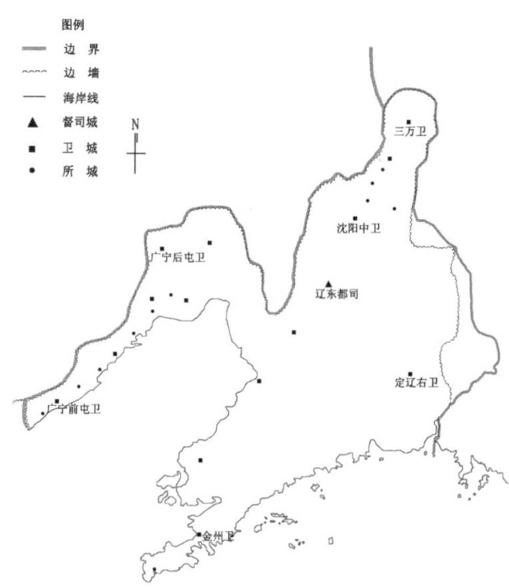

图2-3 卫所分布密度（万历十年（1582））

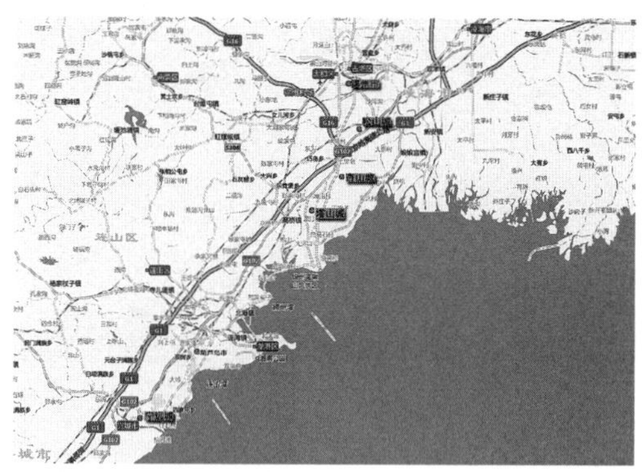
图2-4 锦州地区战略环境

图2-5 袁崇焕像

（今菊花岛），可设舟师，囤贮粮秣。“永乐初（1403年）大宁沦没，而虹螺山始入外境，于是和州之墟，荆条之阳，胡马驰驱，岁相抄掠。总兵巫凯都御史包怀德上状乃割二州之地于曹庄汤池之北建卫治，赐名宁远，统五千户所。又于城东五十里塔山别置中左千户所，于城西四十里小沙河别置中右千户所属焉。”[1]

守辽将领孙承宗[2]、袁崇焕[3]（图2-5）等皆曾亲自出关考察，并在河西一代构筑关（山海关）宁（宁远）防线，纵深200里；后，袁崇焕又建议将防线向北推进200里，经松山、锦州至大凌河，即关（山海关）宁（宁远）锦（锦州）防线（图2-6）。以宁远为中坚，榆关为后盾，锦州为前茅，其间遍布中前、中屯、中后、中右、中左、右屯、大凌河、小凌河诸城，又以所城、台堡作联络，负山阻海，势距险要。万历四十五年（1617年）努尔哈赤以七大恨告天，发兵攻明，采取了“集中主力，各个击破”的正确战略，开原、抚顺、沈阳、辽阳、广宁接连失陷，山海关成为明朝阻挡后金进军的关门，宁远卫为先锋，袁崇焕据此屡败清兵（图2-7）。

而辽东都司（今辽阳）至金州卫（今金县）一线及辽东都司至定辽右卫（今凤城）一线分布最为稀疏。辽东镇的辽河以西为辽西走廊的狭长地带，三面临山，一面滨海，卫、所建置多沿海，大部分史料认为是一种巧合，当初并非完全出于防御倭寇[4]之目的，却为日后建立起完整的海防体系奠定了基础（图2-8，表2-2）。由于辽东镇域内海岸线尚属平直，外寇难于藏匿，故仅在沿海扼要位置设卫、所及瞭望台，加之辽东地区经济贫困，倭寇无利所图，因此，倭患主要集中在东南沿海，辽东镇相对较轻。

大规模的侵扰记载仅在永乐十七年（1419年），倭寇1500余人分乘

---

1 （明）李辅等. 全辽志. 卷一・沿革志・宁远卫城。

2 孙承宗（1563—1638年），字稚绳，号恺阳，北直隶保定高阳（今属河北）人。青年时代就对军事有着浓厚兴趣。万历三十二年（1604年）中进士，授翰林院编修。天启元年（1621年）被任命为兵部尚书、东阁大学士。二年（1622年）被任命为辽东经略，积极部署宁锦防线。

3 袁崇焕（1584—1630年），字元素，号自如（又字自如），广东东莞人，广西梧州府藤县籍。明朝杰出的军事家、政治家和文学家。万历四十七年（1619年）中进士，任福建邵武知县。天启二年（1622年）自请守卫辽东，取得宁远大捷、宁锦大捷。后因党派之争，离开辽东。八年（1628年）重返辽东，都司蓟辽。后，皇太极使反间计，袁崇焕遭磔刑。乾隆四十九年（1772年）诏为袁崇焕平反。

4 早期主要指海盗及走私武装，后期基本与海盗、山贼合流，并弥漫到内陆。

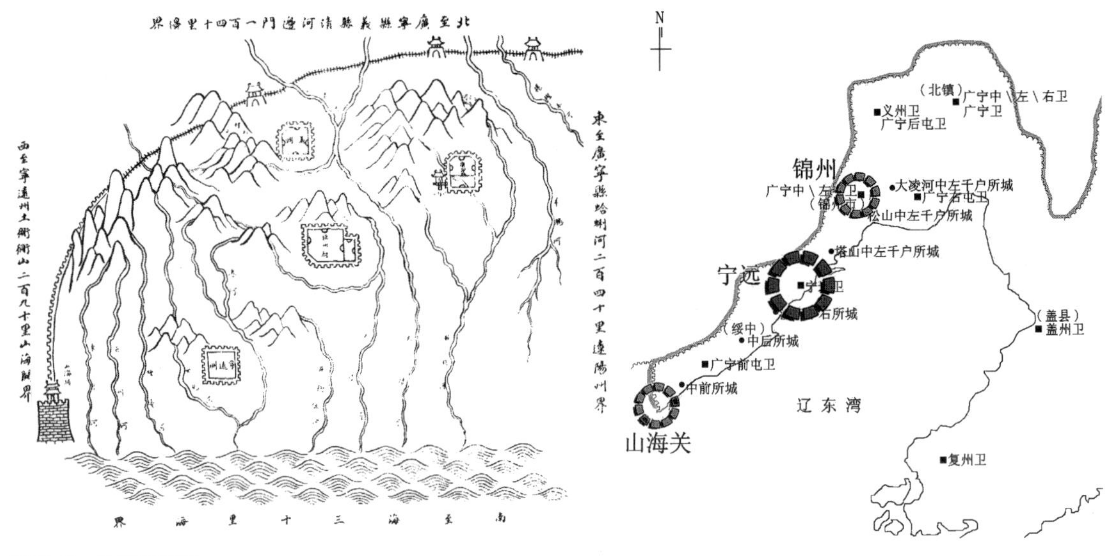

图 2-6　关宁锦防线

沿海卫、所　　　　**表 2-2**

卫名	驻地	所名	驻地
广宁前屯卫	今绥中西南	中右所 中前所 中后所	今兴城西南 今绥中西南 今绥中
广宁中屯卫	今锦州	中左所	今凌海西南
广宁左屯卫	今锦州	—	—
广宁右屯卫	今凌海西南	中左所	今凌海
金州卫	今金县	—	—
复州卫	今复县西北	—	—
盖州卫	今盖县	—	—
义州卫	今义县	—	—
宁远卫	今兴城	中左所 金州中左所	今葫芦岛东北 今旅顺

31 条大船从马雄岛（今属金州区大李家镇）登陆，向望海埚进犯，明军在总兵刘江的指挥下，设伏兵于山下，并令马队截断倭寇归路，命军士潜至海边焚毁倭寇船只；待倭寇行至望海埚山下，刘江披发仗剑，举旗鸣炮，伏兵四起，两翼并进，倭寇完败，此后的 100 多年中，倭寇望而却步（图 2–9）。

所谓卫、所，并不是现代意义上的兵营制度，既是组织结构和军事级别设置，也是一个地理单位，掌管着一块类似布政司、府、州、县管辖的地区。这部分土地除用于卫、所正军的屯田外，还包括余丁、军妻及其子女的耕地，而且还有一些民户的耕地。其军事防御体系的相应级别载体则称为治，周围建有城墙、护城河等，相当数量的卫、所于自己独立的辖区内择地筑城，即“卫城”“所城”。除独立设卫城者外，通常几个卫建置在同一个镇城里（如辽东镇都指挥使司城、辽东镇广宁分司城），或是两三个卫共同建设一个卫城（如锦州城、义州城、开原城，各卫内政事单独管理）（表 2–3）。卫下辖的 127 个所，除 12 个所单独设置所城外，均设置在卫治内。

“取财于地，而取法于天。富国之本，在于农桑……太祖初，立民兵万户府，寓兵于农，其法最善。”

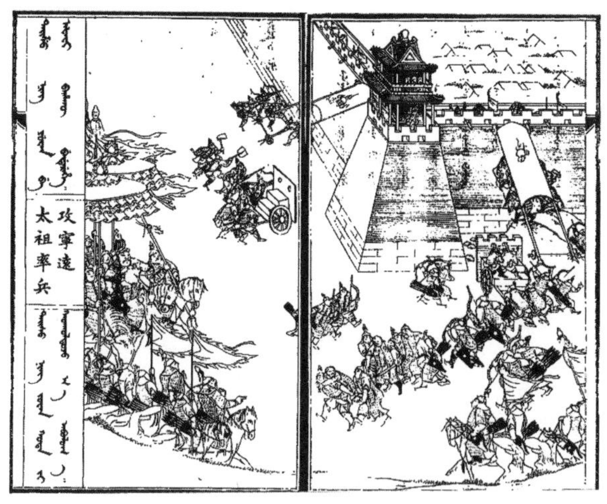

图 2–7　进攻宁远图

图 2–8　辽东镇沿海卫、所分布

辽东镇防务的一个重要方面就是屯田制度，也称“兵农合一”。“边地，三分守城，七分屯种。内地，二分守城，八分屯种。”[1] 作为屯兵城的卫所城堡，多建在土壤肥沃之地，城周围建置军屯（广义上讲用于提供军需耕种的土地统称为军屯），就地解决军耗民粮之苦，也减少了运输的劳顿和开销。如广宁前屯卫中前所城（在今绥中前所镇）地处辽西走廊的沿海平原，海拔高度 20m，城周围地势平坦，“行粮地共四百八十五顷八十六亩二分”[2]，土壤为草垫土，适合多种类树木及农田生长，是当时屯田的一个重要场所，今仍可见城西侧、北侧有大片林地和农田（图 2–10）。

卫城中包含的卫治　　　　**表 2–3**

名称	今址	镇城或卫城内所包含的卫治
辽东镇都指挥使司城	辽阳	定辽左卫、定辽右卫、定辽前卫、定辽后卫、东宁卫
辽东镇广宁分司城	北镇	广宁卫、广宁中卫、广宁左卫、广宁右卫
锦州城	锦州	广宁中屯卫、广宁左屯卫
义州城	义县	义州卫、广宁后屯卫
开原城	开原	三万卫、辽海卫

图 2–9　明人抗倭图

1　（清）张廷玉等．明史．卷七十七·志第五十三·食货一．

2　康熙宁远州志．卷三·田赋志·地亩．

图 2-10　中前所城西侧树林及北侧农田

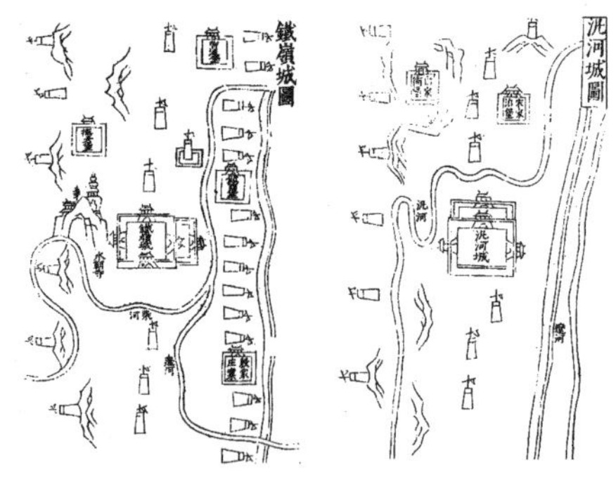

图 2-11　铁岭卫城、汎河所城

图 2-12　中前所城西侧强流河

图 2-13　抚顺卫城在今抚顺位置

图 2-14　自高尔山鸟瞰明抚顺卫城遗址

《管子》言：“凡立国都，非于大山之下，必于广川之上。高毋近旱而水用足，下毋近水而沟防省。”对于卫所城堡的选址而言，更是如此。依山傍水固然是最佳选址，然即使无山，“水用足、水质良”则是必须，在守边战事中尤显水之重要，如宁锦大捷中，袁崇焕率兵独守宁远城数日，城内充足的水源及粮食储备提供了坚强的保障。

高处建城要考虑水用充足，近水建城要考虑河床是否稳定，选择合适的城址之后修筑城墙，并引河流环抱城周（图 2-11），城市饮用水及排污都依赖于此，辽东镇各卫所城堡大部如此，鲜有例外。如：

中前所城，西有急水河（今强流河）作护城河（图 2-12）[1]，“池深一丈，阔两丈，周围四里三百步”[2]，所城东南角仍可见出水口遗址一个，以排放雨水及生活污水。抚顺城，在沈阳中卫城“东八十里，本古贵德地，洪武十七年（1384 年）创立，周围三里有奇，池深一丈，阔二丈”[3]。其城现已不存，但仍可见其旧址南临浑河，北依高尔山，处于一块平坦之地（图 2-13，图 2-14）。懿路城，是一座屯兵所城，在铁岭城“南六十五里，本旧挹娄废城，永乐五年（1407 年）保定侯修竹，周围三百三里四十三步，池深九尺，阔二丈，周围四里三百一十步”[4]。地势平坦，背山面水（图 2-15，图 2-16）。

卫所城堡虽各自屯田，然只适于和平时期。遇征战之年，将士疲于作战，无暇顾及屯种，大部分粮食及生活用品等仍需依赖朝廷调遣，就需仰仗水陆运输。

辽东镇驿路（图 2-17）皆以镇所在地——辽阳为中心：辽西路由辽阳至山海关，也是通往北京的驿路；辽南路由辽阳至旅顺口关；辽东路由辽阳至丹东鸭绿江西岸九连城，并通往朝鲜，也称之为中朝友谊路；辽北路由辽阳至开原。几百年后的今天，这些驿路的附近出现了铁路、公路等现代交通线，其中心则由辽阳改为沈阳（图 2-18）。

驿站是驿路上供传递宫府文书和军事情报的人或来往官员途中食宿、换马的场所，在卫、所城市通信手段十分原始的情况下，担负着各种政治、经济、文化、军事等方面的信息传递任务，在一定程度上也是物流信息的一部分，是一种特定的网络传递与网络运输。由于当时历史条件的限制，科学技术发展水平的局限，其速度与数量与今天无法相比，但就其组织的严密程度，运输信息系统的覆盖水平也不亚于现代通讯运输。宋人《五经总要》中曾提到唐代营州道上所设的驿站：“因受（今朝阳）东百八十里，九递至燕郡城（今义县），自燕郡城东行，经汝罗守捉（今北镇），渡辽河十七驿至安

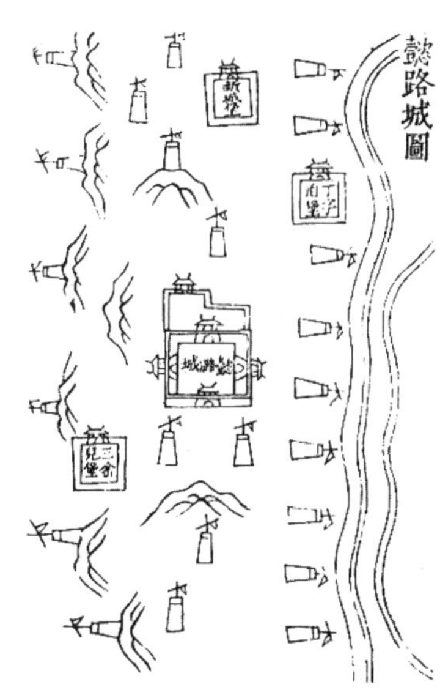

图 2-15　懿路所城

图 2-16　懿路所城遗址鸟瞰

1　据康熙宁远州志．卷一・兴地志・山川：“急水河，城（宁远卫城）西南一百八十里，俗呼老军屯河，源出九门山，东南流入海。”中前所城又称急水河中前千户所。乾隆十九年（1754 年）皇上东巡，改急水河为强流河。

2　康熙锦州府志．卷一・舆地志一．

3　（明）李辅等．全辽志．卷一・沈阳中卫・“抚顺城”条．

4　（明）李辅等．全辽志．卷一・铁岭卫・“懿路城”条．

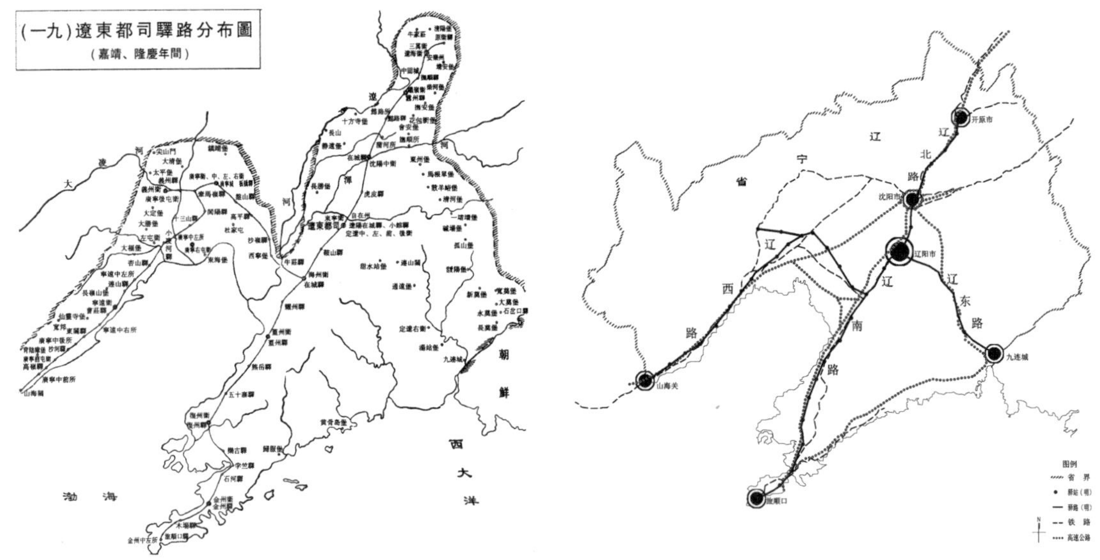

图 2-17　辽东都司驿路

图 2-18　驿路与今铁路、公路关系

东都护府（今辽阳市）约五百里。”九递十七驿虽无具体站名，但可知唐代驿站的设置已经到达辽东地区。到了明代，除在干线道路上设置驿站，还有始设于洪武元年（1376 年）独立于驿站的递运所，这是明代运输的一大进步，其主要任务是预付国家的军需、贡赋和赏赐之物，由各地卫、所管理。陆路运输基本上采取定点和接力的方法，因此，递运所除担负驻地指定运输路线的任务外，还要做好海、河运输的集散工作（表 2-4）[1]。

辽东都司驿站　　表 2-4

驿站名称	又名	所属卫名称	今址
高	—	广宁前屯卫	绥中西南高岭
沙河驿	—	广宁前屯卫	绥中西南沙河
曹家庄驿	曹庄驿	宁远卫	兴城西南曹庄
连山驿	—	宁远卫	葫芦岛东北双树附近
杏山驿	杏儿站	广宁左屯卫	凌海西南杏山
十三山驿	—	广宁右屯卫	凌海东北石山
广宁驿	—	广宁卫	北镇
磐山驿站	—	广宁卫	北镇东南磐蛇驿
高平驿	—	广宁卫	磐山东北高平
沙岭驿	—	海州卫	磐山东南沙岭
牛家庄驿	牛庄驿	海州卫	海城
海州驿	海州在城驿	海州卫	海城西关
开原在城驿	开原驿	三万卫	开原北老城镇南关
中固抚顺驿	抚顺驿	三万卫	开原南中固
嚚州驿	—	铁岭卫	铁岭西关

1　清朝入关后建都北京，称原来的都城盛京为留都。盛京驿站也与他处不同，根据交通状况而定，不受行政区划的限制，分为驿、站、铺三部分：驿站是官府接待宾客和安排官府物资的运输组织；站是传递重要文书和军事情报的组织，为军事系统专用；铺由地方厅、州、县政府领导，负责公文、信函的传递，遍布全区。驿站管理至清代已臻于完善，并且管理极严，违反规定，均要治罪；至清末，文报局开始与驿站相辅而行，继而驿站废除，由文报局专司其事；此后又设邮政，文报局亦废。

续表

驿站名称	又名	所属卫名称	今址
懿路驿	—	铁岭卫	铁岭西南懿路
沈阳驿	沈阳中卫在城驿	沈阳中卫	沈阳
虎皮营城驿	虎皮驿	沈阳中卫	辽阳北十里河
辽阳在城驿	辽阳驿	辽东都司	辽阳西关
鞍山驿	—	辽东都司	鞍山西南旧堡村
耀州驿	—	盖州卫	营口北岳州
盖州在城驿	盖州驿	盖州卫	盖县城内
熊岳驿	—	盖州卫	盖县西南熊岳
五十寨驿	—	海州卫	复县西北五十寨
复州驿	复州在城驿	复州卫	复县西北复州城内
乐古驿	—	复州卫	复县南岚崮店
石河驿	—	复州卫	金县北石河
金州在城驿	金州驿	金州卫	金县城内
木场驿	—	金州卫	大连西北后牧城驿
旅顺口驿	—	金州卫	大连旅顺口区
牵马岭驿	—	义州卫	义县东牵马岭子
义州驿	—	义州卫	义县
小凌河驿	—	广宁左屯卫	锦州东北校卫屯
东关驿	—	宁远卫	兴城西南关站
间阳驿	—	广宁卫	北镇西南间阳
板桥驿	—	广宁卫	北镇内
孛阑驿	—	金州卫	新金
石岔口驿	—	辽东都司	宽甸东，确地待考

从地理环境来看，辽东地区南面怀抱渤海湾，与山东半岛隔海相望。据载，明初辽东每年所需粮食大约在90万石左右，但由于农业生产滞后，无法满足卫、所官兵军食（指粮食、军服、布匹、棉花等军需物资）所需，大部分需靠江南供给，而布匹、棉花等则来自山东。海运航线有主要的两条（图2-19）：一条从苏州太仓起航经登州到旅顺口，沿辽东半岛西岸北上，到达海州卫、所属牛家庄卸载；另一条从山东登州起航到旅顺或牛家庄码头卸载；实则一条航线的两个部分，风顺之时，从山东至辽东一日即可抵达。此外，海运不仅运送军食，还包括朝鲜等国的贡使往来，及运送祖籍不在辽东的军士遗体返归故里。后为防止倭寇偷袭，避免辽东军士逃亡，海运时开时塞[1]。

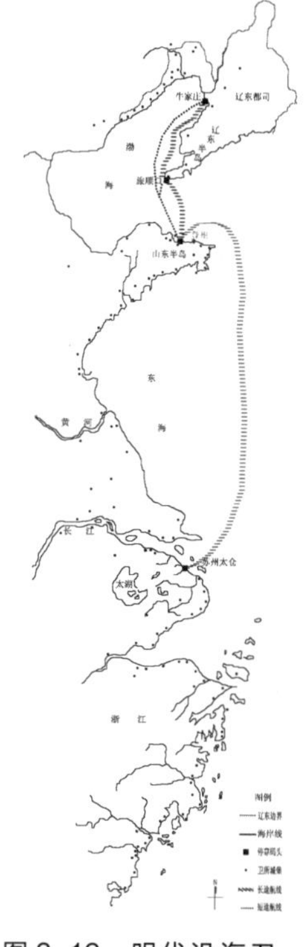

图2-19　明代沿海卫、所及海运航线

1　张士尊. 明代辽东边疆研究. 长春：吉林人民出版社，2002：317-329.

第三章 城池

明代根据防务和屯田任务轻重不同，建造了各种屯兵城，即镇城、路城、卫城、所城等。辽东镇的屯兵城多为方城（图 3–1），由于地理、军务的不同，也有不规则的平面形状（如锦州城）。

辽东镇城（又称辽东都司城，今辽阳）（表 3–1）规模最巨，容纳六卫兵力，“周围一十六里二百九十五步”（约 9900m），[1]“城似方形，南北长约 1760m，东西长约 2100m”（占地约 $3.7hm^2$）。[2]广宁分司城（今北镇）次之，容纳四卫兵力，“周围九里十三步有奇”（约 5300m），[3]“原城平面为凸字形，东墙长 1620m，西墙通长 1920m，南墙长 1200m，北墙曲长 1505m”（占地约 $2.4hm^2$）。[4]路城和卫城的规模相对较小，约为镇城一半到三分之一不等。所城则一般仅为卫城二分之一。这些城市既有其特殊的防御功能，又须满足普通城市行政、文化、生活的需要，城市结构大致可分为以下几类：

功能布局：防御区、军需区、文化区及生活区等；

防御设施：城墙、城门、瓮城、钟鼓楼以及城内空间布局等；

军需系统：屯田、盐场、铁场、草场、军储仓等；

教育体系：军事学校、文庙、儒学、教场等；

军民生活：住宅、养济院、漏泽园[5]等。

镇城（今辽阳）其地的城市建设始于燕秦时期，东汉末的襄平城即为土筑方城，四面有门，规模宏大。1206 年，成吉思汗（孛儿只斤·铁木真）建立蒙古汗国，于 1215 年占据辽阳；忽必烈于 1269 年先后下令设东京等路行中书省、东京路总管府（后改为辽阳路），省、路治所均在辽阳。到了明代，从洪武五年（1372 年）起，共用了三四年的时间来重修辽阳城，洪武十二年（1379 年）都挥指潘敬在城北扩出一里加建北城，为东宁卫、自在州所在地（图 3–2，图 3–3）。城近似正方，城墙四角皆有角城台及角楼，惜今仅存遗址（图 3–4）；共辟六门，三横两纵主要道路连通各门。城内是都司及各卫的军事、行政、管理区以及军储区，城外为屯田、演武及生活区。盐场、铁场则位于城外较远处（图 3–5）。城北侧流经太子河[6]，引河水环绕城周围，作为护城河[7]（图 3–6）。城西侧是白塔[8]及广佑寺[9]（图 3–7），西门外有关帝庙，再往西南

1 （明）李辅等. 全辽志. 卷一·图考志·“辽阳城”条.

2 刘谦. 明辽东镇长城及防御考：48.

3 （明）李辅等. 全辽志. 卷一·图考志·“广宁城”条.

4 刘谦. 明辽东镇长城及防御考：50.

5 据（清）张廷玉等. 明史. 卷七十七·志第五十三·食货一：“初，太祖设养济院收无告者，月给粮。设漏泽园葬贫民。”

6 古称衍水。在春秋战国时期，太子河流域一带地区被称为衍，为东胡族控制，是以河称衍水。后因燕太子丹被秦将追杀逃亡于此，故名为太子河。

7 始建于明洪武五年（1372 年），深达一丈五尺（合 4.67m），长十八里，引太子河水。解放后，护城河的防御功能早已不复存在，原有护城河水系只剩下几段水泡子。为了发展农业，利用护城河南段和西段建立了辽阳灌区水系，灌溉下游的沃野良田。2004 年，根治护城河。如今的护城河，全长 8.02km，河道间散布着 5 个大型人工湖。现有的水面宽 18 ~ 20m，每隔 500m 就修建一个码头。

8 全国重点文物保护单位。塔高 71m，八角十三层密檐式结构，是东北地区最高的砖塔，也是全国六大高塔之一。建于金大定间（1161—1189 年），是金世宗完颜雍为其母贞懿皇后李氏所建的垂庆寺塔的俗称。基座塔身都以砖雕的佛教图案为饰。塔身八面都建有佛龛，龛内砖雕坐佛。塔顶有铁刹杆、宝珠、相轮等。因塔身、塔檐的砖瓦上涂抹白灰，俗称白塔。

9 始建于东汉，是佛教传入中国最早出现的寺院之一。初建时只是一般的寺院，明代发展到鼎盛，寺内建筑近两百间，可见其规模之宏大。清光绪二十六年（1900 年）广佑寺为义和团活动场所。同年，沙俄镇压义和团，烧毁广佑寺。现仅存部分柱础遗址及佛像，并已在白塔东侧，护城河西侧得到复建。

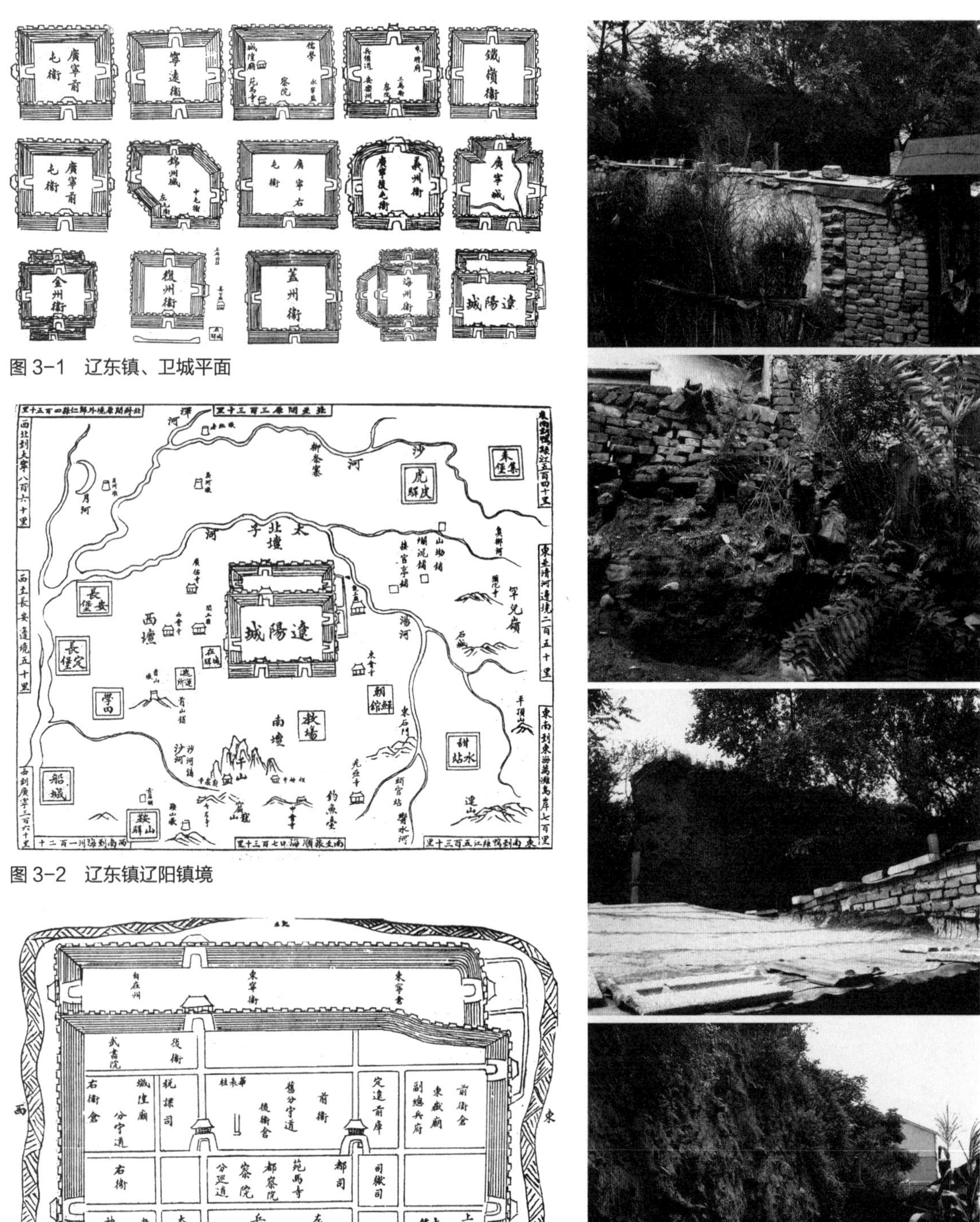

图 3-1 辽东镇、卫城平面

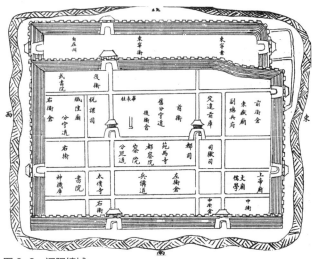

图 3-2 辽东镇辽阳镇境

图 3-3 辽阳镇城

图 3-4 辽阳城墙遗址

7.5 公里则有隆庆五年（1517 年）始建于首山南坡的清风寺。今辽阳城内，当时的都司治、卫治均已不存，东南隅的文庙遗址上则建设了文庙广场（图 3-8）。

关帝庙

北里门

东里门

北外门

魁星楼

图 3-5　辽阳旧影

图 3-6　辽阳护城河

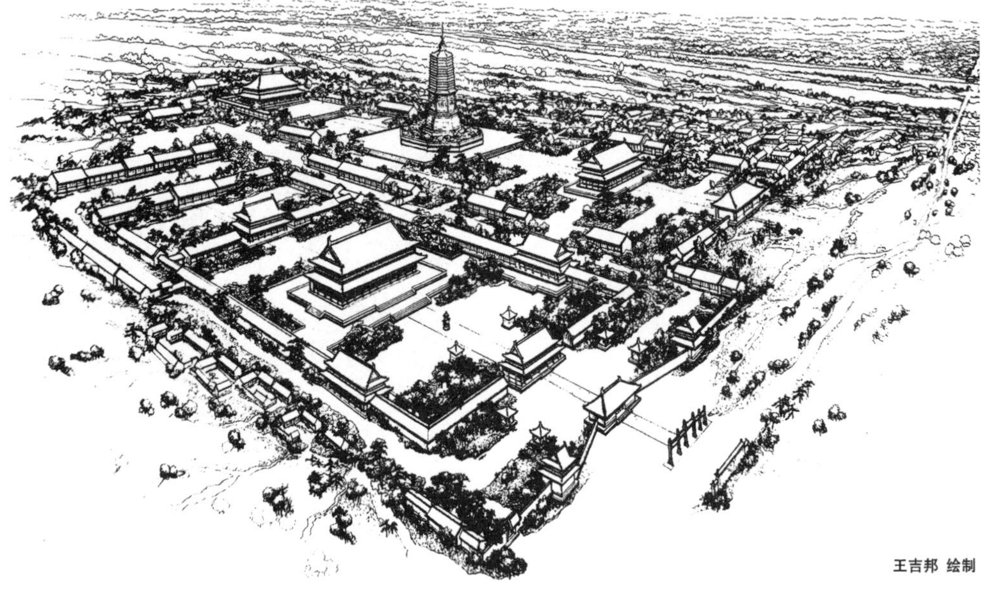

王吉邦 绘制

图 3-7　广佑寺复原图

图 3-8 辽阳历史建筑遗存

辽阳镇城建置概况　表 3-1

名称	建置时间	建置人	位置	规模
辽阳城	洪武五年（1372年）	都督马云、叶旺	元为辽阳路	城周围一十六里二百九十五步，高三丈三尺。池深一丈五尺，周围一十八里二百八十五步。门六：南二，左安定、右泰和；东二，南平夷、北广顺；西肃清、正北镇远，俱有楼。角楼四：东南曰筹边，东北曰镇远，西北曰平胡，西南曰望京。钟楼一，建于都司西北，鼓楼一，建于都司东北
北城	洪武十二年（1379年）	都挥指潘敬	东城一里之北	开始建置为土城，永乐丙申（1416年）都指挥王真始砌以砖。南北共一里，东西四里，高三丈。池深一丈五尺，合南城周围共二十四里二百八十五步。门三：东曰永智，西曰武靖，北曰无敌。庚申（1440年）南城北面倾颓殆尽，巡按史官主持维修。西关在肃清门外，嘉靖三十二年（1553年）巡按温景葵包筑门楼。永乐七年（1409年）自在州自开原（今开原老城）移于本城，以处归附夷人
都司治	洪武四年（1371年）	都指挥马云、叶旺	城内	正堂七间，抱厦三间，左右镇胡厅各三间，东西吏房各二十间，后堂七间，中厅三间。东掌印都司宅一，西佥书都司宅一，仪门十三间，廊房四十间。东断事司内宅二，西经历都事宅，大门五间榜房八十间，坊牌三：南曰全辽阃寄，东曰振武，西曰扬威
司狱司	同上	同上	都司治东	—
僧纲司	同上	同上	肃清门外一里	—
医学	同上	同上	前卫北	—
阴阳学	同上	同上	都司治东北	—
预备总仓	嘉靖二十五年（1546年）置，嘉靖四十三年（1564年）秋增建	巡按御史张铎始建，巡按御史李辅增建	都司治南	左右各建廒十五间，贮谷十万石。名曰：预备总仓，有碑记三十七八。等年散谷、赈饥所活甚多，谷尽廒遂倾圮

续表

名称	建置时间	建置人	位置	规模
儒学	洪武十四年（1381年）开建，嘉靖四十三年（1564年）五月部分重建	都指挥潘敬、叶旺，御史谢嫌、宗鉴、罗贤、刘成德、王重贤、常时平、史褒善、胡文举、黄襄	都司治东南	先师殿三间，东西庑各九间，戟门五间。明伦堂五间，志道等四斋各三间，神厨九间，观德厅三间。尊经阁四间。东西号房各十五间，改建棂星门三间，拓其南方垒土为山，凿泮池。增建尊经阁五间，敬一箴亭三间。重修殿庑堂斋，增新学坊三：东兴贤，西育才，南化龙。增建教授宅一，训导宅二，大门三间。名宦、乡贤二祠各三间。嘉靖四十三年（1564年）五月先师殿两庑戟门俱灾，五月重建
学田	嘉靖四十四年（1565年）	巡按御史李公辅	城西	丈量约二十余顷，堪以开作学田。复于高阜去处踏丈一段九顷。每顷足三十日，四面均停画成井字居中一顷为佃户房身，园地周围八顷每顷召二人共佃
正学书院	弘治八年（1494年）创建，嘉靖四十四年（1565年）增建	按御史樊祖，巡按御史李辅	都司治西南	中厅三间，后厅三间，讲堂三间，东西号房各二十间，北号房十一间。仪门三间，大门三间，西仓房三间，东教官房三间
武书院	嘉靖七年（1528年）创建，四十三年（1564年）重修	巡按御史王重贤创建，巡按御史李辅重修	都司治西北	中堂五间，东西号房各十间，观德厅三间，箭楼一座，大门三间，武弁群英坊一。后增建号房三间，取本科乡试武举羣居其中，定会示程优以供给俾各闲习骑射精通韬略
察院	正德十年（1515年）改建，嘉靖四十四年（1565年）增修	巡按御史刘成德改建，巡按御史李辅增修	都司治西	肃政堂五间，抱厦厅一间，东皂隶房五间，西抄案房五间，塞门一。堂后中厅五间，穿堂六间，东西小房二间，东本房五间。后堂五间，东厨房二间，西文卷库五间。后冰玉堂五间，东卷房三间，西书吏房三间。东修政小堂三间，西观德亭一，草亭一，井亭一。仪门三间，大门三间，坊二：东曰激扬，西曰贞肃。后增建院前榜房二十间，中建更楼三间，扁其南曰宣达，北曰明远。院之西坊一，曰纪纲重地
都察院行台	—	—	察院左	—
按察分司	—	—	察院右	—
布政边备分司	嘉靖三十四年（1555年）	分守参议赵介夫	都司治西北，因总镇府旧基改建	正厅五间，东西皂隶房各五间。中厅三间，寝堂五间，东西厢房十间，后堂五间，观德亭三间，书房三间，吏书房十间。仪门三间，大门三间，外值房十五间。坊二：东曰司宣，西曰保厘
苑马寺	—	—	察院左	—
太仆寺	—	—	都司治西南隅	正厅五间，东西厢房十间，中厅五间，穿厅三间，寝堂五间，仪门三间，西马神庙五间，东主簿宅一，区大门三间。直房十间，坊二：东曰塞渊，西曰简阅
副总兵府	—	—	都司治东北	正厅五间，穿厅三间，中厅五间，东西厢房六间，小厅三间，凉亭三间，东西仪房十间。寝房七间，厢房十间，楼三间。马神土地庙六间，箭厅三间，厨房六间，仪门三间，大门三间。中军厅六间，直房十二间，坊二：东曰间外长城，西曰河东重镇
管粮通判公署	—	—	都司治西	—
岫岩通判行署	—	—	苑马寺前	—
定辽中卫	永乐九年（1411年）改建	—	都司治东南	正堂五间，抱厦三间，东西吏房各一十间。后堂三间，二门十二间，大门五间。以下各该卫署制数俱同。经历司、镇抚司、左、中、前、后四千户所俱卫治内
定辽左卫	洪武十年（1377年）	指挥徐玉	都司治西南	经历司、镇抚司，左、中、后三千户所俱卫治内。税课司在都司治西北。神机库在都司治西南隅

续表

名称	建置时间	建置人	位置	规模
定辽右卫	洪武十年（1377年）	指挥王庸	都司治西	经历司、镇 抚司，右、后二千户所俱卫治内
定辽前卫	洪武十年（1377年）	—	都司治东北	经历司、镇抚司，定辽前库在都司治东北，左、右、前、后四千户所俱卫治内
定辽后卫	洪武十年（1377年）	—	都司治西北	经历司、镇抚司，左、右、中、前四千户所俱卫治内
东宁卫	洪武十九年（1386年）	—	北城中	经历司、镇抚司，左、右、中、前、后及中左六千户所俱卫治内
自在州	—	—	始建于开原后改建于东宁卫治西北隅	正堂五间，东西吏房各五间，中堂五间，后堂五间，仪门一间，大门三间
社学	—	—	卫的附近	每学门楼一座，书堂三间
养济院	—	—	都司治北	—

注：此外，还设有教场（安定门外）、漏泽园（肃清门外）、六卫盐场、六卫铁场、辽阳在城驿（本城西关内）、递运所（城西八里）、朝鲜馆（安定门外）、夷人馆（泰和门外）、鞍山驿（城西南六十里）、递运所（本驿内）、安插百户所（本驿城内）、虎皮营城驿（城北六十里）、递运所（本驿城内）、安插百户所（本驿城内）、本城铺舍等

路城虽在军事防御上与卫城承担的任务有所差异，但在城市建置上如出一辙，通常与卫城合而为一，并无差别。卫城平面形状随地势有所不同，大多为方城，四面多辟门，有的北墙上建上帝庙而无门，门外有的还建有关城，其功能布局可分为（图 3-9）：

①按察区：包括察院行台、备御公署。山东按察司派官员在此行使监察权，也承担相当的边务，一般设置在城内卫治旁或关城内。

②行政区：卫治是卫城内行政办公的场所。一般设在城内正中，也有在城内东北或西北角，并无定制。卫治内设经历司、镇抚司及左、右、中、前、后等所。

③教学区：是卫城内文化教育的场所。也包括儒学、学田、社学、医学、阴阳学等。位置在东南、西南均有，正统（1436—1449 年）以后多迁至东南隅。

④军储区：包括军储仓、备御仓、军器库、钱帛库等。通常与儒学分设城内东西两侧。

⑤生活区：包括养济院、漏泽园。多数卫城内均设置养济院以收养“无告之人”，在城外建漏泽园。

⑥屯田区：卫城周围广大地区遍布军屯、民屯。使大部分军人、军余及农民得以耕作，供给军需。

⑦演武区：指教场，一般距城二里左右。便于开辟空地，也方便军士往来。

⑧军需区：包括草场、盐场、铁场。草场一般在卫城周围二里左右，而盐场百户所和铁场百户所通常在百里之内，离城较远。

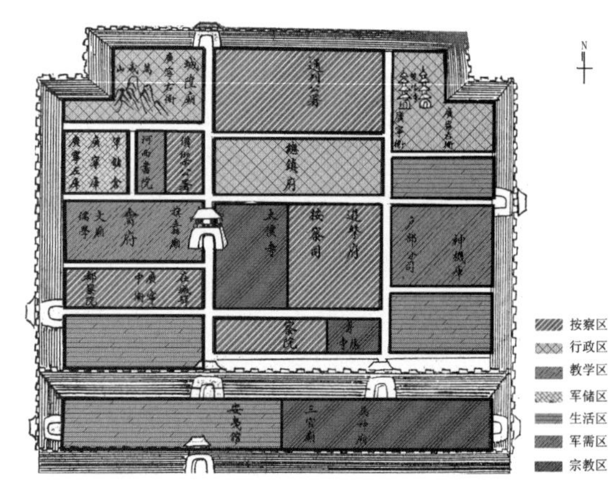

图 3-9　广宁城功能分区

⑨宗教区：卫城内外多建寺庙，通常在北

图 3-10　兴城十字街

墙附近建上帝庙（供奉贞武大帝），而财神庙、药王庙、石佛寺、城隍庙等寺庙众多，位置不定。

如宁远卫城（今兴城），“十字形”干道以四门为轴心（图 3-10），正中心建钟鼓楼一座，是全城制高点，南街通衢建有“祖氏石坊”两座（图 3-11）[1]。西门内置卫治，包括经历司、镇抚司，左、右、中、前、后五所。卫治东南建察院行台、参将府以及按察分司，是卫城主要军事行政机构所在，东南隅建有文庙，城墙东南角建有魁星楼（图 3-12）。

所城职能较为简单，只具备行政、屯兵、屯田的功能。通常根据卫城需要补充预备仓、军器库、钱帛库、草场、校场、养济院、漏泽园等，有的单独设所治于城内。北面不设门，于北墙正中设上帝庙（此为辽东镇所城的显著特点）。

如中前所城，是辽东镇军事防御体系中独立建置的一座所城，也是辽东镇 12 座所城中唯一保存下来的一座[2]。“国朝（明朝）平辽东，废州、县，洪武二十五年（1392 年）建卫（广宁前屯卫），属五千户所。宣德三年（1428 年）又于城西五十里急水河增置中前千户所城。”[3]南距渤海 11km，西距山海卫（今山海关）15km，东北距广宁中后所（今绥中县城）44km，地处沿海平原地带（图 3-13）。中前所的政务、军事均由广宁前屯卫管理，是前屯卫的补充和加强。前屯卫城内设置有经历司、镇抚司，左、右、中、前、后五所，军器局；城东南七十里塔山口设置盐场百户所；城西七十里糜子峪设置铁场百户所；城外建有漏泽园（位置不详）；城内有十字大街（图 3-14）连通各门，设置钱帛库，城南一里设有教场，其主要职责是屯兵和屯田。明代军防系统规定每千户所屯兵 1200 人，鉴于中前所城占地广，又是单独的屯兵城，其屯兵之数应大于此数。

卫、所城市的钟鼓楼，多建于十字大街正中，是城内制高点，战时主将坐镇钟鼓楼，以观战事，统率全军。所城规模较小，有的也设钟鼓楼，但史无明载（表 3-2）。如宁远卫城的钟鼓楼，即在城内的十字大街交叉口，都督焦礼建于景泰五年（1454 年），宁远大战时，袁崇焕曾坐镇其内指挥全局。崇祯十五年（1632 年）巡抚范志完“登楼视形势，督令拆毁仅遗基址”[4]，后又得复建（图 3-15）[5]。

1　为彰表镇守辽西重镇的祖氏兄弟（祖大寿、祖大乐）而建。

2　辽宁省文物局. 省级重点文物保护单位纪录档案・前所城：10.

3　（明）李辅等. 全辽志. 卷一・沿革志・广宁前屯卫.

4　康熙宁远州志. 卷二・建置志・城池.

5　今存钟鼓楼为清代重建的重檐歇山卷棚顶围廊式楼阁，高 17.6m，基座为方形，每面各长 13m。系由四洞券组成，洞券孤矢高 2.17m，券脚高 1.4m。券洞面阔 4.8m。全座通高 8.3m。鼓楼建于基座之上，鼓楼为重楼，每层单檐歇山式。面阔 9.6m，进深 6.8m；上层面阔 7m，进深 4.2m，顶用青瓦。楼内有巨鼓一面，直径 2.25m。

图 3-11　兴城祖氏牌坊

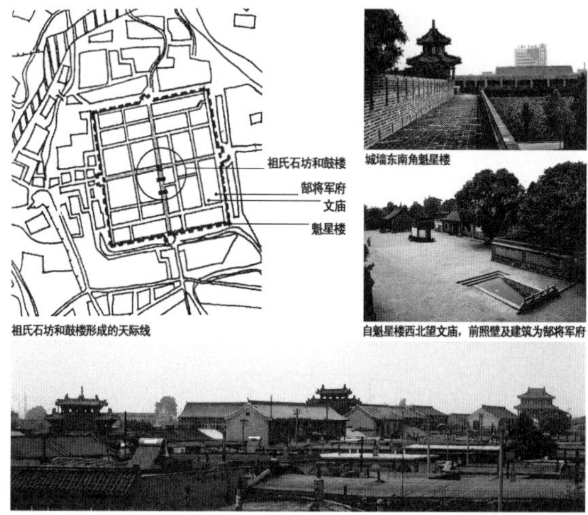

祖氏石坊和鼓楼
部将军府
文庙
魁星楼
祖氏石坊和鼓楼形成的天际线
城墙东南角魁星楼
自魁星楼西北望文庙，前照壁及建筑为部将军府

图 3-12　兴城祖氏牌坊、钟鼓楼、文庙、魁星楼空间关系

图 3-13　中前所城平面

卫城钟鼓楼　　表 3-2

名称	辽阳城	广宁城	义州城	锦州城	开原城	海州卫城	盖州卫城	复州卫城	金州卫城	广宁右屯卫城	广宁前屯卫城	宁远卫城	沈阳中卫城	铁岭卫城
钟鼓楼	2	1	—	2	2	—	—	—	—	—	2	2	—	—

注：标“2”为钟楼和鼓楼各一，标“1”为钟鼓楼合二为一，标“–”为无记载。

明初所建的卫城、所城多为土城，后几经维修包砌砖石。城高池深（表 3-3，表 3-4），墙体收分很大。四面有马道可登城。城四边多城门，卫城 3 ~ 6 个城门，所城 1 ~ 2 个，后经维修有的另辟门（如中前所城，现存城门 3 个）。各门皆有称谓，多为戍守、威武之意。城门外建有瓮城，增强了防御能力，当敌人攻入瓮城时，将主城门和瓮城门关闭，守军即可对敌形成“瓮中捉鳖”之势（表 3-5，表 3-6）。

卫城城墙 **表 3-3**

名称	建制	规模
★辽阳城	定辽左卫、定辽右卫、定辽前卫、定辽后卫、定辽中卫、东宁卫、自在州	城周围一十六里二百九十五步，高三丈三尺。池深一丈五尺，周围一十八里二百八十五步。门六：南二，左安定，右泰和。东二，南平夷，北广顺。西肃清，正北镇远，俱有楼。角楼四：东南曰筹边，东北曰镇远，西北曰平胡，西南曰望京。钟楼一，建于都司西北。鼓楼一，建于都司东北。北城，南北共一里，东西四里，高三丈。池深一丈五尺。合南城周围共二十四里二百八十五步。门三：东曰永智，西曰武靖，北曰无敌
★广宁城	广宁卫、广宁中卫、广宁左卫、广宁右卫	城周围九里十三步有奇，高三丈。池深一丈五尺，阔二丈，周围一十里九十五步。都督刘真复甃以砖。门五：东永安，西拱镇，北靖远，其南左泰安，右迎恩。角楼四。永乐中总兵刘江增拓南关以授民居。弘治间备御胡忠开广西隅，正德乙卯备御李溱开拓南关厢，周围五百四十六丈。嘉靖丙辰秋大水，城郭圮坏，都御史苏志皋总兵官罗文豸修复。癸亥都御史王之诰筑里城。钟鼓楼一，建于通济桥北
☆义州城	义州卫、广宁后屯卫	周围九里一十步，高三丈。池深一丈五尺，阔一丈八尺，周围九里一百六十六步。正德初参将胡忠开凿修复马道。门四：东熙春，西庆丰，南永清，北安远
锦州城	广宁中屯卫、广宁左屯卫	周围五里一百二十步，高二丈五尺。成化十二年都指挥王锴增广南北四十五丈，东西九十五丈。弘治十七年参将胡忠备御管升并城南关周围六里一十三步。形势若盘俗谓之盘城。池深一丈二尺，阔三丈五尺，周围七里五百七十三步。门四：东宁远，南永安，西广顺，北镇北。钟鼓二楼并建于卫治之通衢
☆开原城	三万卫、辽海卫、安乐州	周围十二里二十步，高三丈五尺。池深一丈，阔四丈，周围一十三里零二十步。门四：东阳和，西庆云，南迎恩，北安远。角楼四：钟鼓楼二，在卫治中衢
海州卫城	海州卫	周围六里五十三步有奇，高三丈二尺。池深一丈一尺，阔三丈五尺，周围六里八十三步。门四：东镇武，南广威，西临清，北来远。鼓楼在卫治之东中衢，钟楼初建于卫治东山之麓，嘉靖二十二年都指挥顾忠移于军储仓之北
盖州卫城	盖州卫	周围五里八十八步，高一丈五尺。池深一丈五尺，阔一丈八尺，周围五里一百二十七步。门三：东顺清，南广恩，西海宁，俱有楼，嘉靖甲子管屯指挥卢沛筑敌台于城垣之四角
复州卫城	复州卫	周围四里三百步，高二丈五尺。池深一丈五尺，阔一丈五尺。门三：东通明，南迎恩，北镇海。嘉靖癸亥巡抚王之诰添设门禁敝台三，东北二，西面台一，门外护门台各一
金州卫城	金州卫	周围六里，高三丈三尺。深池一丈二尺，阔六丈五尺。门四：东春和，西宁海，南承恩，北永安。角楼四。嘉靖四十二年都御史王之诰添设角楼四
广宁右屯卫城	广宁右屯卫	周围四里三百六步，高二丈九尺。池深八尺，阔一丈，周围五里八十六步。门三：东镇海，西迎恩，北（南）永安
☆广宁前屯卫城	广宁前屯卫	周围五里三十步，高三丈五尺。宣德正统间备御毕恭邓铎相继包砌。池深一丈，阔二丈，周围六里二百步。门三：东崇礼，南迎恩，西武宁，城中通衢建钟鼓二楼
宁远卫城	宁远卫	周围六里八步，高二丈五尺，池深一丈，阔二丈，周围七里八步。门四：东春和，南迎恩，西永宁，北广威，都督焦礼于卫治中衢建钟鼓二楼，嘉靖甲子副使陈绛重修
沈阳中卫城	沈阳中卫	周围九里一十余步，高二丈五尺。池二重，内阔三丈，深八尺，周围一十里三十步。外阔三丈，深八尺，周围一十一里有奇。门四：东永宁，南保安，西永昌，北安定
铁岭卫城	铁岭卫	城周围四里六十步，高二丈，池深一丈五尺，阔三丈，周围五里有奇。门四：东抚夷，西承恩，南庆云，北威远。角楼四

注：名称前标有★为镇城，☆为路城，其余为卫城

所城城墙

表 3-4

名称	所属卫	规模
松山中左千户所	广宁左屯卫	周围三里十二步，阔一丈。嘉靖癸亥巡抚王之诰包筑。高二丈五尺，门一，四角更房各一
大凌河中左千户所	广宁左屯卫	周围三里十三步，阔一丈。嘉靖癸亥巡抚王之诰包筑。高二丈五尺，门一，四角更房各一
中前所城	广宁前屯卫	城周围二里二百六十九步，高三丈，池深一丈，阔二丈，周围四里二百步。南门一
中后所城	广宁前屯卫	城周围三里六十九步，高三丈，池深一丈，阔二丈，周围四里二百步。城门二
塔山中左所城	宁远卫	周围三里一百八十四步，高二丈五尺。城门三，楼三。宣德五年指挥李旺建，嘉靖癸亥巡抚王之诰、兵备陈绛重修，加高三尺
沙河中右所城	宁远卫	周围三里一百八十四步，高二丈五尺，城门二，楼二。宣德五年指挥张敬建，嘉靖癸亥巡抚王之诰、兵备陈绛重修，加高三尺
抚顺城	沈阳中卫	城东八十里，本古贵德地。洪武十七年创立，周围三里有奇，池深一丈，阔二丈。城门一，曰迎恩
蒲河城	沈阳中卫	城北四十里，正统二年建。周围七百二十五丈四尺，池深一丈，阔二丈。门二
懿路城	铁岭卫	城南六十五里，本旧挹娄废城。永乐五年保定侯修筑。周围三里三百四十三步，高一丈，池深九尺，阔二丈，周围四里三百一十步。门二：南通明，北招远
汎河城	铁岭卫	正统四年，都指挥毕恭奏设。周围七百一十五丈，高二丈。池深一丈二尺，阔二丈。门二：东安远，西承恩
旅顺城	金州卫	南北二城，金州城南一百二十里，俱临海。北城洪武四年都指挥马云、叶旺立木栅以守，二十年设中左所。永乐元年设都司官备御，十年指挥徐刚砖砌。周围一里一百八十步，池深一丈二尺，阔二丈。城门二：南靖海，北威武。南城永乐十年徐刚包筑，周围一里三百步，池深一丈二尺，阔二丈五尺。城门二：南通津，北仁和，登州卫海运军需至此
中固城	开原卫	永乐五年创建为抚顺站

卫城城门

表 3-5

名称	数量	东	西	南	北	门楼
辽阳城	6	南平夷，北广顺	肃清	左安定，右泰和	镇远	有
辽阳城北城	3	永智	武靖	—	无敌	—
广宁城	5	永安	拱镇	左泰安，右迎恩	靖远	—
义州城	4	熙春	庆丰	永清	安远	—
锦州城	4	宁远	永安	广顺	镇北	—
开原城	4	阳和	庆云	迎恩	安远	—
海州卫城	4	镇武	广威	临清	来远	—
盖州卫城	3	顺清	海宁	广恩	—	有
复州卫城	3	通明	—	迎恩	镇海	—
金州卫城	4	春和	宁海	承恩	永安	—
广宁右屯卫城	3	镇海	迎恩	永安	—	—
广宁前屯卫城	3	崇礼	武宁	迎恩	—	—
宁远卫城	4	春和	永宁	迎恩	广威	—
沈阳中卫城	4	永宁	永昌	保安	安定	—
铁岭卫城	4	抚夷	承恩	庆云	威远	—

图 3-14 中前所城十字大街

图 3-15 兴城钟鼓楼及鼓

所城城门 表 3-6

名称	松山中左千户所	大凌河中左千户所	中前所城	中后所城	塔山中左所城	沙河中右所城	抚顺城	蒲河城	懿路城	汎河城	旅顺城	中固城
门数	1	1	1	2	3	2	1	2	2	2	2	—

如今城墙保存完好的只有宁远卫城（今兴城）和中前所城，再有沈阳城（沈阳中卫，遗址为清代扩建后的德胜门瓮城）尚存部分城门及瓮城遗址，其余则只剩断壁残垣，如辽阳镇城、广宁前屯卫、锦州城、沙河中右所等。

宁远卫城，始建于宣德三年（1428 年），“城周围五里一百九十六步，高三丈，池周围七里八步，深一丈五尺。外城周围九里一百二十四步，高如内城……四角俱设层楼”[1]。后在景泰间（1450—1456 年）及嘉靖四十三年（1564 年）得以维修，终毁于隆庆二年（1568 年）的大地震。第二次建城是在天

1 康熙宁远州志．卷二・建置志・城池．

启三年（1623 年），“承宗命祖大寿筑宁远城，大寿度中朝不能远守，筑仅十一，且疏薄不中程。崇焕乃定规制：高三丈二尺，雉高六尺，址广三丈，上二丈四尺。大寿与参将高见、贺谦分督之。明年（1624 年）迄工，遂为关外重镇”[1]。由于“宁远架防，必须精壮，马兵三万，做工一日则摆设一日，虏至即斗，斗胜可保军之命，再加做工军夫万人，则四万人矣”[2]。宁远卫城北墙有一块石碑记载：“北面自西北角起，至东北角，长二百六十五丈六尺六寸，乾隆十四年（1749 年）八月，佐领伊林保、宣州伊汤修。”可见，在清时亦得重修，至今则只存内城墙一道。城墙构造分三层（图 3-16），外皮底基用石条包砌，上部用青砖包砌，墙内侧全用毛石包砌，厚 1m，中间系夯土版筑，墙厚 3 ~ 3.5m，土墙顶部有厚 0.4 ~ 0.6m 的白灰防水层。墙顶为青砖墁道，外侧有垛口墙，下留有吐水孔及排水沟，内侧又设宇墙。城墙四面各有一门，并有斜坡马道登顶（图 3-17）。城门洞券采用横联券式筑法，分内外二重券，内券大于外券，券脚的下部用整齐的大石块作为柱顶石，上部用青砖垒砌（图 3-18）。箭楼通称城门楼，立于洞券门座之上，楼为重楼，单檐歇山式，楼中有胡梯供攀爬。瓮城四座，皆居于各城门之外（图 3-19），瓮城门亦为内外券做法[3]。

中前所城，亦始建于宣德三年（1428 年），“周围三里八步，高三丈。池深一丈，阔二丈，周围四里三百步。门三：东曰定辽，西曰永望，南无字”[4]。城墙四隅有角台，突出墙体，墙、台收分在 14% ~ 18% 之间（图 3-20），台上原建有城门楼，现不存，但柱础石保存整齐，地面砖保存较好。北墙正中为高大城台，台上原有上帝庙（又称贞武庙），亦无存[5]。城墙外皮均以条石为基础，砌筑七层，最底一层为土衬石，拔出金边，条石以上砌筑青砖，

图 3-16　兴城城墙

图 3-17　兴城东城门马道

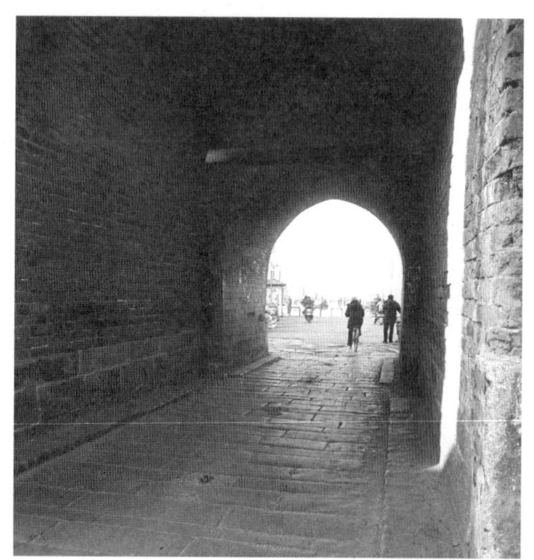

图 3-18　兴城城门做法

1　（清）张廷玉等. 明史. 卷二百五十九・列传第一百四十七・袁崇焕.
2　（明）王在晋. 三朝辽事实录. 卷十.
3　刘谦. 明辽东镇长城及防御考：57-58.
4　康熙宁远州志. 卷二・建置志・城池・中前所城.
5　参见辽宁省文物局监制. 省级重点文物保护单位纪录档案・前所城.

图 3-19　兴城瓮城

图 3-20　中前所城城墙收分

图 3-21　中前所城城墙的二次包砌

图 3-22　中前所城城墙墙芯

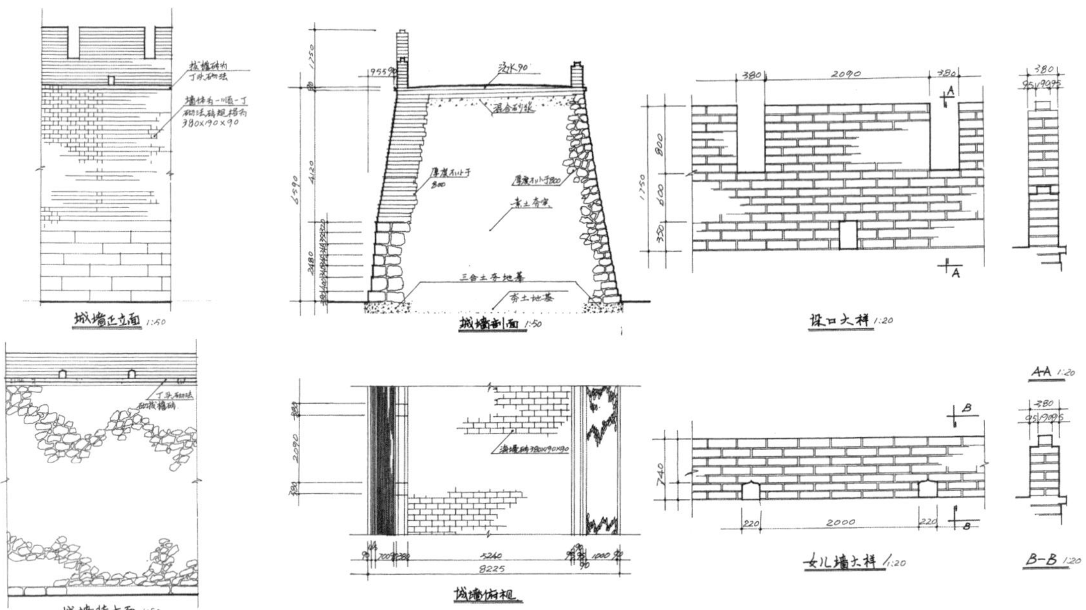

图 3-23　中前所城城墙大样

为清乾隆四十三年（1778 年）维修时二次包砌，保留了明清两代修复痕迹，材料、做法存在显著差异（图 3-21）。墙心为夯土（图 3-22），内皮墙现已全部坍塌，不见砖石遗迹。墙体顶部为三合土封顶，上

图 3-24　中前所城城门

图 3-25　中前所城西瓮城

砌砖两层至海墁（图 3-23）。城墙外皮东、南、西三面城墙正中辟门（图 3-24），形制相同，平面呈凸形，拱脚起于七层条石之上，以六横六纵拱券法砌筑，白灰填缝，券顶为三伏三券非同心圆。门洞内条石墁地，正当中置将军石，原设有内向开启的城门两扇，现已无存。正面门楣上以枭砖砌出匾匡，内嵌青石门匾，门匾上字迹不清。城内东门南侧、西门北侧及四隅的南北向设有马道。城门外皆置瓮城，并有南关，现只有西门瓮城保存完整（图 3-25）。

沈阳中卫城，洪武二十一年（1388 年）由指挥闵忠因旧修筑，“周围九里一十余步，高二丈五尺。池二重，内阔三丈深，八尺，周围一十里三十步。外阔三丈，深八尺，周围一十一里有奇”[1]。初

1　（明）李辅等. 全辽志. 卷一 · 图考志 · “沈阳中卫城”条。

图 3-26　沈阳中卫城西南角瓮城遗址

建时有四个门：东永宁，南保安，西永昌，北安定。1625—1631年之间，皇太极扩建沈阳城，将明代古城的四门改造成了抚近门（大东门），怀远门（大西门），内治门（小东门），外攘门（小西门），德胜门（大南门），福盛门（大北门），天佑门（小南门）和地载门（小北门）。2007 年 7 月 13 日，考古发现德胜门瓮城遗址（图 3-26）。为原瓮城的东南角，整个遗址分为里外两层，外部为砌筑墙体，内部砌有一个高台，台上砌有砖墙，内有夯土层。城墙墙体上部以白灰两横一竖错缝方法砌砖，青砖的规格为 48cm × 24cm × 13cm，城墙墙基则为大型条石，两侧有燕尾榫卯[1]。由于位置限制，大南门瓮城基础，仅露出东南侧部分结构，而瓮城的大部分基础，则掩埋在大南街、南顺城路，及其附近建筑底下。

1　沈阳日报，2007-07-14.

第四章 军需

利用军队进行屯田戍守的军事制度，早在秦汉时期就已普遍应用[1]。三国时期，曹魏为解决军粮供给曾在许县（今河南许昌东）一带屯田，其中军屯实行“十二分休”制，即每10人中，有8人佃耕，2人巡守。元代在全国各地驻守的军队，均实行屯田。明代承袭旧制，既“省千里运输之糜费及繁难”，又解决了军耗民粮之苦。凡是设置屯田的朝代，建立初期的屯田成绩均比较显著，随着封建统治者日趋腐朽，剥削日益加重，屯田劳动者大批死亡或逃散，幸存者怠工，屯田也就逐渐变质瓦解，明朝也不例外。

明初建置九边重镇，至万历间（1573—1620年）九边主兵已达60万，客兵即各地征调前来的兵力亦很多，生活所需是一大负担。辽东镇的军饷最初仰给于屯田，洪武二十年（1387年）辽东都司从高丽购买耕牛5700头用于屯田；洪武二十四年（1391年）八月再从高丽买马1500匹至辽东，十一月与高丽互市得马2500匹。边事严峻之时，农事不举，则需从山东、江南海运补给，“因海运饷辽有溺死者，遂益讲屯政，天下卫、所州县军民皆事垦辟矣”，洪武二十七年（1394年）朱元璋命辽东各卫、所屯田自食，以纾海运之劳。洪武三十年（1397年）朱元璋表彰辽东地区屯田“军饷颇有赢余”，命户部停止海运供应粮食，由当地“军人屯田自给”，当时辽阳六卫屯田计有5700多顷，约合57万亩。

弘治间（1403—1424年）“屯粮愈轻，有亩止三升者”，自正统（1436—1449年）后，“屯政稍弛，而屯粮犹存三之二，其后屯田多为内监、军官占夺，法尽坏。”沿及正德（1506—1521年），辽东屯田较永乐间（1488—1505年）“田赢万八千余顷，而粮乃缩四万六千余石。初，永乐时，屯田米常溢三之一，常操军十九万，以屯军四万供之。而受供者又得自耕。边外军无月粮，以是边饷恒足。及是，屯军多逃死，常操军止八万，皆仰给于仓。而边外数扰，弃不耕。刘瑾擅政，遣官分出丈田责逋。希瑾意者，伪增田数，搜括惨毒，户部侍郎韩福尤急刻。辽卒不堪，胁众为乱，抚之乃定”[2]。可见，王公贵族侵占良田和官员欺压百姓之严重，田地减少，赋税无变，军人生活水平及社会地位日渐低下，逃兵也逐渐增加，军备也因之逐渐废弛。

卫所多选址农业基础较好之地，施行“寓兵于农”，以便“战可攻，退可守”。如辽阳襄平早在

---

1 据董耀会. 万里长城纵横谈：79-81。秦制规定，男子年满23岁，要将名籍附于官府，每年要在本郡县服役一月，称为更卒。一生中还要到京师服役一年，称为正卒，屯边一年，称为戍卒。此外临时征发去戍边的，称为谪卒，征发对象为罪犯、赘婿、商人及商人子弟。汉承秦制，兵役有三类：其一是正卒，凡男子年满23岁，要充正卒一年，由所在郡都尉集中操练，在北方边地的为骑士，在内郡的为材官，在水乡的为楼船士。其二是戍卒，凡成年男子要充戍卒一年，到京师或到诸侯王国屯戍，称为卫士，或到边境屯戍，称为戍卒。其不愿戍边者，可出钱雇人代戍，每月300钱。其三是更卒，凡成年男子每年要在本县服役一个月，其不愿充更卒者，可每年交官府300钱以给役者，称为过更。边境的屯戍，主要是指戍卒。戍卒到戍所后，由官长按职事分派为戍卒、燧卒、亭卒、鄣卒、田卒、河渠卒和守谷卒，前四者戍守长城沿线烽燧亭堠，后三者则从事屯田生产。其中田卒从事垦田耕作，河渠卒管理水利灌溉，守谷卒保管谷物仓储。在边境屯戍的士兵，除了戍卒外，还有良家子、应募士、徒、驰刑士和谪卒。其中良家子身份比戍卒为高，应募士是招募而来，徒是因罪没官的徒隶，驰刑士是刑囚。屯戍吏卒发给月俸钱，衣被、口粮和武器，普通戍卒每月俸钱为350～360钱，国家还发给屯田卒农具、耕牛及种子。屯田卒按规定交纳田租以充军粮。汉代边境的屯田，对解决边防戍军粮食及其他军需品的部分自给，减轻国家军费负担起过一定作用，在开发边疆和促进西域丝绸之路的贸易也有一定的意义。

2 （清）张廷玉等. 明史. 卷七十七·志第五十三·食货一.

燕秦时期就是全国重要农业区之一，所谓“辽东赤粮、白粱，襄阳竹根（小米）者最佳……以为御粥”[1]；又“辽东梁水（今太子河）鲂特肥而厚，尤美于中国鲂，故其乡语：居就粮，梁水鲂”[2]。城池周围分布着大量田地，被划分为两种：官田和民田，根据土地位置的不同亦有等级之别（图 4–1）[3]。军户子孙世代为兵，作战而外，平时屯种，“屯田之制：曰军屯，曰民屯”。明初，“移民就宽乡，或召募或罪徙者为民屯，皆领之有司，而军屯则领之卫、所”[4]。军屯主要是卫、所军士及其家属（军余）耕种，民屯的耕种人主要有四种：

①土著民户；

②从中原等地迁徙来的部分民户，派给土地，分别编屯，委官提督，令其屯种，这些民户大部分

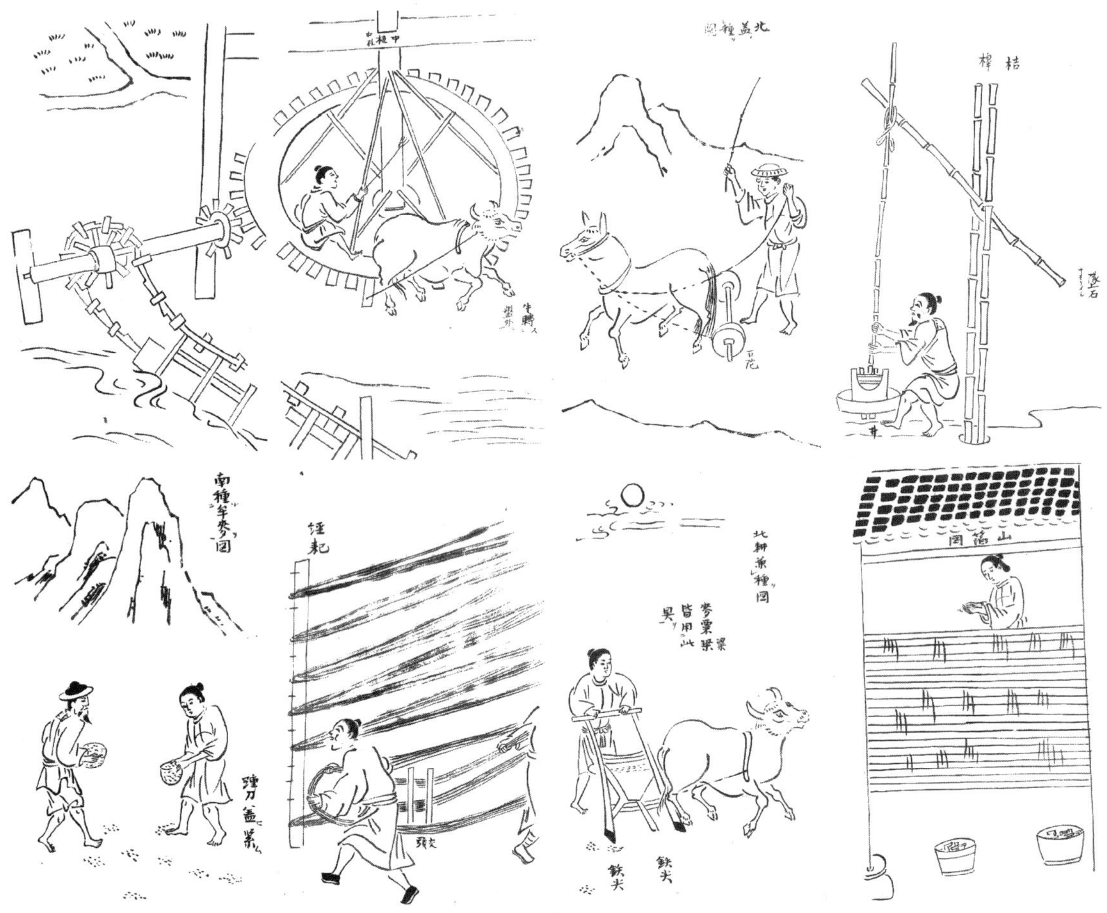

图 4–1　《天工开物》中的农耕画面

1　（清）陈大章．诗传名物集览．卷八．

2　（三国吴）陆玑．毛诗草木鸟兽虫鱼疏．卷下．

3　据（清）张廷玉等．明史．卷七十七・志第五十三・食货一：明土田之制，凡二等：曰官田，曰民田。初，官田皆宋、元时入官田地。厥后有还官田，没官田，断入官田，学田，皇庄，牧马草场，城壖苜蓿地，牲地，园陵坟地，公占隙地，诸王、公主、勋戚、大臣、内监、寺观赐乞庄田，百官职田，边臣养廉田，军、民、商屯田，通谓之官田。其余为民田。……凡田以近郭为上地，迤远为中地、下地。五尺为步，步二百四十为亩，亩百为顷。

4　据（清）张廷玉等．明史．卷七十七・志第五十三・食货一．又据刘谦．明辽东镇长城及防御考：205：就广义上而言，凡是用于军事的耕田，包括民屯，都可以称之为军屯。就狭义上来讲，军事耕种的土地才叫军屯，人民耕种的土地叫做民屯。

是丧失了土地或没有土地的贫民；

③明初法律残酷，动辄触犯法律，佥发充军，甚至自行削发为僧逃避生产，断指逃避充军等，也罚作屯田，因此以罪屯种的人户非常多；

④北部外夷及北元官民投靠明朝者，分给土田、农具令其耕种，安抚来归之人。

军屯和民屯皆采取井字屯田法，即将九百顷田地按井字分为九份，中间一份修筑城墙，为佃主居住之地，周围八份为耕种之地。至万历（1573—1620年）后期，边防日坏，则采取新的屯田方式，沿长城修筑边堡，平面形式与所城相似，且战且耕。永乐（1403—1424年）以后，商屯逐渐成为边地军饷供应的一支不可忽视的力量。“募盐商于各边开中，谓之商屯”，[1]即在屯田不足以供应军粮的地方，鼓励商人运粮至边地仓库交纳，由官给予盐引招商人输运粮食到边塞换取盐引；以根据政府需要，除用粮米换取盐引为主要形式外，有时也可用布绢、银钱、马匹等换取。盐商们因为长途运输粮食的耗费巨大，于是出资招募无地的贫民到各边垦种，就地入仓换取盐引，以便于更多地获利，其兴盛对边防军粮储备及边疆地区的开发起到一定作用。

屯田有时又被称为营田，原意是屯田以兵，营田以民。实际上，历代不少营田也常使用士兵，即使是民屯，也多采用军事编制，所生产的粮食主要也是供应军需。朱元璋在元至正十六年（1356年）即夺取天下之前，就设立了“营田司”，专管水利，恢复农业生产，此时的营田就土地经营形式上看，或军屯，或民屯，并没有特殊的意义。但在北方，则多以军营田，主要是由于军屯废弛而设，把军屯“改营田以足额”[2]，以在营旗军屯垦，使军士“兼耕与守”，也有少部分空闲军余营田。嘉靖四十四年（1565年）巡抚辽东都御使王之诰奏准在辽东实行的营田办法为：“以九百顷为率，用二千四百人，人均耕地少于军屯；管理员把总二十四人，总委员六人；官给牛具，每牛一具种田一百五十亩；每九百顷用中子二千四百石，用装运车一百八十辆，均官府供给；每营垦田一百五十顷，用军四百名，委官五员。该用口粮六百一十五石，牛一百具。”[3]所得除偿官外，一半充饷，一半给军，取其全部收入[4]。

辽东镇军士原是二分守城、八分屯种。景泰（1450—1456年）以后，“边方多事，令兵分为两番，六日操守，六日耕种”。于是调拨屯军操守，用余丁补数屯种，抵纳屯粮，并“遂以为例”。至成化十三年（1477年）“辽东极边，百需俱出军余”，逃亡事故加上战事调拨，屯军失额，故又选空闲余丁顶补，最多每户至八九人[5]。

明代各军镇设有户部分司，专管军储。卫、所设有军储仓，边隘、堡站、屯戍的地方都有仓储，卫以下的千户所、百户所设有军贮仓。屯田所收获谷物，留正粮12石，贮存在屯仓，供本军自己支配，剩粮上交作为本卫、所官军俸粮。据《全辽志·图考》记载，辽东镇下25卫及千户所、百户所，（堡）皆设有军储仓，负责军屯额粮管理和军士粮饷发放的管理人员唤作仓大使。具体的发粮情况

1 （清）张廷玉等. 明史. 卷七十七·志第五十三·食货一.

2 明穆宗实录，卷十二，隆庆元年九月辛未，吏科给事中郑大经语.

3 明世宗实录，卷五四四，嘉靖四十四年三月乙酉，条陈开垦荒天疏.

4 据王毓铨. 明代的军屯：7-8，营田的基本特点有五：（1）营田的生产者就是担任防御的旗军，守军与屯军不分，军屯中防守军与屯种军分开；（2）营田者受田，不以个人独立生产者出现，而是集体受田，军屯有一定顷亩的分地；（3）营田者生产所获全部入官，所交税粮无定额。屯军交纳正粮余粮，其余归自己所有，不足自行赔补；（4）营田者是以军耕田，一切由官府供给，月粮、行粮、冬衣布花也由官府供给，完全是个兵。屯军无军饷，用官府牛具要交租还官；（5）营田所获，专备修边支给，而屯军所获部分自用，部分供卫、所官军俸粮。

5 （清）张廷玉等. 明史. 卷七十七·志第五十三·食货一.

为："洪武（1368—1398年）中，军马月支米二石，步军总旗一石五斗，小旗一石二斗，军（士）一石，屯田者半之，城守如数给之，民匠充军者八斗，牧马千户所一石……辽东镇全镇官军共计九万八千三百五十一员名，每旗军一名，月支米一石，岁支米一十二石；千户以下每官一员，月支米二百，岁支米二十四石；指挥以上，每官一员，月支米三石，岁支米三十六石；闰（月）照支，岁以上六月支米，下六月折银。每米一石折银二钱五分。地方荒欠加折或加倍，旗军月支外，有年例，赐赏棉布四匹，棉花一斤八两，折银九钱。"[1]

辽东镇的防御范围有相当一段的海防线，为制盐提供了优越的地理条件。"太祖初起，即立盐法，置局设官，令商人贩鬻，二十取一，以资军饷……辽东盐场不设官，军余煎办，召商易粟以给军。凡大引四百斤，小引二百斤"。[2]辽东都司辖下的25卫在数十里到百余里之外皆设有盐场百户所，以保障制盐安全，如宁远卫（今兴城）的盐场百户所即在城南二十五。

25卫又均设有本卫的铁场百户所一两个，一般距卫城数十里，以应军需、农资之用。所产铁器又称军铁，包括军器（如刀箭）、生活用器（如铁锅）、生产用具（如铁铧）等。如据正统八年（1443年）修成的《辽东志》记载，定辽左、右、中、前、后及东宁6卫设铁厂百户所共11处，多设于辽东都司辖区（即辽阳）内：左卫于平顶山（今辽阳东平顶山），甜水站（今甜水乡）各设一处；右卫、中卫俱在都达里（故址不详）、三角山（故址不详）各设一处；前卫于奉集堡（今苏家屯区东南），安平（今弓长岭区境）各设一处；后卫于连州峪（故址不详）、平顶山各设一处；东宁卫于阴湖屯（今本溪湖）、窑子峪（今本溪牛心台北）各设一处。每年上缴铁共142348斤，是辽东25卫每年交铁量的36%。

盐铁之外，马市是卫、所城市最主要的贸易场所，不仅与少数民族之间互通有无，促进经济发展，在拉近关系的同时又可在物质上制约其发展，达到治理目的。马市由来已久，汉代在边境设关市，贸易项目即有牛马，唐、宋、元等朝皆与边疆少数民族进行马市交易，明承此制，多设马市，辽东马市重要的有三处，分别位于开原南关，开原东五里及广宁。

明初，战事频繁，马匹奇缺，朱元璋曾分遣使臣到边疆各地市马。永乐四年（1406年）三月，在开原城东区换屯（屈官屯）和广宁城（今北镇）的铁山（永乐十年〔1412年〕迁至城北团山堡）各置马市一所，并设马市官（开原有提督马市公署），专司收买兀良哈和女真各卫马匹。正统四年（1439年）限制海西女真到京城朝贡，同时承认在开原城南发展起来的私市为开原南关马市，主要接待海西女真，原开原城东的马市则专待兀良哈；正统十四年（1449年）兀良哈勾结瓦剌进攻辽东，朝廷关闭广宁马市和开原城东马市。天顺八年（1464年）限制建州女真京城朝贡，同时开抚顺马市，专待建州女真。成化十四年（1478年）应兀良哈三卫之请，复开广宁马市于团山堡北，待朵颜、泰宁二卫；开开原马市于古城堡南（后迁至庆云堡），待福余卫和海西、黑龙江等地女真。嘉靖末（1566年）隆庆初（1567年）海西女真分裂，哈达部由广顺关入市开原东果园，称南关。叶赫部由镇北关入市开原马市堡，称北关。福余卫仍由新安入市开原庆云堡，但原南关马市仍存，海西女真各部则混列杂处，安肆贸易。

此外，还有辽阳长安堡马市，专待泰宁卫，罢于嘉靖三十九年（1560年）；义州（今辽宁义县）大康堡马市，设于万历二十三年（1595年），二十六年（1598年）罢，二十九年（1601年）复开。清太祖努尔哈赤起兵并攻陷抚顺、辽阳等地后，各地马市基本结束（图4–2）。

---

1 （明）李辅等．全辽志．卷二・兵政志・"粮赏"条．

2 （清）张廷玉等．明史．卷八十・志第五十六・食货四．

图 4-2　明代辽东军士骑马俑

成化十四年（1478 年）规定，开原马市每月初一至初五开市一次；广宁马市每月两次，分别为初一至初五、十六至二十。市官征收“马市抽分”，作为抚赏之费。官市除按马等付马价外，还按来市少数民族首领职位的高低，另给不同的抚赏，以示“羁縻”。万历间（1573—1620 年）开市日期日益频繁，交易数额日趋扩大，前来易马的少数民族官员也日渐增多，朝廷便停止抚赏。各少数民族来市马者，将马匹及其他货物赴官验放后，方准入市交易。所市之马，永乐初（1403 年—）分上上马、上马、中马、下马、驹五种，马价不一，上上马一匹值绢八匹、布十二匹。永乐十五年（1417 年）复位马价，上上马值米五石、布绢各五匹。官市外许私市，汉族兵民可以农具、服饰、粮谷、铁锅等交换少数民族的马、牛、羊、毛皮、人参等，随之也逐渐在城边出现了与马市相似的木市、米市、铁市、猪市、牛市、果市等。

马市等贸易繁荣了，却也促发了民族矛盾，如著名的“土木堡之变”，就是由于马市贸易中产生纠葛，激怒瓦剌，成为战争的导火索。辽东镇周边少数民族众多，开放马市亦存在着一定的危险，部分少数民族会借机滋扰生事。因此，辽东镇的马市也是时开时塞，几经周折。

第五章 人口

辽东地区经历了多次移民、迁徙和逃亡，几度十室九空。其中，大规模的迁徙有三次：

第一次：元末明初，辽东人民不堪生活困苦，大规模向南方流亡。朱元璋在解除元朝余部势力的同时，迅速对辽东地区进行安抚，颁布一系列政策“徙民实边”（图5-1），主要包括：

①在全国各地驱返逃亡的流民，所谓“年饥或避兵他徙者曰流民”。

②“户部郎中刘九皋言：‘古狭乡之民，听迁之宽乡，欲地无遗利，人无失业也。’太祖采其议，迁山西泽、潞民于河北。后屡徙浙西及山西民于滁、和、北平、山东、河南”。

③“太祖时徙民最多，其间有以罪徙者”，明朝封建吏治残酷，动辄触犯法令，于是大量内地流人谪戍到辽东。

④招抚归附夷人及元朝将士，“移民就宽乡，或召募或罪徙者为民屯，皆领之有司，而军屯则领之卫、所”[1]。

第二次：万历四十八年（1620年）努尔哈赤起兵攻明。天启五年即后金天命十年（1625年）孙承宗去职后，高第为兵部尚书，驻山海关、经略蓟辽，借柳河兵败为由，命关（山海关）宁（宁远）防线撤回山海关以里，只有宁前道袁崇焕决意身卧宁远，保卫孤城，关外除宁远驻军外，渺无人烟。

第三次：后金天命十年（1625年）努尔哈赤鉴于沈阳地区宜于农业，在交通上又是通往关内、蒙古及黑龙江等地的适中要地，决定放弃仅新建三年的东京城（辽阳新城），迁都沈阳（后改称盛京），并将辽东镇改称奉天府。清顺治元年（1644年）东北地区居民大批“从龙入关”，辽东再次成为一片旷野。此后，清廷实行一

图5-1 辽东总图

1 （清）张廷玉等. 明史. 卷七十七·志第五十三·食货一.

系列政策鼓励满人继续生活在东北地区[1]。

从明初建立辽东镇，到天启初（1621年）失去大部疆土为止的250多年中，辽东地区人口受自然及人为条件的影响一直处于流动状态，人口成分也极其复杂。

军人及其眷属是常住人口，军人执行戍边、屯田的任务，眷属则协助他们，做些辅助性工作。按军人承担任务分为正军（执行战斗和守边）、屯军（从事屯田与耕种）；按军人来源分为汉军（从关内调遣而来）、土军（由高丽等土著民族组成）、鞑军（辽东北部南迁的女真和蒙古人）、恩军（流放辽东的罪徒）；按眷属分为舍人（各级军官的子弟）、军余（一般军人的子弟）[2]。

卫所补充、更新兵员采用了世袭的办法。一人为军，其在卫所的军家便须世世承袭为军，其在祖籍的军户在军家无人为军的情况下，要另行提供一名军丁。军籍控制极为严格，必须皇帝特许，才能免除军籍，这种强化控制使卫所兵源得到了充分的保证。

明之中后期，吏治败坏，军队地位下降，军屯制被破坏，卫所渐不能持，朝廷主要采取两种办法应对之：一是招募民壮，二是发挥士兵的作用。募兵制的兵源来自民间，是明后期所依靠的主要兵力，称作民兵，与军兵有别。民兵不改变民户身份，由官府出钱招募，且不世袭。士兵指在边境地区捡选民间精壮，保护田里之兵，被称为乡兵。到万历间（1573—1620年）又有家丁出现，有招募者，有抽调于卫、所者，也有将领的子弟。起初，家丁费用由将领自己负担，但后来家丁得到朝廷认可，改由官府颁给粮饷，但将领仍以私产供应家丁。家丁是随将领去留调动的私人武装，且善战，将权因而得到提高，成为明末作战的重要力量，不过也使一般士兵受到忽视。

此外，辽东人口还包括大量外来移民，其移居途径主要有：军事留戍、仕宦任职、谪迁流放、少数民族内附及商人流寓[3]。

迁徙辽东的人口中重要的一部分源于朝廷始终对北部少数民族的优抚羁縻政策，也是造成辽东镇多民族状况的一个重要原因。辽东地区南部为朝廷直接统治的都司及卫所，北部为间接统治的羁縻卫所，也就是所谓的少数民族（单指对其实行安抚，居住在辽东北部的非汉族人口，主要是女真族、朝鲜族和蒙古族）聚居部落。明初，为争取在辽东北部少数民族的人心，召唤各少数民族首领南下定居，从而加强和北部各部落的联系，宣德二年（1427年）“谕行在户部臣曰‘留其家属于京者，以系其心，而无以赡之，能得其心乎，其如京官例给之’”[4]。于是对南下的少数民族实行招抚羁縻政策：首先派使者多次抚慰诏谕，其次对前来投靠的少数民族供给基本的生活和生产资料，允许其世袭官职，发给俸禄，保留继续朝贡的特权，并给予最大限度的活动自由。

这些南迁的少数民族或出于寻求更优越的生存环境，或出于追求更高级的汉族文明，或出于逃避来自周围其他少数民族部落的侵袭以取得明廷庇护等原因，而要求南迁，与汉族共居。朝廷将之分别划归三万、辽海、沈阳中卫等各卫管理，而对于其他普通居民，则划归安乐州、自在州管理。他们的到来虽然给辽东管理增加了难度，却也带来了多姿多彩的少数民族文明。

“辽东军士死者家人归其遗骸”，但“每渡海辄为舟人所弃”。洪武十二年（1379年）二月，辽东

---

1 杨树森. 清代柳条边：27-29.

2 张士尊. 明代辽东边疆研究. 长春：吉林人民出版社，2002：90-91.

3 张士尊. 明代辽东边疆研究. 长春：吉林人民出版社，2002：120-147.

4 明宣宗实录. 卷二十七・宣德二年四月己巳，掌毛怜卫事都督同知莽哥不花家属留京师者奏请给俸。

都司将此事上报朝廷，朱元璋特命登州府“于海口设官船渡军士遗骸”，并规定再有抛弃军事遗骸者，“论如弃尸律”[1]。关于丧葬习俗，汉、满、蒙、回则各有不同，仪式繁简各异。

汉族实行土葬，“当疾革时”子孙围坐床前“俟气绝”，主丧者（长子主之，长子故，长孙主之）“指冥路”，提壶浆、灯笼导于前，子孙随之，经“报庙、行孝、焚冥楮、送行、上望、散孝、成主、辞灵、坐夜”等一系列程序之后，于次日清晨“发引”，亲戚尾随主丧其后，边走边哭，送出城郭。“丧主以襟兜土掩棺者三，助葬人始各筑土起坟”，焚化冥物；三日后“圆坟”[2]，百日哭奠。

满族在明代南下的过程中“以师兵为营，迁徙无常，遇父母之丧，弃之不忍，携之不能，雇用火化，以便随身捧持，聊以遂其不忍相离之愿，非得已也”。自定鼎以后，“八旗、蒙古各有定居，祖宗墟墓悉隶乡土，丧葬可依古以尽礼”，即以土葬。自清乾隆（1736—1795年）始，“远乡贫人不能扶柩回里，不得已携骨归葬者，姑听不禁外，其余一概不许火化，倘有犯者，按律治罪”[3]。蒙古族与满族略同，“人家大同，不无小益。唯孝服，则百日以内，满、蒙人必起居不释衣”。回族则与他族尤异，“洁洗尸身而以净白布缠裹之，邀该处阿訇诵祷”[4]。两日之内出殡，各回教家皆须沐浴送殡，七日、百日之时则请阿訇诵经。

明代规定每个军户出一名军人，战事频繁之时，每三个人就要出一人从军，这些都是家庭中的青壮年劳力，一旦牺牲，即给军户带来极大灾难。军余在出征前皆会为军人祈福、祷告，官方也体恤民意，听之任之，不予禁止。如土地庙（祠），凡初亡者皆归此处，故丧事报庙、送行也于此处进行。由于边镇卫、所的人员来自四面八方，民间信仰的种类和场所也是繁杂多样；同时，为表彰军功、纪念烈士，建庙之风日盛。

上帝庙、城隍庙、土地庙、财神庙等是卫、所城市最主要的民间信仰场所，特别是上帝庙，卫、所城市多在北方新建（图5-2，图5-3）。不过对于供奉之神却有两种解释：一种为“天地”，乃诸祀之首，古有天子祭天地，诸侯祭社稷，大夫祭五祀，各有定制，而庶民祭天地，不知始于何时；另

图5-2　中前所城北城墙上帝庙

图5-3　盖县上帝庙

1　明太祖实录．卷一二二·洪武十二年二月丁巳，命登州府雨海口设官船渡军士遗骸。
2　民国辽阳县志．卷四十．
3　乾隆盛京通志．卷二·典谟·雍正十三年十月二十日上谕。
4　民国开原县志．卷十二．

一种解释为“贞武大帝”，又称“玄天上帝”或“北极圣神君”，是治天界帝王。就上帝庙建造位置而言，供奉贞武大帝似更为可信。

其他还有龙王庙、药王庙、关帝庙、观音阁、地藏寺、火神庙、水神庙等，数量巨大，通常在所辖范围内就有几十甚至上百个庙宇（图 5-4）。如中前所城，据《康熙宁远州志》所载：关帝庙、火神庙在南关；上帝庙在北城墙；马神庙、三皇庙、地藏寺、石佛寺、草堂寺在城内；娘娘宫在城西南十二里；新庵在城西十五里；瓮圈山庵在城东北二十里；贞女祠（祀秦贞妇许孟姜）在城西二十五里。如今，仍可见上帝庙、石佛寺、草堂寺、财神庙、药王庙、城隍庙等遗址（图 5-5）。

图 5-4　辽阳观音寺

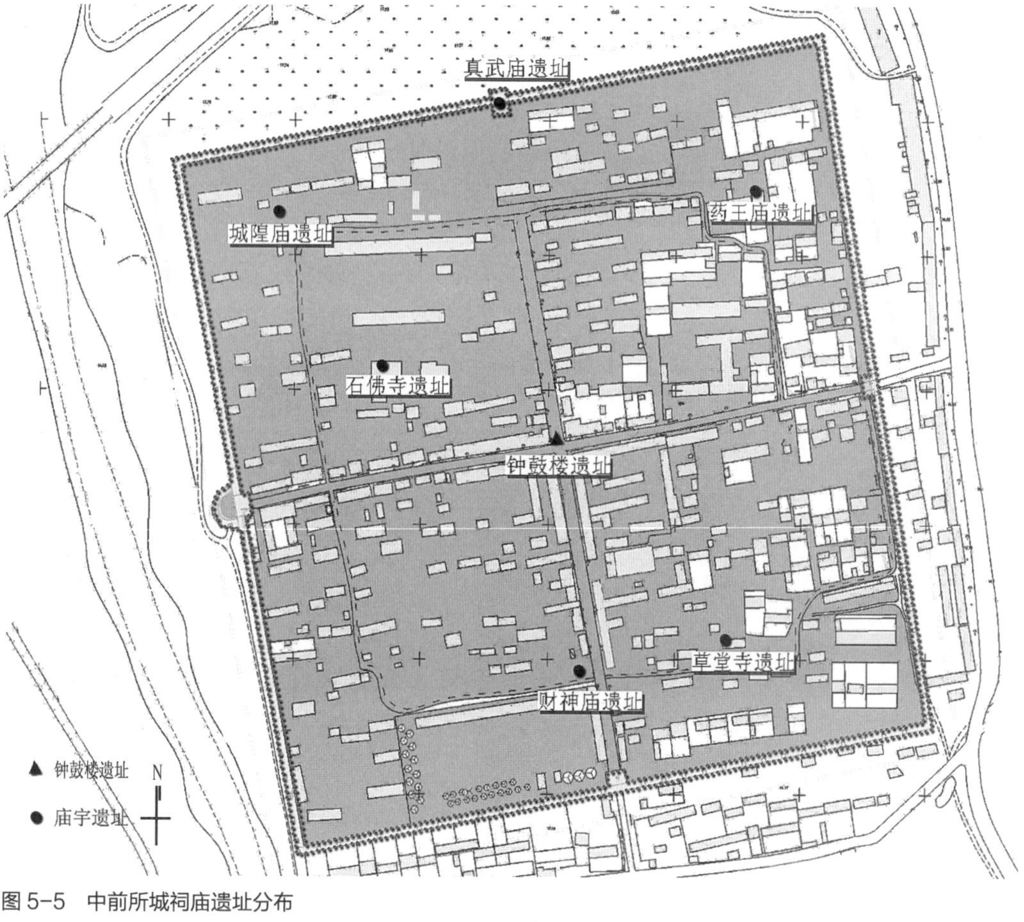

图 5-5　中前所城祠庙遗址分布

第六章 教育

明代教育系统以中央官学、地方官学和社学为主体（表 6–1）。中央一级的学校以国子监为主，还包括武学，宗学[1]、内书堂[2]等。地方一级的学校分为官学和私学，官学又分为儒学系统和专科学校。儒学系统包括府学、州学、县学及卫学等（包括都司儒学、行都司儒学、都转运司儒学、宣慰司儒学、按抚司儒学等）。专科学校包括四氏学[3]、阴阳学、医学等。对辽东镇卫所城市而言，涉及的教育主要是军事和文化两大方面，相应机构为武学和卫学。卫所官兵的军事训练则分布在各卫城内，场所在校场或演武场，并轮番参加朝廷的检验，由中书省、大都督府、御史台和六部共同议定教练军士律，并督促、检查部队训练；无论是在京卫所，还是在外都司，每次取五分之一，赴京试验，其余以次番试，依成绩进行奖励和惩罚；同时在赴京试验的途中进行野外及长途行军的训练，提高实战能力。

秦汉之际和东汉末年，一些知名学者进入辽东讲学授业，传播中原先进文化，如：邴原[4]“原在辽东一年中往归原居者数百家，游学之士教授之声不绝”[5]，管宁[6]“讲诗书、陈俎豆、饰威仪、明礼让”[7]。在多处汉魏墓葬[8]中还发现饮宴、百戏和出行、车骑等壁画，反映出当时的精神文化生活已达到相当高的水平。元中后期的辽阳地区已兴建一批文化教育设施，但元末政治腐败，民族压迫日甚，加之灾荒连年，民不聊生，辽阳行省的反抗斗争不断发生，文化教育发展缓慢，设施破坏严重。入明，朱元璋在洪武十七年（1384 年）下诏在辽东等卫设立卫学，设教授 1 人，训导 2 人，招收武臣子弟入学，学生称之为“军生”，以学习儒家经书为内容。此后，延边其他卫所也都先后设立了卫学，沿边地区还设有都司儒学、行都司儒学、都转运司儒学，宣慰、安抚等土司也设有土司儒学。卫学的设立情况比较复杂，有一卫设立一所卫学的，也有合二卫设立一所卫学的，

明代学制体系　　表 6–1

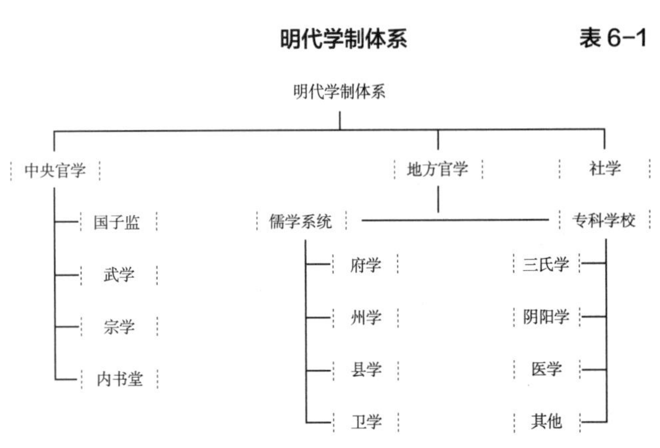

1　宗学专门教育宗室子弟。

2　内书堂专门教育幼年内侍。

3　元延祐间（1314—1321 年），孔氏庙学又增颜、孟二氏子弟，遂成为孔、颜、孟三氏学。明嘉靖十五年（1536 年）又增曾氏子弟，即四氏学。

4　邴原，字根矩，号一龙之龙腹，北海朱虚（今山东临朐东南）人，东汉文学家。东汉末年，黄巾军起义，汉王朝岌岌可危，社会动荡不安。与同县好友管宁等避居辽东（今辽阳）。

5　（西晋）陈寿. 三国志. 魏志・卷十一・邴原 .

6　管宁，字幼安，三国魏高士，北海朱虚（今山东临朐东南，今安丘有管公镇）人，春秋时齐相管仲之后。自幼好学，饱读经书，一生不慕名利。

7　（宋）郑樵. 通志. 卷一百六十八・后汉・管宁 .

8　辽阳壁画墓群，是东汉魏晋时期的重要文化遗迹，大多属于辽东大族公孙氏几个世系人物的墓葬，早在 1961 年就被国务院列为第一批全国重点文物保护单位。

还有联三卫、四卫设立一所卫学的。成化间（1465—1488 年）规定四卫以上军生 80 人，三卫以上军生 60 人，二卫、一卫军生 40 人。这类学校，或设于边境地区，或设于少数民族聚居区，重视程度不高，具体情况尚缺乏详细的记载。

洪武二十七年（1394 年）礼部奏请设立武学，开设武举，朱元璋不同意，认为："是析文武为二途，轻天下无全才矣。"[1] 建文四年（1402 年）始置京卫武学，教材以讲习《七书》为主。永乐元年（1402 年）罢武学。宣德十年（1435 年）诏天下卫所皆立学。正统六年（1441 年）诏"开设京卫武学"，任命教授 1 员，训导 8 员，用以教习武臣子弟，以兵部司官提调，规定"幼官"及武职子弟所读之书《小学》《论语》《孟子》《大学》内一本；《武经七书》《百将传》内一本，每日总授不过 200 字，有志者不拘，必须熟读，三日一温，就于所读书内取一节，诵说大义，使之通晓。成化九年（1474 年）令都司、卫所应袭子弟，年龄在 10 岁以上者，由提学官选送入武学读书。隆庆五年（1571 年）前后，戚继光写成《练兵实纪》，主张练兵之要在先练将，强调将官必须进行德、才、识、艺修养，倡办武庠（军校），注重从实践中锻炼、造就精通韬略的良将。明末政治腐败，吏治黑暗，武学发展渐衰，入清后武学废止。

元代曾规定五十家为一社，每社设学校一所，称社学。明沿此制，并有所改易：专门教育 15 岁以下的儿童，社学业师择"文义通晓""行宜谨厚"者充任，却不属于国家官员，不享受官俸；农闲时，教生徒读《教经》《小学》《论语》诸书，农忙时放假务农；社学生徒兼学律令及冠、婚、丧、祭等仪礼。由于社学数量多，深入基层，招收对象不限，促使教育机会得到扩大，卫所也不乏社学的存在。

元时为加强教育，使"书院官学化"，同时受"九儒十丐"观念的影响，该时书院的师资水平较差，思想意思亦狭隘，从元末到明初一百多年竟然落得博学朔儒十分稀少。直到明成化间（1465—1487 年）才逐渐改变，嘉靖时（1522—1566 年）书院兴起，在王阳明[2]、湛若水[3]的影响下，由低潮到高潮转变。史载的明代辽东镇书院只有 6 所，是明代各省所建书院最少的地区。6 所书院分别为弘治朝（1488—1505 年）的辽右书院（六年，《全辽志》卷一记载为锦州城，《中国古代书院发展史》第 63 页载为沈阳城），辽阳辽左（正学）书院（七年）、广宁崇文书院，以及嘉靖朝（1522—1566 年）的辽阳武书院（七年）、广宁仰高书院（八年）和蒲河蒲阳书院（十三年），其建设时间与上述明代书院发展的大环境相符。入清后，书院明显增多，如沈阳萃升书院、铁岭银冈书院（图 6–1）、海城他山书院、新宾柳城书院、辽阳襄平书院、锦县凌川书院、盖玉辰州书院、桓仁莲沼书院、丹东启凤书院、新宾启运书院、开原龙冈书院、义县聚星书院等[4]。

为解决读书人生计问题，实行一些鼓励政策，如对成绩优秀者奖励"薪水"，每人每月给粮一石，折算成银两二钱五分，课纸五十张。学田是学校主要的经济来源之一，如嘉靖四十四年（1565 年），"巡按御史李公辅谕司卫官员议处学田耕种，以为周给寒儒之计。据定辽中等六卫掌印指挥王大改等呈议，（辽阳）城西土保等屯荒田一块，丈量约二十余顷，堪以开作学田。复令踏勘相同，随备规制行委管屯指挥王栋佟承祖等亲诣本佃，于高阜去处踏丈一段九顷。每顷足三十日，四面均停画成井字，居中

---

1 （清）嵇璜，曹仁虎等. 钦定续文献通考，卷四十七 .

2 王守仁，字阳明，研究理学颇有心得，并注入新思想和内容，称为心学，是主观唯心主义集大成者，先后在龙冈、贵阳、濂溪、稽山、敷文、白鹿洞数个书院讲学。明中期以后，形成了阳明学派，影响很大。他广收门徒，遍及各地。其身后"王学"虽分成几个流派，但同出一宗，各见其长。

3 湛若水，字甘泉，唯心主义家。一生孜孜不倦的讲学，伴随他的足迹所至，必建书院来纪念其师陈献章，后人尊称为甘泉先生，1544 年创立甘泉书院，历官吏部、兵部、礼部尚书。

4 具体书院信息详见 http://www.fpe95.com/Article/ShowArticle.asp?ArticleID=1117.

一顷为佃户房身、园地，周围八顷每顷召二人共佃，合用牛二只，子种粮二石五斗，听俱给与佃户二人盖房三间，并农器等用共给银四两。秋成所收粮石一半交儒库，收贮一半并柴草给原种之人”[1]。学田的获取途径，除朝廷赐田、官府拨田外，还有官员、绅士商人捐田及学校购买田地，但并非读书人去学农耕作，而是靠雇工耕种，收获粮食；或者是出租给民众，收取租息。

辽阳儒学是东北地区的最大学府，洪武十五年（1382 年）由都指挥潘敬、叶旺于重建，其后至天启四年（1624 年）间先后十一次续建扩建。位于都司城东南角（现为文庙广场），布局严谨，照壁、棂星门、泮池、戟门、大成殿、启圣祠等建筑在南北走向的同一中轴线上。分三进院：第一进，前为照壁，清时左右有满汉文下马石碑，照壁面对牌坊楼式棂星门，门楼围墙，东西角设腋门；第二进，前为泮池，过泮水桥，建五楹戟门，硬山青砖合瓦，中间过廊，东忠孝祠，西节烈祠，内奉文人名师；第三进，大成殿五楹，重檐歇山，飞檐起脊，青砖合瓦，朱红殿柱（图 6–2）。

正统二年（1437 年）明廷批准左副都御史李浚的奏请，在辽阳设辽东都司医学，并在各卫设药局，是辽阳最早的医科学校；弘治七年（1494 年）于辽东都司署西南（今城内）创建辽左书院，后于嘉靖四十四年（1565 年）改名正学书院；弘治十七年（1504 年）定辽左、右、中、前、后各卫设社学 1 所；

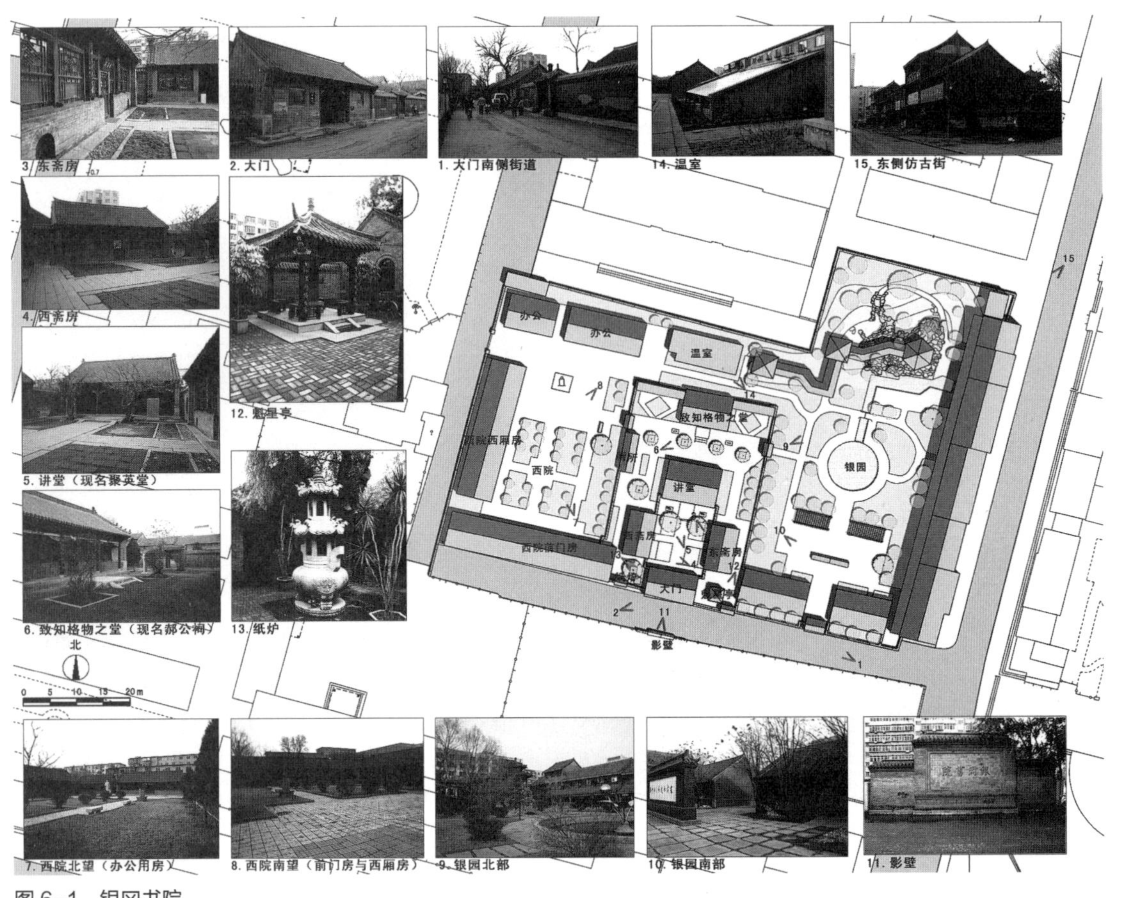

图 6–1　银冈书院

1　（明）李辅等. 全辽志. 卷一·图考志。

图 6-2　20 世纪 30 年代辽阳文庙

嘉靖七年（1528 年）巡按御史王重贤建武书院，四十三年（1564 年）重修，嘉靖四十年（1561 年）大修辽东都司城学宫及书院，王德春监修史宫。

因为辽阳的重要地位，教育系统亦较为完备，文化事业也较为发达，如：正统八年（1443 年）左副都督佥事王祥、辽东都指挥佥事毕恭修成《辽东志》，包括地理、建置、兵食、典礼、官师、人物、艺文、杂志、外志等共九卷；嘉靖四十五年（1566 年）巡按李辅修成《全辽志》，含图考等六卷；二者皆为研究明代东北地区的珍贵史料。入清，文化教育的发展势头仍在，从顺治三年（1646 年）至光绪三十年（1904 年）奉天府被录取者 474 名，属辽阳籍者达 40 名，尤其在康乾盛世涌现出很多辽阳籍的文士、学者和诗人，最著者当为在清中期完成《红楼梦》的作者——曹雪芹。

卫城文庙遗存较好者非宁远（今兴城）莫属。文庙于宣德五年（1362 年）由都指挥刘斌始建于卫治东，“景泰癸酉（1453 年）都督焦礼重修，成化（1465—1487 年）间巡按御史王绅增修”[1]。共三进庭院，贯穿在一条南北中轴线上。入角门为第一进，院落见方，南有照壁，北有四柱三间三楼式的木构棂星门。过棂星门是二进院，院心有泮水桥（状元桥），桥略偏北原有独立花墙跨院，两院内各建坐北朝南的祠堂三楹，东为乡贤祠，西为名宦祠。桥后庭院正中有戟门立于高台之上。院内南端有东西厢房，

1　（明）李辅等．全辽志．卷一・图考志・宁远卫城．

分别是更衣亭、祭器库。进戟门，入三进院，苍松荫翳，古柏参天，正中为大成殿，两侧配有东西庑各五楹，后为崇圣祠（图 6–3）。

图 6–3　兴城文庙

第七章 演变

女真，是一个历史悠久的民族，曾是唐代的渤海国大氏，后建立金朝，与南宋对峙，占据半壁河山。元末明初，女真归顺于明（一部分到了朝鲜），分为建州女真、海西女真、东海女真和黑龙江女真，前二者对辽东地区影响最大，海西女真曾遭受辽东总兵李成梁的致命打击，而建州女真则利用这个机会发展壮大。

建州女真主要生活在牡丹江和松花江汇流区域。永乐二年（1404 年）立建州卫，封女真胡里改城万户阿哈出为建州卫指挥使，此为“建州女真”称谓的来由。十年（1412 年）建州卫析出建州左卫，后，建州左卫又析出建州右卫，史称“建州三卫”。清太祖努尔哈赤就出生于建州女真的赫图阿拉，其外祖父王杲为建州右卫指挥使，祖父觉昌安和父亲塔克世先后担任建州左卫指挥使。万历初（1573 年）李成梁利用蒙古与女真、海西女真和建州女真及建州女真内部的各种矛盾，分化瓦解，统一了辽东地区的少数民族。

李成梁平定边乱时曾杀害努尔哈赤的外祖父王杲、舅舅阿台、祖父觉昌安及父亲塔克世。王杲和阿台由于反明作乱而死，而其父亲、祖父则为误杀。努尔哈赤 25 岁时，以 13 副遗甲起兵复仇，首先统一女真各部，“顺者以德服，逆者以兵临”，历时 36 年完成了女真统一。万历四十四年（1616 年）努尔哈赤在赫图阿拉（图 7–1）称汗，建立大金（史称后金），改元天命。天命三年（1618 年）努尔哈赤以“七大恨”告天，正式攻打明朝。

后金天命六年（1621 年）努尔哈赤攻下辽阳（图 7–2），从赫图阿拉迁都于此，并修建东京城（辽阳新城），七年（1622 年）即基本完工，九年（1624 年）建后金祖陵——东京陵（图 7–3）[1]。然而，东京城使用仅三年，努尔哈赤即鉴于沈阳地区宜于农业，在交通上又是通往关内、蒙古及黑龙江等地的适中要地，根据其势力发展需要，力排众议于十年（1625 年）三月迁都沈阳（后改称盛京），东京城成了留守京城。明崇祯九年（1636 年）皇太极改国号为“大清”，停用“大金”，清顺治元年（1644 年）清军入关。

清初卫所的组织系统沿袭明制，上隶都司，下辖屯丁。明代卫所官员为都司、指挥、千户、百户等，皆为世袭，清改为任命，指挥、千户、百户改称守备、千总、百总，其余不变。顺治元年（1644 年）颁诏：“在京锦衣等卫所及在外卫所官员已经归顺着，俱准照旧供职。”[2] 此后，卫守备与卫千总“俱由部推”，百总则由督抚选委。官员品秩较低，如在康熙三十四年（1695 年）确立的武职品级中，都司为正四品（明为正二品），守备为正五品（明为正三品），卫千总为从六品（明为正五品）。雍正三年（1725 年）各省都司均被裁撤，卫所隶属各省督抚管辖，至宣统三年（1911 年）的最后裁撤，历经 260 多年，卫所制虽然经过调整、改编，却始终没有废止。

清朝是少数民族入主中原，八旗军和绿旗兵作为国家军队主要执掌军事镇戍任务，边事较少，最

1　现存努尔哈赤胞弟舒尔哈齐、长子褚英、庶母弟穆尔哈齐及其子达尔差等人的四座陵园。

2　清实录. 满洲实录・卷六 .

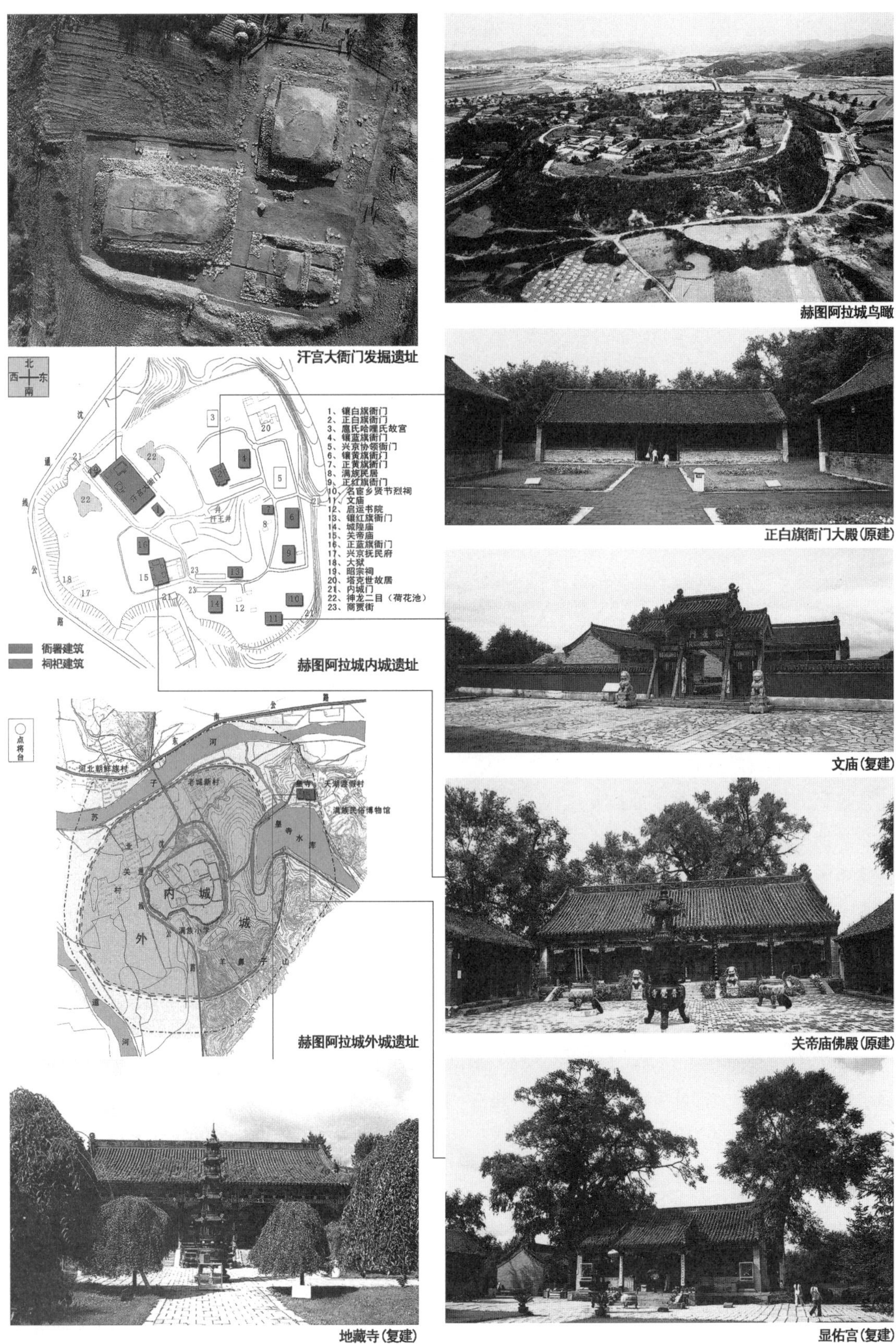

汗宫大衙门发掘遗址
赫图阿拉城鸟瞰
北
西
东
南
1、镶白旗衙门
2、正白旗衙门
3、扈氏哈哩氏故宫
4、镶蓝旗衙门
5、兴京协领衙门
6、镶黄旗衙门
7、正黄旗衙门
8、满族民居
9、正红旗衙门
10、名宦乡贤节烈祠
11、文庙
12、启运书院
13、镶红旗衙门
14、城隍庙
15、关帝庙
16、正蓝旗衙门
17、兴京抚民府
18、大狱
19、昭宗祠
20、塔克世故居
21、内城门
22、神龙二目（荷花池）
23、商贾街
衙署建筑
祠祀建筑
赫图阿拉城内城遗址
正白旗衙门大殿（原建）
文庙（复建）
点将台
河北朝鲜族村
苏子河
内城
外城
赫图阿拉城外城遗址
关帝庙佛殿（原建）
地藏寺（复建）
显佑宫（复建）

图 7-1　后金赫图阿拉城

图 7-2　攻克辽阳图

图 7-3　辽阳东京陵

主要的防御集中在内地（主要指退到中国南部一带的南明政权），明辽东镇的卫所基本失去了原有的军事职能，清廷的卫所制度其实确立的是“设卫所以分屯，给军以领佃”的原则。凡卫所人口，虽皆属军籍，但并非意味着军事职责，而是承担卫所职能转变以后的屯田和漕运等事务，成为国家的佃户。

就封建统治策略而言，军队理民政、督农征赋是与集权体制不相适应的，即军权、政权、财权汇于一体较易导致军阀割据。这种军政合一的形式，只能慎重地、少量地使用于边地或出现边疆危机的时候，不宜普遍地、长久地施行。所以，到了边疆危机有所削减的清朝，边地的军政合一制度便被立即废除了[1]。“1840 年以后，古老的中国在西方资本主义的猛烈冲击下，政治、经济、文化、社会等方面均发生了重大变化，商品经济的发展和轮船业、铁路业等近代交通事业的发展，都使漕运体制的维持不再成为必要。而西方侵略所带来的中国近代财政的异常拮据，则是清政府决定废止漕运，裁撤卫、所的重要原因”。[2]卫所的最后裁撤还是因为政府财政出现了问题。

在满族统治者看来，辽河流域和吉林的部分地区是“祖宗肇迹兴亡之所……我朝龙兴重地”，为了维护旗田（禁止边内满族自由流动到分布在边外的皇族围场和产有人参、貂皮、珍珠等珍贵物产的禁区里去），保持“国语骑射”，防止满人汉化，同时作为东北及各行政区的分界线，对东北采取封

1　李三谋．明代辽东都司卫所的农经活动．中国边疆史地研究，1996（1）：37.
2　李巨澜．清代卫所制度述略．史学月刊，2002（3）：40.

禁政策，其表征即“柳条边”。柳条边“是一条表示禁区的柳条篱笆”，“是满族贵族统治集团为了保护清皇室所谓的‘发祥重地’和独占东北经济上的特权利益，所置定的一条封禁界限”[1]。又名盛京边墙、柳城、条子边。首先用土堆成宽、高各三尺的土堤，堤上每隔五尺插柳条三株，各株间用绳联结，又称“插柳结绳”。土堤外侧，挖掘深八尺，底宽五尺、口宽八尺的边壕，以禁行人越渡。

柳条边与明辽东边墙的走向几乎一致。辽东边墙是东起山海关，西迄辽宁宽甸县鸭绿江边的一段明长城的总称，全长 1960 余里，由辽东镇管辖沿线防务，主要防御兀良哈蒙古和女真各部。沿线计有边堡 98 座，墩台 849 个，边堡驻军从五六百人到四五十人不等。在这千里防线上，十里一堡，五里一台，雄关、隘口林立，烽火台、瞭望台星罗棋布。按其地理位置和修筑年代，可以分为三部分：

①辽河流域边墙：是三段边墙中修筑时间最早的，始建于永乐间（1403—1424 年），其形内凹，略如一“V”字形，从广宁（今辽宁北镇）镇静堡（今辽宁黑山西北）起到开原镇北关（今开原东北莲花街村）止，长 700 余里，边墙沿线墩台林立。除西部有一小段石墙外，其余全线皆为夯土版筑城墙。

②辽西边墙：修筑于正统间（1436—1449 年），从山海关外的铁场堡吾名口（今绥中西南铁厂堡吴明口）起至广宁镇静堡止，长 870 里。其间既有夯土墙也有石墙，还有山险无墙，形势相当险要。

③辽东东部边墙：修筑于成化（1465—1487 年）至万历（1573—1620 年）间，从开原镇北关起到丹东鸭绿江畔宽甸江沿台（今宽甸县南境虎山）止，边墙结构，有劈山石墙、土墙、木柞墙。

清康熙十四年（1675 年）、二十五年（1686 年）、三十六年（1697 年）曾三次将柳条边向外拓展，几乎把东北地区所有的富泽之地都囊括其中（图 7–4）。柳条边内外立禁甚严，“私向禁地盗采人参者，为首拟斩监候，妻子家产牲畜并所获皆入官，为从鞭一百，家产牲畜并所获入官，妻、子免其籍没”[2]。至乾隆间（1736—1795 年）封禁最严，却反而加重了人民的反封禁，迫于大批饥民压力，不得不弛禁。从此，柳条边形同虚设，内外居民自由往来。

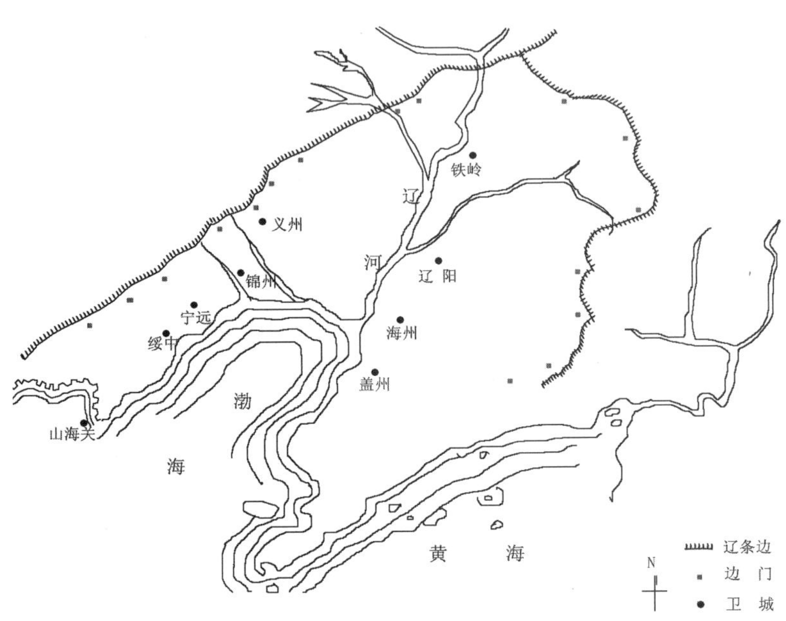

图 7–4　清代柳条边

柳条边所辖范围与明辽东镇所辖十分相似，因此，辽东镇的卫所城市在清时即表现为边内的卫所城市，并逐渐演变为普通的城镇，其特点主要如下：

①城池破坏、少加管理：清代的卫所城池虽因袭明代旧址，但大部毁于明清战争，仅存部分城墙遗址（表 7–1）。

1　杨树森. 清代柳条边 . 沈阳：辽宁出版社，1978：2，31.

2　钦定大清会典 • 则例. 卷一百四十四 .

清卫、所城市概况 表 7-1

名称（清）	名称（明）	概况
辽阳城	辽东都司城	今内城称大东门、小东门、大南门、小南门、大西门、里北门，外城称高丽门、小西门、外北门，池亦淤，按旧址周围二十四里八十五步
广宁城	广宁	康熙十四年（1675年）察哈喇叛讨平之，遂以其地属广宁。十五年（1676年）置巡检司及城守，城垣颓坏。十六年（1677年）城守辛珠巡检，俞定陆续修葺稍完。今按城周围九里池湮，楼俱圮池亦湮没。钟鼓楼今俱毁，惟存基址
锦州城	锦州城	今府城则中左二屯卫地也，旧址无考。钟鼓楼在十字街，明天启间（1621—1627年）毁于兵。崇祯八年（1635年）重建
锦州右屯卫	锦州右屯卫	城东北七十里，明洪武二十六年（1393年）置，初在十三山，后徙此。今废，城存
松山中左千户所	松山中左千户所	城南十八里松山西，明宣德三年（1428年）置，今废，城坏
塔山中左千户所	塔山中左千户所	城西南六十里塔山，明宣德（1426—1435年）中置，隶宁远卫。今废，城存，隶本县
大凌河中左千户所	大凌河中左千户所	城东四十里大凌河西，明宣德三年（1428年）置，今废，城存
沙河中右千户所	沙河中右千户所	城西南三十里，明宣德（1426—1435年）中置，今废，城存，俗呼沙后所
前屯卫	前屯卫	城西南一百三十里，明洪武二十五年（1392年）置，今废城存
中前千户所	中前千户所	城西南一百六十五里，明宣德三年（1428年）置，今废城存
中后千户所	中后千户所	今废城存，设巡检司治之
宁远州	宁远卫	今按内城周围五里一百九十步，外城周围九里一百二十四步，城楼俱颓，钟鼓楼在中街，明都督焦礼建天启间（1621—1627年）重修，崇祯十五年（1642年）巡抚范志完登楼视形势，督令拆毁仅遗基址
开原县	开原城	今按其地周围十三里二十步，高三丈五尺，池湮
中固城	中固城	城南四十里，明永乐五年建，为抚顺站。弘治十六年（1503年）参将胡忠奏展筑高一丈八尺，周围七百三十五丈，池深二丈八尺。今站废，城亦圮。按其城周围二里八十步，南北二门
铁岭县	铁岭卫	按古铁岭城在今治东南五百里，接高丽界。明洪武二十一年（1388年）设铁岭卫于彼，二十六年（1393年）移置今地，即古银州也，在辽河东。周围四里六十步，高二丈。池深一丈五尺，阔三丈。今按县城周围四里二百十六步，门四，池淤
盖平县	盖州卫	今按其城周围七里零三步，城仍旧池淤

②政治稳定、教育普及：清袭明制，各卫设儒学，称卫学[1]，每卫学“视人文多寡，分大、中、小学取进童生。大学四十名，中学三十名，小学二十名”[2]。卫学和州县学一样设置学官，卫学设教授、训导各 1 人，所学设训导。

③卫所屯田、功能分化：屯田仍是其最基本的职能，分为普通屯田和漕运屯田[3]，辽东地区没有漕运任务，即为普通屯田。每卫设守备，掌印监管屯田，下设千总分理卫事，将卫军改为屯丁。但是普通屯田的效果并不理想，于是清廷对普通屯田采取撤卫并屯的政策，大致至乾隆时期（1736—1795 年）卫、所系统的普通屯田基本上消亡了。土地制度以辽阳为例，有三种形式，即官地、旗地和民地，至清中叶辽阳有官庄 29 地 45 处，还有官园、官泡等，官庄为满洲皇族、贵族所有，壮（庄）丁是奴仆、农奴。后金天命十一年（1626 年）皇太极下令改编庄田，将部分汉民庄丁由庄田抽出，“分屯别居，编为民户”[4]。十六年（1631 年）又颁布《离主条例》，使离主的奴婢变为农奴或农民，并对辽沈汉

1 都司、卫、所儒学通称为卫学，属官学。
2 钦定大清会典・事例．卷三百七十．
3 通过河运、水陆递运和海运三种方式运送漕粮以供宫廷消费、百官俸禄、军饷支付和民食调剂。漕运屯田专为赡养屯丁和运军之用。
4 （清）阿桂、梁国治等．皇清开国方略．卷九．

民强行编庄，分给女真王公贵族为奴，规定每庄编入男丁 13 人，给牛 7 头，种田 100 日，收成以 20 日为贡赋，80 日自食。乾隆十年（1745 年）官府允许壮丁“出旗为民”承种庄田，汉民由农奴恢复为民户。

清亡后，辽东地区在民国十八年（1929 年）始由奉天省改称辽宁省，中华人民共和国成立以后，设置辽东、辽西二省和沈阳、旅大、鞍山、抚顺、本溪五个大区直辖市。1954 年 6 月，辽东、辽西二省合并，8 月正式成立辽宁省，版图大致相当于明辽东镇范围（图 7–5）。卫所城堡也只有宁远卫城（今

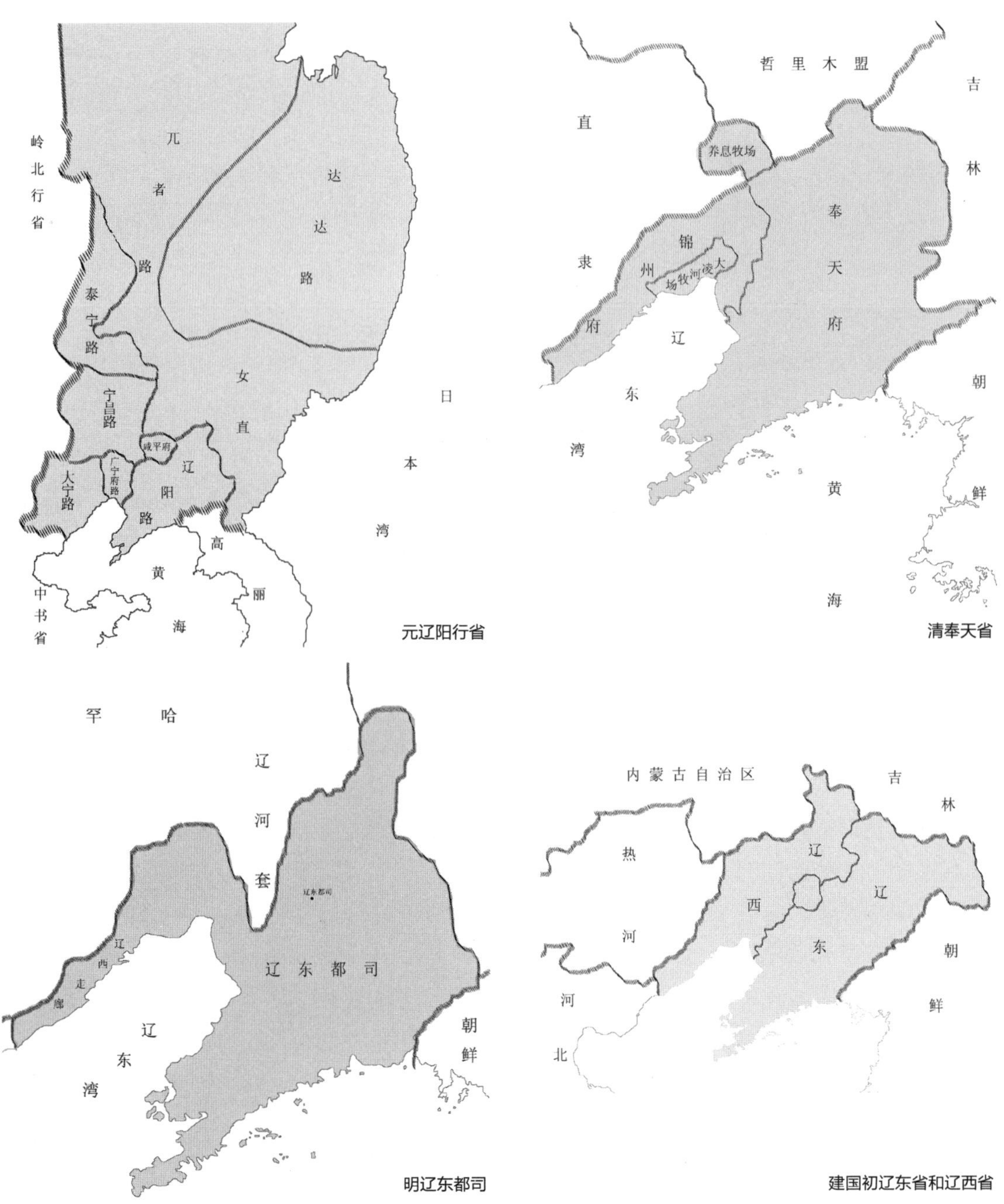

图 7–5　行政区划变迁

兴城）和中前所城（今绥中前所镇前所村）保存尚属完整，其余大多几乎消失殆尽，隐约可以从新建的居民区中窥见当年的城市规模和空间结构（表 7–2，表 7–3）：

卫城遗存现状 **表 7–2**

编号	名称	原明朝建制	遗址现状
1	★辽阳城	定辽左卫、定辽右卫、定辽前卫、定辽后卫、定辽中卫、东宁卫、自在州	城似方形，南北长约1760m，东西长约2100m。由内、外城组成。内城设六门（现为八门）。城墙为砖石包砌，高约11m，底基宽6m余。现已几乎全部拆除，只在北门处尚存有墙基，长约72m，高9m，底基宽6m。城外的护城池，大部存在。城内都司治、卫治现已不存，东南的文庙遗址上加建了文庙广场，城西门外关帝庙，于清代重建
2	★广宁城	广宁卫、广宁中卫、广宁左卫、广宁右卫	原城平面为凸字形，东墙长1620m，西墙通长1920m，南墙长1200m，北墙曲长1505m。墙高10m，底基宽6m。城中有以门为轴的“井”字干道。纵列在西干道正中心处，有鼓楼一座，有单孔石拱桥一座曰通济，现已被埋于地下。南距迎恩门1600m处立有明镇守辽东总兵李成梁万历八年（1580年）石牌坊一座，雕刻精美。南门作三间五楼式，高9.25m。门前立石造瑞兽照壁一座。在迎恩门外，尚有双孔石拱桥一座（曰迎秀桥），亦属明代建造
3	☆义州城	义州卫、广宁后屯卫	是一个不规整的方形。南北长1100m，东西长1300m。城原有四门，城内有以四门为轴的十字干道。南北二门不在城墙正中，偏于城墙西部。现在只有遗迹尚存。在义县，北魏太和二十三年建有石窟寺，辽代开泰九年，建有宜州奉国寺
4	锦州城	广宁中屯卫、广宁左屯卫	城已被拆毁，只存遗址。经勘察所知，城址为正方形，各边长1600m。城中有以四门为轴的十字形交通干道。城内石塔两座，五十年代尚可见，今已无存
5	☆开原城	三万卫、辽海卫、安乐州	城已被拆毁，只存遗址。城址为正方形，各边长1600m。城中有以四门为轴的十字形交通干道。城内有石塔两座，五十年代尚可见，今已无存
6	海州卫城	海州卫	城为方形，各边长900余米。城有四门，城内有以四门为轴的十字形干道，主要衙署均在中轴线的两侧。卫治之东现存鼓楼一座。海州卫城是卫城中一个较规正的屯兵城
7	盖州卫城	盖州卫	已毁，具体情况不详
8	复州卫城	复州卫	已毁，具体情况不详
9	金州卫城	金州卫	已毁，具体情况不详
10	广宁右屯卫城	广宁右屯卫	已毁，具体情况不详
11	☆广宁前屯卫城	广宁前屯卫	位于今辽宁省绥中县前卫公社所在地，原为土筑，内以石充实；外以砖砌筑，现在砖、石都被拆除，只存土基。城为长方形，东、西墙长602m，南北墙长590m，北墙残高0.3m。有东、西、南三门。上帝庙基址为长方形大台，东西长50m，南北宽30m。城内有以三门为轴的十字形大街，十字街中心建鼓楼一座，现已被拆毁。城南部有辽、金时代的斜塔一座
12	宁远卫城	宁远卫	城平面近方形，东西长8037m，南北长8255m。城墙保存完好，城内现存文庙一座，为明代遗存。鼓楼一座，毁于崇祯年间，清代重修。祖氏牌坊两座，建于崇祯末年
13	沈阳中卫城	沈阳中卫	清代扩建为京城。目前都已拆除，仅存残迹。2007年7月13日，考古发现清代增建的德胜门瓮城遗址东南角
14	铁岭卫城	铁岭卫	城早已拆除，就残存遗迹观察，城近似方形，东西长约700m，南北长650m。城有四门。城内有以四门为轴的十字形干道。城中有圆通寺塔，城外有龙首山塔

注：名称前标有★为镇城，☆为路城，其余为卫城

所城遗存现状 表 7-3

编号	名称	所属卫	规模
1	松山中左千户所	广宁左屯卫	已毁，城址不可见
2	大凌河中左千户所	广宁左屯卫	城在明清战争中被毁
3	中前所城	广宁前屯卫	城为方形，南北墙长480m，东西墙长490m，四角有凸出外墙的城角台，城墙是内石外砖的筑造形式。底基宽6m，高10m，有东、西、南三门。北门位置上建有上帝庙一座。城内有以三门为轴的十字形干道（详情见第四章之中前所城）
4	中后所城	广宁前屯卫	城仅存基址，本为长方形，南北二墙各长500m，东西二墙各长约400m。有三门，北门位置建上帝庙。城内有以三门为轴的十字形干道
5	塔山中左所城	宁远卫	城已拆除，只存基址，南北长324m，东西长392m。原城墙东、南、西各设一门，北无门，残墙高4.40m，底基宽6m。四角皆有凸出于城墙外的“角平台”。城内有以三门为轴心的十字形干道
6	沙河中右所城	宁远卫	中右所城遗址尚存，呈长方形，东西长176m，南北长256m。现仅存14m长的残墙，底基宽6m，高6m。城墙墙外用砖砌，内砌石，中用夯土版筑。在墙外皮尚刻有“山东左营工尾”
7	抚顺城	沈阳中卫	城附近有抚顺老城车站，城已全部拆除，经勘察，该城近似方形，东西长约500m，南北长约600m， 城门已无法勘察清楚，城内有十字形街道。城南临浑河，北临高尔山，山上有塔。东14km即抚顺关
8	蒲河城	沈阳中卫	城因明清战争而毁坏，城属明沈阳中卫管辖。就该城遗址看来，为方形，每面各长约300m左右。现有南北二门
9	懿路城	铁岭卫	城毁于明清战争，现尚有遗址。城为方形，各边长约400m，有南北二门
10	汎河城	铁岭卫	城已毁，原址上改建为居民区
11	旅顺城	金州卫	已毁，具体情况不详
12	中固城	开原卫	城已毁，原址上改建为居民区

①仍有少量遗存：仍有少量的断壁残垣，哪怕只有几十米或几米就已经弥足珍贵了，主要有辽阳镇城（今辽阳）、广宁前屯卫（今绥中前卫镇）、沙河中右所（今绥中沙后所镇）、沈阳中卫城（今沈阳，仅发掘大南门瓮城遗址）等（图 7-6）。

图 7-6 仍有少量遗存的卫所城市

②保留古城空间：大部分卫、所城市尚可见城市轮廓和空间结构，然而地面遗存均不可见，如开原卫城、大凌河中左千户所城、中固城、抚顺城、蒲河城等（图 7–7）。

③沦为普通城市：通常这类城市发展速度较快，古城痕迹已不可见，抑或在明代就城市规模较小，建造简单，随着时间地推移，慢慢消逝了，如盖州卫城、金州卫城、复州卫城等，已无从考证。

图 7–7　保留古城空间的卫所城市

参考文献

历史文献

[1] （西汉）司马迁撰，（南朝宋）裴骃集解．史记．景印文渊阁四库全书・第二四三册・史部一・正史类[M]．台北：台湾商务印书馆，1983.

[2] （东汉）班固撰，（唐）颜师古注．汉书[M]．北京：中华书局，2000.

[3] （三国吴）陆玑．毛诗草木鸟兽虫鱼疏．景印文渊阁四库全书・第七十册・经部六四・诗类[M]．台北：台湾商务印书馆，1983.

[4] （西晋）陈寿撰，（南朝宋）裴松之注．三国志．景印文渊阁四库全书・第二五四册・史部一二・正史类[M]．台北：台湾商务印书馆，1983.

[5] （南宋）郑樵撰．通志．景印文渊阁四库全书・第三七二至三八一册・史部一三〇至一三九・别史类[M]．台北：台湾商务印书馆，1983.

[6] （明）宋应星撰．天工开物．明书林杨素卿刻本．日本早稻田大学图书馆藏本．崇祯十年（1637）．

[7] （明）李辅等纂修．全辽志．辽海丛书・第二集第10–15册．据嘉靖四十四年（1565）传抄本[M]．沈阳：辽沈书社，1933.

[8] （明）任洛等纂修．辽东志．辽海丛书・第二集第6–9册．据嘉靖十六年(1521)重修传抄本[M]．沈阳：辽沈阳书社，1933.

[9] （明）刘效祖撰．四镇三关志．万历四年（1578）刻本[EB/OL].http://www.meet-greatwall.org.

[10] （明）明实录．据国立北平图书馆红格抄本微卷影印，微卷系美国国会图书馆摄赠，红格本缺卷缺页，据别本补．台北："中央研究院"历史语言研究所，1963.

[11] （明）兵部编．九边图说．玄览堂丛书・初辑．隆庆三年（1568）刊本．台北："国立中央"图书馆，1981.

[12] （明）冯瑗辑．开原图说．玄览堂丛书・初辑．万历（1573—1620）刊本．台北："国立中央"图书馆，1981.

[13] （明）王在晋撰．三朝辽事实录．续修四库全书・第四三七册・史部杂史类[M]．上海：上海古籍出版社，2002.

[14] （清）杨宝撰．柳边纪略．辽海丛书・第一集第3册[M]．沈阳：辽沈书社，1933.

[15] （清）林佶撰．全辽备考．辽海丛书・第七集第56册．据传抄本[M]．沈阳：辽沈书社，1933.

[16] （清）冯昌奕、王琨修．宁远州志．辽海丛书・第七集第63册．据康熙二十一年（1682）修，北平图书馆藏稿本[M]．沈阳：辽沈书社，1933.

[17] （清）贾弘文修．铁岭县志．辽海丛书・第三集第17册．据康熙十六年（1677）刊本[M]．沈阳：辽沈书社，1933.

[18] （清）李廷荣补辑．铁岭县志．辽海丛书・第三集第17册．据康熙二十二年（1683）抄本[M]．沈阳：辽沈书社，1933.

[19] （清）刘起凡，周志焕修．开原县志．辽海丛书・第七集第64册．据康熙五十七年（1718）修，北平图书馆藏稿本[M]．沈阳：辽沈书社，1933.

[20] （清）刘源溥；孙成修．锦州府志．辽海丛书・第三集第18–19册．据康熙二十一年（1682）修抄本[M]．沈阳：辽沈书社，1933.

[21] （清）骆云修．盖平县志．辽海丛书・第七集第64册．据康熙二十一年（1682）修，北平图书馆藏稿本[M]．沈阳：辽沈书社，1933.

[22] （清）王奕曾，刘惠宗纂修．锦县志．辽海丛书・第七集第61册．据康熙二十一年（1682）修，北平图书馆藏稿本[M]．沈阳：辽沈书社，1933.

[23] （清）杨镳修．辽阳州志．辽海丛书・第三集第16册．据康熙二十年（1681）刊本[M]．辽沈书社，1933.

[24] （清）张文治，（清）项蕙修．广宁县志．辽海丛书・第七集第62册．据康熙二十一年（1682）修，北平图书馆藏稿本[M]．沈阳：辽沈书社，1933.

[25] （清）张廷玉等撰．明史[M]．北京：中华书局，1974.

[26] （清）阿桂，梁国治等撰．皇清开国方略．景印文渊阁四库全书・第三四一册・史部九九・编年类[M]．台北：台湾商务印书馆，1983.

[27] （清）陈大章撰．诗传名物集览．景印文渊阁四库全书・第八六册・经部八〇・诗类[M]．台北：台湾商务印书馆，1983.

[28] （清）钦定大清会典则例．景印文渊阁四库全书・第六一九册・史部三七七・政书类[M]．台北：台湾商务印书馆，1983.

[29] （清）昆冈编．钦定大清会典・事例．钦定大清会典6至24册．据清光绪二十五年（1899）刻本景印[M]．台北：新文丰出版，1976.

[30] （清）嵇璜、曹仁虎撰．钦定续文献通考．景印文渊阁四库全书・第六二六至六三一册・史部三八四至三八九・政书类[M]．台北：台湾商务印书馆，1983.

[31] （清）满洲实录．清实录・第一册[M]．北京：中华书局，1986.

[32] （清）开原县志．咸丰七年（1857）刻本．中国地方志民族资料汇编（东北卷）[M]．北京：北京图书馆出版社，1998.

[33] （清）赵宇航，程廷恒修，（清）黎镜蓉等纂．宣统抚顺县志略．中国地方志集成・辽宁府县志辑・第十辑．据宣统三年（1911）石印本影印[M]．南京：凤凰出版．

[34] （清）乾隆盛京通志．中国地方志集成・省志辑・辽宁[M]．台北：台湾商务印书馆，2009.

[35] （民国）赵尔巽等撰．清史稿[M]．北京：中华书局，1976.

[36] （民国）程廷恒修，（民国）张素纂．辽宁省复县志略．中国方志丛书・东北地方・第1号．据民国九年（1920）石印本影印[M]．台北：成文出版社，1976.

[37] （民国）斐焕星修，（民国）白永真纂．辽宁省辽阳县志．中国方志丛书・东北地方・第12号．据民国十七年（1928）铅本影印[M]．台北：成文出版社，1976.

[38] （民国）黄世芳修，（民国）陈德懿纂．辽宁省铁岭县志．中国方志丛书・东北地方・第5号．据民国二十年铅

印本（二十二）影印[M]. 台北：成文出版社，1976.

[39] （民国）沈国冕修，（民国）苏民纂. 辽宁省兴京县志. 中国方志丛书·东北地方·第9号. 据民国十四年（1925）铅本影印[M]. 台北：成文出版社，1976.

[40] （民国）王宝善修，（民国）张博惠辑. 辽宁省新民县志[M]. 中国方志丛书·东北地方·第7号. 据民国十五年（1926）石印本影印. 台北：成文出版社，1976.

[41] （民国）王文璞修，（民国）吕中清纂. 辽宁省北镇县志. 中国方志丛书·东北地方·第8号. 据民国十七年（1928）修二十二年（1933）石印本影印[M]. 台北：成文出版社，1976.

[42] （民国）王文藻修，（民国）陆善格纂. 辽宁省锦县志. 中国方志丛书·东北地方·第15号. 据民国九年（1920）石印本影印[M]. 台北：成文出版社，1976.

[43] （民国）杨宇齐修，（民国）张嗣良纂. 辽宁省铁岭县续志. 中国方志丛书·东北地方·第6号. 据民国二十二年铅印本影印[M]. 台北：成文出版社，1976.

[44] （民国）赵恭寅，（民国）曾有翼纂. 辽宁省沈阳县志. 中国方志丛书·东北地方·第10号. 据民国六年（1917）铅印本影印[M]. 台北：成文出版社，1976.

[45] （民国）王树楠，吴廷燮，金毓黻等纂. 奉天通志. 沈阳：东北文史丛书编辑委员会，1983.

[46] （民国）陈艺修；（民国）蒋龄益，郑沛纶纂. 民国铁岭县志. 中国地方志集成·辽宁府县志辑·第十一辑. 据民国六年（1917）铅印本影印（四）[M]. 南京：凤凰出版社；上海：上海书店；成都：巴蜀书社，2005.

[47] （民国）恩麟，王恩士修；（民国）杨荫芳等纂. 民国兴城县志. 中国地方志集成·辽宁府县志辑·第二十一辑. 据民国十六年（1927）铅印本影印[M]. 南京：凤凰出版社；上海：上海书店；成都：巴蜀书社，2005.

[48] （民国）李毅修，（民国）王毓琪纂. 民国开原县志. 中国地方志集成·辽宁府县志辑·第十二辑. 据民国十八年（1929）铅印本影印[M]. 南京：凤凰出版社；上海：上海书店；成都：巴蜀书社，2005.

[49] （民国）文镒修，（民国）范炳勳等纂. 民国绥中县志. 中国地方志集成·辽宁府县志辑·第二十三辑. 据民国十八年（1929）铅印本影印[M]. 南京：凤凰出版社；上海：上海书店；成都：巴蜀书社，2005.

[50] （民国）张监唐，刘焕文修；（民国）郭达等纂. 民国锦西县志. 中国地方志集成·辽宁府县志辑·第二十二辑. 据民国十八年（1929）铅印本影印[M]. 南京：凤凰出版社；上海：上海书店；成都：巴蜀书社，2005.

[51] （民国）赵兴德等修；（民国）薛俊生，王鹤龄等纂. 民国义县志. 中国地方志集成·辽宁府县志辑·第十七至二十一辑. 据民国二十年（1931）铅印本影印[M]. 南京：凤凰出版社；上海：上海书店；成都：巴蜀书社，2005.

今人著述

[1] 王毓铨. 明代的军屯[M]. 北京：中华书局，1965.

[2] 杨树森. 清代柳条边[M]. 沈阳：辽宁人民出版社，1978.

[3] 张伯泉. 东北地方史稿[M]. 长春：吉林大学出版社，1985.

[4] 杨旸. 明代辽东都司[M]. 郑州：中州古籍出版社，1988.

[5] 刘谦. 明辽东镇长城及防御考[M]. 北京：文物出版社，1989.

[6] 胡乔木，等. 中国大百科全书：中国历史. 北京：中国大百科全书出版社，1993.

[7] 尹选波. 中国明代教育史[M]. 北京：人民出版社，1994.

[8] 白新良. 中国古代书院发展史[M]. 天津：天津大学出版社，1995.

[9] 郭齐家. 中国古代的学校和书院[M]. 北京：北京科学技术出版社，1995.

[10] 范中义，王兆春，等. 中国军事通史：第十五卷：明代军事史（上、下）[M]. 北京：军事科学出版社，1998.

[11] 谭其骧. 中国历史地图集[M]. 北京：中国地图出版社，1998.

[12] 潘谷西. 中国古代建筑史：第四卷：元、明建筑. 北京：中国建筑工业出版社，2001.

[13] 张士尊. 明代辽东边疆研究[M]. 长春：吉林人民出版社，2002.

[14] 董耀会. 万里长城纵横谈[M]. 北京：人民教育出版社，2004.

[15] 省级重点文物保护单位纪录档案·前所城. 辽宁省文物局监制，2004.

[16] 张铁牛，高晓星. 中国古代海军史[M]. 北京：解放军出版社，2006.

[17] 杨正泰撰. 明代驿站考.增订本[M]. 上海：上海古籍出版社，2006.

[18] 人民交通出版社. 中国交通旅游图册[M]. 北京：人民交通出版社，2006.

[19] 张铁牛，高晓星. 中国古代海军史[M]. 北京：解放军出版社，2006.

学术论文

[1] 周远廉，谢肇华. 明代辽东军户制初探[J]. 社会科学辑刊，1980（2）：45–60.

[2] 王廷元. 略论明代辽东军户[J]. 安徽师大学报（哲学社会科学版）. 1981（4）：74–82.

[3] 徐建竹. 论建州左卫的建立与变迁[J]. 社会科学辑刊，1983（1）：92–100.

[4] 丛佩远. 明代辽东军户的反抗斗争[J]. 史学集刊，1985（3）：23–30.

[5] 李三谋. 明代辽东都司、卫所的行政职能[J]. 辽宁师范大学学报（社科版），1989（6）：73–77.

[6] 丛佩远. 试论明代东北地区管辖体制的几个特点[J]. 北方文物，1991（4）：110–119.

[7] 徐桂荣，刘正堃. 明代辽东都司诸卫辖所考[J]. 辽宁大学学报，1992（1）：50–53.

[8] 张世尊. 明初辽东二十五卫建置考释[J]. 鞍山师范学院学报，1994（1）：34–38.

[9] 张世尊. 明初辽东二十五卫建置考释（续）[J]. 鞍山师范学院学报，1994（2）：32–35.

[10] 杨旸，陶松. 辽海卫与其石刻[J]. 辽海文物学刊，1989（1）：269–273.

[11] 李鸿彬．简论三万卫[J]．社会科学战线，1990（1）：210-217.

[12] 李三谋．明代辽东都司卫所的农经活动[J]．中国边疆史地研究，1996（1）：31-37.

[13] 张大伟．明代辽东都司辖下安乐、自在二州之分析[J]．北方文物，1998（2）：87-89.

[14] 邓沛．明代“九边”考述[J]．绵阳师范高等专科学校学报，1999（4）：57-59.

[15] 张士尊．明代辽东都司军政管理体制及其变迁[J]．东北师大学报（哲学社会科学版），2002（5）：70-76.

[16] 李巨澜．清代卫所制度述略[J]．史学月刊，2002（3）：36-40.

[17] 张士尊．明初辽东吸引少数民族南下定居政策述略[J]．鞍山师范学院学报，2002（4）：18-25.

[18] 张士尊．明代辽东都司军政管理体制及其变迁[J]．东北师大学报（哲学社会科学版），2002（5）：70-76.

[19] 郭红．明代卫所移民与地域文化的变迁[J]．中国历史地理丛书，2003（2）：150-155.

[20] 王树连．明代的战备图[J]．地图，2004（2）：28-35.

[21] 王凯旋．论明代社学与学校教育[J]．广西师范学院学报（哲学社会科学版），2005（10）：137-142.

[22] 张玉坤，李严．明长城九边重镇防御体系分布图说[J]．华中建筑，2005(2):116-119.

[23] 李三谋．明代食盐贸易与边防边垦[J]．盐业史研究，2006（1）：11-15.

[24] 张玉坤，李严．明长城军堡与明、清村堡的比较研究[J]．新建筑，2006(1):36-40.

[25] 张兰菊．明代的户籍制度[J]．历史学习，2006（12）：23-24.

[26] 孙键．《明人抗倭图》考略[J]．荣宝斋，2006（5）：206-213.

图表说明

注：图表未说明者均为自制。

第一章 军政

图1-1 明长城走势
引自《坤舆万国全图》，日本京都大学藏本。
图1-2 辽东镇长城防御体系之九边重镇分布
引自潘谷西．中国古代建筑史：第四卷・元、明建筑.北京：中国建筑工业出版社，2001：69.
图1-3 辽东镇的“南倭”和“北虏”，宣德八年（1433年）
底图据谭其骧．中国历史地图集：元明.北京：中国地图出版社，1982.
图1-4 全辽总图
引自（明）李辅等．全辽志．卷一・图考志。
表1-1 长城防御体系
表1-2 都司、卫、所建制
表1-3 都司、卫、所管理模式和机构
据张士尊．明代辽东边疆研究.长春：吉林人民出版社，2002：88-97整理。
表1-4 都司、卫、所官职
据百度贴吧・明朝官职详表http://post.baidu.com/f?kz=180525653整理。

第二章 布防

图2-1 辽东镇地形
引自谭其骧．中国历史地图集：元明.北京：中国地图出版社，1982.
图2-2 辽东镇卫、所分布（万历十年（1582年））
底图据谭其骧．中国历史地图集：元明.北京：中国地图出版社，1982.
图2-3 辽东镇卫、所分布密度（万历十年（1582））
底图据谭其骧．中国历史地图集：元明.北京：中国地图出版社，1982.
图2-4 锦州地区战略环境
底图据人民交通出版社．中国交通旅游图册.北京：人民交通出版社，2012.
图2-5 袁崇焕像
自摄2007.03.
图2-6 关宁锦防线
引自（明）李辅等．全辽志．卷一・图考志及自制.
图2-7 进攻宁远图
引自清实录．满洲实录．卷八・天命十年正月至十一年八月・太祖率兵攻宁远.
图2-8 辽东镇沿海卫、所分布
图2-9 明人抗倭图
引自孙键．《明人抗倭图》考略．荣宝斋，2006（5）：213.
图2-10 中前所城西侧树林及北侧农田
自摄2005.10.
图2-11 铁岭卫城、汎河所城
引自（明）冯瑗．开原图说.
图2-12 中前所城西侧强流河
自摄2005.10.
图2-13 抚顺卫城在今抚顺位置
底图据百度地图.
图2-14 自高尔山鸟瞰明抚顺卫城遗址
自摄2007.07.
图2-15 懿路所城
引自（明）冯瑗．开原图说.
图2-16 懿路所城遗址鸟瞰
自摄2007.07.
图2-17 辽东都司驿路
引自杨正泰．明代驿站考.上海：上海古籍出版社，2006.
图2-18 驿路与今铁路、公路关系
底图据人民交通出版社．中国交通旅游图册.北京：人民交通出版社，2012.
图2-19 明代沿海卫、所及海运航线
底图据潘谷西．中国古代建筑史：第四卷・元、明建筑.北京：中国建筑工业出版社，2001：81.
表2-1 辽东镇建置概况
据（明）李辅等．全辽志．卷一・图考志、（明）任洛等．辽东志．卷一・地理志；（清）张廷玉等．明史：卷九十・志第六十六・兵二・卫所；刘谦.明辽东镇长城及防御考.北京：文物出版社，1989：8-9；张伯泉．东北地方史稿．散页等整理.
表2-2 沿海卫、所
据（明）李辅等．全辽志．卷一・图考志整理.
表2-3 卫城中包含的卫治
据（明）李辅等．全辽志．卷一・图考志整理.
表2-4 辽东都司驿站
据（明）任洛等．辽东志．卷二；（明）李辅等．全辽志．卷一・图考志；杨正泰．明代驿站考.增订本.上海：上海古籍出版社，2006：94-96及实地踏勘整理.

第三章 城池

图3-1 辽东镇、卫城平面
据（明）李辅等．全辽志．卷一・图考志整理.
图3-2 辽东镇辽阳镇境
引自（明）李辅等．全辽志.卷一・图考志.
图3-3 辽阳镇城
引自（明）李辅等．全辽志.卷一・图考志.
图3-4 辽阳城墙遗址
自摄2007.07.
图3-5 辽阳旧影
摄于辽阳彭公馆（辽阳市博物馆）2007.07.
图3-6 辽阳护城河
自摄2007.07.
图3-7 广佑寺复原图
摄于广佑寺外墙2007.07.
图3-8 辽阳历史建筑遗存
自摄2007.07.
图3-9 广宁城功能分区
底图据（明）李辅等．全辽志.卷一・中国图考志.
图3-10 兴城十字街
自摄2012.01.
图3-11 兴城祖氏牌坊（a）祖大寿牌坊（b）祖大乐牌坊
自摄2007.07.
图3-12 兴城祖氏牌坊、钟鼓楼、文庙、魁星楼空间关系
自摄2007.07.
图3-13 中前所城平面
引自民国绥中县志.
图3-14 中前所城十字大街（a）南北（b）东西
自摄2006.10.

图3-15 兴城钟鼓楼及鼓
自摄2007.03.
图3-16 兴城城墙（a）外（b）内
自摄2007.07.
图3-17 兴城东城门马道
自摄2007.12.
图3-18 兴城城门做法
自摄2012.01.
图3-19 兴城瓮城（a）南（b）东
自摄2012.01.
图3-20 中前所城城墙收分
自摄2006.10.
图3-21 中前所城城墙的二次包砌
自摄2006.10.
图3-22 中前所城城墙墙芯
自摄2006.10.
图3-23 中前所城城墙大样
1995年测绘图，辽宁省文物保护中心提供.
图3-24 中前所城城门（a）东（b）南
自摄2006.10.
图3-25 中前所城西瓮城
1995年测绘图，辽宁省文物保护中心提供；自摄2006.10.
图3-26 沈阳中卫城西南角瓮城遗址
引自沈阳日报，2007-7-14.
表3-1 辽阳镇城建置概况
据（明）李辅等．全辽志.卷一・图考志整理.
表3-2 卫城钟鼓楼
据（明）李辅等．全辽志.卷一・图考志整理.
表3-3 卫城城墙
据（明）李辅等．全辽志.卷一・图考志、（明）任洛等．辽东志．卷一・地理志整理.
表3-4 所城城墙
据（明）李辅等．全辽志.卷一・图考志、（明）任洛等．辽东志．卷一・地理志整理.
表3-5 卫城城门
据（明）李辅等．全辽志.卷一・图考志整理.
表3-6 所城城门
据（明）李辅等．全辽志.卷一・图考志整理.

第四章 军需

图4-1 《天工开物》中的农耕画面
引自（明）宋应星．天工开物．上卷・乃粒第一、乃服第二.
图4-2 明代辽东军士骑马俑
引自胡乔木等．中国大百科全书:中国历史.北京：中国大百科全书出版社，1993：96.

第五章 人口

图5-1 辽东总图
引自（明）兵部．九边图说.
图5-2 中前所城北城墙上帝庙
辽宁省文物保护中心提供.
图5-3 盖县上帝庙
引自国检．盖县上帝庙．辽宁大学学报（哲学社会科学版），1983（6）：98.
图5-4 辽阳观音寺
摄于辽阳彭公馆2007.07.
图5-5 中前所城祠庙遗址分布
底图由辽宁省文物保护中心提供.

第六章 教育

图6-1 银冈书院
底图为银冈书院文物管理所提供，自摄2005.07.
图6-2 20世纪30年代辽阳文庙
摄于辽阳彭公馆（辽阳市博物馆）2007.07.
图6-3 兴城文庙（a）万仞宫墙（b）棂星门（c）泮池及戟门（d）大成殿
自摄2007.07.
表6-1 明代学制体系
据尹选波．中国明代教育史.北京：人民出版社，1994：13-15;郭齐家．中国古代的学校和书院.北京:北京科学技术出版社，1995：101-115整理.

第七章 演变

图7-1 后金赫图阿拉城
遗址及鸟瞰图片引自赫图阿拉城文物管理所．赫图阿拉城，余自摄2007.08.
图7-2 攻克辽阳图
引自清实录．满洲实录．卷七・天命六年三月至九年八月・太祖率兵克辽阳.
图7-3 辽阳东京陵
自摄2007.07.
图7-4 清代柳条边
据刘谦．明辽东镇长城及防御考：12绘制.
图7-5 行政区划变迁（a）元辽阳行省（b）明辽东都司（c）清奉天省（d）建国初辽东省和辽西省
底图据谭其骧．中国历史地图集．元明及中华人民共和国分省地图．北京：地图出版社，1953.
图7-6 仍有少量遗存的卫所城市（a）广宁前屯卫城墙（今绥中前卫镇）（b）沙河中右所城墙（今绥中沙后所镇）
自摄2007.07.
图7-7 保留古城空间的卫所城市（a）开原卫城（今辽宁开原老城）（b）大凌河中左千户所城（今大凌河镇）
自摄2007.07.
表7-1 清卫、所城市概况
据康熙辽阳州志．卷八・城池志；康熙广宁县志．卷二・建置志・城池；康熙锦州府志．卷三・建置志・城池；康熙开原县志．城池；康熙铁岭县志．卷上・城池志；康熙盖平县志．卷上・城池志；康熙宁远州志．卷一・古迹及卷二・城池；康熙锦县志．卷一・古迹及卷二・城池等整理.
表7-2 卫城遗存现状
据（明）李辅等．全辽志.卷一・图考志；（明）任洛等．辽东志．卷一・地理志；刘谦．明辽东镇长城及防御考及现场踏勘整理.
表7-3 所城遗存现状
据（明）李辅等．全辽志.卷一・图考志；（明）任洛等．辽东志．卷一・地理志；刘谦．明辽东镇长城及防御考及现场踏勘整理.

第四部

一座明代卫城的历史演变与当代转型：兴城古城

引言

一

自 1982 年颁布《中华人民共和国文物保护法》以来，我国确立了以文物保护单位为基础的遗产保护体系，21 世纪后，更加积极借鉴国际遗产保护的先进经验，加大与国际社会间的合作。2005 年和 2007 年发表的《西安宣言》和《北京宣言》均进一步深化了对遗产保护的认识，因而新形势下，我国文化遗产保护事业面临着从“文物”到“文化遗产”的历史性转型：从重视单一要素的遗产保护，向由文化要素与自然要素相互作用而形成的“混合遗产”“文化景观”保护；从重视“点”“面”的保护转向“大型文化遗产”和“线性文化遗产”[1] 的保护；从重视“静态遗产”的保护转向“动态遗产”和“活态遗产”的保护等六个方面[2]。这些概念在丰富了我国遗产保护思路的同时，也对遗产保护实践提出新的要求，使遗产保护工作者重新思考已有的案例与研究，并努力在实践中探索新理论、新方法，本部论述的兴城古城的保护与发展即为一例。

兴城古城明代称宁远卫，是明辽东镇军事防御体系中一座卫城，历经 600 余年沧桑后，今日的兴城古城是东北地区格局保存最完整的卫所古城。古城内现有四处全国重点文物保护单位，即兴城城墙（含城楼及魁星楼）、文庙、钟鼓楼和祖氏石坊。1988 年 1 月古城城墙（含城楼及魁星楼）率先被国务院公布为第三批全国重点文物保护单位。2006 年，兴城古城城墙与文庙、钟鼓楼和祖氏石坊等共同被公布为第六批全国重点文物保护单位，并定名“兴城古城”。此外，古城内还有三处辽宁省省级文物保护单位，分别是城隍庙、郜家住宅和周家住宅（图 0–1）。

2004 年，兴城古城开始与其他古城联合就明清城墙申请世界文化遗产（图 0–2）。一方面，申报世界文化遗产对兴城古城的保护提出更加严格的要求：根据《西安宣言》[3] 中提出的文化遗产保护理念，即文化遗产的保护范围应扩大到文化遗产的周边环境以及其中所包含的一切历史、社会、精神、习俗、经济和文化活动，因而古城城墙的价值与整体城市空间、环境和风貌密不可分。因此，在兴城古城城墙的申遗中，除了着重对城墙本体进行研究与保护外，更需着眼于古城整体风貌的改善，以达到真实、准确地传达古城城墙全部信息与价值。

另一方面，申遗也将为古城发展带来机遇。众所周知，世界文化遗产的品牌效应可为遗产地带来

1 “线性文化遗产”(Lineal or Serial Cultural Heritages) 是由“文化线路”(Cultural Routes)、“遗产廊道”(Heritage Corridors）等概念衍生并拓展而形成的一个新概念，是指在拥有特殊文化资源集合的线性或带状区域内的物质和非物质文化遗产族群，因其线状分布和遗存特性而得名。近年来，随着对遗产概念与内涵认识的不断深入，文化线路、遗产运河 (Heritage Canal)、遗产廊道等一系列反映自然与人文景观的整体性与延续性、体现人类在各个历史时期的社会、经济与文化发展动态特征的跨区域的遗产，已成为国内外遗产保护领域探讨的热点。

2 单霁翔 . 大型线性文化遗产保护初论 : 突破与压力 [J]. 南方文物，2006 (3): 2–5.

3 2005 年 10 月在西安召开的国际古迹遗址理事会（ICOMOS）第 15 届大会中发表的关于文物古迹保护的文件。

图0-1　兴城古城内的文物保护单位

图0-2　联合申请世界文化遗产之明清古城城墙

可观的旅游效益，促进当地经济增长。以平遥古城为例，据平遥县旅游局副局长刘建昌先生介绍，平遥古城申遗成功后，其年游客增长率均在60%以上，即便在2005年后旅游收入增速放缓后，仍保持20%至30%的增长率，申遗带来的平遥旅游业综合收入已经超过其普通财政收入[1]。此外，利用申报世界文化遗产的契机，兴城市政府可以获得充足时间、经费推动当地遗产保护及周边地块提升项目，从而解决一些多年遗留的问题，如基础设施改造、周边环境治理等，这些措施一定程度上可以改善古城居民的生活质量，为古城发展创造突破口。

在兴城古城多年的文物保护实践中，修缮是保障文物本体安全的基本手段。在国家文物局的指导下，兴城古城内各处文物保护单位均经多次修缮，保存现状良好。

①兴城城墙：1997年国家文物局拨款50万元用于维修兴城古城内城墙的春和门瓮城；1998年，国家文物局派古建筑工程技术人员实地勘测并制定相关维修规划，分期拨款180余万元全面修缮城墙；2001年再次拨款70万元维修威远门瓮城[2]。

②兴城文庙：1984年8月，兴城文庙被列入省级文物保护单位。2002年，兴城市委市政府重新对文庙进行较大规模维修，对原庙宇、墙体、门廊等建筑更其腐朽、补其毁损、油其彩绘，并动迁文庙两侧民居，于东、西两侧外墙内刻绘“论语墙”和“圣迹图”，于庙后增建历史文化展馆、碑亭和

1　参见人民网《平遥古城申遗13年门票增收70倍》http://culture.people.com.cn/GB/22219/13483069.html 2010-12-15.

2　各文物保护单位具体维修情况记录见附录A。

长廊。

③钟鼓楼：1958 年，钟鼓楼重新维修并被辟为中朝友谊纪念馆。1999 年，钟鼓楼换楼板、铺海墁。

④祖氏石坊：1988 年，“文革”时期被拆除的祖大寿石坊重新修复。

随着文物遗产事业的发展，拥有辉煌过去的古城也有机会创造更美好的未来。但与美好希冀相悖的是古城内衰败的物质环境：城内建筑老旧破败，基础设施落后，居民生存环境拥挤，条件堪忧。由于缺乏有效的控制手段，古城内大量的历史民居被私自拆毁或改建，而新建建筑体量、形式均与古城的传统氛围相去甚远。此外，古城内外的商业也较不发达，无法突出古城的历史传统和文化特色，古城的保护与发展仍处于初期阶段。

二

辽东镇位于明代九边重镇防御体系[1]中的最东边，其范围东自鸭绿江，西达山海关，南抵旅顺口，北至开原外，包括了今辽宁省大部分地区（图 0–3）。由于辽东镇是守卫京师的蓟镇与东北少数民族地区间唯一的屏障，因此地理位置十分重要，尤其晚明时女真势力崛起后，辽东镇成为最主要的北方防区。

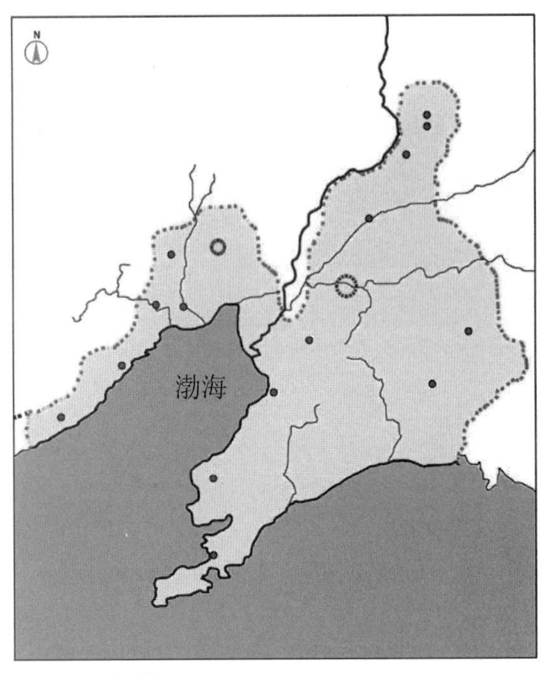

图0–3　辽东镇图

辽东镇初设于明洪武四年（1371 年）七月，为明代设置的第五镇，其总兵最初驻于广宁城（今辽宁省北镇市），后移至辽阳城（今辽宁省辽阳市）。辽东镇整体防御布局以辽河为界线，镇内除长城外，按级别高低设有镇城、路城、卫城、所城和堡城等军事城池，其中辽河以东镇戍辽阳，辽河以西镇戍广宁（图 0–4）。此外，辽东镇还分东、南、西、北、中五路分别屯兵，东路路城为叆阳堡，北路路城为开原城，中路路城为广宁城，西路路城为义州城，南路路城为前屯城。宁远卫（即兴城古城）属于辽河以西的南路屯兵路（图 0–5）。

兴城古城位于辽东湾西岸，现为兴城市市区中心，地理坐标（以钟鼓楼为基准）为东经 120° 42′ 27″ ，北纬 40° 37′ 15″ 。古城海拔高度 16m，距渤海 7000m，居辽西走廊中部，

1　为了便于长城的修建以及指挥调动沿线的兵力，明王朝将长城沿线地区划分为九个镇，分别派重兵驻守，由总兵官统辖，此即“九边”。参见《明史・兵制》：“元人北归，屡谋兴复。永乐迁都北平，三民近塞。正统以后，敌患日多，故终明之世，边防甚重。东起鸭绿，西抵嘉峪，绵亘万里，分地守御。初设辽东、宣府、大同、延绥四镇，继设宁夏、甘肃、蓟州三针，而太原总兵治偏头，三边制府驻固原亦称二镇，是为九边。”

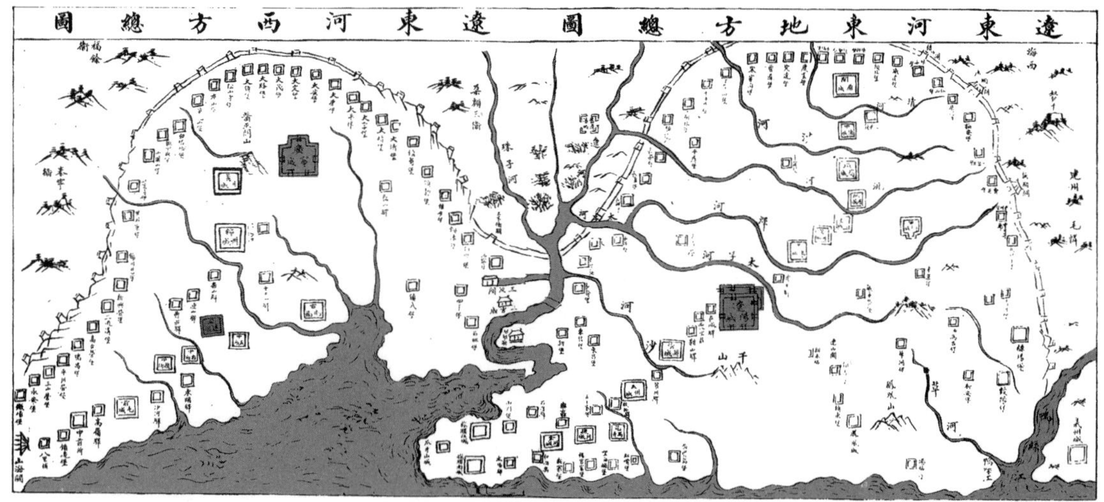

图0-4　辽西辽东全图

东距沈阳 312km，西距北京 450km，是关内外交通必经之地（图 0-7）。此外，古城周边山形水系极适合军事防御，其东依首山（距城 2.5km），北靠九龙山，东临东河（据城 0.5km），西傍兴城河（距城 0.5km），面襟大海（距城 6km），依山傍水，易守难攻。

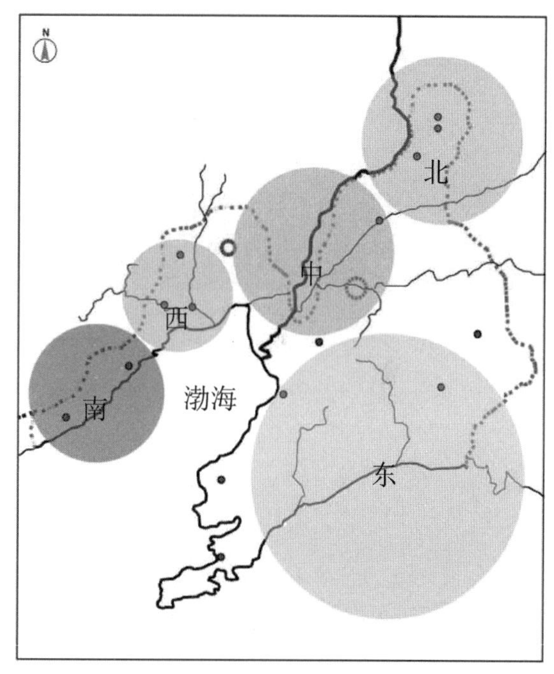

图0-5　辽东镇东西南北中屯兵路示意图

本部的研究对象——兴城古城的研究范围并非限于传统意义上城墙围合形成的区域，而是根据历史文献研究和实际调查结果，适当扩大了“古城”概念的涵盖范围。首先《宁远州志》《兴城县志》等历史文献中均记载古城包括内城和外城两个部分，并曾筑有外城墙。这一点在现场调研中得到了印证：目前古城周边的外城仍聚居大量居民，并保留部分历史民居，证明了外城与内城在古城格局变迁和经济发展中的密切互动关系。此外，古城内外还分布着大量明清所建祠庙遗址，是古城传统市民生活的体现，因而也应包含在广义的古城研究范围中。综上，广义的兴城古城包括内城和外城，地下遗址，以及周边与古城关系紧密的所有区域，狭义的兴城古城即指目前古城内城四面城墙所限定的空间范围（图 0-6）。

由于是明代北部边疆防御中的军事城池，所以不同于一般古城，兴城古城的城市性格中带有强烈的军事色彩，例如内外重城重濠的城市格局以及城内大量的军事衙署遗址等。此外，兴城古城在晚明战争中曾经担任辽西走廊地区军事防御指挥中枢，而成为兵家必争之地，这一时期的官修正史和民间

图0-6　兴城古城范围示意图

图0-7　兴城古城区位示意图

野史中都留下了许多关于古城的故事和传说。因此，本文还需以军事的研究视角，重新审视古城的遗产资源价值和整体风貌格局，从而准确把握古城内在的精神文化，突出古城独特的价值和韵味。

除军事视角外，兴城古城的研究也离不开城市视角。不同于炮台或兵营等普通军事工事，兴城古城自明建城以来，即为一座独立城市，具有完整的城市功能和结构。清朝古城军事特性减弱，普通城市职能突显，因而研究中需要充分考虑行政、经济、教育、居住、文化、信仰等多种城市生活要素的配合运作，以把握城市的复杂性。

三

本部主要由两部分构成。上半部分属于兴城古城的基础研究，从古城的历史和现状两方面分别论述古城的城市发展脉络和空间结构特点；下半部分则是兴城古城的应用研究，分为保护对策和更新对策两方面，为古城更好地延续其价值提出相关保护及发展建议。总的来说，充分的基础研究是深入、顺利地展开应用研究的前提条件，只有详细地了解古城的价值和现状，才能针对实践中遇到的困难，量体裁衣，选择最科学、有效、可行的解决方法。

历史研究中主要梳理了兴城古城的历史发展脉络，探讨了城市职能的变化，以及随之产生的城市空间结构的变化。兴城古城作为北方军事防御重镇，其军事地位随时代背景变化不断增强，从明初的普通卫城，至明末辽西走廊中独当一面的军事中枢，兴城古城迎来了其历史价值的巅峰。满清入关后，兴城古城的实际军事作用消失，逐渐变为普通的州府城市，但是由于在明清战争中的特殊地位，历代清朝帝王仍颇重视古城发展，所以清代兴城古城仍受到无形的军事价值影响。民国时期，兴城古城彻底世俗化，古城内外市场繁荣，此时的古城军事意义全无。由此可见，兴城古城的价值是动态变化的，经历了“普通军事化——巅峰军事化——逐渐世俗化——彻底世俗化”的过程，并投影于城市空间结构中。

现状信息分析中总结了古城调研和评估方法，根据所得结果归纳出古城所主要面临的现状问题。在整理兴城古城的现状信息时，针对不同类型的调研对象制定了不同的调研方案和评估体系，通过合理详尽的保存现状评估和遗产价值评估，加深对古城内遗产资源的认识，并从而发现古城保护面临建筑保存及其社会、经济等现状问题。一方面，由于古城保护中不当的遗产保护理念和方法，使古城存在“重单体，轻环境”“重内城，轻外城”“重物质、轻工艺”“重文物、轻民居”等问题，甚至造成保护性破坏；另一方面，古城目前文物遗产管理混乱、整个区域经济欠发达且人口老龄化、低收入化，需要制定相关对策解决问题。

保护策略研究中主要探讨了保护与发展良好衔接下的兴城古城遗产保护策略。首先，认识到兴城古城作为典型的明代卫城遗存，虽然经过清、民国时期的社会因素影响，仍然完整保存了明代卫城的空间格局，在遗产资源构成上带有很强的军事色彩。这一点需要在保护方案制定中有所体现。具体的保护策略研究主要分为四个层次。其一是保护区划调整，即针对现状保护区划中存在的问题，调整区划范围，使其妥善保护古城的整体风貌，且为古城发展预留空间。其二是本体保护系统，即根据不同遗产类型的特点，制定不同的日常维护措施和重点修缮方案。其三是环境整治，即通过控制古城内外的用地性质、建设强度、建筑形制、人口密度等因素，营造古城内外优美的环境氛围。其四是展示与管理手段，即通过制定合理、科学的古城展示和管理策略，保证古城历史价值的完整表达，确保保护工作有条不紊地进行。

最后是更新策略的探讨。首先，以往古城更新中的普遍问题，如对经济利益驱使下的快速畸形更新，保护与发展之间的脱节，开发商与政府各部门之间的博弈关系，居民在更新中的弱势地位等，均需要在兴城古城更新中避免。其次，通过对兴城古城自身优势劣势的认识以及周边环境中机遇与挑战的分析，并充分借鉴国内外古城更新中的优秀经验，确定合理的古城更新原则，合理协调保护与发展之间辩证统一关系，以“保护——发掘与表达——提升——激活”为基本思路贯穿整个更新研究。此外，在具体操作的层面中，可以综合使用各种手段，如交通梳理、空间整合、业态调整、文化挖掘、人口与管理调整等，并注意借鉴城市设计的方法，改变以往大拆大建的更新模式，循序渐进、分期分批地提升和调整古城破败的城市物质空间环境，实现古城的再次复兴。

第一章 兴城的历史

第一节 城市职能的转变

一、建制沿革

明永乐初（1403 年—），“大宁沦没，而红螺山始入外境。于是和州之墟，荆条之阳，胡马驰驱，岁相抄掠”。[1] 鉴于锦州至绥中间三百里无州县设置，于宣德三年（1428 年）题奏建卫，“在曹庄汤池之北，建立卫治，赐名宁远”，取“广宁前屯、中屯二卫地置宁远卫，统五千户所”[2]，以加强对辽西走廊的经营管理。宁远卫建城历时两年，五年（1430 年）竣工[3]，下辖塔山中左千户所和沙河中右千户所二千户所[4]。宁远卫城属辽东镇南路守备，为宁前兵备道分守参将驻地，是辽东镇长城防御体系中最晚设置的一座卫城。

宁远卫建成后，分别于景泰间（1450—1456 年）和嘉靖四十三年（1564 年）由都指挥韩斌和副使陈绛重修；后，毁于隆庆二年（1568 年）发生的大地震[5]。天启二年（1622 年）初，明军大败于广宁（今北镇市），包括宁远在内的大片辽西土地被蒙古哈喇慎诸部趁乱占领。辽西走廊此时一片空虚，战事危及。宁远守将袁崇焕[6] 坚决反对新任辽东经略王在晋[7] 提出的退守山海关而在八里铺修重关以御后金的决定，“以为非策”[8]。六月，袁崇焕借哈喇慎诸部归顺明廷的机会，向兵部尚书孙承宗[9] 进谏重修山海关经宁远卫至锦州卫沿线的各个寨堡城池，形成了明末著名的“关宁锦防线”，极大地增强了辽西走廊的军事防御能力。其中宁远卫的重筑工程始于天启三年（1623 年）九月初，次年完工，

---

1 （明）任洛等，《辽东志》卷三，（近人）金毓黻辑，辽海丛书，辽沈书社 .

2 （清）冯昌奕、王琨纂修（康熙）《宁远州志》卷一 .

3 兴城菊花岛（觉华岛）发现明天顺四年的《重修大悲阁记》碑中记载：“宣德五年，总兵巫凯筑宁远城”。

4 （明）李辅等纂修《全辽志》卷一中的《沿革志•宁远卫城》（辽海丛书，第一册，辽沈书社）中记载“又于城东五十里塔山别置中左千户所，于城西四十里小沙河别置中右千户所属焉。”

5 （民国）兴城县志，民国十六年铅印本《兴城县志》中记载：“宁远城崩”。

6 袁崇焕，字元素，号自如（又字自如），广东东莞人，广西梧州府藤县籍。明朝杰出的军事家，政治家和文学家。明朝万历四十七年中进士，任福建邵武知县。明天启二年（1622），自请守卫辽东。取得宁远大捷，宁锦大捷。后因党派之争，离开辽东。天启八年（1628 年），重返辽东，都司蓟辽。后崇祯中皇太极反间计，袁崇焕遭磔刑。乾隆四十九年（1772 年）乾隆帝下诏为袁崇焕平反。

7 王在晋，万历二十年（1592 年）进士，初授中书舍人，后历官江西布政使、山东巡抚，进督河道，泰昌时（1620 年）迁兵部左侍郎。熊廷弼、王化贞丢失广宁（今辽宁北镇）后，朝廷大震，诛除熊廷弼、王化贞。天启二年（1622 年）三月十八日王在晋代廷弼为兵部尚书兼右副都御史，经略辽东、蓟镇、天津、登、莱，帝特赐蟒玉、衣带和尚方宝剑。王在晋分析当时关外形势：“东事离披，一坏于清、抚，再坏于开、铁，三坏于辽、沈，四坏于广宁。初坏为危局，再坏为败局，三坏为残局，至于四坏——捐弃全辽，则无局之可布矣！逐步退缩之于山海，此后再无一步可退。”

8 （清）张廷玉等纂修《明史》卷二百五十九之《列传第一百四十七•袁崇焕》.

9 孙承宗，字稚绳，号恺阳，北直隶保定高阳（今属河北）人。青年时代就对军事有着浓厚兴趣。万历三十二年（1604 年），孙承宗中进士，授翰林院编修。天启元年（1621 年），被任命为兵部尚书、东阁大学士。天启二年（1622 年）八月，孙承宗被任命为辽东经略，积极部署宁锦防线。

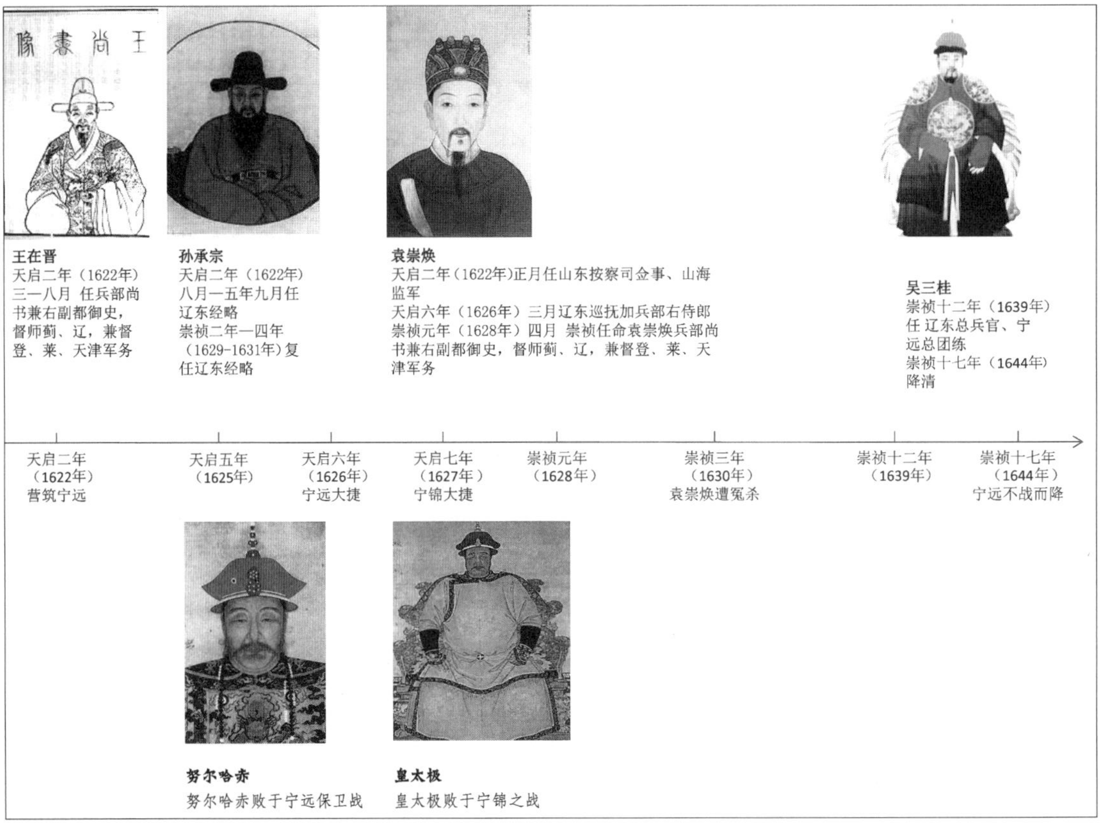

王尚书像
王在晋
天启二年（1622年）三一八月 任兵部尚书兼右副都御史，督师蓟、辽，兼督登、莱、天津军务
孙承宗
天启二年（1622年）八月一五年九月任辽东经略
崇祯二年一四年（1629-1631年）复任辽东经略
袁崇焕
天启二年（1622年）正月任山东按察司佥事、山海监军
天启六年（1626年）三月辽东巡抚加兵部右侍郎
崇祯元年（1628年）四月 崇祯任命袁崇焕兵部尚书兼右副都御史，督师蓟、辽，兼督登、莱、天津军务
吴三桂
崇祯十二年（1639年）任辽东总兵官、宁远总团练
崇祯十七年（1644年）降清
天启二年（1622年）营筑宁远
天启五年（1625年）
天启六年（1626年）宁远大捷
天启七年（1627年）宁锦大捷
崇祯元年（1628年）
崇祯三年（1630年）袁崇焕遭冤杀
崇祯十二年（1639年）
崇祯十七年（1644年）宁远不战而降
努尔哈赤
努尔哈赤败于宁远保卫战
皇太极
皇太极败于宁锦之战

图1-1　宁远历史结构图

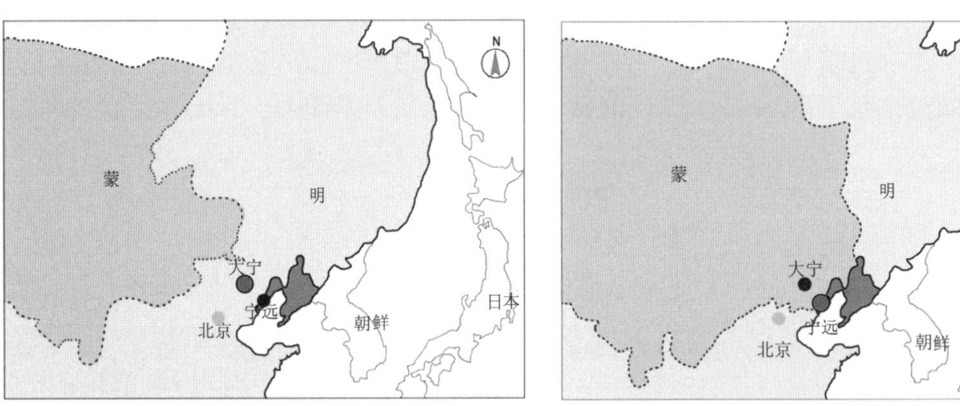

N
蒙
明
大宁
宁远
北京
朝鲜
日本

图1-2　明初期辽东军事关系图

N
蒙
明
大宁
宁远
北京
朝鲜
日本

图1-3　明中期辽东军事关系图

共用工四万余人[1]。袁崇焕格外重视该工程，并亲自制定城墙规制[2]，从侧面反映了宁远卫的重要性。凭借坚固的城池，袁崇焕率领宁远军民分别于六年（1626年）正月和七年（1627年）五月两次击退后

1 （明）王在晋《三朝辽事实录》卷十“宁远架防，必须精壮马兵三万，做工一日则摆设一日，虏至即斗，斗胜可保军之命，再加做工军夫万人，则四万人矣。”

2 （清）张廷玉等《明史》卷二百五十九之《列传第一百四十七·袁崇焕》。“承宗命祖大寿筑宁远城，大寿度中朝不能远守，筑仅十一，且疏薄不中程。崇焕乃定规制：高三丈二尺，雉高六尺，址广三丈，上二丈四尺。城墙考证中大寿与参将高见、贺谦分督之。明年（1624）迄工，遂为关外重镇。”

金入侵，取得了著名的宁远大捷和宁锦大捷。崇祯十七年（1644年）闯王李自成攻破北京，朱由检自缢，时任宁远守备的吴三桂“乞师”清军，宁远不战而降清（图1～图3）。

满清入关后，由于其两大首领努尔哈赤和皇太极都曾先后败于宁远，因而其在历代清帝心中意义特殊。如清帝赴盛京（今沈阳）祭祖的活动中，顺治、康熙、乾隆、嘉庆、道光五位皇帝都曾驻跸于宁远辖域内，其中康熙、乾隆两位皇帝更分别先后五次驻跸宁远城，并留下辞赋[1]。清康熙二年（1663年），宁远撤卫制，升为宁远州[2]，并“东割塔山所地，入锦县，西并前屯卫地，入州”[3]。三年（1664年）宁远州隶广宁府，次年属锦州府。此期间宁远州共辖二十四社甲，一百五十九各自然屯。[4]乾隆四十四年（1749年）八月开始至四十六年（1751年），再次大规模维修宁远内城[5]，“外城遂废”[6]。此外城墙废弃及城市建制变化均反映出城市军事功能的衰弱和世俗功能的增强。

民国二年（1913年）兴城古城改州为县，次年更名为兴城县。初属奉天省，后属锦州省。二十六年（1938年）日本侵略者入侵，兴城进入日伪满洲国统治时期。

1949年中华人民共和国成立，兴城县隶属辽西省[7]，后改属辽宁省。1986年12月，经国务院批准撤销兴城县设兴城市（县级）。

二、城市职能

（1）明代——军事化的宁远卫城

明初，长城以北的残余蒙古草原势力[8]仍在西北、东北等地顽抗并时常南下侵扰，因此明朝政府推行卫所镇守制度来加强全国军事管理。这一制度经不断演化，形成明代九边总兵镇守制[9]与都司卫所制[10]。九边重镇体系[11]依托于长城，由长城及不同规模的军事聚落组成。辽东镇初建于明洪武五年（1372年），是明初设立的边镇之一，但是由于不同时期所受军事压力不同，终明一代，辽东镇不断修建各级卫所堡寨，以完善其防御体系。其中各等级城池的修建可分三个高峰期[12]，为洪武间（1368—

1　乾隆皇帝东巡驻跸宁远时，观祖氏石坊后，曾题诗：“燧谨寒更烽候朝，鸠工何暇沿逍遥。若非华表留名姓，谁识元戎事两朝。”

2　清朝，州城分为直隶州和属州两种，宁远州为属州。

3　（清）冯昌奕等，（康熙）《宁远州志》卷一，辽海丛书，第一册，辽沈书社.

4　（清）冯昌奕等，（康熙）《宁远州志》卷一，辽海丛书，第一册，辽沈书社.

5　宁远城北墙石碑记载：“北面自西北角起，至东北角，长二百六十五丈六尺六寸，乾隆十四年（1749年）八月，佐领伊林保、宣州伊汤修。”

6　（清）道光二十八年（1848年），宁远知州强上林撰写《重修宁远州城垣碑记》中记载：“乾隆四十四年蒨官勘估奉省各城凡十一处，发帑兴修宁远，仍因内城旧址修筑，而外城遂废。”

7　辽西省是中国历史上的一个省份，1949年4月21日，经东北人民政府批准撤销辽宁、辽北2省，设立辽西省，省会锦州市。1954年6月19日，经中央人民政府批准，撤销辽东省、辽西省，合并设立辽宁省，原辽西省所属的四平市及梨树、双辽2县划归吉林省。

8　元朝残余势力后分裂成为鞑靼、瓦剌和兀良哈三大部分。

9　九边总兵镇守制指九边防区各设一总兵统领全镇事务，集军事、经济、司法权力于一身，是军镇最高军政长官。除“整饬兵备”“练抚士卒”等基本权力外还有管理屯田、粮草、钱粮、词讼及军法从事等权力，且“都指挥以下俱听节制”。正统以后由于以文制武、以内制外政策的推行，总兵权力逐渐被镇守太监、巡抚、巡按等分割或剥夺。详细参见张景波．明代辽东总兵研究[D].哈尔滨：黑龙江大学硕士学位论文，2009.

10　都司卫所制是明代防御系统军事建制的一种，以都司为地方最高军事领导机构，率领所属卫、所隶于中央的五军都督府，听命于兵部。全国共设16个都司，5个行都司。辽东都司下设25个卫，分为5路兵马，每卫管辖约5个所，共设127个所。详细参见黄欢．明代长城防御体系之辽东镇卫所城市研究[D].南京：东南大学硕士学位论文，2009.

11　九边总兵镇守制和都司卫所制均属于九边重镇军事体系。这两种制度在本质上有传承关系，明初尚武，居防守要地的镇守总兵权利较大；正统以后，总兵之责被削弱，以都司卫所制取而代之。

12　参见刘珊珊，张玉坤．明辽东镇长城军事防御体系与聚落分布[J].哈尔滨工业大学学报，2011.

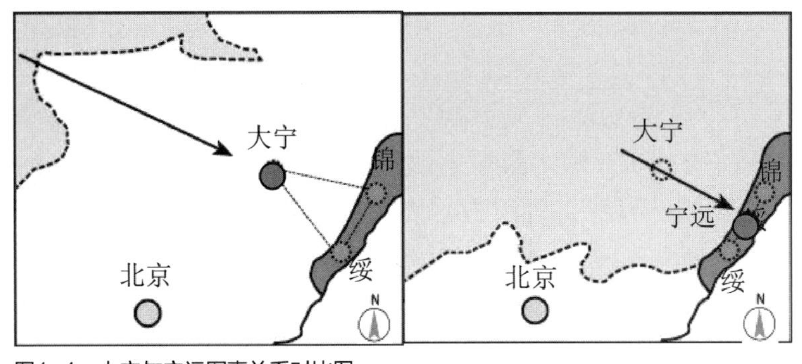

图1-4　大宁与宁远军事关系对比图

1398 年）；宣德（1426—1435 年）、正统（1436—1449 年）、成化（1465—1487 年）、嘉靖（1521—1566 年）；隆庆（1567—1572 年）、万历（1573—1620 年）。其中主要镇、卫、所城均修筑于前两个高峰期，第三期以堡城修筑为主，宁远卫修建于第二个期之初。

永乐间（1403—1424 年）明政府弃守大宁都司诸卫，将明朝北部防御前沿后撤至长城以南，使辽河上游和大凌河上游地区成为防御真空，暴露了辽西走廊中锦州至绥中间三百里的军事空当（图 1–4），使该地区经常遭受盘踞在辽西的兀良哈部蒙古骑兵侵扰，极大地威胁着明朝在辽东镇的生命线——辽西走廊的安全。所以为了维护辽西走廊地区的稳固统治，明政府于宣德三年（1428 年）在锦、绥间狭长的沿海走廊地带增设宁远卫。由此可见，宁远卫的设置军事目的性极强，是明朝中央政权与北方蒙古势力斗争的产物，真实地反映了当时的军事、社会背景。

① 初期——南路卫城（1428—1622 年）

辽东镇都指挥使司下分东、西、南、北、中五路屯兵，每路各设一座路城统领该地事务。南路屯兵路主要由广宁前屯卫（今绥中县前卫镇）、宁远卫及下辖的各所城、堡城组成，其中前屯卫[1]为路城，与宁远城组成“宁前路”军事联合路。故建城初期，宁远卫仅仅是辽东镇南路屯兵路中一座普通卫城。

首先，广宁前屯卫作为南路守备路城，屯兵级别较高，是该区中心城市。其次，前屯卫设立于明洪武八年（1375 年）[2]（图 1–5），是辽东镇中最早设置的军卫之一，比宁远卫早五十三年，可反映辽东镇防御体系的最初构想。相反，宁远卫作为南路屯兵路中一座普通卫城，屯兵级别较低，并且其设置原因是为弥补大宁诸城失陷后产生的战略空当，是对时事环境的应激之举，而非源于辽东镇军防的最初规划。此外，明初北部边疆威胁主要集中于大同、榆林、宣府及黄河河套一代，虽然东北地区也时有蒙古骑兵骚扰，但并无紧急战事爆发，所以此时宁远卫乃至整个辽东镇的军事地位并不突出。隆庆二年（1568 年）宁远城崩后明朝未及时修葺可兹证明。因此，建城初期的宁远卫与其他卫城规模、地位并无二致，其设置原因是为增加辽西走廊的驻防兵力，便于该地区军队调动策应。

②成熟期——防线中枢（1622—1642 年）

随着辽西地区军事防御局势的逐步升级，宁远卫战略意义突显，凭借地理上的优势，其逐渐成为地区防御中心。

1　在卫所制军事管理制度下，出现了卫城、所城两种城池类型；而屯兵城系统的层级性使得防御单位出现镇城、路城、堡城三种类型。详见李严．明长城“九边”重镇军事防御性聚落研究 [D]. 天津：天津大学博士学位论文，2007.

2　（清）《盛京通志》卷十五《城池》：“都指挥曹毅因旧址修土城，周围五里三十步，高三丈五尺，宣德、正统间，备御毕恭等前后包砌，池深一丈，阔二丈，周围六里二百步。门三，东曰崇礼，南曰迎恩，西曰武宁。”

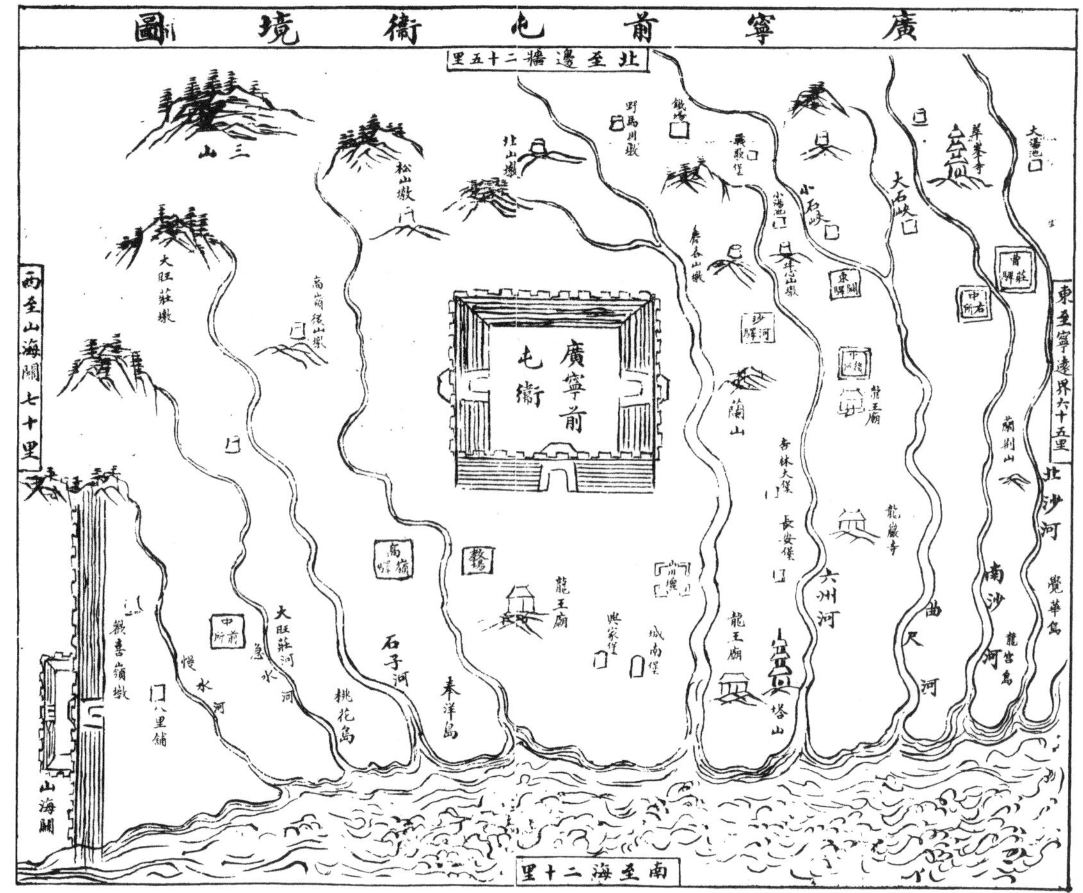

图1-5 《全辽志》广宁前屯卫境图

a. 准备期（1622—1626 年）

明朝后期，蒙古势力衰败，女真人崛起于东北，明朝北部边疆的主要敌人由北元变为后金，使辽东镇军事地位显著提升，甚至被评价为“明亡始于辽亡，辽亡影响明亡”[1]。明末辽东局势不断恶化，辽阳、沈阳等重要城堡相继失守。作为京师最后防线的山海关城（图 1-6）以西几无险可据。天启二年（1622 年）初，广宁失陷，全辽震动，后金兵“西渡辽河取西平堡，追击至平阳桥”[2]（图 1-7）。在此危急关头，孙承宗、袁崇焕等辽东守将发现了宁远卫的重要战略价值：其一，该城位于辽西走廊中段，向北可驰援锦州，向南可联系山海关，使周边城池互相策应，形成防御网络。其二，该城位于辽西走廊山海最狭之咽喉处，易守难攻。因此，三年（1623 年）九月至四年（1624 年），孙、袁二人决意固守宁远，重布兵力、维修城池，筑成关（山海关）宁（宁远）防线。此次重修中，宁远卫增建外城，形成同等级卫城中罕见的重城重濠形制（见后文）。此时宁远城的战略地位已远胜于前屯城，成了辽西走廊中最重要的军事城池。

1 孙文良．满族崛起与明清兴亡 [M]. 沈阳：辽宁大学出版社，1992.

2 详见（民国）《兴城县志 卷一 地理 四》民国十六年铅印本。

而后孙承宗再次力排众议，同意袁崇焕将防线向北再推进 200 里至锦州，使山海关与辽东镇实现真正联防，建立了纵深四百余里的关（山海关）宁（宁远）锦（锦州）防线（图 1-8）。该防线以宁远为中坚，山海关为后盾，锦州为前锋，其间以大小不同的卫、所、堡、台、驿等作为联络，步步设防。其中，以宁远卫为分界点，该防线又可分为南北两段。南段自山海关至宁远，称关宁防线，主要为原

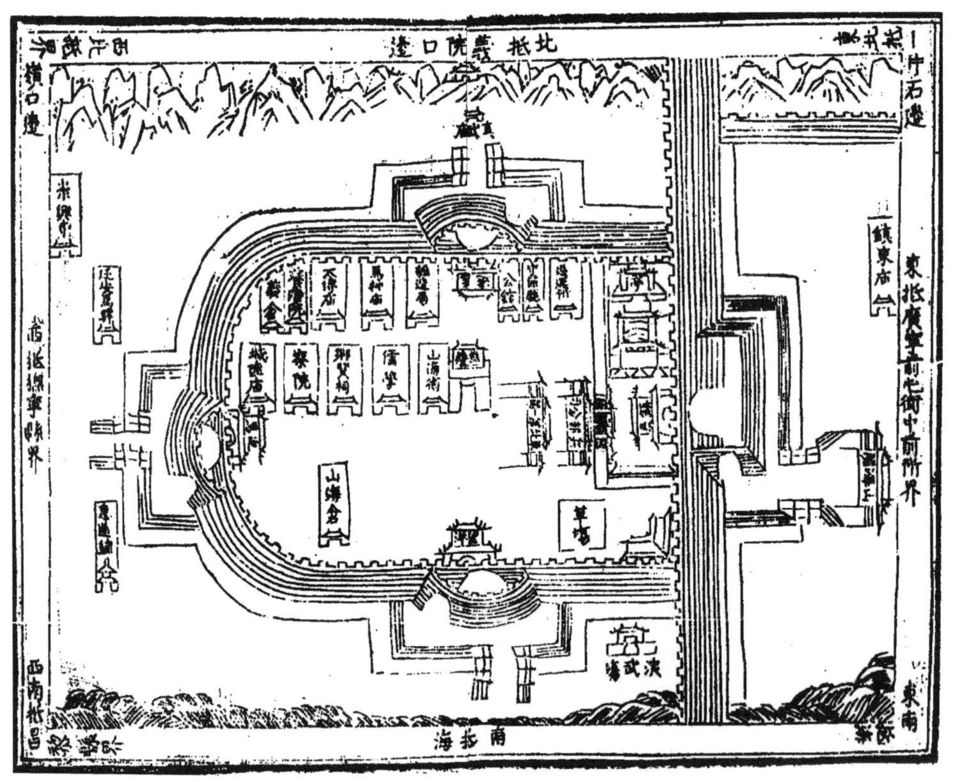

图1-6 《山海关志》山海关城图

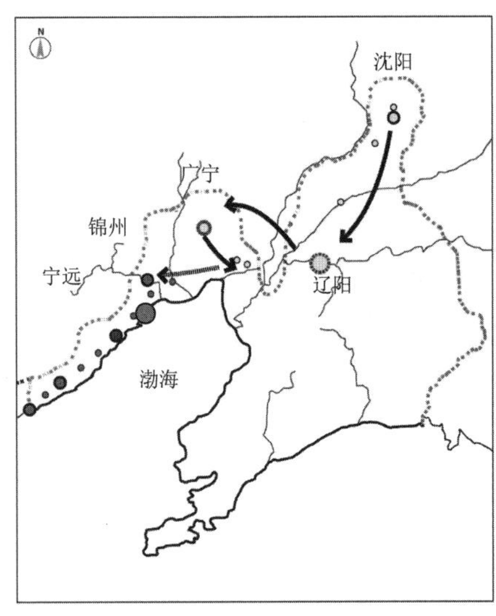

图1-7 后金进攻路线示意图

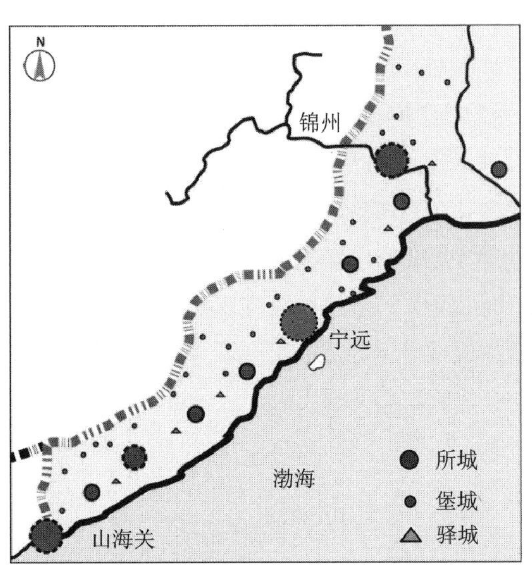

图1-8 关宁锦防线示意图

辽东镇南路各城，除山海关城外，自西向东包括广宁中前所城（今绥中前所）、广宁前屯卫、广宁中后所（今绥中县）、宁远中右所（今兴城市沙后镇）等；北段自宁远至锦州，称为宁锦防线，主要为原辽东镇西路各城，自南向北主要包括宁远中左所（今葫芦岛塔山）、广宁中屯所（今锦州市松山）、锦州卫（图 1-9）、大凌河中左所（今锦州市大凌河）等军事城堡。关宁锦防线负山阻海，逶迤一线，各堡垒要塞“层层外护”[1]，避免了山海关直接暴露于敌军之下。事实证明，该防线的设立确实可以威慑敌军，自天启二年（1622 年）的防线始立，后金军队无犯秋毫。

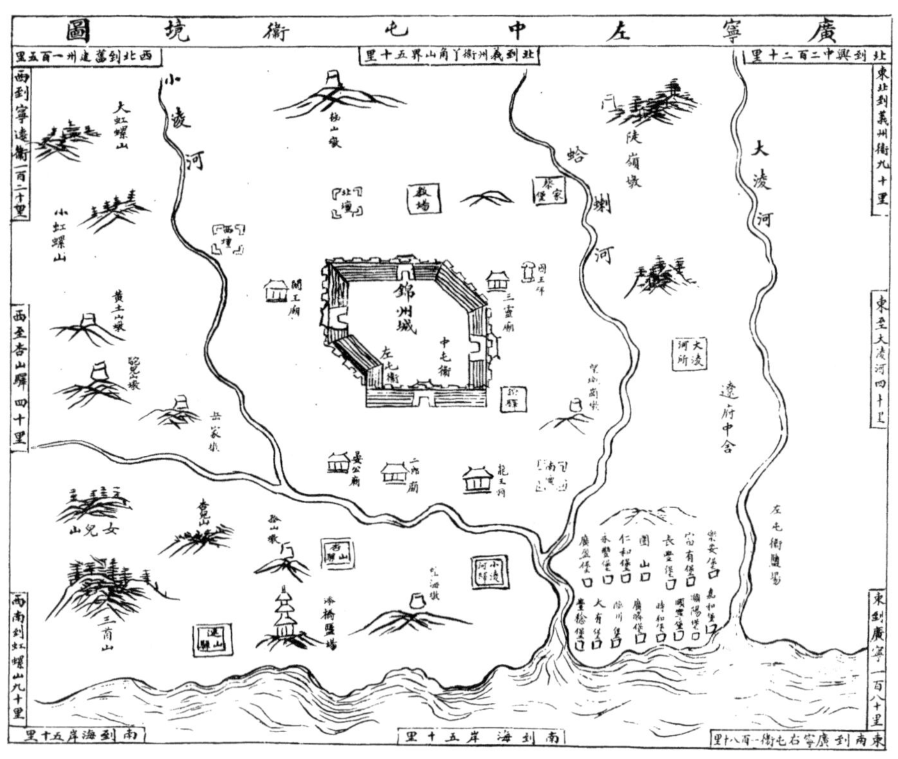

图1-9 《全辽志》中广宁左中屯卫（锦州卫）境图

b. 激战期（1626—1627 年）

由于明廷内部派系斗争和军队消极抵抗思想的加剧，六年（1626 年）至七年（1627 年），女真军队曾两度撕开关宁锦防线。危急时刻，袁崇焕带领宁远众将坚壁清野、坚守城池，击退了敌人的进攻，取得了著名的“宁远大捷”和“宁锦大捷”。

在激战期中的交锋中，宁远城横亘于东北与华北之间，成为后金入关的最大阻碍，充分展现其独一无二的战略地位和军事价值，亦对敌我双方的精神、心理产生影响。一方面，明军受到胜利的鼓舞，士气大增，以宁远卫为精神支柱，认为只要保住宁远，京师便可无碍，所以天启、崇祯二帝在位期间不断增修宁远及周边防御工事。另一方面，女真核心领袖努尔哈赤和皇太极的接连失败，使清军对宁

1 详见（明）《明熹宗实录》卷八十六。

远产生敬畏之心，最终影响其战军事略，如学习火器、离间袁崇焕与崇祯帝、绕道蒙古进攻北京，等等。此外，官修正史和民间野史中对该时期的战事及人物记载颇多，宁远卫的声望达到顶峰。

c. 相持期（1627—1642 年）

天启七年（1627 年）受宁远大捷鼓舞，明军重修关宁锦防线各处城池堡垒，“重关累塞”[1]之景再现。此后，该防线战事亦时有反复，但清军慑于防线之固，未大举来犯。这种情况一直持续到崇祯十五年（1642 年）的松锦之战。此一役，明军大败，松山、锦州、杏山、塔山诸镇陷落，关外八镇步步为营的盛况消失，标志着战争相持阶段的结束。

广宁失陷后，关宁锦防线成为山海关的唯一屏障。在该防线“建立—废除—重建”的过程中，由于宁远卫独特的地理位置和战略价值，其始终担负指挥中枢角色。它连接了山海关至锦州的狭长防区，加强了明朝对辽西走廊的有效控制，甚至一度有机会改变晚明辽东镇被动防御的不利局面。因此，该防线中宁远卫具有绝对的核心作用，可以说宁远存，则防线存，可保山海关之周全；宁远亡，则防线亡，山海关、京师皆有恙。综上，天启二年（1622 年）至崇祯十五年（1642 年）间，宁远卫的军事地位逐渐成熟至鼎盛阶段。

③尾声——关外孤城（1642—1644 年）

崇祯十五年（1642 年）松山、锦州、杏山、塔山被攻破，只余总兵吴三桂驻守宁远城勉强维持风雨飘摇的辽东防线。十六年（1643 年）皇太极去世，多尔衮辅佐福临管理朝政，武力进攻的同时，劝降城内官兵。十七年（1644 年）闯王李自成攻破北京，崇祯皇帝朱由检自缢，吴三桂遂“乞师”清军，宁远城投降。

在明朝最后三年中，关外土地尽失，宁远作为山海关外最后一道屏障，依然顽强坚守，并最终以“吴三桂倒戈”这一非常规战争的方式结束其历史使命，这种结局一定程度上延续了宁远卫的不败神话。

（2）清代——转型中的宁远州城

清代宁远城最主要的变化体现于城市职能的改变，即脱离了都司卫所制的军事防御体系，从军事卫城变为普通州府城市。这一变化主要分两步。首先，逐渐削减城内官兵数量，以削弱其实际军事能力。据清《宁远州志》中记载，顺治元年（1644 年）裁卫，宁远城内所领官兵将士数千人“今悉裁去，惟设知州吏目学正训导各一员”[2]。其次，脱卫制入州制。康熙二年（1663 年）宁远卫改为宁远州，标志着其军事功能彻底消失，逐渐转型为世俗化的普通州城。

①实际军事作用的消失：清代宁远城军事作用逐渐消失的原因主要有二。其一，发源于东北而后入主中原的女真族，其主要反抗力量来自内地的汉族武装（如退到中国东南的南明政权）和西部其他民族的叛乱，东北地区局势相对稳固，所以辽东镇和宁远城自然失去军事价值；其二，清朝虽曾重建卫所制，并确立“设卫所以分屯，给军以领佃”的原则，但这一制度实质上取消了卫所城市的军事职能，使卫所中武职官员的职责趋于日常行政管理，如民事、教育和司法等行政事务。军事作用消失后，宁远城内城墙、城濠等主要军防设施也渐无实际功能，尤其是为加强防御而增修的外城墙更沦为世俗化的宁远州城之鸡肋，终因年久失修而湮灭不存。

②世俗作用的兴起：随着军事作用的消失，清代宁远城逐渐世俗化，转型为一座供普通市民生活、

1 详见（明）《明熹宗实录》卷七十九。

2 详见（清）冯昌奕、王琨纂修，（康熙）《宁远州志》卷一。

居住的城市。但是受到明清战争和清代统治者为保护祖先龙兴之地而修建的柳条边（图1–10）的影响，宁远城经济发展缓慢，仍处于世俗城市转型的初级阶段。不同于明代军事卫城的城市空间布局，清代宁远州城内部各空间要素反映出世俗特征（图1–11）。清代宁远州城不再由军队管辖，城内仅设一般衙署、司署等行政机构。相对于明代城内典型的军队信仰特征，清代宁远州城内出现了大量世俗性寺庙。由于城内居民多为战后外迁而来，所以信仰种类丰富多样，除保留的原明代城隍庙、上帝庙外，还兴建了财神庙、大士庵、祖师庙、新安寺、马神庙、火神庙、观音庵等各式庵庙道观。除此之外，宁远州城在城内东南隅，即文庙南侧，兴建了柳城书院，负责城内学童的教育。教育功能的发展也可反映城市职能世俗化的转变。

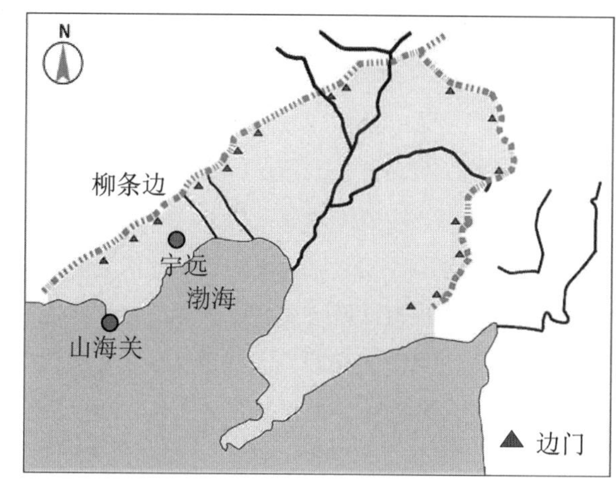

图1–10　清代柳条边与宁远城关系示意图

③军事意义的持续影响：在明清战争中，清军两位杰出领袖努尔哈赤和皇太极先后败于宁远，并且前者间接丧命于宁远保卫战中所负之伤。因此，宁远城不仅在实际战事中成为女真人入主中原的主要障碍之一，心理中也如在喉之鲠，故历代清帝均对宁远城怀有特殊情结，除前文提到的清帝东巡外，顺治皇帝曾大力嘉奖宁远守军，此外末帝溥仪逃亡东北时，也曾希望于兴城畔温泉边修建行宫。所以，

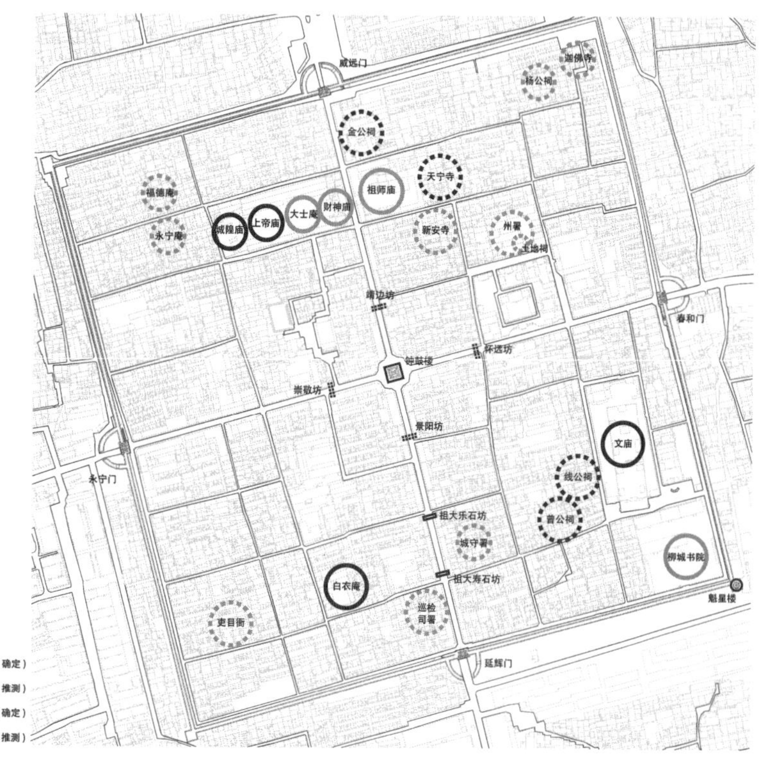

图1–11　清代宁远州城内主要建筑分布图

清代的宁远州城虽已经失去实际军事作用，但其城市的发展依然受到曾经的军事性之无形影响。

（3）民国——彻底世俗化的兴城县城

①建置的降低：民国二年（1913 年）兴城古城撤出清朝州府制，改州为县，次年更名兴城县。由于铁路的修建，辽西地区的经济、文化中心向锦州转移，兴城古城的发展受到抑制，从区域中心变为等级较低的县城，主要表现有（图 1–12）：城内设县署管理事务，未新建官衙，仍沿用原清代州署建筑。文化的衰落则主要表现为民间信仰的消失。这一时期，古城内无新建寺观祠庙，原有庙宇也逐渐荒废消失，城内仅余城隍庙、上帝庙、大士庵、财神庙、祖师庙、天宁寺、白衣庵。

②市场的繁荣：民国时期古城内外蓬勃发展的市场是其市民经济繁荣的缩影，标志着古城的彻底世俗化。例如该时期的《兴城县志》中首次出现对市场的记载。这些市场种类繁多、各司其职、颇具规模，主要有粮市、米市、柴草市、骡马市、肉市、鱼市、鸡鸭市、鲜果市、干果市等。

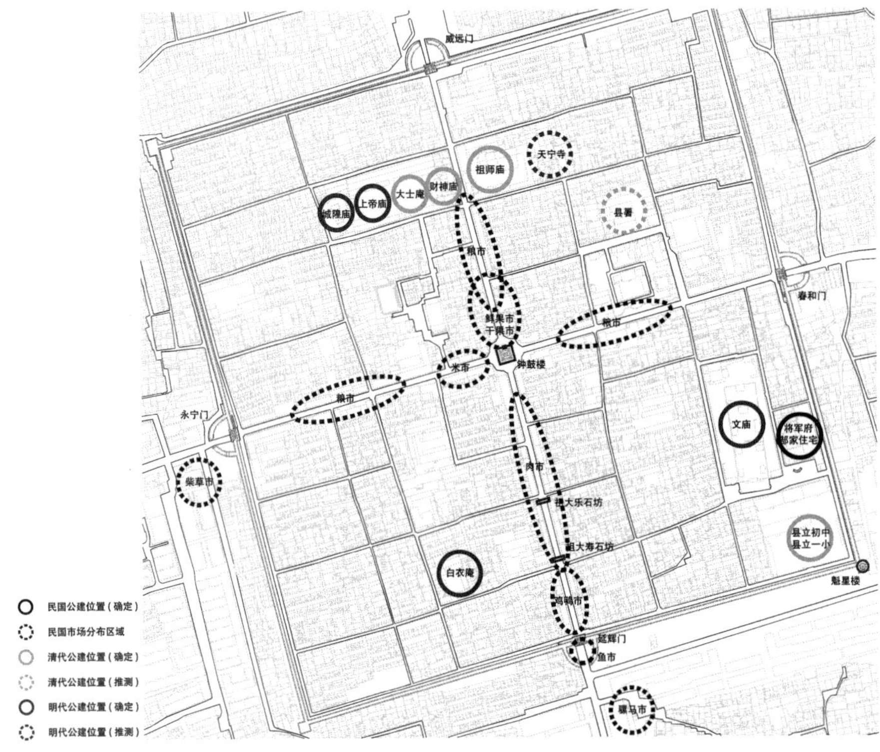

图1–12　民国兴城县城内主要建筑、市场分布图

第二节 明代的宁远卫城

一、相地择址

（1）宁远卫与辽西走廊

辽西走廊亦称榆（渝）关走廊，位于今辽宁省锦州市与河北省山海关市之间（图 1–13），东临辽东湾，西依松岭山，“西南—东北”走向，长约 185km，宽 8 ~ 15km。辽西走廊背山面海，丘陵起伏，

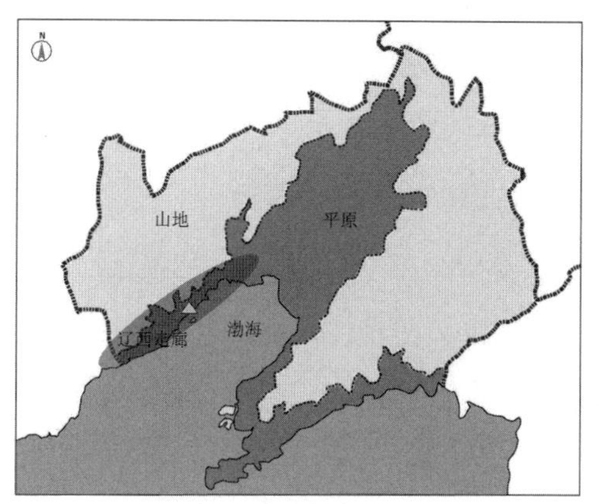

图1-13　辽西走廊位置示意图

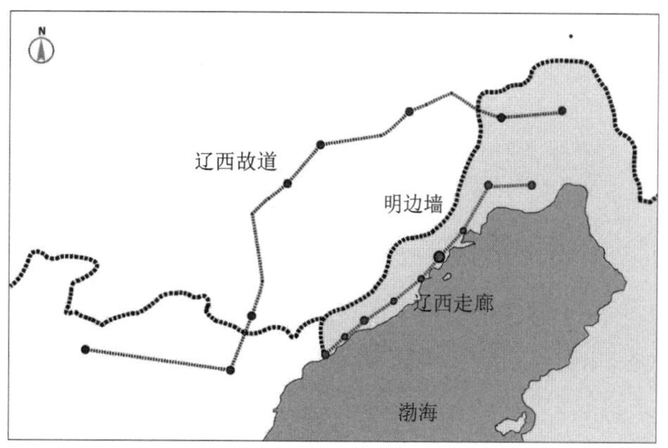

图1-14　辽西故道、辽西走廊与明边墙关系图

形势险要，是联系东北与华北间最便捷路径，因此成为兵家必争之地。

辽金以前，辽西走廊地区并未开发，其地人烟稀少，既无重镇要塞，也无稳定政权，只有草丛毛道。当时中原至东北多经由"辽西故道"（图 1-14），即从蓟城（今天津市蓟县），东折卢龙塞（今河北省卢龙县东北），沿滦河、松岭，进入白狼河（即今大凌河）谷地，过柳城（今朝阳市）、昌黎（今北宁市）等地进入辽东[1]。由于辽末辽西故道为堵截宋、金使臣而封锁，故辽西走廊始盛。

明清时期，辽西走廊逐渐完善。明初蒙古势力占据走廊以西大部地区，辽西走廊成为明廷维护东北地区统治的交通要道。正统七年（1442 年）辽东边墙的修建彻底阻挡辽西故道的通行，辽西走廊价值的唯一性始现。明末，东北女真崛起，辽西走廊肩负阻挡清军入关的重任，于是明政府沿走廊不断修建卫、所、屯、堡、台等军事设施，使辽西走廊成为名副其实的军事重道。

宁远卫建于走廊中段，其一，为弥补走廊内绥中至锦州间的军事空白地带，据险筑城，阻挡蒙古残部；其二，为进一步沟通走廊南北，使内部各城池分布更均匀紧密，形成有效的防御体系；其三，宁远卫选址于走廊山海间最狭之咽喉，易守难攻，大大增强了走廊的防御能力。

综上，宁远卫与辽西走廊相依相存：一方面，由于走廊重要性提升，促成宁远卫之建立保其畅通无阻；另一方面，宁远卫建立使走廊南北进一步贯通，促进该地区的商旅、军事连结。

（2）宁远卫与辽东镇长城防御体系

宁远卫属辽东镇南路守备，该防区地理上与山海关相接，战略价值极高，宁远卫的增建加强了该区军事实力。第一，宁远卫除自身可统五千户外，还可管辖多座所城和堡城。这些城池平日屯兵屯粮，可增加该区军力物力。第二，为实现各城池间及时应援，相邻城池需保持在一定距离内。由于南路防区地处狭长沿海走廊，地理上联系本已不便；并且路城前屯卫偏居南隅，对整个防区的军事辐射能力更弱。因此增建宁远卫于前屯北，既可作为北部防御屏障，又可有效分担地区防务，平衡军事力量分布，使得南路守备的城池配置更加合理（图 1-15）。

（3）宁远卫选址的军事考量

除辽东长城防御体系布局的总体考量外，具体选址时还要结合局部地势、地貌 、地形等因素，以

1　邹本涛 . 辽西走廊文化特质探察 [J]. 辽宁师范大学学报（社会科学版），2005（5）.119-122.

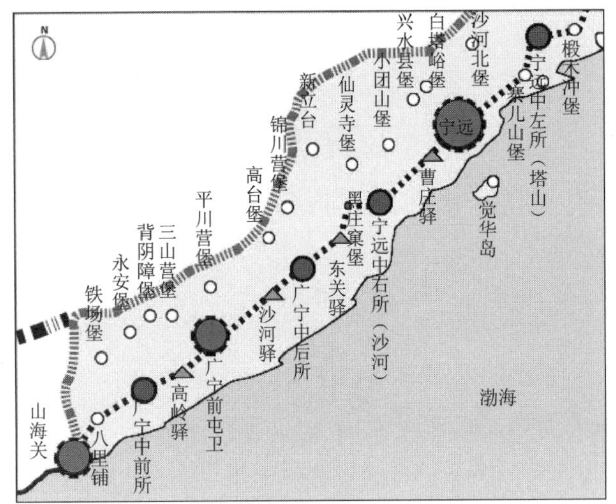

图1-15　辽东镇南路守备城池分布图

图1-16　宁远卫周边山水格局关系图

最大化其军事防御能力。古人曾如此评价宁远卫之选址："内拱严关，南临大海，居表里中间，屹为天然形胜"[1]。

①山：山脉走向是中国古代城市选址中的主要依据之一。冷兵器时代，山势、山形对城池防御影响甚大。具有高度优势的山体是保护城池的天然屏障，既可提供隐蔽、埋伏场所，又可凭高眺望、及时发现敌情。因此中国古代军事要塞通常建于高山之上，或藏于高山背后，"依山设城""据险守卫"，宁远卫选址属于后一情况。宁远卫三面环山，北靠窟窿山、九龙山，东依首山（距城 2.5km），和峡山相拥，西南侧有黑风山、铁马山为伴，形成了客观上的环抱之势，地理上约束敌军来犯路线（图 1-16）。其中窟窿山和首山间通道仅百米宽，既可延缓敌军速度，又便于守军设伏；另外，首山亦是该地区制高点，其上建有烽火台，凭高瞭望可及时发现敌情，使宁远城提前做好各项防范准备。因此宁远卫居于群山之内，军事防御能力显著提高。

②河：河流也是城池选址的重要考量因素之一。首先，河流中的淡水可为城内人畜提供饮用水、日常生活用水和农业生产用水。其次，互相连结的河流还是重要的交通手段，可提供漕运及河谷道路交通。另外，河流冲刷形成的冲积平原、河滩，地形较开阔，适宜大规模部队屯扎聚集。宁远卫正位于松岭山脉延续分布的丘陵地带中一处河流入海冲击形成的平原地带。古城东临东河（距城 0.5km），西傍兴城河（距城 0.5km）。为兴城八景[2]之一"两水环城"（图 1-17），既可解决城内水源问题，又可依水势筑壕御敌，同时顺流而下可直达渤海，便于海路运输粮饷等军用物资。

③海：与内陆城市不同，宁远卫东临大海，居山海要冲，扼边关锁钥，是陆路防御与海路防御的交汇处。考虑到几百年来海岸线后退的因素，明代该地区山海间距离仅 10 余公里，且当时密林遍布，不便于大批兵马通过，因而于此处筑城防御效果甚佳。此外，宁远卫东南海中有一觉华岛[3]（今菊花岛），

1　参见（清）顾祖禹：《读史方舆纪要》，卷三十七．

2　（清）康熙《宁远州志》卷一中载宁远州有八景，分别为就巎古塔、三首悬流、两水环城、孤石镇远、雪窖汤池、钓台潮浪、海崖双岛、嘉山五泉。

3　菊花岛古称觉华岛，距海滨 18 海里（约 $33.3km^2$），面积 $15km^2$，海岸线长 26.5km，是渤海湾最大的岛屿。距宁远 15km，与宁远城互为犄角，居东西海陆中逵，扼辽西水路要津。觉华岛屯储的粮料，既有来自天津的漕运米，又有来自辽西的屯田粮。

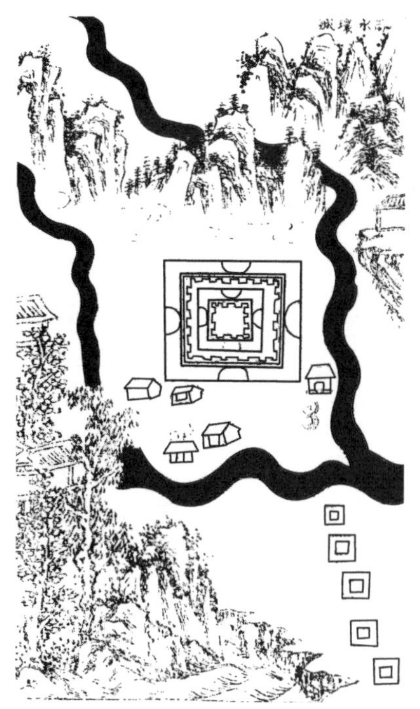

图1-17 《宁远州志》中“两水环城”示意图

二者隔海相望，互为犄角，平日各设舟师，囤贮兵力、粮秣，战时亦可相互策援。

④地：宁远卫海拔高度 16m，城内地势西北高、东南低；中间高，四周低（图 1-18）。其中城内正中向四周渐次低缓，仅钟鼓楼至东门就高出近 4m，这种地形坡度便于城内积水顺利泄出城外，并保证城墙不受水害。

二、区域防守

（1）陆路防御体系

宁远卫居山海要冲，是辽东镇陆路长城防御系统与海路防御系统的交汇点之一。

陆路防御系统是辽东镇主要的边防体系，由卫、所、堡等不同等级的城池共同承担防御任务。其中一座卫城屯驻官兵五千六百人；下可辖左、右、中、前、后五座千户所城，每城

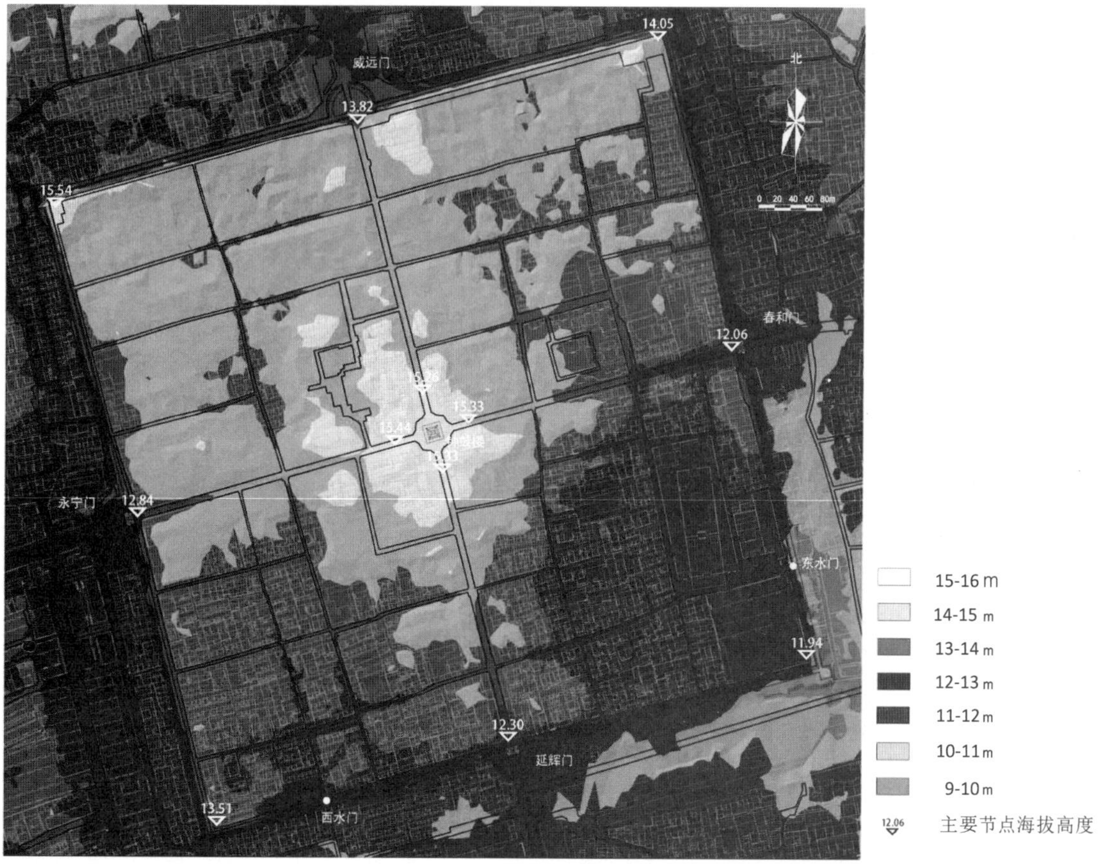

图1-18　宁远卫城内地势图

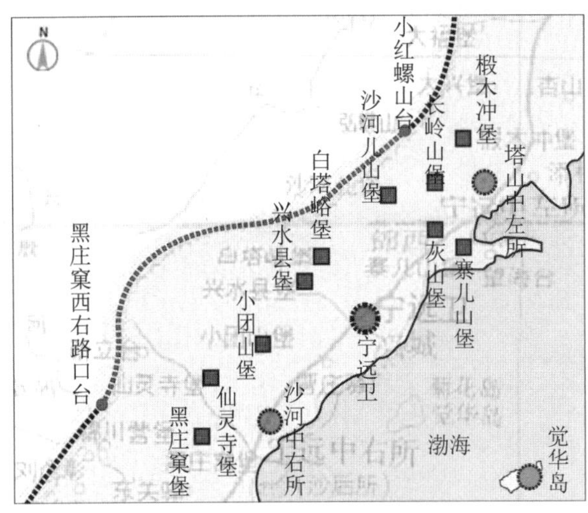

图1-19　宁远卫所辖陆路长城防御系统示意图

又各屯驻一千一百二十人；再下辖等级为堡城的百户所，每城屯驻官兵一百一十二人。这些城池间相互连结，层层设防（图 1-19）。

宁远卫下辖千户所城两座，为塔山中左千户所和沙河中右千户所。塔山中左千户所位于距今辽宁省葫芦岛市东 10km 的塔山镇。其城“周围三里一百八十四步，高二丈五尺，城门三，楼三，宣德五年指挥李旺建，嘉靖癸亥巡抚王之诰、司备陈绛重修，加高三尺”[1]。现城墙已拆除，但城内十字形干道格局依稀可辨。据城内老人回忆，城北幸福院（塔山老年人福利院）所在地原为一处大庙，推测应为北门之上帝庙（图 1-20）。沙河中右所位于今辽宁省兴城市西 30km 沙后镇。其城“周围三里一百八十四步，高二丈五尺，城门二，楼二，宣德五年指挥张敬建，嘉靖癸亥巡抚王之诰、兵备陈绛重修，加高三尺”[2]。今仅在南关位置残

图1-20　塔山镇现状照片

1　参见（明）李辅等，《全辽志，图考》卷一（民国）金毓黻辑，辽海丛书，辽沈书社.
2　参见（明）李辅等，《全辽志，图考》卷一（民国）金毓黻辑，辽海丛书，辽沈书社.

图1-21　沙河镇内残存城墙遗址

图1-22　沙河镇内护城河遗址

存14m残墙，底基宽6m，高6m；并且可辨别出城墙外环城的一圈护城河遗迹（图1-21,图1-22）。

宁远卫下辖堡城十一座，为黑庄窠堡（今兴城市西南大黑庄窠）、仙灵寺堡（今兴城市西南仙灵寺）、小团山堡（今兴城市西南团山子）、兴水县堡（今兴城市西北清水岘）、白塔峪堡（今兴城市北白塔峪）、寨儿山堡（今葫芦岛市西茨儿山）、灰山堡（今兴城北灰山堡）、松山寺堡（今葫芦岛市西寺儿堡）、沙河儿堡（今葫芦岛市西北沙河营）、长岭山堡（今葫芦岛市西北的南长岭子）、椴木冲堡（今葫芦岛市北椴木冲）。所管辖的长城段落由黑庄窠西右路口台起，至椴木冲堡小虹螺山台止，“共二万九千四百二十一丈，合一百九十六里”[1]，边台“一百五十五座，腹里接火台二十六座”[2]。

（2）海路防御与补给系统

明代宁远一带海上倭寇之患较弱，所以该地区的海防主要协同配合长城防御系统，屯运兵粮、联合策应御敌。

宁远卫管辖的海路防御与补给系统包括海防五城和觉华岛（图1-23）。崇祯十二年（1639年），“兵力益单，松锦相继失”[3]，为加强宁远卫防御力量，在卫南至海间筑海防五城，“壶传输，募土著实之”[4]，反映出明末宁远卫独一无二的军事地位。海防一城即头城子位于兴城南门外苗圃，“周围一百九十八步，北一门”[5]。海防二城即二城子位于兴城南2公里，“周围一百九十八步，南一门”[6]。海防三城即三城子位于二城子南1.5km处的小河子口南侧，“周围一里一百步，南一门”[7]。海防四城即四城子位于兴城曹庄，“周围一百九十八步，南一门”[8]。海防五城即五城子位于四城子南1km海岸边，“周围一百五十八步，南一门”[9]。以上五城，今俱圮。

1　（明）刘效祖．四镇三关志．明万历四年刻本，82页．
2　参见刘谦．明辽东镇长城及防御考．北京：文物出版社，1989.
3　参见（清）张廷玉．《明史 范志完传》北京：中华书局，1974年标点本．
4　参见（清）张廷玉．《明史 范志完传》北京：中华书局，1974年标点本．
5　（清）董秉忠等修．《盛京通志 卷十五 城池》．
6　（清）董秉忠等修．《盛京通志 卷十五 城池》．
7　（清）董秉忠等修．《盛京通志 卷十五 城池》．
8　（清）董秉忠等修．《盛京通志 卷十五 城池》．
9　（清）董秉忠等修．《盛京通志 卷十五 城池》．

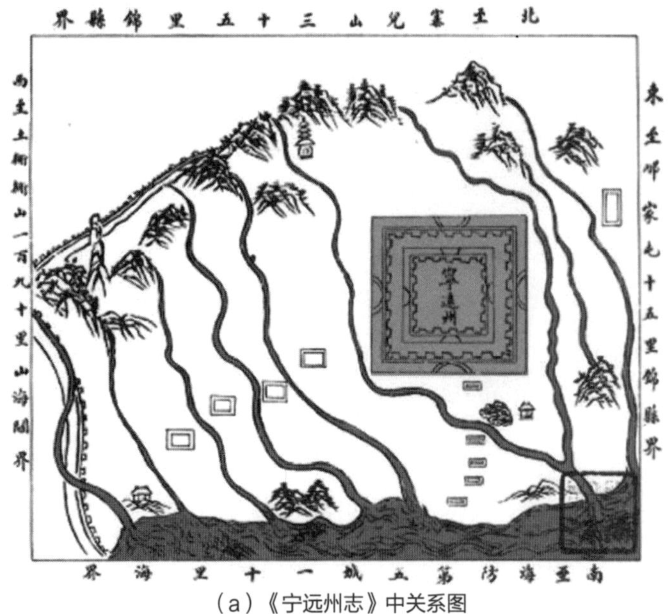

(a)《宁远州志》中关系图

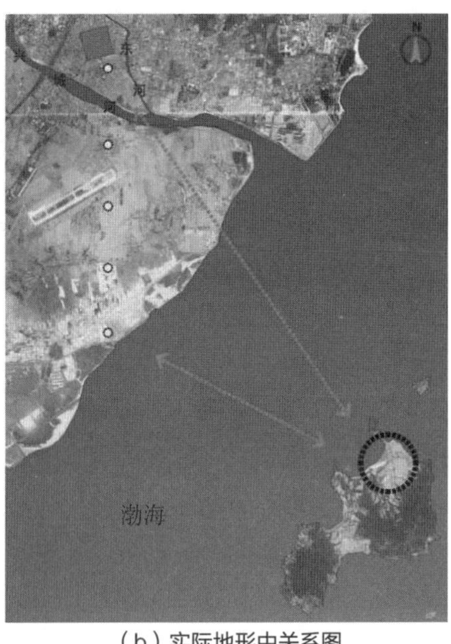

(b)实际地形中关系图

图1–23　宁远卫、海防五城、觉华岛关系示意图（右图海防五城位置为作者推测）

图1–24　觉华岛照片

觉华岛位于辽西海湾中，北距五城子 9km，岛上有一城，与宁远城互为犄角，既可囤积军用物资，也可互相驰援。该城为方形，砖石包砌，南北各一门，北门临海，可停泊船只（图 1–24）。

（3）军需保障体系

明辽东镇军需保障体系包括屯田、冶铁、制盐等，以保障官兵日常生活并为其提供兵器。这些后勤保障性质的屯堡、屯所既可单独建城，也可与驻军城堡结合。

军屯：明王朝在边境地区采用“寓兵于农”的屯田政策，《明史·食货二》中记载：“军屯训领之卫所。边地，三分守城，七分屯种。内地，二分守城，八分屯种。”因而辽东镇内卫、所、堡等城池除战时联防及屯兵之功外，均兼屯田之用，并设专门官员主管屯田，“屯兵百名委百户，三百名委千户，五百名以上指挥提督之”[1]，形成军事屯田指挥系统。

冶铁：冶铁所主要负责铁矿石的开采和冶炼。宁远卫下辖一铁所，为宁远卫铁场百户所，在“城西南一十八里，地名糜子峪”，[2] 现为绥中县高甸子乡山城子。

制盐：辽东镇具有沿海优势，因而多设盐场百户所，由驻扎军士负责煮盐。宁远卫“城西南二十五里”

1　参见（清）张廷玉．《明史 食货一》．北京：中华书局，1974 年标点本．

2　（明）任洛等，《辽东志》卷一，（近人）金毓黻辑，辽海丛书，辽沈书社．

图1-25　宁远卫与首山关系图

有一盐场堡，该城方形，南一门，“周围一里一百二十四步”[1]。据记载兴城古城南12.5km处确实发现过盐城遗址，并有崇祯八年兵部刘仰志墓志铭为证。

军镇内由屯驻官兵负责屯田、冶铁和制盐等事务，反映出寓农于兵、军民合一的特点，该举措一定程度上可减少朝廷的物资配给压力，为整个军事防御体系的成功运转提供了物质保障。

（4）信息传递体系

信息传递系统包括烽传方式和驿传方式两种，此二者皆可用于传递军事情报等信息。

烽传方式，指古代边疆地区戍兵点燃烽火台中烟火以传递军事信息的方式。现存与宁远卫关系最密切的烽火台遗存位于城东2.5km的制高点——首山上（图1–25）。首山烽火台（图1–26）墩台为圆形，青砖包砌，内以沙石填实，负责瞭受北方军情，及时向宁远卫传递情报，做好防御准备。

驿传方式，也是一种军事交通系统，由驿路、驿路城、递运所及驿站组成。宁远卫下共辖驿所5座，分别为宁远卫驿、曹庄驿及其递运所、连山驿及其递运所、双树铺驿城、高桥铺城。

（5）宁远卫的区域空间特征

①前期主要空间特征——平行防线：宁远卫周边长城防御系统由数条“东北–西南”走向的平行防线构成，体现了辽东镇初期布局特点。由于明中前期主要威胁来自北元残余势力，他们常沿山间谷地由西北草原方向南下骚扰。故该区防御布局以北侧山脊之边墙为最前沿，自西向东设有堡城、所城、卫城，各自串连，组成大致平行的多重防线（图1–27）。随着防线向东侧腹地推进，城池等级升高，聚落密度降低。此层层递进式的军事聚落空间布局可有效阻挡自长城外侧入侵的蒙古草原势力。

图1-26　首山烽火台

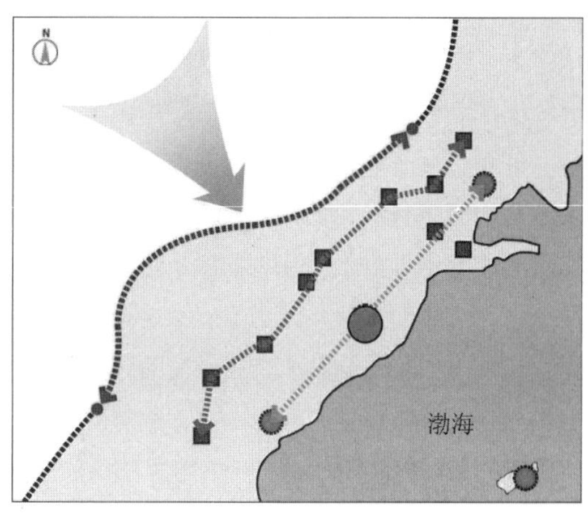

图1-27　宁远卫周边平行防线特征示意图

1 （清）刘源溥、孙成纂修，（康熙）《锦州府志》卷一.

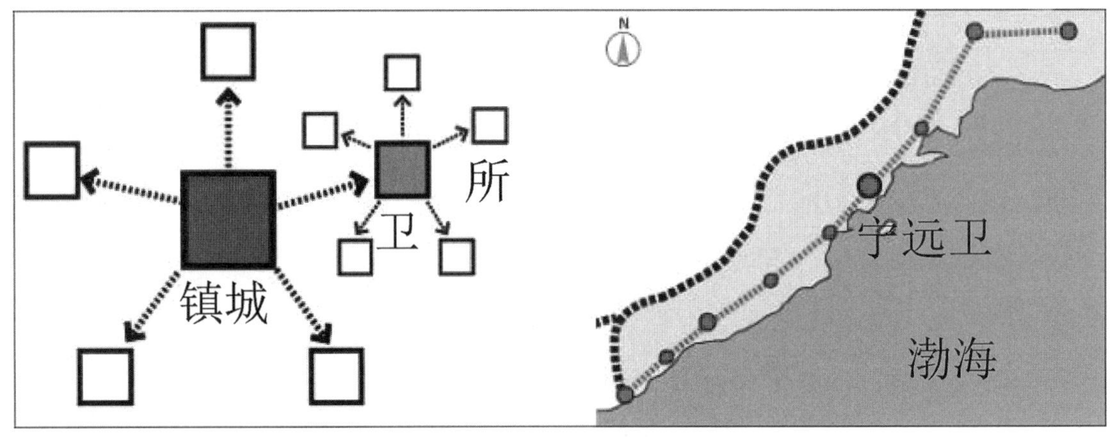

图1-28　放射性结构（左）与宁远卫线性结构（右）

图1-29　宁远卫海陆联合空间布局示意图

②后期主要空间特征——线形空间结构：因辽西走廊地形狭长，宁远卫周边主要卫所城市呈串联式线形空间结构，体现明末辽东镇主布局特点。明九边重镇内各级军事聚落通常呈放射状空间结构[1]，典型布局为军政核心城市周围围绕前、后、中、左、右五座次级城，如镇城周边设五卫；卫城周边设五所（图1-28）。但此布局仅为理想状态，实际中各城池空间分布因地制宜，依实际地理情况而定。宁远卫地处狭窄的辽西走廊，北侧为险峻的燕山山脉，南侧为浩瀚无边的渤海，通道极狭窄，因此该地区城市沿走廊线形布局，非发散式，如宁远卫东北建有塔山中左所、锦州卫，西南建有沙河中右所、中后所、前屯卫等军事聚落，这些军事城堡串连成线，构成了辽西走廊地区步步为营的独特空间特征，用以抵御沿走廊进攻的女真骑兵。

③路、海防御联合，十字交叉结构：宁远卫所在地区山海关系紧密，形成陆海联防空间结构。首先，宁远卫与东南侧海中之觉华岛隔海相望，可互相策援。其次，崇祯年间宁远卫以南至海岸间的空地上修建了五座一里见方的城堡，称海防五城。这五座城池虽然规模较小，但串连起来可加强宁远卫与觉华岛和渤海间的联系，便于军需物品及士兵由海路转移；同时五座城池与宁远卫相连构成的防线，阻隔走廊南北，使敌军骑兵通行不便，其与走廊垂直，局地形成十字交叉空间防御布局（图1-29）。

1　参见李严，明长城“九边”重镇军事防御性聚落研究[D]天津：天津大学，2007年。

三、空间特征

（1）城市主要防御设施——城墙

城墙是中国古代城池的主要防御工事，其形制、圈数可代表封建社会等级秩序。通常来说，都城、州府等大型城市筑有二至三道城墙，其中明南京和明清北京建有四道城墙，显示其封建集权地位；小型城市一般仅设一圈城墙环城。但据历史记载宁远卫却曾筑有内外双重城墙，并且经当地文物工作者证实古城外围建筑施工时确曾挖掘到部分外城墙基址，该形制在我国同等规模古城中十分罕见（图 1–30 ~ 图 1–32）。

①城墙

宁远城平面近似正方形，现地面仅存内城墙。内城墙四面正中均设门洞，其上建城楼，城墙内侧置马道，外侧置瓮城。此外，城墙四角均设角台，东南角台上筑有魁星楼。宁远卫城墙的建造是研究古代城池建造技术的重要案例，其角台的形制可反映明末筑城技术与大炮等火器的结合，体现了15 ~ 17 世纪军事观念由冷兵器和轻型火器向重型火器的转变。

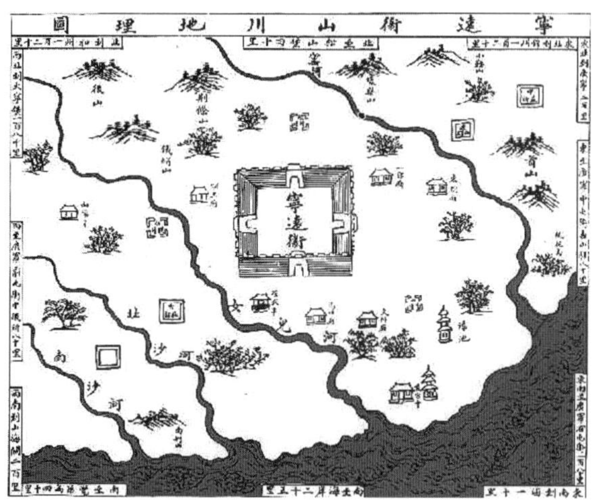

图1–30 《辽东志》宁远卫图

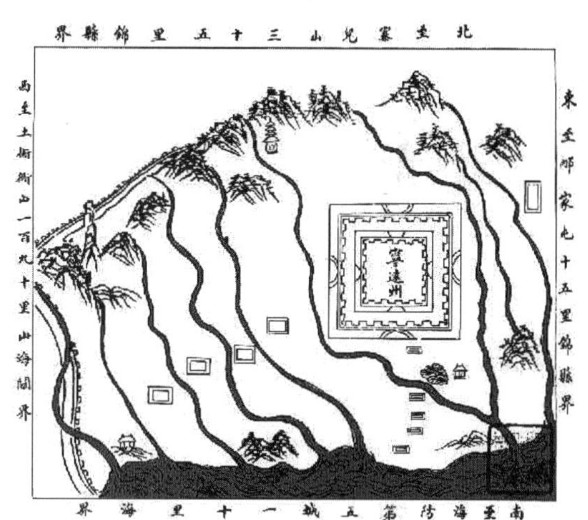

图1–31 《宁远州志》宁远卫图

图1–32 清代画作“太祖率兵攻宁远”

城墙（图 1–33）始建于宣德三年，并经多次修葺，周围五里一百九十六步（3274m），底宽 6.8m，顶宽 4.2 ~ 4.5m，墙通高约10.1m。天启三年，袁崇焕镇守宁远，偕满桂、祖大寿等重新修筑宁远城墙并增置外城。据记载，外城九里一百六十四步（5498.88m）。外城底宽三丈（9.6m），顶宽二丈四尺（7.68m），墙高三丈二尺（10.24m），垛口高六尺（1.92m）[1]（图 1–34）。

1 （清）冯昌奕、王琨纂修，（康熙）《宁远州志》卷三 .

（a）城墙外侧

（b）城墙内侧

图1-33　宁远卫内城墙

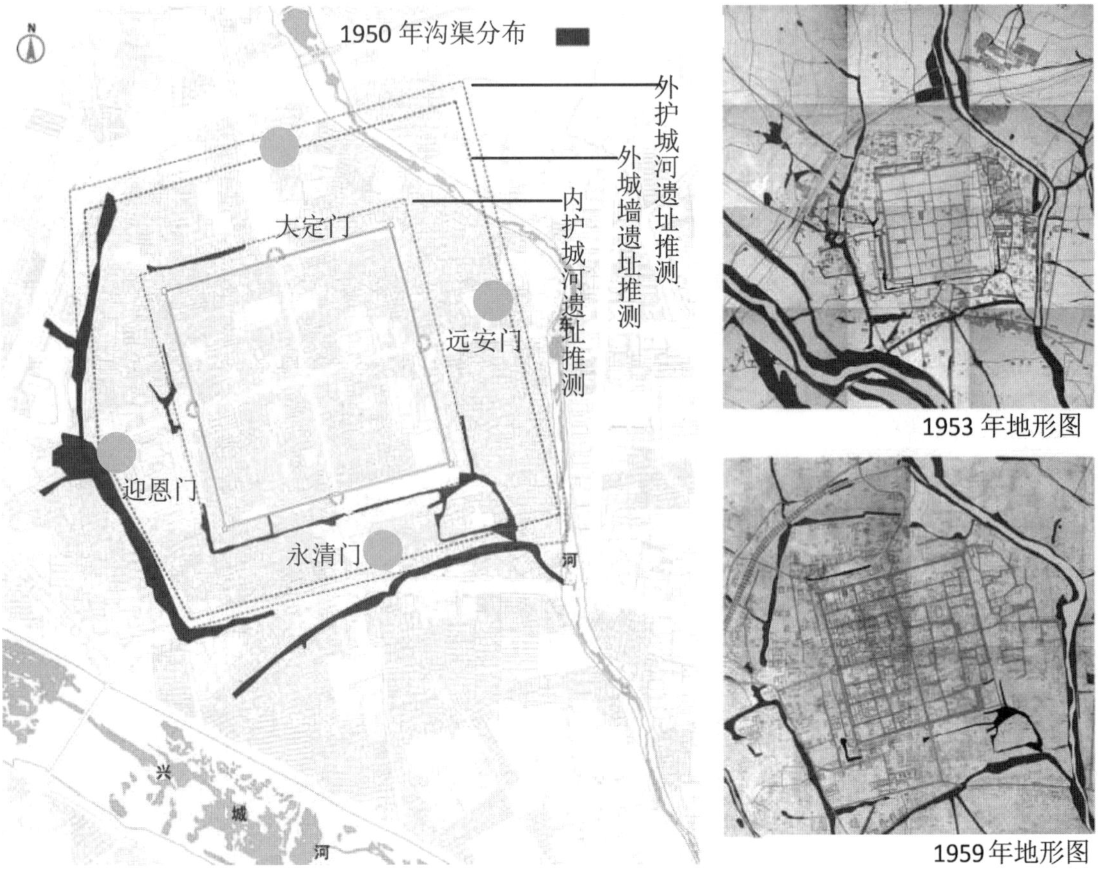

1950 年沟渠分布

外护城河遗址推测

外城墙遗址推测

内护城河遗址推测

大定门

远安门

迎恩门

永清门

河

兴

城

河

1953 年地形图

1959 年地形图

图1-34　外城墙及内外护城河位置推测图

方位：宁远卫正南偏东 10°，从军事角度讲，该方位使宁远卫东城墙面对首山，便于观察敌情和阻击从东面攻城之敌；从建筑角度讲，该方位也可使城内建筑物获得较好的朝向。

材质与构造：城墙墙基地下 1m 为糯米浆三、七灰土夯实而成，上砌三层条石。城墙外皮底部以大块青条石砌筑，石灰浆填缝，上部包砌青砖，厚约为 1.5m。墙内侧全部以虎皮毛石包砌，厚约 1m。中间为黄黏土夯土版筑而成，厚 3 ~ 3.5m。城墙顶部为青砖墁道。

图1-35　内城四城门照片（从左至右为北门、东门、南门、西门）

（a）马道近景

（b）马道外景

（c）瓮城

（d）角台

（e）魁星楼

图1-36　城墙附属建筑和构筑物

墙顶外侧建有垛口墙，起到防身和攻击两个作用。垛口墙高 1.9m，其中垛口高 1.4m，宽 0.33m，垛口墙下留有吐水孔及排水沟。墙顶内侧有宇墙，高 1.2m。

②城门

城墙四周中间各辟一门，内城为春和门（东门）、延辉门（南门）、永宁门（西门）、威远门（北门）（图 1–35）；外城为远安门（东门）、永清门（南门）、迎恩门（西门）、大定门（北门）。

内城四城门上筑二层城楼，便于登高眺望，指挥作战。城楼正面底层六柱，外有廊，设对开两个通门，侧面有四柱，上下两层之间有小木梯，皆为重檐歇山顶。

内城四门外筑半圆形瓮城，半径约 20m，高宽与城墙同。瓮城可有利打击攻城之敌，又可以在出击之时作集聚兵马之所，是城墙防御性的主要特征。瓮城门洞旁开，如南与北面的瓮城门朝东，东与西面的瓮城门朝南。瓮城门之门卷洞的内侧尺寸大于外侧，内高为 5.75m，宽 4.2m；外高为 4.2m，宽 3.6m。为了车行方便，1954 年开瓮城的直通式豁口。

城墙内侧门右设有依城墙而建的登城马道（图 1–36），为宽约 4.5m、坡度 15° 左右的斜坡，由马道可上城墙。每座马道入口处建有一座卷棚顶两扇小门，依城墙的外侧建有 1.8m 高防护墙。内城东南角西侧和原外城墙各角内的东西两侧，也均建有南北向登城马道。

③角台

宁远城墙的角台是明代筑城技术与火器结合的产物，是明末城池防御工事的极佳案例。角台凸出墙外，台下部长 32m，上部长 20m，宽 13.6m。公元 1620 年，明朝派张焘赴澳门向葡萄牙当局购买英

图1-37　外护城河遗址

图1-38　城内水门

图1-39　兴城古城城内街巷肌理

式“加农炮”30门，其中发往宁远11门。该炮炮身长、管壁厚、射程远、命中精确。宁远守将袁崇焕意识到火炮的威力，提出“凭坚城，用大炮”的主张，于宁远城墙四角筑台，置“红夷大炮”于上。这种四角凸出的角台可形成交叉火力，扩大了射击角度，使有效射界达270°以上，充分发挥了火炮的威力。凭借火炮，明军于宁远保卫战时重挫后金，取得著名的宁远大捷。

内城墙东南角台上，曾筑有魁星楼，1948年毁于战火；1985年依原址原貌修复。魁星楼为八角二层攒尖楼阁式建筑。基底每面宽2.4m，高8.5m。阁内塑有魁星点状元。

④护城河

宁远卫内、外城外均围有护城河，乃引兴城河、姜女河（现东河）之水补充，现不存。据史料记载，内护城河七里八步（4047m），池深一丈五尺（4.8m），阔二丈（6.4m），并于城南、城东设水门与城内排水道相通。外护城河形制无详细记载，但如今所看到之东河、市化肥库南面沟渠、火车站与水利局门前暗渠、市信用合作社后沟渠和原林业局楼下沟渠均属外护城河遗存（图1-37）。

⑤水门

城东墙南部和南墙西部各设一水门(图1-38)，为排泄城内积水之用，高1.2m，宽1.0m，两侧为大块条石砌筑，以条石筑顶、铺设地面。

四、功能布局

（1）街巷系统

十字大街为宁远城内主要街巷系统（图 1–39），将内城平分为四个部分。此外，城内还有众多互相交织的次级街巷，形成网格状路网。与一般古城不同，宁远卫内部街巷均质化明显。如与自然形成的明清太原县城相比，宁远城内部十字大街与次级街巷间主次之分并不明显，街巷分布平均且尺度统一。笔者推测这种均质化效果与宁远卫的军事特征有关，依照统一卫城规划[1]可短时间内高效建城，利于城内士兵调遣。

（2）标志物

十字大街正中建有钟鼓楼一座，南街通衢建有“祖氏石坊”二座，皆可视为城内的标志性构筑物。

钟鼓楼始建于明景泰五年（1454 年），都督焦礼建，明末毁清再建，位于城内十字大街正中，统高 17.6m，是全城制高点，分基台和上部楼阁两部分。基台平面正方形，每边长 20m，高 8.8m，四面向上收分。基台下设十字券门，与四条街相通。基台上筑有二层阁楼，重檐卷棚歇山顶。钟鼓楼平日用来报时，战时主将坐阵钟鼓楼，观战事，率全军。

祖氏石坊为两座仿木四柱三间五楼单檐庑殿顶式石坊，坐落在古城延辉街（南街），是为镇守宁远的两位祖氏堂兄弟而建的旌功牌坊，侧面反映出宁远城内的绝对军权。祖大寿石坊（忠贞胆智坊）在南，俗称头道牌坊，建于崇祯四年（1631 年），采用花岗岩建造。祖大寿石坊高 8m，宽 13m，厚 1.5m。祖大乐石坊（登坛骏烈坊）在北，俗称二道牌坊，建于崇祯十一年（1638 年），采用红棉石建造。祖大乐石坊高 11.3m，宽 13m，厚 1.5m。

另外原十字大街每街近钟鼓楼处均各设一牌坊：西为崇敬坊、北为靖边坊、东为怀远坊、南为景阳坊，这四座牌坊进一步限定了古城中心，增强了城市向心性，现均已不存。

（3）功能分区

明代，宁远卫内主要分为北侧祠庙区、东北侧官署区和东南侧教育区（图 1–40）。该功能分区与其他卫、所城市大体相仿[2]，是卫所城市的典型特征之一。

北侧祠庙区：与辽东镇内许多卫所城市于北城墙处建上帝庙不同，由于军事地理的重要，宁远卫须考虑城池四面迎敌，因此北门无辟庙宇，而于城内北区兴建多座祠庙，如城隍庙、上帝庙、天宁寺、金公祠等。

东北侧官署区：宁远卫的核心指挥机构宁远卫署位于城内东街北侧，与辽东镇内其他卫所城市的核心行政机构选址特点吻合。这种布局一方面可保持城市的向心性格局；另一方面，靠近十字大街的位置也有利于官兵来往传达军令。

东南侧教育区：东南方位在中国古代一直被视为文风之位，因此文庙及卫学皆于宣德五年（1430 年）建于城内东南隅，其中前者由景泰四年（1453 年）由都督焦礼重修。如今文庙文物院落占地面积为 7500km^2，前后四进，东西宽 43m，南北长 175m。其中轴线上由南至北分别为：照壁、棂星门、泮桥、

1　参见刘谦．明辽东镇长城及防御考 [M]. 北京：文物出版社，1989 年：120–123.

2　参见李严．明长城“九边”重镇军事防御性聚落研究 [D]. 天津大学，2007 年．

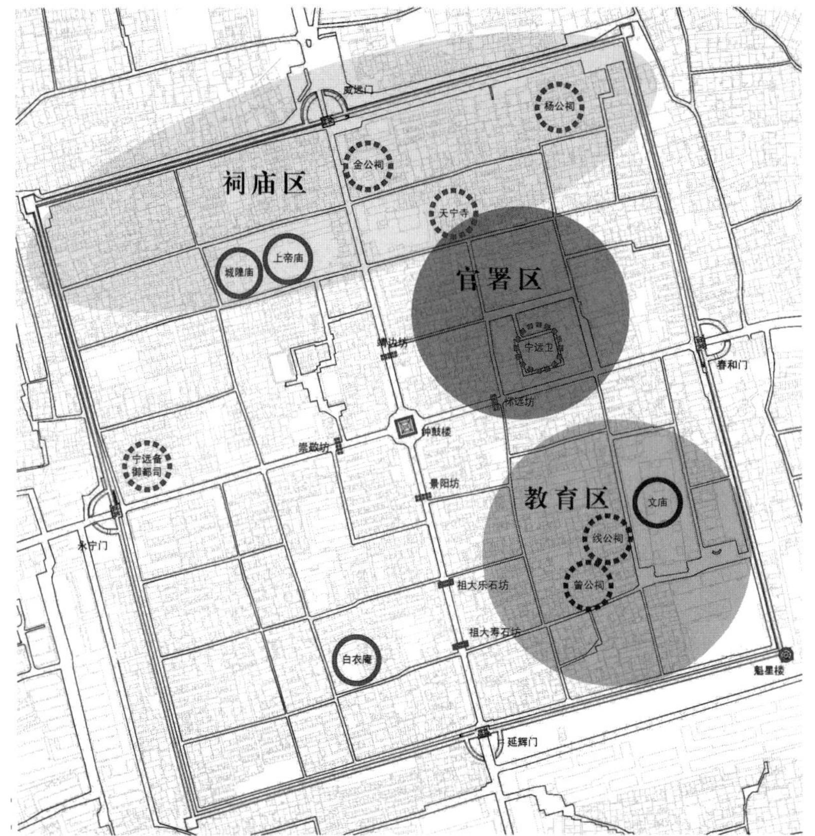

图1-40　明宁远卫功能分区

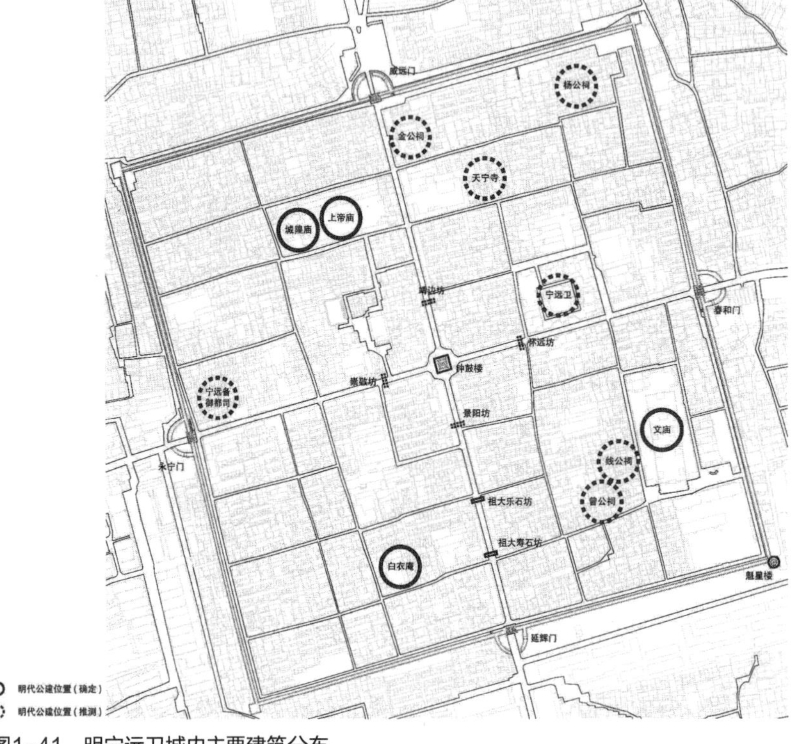

图1-41　明宁远卫城内主要建筑分布

戟门、大成殿、崇圣祠；东西两侧对称布置着角门、东西庑、名宦祠、祭器库、更衣亭等。整个建筑群结构严谨，布局合理。

五、城市生活体系

（1）行政体系

明宁远城内主要官署均为军事类机构（图1–41），包括宁远卫署、宁远备御都司、军器局，此外还有经历司、镇抚司、军储仓、预备仓和钱帛库等，体现了卫所城市军政合一的特点，反映了军权的至上性和唯一性，其中的宁远卫署为核心行政机构。

（2）民间信仰

明代宁远卫内以忠烈祠庙为主（图1–42），带有浓厚的军队信仰特点，如金公祠、杨公祠、白衣庵（祖氏家庙）等，世俗寺庙较少，仅城隍庙、上帝庙和天宁寺，现仅存城隍庙。城外民间信仰庙宇种类较多，反映城内军户来源不同，如汤池寺（城东南四里，即

图1-42　古城内民居建筑分类

图1-43　古城内传统民居照片（从左至右为郜宅、王宅、周宅）

2km）、朝阳寺（城东南五里，即 2.5km）、龙宫寺（城南八里，即 4km）、向阳寺（城西十三里，即 6.5km）、清凉寺（城西南二十五里，即 12.5km）、灵觉寺（塔山城中）、仙灵寺（城西三十五里，即 17.5km）、望海寺（城东北四十里，即 20km）、海滨寺（城西南六十里，即 30km）、崇兴寺（沙河城东隅）等，均无存。

（3）居住生活

古城内的传统民居坐北朝南。正房东西走向，三间或五间，少有七间，每间东西宽越为 3.3m（足丈），南北长约 6m，少数前出檐廊，后出厦。东、西厢房、门房一般为三间或五间，也可做独立门楼（图 1–44）。

目前古城内的历史民居可分双坡顶和辽西囤顶两种，其中以传统辽西囤顶为主，少数做坡顶（图 1–41）。

双坡顶瓦房主要有两种，一种为覆瓦、仰瓦同时铺盖，如郜宅、刘宅（图 1–43）；另一种为山墙两端有三、四道覆瓦、仰瓦铺盖，其余则是光有仰瓦而没有覆瓦，如王宅。双坡顶瓦房由于造价较高，

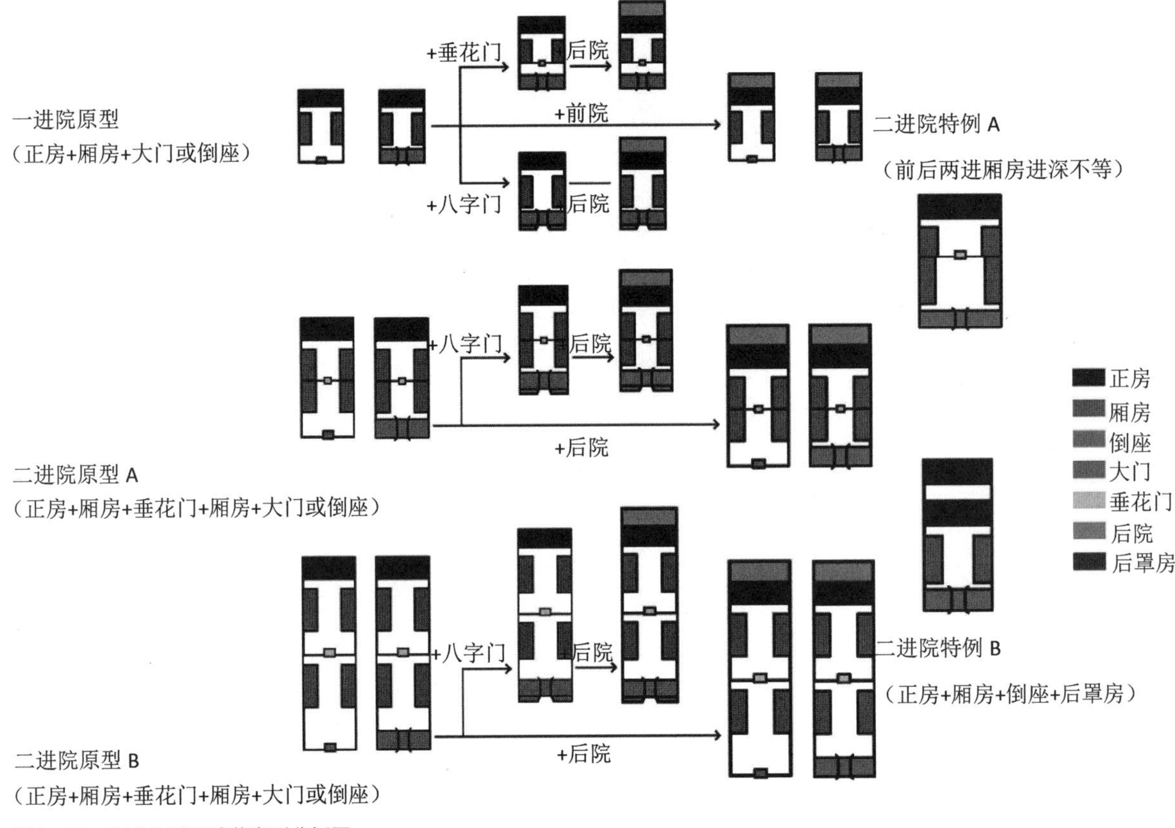

图1–44　古城内民居院落类型分析图

一般为当时显赫人家所建，仅院内正房和门房采用，耳房和偏房多采用囤顶。

囤顶轧筑房（图 1–46）一般正房五间，东西配耳房各两间作为仓库、客房或管家、帐房用。下边是二门，二门以里叫“上院”，以下叫“下院”。下院里东西各有偏房，临街门房七间或五间，中间为门洞。辽西囤顶式民居在古城区保存数量较多，如周宅（图 1–43）。

另外，历史上宁远卫内还建有土房和地窖子两种，因建筑质量低下，现已无存。

细部构造做法方面，如下简介（图 1–45）：

屋顶：囤顶为主，屋面曲度约为 10%，两边山墙高出屋面约 400mm。构造方面，下部一般为草编织层（包括苇莲垫层和海皮草防腐层），上部一般为土层（包括保温层淤土草泥层和防水层白干土层）。

墙体：墙体按所在位置可分两类，一类为外围墙、腰墙和拐角强，另一类为山墙、槛墙和看面墙。外围墙起遮挡和维护作用，一般为条石砌基的青砖墙。腰墙位于内外院分界处，常与二门结合划分院落空间，少量有透雕砖刻。拐角墙位于正房与厢房缺口处。山墙即房屋两侧的维护墙，墙心多用石材，并以砖材组成不同形式的图案。槛墙为前檐木装修风槛下面的墙体，看面墙（廊心墙）为大门或廊两端内侧的垛砖墙。

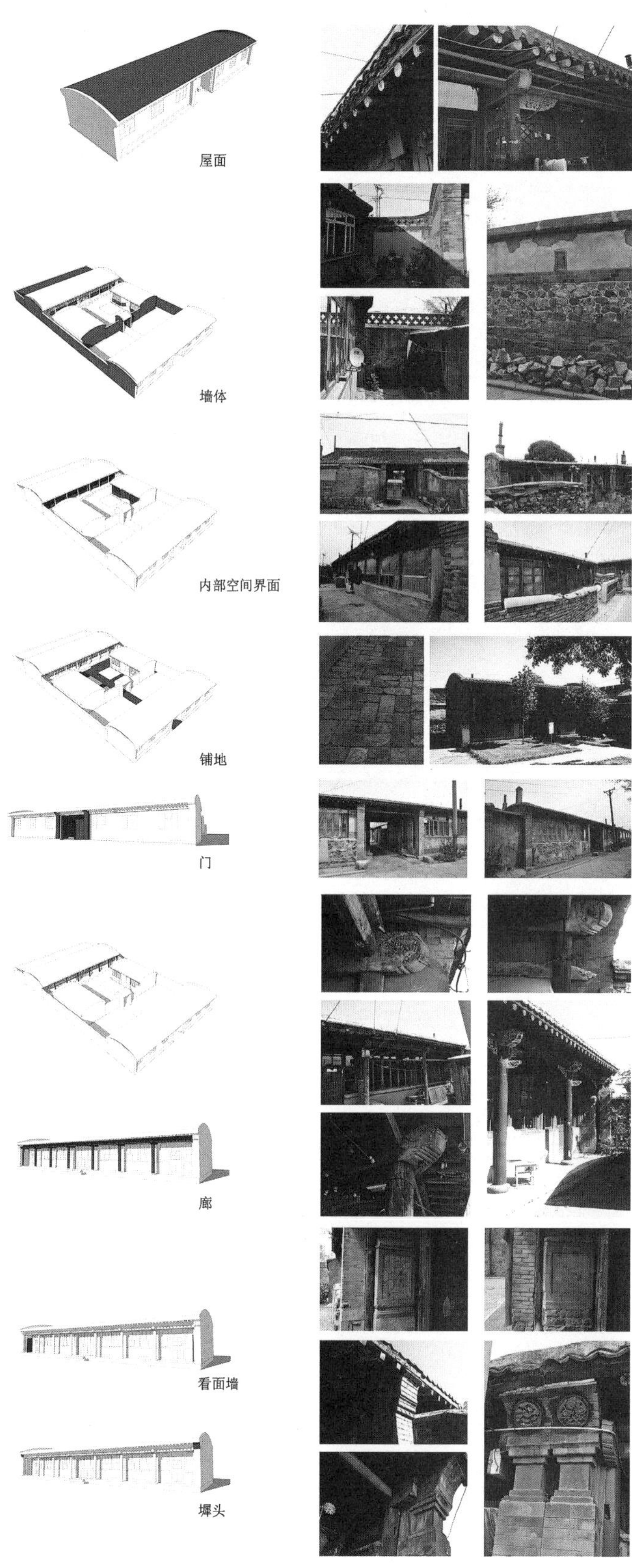

图1-45　民居细部做法

内部空间界面：为适应当地的气候特点，兴城古城内传统农耕民居内部界面大多数采用做工简单、不冗杂的单双扇板门和支摘窗，门窗之间以柱子相隔，少量建筑带有前廊，并载梁头、雀替。

院落铺地：传统民居院落大多为青砖或素土地面，青砖多铺成人字地（砖脊斜铺）或拐子地（纵横铺砖），素土地面仅进行平整夯实。

门：民居大门的形式分为墙门和屋门。屋门利用三间、五间、七间建筑的其中一间，两侧设配房，即中原地区的倒座房，门扇置于金柱之间，下部设可活动的门槛，两侧常置石狮、抱鼓石等装饰。墙门即正门，也可出现在二门，起到视线遮挡和划分功能空间的作用。墙门以砖腿子大门为主，一般面阔一间，进深三檩，结构骨架为柱上架梁、梁上架檩的木构做法，檩上置椽子和屋面板并铺设屋面层，外观亦为囤顶样式。

廊的细部做法：传统民居少量设廊，但仅限于正房前檐，其对院落空间的限定感弱于中原地区的游廊形式。

看面墙、墀头：看面墙又称廊心墙，在大门或廊的两端内侧砌筑的两垛砖墙，以较简单的青砖墙为主，少量在中部和四角做砖刻。墀头为硬山建筑山墙左右两端自檐柱向外突出一段墙垛，顶端出挑至连檐。墀头自下而上分为下碱、上身和盘头三部分，

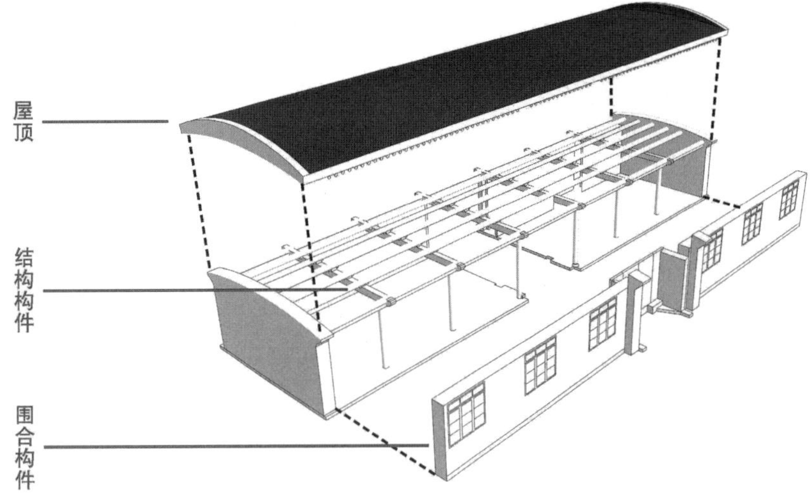

图1-46　囤顶民居结构做法

图1-47　瓮城门侧向开门

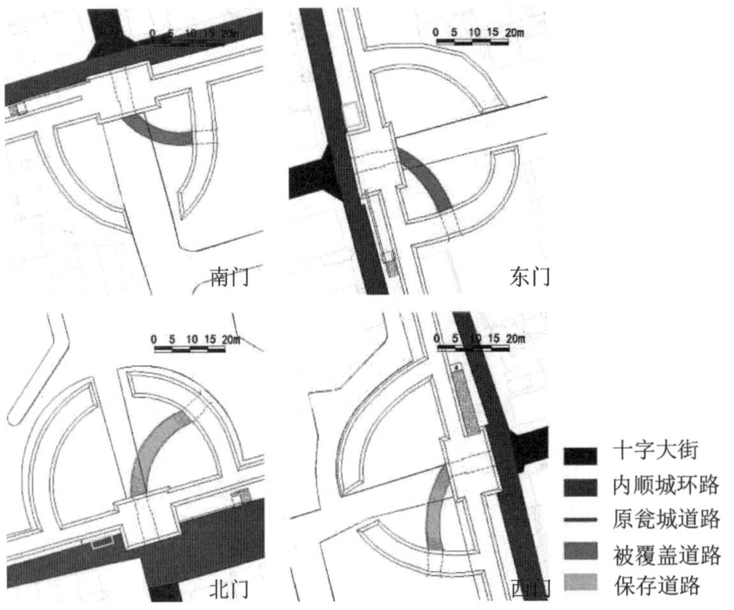

图1-48　瓮城内道路格局对比

其中以盘头为装饰重点，通常上部为雕有装饰花纹的方形砖，下部为层层出挑的长条砖。

明代宁远卫内居民主要为军户及随军家属，后逐渐收容部分辽西地区流离失所的百姓，也兼担负军士之职。故宁远卫内军民合一，平日或操练或屯种，战时人人皆兵。因此，宁远卫内的民居空间也带有军事特色，如民居入口大多位于院落南墙居中；东西向入口较少，集中位于南北向街道两侧；北向入口极少。民居院落入口方向的统一特征带有较强的军事化管理特点。此外，民居与临街商业建筑间缺乏联系，可视为军事城市自上而下的管理体制的表现。且建筑密度分布平均，无明显聚集感或分离感，与自然形成的城市聚落中组团状空间结构不同，也反映了军事城市的统一建设需要。

六、城市空间特征

①向心性：宁远卫城内空间具有明显的向心性。城内空间骨干——十字大街精确地定义了该城的几何中心，并建钟鼓楼为城内空间制高点，强调中心空间意义。其四周原有四座牌坊围绕，进一步深化城市向心感。此外，古城的向心性还表现在行政中心与几何中心的重合。军事聚落行政中心为军事指挥部，宁远卫的军事指挥部——宁远卫署位于古城中心稍偏北，仍属于中心区块内，几与城市几何中心重合。

②封闭性：中国古代城池大多封闭自守，以军事防御为主要功能的宁远卫封闭性更加突出。该城平面近方形，使城内空间具有稳定性，易产生封闭感；并且城池四周城墙高大，隔绝了城市内外空间；同时明末双重城墙、城濠的形制使内外分隔更明确。此外，古城四座城门外均建有瓮城，以保护城门。瓮城城门偏向一侧，阻挡古城内外的视线、交通的直接交流（图 1–47, 图 1–48），既增强了宁远卫的防御能力，也使其内向封闭氛围更加强烈。

③均质化：宁远卫内部空间的均质化主要表现于街巷及民居布局。第一，城内街巷无明显主次之分，呈均一的网格状路网。第二， 城内民居南向入口现象普遍，使古城整体空间秩序感较强。该城市肌理与自然形成的城市聚落不同，显然经过明确规划和统一建设，表现了军事卫城自上而下的城市管理特点。

④军权至上：宁远卫内空间无一不彰显了军队对城市的绝对控制力。城内遍布各种军事机构和著名将领军人的祠庙，以表彰其在战争中的英勇行为。此外，城内地名也富军事色彩，如忠贞胆智坊、登坛骏烈坊，永宁门、威远门，远安门、永清门、大定门等，体现军权至上性。

第二章 古城的现在

第一节 基于多重主体的现状信息

一、信息搜集

（1）基本研究手段概述

①前期文献研究：充分的前期研究有助于明晰研究对象特点，据此可制定恰当的现场信息搜集方案。兴城古城前期研究主要依靠文献阅读，包括相关历史文献、著作、论文等资料，包括各时期地方志及相关辽东战史文献，如明代的《辽东志》《全辽志》《三朝辽事实录》等，清代文献《宁远州志》及民国的《兴城县志》等（图 2–1）。通过前期研究，可以认识到兴城古城作为一座独立城市，拥有完整的城市生活体系，其城市地位和功能随着时代背景的变化而变化。

②即时图像信息获取：获取图像信息主要通过照片拍摄。这些直观的图像，可将某些户外作业转移至室内，如建筑质量评估，既提高了调研效率，又降低了调研成本。此外，及时图像可较客观地记录大部分现场信息，包含纹样、雕饰等易被忽略的细节，最大限度减少仓促疏忽造成的信息误差。

③三维信息的二维表达：地图标记与测绘均可将三维空间信息表达于二维图纸，前者将较大区域范围内的建筑、景观等要素标识于地图之上，保留了研究对象的空间坐标信息，便于分析其空间分布规律；后者通过建筑信息测量获取具体尺度信息，但与单体建筑精细测绘不同，古城内建筑数量多、质量参差不齐，仅选择代表性风貌建筑重点测绘即可。例如兴城古城研究中根据建筑年代和风格的不同，选取了清代历史民居、民国历史民居、坡顶民居和传统囤顶民居四处进行测绘（图 2–2）。

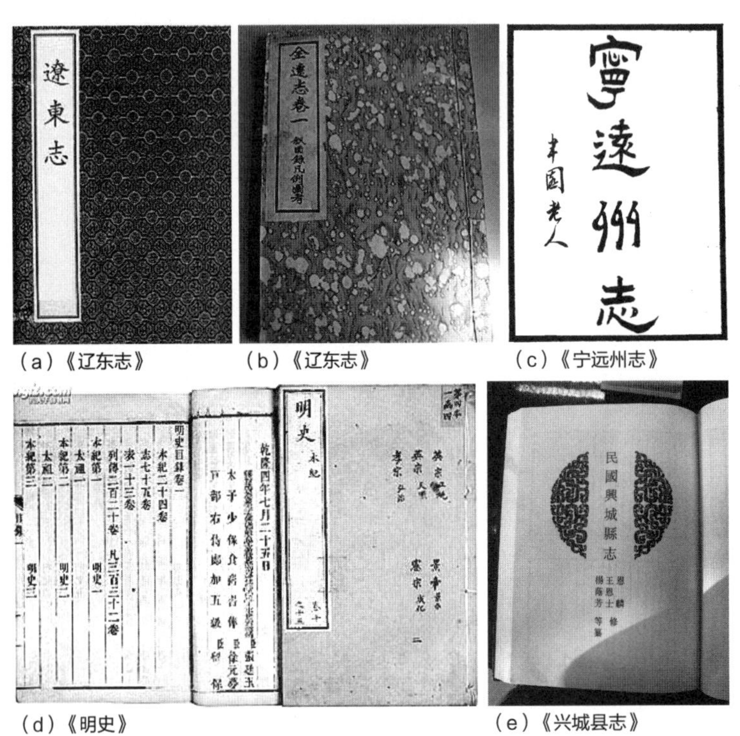

（a）《辽东志》 （b）《辽东志》 （c）《宁远州志》

（d）《明史》 （e）《兴城县志》

图2–1 历史文献

④居民访谈：居民作为古城中“活的历史”，一方面，可获取更准确的建筑年代和

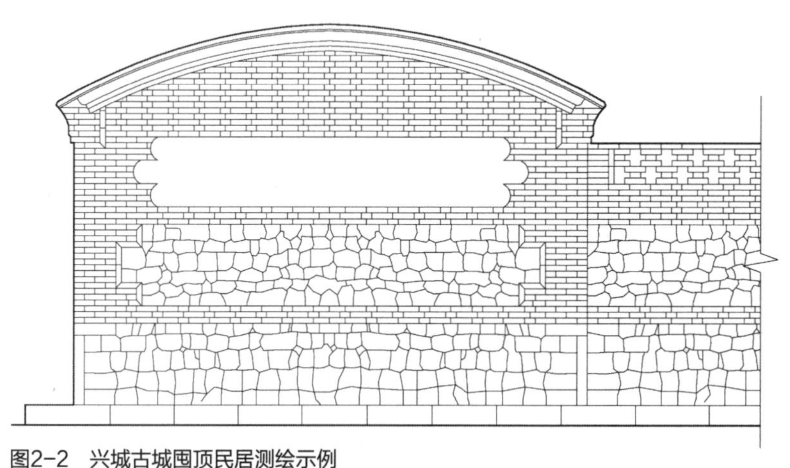

图2-2　兴城古城囤顶民居测绘示例

结构信息，如古城中某些历史民居虽为传统囤顶结构，但由于建筑改造，其外表被现代材料包砌，难以判断价值，需要向该户户主询问；另一方面，可获得间接影响古城保护更新的“软信息”，如居民传统生活方式、居民对现状生活的态度及其对古城未来发展的期望。

（2）基于多重主体的调研项目分析

兴城古城内外遗产类型丰富多样，根据不同主体特点，可建立多重分析体系，最终完善兴城古城遗产资源信息库（表2–1）。

古城遗产资源分类表　　**表2–1**

分类	内容		
物质层面	建筑	文物建筑	全国重点文物保护单位：兴城城墙（含城楼及魁星楼）、文庙、钟鼓楼、祖氏石坊
			省级文物保护单位：城隍庙、部家住宅、周家住宅
		非文物建筑	内城：民居、商铺等
			卫城：民居 、商铺、现代公共建筑等
	道路	内城	十字大街、内顺城道路、甃城路、城内主要街巷、城内其余街巷
		外城	主要街巷
	城市整体空间结构	视廊、整体风貌、城市格局等	
	遗址	内城遗址、外城遗址	
非物质层面	人口、民俗、特色物产等		

①内城与外城：兴城古城分内城、外城两部分。内城是古城信息和价值的主要物质载体，外城随内城发展而产生，也可反映古城的历史变迁。因此，现状信息搜集中需正视外城价值，依内城、外城中历史遗存的数量和质量区分调研精度，合理分配时间精力（表2–2）。以民居建筑为例。内城中具有鲜明辽西地方特点的历史民居较多（图2–3），需着重调研，并对每处院落、每栋建筑建档，标示历史民居位置、记录房屋门牌号等信息；而外城中仅存少量历史民居，其余大部分为现代建筑（图2–4），因此分片区调研即可。

内外城调研方法一览表　　**表2–2**

名称		拍照	地图标记	绘制表格	重点测绘	居民访谈
内城	文物建筑	√	√	√		
	非文物建筑	√	√	√	√	√
	道路	√	√	√	√	
	环境	√	√	√		
外城	非文物建筑	√	√	√		√
	道路	√	√			
	环境	√	√			

（a）入口　（b）正房　（c）西厢房　（d）东厢房

图2-3　张家胡同30号传统民居院落照片

（a）历史街巷、历史民居　（b）传统民居　（c）现代住宅　（d）现代商铺

图2-4　外城建筑照片

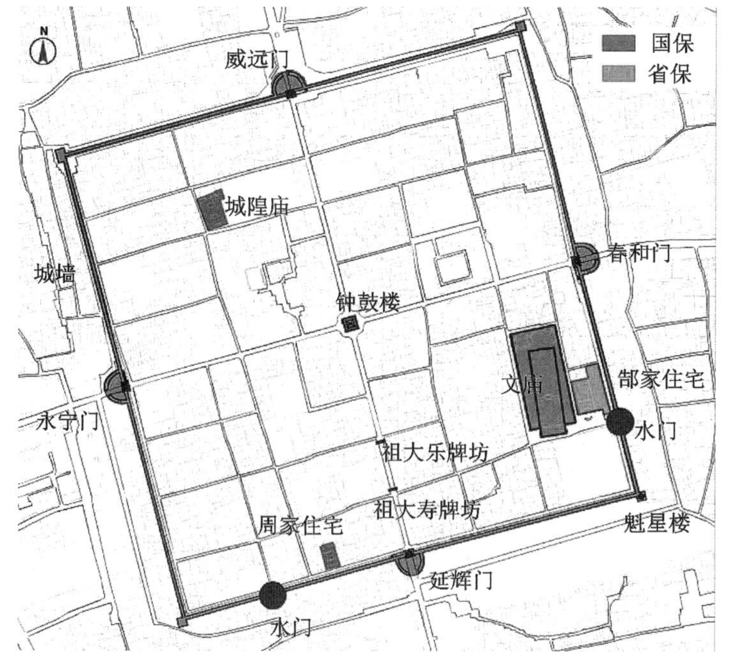

图2-5　古城内文物保护单位分布图

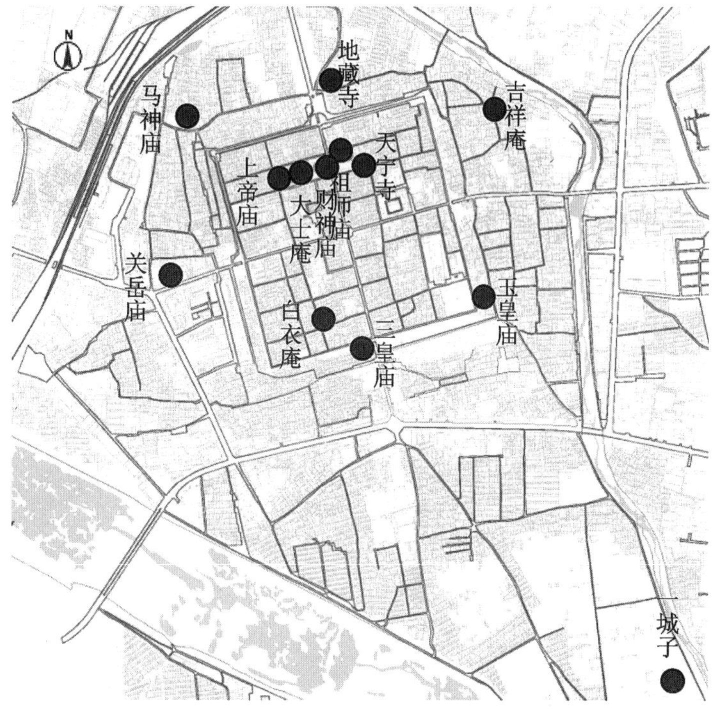

图2-6　古城内外遗址分布图

②文物建筑与非文物建筑：兴城古城中有四处全国重点文物保护单位，三处省级文物保护单位（图2-5），及大量价值不一的非文物建筑，包括历史民居、普通民居和其他公共建筑。

文物建筑历来都是古城保护的核心对象，有完整的背景资料、修缮记录和测绘数据等，因而其现状信息获取主要通过整理、补充已有基础资料即可。例如古城内城墙有详细的修缮记录，但缺乏修缮反馈统计，因而仅需在现场着重观察、记录修缮前后对比效果，为制定城墙的合理化保护建议提供依据。

此外，古城内外仍存有大量非文物建筑，其中包括价值较高的历史民居。该类型建筑承载古城的历史风貌精神，是古城完整氛围的重要组成。但是由于过去对历史民居重视不足，所以其并无完整资料数据，是现场信息搜集工作的重点。

非文物建筑信息可分院落和建筑单体两部分。十字大街将城内空间划分形成东南（SE）、东北（NE）、西南（SW）、西北（NW）四区，调研时按每区中院落现状范围赋予院落及建筑相应的身份识别编号，如SW001-01指西南片区001号院落第01号建筑，并记录所获得图像、文字等现场信息与身份编号对应，最终建立包含院落编号、建筑编号、位置、特征描述以及各种角度的现状照片的古城建筑信息库。该信息库的建立有助于现状资料统计和遗产现状评估。

③特殊遗产类型：此外，兴城古城中的遗产资源还包括地下遗址（图2-6）和古城空间格局（图2-7）

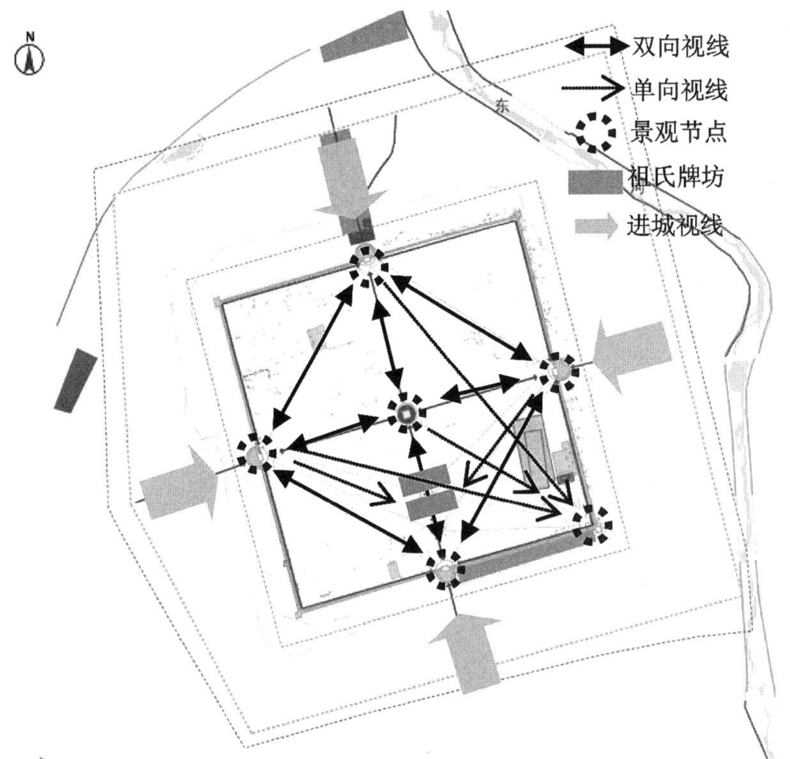

图2-7 古城空间格局图

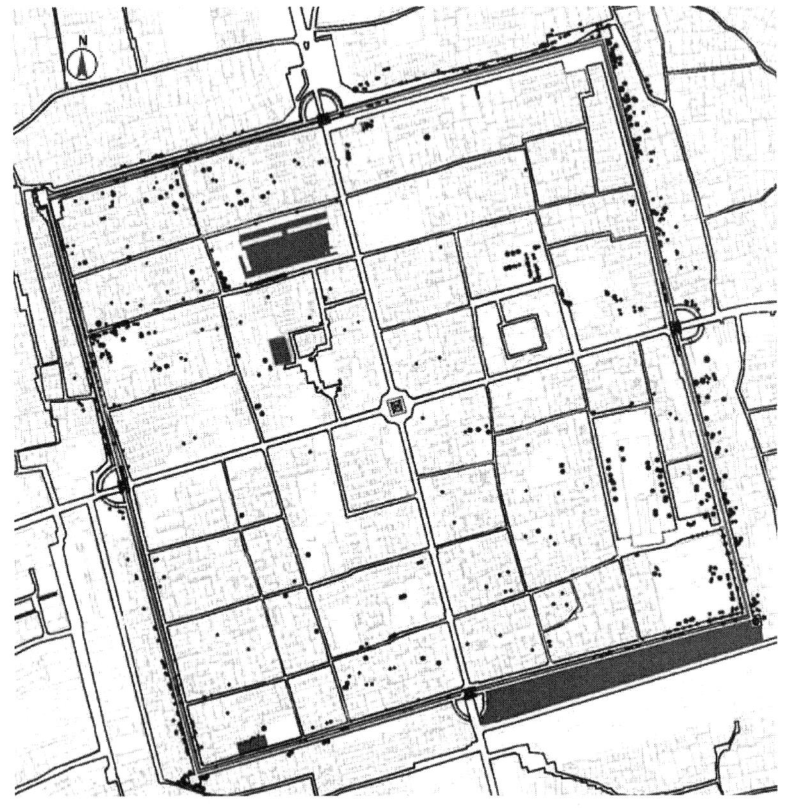

图2-8 古城景观绿化图

两种特殊类型。经过对历史文献及当地文物部门提供资料的研究发现，兴城古城内外分布着许多地下遗址。这些遗址没有经过专业的考古挖掘而无法得知其确切位置，只能凭借历史资料中的描述确定其大致方位范围，需现场拍照记录，留存一手图像资料。

作为东北地区格局保存最完整的古城之一，兴城古城卫所城市格局也是重要遗产信息，包括山水格局、街巷肌理、景观环境等几方面。山水格局最能反映兴城古城的军事城市价值。例如古城北面的制高点首山，其山顶建有烽火台，可眺望敌情并及时传递军情；而东河、西河曾被改造为外城濠的一部分，因此需对山、水等现状环境进行现场记录并拍照存档，及时反映开山采石、水体污染等带来的破坏问题。街巷肌理尤其是铺地信息和街巷尺度信息构成古城历史空间，是人对古城最直接的空间感知要素，采用典型片段断面测绘的方法获取街巷空间尺度规律。城内景观环境主要以树木绿化（图2-8）

为主，除古树名木本身的历史价值外，由于其为城内居民提供公共聚会场所，因而承载了古城记忆，反映了古城内淳朴传统的生活方式，需要在现场信息搜集中有意识地标识空间位置，记录树种名称，拍照存档。

二、整理评估

现状信息评估是整理、评价、归纳已获得资料的方法。通过评估可得到应用于保护措施的直接数据，是保护前的过渡环节。

现状信息评估分保存现状评估和价值评估两类，前者主要针对遗产价值明确的文物建筑，后者主要针对尚未纳入保护对象范围的非文物建筑、遗址和街巷，通过科学的评估，可判断其价值，确定相应的处置方式（表 2–3）。

评估对象及评估类型一览表 **表 2–3**

评估类型	评估对象		
现状评估	文物建筑	全国重点文物保护单位：兴城城墙（含城楼及魁星楼）、文庙、钟鼓楼、祖氏石坊	
		省级重点文物保护单位：城隍庙、郜家住宅、周家住宅	
	环境	历史环境：屋顶风貌、空间肌理等	
		社会、经济环境：人口、经济发展、商业等	
		其他：展示、管理等	
价值评估	非文物建筑	民居	内城与外城
			单体与院落
		遗址	内城遗址、外城遗址
		街巷	内城街巷

（1）保存现状评估

①文物建筑：真实性、完整性和延续性是反映文物建筑保存现状主要评估标准。针对具体案例，还需评价描述病害类别和病害程度等因素。

文物保护的真实性原则[1]是指遗产资源的现状能准确反映其背后蕴藏的历史、社会、科学、艺术等信息，避免错误传达。[2]这些信息主要包括遗产形式、材料、功能，及其所处的位置、环境，甚至是场所的精神氛围。[3]随着对真实性原则理解的逐渐深入，其真实性内涵也从建筑本体扩展到建筑工艺。因而，本研究认为文物的真实性评估可包含实体现状真实性和维修现状真实性两方面，从而避免现代修缮工艺造成的保护性破坏。文物遗产的完整性原则主要指遗产及周边环境可完整表达全部历史信息，主要针对遗产的现状范围进行评估。文物遗产的延续性原则是指建筑遗产保持有效寿命的能力，主要评估建筑本体的安全性，考察其材料耐久度和结构坚固度。

现状病害评估分为破坏因素、病害类别、破坏速度。其中破坏因素包括自然因素和人为因素，前者指雨水侵蚀、植物根系损害、低温冻胀、风蚀风化等自然环境造成的损害；后者指认为破坏和保护措施不当造成的损坏。病害类别针对遗产材质和结构各不相同，例如城墙由青砖、黄土和毛石，通过

1 首次出现于《威尼斯宪章》中，最权威的解释源于联合国教科文组织世界遗产中心于 1994 年 11 月在日本召开的世界遗产公约真实性原则奈良会议时发布的《奈良文件》。

2 参见阮仪三，李红艳，《原真性视角下的中国建筑遗产保护》。

3 参见张成渝、谢凝高等，《真实性和完整性原则与世界遗产保护》。

夯土、石砌、包砖的结构构成，其主要病害为墙体开裂、鼓胀、面砖脱落或风化酥碱。破坏速度用于判断病害对遗产本体影响的严重度，通常情况下，危害结构的病害破坏速度较快。

以全国重点文物保护单位兴城古城内城墙的现状评估为例。城墙全长3000余米，由墙体、角台、角楼、城门、瓮城等不同部分组成。本研究中以四座角台和四座城门为界，将城墙墙体分为8个段落，加上4座城楼、4座瓮城、4座角台、1座魁星楼，共21个片段，分别进行评估，使评估结果可操作性更强，如南城门至西南角台一段城墙（图2–9），保存现状评估如下（表2–4）：

南城门至西南角台城墙保存现状评估表 表2–4

对象	真实性（定为民国以前）	完整性	延续性（结构稳定性）	现状病害		
				病害类别	速破坏度	主要破坏因素
南城门—西南角台	较好。城墙墙体基本保持原貌，城墙内侧墙面经过多次维修，并进行了大面积的水泥砂浆勾缝，勾缝材料与原材料不符。城墙内侧中段偏西有水泥抹制的标语牌，局部有人为涂写的广告，破坏了城墙的真实性。上部雉堞、女墙和海墁为后修	较好。城墙勾缝和修补时所用粘结材料与原材料不符，和水泥标语牌一起有损城墙历史信息的完整	较好。海墁多处出现顺城墙裂缝，已经水泥砂浆抹缝。除个别砖块有裂纹外，墙体内外表面裂缝很少，且已经过砂浆填补和抹缝。内侧中段以西下部多有鼓胀，已用铁构件支护。未发现城墙明显沉降现象。地基及墙体内部结构情况有待科学勘测	海墁开裂，墙体鼓胀，表面剥落，砖块风化酥碱，排水口下方的墙体表面沉积	较慢	雨水、植物根系、冻胀、冻融、风蚀、风化，人为破坏

图2–9 南城门至西南角台段城墙照片

此外，中华人民共和国成立后古城城墙进行过多次整修，有详细的修缮记录，修缮工艺的质量直接影响城墙信息保存的真实性、完整性与延续性，因而对修缮工艺的评估必须且可行，其关键为可逆性影响因子的引入，关系到维修工艺对文物信息原真性的干扰程度（表 2–5）。

城墙维修状况评估表 **表 2–5**

损坏现象	维修方法	对城墙真实性的影响	可逆性	施工问题
雉堞、女墙缺失	补砌（尽量采用旧砖，并且新砖和砂浆与原材料一致）	对城墙真实性的影响较小	部分可逆	勾缝不精细或没有勾缝，砌筑时洒落的砂浆不能及时清除，导致对城墙风貌的破坏
	补砌（砂浆为水泥砂浆）	传达了错误的建造信息，严重影响城墙的真实性	部分可逆	勾缝不精细或没有勾缝，砌筑时洒落的砂浆未能及时清除，导致对城墙风貌的破坏。一些部位砌筑质量差，已经出现了开裂和灰浆脱落
海墁开裂、塌陷严重	揭除海墁，对墙心素土重新夯实，加混凝土板进行拉接和防水，并按原工艺重墁	对城墙内部结构的真实性有一定影响。铺砌海墁时采用的水泥砂浆也与原材料不符	不可逆	修缮后的海墁依旧出现开裂现象。造成的原因可能是施工质量问题，也可能是地基及墙身内夯土芯塌陷、沉降等问题没有得到根治。此外，城墙海墁的坡度未能得到同一，可能是设计或施工不科学所导致

②环境：环境是建筑遗产价值得以体现的前提条件，因此环境评估也是保存现状评估中一项重要内容，包括景观环境评估、历史环境评估、社会经济环境评估三部分。

景观环境的评估从整体和局部两个角度对古城总体风貌（表 2–6）和文物建筑周边景观风貌（表 2–7）进行评价。而历史环境评估则以兴城古城内外历史遗迹所构成的历史空间格局为评价主体，全面把握古城的空间氛围和价值特色（表 2–8）。此外，根据从兴城市文物部门、规划部门等处获得古城其他相关资料还可评估兴城古城的社会经济环境和管理利用环境。前者主要涉及古城内外行政区划内的人口数量变化和居民整体生活水平；后者所则包括环境质量、用地现状、基础设施、防灾、管理、利用和展陈、研究现状等众多复杂的影响因子。

古城总体风貌评估表 **表 2–6**

景观名称	景观因素	环境现状
建筑景观	传统民居“第五立面”	内城民居屋顶风貌总体较好，但一些现代平屋顶建筑对风貌有一定破坏。外城民居屋顶风貌总体一般。其中北关和东关相对较好，西关和南关风貌较差
	沿街立面、门楼	内城沿街立面景观总体一般，外城总体较差
环境景观	东河、兴城河水体及河岸景观	总体一般。东河东关街南侧北侧局部经过整治和景观营造，风貌尚可，其他段落未经整治，风貌较差。 兴城河河岸全线均未经整治和开发，风貌一般
	城市绿化	总体一般。以院落内点状绿化和城墙两侧的点状和现状绿化为主，缺乏公共绿地。且城墙两侧植物影响城墙保护
	广场	较差。规划范围内只有火车站站前广场，缺乏公共活动空间
	景观小品	总体一般。道路指示牌景观效果较好，但风格不统一。路灯和垃圾桶景观效果较差
空间景观	十字大街街巷空间	总体较好。道路两侧建筑界面有待整治
	内顺城道路空间	总体较好。城墙内侧沿路环境和道路内侧建筑界面有待整治
	外顺城道路空间	总体较差。道路并未贯通，路面较差，道路空间环境较差

续表

景观名称	景观因素	环境现状
视线通廊	城墙、城楼、魁星楼、钟鼓楼和祖氏石坊在外城以内的制高点地位	内城总体较好，个别建筑较高。外城西侧及南侧现代住宅和商业建筑高度普遍超出
	内城墙上任意位置对城楼、魁星楼、钟鼓楼和祖氏石坊的可见（树木遮挡除外）	总体较好。但内城个别两层及以上建筑对视线有遮挡
	外城范围内东西南北进城干道上对内城城楼的可见	总体较好。但西侧和南侧干道两侧建筑太高，影响视廊风貌
	祖氏石坊和钟鼓楼以及南北城门、城楼间的南北视线通畅	总体较好
	东西城门、城楼和钟鼓楼之间的东西实现通廊	总体较好
	文庙和魁星楼之间视线通廊	较差，之间有兴城南一小学教学楼遮挡

文物保护单位周围景观环境现状评估表 表 2-7

范围	建筑景观	环境景观	空间景观	视线通廊
内城墙两侧	城墙外侧东、西、南三侧均有民居紧贴城墙，城墙两侧邻近民居风貌良莠不齐	绿化效果欠佳，部分树木离城墙太近，对城墙保护不利	城外环城道路不畅，景观欠佳	城内较好，城外有建筑遮挡
文庙周围	东、西、北三面风貌较好，南侧南一小学教学楼风貌较差	周围地面铺装较好，绿化匮乏	周围街巷空间整体较好，文庙东南侧有小块广场，但风貌欠佳	南侧小学遮挡，缺乏与魁星楼的视觉联系
钟鼓楼四周	周围建筑风貌一般	周围地面铺装较好	周围四条主街的风貌整体较好	四条主街与钟鼓楼之间视线通畅
祖氏石坊周围	周围建筑风貌一般	周围地面铺装较好	街巷空间整体风貌较好。但两侧建筑与牌坊相距太近	街道视线通畅
城隍庙周围	东侧紧邻建筑风貌较差	周围地面铺装较好，绿化一般	南侧街巷空间风貌一般	街道视线通畅。本体具有可识别性
郜家住宅	东、西、北三面风貌较好，南侧南一小学教学楼风貌较差	周围地面铺装较好，绿化较少	周围街巷空间整体较好，院落南侧有小块广场，但风貌欠佳	南侧小学遮挡，缺乏与魁星楼和城墙东南角的视觉联系
周家住宅	周围相邻建筑风貌一般	周围地面铺装较好，绿化较少	南侧内顺城路街巷空间整体较好	南侧道路视线通畅，本体具有可识别性

历史环境现状评估表 表 2-8

历史景观名称	历史景观因素	保存情况	保护措施	备注
山形水系	有。兴城古城北侧和西侧为山峦环抱，东侧与首山相望，城外两水环绕，东流入海	一般。东河在民国期间修筑铁路时南移，导致对外城东北角遗址的破坏，且离内城太近，易生水患	无	民国期间曾修过护坡和水坝，缓解水流对西岸的冲刷和对古城的水患威胁
地形地貌	有。古城地势总体为西北高、东南低，内城中心即钟鼓楼所在位置高于四周，便于排水	内城地貌保存较好。外城由于城市建设，地形地貌有所变化，现城市道路地平已高于传统民居院落地平，导致民居在雨季多数被淹	部分解决。内城有相关管理规定和措施，但外城缺乏管理	

续表

历史景观名称	历史景观因素	保存情况	保护措施	备注
历史遗迹	首山烽火台，以及烽火台和古城城墙的视线通廊	较好	无	首山烽火台归首山风景区管辖
	外城东侧护城河，历史上为东河，后因东河改道，现仅南段为原位置	较差。河道内垃圾胡乱堆放，造成水体污染	部分解决。有相关管理规定，但实施力度不够	
	外城西北角护城河残迹，现为池塘	较差。池塘内垃圾乱扔，水质很差	无	

（2）价值评估

兴城古城内除七处文物建筑外，还包括众多非文物建筑、街巷道路和地下遗址，它们共同构成古城城市整体风貌，但是由于过去遗产保护工作中对非文物要素的价值认识不足，没有对其进行适当的保护和管理，遭受破坏。因此，为了将该类遗产资源合理地纳入到应有的保护或整治体系中，则需重新评估其价值。

①非文物建筑：兴城古城内外保存着大量民居建筑、商业建筑及其他公共建筑，其建造年代不一，建筑形式各异，建筑价值也相去甚远，建立科学地评估体系势在必行。由于非文物建筑多以院落的形式存在，因而其价值评估要分别考虑建筑单体和建筑院落两个方面。

建筑单体的价值评估包含建造年代、建筑结构、形式、功能、高度等建筑物自身价值以及历史事件、相关人物等附加价值。为避免以往价值评估中过分依赖建筑年代判断，可在科学考察各价值对建筑本体、古城风貌影响度的基础上，采用量化的方法，将历史价值、艺术价值、科学价值、环境价值和使用价值等五类赋予不同权重比分别评估，以增加评估结论的科学性，避免评估者的主观干扰。最后综合以上各分值得出该建筑的单体价值（图 2-10）。

根据以上评分结果，可将与兴城古城相关的非文物建筑单体分为四级（图 2-11）：一类建筑为具有一定文物价值和特色的典型历史建筑；二类建筑为具有地域传统特色，与古城历史风貌协调较好的

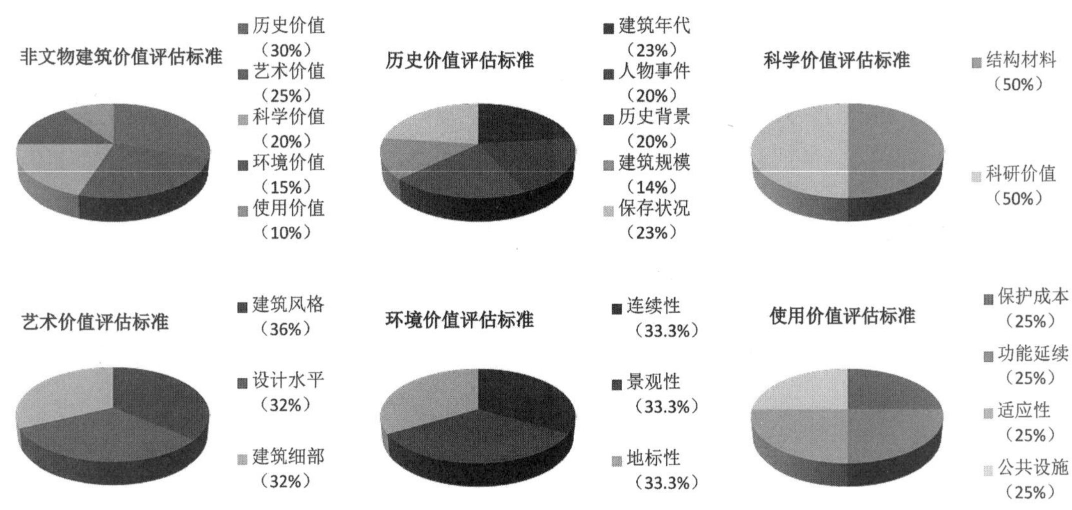

图2-10 非文物建筑评估标准示意图

图2-11　四类建筑（由左至右：一类建筑、二类建筑、三类建筑、四类建筑）

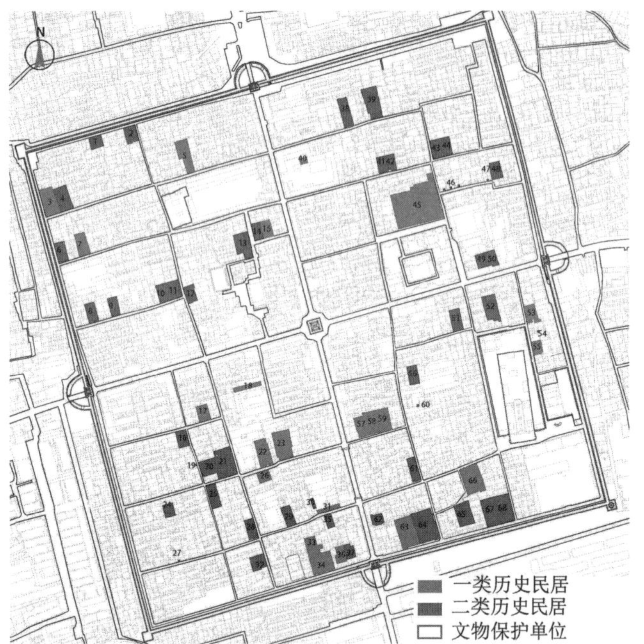

图2-12　内城历史民居分布图

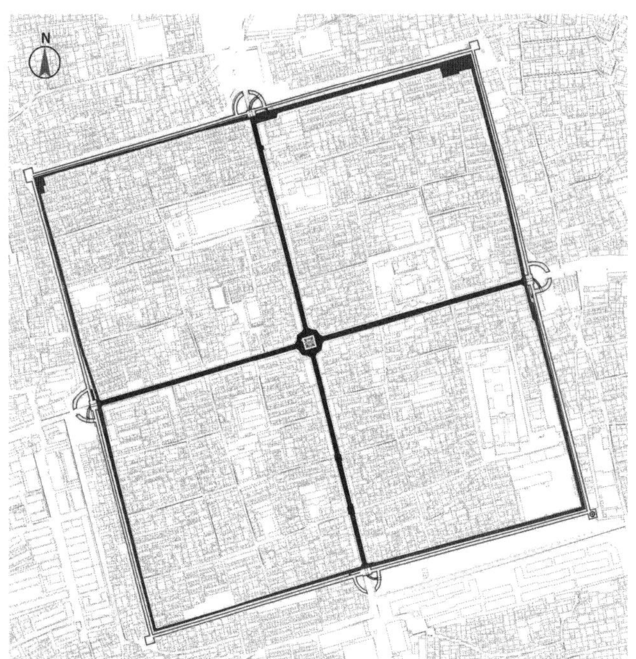

图2-13　内城历史街巷分布图

建筑；三类建筑为建筑特色较弱，与古城历史风貌协调一般的建筑；四类建筑为对古城整体风貌造成冲突甚至破坏古城历史风貌的现代建筑。

院落是反映古城空间肌理的基本单元。院落的评价标准较简单，从院落年代（以院落内历史最久远的建筑年代为准）、院落进数以及院落完整度三方面分别评估即可。根据聘雇评估分值，最终得到四个等级的院落类型：一类院落为年代久远，规模较大，完整度较好，且具有地域特色的代表性院落；二、三类院落次之；四类院落为改革开放后建成的新院落或单位大院，完整度较差，不具有地域特色。

叠加建筑单体与建筑院落评估结果，即可确定古城中价值较高的历史民居范围（图2-12）。这些历史民居通常采用当地传统手法建造，其建造年代较早，院落结构完整，需要给予充分保护。

②地下遗址：兴城古城内外的地下遗址反映了古城不同历史时期的变化与发展，虽未经考古发掘，但根据历史文献中记载可大致了解遗址情况，结合其残存现状及历史上与古城关系的密切程度，可将其评估为三类：一类遗址为现地面遗存较少，但文物价值较高并有文献资料记载明确的遗址，如外城墙遗址；二类遗址为现已无地

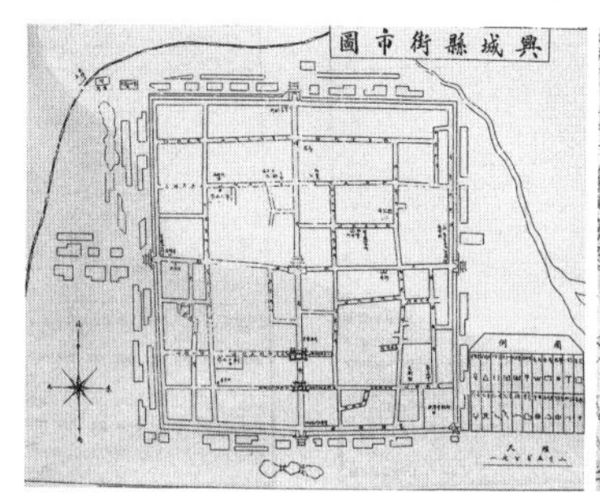

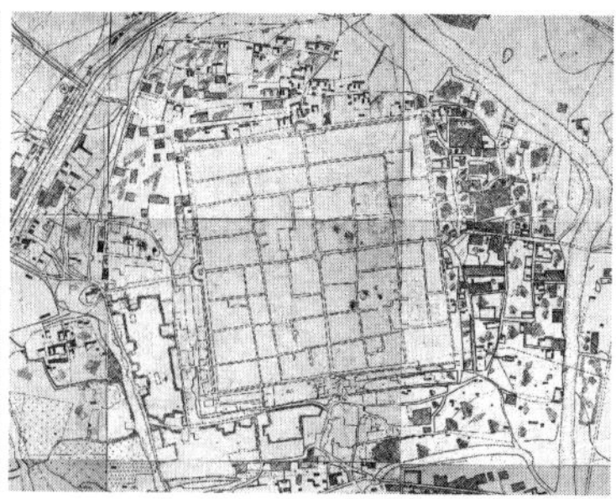
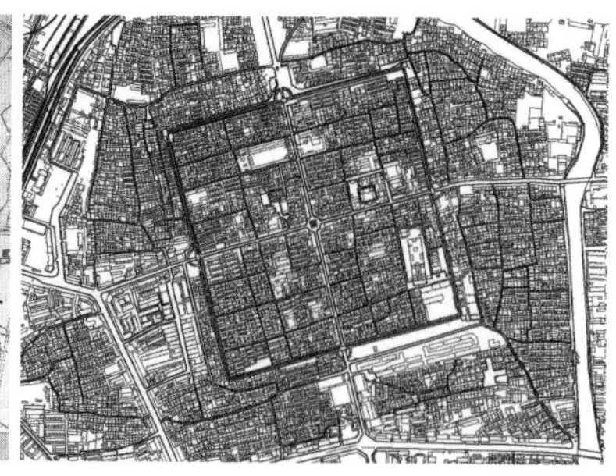

图2-14　兴城古城内部街巷肌理对比图（由左至右：民国地图，1953年地图，现状地图）

面遗存或遗存很少，但有明确文字记载及相应文献资料描述的遗址，如内外护城河遗址；三类遗址：现已无地面遗存，仅有文字记载，未知具体规模及内容的遗址。总体而言，兴城古城内外地下遗址地面遗存较少，且大部分遗址均被现代道路或建筑覆盖，整体保存状况较差。

③街巷道路：对比 1953 年兴城市地图与现状道路发现，古城外主要道路于 1953 年已基本成型：其中，内城外侧主要城市干道兴海南街一段、兴海南街二段在之后的发展中得到了拓直和明显加宽。仅个别道路因城市发展而新拓，如火车站站前道路，以及近年建设完成的北关外大道等。此外，通过民国以来兴城古城城市地图的对比（图 2–14）还可初步推断城内道路的开辟年代。再结合铺地材质、道路环境等影响因子评估（表 2–9），可以将十字大街、内顺城大街和瓮城内道路评为一类道路，划入古城内的历史道路范围（图 2–13）。

街巷评估举例　　表 2–9

路名	分类	级别	路面材质	路面宽度（m）	路名	分类	级别	路面材质	路面宽度（m）
威远街	十字大街	内城一级道路	长方形铺地砖	13.5	西门瓮城内道路	瓮城内道路	内城一级道路	条石	4.2
延辉街	十字大街	内城一级道路	长方形铺地砖	12	北门瓮城内道路	瓮城内道路	内城一级道路	条石	4.2

第二节　基于保护方式的现状问题

一、遗产保存问题

（1）重单体，轻环境

目前兴城古城保护仍以文物建筑修缮为主，保证结构安全和外观完整为基本目标，忽视历史格局及空间形态的价值，缺乏古城的整体保护意识。

①重城重濠格局：古城重城重濠格局在我国卫所城市中罕见，可反映其明末独一无二的军事地位。但如今对外城墙的研究和保护几为空白，既无相关考古调查，以准确判断其位置和规模；也无任何标记遗址可能范围的信息提示，以控制无序的建设行为。因此，外城遗址保存现状堪忧，其可能区域上已被大量现代建筑覆盖（图 2–15）。历史上曾被改造为护城河的兴城河和东河现状境遇与外城墙遗址

图2-15　外城墙遗址范围被现代建筑覆盖

图2-16　兴城河、东河水体污染

图2-17　瓮城格局破坏

相似，目前也无没有任何保护及治理措施，水体质量较差，尤其外城西北角一段污染极为严重，生活垃圾堆满河道（图 2-16）。

②瓮城格局：兴城古城四城门外均建有瓮城，高如内城，是体现古城军事性的主要构筑物之一。当敌人攻入城门外加筑的半圆形或方形瓮城时，守军可将主城门和瓮城门关闭，形成“瓮中捉鳖”。

图2-18　传统风貌破坏

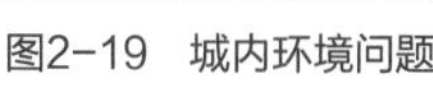

图2-19　城内环境问题

瓮城城门通常开于侧面，使敌军无法直接攻击城墙城门，体现了瓮城的军事特点。但是为了方便车行，现四座瓮城正前方均被拆出4～5m宽的豁口作为交通之用，破坏了原有格局的真实性（图2-17）。

③古城内传统风貌：古城至今仍保持古城传统风貌，成片低矮的辽西囤顶房屋形成古城建筑背景（图2-20）。但是由于缺乏对新建建筑的统一管理，古城内出现了许多体量高大的平顶或坡顶建筑，其突兀的尺度破坏了城内完整和谐的历史氛围（图2-18），尤其在古城南部（近商业中心）和西部（近火车站）经济较活跃的区域这一现象尤为严重；相对而言，城内北关和东关的历史风貌保存较好。

④古城内部环境：古城内基础设施年久失修，环境破败不堪，不仅给城内居民生活带来诸多不便，也影响古城整体形象（图2-19）。首先，城内给水、排水、电力、燃气、消防等公共设施建设年代较早，大多难以为继，例如排水管网普及率低，且管道老化，遇到雨水天气经常造成古城内排水不畅；并且

图2-20　古城传统风貌（日伪时期老照片）

图2-21　外城风貌格局破坏问题

这些管道、电线常年暴露在外，凌乱悬挂的电线既影响古城的视觉空间效果，又存在安全隐患。此外，城内公共卫生条件也十分简陋，城内日常生活仍靠运转率低效的地面垃圾收集箱，其周围环境脏乱；并且城内仍无独立下水，只能使用公共旱厕，这些旱厕外观样式和内部卫生条件均不理想，严重影响居民生活质量，破坏古城环境风貌。

（2）重内城，轻外城

兴城古城的保护一般局限于内城，缺乏对外城的控制。历史上，外城与内城组成了古城的有机整体，二者间的有机互动进一步促进古城城市发展，是城市职能转变的有力证明。如今，外城中仍保留有部分历史民居及宗祠寺庙遗址，并且其空间肌理延续了历史格局，具有一定遗产价值。但目前由于外城已被纳入现代城市建设范围，其环境、格局及其中历史民居等均遭受严重破坏（图 2–21），需要采取一定保护措施。

（3）重物质，轻工艺

修缮是文物保护的基本手段，用以解决文物本体安全问题。以往的文物修缮更加关注维修后的结果，而忽略修缮工艺本身价值，造成传统匠艺的流失，同时不恰当的现代技术可能会破坏遗产的原真性，改变其外貌信息。兴城古城的文物修缮主要存在以下三类问题（图 2–22）：

第一，现代材料和工艺的使用损坏了文物的原真性。盲目使用现代材料和技术会抹杀原本的遗产信息。例如在风雨侵蚀下，兴城古城城墙局部段落易因渗水而出现裂缝，进而威胁城墙结构安全。一般情况下，会使用水泥或石灰砂浆作为粘合材料修补，这些现代材料无意间改变了原城墙材料信息的

（a）瓮城保护性破坏
（b）城墙新旧砖混淆
（c）城墙铁构件支护
（d）城墙鼓胀裂缝

图2–22　兴城古城修缮问题

原真性；如果个别段落安全隐患较严重时，会采用拆除重砌的方法，该过程中容易忽略原城墙的砌法信息，使得新砌部分月原城墙的外观、形制、砌法等不符，造成“保护性破坏”。

第二，使用缺乏可逆性的修缮工艺使历史信息与现代信息混淆。可逆性修缮一方面指修缮过程中使用易于识别的材料或技术，如烙印标记等，区分新增新改片段与历史原貌，减少修缮工艺对文物信息产生不必要的干扰；另一方面指修缮过程中方法的可再处理性，即新增部分日后可重新拆除替换。兴城古城的文物修缮中缺乏可逆性意识，例如以掏换砖的形式补砌结构失稳坍塌的城墙段落时，没有对新砖做出款识标记，使得新、旧砖相混，对日后研究造成较大困扰。

此外，可逆性的修缮技术并不等同于简单粗暴的修缮方式，仍需尽量使用与原材料相同、相近或兼容的材料和工艺，保持修缮前后外观的和谐统一。例如目前城墙内外出现墙体侧倾时均使用铁制斜撑支护墙体。该方法虽然表面上符合可逆性原则，但其对城墙的历史风貌影响较大，且无法从根本上解决结构问题，因而只能视作暂时性维修方法，需要尽快重新维修。

第三，修缮方案缺乏科学性，难以解决导致安全隐患的根本问题。建筑遗产在漫长的历史岁月中难免出现各种问题需要维修，但目前古城文物建筑维修前缺少细致的调查研究，无法制定妥善的修缮方案，屡修屡坏，重复维修造成人力物力的浪费。例如自建国以来古城墙的维修从未间断（见附录 A），但近年来仍出现墙体外倾、墙面开裂等严重问题，其本源是内部夯土芯受潮引起[1]，但一般的维修手段，如替换表面砖石或增加支护构件，治标不治本，仅可缓解现状，终非彻底的解决之道，需对该段墙体进行全面检测后，请专业人员制定可行性维修策略。

（4）重文物，轻民居

兴城古城的保护仍以保护具有法律效益的各级文物保护单位为主，而对古城内外颇具历史价值的非文物建筑疏于管理，使其历史风貌遭受破坏。目前，除古城内被列为省级文物保护单位的郜家住宅和周家住宅外，大部分历史民居的保存仍依靠居民自身力量，缺乏政府的统一管理，保存现状不尽如人意，分为两类情况（图 2–23）：其一，居民自身家庭经济条件一般，无力妥善维修老房子，使该建筑破败，甚至损坏倒塌；其二，居民家庭经济条件尚可，为改善生活质量进行老房子改造，由于缺乏专业人员指导而使用不恰当的材料和技术，无意间破坏了历史民居的传统风貌，例如古城内常见的历史建筑外包砌水泥砂浆，或将传统木构囤顶改造为现代平顶等。

此外，建筑单体改造的同时，民居的传统院落格局也逐渐被打破。对比 1959 年城市平面图与现状平面图可发现，伴随古城内人口的增多和小型核心家庭的发展，兴城古城内的院落尺度急剧变小，从平均院落面积 300 ~ 700m^2 减少到平均院落面积 60 ~ 90m^2。逐渐打破了当地传统的三合院或四合院的院落结构，形成高密度、小院落的空间结构格局。其一，多户家庭共居于一处四合院内，使一座完整的院落解体为五至六个小型单元。例如一栋五间正房可共两到三户人家使用，一栋三间厢房也可平分为两户人家；为尽量增加房屋面积，居民纷纷在院落中的空地中加盖临时房屋或窝棚，院落环境更加混乱拥挤。其二，某些区块中传统院落早已被拆除，新建院落则形成一正房和一门房构成的联排院落空间肌理。由于这种联排式的住宅布局简单且适合现代生活模式，因此在古城内外十分常见（图 2–24）。

1　详见周淼 . 生土建筑遗产保护技术若干问题研究 [D]. 南京：东南大学，2010.

(a) 民居破败现状-1
(a) 民居破败现状-2
(b) 民居改造式破坏-1
(b) 民居改造式破坏-2
(c) 加建临时窝棚-1
(c) 加建临时窝棚-2
(d) 历史院落破坏-1
(d) 历史院落破坏-2

图2-23 兴城古城民居现状问题

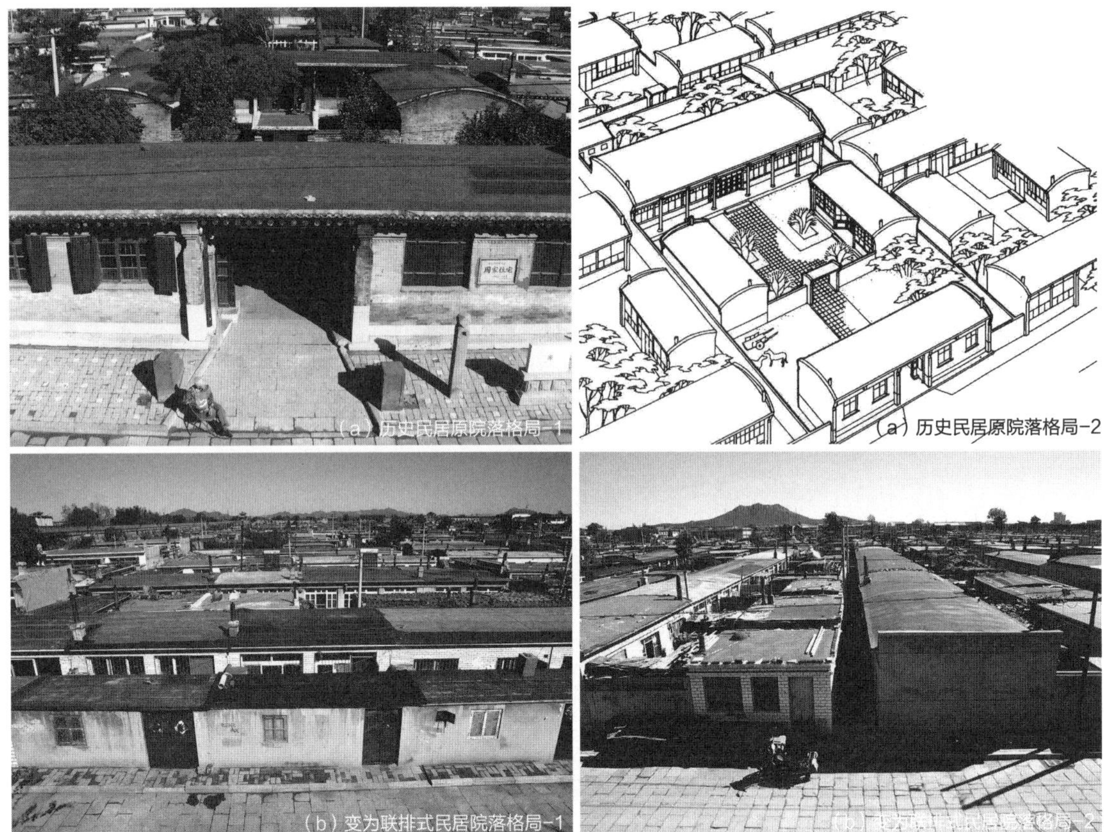

（a）历史民居原院落格局-1 （a）历史民居原院落格局-2

（b）变为联排式民居院落格局-1 （b）变为联排式民居院落格局-2

图2-24 联排民居院落格局变化

另外，伴随着传统建筑形式消失的还有其所承载的传统生活方式，这些传统的习俗由于不能满足人们现代生活的需求而逐渐被抛弃。例如辽西常见的火炕，由于易造成较重的烟尘污染，且使用不便，逐渐被其他的采暖方式取代，如城内民居中普遍安装的太阳能热水器，这种新设备通常突兀安装于屋顶，外观与古城传统风貌无法协调。

二、其他保护问题

（1）管理系统混乱

自 1948 年 9 月兴城解放后，兴城城墙及城内文庙、钟鼓楼、祖氏石坊等历史建筑一直被视作文物古迹，由文化部门管理。而后，兴城古城内文物建筑管理仍属文化部门管辖，例如自 1949 年以后兴城城墙的具体事务先后由兴城县文化馆、兴城县文物管理所、兴城市文物管理所、兴城市文物管理处负责（具体变更过程见表 2-10）。

兴城古城文物管理机构变革表 表 2-10

时间	变更情况
1949 年至 1952 年	由兴城县文化馆管理
1952 年至 1956 年 4 月	由兴城县政府文教科管理

续表

时间	变更情况
1956 年 4 月至 1957 年 10 月	兴城县政府设立文化科，古城内外文物的修缮、保护由文化科管理
1957 年 10 月至 1960 年	文化科撤销，继续由县政府文教科管理
1960 年	县政府文教科改称文教局，古城文物也随之由县文教局管理
1962 年	文教局又改称县政府文教科，古城文物再次由文教科管理
1969 年 1 月	改由兴城县文卫系统革命领导小组（简称文卫组）管理
1969 年 8 月	兴城县成立文教组，古城文物由文教组负责管理
1975 年 8 月	撤销文教组，古城文物由县委宣传组代管
1977 年 2 月	兴城县政府恢复文化科，古城文物由文化科管理
1977 年 10 月	文化科撤销，改称文化局，古城文物由兴城县文化局管理
1986 年 12 月	兴城县改称兴城市，古城文物由兴城市文化局管理
1995 年 7 月至 1998 年 3 月	古城文物由兴城市文化广播电视局管理
1998 年 3 月至 2002 年 4 月	古城文物由兴城市文化旅游局管理
2002 年 4 月至今	古城文物由兴城市文化局管理

目前除城隍庙由庙内师傅自行管理外，兴城古城内各级文物保护单位的管理仍由兴城市文化局下设的文物管理处负责，具体工作包括古建筑的监测、保护、修缮、研究。但是 2006 年古城景区管理体制改革后，设立了古城景区管委会负责古城景区的旅游管理和门票发放工作，使得古城内文物景点的旅游管理工作脱离了文物部门管辖，文物景区旅游收入无法有效用于支持文物保护事业，并且旅游带来的负面影响也难以控制，易造成旅游的无序发展。所以目前古城文物保护和旅游管理工作职能范围不明，且相互重叠，扰乱了正常的文物保护工作秩序。

（2）社会经济问题

历史上兴城古城曾经是兴城市唯一的中心，但由于经济的发展，古城传统空间格局已不能适应现代生产生活，市内主要行政、文化、商业、居住中心逐渐脱离古城，向周边转移，古城碍于基础设施落后，其发展受限，逐渐成为城市内较不发达的生活区，包围于现代城市之中，成为“城中城”。

近年来，兴城市空间分布呈从古城向周边发散的态势（图 2–25）。1985 年，兴城古城仍是绝对的城市中心，为数不多的城市公共设施，如影剧院、医院、学校等悉数分布于古城内。1999 年，兴城市市域面积增长较大（由 12.4km^2 增长到 20.35km^2），温泉区和海滨区的建设量增大，建筑质量较好，于是沿兴海路、兴海北路形成了以城市中心广场为主的大型公共活动场所和新的居住生活区域。此外，市政机关等公共服务建筑也已全部搬出古城。相比之下，古城区开发虽早但建筑质量较低，其城市中心地位逐渐消失。总的来说，如今兴城市已摆脱以古城为绝对中心的发展模式，古城内外的社会、经济正面临不同现状（图 2–26）。

①古城内部：首先，古城内经济欠发达，年轻人口流失严重，城内人口老龄化、低收入化。根据

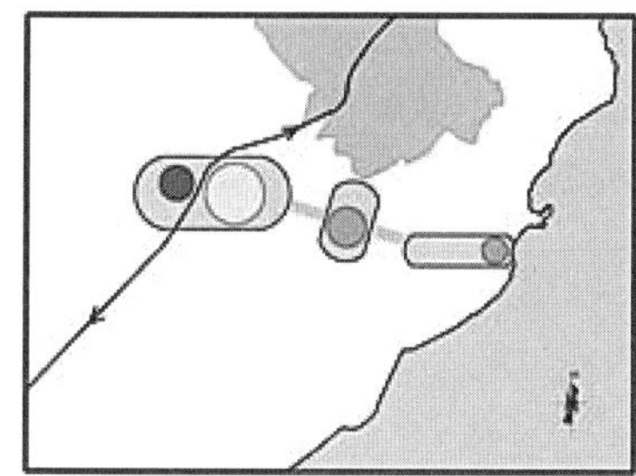

1984年城市用地状况

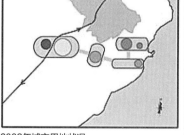

2002年城市用地状况

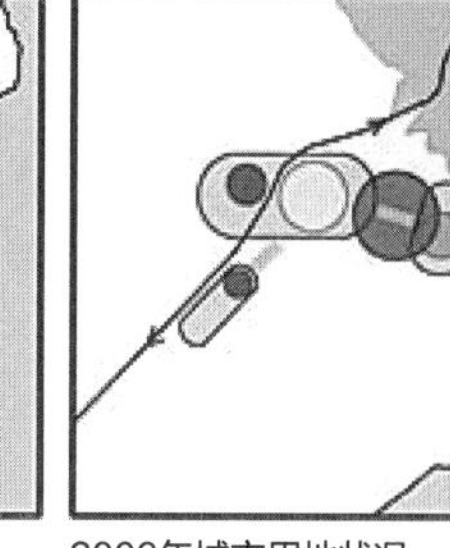

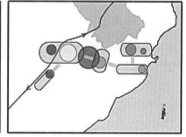

2006年城市用地状况

图2–25　兴城市用地状况演变

（a）古城内居民收入较低，生活条件较差-1

（a）古城内居民收入较低，生活条件较差-2

（b）古城内居住环境拥挤-1

（b）古城内居住环境拥挤-2

（c）古城内商业形态低端

（d）古城外南关市场混乱-1

（d）古城外南关市场混乱-2

（e）外城历史民居被破坏

图2-26　古城内外经济、社会问题

古城人口普查数据，2000 年兴城市人口中 65 岁及以上人口占总人口比例就已超过 6.98%。已濒临老年型社会边缘[1]（表 2-11）。此外由于古城内为传统型居住区，商业欠发达，城内居民仍以第一产业和第二产业为主要的经济来源，多从事低技术低收入的工作，如工人、个体小商贩等。正是由于古城无法提供有吸引力的就业岗位，使城内年轻人口流失，加剧了古城社会老龄化和低收入化。这种人口结构对于兴城古城的发展十分危险：一方面，年轻劳动力的流失使古城缺乏活力，抑制了商业、旅游业的发展；另一方面，古城萎靡的经济加速年轻人口的外流，形成恶性循环。其次，古城内部居住环境拥挤，居民生活条件较差。由于长期以来人口的持续增长，古城内已无法提供适宜的居住条件，城内人均居住面积较小且居住环境拥挤。并且由于城内保持的传统空间格局严重缺乏公共活动空间和景观绿化空间，无法为居民提供良好的生活休憩环境。

规划范围人口变化统计表 **表 2-11**

年代	内城户数	内城人口	内城外户数	内城外人口	备注
民国	976	5869	1078	5031	数据采自民国《兴城县志》
2000 年	2923	8431			第五次全国人口普查数据
2009 年	2731	6733	8435	20459	数据来自《兴城市总体规划》（2009—2030）

另外，古城内外欠发达的商业，暂时无法满足更高层次的开发需求。如今古城主要商业市场为城内十字大街和城外南关市场，但是受限于城市整体消费水平较低，且缺乏合理的发展规划和有效的市场管理，因而商业业态低端，功能配置不合理。例如城内十字大街和城外南关市场，均以低端日用消费商品经营为主，缺乏与旅游服务有关的特色售卖、住宿、餐饮等商业形态，无法体现古城的传统文化传承。此外，混乱的商业管理也是一大顽疾，尤其南关市场一带产权混乱，环境脏乱，占路摊贩现象严重，破坏了古城的整体风貌氛围，一定程度上抑制了古城旅游业进一步发展。

②古城外部：近年来兴城市城市建设加快，给古城发展带来契机的同时也造成巨大保护压力。一方面，由于城市规模的扩大，兴城市的政府机关、工业企业都得以集中到城外的专门区域，促进了兴城古城的转型，优化内部产业结构，以集中开展文化遗产保护事业，并带动旅游增长，实现保护与发展的良性循环；另一方面，外部城市建设也带来了一些负面影响。首先，城市建设是外城中遗产资源保存的直接威胁，历史民居得不到有效的保护被强制拆除，地下遗址范围被成片现代建筑所覆盖，有些遗址甚至在工地施工时已被毁坏。其次，城市外部建设无序，对建筑高度、建筑形式等要素控制不够，破坏了古城的天际线和整体氛围，不利于古城历史风貌格局的保存。另外，古城周边的交通现状也比较混乱，兴城市主要外部交通在古城附近呼啸而过，带来大量人流和车流，为古城保护和管理徒增压力。

1　按照国际通行标准，某一个国家（或地区）65 岁以上的老年人口比例超过 7%，就可以被认为进入老年型社会。

第三章 复兴中的保护

第一节 遗产资源与保护对象

一、古城遗产资源

根据历史和现状的基础研究，可以按照时间顺序与遗产类型初步理清兴城古城的遗产资源构成。

（1）明代遗产资源

明代兴城古城称宁远卫城，其明末清初中重要的战略地位代表了古城价值的精髓。如今，兴城古城作为辽东地区保存最完好的军事卫城，尚保存许多与该军事功能相关的历史遗存。在分析这类“军事工程”类文物时，充分解读其军事运作体系是分析和判断遗产资源构成的有效途径，这主要涉及历史环境、布局结构和构成要素等方面。

①历史环境：明代辽东镇军事防御体系由南至北沿长城分布，因地形和环境的影响面貌各异。通过对历史环境的条分缕析（表 3–1），可以明晰兴城古城与周边环境之间的营造关系及军事运作过程。

历史环境构成表 表 3–1

军事作用	历史景观名称	历史景观因素
兴城古城（宁远卫）选址	山形水系	兴城古城北侧和西侧为山峦环抱，东侧与首山相望，城外两水环绕，东流入海
	地形地貌	古城地势总体为西北高、东南低，内城中心即钟鼓楼所在位置高于四周，便于排水
兴城古城（宁远卫）与其他防御设施的关系	其他历史遗迹	觉华岛
		塔山中左所遗址，沙河中右所遗址
		海防五城遗址
		首山烽火台，以及烽火台和古城城墙的视线通廊

②结构布局：兴城古城是一座功能完备、组织严密的军事卫城，其军事工程的系统性最直接的物质表征是城市结构布局，这也是保护古城中的关键之一，只有保证了布局结构的完整，才能正确呈现兴城古城军事运作的特点，体现特有的文物价值（表 3–2）。

③构成要素：构成要素是兴城古城历史价值最直接的体现者，是古城遗产的基本组成单元。只有真实全面的分析各要素，才能传达正确的历史信息，体现文物的意义。古城内的历史资源包括反映军卫特点的军事类要素和反映日常生活的生活类要素。

兴城古城军事运作体系布局结构现状表 **表 3-2**

军事体系布局结构			
分类名称		布局作用	现状结构描述
城市外部结构	与首山烽火台间视线通廊	遇敌情则士卒于烽火台发出烽火信号至兴城古城，使其及时做好防御准备	内城城墙、城楼、钟鼓楼与首山烽火台之间的视线连通关系
	内外双重城墙、城濠	明代兴城古城的主要防御工事	内城墙呈方形，城墙、瓮城等保存良好；外城墙、内外护城河不存
城市内部结构	十字大街与内顺城路	明代卫城典型道路布局	十字大街和内顺城路现仍为古城内主要街巷，其中前者的空间分氛围由钟鼓楼和祖氏石坊控制
	向心性结构	钟鼓楼为全城几何中心，且明代城内最高机构宁远卫署偏心而置	钟鼓楼仍为城内制高点，统领城内空间；位于古城中心偏东北的军事衙署——宁远卫署不存
	均一性街巷肌理	军事城池统一规划的特征，且便于城内军队调动	主、次级街巷差别不明显，城内空间呈现规则化、均一化特征

（2）清代及民国其他遗产资源构成

清代兴城古城世俗生活逐渐繁荣，古城内外修建大量庙宇。民国时期，民间信仰衰落，无新建寺庙。

二、保护对象构成

根据遗产资源与古城关系的密切程度（表 3-3）并结合现状信息评估结论，可以初步确定兴城古城的保护对象（图 3-1），包括以下五类：一是古城的文物建筑和遗址本体，二是古城整体空间格局与历史风貌，三是古城的内外环境，四是古城内外相关遗存的可能分布区，五是以兴城古城为载体的地方特色传统民俗等非物质文化遗产（表 3-4）。

兴城古城遗产资源与古城关系表 **表 3-3**

历史时期	遗产资源				与古城关系
明代	历史环境	选址	山形水系		较强
			地形地貌		较强
		周边防御设施	首山烽火台		较强
			海防五城遗址		较强
			觉华岛		较弱
			塔山中左所		较弱
			沙河中右所		较弱
	布局结构	城市外部	首山烽火台与古城的视线通廊		很强
			重城重濠		很强
		城市内部	十字大街街巷格局		很强
			向心性结构		很强
			均一性肌理		很强
	构成要素	军事类	非文物建筑	外城墙	很强
				内外护城河	很强
				城内军事指挥部	很强
			文物建筑	内城墙（含城楼及魁星楼）	很强
				钟鼓楼	很强
				祖氏石坊	很强
		生活类	城内遗址	上帝庙、天宁寺、白衣庵等	很强
			城外遗址	关岳庙、三皇庙、玉皇阁、地藏寺	较强
			文物建筑	文庙、城隍庙	很强
			街巷道路	威远街、延辉街、永宁街、春和街等	很强
清代	构成要素	生活类	城内遗址	大士庵、财神庙、祖师庙等	很强
			城外遗址	马神庙、吉祥庵等	较强
			文物建筑	郜家住宅、周家住宅	很强
			非文物建筑	古城内外的历史民居	很强
民国	构成要素	生活类	市场	粮市、米市、柴草市、骡马市、肉市、鱼市、鸡鸭市、鲜果市、干果市等	较强

保护对象构成一览表　　表 3-4

保护对象	内容	解释
古城的文物建筑和遗址本体	现有各级文物保护单位	包括全国重点文物保护单位兴城城墙（含城楼及魁星楼）、钟鼓楼、文庙和祖氏石坊，辽宁省省级文物保护单位城隍庙、郜家住宅和周家住宅
	一类遗址	即古城外城墙遗址，虽无地面遗存，但地下遗址尚存，走向大致明确，具有非常高的文物价值
	古城内（含外城）历史民居	内城和外城保存下来的具有一定文物价值和特色的典型民居
古城整体空间格局与历史风貌	自然山水格局	兴城古城地处辽西走廊，东西两河夹峙，东与首山相望
	城市空间格局	两重城墙的城池体系，内城十字大街加城内顺城环路的主要街巷系统，内城城墙、城楼、魁星楼、钟鼓楼和城内低层民居所形成的历史空间格局，以及钟鼓楼和祖氏石坊所控制的十字大街街巷空间
	主要视线通廊	内城城墙、城楼和钟鼓楼与首山烽火台之间的视线关系，以及城楼、钟鼓楼和魁星楼的制高点地位
古城内外环境	历史环境	东河、兴城河
	生态环境	水体环境、河岸景观和古城内外的绿化
古城内外相关遗存的可能分布区	二类遗址	内外护城河遗址和祖师庙遗址，均有部分地面遗存
	三类遗址	明末所建海防五城中的一城子遗址，及古城内外天宁寺等重要寺庙遗址

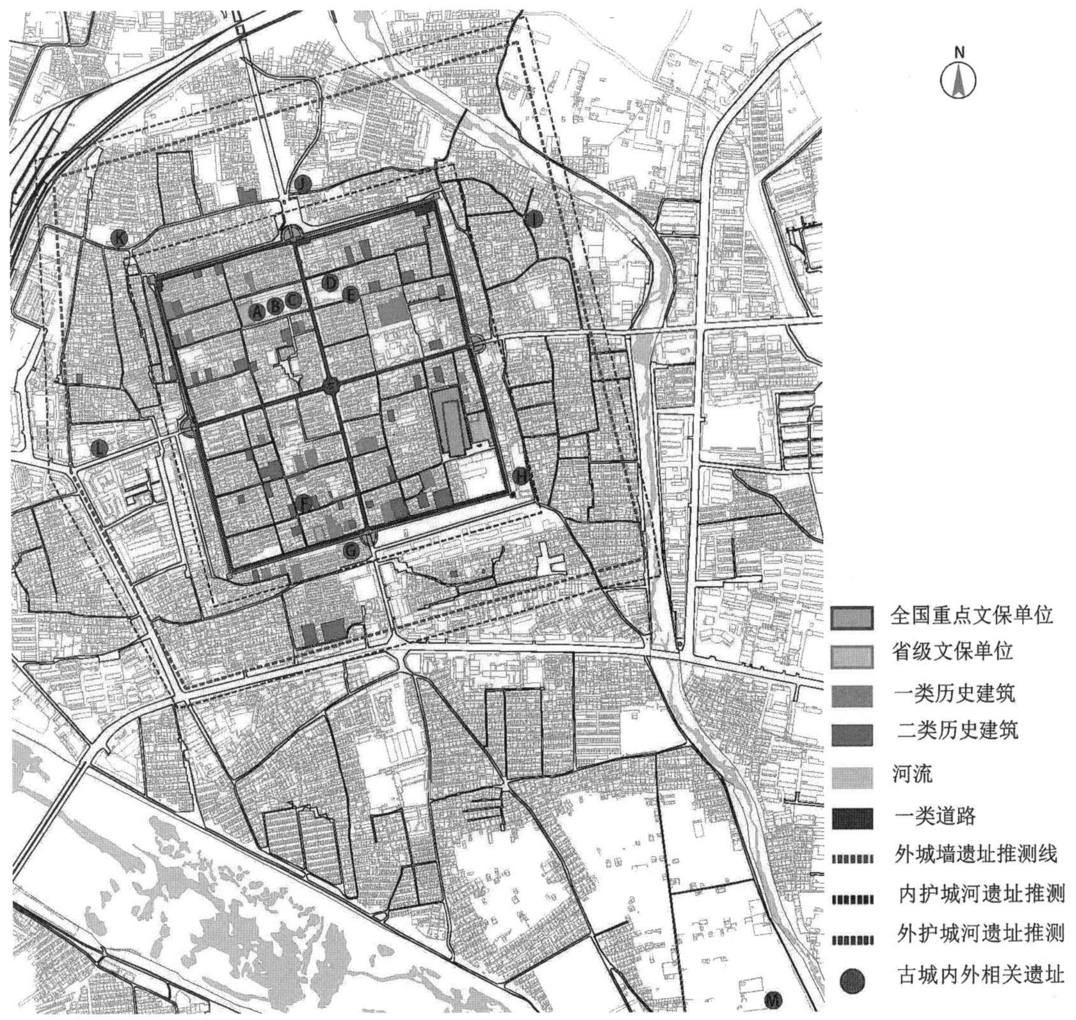

图3-1　保护对象构成图

第二节 保护区划的完整表达

保护区划是为保证文物保护单位及周边环境风貌不受破坏而划定的地理范围。《中华人民共和国文物保护法》和《中国文物古迹保护准则》中可将保护区划分为保护范围、建设控制地带，此二者具有法律效用，另外还可根据实际需要增设环境协调区和地下文物埋藏区。

保护范围是保护区划中的核心区域，对应于《世界遗产公约》中的核心保护区[1]。保护范围是可保证文物本体的真实性、完整性、延续性等不受破坏的底线区域，因此其在《中华人民共和国文物保护法》中的建设控制规定较为严苛，即“在保护范围内严格禁止任何地面或地下的施工工程”。

建设控制地带类比于《国际遗产公约》中的缓冲区，通常设于保护范围外侧，以控制保护对象周围环境中的建设行为。由于古城遗产的历史信息主要通过整体空间氛围来传达，而非各点状的文物保护单位，所以可通过设置建设控制地带综合保存古城的空间肌理和历史风貌。与保护范围内严禁建设不同，在不影响文物本体安全和历史风貌的前提下，可在建设控制地带内按照规定适度建设。为了便于实际实施和管理，建设控制地带根据建设控制的强度不同又分为一类建设控制地带和二类建设控制地带两种。

风貌协调区可对应于《世界遗产公约》中的过渡区，位于建设控制地带外围，以在更大的范围内控制古城与自然环境、古城与现代城市间的关系，通过风貌协调区的过渡作用使得古城与现代城市和谐共生。

保护区划的划定既要满足文物保护的需要，也要综合考虑该地区实际的自然环境及用地现状。例如划定兴城古城保护区划时需要考虑古城整体的视觉和景观效果，并尽量利用现存的线形边界，如山体、河流，或道路、院墙等，增加边界的可识别性；并且注重不同建设控制强度的差的保护区划间的合理搭配，提高该保护区划的可实施性。

一、现状问题

兴城古城的现状保护区划（图 3-3）划定时间较早，由于当时条件所限，该区划已与当下保护工作不相匹配，存在较多问题。

（1）保护区划可实施性较差

第一，原保护区划与现状不符。现古城内各文物保护单位的保护范围和建设控制地带仍为 2006 年公布全国重点文物保护单位前的区划范围，其管理边界已与现实情况不符。例如兴城文庙为提高保护及展示服务，近些年来在原文物院落外加建了一些附属用房，所以该区域并没有被体现在原保护区划中而需要调整。

第二，城内各保护对象的保护区划间相互独立，缺乏统一规定。例如城内钟鼓楼、文庙、郜家住宅、周家住宅等文物保护单位的建设控制地带均为其各自保护范围外扩的区域，该划定方法缺乏古城内遗产整体保护发展的意识，造成城内出现多处彼此间毫无联系、各自为政的建设控制地带，不易于实际

1 《世界遗产公约》中也将保护区的范围（Entire Reserve）划为核心区（Core area）、缓冲区（Buffer area）和过渡区（Transition area）。

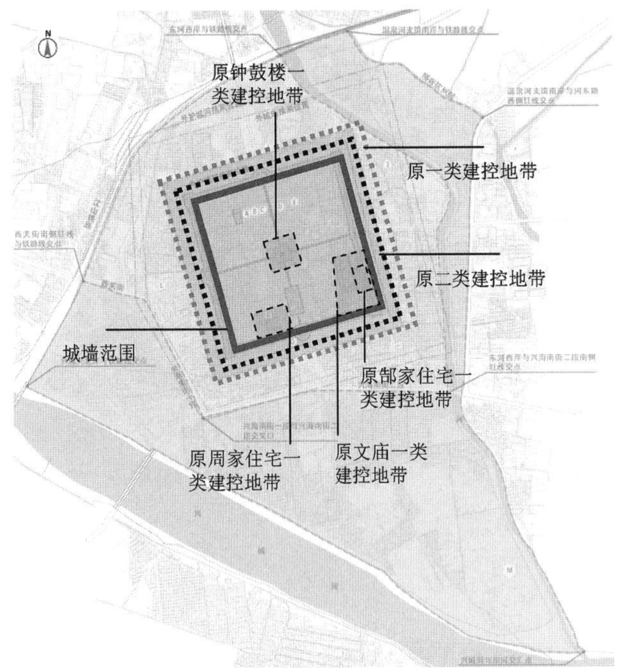

图3-2 古城原建控地带划范围图

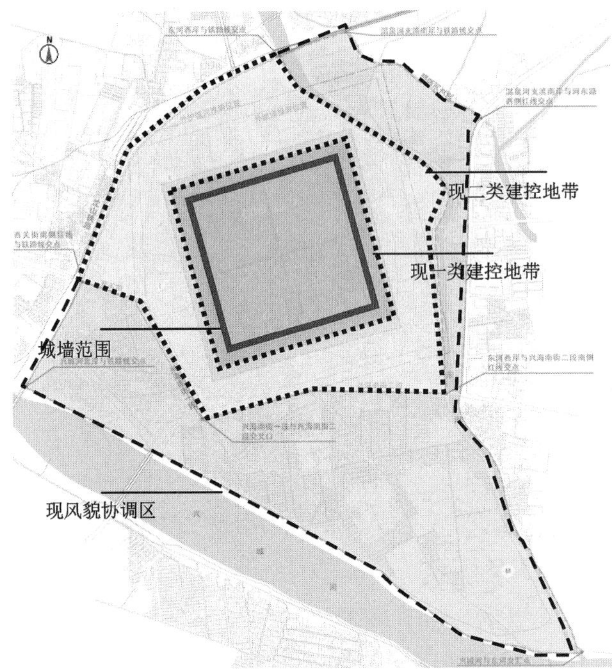

图3-3 古城调整后的建控地带及风貌协调区范围图

操作。

第三，原保护范围和建设控制地带相互重叠。兴城古城内城墙的建设控制地带为城内除城墙外的全部区域，这与城内其余几处文物保护单位的建设控制地带范围相互叠压，使文物管理范围不明、职责不清。

（2）保护区划不全面，遗漏重要保护对象

兴城古城的现状保护区划中没有对历史民居、历史道路和重要地下遗址，尤其是最能体现古城军事价值的外城墙及内外护城河遗址的保护作出合理说明，但这些遗产资源也是古城完整格局的重要组成部分，需要给予充分重视。

兴城古城历史上由两重城墙、两重护城河组成，是明代卫所城市的典型代表，其内城城墙和城内十字大街加内顺城环路的空间格局一直延续到今；此外，内城和外城仍保存一些传统民居，体现了古城的历史风貌特点。但是自2006年兴城古城成为全国重点文物保护单位后，一直未能将历史民居历史道路、重要地下遗址等反映古城城市格局发展变迁的遗产资源进行全面调查和合理保护，使其生存现状堪忧。

（3）保护区划范围设置不合理

现状保护区划的具体范围划定也不甚完善。一方面，其范围过于图面化，没有充分考虑实际环境中的用地情况边界。例如原古城城墙的二、三级建设控制地带均简单定为城墙范围向外的平行扩展，没有考虑现状道路、河流等与该范围间的关系，使得该区划在实际操作中可实施性较弱。另一方面，现有的保护区划层级搭配不合理。根据现状图可知，原保护区划仅包含文物保护对象的保护范围和建设控制地带两个层次，而缺乏更大范围中对古城整体风貌格局的控制；并且已公布的保护区划中对划定了城墙的三类建设控制地带，这种相同层面的保护区划内部分级过多的情况也不利于实际工作中的控制和管理。

综上所述，由于缺乏对古城价值的深入研究，兴城古城内外原有各级保护区划的可操作性较差，建设控制力强度搭配不合理，不能满足古城文物的保护、管理及展示需求，亟待进行调整。

二、区划调整

（1）基于现状的保护区划调整

古城内文物建筑保护范围需要根据现实情况重新调整，分两种情况（表 3–5）：其一，文物院落周边加建服务性用房后，使其院落范围发生变化，则根据新院落边界调整保护范围，如兴城文庙的例子；其二，原文物建筑保护范围划定没有以用地现状为依据，可操作性差，如祖氏牌坊、郜家住宅、城隍庙、周家住宅。祖氏牌坊原为两座牌坊各单独划定保护范围，故缺乏对两坊间视线通廊、周边环境的整体考量，其保护范围内无法保存文物建筑的全部信息，因而新保护范围将两坊合二为一，整体划定一处保护范围即可（图 3–4）。又例如城隍庙原保护范围没有按照文物院落边界划定，而为一图面效果较好的规整长方形区域，其保护范围侵入至周边道路、中学内部，实际保护中无法实施，需要以实际用地边界为依据调整该保护范围。

兴城古城各级文物保护单位现状保护范围变更一览表　　表 3–5

对象名称	级别	保护范围	如何变更	变更后保护范围
兴城城墙	国家级文物保护单位	城内自城墙内墙基起 20m 以内，城外自城墙外墙基起 20m 以内	不变	内城墙墙体的保护范围维持现有规定，为城墙外基底向外扩 20m 至内基底向内扩 20m 之间的范围
兴城文庙	国家级文物保护单位	外围墙内及外围墙外 10m 以内	变更	文庙的保护范围调整为：东、西、北三面至紧邻街巷的现院落外墙，南侧至南一小学北院墙
祖氏石坊	国家级文物保护单位	两坊以东西柱基为点向东 30m，向西 30m，向南 30m，向北 30m	变更	祖氏石坊的保护范围调整为：东西边界为祖大乐石坊和祖大寿石坊各以东西柱基为点向东 30m，向西 30m，南北边界分别为祖大寿石坊柱基向南 30m、祖大乐石坊柱基向北 30m
钟鼓楼	国家级文物保护单位	钟鼓楼墙基外 15m 以内	不变	钟鼓楼的保护范围维持现有规定，为鼓楼基座底边向四周外扩 15m
城隍庙	省级文物保护单位	围墙内及围墙外墙基外，东 15m，南 10m，西 5m，北 20m 以内	变更	城隍庙的保护范围调整为：南、北、西三侧边界至紧邻道路，东侧至院落边界
郜家住宅	省级文物保护单位	院内及四周外墙基外东、西各 6m，南、北各 25m 以内	变更	郜家住宅的保护范围调整为：西、北两侧至紧邻道路，南侧至南一小学北院墙，东侧至院落外墙
周家住宅	省级文物保护单位	院内及四周外墙基外东、西各 20m，南 10m，北 40m 以内	变更	周家住宅的保护范围调整为：西、北、南三侧边界至邻近街巷，东侧边界为院落外墙东扩 30m
历史道路	无	无	新增	以现状道路红线为界

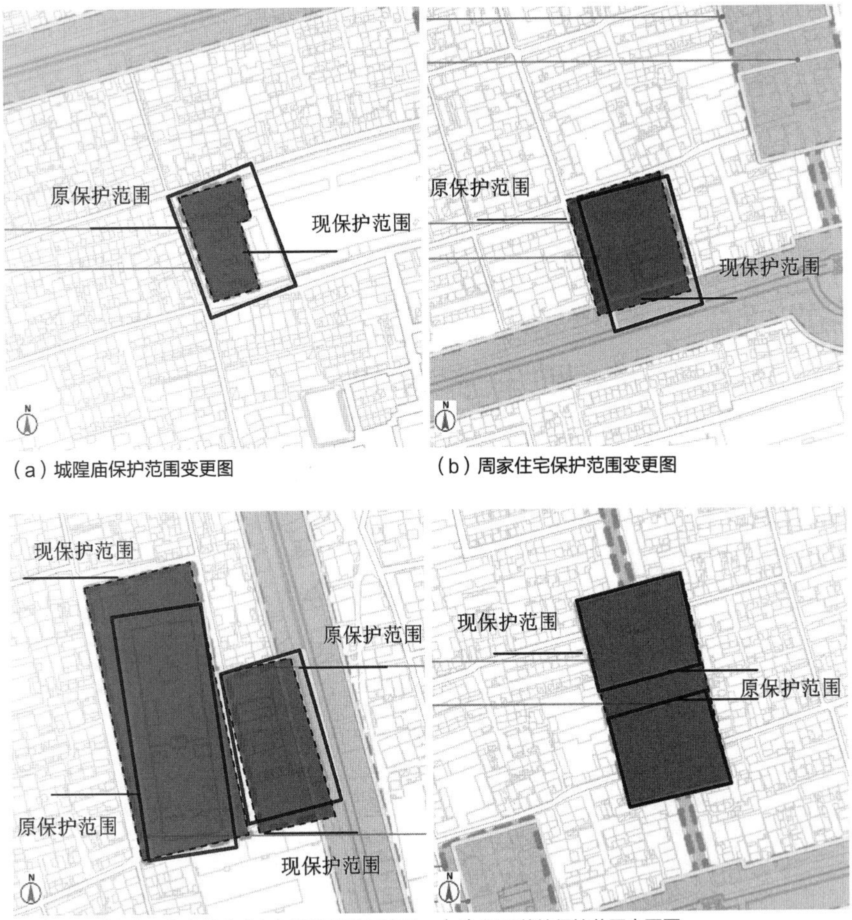

（a）城隍庙保护范围变更图

（b）周家住宅保护范围变更图

（c）文庙（左）、郜家住宅（右）保护范围变更图

（d）祖氏牌坊保护范围变更图

图3-4　文物保护单位保护范围变更

（2）基于整体保护的保护区划调整

过去，古城保护工作仅着重于文物建筑，忽视了包含历史建筑、历史街巷、地下重要遗址和城市格局在内的整体保护，损害了古城历史价值的完整性，急需调整。首先，为保护古城内外的空间格局，需要重新划定建设控制地带。由于原有保护区划中各文物保护单位的建设控制地带为相互独立的点状保护方式，这种控制方式容易割裂古城各部分间的联系，因此新调整的监控地带将古城视作一处独立完整的研究对象，强调了城市的整体保护理念，有利于其完整历史信息的延续。其次，由于过去的保护工作中，有关古城内外历史民居、历史街巷和地下遗址的保护尚为空白，因而也需重新提出相应的保护建议。

第一，古城内十字大街和内顺城道路是古城作为军事卫城遗留至今的最重要的空间特征之一，所以可以现状道路红线为界，将历史道路纳入保护范围内进行特别保护。

第二，古城内外的大量历史民居需要在保护的前提下与现代生活模式相融合，而非静态的封存，因此可以根据各民居的院墙界线，或者将多个平行排列且距离较近的历史民居视为一组整体，实施整体的空间保护提升措施。

第三，古城内外的重要地下遗址，包括历史上与古城关系密切的军事构筑物遗址和祠庙信仰遗址等，如外城墙内外护城河遗址、海防五城中的一城子遗址，以及古城内外一些重要的寺庙道观遗址等，由于缺乏考古发掘，而无法准确标识出位置，给保护工作带来困难。但是通过历史资料研究，结合兴城市规划处相关负责人多年探访和实地调查的经验，可以根据尺度计算推测出地下遗址的大概范围。由于这些遗址大多处于建设控制地带内，所以建议在标识出的可能遗址埋藏范围内控制建设行为，防止建设破坏；同时，积极进行考古勘探，对考古探明的建筑遗址可根据其价值和保存状况，及时划入保护范围内加以保护。

（3）基于不同建设强度控制的保护区划调整

不同保护区划建设控制强度不同，可通过不同层级保护区划的合理配置达到保护古城整体风貌，协调古城的保护和发展的目的。兴城古城的保护区划内除保护范围外，还可将建设控制地带划分为一类和二类两个等级，以根据内城、外城的不同现实情况调整各自对建筑密度、建筑式样、建筑体量、建筑高度和道路等建设要素的管理和控制（表 3–6）；同时在东河和兴城河交汇的部分增设环境协调区，以保护古城周边的山水格局，延续两水环城的历史景观。环境协调区为古城与现代城市间最后的过渡部分，因而其建设仅需在建筑形体、色彩和体量上与古城风貌协调即可。

最终可形成由古城中心向外围现代城市逐渐过渡的保护区划体系，其建设控制强度逐渐降低其层次分明，具体如下：内城一类建设控制地带（钟鼓楼、十字大街）> 内城一类建设控制地带（其余建筑街）> 外城一类建设控制地带 > 外城二类建设控制地带。通过不同梯度的保护区划间的相互配合可以更加完整地保留兴城古城及周边的自然资源和历史资源，同时重点强调钟鼓楼、十字大街的城市格局，在维护古城良好的历史风貌和环境氛围的前提下，实现了古城和现代城市和谐共生。

一类建设控制地带、二类建设控制地带规定对比表　　表 3–6

类型	一类建设控制地带内规定		二类建设控制地带内规定
	内城	外城	
建筑密度	建筑密度应控制在 35% 以内，用地性质以居住用地为主		
建筑式样	居住建筑：以传统囤顶为主，允许少量坡顶。建筑结构、屋面墙面做法、门窗样式和细部做法等方面应延续传统民居的风格 非居住建筑：少量此类建筑可根据实际功能设置少量平顶，但建筑风貌需与古城整体风貌相协调	以囤顶或坡顶为主，允许少量平顶	居住建筑：必须以传统囤顶或坡顶为主，维持原有传统住宅的建筑屋面墙面做法，门窗样式延续传统风格 非居住建筑：建筑风貌应与古城整体风貌相协调
建筑体量	建筑体量宜小不宜大，应与传统民居一致，建筑平面进深不应超过 10m，面阔不应超过 50m	建筑体量宜小不宜大，底层建筑面积不得超过 1000m^2	不宜新建大体量建筑
建筑层数	十字大街沿街建筑：允许局部为二层 钟鼓楼台基基底周围 30m 内建筑：层数应控制为一层。其余建筑：应全部控制为一层	层数不超过两层	层数不超过三层
建筑高度	囤顶建筑：檐口高度不高于 3.5m，屋顶高度不高于 4m；坡顶建筑：一层檐口高度不高于 3.5m，屋脊高度不高于 5m，二层檐口高度不高于 7m，屋脊高度不高于 8.5m 对于现代建筑：建筑高度不高于 4m	高度不应超过内城墙的高度，即应控制在 7m 以内	建筑高度不应超过历史上外城墙的高度，控制在 10m 以内
道路	不允许建设新的道路 为满足消防车通行需要，个别街巷可在尽量不破坏两侧建筑和院落的原则下适当拓宽	道路红线宽度控制在 15m 以内	

第三节　遗产本体的分层保护

一、本体保护方案

暴露于自然环境中的建筑遗产不免受到各种因素影响，因此需要依靠健全的本体保护系统降低损害。该系统中为不同的遗产类型制定不同的保护方案，满足日常维护到修缮工程各个方面。

（1）根据保护对象特点分类

①遗产类型：兴城古城内外遗产可包括地面建筑遗产和地下遗址，依据其所反映的不同文物信息，又可分为文物保护单位、历史民居、历史带路、外城墙地下遗址、其他重要遗址五类，分别纳入不同的保护体系（表 3–7）。

遗产类型分类保护 **表 3–7**

<table>
<tr><th>保护级别</th><th>一级保护</th><th>二级保护</th></tr>
<tr><td>对象类型</td><td>地面对象</td><td>地下遗址</td></tr>
<tr><td>适用范围</td><td>内城及外城中历史民居的保护范围</td><td>外城墙保护范围，其他遗址的地下文物埋藏区范围</td></tr>
<tr><td>子类型</td><td>A 各级别文物保护单位（类型一）
B 历史民居（类型二）
C 历史道路（类型三）</td><td>D 外城墙地下遗址（类型四）
E 其他重要遗址（类型五）</td></tr>
<tr><td rowspan="6">保护措施</td><td colspan="2">1. 完善管理体系：落实分段管理责任人和管理法人单位；管理经费纳入地方财政计划，提供实施保障
2. 改善环境景观：整治遗产对象的周边环境，改善其景观效果
适用对象：适用于 ABCDE 四个类型</td></tr>
<tr><td>1. 严格排查安全隐患：请专业机构对遗产本体进行安全检测和排查，尤其是结构可靠性鉴定和抗震鉴定，对存在结构、防火、防雷等安全隐患的建筑采取相应的修缮和整治措施
适用对象：适用于 ABC 三个类型</td><td>1. 加强考古研究：对遗址的具体范围进行考古挖掘，确定其具体遗址范围，其中外城墙遗址可针对转角和城门等重要节点组织发掘
适用对象：适用于 DE 类型</td></tr>
<tr><td>2. 严格控制修缮工艺：发现安全隐患后，及时防护加固或现状修整，特别是对于结构危险地段。修缮过程中，应严格遵守原结构、原材料、原形制、原工艺的原则，保证施工质量，尽量避免对保护对象的真实性、完整性和风貌造成破坏
适用对象：适用于 ABC 三个类型</td><td rowspan="4">2. 加强遗址范围内管理：沿遗址设立标志牌，阻止人为破坏城墙地下遗址。逐步拆除和迁移叠压在遗址上的建筑和道路
适用对象：适用于 DE 类型</td></tr>
<tr><td>3. 升级基础设施：改善城内的各项公共基础设施，如排水系统和消防供水系统等，实现保护范围内的集中供暖和天然气供应
适用对象：适用于 ABC 三个类型</td></tr>
<tr><td>4. 微调建筑：考虑到改善居住和使用条件，建筑内部在不影响建筑结构、不损坏装饰的前提下，可允许适当改变，引入相容性功能
适用对象：适用于 B 类型</td></tr>
<tr><td>5. 恢复历史原状：修复四门瓮城南侧因道路直行而开的缺口，恢复原有道路和瓮城城门的使用
适用对象：适用于 C 类型</td></tr>
</table>

②材料类型：按照遗产的建构材料分类，可分为木结构和砖石结构两种建筑类型。由于材料原因，其所遭受的病害不同，故而保护措施也有所不同（表 3–8）。

按材料类型分类保护措施表 **表 3–8**

材料类型	存在问题	主要措施
木构建筑	普遍存在表层油漆和彩画起翘、剥落现象	对彩画起翘、剥落严重部位进行局部揭除修补
	木构件糟朽	对糟朽严重木构件进行替换，并做好油漆层防护
砖石结构建筑	表面砖石剥落、风化	剔补剥落部位和风化酥碱严重部位
	修缮部分的砌砖方式和粘结材料与原状不符	对修缮不当部位进行适当清理并严格按照文物保护要求进行修缮
	屋顶或墙体表面植物滋生	拔除或者用农药清除植物
	表面有人为涂写的广告	以水或其他化学溶剂擦除

（2）根据保护手段特点分类

①日常维护与保养：日常保养和维护是预防自然及人为损坏的基本手段之一，主要通过定期监测、及时养护排除安全隐患。首先，需要全面收集、整理古城本体及其环境的基本档案数据，为保护措施的制定提供科学依据另一方面，制定规范化的日常维护制度，定期维护基础设施，加强安全防范意识，建立保护网络和定期巡查制度，如自然灾害、旧址本体、环境以及开放容量等监测制度，以排除地下水、火灾、人为破坏等安全隐患，保障文物本体和相关人员的人身财产安全。

②重点修缮：当古城内的遗产本体出现严重影响其文物信息真实性、完整性、延续性的问题时，需进行修缮，以矫正危险因素，根除隐患，保障安全，实现遗产的长期保护。

首先，加强基础研究，制定科学修缮方案。在充分的历史研究和现状调研的基础上，了解并掌握遗产的建造年代、修缮记录等历史信息，客观准确地评估其价值，根据现状确定其病害因素、损坏程度，制定有针对性的修缮方案。此外，对于历史民居这种非文物，其生命力的延续需要适应现代生活空间，因此其修缮方案中还可考虑在保持原有特色的基础上空间的更替此类建筑如何满足新的社会功能的需要。例如反映辽西地区传统的建筑风格的古城历史民居或由于年久失修而坍塌破败，或由于居民缺乏保护意识的改造行为丧失了传统风貌，根据这些现状问题，可制定相应的保护措施。

其次，提升维修工艺，树立正确修缮理念。建筑修缮主要解决其延续性问题，但是维修结果也直接影响其信息的原真性。因此，树立正确的修缮理念，提高修缮工艺十分重要。过去，人们普遍认为修缮等同于恢复“建筑原貌”，所有与原貌不符的特征都应被清除，但是一方面遗产原貌究竟为何尚不可知，另一方面时间赋予该遗产更多的内涵和价值，也已成为其信息原真性的一部分。所以为尽量降低修缮过程中对建筑遗产干预产生的负面影响，可考虑使用与原建筑形制和材料相兼容的其他技术和材料，选择可逆性技艺，并详细记录修缮的过程建立档案。

另外，完善监管制度，积极培训专业人才。修缮的质量与施工人员的工艺水平密切相关。由于修缮中对传统工艺的强调，培养专业修缮人员，并定期组织专家进行培训，以保证传统工艺的传承和有效使用。并且在施工中需要建立严格的监督体系，制订严格的质量责任制度和保修制度，通过相关法律的审批后，对修缮单位的设计、施工、监理等进行监管。

二、城墙修缮建议

（1）保存现状

兴城古城原有内外两重城墙，现仅存内城墙，外城墙早已不存。内城墙自明宣德年间初建以来历经多次维修，近年来国家文物局也多次拨款修缮古城内城墙（图 3–5），但未能根治问题，城墙仍在不断修补中。城墙病害包括以下几个方面：结构问题，如城墙局部位置有墙体外闪、鼓胀问题，存在严重的结构隐患；形制更改，如瓮城正面因 20 世纪 80 年代开路而开挖的缺口，破坏了城门形制的真实性；细部问题，如城墙内外普遍存在植物根系破坏、出水口下方杂质沉积、砖墙风化剥蚀等多种病害（图 3–6）。

（2）保护措施

保护工程的首要任务是解决城墙的结构问题，维护城墙基本安全，故首先对城墙进行结构可靠性鉴定和抗震鉴定。经鉴定无结构危险的城墙段落，可布置绿化带改善景观环境，同时保护城墙遭人为

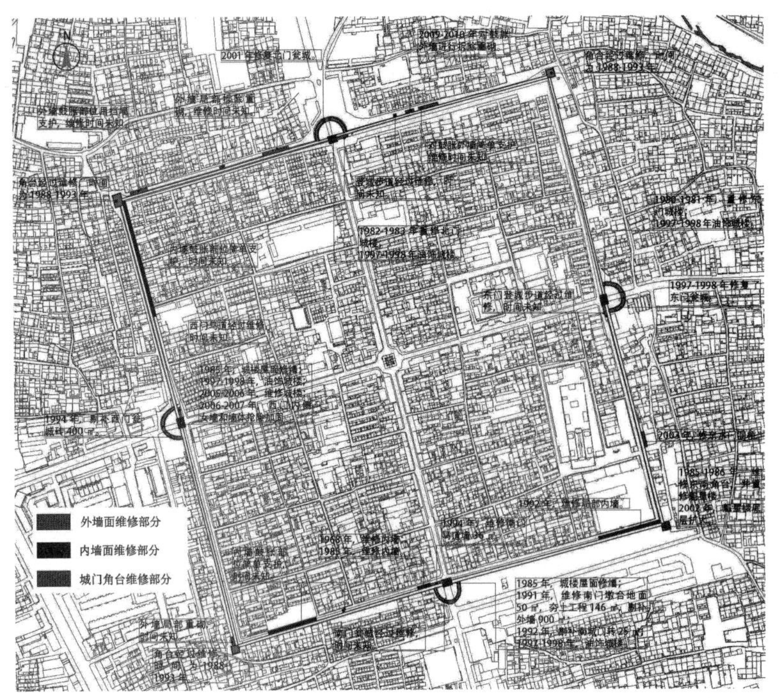

图3-5　城墙修缮记录图

破坏；结构危险的段落则重新加固，防止坍塌。结构问题出自城墙内部的夯土部分，则需按照原夯土的成分和工艺重新加固[1]；如问题仅出自外侧砖石等砌体材料，则可使用掏换砖石的方式进行补砌，补砌时尽量使用原有砖石，如须使用新砖可按照原工艺、原形制烧制，使其材料强度与原材料一致，而新石材则选取与原材料相同岩石进行加工。无论使用哪种新材料都需要作相应标记，与原材料区别。此外，及时修正过去维修中使用违背原材料、原形制的做法，如瓮城上新开辟的道路缺口可按照原瓮城修复，并调整相关的道路规划，以保证历史信息的准确与完整；并且在对现状评估中出现的植物根系破坏、出水口下方的沉积物、风化剥蚀、水泥标语牌、广告涂写等病害和破坏情况提出针对性保护措施（表3-9）。

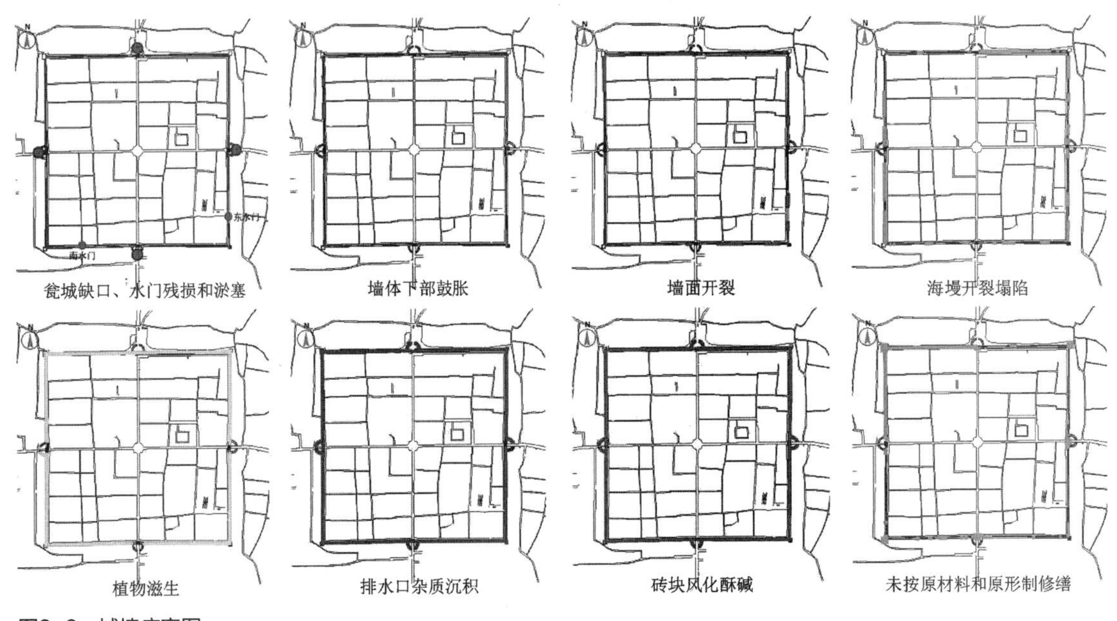

图3-6　城墙病害图

1　详见周淼．生土建筑遗产保护技术若干问题研究[D]. 南京：东南大学，2010.

内城墙保护措施一览表 表 3-9

破坏情况	部位	破坏原因	已有措施	规划措施	备注
瓮城缺口	四门瓮城	因道路直行而人为挖断	无	修补缺口，恢复瓮城原貌，恢复原道路的使用	
墙体下部鼓胀	西墙、北墙和东墙墙体内侧和西墙、北墙墙体外侧多处	应力破坏，内部土心受潮失稳	鼓胀严重部位已用铁构件或挡墙支撑	进行结构监测，查明破坏原因和破坏程度，情况严重段落拆除重修，根除隐患；情况得以稳定或暂无坍塌风险段落应做好日常监测和城墙附近的安全管理	重修时应注意采用原材料和原形制
墙面开裂	西门瓮城、西北角台、东墙外墙水洞附近等	荷载破坏，材料和砂浆质量和施工问题，地基沉降	局部已作抹缝处理	对裂缝轻微处采取抹缝处理，对开裂严重部位查明破坏原因，进行局部拆除重砌	重砌时应注意采用原材料和原形制
海墁开裂	城墙顶面普遍存在	内部夯土心塌陷，砖块冻胀或温差影响	砂浆抹缝	对严重部位查明原因，根除隐患	尽量减少抹缝修缮部位对城墙风貌影响
海墁塌陷	东墙中部	内部夯土塌陷	正进行修缮	查明原因，根除隐患	
植物滋生	城墙内外侧普遍存在	植物滋生多位于墙顶出水口下方，说明与排水造成的杂质沉积有关	已制定定期清除措施	严格执行定期清除措施	
排水口下方的杂质沉积	城墙内外侧普遍存在	出水口出挑很少，且无特殊构造，导致雨水顺墙下漫，盐分等杂质顺墙沉积，以及内部夯土受潮疏松，随雨水外流	无	在出水口处安置出挑排水嘴，避免雨水顺墙下漫，或用顺墙水槽收集雨水用落水管统一下排	应采用多方案试验比对，选取对城墙真实性、完整性和风貌破坏最小且具有可逆性的保护措施
砖块风化酥碱	城墙外侧普遍存在	风蚀、风化和冻胀等	局部已做修缮	对风化酥碱严重的砖块进行替换	替换砖块如用新砖，则应保证与原材料一致，并在明显部位刻印当代款识
未按原材料和原形制修缮部位	主要集中于城墙外侧和城门内外	人为原因	无	对一些严重影响城墙和城门风貌且可逆性较好的部位进行清理并按原材料和原形制重新修缮。对可逆性较差的修缮部位进行一定修饰，并在下次修缮时加以改正	
墙基内外散水破损	普遍存在	雨水侵蚀、冻胀等	局部已做修缮	散水做法应统一，并注意与城墙整体风貌协调	

第四节 内外城环境空间整治

兴城古城内外环境是与城内各文物保护单位、历史民居建筑等唇齿相依、不可分割的整体。但是由于过去对文物价值的认识过于单一，忽视了环境的作用。因此，兴城古城保护除了对建筑的本体保护外，还同时兼顾了遗产周边的自然及人工环境的保护与整治，维持古城历史环境的完整。

一、基本策略

（1）重组地块功能，调整用地性质

调整现状用地性质的有助于延续古城长期以来形成的传统空间格局，并同时优化古城内外各地块的功能组合，提升空间的舒适度以及居民生活、旅游服务的品质。

兴城古城主要涉及的用地性质包括八种：文物古迹用地、居住用地、工业和仓储用地、教育科研

图3-7　古城内外用地现状图

用地、商业用地、道路广场用地、绿地和水域。其中城内以城内居民居住用地为主，售卖日用品的商业用地为辅，主要集中在十字大街两侧（图 3-7）。这种空间搭配虽然可保证城内空间的统一感，但是由于缺乏多元化的旅游服务及公共活动空间，如餐饮、文化休闲、绿化景观场地等，使得城内的居民的日常生活质量无法提升，城内的经济环境也受到抑制。除此之外，古城内仍保有五处工业企业[1]（图 3-8），虽然大多已经搬迁或废弃，但其较大体量的建筑尺度和现代化的建筑形式一定程度上破坏了古城的历史风貌。

针对以上情况，在保证古城内传统居住空间为主，且以钟鼓楼为中心、以十字大街为主要商业空间的基本格局延续下，可将城内原工业用地改造为公共活动空间和绿化空间，创造古城内外怡人的景观环境，改善居民生活质量；此外还可适当穿插增加适合古城发展需要的文化设施用地、服务设施用地、商业设施用地（旅游服务）、娱乐康体用地[2]等，以优化古城的旅游服务质量，提升空间档次。

1　分别为兴城市被服厂（已荒废）、兴城市古城印刷厂、兴城市印刷有限公司、兴城市玉发毛衫有限公司、兴城市修理厂。

2　具体分类见《城市用地分类与规划建设用地标准》。

图3-8　古城内工业建筑

（2）控制居民密度，合理调控人口

城内常住居民人口数量的调控是环境整治的重要方面之一。合理的人口密度既可以提高城内居民的生活质量，又利于古城传统风貌的延续和保持。由于古城内现状人口数量较多，使得城内居住环境拥挤不堪，民居院落内私搭乱建情况严重。例如古城内二道牌坊西胡同42号（历史民居21）中一处完整的历史院落现被拆分为4～5户居民居住（图3-9），各自围有院墙，每户居民的实际居住面积十分狭小。同时，为了增加有效使用面积，院内又加盖了很多窝棚，使得原院落格局支离破碎，既破坏了传统空间风貌，也由于杂物堆积给居民生活带来不便，甚至不必要的安全隐患。因此为保证古城内居民生活质量，维护合理的历史面貌，需要相关部门合理控制古城常住人口数量的增长。根据人口普查结果，目前古城内常住人口为6733人，人均建设用地水平为92.1m^2/人。根据《城市用地分类与规划建设用地标准》[1]，结合古城内现状人均城市建设用地规模、城市气候分区以及人口规模，选取规划人均建设用地指标为90m^2/人[2]。因此在内城建设用地面积基本不变的情况下，内城居住人口应控制为6890人，与现状人口数相仿。

（3）提高环境质量，保持生态平衡

环境质量直接影响城内各遗产资源的保存状态：一方面，良好的环境质量为建筑遗产提供适宜的保存环境，可防止酸雨、风沙等造成的侵蚀；另一方面，健康优美的环境可以保证古城中居民的生活

1　《城市用地分类与规划建设用地标准》为国家标准，编号为GB50137—2011，由中华人民共和国住房和城乡建设部与中华人民共和国国家质量监督检验检疫总局于2010年12月24日联合发布，自2012年1月1日起实施。原《城市用地分类与规划建设用地标准》GBJ137—90同时废止。

2　内城规划人均建设用地指标可选取Ⅱ到Ⅳ级，结合古城实际情况，本案选取Ⅱ级指标（75.1m^2/人～90m^2/人），具体参见《城市用地分类与规划建设用地标准》。

图3-9 古城内二道牌坊西胡同42号民居

质量，有利于塑造古城形象并促其发展。

目前古城内外境条件均不理想。首先，兴城古城与较近的铁路及城市主干道间未设任何绿化等隔离设施遮挡，使得古城容易受到噪声污染和废气污染；并且，古城外围的东河和兴城河存在水体污染现象，历史上两水环城的优美风景已不复存在。其次，城内公共卫生设施亦不合理，如地面垃圾箱和公共厕所等分布不均，卫生条件较差，其外观也与古城风貌不相协调，某些于城墙脚下设置的垃圾箱和公共厕所，既破坏了城墙的文物风貌，也威胁城墙的墙体安全；另外，城内其他基础设施老旧破败，如古城内随处可见于空中凌乱拉扯的电线和倾斜的电线杆，这些设施存在安全隐患，与古城整体氛围、风貌和价值不相符。

所以一方面，古城急需建立完善的古城自然环境检测机制，努力开展对气象、空气、噪声、风沙、水质、辐射等的环境质量监测记录并建档，以便日后研究工作查找；另一方面，古城内外需针对问题开展实际改造工程，如城内电力、排水等基础设施的升级，和城外河道治理，增设绿化景观等治理。

二、外部整治

兴城古城的外部环境构成复杂，包括山、河、海、泉等组成的自然环境和外城居住区、南关商业区，及其他现代公共建筑。为完整保存古城内城与外城的城市格局，实现历史街区与现代城市的和谐共生，古城周边由近及远依次设置了一类、二类建设控制地带以及兴城河与东河限定的风貌协调区，使古城外部的城市建设合理有序地进行。

（1）外部自然风貌的维护

通过对古城历史环境的采样调查，可确定古城周围山水分布和走向，并努力保护山水景观格局的自然形态完整免遭破坏，例如制止对首山的开山采石（图 3-10）；疏通治理河道，减弱水流对西岸的冲击，防止河岸向古城进一步靠近发生水患；并且增加古城周边的城市绿化，营造优美的城市景观环

（a）禁止开山采石

（b）首山与古城间视廊保护-1

（b）首山与古城间视廊保护-2

图3-10　首山保护问题

境。此外，古城周边的地形地貌也十分重要，严格控制古城墙两侧的挖土行为，防止城外因城市建设而造成的地平抬升，保证古城外地平低于内城，确保古城排水的顺畅。

（2）古城周边的城市建设控制

现状调研中发现古城外城现代城市建设中仍保留有 14 处历史民居（图 3-11）和大量

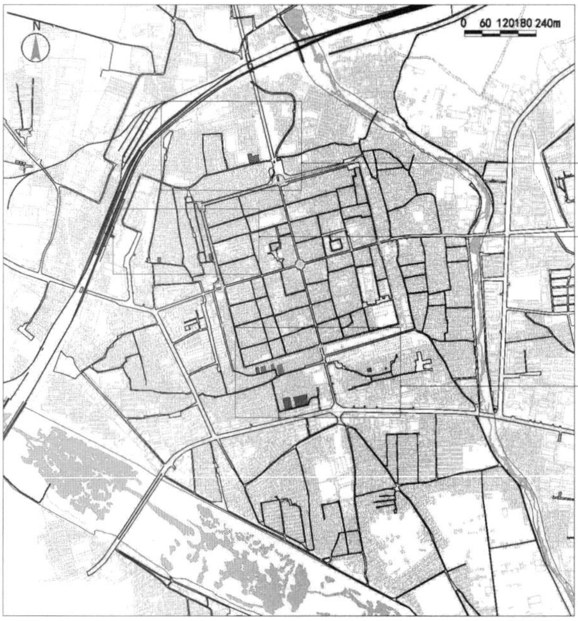

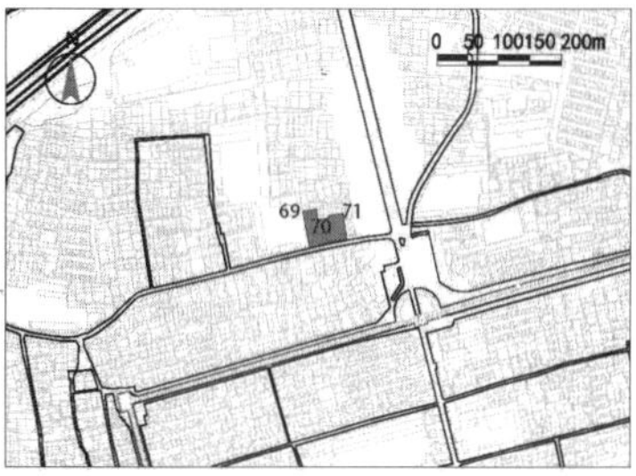

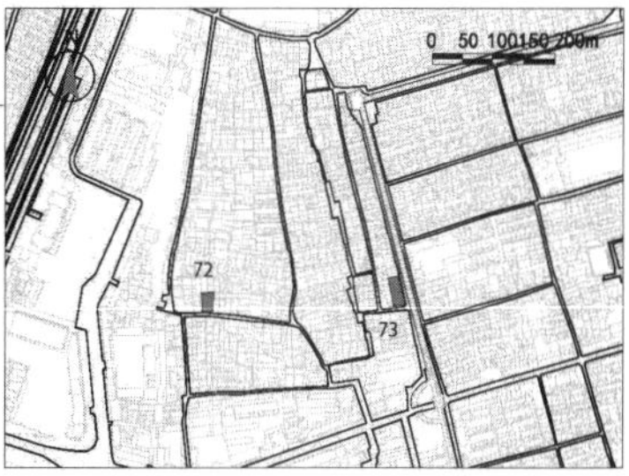

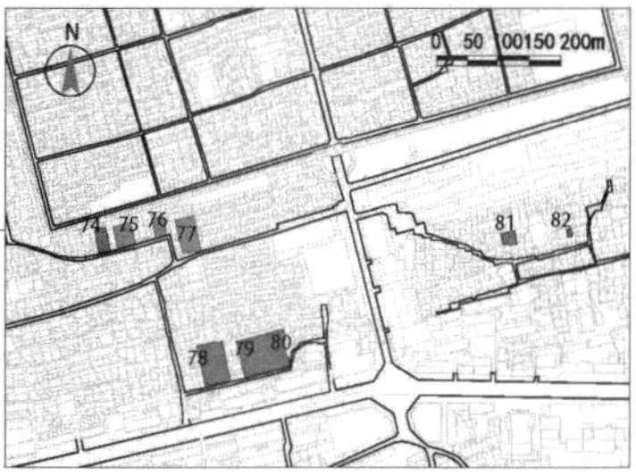

图3-11　外城历史民居分布图

地下遗址，因此如何妥善处理城市建设与遗产保护的关系是古城外部环境保护中面临的首要问题。实际操作中，通过划定建设控制强度不同的保护区划，使得古城与现代城市间逐步过渡，既可以防止现代城市对古城历史氛围造成的破坏，又可以带动古城发展。其中视廊、地下遗址和古城历史风貌的保护是建设控制中最重要的方面。第一，为保证视廊，即外城东西南北进城干道与内城四城楼间，古城与首山烽火台间的视线交流畅通无碍，需控制该区域内的建筑高度，防止过高的建筑阻挡景观视线；第二，根据历史研究确定地下文物埋藏的大致范围，以提示该范围内谨慎建设，并督请有关部门尽快组织考古发掘工作；第三，根据各保护区划中的相应规定控制外城不同区域内建筑的体量、颜色、形式和功能，使得古城内外建筑氛围和谐统一，新城老城城市风貌有机过渡。

（3）建构空间结构框架，合理引导建设

为改善兴城古城外部城市建设杂乱无序的现状，可重新建构该区域空间框架，通过空间资源的重新分配，将古城外围空间纳入不同功能区块。

经分析兴城古城的外部空间以"两水一带环双城，三区四点通古今"为基本概念（图 3–12），其中"两水"指东河、兴城河两条水系及景观带；"一带"指沿铁路绿化带；"双城"指内城城墙景观带和外城城墙遗址景观带；"三区"则指古代战场展示区、外城民居展示区和海防城址展示区；"四点"指历史上外城的四座城门，需结合考古发掘确定位置。古代战场展示区为外城东北角台遗址所在地，该处明末是袁崇焕守抵抗清军的重要战场；民居展示区为内保留有多处近代传统民居城的南关地区；海防城址展示区为城南海防一城遗址，可利用其改造为遗址展示中心。

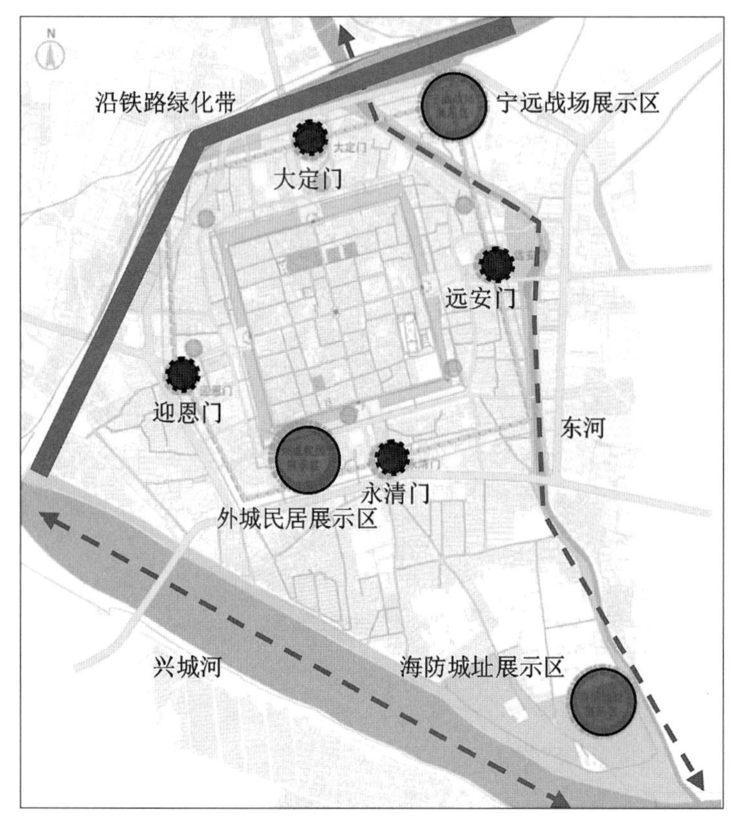

图3-12　古城周边空间结构调整

（4）外部交通疏导

兴城古城外围交通现状也较混乱，城市公共交通甚至穿古城而过，带来了大量的人流和车流，不利于古城的保护和管理，需要重新梳理外部交通系统（图 3–13）。经研究，古城外部交通可分为三级：第一级为城市干道，包括兴海南街一段、兴海南街二段、河东街以及东关街、西关街、南关街和新修的北关街，是主要城市车行系统，可与古城城门联系，为古城旅游、后勤等提供交通保障；第二级为环城墙道路，为车行与步行混合系统，起到对城墙的保护性缓冲作用，将古城内部道路与外部城市干道衔接起来，同时亦可承担城市防灾疏散和消防车辆紧急通道

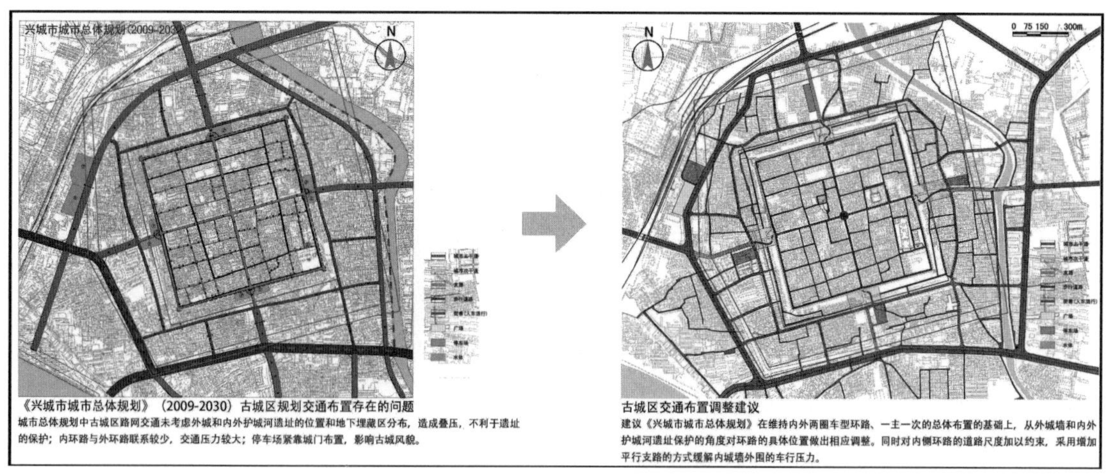

兴城市城市总体规划（2009-2030）
N
0 75 150 300m
《兴城市城市总体规划》（2009-2030）古城区规划交通布置存在的问题
城市总体规划中古城区路网交通未考虑外城和内外护城河遗址的位置和地下埋藏区分布，造成叠压，不利于遗址的保护；内环路与外环路联系较少，交通压力较大；停车场紧靠城门布置，影响古城风貌。
古城区交通布置调整建议
建议《兴城市城市总体规划》在维持内外两圈车型环路、一主一次的总体布置的基础上，从外城墙和内外护城河遗址保护的角度对环路的具体位置做出相应调整。同时对内侧环路的道路尺度加以约束，采用增加平行支路的方式缓解内城墙外围的车行压力。

图3–13　古城外部交通调整

的功能；第三级为外城支巷步行系统，通过步行与车型交通方式的转换将古城内外的环境有效隔离，利于其历史氛围的保护。

三、内部保护

兴城古城内部环境与城内文物建筑及古城整体形态的保护直接相关，因此既要保证古城空间肌理的延续，又需采取适当手段提升其空间品质，创造更良好的物质环境，以适应古城未来发展需要。

（1）古城内空间特征的保存与延续

古城内部空间特征由城内视廊、历史地形、文物保护单位、历史民居、历史道路及周边景观环境构成。第一，通过对古城中建筑高度及体量的控制，延续城墙、城楼、魁星楼、钟鼓楼和祖氏石坊的城内制高点地位；保证内城墙上任意位置与城楼、魁星楼、钟鼓楼和祖氏石坊之间，祖氏石坊和钟鼓楼之间，四处城门之间，文庙和魁星楼之间良好的视线交流效果（树木遮挡除外）；并且控制城内地形改造工程，保护古城中央高四周低的地貌不受破坏。第二，在满足古城的历史性、地方传统性的前提下，积极改善城内各文物保护单位、历史民居、历史道路周围的景观环境，对相关场地、绿化、小品等进行景观设计，保证其功能、造型与古城风貌的和谐统一。第三，根据《城市古树名木保护管理办法》中的规定，保护古城中的古树名木，建立档案并积极进行日常维护。

（2）古城内一般建筑和道路空间风貌改善

①一般类建筑处置方式（图 3–14，图 3–15）：古城内建筑多为 1949 年之后新建，其中 1949 ~ 1990 年左右所造房屋约占总建筑量的 49%，多为一层砖木结构，建筑质量中等偏下；1990 年以后所造房屋约占 50%，多为砖混结构，建筑质量较好。但是这些由居民自建的房屋缺乏统一管理和专业指导，其体量、风格、材料与古城历史风貌冲突，需要进行适当整治。根据其建筑外观与古城风貌的协调程度可分为改善类、整治类、拆除类三种，其中改善和整治为主，分别占总量的 25.3% 和 73.2%，分期拆除建筑仅占总量的 1.5%，为对古城风貌影响较大且难以进行改造的建筑。建筑改善的

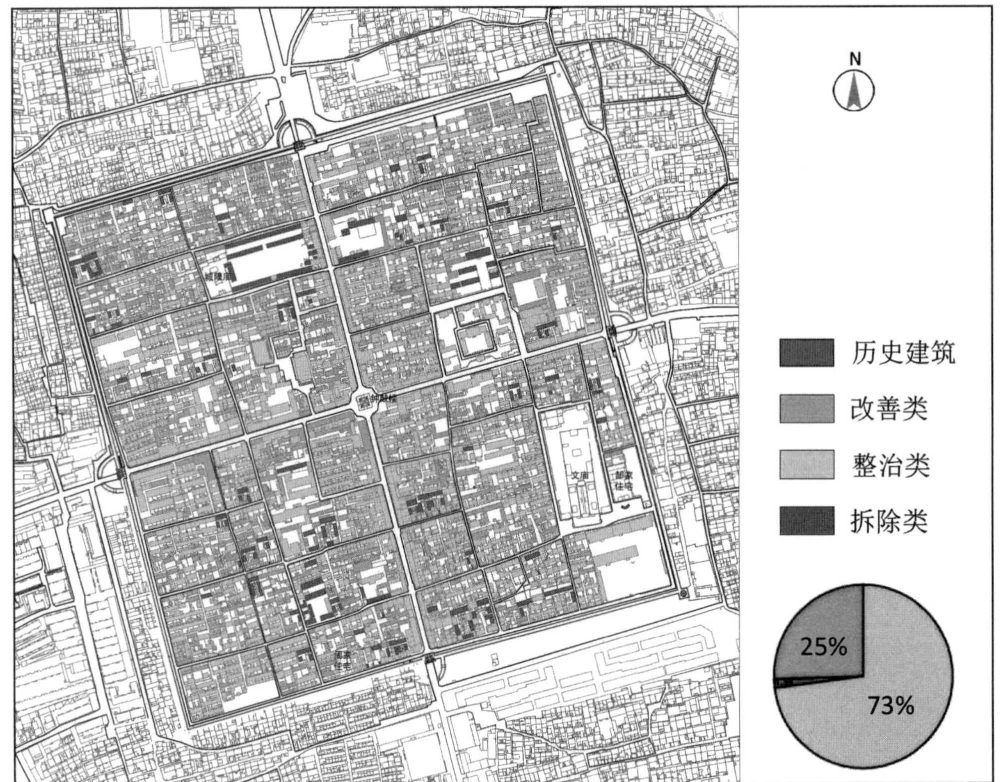

图3-14　古城内城建筑整治措施图

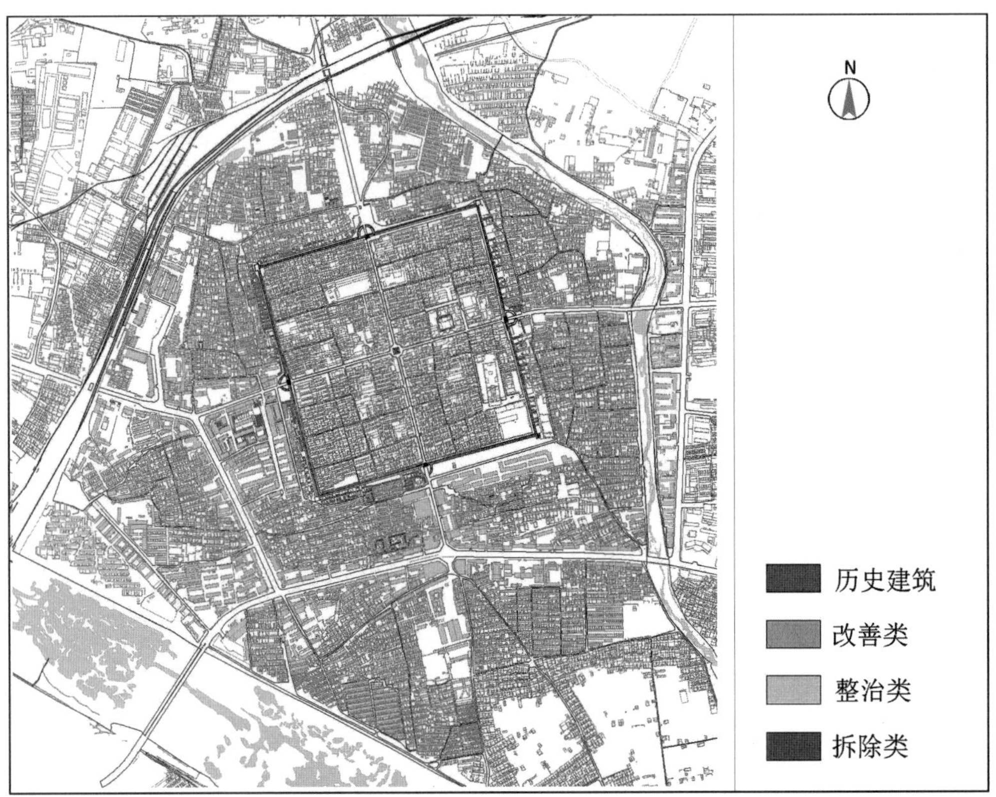

图3-15　古城外城建筑整治措施图

对象通常为沿用古城传统做法的建筑，因此可在不改变建筑外观特征的基础上，进行立面修饰和可容性功能置换，以完善内部空间布局；建筑整治的对象为产生视觉冲击，影响历史风貌的建筑，需要进行改建或改造，如降低层数，剥除贴面、结构加固、改变屋顶形式和建筑色调等。

②一般道路整治方式：兴城古城内的街巷均未进行交通疏导，且部分道路路面质量差。因此可在保证内城中道路不过宽的基础上，通过调整路面宽度和建筑红线退让，并在局部地段增设公共绿地或广场，改善交通环境。在主要游览道路和集散广场的路面可采用具有一定强度的沙石级配路基与砾石面层的半硬化地面，或配合植草砖使用；步行道路以外的其他地表不作硬化处理，采用砾石铺设的非硬化地面。

（3）完善基础设施

由于古城内建筑现状复杂且建筑年代较久，所以城内基础设施较不完善。为了提高古城居民的生活质量，改善古城整体的物质环境，应对城市公共基础设施等硬件条件进行提升改造。改造过程中应充分考虑施工对古城文物建筑和历史地形等传统风貌格局的影响，防止因为工程施工而造成的损坏古城历史遗产的情况。古城内的基础设施改造包括公共卫生设施、供水系统、排水系统、电力、通信系统、燃气系统和供热系统、消防系统等七大方面。以在排水系统调整为例。经分析可将古城内排水系统逐步改造为雨污分流制，即生活污水通过管道或暗渠排放，采取就近集中的原则，纳入兴城市污水收集处理系统进行集中处理。雨水的排放采用明沟、暗沟及地面漫流相结合，由雨水管收集，进入城市雨水系统。同时，整治城墙内外墙基处的散水部位及环城道路的排水系统，保证城墙上雨水的快速排放，并避免墙基处雨水淤积。

第五节 多样化的展示与管理

在古城保护的同时，合理展示和利用古城资源，可促进社会效益与经济效益，并提高当地居民生活水平，提升古城的知名度。古城遗产资源的展示，不仅可以吸引、服务于游客，同样可以对本地居民起到教育、引导的作用，展示利用方案的制定需要基于扎实的现状调研成果、历史研究和遗产价值评估。展示和利用须以文物保护为前提，并根据文物特点策划科学、适度、持续、合理的展示、利用手段，规划展示路线，测算开放容量。

一、优化展陈方式

目前兴城古城的展示方式单一，展示设施落后且展陈内容分散，无法体现古城独特的历史价值。为增强古城的展示效率，可优化展示方式，主要采取如下手段：

第一，建立古城博物馆，使集中展示与文物保护单位的分散展示相结合。兴城古城目前亟需建立一处专门博物馆以展示与古城有关的实物、图像等资料，建议将城内闲置的新建仿古建筑督师府改造为兴城古城博物馆，并调整其内部空间，以进一步满足博物馆的功能需要。同时城内宜利用原有民居建筑等改造成展示服务点，规模宜小不宜大，其服务内容根据展示区规模确定，可包括图片展示、导游解说、纪念品小卖、公共厕所、摄影服务等功能空间。

第二，注重展示内容及展示手段的多元化。布展可采用当代先进展陈方式，结合展板、灯箱、标牌等多种手段，提高展陈质量；管理与古城有关的书刊、音像制品和工艺纪念品，控制格调低俗的旅游纪念品销售。此外，还可利用本地材料设计景观小品进行遗址展示；或适当开放古城内外典型民居进行传统民居展示，既维护了城内的空间格局，又可以促进古城旅游经济的发展。

第三，注重将古城本体展示与周边人文景观、自然景观相结合。整合兴城古城内的“山、泉、岛、海”的旅游资源，综合策划旅游线路，将兴城古城纳入市域及省域的旅游发展规划中形成旅游网，实现客源的稳步扩大。

二、调整城内展示布局

兴城古城内城的展示组织分为点、线、面三个层次，以“两轴串五点，两环通四区”为基本概念，其间通过环路、轴线串联各个景点，使主次有序，功能合理。其中“两轴”指十字大街组成的东西、南北两道轴线；“两环”指内顺城环路和由头道牌坊西胡同、头道牌坊东胡同、东水沟胡同、西水沟胡同、西吊桥胡同、春和门里北二道胡同、财神庙胡同、福音堂胡同组成的内部方形环路；“四区”指古代教育展示区、传统民居展示区、古城祠庙展示区和博物馆展示区；“五点”指由四个城门和钟鼓楼形成的五个景观节点。（图 3-16）

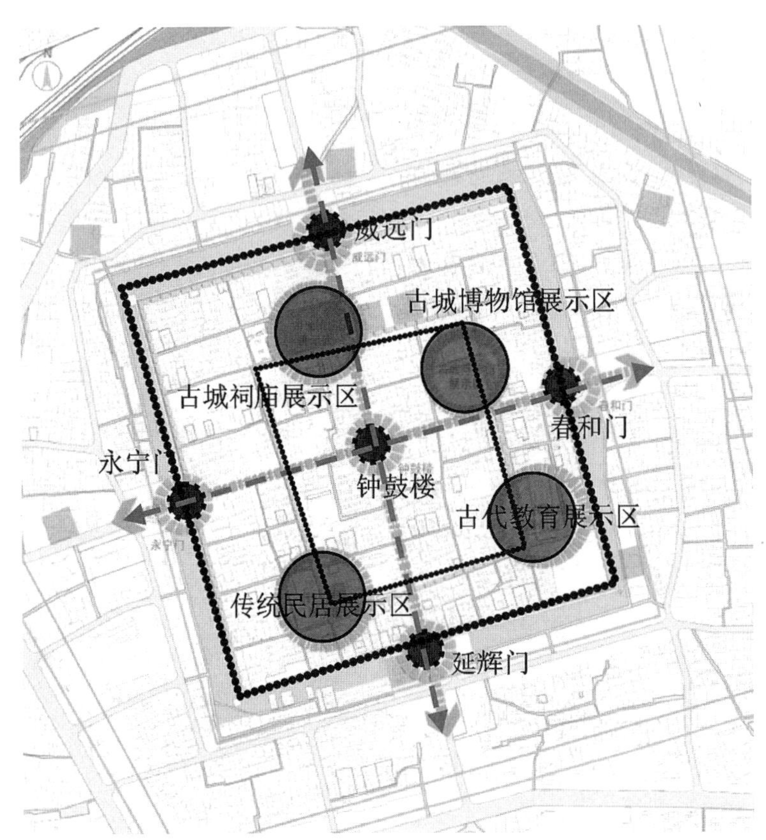

图3-16　古城内城展示布局调整图

三、适度发展旅游产业

旅游业的发展是把双刃剑：发达的旅游产业可以带动当地经济发展，促进当地居民生活水平提高，提升文化遗产的知名度；但同时大量游客带来的管理压力也对保护产生负面影响。早在 1976 年 ICMOS 就在《文化旅游的国际宪章》中探讨了文化旅游与遗产保护之间的关系，建议采取措施将旅游发展控制在文化遗产的可承受范围内。

第一，协调旅游与保护的关系是古城可持续发展的关键，所以既要适当在保护古城的前提下鼓励开展适度的旅游开发，又需协调城市规划、旅游与文物保护各部门的关系，将旅游经营管理整合入法制轨道，合理共享利益，规范旅游收入的分配，确保一定比例的收入纳入古城保护资金，使保护与发展形成良性循环。

第二，控制游客容量。超容量的游客涌入被联合国教科文组织定为文化遗产的四大威胁之一，因此需严格测算并控制游客容量。容量测算讲求科学性、合理性，其测算数据必须经实践检核或仪器监测修正。合理的文物保护单位的开放容量测算[1]需符合文物容载标准[2]、生态允许标准[3]、观赏心理标准[4]和功能技术标准[5]等。

第三，提升旅游业态品质。兴城古城目前较低端的旅游业态无法体现古城独特的历史价值，不利于古城城市名片的塑造。所以，一方面急需开发古城特色旅游资源，结合城内民俗活动开发当地传统工艺品、风土食品等旅游产品；另一方面，通过培训导游与旅游管理服务人才，提高现有人员素质，提高古城内旅游服务的水平。

四、控制古城内部交通

为了规范古城内部交通秩序，减少机动车量对古城环境造成的破坏，可适当控制古城内部机动车辆的通行方式，采取分时段分区域的管控方式，如小汽车、小型货车和垃圾收集车只允许夜间由东门进北门出；而白天只允许自行车和人力车从东门和北门进出，且不能进入古城十字主街，而在夜间无限制。并且，鉴于古城面积较大，景点较多，所以倡导城内使用环保电瓶车和步行参观方式结合，具体参观流线可采用电瓶车和步行路线多种循环的方式。

兴城古城应以“保护为主，抢救第一，加强管理，合理利用”的文物工作方针为基本原则，针对管理现状中出现的问题，也制定相应的改进措施。

第一，调整现有管理机构，实现古城内各建筑遗产的统一管理。兴城古城文物保护单位的管理由兴城市文化局文物管理处负责，此外还设有城景区管理委员会等负责古城整体管理。根据《全国重点文物保护单位保护范围、标志说明、记录档案和保管机构工作规范（试行）》，可以撤销合并古城内其他与文物管理有关的机构，由兴城市文化局统一负责。

第二，规范管理要求，建立完善的管理系统。通过管理规章的制定，完善现有管理制度，并按照有关要求在相应区域立桩标界、设置说明牌；同时，制定日常管理机制和突发情况应急预案，以应对不同情况，并有效保护文物遗产及人民群众的安全。其中，应急预案可包括古城防火疏散应急预案、防洪应急预案和人为重大事故应急预案等。

第三，加强科研力度，开展基础研究。深入开展基础研究的目的是为更好地了解古城价值，有助于进一步地保护和发展。其中，有关兴城古城的基础科研项目包括文献资料的收集整理、考古工作的开展和研究出版的计划。首先，通过收集整理相关历史文献、研究成果、勘测报告等资料，可以提出

1 兴城古城属于在遗存空间上具有限定要求的古建筑，故主要依据限定空间的一次性容人量及其日周转率进行测算。

2 文物容载标准：即文物建筑的本体容量，防止持续过量的游客对建筑本体带来损害和危险。

3 生态允许标准：单位时间内过量的游客会造成小环境内生态环境恶劣。

4 观赏心理标准：单位时间内游客过多会削弱游客的参观效果，达不到良好的教育效果。

5 功能技术标准：主要从建筑承载能力、管理条件等方面考虑。

保护具有科研价值的研究课题；其次，加强城市考古，在开展环境整治和市政设施建设的同时，对地下遗址现状做出明确评估，例如通过考古发掘进一步确定兴城古城历史上的外城格局，确定外城墙及内外护城河的规模和位置，并在勘探报告和考古测绘图纸的基础上改进遗址保护与展示设计；另外，制定适宜的研究出版计划扩大兴城古城的知名度，提升古城的品牌效应，并通过设置专项预算资金，及时出版兴城古城城市格局、军事历史、民俗文化等课题的研究成果。

第四章 历史中的更新

第一节 更新基础

一、需避免的问题

（1）经济利益驱使下的快速畸形更新

对经济利益的追求是左右古城更新进程的根本原因。处于快速城市化时期的中国，人口高度向城市集中，使城市土地资源变得十分珍贵。一方面，在土地国有制的市场供求关系中，政府将土地作为其获取经济效益的直接财富资本；另一方面，古城区通常处于寸土寸金的传统城市中心，地方政府和开发商均急于开发该区，因而其生存压力较大。因此在时间与空间的双重压迫中，往往无法形成长期良性的古城更新机制，产生了“大拆大建”和“千篇一律”的结果。

“大拆大建”是中国古城更新中一个普遍现象，即拆掉老房子后，原地重建仿古式样新建筑。由于没有老房子的阻碍，可以在空白的土地上按利益需求建造各种形式、风格的建筑，以适应旅游、商业开发。“千篇一律”本质上是“大拆大建”的副产品，由于新建筑缺乏历史感和真实感，故而外观形式相似。究其原因，是政府部门和施工设计方缺乏深入的遗产价值认识与当地特色工艺研究，在激烈的市场竞争中盲目追求短时间内的利益最大化，而无法预留足够的项目调研和方案策划时间，导致使用已有方案重新“炒冷饭”，所以，如今我国各地均可见造型相似、空间单一且毫无地方特色的“假古董”式仿古城区，产生千城一面之感。

这种古城一次性消费的更新模式均源于过分强调经济效益，此举虽然可以短时间内迅速改善物质空间环境，但无疑破坏了古城的历史肌理，割裂了历史与现在，使得古城特色全无，有悖于可持续发展的目标，甚至提前宣判古城死刑，使其变为“死城”。例如位于山东省的聊城古城，始建于宋淳化三年（992年），其完整的古城格局曾于1994年入选第三批全国历史文化名城名录。由于巨大的经济利润诱惑，自2009年起聊城市开启了古城改造计划，将古城内除光岳楼等文保单位外的建筑全部拆除，并强制迁出城内2.6万居民，使其原有的历史空间格局和传统生活文化被毁灭殆尽。目前古城内重新建起大量仿古建筑，作为商铺，城内仅剩50几户居民，街道上难觅人影，往日繁华的聊城古城已沦为一座死城。由此可见，经济利益的追求本来无可厚非，但不可以牺牲长期的整体利益为代价，因而古城更新还需立足全局进行长远的宏观规划。阮仪三先生曾经强调：“现在很多古城保护改造都是大拆大建，这基本上是因为城市的决策者有法不依，不懂什么叫作保护，只晓得做假古董，这是很悲哀的。”所以，同样位于城市商业中心的兴城古城，其目前已完全被包裹于快速发展的现代城市之中，生存空间已较为狭小，需要十分警惕此类不良的古城更新现象发生。

（2）保护与更新脱节

长久以来，保护与更新一直被视为矛盾的概念，即保护就意味着原封不动的保存，任何对遗产空间的调整都被视为与“原真性”相悖。应该肯定的是，在我国遗产保护事业的起步阶段，对保护唯一性的强调确实使得很多珍贵的文物建筑免遭破坏，兴城古城城市格局能够完整保存就是最好的证明。但是随着社会的发展和建筑遗产更新理念的升级，这一做法无疑不利于古城的可持续性发展。如目前兴城古城内部基础设施老化，居民生活空间拥挤狭小，存在安全隐患，如果仍不考虑进行更新升级，而继续严防死守，反而会使古城内的物质条件继续恶化，危及城内珍贵文物建筑的安全。古城内外经济发展的不平衡也造成城内的年轻人口大量外流，使得古城面临“保不住、拆不得、活不了”的窘状[1]。所以在新的时代背景下，需要文物保护工作者们更加科学地认识更新对于延续古城这类与居民生活直接相关的文物遗产的重要性，并努力维系保护与更新间的微妙平衡，防止陷入单向思维的误区。

此外，割裂保护与更新间关系的另一原因是中国现行的文物管理体制。该体制下的古城保护与更新工作基本脱节，例如保护规划的编制单位与更新方案的制定单位通常没有任何联系，导致负责古城保护的一方只考虑保护的问题，而不为古城发展作出计划、预留余地；而负责古城更新的一方也只考虑满足开发商和政府相关部门的需要，对于保护规划中提出的要求能省则省，缺乏基本的保护精神和底线。这种保护与更新不连贯的工作方法也使得古城更新结果通常不尽如人意。总的来说，古城更新作为实现古城可持续性保护的更高层次的手段，其二者实质是辩证统一的。

（3）开发商、政府建设部门与文物部门的博弈

古城保护与更新涉及的相关部门较多，其中起主导作用的为政府建设部门、文物部门与开发商。

政府建设部门不仅指直接负责建设工程的建设局，也包括主张开发建设的其他政府领导机构等。该类型的政府部门通常将古城更新等同于拉动经济发展，打造政府形象的工具，通过土地资源的开发和旅游业等商业的重新发展可以为其创造良好的政绩。从该层面上讲，政府建设部门的利益取向与开发商基本一致。

政府文物部门是建筑遗产的直接管理机构，对于古城保护负有直接责任，故而文物部门自然希望最大限度保护古城内所有的遗产及其环境。但在实际管理中，现行体制中的文物部门处于弱势地位，其职能仅限于文物建筑保护，往往无法阻止实际的建筑施工中破坏遗产环境、偷拆重要建筑等恶性建设行为，如不久前北京梁思成故居偷拆事件等。为阻止此类事件发生，文物部门只得通过保护规划等措施，提出更加严格具体的建设管控要求，甚至不惜限制与遗产有关系的一切商业开发行为，这种矫枉过正的姿态进一步激化了文物部门与开发商之间的矛盾。

开发商是由政府部门招商引资而介入古城更新中的，是主要的出资方，该立场决定了其希望以最小的投资换取最大经济回报的性质。故实际建设中开发商往往倡导高强度的土地开发模式，但是该模式却往往压缩文物建筑生存空间，导致古城传统格局和风貌的破坏，而无法真正焕发古城活力，例如前文中提到的山东省聊城古城的更新项目，过多不合理的商业开发已使得城面目全非。

于是，开发商、政府建设部门与文物部门三者间形成了一种微妙关系：建设部门与文物部门同属政府机构，前者主要负责建设项目的审批，追求的是经济的效益，如宏大政绩工程带来的GDP增长；而后者主要负责文物建筑的保护管理，其希望保存尽可能多的遗产，如文物建筑、历史建筑、地下遗址和历史环境等。而开发商由于投入了大量资金，在实际开发中往往占有主导地位，以将其利益最大化。

1 马骏华．城市遗产的公共空间化[D]．南京：东南大学，2012.

因此，实际操作中，开发商与政府建设部门往往可以达成一致，但与政府文物部门间分歧较大；反过来，由于文物保护在《文物法》中具有的法律效益，开发商和政府建设部门也往往受到文物部门的掣肘。最终，三方关系互相妥协于“红线模式”的遗产保护与更新[1]。红线模式即以红线所代表的保护范围作为遗产保护与城市建设的分界线。红线以内，文物部门可要求建筑遗产原封不动的完整保留；红线以外，开发商和政府建设部门则可高强度建设，以弥补红线内的土地资源损失。这只看不见的红线之手，将保护与更新一分为二，完全隔绝，造成古城整体性的丧失，既没有妥善地保护文物和其赖以生存的历史环境，又无法健康有序地进行建设，仅是大拆大建开发模式的升级版而已，这也需要在兴城古城的更新中规避。

（4）缺乏居民参与

居民既是古城的建造者也是直接使用者，其对于古城更新方案的制定也最有发言权。目前古城内大部分居民已在此处居住三代及以上，对古城了若指掌且充满感情。一方面，他们具有日常生活经验，可以迅速指出古城内生活的优点和不便之处；另一方面，城内居民对于古城具有记忆和情感，这正是作为旁观者的设计方和开发方所缺乏的，通过正确引导，往往可以成为古城更新中的亮点。但在中国自上而下的古城更新体系中，政府、开发商是主要决策者，设计单位是主要设计者，而祖祖辈辈生活在城内的居民往往得不到应有的重视，几无话语权与知情权，是古城更新中绝对的弱势群体。

该现象导致古城更新中仅仅注重物质空间形态，而忽视社会文化、民间传统生活方式的延续。强制迁离古城中的原住民，无疑破坏了该地区原有的社会结构，使其丧失历史记忆，失去真正文化内核的古城极易沦为空有外貌而毫无情感可言的现代购物休闲旅游区。这种“过度的旅游化”的古城更新实例也不鲜见，例如云南省丽江古城的保护更新项目。丽江古城自古就是少数民族的聚居地，且以纳西族为盛。1997 年，丽江以整体保护的形式列入世界文化遗产名录，曾在早期呈现出旅游业和居民生活互融共进的联动效应，成为举国上下争相模仿的对象。十多年来，旅游业已成为丽江古城经济的支柱产业，但由于缺乏有序、合理的开发引导，古城如今面临过度旅游开发导致的“空心化”问题。一方面，本地原住民数量急剧减少，原有生活传统和民间文化逐渐消失；另一方面，外地人口和游客大量涌入，使原本集居住、商贸、游览于一体的古城，成为披着传统建筑外壳的旅游休闲购物区（图 4–1）。丽江纳西族作家白郎[2]对此极为忧虑：*“丽江的高速发展是以当地原生文化遭到破坏为代价的，被钢筋和水泥裹在夹缝中的丽江古城现在完全处于一个全新的摩登时代，到处是莺歌燕舞的旅游者，花里胡哨的假古董，以及故作风雅的猩红灯笼，昔日的纳西古城成为一座“伪”纳西古城，传统在一点点死去。”*[3]目前，古城过度商业化导致的纳西族文化的褪色已受到世界文化遗产组织的严重警告，比起大拆大建式的古城更新方式，这种保留古城空间格局而抛弃文化灵魂的更新模式产生的隐形破坏更值得进行反思。

1　马骏华 . 城市遗产的公共空间化 [D]. 南京：东南大学 . 2012.

2　白郎，原名和文军，随笔作家，纳西族，云南丽江人，1968 年出生。现居成都，任《读城》杂志社副总编。2011 年度成都文学院签约作家。具有丰富的媒体从业经验和田野采访经验，擅于人文类创意策划，以各类文化随笔见长。

3　源自财经网 http://www.caijing.com.cn/《丽江危机》， 2009–6–24.

古城内历史建筑得到了很好的保护和维护

随着旅游过度发展，古城内商业业态盲目扩张

丽江古城历史风貌保护得非常完整

蜂拥的游客使古城变质，原住民变为表演者

蜂拥的游客使古城变质，原住民变为表演者

图4-1　丽江古城过度商业化现象

二、现状态势分析

SWOT分析法又称态势分析法，最初用于企业战略分析，而后在城市规划中广泛应用。通过现状调研和价值评估所得结果，可从古城的区位环境、城市发展、空间格局、遗产价值、社会条件、旅游资源等多个方面综合分析研古城更新所面临的机会（Opportunities），风险（Threats），优势（Strengths），

劣势（Weaknesses）四方面，并据其制定应对策略。

（1）优势

格局完整：由城墙、十字街、内部街巷和重要节点构成的传统城市骨架基本保存完整，而且古城内外环境风貌整体保存较好。

价值独特：兴城古城在遗产价值方面拥有多个唯一，如兴城古城是东北地区保存最为完整的城市，也是唯一完整保存城墙的城市，是明代卫所城市的典型代表，也是现存囤顶民居分布最为集中和最具代表性的地区。

城市宜居：兴城市坐拥“山海城泉岛”，山水环境得天独厚，温泉、海滨等优越的自然条件让兴城市成为一个十分适宜居住的城市。

充满活力：在保存大量遗产的同时，古城依旧是一个充满活力的城市，不仅延续了传统的民俗文化和生活，而且也拥有现代化的生活和活力。

区位良好：兴城市位于京沈发展轴中部，河北和辽宁两省交界处，便利的交通条件及较近的空间距离使得兴城可成为京沈两地居民生活休闲的天然后花园，并可共享两省资源，充当两省沟通交流的媒介（图 4–2）。

（2）劣势

交通状况较差：古城外商业街和城市交通干道冲突，人车混杂；城市公共交通设施有待完善；古城内路面状况一般，进出车辆没有得到严格限制。

市政设施不健全：户口小型化和人口增多导致古城建筑越来越密集（图 4–3），基础设施条件较为落后，居民生活水平和质量较差。

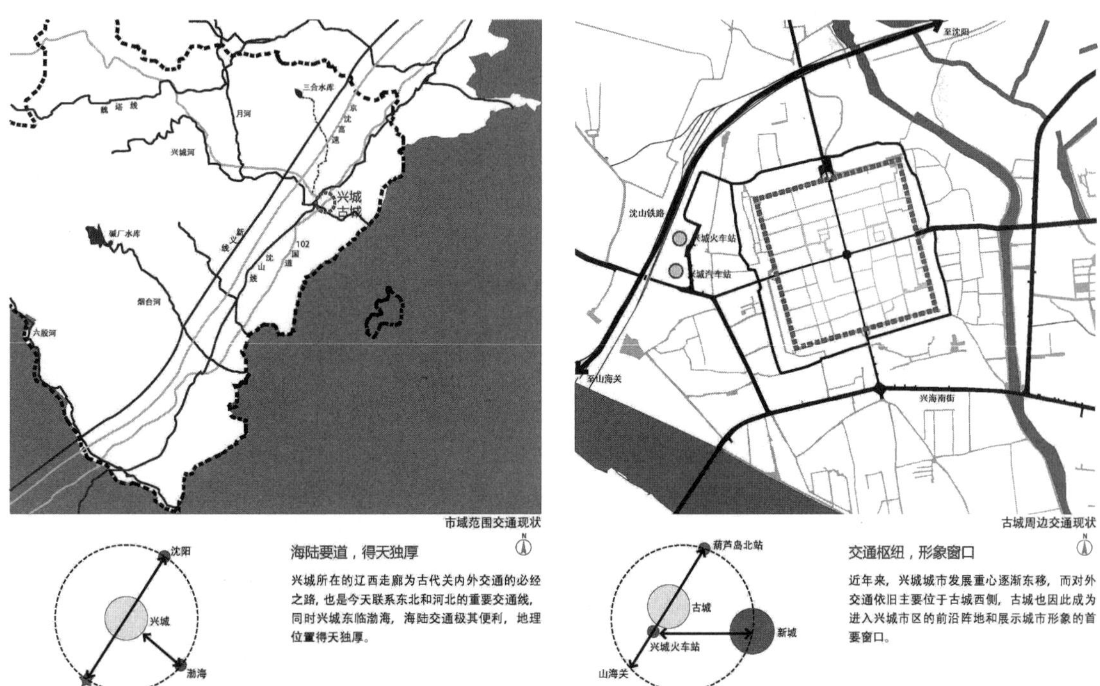

图4–2　兴城古城区位格局示意图

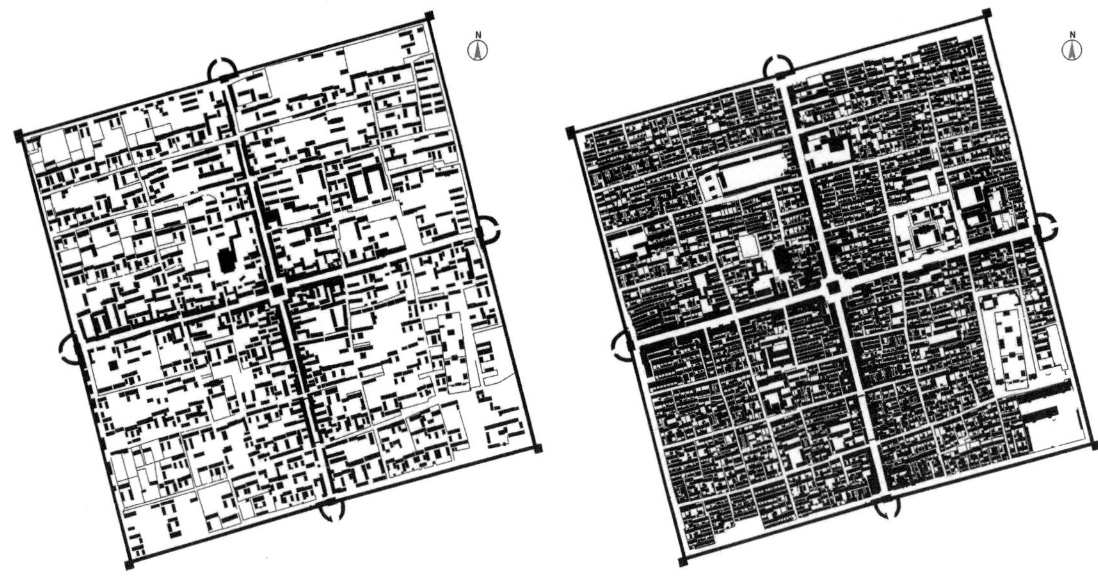

图4-3 兴城古城前后空间肌理对比图（左：1959年，右：现状）

业态发展不成熟：古城内现状商业业态档次较低，主要为满足本地居民日常生活需要的生活类商业，十字街商业空间没有得到充分利用。

文化和旅游资源展示不足：古城蕴含的丰富历史资源尚未得到充分展示和利用。

旅游发展落后：古城缺乏整体的旅游规划和引导，相关配套服务设施严重不足，难以满足今天个性化的旅游需求。

（3）机遇

旅游度假经济新趋势：近年来深层次和个性化旅游度假方式正成为旅游业发展的新潮流，世界范围内旅游度假经济的蓬勃发展为古城大力发展旅游带来良好机遇。

城市发展机遇：辽宁省及地方政府对兴城古城保护和发展给予了充分的重视和支持。

市民意愿强烈：古城市民对城市发展和生活条件改善的呼声也较为强烈，给古城更新注入了原动力。

申遗契机：兴城古城正与南京、西安和荆州等地明清城墙绑定进行联合申遗，目前已进入国家文物局申遗预备名录，这给兴城古城遗产保护和利用创造了契机。

外部经济环境发展较好：辽西城市群内部的沿海经济轴带（绥中—兴城—葫芦岛—锦州—凌海—沈阳）正处于重点发展期中，其中以锦—葫—兴—凌都市区为中心的网络化结构正逐步形成，并有希望形成强大的区域中心，带动辽西地区的一体化发展。而兴城市作为都市区的重要组成部分，可以此为契机，实现产业结构优化。

（4）挑战

提升功能形态的同时保护遗产：兴城古城的完整格局和文化遗产保护面临着来自地方经济发展和社会生活改善的巨大压力，能否在未来的发展中取得保护和发展共赢，是古城目前面临的首要挑战。

保护遗产的同时展示文化：在保护古城遗产和民俗文化的同时，如何使当地居民对古城的文化价值产生高度认同和自豪感，使古城整体形象得到提升，是古城未来发展的又一挑战。

如何保证可持续发展：实现可持续发展是古城发展的最终目标，包括城市经济持续发展、居民文化和生活不断改善、空间形态和功能持续优化等多个方面，这是古城发展的最大挑战。

三、更新基本思路

（1）目标

前文已经论述过古城更新的目的是以发展带动保护，因此在遗产资源保护的基础上，可通过统筹安排古城内外的建设，改善居民生活条件，提升古城经济和活力，促进城市建设与社会文化的协调发展。

①保护和开发实现进出平衡：重新振兴古城内部经济是古城更新的基本目标之一。虽然一味地追求经济利益而对古城全面开发绝不可行，但是不计成本地单一文物保护也难以为继。城内文物保护工作一直依靠政府财政拨款维持，受限较大。所以从长远来看，要努力实现古城文物保护投入和经济收入的收支平衡，以合理、适度的更新所带来的经济利益反哺古城遗产保护工作，形成良性循环。

②改善物质环境：与我国大部分古城一样，兴城古城也面临内部物质环境衰败的现状。目前城内建筑破败不堪，空间环境拥挤狭小，公共基础设施老化且年久失修。堆满杂物的狭窄的院落空间不仅影响居民的生活质量，更容易引发火灾等安全隐患。因此，兴城古城更新的另一目标就是改善古城的物质条件，从而提高居民生活质量，重塑兴城古城的城市名片。

③延续特色风貌：长久以来兴城古城的保护管理并不全面，通常只注重文物保护单位，而忽视了古城整体风貌的延续。由于缺乏保护、发展的统一协调规划，因此古城内外都建设无序，新建房屋往往缺乏传统风貌而破坏古城整体氛围，陷入了“千城一面”的发展模式。通过兴城古城的更新，可以整合古城及其周边环境空间，突出古城特色，找准古城定位，最终实现和谐发展。

（2）原则

兴城古城的更新既要充分考虑文化遗产的保护，又要兼顾城市结构布局的调整，因而在实际操作中需要遵循如下原则：

①保护优先原则：在古城更新中，文物遗产的保护需要体现在规划、设计、施工、管理等各个环节。无论古城更新采取何种手段和强度，都不能违反文物建筑保护的最低要求，不得进行任何可能对文物建筑、历史建筑的真实性、完整性和延续性造成为危害的行为。合理科学的古城更新需要在充分尊重历史的前提下，运用有效的手段来解决现实中的矛盾，将历史有机地融入建设中，并为未来的发展留下充分的空间。因此，只有正确地认识保护的价值，坚持保护与更新相结合，才能为古城今后的发展提供源源不断的动力。

②整体性原则：兴城古城更新的整体性原则包含三个层次。其一，将古城的更新作为兴城市整体空间结构调整和产业形态升级中的有机组成部分来考虑；其二，在更新中注重古城内外城市景观风貌的延续；其三，以兴城古城的更新为突破点，采用以点带面的方法，实现周边旅游、经济的共同发展。因此，兴城古城更新既要从宏观上配合整个城市的协调发展，实现战略资源的统一管理，又要以古城的历史价值和文化特征为基础，努力营建完整的古城风貌。

③可持续发展原则：兴城古城的更新着眼于遗产的长期保护，强调古城作为城市生活空间的永续利用，避免追求经济指标的急功近利的增长模式。一方面，在古城的更新中充分利用绿色科技，采用

资源节约、环境友好的可持续发展模式，逐步建立绿色生态的典范城区；另一方面，鉴于古城历史风貌的不可再生性，采用渐进式的更新模式，分期分批调整升级古城内外空间，以点突破，由点至线，再全面覆盖，实现遗产资源的长期发展。

④多样性与独特性复合的原则：古城城市空间形态经历了数百年的发展，形成了丰富的城市文化氛围和别具一格的军事空间格局，是古城独特的吸引力之一。因此在保证古城城内空间、功能、文化多样性的同时，积极强调兴城古城的军事特点，才能杜绝“千城一面”的不良发展模式，提升地区活力。

（3）思路

由于兴城古城内外包含大量珍贵历史遗产，如文物建筑、历史建筑、历史道路、景观环境、空间格局等，体现了兴城古城独有的军事城市特色和辽西风情。但是其发展现状并不理想，城内基础设施等物质条件较差，商业、旅游业、服务业等第三产业均不发达，急需全面优化省级。但受制于古城内建筑单体较多，一次性大范围的改造并不现实，反而容易抹杀城内空间的多样性。所以兴城古城的更新主要采用渐进式的调整模式，在实际操作中借鉴城市设计的方法，将空间手段与管理控制手段相结合，具体思路如下：

图4-4　兴城古城现状资源示意图

①保护方式：可将古城保护分为三个部分。第一保护城内重要文物遗产，如城墙、钟鼓楼、牌坊、文庙等。第二是保护古城空间形态，如由城墙、街巷、民居、内城重要节点等构成的城市格局，舒适宜人的空间尺度，主次分明的空间肌理，以及城内传统辽西囤顶建筑特色，包括砖石材料混合砌筑山墙、墙体及屋面防水保温做法、民居墀头、廊心壁等细部工艺等。第三是保护周边生态环境，如古城临山环水，紧邻渤海的山水格局，得天独厚的温泉资源，这些体现城市宜居先天优势的生态环境要素，更有助于彰显古城的独特价值（图 4-4）。

②发掘与表达方式：兴城古城作为古代军事城市的典型代表，仍然保存军事卫城的城市格局，是古城最突出的特点和价值所在。所以在兴城古城的更新中可突出其军事属性，即以

明清战史为依托，展现古代军事文化，如充分展示城墙等军事遗存，挖掘和再现古代战争遗迹等。此外，城内丰富独特的辽西市井文化和传统民俗活动也是古城历史积淀的重要部分。一方面，自清以来，兴城古城逐渐转变为普通居住城市，市场逐渐繁荣兴旺，在民国时期古城内外形成了专门粮市、鱼市、肉市、鲜果市、干果市等传统市场，所以通过对现状商业场所的规划和整治，可再现传统辽西集市文化，并充分挖掘地方特色物产，发展特色商业；另一方面，民俗活动和民间信仰亦是当地传统风貌的重要组成部分，并且满族秧歌、唢呐等已申报为非物质文化遗产（图 4-5），所以古城更新中可通过保护文化场所和线路提供活动场所，传承和延续当地民俗活动。

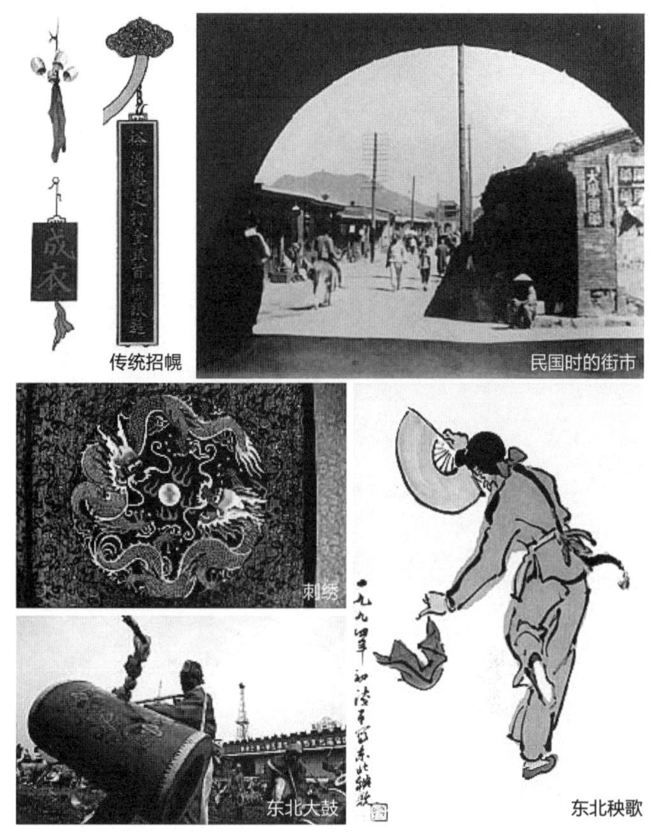

图4-5　兴城古城特色资源

③提升方式：现状分析中发现古城的物质空间环境和内外商业氛围都急需提升。首先，更新城市基础设施，解决古城内的排污、供暖和燃气问题，以改善城市环境，提高居民生活水平；其次适当降低建筑密度，恢复传统院落风貌，增加城市绿化及公共空间，营造城市宜居环境；此外，城内城外的商业环境也需摆脱低端消费品零售的现状，向高层次的特色商业业态形式发展。

④激活方式：通过营建城市公共空间体系，激发城市活力，提升古城整体形象，使当地居民对古城文化价值产生高度认同感和自豪感，为城市品质提升奠定坚实基础。同时，争取扩大古城的旅游市场，顺应国内外旅游体验经济的发展潮流，整合周边历史文化资源（图 4-6），完善配套设施，大力发展旅游产业及相关的商业、餐饮业等休闲产业。此外，在激发城市活力的基础上，对部分保存较差的地块进行功能更新和改造，吸引城外人员置业经营，为古城发展注入新鲜血液。

第二节　多方协同

一、交通梳理

交通梳理的方法包括城内人车分流和城外交通可达性增强两方面。前者通过分离特定城市环境中的人流和车流，提高该区域内的空间舒适度，创造独立完整的步行空间。该空间十分适合传统生活方

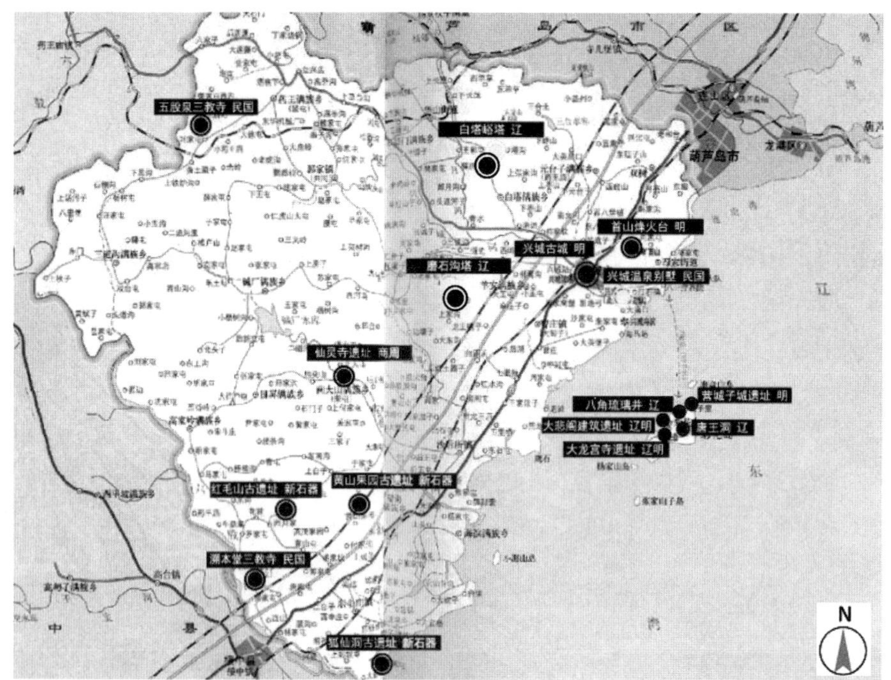

图4-6　兴城古城周边旅游资源分布图

式，有利于传统文化的保存延续；并且为人与人之间交流提供更多机会[1]，有助于塑造良好的商业氛围。后者则通过增强古城与外部现代城市的联系，为城内提供更多的人气和活力，避免出现不可达的“城市死角”。

目前古城内外交通状况混乱，行人、非机动车和机动车混杂，随意停放，急需进行交通模式的再梳理。

（1）城内交通模式调整

兴城古城作的历史格局决定其适宜发展城内步行交通，过多的车辆涌入必然会为古城文物保护和空间使用徒增负担，破坏古城历史氛围，因此可通过人车分流的手段，塑造良好的步行空间氛围。步行方式除可以保留古城内部的原生态的历史风貌外，还可以通过车行、步行交通模式的转换，切换参观者的空间思维，强化古城空间氛围的整体感。

古城内部交通分为车行交通、步行交通和人车混行交通，三者通过不同时间段落和空间区域的管理规定明确分离。在空间上，城内以步行交通为主，基本可覆盖整个古城，其中十字街、内环及连接内环与周围功能区的道路为主要步行道，一般街巷为次要步行道，入户支巷为第三级步行道；而车行道路仅限于中环、外环和之间的连接道路，实现了空间区域上的分隔。为满足车辆通行的需要，车行道路宽度可结合现状建筑的整治局部适当拓宽或增加会车空间。在时间上，为不影响古城内居民的正常生活，满足其用车需求，实行机动车通行分时段管理，如中环以内车辆通行可在晚上适当放开。

1　参见：邱书杰．作为城市公共空间的城市街道空间规划策略 [J]. 建筑学报 2007（3）．“一个城市用于机动交通的空间越多，它的社会交往空间就越少，社会交往空间越少，城市便开始失去其所以为城市的东西：交往机会的聚集。”

（2）增强外部交通可达性

兴城古城的外围交通以机动车为主，由于古城具有空间上的独立性，需保证外部机动车到达方便，防止古城与外部城市脱节。因此，需要在较大的城市区域范围内改善道路交通，包括外部区域交通规划、古城内外交通衔接性、停车场设施。

第一，为解决古城外围快速交通与人流交叉的问题，需根据上位规划调整古城外部交通路网布置；并且增强古城周边公共交通体系的覆盖率，以缓解城市私人车辆压力。

第二，由于城内以步行交通为主，古城外以机动车交通为主，因此需考虑这两种交通模式之间的转换率和衔接度。例如可将公交车站点设在古城四个主要出入口（四座城门）附近，尽量做到城内交通与城外交通的一次性连接，减少换乘交通，实现古城与外部城市交通上的无缝对接。

第三，停车场的设置地点和规模是影响古城交通可达性的另一重要因素。不合理的停车场设置会影响古城风貌。社会车辆停车场尽量设在外环路以外，如古城西门和北门外，以缓解入城交通压力；城内居民和服务性车辆的停车需要，可结合城内公共活动空间建设地下停车场，防止破坏古城历史风貌。

二、空间整合

（1）古城肌理的延续

通过历史地图和现状地图对比，可见城市中如道路、边界、居住形态等二维结构，均具有较强的延续性，构成了城市的灵魂（图 4–7）。兴城古城现状道路基本延续民国时期格局，但其形态由于不同时期的空间需求也发生变化，例如古城 1959 年城内肌理疏朗，而现状肌理较密集拥挤。所以古城更新中仍需延续整体空间格局，完整保留主要街巷空间，并沿用传统院落布局，注意保持传统肌理的多

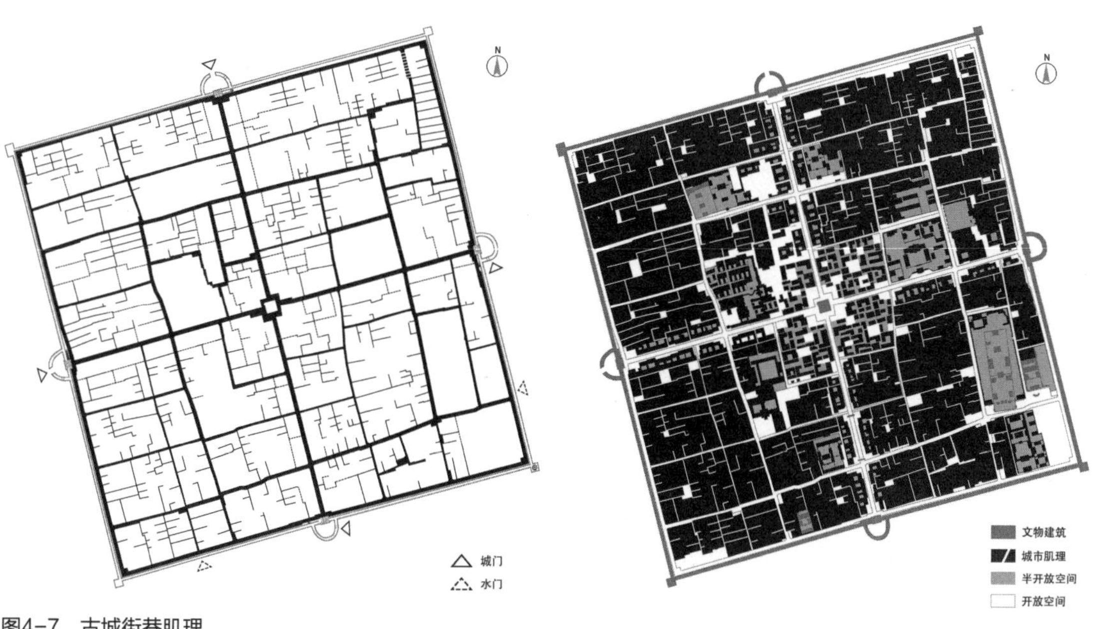

图4–7　古城街巷肌理

样性，同时减少现代肌理与传统肌理的冲突。

①背景肌理的修复。目前兴城古城的城市背景肌理保存完整，可以反映其城市自身特点，但由于人口增多，部分院落格局被破坏，需重新修复，以更加清晰地展现古城传统格局，主要的空间修复手段包括：支巷的调整、合并，以使局部地段空间构成更加合理；传统院落的重新整饬、翻修或并植入传统形式的新建筑，以适应发展的需要。通过这些更新手段，实现兴城古城城市背景肌理多样性的统一。

②三维肌理的重现。兴城古城的钟鼓楼是城内建筑的中心和制高点，此外，高大宏伟的城墙及牌坊、文庙等城市标志性构筑物也与成片低矮的传统民居形成对比，表达古城肌理中封建社会等级感与秩序性。所以通过城内建筑空间尺度的控制，可以恢复古城的三维空间肌理，重现古城传统城市形态。

（2）古城格局完善丰富的表达

①重构空间框架：轴线是中国古代城市和建筑空间组织的重要因素，由城市到群体再到院落，轴线都扮演着重要角色。兴城古城内部空间以十字大街为主轴，通过各个建筑院落轴线与城市轴线发生关系，构成城市空间秩序。因此在古城更新中，需要强调古城轴线关系，再现古城空间组织的秩序化。

②城市功能分区：综合兴城古城的城市结构、历史遗存分布、城市发展需求等现状，可重新对城内空间进行功能分区，包括中央商业区、十字街商业带、南部传统民居展示区、东南部古代教育展示区、西南部中医院及吴三桂纪念馆展示区、北部古代庙宇文化展示区、西北部客栈和戏园区和东部军事博物馆展示区等八个功能分区，其间由古城中心至边缘新构建的三条环路相连，形成从中心（鼓楼中心广场）向四周发散的网状功能布局，体现了“由中心向边缘，市井繁华融于辽西人家”的古城更新理念。（图 4–8）

（3）整合空间碎片，局部植入公共空间

古城中零碎空间的整合可以为城内的公共活动提供有效支持，丰富城内居民业余生活，同时增加古城内人员集散的承受力。目前城内充斥着大量由支巷及无用院墙分割而成的狭窄区域，根据这个特

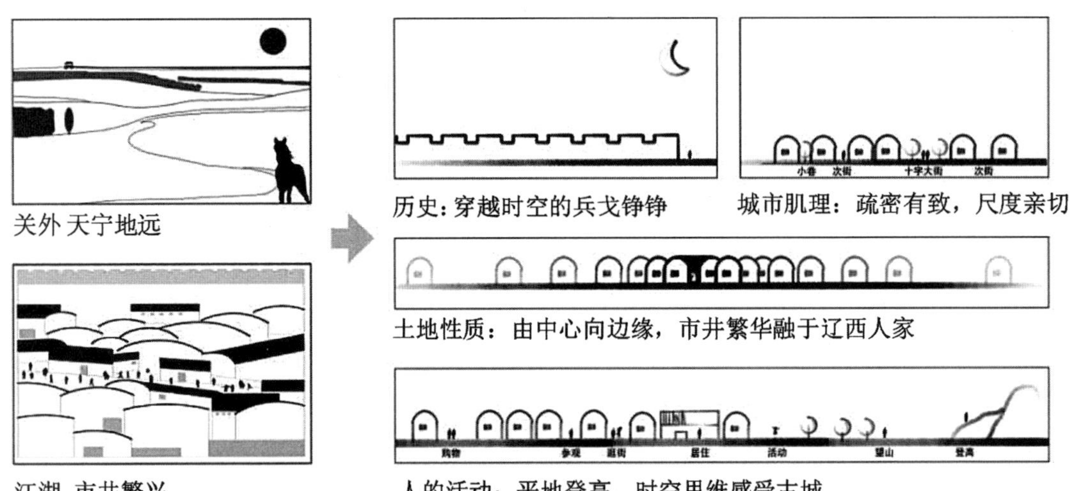

关外 天宁地远
江湖 市井繁兴
历史：穿越时空的兵戈铮铮
小巷
次街
十字大街
次街
城市肌理：疏密有致，尺度亲切
土地性质：由中心向边缘，市井繁华融于辽西人家
购物
参观
逛街
居住
活动
望山
登高
人的活动：平地登高，时空思维感受古城

图4–8　规划意象

点，可采取粘合空间碎片并植入公共性功能的改造方法。具体操作中，在保留古城内主要街巷及宅院的基础上，结合原有废弃厂房等大型公共空间，形成六个集中的公共活动广场，分别为东南角柳城书院广场、西南角的军器局广场、中医院前广场、财神庙广场、戏园广场和东门附近的校兵场（图4–9）。另外，利用内环和中环中分布的小型公共空间，开辟街区内部活动广场，可满足地块内部居民的日常活动需要（图4–10）。总的来说，古城中的公共空间植入模式可分三种类型：保留、整治和新增（图4–11）。其中对于现状功能、尺度均较为适宜且在原街区空间结构中具有特色的重要公共空间予以保留；对于空间系统中地位一般，可表现空间特色和风貌，但现状功能、尺度、环境有待改善的公共空间予以整治；并在重要规划节点处，拆除与风貌不协调的建筑，增加活动场地。

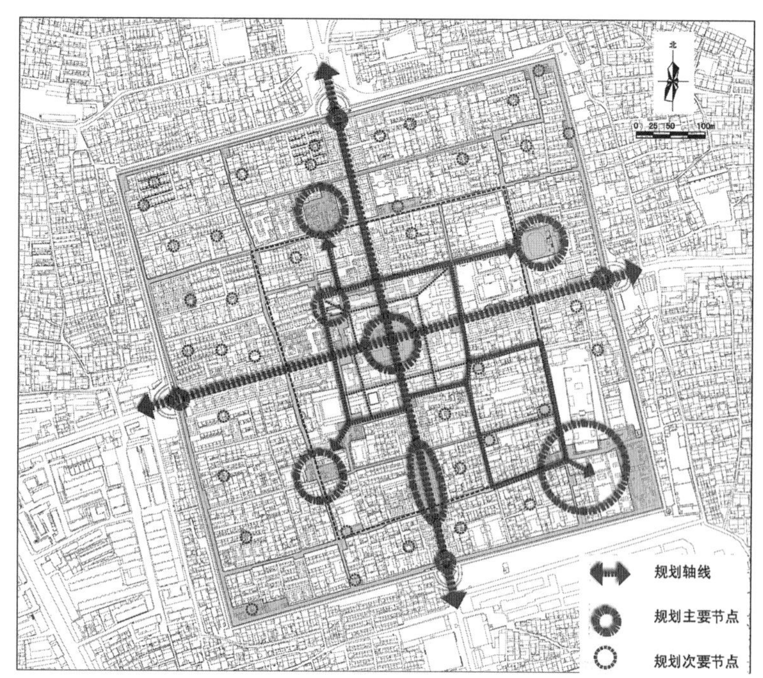

图4–9　古城空间结构更新

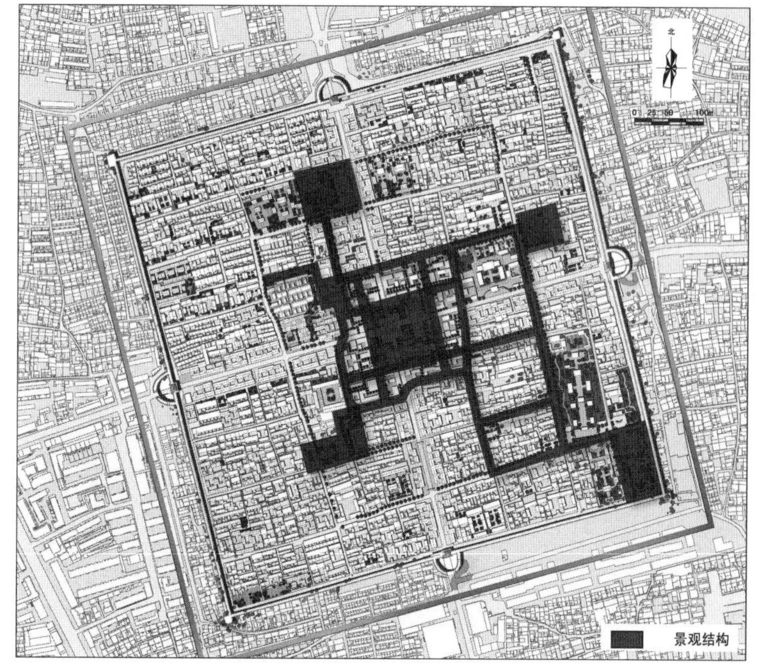

图4–10　古城绿地及公共空间更新

三、业态调整

若要实现兴城古城的真正复兴，仅靠物质空间的改善远远不够，还需调整城内经营业态。通过业态的调整可丰富古城中的公共活动类型，为古城发展注入新活力。

（1）保证业态多样性

古城活力的保持与场所功能的多样性密切相关，多样化的业态才能适合多样化的人群需求，从而

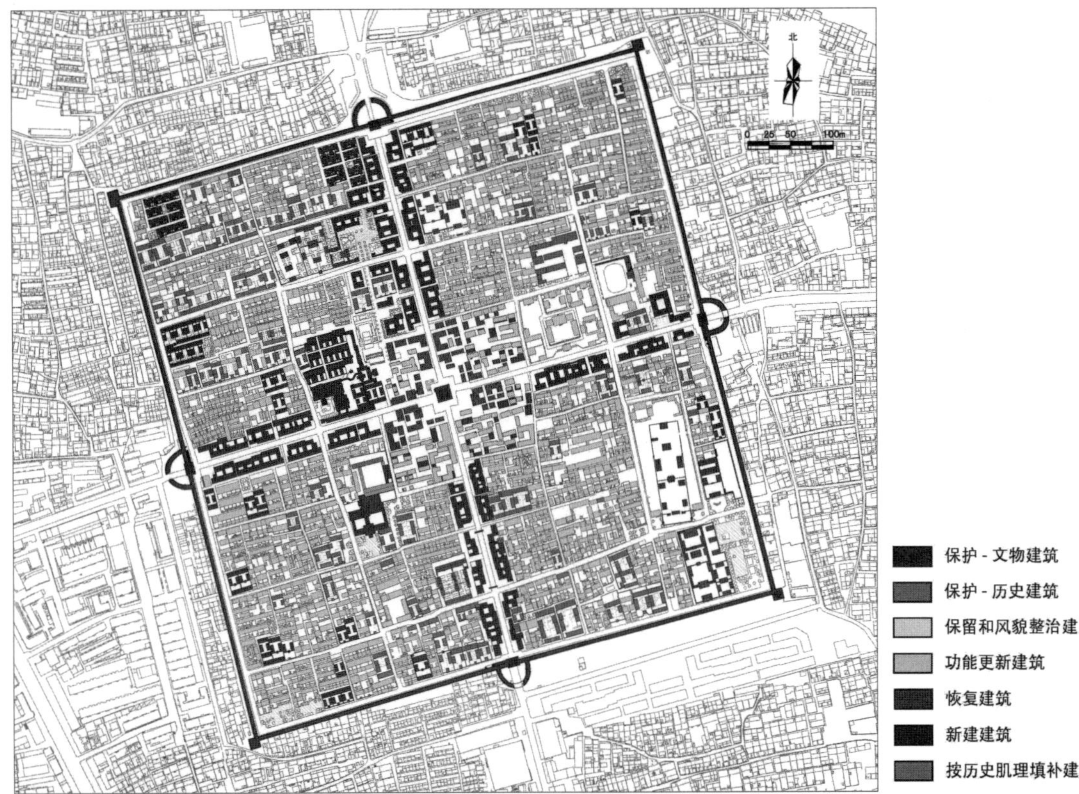

图4-11 城内建筑更新方式设想

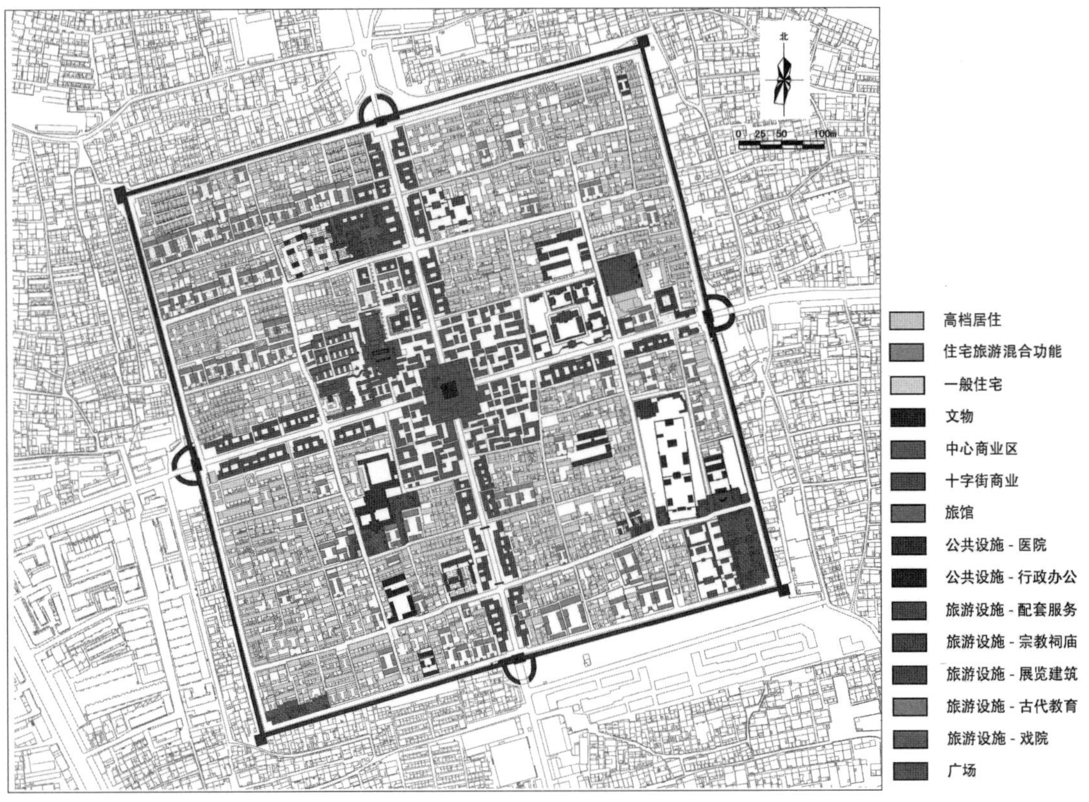

图4-12 城内建筑功能调整

为古城发展创造更多可能性[1]。相反，单一的业态形式会限制目标人群发展，缺乏多元化的刺激则很难吸引更多群体，实现市场的长期繁荣。但是目前兴城古城内部商业主要以日用商品零售业为主，缺乏旅游、文化、休闲、餐饮、住宿等其他商业服务形式。所以在维护古城居住为主的地块性质的同时，也需充分保障功能的多样化（图 4-12），积极引进新产业和新人群，适当增加与古城传统氛围相符合的商业形式，如民居改造而成的家庭旅馆、古城历史博物馆、传统作坊、传统餐饮等，实现旅游、购物、文化、休闲等业态混合共生。

（2）商业模式升级

在丰富古城内场所功能的同时，也需充分保证每种业态的质量，从根本上提升城内商业服务水平。但是由于兴城市整体经济需求有限，古城内外商业环境较为落后，不利于古城形象的塑造，急需对现状低端的商业进行改造升级。一方面，政府可通过制定相关政策进行宏观引导，吸引高端资本，从根本上改善古城产业经营模式；另一方面，可优先选择突出古城文化氛围的特色经营，如当地的风土物产和特色民间工艺品等，控制不符合古城形象、缺乏地方特色的低端商业入驻，如占道经营杂货的摊贩。

四、文化挖掘

兴城古城自明代建城，孕育了独树一帜的城市文化，其可以展现明末战争遗存，讲述古代战争历

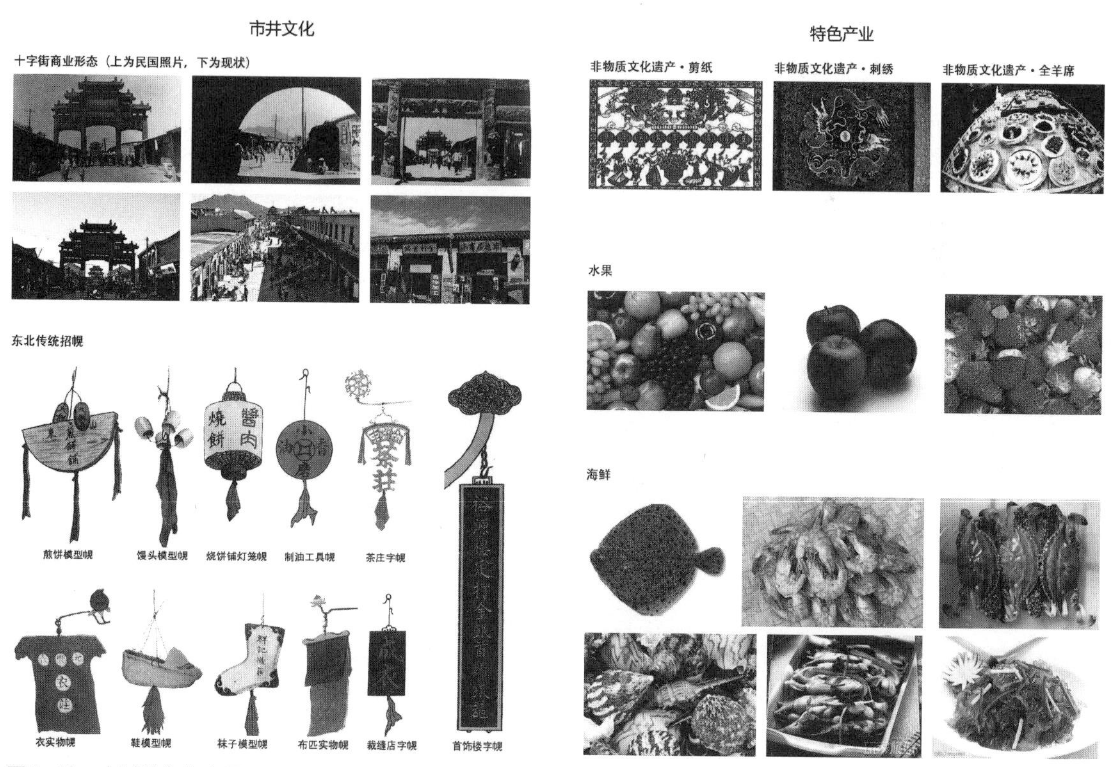

图4-13　古城特色物产图

1　详见：马骏华 . 城市遗产的公共空间化 [D]. 南京：东南大学 . 2012.

（a）满族秧歌

（b）东北大鼓

（c）东北唢呐

图4-14　当地特色民俗活动

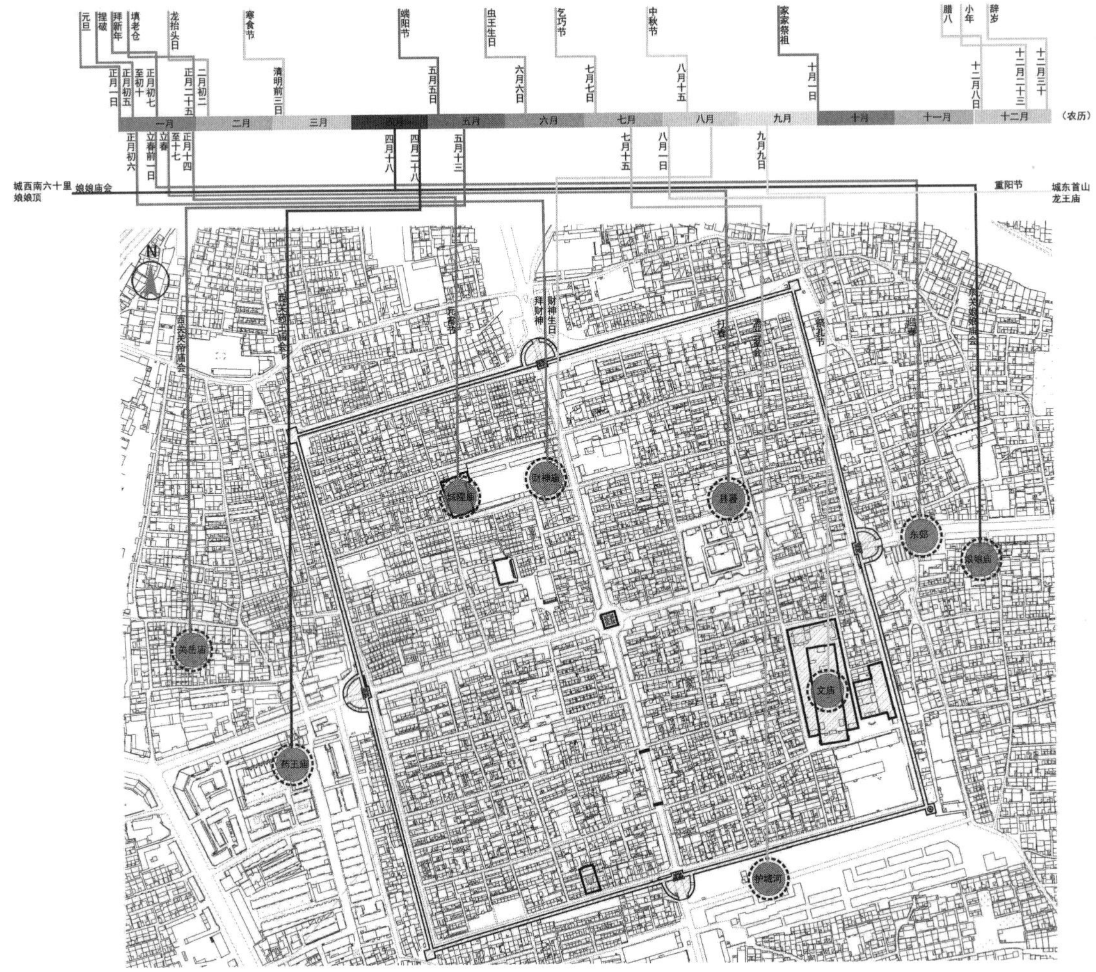

图4-15　古城民俗活动时间与地点分布

史的古代军事文化；延续辽西民居特色，继承东北大院文化的传统居住文化；挖掘地方特色商业，弘扬传统商业形式的地方商业文化；传承当地民间信仰，展示地域民俗生活的东北民俗文化。这些特色文化资源在一定条件下可转化为实际生产力，从而为古城创造更高的经济效益。但是在现代城市氛围的侵蚀下，传统文化沦为“碎片”投射在古城尚完整的空间格局中。因此兴城古城更新中，可以这些“碎片”为线索，深入挖掘其背后隐藏的文化魅力，再现古城城市性格。

第一，恢复和展示历史场所。城市不仅包含有形的建筑实体，更拥有大量无形的反映城市历史的文化和精神，其化身为建筑实体，成为城市的象征。所以可在古城内外选择一至两处最能体现古城特色价值的代表建筑进行复建，突出古城城市特色风貌。

第二，挖掘特色商业和民俗活动。通过对兴城古城民风民俗的挖掘，充分展示以军事信仰和地方民俗生活为龙头的特色民间活动，在此基础上保护和整治信仰举行地点的历史建筑、环境及活动路线等（图 4–14, 图 4–15）。另外鼓励富有当地特色的商业形态，如售卖兴城当地的特色海鲜、草编制品等风土物产；并且借鉴传统东北招幌元素（图 4–13），统一设计该店铺的广告店招，以营造历史氛围，提升视觉环境品质和古城的可识别性。

第三，延续特色空间风貌。整治历史街巷及沿街立面，使其与古城历史风貌相协调。以地面铺装材质的选择为例，古城中建议使用传统铺地形式，例如传统石板，条状青石以及青砖等材料的使用，甚至可在内部街巷尝试采用改性砂土路面，营造古城作为军事城市的路面风貌（见表 4–1）。并且可以从城市空间设计的角度看待铺地材料的选择，实现主街和巷道铺砌的明确引导性和等级差别，在街道交叉口和重要建筑出入口做特别处理，明确标识性。

铺地材料选择 表 4–1

位置	铺地材料选择
小广场	以石板、青砖为主要材料
十字街	维持现状条石路面
主要街巷	采用中间条石横铺，两侧席文砖做散水处理
次要街巷	改性砂土路面
支巷	青砖满铺
重要建筑入口	以棋盘石或砖石瓦片拼花形成视觉的提示

五、人口容量

（1）鼓励原住民居回迁

原住民是维系古城生命力的关键，古城更新过程中需要保留一定比例的原住民。

第一，原住民是古城生活的源泉、文化的继承者，因此原住民的回迁可以继续保持古城原汁原味的传统氛围，对非物质文化遗产传承、传统生活延续及城市活力再生意义重大。相反，原住民的流失却往往使古城更新流于形式，即使物质条件得到改善，也无法保证古城的原真性。

第二，居民在古城更新中起到的作用也不容忽视，正是由于六百年来居民们的自发维修，才使古城空间得以延续并繁荣至今，并且原住民也可参与古城特色商业，为旅游服务市场提供劳动力。

第三，保留原住民可实现城内人群的多样化和阶层混居。在保证“功能互补，互惠共生”的基础上，促进阶层间的接触和交往，防止教育、文化设施等公共资源分布不合理，同时城内未来的发展潜能既也可为原住民提供更多就业机会。

综上所述，保留原住民在古城更新中至关重要，但是其比例和对象选择还需进一步探讨。吴良镛先生在《北京旧城与菊儿胡同》[1] 中认为“必须保持一定比例的居民可迁回，笔者认为不宜低于 1/3”，阮仪三先生在《我国历史街区保护与规划的若干问题研究》[2] 中认为“目前我国历史街区的人

1 参见：吴良镛 . 北京旧城与菊儿胡同 [M]. 北京：中国建筑工业出版社，1994.

2 参见：阮仪三，孙萌 . 我国历史街区保护与规划的若干问题研究 [J]. 城市规划，2010（10）.

口保有率应在60%左右，这样基本可以保证历史街区的社会生活结构和方式不被破坏，同时原有居民的保有率又可以满足现行国家居住标准和现代生活标准”。参考以上案例并结合兴城古城现状，古城内原住民保有率应达到60%，单一片区中也不应低于1/3。在回迁原住民的选择中，可以自愿为原则，名人后裔，掌握传统手工艺、愿意回城开展特色经营的居民，具有文物保护意识、了解民居修缮工艺的居民优先。在原住民回迁方式的选择中主要采取“大混居，小聚居”的模式。“大混居，小聚居”指在大范围内“阶级混合”前提下，小范围中实现居住“分离”。这种模式要求适当减小单个住区的开发规模，采用同一地区并置多组住区的办法，实现“混合”与“分离”的有机结合。采取这种回迁方法，既可以改善居住环境，还可提升邻里生活质量，共享较好的教育资源和社区服务。

（2）疏散多余人口

由于人口结构调整的需要，还可疏散超出古城承受能力的人口，将城内常住人口密度控制在适宜范围内。疏解过程中，应根据不同产权关系，结合保护规划要求，制定不同的人口疏解政策。

（1）公有产权人口疏散：鉴于街区人口密度过大，公有产权住宅的使用者如本身无力自修，可考虑收购或置换房产，按照相关政策易地安置或货币安置外迁人口。对于公有产权非住宅，可按照相关政策由实施主体给予补偿，或由原使用者继续经营管理。

（2）私有产权人口疏散：疏散私有产权住宅所有者时，可按照相关政策由实施主体给予产权人补偿；如果实际情况为多户合住同一院落，建议由各户根据规划条件协商确定搬迁或留住，以提高人均用地指标；其他情况的私有住房，可由产权人自行决定留住或外迁，外迁居民的产权可由实施主体进行收购。疏散私有产权非住宅所有人时，也由实施主体给予产权人补偿即可，如果不愿意转让所有权，则可由产权人可按照保护规划的要求进行保护整治后，继续经营。

六、管理模式

古城经济活力的培养，需要以政府政策引导为主，在不违背古城保护原则的基础上，鼓励居民开展多种经济活动，如恢复特色店铺，展示民俗民风，制作特色手工艺品，开设家庭旅馆等，在丰富古城文化气息的同时，可提高居民的收入水平，促进古城内民居民宅的自我修复能力。

兴城古城更新可以采取“政府主导、公司运作、居民参与”的管理模式。首先“政府主导”强调政府在规划实施过程中作为公共利益的代表者，起到宏观控制与引导作用。其主要责任如下：其一，政府可出面组织成立非盈利的规划实施主体，按市场机制进行运作，在相关的政策的规范下，保证实施主体在运作过程中不违背规划初衷，不对公共利益造成损害；其二，政府可制定拆迁补偿政策，确定搬迁与留住的条件以及搬迁的补偿标准；其三，政府可直接投资街巷道路、主要市政管网以及重点文物建筑的修缮保护，推动古城保护更新工作的全面开展；其四，政府可对私有产权房屋修缮整提供政府补贴，或为实施主体和居民的特色经营提供贷款方面的优惠政策。

其次，公司在政府宏观控制和居民的有效监督下，可以市场机制为准则，负责运作古城更新项目。其中，公司的主要责任有二：一方面是资金的筹措与管理，即负责申请保护资金，筹措来自政府、社会和个人的资金，在保护整治工程中实行专款专用，在工程结束后，负责还贷还息，并且接受由于古城整治带来的土地和营业效益增值，使之有效地用于后续工作中；另一方面是产权的置换，公司可以政府相关政策为依据，代表政府进行拆迁补偿工作，对规划为展览、展示等公共用途以及其他由于搬迁而形成的空房进行收购，并且可按照规划的要求出售或出租公有产权房屋，监督管理私有产权房屋的保护整治。

另外，居民参与可以使古城保护和更新项目事倍功半。通过宣传教育，提升居民对古城历史价值的广泛认同，使其意识到古城的保护更新可为未来生活带来积极影响；通过政策引导，鼓励居民广泛参与民居建筑修缮整治以及古城商业经营；通过完善监督机制，使居民成为政府和古城更新实施主体的监督者，维护居民的正当权益，保证社会公正。

参考文献

历史文献

[1] （明）李辅等，（近人）金毓黻辑，全辽志[M].沈阳：辽沈书社，1934.

[2] （明）任洛等，（近人）金毓黻辑，辽东志[M].沈阳：辽沈书社，1934.

[3] （明）明实录,美国国会图书馆所摄原北平国立图书馆藏"红格钞本"之缩微胶卷影印版，1962.

[4] （明）茅元仪. 武备志[M].四库禁毁书丛刊影印，北京大学图书馆藏，明天启年间刻本，北京：北京出版社，2000年；

[5] （明）兵部编.《九边图说》隆庆刻本.

[6] （明）王在晋.三朝辽事实录[M].南京：江苏广陵古籍刻印社，1988.

[7] （朝鲜）李星龄.《春坡堂日月录》

[8] （清）张廷玉. 明史[M]. 北京：中华书局，1974年标点本.

[9] （清）谷应泰，明史纪事本末[M].文渊阁四库全书电子版，上海：上海人民出版社，迪志文化出版有限公司，1999.

[10] （清）馮昌奕、王琨纂修，《宁远州志》八卷.

[11] （清）刘源溥、孙成 纂修，《锦州府志》十卷.

[12] （清）王奕曾、劉惠宗纂修，锦县志[M].上海：上海书店出版社, 1994.

[13] （民国）绥中县志，民国十八年铅印本.

[14] （民国）锦县志，民国九年铅印本.

[15] （民国）兴城县志，民国十六年铅印本.

[16] （明）刘效祖. 四镇三关志[M]. 明万历四年刻本.

[17] （清）顾祖禹. 读史方舆纪要[M]. 上海：上海书店，1998.

[18] （清）大清一统志，文渊阁四库全书电子版，上海：上海人民出版社，迪志文化出版有限公司，1999.

[19] （清乾隆）和珅等，皇清开国方略[M].文渊阁四库全书电子版，上海：上海人民出版社，迪志文化出版有限公司，1999.

[20] （民国）柯劭忞等，清史稿[M].北京：中华书局，1977年8月重印本。

[21] （民国）金毓黻辑，柳边纪略五卷[M].沈阳：辽沈书社，1934.

[22] （民国）金毓黻辑，全辽备考二卷[M].沈阳：辽沈书社，1934.

[23] （民国）王树楠、吴廷燮、金毓黻等纂，奉天通志[M].民国二十三年铅印本，沈阳：东北文史丛书编辑委员会，沈阳博物馆藏.

[24] （清）高士奇.扈从东巡日录[M].长春：吉林文史出版社，1986.

[25] （明）熊廷弼撰.足本按辽疏稿[M].北京：中华全国图书馆文献缩微复制中心编，1995.

[26] （明）高拱著, 罗振玉辑.边略五种[M].玉简斋丛书:二十二种,清宣统2年（1910）

[27] （明）魏焕.皇明九边考[M].民国二十五年（1936）北京：国立北平图书馆善本丛书版.

[28] 辽宁通志馆编.满洲实录[M].民国二十九年（1930）版.

今人著述

[1] 罗哲文. 长城[M]. 北京：清华大学出版社，2008.

[2] 张维华. 中国长城建置考[M]. 北京：中华书局，1979.

[3] 王国良. 中国长城沿革考[M]. 北京：商务印书馆，1931.

[4] 文物编辑委员会. 中国长城遗迹调查报告集[M]. 北京：文物出版社，1981.

[5] 中国历史地图集编辑组. 中国历史地图集[M]. 上海：中华地图学社，1975。

[6] 华夏子. 明长城考实[M]. 北京：中国档案出版社，1988.

[7] 刘谦. 明辽东镇长城及防御考[M]. 北京：文物出版社，1989.

[8] 军事科学院. 中国军事通史・第十五卷・明代军事史[M]. 北京：军事科学出版社，1998.

[9] 王兆春. 中国火器史[M]. 北京：军事科学出版社，1991.

[10] 王兆春. 中国古代军事工程技术史・宋元明清卷[M]. 太原：山西教育出版社，2007.

[11] 潘谷西. 中国古代建筑史・第四卷・元明建筑[M]. 北京：中国建筑工业出版社，1999.

[12] 北京科学出版社主编. 中国古代建筑技术史[M]. 台北：博远出版有限公司，1993.

[13] 刘大可. 中国古建筑瓦石营法[M]. 北京：中国建筑工业出版社，1993.

[14] 施元龙主编. 中国筑城史[M]. 北京：军事谊文出版社，1999.

[15] 邓珂. 袁崇焕[M]. 北京：中华书局，1980.

[16] 阎崇年. 努尔哈赤传[M]. 北京：吉林人民出版社，1983.

[17] 孙文良、李治亭著. 清太宗全传[M]. 北京：五洲传播出版社，2005.

[18] 阎崇年、俞三乐. 袁崇焕资料集录[M]. 南宁：广西民族出版社，1984.

[19] 冯永谦. 辽宁古长城[M]. 沈阳：辽宁人民出版社，1986.

[20] 李沐. 新兴的旅游胜地——兴城[M]. 兴城：兴城县委宣传部编印，1988.

[21] 戴元立. 辽西古镇——兴城[M]. 天津：天津科学技术出版社，1989.

[22] 重以周,傅金纯,纪思. 可爱的辽西走廊[M]. 沈阳：辽宁大学出版社，1990.

[23] 王嘉彬,汤士安等主编. 关外第一市——锦西[M]. 大连：大连出版社，1993.

[24] 杜同宝. 葫芦岛历史[M]. 沈阳：辽宁大学出版社，1997.

[25] 张志雄. 中国城墙[M]. 南京：江苏教育出版社，2000.

[26] 周俊奇. 我的家乡葫芦岛[M]. 成都：天地出版社，2001.

[27] 李鸿彬,朱诚如. 满族崛起与清帝国的建立[M]. 天津：天津

古籍出版社.

[28] 李春宜. 古城话沧桑[M]. 长春：吉林文史出版社，2003.

[29] 安德才. 烽火辽东[M]. 长春：吉林文史出版社，2003.

[30] 阎崇年. 袁崇焕[M]. 长春：吉林文史出版社，2003.

[31] 常德义,陈国章,张恺新. 兴城历史人物[M]. 长春：吉林文史出版社，2003.

[32] 常德义,尹天武,李建民. 兴城古城[M]. 兴城：兴城市文物管理处编印，2004.

[33] 张恺新. 兴城旅游大观[M]. 北京：经济科学出版社，2004.

[34] 黄斌,刘厚生等. 后金国史话[M]. 长春：吉林人民出版社，2004.

[35] 单霁翔. 城市化发展与文化遗产保护[M]. 天津：天津大学出版社，2006.

[36] 单霁翔.文化遗产保护与城市文化建设[M]，北京：中国建筑工业出版社，2009.

[37] 单霁翔，从“功能城市”走向“文化城市”[M]，天津：天津大学出版社，2007.

[38] 单霁翔，城市文化发展与文化遗产保护[M]，天津：天津大学出版社，2006.

[39] 单霁翔，从“文物保护”走向“文化遗产保护”[M]，天津：天津大学出版社，2008.

[40] 单霁翔，走进文化景观遗产的世界[M]，天津：天津大学出版社，2010.

[41] 单霁翔，留住城市文化的“根”与“魂”——中国文化遗产保护的探索与实践[M]，北京：科学出版社，2010.

[42] 吴良镛.北京旧城与菊儿胡同[M]，北京：中国建筑工业出版社，1994.

[43] 李鸿彬.袁崇焕与宁远[M]//袁崇焕学术论文集，南宁：广西人民出版社，1989.

[44] 冯佐哲.袁崇焕与兴城[M]//袁崇焕学术论文集，南宁：广西人民出版社，1989.

[45] 王兆春.西洋大炮与宁远保卫战[M]//袁崇焕学术论文集，南宁：广西人民出版社，1989.

学术论文

[1] 李严.明长城“九边”重镇军事防御性聚落研究[D].天津：天津大学，2007.

[2] 董明晋.北京地区明长城戍边聚落形态及其建筑研究[D].北京：北京工业大学，2008.

[3] 胡平平.自然地理环境与长城北京段关系研究[D].北京：北京建筑工程学院，2008.

[4] 郭睿.北京地区长城军事防御体系系统特征与保护研究[D].北京：北京建筑工程学院，2006.

[5] 苗苗.明蓟镇长城沿线关城聚落研究[D].天津：天津大学，2004.

[6] 常军富.明长城大同镇段的墙体材料与构造研究[D].南京：东南大学，2010.

[7] 汪涛.明代大同镇长城与自然地理环境关系研究[D].南京：东南大学，2010.

[8] 黄欢. 明代长城防御体系之辽东镇卫所城市研究[D].南京：东南大学，2009.

[9] 章冬. 基于军事功能运作角度的明长城建造特征及保护策略研究——以辽宁锥子山长城小河口段为例[D].南京：东南大学，2012.

[10] 张景波. 明代辽东总兵研究[D].哈尔滨：黑龙江大学，2009.

[11] 李文墨.城墙保存完整的历史名城保护之比较研究——以平遥、荆州、寿县、兴城四城池为例 [D].上海：同济大学，2006.

[12] 马骏华.城市遗产的公共空间化[D].南京：东南大学，2012.

[13] 范新宇.兴城古城保护研究[D].哈尔滨：哈尔滨工业大学，2008.

[14] 刘剑.中国北方古建筑群保护规划对策研究[D].北京：中国建筑设计研究院，2003.

[15] 马海东.近20年来苏州古城传统街区保护与更新的研究[D].北京：清华大学，2004.

[16] 潘敏文.福州历史文化街区“三坊七巷”保护改造研究[D].天津：天津大学，2007.

[17] 邹延杰.赣州旧城中心区保护与更新方式研究[D].北京：清华大学，2007.

[18] 蒋芸敏.赣州旧城中心区传统空间保护与传承研究[D].北京：清华大学，2007.

[19] 邹延杰.菏泽旧城空间结构保护及更新对策研究[D].天津：天津大学，2010.

[20] 张玉坤,李严.明长城九边重镇防御体系分布图说[J].华中建筑（第23卷），2006，23（2）：116-119，153.

[21] 李严,张玉坤,李哲.长城并非线性——卫所制度下明长城军事聚落的层次体系研究[J].新建筑，2011（3）：118-121.

[22] 刘珊珊,张玉坤.明辽东镇长城军事防御体系与聚落分布[J].哈尔滨工业大学学报，2011，13（1）：36-44.

[23] 张士尊.明初辽东二十五卫建制考释[J].鞍山师范学院学报，1994（1）：34-38.

[24] 张士尊.明代《辽东志》与《全辽志》及其研究[J].文化学刊，2009（5）：144-147.

[25] 李三谋,刘彦威.明代九边军屯与军牧[J].古今农业，2008（2）：56-66.

[26] 刘景纯.明代前中期九边区域防御形态的演变[J].中国边疆史地研究，2010，20（4）：47-56，149.

[27] 刘炳愉.今之兴城非古之柳城[J].锦州师范学院学报（哲学社会科学版），1981（1）：86-88.

[28] 沐雨、陈白.兴城祖氏石坊[J].辽宁大学学报（哲学社会科学版），1984（4）：97-98.

[29] 秦剑.兴城规划与建设如何反映建筑现代化和地方风格问题[J].建筑学报，1984（10）：36-41.

[30] 汪志明.兴城总体规划构思——建设具有特色的旅游疗养城镇[J].城市规划，1985（4）：41-44.

[31] 张华柱.北方沿海风景区——兴城[J].今日中国（中文版），1988（8）：19-23.

[32] 李雄飞,金丽昌. 去百年浮沉重睹芳华——兴城古城保护规划[J].城市规划，1989（1）：35-39.

[33] 李雄飞.辽西古城——兴城[J].城市，1990（2）：58-59.

[34] 阚谧丁.兴城文庙[J].辽宁档案，1993（9）：48.

[35] 常海桑.兴城在明末清初的历史作用[J].辽宁大学学报，1996（4）：24–25.

[36] 陈国鑫,秦忠民,穆道中.珠联璧合浑然一体——兴城海滨风景名胜区总体规划心得[J].中国园林（第15卷第66期），1999，15（6）：15–17.

[37] 张志.古貌犹存话兴城[J].对外大传播，1996（2）：52–53.

[38] 何易.明清城市牌楼[J].华中建筑，2001，19（5）：76–81.

[39] 茼茂安.明清帝王与兴城古城[J].兰台世界，2003（1）：42–43.

[40] 王阿慧,石铁矛.兴城古城民居院落空间研究[J].山西建筑，2005，31（9）：19–20.

[41] 王阿慧，石铁矛.兴城古城的发展更新与遗产保护[J].天津城市建设学院学报，2005，11（4）：235–238.

[42] 石铁矛，王阿慧.兴城古城的遗产保护与更新[J].沈阳建筑大学学报，2006，8（1）：1–4.

[43] 胡飞，付瑶.兴城传统民居的保护与文化产业链接[J].山西建筑，2008，34（2）：32–33.

[44] 陈鲁民.兴城怀古[J].中国测绘，2009，19（1）：70–71.

[45] 刘丹.兴城古城保护与利用研究[J].中国名城，2011（10）：69–72.

[46] 秦剑.兴城规划与建设如何反映建筑现代化和地方风格问题[J].建筑学报，1984（10）：36–41.

[47] 贾亭立，陈薇.中国古代城墙的垛口墙形制演进轨迹[J].东南大学学报，2010，40（2）：435–440.

[48] 李鸿彬.袁崇焕与宁远[J].史学月刊，1990（1）：26–33.

[49] 冯佐哲.袁崇焕与兴城[J].北方论丛，1990（1）：101–106.

[50] 马楚坚.西洋大炮对明金态势的改变[C].明末清初华南地区历史人物功业研讨会论文集，1993年香港编印.

[51] 阮仪三，李红艳.原真性视角下的中国建筑遗产保护[J].华中建筑，2008，26（4）：144–148.

[52] 阮仪三，孙萌.我国历史街区保护与规划的若干问题研究[J].城市规划，2010（10）：25–32.

[53] 单霁翔.大型线性文化遗产保护初论：突破与压力[J].南方文物，2006（3）：2–5.

[54] 章剑华.当代中国文化遗产保护与利用的时代性[J].艺术百家，2006（7）：1–3.

[55] 靳志强，郑力鹏.欠发达地区建筑遗产保护的思考[J].华中建筑，2008，26（4）：133–136.

其他

[1] 长城文化网 http://www.gwculture.net

[2] 中华历史文化网 http://china-culture.jlmpc.cn

[3] 中国长城网 www.chinagreatwall.org

图表说明

引言

第一章　兴城的历史

第二章 古城的现在

第三章 复兴中的保护

表3-1 历史环境构成表：自绘

表3-2 兴城古城军事运作体系布局结构现状表：自绘

表3-3 兴城古城遗产资源与古城关系表：自绘

表3-4 保护对象构成一览表：引自《全国重点文物保护单位兴城古城保护规划》

表3-5 兴城古城各级文物保护单位现状保护范围变更一览表：根据《全国重点文物保护单位兴城古城保护规划》整理

表3-6 一类建设控制地带、二类建设控制地带规定对比表：根据《全国重点文物保护单位兴城古城保护规划》整理

表3-7 遗产类型分类保护：根据《全国重点文物保护单位兴城古城保护规划》整理

表3-8 按材料类型分类保护措施表：根据《全国重点文物保护单位兴城古城保护规划》整理

表3-9 内城墙保护措施一览表：引自《全国重点文物保护单位兴城古城保护规划》

第四章 历史中的更新

图4-1 丽江古城过度商业化现象：网络

图4-2 兴城古城区位格局示意图：引自《兴城古城修建性详细规划》

图4-3 兴城古城前后空间肌理对比图：自绘

图4-4 兴城古城现状资源示意图：自摄 2010-10

图4-5 兴城古城特色资源：引自《兴城古城修建性详细规划》

图4-6 兴城古城周边旅游资源分布图：自绘

图4-7 古城街巷肌理：引自《兴城古城修建性详细规划》

图4-8 规划意象：引自《兴城古城修建性详细规划》

图4-9 古城空间结构更新：引自《兴城古城修建性详细规划》

图4-10 古城绿地及公共空间更新：引自《兴城古城修建性详细规划》

图4-11 城内建筑更新方式设想：引自《兴城古城修建性详细规划》

图4-12 城内建筑功能调整：引自《兴城古城修建性详细规划》

图4-13 古城特色物产图：引自《兴城古城修建性详细规划》

图4-14 当地特色民俗活动

（a）满族秧歌：http://www.lnwh.gov.cn/detail/13184.html

（b）东北大鼓：http://enews.xwh.cn/html/2007-10/28/content_66124.htm

（c）东北唢呐：http://jameszhf.blog.163.com/blog/static/1440133982010111413554876

图4-15 古城民俗活动时间与地点分布：引自《兴城古城修建性详细规划》

表4-1 铺地材料选择：引自《兴城古城修建性详细规划》

第五部

从长城防御体系到体系的过程和机制：以辽东镇东部沿边堡城为例

第一章 引言

辽东东部明长城是最不“典型”的明长城段落之一。从构筑方式来说，其墙体多为土、石结构或自然山险，与广为人们接受的砖砌长城形象相去甚远。从防御对象来说，与其他明长城主要是为了防御蒙古族群南下不同，辽东东部明长城的防御对象始终是女真各部。从建设背景来说，在建长城之前，明朝并未对辽东东部实行有效的军事控制，彼时（永乐至天顺）女真尚未南下，此地人烟稀少，没有军事建设的需要。成化之后的历次长城修建，实际上是通过修建边墙和堡城将此地纳为内地，这种将建长城作为进取方式的现象在其他段落长城并不多见。

那么，为什么选择这一最不“典型”的长城段落作为本文研究对象呢？在几代学人的努力下，长城防御体系论逐渐浮现并被广泛接受，帮助我们在感叹万里长城伟大成就并产生民族自豪感的同时，认识到这一成就本身的历史性与多样性。这一理论关注宏观地理图景下明长城各设施的结构关系，但是也容易因为过于强调长城防御体系的结构而将长城压缩为一个自上而下条分缕晰的抽象图示。抽象图式所具有的概括性有助于理论的传播，但却不便于展现明长城的丰厚历史意涵。长城不是一道线形墙体，也不是一个简单的抽象结构，本部分将辽东东部长城作为研究对象，便是希望以“非典型”来补充“典型”，以“具体”来丰盈“抽象”，从而对“体系”论做出一定补充与拓展。

因此，本部分的研究虽然立足于“长城防御体系”的框架之下，但更加关注辽东东部长城在时空中的差异和其中沿边堡城的形制特征与联动方式，试图为“体系”论的发展做出实证性的贡献。同时也希望以此研究为开端，理清辽东东部长城的结构过程，揭示其布局、选址、运作的内在机制，为长城保护和利用工作提供新的思路。

第一节 既有研究综述

一、20 世纪初：现代意义长城学的初现

遵循现代学术规范对长城进行研究肇始于 20 世纪初。在这以前，清人对长城的论述多是以历史考据为主要内容的传统学术，其中对于明长城所属关堡的考证、记录至今仍颇有帮助，但是这些出于“经世致用”思想而写就的成果，受限于其时代，对今日学术研究之启迪是有限的。20 世纪初，关于长城的三项观念的转变，促使了长城研究摆脱传统学术的桎梏而逐渐形成新的学术传统。[1]

其一是长城形象的正面化。清军入关以后，长城不再具有攘外安内的防御作用，而在孟姜女哭长

1　需要说明的是，赵现海所著《明长城时代的开启》一书，关于长城研究的综述颇详，这三项观念转变，在其综述中均或多或少有所涉及。下面关于前两项的讨论是在其基础之上的发展。赵现海．明长城时代的开启——长城社会史视野下榆林长城修筑研究（上）[M]. 兰州：兰州大学出版社，2014: 10–37.

城等民俗传说的影响下，长城又成了民众积怨的对象，因此，在民国以前，长城的形象总体是负面的。民国初，孙中山对长城价值的肯定[1]使其形象开始逐渐扭转；到20世纪30年代，内外交困下的中国民众逐渐走向民族认同，《义勇军进行曲》中"血肉长城"的概念首次将国人的爱国情怀与抗战热情凝聚于长城，使得长城在历史性的防御作用以外，又增添了民族象征的含义。长城形象的扭转，在客观上促进了长城研究的发展，但是，对当代研究者而言，如何在学术研究中滤除这种影响而回到长城本身，就成了一个必须要面对的问题。

强调分时代研究长城的重要性和必要性是第二项重要的观念转变。在此之前，国人多将不同时代的长城遗迹皆指称为秦长城，此观点之误最早由张相文在《长城考》[2]中阐述，之后梁启超又在《中国历史研究法》中系统表达，并指出研究长城非分期不可。[3]这一观点在学术群体中产生深远影响，促使了明长城研究的专门化。对今日之学者而言，面对更加完备的、经过整理的史料，和更加详细、具体的遗迹调查，分时代研究长城的观念也应同步向前。例如，我们不应满足于仅仅研究"明长城"，而应在此基础上将长城研究的时间刻度更加精确化，并尝试考察明长城在各个重要历史时期的具体状况。

第三项转变是研究对象的扩展，将长城所属的城、堡等一并纳入长城研究的范畴。在此之前，"万里长城"所指的只是一道自西向东延绵万里的墙体，传统学术实际上大多只是一些以墙体为对象的考据，[4]似乎长城本身如何运作、如何发挥其军事作用是不言自明的。20世纪初，学者们逐渐不再局限于就"长城"论长城，而是将长城墙体和长城背后的关、堡、营、寨视作一个共同运作的整体，并以此来分析这个整体在历史上的运作机制，例如它们的屯兵方式、预警方式，等等。具体到本部分所研究的辽东明长城，最早从整体角度展开研究的是日本学者稻页岩吉，他在1913年发表的《明代辽东的边墙》中首次确立了一套辽东明长城的研究模式，将堡城和长城墙体并举。[5]这种研究模式为之后的诸多学者沿袭，[6]至20世纪80年代，将长城墙体及城堡、烽墩等建筑视为一个"完整的防御体系"已成为一种共识。[7]关注长城防御体系而非仅关注线形的墙体，这一观念转变打开了长城研究的新局面，在这一背景下，分析、提炼长城防御体系的结构性——即这一防御体系下各种设施的相互关系——成为长城学的主要学术方向之一。下节将对此方向下的辽东明长城研究成果进行评述。

1　在发表于1918年的《建国方略》中，孙中山称万里长城为"中国最有名之陆地工程者"，并肯定修筑长城"收效之广且远"。见：孙中山．建国方略 [M]. 武汉 : 武汉出版社 , 2011: 37－38.

2　张相文．长城考 [J]. 地学杂志 , 1914(9): 1－3.

3　梁启超注意到了不同历史时期所筑长城的差异，并指出秦始皇以前有燕长城、赵长城、齐长城，秦始皇之后又有北魏长城、北齐长城、明长城等。见：梁启超．中国历史研究法 [M]. 上海 : 上海古籍出版社 , 1998: 77.

4　如顾炎武《日知录卷二十一》中"长城"节。（清）顾炎武．日知录集释 [M]. 上海 : 上海古籍出版社 , 2014: 424.

5　即在关注长城墙体的同时，也强调长城墙体与堡城的辖属关系，使得对于堡城的研究成为长城研究不可分割的部分。稻叶岩吉．明代辽东的边墙 [G]// 满洲歷史地理．东京 : 南满洲铁道 , 1913, 2: 460－545.

6　如：张维华．明辽东边墙建制沿革考 [J]. 史学年报 , 1934, 2(1): 267－273. 潘承彬．明代之辽东边墙 [J]. 禹贡半月刊 , 1936, 6(3): 61－80.

7　如罗哲文在《万里长城》中就明确提出"它（万里长城）已构成了一个从中央政权通过各级军事、行政机构，联系最基层的军事单位及守城戍卒的完整防御体系"。见：罗哲文．万里长城 [M]. 北京 : 文物出版社 , 1980：7.

二、“长城防御体系”视角下的辽东明长城研究

在诸多关于辽东明长城的现代研究中，刘谦的《明辽东镇长城及防御考》[1]是最为重要的一篇。其重要首先在于，它是建国以后“辽东长城首次实地踏查的成果”[2]。彼时（1979–1989）辽东明长城的保存状况较现在要好许多，刘谦通过实地考察将辽东明长城各项设施的实际情况翔实地记录了下来，并对照史料一一辨析它们的名称（主要是堡城的名称）和建置时间，这一工作至今仍是研究者们的重要参考。其次，刘谦的工作实证了辽东镇长城的存在，为之后的辽东明长城研究铺平了道路。[3]更为重要的是，刘谦事实上首先提出了以镇、路、卫、所、堡为核心的辽东明长城研究视角，这一视角对之后的辽东长城研究产生了深远影响。[4]

黄欢的《明代长城防御体系之辽东镇卫所城市研究》[5]虽然研究对象主要是辽东镇的卫城、所城，但她的研究路径其实是在确认长城防御体系之存在的基础上展开的，所以此部分的研究，一言以蔽之，是在探讨卫城、所城在长城防御体系中的角色定位。文中对长城防御体系建制的归纳，是对《明辽东镇长城及防御考》的提炼与完善（图 1-1）。

李严所著《明长城“九边”重镇军事防御性聚落研究》[6]是对包括辽东镇在内的明代九边重镇的总体性研究。此部分也延续了刘谦的观点，将长城军堡的层次性作为研究的出发点，按照规模从大到小把军堡分为镇城、路城、卫城、所城、堡城，并以实例研究为基础，分别归纳出它们的城池特点。李严还指出，城池的级别并非固定不变，而是依据所驻将领的等级随时调整的，也就是说，城池的级别和城池的规模并不一定能够完全对应。

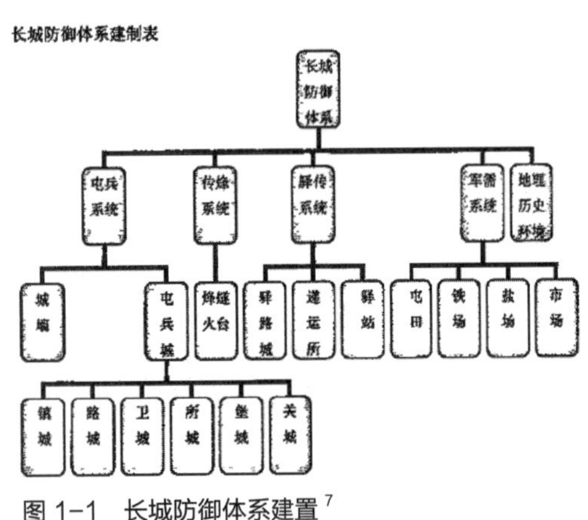

图 1-1 长城防御体系建置[7]

在“长城防御体系”的研究思路主导下，辽东长城的相关研究呈现出一种新的趋势，这种趋势试图在体系化的基础上将辽东长城结构化，探讨长城设施在空间分布上的结构性规律，从而将长城防御体系的军事运作方式模式化、理论化。刘珊珊、张玉坤所著《明辽东镇长城军事防御体系与聚落分布》是这种趋势下的代表性成果。[8]它将长久以来“长城防御体系”研究中一些隐而不发的预设和观察理论化，对理解辽东长城的防御体系结构颇有裨益，但存在以下两处微瑕：①此文所统计的辽东长城设施的建置时间，数据主要来源于刘谦的《明辽东镇长

1 刘谦．明辽东镇长城及防御考 [M]. 北京：文物出版社，1989.

2 同上：序（董耀会）。

3 在此之前，社会各界对长城都存在一个长久的误会，即认为明代辽东并无长城之设。清代文献如《盛京通志》《读史方舆纪要》等都认为明长城东止于山海关，导致辽东明长城长久以来受到忽视。

4 刘谦在《明辽东镇长城及防御考》中以“镇城、路城、卫城、所城、堡城、关城”将辽东长城的屯兵城进行分类，并依次、逐个进行考察。

5 黄欢．明代长城防御体系之辽东镇卫所城市研究 [D]. 南京：东南大学，2007.

6 李严．明长城“九边”重镇军事防御性聚落研究 [D]. 天津：天津大学，2007.

7 黄欢．明代长城防御体系之辽东镇卫所城市研究 [D]. 南京：东南大学，2007.

8 此文通过梳理军堡建置时间将长城设施于地图上定位，试图提炼出辽东镇军事防御体系的时空分布特征。刘珊珊；张玉坤．明辽东镇长城军事防御体系与聚落分布 [J]. 哈尔滨工业大学学报（社会科学版），2011(1): 36－44.

城及防御考》及刘效祖的《四镇三关志》，然而这两个来源其实并不完全可靠。②虽然列表统计了辽东长城设施的建置时间，但在提炼空间分布规律时，却没有突出辽东长城的历史性。具体而言，此文中空间分布研究的分析对象其实是万历十年左右的辽东长城，其时辽东长城处在历史上的鼎盛期，而在这之前与之后的辽东长城动态变迁的过程则没有得到充分讨论。因此，其中所提炼的“以点控线”“以线制面”“点线结合”等长城空间分布特征，只是对辽东长城某一历史状态的描述，并不能完全代表它在整个明代的状态。

在结构化之外，也有研究对“长城防御体系”这一范畴本身进行了反思。王飒在《中国传统聚落空间层次结构解析》[1]中，专辟一章对明代辽东长城防御体系进行实例分析，其中一些观点颇有洞见。关于防御体系中聚落的组成，王飒提出“路城”是随着“参将”这一职位的设立而逐步设置的，参将时有调动，路城的规模更是情况纷乱，因此他认为不应将“路城”作为一级聚落层次，而应将辽东防御聚落“分为‘镇城—卫城—所城—堡城’四级”。在这一认识的基础上，王飒提出“明代辽东的军事防御层次是由城墙聚落体系层次结构、军事指挥的等级层次结构和地理空间限制下防御战术结构所共同构成的”，和其他中国传统聚落一样，其空间层次也具有多义性。[2]王飒的论文除了关注城池规模的等级，也同时关注长城防御体系的实际运作方式，他对于“多义性”的讨论，实际上点出了“长城防御体系”的三个研究向度：长城设施本体，长城官兵部署，和地理空间布局。

魏琰琰所著《分统举要，纲维秩序——明辽东镇军事聚落分布及防御变迁研究》[3]从聚落层次多义性的视角出发，试图通过标绘军堡空间今地分布图，来揭示辽东镇军事聚落的整体结构特征。[4]关于军政管理体系，此文从横向和纵向两个角度展开研究，纵向角度关注辽东镇的军政管理体系的历史变迁；横向角度则关注这一体系在明代宏观军政管理体系中的位置，即辽东镇作为明代“九边”之一，它的军政管理体系隶属于怎样的中央管理体制，又包括了哪些基层的防御单位。问题在于，文章的纵向研究只关注辽东镇军政管理体系的历史变迁，却忽视了对中央管理体制变迁的考察，使得此文对横向层次建构的提炼欠缺了历史准确性。[5]关于军事聚落防御体系，文章着重关注的是横向的层次构建，[6]对于各层体系的历史变迁则付之阙如。此文强调横向层次而弱化纵向历史变迁，成功地提炼出了一个条理清晰的辽东镇长城防御体系，但这种做法不可避免地将辽东镇长城防御体系抽象化了，因为此视角隐含着这样一种观念，即辽东军事聚落防御体系的历史变迁可以通过发生、高峰、衰老等生命周期来衡量，只需对其高峰状态进行横向研究便足以把握它在整个明代的状况。因此，在“明长城资源调查”工作不断深入的今天，此文对辽东长城高峰状态的关注不应被当做我们研究的终点，而应被视为我们理解辽东长城所有历史状态的一种起点。

1　王飒．中国传统聚落空间层次结构解析 [D]. 天津：天津大学，2011.

2　王飒以《九边图说》和《全辽志》的记载为主要材料，梳理出辽东镇武将与驻地级别（镇、卫、所、堡）、防卫级别（极冲地方、次冲地方、又次冲地方）的对应关系。

3　魏琰琰．分统举要，纲维秩序——明辽东镇军事聚落分布及防御变迁研究 [D]. 天津：天津大学，2016.

4　魏琰琰分章节梳理了明代辽东的军政管理体系和军事聚落防御体系，并以此为基础展开对辽东镇军事聚落时空分布的研究。同上。

5　例如，此文将“五军都督府”视为辽东镇军政管理体系的上层机构，却未对“五军都督府”之职能的历史盈缩进行考察，事实上，到明中后期，“在实际对于国家军事的处理中，兵部完全凌驾于五府（五军都督府）之上。甚至五府的掌事官员也常常由兵部等文官推选”。关于“五军都督府”在明代的职能盈缩，见：王冬．明代五军都督府研究 [D]. 西安：陕西师范大学，2014: 53.

6　文中所讨论的层次包括：“广义体系构建”“镇内设防体系构成”和“设防体系的策应系统”。

三、长城构造、选址、布局的中、微观研究

如果说“长城防御体系”是从宏观视角对长城展开研究，那么长城墙体构造、设施选址等就是一种中、微观视角的研究。近年来，随着长城调查工作的深入，从中、微观视角来研究长城成为“长城防御体系”研究之外的一个热点。

常军富所著《明长城大同镇段的墙体材料与构造研究》[1] 通过实地考察收集了大量数据和资料，并以此展开了对明长城大同镇段墙体材料和构造的统计、分析和总结。论文尤其关注墙体、烽火台、敌台等长城设施的夯土遗存，多角度总结了夯土遗存的构造做法。[2] 虽然早在 1913 年，稻页岩吉就已提出长城墙体可分为“劈山墙”“石墙”“石筑墙”“山险墙”“土墙”“柞木墙”“木板墙”“砖墙”的观点，但是长久以来，学术界对砖砌长城的关注远远超过其他类型的长城。[3] 此文通过扎实的调研、统计，记录并证明了长城夯土墙体所蕴含的建造智慧，把我们对明长城夯土墙体的认识深入到了具体的营建层面。

汪涛所著《明代大同镇长城与自然地理环境关系研究》[4] 关注明代长城各项设施与自然地理环境间的关系。论文运用 GIS（地理信息系统）软件进行数据分析，讨论坡度、坡向和视域、射程之间的关系，提炼出了长城建造中选址和布局的一般性原则。因为 GIS 的介入，此论文将这些一般性原则信息化、具体化、图像化，对理解长城的设计思想很有帮助。

章东所著《基于军事功能运作角度的明长城建造特征及保护策略研究》[5] 在方法论上是对上述两篇论文的承继与发展。此文关注长城的构造和地理环境，并将它们一并归纳为军事功能运作的视角，对研究长城局部的内在运作机制具有一定启发性。

另一项微观研究是关注长城各城堡的城内布局，这有赖于考古调查和发掘工作的开展。在辽宁省现存的 90 多座堡城中，只有江沿台堡有过系统的考古发掘。[6] 目前，考古发掘报告尚在整理，只有《明代江沿台堡城址考古发掘与营建初考》[7] 先行发表。此文简要介绍了此次考古工作的主要收获，如明确了江沿台堡的城防体系和城内建筑布局等，并对江沿台堡的始建与废弃年代进行了讨论。此次发掘，全面了解了堡城内部的建筑布局，为深入研究其他堡城提供了可资借鉴的材料。

事实上，在明长城研究中，中、微观视角的研究与“体系”的研究并非泾渭分明的两条路径，而是可以有机结合的：“体系”研究能为中、微观研究建立起宏观的时空背景；中、微观研究则能显明“体系”研究中难以展开的具体运作机制。遗憾的是，目前少有研究能将这两者很好地结合起来。

四、海外长城研究

林蔚（Arthur N. Waldron）于 1990 年出版的《中国长城：从历史到神话》（*The Great Wall of China:*

1　常军富 . 明长城大同镇段的墙体材料与构造研究 [D]. 南京：东南大学 , 2010.

2　此文基于翔实的统计和分析，总结了长城设施夯土遗存的基础做法、夯层厚度、夯层构造、铺设植物枝条做法和外部构造等。

3　甚至在许多原为石墙、土墙的长城遗址修缮工作中一概以砖砌长城就之，似乎只有砖砌长城才能代表中国古人修筑万里长城的伟大成就。

4　汪涛 . 明代大同镇长城与自然地理环境关系研究 [D]. 南京：东南大学 , 2010.

5　章冬 . 基于军事功能运作角度的明长城建造特征及保护策略研究：以辽宁锥子山长城小河口段为例 [D]. 南京：东南大学 , 2012.

6　2014 年，因江沿台堡位于新建的三湾水库的淹没区内，辽宁省文物考古研究所对江沿台堡城址进行了抢救性考古发掘。

7　吴炎亮，徐政 . 明代江沿台堡城址考古发掘与营建初考 [M]// 吉林大学边疆考古研究中心 . 庆祝魏存成先生七十岁论文集 . 北京：科学出版社，2015: 391－401.

From History to Myth）[1]是海外长城研究的代表作。通过还原明代历次修建长城的决策过程，林蔚尖锐地指出，修建长城作为一项军事决策，最初只是明朝宫廷政治分歧无法达成妥协的权宜产物；不仅如此，我们目前所看到的延绵连亘的明长城，也并非脱胎于一次有着完整蓝图的设计，而只是一次又一次效法与权宜的叠加结果。明长城虽然确实没有现代意义上的总体设计，但关于明长城整个体系的总体认识，是确实可见于明代各种军事图册和将领言说之中的，因此林蔚的观点有失偏颇。但是，他至少在两方面对我们是有启发的：第一，关注修建长城的决策过程与关注长城本身同样重要；第二，不能将我们目前所看到的所有明长城遗存当作一个一蹴而就的建设成果，而应努力去发掘、剖析其中丰厚的历史层叠。

（1） 辽东镇长城的三段分布

辽东镇长城墙体自西向东可分为三段，即辽东西部长城、辽东中部长城和辽东东部长城，这种三段划分的方法之所以被学界广为接受，[2]原因在于以下三点。

第一，这种划分方式暗合了各段始建时间的差异。明代辽东最早有长城建设的是中部地区，即辽河套地区，由定辽前卫指挥佥事毕恭主持，修建活动开始于正统二年（1437）至正统四年（1439）之间；辽东西部长城由时任提督王翱督修，始建于正统七年（1442）；辽东东部长城由时任提督李秉奏请，副总兵韩斌主持，始建于成化五年（1468）。

第二，这种划分方式暗合了各段地理地貌的差异。据《辽宁省明长城资源调查报告》，辽东西部以丘陵为主，此地西接冀东北燕山余脉，有东北－西南走向的努鲁儿虎山、松岭山脉和黑山、医巫闾山。北接蒙古高原，南临渤海，濒渤海一带即为辽西走廊；辽东中部总体地势北高南低，北部为辽河冲积平原，地势稍有起伏，南部则广袤平坦；辽东东部以山地为主，多属长白山余脉千山山脉的支系，太子河水系与鸭绿江水系、浑河水系与浑江水系的分水岭均在此处，河谷平原少且分散，坡地地势起伏大。

第三，这种划分方式一定程度上符合各段长城主要防御对象的不同。辽东西部、中部长城主要是为了防御蒙古各部而设，辽东东部长城则主要是为了防御女真各部而设。

本部分延续了这种对辽东镇长城三段划分的方式，并以辽东东部长城为主要研究对象。

（2）"沿边堡城"概念辨析

在明代文献如《明实录》《全辽志》中，对于九边军镇中用于军事防御的小城，多用"堡"称之，如"叆阳堡""镇北堡"等；今人研究，为符合现代汉语习惯则以"堡城"称之，同时也和"镇城""卫城""所城"等名称形成对应，暗示它们是同一系统下不同等级的城。因此，"堡城"一词虽然隐含有某种预设，但其指涉对象实与明代文献中的"堡"无异。

辽东镇的堡城多位于军事防御前线，这是它与辽东其他聚落的最显著区别。凡堡城必有城墙围合，城墙上又有角台、马道、瓮城等防御设施，因此尽管就人口而言，驻扎在堡城内的兵员数量（几十至几百不等）大致与百户屯、百户所相当，但很容易通过有无城墙将堡城与其他相近规模的聚落区分开。

---

1 WALDRON A N. The Great Wall of China: From History to Myth[M]. Cambridge: Cambridge University Press, 1990.

2 但是各项研究中，这三段长城的名称并不统一。如张士尊以长城与辽河的空间关系划分，称之为河西段边墙、辽河套边墙和河东段边墙；《辽宁省明长城资源调查报告》以长城沿线的地理地貌划分，称之为辽西丘陵明长城、辽河平原明长城和辽东山地明长城。虽然名称不统一，但是它们所指涉的对象其实是一样的。此外，刘谦的划分方式稍有不同，他将吾名口至镇北关的长城定为河西段，镇北关至鸭绿江西岸的长城定为河东段，又以宽甸新疆专指万历三十六年熊廷弼巡按辽东时所复勘之地。但这种方式与三段划分法并无本质不同，只是将辽东西部、中部长城一并定为"河西段"而已。参见：张士尊．明代辽东边疆研究 [M]. 长春：吉林人民出版社，2002. 辽宁省文物局著．辽宁省明长城资源调查报告 [M]. 北京：文物出版社，2011: 3－4. 刘谦．明辽东镇长城及防御考 [M]. 北京：文物出版社，1989: 27－32.

此外，堡城的建设大多与边墙的建设同时，这也是堡城专为军事防御而设的表现。

辽东大部分堡城均位于紧邻边墙线 10km 以内区域，但也有少部分堡城位于腹里而远离边墙线（如甜水站堡、青台峪堡等）。为了对这两种堡城有所区分，本部分中称前者为沿边堡城，后者为腹里堡城。目前，也有研究使用“边堡”来代替“沿边堡城”，但笔者认为“边堡”容易造成混淆，有时会被理解为“边疆地带的堡城”而使含义泛化，故本文仍使用“沿边堡城”。

还需要有所区分的是，堡城作为一种防御设施，有陆防和海防之分。在明代九边军镇中，辽东镇是唯一兼有陆防与海防的军镇。其海防线沿今辽东湾和黄海北岸分布，陆防线则沿燕山东南麓、辽河套和长白山西麓展开。本文关注辽东东部的长城防御体系，所研究的堡城均位于陆防线上。

（3） 建长城之前明朝在辽东的建设

明朝对辽东地区的控制自洪武始。洪武四年二月，辽东地区的残元势力在内外压力下逐渐解体，七月，明朝置定辽都卫指挥使司于复州得利嬴城，开始逐步向北进军，并于洪武五年九月左右收复辽沈地区。此时辽西地区尚未收复，明军赴辽必须取道登辽海道，由山东登州渡海至辽东金州，因此巩固已取得的阵地是明军进一步北上的前提。明朝的做法是在实际控制地区广置卫所。到洪武二十年前，辽东都司下已有金州卫、复州卫、盖州卫、海州卫、辽海卫、定辽左卫、定辽右卫、定辽前卫、定辽后卫、东宁卫、沈阳中卫、沈阳左卫等十二卫。张士尊指出，这十二卫“以沈阳为前沿，辽阳为腹心，金州为后卫，面向东北，背靠山东，其东有山险屏护。”[1]

洪武以后直至成化初，明朝对辽东东部一直没有形成有效的控制。洪武二十年之前，十二卫所构成的防御体系由南至北沿着辽东丘陵和辽河平原的交界处一字展开，南自金州，北至开原。洪武二十一年，明朝尝试在高句丽开城以北三百里建置铁岭卫，但因遭到高句丽的激烈反对，且此时明正与北元进行大规模的战争，遂将铁岭卫改置于奉集县，又于二十六年移至今辽宁省铁岭市。[2] 在尝试建置铁岭卫受挫后，明朝在辽东东部的经营主要集中在连山关以西，而连山关以东直至鸭绿江畔的地区则形同瓯脱，成为中朝两国的缓冲地带，这一格局基本延续到了成化以前。因此，成化年间在辽东东部始建沿边堡城和边墙，实际上是明朝对辽东东部实际控制的开始。

（4） 问题与框架

前人的长城研究，尤其是“长城防御体系”理论，是本部分研究的基础。在此之上，本部分更关注辽东镇长城防御体系在达到万历十年时的鼎盛状态之前的过程，和这些过程中所体现的长城防御体系的内在机制。并试图回答，在万历十年之前，辽东东部长城经历过哪些历史状态又何以最终如此呈现？这些历史状态的出现与转变，体现了决策者们对它的何种期待？它又是被如何运作以达成这些期待的？

正文主体部分为第二至四章。第二章，通过辨析、修正前人的研究成果，尝试重新理清辽东明长城东部堡城的时空分布，并且希望此章成果能为以后的进一步研究奠定新的基础。第三章以沿边堡城的时空分布为基础，尝试从分段、分期的角度来切入辽东东部长城防御体系，探讨其建置历程和不同阶段的布局方式。第四章以单个堡城为研究单元，探讨堡城的相互应援关系、选址方式、烽燧预警机制和城垣形制特征，以充实我们对明长城军事功能运作机制的理解。

---

1 张士尊．明代辽东边疆研究 [M]. 长春：吉林人民出版社，2002: 18 – 19.

2 姜阳．明初铁岭卫设置与高句丽关系述略 [J]. 韩国学论文集，韩国京畿大学，2007(1): 73 – 79.

第二章 时空考证：辽东镇东部沿边堡城的建置时间和空间位置

第一节 本文时空分布研究的基础

在明代“九边”长城防御体系中，辽东镇重要且特殊。重要在于，辽东自古以来就是造成中原动荡的主要策源地之一，北宋时期，灭辽弱宋的金朝即启疆于此，而自永乐迁都北京以后，辽东更是“京师左臂”，成为明朝拱卫京师的前线。特殊在于，除了像明代其他的“九边”长城一样具有抵御蒙古侵扰的作用以外，辽东镇位于“九边”的最东部，它更担负着抵御女真南下、维持中朝陆上贡道的作用。因此，辽东镇长城不仅是明廷与蒙古游牧民互动的结果，也是明廷与女真族群、朝鲜王国互动的结果。具体到本文所研究的辽东东部长城，它的建设过程更是15世纪中期至17世纪初东北亚地缘政治格局变迁的直接反映。

明确长城的时空分布是展开长城研究的基础。时空分布研究包括两项议题：长城防御体系的时间分布和空间分布。时间分布研究关注每一要素在历史中的存在时间，其目的是展现若干重要历史时期下长城防御体系的具体内容。空间分布则研究关注这些要素的地理位置，其目的是展现长城防御体系的组成结构。这两项议题的研究方法相对独立，但对于我们认知长城防御体系，却缺一不可。从方法上来说，时空分布研究主要依赖于史料判读，通过相关史料的比较、取舍来推断每一元素的建置时间；空间分布研究主要依赖于“遗存对应”，即将现有遗存与史料中所提及的对象尽可能一一对应，以得出一个尽可能符合史料记载的对应结果[1]。两项研究相辅相成，在理想状态下它们可以展现出长城防御体系在每一重要历史时期的组成，从而帮助我们理解长城防御体系的结构过程[2]。

辽东镇长城百余年的学术历史中，在时空分布方面有两项研究的贡献最为突出，影响也最为广泛，即谭其骧主编的《中国历史地图集・第八册（元・明时期）》中的“明山东二（辽东都司）”图和刘谦所著《辽东镇长城及防御考》。[3] 相较前人成果，谭其骧等人所绘“明山东二（辽东都司）”图（下简称“辽东都司图”）[4] 对当今学术界的影响要深远得多。“辽东都司图”出版以后，几乎成为所有辽东长城研究者都必然会直接参考的成果。此图标绘出了万历十年（1582）时辽东长城墙体、堡城等的具体位置，而不是像潘承彬等仅仅从史料中摘录堡城的相对位置（如“一堵墙堡处凤凰城北二百七十

---

1 有时，因为不同史料之间的相互抵牾，研究得出的结果并不一定能符合所有史料的记载。

2 “结构过程”这一概念最初由区域历史人类学学者萧凤霞和刘志伟提出，旨在强调“结构”和“变迁”的相互作用，即区域史的研究应关注结构的构造过程而非将结构当作静态之物。对于建筑史角度的长城防御体系研究而言，这一概念对于打破结构静态化的桎梏颇有助益。关于“结构过程”的理论脉络，见：赵世瑜．结构过程・礼仪标识・逆推顺述——中国历史人类学研究的三个概念 [J]. 清华大学学报（哲学社会科学版），2018, 33(1): 1–11，193.

3 在这两人之前，箭内亘、稻叶岩吉等也曾进行过辽东边墙的时空分布研究，并绘制有“明代辽东边墙图”，但此图所标注的沿边堡城缺漏较多（没有白家冲堡、镇东堡和宽甸六堡等），也存在一些明显的错误，加之对当今学术界的影响较小，故本文不对此成果展开评述。图见：箭内亘等．明代辽东边墙图 [G]// 满洲历史地理 第 2 卷附图．东京：南满洲铁道，1913.

4 见：谭其骧．中国历史地图集 第 7 册 元明时期 [M]. 1982: 144.

里”)，[1]使得长城设施的位置与实际的地理空间得到了对应。此外，这张地图所标识的时间也颇有深意：万历十年是明朝在辽东地区掌控范围最辽阔的时期，也是辽东长城防御体系最为完备的阶段，选择这一年作为标识时间，能够将尽可能多的历史地理信息囊括进一张地图之内。这说明谭其骧等人在编此地图时已经将每一堡城的建置时间进行了分别的考虑，而不满足于只是从宏观上把握一个笼统的时期。从这一角度来说，“辽东都司图”的成就有以下两点：①明确了万历十年时辽东长城墙体、堡城等设施的内容，包括它们的名称、长度、数量等；②将能够明确具体地理位置的墙体、堡城等要素落实到地图上。

刘谦的《明辽东镇长城及防御考》[2]是对“辽东都司图”的拓展与深入：他考察了每段墙体、每一座堡城的建置时间，从而基本掌握辽东长城完整的生命史；他对每一堡城都进行了实地踏勘与记录，并进而在具体的山川环境中展开对每一堡城之规模、位置、作用的讨论。在刘谦进行调查工作的 20 世纪 80 年代，长城相关遗迹的保存状态较现在要好许多，而刘谦又是第一位对辽东长城全境进行过实地踏勘的学者，所以《明辽东镇长城及防御考》对辽东长城遗存状况的记录迄今仍然是最为全面、翔实的。[3]因此，他关于辽东长城遗存的记录与考证至今仍是后继研究者们的主要参考。

或许是因为刘谦珠玉在前，在其之后，辽东长城的时空分布似乎已不再是需要继续讨论的问题，学术界（尤其是建筑史学界）研究的重点转向了以刘谦的成果为基础来总结辽东长城的空间分布规律。[4]

然而，珠玉并非无瑕，《明辽东镇长城及防御考》毕竟是刘谦只身考察辽宁全境明长城遗迹的成果，在堡城的建置时间上存在一定讹误，在空间分布方面也存在少量错误。刘谦的成果总体上是令人瞩目的，但是，如果我们不对这一成果做更多的考证而直接引用，那么我们的研究将缺少一个坚实、可靠的基础。对辽东长城时间分布问题的不重视，也导致辽东长城空间分布的研究趋于抽象化，只关注长城鼎盛时期（万历十年左右）的状态，而忽视了辽东长城在动态变迁过程中空间分布的不同特征。

因此，本文将在谭其骧和刘谦的基础上，重新梳理辽东东部长城的时空分布，以期得出一个更为可靠的研究基础。

如前所述，堡城的时空分布研究包括两项主要课题，即堡城的修建时间和堡城的空间定位。为了廓清辽河东部明长城的时空分布，有必要对堡城的建制沿革进行一一追溯（图 2-1）。

空间分布方面，经对照史料，“辽东都司图”对于辽东东部堡城的空间定位是准确的，但是因为成图时对辽东明长城遗迹的调查工作尚不充分，一些堡城在当时的条件下因难以准确定位而没有在图

1 辽东长城空间分布研究肇始于清人顾祖禹之《读史方舆纪要》。在《纪要》第三十七卷《山东八》中，顾祖禹以《辽东志》《全辽志》等志书为材料考证了辽东各城池的相对位置关系，如“甜水堡，司东南九十里。亦曰甜水站，辽海卫铁场百户所置于此。又南八十里曰草河堡。又有青苔峪堡，在司南百五十里，以当青苔峪而名。”这种只关注相对距离而不进行古今对应的空间定位方式，为 20 世纪初潘承彬等人的研究所沿袭。

2 刘谦 . 明辽东镇长城及防御考 [M]. 北京 : 文物出版社 , 1989.

3 对于辽东全境的每一堡城，刘谦均依次述及其城址规模、建置时间和所辖墙体、墩台情况等。

4 如刘珊珊、张玉坤所著《明辽东镇长城军事防御体系与聚落分布》一文，直接引用刘效祖之《四镇三关志》和刘谦之《明辽东镇长城及防御考》结论，列表整理出了辽东长城堡城的建置时间，但作者却并未考察它们的可靠性，也未解释他们是如何取舍这两个来源之间诸多出入之处的。至于堡城的空间分布，也因未加甄别地引用了刘谦的成果，而存在一定的疏漏。又如魏琰琰所著《分统举要，纲维秩序——明辽东镇军事聚落分布及防御变迁研究》一文，对于堡城建置时间的把握颇为笼统，只用“成化年间”“嘉靖年间”等词句略加概括，导致此文的研究未能揭示辽东长城防御体系的演变过程；堡城的空间分布则同样照搬刘谦的成果。刘珊珊；张玉坤 . 明辽东镇长城军事防御体系与聚落分布 [J]. 哈尔滨工业大学学报（社会科学版）, 2011(1): 36 - 44. 魏琰琰 . 分统举要，纲维秩序——明辽东镇军事聚落分布及防御变迁研究 [D]. 天津：博士学位论文 , 2016.

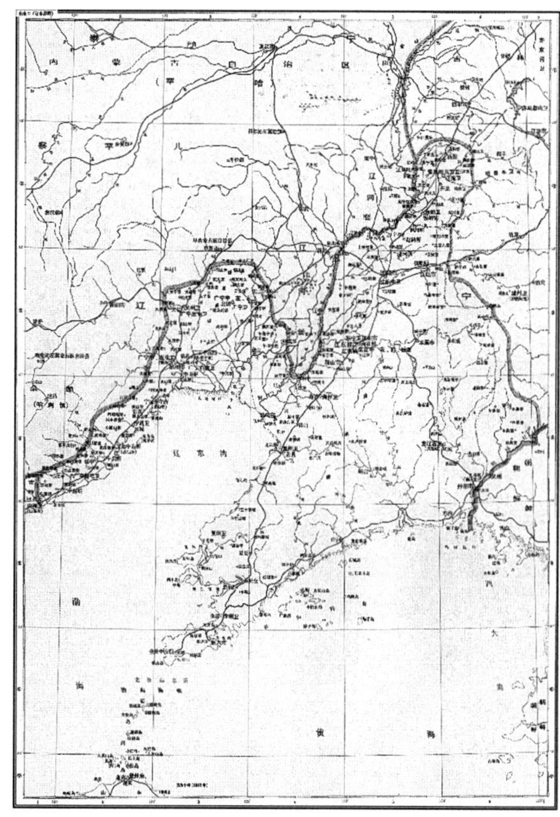

图 2-1 辽东都司图
图片来源：谭其骧《中国历史地图集》

中标出。刘谦所调查的堡城范围较为完整，可补“辽东都司图”之缺，但部分堡城的定位与“辽东都司图”相左，下文将对此进行辨析。时间分布方面，谭其骧并未在释文[1]中一一详述，刘谦虽然对大多数堡城的建置时间均进行了考证，但经过研究，笔者认为其中存在一些必须辨明的讹误。

下文所展示的追溯工作以谭其骧和刘谦的工作为基础，辅以《明实录》《全辽志》《朝鲜王朝实录》等历史文献进行修正、补充，希望能对目前辽东镇长城研究中的一些争议展开讨论。

第二节 时间考证

一、凤凰堡、镇东堡、镇夷堡、草河堡、汤站堡

“（韩斌）成化丁亥（三年），荐改游击将军，同都御史李乘（秉）东征。以右偏出清河，捷。进辽阳副总兵，建东州、马根单、清河、碱场、叆阳、凤凰、汤站、镇东、镇夷、草河十堡拒守，相属千里。”[2]

“己丑（成化五年），以建贼寇边，不堡，兵過之，非久计也。乃缘边自抚顺关抵鸭绿江，相其地势，创东州、马根单、清河、碱场、叆阳等五堡，后又设凤凰、镇东、镇夷等三堡，广袤千余里，立烽堠，实兵马，辟灌莽，广屯田，迨今虏不敢深入，而居民乐业，公之功也。”[3]

以上第一条史料出自《全辽志》卷四人物志之韩斌传，第二条引文出自贺钦为韩斌撰写的墓志铭，两条史料都记录了韩斌在成化丁亥东征之后创建堡城的事迹。刘谦根据这两条史料提出了“成化五年说”，即这“十堡”（东州、马根单、清河、碱场、叆阳、凤凰、汤站、镇东、镇夷、草河堡）均建于成化五年（1469）而非成化四年（1468），[4]这一说法为后来的大部分辽东长城研究所沿用。[5]然而，

1 谭其骧．中国历史地图集释文汇编・东北卷 [M]. 北京：中央民族学院出版社，1988.

2 （明）李辅纂修．全辽志 [M]. 韩钢点校．北京：科学出版社，2016: 346.

3 （明）贺钦．明故镇国将军辽东副总兵韩公墓志铭 [G]// 金毓黻辑．辽海丛书．医闾先生集．辽沈书社，1985：4.

4 刘谦的“成化五年说”是对稻叶岩吉的“成化四年说”的修正；除了这两条史料，刘谦还征引了宽甸县柏林川韩斌题铭记碑上的“成化五年五月五日铭记”字样作为依据。见：刘谦．明辽东镇长城及防御考 [M]. 北京：文物出版社，1989: 40.

5 刘珊珊；张玉坤．明辽东镇长城军事防御体系与聚落分布 [J]. 哈尔滨工业大学学报（社会科学版），2011(1): 36－44. 魏琰琰．分统举要，纲维秩序——明辽东镇军事聚落分布及防御变迁研究 [D]. 天津：天津大学，2016. 辽宁省文物局．辽宁省明长城资源调查报告 [M]. 北京：文物出版社，2011. 王凤朝．明代辽东营堡研究 [D]. 沈阳：辽宁大学，2013. 吕海平，吴迪．明代辽东镇堡城分布及布局研究 [J]. 建筑史，2016(2): 1－9.

如果我们细读以上两段史料，便会发现“成化五年说”似乎过于笼统，有失准确。

实际上，“墓志铭”中隐含着“韩斌传”所省略了的时序线索，而这一时序线索则被刘谦有意无意地忽略了。《全辽志》所载“韩斌传”和贺钦所撰“墓志铭”皆是对韩斌一生功绩的记录，不同之处在于“韩斌传”受限于篇幅而长不足三百字，“墓志铭”则洋洋洒洒两千字有余，因此在表述韩斌修建堡城的事迹时前者语句极为精简（“建东州、马根单、清河、碱场、叆阳、凤凰、汤站、镇东、镇夷、草河十堡拒守”），而后者则分两句（“创东州、马根单、清河、碱场、叆阳等五堡，后又设凤凰、镇东、镇夷等三堡”）。所以，在推断堡城修建年代时，“墓志铭”给我们提供了更多的信息，即凤凰、镇东、镇夷这三堡（下简称“三堡”）的建设应晚于东州、马根单、清河、碱场、叆阳这五堡（下简称“五堡”）的建设，否则“墓志铭”中没有必要使用“后又设”的措辞，而“韩斌传”则限于篇幅省略了这一信息。[1]

其他一些史料也可以佐证“成化五年说”是不准确的。事实上，丁亥东征以后，在河东地区修建堡城以巩固成果的建议是由韩斌在成化四年（1468）提出的，[2]但是在他的《防守规画》中，仅涉及“五堡”，而没有涉及“三堡”及汤站、草河堡（下简称“二堡”）。因此，“五堡”的建设规划于成化四年而动工于成化五年，应当无误，但是“三堡”与“二堡”的建设则应发生在成化五年以后。

关于“三堡”的修筑时间，“成化五年说”与《明实录》的相关记载存在着明显的矛盾。《明宪宗纯皇帝实录》成化十七年六月卷记载了这“三堡”的修筑：

“癸酉：筑辽东凤凰山等处城堡。……巡抚辽东都御史王宗彝等奏：‘凤凰山前后实虏寇出没要途……距山之西北一十五里，旧有古城遗址，于此筑立一堡，名为凤凰城，屯驻军马一千。距城西六十里曰斜烈站筑立一堡，名镇宁堡；距站之西北六十里曰新通远堡之南筑立一堡，名宁夷堡；各屯驻军马五百以为凤凰城声援。如此，则自辽阳直抵朝鲜，烽喉联络，首尾相应。一以拒虏贼东南之窃掠，一以便朝鲜使臣之往来’。奏下兵部，请改镇宁堡为镇东，宁夷堡为镇夷，余悉如所奏。从之。”[3]

这一段史料记录了“三堡”的修筑原因和修筑时间，明确地表明“三堡”应修筑于成化十七年，而非刘谦所认为的十二年前的成化五年。[4]

事实上，这条史料与“成化五年说”所依据的“韩斌传”和“墓志铭”并不矛盾。首先，这条史料很好地解释了“墓志铭”将“五堡”与“三堡”分开叙述的原因，即“五堡”与“三堡”的修建时间前后相隔了十二年；其次，成化十七年时，韩斌任辽东副总兵都御史佥事分守辽阳，建树颇多，[5]“韩斌传”与“墓志铭”将建设“三堡”算作韩斌的功绩并不为过。[6]因此凤凰堡、镇东堡、镇夷堡开始

1 事实上，这种将不同时期的功绩归纳到一处进行表述的做法在《全辽志》的宦业志和人物志中是很常见的。

2 “……成化丁亥讨平之，越戊子（成化四年）斌任副总兵，献防守规画，为堡守之，自抚顺而南四十里，设东州堡，东州之南三十里设马根单堡，马根之南九十里设清河堡，清河之南七十里设碱场堡，碱场之南一百二十里设叆阳堡，烽堠相望，远近应援，拓地千里焉。”（明）任洛重修 . 辽东志 [M]. 沈阳：辽沈书社，1985: 卷七 经略 .

3 《明宪宗纯皇帝实录》，卷 260，4483-4484 页，成化十七年六月癸酉 .

4 还存在这样一种可能性，即成化五年确实建了“三堡”，而成化十七年则是对这“三堡”的修缮。但是，这一假说并不成立：如果成化五年确实修筑了“凤凰城”，不可能仅仅十二年后就以“古城遗址”称之；而对另外两座堡城命名的商议也佐证了这“三堡”在成化十七年才刚刚设立。此外，在《朝鲜王朝实录》中也有与成化十七年这条史料完全一样的记载，见：《朝鲜成宗大王实录》，卷 134，16 页，成宗十二年十月辛酉（成化十七年，1481）.

5 有关韩斌的生平，参见：李智裕 .《明镇国将军辽东副总兵韩斌墓志》考释 [J]. 辽宁省博物馆馆刊，2017(0): 82 – 94: 87.

6 尽管刘谦也注意到了这段重要史料，但他并未就此对“成化五年说”做出纠正，而仅仅是以此来考证相关驿站的变迁；魏琰琰在没有给出史料来源与原文的情况下化用了这段史料的信息，但并未解释它与“成化五年说”的矛盾之处。见：刘谦 . 明辽东镇长城及防御考 [M]. 北京：文物出版社，1989: 188. 魏琰琰 . 分统举要，纲维秩序——明辽东镇军事聚落分布及防御变迁研究 [D]. 天津：天津大学，2016: 127.

修筑的时间应是成化十七年（1481）。

需要注意的是，这"三堡"修筑完成的时间并不在成化十七年，而在弘治元年（1488）。《朝鲜王朝实录》中记载了赴京使臣蔡寿在凤凰山附近的见闻：他在赴京途中见到很多人去往凤凰山，这些人声称是去筑城，而等到他从京城回朝鲜时，凤凰山附近的城池已建设完毕，有一千人戍守，并且明朝廷将在该年（弘治元年，1488）继续移戍金州、盖州、东宁等卫四千户于此处居住。[1]

草河堡与汤站堡的修筑时间与"三堡"的修筑时间接近。其中，《朝鲜王朝实录》记载在成化十七年时汤站堡处于建设状态，[2, 3]因此汤站堡的建设应大致与"三堡"同时开始。草河堡的修筑除了上文所引"韩斌传"外，尚未找到更有价值的史料，但考虑到韩斌在弘治三年（1490）时已因老疾致仕，[4]因此草河堡应完工于弘治三年之前，故暂将其定为与"三堡"同期修筑。

二、白家冲堡

刘谦引用《读史方舆纪要》指出白家冲堡建于嘉靖十四年（1535），但这应该是他研究时的一项失误。[5]白家冲堡的修建时间应在嘉靖二十二年以后（1543）。《全辽志・宦业志》中记载了主持白家冲堡修建的是时任开原兵备黄云："黄云……寻改开原兵备。……筑边墙二百馀里。又于开原添设永宁堡，铁岭添设镇西、彭家湾二堡，汎河添设白家冲堡，各募军五百名为战守计。"[6]但《全辽志》中并未言明其修建的具体时间。而又据《明实录》的记载，黄云由金州边备佥事改为开原兵备的事情发生在嘉靖二十二年。[7]因此，开原附近的永宁堡、镇西堡、彭家湾堡和白家冲堡的修建时间，均应在嘉靖二十二年以后。

三、宁东堡

刘谦认为宁东堡的修建年代为嘉靖二十五年（1546），他所依据的材料是王之诰的《议处东南极边要害添设兵将，控扼虏冲，预防外患，以永安重镇疏》（下简称《添设兵将疏》），其中提到"新修媳妇山宁东堡"。刘谦判断此疏所载事情发生于嘉靖二十五年，因此宁东堡的修建年代应在此时。之后的相关研究多沿用此结论，[8]但这一结论其实并不正确。

---

1 "臣赴京时，辽东人络绎而来，云城凤山之东，及其回还，人言已毕城，以一千人戍之。且今年内，以金州、盖州、东宁等卫四千户移居之。"《朝鲜成宗大王实录》，219 卷，13 页，成宗十九年八月乙卯（弘治元年，1488）.

2 "殿下闻中朝置镇汤站，要及郑同未还，拾石设械，以示先有筑城之势，于国家之计得矣。"《成宗大王实录》，130 卷，19 页，成宗十二年六月甲子（成化十七年，1481）.

3 任鸿魁引田汝成《辽纪》成化十七年"夏六月……自鸭绿江西至凤凰山约计百里，中有汤站，堪以立堡，为凤凰城前锋，以便栖止，疏入许之。"

4 《明孝总敬皇帝实录》，35 卷，992 页，弘治三年二月己丑.

5 刘谦的文字如下："白家冲堡的位置及建筑年代，据《读史方舆纪要》卷三十七记载：'所（汎河所）东有白家冲堡，西南接三岔儿，建于嘉靖十四年乙未。'"然而在笔者所能查到的清稿本《读史方舆纪要》中，卷三十七没有"建于嘉靖十四年乙未"的词句，也没有其他能够帮助我们明确白家冲堡修建时间的内容。刘谦．明辽东镇长城及防御考 [M]. 北京：文物出版社，1989.

6 （明）李辅纂修．全辽志 [M]. 韩钢点校．北京：科学出版社，2016: 307.

7 《明世宗纯皇帝实录》，278 卷，6523 页，嘉靖二十二年九月庚申.

8 刘珊珊；张玉坤．明辽东镇长城军事防御体系与聚落分布 [J]. 哈尔滨工业大学学报（社会科学版），2011(1): 36－44. 王凤朝．明代辽东营堡研究 [D]. 沈阳：辽宁大学，2013: 66.

事实上，宁东堡的修筑时间应在嘉靖四十三年（1564）。首先，刘谦认为《添设兵将疏》作于嘉靖二十五年的观点其实并无根据；其次，此奏疏所请之事是在辽东添设险山参将（而非修建险山堡），这一事情也见载于嘉靖四十三年的《明实录》[1]；《全辽志》中也明确记载，宁东堡是“嘉靖四十三年，抚按奏设”[2]。因此可以确定，宁东堡建于嘉靖四十三年。

四、江沿台堡

“散羊峪堡官军三百一十五员名。此堡并一堵墙堡、孤山堡、险山堡、江沿台堡，皆嘉靖二十五年巡按御史张铎奏设。”[3]

“辽东巡抚于敖奏：‘东州堡去汤站堡相隔八九百里，独有叆阳守备一人，卒三千人。墩堡疏旷，救援不及，兵力寡弱，策应为难。乞于散羊谷、一堵墙、孤山、险山、江沿台等处，因木石之利，以增墩堡，掣散缓之兵，以实戎行。且随山斩伐，因地耕种，瞭守益明，住牧可久。’得旨：‘如议修筑。令总兵张凤专督，务使坚久足恃。’”[4]

因为有以上两条史料的支撑，散羊峪堡、一堵墙堡、孤山堡、险山堡、江沿台堡的始建时间（嘉靖二十五年，1546）并无争议，但对于其完工时间，现有研究均未提及。据《朝鲜王朝实录》，嘉靖二十七年（1548）时，护送朝鲜使臣的军官便不由汤站堡出而改由江沿台堡出，[5]说明此时江沿台堡已完工并已驻军。其他四堡的完工时间暂无法推定。

五、柴河堡、镇北堡、清阳堡

“周俊，鹗之孙，字朝州，定辽前卫指挥佥事，备御宁远，调开原，充右参将分守西路。成化丁亥东征，出鸦鹘关，以骑兵抵贼巢，斩俘四百馀名级。己丑，移守开原。复征建州，擒斩功多，升都指挥使。朵颜贼邀杀海西贡夷，俊勒兵追及土石门，斩首十一级，夺回方物。开拓柴河堡，抵蒲河界六十馀里，增立烽堠，疏挑河道，又改设镇北、清阳二堡，边人称便。海西贼寇沙河上哨，虏去车夫三名。追出境，擒贼瓦洪等三名。女直松吉答愿直且勿杀，遂擒原贼哈都赤，杀死打必纳等来献，乃免前擒瓦洪等贼。其威服夷如此。尤精太乙数，占验风角数验。分守二十余年，自陈去任。”[6]

上文出自《全辽志》卷四人物志之周俊传，是对周俊一生功绩的记录，其中记载了周俊在任时对堡城的修筑情况：他开拓了柴河堡，又改设了镇北堡和清阳堡。谭其骧与刘谦均据此认为柴河堡、镇北堡和清阳堡是修筑于成化五年（己丑年，1469），然而，如果我们细究这段史料，这一结论似乎有

1 “巡抚辽东都御史王之诰……请修媳妇山废堡改名宁东，发军戍守……”《明世宗肃皇帝实录》，538卷，10378页，嘉靖四十三年九月癸丑.

2 （明）李辅纂修. 全辽志 [M]. 韩钢点校. 北京：科学出版社，2016: 125.

3 同上。

4 《明世宗肃皇帝实录》，313卷，7039页，嘉靖二十五年七月甲戌.

5 “礼曹启曰：‘今者中朝，新设江沿台堡于汤站、义州之间，堡官以谓：自今使臣之行，不谕汤站，直通本堡事，曾已移咨于本国。云。去年千秋使任说回还时，汤站不出军，而新堡官率军护送，似非利其例赠之物而然也，委遣通事，探问辽东，的（得？）知后处之。’答曰：‘如启。’”《朝鲜明宗大王实录》，9卷，3页，嘉靖二十八年一月辛卯.

6 （明）李辅纂修. 全辽志 [M]. 韩钢点校. 北京：科学出版社，2016: 347.

失严谨。首先，在“移守开原”之后，志中所列举的事迹并不都发生在成化五年这一年之中，而是周俊“分守二十余年”期间所发生的三件代表性事迹（追朵颜部至境外、修建堡城烽堠、威服松吉答）。其次，这三件代表性事迹也并不是按照时间顺序进行叙述的：“追朵颜部至境外”发生在成化十年（1474），[1]“威服松吉答”发生在成化七年（1471）之前。[2]因此，“修建堡城烽堠”作为对成化三年（1467年）东征成果的巩固，虽然确应发生在成化五年周俊移守开原之后，但仅仅依据“周俊传”并不能确定此事具体发生在成化五年之后的哪一年。

幸运的是，《明实录》的一些记载能够帮助我们判断柴河堡、镇北堡、清阳堡建成时间的下限。查《明实录》知，宣德九年（1435年）时任辽东总兵巫凯提及了“柴河屯”，[3]而成化十七年（1481年）的圣旨则称之为“柴河堡”，且驻有指挥两名。[4]也就是说，在“开拓柴河堡”之前，此地已设拥有专名的屯田百户所（即柴河屯），而至迟到成化十七年，此地经周俊“开拓”已成为一座具有军事防卫作用的堡城。

“改设镇北、清阳二堡”的措辞与“开拓柴河堡”稍有不同，从字面意义来看，“改设”存在着两种理解，一为“将已有的堡城建制迁到另一处”（如万历初移建宽甸六堡），二为“将此地已有的某种建制升格或降格为另一种建制”（如上文由“柴河屯”改为“柴河堡”）。而刘谦依据实地考察指出在镇北堡南和清阳堡东各有一关，[5]因此“改设”或许是指周俊在镇北关和清阳关附近增设堡城的建设行为。此外，在《明实录》中，“镇北堡”最早见载于成化十八年（1482）[6]，而“清阳堡”最早见载于弘治五年（1492）[7]，因此“改设镇北、清阳二堡”至迟应发生于成化十八年。

综合以上史料分析，我们能确定的是，柴河堡的修建时间应当在成化五年（1469）至成化十七年（1481）之间，镇北堡和清阳堡的修建时间则应当在成化五年（1469）至成化十八年（1482）之间。

六、孤山堡

刘谦提出孤山堡的建置时间在成化五年，但我认为这应该是他研究当中的一项笔误，因为从史料证据上看，孤山堡始建于嘉靖二十五年应当是没有争议的。《全辽志》载：“此堡（散羊峪堡）并一堵墙堡、孤山堡、险山堡、江沿台堡，皆嘉靖二十五年巡按御史张铎奏设。”[8]此事又见于《增建河东七堡记》[9]和《明实录》[10]，皆无出入。此外，比较《全辽志》（嘉靖四十四年成书）和《辽东志》

1 “（成化十年二月）巡抚辽东右副都御史彭谊等奏：正月间朵颜三卫虏入开原西庆云墩境，分守右参将指挥佥事周俊率军追至外境，转战一百余军，斩首十一级，遇夜虏遁去，明日复追袭五十余里，斩首六级，获其弓马器仗以还，事下兵部言此虏败□（血及）必图报复，宜行镇守总兵等官益加防御，从之。”《明宪宗纯皇帝实录》，125卷，2881页.

2 “（成化七年十一月）初，辽东虏寇哈都赤与父打必纳及舅失忒苦犯开原边境，杀掠人口，我军追之不及，获邻寨小郎亲属瓦洪等三人归以为质，小郎等乃擒斩打必纳失忒若，又生致哈都赤来赎，辽东守臣还其亲属，械哈都赤至京命下都察院鞫之。”《明宪宗纯皇帝实录》，98卷，2263页.

3 “（宣德九年十二月）鞑贼百余人入开原境内，又贼四十余人劫掠柴河等屯。”《明宣宗章皇帝实录》，73卷，1958页.

4 “（成化十七年二月）辽东巡守柴河堡指挥沈清、戴让以虏寇入境，人马被伤，命戴罪立功。”《明宪宗纯皇帝实录》，212卷，4408页。

5 镇北关见载于《全辽志》，清阳关虽不见于《辽东志》与《全辽志》，但《全辽志》卷二“清阳堡”条下的边台载有“关门儿台”，因此其地确应有一关。见：刘谦．明辽东镇长城及防御考[M]. 北京：文物出版社，1989: 115－116.

6 《明宪宗纯皇帝实录》，228卷，4654页，成化十八年六月己亥.

7 《明孝宗敬皇帝实录》，63卷，5150页，弘治五年五月乙卯.

8 （明）李辅纂修．全辽志[M]. 韩钢点校．北京：科学出版社，2016: 116.

9 同上：430。

10 《明世宗肃皇帝实录》，313卷，7039页，嘉靖二十五年七月甲戌.

（嘉靖十六年成书），孤山堡仅见于《全辽志》而不见于《辽东志》，也证明了孤山堡的建置当在嘉靖十六年和嘉靖四十四年之间。因此，孤山堡的建置时间不在成化五年，而在嘉靖二十五年。

第三节 空间考证

比较“辽东都司图”和《明辽东镇长城及防御考》等研究中对堡城位置的考证结果，辽东东部有三座堡城的位置存在争议，即险山堡、宁东堡和江沿台堡。

一、新、旧江沿台堡

江沿台堡建于嘉靖二十五年，再建于嘉靖四十四年，学界普遍认为这次再建原址重建，[1]其遗址是今丹东市振安区楼房镇东城村[2]的石城。但细究相关史料后，我认为这应该是一次移建，也就是说，江沿台堡应有新旧二址。

实际上，此次移建由时任辽东巡按御史李辅奏请，其奏疏《补议经略东方未尽事宜以安边境疏》见载于《全辽志·艺文上》：

“查得历年东虏入犯，道路止有二处。一……一自短错江沿流而入，则犯九连城、江沿台东南等堡，而康家哨其要也。……惟有康家哨一处，乃在江沿台之左而为边陲之末。今年两次进犯，皆由此处出入。江沿兵马单弱，既不敢迎锋堵截，反待险山参将统兵应至，则彼已饱欲而去，追之不及矣。幸而一遇，又被黠虏于榛莽稠密之中多方埋伏，故我兵知之必不敢战，不知必致取败。此往事之较然昭著者也。臣东巡时，……近康家哨，见有旧江沿台地方，土地肥美堪以建立城堡。……合无将见今江沿台堡徙建于旧江沿台处所，而以汤站一半官军并入江沿，共七百馀人，添设备御或提调一员，以统驭之，单以防备康家哨。”[3]

在奏疏中，李辅陈述了移建江沿台堡的原因：第一，此时的江沿台堡“兵马单弱”，难以防备“东虏”入犯的必经之路“康家哨”[4]；第二，“旧江沿台地方”土地肥美，更靠近“康家哨”，适合修建城堡屯兵防卫。由此看来，在嘉靖四十四年，始建于嘉靖二十五年的江沿台堡并未被废弃，而只是因为无法发挥御敌作用而必须要移建到“旧江沿台地方”。[5]但我认为除了以上两个原因，此次移建江沿台堡还有一个李辅回避了原因：在嘉靖四十四年，建成不到二十年的江沿台堡已因“东虏”的刻意破坏而破败不堪了。据《朝鲜王朝实录》记载，嘉靖三十八年时，女真人击破江沿台堡：“獐子于江沿台、

---

1 比如吴炎亮等认为“迫于当时的边防形势，江沿台堡于嘉靖四十四年得以重建”。吴炎亮，徐政．明代江沿台堡城址考古发掘与营建初考 [G]// 吉林大学边疆考古研究中心．庆祝魏存成先生七十岁论文集．2015: 391－401.

2 原为丹东市楼房公社石城子大队。

3 此疏所陈之事也见于《明实录》，见：《明世宗肃皇帝实录》，553 卷，10587 页，嘉靖四十四年十二月癸酉．

4 据刘谦考证，“康家哨”即今宽甸满族自治县虎山镇老边墙长城一带。刘谦．明辽东镇长城及防御考 [M]. 北京：文物出版社，1989: 128.

5 此外，据《朝鲜王朝实录》记载，在嘉靖四十三年江沿台堡仍然发挥着护送朝鲜使臣的职能，说明至少到嘉靖四十三年时，江沿台堡并未被废弃：“谏院启曰：‘上国调发人马，护送使臣，出于厚待我国之意。今者为江上费物之小弊，至于移咨辽东，请停护送之军，其妨于国体大矣。况人事之倍多于前者，乃汤站、江沿台两堡之所为，必非辽东都司之所知，而不谕两堡，直咨辽东，若责及于两堡守堡之官，则有未安之意。使义州移书通意于两堡之官，亦不无禁防之路。请停其咨，更议便否处之。’答曰：‘当议于礼曹、承文院处之。’”《朝鲜明宗大王实录》，卷 30，36 页，嘉靖四十三年八月癸酉．

汤站地方，下营屯聚，恣意出没，日渐鸱张，击破江沿台之设。”[1]如此重大之事何以不见于《明实录》的记载已超出了本文研究范围，但这条史料对我们理解嘉靖四十四年移建江沿台堡的原因是有帮助的：嘉靖四十四年时，原江沿台堡的建制仍在，但堡城已破败，因此与其原地重建堡城，不如在更接近要冲之地康家哨的地方择新址重建。

嘉靖二十五年所建江沿台堡的位置现在已难以考实，但考虑到此堡在移建以前一直与汤站堡一起发兵护送朝鲜使臣，其位置应该比后来的新江沿台堡更靠近东八站中朝驿路。任鸿魁在《丹东史迹》中认为，旧江沿台堡应位于新江沿台堡东南20余里的叆河尖古城址，[2]这一说法能较好地吻合以上分析，故本文暂采此说。即：嘉靖四十四年所建江沿台堡确实是今石城遗址，[3]但嘉靖二十五年所建的江沿台堡应在别处，暂推定于叆河尖古城址。[4]

二、险山堡、宁东堡

明确险山堡的空间位置对于辽东东部长城研究而言非常重要。嘉靖四十二年，险山堡成为新设的险山参将驻镇之处，险山参将管理周边一十三堡，正确定位险山堡的位置是展开相关研究的前提。实际上，险山堡的空间定位问题是和宁东堡、汤站堡这两座相邻堡城的空间定位问题缠绕在一起的，而宁东堡的位置又与江沿台堡有关。因此有必要同时考察这四座堡城的位置。为方便比较，现将较有代表性的观点整理于下（表2–1）。

关于险山堡、宁东堡、江沿台堡位置的代表性观点 **表2–1**

出处 堡城	“辽东都司图”	《明辽东镇长城及防御考》	《辽宁省明长城资源调查报告》	《丹东史迹》	本文观点
险山堡	今凤城市东汤镇土城村	今大堡蒙古族自治乡[5]	凤凰市石头城（未调查）	今凤城市东汤镇民生村汤半城	今凤城市东汤镇民生村汤半城
宁东堡	未说明	今凤城市东汤镇土城村	今凤城市东汤镇土城村	今凤城市东汤镇土城村	今凤城市东汤镇土城村
汤站堡	今凤城市汤山城镇汤山城城址	今凤城市汤山城镇汤山城城址	今凤城市东汤镇民生村汤半城/今凤城市汤山城镇汤山城城址	今凤城市汤山城镇汤山城城址	今凤城市汤山城镇汤山城城址
（旧）江沿台堡	未说明	今丹东市振安区楼房镇石城村	今丹东市振安区楼房镇石城村	今叆河尖古城址	今叆河尖古城址

导致这种争议最根本的原因是史料表述的模糊与相互抵牾。《明经世文编》中汪道昆上于万历元年的《辽东善后事宜疏》载：“险山最为极边，东南接宁东堡、江沿台，东接大佃子堡，东北接新安堡、叆阳、洒马吉。”即险山堡的东南边是宁东堡和江沿台堡。但顾祖禹《读史方舆纪要》却载：“宁东堡，

1　《朝鲜明宗大王实录》，卷25之6，21页，嘉靖三十八年三月丁亥．

2　任鸿魁．丹东史迹[M]．沈阳：辽宁民族出版社，2004:215.

3　据实地调查发，在临近康家哨（今名“老边墙”）的烽火台（今名“豺狼沟烽火台”）上可直接看到江沿台堡遗址，这佐证了嘉靖四十四年移建江沿台堡以防备康家哨的说法。

4　也有学者认为，嘉靖二十五年所建江沿台堡在今九连城城址。见：孙祖绳．明代之宽甸六堡与辽东边患[J]．国立东北大学东北史地经济研究室．东北集刊，1942(第3期).

在险山堡西南，其南又有江沿台堡。”[1] 即顾祖禹认为宁东堡在险山堡西南。考虑到《读史方舆纪要》成书于清康熙时，顾祖禹也从未亲至辽东，[2] 笔者认为汪道昆所言为实，而顾祖禹应是把“东南”误作为“西南”了。也就是说，此三堡的相对位置是这样的：险山堡东南有宁东堡，再南又有江沿台堡（图 2–2）。

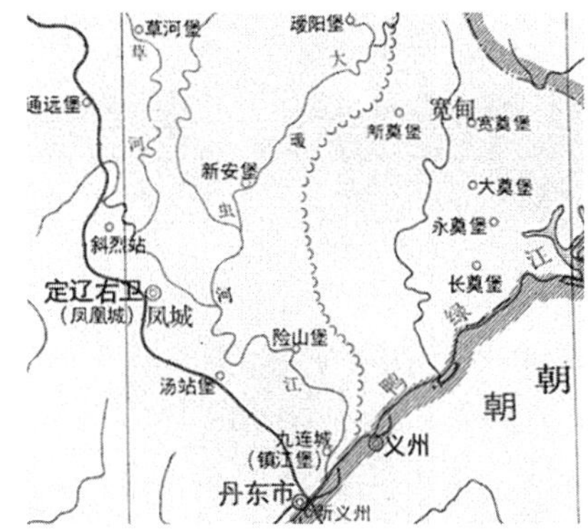

图 2–2 “辽东都司图”中所标险山堡、宁东堡的位置

谭其骧等将险山堡定于东汤镇土城村而将未标注宁东堡

图片来源：《中国历史地图集》“辽东都司图”局部

回看表 2–1，如果“辽东都司图”中险山堡位于东汤镇土城村的观点是正确的，那么宁东堡就无法定位，因为江沿台堡址和土城村之间并没有其他的堡城遗存。[3]《明辽东镇长城及防御考》将险山堡定于“凤城县东南大堡公社土城子大队”（即今大堡蒙古族自治乡）的观点也不正确。一方面大堡乡位于今凤城市东北而非东南，另一方面大堡乡似乎并无“土城子”村，所以笔者认为这里是刘谦将“东汤公社土城子大队”误作为“大堡公社土城子大队”了，他所绘制的地图延续了这一错误，造成了之后很多学者的误会（图 2–3）。[4]《辽宁省明长城资源调查报告》中将险山堡定于凤城市石头城，但未进行调查也没有给出理由，难以采信。

任鸿魁认为险山堡应是今凤城市东汤镇民生村的汤半城，宁东堡则在今凤城市东汤镇土城村。此观点能吻合汪道昆对险山堡、宁东堡和江沿台堡相对位置的描述，也解决了《明辽东镇长城及防御考》和《资源调查报告》中均未解释的“汤半城”应为历史上哪座堡城的问题，故本文采用此说。

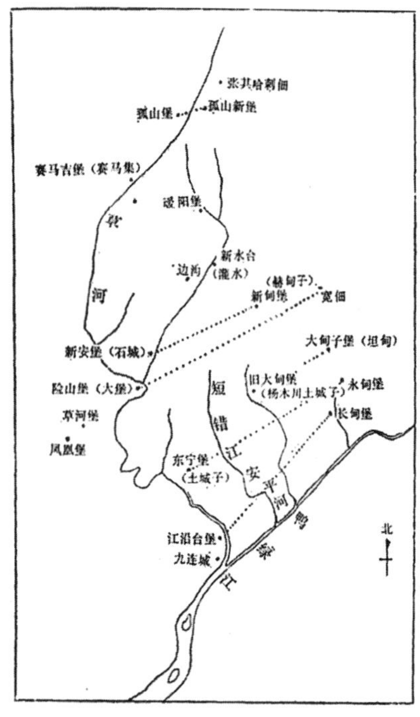

图 2–3 《明辽东镇长城及防御考》中所标险山堡、宁东堡的位置

刘谦将险山堡定于大堡乡，而将宁东堡定于东汤镇土城村

图片来源：《明辽东镇长城及防御考》第 138 页

除以上通过在空间上寻求实物对应以吻合史料描述的方式之外，还有一个证据可以支持今“汤半城”即为险山堡址的论断。成图于隆庆元年的辽宁省博物馆藏《九边图·辽东镇图》[5] 中（图 2–4），绝大多数堡城均绘为正方形，且轴线方向均为正南北，仅散羊峪堡、一堵墙堡、险山堡和江沿台堡绘为长方形，轴线方向也各有不同角度的偏转（图 2–5 汤半城 1968 年卫星影像）。从本部分第四章第一节的整理来看，这四座堡城在形状和轴线方向的特殊应当不是绘图者的随意为之：隆庆元年时的散羊峪堡、一堵墙堡、江沿台堡的位置并无争议，它们的城垣形状都是明显的长方形，而从卫星影

1 （清）顾祖禹 . 读史方舆纪要 [M]. 稿本 . 上海图书馆藏：卷三十七 险山堡条 .

2 夏定域，夏锡元 . 顾祖禹年谱（上）[J]. 文献，1989(1): 145 – 155. 顾祖禹年谱（下）[J]. 文献，1989(2): 145 – 157.

3 对然辽东镇堡城普遍保存状况不佳，但至少对辽东东部而言，尚未发现已完全地表无存并无法定位的堡城。

4 刘珊珊；张玉坤 . 明辽东镇长城军事防御体系与聚落分布 [J]. 哈尔滨工业大学学报（社会科学版），2011(1): 36 – 44. 魏琰琰 . 分统举要，纲维秩序——明辽东镇军事聚落分布及防御变迁研究 [D]. 天津：天津大学，2016: 223.

5 关于辽博《九边图》的成图时间，见：赵现海 . 第一幅长城地图《九边图说》残卷：兼论《九边图论》的图版改绘与版本源流 [J]. 史学史研究，2010(第 3 期): 84 – 95.

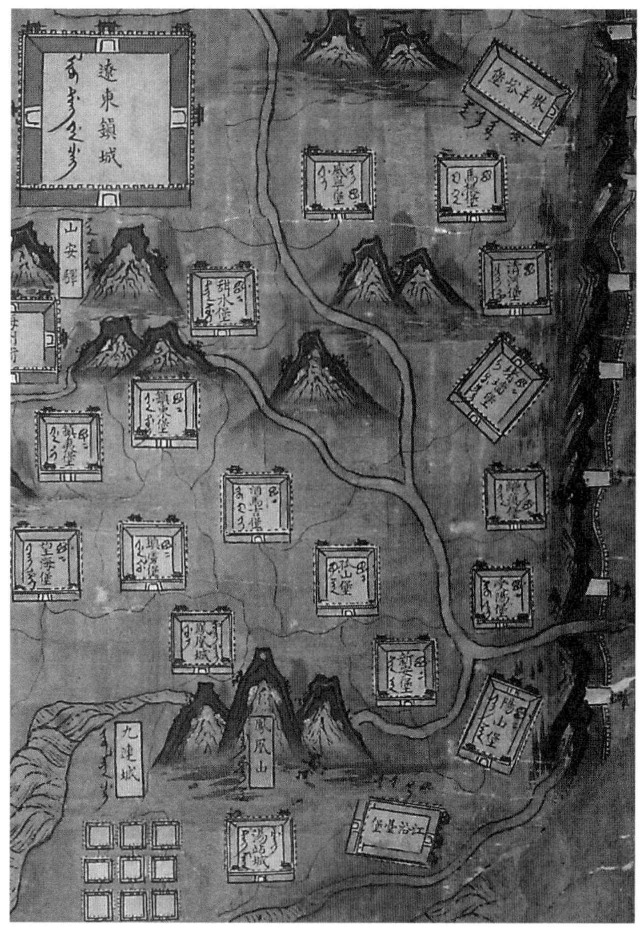

图 2–4　辽宁省博物馆藏《九边图》局部

图 2–5　汤半城 1968 年卫星影像

像来看，一堵墙堡、江沿台堡的偏转角度与辽博《九边图》中所绘也是一致的。再看“汤半城”其城垣形状、偏转角度（图 2–5），与辽博《九边图》中的险山堡完全一致。因此，“汤半城”就是险山堡址这一论断，应当无误。

第四节 小结

表 2–2 是对本文所研究堡城的建设时间的整理，除以上提到的堡城之外，部分修正工作因有直接史料支撑，故仅录于脚注而不再在正文中赘述。此外，根据目前所掌握的史料，有少部分堡城的建置时间只能确定其下限，一并录于表 2–2。

辽东东部沿边堡城建置时间修正　　表 2–2

编号	堡城名称	主持者	刘谦认为的建设时间	本文修正后的建设时间	本文修正后的现今位置
BC03	威远堡	不详	正统七年（1442）	正统七年（1442）	今开原市威远堡镇威远中学
BC05	松山堡	不详	未说明	景泰四年以前（—1453）[1]，推测与威远堡同期	开原市松山堡乡松山小学
BC06	柴河堡	右参将周俊	成化五年（1469）	成化五年至成化十七年（1469—1481）	开原市靠山镇柴河小学
BC01	清阳堡	右参将周俊	成化五年（1469）	成化五年至成化十八年（1469—1482）	今昌图县昌图镇青羊村
BC02	镇北堡	右参将周俊	成化五年（1469）	成化五年至成化十八年（1469—1482）	今开原市威远堡镇镇北村东南400m
BC11	东州堡	提督李秉、副总兵韩斌	成化五年（1469）	成化五年（1469）	今抚顺县大东村
BC12	马根单堡	提督李秉、副总兵韩斌	成化五年（1469）	成化五年（1469）	今抚顺县救兵镇马郡村

续表

编号	堡城名称	主持者	刘谦认为的建设时间	本文修正后的建设时间	本文修正后的现今位置
BC14	清河堡	提督李秉、副总兵韩斌	成化五年（1469）	成化五年（1469）	今本溪县清河城镇清河城村
BC16	碱场堡	提督李秉、副总兵韩斌	成化五年（1469）	成化五年（1469）	今本溪县碱厂镇原印刷厂南20m
BC19	叆阳堡	提督李秉、副总兵韩斌	成化五年（1469）	成化五年（1469）	今凤城市爱阳镇爱阳城村
BC07	抚安堡	不详	未说明	成化十八年以前（—1482）[1]，推测与威远堡同期	今铁岭县大甸子镇抚安堡村
BC10	会安堡	不详	未说明	嘉靖十六年以前（—1537），推测与威远堡同期。	今抚顺市顺城区会元乡驻地
BC24	汤站堡	副总兵韩斌	成化五年（1469）	成化十七年至弘治元年（1481—1488）	今凤城市汤山城
BC23	凤凰城堡	巡抚王宗彝、副总兵韩斌	成化五年（1469）初建，成化十七年（1481）继建	成化十七年至弘治元年（1481—1488）	今凤城市凤凰山下凤城街道北
BC22	镇东堡	巡抚王宗彝、副总兵韩斌	成化五年（1469）	成化十七年至弘治元年（1481—1488）	今凤城市西北薛礼村
BC21	镇夷堡	巡抚王宗彝、副总兵韩斌	成化五年（1469）	成化十七年至弘治元年（1481—1488）	通远堡南
BC20	草河堡	副总兵韩斌	成化五年（1469）	成化十七年至弘治元年（1481—1488）	今本溪县草河城镇草河城村
BC25	新安堡	巡按御史赵应龙	正德四年（1509）	正德四年（1509）	今凤城市石城镇石城村
BC09	三岔儿堡	不详	未说明	正德十一年以前（—1516）	铁岭县横道河子乡三岔子村
BC04	靖安堡	不详	未说明	嘉靖七年以前（—1528），推测与新安堡同期	今铁岭市清河区尚阳堡（已被水库淹没）
BC18	洒马吉堡	不详	成化五年（1469）	嘉靖七年（1528）	凤城市赛马镇
BC08	白家冲堡	兵备黄云	嘉靖十四年（1535）	嘉靖二十二年以后（1543—）	铁岭县李千户镇花豹冲村
BC13	散羊峪堡	巡抚于敖、巡按御史张铎	嘉靖二十五年（1546）	嘉靖二十五年（1546）	抚顺县救兵乡山龙村
BC15	一堵墙堡	巡抚于敖、巡按御史张铎	嘉靖二十五年（1546）	嘉靖二十五年（1546）	今本溪县北甸子镇马城子村（已被水库淹没）
BC17	孤山堡	巡抚于敖、巡按御史张铎	成化五年（1469）	嘉靖二十五年（1546）	本溪县碱厂镇孤山村
BC26	险山堡	巡抚于敖、巡按御史张铎	嘉靖二十五年（1546）	嘉靖二十五年（1546）	今凤城市东汤镇民生村汤半城
BC28	旧江沿台堡	巡抚于敖、巡按御史张铎	嘉靖二十五年（1546）初建；嘉靖四十四年（1565）再建	嘉靖二十五年（1546）初建	（推测）今丹东市叆河尖古城址
BC27	宁东堡	王之诰	嘉靖二十五年（1546）	嘉靖四十三年（1564）	今凤城市东汤镇土城村
BC29	新江沿台堡	李辅	嘉靖二十五年（1546）初建；嘉靖四十四年（1565）再建	嘉靖四十四年（1565）移建	今丹东市振安区楼房镇东城村
BC30	大佃子堡	李辅	嘉靖四十四年（1565）	嘉靖四十四年（1565）	宽甸县杨木川土城子村
BC31	孤山新堡	张学颜、李成梁	万历三年（1575）	万历三年至万历四年（1575—1576）	本溪县东营房乡新城子村
BC32	新奠堡	张学颜、李成梁	万历三年（1575）	万历三年至万历四年（1575—1576）	今宽甸县青椅山镇赫甸城
BC33	宽奠堡	张学颜、李成梁	万历三年（1575）	万历三年至万历四年（1575—1576）	今宽甸县县城
BC34	大奠堡	张学颜、李成梁	万历三年（1575）	万历三年至万历四年（1575—1576）	今宽甸县永甸镇坦甸村
BC35	永奠堡	张学颜、李成梁	万历三年（1575）	万历三年至万历四年（1575—1576）	今宽甸县永甸镇永甸村
BC36	长奠堡	张学颜、李成梁	万历三年（1575）	万历三年至万历四年（1575—1576）	今宽甸县长甸镇长甸村

除威远堡、松山堡、通远堡3座外，其余33座堡城均修筑于成化及以后。成化年间是辽东东部堡城的第一次集中修筑，分别在成化五年左右和成化十七年左右，计14座；此后直到嘉靖七年，有零散的堡城添设，计4座；嘉靖二十五年左右是第二个集中修建的时期，此时计6座；嘉靖四十四年左右计3座；万历四年左右是第三个集中修建的时期，计6座。

根据以上分析，除险山堡外，“辽东都司图”所表达的堡城位置基本准确，图2-6是在其基础上改绘、补绘而成。

本章通过分析与堡城修建、使用有关的历史记载和舆图，辨析并修正了前人成果，尽可能明确了辽东东部36座沿边堡城的时间定位和空间定位，为本文之后的研究提供了一个可靠的基础。空间定位方面，主要成果是修正了险山堡、宁东堡的位置，并辨明了江沿台堡存在新旧二址的事实。时间定位方面，除松山、抚安、会安、靖安四堡只能确定下限以外，其余32座堡城均较为准确地确定了其修建时间，部分堡城不仅确定了始建时间，也确定了它们的最终建成时间。

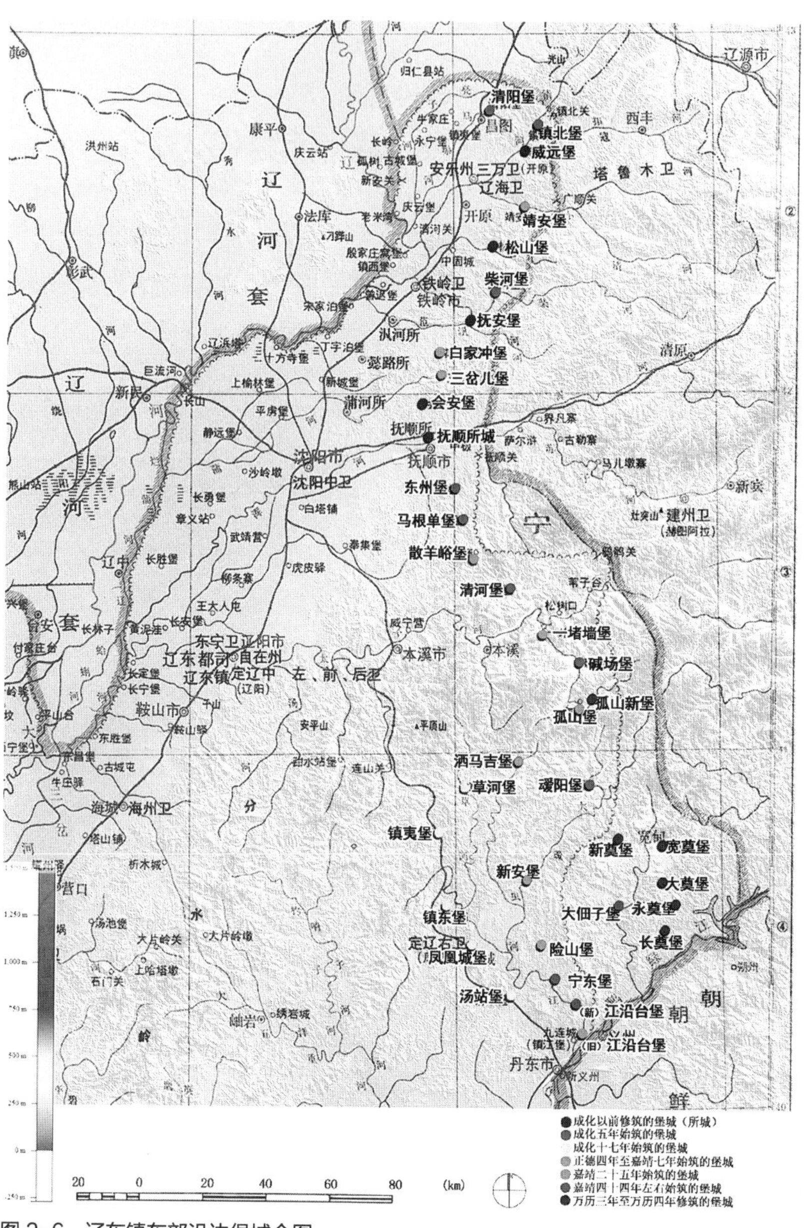

图2-6 辽东镇东部沿边堡城全图

第三章 结构过程：辽东镇东部沿边堡城的建置与布局

在明确了辽东东部长城中所有堡城的时空分布的基础上，我们得以较为准确地把握辽东东部长城在这三个时期的布局状态，因此有可能对它们分别展开研究。

针对那些预设了存在一个总体设计的明长城研究，林蔚曾提出过尖锐的批评，他认为明长城不是一项有着完整蓝图的设计成果，长城的各个部分其实都只是一次又一次的权宜、效法和重复。[1] 事实上，即使我们将研究对象缩窄为辽东东部长城，在其发挥军事作用的百余年中也并没有一个贯穿始终的修建计划，成化、嘉靖、万历这三次主要的建设，其实都只是主事者在当时边疆环境下的权宜。也正因此，这三个时期的长城布局方式，其实是三个时期辽东边疆环境的具体反映。

基于这样的认识，本章试图回答这样的问题：在不同的历史时期，辽东长城的主事者们希望通过修建长城解决什么样的边疆问题？其建设经历了怎样的过程，遇到了哪些阻力？为了解决这些边疆问题，他们所主持建设的沿边堡城，体现了何种布局策略？本章第一部分主要回答前两个问题，即辽东东部沿边堡城的建置过程；第二部分回答第三个问题，即辽东东部沿边堡城在成化时的奠基策略和嘉靖、万历时的展边策略。

第一节 建置历程

一、成化：战役胜利后的巩固

（1）丁亥之役

成化以前，建州女真逐步在迁徙中走向联合。永乐二十二年，建州卫首领李满住率部众千余户凤州南迁至婆猪江瓮村；正统二年（1437），在朝鲜官兵的打击下，建州卫都指挥李满住率部自婆猪江迁至浑河上游。正统五年（1440），凡察、董山带领建州左卫迁至浑河上游苏子河，与李满住同住，建州部落初步联合。联合后的建州女真，人口激增，对辽东的劫掠也愈加频繁。但是，这一时期，面对建州女真的骚扰，明朝的主要策略是告诫与安抚。景泰二年（1451）时，建州女真与辽东边民的冲突已经严重到“辽东为之困敝”的程度，[2] 但是明朝的解决方案仍然只是派基层长官（指挥、经历）前去招抚，而这种举措虽然能暂时得到建州女真较为积极的响应，却无法彻底止息明人与女真在辽东的频繁冲突（表 3-1）。

---

1 “将所有部分都当作是一次总体设计的组成，这是对明长城政策的严重误解。”（“To treat all the sections as components of a master plan can lead to serious misunderstanding of Ming policy.”）见：WALDRON A N. The Problem of The Great Wall of China[J]. Harvard Journal of Asiatic Studies, 1983, 43(2): 643 - 663.

2 “建州等卫女直都督李满住、董山等自正统十四年以来，乘间窃掠边境，辽东为之困敝。提督辽东军务左都御史王翱等，遣指挥王斌、经历佟成往招之。至是，稍归所掠男女而身自入朝，贡马谢罪。”

永乐至成化年间女真族群迁徙历程[1]

表 3-1

公元纪年	中国纪年	朝鲜纪年	女真族群	事件		迁徙方向	人口	原因
				出发地	目的地			
1424	永乐二十二年	朝鲜世宗六年	建州卫首领李满住	凤州	婆猪江瓮村（今浑江中游恒仁五女山南麓瓮村）	南迁	部众千余户	
1438	明正统三年	朝鲜世宗二十年	李满住率建州卫余部	婆猪江瓮村	灶突山东南浑河上（今新宾旧老城）			宣德八年，朝鲜七路大兵奔袭婆猪江建州卫地，斩杀生擒五百余口
1440	正统五年	朝鲜世宗二十二年	建州左卫首领凡察、董山	朝鲜东北会宁	浑河上游苏子河	西迁	三百余户	与李满住同住
1451	明景泰四年	朝鲜鲁山君元年	李满住率建州等卫		婆猪江兀剌山城瓮村地方（乌拉山）		建州卫一千七百余户，建州左卫、右卫共六百余户	逃避蒙古兵马侵扰
1459	明天顺三年	朝鲜世祖五年	毛怜卫族亲					酋长浪卜儿罕被朝鲜捕杀，族亲移居建州左卫
1465	明成化元年	朝鲜世祖十一年	董山率建州左卫	瓮村	灶突山佛阿拉城（今新宾旧老城）			

李满住、董山分别是建州卫和建州左卫都督，他们对明朝的政策却是“阳为助顺，阴纵抄掠”，[2]表面上会接受明朝招抚履行卫所长官的职责，实际上却在纵容劫掠明人的行为，并带领部落走向联合和发展。[3]至成化三年三月，“毛怜卫千余兵屯于连山；建州卫五百余兵屯于通远堡”，[4]已严重威胁明朝辽东的安全。终于在成化三年九月、十月，明朝诛杀董山，并发兵五万与朝鲜军合力征讨建州女真，杀李满住及其子李古纳哈。[5]此役重创建州女真，史称“丁亥东征”。孟森先生云“成化初对建州始有兵事”[6]所指即为此役。

此役之后，建州女真虽遭重创，但并未被完全消灭，明与女真仍然不时爆发较大规模的冲突。在成化四年、八年、十三年，建州女真多次纠合数千人入边杀掠[7]，而明军也多次出边杀伐无辜[8]。成化十五年十月，明廷再次率兵两万余人征讨建州女真，亦大败之。[9]此次东征之后，辽东边事稍宁，建州女真与毗邻的明朝和朝鲜维持了长达五六十年的和平。[10]

1 据刘小萌“大事年表”整理。刘小萌 . 满族从部落到国家的发展 [M]. 北京：中国社会科学出版社，2001.

2 《明宪宗纯皇帝实录》，38 卷，938 页，成化三年正月戊辰。

3 “揭开卫所制的外衣，这里所反映的正是各部落趋向于联合的事实。”刘小萌 . 满族从部落到国家的发展 [M]. 2001: 17.

4 《朝鲜世祖惠庄大王实录》41 卷，22 页，成化三年三月戊子 .

5 《明宪宗纯皇帝实录》，50 卷，1250 页，成化四年春正月戊辰 .

6 孟森 . 明史讲义 [M]. 上海 : 上海古籍出版社 , 2019: 440: 184.

7 刁书仁 . 明成化初年对建州三卫用兵考述 [J]. 中国边疆史地研究 , 2008（4）: 24－32，31.

8 孟森 . 明史讲义 [M]. 上海 : 上海古籍出版社 , 2019.

9 “靖虏将军抚宁侯朱永等，袭败建州夷，上章奏捷：谓建州贼巢在万山中，山林高峻，道路险狭，臣等分为五路出抚顺关，半月抵其境。贼据险迎敌，官军四面夹攻，且发轻骑焚其巢穴，贼大败。擒斩六百九十五级，俘获四百八十六人，破四百五十余寨，获牛马千余，盔甲军器无算。”《明宪宗纯皇帝实录》，197 卷，4156 页，成化十五年十一月丁未 .

10 刘小萌 . 满族从部落到国家的发展 [M]. 北京：中国社会科学出版社，2001.

（2）始筑边墙

根据已有资料，成化以前，辽东东部并无边墙之设，只有开原以东筑有四座堡城。其中威远堡筑于正统七年，松山、抚安、会安三堡的筑城时间只能确定下限，推测与威远堡同期。

丁亥之役以后，为“乘胜立为经久之计”，以防“班师后逃遁余贼复为边患”，明朝开始谋划在辽东东部建立防御体系。成化三年十一月，这一计划由提督军务左都御史李秉与总兵官赵辅共同商议，并向朝廷奏请得行：

“辽阳迤东，自凤凰山北抵奉集堡四百余里，山险林密，而辽阳城去凤凰山仅五日程，守备官军止有千余人，兵寡力弱，乞取回往年调去广宁二千四百人操守地方，则虏贼畏威，边境无虞矣；又辽阳迤东凤凰山、鸦鹘关、抚顺所、奉集堡诸处，皆通虏大路，往因无事不为设备，今贼既探知虚实为寇，请相地远近筑立千户所城堡，以腹里盖州、复州、广宁左屯三卫各摘二所官军，每所推指挥二员统领，诣彼操守，仍增置驿道、墩台以便往来，以通边报，则边方有备，遇警无虞矣；又开原极临虏境，三面受敌，辽阳密迩建州、地里广阔，须分守副将得人，则缓急之间庶不误事。今左参将孙璟病故，副总兵都指挥同知裴显生长开原，游击将军署都指挥韩斌累经战阵，乞勅显代璟分镇开原、铁岭诸处，斌代显分镇辽阳沈阳海州诸处，操练军马、整饬边备，则委任得人，则边方宁静矣。上曰，秉等所拟良是，其悉从之。”[1]

此段史料，实为辽东东部防御体系的建设纲领。其要旨有三：（1）由广宁向辽阳加驻人马。这实际上是将辽东镇的防御重心由西向东转移。（2）在辽阳迤东加筑城堡以拱卫辽阳。从“三卫各摘二所官军”来看，此时的计划是在抚顺所至凤凰山间增筑六座城堡。[2]（3）辽阳、开原为辽东东部防御女真的重地，须用人得宜。

在此纲领指导下，辽东镇的高级武官经过了多次调整，方才“用人得宜”。在调裴显镇开原、韩斌镇辽阳之后，成化四年二月，分守开原副总兵裴显因贪懦不战而革职治罪，[3]于是朝廷命韩斌充副总兵分守开原，兼提督辽阳等处军马。[4]同年十二月，因辽东总兵官赵胜认为“辽阳、开原比之宁远尤为要害”，于是将原分守开原左参将杨玙调至宁远分守，命副总兵韩斌由分守开原改为分守辽阳，右参将周俊由分守宁远改为分守开原。[5]辽东东部长城的修筑，便是在韩斌移守辽阳、周俊移守开原之后完成的。

韩斌共主持过两次修建，第一次开始于成化五年，第二次开始于成化十七年；考虑到周俊和韩斌是同时分赴开原、辽阳上任的，周俊所主持的修建应该与韩斌的第一次修建约略同期。经过成化年间的集中修筑，到弘治元年凤凰城堡修建完成时，辽东东部自北至南已有堡城 17 座，长城墙体在开原与正统年间所筑墙体相接，向南经抚顺关直抵叆阳，延亘千里。这部分长城，自北至南包括三段：北段自清阳堡至抚顺关，由周俊在前人基础上增筑完成；中段自抚顺关至叆阳堡，由韩斌在成化五年开始修筑；南段自叆阳堡至鸭绿江，由韩斌在成化十七年始修，弘治元年完工。

---

1 《明宪宗纯皇帝实录》，48 卷，1213、1214 页，成化三年十一月丁卯．

2 摘三卫官军的计划在实行时又有调整：“提督军务右都御史李秉等先奏于盖州、复州、广宁右屯三卫各摘二所官军戍守凤凰山等处关隘，既而人情安土重迁，多不乐从。秉等复请于奉集、通远各立城堡摘辽阳招集士兵官军守之。”《明宪宗纯皇帝实录》，49 卷，1222—1223 页，成化三年十二月丁酉．

3 《明宪宗纯皇帝实录》，51 卷，1268 页，成化四年二月己亥．

4 《明宪宗纯皇帝实录》，51 卷，1271 页，成化四年二月壬寅．

5 《明宪宗纯皇帝实录》，61 卷，1518 页，成化四年十二月甲午．

二、正德、嘉靖：危机下的补筑与调整

相较于成化年间的状况，嘉靖年间的辽东东部长城新增了 12 座堡城，其中新安堡、三岔儿堡、靖安堡、洒马吉堡这 4 座节次建于正德四年（1509）至嘉靖七年（1528）之间，白家冲堡、散羊峪堡、一堵墙堡、孤山堡、险山堡、（旧）江沿台堡这 6 座集中建于嘉靖二十五年（1546）左右，宁东堡、大甸子堡、（新）江沿台堡这 3 座集中建于嘉靖四十三年（1564）左右。

（1）正德至嘉靖初：基本和平下的局部补缺

弘治至嘉靖中期，明朝与建州女真、海西女真保持了总体上的和平。成化十五年（1479）至嘉靖二十一年（1542），在成化年间屡遭重创的建州女真已持续“五六十年未反侧”，但仍局部冲突旋起旋停。[1]另一方面，内附于广顺关外的海西女真因“尚古入贡”事件与明廷结怨，开始将“入寇”“犯边”视为迫使明廷妥协的常用手段。张雅婧指出，面对这些小规模的冲突，明廷的处理方式基本上是安抚，以“赍赏”官职来笼络海西女真以求其不再犯边。[2]事实上，在对外安抚之外，明廷的另一项举措是加强内部防御，具体而言，即通过局部增筑堡城来加大辽东东部长城防御线上的堡城密度。

新安堡、三岔儿堡、靖安堡、洒马吉堡便是在这样的背景下建成的。

新安堡位于叆阳、凤凰城二堡之间，刘谦、任鸿魁均据《辽纪》考证认为新安堡由巡按御史赵应龙奏设于正德四年。[3]《辽纪》载：“正德四年冬十二月……御史赵应龙言叆阳堡至凤凰城一百四十里，山河阻隹，林木丛茂，贼每窥之。沿江墩去汤站堡九十里，凤凰城二百里，三角鉴山两墩相去亦二百里，皆无烽堠，虽有巡哨之人，安能接武相及。故寇至而各堡不相为援，正德元年御史邢昭曾立新中堡，以镇夷堡人马守之，寻以孤悬而废。臣阅得李宽老营为诸堡适中之地，堪以立堡以便策应。”[4]也就是说，叆阳堡与凤凰城堡相距辽远，其间山林阻隔，一旦有警相邻堡城中的驻军无法及时应援，所以赵应龙提请在李宽老营处建立堡城，一方面可以驻军守护，另一方面此地距离相邻堡城位置适中，便于相互应援。这说明，新安堡的设立，是为了修补叆阳堡与凤凰城堡之间的防御缺口。

洒马吉堡的设立也是出于相似的原因。《辽东志》载洒马吉堡于嘉靖七年（1528）添设，但并未说明原因。而据《辽纪》记载，在弘治十七年（1504）时巡按御史余濂就已提请修筑此堡：“碱场、叆阳相距一百三十里，山菁险塞不便应援，其中赛马吉大佃子[5]堪以立营，拨军巡瞭。”[6]也就是说，设立洒马吉堡是因为碱场、叆阳二堡相距太远，需要在其中择址立堡以加强防御。

靖安堡、三岔儿堡虽无直接的史料说明其设立之用意，但从它们所处位置看，也是位于两座已有堡城的中间位置以填补缺口。靖安堡位于威远堡与松山堡之间，三岔儿堡位于会安堡与抚安堡之间。

“补缺”，是这一时期辽东东部堡城营建的主题。

1　刘小萌．满族从部落到国家的发展 [M]. 北京：中国社会科学出版社，2001: 122.

2　关于海西女真与明朝自宣德至嘉靖的冲突，参见：张雅婧．明代海西女真研究 [D]. 长春：东北师范大学，2015: 149－157.

3　刘谦．明辽东镇长城及防御考 [M]. 北京：文物出版社，1989. 任鸿魁．丹东史迹 [M]. 沈阳：辽宁民族出版社，2004: 279.

4　（明）田汝成，金毓黻辑．辽纪 [M]. 辽宁：辽沈书社，1935：68.

5　“赛马吉”即“洒马吉”，是谐音同义，此地建国后称“赛马集公社”，今名“赛马镇”，属辽宁省凤城市。

6　（明）田汝成，金毓黻辑．辽纪 [M]. 辽沈书社，1935. 第 18 页，《弘治十七年夏五月御史徐濂条陈边务》.

（2）嘉靖二十五年：全面补筑

如果说正德至嘉靖初是辽东东部沿边堡城的零散补筑时期，那么嘉靖二十五年便是一个集中补筑时期。

嘉靖二十一年至二十五年，建州女真与明朝又爆发了几次规模较大的冲突。一方面，在基本和平的五六十余年中，建州女真的农业、商业得到发展，人口不断增加，活动区域也不断增大，一些强酋开始试图从辽东攫取更多的利益；[1]另一方面，嘉靖中期的明朝政府对边疆的控制能力减弱，辽东边疆"边备解驰"，镇守将领又时有掩杀冒功的行为，导致明与女真的关系不断恶化（表 3–2）。[2]

嘉靖二十一年至二十五年明与女真主要冲突事件 表 3–2

公元	明朝纪年	事件	出处
1542	嘉靖二十一年九月	"巡按御史胡汝辅随奏：建州达贼从鳳凰城入寇，杀守备李汉、指挥佟恩等，所过虏掠无算。"	《明世宗肃皇帝实录》，卷268，6359页，嘉靖二十一年十一月辛亥
		"平安道节度使禹孟善书状：去九月十二日，㺚子二千余兵，作耗叆阳堡，同堡及凤凰城指挥，率兵与战，兵败皆死。军人死者数千余人，官人死者二十七人，掳去军人不知其数。沿边三四堡皆空，故辽东总兵官率兵三千来到空堡时方留防云。"	《朝鲜中宗诚孝大王实录》，卷99，37页，嘉靖二十一年十月癸巳
1543	嘉靖二十二年	"给事中林廷壆等勘上……后犯叆阳等堡，深入镇东，上熊抹里系建州卫夷人，我兵分道追击于枕头岭，南北俱败阵，亡军守备李汉、都指挥孙承祖、金潮等百四十余人。"	《明世宗肃皇帝实录》，卷273，6442页，嘉靖二十二年五月癸未
1544	嘉靖二十三年四月	"有唐人来言曰：'㺚子五千余名入清河堡相战，守堡官及军人二百余名被杀，㺚子等五千余人亦被杀。又二千余名叆阳堡围立，三千余名汤站地方发向。'云。"	《朝鲜中宗诚孝大王实录》，卷102，60页，嘉靖二十三年四月甲申
		"巡按山东御史刘廷仪勘上，二十三年四月辽东清河等堡官军失事罪,……指挥官佟杲、杨锦、佟奇，千户张勲临阵先退。"	《明世宗肃皇帝实录》，卷300，6857页，嘉靖二十四年六月乙卯
1545	嘉靖二十四年八月	"先是八月二十日，虏以千余骑夜袭辽东松子岭，杀戮甚众，叆阳守备张文瀚死焉。"	《明世宗肃皇帝实录》，卷305，6924页，嘉靖二十四年十一月壬申
1545	嘉靖二十四年	"建州右卫夷酋李撒赤哈，纠众为乱，屡犯城堡，边人患之，至是就擒。巡按山东御史刘廷仪勘上功罪，诏斩撒赤哈首枭示。"	《明世宗肃皇帝实录》，卷302，6892页，嘉靖二十四年八月戊午
1546	嘉靖二十五年	"初辽东东宁卫指挥胡孝臣等……潜兵出塞，掩杀往收熟夷三十六人，诈称对阵斩获以自饰。"	《明世宗肃皇帝实录》，卷312，7012页，嘉靖二十五年六月丙戌
1546	嘉靖二十五年	"巡按御史张铎勘上叆阳、清河等堡功罪。言指挥孙洗等十一人废弛边防，律应逮问，而参将赵倾葵亡失虽少，罪亦难逭。"	《明世宗肃皇帝实录》，卷313，7032页，嘉靖二十五年七月戊辰

明与女真数次剧烈的冲突暴露出了其时辽东东部长城防御体系的缺陷，即堡城相邻过远，有警时难以应援。如嘉靖二十二年九月，女真率兵二千"作耗叆阳堡，同堡及凤凰城指挥，率兵与战，兵败皆死"，待到辽东总兵领兵三千前来应援时，已是"沿边三四堡皆空"了；又如嘉靖二十三年四月，清河、叆阳等堡失事，巡按御史刘廷仪就以叆阳堡"去清河为远，势难幸援"为由替守备叆阳都指挥

1　刘小萌．满族从部落到国家的发展 [M]. 北京：中国社会科学出版社 2001: 122，123.

2　关于明与建州女真在成化以后至万历初的冲突，可参见：张士尊．明代辽东边疆研究 [M]. 长春：吉林人民出版社，2002: 263－266.

韩承庆求情。可见，驻守兵力不足， 堡城之间又相距太远，是嘉靖二十一年至二十五年间辽东东部屡屡失事的重要原因。

嘉靖二十五年，巡按御史张铎到任辽东，开始着手主持在辽河以东地区修筑“河东七堡”以加强长城沿线的防御。范鏓所撰《增建河东七堡记》[1]详细记载了此事，现将修建原因与经过整理如下：

①建堡原因：“辽阳迤东临边一带万山从迭”，南北相去七八百里有余，“其间止设六堡”，兵马仅三千。马根单、清河、碱场、叆阳四堡“皆相距七十余里”，其间“险隘艰阻，策应靡及”；险山台、江沿台皆要害，离汤站等堡辽远，时常“兵未至贼已饱获而出”。“河东七堡”中叆阳一带的散羊峪、一堵墙、孤山、险山、江沿台五堡即是为了加强这五处软肋而设。

②建堡经过：嘉靖丙午（1546），张铎巡按辽东镇，参考备御武勋之、守备韩承庆等人规画，在叆阳东路择址建堡，以求“首举尾应”。张铎的动议得到了辽东巡抚於敖的响应，并召集苑马寺卿吴悝、分守少参荣恺、兵备宪黄云、分守辽阳副总兵种继等人执行。七月开始“鸠工集事”，同年九月已“秩然报成”。

根据之前的分析，此时辽东东部沿边堡城除了添设叆阳一带的散羊峪、一堵墙、孤山、险山、江沿台五堡外，还包括汎河城以东开原兵备黄云添设的白家冲堡。也就是说，嘉靖二十五年，辽东东部沿边堡城共添设6座。

在这六堡建成以后，成化年间辽东东部长城始建时所留下的防御缺口已基本被弥补，长城防御体系得到了系统性的强化，加之此时建州右卫酋长李撒赤哈已就擒被杀，辽东与建州女真的冲突逐渐缓和。

（3）嘉靖四十四年左右：险山一带的局部调整

嘉靖末年，建州又有强酋崛起，即为建州右卫都指挥王杲。《清史稿》载，嘉靖三十六年十月，王杲“窥抚顺，杀守备彭文洙，遂益恣，掠东州、惠安（会安）、堵墙（一堵墙）无虚岁”[2]；嘉靖四十一年五月庚寅，王杲“导虏分众入寇，一自东州堡入，一自抚顺核桃山入”，副总兵黑春、游击徐继忠大败之；[3]二十二天后，即五月壬子，“虏复寇辽东”，先攻凤凰城，又转攻汤站堡，黑春引兵作战，追至媳妇山，中伏身亡。[4]除了多次入犯，这一时期，女真甚至开始在边内堡城附近驻屯，嘉靖三十八年三月丁亥《朝鲜实录》记载：“㺚子等厥数甚伙，于叆阳堡、险山堡、汤站等地方，下营屯聚，恣意作耗，势渐鸱张，至欲凿破江沿台，则似非抢掠财物之贼，其为凶犷之计，固为叵测。”[5]

女真在险山一带“作耗”，促使明朝着手加强险山一带的防御部署，筑堡屯兵是其主要举措。嘉靖四十三年，辽东巡抚王之诰奏请设立险山参将，并条陈十事，其中一个就是修媳妇山处旧堡，改名宁东堡，并发兵守之。[6]嘉靖四十四年，巡按御史李辅以江沿台康家哨处险山兵马猝难相救，请将“江沿一堡仍改移于康家哨旧江沿台处”，把嘉靖二十五年所设江沿台堡移建于康家哨附近，并设备御一员守之。此外，李辅还奏请在险山堡以东筑大佃子堡，发无马军士七百人屯种，以纾解险山的军粮压力。[7]

1 （明）李辅．全辽志 [M]. 韩钢点校．北京：科学出版社，2016: 429-431.

2 赵尔巽等撰．清史稿 [M]. 北京：中华书局出版社，1976：222，1333，9124.

3 《明世宗肃皇帝实录》，卷 509，9974 页，嘉靖四十一年五月庚寅。

4 此事见于《明世宗肃皇帝实录》《全辽志·宦业》《东夷考略·建州》等。本溪市博物馆梁志龙先生对此事经过有较为详细的考证，可资参考，见：梁志龙．明辽阳副总兵黑春事迹考略 [J]. 辽金历史与考古，2017(2): 195 - 211.

5 《朝鲜明宗大王实录》，卷 25 之 6，21 页，嘉靖三十八年三月丁亥 .

6 《明世宗肃皇帝实录》，卷 538，10378 页，嘉靖四十三年九月癸丑 .

7 《明世宗肃皇帝实录》，卷 553，10587 页，嘉靖四十四年十二月癸酉 .

于是，嘉靖四十三年、四十四年，明朝在辽东险山一带筑堡三座，分别是宁东堡、新江沿台堡和大佃子堡。

三、万历：边将得力时的进取

万历期间是明代辽东边疆情势剧烈动荡的一段时期。孟森将万历在位四十八年的时间分为“冲幼”“醉梦”“决裂”三期，这种分期方式与辽东边疆情势的变迁也是暗合的：万历在位前十年为冲幼之期，朝廷有张居正当国总揽大权，辽东地方有张学颜、李成梁锐意经略、展边拓地；张居正卒后，万历帝“不郊不庙不朝者三十年”，边患日亟而朝廷无以为意，于是有李成梁于万历三十一年因“孤悬南守”而弃宽奠六堡，并将此地六万四千余户居民尽驱内地，是为醉梦之期；万历四十六年，清太祖努尔哈赤“公然起兵，入占辽、沈”，辽东东部边墙与沿边堡城从此失去军事防御作用，是为决裂之期。

因此，在整个万历时期，虽有熊廷弼于万历三十七年对辽东长城进行整体修缮，但移筑宽奠六堡却确实是明朝对辽东东部沿边堡城的最后一次增建。此次增建之后，辽东东部长城防御体系达到了最鼎盛的状态。

万历元年（1573），兵部右侍郎汪道昆阅视辽东，接受总兵李成梁献计，拟将险山六堡移建于宽佃子等地。具体的方案为：移孤山堡于张其哈剌佃子，险山堡于宽佃子，江沿台堡于长佃子，仍应接朝鲜贡道，宁东堡于双堆儿，新安堡于长岭，大佃子堡于建散，皆筑城建堡。[1]万历四年（1576）八月工毕，[2]六堡分别命名为孤山新堡、新奠堡、宽奠堡、大奠堡、永奠堡、长奠堡。

“宽佃”，即“广阔的可耕种土地”，此地是辽东东部山区少有的大片谷地，土地肥沃，“乃诸夷必争之地”[3]，明人对此地也早有所谋。孙祖绳认为，嘉靖二十五年以后，“汉人渐向鸭绿江下游耕植，宽甸一带沃壤遂为明人所知”。[4]事实上，早在嘉靖二十二年时给事中林庭壆就已奏请将凤凰城堡移于宽佃子。林庭壆的奏疏下兵部议，兵部又将此事下辽东镇地方诸臣议，此后便无下文。[5]其时，正是辽东“兵备解驰”、女真频繁入边劫掠之时，林庭壆之议没有实施的条件；而嘉靖二十五年明朝在凤凰城堡以东增筑险山堡，或许便是对此提议的折衷。嘉靖末年，明朝又欲将险山参将移置宽佃，但“以时绌不果。”

与成化至嘉靖的历次修筑不同，此次移建“宽奠六堡”，不是一种在军事打击之后的善后举动，而是与军事打击同时进行的。万历元年明朝决定移建险山六堡于宽佃等地后，便开始着手打击建州王

---

1 “左司马汪道昆巡边，而大将军李成梁奏记：长岭、张其哈剌佃子，东邻兀堂，北傍王杲，乃诸夷必争之地。今兀堂不欲争，王杲又不能争，莫若乘是时，移孤山张其哈剌佃子，险山移边外宽佃子，江沿台移长佃子仍应接朝鲜贡道，宁东移双堆儿，新安移长岭，大佃子堡移建散，皆筑城建堡。以险山、宁东、江沿台、大佃子、新安地多不毛，军无可耕故也。御史郭思极亦以书请。上幸可之。”（明）瞿九思．万历武功录 [M]. 北京：中华书局，1962：11，王兀堂赵锁罗骨列传．此事又见于：《明神宗显皇帝实录》，卷 16，596 页，万历元年八月丁巳．

2 《明神宗显皇帝实录》，卷 53，1554 页，万历四年八月甲戌．

3 “长岭、张其哈剌佃子，东邻兀堂，北傍王杲，乃诸夷必争之地。”（明）瞿九思．万历武功录 [M]. 北京：中华书局，1962, 11: 王兀堂赵锁罗骨列传．

4 孙祖绳．明代之宽甸六堡与辽东边患 [J]. 东北集刊，1942(3): 6.

5 《明世宗肃皇帝实录》，卷 273，6452 页，嘉靖二十二年四月己亥．

杲。万历二年七月，王杲诱杀抚顺备御裴承祖；十月，明军火攻破王杲寨，王杲败走；万历三年七月，王杲被王台执送献明，伏诛。除王杲以外，其时辽东边外还有土蛮、毛怜等部落时常扰边，朝廷一度因此下令暂停宽奠六堡的工役。但辽东巡抚张学颜与总兵李成梁“不避违反明旨”，力主施工，并率军亲赴宽佃“定立基址”，而参将傅廷勋在工毕之前“挺身任事，列栅为城”，[1] 于是宽奠六堡才能够在万历四年八月完工。

围绕宽奠六堡的修筑，明朝也对辽东防御部署做出了相应调整。工未毕时，即给参将傅廷勋“加副总兵职，衔管参将事，以重责成”。工毕后，朝廷又从张学颜议，将定辽右卫军士、仓官等一并移至宽奠堡，使“节制易行，收支近便。”（表 3–3）

明朝在宽甸地区的经略历程 **表 3–3**

明朝纪年	事件	出处
嘉靖二十二年	给事中林庭壆上言边政四事……一、移要害以利防御：请移汤站堡于小宽佃，移凤凰城于宽佃子，使首尾易于应援	《明世宗肃皇帝实录》，卷273，6452页，嘉靖二十二年四月己亥
嘉靖四十三年之后	“王之诰奏设险山参将，辖六堡一十二城分守叆阳……又以其地不毛，欲移置宽佃，以时绌不果。”	（清）张廷玉《明史·张学颜列传》
万历元年	（汪道昆）“张其哈剌佃子土沃可耕，且去叆阳等处适中，声援易及，宜移建孤山堡军于其地，又险山、宁东、江沿台、大佃子、新安等五堡地多不毛，军无可耕，出险山一百八十里亦得沃地宽佃子、长佃子、双塔儿、长岭、（建）散等五区，且当松子岭等处极冲之地，宜将五堡军移建各处修建六堡”	《明神宗显皇帝实录》，卷16，596，万历元年八月丁巳
万历二年七月	建州都指挥王杲故与抚顺通马市。及是，诱杀备御裴承祖，成梁谋讨之	《明史·李成梁列传》[2]
万历二年八月	以辽东王台、土蛮窥视，暂停孤山、江沿台、宁东、新安、大佃子六堡移建于长岭等处工役	《明神宗显皇帝实录》，卷28，856页，万历二年八月癸丑
万历二年	巡按御史亟请罢役，学颜不可，曰：「如此则示弱也。」即日巡塞上，抚定王兀堂诸部，听于所在贸易	（清）张廷玉《明史·张学颜列传》
万历四年八月	以辽东新筑宽奠等六堡城工报	《明神宗显皇帝实录》，卷53，1554页，万历四年八月丁巳

四、小结

以上对辽东东部沿边堡城建置过程的梳理，说明辽东东部长城是多次建设活动的叠加结果，而这每一次建设又都面临着不一样的边疆情势。这些建设活动存在以下几点特征：①成化始筑辽东东部长城，是明朝在形同瓯脱的辽东东部地区首次确立有效的军事统治。②成化以后的长城建设基本没有突破成化年间所确立的统治范围，但在南段（叆阳堡至鸭绿江畔）有过若干次调整。③每一次集中的长

1 （明）陈子龙辑．皇明经世文编 [M]. 北京：中华书局，1962: 张学颜，辽东善后疏．

2 此处，明史未言明时间，据孟森考证，在万历二年七月。见满洲开国史讲义 202 页。

城建设都有相应的军事行动，其中，成化初期和嘉靖中期军事行动均在长城建设之前，而万历初期军事行动则与长城建设同步。

第二节 布局策略

自成化至万历，辽东东部长城可分为北、中、南三段，这三段长城及沿边堡城所处地形不同、与高级城距离远近不一，呈现出三种不一样的布局策略，需要分别加以研究。事实上，这种三段布局的形式在成化年间就已奠定，其中，北段由周俊始筑于成化五年，中段、南端由韩斌分别始筑于成化五年和成化十七年。

成化年间所奠定的辽东东部长城基本格局，一直延续到了万历初元，在百余年的历史中，深深影响了辽东东部明、女真、朝鲜的三方关系。因此，如果要研究成化以后的辽东东部长城，首先必须要探讨的是，成化年间所筑长城为何呈现出如此布局。

一、成化奠基：北、中、南的三种策略

如前所述,成化年间韩斌、周俊所筑长城,奠定了辽东东部长城的三段布局。北段自清阳堡至抚顺关，包括沿边堡城清阳、镇北、威远、靖安、松山、柴河、抚安、会安；中段自抚顺关至叆阳堡，由韩斌在成化五年开始修筑；南段自叆阳堡至鸭绿江，由韩斌在成化十七年始修，弘治元年完工。

（1）北段：依托卫所

在成化以前，开原、铁岭以东至少已有威远、松山二堡，（抚安、靖安、会安三堡只能确定建成时间的下限，其中除抚安堡应建于成化十八年以前外，另外两堡无法确定是否为成化年间所设。）以西则已有较为完备的长城墙体和堡城。成化年间周俊等又在此基础上修筑了清阳堡、镇北堡、柴河堡和抚安堡，对开原附近已有的防御体系进行了补完。

就选址而言，成化年间所筑北段沿边堡城的布局特点是因循旧例，依托卫所。新建的清阳、镇北、柴河三堡距离最近的高级城（卫城或所城）均为 20km 左右，建成之后与其他既有堡城一起形成了以高级城为中心的放射状布局。

这种放射状的布局，是辽东镇长城防御体系的典型布局方式。魏琰琰、吕海平等人均就此种布局方式进行过讨论。魏琰琰认为，这种放射状结构以高级城为核心，低级军堡围绕设置，呈现出一种“控制点中心辐射结构格局”；[1] 吕海平进一步指出，这种结构体现了明朝等级严明的军事体制和军力部署方式，通过这种方式，居于中心的高级城可以方便地管理低等级地军事单位，一方有难时，也可多方支援。[2] 这两个观点都以这种放射状布局来考察高级城与堡城的相互关系——堡城辖属于高级城，在军事指挥、军食供应等方面均依赖于高级城，同时也起到在前线拱卫高级城的作用，因此它们便呈现出这种放射状布局（图 3–1，图 3–2）。

---

1 魏琰琰．分统举要，纲维秩序——明辽东镇军事聚落分布及防御变迁研究 [D]. 天津：天津大学，2016: 146.

2 吕海平；吴迪．明代辽东镇堡城分布及布局研究 [J]. 建筑史，2016(2): 1 – 9.

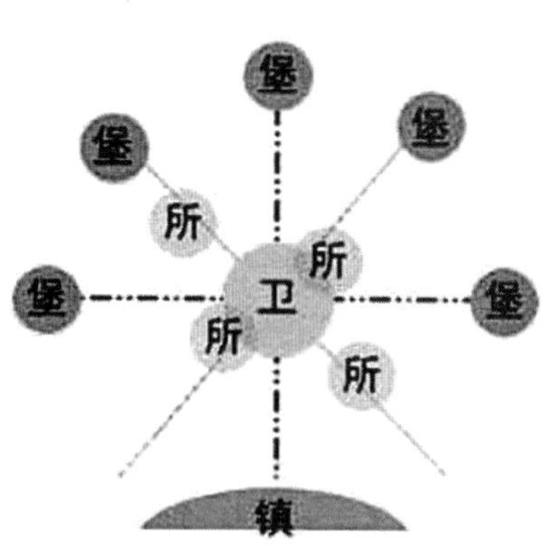

图 3–1　魏琰琰所绘辐射结构关系图

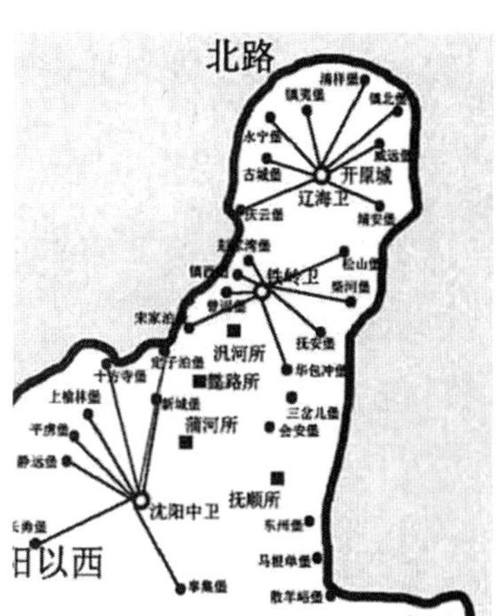

图 3–2　吕海平所绘辐射结构关系图

但是，如果我们回到《辽东志》《全辽志》中的历史记载来检视这种放射状的抽象图示，便会发现这一图示并不具有广泛的代表意义在吕海平的图式中，辽东东部北段有两座中心城，即开原城与铁岭卫城（图 3–3），附近的堡城皆是以这两座城池为中心呈放射状布局。然而，据《辽东志》与《全辽志》对城池应援关系的记载，便会发现尽管铁岭卫城是辽东东部北段除开原城外唯一的卫城，它却只负责应援抚安堡，而并不如开原城一样是周围堡城的放射中心——柴河堡由中固城应援，三岔儿堡由懿路所城应援，会安堡由抚顺所城应援，白家冲堡未说明，推测应由汎河所城应援。[1] 可见，放射状的布局只存在于开原城周围，而不能准确描述其他高级城周围的布局情况。

放射状的抽象图示之所以不具有广泛的代表意义，是因为它未能描述出堡城选址的具体考虑。开原、铁岭、汎河、懿路、蒲河等城，[2] 在明初就已设立，它们位于辽东中部平原和辽东东部山地的交界地带，并沿着这条西南 – 东北方向的结合地带一字排开，临东即为人迹罕至的边外深山密林。大清河、小清河、柴河、汎河、蒲河等由东部山谷流经交界地带的高级城，是这些高级城与边外交通的必经之路，而北段堡城则均择址于流经高级城的河流的上游。这些堡城，是专为防御沿河谷自东向西扰边的女真族群而设。因此，堡城与高级城的辖属关系其实不单体现在堡城数量众多、围绕高级城以放射状展开，更本质的也更准确的描述应该是：堡城位于高级城与边外交通的必经之路，是高级城的御敌前哨，它们开拓了高级城的控御范围，扩大了高级城的防御纵深。换言之，放射状的抽象图示既不具有广泛的代表性，也不具有揭示本质的深刻性，堡城选址的根本考虑其实是控扼通“敌”大路、扩大防御纵深。

1　《全辽志》和《辽东志》分别成书于嘉靖四十四年和嘉靖十六年，虽然《全辽志》增录了嘉靖十六年以后增建的堡城，但它所记录的城池应援关系却完全延续《辽东志》的记录，而并未对增建堡城的应援关系有任何记录。比如，白家冲堡建于嘉靖二十五年，《全辽志》却并未记录此堡与其他城池的应援关系。各堡的应援关系见：（明）任洛重修，金毓黻辑．辽东志 [M]. 辽沈书社，1985: 卷三・沿边城堡墩台．

2　成化时，中固尚未建成，是抚顺站所在，弘治十六年建城，称中固城同上：卷二・建置・中固城．

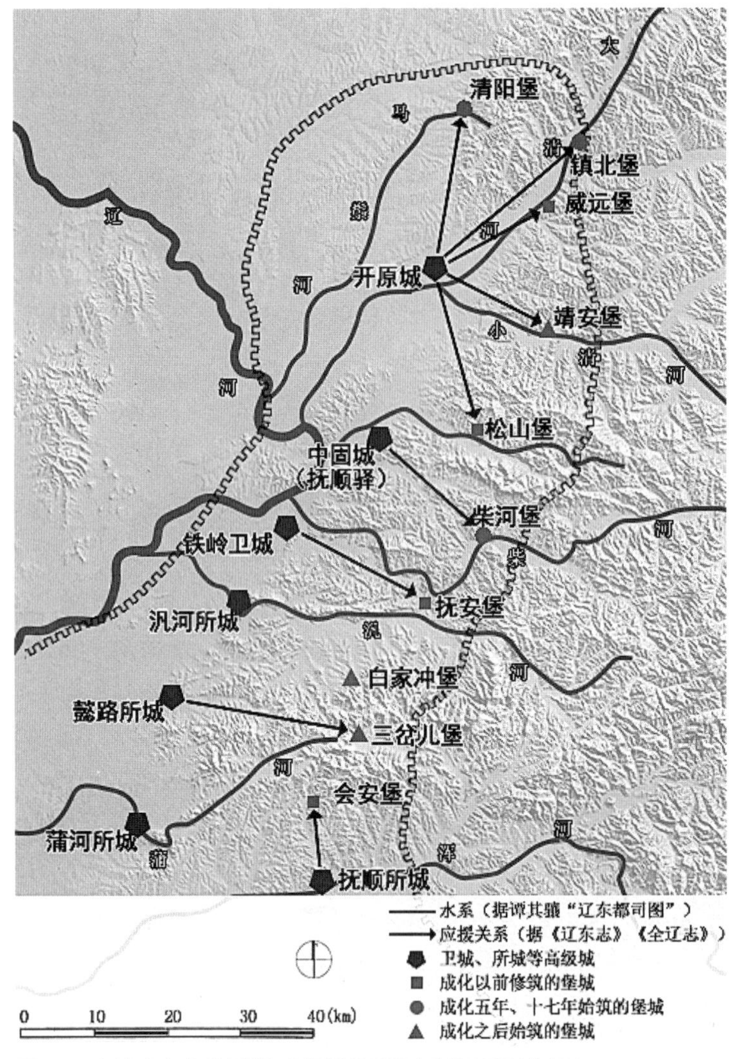

图 3-3　辽东东部北段堡城与高级城关系图（成化至嘉靖年间）

（2）中段：展边拓地

如前所述，洪武二十一年尝试建置铁岭卫受挫后，明朝在辽东东部的经营主要集中在连山关以西，而辽阳以东连山关以外地区，均形同瓯脱。

丁亥东征以后，明朝意识到辽阳已是辽东心腹，必须加强防御。在由广宁向辽阳加驻人马以外，明朝也着手在辽阳以东建设城堡、边墙。分守辽阳副总兵韩斌指出“不堡，兵遏之，非久计也”[1]，也就是说，韩斌认为虽然丁亥东征取得了一定成果，但是如果不沿边筑堡，那么每次建州女真入边劫掠明朝都必须从辽阳、广宁等地发兵抵御，这种方法不能持久。为了长久抵御女真，必须在边境屯兵，为了屯兵则必须筑堡建墙。于是，韩斌在成化五年开始主持修建东州、马根单、清河、碱场、叆阳五堡，即辽东东部长城的中段。

沿边相地远近筑立堡城，城外再建长城墙体连缀，这是典型的长城布局方式。但是，如果对辽东东部中段长城的布局细致考察，会发现它有着其他辽东镇长城所不具有的特点。东州、马根单、清河、碱场、叆阳五堡专为拱卫辽阳而设，辽阳是它们的中心城，但是它们却距离辽阳甚远，其中，东州堡最近，与辽阳直线距离为 80km，叆阳堡最远，直线距离为 115km。辽东镇的其他长城，例如上一小节所分析的辽东东部北段，皆依托卫所而建，围绕高级城呈放射状分布，与高级城的距离一般在 20 ~ 30km 左右，其原因有二：第一，长城墙体、堡城的修建需要若干年才能完成，在此之前，修边民夫需要高级城提供军事保护才能防止边外族群骚扰，若距离过远，则有警时难以及时驰援；第二，沿边堡城内所驻官兵，依赖卫所提供军食，如距离太远，则军食运送不便。可以看出，将堡城与高级城的距离控制在 20 ~ 30km 左右，是从边疆实际情况出发的合理选择，那么，韩斌在规划中段长城时，何以将沿边堡城选址于距辽阳甚远的深山密林之中呢？

1　（明）贺钦．明故镇国将军辽东副总兵韩公墓志铭 [M]// 金毓黻辑．辽海丛书．医闾先生集．辽沈书社，1985, 4.

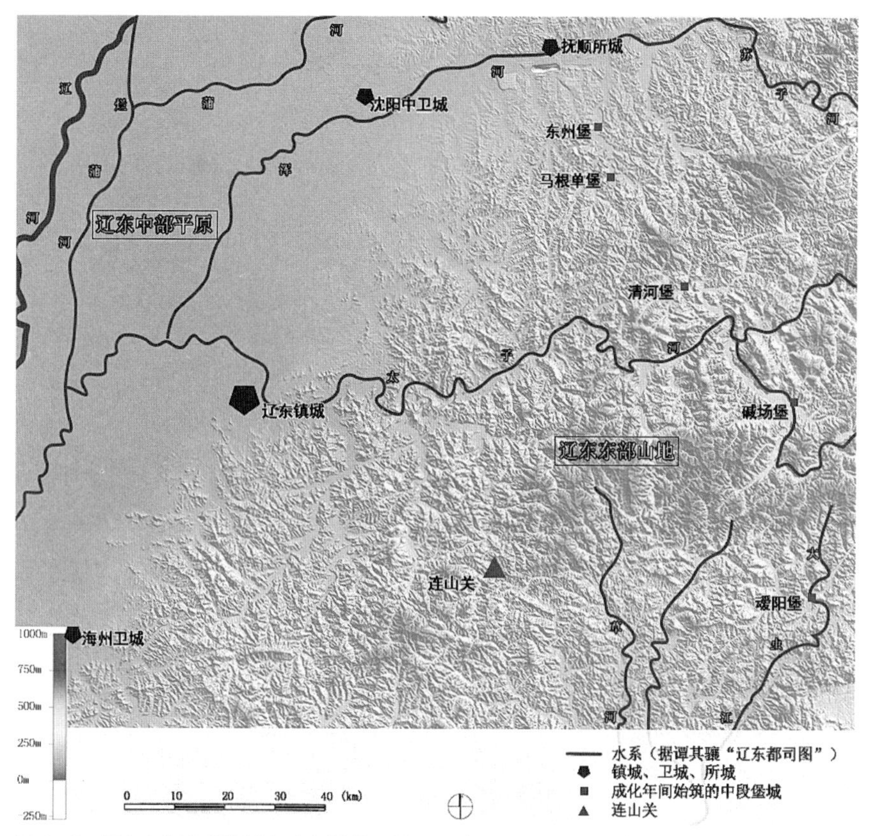

图 3-4　辽东东部中段堡城与高级城位置关系图（成化、弘治年间）

丁亥之役，明军虽大获全胜，但是“寻以霜雪大至，寒冷异常，明兵不能耐，故仓卒班师”，[1] 并未完全“消灭”建州女真。而这一时期，因为建州女真南下，连山关以东地区已经难以保持之前那种形同瓯脱、广漠无人的状态的了，所以对明朝而言，为了进一步遏制女真的发展，必须锐意进取将辽东瓯脱纳入边内。也正因此，韩斌修筑这五堡的行为在《全辽志》中被评价为“拓地千里”[2]。另一方面，建州三卫主要首领李满住、董山、纳郎哈等皆被诛杀，一时难以组织起成规模的骚扰，这为辽东东部中段长城的建设提供了一个较为安全、稳定的“窗口期”，使得在极边之地筑墙立堡成为可能。成化八年，女真再次入边，杀掠修筑边墙军士一百六十余人，韩斌等人因此被问罪，[3] 足见这段“窗口期”的可贵（图 3-4）。

（3）南段：筑基驿站

南段沿边堡城包括草河、镇夷、镇东、凤凰城和汤站 5 座堡城，均于成化十七年开始修筑。

洪武元年开始，高句丽与明朝即有使臣来往，至洪武二十年辽西驿路开通，尤其是永乐迁都北京以后，双方使臣一直从辽东陆上驿路往返。从辽阳至朝鲜的辽东驿路，即为元朝时开通的东八站驿路。如前所述，

1　潘承彬．明代之辽东边墙 [J]. 禹贡半月刊，1936, 第 6 卷（第 3、4 期合刊）: 61－80: 65.

2　（明）任洛重修．辽东志 [M]. 金毓黻辑．辽沈书社，1985: 卷七 经略．

3　《明宪宗纯皇帝实录》，108 卷，2566 页，成化八年九月庚申。

成化以前连山关以东至鸭绿江岸均形同瓯脱，所以这条驿路“有名无实”，沿路并无驿站之设。[1]

南段的5座堡城，除草河堡外其余4座均位于驿路之上。自正统开始，因为女真南下定居且与朝鲜交恶，东八站交通线的安全受到威胁，朝鲜多次请求南迁驿路。明朝虽一直未如请改道，但已因此注意到了东八站驿路的安全问题，并开始着手沿驿路增建城堡。[2]天顺八年（1464），明朝在连山关东南置通远堡。[3]成化十七年（1481），于凤凰山古城筑立凤凰城堡，城之西北六十里斜烈站处筑立镇东堡，再西北六十里通远堡之南筑立镇夷堡，凤凰城东南汤山处置汤站堡。

需要说明的是，与辽东东部北段、中段不同，南段虽设有5座堡城，在成化时却并无长城墙体之设。刘谦认为成化五年时，辽东东部长城墙体已延亘至鸭绿江，[4]这一说法也被《辽宁省明长城资源调查报告》所沿用[5]。但笔者认为这一观点并不准确。[6]首先，据成化六年时朝鲜圣节使崔有江的描述，“自辽东至我国境，筑长墙，设五堡，分定军人……长墙，自东州至碱阳（场），或以石或以土筑之；自碱阳（场）至叆阳，今年燔甓以筑，军料则辽东输以供之”，[7]也就是说，成化五年时韩斌所始筑的长城墙体止于叆阳，未至鸭绿江。此外，《明实录》《朝鲜实录》等文献中与筑立凤凰城等五堡有关的史料均只涉及筑堡而未提及筑墙。因此，至少在成化年间，辽东东部南段长城只有堡城而没有墙体。

虽然没有墙体，但这五堡所构成的长城段落，却确实是成化年间长城防御体系的重要组成。天顺八年明朝置通远堡于连山关外之后，辽东军民也逐渐东迁至此，而成化五年始建的东州至叆阳长城，难以护卫这些居于叆阳西南的人口。成化十五年朝鲜实录记载：“是日，使臣发安城馆，至凤山受宴，仍语伴送使曰：‘毛邻（怜）、建州等卫，骄虏尽歼则已，如不能，假如三分，虽（灭）一分，何益？叆阳堡等处，则关防甚严，彼不得作耗，距此堡若许西南间，则以其戍御疏虞，每至作耗。此辽东八十余里，转传驰报之间，已抢掳人畜而去。朝廷患之，拟欲甜水站、草河口子、凤凰山等处，设大小镇筑城，移内地不紧镇卫军马，复设八站，以严防（戍）。”[8]这里，明朝使臣向朝鲜伴送使表露出对征讨策略的怀疑，并透露道，叆阳堡等处因为有设防，女真难以扰边，但叆阳堡西南距离辽阳甚远，难以防范，因此朝廷计划在甜水站、草河口子、凤凰山等处筑城戍兵，复设东八站。也就是说，明朝复设东八站，不仅仅是为了保证中朝两国往来使臣的安全，也是为了护卫沿线居民；凤凰城等五堡的设立，则是为了补完辽东东部长城在叆阳堡西南的防御缺口。就堡城布局而言，草河堡（即草河口子处所设之堡）居于镇夷堡与叆阳堡之间，即有连缀长城防御线之意。

因此，成化十七年始建的草河堡、镇夷堡、镇东堡、凤凰城堡和汤站堡，是设立在驿站之上的沿边堡城，具有“站”与“堡”的双重性质。事实上，自正统设立辽东长城之初，与驿路紧密联系便是

---

1 张士尊．明代辽东边疆研究[M]．长春：吉林人民出版社，2002: 55.

2 “（大明敕曰：）其东八站地方，路坦行熟，兼与毛怜卫等处隔远，往来无碍。但看得连山关外来凤分中去处，宜筑城堡一座，差发军官守把，防送往来使臣。已令辽东都司，相度筑立，王之使臣往来，有人防护，可无患矣。”《朝鲜世祖惠庄大王实录》21卷，21页，天顺四年八月己巳．

3 “自伯颜洞至通远堡，列置候望，臣到通远堡，见指挥刘英问之，答曰，‘候望则居民布散，昼则候望，有变则放炮。’”《朝鲜世祖惠庄大王实录》33卷，7页，天顺八年四月庚子．

4 “镇北关至鸭绿江的‘千里’长城，即河东段长城……建筑年代应是明成化五年（1469）年。”刘谦．明辽东镇长城及防御考[M]．北京：文物出版社，1989: 41.

5 辽宁省文物局．辽宁省明长城资源调查报告[M]．北京：文物出版社，2011: 8.

6 刘谦等人所依据的史料是成化十五年《明宪宗实录》中总理辽东粮储户部郎中王宗彝的奏疏，其中提到“东路自开原抵鸭绿江，南北绵亘千里有余，边墙坍塌，类多险阻。”奏疏全文见：《明宪宗纯皇帝实录》，191卷，4072、4073页，成化十五年六月甲辰．

7 《朝鲜成宗康靖大王实录》，卷2，9页，成化六年一月壬辰．

8 《朝鲜成宗康靖大王实录》，卷110，18页，成化十五年十月丙寅．

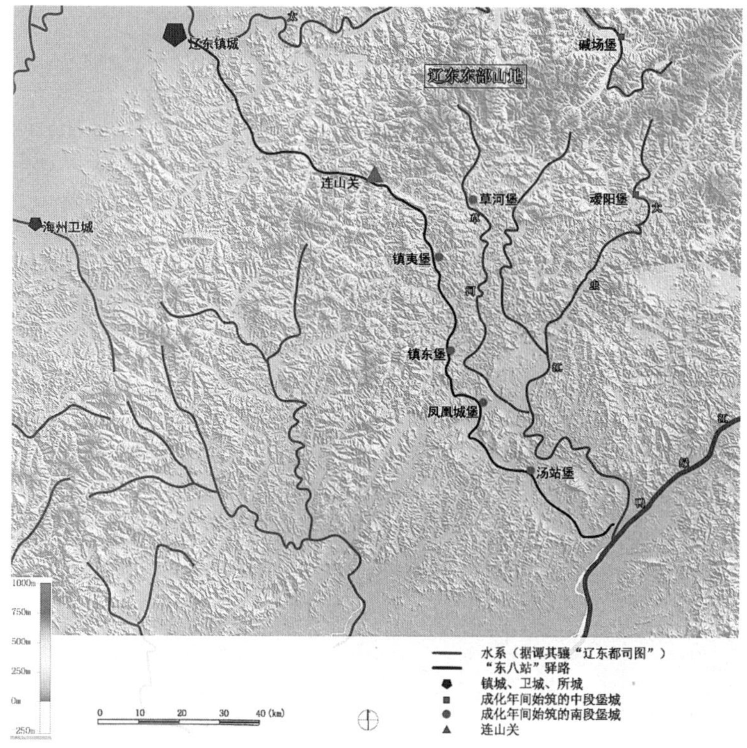

图 3-5　辽东东部南段堡城与“东八站”驿路位置关系图（成化、弘治年间）[1]

长城建设的主线：在韩斌开拓辽东东部以前，辽西、辽中的主要聚落皆是沿驿站分布，长城堡城与墙体则分布于驿路北侧。对于辽东长城防御体系与驿路的关系，张士尊的观察颇有见地，他指出，在凹字形的辽东驿路上分布有大量各级城堡、驿站，辽东的大部分人口在此聚居，辽东边墙所形成的防御带即是为了保护这些人口而设，也正因此，辽东长城防御体系才会和驿路一样呈现出凹字形的布局。[1] 但与辽西、辽中先有驿路和驿站而后才有长城不同，东八站驿路（尤其是连山关以东）在成化十七年以前只有“路”而未设“站”，长城堡城建设之后才将驿站设于堡城，故此才有驿站与长城堡城合一的现象（图 3–5）。

二、严守边界与适时展边

终明一代，辽东东部的北段、中段长城一直都没有突破成化年间所奠定的基本格局。其间，虽然经过了正德至嘉靖初的零散补筑和嘉靖二十五年的集中修筑，北、中两段也仅仅只是在原有格局之上补筑堡城以弥补成化年间所留下的防御缺口，如白家冲、三岔儿二堡是为了补抚安堡、会安堡之间的缺口，散羊峪堡是为了补马根单堡、清河堡之间的缺口（图 3–6 ~ 图 3–8）。

可以看到，经过“补缺”之后，北段、中段沿边堡城的相对距离集中在 10 ~ 15km 左右，像成化年间那样两堡动辄相距 30 多 km 的现象已经不复存在了。

在“补缺”之外，北段与中段的补筑，还表现出了明显的“边界意识”。成化年间辽东东部边墙和沿边堡城的修筑形成了一条区别内外的边界，[2] 正德至嘉靖在北、中段所筑堡城均沿这条边界展开，而并没有任何突破。

笔者认为造成这种现象的原因是多方面的。首先，此时辽东东部已有边墙，在不展筑边墙的前提下，补筑的沿边堡城必须顺延边墙的走势布局，方才能够有效地分段管理边墙。其次，长城的建立是

1　张士尊 . 明代辽东边疆研究 [M]. 长春 : 吉林人民出版社 , 2002: 38.

2　张玉坤称为“秩序带”。

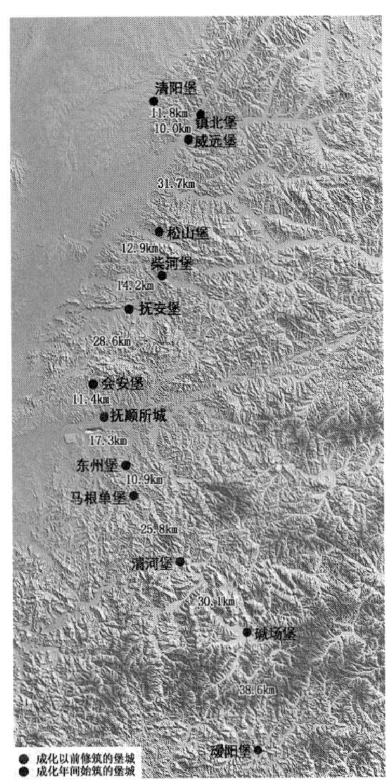

图 3–6　弘治元年辽东东部沿边堡城相邻距离

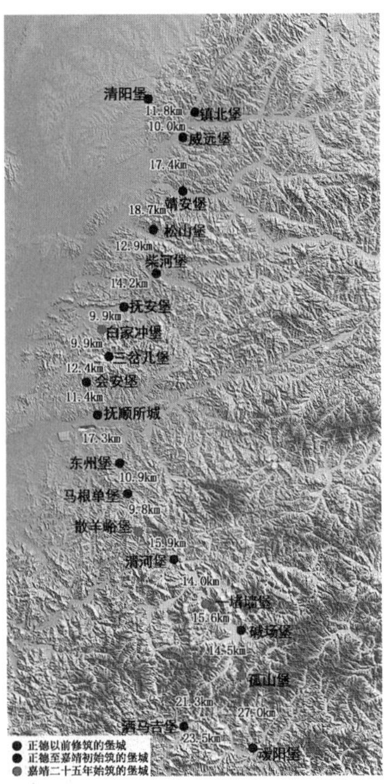

图 3–7　嘉靖二十五年辽东东部沿边堡城相邻距离

为了以静态的构筑防御时刻处在移动中的敌人，而相邻堡城的相互应援则是长城能够抵御骤加之兵的前提，即“小警自为堵御，大敌互为应援”[1]。因此，补筑的沿边堡城必须选址在能够及时应援其他堡城的位置。

与北、中段严守边界不同，正德至嘉靖年间，明朝在南段的堡城建设活动具有明显的展边意图。如前所述，成化时所筑凤凰城、汤站等堡皆沿东八站驿路设置，具有“站”“堡”合一的性质，而此时新筑的新安堡、险山堡、江沿台堡却均在东八站驿路之外的叆河东岸（其中江沿台堡位于叆河、鸭绿江交汇处的河心岛上），也就是说，在嘉靖二十五年以后，凤凰城、镇东、镇夷、汤站等堡已成为腹里堡城，新安、险山、江沿台三堡则成为新的沿边堡城。至嘉靖四十四年宁东堡建立、江沿台堡移建之后，这一现象变得更为明显。屯驻官军数量的增减或许可以更好地说明这种变化，如表 3–4 所示，成化十七年时，凤凰城、镇东、镇夷三堡额设官军 2000 人，嘉靖十六年减少为 500 余人；至嘉靖四十四年时，凤凰、镇东、镇夷、草河四堡一共只驻有 200 余官军，不及汤站堡或江沿台堡一堡的官军数量，已无法独立发挥御敌作用。

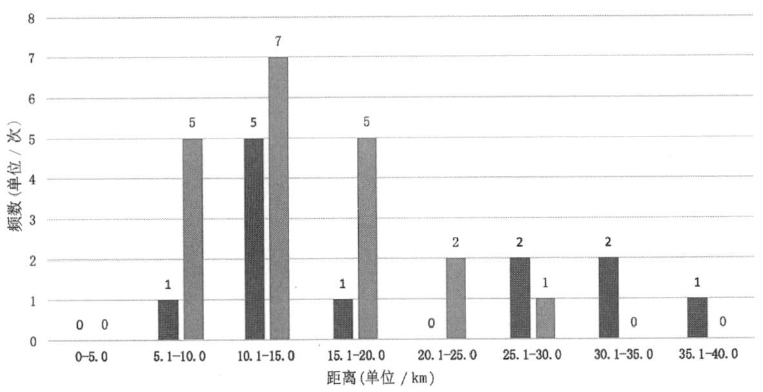

图 3–8　辽东东部北段、中段沿边堡城相邻距离频数分布比较（弘治元年和嘉靖二十五年）

1　此为熊廷弼语，转引自：孟森．明史讲义 [M]. 蓬莱阁典藏系列，上海：上海古籍出版社，2019: 316.

辽东东部南段堡城官军数量的变化 **表 3-4**

堡城	成化十七年官军数量 / 员	嘉靖十六年官军数量 / 员	嘉靖四十四年官军数量 / 员
凤凰城堡	1000	415	113
镇东堡	500	51	40
镇夷堡	500	51	74
草河堡	不详	51	44
叆阳堡	1000[1]	999	1044
汤站堡	不详	457	306
新安堡	未设	452	526
险山堡	未设	未设	3074
江沿台堡	未设	未设	383
总计	3000+	2476	5604

除了描述这一变化本身，尚需要追问的是，为什么这种展边现象只见于南段而不见于北段、中段？从地形上看，抚顺所以东地区与凤凰城堡以东地区具有相似的地理条件，山峦不及碱场、叆阳一带陡峭，河网密布，有大片的河谷可供屯种，但明朝却并未在抚顺所以东有任何展边举动。造成这种差异的原因或许在于，嘉靖时，女真已于抚顺关外筑城居住多年，明朝此时已不具有在抚顺以东筑城的条件，而凤凰城以东虽然是女真时常骚扰之处，但女真并未在附近筑城常居，因而具有在此地展边的可能。

此外，还有一个可能的因素是，从成化至嘉靖，叆阳以南一直没有形成明确的内外边界。在辽东东部长城的北段和中段，除了沿边堡城以外，还有长城墙体延亘于外。这道边墙在成化以后“或以石或以土筑之”，碱场至叆阳更是“燔甓以筑”。[1] 虽然长城墙体是否能被看作是疆域内外的界线至今仍有争议，但有一点是肯定的，即北段和中段的边墙以物质化的方式限隔了（或至少是标识了）明人和女真人活动范围。魏琰琰就指出，设置边墙的初衷并非作为国家边界，但其作为“主体防御区域的界限”，在明后期“随着军事防线的内移而最终归于边界化”。[2] 因此，正因为叆阳以南一直没有明确的内外边界，嘉靖四十四年巡按御史李辅条陈“险山山多田少，新募军士无田可耕”时，朝廷才会同意在险山以东开垦大佃子荒地，[3] 否则明廷绝不会同意在边外五十里远的地方建堡屯田。

三、南段的四次调整

万历四年宽奠六堡建成并移军士驻屯以后，辽东东部长城南段又一次外展了。这是辽东东部长城在成化奠基之后的第三次也是最后一次外展。这三次外展[4] 加上成化奠基，一共呈现出四种不同的布局方式（表 3-5）。

各时期辽东东部南段沿边堡城构成 **表 3-5**

时间	沿边堡城构成		作用
	前设	新建	
成化五年	无	叆阳堡	纳“瓯脱”为内地
成化十七年至弘治元年	叆阳堡	草河、镇夷、镇东、凤凰城、汤站堡	恢复东八路驿站

1 《朝鲜成宗康靖大王实录》，卷 2，9 页，成化六年一月壬辰。

2 魏琰琰 . 分统举要，纲维秩序——明辽东镇军事聚落分布及防御变迁研究 [D]. 天津：天津大学 , 2016: 207.

3 《明世宗肃皇帝实录》，卷 553，10587 页，嘉靖四十四年十二月癸酉。

4 第一次是正德四年筑新安堡以连缀叆阳堡和凤凰城堡，第二次是嘉靖二十五年时筑险山、江沿台等堡，嘉靖四十四年左右移筑江沿台堡、新筑宁东堡可看作是对第二次展边的补充。

续表

时间	沿边堡城构成		作用
	前设	新建	
正德四年	叆阳堡、凤凰堡	新安堡	联络凤凰、叆阳二堡
嘉靖二十五、四十四	叆阳堡、新安堡	孤山、险山、宁东、江沿台堡	展边至大虫江（今叆河）东岸
万历四年	叆阳堡	新奠、宽奠、大奠、永奠、长奠、孤山新堡	开拓八百里“新疆”

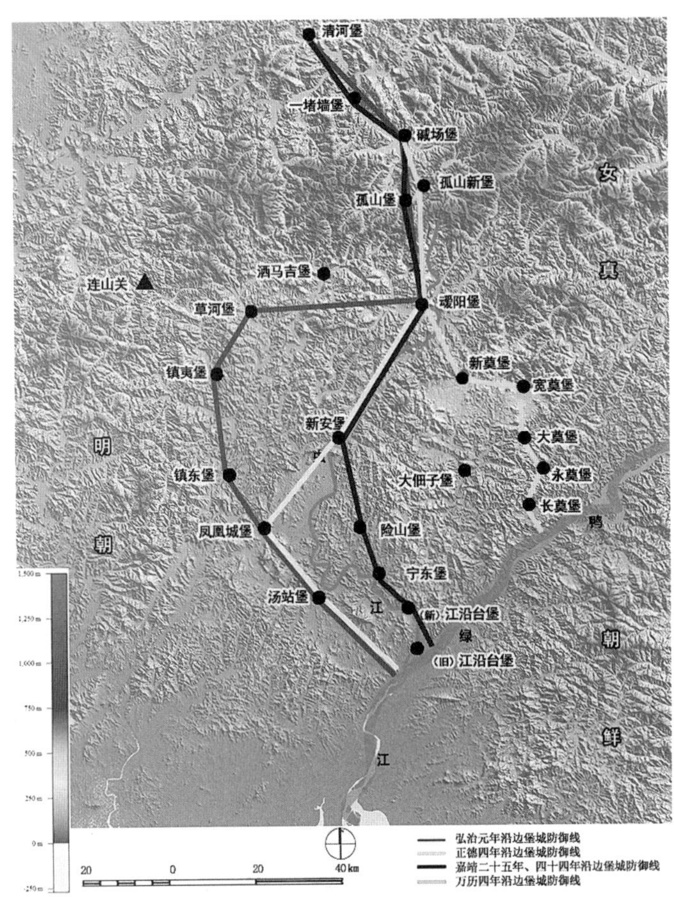

图 3–9　辽东东部南段沿边堡城防御线的四个阶段

如图 3–9 所示，成化年间所奠基的南段沿边堡城由叆阳、草河、镇夷、镇东、凤凰城、汤站六堡构成，沿边堡城防御线由西北延至叆阳，在叆阳西折至草河堡，再与东八站驿路上的凤凰等堡连缀，向东南抵鸭绿江。正德四年，叆阳堡、凤凰城堡之间筑新安堡，发镇夷堡人马守之，沿边堡城防御线变成了叆阳、新安、凤凰城、汤站四堡，镇东堡、草河堡则成为腹里堡城。嘉靖二十五年，筑险山、江沿台堡，嘉靖四十四年左右又移筑江沿台堡并增筑宁东堡，此时沿边堡城防御线又一次外展，自叆阳、新安向南转至大虫江（今叆河）沿岸的险山、宁东，止于叆河、鸭绿江交汇处的江沿台堡，已完全脱离了东八站驿路。万历初元的展边最为激进，沿边堡城防御线自大虫江沿岸向东南转至新奠堡，又自宽奠、大奠、永奠、长奠直抵鸭绿江东北岸。

在成化十七年至万历四年这不到百年的时间中，明朝对叆阳以南的沿边堡城布局已进行了至少三次调整，足见此地在战略上的重要性。另一方面，这四种布局方式，从成化时凤凰城等堡的“筑基驿站”，到万历初的宽奠六堡的“孤悬境外”，具有逐渐向外展拓的政策延续性。但“展拓”则必然远离高级城（如辽阳等城），不利于接受高级城的功能辐射，如何把握两者平衡便成了这四种布局策略的张力所在。下文将从沿边堡城布局方式的角度，探讨明朝在此地的取舍。

叆阳以南至鸭绿江的这段长城，不仅是辽东东部长城的南段，更是整个明长城的最东段，这一特征决定了此段长城布局方式的特殊。非端头长城段落的两端可与其他长城首尾接应，而此段长城在布局上则必须考虑东端的收头问题。事实上，这四种布局方式在收头问题上的策略是一致的，即，止于鸭绿江，以鸭绿江水险作为收头。而在这种一致性之外，四种布局方式的具体形态却并不一样。其中，以成化十七年的布局最为迂曲，正德四年次之，嘉靖二十五年再次之，万历初元则最为直截，几乎由叆阳径直向东南抵至鸭绿江。

从防御效率来看，万历初元的布局效率最高，能够用尽量短的防御线来守卫尽量多的土地。在图 3–10 中所示的四个历史时期中，自叆阳至鸭绿江畔的沿边堡城防御线以万历初年为最短（约 65km），[1] 纳地却最多。这种效果实际上是由沿边堡城防御线与鸭绿江相对关系决定的。在成化布局中，沿边堡城防御线自叆阳向西南方向迂曲，正德、嘉靖虽有化曲为直之意，但终点仍然位于叆河、鸭绿江交界处，导致防御线依然斜交于鸭绿江，并未真正取直。万历初元，沿边堡城终点由叆河、鸭绿江交界处的江沿台堡向东北移至长奠堡，此时的防御线因此而得以真正取直，既缩短了防线，又收纳了更多的土地，从而“以有限之师”“防无定之寇”，[2] 最为接近理论上的高效防御。

在明长城建设的历史中，对这种理论上的高效防御的追求，以上所述并非孤例。仅在辽东镇，围绕辽河套长城的布局形势，明朝官员就产生过多次争论。正统年间，毕恭所设计的辽河套边墙自广宁以北起，向东南抵海州，又骤然折向东北直抵开原，呈“V”字形状。此段长城虽然之后又有补修，位置却一直没有改变。弘治六年，山东巡按御史李善提议调整辽河套长城的布局。[3] 他认为，自广宁抵开原旧有陆路，止三百余里，而毕恭所设计长城南北周折，延袤八百里，需瞭守官军一千五百余名。如果沿旧有陆路展筑新墙，不仅可以尽收河套肥沃土地，且可使广宁、辽阳、开原三地“联络声势”“彼此相援”，而沿边瞭守官军只需原来的三分之一。李善此议看似合理，却并未得到朝廷的积极响应，仅“疏奏命所司知之”[4]，《全辽志》中也记载，李善上状此事后“继今无能成其志者”[5]。事实上，早在成化二十三年，辽东都指挥使邓旺就提出过和李善类似的建议：“自永乐中罢海运后筑边墙于辽河之内，自广宁东抵开原七百余里，若就辽河迤西径抵广宁，不过四百里，边墩堡塞移守西百里，虏若入寇彼此易于应援。及欲降勑责谕朵颜三卫夷人远离边墙三五百里驻牧，不如约者听边将出兵扑灭。”针对此议，兵部回复：“其言固皆有理，但边墙筑久，未可轻动，必相度地形、时势而后处”，而“三卫夷人为我藩篱比北虏不同”，如有特殊情况甚至应该允许他们“近墙避匿”。[6] 可见，基于抽象图式的理想化设想，它能够反映明朝在设计长城防御线时的某些考虑，但实际决策者们所关注的方面却不止于此。以化曲为直的方式来展筑长城，虽然具有理论上的合理性，但在实际操作过程中，必须首先评估边外族群的可能反应，并结合特定的地形、时势进行具体考量。

与展筑辽河套长城屡有动议却一直未能成事不同，在林庭壆奏请于宽佃子处筑城屯兵的三十年后，张学颜、李成梁终于实现了他的计划，使辽东东部长城南段达到了理论上的高效防御。然而，在宽奠六堡建成之后，仍然有诸多严峻的实际问题需要解决。

首先，此六堡在建成后一直受到女真的大规模骚扰，明军不得不多次派总兵、副总兵等高级将领

1　弘治年间最长，约 140 千米；正德年间次之，约 110 千米；嘉靖年间再次之，约 85 千米。

2　潘承彬．明代之辽东边墙 [J]. 禹贡半月刊，1936，第 6 卷（第 3、4 期合刊）：61 – 80：66.

3　针对李善对毕恭的批评，刘谦指出毕恭所设计的“V”形长城是符合当时的历史条件的：其一，正统年间，明朝政治经济形势日趋下降，无力抵抗蒙古贵族的侵扰，毕恭是在极为不利的历史条件下修筑这段长城的。其二，毕恭筑长城时，山海关至开原的防御线已经形成，筑长城只是对此防御线的巩固。换言之，是先有“V”形的防御线，才后有毕恭所筑“V”形长城。刘谦．明辽东镇长城及防御考 [M]. 北京：文物出版社，1989：43、44.

4 《明孝宗纯皇帝实录》，卷 72，1704 页，弘治六年二月辛亥。

5 （明）李辅纂修．全辽志 [M]. 韩钢点校．北京：科学出版社，2016：卷四・宦业・李善．

6 《明宪宗纯皇帝实录》，卷 292，5867 页，成化二十三年七月丁未．

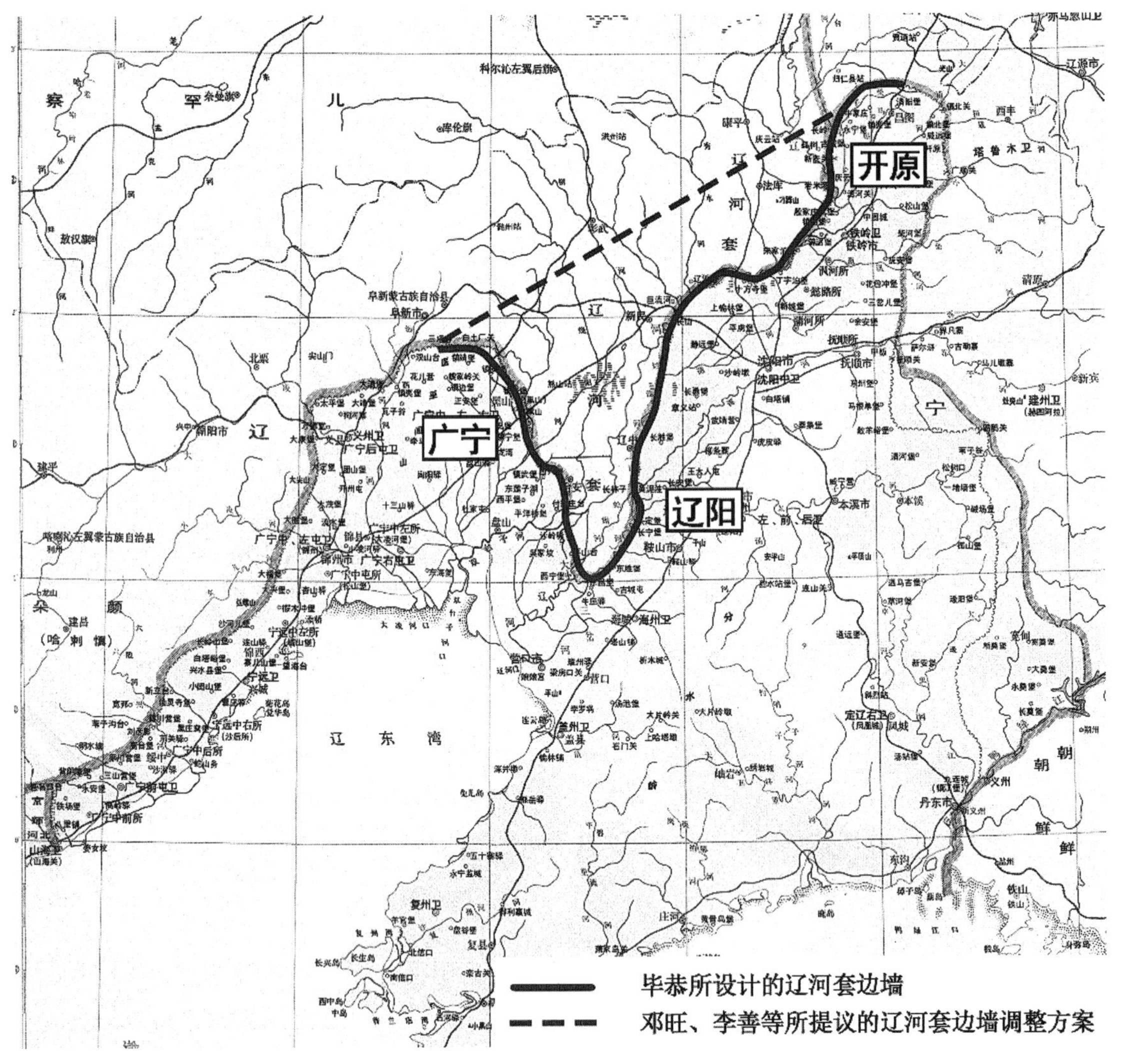

图 3-10 辽河套边墙实际方案与调整方案
底图来源：谭其骧《中国历史地图集》

出塞征讨。万历七年秋，因宽奠参将徐国辅等“抚处失宜”，女真“数掠宽奠、永奠、新奠诸堡”。万历八年冬，又“连犯叆阳、宽奠”，“复入犯永奠堡”，总兵李成梁率兵出塞斩级七百五十四。不久，王兀堂又以千余骑复入，副总兵姚大节追奔，斩级六十七。这之后，王兀堂遁伏，建州益弱。[1]

其次，宽奠六堡建成之后，距离最近的卫治远达一百余里，节制难行、收支不便，而堡城本身又功能单一，难以满足官军、余丁在军事之外的生活需求。嘉靖四十四年时，明朝曾将定辽右卫治所由辽阳城移至凤凰城堡，此时，为了解决宽奠六堡距离卫治过远所造成的困难，明朝又将定辽右卫从凤凰城堡移至宽奠堡。[2]

---

1 关于王兀堂等在宽奠一带与明军的冲突经过，孟森先生做过详尽的史料整理，见：孟森．满洲开国史讲义 [M]. 孟森著作集，中华书局，2006: 215: 210 - 214.

2 “蓟辽督抚杨兆张学颜会议三事：一移定辽右卫军士及仓官于宽奠堡，与参将同城，庶节制易行，收支近便。一迁学庙，及拨附郭田土为师生赡养费，庶荒服之区，变为礼义之习……诏悉如议。”《明神宗显皇帝实录》，卷 48，1359 页，万历四年三月庚子．

可见，宽奠六堡建成后，辽东东部沿边堡城的布局方式虽然达到了理论上的高效状态，但这种高效布局其实并不稳定，必须要军、政两方面的持续支撑才能够长久维持。而一旦朝廷无方、边将失力，这一布局就会受到破坏。万历三十一年，宽奠六堡即因“孤悬难守”而废。

四、小结

本节所关注的，既是辽东东部沿边堡城在三个历史时期的不同布局方式，也是这三个布局方式在历史中分别的形成过程。从空间上看，辽东东部长城虽均是为了防御女真而设，也均奠基于成化年间，但北、中、南三段所体现的明朝经略意向是不一样的。北段是为了拱卫卫所，因此建成之后直至明末，格局并未有大的改动；中段则是深入山林、展边拓地，因为远离卫所支撑，在嘉靖年间通过隔堡补筑得到了系统性的加强；南段原本是为了保护驿站而设，但因此处边外土地肥沃可耕，明朝在此多次展边试图控制此地沃土，却终因宽奠六堡过于孤悬而失败。

从时间上，本节试图说明，我们现在所能看到的辽东东部长城遗迹，实际上是由不同时期的多次建设层垒叠加而成的，而其中的每一次建设其实都只是主事者面对特殊边疆环境的权宜应对。具体而言，无论是成化奠基后的布局，还是嘉靖补筑后的布局，抑或是万历展边后的布局，它们都体现了不一样的边疆策略，也都有各自完整的前因后果。

第四章 “体系”下的机制：辽东镇东部沿边堡城的功能运作

前一章的讨论以分时期、分段落的方式展开，从时间和空间两个角度剖析了辽东东部沿边堡城的布局方式。但是，这种研究所描述和分析的只是堡城布局的总体性机制，尚不足以完全揭示堡城布局何以最终如此呈现。本章通过对沿边堡城的选址和本体分别展开研究，试图从微观机制的角度对这一问题进行更为细节的讨论。

第一节 堡城形制

这里，首先需要回答的问题是，为什么要在长城防御体系的研究中讨论堡城的形制？作为一项体系研究，在长城防御体系论的语境中，军镇内各种设施之间，尤其是城与城之间的关系是研究的重点。这种研究着眼于军镇全局，往往试图提炼出某种总括性的特征关系，其中，堡城作为最低一级的军事城池，它们的形制特征常常被研究者忽视。然而，如果我们认可长城防御体系是一套在明代确实运作过的实际机制而不只是一个停留于纸面的抽象构想，我们就不能满足于仅将堡城视作关系网络中一个个抽象的点，而必须更加深入地探讨堡城具体的形制特征。

仅仅提炼共性不能展现堡城形制的整体面貌。在既有堡城研究中，除了少量针对堡城的逐个调查之外，大部分的研究都只关注这些堡城的共性，如都属于“堡”这一军镇城池中最低的一级，平面尺度上明显小于镇城、卫城、所城，分布于紧邻边墙的内侧等，每一堡城的特殊性则被忽略了。事实上，本文所研究的 36 座辽东东部沿边堡城，修建时期和所属具体山水环境都各有差异，这种差异在它们的城墙形制上有鲜明的反映。

当然，强调每一堡城的特殊性并不意味着我们的研究要溺于琐碎而不进行任何的理论概括。这些堡城形制中所存在的独特性，如果仅仅孤立来看，似无可论之处，但是，如果我们的观察能够发现这些独特性所共同蕴含的某种规律性质，那这项研究就是有意义的。

此外，这项研究还是对明代筑城史中最末一环的有益补充。如果仅从规模上来看，作为有城墙的城，堡城不仅是九边军堡中最小的一类，也是整个明代所有有城墙的城中最小的一类。[1] 在明代自京城至边陲的不同等级城池所构成的巨大城池网络中，堡城位于最末梢的位置，如果说京城体现了明代筑城思想的极致，那么堡城或许能体现明代筑城思想的另一极致。

1 据贾亭立统计，明代县城大多城周四里至四里，少量为二里，而堡城（贾所统计为宣镇堡城，但结论适用于辽东镇）则大多城周一里、二里，少量甚至不足一里。见：贾亭立．中国古代城墙规制溯源 [D]. 南京：东南大学，2012: 77，86.

一、1968 年卫星影像：沿边堡城形制研究的新材料

得益于刘谦和辽宁省文物局的工作，辽东镇长城已有两份较为系统的调查成果可供研究者参考。

刘谦的调查工作进行于 1979 年末至 1980 年初，历时 65 天，[1] 当时长城遗存尚未因城镇高速发展而遭到破坏，因此他的记录颇为珍贵。刘谦的贡献还在于，他用实地调查的方式完成了古今对应的工作。有些堡城虽然遗迹已不清楚，但他仍然通过走访的方式明确了它们的位置。例如，凤凰堡虽然早已被拆除，但刘谦通过调查遗迹等方式，判断凤凰堡的平面为方形，西邻是凤城第十中学，为我们精确定位堡城位置提供了珍贵的参考。具体到本文所研究的 36 座沿边堡城，刘谦不仅文字描述了每一座堡城的遗存状况、平面形制等信息，还绘制了其中 13 座堡城的平面示意图，虽然偶有错讹，但仍是本部分研究的重要材料之一。

辽宁省文物局对辽宁省内明长城的资源调查工作进行于 2007—2010 年，调查成果见于《辽宁省明长城资源调查报告》（下简称《调查报告》）。作为一项集体成果，这项调查较刘谦的工作更为系统、细致，对一些重要的堡城绘有详细的平、剖测绘图。但是，较之 20 世纪 80 年代，此次调查工作进行之时辽东东部堡城已经因为城镇化的发展而受到了较为严重的破坏，有些甚至已因为修建水库而被完全淹没 [2]，因此对堡城的调查不及刘谦全面。

从本部分辽东东部堡城研究的视角来看，虽然以上两项调查中前者得益于开展时间早而较为完整，后者得益于集体努力而较为科学、系统，均是重要的研究材料，但这两次调查并非没有遗憾。刘谦的工作由个人完成，难免力有不逮，尤其是他对堡城形制的测量工作存在一些明显的错误。《调查报告》则因为调查工作开展较晚，因城镇发展、水库建设等客观原因，无法对一些堡城进行实地调查。

目前，一批摄制于 20 世纪六十、七十年代的卫星影像可在一定程度上补以上两次调查的缺憾。这批影像由美军间谍卫星摄制于 1962 至 1970 年间，1995 年解密公开以供学术研究，但似乎一直未受到国内学术界的重视。2018 年美国地质调查局（USGS）发布了一款专门的搜索引擎，为学术界定位、下载这些影像数据提供了巨大方便。[3] 在这批卫星影像中，有大量拍摄于 1968 年的包含辽东东部沿边堡城的卫星影像，这批影像的拍摄时间较早，因此能够向我们展现刘谦在 20 世纪 80 年代也未能得见的堡城状况，是本文开展堡城微观研究的另一项重要材料。

根据笔者对这三份材料的比对（完整的比对成果见附录一），现将较为可靠的数据整理如表 4-1 所示。表中共包括堡城 23 座，占 36 座辽东东部沿边堡城的 63.9%，其余 13 座堡城因缺少可靠的资料在本节中不直接讨论。

1　刘谦．明辽东镇长城及防御考 [M]. 北京：文物出版社，1989: 罗哲文序．

2　如清阳堡在刘谦调查时尚能分辨出四至，在辽宁省文物局调查时却已地面无存了。

3　此卫星影像数据全称为：USGS EROS Archive – Declassified Data – Declassified Satellite Imagery – 1. 具体介绍及获取途径见：https://www.usgs.gov/centers/eros/science/usgs-eros-archive-declassified-data-declassified-satellite-imagery-1?qt-science_center_objects=0#qt-science_center_objects 访问日期：2020 年 6 月 4 日。

辽东东部沿边堡城形制 **表 4-1**

	始建时间	南北轴线方向	尺度[1]	周围	城门
清阳堡	成化五年（1469）	（约）南偏西4°	方形：（约）250·250		
镇北堡		南偏东54°	方形：200·200		南1
东州堡		南偏西22°	长方形：375·？[2]	周围四里六十步（《盛京通志》）	东1，西1（《盛京通志》）
马根单堡		南偏西9°	长方形：320·240	周围二里（《抚顺县志》）	东1，南1（《抚顺县志》）
清河堡		南偏东20°	近似长方形：510·580	四里零一百八十八步（《盛京通志》）	
碱场堡		南偏东13°	长方形：380·？	二里零九十步（《盛京通志》）	南1，西1（《盛京通志》）
叆阳堡		南偏东12°	东：长方形：380·410 西：近似长方形：170·280	东：三里一百二十步；西：一里九十步（《岫岩志略》）	东：西1、南1 西：南1
凤凰城堡	成化十七年（1481）	南偏西17°	方形：350·350	三里八十步（《盛京通志》）	南1（《盛京通志》）
新安堡	正德四年（1509）	南偏东12°	长方形：250·280	二里一百步（《岫岩志略》）	南1（《岫岩志略》）
洒马吉堡	嘉靖七年（1528）	南偏西22°	方形：300·300	一里六十步（《盛京通志》）	南1（《盛京通志》）
散羊峪堡	嘉靖二十五年（1546）	南偏东16°		一里零一百四十步（《盛京通志》）	南1（《盛京通志》）
一堵墙堡		南偏西15°	长方形：285·500	三里六十步（《岫岩志略》）	南1（《岫岩志略》）；东1 南1（《盛京通志》）
孤山堡		（约）南偏东25°	菱形：250·250	二里三十步（《岫岩志略》）	南1（《岫岩志略》）
险山堡		南偏西34°	长方形：210·300		
宁东堡	嘉靖四十三年（1564）	南偏东4°	方形：220·220		
（新）江沿台堡	嘉靖四十四年（1565）	南偏西19°	长方形：300·135		南1
旧大佃子堡		南偏西10°	方形：285·285		南1
孤山新堡	万历三年（1575）	南偏东2°	方形：285·285		
新奠堡		南偏东1°	方形：300·300		
宽奠堡		南偏西11°	近似长方形：（1100·900）		东1，南1，西1
大奠堡		南偏东10°（22° ）	平行四边形：200·310		西1
永奠堡		南偏东8°	方形：290·290		南1
长奠堡		南偏西32°	方形或长方形		

明代的堡城建设是否存在某种法式？辽东东部堡城大多是在无人居住的地方新建而成，这些堡城又大多是经由三次统一规划而筑成的，且每座堡城规模相近、作用相仿，所以这种法式很可能确实存在。

1 东西长度·南北长度，如果是平行四边形，则表示北墙长度·西墙长度。

2 东州堡、碱场堡因为遗迹只能辨认出北半部分，南北长度不能判断，故标注“？”号。

虽然受限于材料，我们难以肯定回答堡城建设是否存在法式，但经过以上整理，我们至少可以略微探寻辽东东部堡城营建的某些规律性质。

二、城垣形状与城内布局

辽东东部堡城的城垣形状以矩形（方形或长方形）为主。从表 4–1 所计的 23 座堡城来看，无论堡城建于何时，规模如何，绝大多数堡城的城垣形状都是矩形，少量为山水所限，要么整体压缩为平行四边形，要么局部调整一条边，呈近似矩形的形状。

关于这种以矩形为主的形态特征，前人已有讨论。李孝聪认为，相较于宋代的城址形态，明代的城址，尤其是平原地区的城址多为方形或长方形，约束规整，这只能是当权者意识的反映。明代在地方城市内敕建国家祭祀的坛庙，特别是正北城墙上建真武庙、东南城角建魁星楼等，“这些都是从城市布局规制上要求向传统礼制复归的举动。如果城墙不方正，则难以体现这些意念。”[1] 应该说，虽然李孝聪的观点是针对明代地方城市而发，但也适用于解释明代边疆的沿边堡城。综合刘谦和辽宁省文物局的调查成果，可以较为肯定地说，辽东东部堡城的北墙内侧中部，大多建有上帝庙。[2] 因此，堡城的城墙方正，或许也是受到了向礼制复归的意念的影响。但是，“向礼制复归”的意念只是明代城市形态演变的一种总体指向，礼制只是一种“意识观念”而非“制度规定”，所以只具有“导向性”而不具有“强制性”。反观辽东东部堡城，虽然多新建于用地狭促的山谷，它们的城垣形状却无一例外皆以矩形为祖，说明矩形城垣不仅是“向礼制复归”的导向性要求，也能够满足堡城运作的实际需要。

矩形的城垣形状能适应管理军士的需要。据王贵祥研究，明代新建的城池大多遵循着古代“里坊”的尺度规则来建造，周长 2 里的堡城大约可容四分之一个标准里坊[3]。李严在比较长城堡城与里坊的基础上，也提出军堡与里坊具有建筑学层面和社会学层面的一致性，它们的内部建筑和道路布局相似，人口管理的机构和方式也相似，两者是同一种聚落形态的不同表达。[4] 换言之，和里坊制下的矩形里坊一样，矩形的堡城城垣能够服务于“编户齐民（兵）”的需求。据考古调查，江沿台堡城址的内部布局极为规整，城内西部为校场和衙署区，中部和东部为军士生活区，发掘出的兵卒营房计有 11 栋，皆呈南北布置，长约 20 余米，宽约 5m，其中每栋营房分为 6 间左右，各间皆朝东开门，每间面积约 $20m^2$，皆有单独的灶、烟道和烟囱。[5] 军士集中居住于营房区，长方形的营房规整地联排布置，这实际上是军士编制方式的物质化体现。明代辽东镇虽未普遍实行保甲制度，但是军士编制却有着与保甲制度类似的章法，即以 5 人为伍，10 伍为队，每队设官 1 ~ 2 名。[6] 如果目前发掘出的 11 座营房已是

1 李孝聪．明、清时期地方城市形态试析 [M]// 武汉大学历史地理研究所．石泉先生九十诞辰纪念文集．武汉：湖北人民出版社，2007: 496－536.

2 “在堡城内，一般都在北部设有上帝庙一座。……有的称作“九天上帝圣母庙”，有的称作“上帝行宫”，有的称作“玄天上帝庙”等，虽名称不一，但供奉的皆是北方之神。……这些已成为当时修建屯兵城的一种制度，并把它和守御联系在一起。”刘谦．明辽东镇长城及防御考 [M]. 北京：文物出版社，1989: 141.

3 王贵祥．明代城池的规模与等级制度探讨 [M]// 王贵祥等．明代城市与建筑——环列分布、纲维布置与制度重建．中国建筑工业出版社，2013: 105－120: 118.

4 李严，张玉坤，李哲．军堡中的里坊制——一项建筑社会学的比较研究 [J]. 哈尔滨工业大学学报（社会科学版），2012(4): 27－30.

5 吴炎亮，徐政．明代江沿台堡城址考古发掘与营建初考 [M]// 吉林大学边疆考古研究中心．庆祝魏存成先生七十岁论文集．2015: 391－401.

6 肖立军．明代省镇营兵制与地方秩序 [M]. 天津：天津古籍出版社，2010: 291.

图 4-1 （新）江沿台堡现状（2019）

图片来源：黄玲玲拍摄

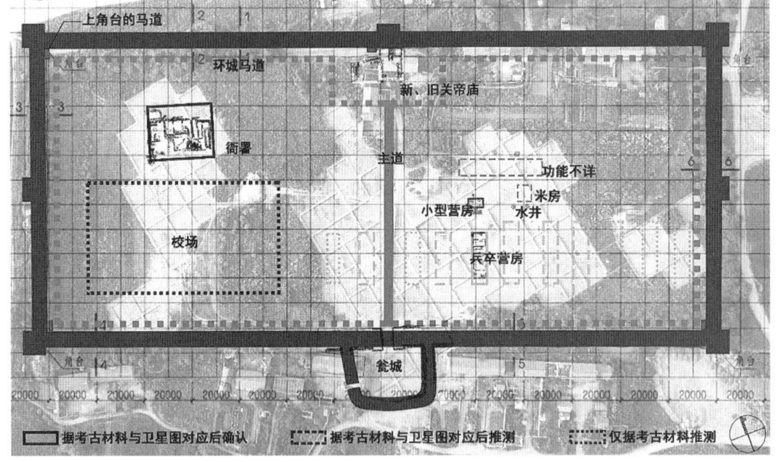

图 4-2 （新）江沿台堡平面复原示意图

江沿台堡中营房的全部，则共有营房约 70 间，据《全辽志》所载，嘉靖四十四年时江沿台堡驻有官军 380 余名，以此计算，则每间营房居有军士 5 ~ 6 名，这大约是一“伍”的军士数量。因此，军士编制的方式和城内营房的布置是基本对应的，而由此所产生营房的长方形形式和它们的联排布局，则又与堡城的矩形形状有着紧密的联系。换言之，除了礼制的要求，以矩形为主的城垣形状合乎高效管理军士的需要（图 4-1，图 4-2）。

此外，当既有城垣无法满足实际的需要时，礼制要求也并非不可突破的铁律。和地方城市一样，沿边堡城也有逐渐发展出城厢的实例。叆阳堡由东、西二城组成（图 A11c），有学者认为这二城的作用是“两堡并列，联手防御”，[1]这其实是“望形生义”了。实际上，叆阳堡之所以由东、西二城组成，并非因为军事防御的需要，而是出于增加居住空间的考虑。《辽纪》载：“御史徐濂巡按山东，乃条具辽东边事以闻，其略曰……叆阳堡周围三百四十丈，官军八百六十一人，碱场堡二百六十丈，官军四百七十二人，随住家丁非数所及，城小难容，宜展西厢，以便栖寄。”[2]徐濂此奏在弘治十七年（1503）夏，叆阳堡的西城（实际上是西厢）应在此奏之后兴建。也就是说，在成化五年（1469）叆阳堡初建之时，叆阳堡和其他堡城一样也只有一城（即后来的东城），到弘治十七年（1503），因为城内官军、家丁人数过多，不得不展筑西厢以供居住。可见，礼制的要求对堡城城垣形态的影响并不是决定性的，一旦实际的需求与礼制相悖，也可以对原有城垣进行增筑。

1 李严 . 明长城“九边”重镇军事防御性聚落研究 [D]. 天津：天津大学 , 2007: 92.

2 （明）田汝成 , 金毓黻 . 辽纪 [M]. 辽沈书社 , 1935, 18.

三、城门方位

从以上统计中，我们可以直接观察出城门方位的两点规律：①堡城的城门数量以 1 座为主，部分规模较大的堡城会开 2 门或 3 门。②堡城设门以南门为主，如果设有两座、三座城门，大多包括南门，其余为东门或西门，而基本不设北门。

对于这种城池建设中“喜南恶北”的现象，前人多有述及。有学者从风水观念角度解释这一现象，如三浦国雄认为，中国的城市大多不设北门，是因为在风水观念中，“杀气”会从北方径直侵入城市。[1]西蒙·J.盖尔也持类似的观点，他认为，将北方视为不吉利的方向是因为中国最初受到的入侵威胁正来自这个方向。[2]具体到明代的堡城，贾亭立认为明代卫城以下的边城之所以多不设北门，主要原因之一是这些城堡多设于北部边境地区，北边是主要的防御方向。

我认为，“喜南恶北”这一确实存在于堡城建设中的现象，只能从观念角度来解释，而不能从实际军事防御的角度来解释。明代的长城防御线大致沿东西方向延亘，南边为中国内地，北边为蒙古等游牧族群，但这种南北区隔的模式是就宏观地理版图而言的，并不意味着所有的边界区域都按照严格的南北方向而划分。在辽东镇，长城墙体的走向呈“M”形，辽东东部长城是这“M”形的东臂，它主要的防御方向是东方而非北方。所以，如果我们调整观察视野的大小，便可发现“北边是主要的防御方向”这一说法在辽东东部并不成立。从可以分辨遗存的堡城来看，辽东东部沿边堡城一方面大多不设北门，另一方面又大多在北墙内侧中部设上帝庙，这两者之间或许存在着某种因果关系。如前所述，上帝庙的设置是明代“向礼制复归”的建城观念的产物，在这种要求下，不设北门自然也是顺理成章之事了。因此，不设北门也是建城观念的体现，而非出于某种军事方面的具体考虑。

但是，与对城垣形态的影响一样，礼制的要求对城门方位的影响也不是绝对的。虽然从上表来看堡城确实以设南门为主，但也存在因为山水环境而不设南门的情况。例如清河堡规模较大，南侧紧邻清河，故不设南门而只设东、西、北三门。[3]大奠堡因受山谷宽度限制，东西方向窄，故只设西门而不设南门。

可见，堡城设门方位并不完全由“喜南恶北”的观念决定，而是可以根据实际的情况进行调整的。不仅如此，辽东东部也存在堡城建成之后增设城门的情况。《辽纪》载：“御史徐濂巡按山东，乃条具辽东边事以闻，其略曰……凤凰城、清河、东州、马根单四堡止有南门，艰于趋避，亦宜别作西门。”[4]凤凰城堡始建于成化十七年（1481），清河、东州、马根单三堡始建于成化五年（1469），此时（弘治十七年，1503）已因为实际使用上的不便（“艰于趋避”）而需要增设城门，说明城门的建设不仅是受礼制要求的影响，也受到实际使用需求的制约。

1 （日）三浦国雄，毛纲毅旷．风水与城市形象 [M]// 王其亨．风水理论研究．天津：天津大学出版社，1992: 375.

2 （英）西蒙·J.盖尔．方位与建筑环境 [M]// 王其亨．风水理论研究．天津：天津大学出版社，1992: 360.

3 《盛京通志》“清河城”条记载此堡开东、西、南、北四门，但据刘谦实地调查，未设南门。而考 1968 年卫星图，图中清河堡南墙连续未有中断，故本文取信刘谦的观点。见：刘谦．明辽东镇长城及防御考 [M]. 北京：文物出版社，1989: 123.

4 就上一节的整理来看，徐濂对这四堡“止有南门”的描述是不准确的，其中，清河堡无南门，马根单堡设有东门。笔者认为徐濂的表述只是为了强调增设城门的必要性，城门的方位细节则被他简化了。（明）田汝成，金毓黻．辽纪 [M]. 辽沈书社，1935：18.

四、南北轴线方向

在辽东东部堡城建设中，与方位有关的另一重要内容是南北轴线的方向。[1] 作为规模最小的一类有墙的城，堡城的城垣形态与内部建筑布局的关系最为直接，轴线方向大多即是堡城中的干道方向，而干道的方向则又与城内建筑的布局、朝向等直接相关。如江沿台堡中，兵卒营房、城南主干道均与该城的南北轴线方向平行。其次，因为多建于狭窄山谷之中，山水形态会直接影响堡城城垣的设置，从而影响堡城的轴线方向。

从遗存来看，辽东东部各堡城的南北轴线方向均会向东或向西有不同程度的偏转。根据表 4–1 整理，辽东东部可由遗存辨识出轴线方向的堡城共有 23 座，它们的轴线偏转情况如图 4–3：

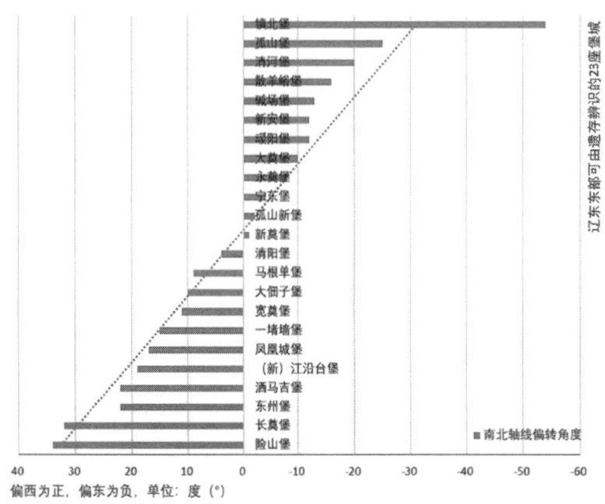

图 4–3　辽东东部沿边堡城南北轴线偏转角度统计

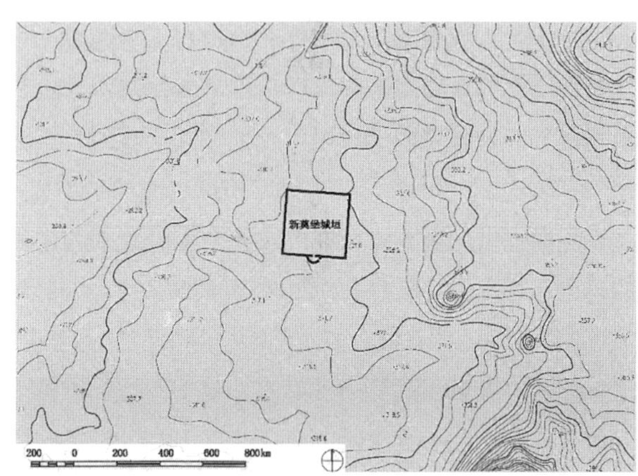

图 4–4　新奠堡所处地形

图 4–3 所呈现的轴线方向的情况有以下两个特征：① 23 座堡城的轴线的中值是正南，即偏转角度接近于零。②轴线偏转的情况基本上是以正南为中心向东、西均匀摆动，偏转角度分布平均，不存在明显的集中。[2] 相较于都城或府、州城的轴线研究，堡城轴线研究受限于相关历史文本的稀少而难以展开进一步的分析，但我们至少可以对以上两个特征做一定讨论。辽东东部堡城的建设并不存在对某一特定方向的偏好，所以轴线偏转角度才会分布得如此平均。换言之，对堡城建设者而言，只要堡城的中轴线大致朝南，在一定范围内无论是偏东还是偏西、偏多还是偏少，并无定制。

实际上，在辽东东部山地，有诸多因素可能会影响堡城轴线的偏转。例如风水观念对堡城周边微观山水格局的要求、防止河水冲毁城墙的考虑、山谷形状对堡城城垣的物理限制、具体的军事防御策略，等等。其中，山谷形状的物理限制或许是最为主要的影响因素，[3] 因为从目前掌握的堡城情况来看，所处地形最为平坦、用地最为宽裕的堡城，轴线方向一般更接近正南。新奠堡和孤山新堡即是两例（图 4–4）。

1　严格意义上的南北轴线只存在于方形和长方形的堡城，对于平行四边形和形状不规则的堡城，其南北轴线方向需要另外定义。在本文中，取南墙中点与北墙中点的连线为平行四边形的南北轴线方向（如大奠堡和孤山堡），至于一些近似于正方形而仅有一边较不规则的堡城，则以它所近似的正方形的南北轴线为准（如宽奠堡和清河堡）。

2　必须要说明的是，在目前的城市研究中，对于东西偏转角度在多少以内才能给被称为“南北轴线”并无严格的定义。在本文中，镇北堡的“南北轴线”向东偏 50 多度，事实上更接近“东西轴线”，但此城仅有东南处设门，而堡城又多设南门，故仍本文仍将此门视作“南门”，将过此门的轴线视作“南北轴线”。

3　个人学识和历史记录所限，其他的影响因素暂难以全面展开。

五、小结

通过对辽东东部堡城城垣形状、城门方位、轴线方向的统计、分析，我们发现，作为辽东镇长城防御体系中最低一级的城池，观念的因素确实影响了堡城的建设，但观念并不是一种必须严格遵照的指导，堡城中生活、军事方面的实际需要往往更为重要。

第二节 联动方式

一、城城相连：相邻堡城的五种模式

于连在审视中国战国时代兵法观时曾提炼出“产生于布局的潜能”（un potentiel né de la disposition）这一概念，并指出中国传统兵法论最常使用“势”这个字来表达这一概念。[1] 在辽东镇长城研究中，有学者也用“势”这一概念来解释长城军堡的配置依据，提出不同级别的长城军堡布置于不同冲缓等级的要害之地，即为这种“势”的观念的体现。[2] 用“势”来解释长城防御体系的布置方式，当然是一种确实贴近古人视角的研究角度，问题在于，“势”这一概念本身就是对多种影响因素的整合式描述，所以在运用这一概念进行分析之前，必须首先说明“势”究竟体现于哪些方面，否则我们的分析将失去理论上的价值。该学者由“势”这一概念而引发的对各等级军堡配置依据的讨论，实际上关注的是单个军堡与所处位置的关系。但是，正如于连所提炼的，“势”与布局有关，所以在布局中的各种单元如何配置当然重要，但是各单元之间如何联系、如何组成一个具有“势”的整体，也同样值得关注——在长城防御体系论的语境中，后一个问题其实更为重要。

如前所述，沿边堡城的基本防御模式是“小警自为堵御，大敌互为应援”[3]，而正是在这种城城相连的模式组织之下，沿边堡城才能与长城墙体一起构成一道线性展开的防御界面。在这种防御模式中，每一座堡城都不是孤立地发挥防御功能的，因此相邻堡城的位置关系才是实现这种联动防御方式的基本单元，也是长城建设的主持者们在决定沿边堡城选址时的重要考虑之一。

相邻堡城位置关系的最直接表现是它们之间的距离。事实上，堡城间的距离也确实是明朝官方衡量沿边堡城工程耗费和防御强度的重要尺度。例如弘治十四年时镇守大同太监陆訚奏请在大同小边内每三十里筑一堡，内设衙门、仓场等，并令官军千人驻屯。兵部复议，认为可如辽东例，每四十里择地增筑一城，各容千人。[4] 在这里，陆訚和兵部的主要分歧点在于堡城的间距，陆訚申请每三十里筑一城，兵部批准每四十里筑一城。可见，相邻堡城距离是此类工程建设的决策重点之一。

对相邻堡城距离的重视，实际上表明了决策者们对相邻堡城之间位置关系的关注。目前学术界对沿边堡城的研究，多是在长城防御体系研究的框架之下，强调诸多堡城与中心城所形成的放射状关系，

---

1 （法）余莲．中国的效力观 [M]. 卓立译．北京大学出版社，2009: 6. 此书译者将这一概念译为“有效力的布置会产生可能性”，此译法是意译，但词义缠绕，偏离原文，笔者认为直译为“产生于布局的潜能”即可。

2 实际上，这部分研究的主要方法是列表整理《九边图说》中对辽东各军堡所处冲缓之地的描述，并总结规律。魏琰琰．分统举要，纲维秩序——明辽东镇军事聚落分布及防御变迁研究 [D]. 天津：天津大学，2016: 150－158.

3 此为熊廷弼语，转引自：孟森．明史讲义 [M]. 上海：上海古籍出版社，2019: 316.

4 《明孝宗敬皇帝实录》，卷 173，3834 页，弘治十四年四月癸未。

对堡城间位置关系的研究则止于"相距三、四十里""各负责一段长城防御"之类的描述，而未能深入发掘堡城之间"小警自为堵御，大敌互为应援"的内在机制。在本节中笔者将以辽东东部沿边堡城为例，尝试对这种机制进行一定探索（表 4–2）。

相邻堡城的五种模式

表 4–2

类型	特征	示意图	实例
分守相邻道路	两堡相对独立，均由高级城应援	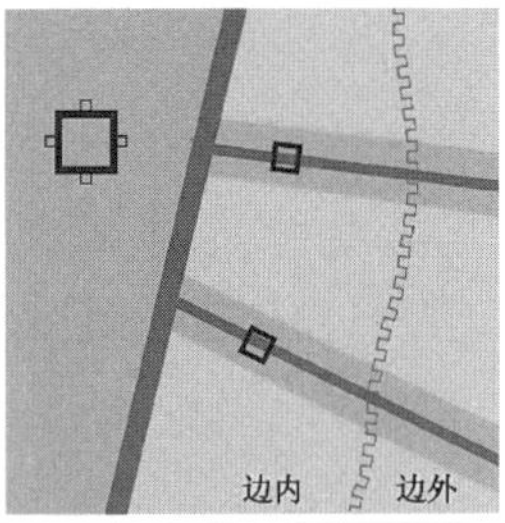 边内　边外	
共守一条道路	两堡间道路通畅，互相应援	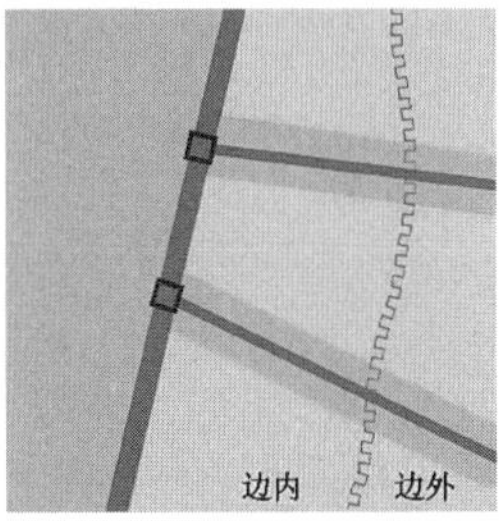 边内　边外	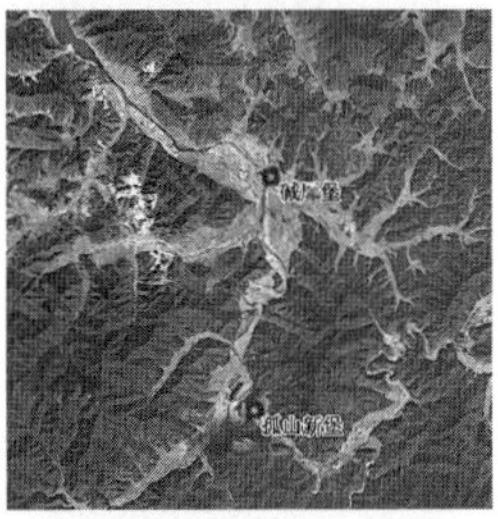
共守一片谷地	两堡分列于一片宽广谷地的两端	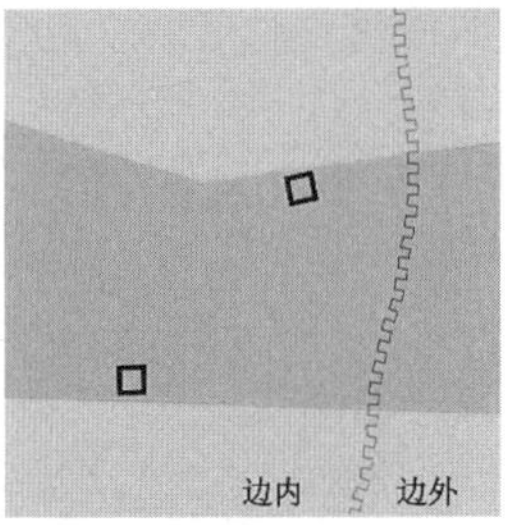 边内　边外	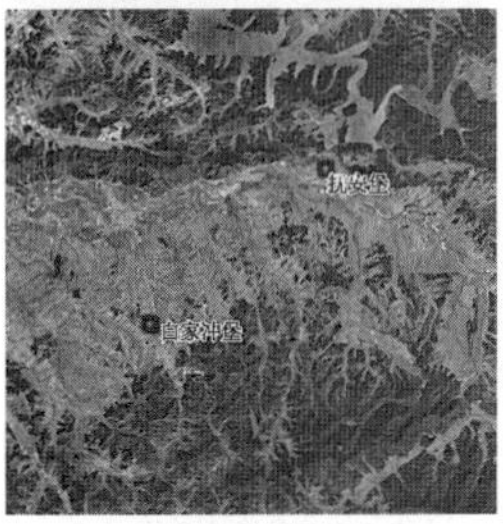
协守主次道路	一堡防御主要道路，另一堡防御支路	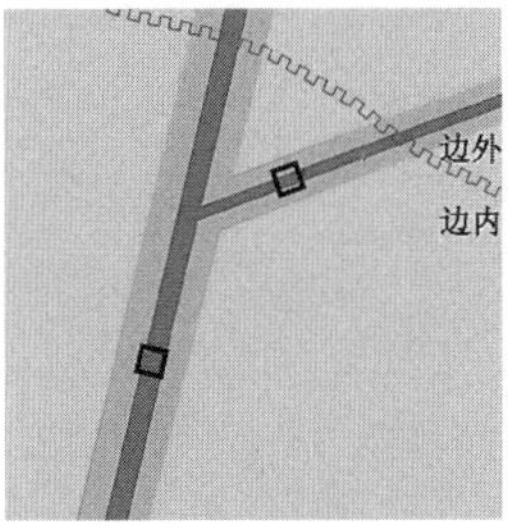 边外　边内	
一堡专司支援	相邻两堡相对独立，由第三堡应援	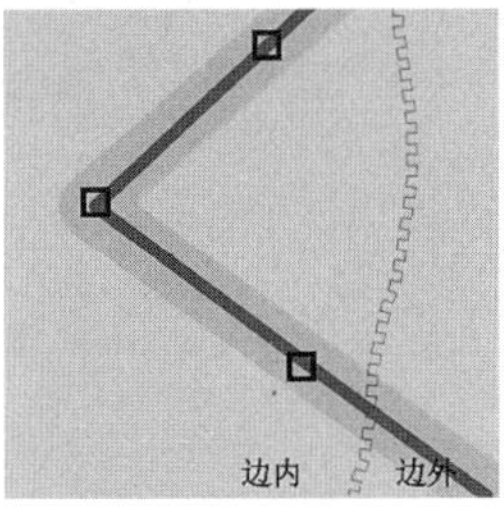 边内　边外	

图例：高级城　堡城　道路　谷地　山岭

出于构建长城防御线的需要，在历次修筑中，沿边堡城基本上线性分布于长城墙体沿线。这种线性分布的方式是辽东东部长城的常态。另一方面，辽东东部的地形以山地为主，边墙与沿边堡城均位于山林之间，而因为不同堡城所处微观山地地形的差异，在线形分布的常态下相邻堡城位置呈现出了多种不同的关系。

（1）分守相邻道路

辽东东部山林密布，其中纵横交错的山间河谷是往来边墙内外的主要通道，在山间河谷建置堡城以守卫出入通道是辽东东部沿边堡城防御的主要方式。其中，最为常见的是相邻堡城分守相邻道路。

在这种关系中，相邻的沿边堡城间的直线距离虽然常常只有 20 余里，但受山峦阻隔，两堡兵马难以互相应援，因此两堡之间是相对独立的。在辽东东部，这种关系多见于北段长城。如本部分第三章所述，这段长城中的沿边堡城多是为了增加卫城、所城等高级城的防御纵深而设，因此虽然堡城间难以应援，高级城与堡城却有着明确的应援关系。

事实上，这种由高级城应援沿边堡城，堡城间则相对独立的关系，是由这些堡城的设立目的决定的。辽东东部长城北段的沿边堡城，多依托于卫所，是为了拱卫卫所而设，因此与卫城、所城之间均有较为直接的道路连接。在这种条件下，堡城之间的相互应援也就不再必要了。

这种关系较为典型的实例是靖安堡和松山堡。靖安堡始建年代不详，不晚于嘉靖七年（1528），位于开原以东 21km；松山堡建于景泰四年（1453）以前，位于中固城以东 14km。两堡虽只相距 18km，却有海拔 400 余米的分水岭横亘其间，因此一旦有警，两堡只能分别依靠开原城和中固城的兵马应援，相互之间策应难及。

（2）共守一条道路

除分守相邻道路以外，相邻堡城的另一种常见关系是共守同一条道路。在这种关系中，相邻堡城分布于同一条狭长谷地上，对此条谷地进行分段防守。因为有谷地连接，两堡之间道路通畅，因此互相之间得以方便地应援。

在辽东东部，这种关系主要见于中段和南段长城。这两段长城中的沿边堡城远离高级城，有警时难以得到高级城的及时应援，因此保证相邻堡城间的道路通畅就成了选址时必须要考虑的因素。例如清河、一堵墙、碱场三堡，便是这种关系的典型例证。清河、碱场二堡建于成化五年（1469），是韩斌在辽东东部展边拓地时所筑，这两堡相距 30km，之间有连续的河谷连接，因此一旦有警兵马可由此驰援。一堵墙堡建于嘉靖二十五年（1546），位于两堡间谷地的中间地带，往北可援清河堡，往南可援碱场堡，有效缩短了堡城间地应援距离。这三堡共处同一条南北走向的谷地，形成了一条可相互应援、独立于高级城的沿边堡城防御带。

分守相邻道路和共守一条道路是辽东东部沿边堡城中主要的两种关系，但仍有两组相邻堡城的关系难以归入此两类。这两组堡城的特殊关系在辽东东部虽是孤例，但所表现出的布局意图是较为明确的，所以值得在此有所区分。

（3）共守一片谷地

抚安堡和白家冲堡这两座相邻堡城共处同一片谷地的北部和南部，是共守一片谷地的孤例。抚安堡建于成化十八年以前，过此堡可至铁岭卫城；白家冲堡建于嘉靖二十五年左右，过此堡可至汎河所城。这片谷地地势平漫，东西长约 20km，南北宽度在 6 ~ 10km 之间，在辽东东部山地中较为辽阔，而谷地迤西十数公里即达铁岭卫、汎河所和懿路所等处。抚安、白家冲两堡分守南北，相距约 10km 联络顺畅、声援易接，起到了扼守这一卫二所之门户的作用。万历四十六年（1618），白家冲堡和抚安堡被努尔哈赤同时攻破，也可以佐证此两堡在军事防御上的一体性。[1]

（4）协守主次道路

在前述三种关系中，相邻堡城间均是互相平行、对等的关系，而镇北堡和威远堡这两座沿边堡城之间，却存在着明显的主次关系。威远堡建于正统七年（1442），处在大清河所流经的谷地之上，西南17公里可直达开原，具有扼守开原东北门户的作用。镇北堡建于成化五年（1469）至成化十八年（1482）之间，位于大清河支流，是对大清河上游军事防御的局部加强。这两堡中，威远堡处于大路，是开原城的前线，具有主要的防御作用，镇北堡处于支路，是威远堡的前线，起次要的防御作用。

（5）一堡专司支援

以上四种关系所涉及的堡城，皆是紧邻边墙线、具有守卫边墙职责的堡城，而在辽东东部沿边堡城中，还有一类沿边堡城没有守卫前线之责，但也不像腹里堡城一样只屯驻有极为少量的官军，而是屯有官军数百，专门负责支援最前线的沿边堡城。

洒马吉堡与碱场堡、叆阳堡之间便是此种关系。碱场、叆阳二堡建于成化五年（1469），中有千山余脉阻隔难以相互应援。洒马吉堡添设于嘉靖七年（1528），到嘉靖十六年（1538）时驻有官军461员，与碱场堡所驻官军数量相同。在辽东东部长城的北段，虽然有些相邻堡城也如碱场、叆阳一样被山脉阻隔，但却可以得到附近高级城的直接应援，而碱场、叆阳二堡却“孤悬境外，距离辽阳三四百里”。相关史料均没有涉及洒马吉堡的添设原因，但从以上分析可以看出，添设洒马吉堡的主要原因应是支援碱场、叆阳二堡。此外，碱场、叆阳二堡距离边墙仅数百米，洒马吉堡却距离边墙25公里，显然并不担负守卫边墙之责。造成这种现象的原因是碱场、叆阳之间山势较为陡峭，缺少堪以立堡的适中地带，因此洒马吉堡不得不选址于远离边墙的地方。[2]

除洒马吉堡以外，嘉靖四十四年以后的汤站堡也具有不守边墙而专司支援的性质。在宁东堡新建、江沿台堡移建以后，汤站堡已不再临边，但并未像凤凰城堡那样大量裁撤军士，[3] 而是仍然驻有三百余员官军，起到在边内支援险山、宁东、江沿台三堡的作用。

以上五种类型基本能够囊括辽东东部所有相邻沿边堡城的关系，其中，分守相邻道路和共守一条道路是辽东东部沿边堡城相互关系的最主要类型。前一种关系主要出现于北段，此处堡城之间多被山脉阻隔，主要依靠所属高级城的支援。后一种关系主要出现于中段和南段，此处堡城虽然也位于崇山峻岭之中，但它们大多选址在可相互联络的谷地，因此彼此之间便于应援。

在长城防御体系中，每一座沿边堡城都专司一片区域的守卫，而这片区域同时对应着一段边墙段落，因此沿边堡城的分布才会呈现出沿着边墙内侧线形展开的状态。但是，至少在辽东东部，沿边堡城的分布路线并不是由边墙的走向决定的，在有些区域甚至是先建沿边堡城而后才添设边墙。沿边堡城之所以会形成线形的防御界面，根本上是因为在建堡立墙之前，明代的主事者们已经大致划定了内、外

1 “丁未，奴酋攻陷抚安、三岔口儿、白家冲三堡。”《明神宗显皇帝实录》，卷570，13425页，万历四十六年五月丁未；此事又见于《清实录》，但清朝称白家冲为“花豹冲”：“上率诸臣统兵征明，丙午进边，克抚安堡、花豹冲、三岔儿堡，所克大小堡凡十一。”《清太祖高皇帝实录》，卷10，290页，天命元年五月甲辰.

2 嘉靖二十五年（1547），碱场、叆阳之间又添设孤山堡，此堡虽距离边墙较近，但并不位于碱场、叆阳之间的适中地带，而是偏于碱场堡一侧。

3 此时，凤凰城堡已从嘉靖十六年时的415员官军裁撤至113员。

区分的界限，无论是建边墙或是建沿边堡城，都只是实现这种区分的具体策略而已。而建立边墙并沿边按照一定距离建立堡城，则是展开防御界面、布置驻守兵力的一种高效方法。

这种布置的问题在于，在漫长的防御界面上几乎平均地布置兵力，虽然能够实现防线的完整与连续，却容易因为兵力的分散而无法应对大规模的入犯。因此，城与城之间如何相互支援是一项规划沿边堡城布局时必须要考虑的重点。在辽东东部长城北段，一方面受限于地形，另一方面距离高级城较近，沿边堡城多由高级城支援。这种以临近的高级城支援沿边堡城的模式，在辽东西部、中部也是最为主要的方式。一些学者将长城防御体系城池分布的基本模式提炼为由中心城放射状辐射出更低等级的城，从军事支援的角度来看，辽东东部长城的北段和辽东西部、中部，这种模式是确实存在的。但是在辽东东部的中段、南段，因为距离高级城较远，沿边堡城主要依靠的是彼此间的相互支援而非高级城的支援，成化以后明朝对此处沿边堡城的若干次补筑，也均是在强化这种堡城之间的支援关系。《辽东志》《全辽志》对城池间策应关系的记录也证明了中段、南段堡城的特殊性。

二、山间谷地：堡城的微观选址

除了堡城间的相互关系，堡城选址时还需要考虑基址所处的微观山水环境。

辽东东部沿边堡城最为显著的选址特点是所有堡城均位于山间谷地。章生道认为，中国人喜欢择址于地平之处，或许是因为偏爱正方形或矩形的城垣。[1] 确实，辽东东部 36 座沿边堡城不仅均位于谷地，也均呈现出正方形或矩形的平面形态。但是，如果我们将视野放宽，便会发现在堡城选址这一问题上，对正方形和矩形的偏爱并不是决定性的。李严通过考察山西、陕西的明代长城军堡，将军堡选址与地形的关系提炼为四种，其中之一便是“居高山上、扼守山谷”，[3] 在这一类型中，堡城选址于山顶，它们的平面也多不规则。可见，对正方形和矩形城垣的偏爱虽然确实存在（所以辽东东部这些位于平地的堡城均呈现出正方形或矩形的平面形态），但是不能说择址于平地是受到这种偏爱的驱动（因为还是存在一些堡城择址于山顶且平面形状不规则的情况）。换言之，辽东东部沿边堡城之所以均择址于山间谷地，不能简单地用追求正方形或矩形的平面形态来解释，而需要引入更多的考量因素（图 4–5）。

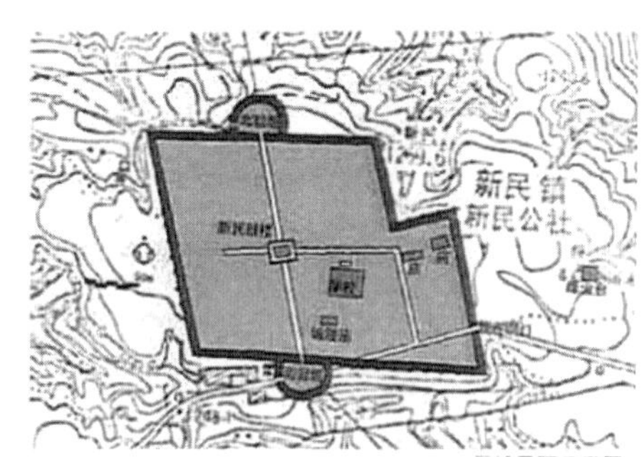

图 4–5　榆林镇镇羌堡平面示意图 [2]

相较于山顶或山腰，将堡城建于谷地具有以下两个可能的优点。

第一，建堡于谷地可以方便控制“通贼道路”。在《辽东志》与《全辽志》中，每一堡城条目下都有对堡城附近“通贼道路”的记录，如《辽东志》中东州堡条下记有“五味子冲、塔儿山空通贼道路”[4]，

1　李严 . 明长城“九边”重镇军事防御性聚落研究 [D]. 天津：天津大学 , 2007: 80.

2　章生道随之补充道“在多山的地区，受地形限制，平地很少，为了把必要的平地面积围入城内，也就顾不得正方形或矩形的理念了。”（美）章生道 . 城治的形态与结构研究 [M]//（美）施坚雅 . 中华帝国晚期的城市 . 王嗣均译 . 北京：中华书局 , 2000: 84－109.

3　李严 . 明长城“九边”重镇军事防御性聚落研究 [D]. 天津：天津大学 , 2007: 79－90.

4　（明）任洛重修 , 金毓黻辑 . 辽东志 [M]. 辽沈书社 , 1985: 卷三・沿边城堡墩台・东州堡 .

图 4-6　清河堡与山谷的位置关系

这说明堡城中的守军对于附近“通贼道路”有守御之责。“通贼道路”，即边界汉人与女真族群的往来交通道路，这些道路实际上是辽东东部山地中相互连通的一些谷地。而堡城之所以能够起到守御“通贼道路”的作用，一方面是因为堡城中驻有可以作战的官军，另一方面则是因为堡城的城墙本身起到了扼守山谷的作用。辽东东部沿边堡城中，有一些堡城择址于河谷中央，通过实体占据的方式将原本较为宽阔的河谷分割为狭窄小道，降低了守御难度。比如清河堡所处谷地南北宽度仅有 760m 左右，而清河堡的东、西城墙却长达 570m，几乎截断了山谷交通。可以推测，清河堡建成后，所有人员都须穿过堡城，接受核验，才能通过（图 4-6）。

第二，建堡于谷地可以方便屯田。山间谷地多是由山川冲积而成，对明代堡城中的戍边官军而言，屯田耕种是军事操练之外最为主要的活动。东州、马根单、清河、碱场、叆阳五堡建成之后，堡内军士的行粮原由海、盖诸卫余丁输送，成化十二年（1476）明朝给五堡内 2900 余军士每人拨近堡闲田 50 亩，命将所收籽粒留作行粮而不再由海、盖输送。[1] 拨田供守堡军士屯种的现象在辽东东部一直持续到万历年间，如宽奠六堡建成之后的第一件事便是移住军士，每军拨给 50 亩屯种。[2] 将堡城建于谷地，可以让军士方便地到达平坦可耕的土地，此外，辽东东部的谷地几乎都有河川流经，所以择址谷地必然就会靠近水源，这也有利于军士屯种。

除了以上两个因素之外，决定堡城选址的更为重要的因素是堡城本身的社会属性。辽东东部堡城

1　“整饬边备兵部右侍郎马文升言：辽阳东山新添东州、马跟（根）单、清河、碱场、叆阳五堡，孤悬境外，距辽阳三四百里，山林深阻，人迹罕到。其守堡军士行粮令海、盖诸卫余丁转运，每石费银一两之上，此于辽阳关支任负，凡五六日方得至堡，遂有缘此他往者。况无军民耕种，客商报纳缓，及急无备。五堡马步军共二千九百九十一名，除月粮外，人支行粮四斗五升，欲将近堡闲旷田地每军拨给五十亩，并牛价银一两，令其买牛，且耕且守。一年之后，将所收子粒准作行粮，其卫月粮米钞中半兼支。虽曰前费银颇多，而一年所省行粮足偿其数，且所种余有愿于本仓上纳者，如例给银，更鄙别储以备急用，此外脱有脱，小警量支行粮，事宁即止，如止则不劳输运边用。自给事下户部复议，以为所言耕守良法，宜行镇巡总兵等官审实无碍，一如所言，仍令拨给之外别有余地，如例分给余丁种纳，则地无遗利，兵备不虚矣，从之。”《明宪宗纯皇帝实录》，160 卷，3525 页，成化十二年二月壬辰。

2　“户部覆奏苏（蓟）辽总督侍郎杨兆陈条筑宽奠等六堡水书事宜二事：一谓军夫作塞外，远赴良苦，议重加口粮盐酱。一言各堡山林丛密，土地膏腴，堡成之日先尽移住军士，每军给地五十亩，听其开垦耕种，永不起科；将官、堡官养廉，菜地量行拨给，不许多占；有剩余地方许军丁及附近居人给帖领种，三年之外照屯田纳粮事例起科，以备军七月粮，及通造总册送部以备稽查，从之。”《明神宗显皇帝实录》，卷 34，987、988 页，万历三年正月己未。

虽然大多孤悬边境，但它们并不是孤立的城寨，虽然军事镇守是它们的主要职能，但不能因此而无视其中其他社会生活的存在。军粮输送、开中贸易、公文传递、教育信仰，都决定了沿边堡城位于一张庞大的社会网络之中，也正因此，尽管辽东东部堡城所处的地理环境是延袤千里的山野，山间平地仍然是择址时的首要选项。

三、边墙和烽燧：沿边堡城的预警机制

军事防御是堡城的首要功能，一旦择址于谷地，随之而来的问题便是谷地视野狭窄，难以预警。这一问题的解决方案是在沿边堡城和边墙之间修建一系列的烽火台（或称烽燧台）。

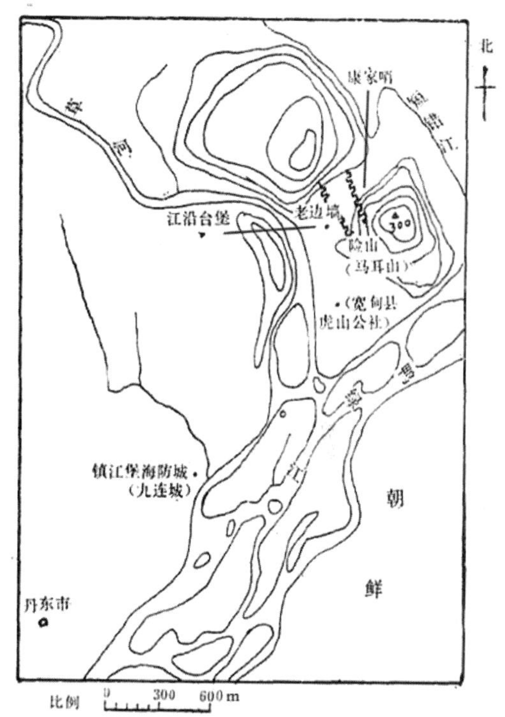

图 4-7　康家哨、老边墙、江沿台堡位置关系图

底图来源：刘谦，《明辽东镇长城及防御考》，第 26 页

烽燧系统的运作主要依赖于烽火台之间的视线相通。用烽燧来传递军情是一种自汉代延续至明代的通行做法，概而言之，其方式是“昼则燔燧，夜则举烽”[1]，即一旦前线烽火台上的瞭守官军发现敌情，白天用烟来传递信号，夜晚则通过火光来传递信号。[2] 因此相邻烽火台之间的可见性，是军情能够持续向堡城等集中驻军处传递的关键。在当前的研究中，关于明代传烽机制的研究也大多是从视域分析的角度展开的。其中，最具有开创性的成果是东南大学汪涛的硕士学位论文。[3] 汪涛运用 GIS 软件的辅助，通过清晰的图示揭示了明代大同镇段长城中烽火台选址和自然地理环境的关系。[4] 汪涛运用 GIS 软件进行视域分析的研究方法和以此得出的相关结论对本文的研究具有启发意义，本文将以此为基础，探究烽火台获得军情、军情从前线传递到沿边堡城的具体方式。

在下文中，笔者将以老边墙长城至江沿台堡的传烽路径为例，来说明从遇敌前线到沿边堡城之间烽燧系统的有效性。选择这段传烽路径作为研究对象主要基于以下两点原因：（1）经过 2007—2010 年辽宁省文物局的调查，辽东东部烽火台的地理坐标已大致清楚，其中仍有缺漏，但江沿台堡一带的烽火台数据是基本完整的。（2）江沿台堡守卫老边墙的责任关系是明确的。一方面，江沿台堡是距离老边墙最近的沿边堡城；另一方面，据时任巡按御史李辅记载，嘉靖四十四年（1565）将江沿台堡移

1　（汉）班固撰，（唐）颜师古注 . 前汉书 [M]. 钦定四库全书本：卷四十八，师古注文 .

2　到明代，除了燔燧、举烽以外，还可鸣炮，且鸣炮次数与敌人数量正相关，但燔燧、举烽仍然是最基本的方式。关于自汉至明烽燧制度的发展，可参见：汪涛 . 明代大同镇长城与自然地理环境关系研究 [D]. 南京：东南大学 , 2010: 86 - 87.

3　汪涛 . 明代大同镇长城与自然地理环境关系研究 [D]. 南京：东南大学 , 2010.

4　针对位于山地的烽火台的选址和布局，汪涛指出这些烽火台的选址主要受视域因素的影响，山地地形起伏大，因此烽火台必须布置得较为紧密才能满足预警及传递军情的需求。

至今址的直接目的是“单以防备康家哨”，[1] 而据刘谦考证，老边墙长城所控隘口就是康家哨。[2] 因此，在嘉靖四十四年以后，明军确实有从老边墙至江沿台堡传烽的需要。

老边墙长城、江沿台堡和附近烽火台的位置坐标见表 4–3。

老边墙长城、江沿台堡和附近烽火台的位置坐标 表 4–3

名称	位置	中心点坐标	高程	资料来源
老边墙长城	位于宽甸县虎山镇，南距老边墙村委会1100m	东经：124° 30’ 35.77” 北纬：40° 17’ 33.87”	60m	宽甸长城资源调查材料
老边墙西山烽火台	东距老边墙长城西约400m	东经：124° 30’ 11.90” 北纬：40° 17’ 35.42”	158m	宽甸县文物工作人员指认
豺狼沟烽火台	位于老边墙村五组豺狼沟口北100m的山脊上，西北距石城遗址2500m	东经：124° 29′ 37.90″ 北纬：40° 16′ 45.40″	90m	宽甸长城资源调查材料
冒气顶烽火台（栗树园村东山烽火台）	位于宽甸虎山乡栗子园村大顶子山的山峰上，西南与栗子园村相距1000m	东经：124° 31′ 18.30″ 北纬：40° 16′ 06.10″	311m	宽甸长城资源调查材料
石城烽火台	丹东市振安区楼房镇东城村炮台山顶部	东经：124° 27′ 22″ 北纬：40° 16′ 44″	105m	第三次文物普查不可移动文物
江沿台堡（石城遗址）	丹东市振安区楼房镇东城村村东400m的平地上	东经：124° 27′ 16″ 北纬：40° 17′ 11″	16m	全国重点文物保护单位记录档案
虎山前烽火台（虎山西山烽火台）	位于虎山主峰西500m山脊上	东经：124° 30′ 39.90″ 北纬：40° 13′ 17.20″	53m	宽甸长城资源调查材料
前台子烽火台（虎山四队烽火台）	位于宽甸虎山乡虎山四队东侧50m的台地上	东经：124° 31′ 16.90″ 北纬：40° 13′ 56.20″	46m	宽甸长城资源调查材料

老边墙西山烽火台、豺狼沟烽火台、冒气顶烽火台、石城烽火台、虎山前烽火台的视域范围如图 4–8 ~图 4–15。[3] 其中，绿色范围表示明朝官军站在烽火台上时的可见范围，红色表示不可见范围，从烽火台发出的直线所指向的是可见范围内的其他烽火台或堡城。例如，老边墙西山烽火台的可见范围内有：康家哨、老边墙长城、冒气顶烽火台、虎山前烽火台、豺狼沟烽火台和石城烽火台。

图 4–8　江沿台堡 – 老边墙一带卫星图

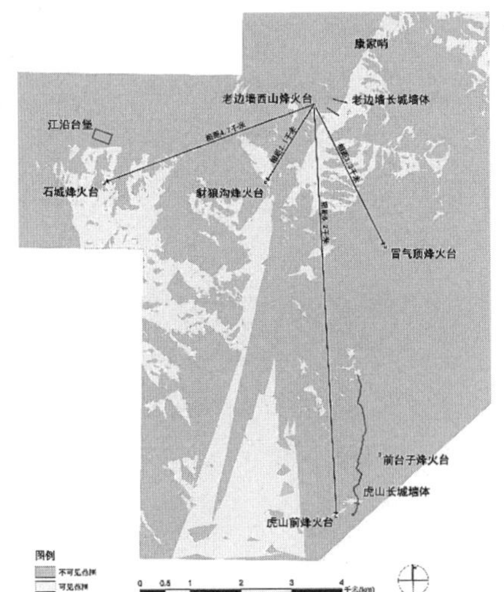

图 4–9　老边墙西山烽火台视域分析图

如前所述，如果康家哨有警，敌

1　李辅，《补议经略东方未尽事宜以安边境疏》，见于：（明）李辅纂修 . 全辽志 [M]. 韩钢点校 . 北京：科学出版社，2016: 476.

2　刘谦 . 明辽东镇长城及防御考 [M]. 北京：文物出版社，1989: 128.

3　这五幅底图由 ArcGIS 软件中可见性分析工具计算后得出，地形数据由宽甸满族自治县文化广播电影电视局提供，等高距为 5m。

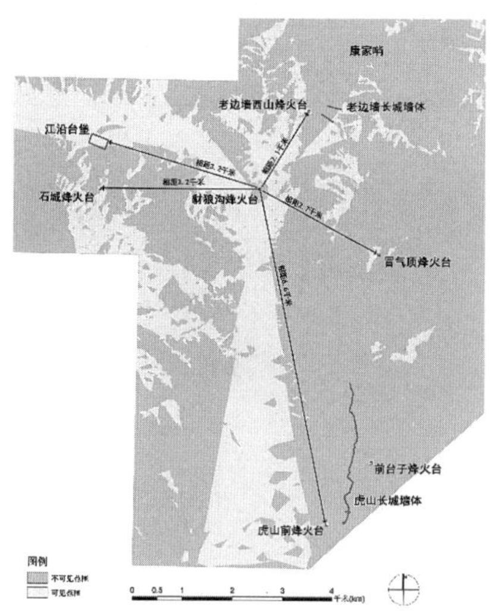

图 4-10　豺狼沟烽火台视域分析图

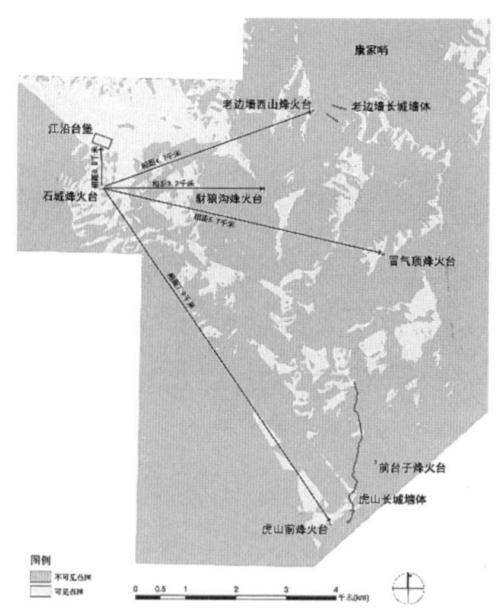

图 4-11　石城烽火台视域分析图

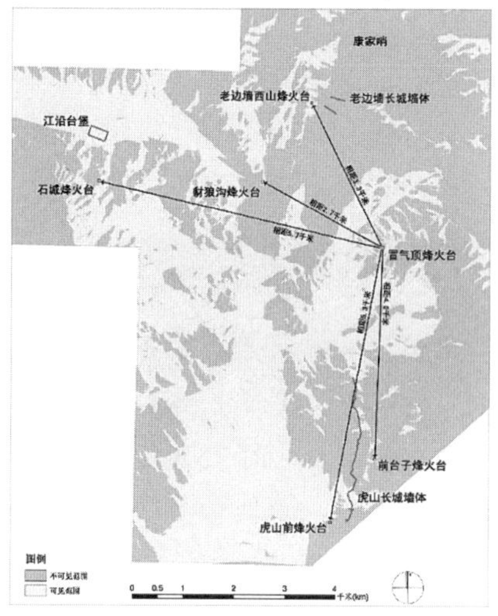

图 4-12　冒气顶烽火台视域分析图

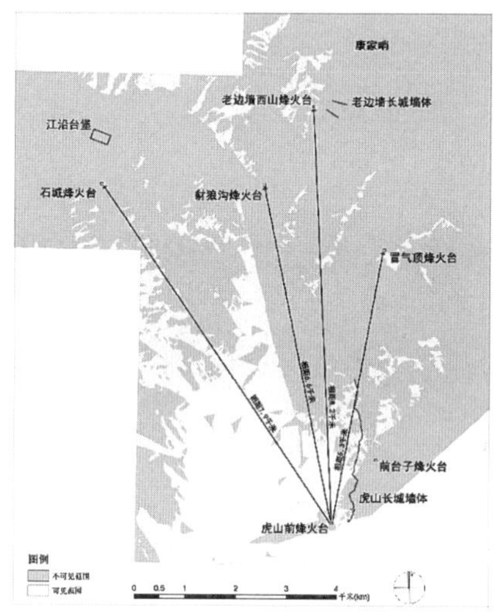

图 4-13　虎山前烽火台视域分析图

情首先需要被传递到直接负责此地防御任务的江沿台堡，那么以上的视域分析是否可以证明烽火台传烽的有效性呢？

如图所示，我们可以得出以下几点观察：①5座烽火台中，老边墙西山烽火台距离康家哨最近且能直接观测到康家哨和老边墙长城的情况，是康家哨的“耳目”，因此如果康家哨有警，此烽火台是传烽的第一站。②石城烽火台距离江沿台堡最近，且与江沿台堡通视关系最好，因此是传烽的最后一站，是江沿台堡的“眼睛”。

图 4-14　从豺狼沟烽火台看江沿台堡

图 4-15　从豺狼沟烽火台看老边墙西山烽火台

③除石城烽火台以外，豺狼沟烽火台和冒气顶烽火台也能直接与江沿台堡互视，因此这两座烽火台也可被视为次要的最后一站。④至少从以上视域分析来看，烽火台选址的精妙程度令人惊叹，每一座烽火台的选址都经过了严谨的考虑。例如，从老边墙西山烽火台看冒气顶烽火台，可视范围（绿色标注范围）极小，如果冒气顶烽火台稍微向左右偏移二三十米，这种通视关系就不复存在了。

综合以上五张视域分析图（图 4-9 ~ 图 4-13），可以得到下面这张江沿台堡传烽路径图。[1]

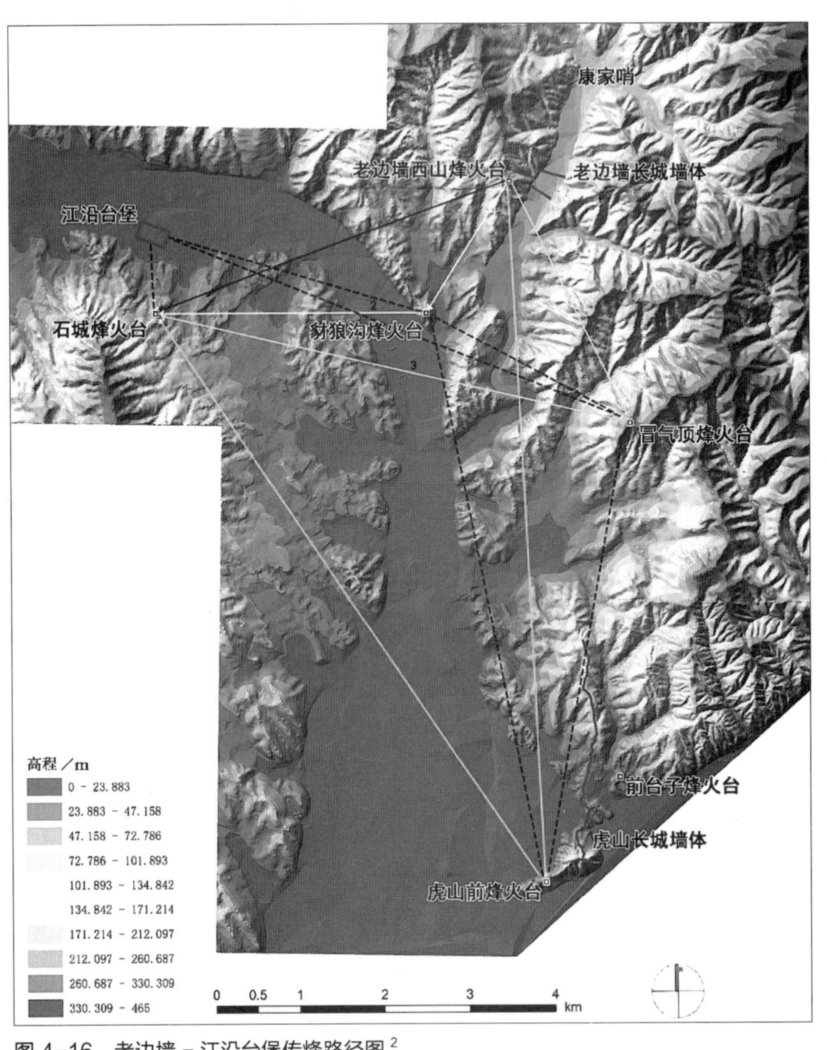

图 4-16　老边墙 - 江沿台堡传烽路径图[2]

图 4-16 表明，尽管只有 5 座烽火台直接参与了由康家哨到江沿台堡的传烽，但它们却有效地形成了一张传烽网络。在这张网络中，传烽路径是复杂且多样的。石城烽火台与江沿台堡直线距离不足千米，通过石城烽火台的较为直接的传烽路径计有 4 条，第一条为老边墙西山烽火台直接传至石城烽火台（红色箭头表示），另外三条则分别经豺狼沟烽火台、冒气顶烽火台或虎山前烽火台中转（黄色、蓝色、绿色箭头表示）。而除此之外，因为有其他通视关系的存在（黑色虚线表示），传烽路径还有其他多种可

1　烽火台单次传烽的最远距离是多少，这一问题答案目前并无定论。汪涛取值为 7km，因为这是良好天气下人眼能识别出人形的最大距离；吕海平等取值为 $S=\sqrt{16.88h}$（h 为观察点海拔高度，单位为 m，S 为最大视距，单位为 km，所以如果观察点海拔为 100m，则最大视距为 41km）。单次传烽的最远距离与天气情况、传烽方式、人眼视力等因素有关，难以得出精确的数值，笔者认为汪涛的取值较为合理，也就是说，7km 以内是传烽的最佳距离，一旦超过 7km，单次传烽的可靠性便开始下降。汪涛．明代大同镇长城与自然地理环境关系研究 [D]. 南京：东南大学，2010: 88. 吕海平．明代辽东镇海防地峡烽燧台研究——以金州现存两座烽燧台为例 [J]. 中国文化遗产，2019(2): 27－32.

2　此图中的实线、虚线均表示两个对象之间可以通视，其中实线表示主要传烽路线，虚线表示辅助传烽路线。为方便逐一分析，实线用不同颜色进行区分。

能。总而言之，这五座烽火台所形成的不是一条线形的传烽路径，而是一个有着多种可能性的传烽网络。通过构建这种传烽网络，烽燧系统不仅能有效地传递军情，其可靠性也大大提高了：一方面，如果有某一座烽火台未能及时举烽燃燧，仍然有其他烽火台可以将军情传递下去（例如，即使距离江沿台堡最近的石城烽火台未能点燃烽燧，江沿台堡中的官军仍能通过豺狼沟烽火台和冒气顶烽火台得知军情）。[1] 另一方面，多条传烽路线互相佐证，也能提高军情传递的准确性和可信性，因为烽燧所传达的信息并不只是简单的“有无”，而是还包括了敌军兵马数量等具体信息的，而烽燧制度中所规定的传烽终点又与敌军兵马数量有关，所以这种准确性和可信性就格外重要。[2]

四、小结

本节研究表明，堡城之间的应援关系因局部山地地形的差异，呈现出分守相邻道路、共守一条道路、共守一片谷地、协守主次道路、一堡专司支援这五种不同的模式。堡城和边墙之间的应援则依赖于烽燧系统的预警，本文以一组具有明确应援关系的堡城和边墙为例，说明了烽燧系统的信息传达并非简单地依靠某条传烽路径，而是依靠于一个复杂的传烽网络，从而才确保了信息传递的有效与可靠。

---

1 需要说明的是，从此图中看，似乎老边墙西山烽火台是不可缺少的，但实际上并非如此。此烽火台以北约 1km 的山顶上有真台顶烽火台，真台顶烽火台与康家哨、老边墙、冒气顶烽火台、豺狼沟烽火台等均有良好的通视关系。以上分析图未能将真台顶烽火台一同绘入、分析，但并不影响本节的结论。

2 宋代《武经总要》载：“凡寇贼入境，马步兵五十人以上，不满五百人，放烽一炬；得蕃界事宜，及有烟尘，知欲南入，放烽两炬；若馀寇贼则五百人以上，不满三千人，亦放两炬；蕃贼五百骑以上，不满千骑，审知南入，放烽三炬；若馀寇贼三千骑以上，亦放三炬；若馀蕃贼千人以上，不知头数，放烽四炬；若馀寇贼一万人以上，亦放四炬。其放烽一炬者，至所管州县镇止；两炬以上者，并至京。元放烟火处，州县镇即录状驰驿奏闻。若依式放烽至京讫，贼回者，放烽一炬报平安。凡放烽告贼者，三应三灭；报平安者，两应两灭。”这些规定既明确了敌军数量与放烽数量的对应关系，又明确了不同放烽数量所应该传递到的终点。宋代的烽燧制度已如此，明代的复杂程度应不在此之下。以上引文见：（宋）曾公亮等撰，郑诚整理 . 武经总要前集 [M]. 中国科技典籍选刊 第 2 辑，长沙：湖南科学技术出版社，2017: 制度五・烽火 .

第五章 结语

第一节 辽东镇东部沿边堡城的体系过程和内在机制

我们今天所看到的辽东东部长城，实际上是明朝历史上多次修建活动叠加而成的结果，其中北、中、南三段分别体现了不同的经略意向。成化年间，为巩固丁亥东征的胜利成果，明朝开始了辽东东部堡城的建设历程。其中，北段堡城依托原有卫所，是卫城、所城的御敌前线；中段展边拓地，堡城择址于千山山脉的山间谷地，变瓯脱为内地；南段堡城筑基驿站，恢复了“有路无站”的东八站驿路，既保护了中朝使臣的安全，也护卫了沿线的居民。这之后直到万历年间，面对与女真族群的不断冲突，明朝又多次在辽东东部增筑堡城。其中，北、中段主要是在严守边界的同时通过隔堡补筑来提高堡城密度，南段则通过多次移筑来调整堡城防御线，最终在万历初将明军势力深入到了女真腹地。

作为明长城军事防御的前线，堡城首先是“城”。面对复杂的山水环境和实际军事生活的需求，辽东东部沿边堡城的形制既有因循，又有因地适宜的调整：城垣形状以方形为祖，但也会受山川所限调整为矩形或平行四边形；城门方位以南门为祖，但也会为了趋避利害而不设南门仅设东门、西门；南北轴线方向更是完全由微观的山水环境而定。

堡城与堡城、堡城与边墙，这两组应援关系是长城军事防御运作的主要内容。本文研究表明，堡城之间的应援关系因局部山地地形的差异，呈现出分守相邻道路、共守一条道路、共守一片谷地、协守主次道路、一堡专司支援这五种不同的模式。堡城和边墙之间的应援则依赖于烽燧系统的预警，本文以一组具有明确应援关系的堡城和边墙为例，说明了烽燧系统的信息传达并非简单地依靠某条传烽路径，而是依靠于一个复杂的传烽网络，从而才确保了信息传递的有效与可靠。

第二节 “明长城防御体系”理论的拓展：过程和机制的视角

现有的“明长城防御体系”理论是最贴切的描述明长城的方式吗？或者说，明长城的历史能够通过一个固定的抽象模型来概括吗？至少从本文的研究来看，这两个问题都值得进一步的思考。“明长城防御体系”是一个认识明长城的妥帖的视角，但却不是一个可以被套用的固定的模型。本文的研究表明，“明长城防御体系”理论对于理解长城虽然有帮助，但其中所隐含的结构化倾向会遮掩辽东长城在不同空间与不同时间的差异。因此，我们有必要对这一理论进行适当拓展。首先是调整研究单元。在认可辽东镇整体性的同时，本文更关注其中不同部分的差异，并以东部长城为主要的研究对象；不仅如此，本文还依据建置历史的差异，将东部长城进一步分为北、中、南三段，探讨它们各自的布局逻辑。在分段研究的基础上，本文也将时间刻度更加精确化，强调辽东东部长城在成化、嘉靖、万历等不同历史时期的不同状态。

此外，长城的历史也不能只用“体系”来描述和分析，否则有诸多细节会因为无法被纳入这个体系而被忽视。体系化适用于研究长城的整体形貌，长城的内在机制则必须从军事功能的视角才能被充分探讨，前者关注长城在宏观上的历史变迁，后者关注较为稳定的长城运作原理。本文以堡城为研究对象，探讨其形制特征和应援机制，虽然未能涉及明长城运作的全部方面，但对于明长城的前线驻守、御敌机制，似也可管窥一二了。

我们今天所看到的长城防御体系，是终明一代历次修筑活动的叠加结果，但却并不是历次修筑的目的——尽管令人视之，容易将每一次修筑都当成是最终结果的形成过程，但对修建的主事者们而言，他们既无法预料在自己身后边疆环境会如何变化，也不会预想在自己身后长城还会有哪些增筑，虽然每一次修筑都只是对其时其地边疆情况的即时反应，但他们却不约而同地希望自己的修筑工作“可为经久之计”。因此，我们不能止步于把今人所提炼出的“最终结构”当作是“历史变迁”的方向和结果，而应更加关注各个历史阶段下“结构”和“变迁”的相互作用，揭示明长城的“结构过程”。

除了分历史阶段进行研究以外，分段研究、注重个案阐释也是“结构过程”研究的题中之意，因为明长城的“结构过程”总是通过各个段落的分别建设才得以实现的。明代九边长城确实存在着一种较为明确的共同特征，但自鸭绿江至山海关的各段长城也确实体现着不一样的因地制宜、因势利导的智慧，因此对明长城的总体研究和个案阐释并无对错之分而只有取向不同，两者互为补充、不可偏废。本文主要关注辽东镇东部长城，便是希望“体系”理论不单只关注总体概括，而同时也关注对明长城不同段落的个案阐释——这不仅能丰富“体系”理论，也能使总体概括性的长城研究更加令人信服。

归根结底，本文的目的并不在于否定“明长城防御体系”理论的价值，而是希望“体系”理论能在时空细分和个案阐释方面有所补充：把明长城置于具体的历史语境中，使“明长城防御体系”理论既关注“总体结构”，也关注结构的过程和机制。在明长城资源调查工作不断深入的今天，这或许更有助于我们全面、具体地理解明长城。

附录

附录一：堡城形制信息整理

以下是对刘谦《明辽东镇长城及防御考》《辽宁省明长城资源调查报告》和 1968 年卫星影像所记录的 36 座辽东东部沿边堡城的比对、整理。

BC01: 清阳堡

刘谦记录：平面为正方形，各边长约 200m。南门遗址尚存，北墙址处有上帝庙遗址。城内有以南门为轴的一条干道。

《调查报告》记录：地面无存。

卫星影像：

图 A1a　1968 年卫星影像[1]

图 A1b　2015 年左右卫星影像[2]

图 A1c　平面示意图

在 1968 年的卫星图中，清阳堡的遗存并不明显，只能分辨出北墙处的上帝庙基址。依据周边道路和上帝庙基址，推测堡城平面为正方形，据卫星图测得各边长约 250m。

BC02: 镇北堡

刘谦记录：平面为正方形，各边长 200m。南设一门。有角台，北墙及西墙中部有马面。城内原有以南门为轴的干道一条。

《调查报告》记录：保存差。周长 800m。

卫星影像：

1　图片截取自美国地质调查局（USGS）收藏的卫星影像。本文所用的 1968 年卫星影像是卫星成像后的源数据，并未经过镜头矫正，故一些堡城因为镜头畸变而存在较为严重的变形，所以它们能显示堡城墙体、角台等在 1968 年的保存状况，却并不能准确反映堡城的长、宽和形状，故必须与 2015 年的卫星影像互相参照。下同。

2　图片截取自谷歌地球（Google Earth）软件。下同。

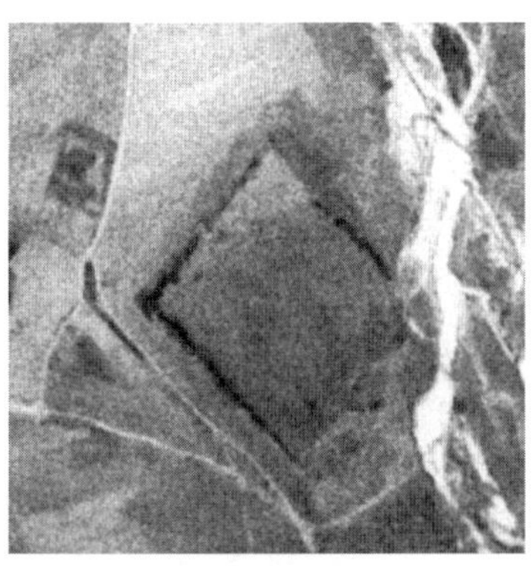
图 A2a　1968 年卫星影像

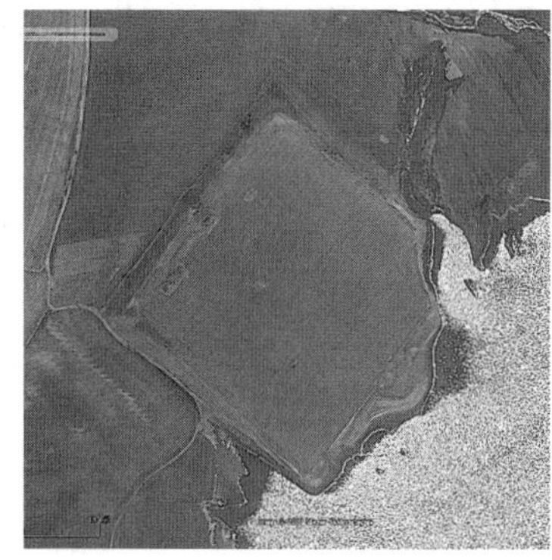
图 A2b　2015 年左右卫星影像

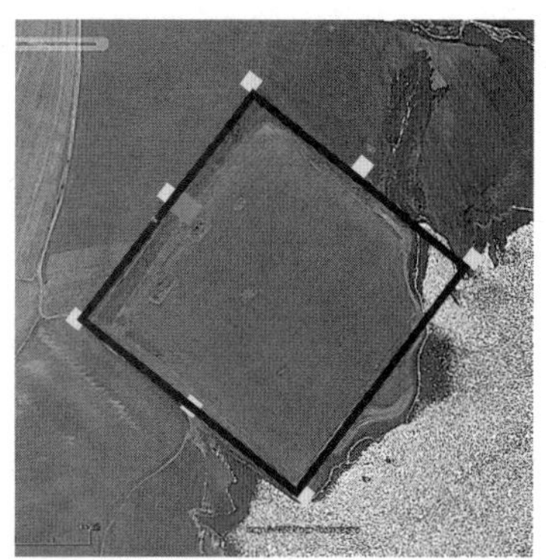
图 A2c　平面示意图

镇北堡的遗存至今仍格局清楚，只有东南角被河水冲毁现已不存。比对卫星图，刘谦和《调查报告》的记录均准确。

BC03: 威远堡

刘谦的记录：北墙长约 250m，西墙长约 230m。引《盛京通志》：“周围三里，南北二门。”

《调查报告》记录：保存差。

卫星影像：因城镇发展而无法辨识。

BC04: 靖安堡

刘谦的记录：清初改称尚阳堡，现被清河水库淹没。

《调查报告》记录：无。

卫星影像：因水库淹没而无法辨识。

BC05: 松山堡

刘谦的记录：平面为正方形，各边长约 200m。引《开原县志》：“周围一里，南一门。”

《调查报告》记录：保存差。

卫星影像：因城镇发展而无法辨识。

BC06: 柴河堡

刘谦的记录：平面为正方形，各边长约 200m。引《盛京通志》：“周围一里，南一门。”

《调查报告》记录：保存差。有上帝庙基址，出土有“上帝祠重修叙”碑一通。

卫星影像：

图 A3a　1968 年卫星影像

图 A3b　2015 年左右卫星影像

图 A3c　平面示意图

柴河堡遗存保存较差，以上在卫星图中标注的平面不一定准确，但刘谦记录各边长约 200m 似乎也无明显根据。就卫星图测量，平面为正方形，各边长约 170m。

BC07: 抚安堡

刘谦的记录：平面为正方形，各边长 200m。引康熙丁巳本《铁岭县志》：“周围一里七十二步，东、西、南三门。”

《调查报告》记录：保存差。平面为长方形，南北长 250m，东西长 220m。

卫星影像：因城镇发展而无法辨识。

BC08: 白家冲堡

刘谦的记录：仅存遗址。

《调查报告》记录：保存差。平面为长方形，南北长 200m，东西长 160m。

卫星影像：因城镇发展而无法辨识。

BC09: 三岔儿堡

刘谦的记录：堡城已无。

《调查报告》记录：保存差。平面为长方形，东西长 200m，南北长 180m。

卫星影像：因城镇发展而无法辨识。

BC10: 会安堡

刘谦的记录：城址已无存。引《抚顺县志》：“周围约四里，原有东、西二门。”

《调查报告》记录：保存差。平面为长方形，东西长 360m，南北宽 220m。

卫星影像：因城镇发展而无法辨识。

BC11: 东州堡

刘谦的记录：平面为正方形，各边长约500m。引《盛京通志》：“周围四里六十步，东、西二门。”

《调查报告》记录：保存差。平面为长方形，南北长380m，东西长201m。

卫星影像：

图 A4a　1968 年卫星影像

图 A4b　2015 年左右卫星影像

图 A4c　平面示意图

在1968年卫星图中，东州堡北墙、西墙仍存，平面为正方形，各边长约375m，其中南北长度不一定准确。刘谦、《调查报告》的记录均不准确。

BC12: 马根单堡

刘谦的记录：平面为正方形，各边长约200m。引《抚顺县志》：“周围二里，东、南各一门。”

《调查报告》记录：保存一般。平面为长方形，东西长317m，南北长160m。东、西、南各设一门。

卫星影像：

图 A5a　1968 年卫星影像

图 A5b　2015 年左右卫星影像

图 A5c　平面示意图

在1968年卫星图中，马根单堡的东、北、西墙均存，南墙位置为推测。就此测算，东西长约

320m，南北长约 240m。刘谦的记录不准确，《调查报告》记录的南北长度不准确。

BC13: 散羊峪堡

刘谦的记录: 平面略为正方形，各边长约 200m。引《盛京通志》:“周围一里零一百四十步，南一门。”

《调查报告》记录：保存差。平面为矩形，东西长 350m，南北长 120m。西北角有角台遗迹。

卫星影像：因城镇发展而无法辨识。

BC14: 清河堡

刘谦的记录：平面为正方形，各边长 500m。原有东、西、北三门，无南门。引《盛京通志》：“周围四里零一百八十八步，东、西、南、北四门。”绘有平面图。

《调查报告》记录：保存较差。平面为矩形，周长 2140m。东、北、西各设一门。现存角台 3 座，北墙有马面 2 座。

卫星影像：

图 A6a　1968 年卫星影像

图 A6b　2015 年左右卫星影像

图 A6c　平面示意图

在 1968 年卫星图中，除西南角外，清河堡的其他墙体均存。据此测算，清河堡平面近似为长方形，但西南角向内折，东西长约 510m，南北长约 580m。北墙存马面 2 座，马面位置偏西。清河堡的规模较大，故城门数量应至少有 2 座，但目前的东、西、北三门难以判断是否是原设。

BC15: 一堵墙堡

刘谦的记录：平面为长方形，东西长约 250m，南北长约 200m。南设一门，北墙中间有上帝庙基址。四角有角台。城内有以南门为轴的干道一条。绘有平面图。

《调查报告》记录：无。

卫星影像：

图 A7a　1968 年卫星影像[1]

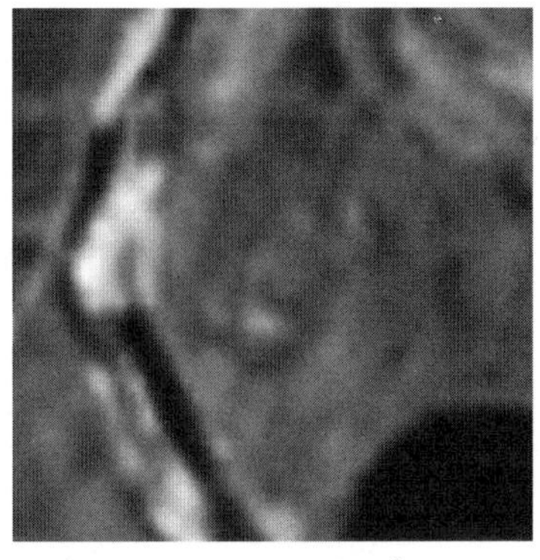
图 A7b　1984 年卫星影像[2]

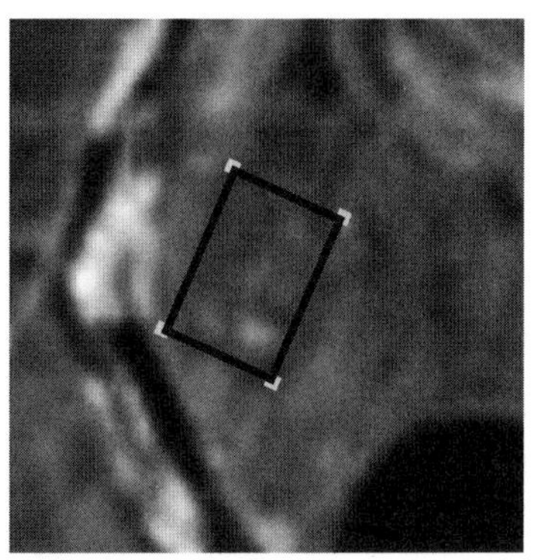
图 A7c　平面示意图

在 1968 年卫星图中，一堵墙堡四面墙体皆存，对照 1984 年卫星图测得平面为长方形，东西长约 270m，南北长约 500m，刘谦的数据不准确。

BC16: 碱场堡

刘谦的记录：平面为正方形，各边长约 250m。引《盛京通志》："周围二里零九十步，南与西各一门。"绘有平面图。

《调查报告》记录：保存差。平面原为矩形。

卫星影像：

图 A8a　1968 年卫星影像

图 A8b　2015 年左右卫星影像

图 A8c　平面示意图

在 1968 年卫星图中，碱场堡的北墙尚存，东、西墙仅北段残存，平面应为长方形。据此测得东西长约 380m，刘谦的数据不准确。

1　此处堡城形状呈现为平行四边形，应是镜头畸变所导致的，原应为长方形。
2　1994 年，本溪观音阁水库蓄水，淹没一堵墙堡。故此处使用 1984 年卫星影像，虽然模糊，但能分辨出一堵墙堡的大致轮廓。

BC17: 孤山堡

刘谦的记录：平面近似正方形，各边均长 200m。引《岫岩志略》：“周围二里三十步，南一门。”绘有平面图。

《调查报告》记录：原貌无存。

卫星影像：

图 A9a　1968 年卫星影像[1]

图 A9b　2015 年左右卫星影像

图 A9c　平面示意图

在 1968 年卫星图中，孤山堡四墙皆存，平面为平行四边形，测得四边各长约 250m。北墙、东墙似有马面，南似有门。刘谦的数据不准确。

BC18: 洒马吉堡

刘谦的记录：平面为正方形，各边长约 200m。引《盛京通志》：“周围一里六十步，南一门。”

《调查报告》记录：无。

卫星影像：

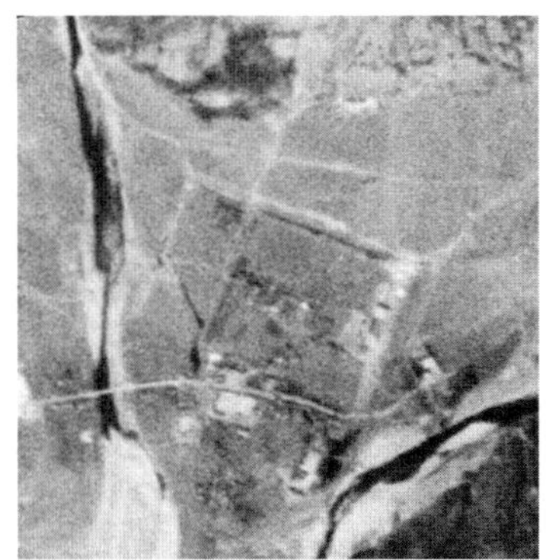

图 A10a　1968 年卫星影像

图 A10b　2015 年左右卫星影像

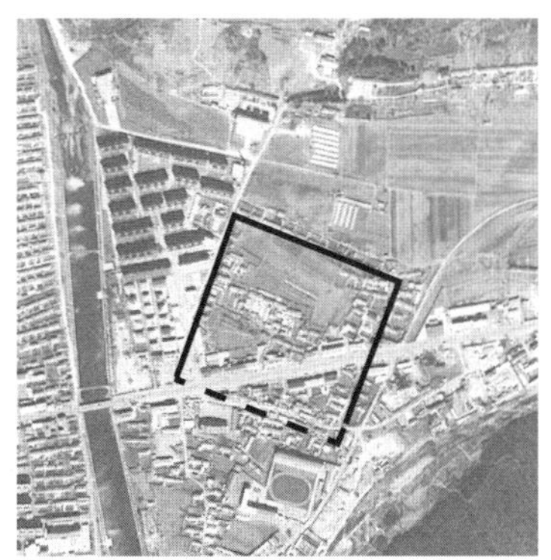

图 A10c　平面示意图

1　此处堡城形状呈现为四边相等的平行四边形，应是镜头畸变所导致的。但与一堵墙堡不同，此处堡城的形状更扁，是否原为正方形需要对影像进行严格校正后才能判断。

在 1968 年卫星图中，洒马吉堡北墙、西墙尚存，东墙、南墙能看出大概轮廓，平面为正方形，测得各边长约 300m。刘谦的数据不准确。

BC19: 叆阳堡

刘谦的记录：东城平面为正方形，南北长 380m，东西长 360m。西、南各设一门。四角有角台。西城借用东城的西墙，南北长 280m，东西长 108m。东、南各设一门，东门即东城的西门。引《岫岩志略》："周围三里一百二十步，西南二门，南曰叆阳。城西一郭城，周围一里九十步。"绘有平面图。

《调查报告》记录：东西二城相接，平面不规则。东城各边长 400m，西、南各设一门，北墙有马面残迹。西城南北长 273m，东西宽 176m。

卫星影像：

图 A11a　1968 年卫星影像

图 A11b　2015 年左右卫星影像

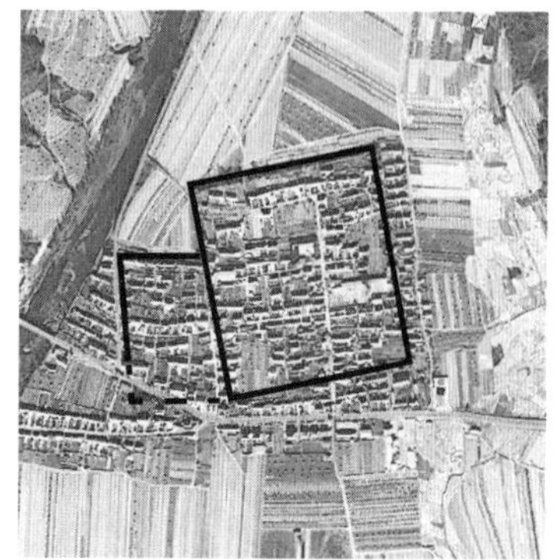
图 A11c　平面示意图

在 1968 年卫星图中，叆阳堡东城的北墙、西墙、东墙皆存，平面为长方形，东西长约 380m，南北长约 410m。西城北墙尚存，西墙有遗迹，测得南北长约 280m，东西长约 170m。

BC20: 草河堡

刘谦的记录：平面为长方形，东西长约 200m，南北长约 300m。引《盛京通志》："草河城……周围一里一百六十步，南一门。"

《调查报告》记录：无。

卫星影像：因城镇发展而无法辨识。

BC21: 镇夷堡

刘谦的记录：误将凤凰城南乌骨城认为是镇夷堡。

《调查报告》记录：无。

卫星影像：因城镇发展而无法辨识。

据任鸿魁记录，镇夷堡城址大致为正方形，东西长 230m，南北长 210m。

BC22: 镇东堡

刘谦的记录：引《岫岩志略》：“雪里站城，周围二里一百二十四步，南一门，曰镇东。”

《调查报告》记录：无。

卫星影像：因城镇发展而无法辨识。

据任鸿魁记录，镇东堡城址为长方形，东西长 300m，南北长 250m。

BC23: 凤凰城堡

刘谦的记录：城已被拆除。平面原为正方形，各边长约 500m。引《盛京通志》：“周围三里八十步，南一门。”

《调查报告》记录：无。

卫星影像：

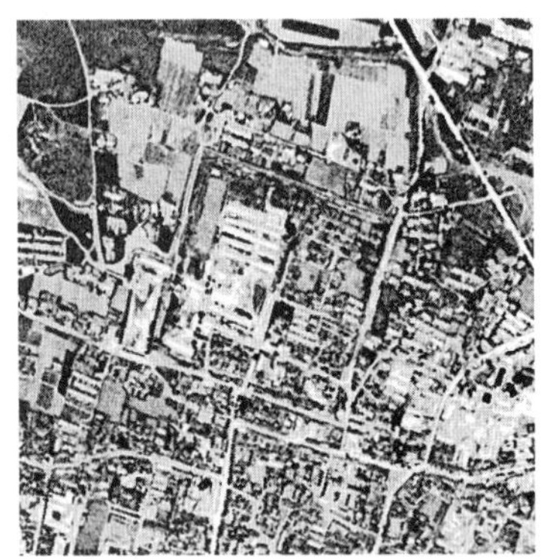

图 A12a　1968 年卫星影像

图 A12b　2015 年左右卫星影像

图 A12c　平面示意图

在 1969 年卫星图中，凤凰城堡的四面墙体仍存，平面为正方形，测得各边长约 350m。刘谦的记录不准确。

BC24: 汤站堡

刘谦的记录：平面为正方形，各边长 400m。南、北各设一门。有角台遗址。西南角有内城。绘有平面图。

《调查报告》记录：误将凤城市汤半城认为是汤站堡。

卫星影像：因城镇发展而无法辨识。

BC25: 新安堡

刘谦的记录：遗址尚存。引《岫岩志略》：“周围二里一百步，南一门。”

《调查报告》记录：原貌无存。周长 1050m。东、南、西各设一门。四角原有角台，北墙中部有马面。

卫星影像：

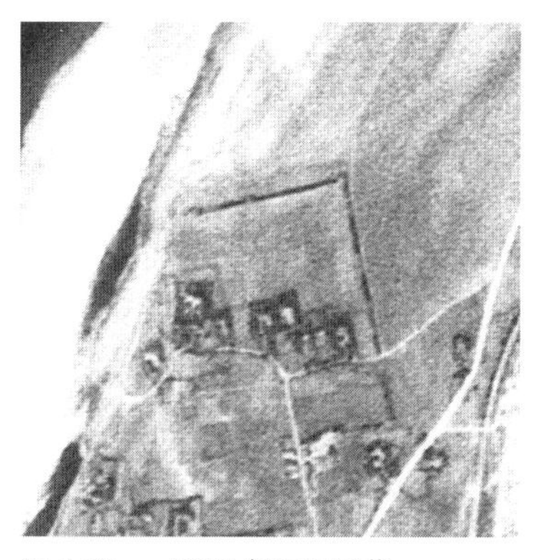

图 A13a　1968 年卫星影像

图 A13b　2015 年左右卫星影像

图 A13c　平面示意图

在 1968 年卫星图中，新安堡的北墙、东墙仍存，南墙有遗迹，平面应为长方形，北墙有马面，东北角有角台，西墙的位置可由北墙的马面推测，南墙位置不详。测得东西长约 250m，南北长约 280m。

BC26: 险山堡

刘谦的记录：误将宁东堡遗址认为是险山堡。

《调查报告》记录：（汤半城）保存较差。平面为矩形，东西长 220m，南北长约 260m。东、南、西各设一门。四角应有角台。

卫星影像：

图 A14a　1968 年卫星影像

图 A14b　2015 年左右卫星影像

图 A14c　平面示意图

在 1968 年卫星图中，险山堡北墙、西墙仍存，东墙有遗迹，南墙无存，平面为长方形，测得东西长约 210m，南北长约 300m。

BC27: 宁东堡

刘谦的记录：误将宁东堡遗址认为是险山堡。平面为正方形，东西长约 300m，南北长约 250m。

《调查报告》记录：原貌无存。平面为正方形，边长约 220m。东、南、西各设一门，南门有瓮城。

卫星影像：

图 A15a　1968 年卫星影像

图 A15b　2015 年左右卫星影像

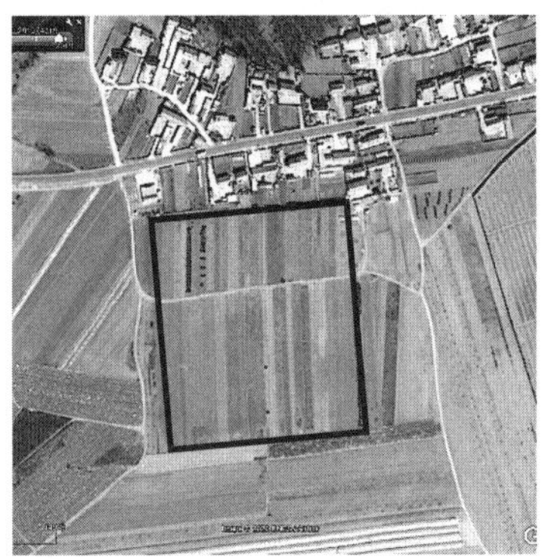

图 A15c　平面示意图

在 1968 年卫星图中，宁东堡北墙仍存，西墙、南墙有遗迹，平面为正方形，测得四边各长约 220m。此结果与《调查报告》一致，刘谦的记录不准确。

BC28:（旧）江沿台堡

刘谦的记录：误将（新）江沿台堡遗址认为是（旧）江沿台堡。

《调查报告》记录：误将（新）江沿台堡遗址认为是（旧）江沿台堡。

如前所述，江沿台堡有新旧二址，旧址的位置存在争议，本文虽然偏向认同旧址位于今丹东市叆河尖古城址，但并非定论，故这里不再展开。[1]

BC29:（新）江沿台堡

刘谦的记录：平面为长方形，东西长 400m，南北长 200m。四角有角台，北墙中部有上帝庙基址。绘有平面图。

《调查报告》记录：保存一般。平面为长方形，东西长 300m，南北长 150m。南、北各设一门，南门有瓮城。四角均有角台。

卫星影像：

1　有关此城址的文物资料，见：国家文物局 . 中国文物地图集辽宁分册 [M]. 西安 : 西安地图出版社 , 2009.

图 A16a　1968 年卫星影像

图 A16b　2015 年左右卫星影像

图 A16c　平面示意图

江沿台堡保存状况较好，至今仍未有大的破坏，平面为长方形，由卫星图测得东西长约 300m，南北长约 135m，这一数据与考古调查吻合，[1] 刘谦与《调查报告》的记录均不准确。

BC30: 大佃子堡

刘谦的记录：无。

《调查报告》记录：保存差。平面为正方形，周长约 1100m。北、西、南各设一门，南门有瓮城。角台现存三座。

卫星影像：

图 A17a　1968 年卫星影像

图 A17b　2015 年左右卫星影像

图 A17c　平面示意图

在 1968 年卫星图中，大佃子堡四墙、瓮城皆存，西南角、东南角有明显的角台遗迹，平面为正方形，测得四边各长约 285m。《调查报告》的记录基本准确。

1　吴炎亮，徐政．明代江沿台堡城址考古发掘与营建初考 [M]// 吉林大学边疆考古研究中心．庆祝魏存成先生七十岁论文集．2015: 392.

BC31: 孤山新堡

刘谦的记录：平面近正方形，东西长 300m，南北长 320m。南设一门，有瓮城。四角有角台。城内有以南门为轴的干道，干道两侧有东、西路。北墙有上帝庙基址。

《调查报告》记录：保存一般。平面为矩形，东西长 295m，南北长 310m。南、北各设一门，南门有瓮城。角台四座。

卫星影像：

图 A18a　1968 年卫星影像

图 A18b　2015 年左右卫星影像

图 A18c　平面示意图

在 1968 年卫星图中，大佃子堡四墙、瓮城皆存，平面为正方形，测得四边各长约 285m。《调查报告》的记录大体准确。

BC32: 新奠堡

刘谦的记录：平面为正方形，每边长 287m。南设一门，有瓮城。四角有角台，墙中有马面。形制与孤山新堡完全一致。绘有平面图。

《调查报告》记录：保存较好。平面为正方形，每边长 300m。四角均有角台，东、北、西墙中部各设一马面。南一门，有瓮城。

卫星影像：

图 A19a　1968 年卫星影像

图 A19b　2015 年左右卫星影像

图 A19c　平面示意图

新奠堡保存状况较好，《调查报告》的记录准确。

BC33: 宽奠堡

刘谦的记录：平面略为正方形，东、西墙各长 900m，南墙长 1100m，北墙长 1100m。东、西、南各设一门，北门为后开。绘有平面图。

《调查报告》记录：原貌无存。平面原为矩形，规模较大。

卫星影像：

图 A20a　1968 年卫星影像

图 A20b　2015 年左右卫星影像

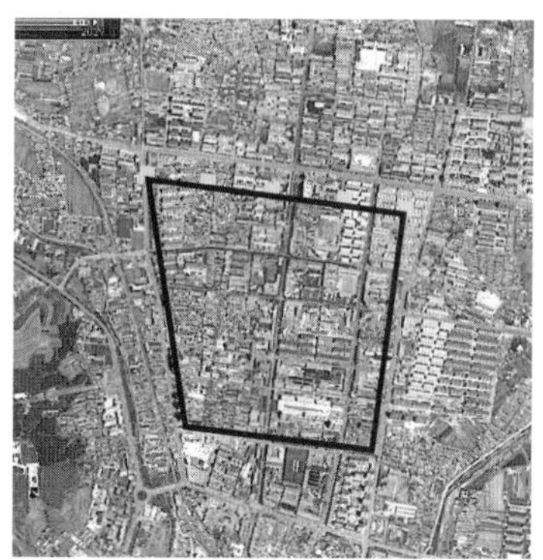
图 A20c　平面示意图

在 1968 年卫星图中，宽奠堡的四墙皆存，平面为直角梯形，西门、南门处有瓮城，北墙上有马面 3 座，西北角、东北角有明显的角台痕迹。北墙长约 1100m，东墙长约 900m，南墙长约 820m，西墙长约 940m。[1]

BC34: 大奠堡

刘谦的记录：平面为长方形，南、北墙长 350m，东、西墙长 275m。四角有角台。绘有平面图。

《调查报告》记录：保存差。平面为矩形，东西长 350m，南北长约 257m。东墙、西墙有马面。存有东门。

卫星影像：

1　据任鸿魁记录，宽奠堡分内城和外城。其中内城平面为长方形，东西长约 400m，南北长约 500m，在任鸿逵写作时仅存土垄状遗迹，内城筑于万历初。外城筑于万历三十六年，平面北宽南窄，南墙长 900m，北墙长 1100m，东、西两墙各长 1000m（外城数据与笔者根据卫星图所测基本一致）。古城原设东、西、南三门，西、南有瓮城，城有角楼四座，敌台 8 座（北 3 座、南 1 座、东 2 座、西 2 座）。宽奠堡城墙拆毁于 1970—1972 年间，在此之后，仅南门两侧与东墙局部保留有残段。任鸿魁 . 丹东史迹 [M]. 中国丹东文化丛书 , 沈阳 : 辽宁民族出版社 , 2004: 234 – 235.

图 A21a　1968 年卫星影像

图 A21b　2015 年左右卫星影像

图 A21c　平面示意图

在 1968 年卫星图像中，大萁堡的四墙皆存，西设一门有瓮城，北墙、南墙、东墙各有马面一座，除东南角外，其余城角皆有角台，平面为平行四边形，测得南、北墙长约 200m，东、西墙长约 310m。刘谦、《调查报告》的记录均不准确。

BC35: 永萁堡

刘谦的记录：平面略为正方形，南、北墙各长 400m，东、西墙各长 380m。四角有角台。绘有平面图。

《调查报告》记录：保存差。平面为矩形，周长约 1234m。东有一门。

卫星影像：

图 A22a　1968 年卫星影像

图 A22b　2015 年左右卫星影像

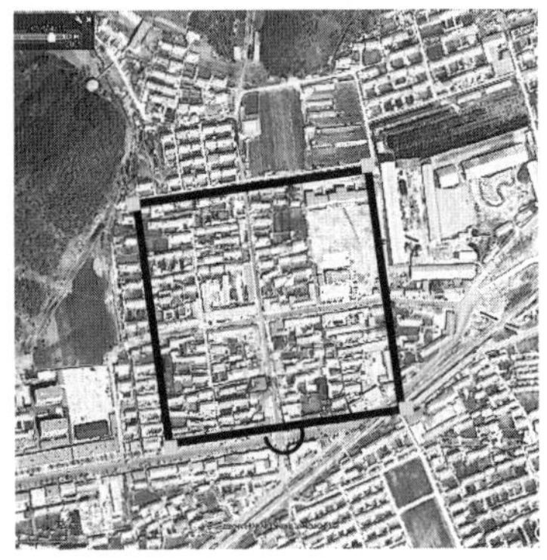
图 A22c　平面示意图

在 1968 年的卫星图中，永萁堡四墙皆存，南有瓮城，平面为正方形，测得四边各长约 290m。刘谦、《调查报告》的记录均不准确。

BC36: 长萁堡

刘谦的记录：平面为长方形，北墙残长 300m，东墙长约 400m。南设一门。绘有平面图。

《调查报告》记录：原貌无存。平面原为矩形。

卫星影像：

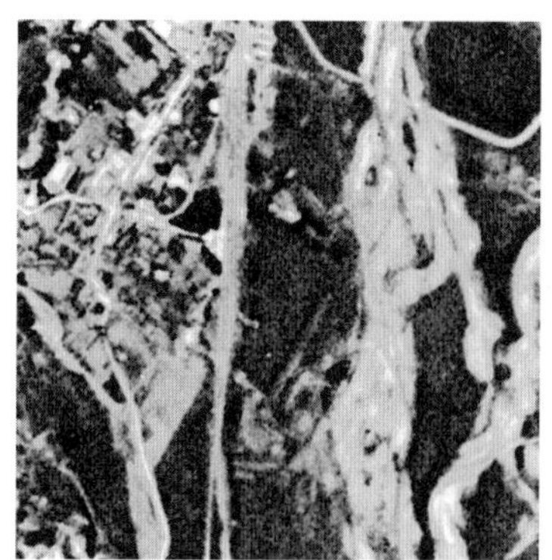

图 A23a　1968 年卫星影像

图 A23b　2015 年左右卫星影像

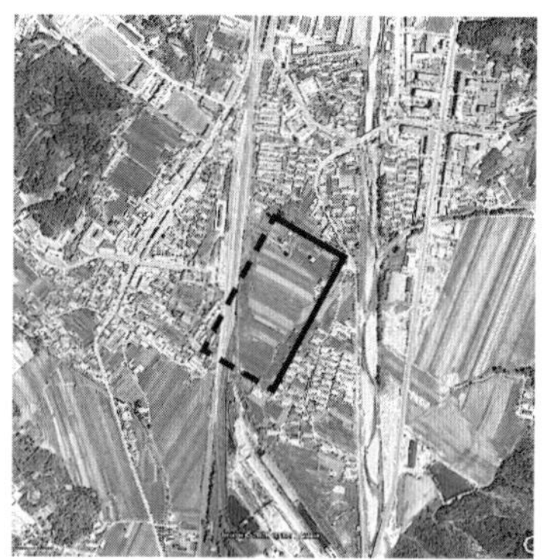
图 A23c　平面示意图

长奠堡保存状况差，在 1968 年卫星图中仅能分辨出北墙、东墙的残段，平面为矩形，测得南北残长约 310m，东西残长约 180m。

附录二：《全辽志》中所载辽东东部沿边堡城整理

			城、堡	边台数量	官军数量	策应	障塞
辽阳城副总兵地方	迤西	长安堡等处墩台障塞	略				
		长勇堡等处墩台障塞	略				
	迤东	抚顺所城堡墩台障塞	本城	12	1671		北自懿路三岔儿堡界起，南至辽阳东州堡界止，土墙一道，六千四百九十九丈
			会安堡	10	453	抚顺城	
		清河堡等处墩台障塞	东州堡	17	634	抚顺城、马根单二堡	自东州起至马根单南界止，劈山边墙一道，八千四百九十二丈一尺，木袢五空，虎牢一空，共一百八十七丈。自马根单起至孤山南界止，木袢墙五千四百四十七丈，内外虎牢十五空，共二千一百一十丈；板筑墙八百丈
			马根单堡	7	513	东州、清河二堡	
			散羊峪堡	4	315		
			清河堡	16	637	碱场、马根单二堡	
			一堵墙堡	5	506		
			碱场堡	10	376	清河、叆阳二堡	
			孤山堡	7	401		
	迤北	沈阳卫城堡墩台障塞	略				
		蒲河所城堡墩台障塞	略				
	开原参将地方	懿路城堡墩台障塞	本城		1674		迤西略。迤东三岔儿堡劈山及土墙顺长三十一里
			丁字泊堡	13	333	懿路城	
			三岔儿堡	8	374	懿路城	
		汎河城堡墩台障塞	本城	无	1484		迤西略。迤东，北自铁岭平定堡界起，南至懿路三岔儿堡界止，劈山墙一道，顺长六里
			宋家泊堡	13	278	汎河城	
			白家冲堡	3	212		
		铁岭城堡墩台障塞	本城	无	1575		迤西略。迤东，抚安堡。北自中固柴河堡界起，南至汎河白家冲界止，劈山土墙一道，顺长六里
			曾迟堡	7	192	铁岭城	
			抚安堡	14	230	铁岭城	
			镇西堡	11	464		
			彭家湾堡	2	306		
		中固城堡墩台障塞	本城	无	874		迤西略。迤东，柴河堡北自开原，南至铁岭抚安堡界止，劈山墙，顺长三十里
			定远堡	12	283	中固城	
			柴河堡	17	200	中固城	
		开原城堡墩台障塞	本城	无	4889		迤西略。迤北，镇夷堡土墙，清阳、镇北二堡劈山为墙，共一百一十六里。迤东，自威远、靖安、松山三堡至中固城柴河堡界止，劈山为墙，顺长九十五里
			庆云堡	10	300	开原城	
			古城堡	9	300	开原城	
			永宁堡	4	224	开原城	
			镇夷堡	12	260	开原城	
			清阳堡	13	331	开原城	
			镇北堡	18	380	开原城	

续表

			城、堡	边台数量	官军数量	策应	障塞
			威远堡	20	360	开原城	
			靖安堡	21	360	开原城	
			松山堡	10	290	开原城	
	险山参将地方	险山等处墩台障塞	洒马吉堡	9	185		自孤山南界至江沿台西界止，木柞墙共六千八百一十七丈；虎牢柞四十一空，共五千四百七十三丈；石垛墙八空，共八百五丈
			叆阳堡	14	1044	新安、险山二堡	
			新安堡	17	526	叆阳、凤凰二堡	
			险山堡	17	3074		
			宁东堡	5	500	险山、江沿、汤站	
			江沿台堡	12	383	汤站、宁东	
			汤站堡	无	306	江沿、宁东二堡	
			凤凰城堡	无	113		
			镇东堡	无	40		
			镇夷堡	无	74		
			草河堡	无	44		
			青台峪堡	无	40		
			甜水站堡	无	81		

据《全辽志》卷二“边防志”整理

参考文献

历史文献

[1] 明实录, 一九六三年中央研究院校印本.

[2] 朝鲜王朝实录, 韩国国立朝鲜历史研究所校印本.

[3] （清）顾炎武. 日知录集释[M]. 上海: 上海古籍出版社, 2014: 424.

[4] （明）李辅纂修. 全辽志[M]. 韩钢点校. 北京: 科学出版社, 2016.

[5] （明）任洛重修, 金毓黻辑. 辽东志[M]. 沈阳: 辽沈书社, 1985.

[6] （明）陈子龙辑. 皇明经世文编[M]. 北京: 中华书局, 1962

[7] （汉）班固, （唐）颜师古注, 中华书局编辑部编. 前汉书[M]. 北京: 中华书局, 1998.

[8] 金毓绂. 医闾先生集[M]. 沈阳: 辽沈书社, 1985.

[9] （清）顾祖禹. 读史方舆纪要稿本[M]. 上海: 上海古籍出版社, 1993.

[10] （明）田汝成, 金毓黻辑. 辽纪[M]. 沈阳: 辽沈书社, 1935.

[11] 赵尔巽等撰. 清史稿[M]. 北京: 中华书局出版社, 1976.

[12] （明）瞿九思. 万历武功录[M]. 北京: 中华书局, 1962.

[13] （清）张廷玉等纂. 明史[M]. 北京: 中华书局, 1974.

[14] （宋）曾公亮等撰, 郑诚整理. 武经总要前集[M]. 长沙: 湖南科学技术出版社.

论文专著

[15] 赵现海. 明长城时代的开启——长城社会史视野下榆林长城修筑研究（上）[M]. 兰州: 兰州大学出版社, 2014.

[16] 孙中山. 建国方略[M]. 武汉: 武汉出版社, 2011.

[17] 张相文. 长城考[J]. 地学杂志, 1914(9): 1–3.

[18] 梁启超. 中国历史研究法[M]. 上海: 上海古籍出版社, 1998.

[19] 稻叶岩吉. 明代辽东的边墙[M]. 东京: 南满洲铁道, 1913.

[20] 张维华. 明辽东边墙建制沿革考[J]. 史学年报, 1934, 第2卷(1): 267–273.

[21] 潘承彬. 明代之辽东边墙[J]. 禹贡半月刊, 1936, 6(3、4): 61–80.

[22] 罗哲文. 万里长城[M]. 北京: 文物出版社, 1980.

[23] 黄欢. 明代长城防御体系之辽东镇卫所城市研究[D]. 南京: 东南大学, 2007.

[24] 刘谦. 明辽东镇长城及防御考[M]. 北京: 文物出版社, 1989.

[25] 李严. 明长城"九边"重镇军事防御性聚落研究[D]. 天津: 天津大学, 2007.

[26] 刘珊珊, 张玉坤. 明辽东镇长城军事防御体系与聚落分布[J]. 哈尔滨工业大学学报(社会科学版), 2011(1): 36–44.

[27] 王飒. 中国传统聚落空间层次结构解析[D]. 天津: 天津大学, 2011.

[28] 魏琰琰. 分统举要, 纲维秩序——明辽东镇军事聚落分布及防御变迁研究[D]. 天津: 天津大学, 2016.

[29] 王冬. 明代五军都督府研究[D]. 西安: 陕西师范大学, 2014.

[30] 常军富. 明长城大同镇段的墙体材料与构造研究[D]. 南京: 东南大学, 2010.

[31] 汪涛. 明代大同镇长城与自然地理环境关系研究[D]. 南京: 东南大学, 2010.

[32] 章冬. 基于军事功能运作角度的明长城建造特征及保护策略研究: 以辽宁锥子山长城小河口段为例[D]. 南京: 东南大学, 2012.

[33] 吴炎亮, 徐政. 明代江沿台堡城址考古发掘与营建初考[M]// 吉林大学边疆考古研究中心. 庆祝魏存成先生七十岁论文集. 2015: 391–401.

[34] WALDRON A N. The Great Wall of China: From History to Myth[M]. Cambridge: Cambridge University Press, 1990.

[35] 朱诚如. 明辽东都司二十五卫建置考辨[J]. 复印报刊资料（中国地理）, 1980(24): 23–33.

[36] 张士尊. 明初辽东二十五卫建置考释[J]. 鞍山师范学院学报, 1994(1): 34–38.

[37] 张士尊. 明代辽东边疆研究[M]. 长春: 吉林人民出版社, 2002.

[38] 赵现海. 明代九边军镇体制研究[D]. 长春: 东北师范大学, 2005.

[39] 辽宁省文物局. 辽宁省明长城资源调查报告[M]. 北京: 文物出版社, 2011.

[40] 星球地图出版社. 辽宁省地图集[M]. 北京: 星球地图出版社, 2017.

[41] 姜阳. 明初铁岭卫设置与高句丽关系述略[J]. 韩国京畿大学, 2007(1): 73–79.

[42] 关锡镝, 王飒. 明代辽东都司军事聚落体系变迁新探[C]. 2016年中国建筑史学会年会暨学术研讨会, 2016.

[43] 赵世瑜. 结构过程・礼仪标识・逆推顺述——中国历史人类学研究的三个概念[J]. 清华大学学报(哲学社会科学版), 2018, 33(1): 1–11, 193.

[44] 箭内亘等. 明代辽东边墙图[M]. 东京: 南满洲铁道, 1913.

[45] 谭其骧. 中国历史地图集（第7册 元明时期）[M]. 北京: 中国地图出版社, 1982.

[46] 谭其骧. 中国历史地图集释文汇编・东北卷[M]. 北京: 中央民族学院出版社, 1988.

[47] 王凤朝. 明代辽东营堡研究[D]. 辽宁大学, 2013.

[48] 吕海平, 吴迪. 明代辽东镇堡城分布及布局研究[J]. 建筑史, 2016(2): 1–9.

[49] 李智裕. 《明镇国将军辽东副总兵韩斌墓志》考释[J]. 辽宁省博物馆馆刊, 2017: 82–94.

[50] 任鸿魁. 丹东史迹[M]. 中国丹东文化丛书, 沈阳: 辽宁民族出版社, 2004.

[51] 孙祖绳. 明代之宽甸六堡与辽东边患[J]. 东北集刊, 1942(3): 377–436.

[52] 夏定域，夏锡元. 顾祖禹年谱（上）[J]. 文献, 1989(1): 145－155.

[53] 夏定域，夏锡元. 顾祖禹年谱（下）[J]. 文献, 1989(2): 145－157.

[54] 赵现海. 第一幅长城地图《九边图说》残卷：兼论《九边图论》的图版改绘与版本源流[J]. 史学史研究, 2010(3): 84－95.

[55] WALDRON A N. The Problem of The Great Wall of China[J]. Harvard Journal of Asiatic Studies, 1983, 43(2): 643－663.

[56] 刘小萌. 满族从部落到国家的发展[M]. 北京：中国社会科学出版社，2001.

[57] 孟森. 明史讲义[M]. 上海: 上海古籍出版社, 2019.

[58] 刁书仁. 明成化初年对建州三卫用兵考述[J]. 中国边疆史地研究, 2008(4): 24－32.

[59] 张雅婧. 明代海西女真研究[D]. 长春：东北师范大学, 2015.

[60] 梁志龙. 明辽阳副总兵黑春事迹考略[J]. 辽金历史与考古, 2017(2): 195－211.

[61] 董健菲，息琦，韩东洙，高英志. 明代朝鲜使臣驿路及馆驿研究[J]. 建筑学报, 2019(A1): 183－187.

[62] 孟森. 满洲开国史讲义[M]. 中华书局, 2006.

[63] 贾亭立. 中国古代城墙规制溯源[D]. 南京：东南大学, 2012.

[64] 李孝聪. 明、清时期地方城市形态试析[M]//武汉大学历史地理研究所. 石泉先生九十诞辰纪念文集. 武汉：湖北人民出版社, 2007.

[65] 王贵祥. 明代城池的规模与等级制度探讨[M]//王贵祥等.明代城市与建筑——环列分布、纲维布置与制度重建. 北京：中国建筑工业出版社, 2013: 105－120.

[66] 李严，张玉坤，李哲. 军堡中的里坊制——一项建筑社会学的比较研究[J]. 哈尔滨工业大学学报(社会科学版), 2012(4): 27－30.

[67] 肖立军. 明代省镇营兵制与地方秩序[M]. 天津: 天津古籍出版社, 2010.

[68] 李严. 明长城“九边”重镇军事防御性聚落研究[D]. 天津：天津大学, 2007.

[69] （日）三浦国雄, 毛纲毅旷. 风水与城市形象[M]//王其亨. 风水理论研究. 天津：天津大学出版社, 1992.

[70] （英）西蒙 · J. 盖尔. 方位与建筑环境[M]//王其亨. 风水理论研究. 天津：天津大学出版社, 1992.

[71] （法）余莲. 势：中国的效力观[M]. 卓立译. 北京：北京大学出版社, 2009.

[72] （美）章生道. 城治的形态与结构研究[M]//（美）施坚雅. 中华帝国晚期的城市. 北京: 中华书局, 2000.

[73] 吕海平. 明代辽东镇海防地峡烽燧台研究——以金州现存两座烽燧台为例[J]. 中国文化遗产, 2019(2): 27－32.

[74] 国家文物局. 中国文物地图集辽宁分册[M]. 西安: 西安地图出版社, 2009.

后记

东南大学对长城的研究始自2005年，至今已完成河北、辽宁和山西等地多处长城的遗产调查、测绘和保护实践工作，在长城本体和历史环境研究方面积累了大量理论、实践和技术经验，本书正是团队十多年来对明长城和军事卫所城市持续跟进研究的成果体现。

2005—2006年，受国家文物局委托，由陈薇、周小棣率领的东南大学研究团队开展了河北抚宁段明长城的调查和测绘工作，绘制完成了长城测绘图集，并建成数据库。这次测绘工作证明了传统调查和测绘手段在面对野外山地长城时的适宜性和可靠性，为后期开展的全国长城资源调查工作提供了重要参考。参与本项目的成员还有诸葛净、曾娟、贾亭立、李国华、沈旸、黄欢、高琛、刘妍、于娜、王劲、张剑葳、相睿、孟超等，并得到了原河北省长城资源调查队的积极配合和支持。

2006年至今，东南大学研究团队在周小棣的率领下承担了辽宁省明长城多处重要点段及早期长城的文物保护规划，包括中前所城、九门口长城、兴城古城、小河口长城、小虹螺山长城、九连城城址、明长城虎山段遗址、燕秦长城遗址等，进行了详细的调查、测绘、记录工作，同时坚持实践与研究相结合，在砖石长城和卫所城市营建信息与保护方面形成多项研究成果。参与本项目的成员有陈薇、沈旸、黄欢、高琛、张剑葳、相睿、于娜、常军富、汪涛、肖凡、高磊、秋飞、王志茹、章冬、高婷、布超、高幸、梁勇、林晓钰、吴乐源、刘江南、熊康、聂水飞、黄玲玲、刘卉、杨大映、陈加麒、杨瑞、阎玮、桑梵等，并得到了辽宁省文物局、辽宁省文物保护中心及地方政府和文旅部门的大力支持和配合。

2009—2010年，研究团队成员常军富、汪涛等对明大同镇长城（即今山西省外长城）开展了全面的实地考察和测绘工作，就该段长城的选址和布局特征、建造特征进行了系统和深入的研究，全面深化了国内对于夯土长城的研究。

“千里之行，始于足下”，团队对长城的研究秉承躬体力行、追本溯源、极深研几的态度，注重对长城建造特征的细致发现和指导长城保护实践的知行合一。“雄关漫道真如铁，而今迈步从头越”，在长城研究成果已蔚然大观的今天，仍有很多课题和疑问有待解决，希望本书的研究能为长城建造方面的价值认识和保护提供新的视角和思路。